1987년 이후 공공부문 노동운동사

-1987년 노동자대투쟁 이후 공공부문 민주노조 투쟁 및 조직 발전 역사-

진인진

1987년 이후 공공부문 노동운동사

-1987년 노동자대투쟁 이후 공공부문 민주노조 투쟁 및 조직 발전 역사-

초판 1쇄 발행 | 2023년 7월 7일

저　　자 | 박용석
편　　집 | 배원일, 김민경
감　　수 | 김동중, 김명환, 나상윤, 박준형, 이근원, 조귀제
발행인 | 김태진
발행처 | 진인진
등　　록 | 제25100-2005-000003호
주　　소 | 경기도 과천시 관문로 92(힐스테이트 과천중앙) 101동 1818호
전　　화 | 02-507-3077-8
팩　　스 | 02-507-3079
홈페이지 | http://www.zininzin.co.kr
이메일 | pub@zininzin.co.kr

ⓒ 박용석 2023
ISBN 978-89-6347-562-2 93300

목차

표 목차

그림 목차

발간사

'공공부문 노동운동사'라는 주제로 책을 내는 이 시간에도 온갖 고민과 상념이 앞선다.

과연 이 운동사가 제대로 정리되었는가, 과연 독자들에게 공공부문 민주노조운동을 이해하는데 도움이 될 수 있을까 하는 고민이었다. 이 운동사에 등장하는 수많은 역사적 사실들은 먼 과거 일이 아니라 많은 동지들의 기억에 아직 남아 있는 현재 진행형이다. 투쟁 과정에서 갖은 고난과 역경을 겪었고, 조직을 통합 발전시키면서 숱한 고민과 논쟁을 해왔던 동지들의 생각을 과연 제대로 반영했을까? 아니, 그 이전에 수많은 역사적 사실들(투쟁·조직발전 등)을 제대로 짚었는지, 서술은 객관적으로 되어 있는지.. 모든 것이 다 고민이었다. 다시 살펴보니 많은 한계와 헛점들을 안고 있었다. 그럼에도 불구하고 누군가 거칠게 낸 길을 그 뒤에 누군가 제대로 다듬어줄 수 있을 것이라는 믿음 하에 '용감하게' 이 책을 정리했다. 이후에도 이 책의 한계를 넘어 제대로 된 공공부문 노동운동사가 계속 출판되기를 기대해본다.

역사는 '현재와 과거의 끝없는 대화'(unending dialogue between the present and the past)로 필자는 보고 있다. 소시적 대학 재학 중 역사에 대한 관심을 일깨워준 「역사란 무엇인가」(E.H. Carr)라는 책에 있는 내용이다. 필자가 이 운동사를 정리하게 것도 과거의 경험과 현재의 과제를 연결시켜 보겠다는 소박한 취지에서였다.

공공부문 노동운동사를 정리하기 시작한 것은 지난 8년 전인 2015년 초 공공운수노조 공공기관사업본부장을 내려놓고부터이다. 27년 가까이 참여했던 공공부문 노동운동을 사실상 정리하고 3년여 남은 정년까지 과연 무엇을 할 것인가에 대해 고민하던 시기였다. 자료를 정리하던 중에 그동안 버리지 않고 쌓아두었던 수많은 수첩·메모장·파일·디스켓 등을 어떻게 처리할지도 적지 않은 고민이었다. 이것저것 뒤져보면서 한번 기록으로 남겨볼까 하는 생각에 작업을 시작했다. 운동사 집필까지는 생각하지 못했다. 당시 필자가 다니던 직장(공공기관)이 충북혁신도시로 이전했는데 출퇴근 거리와 시간이 만만치 않아 사택을 이용했다. 사택 생활은 작업하는데 한결 편리한 조건을 제공했다.

3개월 넘게 혼자 정리를 하다 과거 같이 운동했던 공공연맹 임원들과 저녁을 같이하는 자리에서 우연히 내 작업 얘기를 하게 되었고, 공공연맹청산위원회에서 이 작업에 후원을 하기로 함에 따라 운동사를 정리하기로 했다. 마침 우리나라의 노동운동사(통사)는 몇 편 있는데, 공공부문 노동운동사는 없었기 때문에 한번 정리해보는 것도 좋을 것 같다다는 생각이 들었다. 2017년 7월 발간 목표로 '1987년 이후 30년간의 공공부문 노동운동사'를 정리키로 했다. 이렇게 시작된 작업은 2년 가까이 지난 2017년 초 쯤 매우 거친 수준의 초고가 정리되었고, 이후 몇 달간 보완 작업이 계속되었다. 그러나 그 이후에 전개된 여러 상황들로 인해 '30년사' 발간은 계속 지연되어 갔다. 이후 4년여 시간이 흘러 그동안 미뤄두었던 작업을 다시 재개했다. 거친 수준이지만, 2년 넘게 정리한 자료들을 그냥 버리기에는 아까웠기 때문이다. 애당초 30년사를 준비했으나, 다시 5년(문재인정부)의 시간이 흘렀기 때문에 35년사로 바꿔 출판을 준비했다. 물론 마지막 5년 정리는 필자가 공공부문 노동운동에서 한발 물러나 있었고, 공공부문 노동운동 또한 민주노총 조직 전반으로 분산되어 진행되었기 때문에 정리하는데 훨씬 더 많은 시간과 노력이 요구되었다.

작업 시작한지 8년이 흘렀고, 실제 작업에 집중한지 4년여 시간이 흐른 끝에 이 운동사가 발간되었다. 제목은 「1987년 이후 공공부문 노동운동사」로 정했고, 부제는 "1987년 노동자대투쟁 이후 공공부문 민주노조 투쟁 및 조직 발전 역사"로 잡았다. 되돌아보니 운동사 정리는 필자가 했지만 역사의 주인공들은 모두 이 책에 포함된 동지들이다. 공공부문 노조 대표 및 투쟁하는 노조들의 대표를 대부분 명기한 것도 이러한 취지이다.

되돌아보니, 지난 35년간의 공공부문 민주노조운동은 권위주의 체제 및 시장화 체제에 맞선 저항의 역사였다. 노동 억압 및 공공부문 시장화가 계속되는 우리 현실 속에서 저항의 역사가 부끄러운 과거가 결코 될 수 없지만, 현재 한국 사회의 취약한 공공부문 체계 등을 개혁해야 하는 과제를 안고 있는 공공부문 민주노조들은 이제 저항의 역사를 극복할 필요가 있다. 아직도 공공부문 민주노조들이 희망하는 공공부문의 대개혁은 희망·요구 수준에 머물러 있기 때문이다. 과거 저항의 역사를 되돌아보면서 이후 사회·경제체제의 대개혁을 위한 새로운 운동 전략을 공공부문 민주노조들이 힘있게 실천했으면 하는 바람도 이 책을 내게 된 개인적 배경에 포함되어 있다. '역사는 과거와 현재의 대화'하고 하지 않았던가? 공공부문 민주노조들이 지향하는 사회·경제체제의 대개혁이 단순한 희망을 넘어 전 국민들이 공유하는 '보편적 상식'(universal common sense)로 자리잡는다면 좋지 않을까?

이후 서론(1장) 뒷부분에 서술했다시피 이 운동사는 적지 않은 한계를 지니고 있다. '공공부문 민주노조운동사'로 규정하면서도 공공연맹-공공운수연맹-공공운수노조의 공공부문노조 중심으로 서술되었다. 공공연맹-공공운수연맹-공공운수노조의 조직 운동사는 아니고 중심 흐름으로 설정했다. 전체 공공부문 민주노조운동을 지향했지만, 민주노총 내 공공부문노조(공무원노조·전교조·민주일반연맹·보건의료노조 등)의 운동 역사가 매우 미흡하게 정리되었다. 공공부문 민주노조운동사로 규정하면서 한국노총 공공부문노조의 운동 역사를 거의 다루지 않았다. 또한 이 운동사는 다른 운동사와 달리 필자가 직접 노동운동에 참여한 상태에서 '내부자' 관점에서 정리되어 있다. 필자의 경험과 판단을 근거로 한 주관적 해석이 많이 담겨 있다는 뜻이다. 마지막으로 정보와 자료의 제한으로 객관적 사실 여부를 확인하기 어려운 운동 역사를 담아내는 과정에서 부족한 내용들이 많다. 이러한 한계에 대해 독자 여러분의 깊은 양해를 바라며, 혹시 이후 개정 발간이 가능하다면 충분히 보완하겠다는 약속을 드린다.

끝으로 이 운동사가 발간되는데 수많은 동지들의 도움이 있었기에 감사의 마음을 전한다. 바쁜 시간에도 헤아릴 수 없는 많은 동지들이 정보와 자료를 제공해주었고, 인터뷰에 응해 주었다. 수많은 도움을 준 동지들을 모두 이 책에 담을 수는 없지만, 반드시 명기해야 하는 동지들이 있기에 언급하고자 한다. 먼저 지난 3개월간 이 운동사 정리를 위해 감수해준 동지들의 노력이 있었다. 김명환동지(전 민주노총 위원장)·김동중동지(전 사회보험노조 위원장)·이근원동지(전 공공운수노조 정치위원장)·박준형동지(전 공공운수노조 정책실장)·나상윤동지(사람과공간 이사장)·조귀제동지(정의당 노동위원장) 등이 있었기 때문에 이 운동사는 그나마 거친 수준이 어느 정도 다듬어졌다. 이 동지들은 운동사 감수를 넘어 막판 작업에 집중하는데 힘들었던 필자를 격려해주었는데 이 격려가 막판 큰 힘으로 작용했다.

과거 사진을 모아준 박주동동지(이음나눔유니온 사무총장) 도움도 큰 힘으로 작용했다. 또한 현 공공운수노조의 상황에 대해 포괄적으로 자문해준 현정희동지(현 공공운수노조 위원장)의 도움도 컸다. 그리고 이 운동사 발간을 위해 후원해주신 양경규동지 이하 공공연맹 임원 및 청산위원회 동지 여러분에게도 감사 드리고, 마지막으로 수익성 없는 이 책을 기꺼이 출판해주신 진인진의 김태진사장님에게도 깊은 감사 인사 드린다.

필자 박용석 드림.

제1장

서론 – 공공부문과 공공부문 노동운동

1. 공공부문의 존립 원리 및 사회적 가치

공공부문(public sector)은 국가가 법령 및 예산을 통해 공공의 이익을 위해 국민생활에 개입하는 것으로서 국가·사회의 공동체(community) 원리를 전제로 하고 있다. 대체로 민간부문(private sector)과 구분되는 것으로서, 중앙정부·지방자치단체 및 각급 단위 공공기관(공기업·공공법인 등) 등을 포괄하고 있다.

우리나라를 보면, 공공부문은 정부 및 지방자치단체와 같이 정책을 수립·관리하는 행정기관(budgetary government), 행정기관의 위임에 따라 정책을 집행(공공서비스 제공)하는 공공기관(public institution)으로 구분된다.[1] 물론 이는 역사적 흐름에 따라 양상을 약간 달리한다. 과거에는 정부기관(직속)이 직접 서비스를 제공하는 경우가 많았는데, 이후 정부기관 → 공공기관 → 민영화의 흐름이 계속되면서 최근에는 일부 기능(예, 우정·교육·상수도 등)을 제외하고는 공공기관들이 직접 수행하는 체계가 일반적이다. 공공서비스의 민영화·경쟁체제·민간 운영이 확산되어 있기 때문에 공공부문의 영역은 다른 국가들에 비해 취약하다. 통계청 자료(2023.1)에 따르면 2021년 12월 기준으로 우리나라 공공부문 총종사자는 283.9만명으로서 전체 취업자 대비 10.5% 수준에 달하고 있다(통계청, 2023).[2]

사회·경제적 측면에서 공공부문은 사회 다수의 공동 이익을 추구하기 위해 존재한다. 시장 실패(예, 소득·임금 불평등 및 자원 왜곡 등)를 극복하기 위해 설립되는 공공부문으로서는 당연한 전제이기도 하다. 최근 문재인정부에서는 이러한 역할을 공공부문의 사회적 가치(social value)라고 규정하기도 했다. 다소 동어반복적이기는 하나, 공공부문 노동운동에서는 사회 다수의

---

1 OECD는 국가계정체계(the system of national accounts)를 통해 공공부문을 일반정부(general government) 및 공기업(public corporation)으로 구분한다. 일반정부는 우리의 행정기관과 준정부기관(공공기관 분류)이 합쳐진 형태를 말한다. 우리나라에서 '공공기관'은 전체 정부기관(정부·지자체·공공기관 등)을 총괄하는 광의의 개념과 중앙정부 산하 공공기관만 한정하는 최협의의 개념이 혼재되고 있는데, 전자는 '공공기관 정보공개에 관한 법률'에서 사용되고 있고, 후자는 '공공기관의 운영에 관한 법률'에서 사용되고 있다. 이 책에서 사용하는 '공공기관' 개념은 중앙정부 및 지방정부 산하 공공기관을 대상으로 하고 있다.

2 통계청이 설정하는 공공부문 일자리는 정부기관(행정기관·공공기관 포괄)에 직접 종사(정규직·비정규직)하는 경우 뿐 아니라 국가 재정(일반회계·특별회계)이 소요되는 간접고용(민간위탁·외주화·민간투자 등) 모두를 포괄하고 있다. 다만 OECD에서는 국가의 직접 재정을 투입하는 일반정부(general government) 중심의 공공부문 고용을 비교하는데, 우리나라는 2019년 기준으로 8.1%에 머물러 있다(OECD 국가 평균 17.9%).

공동 이익을 추구하기 위해 '공공성'(public character)을 주요한 당면과제이자 전략적 목표로 설정하고 있다.[3] 공공부문의 확장은 국가가 직접 책임을 지는 공공서비스 확장으로 이해된다. 공공서비스 확장은 현대 복지 국가의 필수적 과제이다. OECD 역시 공공서비스 확장이 사회·경제적 불평등을 완화하고 있다는 실증적 연구보고서를 제출한 바 있다.[4]

공공부문은 국가의 중요 정책을 직접 수립·관리·집행하는 영역으로서 국가의 정체성(복지국가↔시장국가)에 따라 큰 차이(큰 정부 ↔ 작은 정부)를 보이고 있다. 물론, 이는 고정된 형태는 아니고, 시계추처럼 왔다 갔다하는 경향을 보인다. 공공부문의 확장이 공공서비스 확장이라는 긍정적 인식이 형성된 것 또한 역사적 산물이다. 현재는 공공부문의 사회적 가치에 대한 담론들이 활발하게 제기되면서 공공부문의 긍정적 역할이 어느정도 공유되고 있지만, 과거에는 공공부문이 특권·권위주의의 상징으로 규정되며 공공부문의 해체(예, 민영화 등)가 민주주의와 비례하는 것으로 인식되기도 했다. 우리나라 IMF 체제 초기 흐름도 이와 유사했다.

과거에 공공부문이 부정적으로 인식된 것은 공공부문의 초기 형성 과정에서 나타난 흐름과 무관치 않다. 초기 공공부문의 형성은 국민 복지를 확대하기 위한 기능보다 국가가 독점자본을 확충하기 위한 시장 개입에서 시작된다. 세계적 흐름을 보면, 공공부문의 형성은 선진국 모델과 개발도상국 모델이 각각 상이하게 나타나지만, 국가의 자본 확충이라는 국가자본주의의 틀을 유사하게 지니고 있다.

서구 선진 각국(미국·독일·영국·프랑스 등)의 경우 2차 세계대전을 거치면서 국가 전시경제 체제 하에서 공공부문이 대규모로 성장한 후, 전후 복지국가 전망아래 '큰 정부' 흐름을 유지하

---

3 공공부문이 대체적으로 정부 활동과 연관되어 있다 보니, 사회변혁운동의 관점에서는 공공부문의 가치가 곧 국가의 가치로 연결되어 그 역할이 논의되어 왔다. 이 책에서는 자본주의 체제 내의 국가(공공부문)에 대해 시장조절 기능을 갖는 긍정적 역할(예, Poulanzas·Harbermas 등의 자본주의 국가 진단)을 주목하고, 이러한 국가(공공부문) 역할이 제대로 기능할 수 있는 운동 목표(즉, 공공성)을 유지·확장하려는 실천을 중심으로 공공부문 노동운동 역사를 정리하고자 한다. 1987년 이후 폭발적으로 성장·발전한 한국의 공공부문 민주노조운동 역시 기형적인 국가체제와의 타협 대신 기형적 국가권력 체제를 변혁시키는 것을 전략적으로 선택해왔다는 점에서 그 가치를 인정받을 수 있다.

4 Verbist·Förster·Vaalavuo가 2012년 OECD에 제출한 '공공서비스 효과'(The Impact of Publicly provided Service on the Distribution of Resources) 워킹페이퍼에는 OECD 각국에서 추진된 교육·의료·주택·돌봄 등의 공공서비스 확대가 가구소득 증대 및 불평등 감소에 기여했다는 실증 분석 결과가 반영되어 있다 (Verbist·Förster·Vaalavuo, 2013).

다, 1970년대 이후 불황 및 국가 재정 긴축 하에서 '작은 정부'로 전환(시장화 확대)하는 일반적 경향을 보이고 있다. 이러한 '작은 정부' 모델은 신자유주의 국가 운영의 확산과 연결되어 있다. 전후 개발도상국의 경우 국가가 주도하는 경제개발을 위해 공공부문을 적극 육성하는 흐름(개발독재체제)이 지속된 후, 1980년대 이후 세계적인 신자유주의 흐름에 따라 유사하게 전환되는 경향을 보이고 있다. 전자는 전시경제체제의 산물이라는 점에서, 후자는 개발독재체제의 산물이라는 점에서 각각 부정적 단면을 지니고 있다.

그러나 초기 형성 과정과는 무관하게, 두 모델 모두 정도의 차이는 있으나 공공부문의 형성과 확장이 국가의 시장 개입을 통한 복지 강화 흐름(복지국가)과 연결되었고, 이후 국가의 시장 후퇴(시장국가)가 복지 후퇴 흐름과 연결되었다는 공통점을 지니고 있었다. 또한 두 모델 모두 전후 사회주의권 확장과 자본주의권의 대립이 이어진 세계적 흐름 속에 사회주의 국가 체제가 지닌 복지 확장의 모델이 전파된 측면을 모두 지니고 있다. 다만, 우리나라는 정부 수립 초기에 귀속기업의 대거 민간 매각을 추진하고 개발 독재 시기에도 민영화를 계속 추진하면서, 1980년대 이전까지 민영화 및 공공부문 확장이 병행되었다.

1980년대 이후 전세계적으로 '작은 정부'를 앞세운 신자유주의 흐름이 확산되었으나, 2008년 글로벌 금융 위기 및 2020년 이후 코로나19 위기를 극복하는 과정에서 재정 확장, 공공서비스·복지 확충 등을 통한 정부의 시장 개입이 본격화되면서 이러한 신자유주의 흐름은 후퇴되고 있다. 게다가 기후 위기 대응에 따른 산업구조 변화 및 고용 위기, 미-중, 미-러 간 군사·경제적인 대결 확산 등에 따른 국가의 재정 확장이 계속되고 있다.[5] 우리나라의 경우 코로나 위기 국면에서 국가 재정 확장 및 공공서비스 확대에 소극적인 흐름을 이어오다, 윤석열정부에 와서는 이마저도 축소하겠다는 발상이 계속되고 있다. 특히, '자유진영 연대'를 핵심 국가 전략으로 내세우면서, 정작 이들 국가들(미국·영국·일본 등)이 '작은 정부' 국가 모델을 사실상 수정하고 있는 현실에는 아랑곳하지 않고 시대에 역행하는 시장근본주의를 국정 방향으로 설정하는 것은 분명히 잘못된 흐름이다.[6]

---

5 과거에는 경기 침체가 계속되고 세입 규모가 축소되면 재정 지출을 억제하는 '건전 재정' 운용 모델이 일반적이었지만, 최근 코로나 위기 이후에는 경기 침체가 계속되고 세입 규모가 축소될수록 재정 지출을 확장하여 경기를 활성화하려는 '적자 재정' 운용 모델이 선진 각국에서 나타나고 있다(나원준, 2022).

6 코로나 위기 상황에서 과거 공공부문 시장화 흐름(신공공기관론)을 주도했던 전문가들이 민영화·외주화·효율성(static efficiency) 중심의 국가 운영 한계(국가 위기시 선택할 수 있는 옵션·역량 제한)를 공공부문

이미 선진 각국에서는 코로나 위기 이후 국가의 재정 확장 및 공공서비스·복지 확충의 흐름 속에 현대 복지국가 체제에 대한 보편적 공감대가 조성되어 있는 편이다. 공공부문의 사회적 가치가 강하게 형성되고 있다는 의미이다. 다만 현단계에서 공공부문의 사회적 가치(=공공성)는 복지 등의 공공서비스 확장을 넘어설 필요가 있다. △민주주의와 인권의 실현 △노동 존중 및 좋은 일자리 확대 △사회 평등 및 통합 실현 등의 과제 역시 공공부문이 선도적으로 실천해야 할 사회적 가치이다.

최근 시대착오적인 시장근본주의를 앞세운 윤석열정부의 정책들이 재정 긴축 및 공공서비스 축소 중심으로 이뤄지면서 동시에 민주주의가 후퇴하고 있는 흐름도 병행된다는 점을 볼 때, 공공부문은 복지 확충 및 민주주의 실현의 최후 보루로 인식될 수 있다. 공공부문의 노동운동은 바로 이러한 공공부문의 사회적 가치(=공공성)를 확대하고 유지하는 것을 근본적 과제로 부여받고 있다. 공공부문 노동운동이 핵심 운동전략과 과제로 설정해온 공공성 강화는 이미 10여년 넘게 △공공적 소유 확대 △공공서비스 보편적 이용 보장 △민주적 지배구조 확보 △모범적 사용자 선도 등으로 구체화되어 왔다(표1-1).

1987년 이후 공공부문 운영 전략 및 주요 정책 과제들을 보면, 정부의 시장화 전략 및 수직적 관리체계가 여전히 지배적인 가운데 각 정부별로 약간의 차이를 드러내고 있으나 전반적으로 재정 건전화('작은 정부') 및 공공기관 시장화(민영화·기능조정·경영효율화·민자활성화 등) 전략이 지배적이다. 공공서비스는 가능한 민간 중심 체계를 지향하고 있고, 공공부문 일자리는 최대한 억제하고 고용 유연화를 선도하면서, 공공부문 노조에 대해서는 배제·억압 정책이 일반적이다. 문재인정부 초기 국정방향에서 이전 정부와의 차별화(공공부문 사회적 가치 실현) 흐름이 나타났으나, 임기 중반 이후 과거 흐름을 청산하지 못하지 못한 한계가 드러났다. 윤석열정부 시기에는 다시 과거 흐름으로 완전히 회귀하고 있다(표1-2).

의 공적 체계 강화 및 위기 대응 역량 강화를 요구하는 흐름이 나타나고 있다(9장 참고). 미국·영국 등 신자유주의(시장화) 원조 국가들이 코로나 위기 국면에서 재정 확장 및 공공서비스 기반 확대를 추진하는 것 역시 이같은 입장이 정부 정책에 반영된 결과라고 볼 수 있다.

표1-1　공공부문 노동운동의 사회공공성 실현 과제

구분	실천 전략	주요 실천 과제
공공 서비스 소유구조	공공적 소유 확대	- 필수 공공서비스(철도·전기·가스·의료·공항 등)의 공공적 소유 확대 및 민영화·민간위탁(외주화) 중단 - 민영화·민간운영 공공서비스(석유·통신·도시가스·버스 등)의 공공적 환원(in-sourcing) 추진
공공 서비스 이용체계	보편적 이용 보장	- 필수 공공서비스의 지역·계층간 차별없는 보편적 이용 보장 - 사회 취약계층 이용자 보호
공공부문 지배구조	민주적 지배구조 확보	- 공공서비스 이용자·제공자 참여를 통한 서비스의 민주적 통제 - 주요 공공 정책 결정기구의 민주적 구성·운영 - 차별없는 조직·인사운영, 협업 중심 성과관리, 노조의 경영참여 확대
공공부문 노동체제	모범적 사용자 선도	- 공공부문의 양질의 일자리 및 모범적 노사관계 선도 - 공공부문 비정규직 철폐 선도

자료: 오건호(2007). 재구성

표1-2　1987년 이후 역대 정부의 공공부문 운영 및 정책 과제

구분	경제정책 목표	공공부문 운영전략(*)	공공부문 주요 정책방향	공공정책 주요 추진과제	공공부문 주요 노동정책
노태우 정부	성장과 복지의 균형발전, 규제 개혁 및 자유화	강성 시장화 + 수직적 관리	공기업 개혁	공기업 민영화	임금억제(가이드라인), 노조 파업 강경 대응, 최저임금제
김영삼 정부	국가경쟁력 강화와 합리적 정책 시행 위한 경제개혁	강성 시장화 + 수직적 관리	작고 효율적인 정부	공기업 민영화, 공공서비스 시장화	임금억제(총액임금제), 노조활동 규제(전임자)
김대중 정부	민주주의와 시장경제 병행 발전	초강성 시장화 + 수직적 관리	작지만 효율적으로 봉사하는 정부 구현	전면적 구조조정(민영화·인력감축), 경영혁신(퇴직금누진제 폐지 등), 공공서비스 시장화	정리해고·근로자파견제 도입, 전교조 합법화, 공무원노조법 발효, 노조 파업 강경 대응
노무현 정부	자유롭고 공정한 시장경제 확립	연성 시장화 + 수평·수직적 관리	국민과 함께 일 잘하는 정부	공공부문 상시적 경영혁신체계(공운법 등 관리체계 완성), 민영화 유보, 공공서비스 시장화	사회적 대화 체계, 비정규직(기간제) 정규직화, 노조 파업 일부 강경 대응

구분	경제정책 목표	공공부문 운영전략(*)	공공부문 주요 정책방향	공공정책 주요 추진과제	공공부문 주요 노동정책
이명박 정부	활기찬 시장경제	초강성 시장화 + 수직적 관리	활기찬 시장 경제 구현을 위한 공공기관 선진화	공공기관 선진화(민영화·통폐합·기능조정·경영효율화 등), 경영평가 구속력 강화, 공공서비스 시장화	노사관계 선진화(단체협약 개악, 성과연봉제 등), 공무원노조·전교조 압박, 민주노조 분열·파괴
박근혜 정부	일자리 중심의 창조경제	강성 시장화 + 수직적 관리	공공기관 정상화	공공기관 정상화(방만경영 정성화), 기능조정, 경영평가 구속력 강화, 공공서비스 시장화	단체협약 개악, 임금피크제·성과연봉제 도입, 공무원노조·전교조 법외노조화
문재인 정부	더불어 잘사는 경제	시장화·탈시장화 혼합 + 수평·수직적 관리	공공부문의 사회적 가치 실현	공공일자리 확충(정규직화 포함), 사회적 가치 반영 평가체계, 탈시장화(한계)	비정규직 정규직화(간접고용 포함), 사회적 대화체계, 노동이사제 도입
윤석열 정부	민간이 끌고 정부가 미는 역동적 경제	초강성 시장화 + 수직적 관리	생상성·효율성 제고를 위한 공공기관 혁신	공공기관 혁신(기능조정, 인력·예산감축 등), 관리체계 개편(경영평가 구속력 강화)	노조 적대시(노조회계 공개, 노조 투쟁시 강경 대응 시사), 직무·성과급제 확대, 비정규직 보호 제외

* 공공부문 운영전략: 수직적(권위적 위계체계), 수평적(대화·참여체계)

2. 공공부문 노동운동의 사회적 가치

공공부문 노동운동은 △고용구조 △임금결정구조 △노사관계 조건 등 공공부문이 지닌 특수한 환경에서 시작된다. 이러한 특수한 환경은 공공부문 조직 및 조직 운영에서 민간부문과 대비를 이룬다. 공공부문 조직은 시장 상황이 아닌 정치환경 및 정치권력의 정체성에 따른 영향력이 강하게 작동한다. 공공부문은 국가 권력의 하부 토대라는 측면에서 정치권력의 정체성에 따른 영향력이 강하게 작동하고, 그 정치권력을 형성하는 것이 정치환경이기 때문에 공공부문은 정치환경에 매우 민감한 속성을 지니고 있다. 국가 권력의 하부 토대로 작용하는 영역인 만큼 공공부문은 통일적인 규칙(지침 등)에 따른 제도적 규제와 수직적 관리체계를 기본으로 하고 있다. 따라서 고용 및 임금을 결정하는 관리체계가 정부를 중심으로 집중화되어 있고, 노조운동 또한 정부를 상대로 집중적인 교섭과 투쟁이 전개될 수밖에 없다. 물론 이러한 제도적 규제 및 수직적 관리체계는 국가의 정체성(민주적 국가 운영)에 따라 상당한 편차를 보이고 있다.

△고용구조 △임금결정구조 △노사관계 관련 공공부문 특성은 살펴보자.

우선 공공부문 고용구조는 공공서비스의 확장·축소 등이라는 정치적 흐름과 불가분의 관계를 지니고 있다. 공공서비스를 확장하면 자연스럽게 공공부문 고용은 확장되고, 공공서비스를 축소하면 역으로 공공부문 고용은 억제될 수밖에 없다. 물론 현대 사회에서 기술 발전으로 인해 공공서비스와 고용구조가 반드시 비례하지는 않지만, 기술 발전에 따른 또다른 서비스 확대 요구로 인해 그 비례성은 어느 정도 유지된다. 한편 공공서비스 확장 이전에 공공부문은 국가의 통치권력이 가장 직접적으로 작용하는 영역으로서 고용의 확장이 민간 부문의 고용 위기 또는 전반적인 경기 침체를 해소하기 위한 '최후의 고용자'(the last employer) 역할을 하기도 한다. 경기 침체기의 공공부문 고용 확장은 경기 침체로 인한 취약계층의 보호(사회안전망 확대) 및 내수 기반 활성화에 기여한다는 것이 일반적 견해이다.

우리나라는 이승만정부의 주요 귀속업체(공공서비스 기업) 민간 매각 등과 함께, 처음부터 공공부문 영역이 제한된 상태에서 출발했다. 이후 박정희·전두환정부의 계속된 국가 기간산업의 민영화에다, 김영삼정부를 거쳐 IMF체제 이후 공공부문의 전면적 구조조정(민영화·민간위탁·외주화·민간투자사업 등)으로 인해 공공부문이 계속 축소되어 왔다. 물론, 박정희·전두환정부의 공공기관 확대 병행 전략 및 신규 서비스 확대 요구에 따라 공공부문의 고용 역시 증가하고 있는 추세이기는 하지만, 다른 나라들에 비해 공공부문 고용 비중은 매우 낮다. 1998년 IMF체제 이후 공공서비스 축소(민영화 등 포함) 및 공공부문 인력 감축(대신 비정규직 확산) 흐름이 20년간을 지배하면서 이러한 공공부문의 기능 역시 계속 조정·후퇴를 거듭하고 있다. 이러한 현실을 반영하듯, 전 취업자 대비 우리나라 공공부문의 고용은 OECD 평균에 현저히 못 미치고 있다.[7]

둘째로, 공공부문의 임금결정구조는 정부의 예산운용전략과 직결되어 있다. 전체 임금체계가 통일적으로 운영되는 공무원·교사 뿐 아니라 외형상 개별적 운영이 인정된 공공기관에

---

7 OECD 통계에 반영된 우리나라 공공부문 고용비중(일반정부 부문)은 2015년 7.6%, 2017년 7.7%, 2019년 8.1% 수준에 이르고 있는데(통계청 기준 2021년 10.5%), 이 시기 OECD국가 평균 고용비중은 각각 18.1%, 17.7%, 17.9%에 달하고 있다. 신자유주의 원조국가들인 미국·영국의 고용 비중이 15% 내외에 달한다는 점을 고려해 볼 때도, 우리나라 공공부문 고용 비중이 매우 취약하다는 점을 알 수 있다. 필수 공공서비스를 구성하는 교육·의료·통신·주택·운수·에너지·의료·사회서비스 등의 경우 우리나라는 일부 업종을 제외하고는 철저하게 민간 중심(민간소유·민영화·민간위탁·민간투자 등)의 구조를 취하고 있다.

대해서도 이는 예외가 될 수 없다. 따라서 정부는 예산운용전략에 근거하여, 각 공무원 및 공공기관 노동자들의 임금에 대해 제도적 장치(예산운용지침)를 통해 임금수준 및 임금체계를 상세하게 규제하고 있다. 다만, 이러한 임금결정구조와 관련하여 공공부문노조 대표의 참여(교섭·정책) 여부는 각 국가들의 민주적 운영 체제와 연결되어 있다. 당연히 공공부문노조 대표의 참여를 통한 임금 결정은 선진적 민주주의 운영의 모델로 인정되어 있다. 한편 이러한 중앙집중성 및 통일성을 전제로 한 공공부문 임금결정구조는 공공부문노조의 교섭·정책 참여 여부와 무관하게 노조들의 강한 연대 및 교섭 집중화 추진의 배경으로 작용한다. 정치환경에 민감하고 강한 위계구조 하에서 예산운용전략 하에 움직이는 강력한 정부권력 앞에 공공부문노조들은 결코 개별적으로 나설 수가 없기 때문이다.

셋째로, 공공부문 노사관계는 국가의 통치영역에 존재하는 특성으로 인해 법제도적 측면의 제약이 매우 강하다. 물론, 이 제약 여부 역시 민주주의 발전 정도에 따라 편차를 보이고 있다. 각국별로 단결권을 인정하지 않는 부문(군인·경찰 등)이 상당하고, 교섭권을 제한하는 영역도 있으며, 단체행동권은 상당 부분 제한하고 있다. 우리나라는 노사관계 측면에서 본다면 매우 후진적 수준에 머물러 있다. 결사의 자유 협약(87·98호)을 2020년에서야 뒤늦게 비준했고, 공무원·교사의 단체교섭권·단체행동권은 아직도 엄격히 제한하고 있다. 민간인 신분으로서 노사관계법 상 차별이 없을 것 같은 공공기관 노동자들에 대해서도, 단체교섭권은 실질 사용자(정부)와의 교섭이 제한되고 있으며,[8] 단체행동권 역시 제도 개선(직권중재→필수유지업무)에도 불구하고 제대로 보장되지 않고 있다. 1987년 민주화 투쟁 이후 35년간 노동운동이 폭발적으로 성장·발전하였지만, 아직도 '노동없는 민주주의'의 허구적 현실이 이어지는 것 역시 공공부문 노사관계의 후진성을 반영한다.

공공부문 노동운동의 사회적 가치는 바로 이러한 △고용구조 △임금결정구조 △노사관계

---

8 공공부문 실질 사용자에 대한 교섭 절차에 대해 이미 ILO가 1978년에 협약(제151호)을 채택했지만, 우리나라는 이에 대해 단한번 논의조차 하지 않고 있다. 공공기관노조에 대해 교섭 권한이 없는 기관장과의 교섭만이 인정되고 실질 사용자로 예산·경영 전반을 결정·감독하는 정부는 교섭 책임이 없는 구조, 그리고 공무원노조·전교조의 임금교섭이 제한되는 구조 역시 이와 무관치 않다. 이러한 공공기관 노동기본권의 현주소를 반영하듯 우리의 사법 체계(헌법재판소·대법원 등)는 정부를 공공기관 노사관계법 상의 사용자로 인정하지 않는 보수적 흐름을 일관되게 유지하고 있다. 특히 헌법재판소는 헌법에서 정한 공공부문 노동 기본권의 본질적 내용이 법제도에 의해 침해되는 현실에 대해 위헌적 요소가 있다는 점을 계속 외면하고 있다.

조건을 개선하기 위한 투쟁 속에 자리잡고 있다. 공공부문에서 이러한 과제들이 후퇴하거나 역주행할 때 사회경제적 불평등 및 노동 억압·배제 문화가 확산되었던 우리의 과거 역사(특히, 이명박·박근혜정부)를 볼 때, 공공부문의 고용·임금·노조활동은 한국사회 전반에 깊은 영향(선도효과)을 미치고 있음을 알 수 있다. 따라서 공공부문이 '모범적 사용자'(model employer)로 자리잡으면서 사회를 변화·개혁시키는 동력으로 작용해야 한다는 시대적 과제를 지난 역사에서는 다시 한번 일깨워주었다.

이러한 측면에서 최근 시장근본주의로 치닫고 있는 윤석열정부의 반노동·반공공·반복지 체제 하에서 공공부문 노동운동의 사회적 책임은 사뭇 크다고 볼 수밖에 없다. 공공부문 노동운동이 이를 막아내면 한국 사회가 바람직한 방향으로 전환될 수 있지만, 공공부문 노동운동이 이에 굴복하거나 투항하는 순간 한국 사회는 매우 위험스런 상황으로 치달을 수 있다. 더구나 △디지털화·탈탄소화에 따른 산업구조 조정 △고령화 확대 및 취약한 사회안전망에 따른 사회적 빈곤 확대 △사회·경제적 불평등 심화 등의 구조적 문제를 안고 있는 한국 사회에서 공공부문 노동운동의 사회적 책임은 강하게 요구된다.

비록 공공부문 노동자들이 자신들의 경제적 이해 확보를 위한 투쟁을 전개한다 하더라도, 공공부문이 지닌 특성으로 인해, 이는 결과적으로 전 공공부문에 확산 효과를 지닐 수 있으며, 사회 전체의 긍정적 선도 효과를 지닐 수 있다. 물론 이는 공공부문노조의 투쟁이 개별적 실리주의에 머물러서는 안된다는 얘기이기도 하고, 또한 정치적 환경(국민여론 등)에 민감하다는 것을 반증하기도 한다. 공공부문 민주노조가 제시하는 공공성 역시 공공부문의 소유·지배구조 및 노동체제 전반에 대해 사회 전체의 긍정적 선도 효과로 작용할 수 있도록 하는 당면 핵심 전략이다.

따라서 공공부문 민주노조운동의 지난 35년 역사는 이러한 공공성·노동권의 확장·유지를 위한 끈질긴 투쟁 역사이자, 후진적 한국사회를 선도적으로 개혁하려고 노력했던 역사로 볼 수 있다. △공공서비스(철도·전기·가스·의료 등) 민영화·시장화에 맞선 투쟁 △공공서비스 확대(PSO·공공의료 확대 등)를 위한 투쟁 △공공부문 노동권 개선(공무원·교사의 단결권, 임금 억제 철폐, 대정부 교섭권, 단체행동권 제한 철폐 등)을 위한 투쟁 △공공부문 좋은 일자리 확대 투쟁(비정규직 정규직화, 인력 충원 등) △공공부문 지배구조 민주화 투쟁 등은 공공부문 민주노조운동 역사의 주요한 흐름들이었다.

3. 한국사회 공공부문 민주노조운동의 기본 흐름

1987년 7·8월 노동자대투쟁 이후 공공부문 민주노조운동은 지난 35년간 양적으로 성장하면서 질적으로 연대 수준을 발전시키는 부단한 노력을 기울여왔다. 1980년대 권위주의 정권 하에서 민주노조운동의 토대 구축을 위한 힘겨운 투쟁을 시작으로, 1990년대 이후 공공부문 민주노조의 총단결 및 연대투쟁을 거쳐, 1998년 IMF체제 이후 20여년간 공공부문 시장화에 맞서 공공부문의 사회적 가치(=공공성)를 위한 투쟁들을 전개해왔다.

해방정국에서 파괴된 자주적 민주노조운동이 4.19혁명 시기 잠시 부활했으나 또다시 26년여의 암흑기를 거치면서 40여년간 국가 폭력 및 이에 종속된 노동조합 중앙조직의 결합하에 억압된 노동 체제를 겪은 후 1987년 노동자대투쟁으로 민주노조운동이 폭발적으로 성장했다. 1987년 노동자대투쟁 이후 병원·지하철·연구기관·에너지·언론 등을 중심으로 공공부문 민주노조운동의 초기 토대가 구축된 이후, 전교조·지역의보노조·국립대병원노조·연구기관노조·공영방송노조·전교조·지하철노조 등을 중심으로 정권과 맞서는 투쟁들이 끈질기게 계속되면서 공공부문노조의 정체성이 형성되어 왔다. 이러한 투쟁의 성과들이 1994년 공노대(공공부문노조대표자회의) 결성을 통해 공공부문의 전국적 공동투쟁 체계로 이어졌다. 이후 1996~97년 민주노총의 노동법 개정 총파업 투쟁 및 1998년 IMF 구조조정에 맞선 연대 총파업을 거치면서 공공부문 민주노조의 총단결 필요성이 제기되면서, 1999년 3월 민주노총 공공연맹이 출범하였다.

공공연맹 주도 하에 공공성 중심의 운동 전략과 함께, 김대중정부의 구조조정 및 노무현정부의 시장화 공세에 맞선 투쟁이 7년여동안 끊임없이 전개되었다. 공공연맹 투쟁이 전개되는 공안 전국 각지의 공공부문 비정규직 투쟁 및 조직화가 확산되었고, 전교조·공무원노조 등에서 공공부문 민주노조를 확대·사수하기 위한 지난한 투쟁이 전개되었다. 공공연맹의 공공성 운동 전략 및 비정규직 조직화 실천 노력들은 공공 산별노조운동의 전망을 개척했고, 이후 공공노조·운수노조·공공운수연맹의 조직발전 논의를 통해 2011년 6월 통합 공공운수노조가 출범하였다. 공공운수노조 산별노조운동의 실천과 함께, 이명박정부의 '공공기관 선진화' 및 박근혜정부의 '공공기관 정상화'에 맞서 끈질기게 투쟁했던 공공부문 민주노조운동은 2016년 9월 공공기관노조 사상 최대의 공동 총파업 투쟁을 일궈냈고, 이 총파업 투쟁은 이후 박근혜정권 퇴진 촛불항쟁의 마중물 역할을 했다. 이 기간 동안 전교조·공무원노조는 법외노조의 찬서리를 맞으면서도 민주노조운동의 정체성과 저항의 역사를 굳건히 지켜왔고, 학교 비정규직을 중심으로 한 공공부문 비정규직은 전국적 투쟁 전선을 형성할 만큼 성장했다.

문재인정부 출범 이후 △학교 비정규직 △공공기관 간접고용 △지자체 민간위탁 노동자들을 중심으로 공공부문 비정규직 투쟁이 확산되던 시기에 그동안 투쟁을 주도해오던 공공기관노조들은 잠시 휴식기에 들어갔다. 그러나 철도노조·국립대병원노조(지부·분회)들을 중심으로 비정규직과의 연대투쟁(파업투쟁 등)이 전개되었고, △궤도 다단계 민간위탁 철폐 △집배·택배 노동자의 노동권 보호 △사회서비스의 공적 체계 전환 등의 운동 지평이 확대되어 왔다. 물론 문재인정부 시기 공공기관 정규직노조들은 변화된 정세에 걸맞는 새로운 운동 전략 및 실천 전망을 준비하지 못한 상황에서, △기업별 노조체계 극복 정체 △정규직-비정규직의 연대 정체 및 완화 △MZ세대 중심의 능력주의-공정담론 공세 등의 한계 상황에 직면하기도 했다. 민주노총의 사회적 대화 전략 실패 국면에서 공공기관의 대정부 교섭구조 발전의 기회 또한 제대로 확보하지 못했다.

그러나 이러한 일시적 한계 상황에도 불구하고, 공공부문 노동운동은 권위주의 정부의 노동운동 억압에 맞서 강력한 공동투쟁을 전개했고, 공공부문 구조조정·시장화 공세의 국면에서 공공부문의 사회적 가치를 지켜내기 위한 투쟁과 실천은 역사적으로 존중받을 필요가 있다. 그동안 기업별노조 체계를 넘어 초기업단위 및 공공부문 전체의 연대를 실천하기 위한 조직체계의 발전 노력이 거듭되어 왔고, IMF체제 이후 급증한 비정규직 노동자의 노동권 보호 및 노조 조직화를 위한 연대사업도 강화해왔다. 집권 정치세력의 폭압을 넘어 민주적 국가체제 확보 및 진보정치운동 발전을 위한 실천사업과 함께, 이 땅의 민주노조 총연합조직인 민주노총의 건설·강화를 위한 실천사업도 아울러 모범적으로 전개해왔다.

현재 민주주의가 후퇴하고 시장근본주의가 만연하고 있는 상황에서 공공부문 노동운동의 위력은 여전히 강하게 존재하고 있다. 태생적으로 정치권력 및 정책에 맞서 투쟁할 수밖에 없는 구조적 특성으로 인해, 정치권력이 민주주의 및 복지국가의 기본 가치를 훼손하고 노동을 억압할 경우 제일 먼저 부딪힐 수밖에 없는 것이 공공부문 노동운동이다. 최근 노조 조직률 조사에서도 공공부문의 조직률은 70%로서 민간부문에 비해 압도적으로 높게 나타난다.[9] 공공부

---

9 고용노동부의 공공부문노조 조직 현황은 중앙 공공기관(알리오 공시 대상)의 정규직·무기계약직(공무직)에 한정된 통계이다. 지방 공공기관 노동자들(비정규직 포함)은 모두 제외되어 있고, 중앙 공공기관의 비정규직·간접고용 역시 제외되어 있다. 앞서 통계청이 정한 '공공부문 일자리'대상 노동자들을 포괄할 경우 조직률은 이보다 낮아질 것으로 예상된다(필자 주). 한편 정부(고용노동부) 통계에 따르면 공공기관 노동자와 공

표1-3　노동조합 조직률 비교 (단위: %)

노조 조직률	2016년	2017년	2018년	2019년	2020년	2021년
전 체	10.3	10.7	11.8	12.5	14.2	14.2
민간부문	8.5	9.0	9.7	10.1	11.3	11.2
공공부문(*)	62.2	63.2	68.4	70.5	69.3	70.0

* 공공부문의 경우 중앙 공공기관(알리오 공시 대상)의 정규직·공무직 중심

자료: 고용노동부(2022)

문과 공무원(75.3%)의 높은 조직률은 거꾸로 공공부문의 사회적 가치와 공공부문 노동운동의 사회적 가치를 확장해야 하는 책무를 더 강하게 부여하고 있다. 또한 국가권력의 역주행이 본격화될 경우 공공부문 노조들이 강하게 맞설 수 있는 기반이 어느 정도 구축되어 있는 현실을 보여주고 있다(표1-3).

　　국가 권력에 대한 자주성을 기본 운동전략으로 내세우는 공공부문 민주노조운동은 윤석열정부와 충돌할 수밖에 없는 구조를 지니고 있다. 윤석열정부가 과거 1987년 6월 이전 권위주의 체제로 회귀하려는 시대착오적 발상들이 난무하기 때문이다. 공공부문 민주노조운동은 1987년 이후 정부의 노동 억압 및 공공부문 시장화에 맞서 끈질기게 투쟁했던 과거 역사를 되새길 필요가 있다. 가장 중요한 것은 공공부문노조의 사회적 책임이다. 국가 재정 중심의 공공부문을 기반으로 하고 있는 공공부문 노동운동은 높은 조직률에 걸맞는 막중한 시대적 책임이 있다. 공공서비스 체계가 국민의 보편적 이익으로 작용하지 않고 기득권세력의 이윤 추구 수단으로 전락한다면, 공공부문 노동권 억압을 통해 전사회적인 노동배제·억압을 선도하려는 의도가 구체화된다면, 사회경제 전반에 걸쳐 불평등이 확산된다면, 공공부문 노동운동은 분연히 맞서 싸워야 할 것이다. 그리고 각 기관의 개별적 이해나 각 부문(업종·유형)의 배타적 편익이 아닌 전 공공부문 노동자들의 공동의 이해와 편익을 위한 투쟁, 그리고 사회 취약계층의 편익 확대를 위한 투쟁이 항상 우선되는 운동 전략을 기획하고 실천할 필요가 있다.

무원의 조직률은 75.3%로 높은 반면, 교원의 조직률은 18.8%로 상대적으로 낮게 나타나고 있다(고용노동부, 2022).

4. 공공부문 민주노조운동의 역사 서술

이 책은 공공부문의 사회적 가치(=공공성) 확대를 위해 쉼없이 달려온 공공부문 민주노조의 투쟁과 조직 발전 역사를 담고 있다. 1987년 노동자대투쟁 이후 최근 문재인정부 시기에 이르기까지 약 35년간의 공공부문 민주노조운동 역사를 거칠게나마 통사(通史) 형식으로 정리한 것이다. 여기에 앞 부분에 해방정국 이후 1987년 이전까지를 일부 자료 정리 형식으로 추가했고, 마지막에 시장근본주의로 치닫고 있는 윤석열정부 시대의 공공 정책 흐름과 함께 필자의 관점에 의거한 공공부문 노동운동 과제를 포함했다.

공공부문 민주노조운동 역사의 명제에 맞게, 민주노총 소속 공공부문 노동운동 조직을 중심으로 주로 정리했다. 그 중에서도 과거 연전노협(전문노련)–공노대–공공연맹–공공운수연맹–공공운수노조로 이어지는 운동 역사를 정리했다. 주로 공공운수노조 운동 역사의 중심으로 자리잡은 공공기관노조 투쟁 및 공공부문 비정규직 투쟁이 주요 정리 대상이다. 그러나 이 책은 공공운수노조(공공연맹–공공운수연맹–공공운수노조)의 조직 운동사가 아니다. 공공부문 민주노조운동의 중심에 자리하고 있기 때문에, 공공운수노조를 중심에 두고 서술한 것이다. 비록 분량은 매우 적으나, 민주노총 내 △치열한 투쟁을 전개한 전교조·공무원노조의 시기별 주요 투쟁 △처절한 투쟁을 지속하고 있는 공공부문 비정규 노조들의 주요 투쟁 △국공립병원·공영 방송노조의 주요 투쟁들을 부분적으로 반영했다. 한국노총 조직들에 대해서는 민주노조와 함께 연대했던 투쟁 중심으로 기술했다. 35년의 전반적 역사 내용 역시 △필자가 직접 경험한 사실 △가까운 거리에서 목도한 사실 △정보를 접했던 사실 중심으로 대부분 기술되거나 정리되었다.

공공부문 민주노조운동 중에서도 공공기관 민주노조운동이 중심적으로 서술되고 있다. 공공기관이 지닌 구조적 특성으로 인해 저항 중심의 한국 사회 공공부문 노조 중에서도 공공기관 노조들이 가장 전면에 나설 수밖에 없었기 때문이다. △1990년대 임금 억제 △1998년~2002년 IMF 구조조정 △노무현정부의 공공기관 경영혁신 △이명박정부의 공공기관 선진화 및 박근혜정부의 공공기관 정상화 △최근 윤석열정부의 공공기관 혁신(구조조정) 정책은 결국 공공기관이 처한 구조적 특수성으로 인해 가장 우선적으로 정부 정책이 집행되어 왔다.[10] 이에

---

10 10) 최근 공공기관의 현실은 이러한 구조적 특성을 분명히 드러낸다. 2021년 기준으로 중앙 공공기관의 고용 비중은 전체 공공부문의 18.7%에 불과하지만, 공공기관 총자산은 정부 총자산의 78%를 운영하고 있고,

따라 공공기관노조들도 지난 35년 역사를 통해 가장 전면에서 오랫동안 정부 정책에 맞서 투쟁을 전개할 수밖에 없었다. 따라서, 여기에서는 공공서비스 부문(의료·금융·언론 등) 전반의 노동운동을 다루지 못하고, 공공부문(public sector) 중심의 노동운동을 주로 정리했다. 이에 따라 보건의료노조·의료연대본부의 사립병원 노동운동을 다루지 못했고, 공공운수노조 내 민간 운수부문(화물·버스·운송·택시 등) 노동운동을 거의 다루지 못했다. 나중에 기회가 된다면 이들을 포함한 전체 공공서비스(public sector) 노동운동을 다시한번 정리하겠다는 약속으로 부족함을 대신하고자 한다.

이 운동사는 공공부문 민주노조운동을 중심으로, 2장(해방 이후 1987년 노동자대투쟁 이전)을 잠시 언급하고, 이후 35년의 운동 역사를 3장(1987년~공노대), 4장(공노대~공공연맹), 5장(공공연맹~김대중정부), 6장(공공연맹-노무현정부), 7장(공공운수연맹-이명박정부), 8장(공공운수노조-박근혜정부), 9장(공공운수노조-문재인정부)등 각각 통사 방식으로 구분하여 정리했고, 10장(현재 상황 및 과제)을 마무리로 설정했다.

구체적으로 2장의 경우 해방정국에서 1987년 6월 이전의 역사로서 1987년 노동자 대투쟁 이후의 역사를 서술하는데 참고하기 위해 관련 자료를 정리했고, 마지막 10장은 윤석열정부 초기 상황 및 이후 공공부문 민주노조운동의 과제(결론)를 담고 있다. 따라서 본 책(35년사)의 주요 내용은 3장부터 9장까지이다.

3장의 경우 1987년 노동자대투쟁에서부터 1993년 김영삼정부 초기의 흐름을 담고 있다. 4장에서는 공노대 결성 이후 민주노총 총파업(1996~7) 및 1998년 총파업 투쟁을 거쳐 공공연맹 결성까지를 포괄했다. 5장과 6장은 공공연맹 시기로서, 5장은 1999년부터 2002년까지의 공공부문노조 투쟁의 역사, 6장은 2003년부터 2006년까지의 공공부문노조 투쟁·조직발전 역사를 포괄했다. 7장은 공공운수연맹 시기로서 2007년부터 2011년까지의 투쟁·조직발전 역사, 8장은 2011년부터 2016년까지의 공공부문노조 투쟁 역사, 9장은 2017년부터 2022년까지의 역사를 각각 포괄했다.

공공기관 총예산은 전체 정부 일반회계의 124.2%를 운용할 만큼 국민경제에서 차지하는 비중이 매우 높다(박용석, 2022). 따라서 정부 입장에서는 국정과제를 추진할 때 공공기관에 대해 최우선적인 조치를 취할 수 있는 강력한 유인책이 존재할 수밖에 없다. 그리고 행정기관·교육기관의 주요 종사자가 법에 의해 신분이 안정된 공무원·교사인 반면, 공공기관은 민간인 신분으로서 구조조정을 예방할 수 있는 제도적 방어책이 상대적으로 미흡하기 때문에 구조조정의 탄력성이 크게 작용한다.

다시 언급하지만, 공공부문 노동운동의 역사 서술과 관련하여 여기에는 세가지 한계·쟁점이 존재한다. 첫째, 공공부문 민주노조운동 역사를 서술함에 있어서 민주노총 소속 공공부문 조직들의 투쟁과 조직 발전의 역사를 통사 수준에서 제대로 담지 못했다. 전교조·공무원노조의 주요한 역사 역시 부분적으로 발췌되어 있고, 타 공공부문 조직(보건의료·민주일반연맹·언론노조 소속 노조들)들의 운동 역사는 턱없이 미흡한 수준에서 일부만 반영되어 있다. 특히 민주일반연맹 소속 노조들의 2010년대 이후 현재까지의 투쟁 역사, 보건의료노조 소속 국립대병원지부들의 1980년대 이후 현재까지의 투쟁 역사 등이 제대로 반영되지 못했다. 저자의 운동 공간이 공공연맹-공공운수연맹-공공운수노조 중심으로 제한되어 있었고, 민주노총내 공공부문노조들의 투쟁 역사가 집중화되지 못한 측면도 있기 때문에 이러한 한계가 나타나고 있다.

둘째, 공공부문 민주노조운동의 범주를 설정하면서 민주노총 소속 조직을 중심으로 운동 역사를 정리하는데 대해 논란 가능성이 있다. 실제 국가 권력의 폭력(민영화·선진화·정상화 등)에 맞서 공공운수노조(공공연맹·공공운수연맹 포함)가 한국노총 소속 공공부문노조들과 연대하여 투쟁한 역사도 적지 않기 때문에 민주노조운동의 성과를 민주노총 소속 조직만의 것으로 온전히 규정하는 것에는 한계가 있을 줄 안다. 그러나 해방 정국 이후부터 1987년 노동자대투쟁을 거쳐오면서 형성된 한국노총의 어두운 역사가 과연 이후에 제대로 걷혀졌는지에 대한 의심이 아직 남아 있다는 판단 아래, 공공부문 민주노조운동의 범주를 민주노총 조직으로 설정하였다.[11]

셋째, 이 노동운동사는 기존의 다른 운동사들과는 달리 필자가 '내부자' 위치에서 정리한 것이기 때문에, 필자의 주관적 해석이 상대적으로 많이 반영되어 있다. 30여년간 직접 공공부문 노동운동에 참여하면서 직접·간접적으로 접한 사실들을 중심으로 작성했다. 노조 조직의 책임자로서 투쟁을 전개하고, 공공부문노조의 조직발전 논쟁에도 적지 않게 참여했으며, 공공

---

11 현재의 양 노총 공공부문노조들이 지난 10여년 동안 적지 않은 연대 투쟁을 해온 경험을 인정할 수밖에 없지만, 그럼에도 노동 배제·억압을 일관되게 지니고 있는 권력·자본에 대한 태도의 차이가 분명히 존재한다는 있는 점을 고려한 것이다. 한편에서 국가 권력에 맞서 수많은 희생을 치루면서 투쟁을 하는 조직이 있는가 하면, 다른 한편에서 투쟁과 교섭을 병행한다는 명제 아래 권력과의 타협을 빈번하게 해왔다는 것은 부인할 수 없는 역사적 사실이기 때문이다. 또한 자주적인 전국중앙조직(민주노총)을 적대시하는 정권에 맞서 투쟁해온 노조들에 대해 '민주노조'라는 명칭을 사용하는 것은 당연하다는 판단하에서이다. 물론 필자의 현재 판단은 이후 변화된 상황(예, 윤석열정부 시기)에 따라 충분히 변할 수 있다는 점을 아울러 밝힌다. 이후 시대 상황 변화에 따라 한국노총 공공부문 노조들이 자주성을 확보하면서 과거의 어두운 그림자를 극복할 수 있다면, 필자는 언제라도 공공부문 민주노조운동의 영역을 기꺼이 재구성할 용의가 있다.

정책은 1990년대 중반 이후부터 거의 30년 가까이 직접 수행해왔기 때문에 직접 경험한 일들도 적지 않다. 역사적 흐름은 가능한 객관적 사실 중심으로 서술하고, 주관적 판단에 대해서는 각주(필자 주) 처리를 했지만 전체 운동사 서술에 주관적 판단이 강하게 작용하고 있음은 부인할 수 없다. 따라서 주요 쟁점에 대해 필자와 입장을 달리하는 동지들의 의견을 충분히 반영하지 못한 한계도 있다는 점을 아울러 밝힌다.[12]

---

12 특히 △1994년 공공부문노조대표자회의 및 전문노련(공익노련) 관계 △1999년 공공연맹 4월 총파업 투쟁 평가 △사회적 대화 관련 논쟁(예, 2005년, 2018~20년) △2005년 서울대병원지부 공공연맹 가맹 △2005~6년 공공산별노조 건설 논의 과정 △2011년 공공운수노조 건설 및 2014년 이후 공공운수 산별노조 운동 △문재인정부 기간의 공공기관 노동운동 등에 대한 진단에서 이러한 경향이 나타나고 있다.

참고문헌

고용노동부(2022),「전국 노동조합 조직현황」

나원준(2022), "재정준칙 이대로 좋은가",「기재부 권력 해체와 전면 개혁 토론회」, 기획재정부전면개혁공동행동

박용석(2022), "윤석열정부가 공공기관 공격하는 이유", 소셜코리아, 공공상생연대기금

오건호(2007), "노동운동에서의 사회공공성 활동 평가와 제안",「시민과 세계」, 참여사회연구소

통계청(2023),「2021년 공공부문 일자리 통계」

Gelinde Verbist·Michael Förster·Maria Vaalavuo(2013), "The Impact of Publicly provided Service on the Distribution of Resources",「Social, Employment and Migration Working Paper」, OECD.

제2장

억압과 굴종의 역사! 87년 노동자대투쟁 이전

공공부문 노동운동의 역사는 해방정국에서부터 시작되었다. 식민지 자산의 미군정 관리 체제 하에서 자주관리운동이 시작되면서 공공부문노조들이 확산되었고, 이들이 해방정국의 민주노조운동 중심세력으로 등장한다. 1946년 이후 해방공간에서의 정치적 대립이 극한으로 치달았던 그 중심에 분단세력에 맞서 민주노조운동을 추진하는 조선노동조합전국평의회(전평)와 반민주 정권의 '친위대' 역할로 자리매김한 대한노총(대한독립촉성노동총연맹)의 역사가 대립되는 공간에 공공부문 노동운동은 자리잡게 되는 것이다. 해방정국의 격변기에 자주적인 민주노조 전국중앙조직(전평)이 결성되지만 1946년 9월 철도노조 파업에 이은 전국 총파업이 미군정과 대한노총의 파괴 공작으로 와해되기에 이른다. 전평의 공공부문노조가 파괴된 자리에 들어선 철도·전기 등의 공공부문노조들은 미군정·이승만정부에 맞서 투쟁을 전개하기도 하지만, 상급 중앙조직인 대한노총은 이후 이승만정권의 전위부대로 자리잡는다. 한국전쟁 이후 공공부문노조의 투쟁이 산발적으로 이어지고 이후 이승만정권과 정치적 동반자관계를 유지한 대한노총의 어용 행각이 극에 달하던 시기에 한국사회를 뒤흔든 4.19 민주혁명이 발발하게 된다.

4.19혁명 이후 제2공화국의 공공부문 확장 흐름 속에서 금융노조·교원노조·철도노조 등의 공공부문 민주노조운동이 일시 성장하지만 무능한 제2공화국의 방치와 외면 속에 공공부문 민주노조운동은 5.16 군사쿠테타에 의해 철저히 짓밟히면서 민주노조운동 전체가 긴 암흑기에 처하게 된다. 특히 장면정부가 끝까지 인정하지 않고 탄압을 계속했던 교원노조는 군사독재정권의 전면적 탄압에 직면하게 된다. 공공부문 민주노조운동이 독재정권에 의해 무너진 가운데, 쿠데타 세력의 관여 하에 한국노총 조직이 재건되었다. 자주적 노동운동의 토대가 무너진 상황에서 철도·전력·체신·전매·금융·광산노조 등을 중심으로 한 공공부문노조는 이후 박정희정부에 타협적 노선을 취하는 한국노총의 중심 세력으로 다시 자리잡는다.

1960년대 말 대한조선공사노조의 파업투쟁이 정권에 짓밟힌 이후 공공부문은 1980년대 중반까지 정부의 병영적 노동통제와 일부 복지 혜택에 안주하며, 재벌 육성 중심의 공기업의 민영화가 본격적으로 진행되는 과정에서도 제대로 된 목소리조차 내지 못했다. 1970년 전태일열사 분신·사망 이후 섬유·전자산업의 노동자들이 극한적 상황에서 투쟁할 때 한국노총은 오히려 독재정부의 편에서 이들 노동자들의 투쟁을 철저히 외면했다. 이러한 한국노총의 어용적·종속적 역사 1987년 노동자대투쟁 시기까지 이어진다. 이러한 한국노총의 어두운 역사 속에, 이들 공공부문노조들 역시 박정희정부 시기 기업별 실리주의 체계에 안주한다.

공공부문에 대한 상대적 복지 혜택과 체제내화의 과정으로 대표되던 1970년대를 거쳐 1980년대에 이르면서, 전두환정권의 노동법 개악과 독재 장기화 흐름 속에서도 서서히 민주화의 열망이 싹트기 시작했다. 1980년에는 공기업의 민영화와 함께 광산 노동자들의 투쟁이 계속되었다. 억눌렸던 공공부문 민주노조운동은 민주화의 열망 속에 서서히 기반을 다지고 있었다. 해방정국 및 제2공화국에서 전개된 공공부문 민주노조운동은 1987년 이후 폭발적으로 성장한 공공부문 노동운동 주체들에게 그 역사적 가치와 정신을 넘겨주게 된다.

1. 해방 이후 민주노조운동과 공공부문노조의 뒤틀린 운명

1) 전평 건설과 공공부문 민주노조

1930년대 이후 일제의 중국·동남아 침략과 함께 병참기지화 역할을 했던 식민지 조선은 모든 경제활동이 조선총독부의 전시동원체제 하에 있었다. 이러한 상황에서 예고없이 찾아온 조국의 해방은 해방의 기쁨 못지 않게, 혼란된 체제를 어떻게 극복할 것인가의 과제를 던져 주었다.

해방 당시 식민지 조선의 공공부문은 △조선총독부 직할(전매·철도·인쇄·통신·학교·평양광업소 등) △공기업(동양척식회사 및 자회사) △일본기업 소유(은행·전기·운수·광산·해운 등) 등으로 운영되고 있었다. 일제 식민통치 체제는 곧바로 한반도 남쪽을 점령한 미 군정 체제로 이양되었다. 총독부 직할 공공부문은 미군정 직할(정부기업)로 승계되었고, 신한공사(동양척식회사 및 자회사 인수)·국제전신전화사 등 공기업(귀속업체) 설립과 함께, 일본기업 소유는 미군정 관리 체계로 이어졌다. 이후 미군정은 1948년 일본인 소유 기업에 대해 이들 기업들을 한국 정부에 인계했고, 이후 이승만정권은 이들 기업들을 귀속업체(공기업)로 전환(예, 전기·통신 등)하거나, 민간 기업에 불하하는 조치를 취했다.[1]

해방 정국에서 공장의 자주관리권을 획득하려는 투쟁이 전국적으로 시작되면서 이들 공공부문(특히, 철도·전기·운수·통신·광산 등) 중심으로 자주적 민주노조가 들어섰고, 정부(미군정)와 직접 충돌 가능성이 높은 공공부문노조 특성상 해방 정국의 노동자투쟁은 이들이 주도할 수밖에 없었다. 특히 일본기업들이 해방과 함께 자산·설비를 무단 방출하려는 움직임을 보임에 따라, 이에 맞서 노동자들이 자주적으로 접수하여 공장평의회를 만드는 등 자주관리운동이 이어졌다. 이같은 자주관리운동이 이후 미군정이 귀속업체를 관리하는 과정에서 또다시 대립·충돌이 이어졌다.

더구나 당시 △식민지 조선 경제를 주도한 일본 자본(설비·기술·인력)의 철수에 따른 생산

---

1 미군정이 1948년 한국 정부에게 넘겨준 일본인 귀속 기업은 2,576개로서, 이중 공공서비스 부문은 은행 43개, 전기회사 51개, 운수회사 75개 등으로서, 당시 23억$에 해당하는 규모(이북 별도)였다. 이후 1949년 귀속재산처리법에 따라 이승만정부는 민간에 불하(매각)하기 시작하였는데, 당시 이러한 귀속재산을 인수한 기업 상당수가 재벌기업으로 자리잡게 되었다(이대근, 2015). 특히 이들 민간 기업에 불하한 귀속 재산 중에는 시멘트·화약·광산 등 국가 전략자산 들도 포함되어 있었다.

의 공동화(空同化) △38선 경계의 남북 분단으로 인한 38선 이남의 전력 부족 및 이로 인한 산업생산의 차질 △미군정의 통치 역량 미숙 등이 겹쳐 해방 정국의 경제 토대는 극도로 불안했다.[2] 이러한 상황에서 생활 필수 물자 부족으로 인한 인플레이션 확산 및 광범위한 실업 사태 등으로 인해 해방 정국의 노동자들은 생존 문제에까지 직면하게 되었고, 이러한 상황은 공공부문에서도 예외는 아니었다. 당시 미군정청은 직접 관리하에 있던 귀속업체(공기업)에 대해서도 구조조정 움직임을 보이기 시작했다. 이 당시 매각했던 적산기업들은 이후 한국 재벌들이 성장하는 밑거름으로 작용했다. 해방 이후 경제난의 지속과 이로 인한 공공부문에 대한 구조조정은 결국 해방 정국 초기 공공부문노조들의 파업을 유도하는 계기로 작용했다.

일제하에서 극한적 탄압에 직면하면서도 그 흐름을 끈질기게 이어온 1930년대 이후의 적색노조운동에 힘입어 해방 정국에서 민주노조운동은 급속히 전국적으로 확산된다. 지역·산업 조직으로 확대된 민주노조운동 세력들은 곧바로 전국조직을 건설했다. 1945년 9월 26일 경성 토건노조 사무실에서 철도·금속·화학·건설·교통운수·식품·광산·섬유·전기등 10개 부문의 노조 대표들(51명)이 노동조합의 전국조직 건설을 위한 대표자회의를 개최하기에 이르렀다. 이어 1945년 11월 5·6일 서울 중앙극장에서 전국의 모든 노동조합을 사실상 망라한 15개 산별노조, 1,194개 사업장 분회 및 조합원 18만 여명을 대표한 505명의 대의원이 참석한 가운데 〈조선노동조합전국평의회〉(전평)가 결성되었다. 철도노조를[3] 포함하여 광산·교통운수·전기·통신 등의 공공부문노조도 참여했는데, 이 때 참여한 공공부문노조는 [표2-1]과 같다.

전평은 △최저임금제 확립 △8시간 노동제 실시 △14세 미만의 유년노동 금지 △단체계약권 확립 △공장위원회 보관관리권(保管管理權) 확립 △사회보장 실시 △언론집회결사파업시위의 절대자유 보장 △조선인민공화국 지지 △조선의 자주독립 △세계노동계급 단결 등을 행동강령으로 채택했다(안태정, 2005). 경제적 요구(노동·생존권 보장)와 정치적 요구(자주독립 등)가

---

2 해방 직전 1943년 10,065개에 달했던 사업장은 1947년 3월에 4,500개로 55.3% 감소했고, 5인 이상 사업장 노동자 숫자도 255,393명에서 133,979명으로 감소되었다. 1946년 11월 당시 남한의 실업자 총수는 110만 2천명 정도였는데 이는 당시 남한의 전체 취업노동자수와 거의 비슷한 숫자였다(이원보, 2013).

3 2001년 민주 집행부가 들어선 이후 철도노조 역사를 정리하는 과정에서 전평 산하의 철도노조는 1945년 11월 2일 결성되어, 20개 지부 59,802명이 조직된 것으로 정리되었다([표2-1]의 안태정 자료에는 62,433명으로 기록). 해방 직후 철도국 산하 직장 대표자들이 10월 19일 〈철도경성공장종업원동맹〉을 결성하였고, 이 동맹이 전평 결성과 동시에 철도노조로 자리매김된 것이다(전국철도노조, 2005).

표2-1 전평의 주요 공공서비스 부문 조직 현황

조직명	설립일자	대표자(*)	조합원수(명)		주요 조직 구성
			1945.11.	1946.2 (**)	
전국철도노조	1945.11.2.	이성백(집행)	34,728	62,433	서울·부산·영주·순천 등
전국광산노조	1945.11.1.	마수길(서기)	23,281	64,572	석탄·중석
전국통신노조	1945.11.3.		496	10,215	전신·전화
전국전기노조	1945.11.4.	문은종(집행)	5,802	15,742	경성전기·서울전차 등
전국교통운수노조	1945.11.4.		23,728	58,041	버스(시내·광역)·해운 등
전국조선노조	1945.11.4.	위무황(집행)	(미확인)	5,349	조선공사
(전평) 전체조직	1945.11.5.		약 18만명	약 57만명	

* 대표자는 '집행위원장'또는 '서기장' ** 1946년 2월 통계 북조선분국 포함

자료: 안태정(2005)

결합된 전평의 행동강령은 당시의 정치적 지형상 미군정과 대립 양상으로 흐를 가능성이 높았다. 더구나 미군정 하의 노동자·민중의 삶은 계속 악화되어, 1946년 물가는 해방 직전에 비해 92배가 올랐고, 물가 폭등에 비해 임금 인상은 1/13 수준에 머물렀기 때문에, 노동자들의 불만은 계속 치솟고 있었다.

전평 활동에 대해 미군정은 초기에 방관자적 태도를 취하고 있었지만, 1945년 10월에 공포한 군정법령 제19호에 따라 취업에 방해가 되는 노조의 공동행동 참가에 대해 불법으로 규정했고, 취업에 방해가 되지 않는 노조의 단체행동에 대해서도 노동조정위원회의 강제 조정에 따르도록 했다. 이는 자연스럽게 자주관리운동을 택한 전평과 대립할 수밖에 없는 조건으로 작용함으로써, 사실상 노조의 자주적 활동을 억압하고 있었다. 당시 일본을 통치했던 미군정은 노동조합을 적극적으로 육성하고 공산당 계열 활동가들을 석방하는 조치를 취했지만, 우리나라에 대해서는 노조활동을 억압하는 상이한 흐름을 보였다. 미군정이 전평을 적대시하고 공격한 것은 1946년 5월 위조지폐 사건으로 조선공산당 간부를 체포하고, 이어 6월 제1차 미소공동위원회가 결렬되면서부터이다.

전평은 미군정이 자주관리운동에 대해 불법으로 규정하며 억압을 해오자, 미군정의 정책 실패로 인한 노동자·민중의 기본생활권 보장을 위해 쌀 획득 투쟁을 전개하면서 미군정에 맞서기 시작했다. 전평 소속 노조의 투쟁은 철도에서부터 본격화되었다. 노동자들의 불만이 확대되면서 전평이 미군정과 대립 강도를 높여져 갈 즈음, 미군정 운수부(운수부장 코넬슨)는 1946년 8월 운수 노동자들의 임금 체계 개악(월급제→일급제) 및 철도 노동자 감원(25%) 방침을 발표하였다. 다분히 철도 노동자들의 삶을 위협하면서 전평의 가장 핵심 대오인 철도노조의 기반을

와해하기 위한 목적이었다. 이에 맞서 서울 경성공장 철도노동자 3천여명이 9월 13일 노동자 대회를 열고 태업에 돌입하면서, 임금 인상 및 해고 중단 등을 요구했다. 그러나 미군정이 계속 철도 노동자들의 요구를 묵살하면서 비방하는 흐름이 계속되자, 9월 23일 부산 철도노동자들이 먼저 파업을 선언하였고, 뒤이어 서울과 전국의 철도 노동자들도 파업 대오에 합류하게 되었다.

> "우리 4만 철도 종업원은 우리 철도가 또다시 어느 제국주의의 압박과 착취와 침략의 무기가 되게 함이 아니라 조국의 민주화와 독립과 부강의 무기가 되게 하기 위하여 참다 못해 총파업에 들어갔다"('3천만 동포에게 드리는 성명서', 1946.9.24)

철도노조 파업에 대해 미군정이 9월 25일 담화문을 통해 강경 대응을 선언하자, 출판노조·통신노조·전기노조 등이 곧바로 연대파업에 돌입했다. 이에 전평은 9월 26일 〈남조선총파업투쟁위원회〉 명의로 철도노조를 사수하기 위한 전국적인 연대 총파업을 선언했다. 경성전기 등을 중심으로 한 전기노조 파업은 서울을 암흑 세계로 바꿀 만큼 위력적이었다. 철도·전기 부문에 이후 대한노총이 집중적으로 조직 장악을 추진했던 것은 이들 철도·전기노조의 파업 위력과 무관치 않았다.

전평의 총파업 방침에 따라, 9월 27일부터 전국의 교통운수·금속·통신 노동자들이 동정(연대)파업에 돌입하게 되었다. 전평 총파업에 대해 미군정은 전쟁으로 간주하고, 수도경찰청장(장택상) 주도하에 경찰·대한노총·서북청년단 등이 철도노조에 대한 폭력적 진압에 나섰다. 이로 인해 전평 총파업은 10월의 전국 인민항쟁으로 확산되면서 해방정국의 자주 독립국가 건설을 위한 정치 총파업으로 전환되었다.

자주적 독립국가 건설을 억압했던 미군정 주도 하에 전평 총파업 탄압을 주도한 것은 1946년 3월 10일 결성된 〈대한독립촉성노동총연맹〉(이후 대한노총)이었다. 대한노총은 9월 26일 우익 폭력단체(서북·대한청년단 등)와 함께 〈전평파업대책위원회〉를 구성하고 전평 파업을 공격하기 시작했다. 미군정과 폭력 세력들은 9월 30일 용산 철도공작창을 습격하여 노조간부 16명과 조합원 1,200명을 검거했고 2명을 사망하게 하는 등 전국적으로 가공할 탄압을 자행했다. 철도노조 파업은 부산에서 끝까지 이어진 뒤 결국 경찰·대한노총 등에 의해 마무리되었다. 파업을 이끈 전평 소속 철도노조는 엄청난 조직적 피해를 당했고, 탄압 국면에서 철도노조 대신 들어선 철도 종업원대표에 의해 10월 14일 미군정청과 최초의 노사협정서가 체결되었다. 철도

노조 파업이 마무리되면서 대규모 구조조정도 철회되었다.[4]

전평의 총파업은 철도노조 무력 진압으로 1차 마무리되었으나, 지방에서는 10월 1일 대구지역 대규모 시위를 시작으로 충청·전라·강원·경기지역까지 전 민중항쟁으로 확산되는 흐름으로 발전했다. 전평은 이후 미군정과 대한노총의 폭력적인 탄압에 맞서고자 1947년 3월 2차 총파업을 선언한 가운데 출판·철도·전기 노동자들이 2차 총파업에 다시 참여했지만, 이후 6월 8일 전평의 합법성을 공식적으로 부정하는 미군정의 발표가 있은 후 전평은 지하활동으로 전환될 수밖에 없었다. 조국 분단이 임박한 가운데 1948년 '2·7 구국투쟁'이 전국적으로 타오르자 전평(〈유엔조선위원단 항의 남조선총파업위원회〉)은 3차 총파업을 선언하면서 다시 미군정의 집중 공격을 받게 된다. 결국 5월 8일 단선 반대투쟁을 끝으로 남조선노동당(남로당)의 세력 약화와 함께 전평은 역사 무대에서 사라진다.

전평이 집중적으로 공격받고 있던 상황에서 1947년 3월 철도노조는 내부 조직을 추슬러 2차 총파업에 참여했으나 총파업은 실패하고 이후 대한노총의 조직이 그 자리를 대신한다. 2001년 5월 철도노조에 민주적 집행부가 들어서기까지 존재했던 〈전국철도노조〉는 전평 소속의 철도노조를 파괴하면서 대한노총이 대신 결성한 〈운수부연맹〉을 계승한 조직이다.[5]

2) 대한노총 결성 및 공공부문노조 활동

철도노조 등의 공공부문 투쟁이 전평 총파업 투쟁의 중심에 있듯이, 전평을 파괴하면서 본격적인 활동을 시작한 출발한 대한노총 역시 철도(운수부연맹)와 전력(경성전기) 등의 공공부문에서부터 시작한다. 대한독립촉성노동총연맹(위원장 홍윤옥)은 용산공작소·경성철도공작소·경성전기 등 15개 직장의 대표를 자임하는 45명이 참여한 가운데 1946년 3월 10일에 결성되었

---

4 미군정청 운수부장과 철도종업원대표가 체결한 '노사협정서'에는 감원 조치 철회 뿐 아니라 점심식사·교통패스·준월급제·식량 배급 등의 처우개선이 포함되었다. 해방 후 최초로 체결된 공공부문 단체협약이자 노정협약이었지만, 이 협약은 노조(철도노조)의 협약으로 보기는 어렵다. 철도노조를 무력 진압하고 들어선 대한노총 소속 철도 종업원들이 체결한 협약으로서, 이들 종업원들은 이후 1947.1.18.에 운수부연맹을 결성하여 노조 형태로 전환했다. 2001년 이전 민주 집행부가 들어서기 전까지 철도노조는 이 날을 창립기념식으로 설정해 왔다.

5 과거 2001년 이전 전국철도노조(용산) 사무실에는 "애국적 철도 선배들의 피어린 투쟁으로 남로당의 주구인 전평조직을 축출하고 대한노총 운수부연맹을 창립한 역사적인 자리"라는 푯말이 걸려 있었다(김영훈, 2014)

다. 대한노총(독립촉성연맹)은 결성 당시 신탁통치에 대한 찬반 논쟁 상황에서 신탁통치 반대의 목적으로 우익 세력들이 일부 공장의 노동자들을 참여시켜 결성한 조직으로서(김윤환·김낙중, 1983)으로서, 이후 자주관리운동을 전개해오던 전평의 활동을 억압하기 위한 목적을 강하게 드러냈다.

대한노총은 당시 노동조합의 실체가 없이 결성되었을 뿐 아니라, 민주주의와 신민족주의 원칙으로 △자유노동과 총력발휘(總力發揮)로 건국 헌신 △진실한 노동자로 국제수준 질적 향상 △혈한불석(血汗不惜)으로 노사간 친선 도모 △전국 노동전선의 통일 등의 행동강령을 제시했다(김윤환·김낙중,1983, 송종래,2010). 이러한 강령에서 보듯 도저히 노동조합 조직이라고는 보기 힘든 극우 행동대와 같은 정체성(identity)을 표방하였다.

실제로 대한노총은 노조 중앙조직과 같은 외형적 형태를 지니고 있었지만 노조 조직으로부터 출발한 것이 아니었다. 이러한 대한노총의 위상은 이승만대통령이 총재 역할을 맡고 있었던 상황과 무관치 않다. 대한독립촉성노동총연맹은 1948년 8월 27일 대의원대회를 통해 〈대한노동총연맹〉(대한노총)으로 전환하면서, 비로소 대한노총 조직이 노동조합 연합단체로 자리 잡았다. 따라서 1948년 8월까지 2년 반 동안 활동한 대한노총은 노조의 중앙조직으로 보기는 어려울 듯하다. 이후 대한노총과 한국노총은 1946년 3월 10일을 창립 기념일로 설정하고 지금까지 기념해오고 있다.

다만 대한노총(독립촉성노동총연맹)이 전평 등 자주적 민주노조운동을 파괴하면서 성장했지만, 산하 공공부문노조들은 이와는 별도로 미군정에 맞서 노동조건의 개선을 위한 자주적인 투쟁들을 전개하기도 했다. 경성전기노조 중 서울전차 운수 부문은 1948년 1월 파업에 돌입했다(전국전력노조, 2006). 전평 총파업 투쟁 과정에서 해체된 철도노조 대신, 1947년 1월 18일에 대한노총 산하에 운수부연맹이 발족되었다. 정부 수립 후 철도 노동자를 일반 공무원으로 규정하여 노조활동을 규제하려는 정부의 국가공무원법 개정 방침이 발표되었지만, 이승만대통령이 운수부연맹의 반공투쟁(전평 파괴)의 '공로'를 인정하여 1949년 9월 '철도노조'는 설립신고를 할 수 있었다.

정부 산하 귀속업체(공기업)에 있던 배전 부문의 조선전업 노동자들이 1949년 2월에 노조를 결성하는 과정에서 정부와 충돌이 발생한다. 당시 이승만정부가 이 조선전업노조를 계속 인정하지 않고 노조간부를 징계하려 하자 5월 14일 경인지구 노동자들이 1시간 단전(斷電) 파업에 돌입하였다. 대한노총 조직 사상 처음으로 시작된 이 파업은 이틀만인 5월 15일 파업이 마무리되면서 노조활동도 인정받았다. 이에 앞서 경성전기노조에서도 운수(전차) 부문 노동자들

의 시한부 파업 투쟁이 전개된 바 있었다.[6]

3) 1950년대의 공공부문 노동운동

1950년대에는 한편에서 대한노총 지도부의 어용 행각이 이어졌지만, 다른 한편에서는 산하 공공부문노조에서 정부에 대항하는 투쟁이 계속되었다. 1951년 전쟁 중에 정부귀속업체(현 공기업)의 구조개편 논의가 시작되면서 주요 공기업(정부투자기관)들이 설립되었다[7]. 참고로, 1948년 제정된 제헌헌법에는 주요 기간산업의 국영 체제를 기본으로 하고 있었기 때문에 관련 공기업들이 상당수 설립되어 있었다. 다만, 공기업의 운영 및 노사관계는 후진성을 극복하지 못했기 때문에, 상당수 공기업에서 체불·부당노동행위 등이 빈발했고, 이에 맞서는 노동자들의 저항이 전국 곳곳에서 계속되었다.[8] △1951~52년 인천·부산부두 노동자들의 파업 △1953년 경성전기노조 농성 △1954년 조선전업노조·석탄공사노조 파업 △1955년 남성전기노조(남전노조)의 노조 결성투쟁이 이어지다, 1958년에는 대한조선공사노조·남전노조·경성운수부노조·해운공사노조 등에서 잇따라 파업이 계속되었다.

1950년대의 주요한 투쟁은 대부분 공공부문노조들이 전개하였다. 이같은 투쟁이 계속되는 과정에서 독재정권의 행동부대로 전락하면서 제 역할을 하지 못하는 대한노총 지도부에 대한 불만도 확대되어갔다. 결국 1959년 10월 26일 대한노총의 어용과 굴종 행태에 반대하는 노동조합들이 전국적으로 결집하여 〈전국노동조합협의회〉(전국노협, 의장 김말룡)를 발족하기에 이르렀다.[9]

---

6 경성전기노조 중 운수(전차 운수) 부문은 1947년 1월에 미군정과 회사에 맞서 파업을 전개하여 해방 이후 최초의 단체협약을 체결하였다(이원보, 2013).

7 1948년 8월 미군정으로부터 공공부문 귀속업체 관리를 이관받은 이승만정부는 1949년 '귀속재산처리법' 제정을 통해 상당수 기간산업(예, 시멘트·화약·운수·광산 등)을 민간 매각(적산 불하)한 후, 정부 관리체계로 남아있는 귀속업체를 공기업으로 전환하는 작업을 추진하여 1952년에 1차 마무리한다. 이에 따라 1950년에 한국은행·대한석탄공사·대한조선공사·대한해운공사가 설립되었고, 1951년에는 한국조폐공사 등의 정부투자기관이 각각 설립된다. 이후 1954년에 한국산업은행이 추가로 설립되면서, 공기업은 50개에 달했다.

8 제헌헌법 87조에는 "중요한 운수, 통신, 금융, 보험, 전기, 수리, 수도, 까스 및 공공성을 가진 기업은 국영 또는 공영으로 한다"로 규정되어 있었다. 이 헌법 조항은 1954년 11월 제2차 개헌 당시 폐지되었다.

9 전국노협은 결성취지문에서 "새로운 전국단체를 구성하여 실지행동과 일상적 투쟁을 통해 현 노총과 대결"하고 '민주적 노동조합운동'을 추진하겠다고 선언했다.(이원보, 2013). 전국노협은 처음에는 대한노총 위원

대한노총은 1960년 3.15 부정선거 당시 이승만정권을 지지한 후 4.19혁명 이후 뒤늦게 자유당과의 관계 단절을 선언했다. 그러나 대한노총 위원장(김기옥)이 소속 노조(부산부두노조)로부터 쫓겨나는 등의 수모를 당했고, 결국 대한노총 지도부도 교체되기에 이른다. 전국노협은 4.19 혁명 이후 지도부가 교체된 대한노총과의 통합을 통해 1960년 11월에 〈한국노동조합총연맹〉 (한국노련)을 출범시켰으나 조직 통합 과정에서 내홍을 수습하지 못한채 5.16 군사 쿠데타로 무너진다.

2. 4.19혁명 이후 공공부문 민주노조 및 5.16 군사 쿠데타

1) 4.19혁명과 공공부문 민주노조 부활

반공을 앞세워 독재를 정당화하며 노동자·민중의 생존권을 철저하게 무시하던 이승만 정권은 영구 집권을 시도하다 결국 노동자·민중의 분노 앞에 무너지고 말았다. 4.19 민주혁명에서 나타난 민중의 요구는 반공에 근거한 독재체제를 해소하여 민주주의를 정착시키고 식민지 체제를 청산하지 못한 채 여전히 대미종속 경제구조에 머물러 있던 사회·경제체제를 자주적으로 전환시키자는 것이었다. 그러나 자유당 정권의 실정 속에서 경제 상황은 1950년대 후반부터 계속 악화되고 있었고, 혁명 이후 등장한 장면정부는 최악의 재정 상태를 그대로 물려받았다. 새로운 경제정책을 수립할 경황도, 민중의 요구를 수용할 재정적 여력도 없는 무능한 정부 앞에 노동자·민중의 삶은 더욱 악화되고 있었다.

다만 장면정부의 제2공화국은 정부 역할을 제대로 할 수 없을 정도로 혼란스런 정국에서 불과 1년만에 무너졌지만, 경제제일주의 국시 아래 공업화를 추진하였고, 이를 위한 댐·발전소·도로 등의 사회간접자본(SOC)를 육성하는 정책을 잠시나마 추진했다. 이러한 재정 및 경제 정책을 총괄하기 위해 '경제기획원' 설립을 준비하였고, 경제개발5개년 계획도 준비한 바 있다. 이러한 정책은 공공부문을 육성하여 국가 경제발전 및 공공서비스 강화를 확충하기 위한 것으로서, 이후 대부분 박정희정부로 계승되었다.

장(김기옥)과 대결했던 정대천(경성전기 노조위원장)이 주도했으나, 이후 정대천은 이승만정권에 굴복한다(김윤환·김낙중, 1981). 이승만정권에 종속되어 있던 정대천은 4.19 이후 불명예 퇴진하게 된다. 전국노협은 170 여개 단위노조, 16만명의 조합원을 포괄하면서 4.19혁명 이후 노동운동을 주도하게 된다.

4.19 민주혁명은 한편으로 민주주의 요구를 확산하는 계기로 잡으면서, 산업현장(노동현장)의 민주화 열기와 함께 민주노조들도 급속히 증가하였다.[10] 금융권과 학교 등을 중심으로 민주노조가 건설되기 시작했고, 대한노총의 중심 조직이었던 철도노조·경성전기노조에서 어용집행부가 사퇴하는 등 민주적 바람이 확산되기 시작했다. 4.19혁명 이후 민주노조는 금융기관에서 먼저 시작되었다. 6월 1일 조흥은행노조를 시작으로, 제일은행(6.1)·상업은행(6.11)·한일은행(6.11)·서울은행(6.18)에 잇따라 민주노조가 결성되었고, 곧이어 전국금융노조(7.23)의 연대조직으로 발전되었다.

당시 은행들은 모두 정부가 운영 지분을 갖고 있는 국책은행(공기업) 형태로 되어 있고, 실제 노사관계법으로도 공공부문 노조(쟁의권 제한 등)로 규정되어 있었다. 금융기관노조들은 5.16 군사쿠데타로 강제 해산당하고, 1961년 8월 3일 '노동자단체 활동에 관한 임시조치법'에 의해 다시 노조를 재건하기에 이르렀다.[11] 당시 민주적 금융노조를 주도하는 핵심간부 200여명은 해고되어 다시는 금융권에 발을 붙이지 못했다. 이후 독재정권 하에서 다른 금융기관에서 노조들이 대부분 들어서면서 이들이 금융노조를 대표하게 되었고. 이후 1980년 노동조합법 개정(기업별노조 재편)에 따라 금융노련(1981.2)으로 재편되었다.

2) 공공부문 민주노조운동의 역사, 교원노조 및 철도노조

과거 '이승만정권의 전위 부대'로 자리잡았던 대한교육연합회(대한교련)을 비판하면서 우리나라 최초의 교원노조인 〈한국교원노동조합총연합회〉(교원노조: 위원장 조일문)가 5월 22일 결성되었다. 교원노조는 교육 민주화를 앞세우며 7월 17일 제1차 전국대회를 개최했다. 당시 교육민주화 열기에 힘입어 교원노조 조합원은 1960년 말에 이미 4만여명에 달했다. 그러나 민주당의 장면정부는 교원노조를 인정하지 않았다. 일부 기능직종(철도·전신전화·전매·체신 등)을 제

10　당시 정부(보건사회부) 통계에 따르면, 노조수는 1959년 558개에서 1960년 914개로 증가했고, 조합원수 역시 280,438명에서 321,097명으로 증가하였다(매일노동뉴스, '한국노총 임원선거에서 촛불 타올라야', 2017.1.13. 재인용). 4.19혁명 당시 희생되었던 상당수가 노동자들(186명 중 94명)이었다는 점에서, 노동자들의 생존권 보장 요구가 4.19혁명에도 강하게 작용했고 이러한 희생이 민주노조 설립으로 이어진 것을 유추해 볼 수 있다. 1960년 한해 발생한 노동쟁의 건수는 과거 7년간(1953~1959년)의 수를 넘어섰다.

11　당시 중앙은행이었던 한국은행은 정부의 직접 통제로 인해 노조 결성이 번번히 좌절하고 억압당한 채 1987년 노동자대투쟁에 힘입어 1988년 7월 1일에 뒤늦게 노조가 결성되었다.

외하고는 공무원노조를 인정하지 않았던 상황에서 교육 민주화를 내세운 교원노조에 대해 당시 정부는 매우 부정적인 태도로 일관했다. 5월 29일 정부는 교원노조가 국가공무원법 및 교육공무원법을 위반한 단체로 규정하면서 해체를 요구했다. 이에 전국노협은 교원노조 투쟁을 지지하면서 6월 29일 문교부장관을 노동조합법 위반으로 고소하였고, 관련 공무원노조(철도·전력 관련 노조 등)는 공동투쟁위원회를 구성하기도 했다.

교원노조가 정부에 강하게 저항하고 공공부문노조들이 연대투쟁을 결의하자 정부는 교원노조가 출발한 경북지역의 교원들 400여명을 강제 전보하는 보복 조치를 취했다. 이 강제 전보 조치는 대구고법에서 전근발령처분 집행정지 가처분 결정을 내리면서 취소되었다. 이에 정부는 교원노조가 아닌 교원조합으로 인정하는 대신 단체행동권은 금지한다는 타협책을 제시하는 한편, 교원들의 노조활동을 금지하는 노동조합법 개정(안)을 국회에 제출했다. 이러한 정부 방침에 반발한 교원노조는 9월에는 집단 단식투쟁(1,161명 참여)을 전개했고, 선생들의 집단 단식에 대해 학생들까지 동조 단식을 전개하기도 했다.

교원노조를 끝까지 부정한 장면정부 하에서 교원노조는 1961년 4월까지 투쟁을 계속했지만, 결국 5.16쿠데타가 터지면서 쿠데타 정권에 의해 강제로 해산당한다. 노조 결성에 관여했던 1,500여명의 교사들은 교단에서 축출되었고, 이중 54명이 군사혁명 검찰에 의해 구속·기소되면서,[12] 교원노조는 물론이고 교육민주화 운동도 암흑기에 접어들었다. 구속·해고된 교사들은 출소 후에도 보안처분에 따른 감찰 대상으로 지정되어 이후 18년간 박정희정부 하에서 긴 시련을 겪게 되었다.

이 시기에 철도의 민주노조운동도 잠시 빛을 발한다. 이미 이승만정권의 전위부대로 전락한 철도노조(철도연맹)에 맞서, 기관차 승무원을 중심으로 1960년 8월 〈한국철도기관차노조〉가 결성되었다. 당시 철도 현장은 기관차 승무원의 노동조건마저 매우 열악했기 때문에 이러한 노동조건을 개선하기 위한 투쟁을 계속 전개하였는데, 이중 일부 노동자들이 4.19혁명 직전에 구속되었다. 이에 철도기관차노조는 철도 노동자의 노동조건 개선과 운전중 구속된 기관사의 석방을 위해 9월 30일 '열차안전준법투쟁'을 전개하였고, 투쟁 돌입 4시간만에 정부(교통부)와 노동조건 개선 및 노조활동 보장을 위한 합의를 이끌어냈다. 철도기관차노조는 이후 1961년 1월

---

12   특히 학원 비리를 공론화하는데 앞장선 경북교원노조 위원장(김문심)은 1961년 11월 혁명재판소 1심에서 무기징역을 선고받았다. 그 외 교원노조 수석부위원장(강기철) 징역 15년, 경남교원노조 위원장(이종숙) 징역 7년, 교원노조 사무국장(이목) 징역 10년, 대구초등교원노조 위원장(신우영) 징역 5년이 각각 선고되었다.

정부(교통부)와 단체협약을 체결하면서 민주노조의 안정된 터전을 구축하기도 했지만, 5.16 쿠데타 이후 결국 해산되고 말았다.

4.19혁명 이후 짧게 불타올랐던 공공부문 민주노조운동은 군사 쿠데타 앞에서 허망하게 막을 내렸다. 교원노조 등 공공부문 민주노조의 주요 간부들은 구속·해고 등을 넘어 사상적 낙인(좌익용공)까지 받으며 이후 군사 정권의 탄압에 직면한다. 비록 짧은 기간이었지만 뿌리 깊은 어용노조의 벽을 허물고 새롭게 민주노조의 토대를 쌓아가기 위해 치열하게 싸웠던 1960년대 초 민주노조운동은 금융·교원·철도·언론 등 공공부문 및 사무전문직 노동운동 역사에 남아 있다.

3. 박정희정부의 암흑기 지속

1) 민주노조 파괴 및 자주성 없는 노총의 재건

5.16 군사쿠데타는 해방공간에서 이루지 못했던 자주적인 정부 수립과 민족경제체제를 열망하던 노동자·민중의 바람에 찬물을 끼었으며 4.19혁명의 불꽃을 짓밟았다. 이후 오랜 기간 동안 민주주의와 인권이 말살되었고 민중의 삶은 길고 긴 암흑의 세월 속에서 고단한 행로를 걸어야 했다.

5.16쿠데타 이후 공공·금융부문 노조의 해산 및 재건, 교원노조의 파괴 이후 우리의 노동운동은 억압과 굴종의 긴 암흑기를 거쳐야 했다. 1961년 8월 노동조합 임시조치법 발표 및 1963년 3월 노동법 개정으로 노동조합 활동은 인정되었으나 노조간 연대가 막히고, 노조활동에 대한 공안기관의 직접 개입 등으로 공공부문에 대해서는 더욱 강한 통제가 가해졌다. 군사정권에 의해 재건된 한국노총은 1961년 8월 결성대회에서 자주적인 노조활동과는 거리가 먼 정권에 종속된 노동조합 중앙조직의 한계를 드러내며 출발했다.[13] 정치권력에 대해 자주성을 기반으로 한 민주노조운동은 이후 박정희정부 아래서 제대로 숨조차 쉴 수 없는 척박한 환경에 직면해야 했다. 한국노총 소속 공공부문노조 역시 이러한 한계를 그대로 안고 각각 재건되었다.

주요 공공부문인 철도의 경우 1961년 8월 현재의 전국철도노조로 재건되기에 이르렀고,

---

13 한국노총 출범(1961.8) 당시 "군사혁명의 성스로운 봉화를 선두로 우리들 노동자는 견고한 단결과 피끓는 동지애로서 산업부흥의 주도성을 확보하고 국가재건에 전력을 다하여 근로대중의 복지사회 건설을 이룩하고자 한다"는 선언 속에 쿠데타 정권의 관여 하에 재건된 한국노총의 한계가 드러나고 있다.

전력의 경우 같은 해 7월 3개 전기회사 통합에 따라 노조도 통합하여 현재의 전국전력노조가 출범하게 되었다. 5.16 군사정부 하의 노조 해체 및 이후 철도·전력노조 등의 공공부문노조의 재편과정에서 과거 전국노협에 참가했던 세력들이 대부분 쿠데타 정권에 의해 배제되면서 이후 이들의 민주노조운동 흐름도 오랜 침체기에 빠지게 된다.[14]

　　이후 대한노총 산하에서 전국전매노조·전국석탄노조 등도 재건되어, 이들 철도·전력·전매(이후 담배인삼)·석탄·금융노조 등이 이후 박정희정부 하에서 공공부문노조를 대표하게 되었다. 당시 철도·체신·전매 노동자들은 모두 현업(기능직) 공무원으로서 공무원노조의 틀을 지니고 있었고, 이들이 1966년 1월 〈전국공무원노동조합협의회〉(전공노협)을 결성하여 1968년부터 정부에 대해 '처우개선 건의문'을 제출했다. 각 조직별로 노사협의회가 진행되지만, 노사간 자주적 협의의 틀 자체가 불가능하고 노조법에서 정한 노사간 단체교섭은 사실상 사문화될 수밖에 없었다. 1963년 이후 현업공무원 및 공기업 노동자들의 보수 통제 방침이 지속되었지만 이러한 통제 구조 속에도 공공부문 노동자들의 반발은 크게 없었다(표2-2).

표2-2　1960년대 한국노총 주요 공공(서비스)부문 조직 현황

조직명	조직 설립		조합원 현황			비고(이후 변동)
	최초 설립	5.16후 재건	1961	1970	1979	
전국철도노조(*)	1947.1.18	1961.8.17	15,000	36,641	32,970	- 2002.11. 민주노총 조직 변경 - 2005.1. 철도공사·공단 분리
전국체신노조(*)	1958.3.24	1961.8.16	4,359	21,648	44,087	- 1982.1. 전기통신공사노조 분리 - 2011 '우정노조' 명칭 변경
전국전매노조(*)	1954.5.7	1961.8.1	3,556	13,429	14,576	- 1987.4. 전매공사 전환 - 2002.12. 담배인삼공사 민영화
전국전력노조	1946.11.24	1961.8.22	4,500	11,410	14,760	- 2001.4. 발전 부문 노조 분리
전국금융노조	1960.7.23	1961.8.19	3,600	18,046	59,798	- 1987.11. 사무금융연맹 분리
전국광산노조	1949.4.27	1961.8.16	14,265	32,185	50,418	

* 철도·체신·전매노조 조합원들은 기능직 공무원으로서 이후 국립의료원노조와 함께 1966년 '공무원노조협의회' 구성

자료: 이원보(2010), 한국노총(2002)

14　전력계열 노조는 비록 대한노총 산하에 속해 있었지만 정부 정책에 맞서 파업에 돌입하기도 했고, 1955년에 결성된 남전노조는 전국노협에 참가하는 등 나름대로 자주성을 견지한 조직들도 있었다. 조선전업노조는 이에 앞서 1949년 결성되었다. 5.16 쿠데타 이후 7월 1일 전기 3사 통합(한국전력공사 출범) 이후 9월 22일 통합 전력노조가 결성되었고, 1967년 남전노조가 해산하면서 실질적인 전력 단일노조로 자리매김했다.

2) 박정희정부의 공공부문 관리정책 및 민영화 추진

군사 쿠데타로 집권한 박정희정부는 집권 초기부터 공기업 및 공공기관의 적극 육성과 함께 주요 공기업의 민영화 전략을 병행했다. 집권 초기(1961~62년) 전력공사·주택공사 등의 공기업(정부투자기관) 체계 전환과 함께, 포항제철·방송공사·무역진흥공사·관광공사·중소기업은행 등 공기업을 설립했다. 물론 공기업 확대 및 중화학공업 육성 전략은 이전 장면정부(2공화국)가 이미 준비해온 것을 실행에 옮긴 것이었다.

제2차 경제개발 5개년 계획(1967~1971년) 기간에 정권 핵심 세력(정치권+경제관료)이 재벌과의 정경유착을 앞세운 중화학공업 육성 전략 하에 제1차 공기업 민영화를 전면적으로 추진했다. 국가 기간산업(운수·제조·금융 등)의 민간 매각을 통한 공적 재원 확보 및 재벌 육성을 주된 목적으로 12개 공기업 대상으로 1차 민영화가 추진되었다. 이에 따라, 한진그룹(항공·해운), 대우그룹(중공업), 동아그룹(대한통운), 삼미그룹(철광), 럭키(광업제련) 등의 재벌 그룹이 부상했고, 현대그룹의 중공업 기반이 강화되었다. 1972년에는 시중은행 최초로 한국상업은행이 민영화되었다.

박정희정부는 1962년 8월 '정부투자기관 예산회계법'을 제정하고 공기업에 대한 관리체계를 강화하기 시작한다. 정부 최초로 성과 중심 공공기관 관리체계가 법제화된 것이다. 이러한 공기업 관리체계는 자연스럽게 공기업의 노조활동이 공공부문노조간 연대보다 기업 단위별 실리주의로 흐르게 하는 효과를 발휘했다. 전력공사·석탄공사와 더불어 당시 공기업 위치에 있었던 대한항공·대한통운·석유공사 등에도 노조가 있었지만 1960년대 말부터 시작되는 민영화 과정에서 제대로 저항도 못한채 노조활동 역시 침체기에 접어들었다. 공기업 중에는 거의 유일하게 대한조선공사노조가 1960년대 말까지 완강한 투쟁을 전개했다.

3) 1960년대의 공공부문노조 투쟁

1962년 12월 쿠데타 정권의 계엄령 해제 및 1963년 4월 노동법 개정이 공포되면서 공공부문노조들 역시 임금 및 노동조건 개선을 위한 투쟁을 전개하기 시작했다. 1963년 6월 16개 정부관리기업(공기업)에서 임금통제지침의 폐기를 요구하는 공동 투쟁 선언이 있었고, 이중 광산노조는 12월에 9개 지부가 단체행동에 돌입하기도 했다. 그러나 1960년대의 공공부문노조들의 투쟁은 대한조선공사노조의 파업 투쟁을 제외하고는 대부분 정부에 정책 요구를 제출하며 집회를 개최하거나, 파업을 결의한 후 교섭을 타결하는 수준에 머물렀다.

철도노조는 상대적으로 낮은 철도 노동자들의 처우 개선을 요구하며 1963년 12월 쟁의행위를 결의하며 농성 투쟁을 시작했고, 1964년 1월 25일에는 철도청이 불성실하게 교섭에 응하자 파업 돌입을 선언했다. 철도노조가 2월 8일 파업을 선언한 가운데 철도청이 적극적으로 교섭에 참가한 가운데, 2월 19일 임금 40% 인상을 주요 내용으로 하는 임금협약이 체결되었다.

1967년에는 정부의 주유종탄(主油從炭) 정책에 따른 석탄산업의 불황이 지속되자 이에 광산 노동자들이 석탄산업 고용 안정과 처우 개선을 위한 투쟁을 전개했다. 앞서 1963년 광산노조 위원장이 민주적 정당 건설을 추진한 바 있듯이 광산노조는 박정희정부 및 한국노총에 대한 불만이 높았던 조직이다.[15] 1967년 6월 광산노조는 98%에 달하는 압도적인 찬성으로 쟁의행위를 결의하고 전국적으로 가두 시위를 전개했다. 8월 13일 시한부 경고파업을 선언한 상황에서, 파업 직전에 광산노조 투쟁은 마무리되었다.

1968년에는 민영화를 앞둔 대한조선공사(현 한진중공업)에서 당시 흔치 않은 공가업노조의 장기 파업 투쟁이 전개된다. 1968년 4월 이래 6차례 부분·순환파업을 이어가던 대한조선공사 노조(지부장 허재엽)는 민영화가 진행중이던 1969년 7월 2일 고용안정과 처우개선을 내걸고 전면 파업에 돌입하였다.

당시 3선개헌 반대투쟁으로 정국이 들끓고 있는 상황에서 파업 19일째인 8월 19일 공사는 직장폐쇄를 단행했다. 이에 쟁의대책위원 190여명이 단식 농성에 돌입했고 가족들이 연좌 시위를 전개했으며, 금속노조는 9월 3일 전국적 연대파업 돌입을 선언했다. 이에 정부(보건사회부)는 9월 18일 건국 최초로 파업을 중단시키는 긴급조정권을 발동하기에 이른다. 정부의 긴급조정권이 발동되자 공사는 지부장 등 노조 간부 16명을 해고 조치했다. 중앙노동위원회가 긴급조정을 시도했으나 정부가 긴급조정권을 발동하고 노조 간부를 해고한 상황에서 조정에 실패했다. 이 과정에서 공사측과 노조 간부간에 갈등이 생겼고, 이를 근거로 공사측이 노조 간부들을 고발한 결과, 경찰은 노조 위원장 및 간부들을 구속했다.

금속노조가 10월 노조 간부 석방 및 복직을 요구하며 연대파업을 선언했으나, 공사측은 노조를 분열시켜 파업 철회 및 노사 공동평화선언까지 발표하도록 했다. 이 파업으로 16명의

---

15 1963년 1월 군사정권의 정치활동 허용 방침이 발표되자, 광산노조 위원장(김정원)을 중심으로 가칭 '민주노동당 창당발기준비위원회' 명의의 정당 발기 취지문을 발표하고 한국노총이 노동조합 본연의 자세로 돌아가지 않으면 독자 창당도 불사한다는 방침도 아울러 밝혔다. 곧바로 한국노총과 군사정권의 강압적 조치가 이뤄지면서 광산노조 위원장은 징계조치(무기한 정권)가 이뤄졌고, 민주노동당 창당은 좌절되었다(이원보, 2013).

노조간부가 해고되고, 이후 철저한 통제가 가해지면서 조선공사는 1987년까지 민주노조의 기반이 완전히 무력화된다.[16]

파업 직후 정부의 민영화 정책에 따라 극동해운이 대한조선공사를 인수한 후 1972년에 거제도 옥포에 대형 조선소를 건설하는 등 시설 투자를 강화했으나 1970년대 후반 세계적인 오일쇼크로 조선산업에 대한 불황이 확산되자 부도 위기에 직면했다. 이에 따라, 옥포 조선소는 1979년 대우중공업으로 매각(이후 대우조선)되었고, 부산 영도조선소(대한조선공사)는 1989년에 한진그룹으로 매각(이후 한진중공업)되었다. 그러나 한진중공업으로 전환되기 이전에도 물론이고, 전환된 이후에도 노조 탄압이 여전히 계속되는 악명 높은 사업장으로 알려져 있다.[17]

어용화된 한국노총을 민주노조 억압의 도구로 삼으면서 박정희정부는 집권 기간 내내 한편으로는 물리력을 앞세운 탄압으로, 또 한편으로는 법률과 제도적인 장치 등을 통해 지속적으로 민주노조운동 통제해 나갔다. 1964년 노동관계법 개악을 통해 △노조 설립 허가주의 △행정관청의 노조 업무감사권과 해산권 △노조의 정치활동 금지 △노동쟁의 제한 공익사업 범위 확대 △긴급조정권 등을 도입했다. 이는 노동조합 운영에 대해 국가권력이 얼마든지 개입할 수 있는 여지를 만드는 한편, 노동조합의 단체교섭과 단체행동을 원천적으로 제한하고 봉쇄할 수 있는 장치를 만들었다는 의미이다. 1969년 대한조선공사노조에 내려진 긴급조정권은 바로 이때 만들어진 노동 악법의 산물이었다. 그리고 이러한 노동조합 억압 장치는 1970년대 독재 강화 체제 속에 더욱 강화된다. 노동기본권 및 민주주의가 동시에 억압을 당하는 암흑기가 본격화되는 것이다.

4) 유신독재 하의 노동운동 억압 및 민주노조 투쟁

박정희정부의 독재가 기승을 부리던 1970년대에는 청계피복 노동자 전태일의 분신·사망(1970.11.13)을 거치면서 노동자들의 투쟁이 다시 불붙는다. 전태일의 투쟁 및 분신·사망은 당

---

16 당시 노조 쟁의부장이었던 박인상은 구속·해고된 후 한국노총 금속노조 산하 사업장으로 재취업한 후 1988년 금속노련 위원장을 거쳐 1996년 한국노총 위원장에 당선되었다.

17 1986년 당시 노조 대의원이었던 김진숙이 노조 집행부의 어용성을 폭로하는 유인물을 배포하다 대공분실로 끌려가 고문당하고 해고되었다. 대한조선공사에서 전개된 악명높은 민주노조 탄압의 상징적 사건이다. 이후 한진중공업으로 전환한 뒤 1991년 노조 위원장(박창수) 의문사, 2003년 노조 지회장(김주익) 자살 등이 계속된다.

시 노동자들의 살인적 노동조건 및 사문화된 노동법의 현실을 제대로 보여주었다.[18] 전태일열사의 죽음이 우리 사회에 충격을 던져줬지만, 이후 독재 체제가 강화되는 상황 속에서 오히려 그 죽음의 의미는 묻히게 되었다. 박정희정부의 1971년 국가 비상사태 선언 및 1972년 10월 유신 등을 거치며 독재 체제가 강화되는 흐름 속에서 한국노총 지도부는 정부와 타협하는 과정을 계속했고, 심지어 1970년대 초기 어렵게 투쟁하는 민주노조들을 비난하는 일도 마다하지 않았다.[19] 이러한 독재 체제와 한국노총의 타협의 결과, 노동자들의 권리는 철저하게 억압당했다. 물론 한국노총의 지도부와 달리 일부 산별조직에서는 민주노조가 탄생하는데 일정 부분 기여한 측면도 있지만, 한국노총 지도부의 어용 행각은 부인할 수 없는 사실이다.[20]

박정희정부는 1971년 12월 '국가보위에 관한 특별조치법'(국가보위법)을 제정하여 "비상사태 아래서의 근로자의 단체교섭권 또는 단체행동권의 행사는 미리 주무부서에 조정을 신청하여 그 결정에 따라야 한다"(제9조1항)는 내용으로 노조 활동을 제한하였다. 더 나아가 1974년 1월 긴급조치 1호 발동과 때를 같이하여 노동관계법을 개정하고, △기업별노조 강제 △노동쟁의 제한 △노사협의회 확대(교섭 불인정) 등을 통해 사실상 자주적이고 민주적인 노조활동을 전

---

18 서울 평화시장에서 피복제품상 노동자들의 노동조건 개선을 위한 노력이 회사측의 거부와 경찰의 방해로 가로막히자 전태일은 11월 13일 자신의 몸에 불을 지르고 쓰러져갔다. 젊은 노동자의 죽음 앞에 우리 사회는 충격에 휩싸였다. 11월 16일부터 서울의 주요 대학에서 노동현실의 개선을 요구하며 추모 행사와 단식 농성이 이어졌고 정부는 결국 11월 20일에 주요 대학에 휴교령을 내리기까지 했다. 전태일의 죽음은 고도 성장의 이면에 살인적 노동 현실이 자리하고 있는 한국 사회의 민낯을 드러냈다. 이후 민주노조운동의 주요 실천 과제로 자리잡은 전태일 정신은 1987년 노동자 대투쟁 이후 성장·발전한 민주노조 전국 중앙조직(민주노총)의 존립 목적과도 연결되어 있다.

19 한국노총은 1971년 12월 6일 박정희정부의 폭정이 시작되는 국가 비상사태 선언(노조활동 억압 포함) 직후 12월 7일 국가 비상사태 선언을 지지했고, 악명높은 10월 유신이 발표된 1972년 10월 '구국 통일을 위한 영단을 지지한다'는 성명을 또다시 발표했다(이원보, 2010). 노동조합의 자주적인 전국중앙조직이라면 도저히 할 수 없는 행동들이었다.

20 한국노총 지도부가 민주노조운동을 억압한 것은 부인할 수 없는 사실이지만, 한국노총이 민주노조의 탄생에 도움을 주기도 했다. 한국노총 간부들은 자기조직 기반 확대와 재원 확보를 위해 신규노조 결성에 성의를 갖고 있었고 이를 한국노총 내에서 자기 기반으로 인정되었기 때문이다(유범상, 2001, 재인용). 1987년 노동자 대투쟁 이후 초기 민주노조운동를 지원했던 선배 활동가(김금수·천영세·이원보 등)들이 1970년대 한국노총에서 개혁적 흐름을 유지해온 것도 이러한 취지로 볼 수 있다(필자 주).

면 봉쇄하기에 이르렀다.[21]

노동자들 권리가 억압당하는 현실에서도 1973년부터 노동자들의 투쟁이 계속된다. 1974년 9월 현대조선소 노동자들의 농성투쟁이 공권력에 무참히 짓밟히게 되었고, 자유언론실천운동으로 1974년 출발한 언론노조들(동아일보·한국일보 등)도 탄압으로 좌절하고 만다. 섬유 노동자(청계피복·동일방직·원풍모방·반도상사 등)들을 중심으로 처절한 저항이 계속되면서 유신정권은 YH상사 노동자들의 투쟁 끝에 무너지게 된다.

1969년 대한조선공사노조의 파업 투쟁이 정부와 공사측의 탄압으로 마무리된 이후 공공부문노조의 정부에 맞선 투쟁은 사실상 사라졌다. 다만, 구조조정으로 생존의 위기에 처한 광산(석탄·중석 등) 노동자들의 저항이 간헐적으로 계속되었다. 정부는 공공부문의 노동기본권은 제약하면서도 복지 혜택 등을 확대하여 더욱더 공기업노조를 체제내에 가두려는 정책을 강화했다.[22] 박정희정부가 국가 주도의 경제개발전략을 추진하는 과정에서 공공부문 노동자들 역시 이러한 상대적 복지 혜택에 안주하며 권위주의 체제에 종속되었고, 기업 단위로 분절된 상황에서 협조적 노사관계는 계속 확대되었다. 1980년 이후 전기통신공사 등이 정부기관에서 공기업으로 전환되었고, 이후 1987년 이전까지 공기업과 금융기관에 노조들이 일부 들어섰지만 역시 이러한 흐름으로부터 자유롭지 못했다.

4. 1980년대(87년 이전)의 공공부문 노조 운동

1) 공기업 민영화 및 공공기관 확대 병행 정책 지속

1960년대 말부터 1970년대 초까지 박정희정부가 재벌 육성 차원에서 항공·해운·통운·

---

21 유신정권에서 악명이 높았던 긴급조치(1호) 내용에는 노동자들의 정당한 단체행동마저 영장없이 체포할 수 있는 내용들이 포함되어 있었다.

22 박정희정부는 공공부문 종사자에 대한 노동기본권은 제약했지만 1960년대 후반부터 복지 혜택을 확대했다. 특히 한국전력 노동자의 감전 사고를 접한 후 1975년부터 공기업 종사자에 대해 공무원과 같은 대학생자녀학자금을 지원하기 시작했고, 순직 자녀 특별채용 등도 구체화시켰다. 김대중정부에서 박근혜정부를 거치며 모두 철폐된 혜택들이다. 무엇보다 공공기관의 퇴직금 제도의 혜택이 컸다. 공공기관 복지 혜택의 상징인 퇴직금누진제는 1970년대 후반부터 전두환정부을 거치며 개악(80~52.5배)되었고, 이후 1999~2001년 김대정부정부의 공공기관 구조조정 과정에서 완전히 폐지되기에 이른다(필자 주).

중공업 등 국가기산산업에 대한 제1차 공기업 민영화를 추진했고, 이후 1980년대 전두환정부 들어 시중은행 및 석유공사 민영화가 추진되었다. 1980년 출범한 전두환정부 역시 공기업 민영화 및 공기업·공공기관 육성정책을 병행하였다. 다만, 이 시기부터 공공기관 정책에 세계적인 신자유주의 흐름에 따라 일부 시장 요소가 반영되기 시작한다. 전두환정부의 시장주의 경제관료들이 주도한 2차 민영화(1980년 이후)는 일부 기업(석유공사 등)의 매각 및 시중은행 지분 중심으로 7개 공기업을 대상으로 이뤄졌다.

당시 경제정책에서는 미국에서 수학한 경제기획원 관료 및 한국개발연구원(KDI) 연구원들이 경쟁·성과 중심의 정책을 강하게 추진하면서, 1980년대의 세계적 신자유주의 흐름의 초기 맹아를 형성하게 된다.[23] 2차 공기업 민영화에서 주목되는 것은 당시 선경(현 SK)으로서, 석유공사와 워커힐호텔을 인수하면서 역시 재벌 그룹 반열에 올랐다. 2차 민영화를 통해 5개 시중은행의 정부 지분은 대부분 기업공개 방식(public share offering)으로 매각되었으나, 여전히 관료 독점 지배구조가 이후에도 작동되어 '관치금융' 논란이 계속되었다.

전두환정부는 이밖에 △정부기관이 수행하던 업무(전기통신·전매·공무원연금 등)의 공기업·공공기관 전환 △공기업(가스·지역난방·방송광고 등) 설립 △출연기관(에너지공단·교통안전공단·보훈복지공단·산업인력공단·산업안전공단·국제협력단·소비자원·법률구조공단·공교의료보험공단 등) 설립 △한국중공업 국영화(현대양행 분할을 통한 발전설비부문의 정부 인수) 등을 추진함으로써, 박정희정부에 이어 공기업 민영화 및 공공부문 확장을 병행했다.

2) 노조활동 억제 및 침체된 공공부문 노조

전두환정부는 공기업 낙하산 인사에 대한 비판적 여론이 제기되자, 다른 한편에서 공기업의 경영효율성을 강화한다는 명분 아래 경영평가를 제도화하기 위해 '정부투자기관관리기본법'(정투법)을 시행했다(1984.4). 당시 공기업노조는 이 정투법 및 경영평가 시행에 대해 거의 반대의사를 보이지 않았는데, 권위주의 체제에 종속된 상태에서 기업 단위로 분절된 노조활동이 계속되는데다 각 기관별로 경영평가 성과급에 대한 기대가 작동하고 있었던 것으로 알려지고

---

23 박정희정부가 1971년에 설립한 KDI의 경우 1980년대부터 2010년대까지 상당수 연구진(김만제·사공일·차동세 등)들이 정부 핵심 경제관료(청와대 비서진 및 경제기획원)로 자리잡으며 우리나라 시장주의 경제정책의 뿌리깊은 토대를 구축했다.

있다.[24]

그 이전에 전두환정권은 1980년 12월 31일 △기업별노조 강제 및 노조 설립 요건 강화 △제3자 개입금지 △방위산업체 쟁의행위 제한 △공익사업장 직권중재 확장 등의 독소조항이 포함된 노동조합법 및 노동쟁의조정법을 전면 개악한다. 노동법 개악이 심화된 가운데, 정부의 통제가 용이했던 공공부문에서 노조 활동 통제는 한층더 강화되었다(이원보, 2013). 1980년대에 설립된 공공기관들 대부분이 노조가 없는 상황에서 1987년을 맞이하게 된다. 노조활동이 억압되었다는 것은 공공기관 내부에서 민주주의가 작동될 여지가 봉쇄되고 있는 것을 의미한다.

1980년대 공공부문노조의 투쟁은 가장 노동조건이 열악한 광산에서 주로 격렬하게 이뤄졌다.[25] 1980년 4월 21일 사북 광업소(동원탄좌) 광부들이 임금교섭 중 사측과 담합한 어용노조 퇴진을 요구하며 파업 및 농성을 시작했다. 농성 다음날인 공권력이 투입되는 과정에서 경찰과 노동자들이 충돌하는 '유혈 사태'가 발생했고, 3천명에 가까운 노동자들 및 가족들은 24일까지 격렬하게 저항했다. 23일 광산노조(위원장 최정섭)을 중심으로 사북사태수습위원회와 협상이 진행되면서 24일 지부 집행부의 총사퇴 및 노동자 임금 인상 등을 중심으로 합의가 이뤄졌다. 이후 사북 광업소 투쟁과 관련하여 81명의 노동자들이 계엄 상황에서 군법회의 재판에 회부되었고, 이중 31명이 구속·기소되기에 이르렀다.[26] 사북 광업소는 이후 정부의 석탄산업 합리화 계획에 따라 폐업했고, 그 자리에 현재의 강원랜드가 자리하고 있다. 1984년 3월 2일 우리나라 최대의 석탄 광산인 장성광업소(대한석탄공사)에서 어용노조 퇴진 투쟁이 전개된 후 1986년 7월 도계 경동탄광(상덕광업소)에서 노동자들의 격렬한 저항이 다시 나타난다. 임금교섭 과정에서

------

24 '정부투자기관관리기본법'은 '투자기관예산회계법'(1962년 제정) 및 '투자기관관리법'(1973년 제정)을 통합하여 경영평가를 처음으로 제도화시킨 법률로서, '경영평가위원회'가 공기업의 기능조정, 평가, 예산운영 등에 대한 지침을 결정토록 하였다. 이후 2006년 12월 정부산하기관관리기본법, 공기업경영구조개선민영화에 관한법률과 합쳐져 국회 의결로 '공공기관운영에관한법률'로 통합된다.

25 광산 노동자들은 작업 중 사고 위험도가 높고 노동 강도가 매우 높은 곳에서 노동을 하고 있는데 '지옥같은 막장'이라는 표현은 여기에서 나왔다. 수백 수천미터의 굴 속에서 40도에 육박하는 지열 및 붕괴 위험, 탄가루돌가구화약연기로 몇미터 앞도 내다볼 수 없는 상태에서 가해지는 중노동은 마무리 건강한 사람이라도 면년 안에 폐인을 만들어 놓게 된다. 이러한 '지옥같은 막장'에서 일하는 광산 노동자들이기 때문에 1950년대부터 1980년대까지 계속 투쟁이 계속될 수밖에 없었다(안재성, 1988).

26 파업을 주도했던 이원갑 등에게는 1심(계엄보통군법회의)에서 징역 5년이 선고되었고, 어용 지부장(이재기)에게도 징역 6월이 선고되었다.

사무직과의 임금 차별이 문제가 되어 7월 25일 2천명의 노동자와 가족들이 광업소에서 농성을 시작했다. 다음날 26일에 노동부가 중재에 나선 가운데 노동자들의 요구가 수용되어 1차 투쟁이 마무리되었다. 그러나 사측이 약속을 이행치 않자 9월 9일부터 철도·도로를 점거하고 시위가 계속되었고 이중 150명이 단식 농성에 돌입했다. 경찰과 대치가 계속된 상황에서 투쟁 4일 만인 9월 12일 노동자들의 요구를 수락하면서 투쟁이 결국 마무리되었다. 1980년대 중반까지 계속되었던 광산 노동자들의 투쟁은 1987년 노동자대투쟁 이후에는 약간 소강 상태에 이른다. 석탄산업 합리화 정책에 따른 계속된 광업소 폐업으로 광산 노동자들의 수가 급감한데 따른 것으로 추정된다.

1980년대의 공기업노조는 주로 금융노조와 전력노조 중심으로 활동했고, 한국관광공사·한국감정원 등의 공기업에서 노조 활동이 일부 이뤄졌다. 1982년 한국전기통신공사 설립(전신전화국에서 분리)된 후 1982년 3월에 한국통신노조가 결성되었고, 1983년 설립된 한국가스공사에서 1985년 11월에 노조가 추가로 결성되었다. 그러나 이들 대부분의 공기업들은 병영적 노동통제 및 공기업 복지 확대의 공간 속에서 자주적인 민주노조 활동을 거의 전개하지 못했다. 한편 한국중공업(한국전력 자회사)에서 1986년 6월 민주노조를 결성하려는 움직임이 나타나지만, 이 과정에서 노조간부 9명이 해고되면서 노조 설립이 무산되었다. 이후 한국중공업에서는 이후 87년 노동자대투쟁 속에서 민주노조운동이 본격화된다.[27]

3) 전두환정부 말 공기업 민영화 정책 추진

한편 전두환정부는 3저 호황의 성장이 절정에 달하던 1987년 5월 32개 정부투자기관·출

---

[27] 1986년 4월 한국중공업에서 관리자의 폭력에 맞서 연판장으로 항의하려 했던 3명의 노동자에게 강제 사직 압력이 있자, 6월 노동자 34명이 모여 노조(위원장 김창근)를 결성하고 경남도청에 설립신고서를 제출했다. 사측이 노조 결성 직후 노조 간부들을 건설 현장으로 전보 조치했고, 노조가 이에 반발하자 노조위원장 등 9명을 해고하였다. 20여명의 조합원들도 강제 탈퇴시켰다. 노조원 탈퇴로 노조 설립 요건(30인 이상)을 충족하지 못해 한국중공업 노동자들의 노조 설립신고는 무산되고, 노조 간부들 역시 5년간의 해고 끝에 1990년 한국중공업노조의 투쟁으로 복직했다. 원래 한국중공업은 한라그룹의 모기업인 현대양행으로부터 출발했다. 1979년 경영 악화가 이어지자, 정부의 '안정화시책'(부실기업관리)에 따라 발전설비 분야 조정 과정을 거쳐 현대중공업에 이관되었다가, 1980년 국보위의 결정에 따라 공기업인 한국중공업으로 변경된다. 1960년대 이후 우리나라 공기업 역사에서 흔치 않게 민간 기업이 공기업으로 전환된 경우이다. 한국중공업은 2000년 12월 다시 민영화되기에 이른다.

자기관 중 절반이 넘는 17개 공기업(투자기관 13개, 출자기관 4개)에 대해 역대 3번째 민영화 추진
계획을 발표하고, 이중 11개 공기업을 대상으로 3차 민영화를 추진하기 시작했다. 중소기업은
행·국민은행·외환은행 주식 완전 매각 등 국책은행 민영화가 검토되었으나 증권시장 침체를
우려하여 이를 유보하고, 한국증권거래소의 정부 지분 매각 및 포항종합제철·한국전력의 지분
매각(국민주 방식)을 추진하였다.

국가 기간산업인 포항제철·한국전력 등의 지분 매각은 기업공개 방식(public share offer-
ing)으로서, 영국 등 신자유주의적 민영화를 추진했던 국가들의 선도적 사례를 모방한 것이다.
이러한 기업공개 방식은 전세계 주요 기간산업(철강·통신·금융·에너지 등) 민영화의 전형으로서
우리나라도 1990년대 이후 자리잡았다. 그런데 1987년 6월 민주화투쟁과 7·8월 노동자 대투
쟁이 폭발하고, 하반기 직선제 정국이 이어지면서 이러한 민영화 방침은 그다지 언론에 부각되
지는 못했다. 한편 이러한 공기업 민영화 추진 계획은 1987년 이후 공공부문 민주노조가 성장
하는데 적지않은 기반으로 작용했다. 정부의 민영화가 1차적으로 해당 공기업의 고용 및 노동
조건을 위태롭게 할 수 있다는 우려들이 서서히 확산되었기 때문이다(표2-3).

표2-3 1987년 이전 공기업 민영화 및 구조개편 추진 및 실적

구분	연도	구조개편	기관명	비 고
1차	1968~73	경영권 매각	대한항공(한진)·대한해운(한진)·대한통운(동아)·한국기계(현대)·인천중공업(대우)·대한철광개발(삼미)·대한조선공사(극동)·대한광업제련(럭키)	민영화 통한 재벌기업 육성
		정부지분 매각	한국상업은행	
2차	1981~84	정부지분 매각	시중은행(한일·제일·서울신탁·조흥은행)	은행 효율화
		경영권 매각	대한석유공사(SK)·대한준설공사(한진)	1981년 시행
		공기업 설립	- 한국전기통신공사 설립(1982.1. 체신부 분리) - 한국가스공사 분리(1983.8)	'정부투자기관관리 기본법' 제정(1984)
3차	1987~89	정부지분 매각	- 중소기업은행·국민은행·외환은행 등 국책은행 - 포항종합제철·한국전력공사	본격적 민영화 추진의 전 단계

자료: 경제기획원(1987), 재구성

참고문헌

경제기획원(1987),「공기업 민영화 및 경영개선 추진계획」

김영훈(2014),「빅라이 – 철도노조 23일의 기억」, 매일노동뉴스

김윤환·김낙중(1981),「한국노동운동사」, 일조각

송종래(2010),「한국노동운동사4 – 정부 수립기의 노동운동」, 지식마당

안재성(1988),「80년대 광산운동사: 타오르는 광산」, 돌베개

안태정(2005),「조선노동조합전국평의회」, 현장에서미래를

유범상(2001), "1987년 노동자 대투쟁과 새로운 노동운동 지형의 형성(1987~89)",「1987년 이후 한국의 노동
　　　　운동」, 한국노동연구원

이대근(2015),「귀속재산 연구 – 식민지 유산과 한국경제의 진로」, 이숲

이원보(2010),「한국노동운동사5 – 경제개발기의 노동운동」, 지식마당

_____(2013),「한국노동운동사 100년의 기록」, 한국노동사회연구소

전국전력노조(2006),「전국전력노조 60년사」

전국철도노조(1997),「철도노조 50년사」

_____(2005),「60년 걸어온 철길」

한국노총(2002),「한국노총 50년사」, 일조각

제3장

87년 노동자대투쟁과 공공부문 민주노조운동 기반 구축

1987년 전국적으로 민주화 열기가 확산되는 가운데, 그동안 억눌려왔던 한국의 노동자 계급들이 전면에 나서게 된다. 울산(현대그룹)에서 타오른 1987년 7·8월의 노동자대투쟁은 거제·창원을 거쳐 서울 구로-영등포로 확대되면서 바야흐로 한국사회를 송두리째 뒤엎는 항쟁으로 발전한다. 노동자대투쟁은 기존에 임금·노동조건을 사용자가 일방적으로 결정하는 구조에서 노사 당사자의 단체교섭으로 결정하는 구조로 전환되고, 개별 기업의 고립·분산적 투쟁에서 지역·산업을 넘어 전국 단위 연대투쟁으로 발전하는 계기를 마련해주었다.

이러한 노동자대투쟁의 흐름을 타고 노동자 권리를 자각한 공공부문 노동자들이 민주노조를 본격적으로 결성했다. 공공부문의 민주노조 결성 흐름은 그동안 최소한의 민주적 권리조차 인정받지 못하는 공공기관의 노동자들이 직장 민주화의 열망 하에 단결하면서 시작되었다.

초기 공공부문 민주노조운동은 사무전문직 운동의 틀을 안고 출발했다. 지하철·병원·연구기관·방송사 및 전문기관(의료보험·국민연금·전문기술·에너지·문화예술 등)에서 시작된 공공부문 운동은 1997년 서울대병원노조의 파업을 필두로 하여, 1988년 철도·지하철·연구기관노조 파업, 1989년 서울지하철·예술의전당·국민연금·의료보험노조의 투쟁을 거쳐 1990년 서울대병원·KBS 투쟁으로 이어진다. 사무전문직 노동자들은 노동운동을 통해 임금인상과 노동조건 향상 등의 경제적 요구 뿐 아니라, 연구자율성 확보(연구전문), 공정보도 쟁취(언론), 참교육 실현(교원) 등 사회 개혁 요구를 동시에 제기하며 민주노조운동의 지평 확대에 기여했다.

1989년 전교조 결성, 1990년 전노협 결성 및 뒤이은 KBS 투쟁을 둘러싼 정권과의 대결 속에 공공부문이 속한 각 사무전문직의 업종연맹·협의회 조직들은 〈전국업종회의〉를 통해 단결의 대오를 구성한다. 서울지하철노조는 전노협·대기업노조연대회의 활동과 함께 서투노협 활동으로 연대의 틀을 확대했다. 전노협과 업종회의를 중심으로 1990년부터 1991년까지 노태우정부의 공안 탄압 및 민주노조운동 무력화에 맞선 연대투쟁이 계속되었다. 이러한 과정에서 전문노련·병원노련·전교조·의보노협 등의 공공부문 또는 공공서비스부문 조직들도 투쟁의 중심으로 자리잡는다.

1990년부터 공공부문에 대한 임금 억제 정책이 가시화되고, 한편에서는 공기업 민영화도 구체화되면서 서서히 공공부문 노동운동의 정체성이 형성되기 시작한다. 1989년부터 의료보험 통합을 외치며 시작된 지역의보노조의 파업이 4년동안 계속되고, 전문노련·국립대병원·서투노협 등의 공공부문 조직들이 정부에 맞서 투쟁을 전개하는 과정에서 1992에는 '총액임금제' 방침이 구체화된다. 이 총액임금제 방침은 전국의 공공부문노조들이 임금억제 철폐를 위한 투쟁을 전개하는 원인으로 작용한다. 초기 공공부문 노동운동은 임금 억제 철폐 및 노동기본권 보장의 요구를 중심으로 연대의 폭이 확산된다.

한편 한국 정부가 1990년 UN에 가입하면서 국제노동기구(ILO)의 노동법 비준 필요성이 확대되자, 민주노조운동을 대표하는 전노협과 업종회의는 〈ILO전국공대위〉를 결성하며 공동투쟁을 전개하는 과정에서 민주노조운동의 전국조직 건설(민주노조 총단결) 논의가 가시화된다. 그러나 1992년 민주정부 수립을 바라는 공공부문 노동자들의 열망에도 불구하고 3당 합당으로 보수대연합을 구축한 김영삼정부가 대선에서 승리하며, 민주노조운동 진영과의 대립이 확대되기에 이른다.

김영삼정부 출범으로 공공부문에 대한 임금 억제가 전면화되지만, 이에 맞서 1993년 정부출연기관노조의 연대파업, 국립대병원노조 파업 등이 이어지면서, 공공부문노조들의 투쟁도 서서히 확산된다. 전열을 가다듬은 전교조의 투쟁이 다시 시작되고, 주요 업종연맹(전문노련·병원노련 등)의 합법성 획득과 함께 서울지하철노조의 민주 집행부가 복원되면서 정부에 맞서는 공공부문노조의 투쟁이 다시금 전국적으로 이어진다. 김영삼정부의 공기업 민영화 및 공공부문 임금·노조활동 억제에 맞서 투쟁이 계속되면서, 비로소 공공부문 노동운동의 전국적 투쟁체계(공노대)가 구체화되기에 이른다.

1. 87년 노동자 대투쟁 폭발

1987년 6월 직선제 개헌 및 민주정부 수립의 열망으로 폭발한 민주항쟁은 민정당 노태우 대표의 '6.29 선언'을 거치면서 사회 곳곳에 민주화 열기를 확산시켰다. 6월 민주항쟁은 결국 계급적으로 가장 조직화된 집단인 노동현장(작업장)의 민주화에 대한 열망으로 발전되기에 이르렀다. 특히 공공부문 노동자들 역시 1987년 6월 민주항쟁에 참여하면서 민주적 권리에 대한 자각이 확산되었고, '직장 민주주의'(workplace democracy)를 앞세운 민주노조 건설이 계속 이어진다.

노조수 역시 폭발적으로 증가했다. 1987년 6월에 2,742개에 불과했던 노조수는 1988년말에 6,164개로 늘어났고, 1989년에는 7,883개로 증가했다. 127만명의 조합원(조직률 13.8%)은 그 기간 동안 193만명(19.8%)으로 증가했다(한국노동연구원, 1992). 87년 노동자대투쟁이 폭발한 후 2022년 현재까지 35년이 흘렀지만, 우리나라의 노조수, 조합원수(조직률)은 1989년 이 당시의 수준을 넘지 못하고 있을 정도로 87년 노동자 대투쟁은 우리 한국사회를 송두리째 바꿨다해도 과언이 아니다. 노조의 쟁의건수도 1987년 3,749건, 1988년 1,873건, 1989년 1,616건으로 3년간 최고수치를 기록하고 있다. 여기에는 1985년부터 1988년까지 이어진 '3저 호황'에 따른 노동자들의 경제적 요구와 함께 민주화 열망을 앞세운 노동기본권 확보의 정치적 요구가 동시에 작용한 것으로 볼 수 있다.

전 국민의 민주화 열망이 집중된 1987년 6월 민주항쟁은 '6.29선언'으로 1차 정치적으로 승리하는 결과가 나타났지만, 결국 보수 정치권의 분열로 12월 대통령 선거에서는 군부독재가 연장되는 결과로 나타났다. 이같은 정치적 흐름이 노동 현장에서는 민주화 및 인간다운 삶의 요구로 표출되면서 민주노조운동이 폭발적으로 성장하는 기반으로 작용했다. 민주화의 열망이 가득찬 광장(廣場)과 민주화가 차단된 공장(工場)의 현실을 보면서 결국 노동자들이 민주화 추진 및 사회 변혁의 중심으로 자리잡게 되었다.

1) 현대 자본으로부터 폭발된 노동자대투쟁의 전국적 확산

1987년 7월 노동자대투쟁은 박정희정부가 전략적으로 육성한 중공업을 앞세워 국가 주도의 자본주의 발전을 추진했던 현대 재벌 기업들에서 폭발되었다. 이미 유신정권 시절 현대조선소의 파업이 폭력으로 진압된 이후 현대는 삼성과 더불어 병영적 노동 통제의 상징으로 인식되어 왔다. 현대자동차와 현대중공업은 1987년 노동자 대투쟁 이전까지는 군화발로 무릎을 걷어차고, 머리도 강제로 단속하는 등 노동자에 대한 최소한의 민주적 권리도 보장되지 못했다.[28] 1987년 7월 이전까지 현대 그룹에서는 사무직인 현대해상화재보험노조가 유일한 민주노조였을 뿐이었다. 현대해상화재보험노조 역시 1985년에 노조 설립 과정에서 위원장(곽태원)이 해고당하는 과정을 거쳐 각고의 어려움을 거쳐 민주노조가 들어선 것이다.

1987년 6월 항쟁 당시 공권력에 희생된 연세대생(이한열열사) 추모가 이어지던 7월 5일 울산 현대엔진에서 민주노조(위원장 권용목)의 봉화가 피어올랐고, 이어 현대미포조선·현대중공업·현대자동차·현대정공 등에서 줄줄이 민주노조의 깃발이 올랐다. 7월 15일 현대미포조선에서 노조 설립 서류를 탈취하는 등 초기 현대 자본의 악랄한 탄압이 이어지자, 현대그룹 노조들은 '민주노조 사수'를 위한 연대투쟁을 위해 〈현대그룹노조협의회〉(8.8)를 결성하였다. 현대엔진이 노동자 대투쟁의 불씨를 지폈다면, 현대미포조선 노동자들의 노조 설립 투쟁은 이 불씨를 전국적으로 확산시켰다(유범상, 2001). 현대 자본의 노조 탄압에 대해 현대그룹 노동자들은 8월 17일 4만명이 집결한 대규모 결의대회를 통해 민주노조들의 힘찬 연대를 선언했다. 이는 결국 1987년 노동자 대투쟁의 서광을 알리는 신호탄이었다.

이어 거제 대우조선에서 민주노조를 세우기 위한 투쟁이 이어지던 중 이석규열사가 공권력에 의해 사망(8.22)하면서 민주노조운동의 불길이 확산되었다. 부산에서도 당시 공기업으로 1968년 전면파업 이후 정부 통제로 침체기에 빠져 있던 대한조선공사(현 한진중공업)에서 민주노조를 세우기 위한 조합원들의 투쟁이 시작되었고, 창원에서도 역시 공기업이었던 한국중공업에서 투쟁이 시작되었다. 대한조선공사에서는 1986년에 어용노조 민주화 투쟁을 전개했던 대의원(김진숙)이 해고된 후 노조정상화추진위원회 활동이 이어진 후 1987년 노동자투쟁의 흐름에 합류한다. 당시 노조 민주화를 위해 투쟁해온 조합원들은 7월 25일 △노동3권 보장 △어용노조 퇴진 △일당 1,500원 인상 등이 담긴 대자보를 찢어내면서 이에 항의하는 농성을 시작했다. 다음 날 공권력이 투입되어 80여명의 조합원들이 연행되자, 7월 28일 3,000여명의 노동자들이 가두 시위에 나섰다. 이 투쟁이 계속되면서 8월 31일 어용노조가 퇴진하고 △상여금 확대 △ 휴가비 지급 및 휴가 실시 △식사 질 개선 등의 합의가 이뤄져 투쟁이 마무리되었다.

한국중공업노조는 민영화 위협에 따라 회사의 진로가 불투명한데다, 관리자들의 무능함

---

28 87년 7·8월 울산 현대자동차 등의 투쟁에서, 노동자들은 "머리를 기를 수 있게 해달라", "출퇴근시 사복 착용하게 해달라", "안전화 신고 조인트 까지 마라" 등의 요구들을 내세우고 있었다(하종강,「한겨레21」, 2007.6.7)

등이 복합적으로 작용하여 1987년 7월 30일 노조 결성 이후 1988년 5월까지 무려 9차례의 크고 작은 파업을 진행했다.[29] 임금인상·해고자복직·구속자석방·단체협약체결 등을 앞세워 10개월여 동안 진행된 한국중공업노조의 파업 투쟁은 마산·창원지역 민주노동운동의 '용광로' 역할을 했다. 이 투쟁 기간 동안 통일중공업·코리아타코마·금성사(현 LG전자)·대림자동차 등에서 민주노조가 계속 확산되었고, 민주노조들의 지역 연대가 활발해지면서 지역 민주노조운동의 구심인 마산창원지역노동조합연합(마창노련)이 출범하게 된다(1987.12).

곧이어 지난 군사정권 시절 처절하게 투쟁했던 구로·영등포 및 인천에서도 투쟁이 시작되면서 전국적인 노동자 대투쟁으로 발전되었다. 거제에서 구로까지 울려퍼진 △노동자의 인간적인 대우 △임금인상과 노동조건 개선 △민주노조 쟁취의 목소리는 제조업을 넘어 운수노동자들과 사무전문직(공공부문 포함) 노동자들에게도 잠자고 있던 민주적 권리를 일깨워 주었다.

1987년 7~8월 노동자대투쟁 이후 민주노조운동은 △임금 인상 투쟁 △민주노조 건설 및 탄압 분쇄 △노동3권 완전 보장 투쟁으로 구체화하면서 전국 각지에서 폭발적인 성장이 이어진다. 당시 제조업 현장의 주요 요구들은 임금 인상 뿐 아니라 1980년대 초부터 제기되어온 △8시간 노동 △노조의 자유로운 결성 보장(노동악법 개정) △살인적 노동조건 개선 등이었다. 또한 기존 노조들의 민주화(집행부 교체, 노조활동 보장 등)도 줄을 이었다. 결국 이러한 투쟁이 이어지면서 비록 노조 형태는 기업별 노조였지만, 각종 투쟁을 둘러싸고 지역 수준의 연대가 형성되었고, 일부 기업들(현대·대우·기아 등)에서는 그룹 단위 노조 연대도 이뤄졌다.

지역별로 불붙은 민주노조운동은 마산·창원지역을 시작으로 지역노조협의회가 줄줄이 결성되었고, 사무전문직 노조들은 업종협의회(연맹)을 결성하면서 민주노조의 전국적 연대 기반을 확장했다. 이러한 지역협의회와 업종 조직의 출범은 당시 권위주의 체제 하에 종속된 한국노총을 배제하고 1987년 노동자대투쟁 이후 자주적으로 발전한 민주노조운동의 최초 연대 조직들이었다. 각 지역별 지역협의회 중심의 노동운동 연대는 금속·화학 등의 제조업 노동자들을 중심으로 이뤄졌지만, 서울의 경우 사무전문직(지하철·병원·연구기관·제2금융권 등) 노동자들도 제조업 노동자들과 같이 연대 투쟁을 전개한다.

---

29 1989년 2월말 기준으로 한국중공업의 총인원 6,453명 중 생산직과 관리직 비율이 55% : 45%로서 관리직 비중이 이례적으로 높았다. 더구나 관리직의 처우 및 복지 수준 역시 상대적으로 생산직에 비해 우월한데다, 권위주의적 조직 문화까지 작용하고 있었다. 이러한 불합리한 조직 현황이 초기 한국중공업노조의 계속된 파업의 근간으로 작용했다.

1987년 노동자대투쟁은 한국의 노동운동에서 이전과는 다른 획기적인 전환의 계기를 마련했다. 첫째, 이전에 사용자가 일방적으로 노동자들의 임금·노동조건을 결정하는 구조에서 노사 당사자간 단체교섭으로 결정하는 구조로 전환되었다(장홍근, 1999). 노동관계법에 규정되고 있으나 사실상 사문화된 단체교섭권이 제대로 작동하게 된 것이다. 둘째, 이전에 자본과 권력에 억눌려 있던 민주노조운동이 이제는 노동자들의 대중적 운동으로 자리잡게 되었다(박석운, 1997). 셋째, 기업이나 사업장 단위에서 고립·분산되어 진행된 노동자들의 투쟁이 지역·산업을 넘어 전국 단위의 연대투쟁·공동투쟁으로 발전하게 되었다. 노동자투쟁이 조직적·계획적 투쟁으로 진전되면서 정책·제도개선 및 사회개혁을 요구하는 공세적 방향으로 나아간 것이다 (김금수, 2004). 1987년 7·8월 현대자동차·현대중공업·대우조선 등에서 어용 노조 퇴진 투쟁이 계속되자, 한국노총은 초기에 강하게 반발하면서 강력 대응할 뜻을 비추었으나,[30] 1989년 이후 이러한 흐름이 변화되면서 내부 개혁 논의가 제기되에 이른다.

2) 사무전문직 민주노조 태동

1987년 7·8월의 노동자투쟁 열기 속에 그 이전 6월 민주항쟁에 직접 참여했던 사무전문직 노동자들도 직장 민주화의 열망을 앞세워 민주노조 결성을 본격화했다. 1987년 6월에 금융권 및 일부 공기업에서 100여개에 불과했던 사무전문직 노조들은 1989년말에 790여개로 확대되었고 늘어난 조합원수도 30만명이 넘었다. 먼저 제2금융권 금융노동자들이 1985년 현대해상화재보험과 1987년 범한화재해상보험의 노조 탄압에 맞서 연대투쟁을 전개한 후 1987년 4월 한국노총의 '4.13 호헌조치 지지'에 반대하는 투쟁을 통해 한국노총(금융노조) 밖에서 별도의 연대조직을 준비하기 시작한다. 한국노총이 전두환대통령의 4.13 호헌조치 발표에 대해 지지를 표명하자 당시 상당수 소속 노조들이 불만을 드러내었을 것으로 예상되었으나, 실제 한국노총을 이탈한 노조들은 이들 제2금융권이었다. 이 시기 연대투쟁을 전개한 수출입은행·신용

---

30 한국노총은 노동자 대투쟁이 전국적으로 확산되던 1987년 8월 27일 회원조합 대표자회의 및 시도협의회 의장 연석회의에서 〈노사관계의 자주적 민주적 발전을 위한 우리의 입장〉이라는 발표를 통해, "일부 외부세력이 노동자 대투쟁을 정치적으로 이용, 온갖 방법과 술책을 동원하여 40년 전통의 역사와 나라를 지킨 한국노총과 각급 조직을 어용으로 몰아 국민으로부터 고립시키고 마침내 붕괴시키려는 저의가 있음"이라고 진단하고 "한국노총 및 각급 산하조직을 고립화 내지 붕괴시키려는 일체의 행위에 대해 전 조직력을 동원하여 단호히 응징할 것을 결의"하였다(김준, 2001, 재인용).

보증기금·대한교육보험·현대화재·럭키화재·산업리스·보증보험 등을 중심으로 13개 노조가 〈전국자유금융노조연합〉(이후 '사무금융연맹')을 결성하면서 자연스럽게 금융 공공부문인 교원공제회·보험개발원 등에도 민주노조가 들어선다.

병원·연구기관·지하철공사·전문기술 업종 등에서 민주노조 건설이 확산되었고, 1974년 자유언론실천운동에 앞장섰던 한국일보(1987.10)를 선두로 하여 언론에도 민주노조가 속속 들어서고 있었다. 사무전문직 노동자들은 노동운동을 통해 임금인상과 노동조건 향상 등의 경제적 요구 뿐 아니라, △연구자율성 확보(연구전문) △공정보도 쟁취(언론) △참교육 실현(교육) 등의 사회 개혁 요구를 동시에 제기했다. 특히 언론 및 정부출연연구기관 등 정권의 지배이데올로기를 확산시키는데 앞장섰던 이들의 노동운동 참여는 1987년 6월 민주항쟁이 발전된 결과였고, 한국사회의 민주노조운동이 정치 민주화의 요구를 실천하는 틀로 작용했다는 것을 의미했다.[31]

사무전문직 민주노조운동의 초기 역사에 공공부문 방송노조들의 활동은 언론이 갖는 특성으로 인해 큰 주목을 받았다. 공영방송에서 노조가 결성되면서 여론 확산이 용이한 방송의 특성으로 인해 1987년 민주화운동과 노동자대투쟁의 열기가 일반 국민들에게까지 전해졌다. 1987년 6월 민주항쟁의 흐름 속에 공공법인인 문화방송(MBC)에서 7월 16일 〈방송민주화추진위원회〉(방민추)가 결성되면서 방송 민주노조 출범의 결의를 확산시켰고, 앞서 신문사들의 노조 결성 흐름에 힘입어 12월 9일 노조(위원장 정기평)를 결성하기에 이르렀다. 노조 결성 직후 MBC는 주요 노조 간부에 대한 보복 전보 조치를 취했다. 노조는 곧바로 농성 투쟁에 돌입했고, MBC는 노동조합의 강한 단결력 앞에 노조의 자유로운 활동을 인정했다.

이후 '정권의 나팔수'라는 오명을 받아온 방송 공기업 한국방송공사(KBS)에서도 1988년 1월 27일 〈KBS 사내민주화추진 사원협의회〉를 추진했고, MBC에 자극을 받아 5월 28일 노조(위원장 고희일)가 결성되었다. KBS 역시 노조 초기에 노조 대의원 후보를 보복 전보 조치하는 등 탄압을 가하자 KBS노조는 곧바로 7월 25일 '사장(정구호) 퇴진' 성명을 발표하기에 이른다.

MBC노조와 KBS노조는 1988년 교섭과정에서 노사간 대립이 계속되면서 MBC노조는 파

31　1988년 7월 연전노협 의장(박태주)은 좌담회를 통해, 사무전문직 노동운동의 가장 큰 의의는 노동자의 개념을 실천적으로 확대했고, 지식인들이 노동운동에 참여할 수 있는 길을 열었다고 평가했다('우리도 노동자다-사무전문직 노동운동 논쟁', 2001.11. 오마이뉴스). 이는 단순히 언론·연구기관 노동자들 뿐 아니라 당시 국가권력에 종속되어 있던 공공부문 노동자들에게도 유사하게 적용되었다.

업에까지 이르렀다. 7월부터 본격적인 단체교섭에 돌입한 MBC노조는 사측의 노조 불인정 태도에 반발하여 8월 10일 쟁의발생신고를 내고 8월 17일 노조 탄압의 주범이었던 사장(황선필) 퇴진 서명에 돌입했다. 8월 25일 쟁의행위 결의를 거쳐 8월 26일부터 파업에 돌입한 결과 4일 만에 사장이 퇴진하면서 1차 파업이 마무리되었다.

이후 MBC노조는 방송 민주화를 위한 제도적 장치 마련을 위해 다시 1989년 9월 12일부터 2차 파업에 돌입하여, 8일간의 파업 끝에 9월 19일에 편성·보도·TV기술국장 3인의 추천제를 쟁취하면서 파업을 마무리했다. MBC노조의 방송 민주화를 위한 제도적 장치는 당시의 민주화운동 흐름에 따라 전체 방송사 노조로 확산되는 계기를 마련했으나, 1990년대 초부터 민주노조운동에 대한 정권의 직접 공격으로 인해 적잖은 어려움을 겪게 된다.

KBS노조 역시 8월부터 단체교섭을 추진하지만 사측이 계속 교섭을 거부하자 농성 투쟁에 돌입했다. 8월 17일 KBS노조·MBC노조는 '방송민주화를 위한 우리의 결의 – 국민여러분께 드리는 말씀'이라는 공동의 성명서를 발표했다.[32] KBS노조는 8월 31일 쟁의발생신고를 내고 9월 1일부터 아나운서와 기자들이 '방송민주화 쟁취'의 리본을 달고 방송에 임하면서 투쟁이 시작되었다. 9월 5일 전 사원들이 시간외근무를 거부하는 등 준법투쟁에 돌입하면서 노사간 충돌이 격화될 즈음 극적인 타결을 통해 "4개 본부장 임명시 노조 의견을 반영한다"는 합의를 이끌어 냈다. 방송사노조의 투쟁은 노조활동 토대 강화 및 공영방송의 민주적 운영의 기반을 마련하는 데 크나큰 기여를 하였다.

1987년 노동자대투쟁 이후 1990년대 초까지 지하철·병원·연구기관·의료보험조합 및 기타 공공부문(국민연금·예술의전당 등)의 공공부문에서 노조들의 투쟁이 계속되었지만, 아직까지 공공부문노조의 정체성을 드러내기보다는 사무·전문직의 직장·사회 민주화 운동 중심으로 노동운동 흐름이 전개된다.[33] 다만 1987년 12월 대통령선거 당시 대부분의 공공부문 조직에서

---

32 양 방송노조는 공동 성명서를 통해, "1. 국민들의 신성한 알권리를 존중·보장하기 위한 공정방송의 실현에 단체교섭의 최우선 목표를 둔다 2. 편성·보도 및 제작 관련 책임자의 추천제를 반드시 관철시켜 방송이 정치권력의 시녀로 전락하는 것을 제도적으로 방지한다..." 내용으로 방송 민주화의 의지를 대내외에 천명했다 (새언론포럼, 2008). KBS노조는 1988년 9월 파업 돌입 직전에, MBC노조는 1989년 9월 파업을 통해 각각 이를 관철했다

33 이러한 흐름을 단적으로 나타내주는 것이 1989년 11월에 결성된 전국전문기술노동조합연맹(전문노련) 이었다. 당시 연맹의 전신이 연구전문기술노조협의회에는 민간 기업(ENG사)노조들이 일부 포함되어 있었으

여당 대선후보(노태우) 연설회에 강제 동원되는 과정을 거치며 공공부문 노동자들은 각 공공기관 현장의 시대착오적 분위기를 절감했다. 직선제 도입으로 정치적 선택의 자유가 보장된 나라에서 최소한의 정치적 선택조차 제약받아야 하는 공공기관의 현실이 노동자들의 민주적 권리 자각의 기폭제 역할을 했다. 당시 공공부문은 독재 권력의 하부 토대 역할을 하고 있었기 때문에 이같은 반민주적 흐름들이 일상적으로 나타나고 있었다.

사무·전문직 노동자들 수준의 직장 민주화 투쟁을 넘어 공공부문 노동운동의 정체성이 형성되기 시작한 것은 1990년도부터이다. 정부에서 전 공공기관(당시 정부투자·출자·출연·위탁기관)에 대해 임금가이드라인을 설정하면서 임금 억제 정책이 전면화되고, 이미 1989년부터 공공부문 노동운동에 대한 탄압이 본격적으로 나타나고 있었다. 이에 공공부문 노조들은 정부 권력과 맞서야 하는 공공부문 노동운동의 정체성을 확인하기 시작한다.

3) 전노협 결성 등 민주노조 전국조직 건설

1987년 전국적으로 불붙은 노동자 대투쟁은 지역적인 연대조직 결성으로 이어지면서 마산창원지역노동조합연합(1987.12.4)를 시작으로 1988년 말까지 8개 지역에서 지역노조협의회가 발족되었다. 이러한 지역노조협의회는 노조 투쟁을 억압하려는 권력과 자본의 공세에 맞서 민주노조를 지켜내고 임금인상 투쟁 등을 공동으로 추진하기 위함이었다. 특히, 서울지역노조협의회(서노협)의 경우 사무전문직(KDI·KAIST·산업연 등 연구기관, 서울지하철, 교육보험, 데이터통신, 서울대·한양대병원, 삼환기업, 언론출판 등) 노조들이 대거 참여하고 있었다.[34]

나 80% 이상이 공공부문노조들이었다. 따라서 연맹 결성 당시 공공부문의 정체성에 걸맞는 연맹 명칭이 필요하다는 의견들이 일부에서 제기되었으나, 당시에는 사무금융·언론·병원·건설·대학 등의 업종연맹이 확산되는 상황에서 부문(공공부문)보다는 직종(전문) 중심의 연맹이 적합하다는 판단아래 전문노련 명칭이 채택되었다. 전문노련의 정체성 논란은 이후 1994년 11월 공공부문노조대표자회의(공노대) 결성 및 참여를 놓고 다시 나타난다.

34 서노협에 당시 사무전문직노조들 상당수가 참여했으나 정작 상급조직(사무금융·병원·언론·전문·건설연맹 등)들은 대부분 1990년 1월에 출범한 전국노동조합협의회(전노협)에 참여치 않았다. 여기에는 1차적으로 1987년 노동자대투쟁 당시 민주노조 전국조직 건설과 관련한 논쟁('제2노총 건설론' ↔ '노총민주화론') 과정에서 일부 상급조직들이 독자적인 민주노조 전국조직(이후 '전노협') 결성에 대해 반대하는 입장(노총민주화론)을 주로 취한 데다, 2차적으로는 전노협 조직에 대한 정부의 탄압을 감당하기 어려웠던 조건 등이 작용했다(김영수·정경원, 2013). 이러한 조건들은 1990년 이후 업종연맹들의 연대조직('업종회의')의 위상에도 영향

이들 지역노조협의회의 전국적인 연대투쟁은 1988년 8월부터 〈전국노동법개정투쟁본부〉로 연결되었고, 이 투쟁본부는 11월 13일 1948년 전평 파괴 이후 40년 만에 3만여명의 조합원이 참여한 가운데 전국노동자대회('전태일열사 정신 계승, 노동악법 개정 전국노동자대회')를 개최했다. 노동법 개정 투쟁과 민주노조 전국조직 건설의 노력들이 결합되면서 1988년 12월 23일 〈지역 · 업종별노조 전국회의〉('전국회의')가 결성되었다.[35]

전국회의는 대표자회의 논의를 통해 그 산하에 1989년 1월 〈전국 노동법 개정과 임금인상 투쟁본부〉(전국투본)을 결성했다.[36] 1989년 5월 1일에는 해방 후 최초로 '세계노동절 100주년 기념' 전국노동자대회가 개최되는 등 민주노조운동은 계속 진군했으나, 현대중공업 · 전교조 · 서울지하철 · 한양대병원 · 국민연금공단 · 의료보험노조 등 주요 민주노조에 대한 노태우정부의 탄압은 계속되었다. '세계노동절 100주년 기념' 전국노동자대회 역시 정부는 폭력으로 진압했다.

경찰의 원천 봉쇄 속에서 치러진 1989년 전국노동자대회를 거치면서 정부의 전면적 탄압에 맞서 민주노조의 전국적 연대를 구축을 위해 전노협준비위원회가 발족(12.17)되었다. 곧이어 정치적으로도 매우 상징적(민자당 합당 선언)이었던 1990년 1월 22일 성균관대(수원)에서 공권력의 봉쇄 속에 최초의 민주노조 전국중앙조직인 〈전국노동조합협의회〉(전노협)가 출범하게 된다.

"우리는 민주노조운동의 조직 역량을 확대 · 강화하는 한편, 업종별 · 산업별 공동투쟁과 통일투쟁을 발전하는 속에서 기업별 노조 체계를 타파하고 자주적인 산별노조와 전국 중앙조직을 건설하기 위해 총매진할 것이다. 억압과 굴종의 세월, 어용과 비민주의 시대를 청산하고 전노협의 깃발아래 강철같이 단결하여 자유와 평등의 사회를 힘차게 진군하자!"(전노협 창립선언문).

전노협은 제조업이 중심인 14개 지역협의회와 2개 업종(민주출판언론 · 화물운송) 조직에 속

을 미치게 된다.

35 이 전국회의에는 16개 지역협의회(준비위 포함) 및 4개 업종협의회(민출노협 · 화물운송 등)가 참여하고 있고, 5개 업종연맹(언론 · 병원 · 사무금융 등)은 참관하고 있었다.

36 당시 노동법은 1980년 12월 전두환정권에 의해 개악된 악법 요소들로 인해, 이후 공공부문노조(예, 철도 · 지하철 · 병원 · 에너지 · 언론 · 금융 등)의 투쟁이 공권력에 의해 짓밟히는 배경으로 작용했다.

1990.1. 경찰의 원천봉쇄 속에 진행된 전국노동조합협의회 창립대회

하는 602개 노조, 20여만명의 조합원을 포괄하는 전국조직으로 역사적인 첫발을 내딛었다. 전노협은 천만 노동자의 자주적 전국조직 건설의 열망을 담아 억압과 굴종의 세월을 청산하고 평등사회를 건설하겠다는 정치적 전망을 제시했다. 해방 이후 정권에 종속된 채 40년 이상 이어진 한국노총 중심의 전국 중앙조직 체계를 흔들었던 전노협은 이후 1995년에 건설될 민주노총의 전신 조직으로 역사적인 첫발을 내딛었다.

전노협 건설 시기인 1990년대 초 이미 민주노조운동에 대한 탄압이 본격화되고 있었기 때문에, 전노협은 이후 정권의 노동운동 탄압을 가장 선두에 맞서 싸우는 조직으로 자리잡을 수밖에 없었다. 정권의 가공할 탄압으로 인해 전노협은 위원장(단병호) 등 지도부가 대량 구속되었고, 투쟁 사업장에 공권력이 투입되는가 하면, 100여개가 넘는 민주노조에 대한 업무조사 등의 탄압이 이어졌다. 이러한 탄압에 맞서 전노협은 1990년 5월 현대중공업·KBS에 대한 공권력 투입 등의 상황에서 전국적인 총파업 투쟁을 전개했지만 정부의 탄압을 극복하기는 쉽지 않았다. 정부의 가공할 탄압으로 인해 전노협은 출범 1년 만에 조직 규모가 50% 가까이 감소하기에 이른다(김영수·김원·유경순·정경원, 2013). 자본 진영도 전노협 건설 직전인 1989년 12월에 〈경제단체협의회〉(경단협)을 결성하여, 민주노조운동 진영에 대한 조직적 대응에 나서기 시작했다.

2. 공공부문 민주노조들의 태동과 1980년대 후반 투쟁

공공부문 민주노조들은 각 전문 영역에서 직장 민주화의 열망으로 시작되면서 대부분 사무전문직 노동운동의 틀을 지니고 있었다. 그러나 권위주의 정부의 특성상 공공부문의 노동기본권 확보가 곧바로 정치권력과 충돌하고, 공공부문의 투쟁에 대해 정부가 강하게 탄압하면서 서서히 공공부문의 정체성을 확인하게 되었다. 한국 정부는 민주화 열기가 확장되는 가운데서도 공공부문은 정부 권력의 하부 토대로 자신들의 정치적 권위가 수직적으로 작동되어야 한다는 전제 아래 공공부문 노동운동을 직접 통제해야 한다는 후진적 발상을 계속 드러냈다.[37] 따라서 공공부문노조들의 자주적 투쟁은 곧바로 정권의 폭력적 탄압과 맞닥뜨리게 되었다.

1) 공공부문 민주노조들의 확산

공공부문의 경우 현재 민주노총 공공운수노조 산하 조직 중 1987년 이전에 결성된 노조가 있는가 하면, 한국노총 소속 중에서도 87년 노동자투쟁에 힘입어 결성된 조직도 많다. 주요 공기업노조들 역시 1987~88년에 대거 등장하게 되었다.[38] [표3-1]에 의하면, 1987년 7월부터 1988년 12월까지 공공부문 노조원은 11만5천여명 증가했다. 정부투자기관의 노조원도 증가했지만, 노조의 불모지대였던 지방공기업·정부출연기관·정부재정지원기관에서 엄청난 수의 조합원이 증가했다. 정부재투자기관(한국중공업·한국전력기술·한전기공·데이터통신·산업리스·서울신문 등)에서 25,000여명이, 정부재정지원기관(국민연금·국립대병원·공항공단·의료보험조합 등)과 지방공기업(서울·부산지하철 등), 정부출연기관(KAIST 등 연구기관)에서 6만여명의 노조원이 증가했다. 이들 정부재투자기관·정부재정지원기관·지방공기업·정부출연기관노조 등이 이후 공공부문 민주노조운동을 주도하여 민주노총 공공부문의 주요 대오를 구성하고 있음은 물론이다. 유일

37　당시 공공부문 노사관계와 관련하여 정부 관료들은 행정법 체계에 따른 '특별권력관계'가 적용되는 영역이라고 간주하는 경향이 있었다. 이 '특별권력관계'는 법령에 따라 정부가 공공부문 노동자를 지배하고 공공부문 노동자들은 이에 복종해야 한다는 원리이다. 공무원의 노동 3권 제한, 공공기관에 대한 교섭 개입 및 쟁의행위 제한 등은 모두 이러한 원리에서 비롯되었다.

38　한국노총의 주요 공기업인 한국도로공사·대한주택공사·한국토지공사·한국수자원공사 등에서도 1987년 노동자투쟁의 흐름에 힘입어 1987년에 노조를 결성하였다. 1987년 7월 이전에 11개에 불과했던 정부투자기관노조 역시 1991년 말에 22개로 증가했다.

표3-1　공공부문 노조 초기 조직률 추이

구분		1987.6.	1988.12		1991.12.		주요 노조
		조합원수	조합원수	조직률	조합원수	조직률	
정부 기관	공무원	49,389	49,210	99.9	50,465	97.5	철도·체신·국립의료원
	비공무원	12,886	17,412	95.4	19,407	94.6	고용직(중앙)·상용직(지방)
공기업	정부 투자기관	107,398	136,361	88.4	137,092	98.7	통신·전력·도로·토지·가스·수자원·농어촌·KBS·기업은행 등
	정부 출자기관	6,738	7,743	98.6	8,629	26.5	외환은행·포항제철·국정교과서 등
	재투자 기관	1,573	31,270	86.8	26,,607	91.2	한국중공업·전력기술·산업리스·서울신문·한국종합기술·데이터통신 등
	지방 공기업	0	9,539	84.0	11,367	84.2	서울지하철·시설공단·지방의료원 등
정부출연기관		1,343	14,063	64.1	18,434	75.8	연구기관(KDI·KIST 등), 서울대병원·에너지공단 등
정부재정지원기관		0	28,818	66.1	24,571	69.2	한국은행·증권감독원·국민연금·공무원연금공단·법률구조공단 등
공공부문 전체		179,347	294,416	86.5	296,563	92.3	
전체		1,050,201	1,707,456	22.0	1,803,408	19.8	

자료: 박영범(1994), 재구성

하게 금융권 중 노조가 없었던 한국은행에서 1988년 7월에 드디어 노동조합이 결성되었고, 이후 은행연합회, 보험감독원(이후 금융감독원 통합), 증권거래소 등의 공공 금융기관에서 민주노조 결성이 뒤를 이었다(표3-1).

　현재 공공기관으로 지정된 곳 중 민주노조의 봉화는 병원 관리자들의 비인간적 대우 및 열악한 노동조건에서 시달리던 서울대병원에서 제일 먼저 타올랐다(7.31). 서울대병원의 노조 결성 취지문에는 1980년대 후반 사무전문직 및 공공기관노조들이 거의 공통적으로 밝혔던 직장 민주화의 열망이 담겨 있었다.[39] 서울대병원에 이어 전남대병원(1987.11), 원자력병원 (1987.12), 경북대병원(1988.8) 등의 국립대병원에도 민주노조가 계속 들어서게 되었다. 서울대병원노조(위원장 김유미)는 노조 설립 직후 노조활동 보장을 위한 단체협약 체결을 위해 10월 22

39　서울대병원노조는 결성 취지문을 통해 "일하는 자가 주인이 되어.. 보람있는 직장 생활, 더 나아가 비인간화되어 가는 사회에서 인간다운 생활을 영위하기 위해서"라고 밝혔다(김영수·정경원, 2013). .

일부터 2일간 파업을 거쳤고, 다시 11월 30일부터 7일간 파업을 통해 병원노조 최초로 임금 및 단체협약을 체결했다. 2022년 현재 공공부문노조 중 서울대병원노조는 1987년 노동자대투쟁 이후 가장 먼저 파업투쟁을 전개한 조직이었다. 그 역사적 업보(?)를 계승한 것인지는 모르겠지만, 서울대병원노조(지부·분회)는 이후 35년간 공공부문노조 중에서 가장 많은 파업 투쟁을 전개한 조직이기도 하다.

공공부문 민주노조운동은 서울지하철 노조 결성을 계기로 급속히 확장된다. 서울시 산하 공기업인 서울지하철공사에서 8월 12일에 노조(위원장 배일도) 깃발이 올랐다. 서울지하철공사는 8,000명이 넘는 대기업인데다 서울시 공기업을 대표하고 있었다. 노조가 결성됨과 동시에 투쟁이 시작되면서 곧바로 농수산물도매시장·시설관리공단 등 서울시 산하 공기업에서 1987년 말 줄줄이 노조가 결성되게 한 도화선으로 작용했다. 서울 지하철 방송을 통해 흘러나오는 노동가요는 세상이 변화하고 있음을 알려주는 단적인 사례였다.[40] 앞서 언급한 바 있듯이, 1987년 말 대선 당시 집권당 후보(노태우) 연설회에 공공기관 종사자들을 강제 동원한 사건 이후 1987년 말부터 1988년까지 전국 각지의 공공기관에서 직장 민주화를 앞세워 노조 깃발이 올랐다.[41]

이전까지 '관변 연구소'로 낙인찍혀있던 연구기관에서도 민주화 열기를 타고 노조 결성이 본격화되었다. 산업연구원(9.22)을 시작으로, 한국과학기술원(KAIST)·한국전자통신연구소·한국화학연구소·한국농촌경제연구원 등에서 1987년 12월에 대거 노동조합들이 결성되었다. 경제단체에서도 1987년 8월 서울상공회의소·한국무역협회) 등을 중심으로 노조가 결성되었다. 노태우정부 출범과 때를 같이하여, 1988년 1월 한국개발연구원(KDI)에 노조가 결성되자 정부는 정부출연연구소노조를 규제하려는 움직임을 드러냈다. 정부출연연구기관노조들은 2월 KAIST에서 노조위원장(이인우)을 해고하자, KAIST노조에 대한 연대가 논의되는 과정에서 업종별 연대조직이 필요하다는 것을 공유하게 되었다.

---

40 1987년 8월 하순 서울 지하철을 이용한 승객들은 지하철 방송에서 흘러나오는 노래소리를 듣고 세상이 바뀌었다는 사실을 새삼 체감했다. 지하철 내에서 흘러나왔던 노동가요는 1980년 후반부터 민주노조 행사에서 수없이 불렸던 '동지가'였다.

41 민주노총 공공운수노조 소속 주요 공공기관 조직이었던 대한지적공사(1987.8), 공무원연금공단(1987.12), 한국조폐공사(1988.2), 부산교통공단(1988.2), 한국공항공단(1988.6), 국민연금공단(1988.12) 등에서도 이 시기에 노조가 잇따라 결성되었다.

이에 정부출연연구기관노조들(산업연구원·전자통신연구소·KDI·KAIST·농촌경제연구원·여성개발원·정신문화연구원·인삼연초연구소·화학연구소 등) 및 경제단체(상공회의소·무역협회·중기협 등)와 함께 13개 노조를 중심으로 1988년 3월 12일 공공부문 민주노조 최초의 업종 연대조직인 〈연구전문기관노조협의회〉(연전노협)가 결성되었다. 1987년 노동자투쟁 과정에서 전문기술 공기업들에서도 민주노조 결성이 줄을 이었는데, 한국통신 자회사인 한국데이타통신(8.28)과 한국전력 자회사인 한국전력기술(12.7)에서 노조가 결성되면서, 자연스럽게 연대의 틀이 확대되었다. 연전노협은 6월 4일 KAIST노조 탄압 분쇄투쟁 승리보고대회[42]에 참여했던 데이터통신·한국전력기술·대림엔지니어링노조 등의 전문기술노조들과 연대사업의 필요성을 공유하고, 1988년 7월 16일 〈연구전문기술노조협의회〉(연전노협, 의장 박태주)를 확대 발족한다.

공무원과 직장을 넘어, 농어촌 및 도시지역의 의료보험이 확대되면서 1989년 7월 1일에 전 국민들을 대상으로 하는 의료보험 시대가 열렸다. 당시 지역의료보험은 시·군·구 단위로 조합이 구성·운영되는 형태였는데, 각 조합 대표이사들의 비리가 만연하고 권위주의적 조직 운영이 일상화되어 있었기 때문에 공채로 입사한 지역의료보험 노동자들의 분노를 유발하게 되었다. 바로 이러한 직장 민주화의 열기를 안고 지역의료보험노조들이 결성되었다. 노조 결성은 조합을 넘어 광역 단위의 지역노조 형태로 이뤄졌다. 먼저 경기지역노조가 1988년 10일 13일 결성된 이후, 충남·전남·충북·강원지역에서 지역노조들이 잇따라 1988년 하반기에 결성되었다. 유사 기관과의 임금 차별, 관리 계층의 억압 구조 속에서 공채 직원들의 민주적 권리 자각이 폭넓게 이뤄진 결과, 지역노조 결성이 전국적으로 확산된 것이었다.

1989년 들어 서울·경남·경북 등을 거쳐 마지막으로 광주지역노조를 끝으로 8,000여명의 지역의료보험 노동자들이 노조 결성에 참여했다. 지역의료보험노조들의 상급단체 가입과 관련하여, 경기지역 등 1988년에 결성한 노조들은 1987년 노동자대투쟁 이후 민주적 산별연맹으로

---

42   KAIST는 노조 활동을 문제삼아 노조위원장(이인우)을 1988년 2월 해고했는데 당시 노조위원장은 병역 특례자 신분이었기에 해고시 강제 입영토록 되어 있었다. KAIST노조는 곧바로 농성·집회 등으로 맞섰고 연구원측이 노조를 계속 탄압하자 5월 15일부터 15일간 전면파업을 전개하게 된다. KAIST가 당시 홍릉 지역에 있었기 때문에 주변의 연구기관(산업연·KDI·농경연)노조들이 자연스럽게 연대를 하게 되었다. 5월 30일 파업 승리 결의대회에 연전노협 소속 노조들과 함께 전문기술노조들이 이 파업투쟁에 연대하게 되었고, 파업과 연대투쟁에 힘입어 KAIST는 6월 3일 노조위원장 해고를 철회하게 된다. KAIST노조의 파업 승리결의대회는 1988년 5월 28일 결성한 서울지역노조협의회(서노협)의 첫 연대집회였다. 참고로, 한국과학기술원(KAIST)은 1989년 이후 한국과학기술연구원(KIST)과 분리되어 현재에 이르고 있다.

자리잡은 사무금융노련에 가맹했으나, 서울지역 등 1989년에 결성된 노조들은 노동부의 방해로 한국노총 보험노련에 강제로 가입하게 되었다. 당시에는 노조 결성 과정에서 행정관청의 개입 여지가 많았기 때문에 정부의 이같은 방해 공작이 가능했다.

사무금융노련은 지역의료보험노조 건설 초기부터 전국적으로 노조 결성을 적극 지원하고 있었다. 정부의 보험노련 강제 편제는 한국노총 밖 유일한 연합단체인 사무금융연맹의 확대를 막고, 지역의료보험노조들의 전국적 연대를 사전에 가로막기 위한 술책이었다. 당시 사무금융연맹에는 지역의보노조들 외에도 한국노총 연합단체(연합노련 등) 가맹을 꺼렸던 상당수 공공부문 노조들(국민연금공단·공무원연금공단·생산성본부·소비자원·학술진흥재단·교원공제회·의료보험공단 등)이 가맹하고 있었다.[43] 노동부는 사무금융노련에 속한 지역의보노조들조차 보험노련으로 편제하려고 했으나 해당 노조들의 강한 반발로 1989년 이후에 결성된 노조들만 보험노련에 속하게 되었다. 그런데 이러한 상급단체 분리 조치는 결과적으로 지역의보노조의 독자적 연대조직 결성을 촉진하게 만든다.

2) 주요 공공부문노조 투쟁

1987년부터 1988년까지의 공공부문노조의 투쟁을 보면 쟁의 건수는 그리 많지는 않았지만, 투쟁 건마다 사회적 파장이 컸다. 공공부문노조의 투쟁과 활동이 지닌 사회적 관심, 그리고 주요 쟁점이 대부분 정부정책과 직접 충돌하는 것들이기 때문에 그 시대 노동정책을 가늠하는 리트머스 역할을 하고 있다. 공공부문의 노사관계는 대부분 정부의 법제도 및 예산 운영과 직접 부딪히는 영역인데다, 우리 정부는 공공부문의 노동3권을 인정하는데 매우 부정적이고 노조활동을 직접 통제하는 장치(임금가이드라인·직권중재 등)들이 작동되고 있었기 때문에 공공부문노조의 투쟁들은 크든 작든 대부분 정부와 충돌할 수밖에 없었다. 더구나 공공부문 여부를 떠나 한국 사회는 노동 억압 및 노조활동 혐오가 만연해 있고, 그러한 노동 억압 및 노조활동 혐오를 주도한 정치세력이 오랫동안 집권해왔기 때문에 공공부문 민주노조는 더욱 어려운 환

---

43 이후 사무금융노련은 1995년 2월 보험노련과 통합하여 사무노련으로 재출범했다. 각 지역별 지역의료보험노조들은 연대 조직(의료보험노조총연합)을 거쳐 1994년 단일노조(전국의료보험노조)로 통합되었고, 이후 공노대, (구)공공연맹 조직의 핵심 단위로 활동했다. 당시 보험노련에는 직장의료보험노조가 포함되어 있었기 때문에, 조직 통합에 따라 이들 직장노조들은 민주노총 조직(사무노련)에 몸담은 이후 2000년 통합 건강보험공단 출범을 앞두고 의료보험 통합 반대를 앞세워 한국노총(공공서비스노련)으로 조직을 전환한다.

경에 처할 수밖에 없었다. 이 시기에 서울대병원노조, 철도·서울지하철노조, 정부출연연구기관노조, 국민연금공단노조, 예술의전당노조, 지역의료보험노조 등의 투쟁이 계속되었고, 정부와 직접 충돌할 수밖에 없는 공공부문의 특성으로 인해 이들 노조의 투쟁은 사회적으로 주목받을 수밖에 없었다. 특히 1989년에 결성된 전국교직원노조(전교조)는 결사의 자유마저 제한되어 있었기 때문에 엄청난 충돌을 빚게 되었다.

당시 한국노총의 정부투자기관노조들은 공공부문 민주노조들의 전국적 투쟁 분위기 하에서 1988년 4월 26일 18개(통신·전력·담배인삼·도로·주택·토지·조폐·가스 등) 노조를 중심으로 〈정부투자기관노조협의회〉(정투노협)를 발족한다. 이들은 1987년 노동자대투쟁이 폭발한 이후 노동운동이 성장·발전하는 과정에서 정부에 대해 정부투자기관의 임금 억제(예산편성지침) 철폐와 퇴직금누진제 개악 철회 등의 요구를 내걸었다. 다만 이들 노조들은 1988년 11월 정부투자기관의 임금가이드라인 철폐를 요구했지만, 어디까지나 기업별 실리 추구의 활동 범위를 벗어나지 못했다. 1989년부터 1991년까지 공공부문 민주노조운동이 전국적으로 투쟁을 전개하는 과정에서도 이러한 흐름은 크게 달라지지 않았다.

이 시기에 정부가 공공기관에 대해 임금은 억제했지만, 기업 복지(대학생자녀학자금·주택자금 지원 등)에 대해서는 강한 통제를 하지 않았는데, 상대적으로 예산 운영에 여유가 있는 정부투자기관노조들은 이 시기에 기업별 복지 혜택을 더 누릴 수 있었다. 정부재정 의존 비율이 높은 정부출연기관·정부재정지원(위탁·보조)기관의 노조들이 정부정책과 맞선 것과는 좋은 대조를 이루고 있었다. 이러한 예산 운영 특성으로 인해, 상대적으로 이들 지방공기업·정부출연기관·정부재정지원기관의 노조들이 정부와 맞서는 공공부문 민주노조운동의 초기 흐름을 주도하게 되었고, 전투적 성향의 노조 집행부들이 자리잡게 되었다. 공기업노조와 정부출연기관노조들은 이후 정부의 임금 억제에 맞서 연대 흐름을 강화하기 시작했다. 1992년 '총액임금제' 반대투쟁을 계기로 전국적인 연대 흐름이 형성되었고, 1994년 11월 〈공공부문노조대표자회의〉(공노대)를 통해 공공부문 민주노조운동의 틀에 결합하게 된다.

- 서울지하철노조 및 철도노동자의 파업투쟁

1974년 8월 서울지하철이 개통된 이후, 1981년 9월 지방공기업으로 전환된 서울지하철공사는 과도한 건설 부채로 인한 재정 적자가 심각한 데다, 군 출신 낙하산 인사로 병영적 노동통제가 일상화되었다. 근무 형태는 당시 철도와 마찬가지로 가장 후진적인 24시간 맞교대 방식이었다. 1987년 노동자투쟁으로 8월 12일 노조가 결성될 당시 서울지하철노조의 1차적인 개선 요구는 직종간 차별을 제도화하는 불합리한 근무 형태(직제) 및 임금체계에 집중되었다.

서울지하철공사는 당시 직제가 사무직·현장직 등으로 구분되어 있었는데, 노조원의 절대 다수를 구성하고 있는 현장직(승무·차량·기술직 등)의 경우 사무·관리직에 비해 임금수준·승진·복지 등에서 차별을 당하고 있었다. 더구나 당시 관리자들이 특채로 입사한 것과는 달리, 이들 현장 노동자들은 대부분 공채로 입사했기 때문에 조직적 결속이 강한 데다, 당시 민주화 열기 속에서 노조 결성을 통해 이러한 구시대적 차별을 극복하겠다는 의지가 충만했다. 결국 이러한 조직내 질서가 서울지하철노조의 초기 활동 속에서 강력한 단결과 투쟁의 바탕으로 작용했다.

서울지하철노조(위원장 배일도)는 노조 결성 직후부터 직제개편 투쟁을 시작했다. 서울지하철 전동차 내에서 노동가요가 방송되기 시작하면서 지하철노조의 투쟁이 사회적 관심으로 대두되었고, 노조의 투쟁 끝에 11월 18일 직종간 차별을 완화하는 직제개편 관련 단체협약을 체결하게 되었다. 그러나 직제개편 시행이 예정된 1988년 3월에 공사측이 시행을 유보하자, 결국 6월 18일 시한부 파업에 돌입했다. 최초의 지하철노조의 파업이 시작된 당일 다시 직제개편에 따른 세부 직급 조정과 함께 1988년 임금 인상 관련 합의가 이뤄짐으로써 파업은 마무리되었다.

직제개편 합의 이행을 둘러싸고 7월부터 다시 노사간 갈등이 재연되었으나 8월 초 노조 집행부가 조합주택 관련 비리에 연루되어 총사퇴했다. 70% 이상의 조합원들이 무주택자였기에 내집 마련의 열망이 강했던 당시 상황에서, 서울지하철노조의 주택사업이 비리와 연계되어 있었던 것이다.[44] 8월 18일 2대 집행부(위원장 김명희)를 재구성한 후, 1988년 10월 5일 직제개편에 대한 재합의가 또다시 이뤄졌다. 세번째 이뤄진 합의서 이행을 위한 구체적 준비가 지연되자 노조의 투쟁이 11월에 다시 재개(차량지부 파업)되었다. 그러나 1989년 1월부터 시행키로 한 직제 개편은 끝내 이행되지 않았다.

직제 개편 이행을 둘러싼 노조 내부 논란 끝에 1989년 2월 20일 2대 집행부가 사퇴하고 노조는 새 집행부(위원장 정윤광)를 다시 구성했다. 노조 집행부 구성 직후 서울지하철노조는 곧

---

44 1988년 서울지하철은 조합원 복지사업으로 일환으로 노조가 주도하는 주택조합을 추진했다. 그러나, 노조의 투쟁 기간에 노조간부들이 주택사업에 투입되고, 주택조합 부지인 시유지(녹지) 불하 및 토지 형질변경을 둘러싸고 노조간부와 서울시·시경 고위 간부와 뒷거래가 이뤄지고 부패에 연루되면서 노조집행부는 사퇴하였고 결국 노조위원장 역시 사법처리를 받게 되었다. 당시 공공기관노조들 상당수가 조합원 복지사업을 위해 주택조합을 추진하고 있었는데, 서울지하철의 사례는 중요한 '반면교사' 역할을 했다.

바로 2월 28일 쟁의발생 결의를 거쳐, 3월 4일 비상 임시총회 및 3월 6일 '무임승차' 투쟁을 통해 공사측의 합의서 이행을 촉구했다. 그런데 3월 9일 대통령(노태우)이 서울시를 순방하면서 노조에 대해 강력 대처를 지시하는 바람에, 3월 8일 서울시가 합의각서 이행을 수용하겠다는 발표로 타결 직전까지 갔던 노사관계는 대통령의 강경 방침에 따라 급변했다. 정부 압박에 눌린 공사 사장은 직제 개편에 대한 합의 이행을 또다시 거부했다. 더구나 앞선 투쟁과 관련하여 발생한 노조 간부의 징계 및 고소·고발 취하 관련 합의조차 공사측은 이행을 거부했다. 결국 공사측의 합의 불이행 의사를 확인한 노조 집행부는 강력한 항의의 뜻으로 3월 16일 전 지하철을 세우는 전면파업에 돌입했다.

강경 대응을 준비하던 정부와 서울시는 파업 돌입과 동시에 1만5천여명의 공권력을 파업 농성장에 투입하여 2,345명의 조합원을 연행하며 파업 대오를 강제로 해산했다. 이후 민주당사와 왕십리성당 등에서 조합원들의 끈질긴 농성이 이어졌지만 끝내 4월 8일 공권력에 의해 농성이 정리되기에 이르렀다. 이미 1989년 초 풍산금속 공권력 투입으로 민주노조를 짓밟기 시작한 정부는 서울지하철노조 뿐 아니라 현대중공업·한양대병원·국민연금공단노조 등의 파업도 잇따라 공권력을 투입하며 짓밟았다.

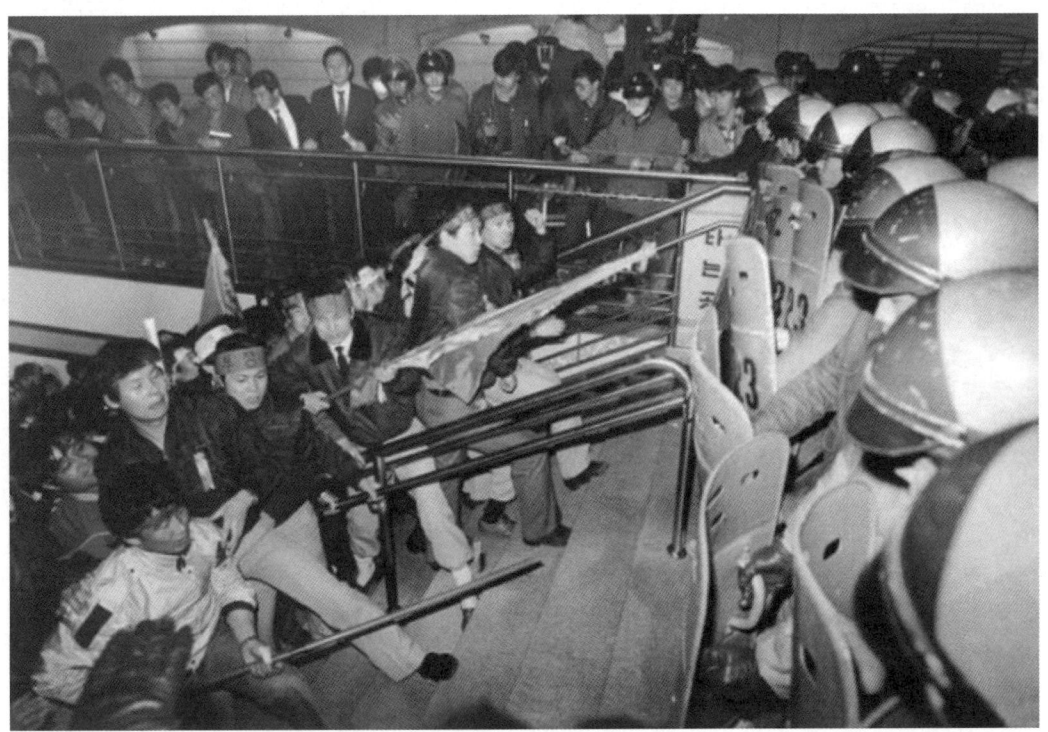

1989.3. 경복궁역에서 지하철노조 파업 대오와 경찰의 대치

서울지하철노조 파업 기간 중 노태우정부는 청와대·관계부처·서울시·검찰·경찰·안기부 등이 참여하는 '관계기관대책회의'를 구성하며 전국적으로 전개되는 노조 파업을 탄압하기 위한 대책을 세운다. △파업 노조의 집행부 구속 △파업 참여 노조원에 대한 징계 △연대 노조들에 대한 제3자개입 금지 고발 △노조 파업 관련 손해배상 청구 등이 이 대책회의에서 주로 검토되고 시행되었는데, 이러한 '관계기관 대책회의'는 김영삼정부에까지 계속 이어진다.

서울지하철노조의 3.16 파업은 당시 노태우정부의 노동운동 탄압 국면에서 비록 공권력에 의해 짓밟혔지만, 결과적으로 이 투쟁을 통해 서울지하철의 숙원 과제인 직제 개편이 해결되는 계기를 마련했다. 이후 노사간 추가 교섭을 통해 그간 계속 이행이 지체되었던 직제개편 합의가 결국 이행되었고, 지하철의 근무형태 역시 24시간 맞교대에서 직종에 따라 4조 3교대 또는 3조 2교대로 변경함으로써 비로소 8시간 노동이 정착되었다. 이러한 근무 형태 변경에 따라 서울지하철공사는 이후 약 3천명에 달하는 인력 충원이 추가로 이뤄졌다. 다만 1989년 서울지하철노조의 파업을 겪은 서울시와 공사는 조직 확대로 인한 노조 역량 강화를 우려한 나머지, 추가로 건설되는 서울지하철 2기(5·6·7·8호선)의 운영을 분리(제2지하철공사 설립)하는 방안을 강구하게 된다.

해방정국의 전평이 파괴된 후 40여년간 어용 노조 굴레에 갇혀 있었던 전국철도노조에서는 노조와는 별개로 기관사 조합원들을 중심으로 1988년 7월 15일부터 농성이 시작되었다. 1960년대 이후 20여년간 철도 현장은 24시간 맞교대와 300시간이 훨씬 넘는 노동시간, 근로기준법의 1/5에 불과한 초과근무수당 등 살인적 노동조건의 개선에 시달리고 있었고, 더구나, 1980년대에 들어서면서 도로의 발달 등으로 인해 철도산업이 정체·사양국면에 직면하면서 철도청의 인력도 4,000여명 이상 감축되고 있었다.[45] 물론 살인적 노동조건 현실에 대해 당시 철도노조 집행부는 제대로 개선할 의지를 지니지 못했다.

철도 기관사들의 농성이 12일째 진행되면서 철도노조 집행부가 근무체계 개편에 합의했지만, 이 합의가 농성 노동자들의 의사에 반하는 부당한 것으로 드러나면서 결국 기관사들의

---

45 당시 파업에 참여했던 철도 노동자(이태균)는 "해병대사령관 출신의 철도청장이 지휘하던 철도 현장은 군사 문화가 판치는 세상이었다. 숙소는 악취와 벌레가 들끓었고 초겨울에는 난방조차 넣어주지 않아 기름때 묻은 몸을 씻을 수가 없었다. 각종 비리는 상식이어서 이의제기를 할 곳도, 받을 곳도 없는 형편이었다. 일방적인 지시에 죽으라면 죽는 시늉을 해야 하는 말 그대로 병영적 노무관리가 횡행하던 곳이다"라고 철도 현장을 묘사했다(전국철도노조, 2005)

별도 파업 투쟁이 시작되었다. 기관사들은 △근로기준법에 정한 제수당 지급 △서울-부산 열차 도중 교대 △열차 운전직 수당 인상 △기관사 적성검사 폐지 등을 내걸고 7월 26일 독자적인 파업에 돌입했다. 당시 철도 노동자에게는 파업권이 제한(공무원 신분)된 데다, 이미 철도노조 집행부가 합의를 한 상태라서 공권력으로 인한 희생이 클 수밖에 없었다.

어용 철도노조와 노동악법의 억압 속에서 지난 1947년 파업 이후 40여년 만에 돌입한 파업은 당일 14시간 만에 1,653명의 파업 조합원이 연행되면서 강제로 정리되었다. 이 파업을 이끈 지도부 11명이 구속되었으며 이후 3명은 해고되었다. 1988년 7월 철도 파업은 지부장 2명만이 참여한 가운데 평조합원들이 자발적으로 전개한 파업으로서 철도노조내 민주적 기반이 취약한 상태에서 이뤄졌다. 파업이 종료된 후 10일 만에 전국 기관차 승무원의 90% 이상이 참여한 〈구속노동자가족후원회〉가 결성되었고, 이를 기반으로 1989년 5월 15일 〈전국기관차분회장협회〉(전기협)가 결성되면서 이제 본격적으로 철도노조 민주화 투쟁의 역사가 시작된다.

철도 기관사들의 파업은 비록 철도노조가 배제되어 있었고, 제대로 준비하지 못한 가운데 이뤄진 '비공인파업'(wildcat strike)이었다. 그럼에도 7.26 철도 노동자 파업은 노동시간을 단축(월 기본근무 224시간으로 단축)시키고, 장거리 열차 운행 중에 근무 교대 등이 이뤄지는 등 노동조건이 개선되는 계기가 작용했다.

- 연구 자율 쟁취를 앞세워 최초의 업종 연대파업을 전개한 연전노협

1988년 7월에 출범한 연전노협에는 32개 노조가 참여했는데, 연구기관·경제단체·전문기술단체 및 그 외 주요 공공기관노조(지적공사·무역진흥공사·에너지관리공단·원자력의학원 등)도 포함되어 있었다. 연전노협은 8월 27~28일 확대간부수련회를 통해 당시 정부출연연구기관노조에 가해지는 정부의 탄압에 대응하고, 동시에 당시 파업 중이던 현대사회연구소(현사연)노조 투쟁을 지원하기 위해 1988년 하반기 공동 임금·단체협약 투쟁을 결의했다.

당시 노태우정권은 KAIST노조가 노조 탄압에 맞서 파업투쟁을 승리로 마무리하고, 산업연구원노조(위원장 박태주) 등이 임금체계(단일호봉제)와 인사·경영참여(인사위원회 참여 등)를 중심으로 한 단체협약을 체결하자, 이미 1988년 2월 정부출연연구기관 노조 활동을 규제하려 했던 권위주의적 발상을 다시 앞세워 출연연구기관노조 활동을 정면으로 억압하려 했다. 6월 27일 경제장관회의에서 정부출연기관의 △과도한 임금 인상 △호봉체계 단일화 △연구원 외부 채용 억제 △인사위원회 참여 등에 대해 '정부출연기관 설립 목적을 벗어난 행위'로 간주하고, 이를 시정치 않을 경우 기관장을 문책하고 기관 예산을 통제하겠다고 선언했다. 이어 7월 6일

정부출연연구기관 노사관계를 사실상 주도하고 있던 산업연구원이 노조와의 교섭에서 '부적절한 합의'(단일호봉제 등)를 했다는 이유로 기관장을 전격적으로 경질하였다. 또한 당시 공동으로 정부 정책에 대응하고 있던 노조들을 억압하기 위해 KDI·KIST·산업연구원의 1989년 인건비를 차등 반영(사실상 임금삭감)했다. 정부가 공공기관에 대한 임금 및 단체협약에 대해 정면으로 공격하기 시작한 것이다.

한편, 현대사회연구소는 연구원의 연구보고서 외부 유출 혐의로 해당 연구원의 의원 면직을 통보하자,[46] 1988년 2월 6일 노조를 결성하고 곧바로 농성에 돌입했다. 2월 10일 노조의 투쟁 끝에 연구소의 민주적 운영에 대한 합의를 이끌어냈다. 이후 노조가 반노조적 태도를 보여온 기획실장의 소장 취임을 반대하자, 연구소는 연구원 26명을 2월 29일 해고했다. 노조가 또다시 34일간 농성한 끝에 해고 조치는 철회된다. 그러나 당시 5공 실세였던 허화평소장이 6월에 소장으로 부임하면서 연구보고서 통제 움직임이 구체화되었고, 또다시 노조 활동을 억압하기 시작했다.

현사연에서 노조 탄압이 구체화되자, 연구소의 연구원들은 7월 25일 〈연구자율수호위원회〉를 구성하여 이에 농성을 시작했다. 노조의 농성에도 불구하고, 소장은 위원회 대표들(김만흠·이석희)에 대해 연구보고서에 대한 소장의 사전 검열 지시를 거부했다는 이유로 8월 31일 파면 조치하기에 이른다. 결국 현사연노조(위원장 정관용)는 소장의 인사 폭거 및 노조 활동 탄압에 맞서 8월 31일부터 전면파업에 돌입하였다.

1988년 6월까지 전국의 32개 정부출연연구기관 중에서 16개 연구기관(인문사회계 7개, 과학기술계 9개)에 노조가 결성되었다. 이 16개 정부출연연구기관노조들은 〈정부출연연구기관노조임금인상공동대책위원회〉(공대위)를 구성하여 정부에 '1989년 정부출연연구기관 임금인상요구서'를 제출했다. 요구서의 주요 내용은 △민간부문과의 임금 격차 해소를 통한 우수 연구인력 유치 △내부 직급간 임금 격차 해소 △물가상승율 및 전반적 소득수준을 반영한 임금 보전 등이었다(연구전문기술노조협의회, 1989). 공대위는 정부(경제기획원 등)와 노조가 공동으로 참여하는 '정부출연연구기관 임금체계개선소위원회'설치를 요구했으나, 정부는 노조 요구를 무시했을 뿐 아니라 정부출연연구기관 노조활동 규제를 위한 법안 제정 움직임마저 보였다.

---

46 정부 홍보 정책연구 및 홍보물 발간을 목적으로 정부가 제정을 지원하는 현대사회연구소가, '취급 주의'로 분류한「한국사회 지역갈등 연구」보고서 결과가 1988년 1월 5일 동아일보에 보도되자, 연구를 수행한 K연구원에 대해 직권 면직을 통보하였다.

현사연노조의 파업이 70여일을 경과할 즈음 11월 연전노협은 〈정부출연연구기관 단체교섭공동대책위〉을 구성하며 연대파업을 결의했고, 연대파업이 임박한 상태에서 12월 2일 16개 노조를 중심으로 〈공동쟁의대책위원회〉(공동쟁대위: 위원장 윤윤규)로 전환했다. 정부가 여전히 정부출연연구기관노조들의 요구를 무시하자 12월 7일 공동쟁대위 소속 노조간부들은 KDI에서 철야농성에 돌입했고, 이후 각 기관별로 철야농성을 계속했다. 결국 공동쟁대위 소속 노조들은 12월 14일부터 연대파업에 돌입했다.

인삼연초연구소노조(위원장 권우생)·산업연구원노조(위원장 박태주)·KDI노조(위원장 윤윤규)·KAIST노조(위원장 이인우)·정신문화연구원노조(위원장 임동주) 등이 △연구 자율 △민주 운영 △처우 개선의 공동 요구를 내걸고 줄줄이 연대파업에 돌입했다. 12월 14일 연전노협은 KDI에서 연대 파업 진군대회를 가졌고, 12월 15일 전자통신연구원노조(위원장 주진천)가 파업에 돌입한 가운데 12월 16일에는 대덕 연구단지에서 연대파업 승리 결의대회를 가졌다. 1987년 노동자 대투쟁 이후 정부출연연구기관노조들을 중심으로 최초의 업종별 연대 파업이 실현된 것이다.[47] 정부출연연구기관노조들의 연대파업은 13일간 흔들림없이 진행되었다. 파업이 장기화되자 산업연구원노조는 12월 27일 정부가 정부출연연구기관노조들의 요구를 계속 무시할 경우 산업연구원의 전산망을 폐쇄하겠다고 선언하자 노태우정부는 즉시 '특별 조치'를 앞세운 강경 대응 방침을 발표했다. 파업 중인 정부출연연구기관노조들에 대해 공권력을 투입하겠다는 것이었다.[48]

정세가 급박하게 전개되는 상황에서 공동쟁대위의 지도력이 현저히 약화되기 시작했고, 12월 28일 정부출연연구기관노조들의 연대파업을 이끌고 있었던 산업연구원노조가 교섭을 타결하고 15일만에 파업을 마무리했다. 이후 12월 31일 KAIST·전자통신연구원·KDI·인삼연초연구소·정신문화연구원노조 등에서 교섭이 타결되면서 파업이 마무리되었다. 정부출연연구기관노조 연대파업과 같은 시기에 진행되었던 상공회의소노조(위원장 김광수)도 파업 55일만인 12

---

47 1985년 6월 구로지역 섬유·전자업종의 노조들이 지역 단위 연대(동맹)파업을 전개한 바 있기 때문에, 여기서는 '최초의 업종별 연대파업'으로 규정한다(필자 주.

48 노태우정부는 산업연구원노조가 '전산망 폐쇄' 검토 입장을 밝히면서 정부출연연구기관노조의 연대파업이 절정에 이르렀던 12월 28일 노조 파업에 대한 특별조치(공권력 투입 등)을 발표했고, 곧바로 12월 31일 풍산금속 안강공장에 공권력을 투입하면서 노동운동 탄압을 본격화했다. 이 상황에서 여성개발원노조를 제외하고 파업 중인 정부출연연구기관노조들이 대부분 파업을 철회하게 된다.

월 31일 파업을 마무리했다.

여성개발원노조(위원장 이영세)는 다른 연구원노조들이 파업을 마무리하고 있던 12월 31일에 파업에 돌입하여 홀로 1989년 1월 25일까지 파업을 진행했다. 마지막에 참여한 여성개발원노조의 파업이 마무리되면서 1988년말 이어진 정부출연연구기관노조들의 연대파업은 종료되었다.

한편 정부출연연구기관노조 연대파업의 1차적 계기로 작용했던 현대사회연구소에서는 현사연노조 파업 투쟁이 200일이 경과하고 있던 1989년 3월 17일 농성중인 조합원 전원(19명)을 해고했다.[49] 당시 서울지하철노조가 3월 16일 전면파업에 돌입하면서 정부의 노동운동에 대한 강경 대응 분위기가 확산되는 상황에서, 5공 실세(허화평)가 폭거를 저지른 것이다. 1988년 정부출연연구기관노조들의 연대파업에 대한 정부 조치들을 보면 이후 전개될 정부의 공공부문 정책 방향을 대체로 예상해 볼 수 있는 계기로 작용했다.

연전노협의 연대파업은 1987년 노동자대투쟁 이후 최초로 기획된 업종별 연대파업으로서 당시 지역·업종 전국회의 중심으로 진행되던 전국적인 민주노조 연대투쟁의 한 페이지를 장식했다. 연전노협은 이후 평가를 통해 "기존의 형식적 차원의 공동투쟁과 비교하여 상대적으로 실질적 내용을 갖는 우리나라 노동운동 역사상 최초의 업종별 공동투쟁"으로 이 투쟁의 의미를 평가했다(연구전문기술노조협의회, 1989). 그러나, 임금·단체교섭이 공동으로 타결되지 못한 데다, 산업연구원 전산망 폐쇄 논란으로 부정적 여론과 함께 정부의 강경 조치가 구체화되면서 사실상 주요 요구 내용을 포기한채 파업이 마무리되는 한계를 보였다.

당시 이 파업을 이끌었던 KDI·KAIST·산업연구원·정신문화연구원노조 등에서는 정부 권력 앞에 무너진 업종 단위 공공부문 연대투쟁의 한계를 절감하고, 공공부문노조간 연대보다는 개별 기관노조의 실리를 중시하는 방향으로 조합원들의 의식이 전환되는 흐름을 보이기 시작했다. 정부출연연구기관노조들은 연대파업의 한계를 검토하는 과정에서 정부출연연구기관 단일노조의 필요성을 공유했으나, 연대파업에 따른 후유증에 직면한 노조들로 인해 이 단일노조 논의를 전개하기 힘들었다. 이들 노조들 중 상당수는 이후 노조 활동이 침체 국면에 접어든

---

49 두 연구원은 이후 1991년 12월 24일 대법원에서 부당해고 판정을 받게 되어 연구소에 복직했지만 이후 곧 퇴직했다. 당시 투쟁을 주도하던 현사연노조 위원장(정관용)은 현재까지 방송 사회자로 활동해오고 있고, 노조 사무국장(김철운)은 전문노련 활동을 시작으로 이후 공공연맹·공공운수연맹·공공운수노조를 거쳐 30여 년을 공공부문 노동운동에 참여해왔다.

1988.12. 현대사회연구소에서의 연전노협 연대파업 집회

다. 1988년 10월 전국노동자대회와 12월의 〈지역·업종노조 전국회의〉 결성으로 민주노조운동이 전국적으로 확산되는 과정에서 연전노협의 연대파업은 사무전문직노조운동의 지평을 확대했으나 노태우정부의 민주노조운동에 대한 전면 탄압이 본격화되는 계기로도 작용했다.

- **의보 통합을 위한 지역의료보험노조들의 1989년 연대파업**

1989년 3월 지역의료보험노조(지역의보노조)들은 전국적으로 노조 결성이 이뤄지자 노조 활동 보장을 목표로 최초로 연대파업에 돌입했다. 우선 지역의보노조가 시·도 단위 지역노조 형태를 띠고 있는 상황에서 사실상의 사용자 역할을 하는 의료보험연합회와의 교섭구조가 제대로 마련되지 않았다. 1988년 12월 연합회장을 상대로 교섭을 요청했으나, 1989년 1월까지도 연합회 측은 이에 응하지 않았다. 결국 지역노조와 각 기초단위 의료보험 대표이사들과의 집단교섭을 통해 지역의보노조의 1989년 교섭은 시작되었다. 숫자만 많고, 실제 교섭권한은 거의 없는 사용자들과의 교섭은 별다른 성과없이 계속 공전되었다.[50] 더구나 2월 정부(보건사회부)가 발표한 지역의료보험과 의료보험연합회간 임금지침 차별은 지역의료보험에 종사하는 노동자들의 불만이 폭발하는 도화선으로 작용했다.

이러한 교섭 교착 및 정부의 임금 차별화로 노조 불만이 높아지는 가운데, 3월 8일 경기지역의보노조(위원장 김영익)가 선도적으로 파업에 돌입하였고, 3월 9일 강원·충남·충북·전남지역노조가 잇따라 연대파업에 돌입하여 10일간 파업이 진행되었다. 파업 대오들은 연합회 광장으로 집결하면서 자연스럽게 전국 지역의보노조들의 전면파업이 이뤄졌다. 이 파업 투쟁으로 노조활동의 기본 협약이 확보되고, 25% 가까운 임금인상이 이뤄졌을 뿐 아니라 임금결정권을 지니고 있는 정부(보건사회부)와의 교섭구조도 확보했다. 더구나 노조 파업 기간 중에 의료보험 통합 법안이 국회에서 통과되는 기쁨도 비록 짧지만 잠시나마 누리게 된다.

이 연대파업의 성과로 1989년 5월 지역의보노조들의 연대조직인 〈지역의료보험노조 전국협의회〉(지노협)가 결성되었다. 이후 서울지역 노조 결성을 거쳐 9월 광주를 마지막으로 16개 광역 시도에서 지역의보노조가 결성된 이후 9월 29일 지노협을 발전적으로 재결성하였다. 이후 의보노조는 △통합 단체협약 쟁취 △임금 인상 △의료보험 통합을 골자로 하는 의보제도 전면 개선투쟁을 앞세워 이후 4년간의 지난한 투쟁에 돌입하게 된다. 1989년 초 야3당 합의로 개정된 통합 의료보험 법안에 대해 대통령(노태우)이 3월 말에 거부권을 행사하면서, 지역의료보험 노동자들의 연대파업이 다시 전면화되었다.

지역의보노조들은 통합 법안 관철을 위해 10월 9일 각 지역별로 의료보험 통합 촉구 조합원 결의대회를 잇달아 개최했고, 10월 24일 서울의보노조(위원장 박표균)가 정부의 의료보험 통합 시행을 요구하며 선도적으로 파업에 돌입했다. 뒤이어 11월에 13개 지역노조가 일제히 연대파업에 돌입했다. 파업과 동시에 전 사업장이 파업 조합원들에 의해 점거되면서 지역의료보험 업무 전체가 마비되었다. 정부는 별다른 대책없이 조합원들의 파업을 해산하는데만 집중했고, 이로 인해 곳곳에서 관리자들과 조합원들의 충돌이 계속되었다. 파업이 한달째 접어든 11월 13일 지역의보노조 위원장들의 단식 농성이 시작되었다. 의보노조의 통합 의료보험을 위한 이 파업에 대해 당시 병원노련(위원장 양건모)이 지지하는 등 이후 의료보험 통합 문제가 전체 노

---

50 당시 언론에서도 지역의료보험노조들의 파업에 대해 임금 지급과 인사권을 정부(보건사회부)가 지니고 있는 상황에서 조합 대표이사들이 노조와의 교섭할 권한이 없기 때문에 노사 협상이 결렬되어 파국(파업)으로 치닫았다고 보도하고 있었다(중앙일보, 1989.3.9).

동운동의 주요 의제로 부각되기 시작했다. 통합 법안은 1989년 12월 국회에서 합의 처리키로 했으나 다시 1990년으로 이월하기로 결정을 내렸다. 그러나 1990년 1월 3당 합당으로 두 야당이 집권 세력과 야합하는 바람에 법안 처리는 무기한 유보되었다.

통합 법안의 국회 처리가 무산되는 과정에서 장기 파업에 따른 피로도 증가로 인해 파업 대오가 흔들리자 지노협은 12월 20일 중앙교섭 쟁취 및 동일임금 확보를 위한 투쟁으로 전환하면서, 현업에 복귀했다. 2달 넘게 진행된 이 파업 투쟁을 통해 시·군·구로 흩어진 지역의보 노조의 전 조합원들의 전국적 결속이 강화되는 계기가 되었고, 의료보험 통합을 위한 강한 결의와 실천 투쟁의 자부심도 공유하게 되었다. 그러나 파업 기간 중의 무노동무임금으로 인한 손실에다, 3당 야합에 따라 통합 법안 처리가 난망해질 것이라는 좌절감으로 노조 조직 내부가 흔들리기도 했다(사회보험지부, 2010).

- 노조 탄압에 맞선 국민연금공단노조의 파업투쟁

국민연금공단노조는 사무금융노련 소속으로서 노조 결성 초기부터 노조 전임자 및 사무실을 제공치 않아 노사간 대립이 계속되었다. 노조 결성 직후 1989년 4월 1차 쟁의행위가 결의되며 노조는 파업을 선언했고, 파업 돌입 직전에 노조활동 보장을 위한 단체협약이 어렵게 체결되었다. 그러나 특채 관리자들을 앞세운 억압적 분위기가 만연해 있고, 유사기관에 비해 열악한 처우로 인해 조합원들의 불만은 계속되었다. 이에 국민연금노조는 이러한 조합원들의 불만을 토대로 강한 투쟁을 선언한 새로운 집행부(위원장 정현명)가 들어선다.

그런데 새로이 부임한 공단 이사장(장원찬)은 과거 지역의료보험노조를 억압했던 의료보험연합회 회장 출신으로 노조가 새 집행부를 세우자마자 시간외수당 삭감 및 취업규칙 개악을 단행함으로써 노조활동을 부정하려 들었다. 노조는 공단 이사장의 노조 탄압이 계속되자 6월 28일 2차 쟁의행위를 의결하고 7월 7일부터 전면 파업에 돌입했다.

국민연금공단노조의 파업 투쟁은 사무금융노련의 지원과 연대에 힘입어 강하게 전개되었다. 사무금융노련은 당시 지역의료보험·직장의료보험 관련 의료보험노조들 뿐 아니라 사회복지 관련 공공기관노조(예, 공무원연금·교원공제회 등)들이 속속 결성되면서 이들 공공부문 민주노조의 추가 조직화를 염두에 두고 국민연금공단노조의 파업 투쟁을 적극 지원했다.

파업 돌입후 1개월여 동안 조합원들의 본사 점거 농성 및 가두 투쟁이 이어졌다. 1개월여의 투쟁에도 불구하고 노조원들의 파업 투쟁이 강력하게 유지되자, 결국 정부는 8월 9일 국민연금공단 본사에 공권력을 투입했다. 이로 인해, 노조위원장 등 간부 3명이 구속되고, 166명의 조합원이 연행되었지만, 각 지부 간부들의 열성적인 노력으로 노조 파업은 63일 간 전개되었다. 구속자 3명을 제외한 나머지 노조 간부의 복직과 파업 중 임금 보전에 대한 노사간 잠정 합의가 이뤄지면서, 9월 7일 노조의 파업 투쟁은 마무리되었다. 국민연금공단노조의 63일간 장기 파업과 노조위원장에 대한 실형 선고는 당시 비록 노동운동 탄압 국면이라 할지라도 사무전문직노조에서는 흔치 않았던 사례이다. 노조위원장은 해고된 후 14년만인 2003년에 복직을 하게 된다.

이 장기파업 이후 사측의 노조 탈퇴 공세가 이어지면서 950여명에 달했던 공단노조의 조합원은 1990년 초 300명 미만으로 축소되었다. 6월에 석방된 노조 위원장이 해고자 신분으로 다시 노조 위원장으로 당선되었지만 노사관계는 계속 악화되고 노조 활동도 갈수록 침체 국면에 빠지고 있었다. 당시 지역의보노조들도 연대파업 이후 조직의 단결력이 약해지는 상황이 계속되면서 공단노조 역시 이러한 흐름에 영향을 받고 있는 듯했다.

이후 국민연금공단노조는 노조 집행부의 사퇴 속에 보궐집행부(위원장 김명철)를 세웠지만 노조활동 토대는 계속 약화되어 100명 수준으로 전락했고, 결국 1995년 10월 25일 노조 재건을 위한 해산 절차에 착수했다. 그런데 아이러니하게 1995년 11월 노조 재건 작업에 착수한 이가 사측 노무팀 담당자였다(이종래·임영일·나상윤, 2012).

- 공공 문화예술기관노조를 선도한 예술의전당노조 파업

1989년 공공부문 투쟁 중 빼놓을 수 없는 것이 문화관광부 산하 공공기관이던 예술의전당노조의 파업이다. 올바른 공연예술 쟁취를 위해 40여일간 노조(위원장 박성택)의 전면파업이 진행되면서, 당시 사회적으로 파장도 컸지만 거의 '완벽한 승리'를 거둔 투쟁이었다. 권력으로부터 독립된 전당 운영을 위해 1989년 1월 노조를 결성한 예술의전당노조는 노조위원장이 업무 방해로 고소되자, 3월 30일부터 이사장(윤양중) 퇴진 및 전당 운영의 독립성 보장을 위해 농성에 돌입했다. 농성이 계속되면서 교섭이 진행된 끝에 6월 16일 단체협약 실무 합의를 도출했다. 그러나 이사장이 단체협약 조인을 거부하는 바람에, 노조는 7월 19~20일 시한부 파업을 전개하였다.

파업 2일 차인 7월 20일 공권력이 투입되어 농성중인 조합원들을 해산하고, 노조위원장(박성택)을 연행했다. 노조원들은 다시 7월 24~25일 시한부 2차 파업을 전개했다. 2차 파업은 시한부로 시작되었으나, 연행된 노조위원장의 석방 및 이사장 퇴진 등의 정치적 쟁점이 문제되어 파업은 조합원들의 강한 단결 속에 40여일 동안 계속되었다. 결국 9월 5일 문화예술사업의 독립성을 보장하는 단체협약이 조인되었다. 이후 10월에 이사장 문책(해임)조치가 취해졌고, 조합원들에게 적용된 고소·고발 및 무노동 무임금이 모두 취소되면서 노조의 투쟁도 마감되었다.

　　당시 예술의전당노조 파업은 권력의 편의에 따라 좌지우지되었던 문화예술사업의 독립성 보장이라는 문화예술계 종사자들의 숙원 과제 확보 차원에서 선도적으로 진행된 것이었다. 여기에는 공연프로그램 기획 및 대관 기획의 독립성 보장, 문화예술사업의 독립권 보장을 위한 운영기획위원회 설치 등이 포함되어 있었다. 이사장의 단체협약 조인 거부로 장기파업으로 연결되었지만, 결국 이 문화예술의 독립성 보장을 끝까지 관철한 것이다. 1989년 전국 곳곳에서 민주노조운동 탄압이 전면화되고 있는 국면에서 예술의전당노조의 파업 투쟁은 보기드문 성과를 남긴 것으로 평가되고 있다. 심지어 대통령(노태우)이 예술의전당 공연을 관람하는 가운데서도 전당내 광장에서 파업 집회를 계속함으로써, 당시 사회적으로 큰 반향을 불러일으켰다.

　　예술의전당노조는 당시 연전노협 소속 조직으로서 연전노협의 주요 노조들이 1988년말 파업의 후유증 속에 연대투쟁이 제대로 작동할 수 없는 조건 하에서도 독자적으로 100여명의 조합원을 중심으로 강한 단결력을 보였다. 예술의전당노조의 공공 문화예술사업 독립성 확보는 이후 유사한 문제로 노사 갈등이 계속된 한국문화예술진흥원노조·독립기념관노조 등의 활동에 직접 영향을 끼쳐 이들 단체협약에도 큰 영향을 미쳤다.[51] 이후 문화부는 예술의전당이 '노조활동 해방지대'라는 악성 모략을 계속하며 독립성을 억제하려는 움직임(이사회 기능 축소 및 사장직 신설)을 드러냈다. 이에 노조는 1992년 3월부터 6개월 넘게 장기간 농성을 진행했다. 이후에도 단체협약 이행을 둘러싸고 계속 노사 갈등이 이어지면서 1997년 7월 정부출연기관노조 연대파업에 맞춰 예술의전당노조는 또다시 전면파업을 전개하게 된다.

・ 서울대병원노조의 민주노조 사수를 위한 투쟁

　　국립대병원으로 우리나라 '중앙병원'의 위상을 지니고 있는 서울대병원에 대해 정부와 사용자는 노조 활동을 억압하기 위한 작업을 계속한다. 이미 1987년 노조 결성 직후 두 번에 걸쳐 전면파업을 거친 서울대병원노조(위원장 김유미)는 1990년에 직권중재제도에 맞서는 투쟁을 전개했다. 1989년 11월부터 1990년도 임금교섭을 진행하고 있었으나 교섭이 결렬되어 쟁의행

51　예술의전당노조의 파업은 그간 노조활동의 불모지였던 문화공보부 산하 공공기관(문화예술진흥원·방송광고공사·독립기념관·국민체육공단 등) 노동조합 결성의 계기로 작용했고, 예술의전당 단체협약은 이후 문예진흥원·영화진흥위원회 등 대부분의 문화예술기관 단체협약의 '롤모델'로 작용했다(필자 주).

위를 결의하자 서울지방노동위원회는 12월 29일 서울대병원에 대해 직권중재에 회부했다. 노조의 정상적인 파업이 가로막히자 노조 간부들은 1990년 1월 22일부터 단식 농성에 돌입했다. 사측은 교섭 기간 중 노조 간부를 폭행하는 행위 등을 일삼았고, 노조가 파업에 돌입할 경우 직권중재를 앞세워 노조 집행부를 구속시키겠다는 의도를 노골적으로 드러냈다. 직권중재에 맞선 서울대병원노조의 투쟁이 조합원들의 공감대를 얻고 노조활동이 안정적인 토대를 갖추어갈 즈음 1990년 2월부터 정부는 전노협 가입 노조들에 대한 업무 조사를 실시했다. 서울대병원노조가 부당한 업무조사라며 거부하자 정부(노동부)는 노조간부 3명을 고발 조치했다. 부당한 업무조사 거부 및 정부의 고발 조치는 한양대병원·경북대병원노조 등에서도 이뤄졌다.

이후 서울대병원은 9월 급식과 조합원에 대해 사소한 과실을 트집잡아 부당 전보를 실시했고, 노조의 병원장 항의 면담 과정에서 사측 관리자들에 의해 폭행이 자행되었다. 이에 노조 간부들이 9월 14일부터 철야 농성에 돌입했다.[52] 노조의 부당인사 철회 투쟁이 계속되던 중 10월 4일 공권력이 투입되어 농성중이던 조합원 63명이 연행되었고, 노조위원장 등 3명의 노조 간부가 구속된 후 해고되었다. 노조는 이후 대의원들이 참여하는 철야농성을 계속했으나, 이후 투쟁을 기약하며 현장 복귀를 결정했지만, 이 급식과 부당인사 철회 투쟁과정에서 노조의 단결력이 강화되었다. 이후 서울대병원노조는 직권중재 대상으로 설정되면서 파업이 제한되고 파업에 따른 희생이 계속되었지만, 이후에도 공공부문 노동운동의 격동기마다 파업을 지속했다.

3. 권력에 맞서 민주노조 지평을 확대하는 공공부문 투쟁

1) 공기업 민영화 정책 및 공공기관 임금 억제 추진

1987년 6월 전두환정부는 3차 공기업 민영화방안을 발표했고, 이어 1988년 2월 노태우정

---

52 서울대병원은 1990년 9월 6일 급식과 조합원(윤봉자)이 그릇을 깼다는 이유로 여청부실로 발령을 냈는데, 평소 급식과 관리자들이 해당 조합원들이 노조활동을 열성적으로 한데 대해 공개적으로 비난을 해온 상황이었다, 결국 노조는 이를 부당 전보로 규정하고 병원장 면담을 요구했으나 계속 거절당했다. 병원장 면담을 요구하는 자리에서 조합원이 폭행을 당하자 노조는 관리동 복도를 점거하고 철야농성에 돌입했다. 병원측은 원만한 사태 해결을 권고한 근로감독관의 제안을 거부하고, 9월 17일에 조합원 85명을 업무방해 혐의로 고소했다. 농성 21일째인 10월 4일 공권력이 투입되었다.

표3-2   3차 공기업 민영화 추진계획

민영화 방식	기관 명	정부지분율(%)	세부 민영화 방안
관리방식 전환	증권거래소	68.1	증권사에 매각
	한국감정원	49.4	산업은행 또는 시중은행에 매각
완전 매각	국정교과서	50.0	정부지분 및 산은 지분 10.5% 매각
	외환은행	2.5	정부와 한은지분(97.5%) 중 49% 국민주 매각
	한국기술개발(주)	25.0	정부지분 및 산은 지분 10.5% 매각
단계적 매각	국민은행	72.6	정부지분 21.6% 1988년 국민주로 매각
	중소기업은행	99.9	정부지분 49.0% 1988년 국민주로 매각
일부 매각	한국전력공사	100.0	1988년부터 6%씩 5년간 30% 국민주 매각
	한국전기통신공사	100.0	1989~92년간 49% 국민주로 매각
	한국담배인삼공사	100.0	1990~92년간 49% 국민주로 매각
	포항제철(주)	33.4	정부와 산은지분(38%)중 일부 매각

자료: 경제기획원(1988)

부가 세부시행계획을 발표했다. 당시 공기업 민영화 정책 추진은 노동자대투쟁이 대형 공기업 노조로 확산될 것을 우려한 정권의 발상이자, 공기업의 국민주 매각을 통해 증시 부양을 하겠다는 취지에서 이뤄졌다(표3-2).

그러나 포항제철·한국전력·산업은행의 지분 일부 매각 및 증권거래소의 정부 지분 매각을 제외하고는 제대로 추진되지 못했다. 이는 1989년 이후 증시 침체가 이어지면서 우량 공기업의 지분을 국민주 방식으로 매각하는 것이 적절치 않다는 여론이 확산되었기 때문이었다. 노태우정부는 1990년 5월 '증권시장안정화대책'의 일환으로 증시 상황이 회복될 때까지 정부 지분 매각을 유보하겠다고 발표함으로써 일단 민영화 추진은 중단되었다. 한편 정부는 1990년부터 철도 민영화 추진에 대한 장기적 목표아래 철도청을 공사로 전환하도록 하는 '한국철도공사법' 제정(안)을 국회에 상정했고, 1989년 12월 국회에서 이 법안이 의결되었다.[53]

다만 1990년대 초까지만 하더라도 공기업노조들의 민영화에 대한 반감 내지 저항은 크지 않았다. 공공부문에 대한 임금 억제로 민간부문에 비해 임금수준이 열악한 상황 속에서, 1980년대 금융기관의 민영화 과정에서 구조조정(고용 축소) 없이 처우·복지가 개선되는 상황을 목도했기 때문이다. 구조조정을 수반한 공기업 민영화 추진방안은 김영삼정부 출범 이후 다시 전면

---

53   이같은 경향은 한국전기통신공사 및 담배인삼공사 사례에서 이미 나타난다. 정부 조직(전신전화국, 전매청)을 공사로 전환한 후 이들 공기업은 IMF 체계 하에서 민영화되었다.

화된다.

　공공부문에 민주노조운동이 본격화되고, 1989년 이후 경제성장이 주춤해지자 노태우정부는 임금 인상과 경제 위기를 연결시키면서 임금 억제 정책을 본격화한다.[54] 1990년 1월 6일 정부(국무총리실)는 정부출연기관 37개, 정부투자기관 24개, 금융기관과 30대 그룹 주요 기업, 지역별 임금교섭 선도기업 등 200여개 사업장에 대해, 노동자들의 임금 인상 요구를 억제하는 '임금교섭 지도지침'을 발표한다. 이에 따라, 정부출연·투자기관에 대해서는 경제기획원(EPB)이 예산 범위 및 임금인상률을 결정토록 했고, 금융기관에 대해서는 재무부가, 30대 그룹은 상공부 주관 하에 각각 노동생산성과 물가상승율을 포함한 임금인상 억제를 관리하게 했다. 이러한 공공부문의 임금 억제는 저율 임금인상 관리를 통해 전 산업에서의 임금 억제를 유도하기 위함이었다.

　이어 정부(경제기획원)는 2월 4일 정부투자·출연기관의 임금인상율을 7%내로 제한하는 '임금가이드라인'을 공식적으로 발표했다. 1990년대 공공부문 임금억제 정책의 상징인 '임금가이드라인'은 이렇게 시작되었다. 1988년부터 구체화된 정부투자기관 임금인상률을 사실상의 '임금가이드라인'이라고 공기업노조들이 언급한 바 있지만, 정부가 공식적으로 '임금가이드라인' 명칭을 사용한 것은 1990년부터이다. 이러한 임금 억제 정책은 1991년 말부터 '총액임금제'로까지 발전하게 된다.[55]

54　한국개발연구원(KDI)은 1989년 3월 「최근 경제동향과 경기전망」보고서를 통해, 노사분규와 임금인상이 아말로 물가상승과 경기침체의 주요 원인이라고 진단하고, 무노동·무임금 원칙, 공권력의 적극 개입, 노동법 개정 움직임 저지 등의 경제외적 강력 조치가 필요하다고 제안했다. 이어 5월에도 「임금과 국민경제」보고서를 통해, 국가임금위원회 설치 및 과도하게 임금을 인상하는 기업에 대해 금융·세제상의 불이익 조치 등을 제안했다. 관변 연구소의 반노동자적 관점이 극명하게 드러난 보고서이다. 이에 KDI노조는 "개발독재 시대의 학습된 논리로 앵무새처럼 나열"하는 연구소(KDI)의 무책임을 규탄했다.

55　1990년부터 시작된 공공부문 '임금가이드라인'은 형식적으로는 정부투자·출연기관에 대해서만 적용되었지만, 실질적으로 정부출자·위탁·보조기관(금융기관 포함)까지 광범위하게 적용되었고, 1992년부터 '총액임금제'형태로 강화된 후 1995년부터는 '정부투자·출연기관 예산지침'으로 전면화된다. '임금가이드라인'은 1999년까지 명시적으로 계속된 후 '2000년 정부투자기관 예산편성지침'에서부터 '가이드라인' 표시가 사라졌다. 그러나, 임금인상률은 계속 예산편성지침에 살아있다. 2004년 정부산하기관 예산편성기준으로 확대되었고, 2007년부터 '공공기관운영에 관한 법률'(공운법) 시행에 따라 전 공공기관으로 예산지침(현 예산운용지침)이 확대 적용되고 있다.

아이러니한 것은 1993년부터 1995년까지 우리 경제가 다시 호황 국면으로 접어들면서 민간부문의 임금 인상율이 높아지는데 반해, 공공부문에 대해서는 더욱 통제가 강화되었다. 민간부문의 임금 억제를 위해 공공부문을 '희생양'으로 삼았기 때문이다. 이 시기부터 임금 억제로 인해 공공부문의 임금 수준이 민간 동종 업종에 비해 상대적으로 낮아지기 시작했다. 공공부문 노조들의 전국적 연대투쟁과 조직화는 바로 이런 배경에서 출발한다.

2) '참교육' 희망으로 일어선 전국교직원노동조합(전교조)의 투쟁

87년 노동자대투쟁 이후 전국적으로 민주노조운동이 확산되던 1989년 5월 28일 '참교육 쟁취'의 깃발을 내걸고 역사적인 〈전국교직원노동조합〉(전교조, 위원장 윤영규)이 출범한다. 전교조의 출범은 87년 7·8월 노동자대투쟁의 산물이다. 5.16 군사쿠데타로 짓밟혔던 교원노조(1960년 설립) 이후 25년여 동안 교육 민주화의 열망을 간직해온 교사 노동자들이 1986년 5월 10일 '교육민주화선언'을 발표하고, 1987년 9월 27일 〈민주교육추진 전국교사협의회〉(전교협)을 발족한다. 전교협은 '민족·민주·인간화교육'을 주요 목표로 설정했다. 전교조의 민주적 교육 이념인 '참교육'은 이러한 전교협의 운동을 계승한 것이었다.

1988년 8월 전교협은 대의원대회를 통해 참교육 실천 활동과 교사 신분보장 투쟁의 사업 방향을 내걸고 교육악법 철폐 투쟁을 추진하였고, 11월 20일에는 1만5천여명이 참여하는 제1차 전국교사대회를 개최하였다. 1988년말 야3당 합의로 교원의 노동3권을 보장하는 법률안이 국회를 통과했으나 대통령의 거부권으로 무산되면서, 교원노조 결성의 권리는 다시 벽에 부딪히게 되었다. 1989년 2월 대의원대회를 통해 전교협은 노동 악법을 정면으로 돌파하기 위해 노조(전교조) 결성을 결의했고, 이러한 결의에 따라 5월 28일 전교조가 결성되었다. 공공부문노조 역사상 가장 처절하게 투쟁해왔고, 아직도 권위주의 정권에 맞서 끝없이 투쟁할 수밖에 없는 전교조의 역사가 이렇게 시작되었다.

"겨레의 교육 성업을 수임받은 우리 전국의 40만 교직원은 오늘 역사적인 전국교직원노동조합의 결성을 선포한다. 오늘의 이 쾌거는 학생, 학부모와 함께 우리 교직원이 교육의 주체로 우뚝 서겠다는 엄숙한 선언이며 민족·민주·인간화 교육의 실천을 위한 참교육 운동을 더욱 뜨겁게 전개해 나가겠다는 굳은 의지를 민족과 역사 앞에 밝히는 것이다."(전교조 결성선언문).

1989.5. 연세대에서 개최된 전국교직원노동조합 결성대회

전교조는 6월 17일까지 전국의 시·도지부를 결성하고, 이후 115개 시·군·구 지회 및 566개의 학교에 분회를 차례로 구성하며 20,000여명의 조합원들이 참여하는 조직체로 자리잡았다. 뿐만 아니라 대학교수 470여명이 조합원으로 참여하며 전교조는 명실상부한 자주적 교원노조로 발전하기 시작했다.

그러나 정부(문교부)는 전교조를 인정하지 않고 가공할 탄압으로 대응했다. 먼저 6월 7일 전교조 위원장이 구속되었고, 전교조 탈퇴 요구에 불응하는 전교조 조합원 1,527명이 파면·해임을 당하였고,[56] 전교조 탄압에 맞서 투쟁한 67명의 교사가 구속되었다. 정부의 탄압에 맞서 전교조는 7월 △단식 수업 △집단 사표 조합원 △명단 공개 등을 전개했다. 조합원 명단 공개는 전남지부에서 시작되었고, 7월 15일까지 전국 15개 지부 12,000여명의 전교조 조합원이 공개되었다(김금수, 2004). 7월 25일부터 650명의 조합원들이 단식 농성에 돌입하는 등 전교조 조

---

56 전교조 공식 통계에 따른 해직자(파면·해임)는 1,527명인데, 당시 정부(문교부)는 1,515명으로 발표했다.

합원들은 끈질기게 대항했다.

전교조에 대한 정부의 탄압에 대해 전교조 조합원들 뿐 아니라 학생·학부모들의 집단행동도 전국적으로 확산되었다. 전국의 275개 학교에서 19만여명의 학생들이 시위·리본달기 등의 집단적 행동을 전개했다. 또한 전국 14개 지역에서 전교조를 지원하기 위한 '학부모회'가 결성되었고, 이들 조직 대표 14명이 8월 28일 '참교육을 위한 전국 학부모회'를 결성하여 전교조에 대한 지원 활동을 전개했다.

이에 맞서 전교조는 9월 '전교조 탄압 저지와 합법성 쟁취를 위한 범국민대회'를 통해 전교조 사수 투쟁이 국민과 학생들에게 올바른 교육을 실천하기 위한 것임을 밝혔다. 1989년 하반기로 이어지면서 민주노조운동에 대한 전면적 탄압이 가시화되면서, 전교조 탄압 역시 민주노조 진영의 연대 폭을 확대시켰다.

> "지금까지의 교육은 독재정권의 선전장이요, 국민을 통제하는 수단으로 철저하게 이용되어 왔다. 유신독재와 5공화국을 미화하는 교육이었다. 4.19와 광주의 5월 항쟁, 찬란했던 87년 6월 항쟁의 위대한 정신을 가르칠 수 있었던가? 세계에서 가장 많이 발생하는 산업재해로 죽어가는 우리 노동형제의 아픔을 가르칠 수 있었는가? 수입 개방으로 피폐해가는 농촌의 실상을 아픈 가슴으로 이야기할 수 있었는가? 갈라진 조국의 현실을 아파하고 통일에 대해 진지하게 이야기 할 수 있었는가?"(1989.9.24. 범국민대회 결의문).

정부(검찰·문교부 등)는 전교조가 좌경 용공단체이며 참교육은 '위장된 좌경의식화 작업'이라며 9월 24일 예정된 집회를 원천 봉쇄했다. 이러한 엄혹한 탄압에도 불구하고 1만여명의 교사와 함께 노동자·시민 4만여명이 이 집회에 참석했다. 전교조를 무력화하겠다는 정부의 잇따른 조치에도 불구하고, 전교조는 1만1천여명이 참여한 가운데 1990년 2월 전교조 2기 임원 선거를 진행했고, 5월 27일에는 6천여명의 교사들이 다시 전국교사대회를 치러내는 등 건재를 과시했다.

1991년 5월 들어 전국적으로 정권의 폭력 살인에 대한 투쟁이 본격화하자 전교조는 6,000여명의 교사가 시국선언에 참여했다.[57] 전교조는 정권의 가공할 탄압 국면 하에서도 14,000여

---

57 전교조의 시국선언이 발표된 직후인 1991년 6월에 전남 보성고 재학중인 김철수군이 '참교육 실현과 노태우 정권 퇴진'을 외치며 분신 자살하여 충격을 안겨줬다.

명의 조합원과 30,000여명의 후원회 조직을 사수했고, 사무전문직 노동운동의 지평을 확대하는데 기여했다. 노동운동이 학생·학부모 등의 폭넓은 지지 기반을 마련하면서 사회를 개혁시키는 정치적 투쟁으로 발전하게 된 데에는 전교조의 투쟁이 깊게 작용했다. 또한 전교조의 투쟁(참교육 쟁취)은 공공부문 노동운동이 이후 지향해야 할 운동 목표(사회 개혁 및 사회 공공성)를 선도적으로 제시한 것이었다.

3) 전문노련 결성 등 업종연맹 출범

1989년 2월 연전노협은 대표자회의를 통해 1988년 말 연대파업을 평가하면서 업종연맹 결성을 통한 연대 강화의 필요성을 공유하게 되었다. 당시 사무금융노련이 합법성을 취득했고, 병원노련·언론노련 등이 결성되면서 사무전문직에서는 업종연맹 결성 흐름이 일반화되어 있었다. 1989년 7월 1일 연전노협 정기대의원대회에서 연맹 결성을 결의하고, 10월 14일 예술의 전당에서 43개 노조의 140여명의 발기인이 참가한 가운데 〈전국전문기술노동조합연맹〉(전문노련, 위원장 김문철)이 결성되었다.

당시 전문노련은 공공연구기관 및 일부 공기업 등 공공부문노조가 중심이었지만 아직 대형 공공부문노조(예, 지하철·의료보험·연금·조폐·에너지·공항 등) 조직들이 집결하지 않은 상태에 있었고, 당시 전문직 업종 연맹의 결성 흐름이 이어지고 있었기 때문에 공공부문(public sector) 노조 보다는 전문직종 노조의 특성을 반영하고 있었다. 이러한 특성을 반영하듯, 전문노련은 국제연대와 관련하여 사무전문직 계열인 국제상업사무전문기술노련(FIET)에 1990년 2월 먼저 가입했고, 공공부문인 국제공공서비스노련(PSI)에는 1992년 4월에 뒤늦게 가입하게 된다.

전문노련 결성 직후 〈연맹합법성쟁취투쟁위원회〉를 구성했고, 이를 확대하여 11월 10일에는 병원노련·건설노련 등과 함께 〈업종연맹 합법성 쟁취를 위한 공동투쟁위원회〉를 구성했다. 당시 이들 3개 연맹 소속의 단위노조들은 상급단체를 명기토록 한 노조법에 따라 대부분 한국노총 연합노련에서 신고필증을 교부받았다. 연합단체(총연맹-산별)마저 대표적인 노동 악법 내용인 '복수노조 금지' 조항에 묶여 자주적인 상급단체 결성이 제약받고 있었기 때문이었다. 이들 3개 연맹의 경우 연합노련이 규약을 개정해서 이들을 조직 대상에서 제외해야 합법적인 설립신고필증을 받을 수 있는데, 연합노련은 이에 협조할 자세가 전혀 되어있지 않았다.

이에 11월 29일부터 합법성쟁취 서명운동에 돌입하였고, 노동부 항의방문 및 언론광고 등을 거쳐 1990년 2월 6일에는 병원노련·건설노련(1989.12 결성) 등 간부 150여명과 함께 한국노총 점거 농성에 돌입하였다. 점거 농성은 2월 7일 경찰과 한국노총에 의해 강제 해산되었지만 업종연맹들의 연대 필요성을 공유하는 계기가 되었다. 당시 전노협 건설 이후 소속 노조에 몰아친 노조 탄압에 맞서기 위해서도 업종연맹간 연대가 필요한 상황이었다. 정부는 1990년 2월부터 전노협(서노협) 소속 노조들인 서울지하철·서울대병원·한양대병원·KDI·KAIST·데이터통신·삼환기업 등에 대해 소위 '업무조사'를 강행하여 전노협 소속 노조에 대한 탄압을 가하기 시작했다.

노동자대투쟁 이전부터 한국노총 금융노조의 민주화를 추진한 금융노동자들은 사무금융노련을 발족시켰고(1987.11.27), 합법성 투쟁 끝에 1988년 8월 13일 최초로 한국노총 밖에서 연합단체의 신고필증을 교부받았다. 공익사업장에서 노동악법(직권중재 등) 및 열악한 노동조건에 신음하던 병원노동자들 역시 병원 민주화 및 병원 노동자 권익 옹호를 위해 병원노련(1987.12.12)을 발족했다. 때를 같이하여, 언론노련·출판노협·대학노련 등 공공-민간부문노조들이 연합한 업종 연대조직이 계속 결성되었다. 병원노련 역시 1989년 1월 노동부에 설립신고서를 제출했으나 연합노련의 방해로 반려되었고, 언론노련·건설노련 등도 이 노동 악법에 묶여 계속 반려되었다.

4) 공영방송 민주화를 위한 KBS·MBC노조의 투쟁

노태우정부의 방송 징악 음모에 맞서 KBS노조와 MBC노조의 투쟁이 1990년대 초 잇따라 전개된다. 당시 KBS는 정부투자기관이었고, MBC는 정부재투자기관으로서 모두 공기업으로 관리되고 있었다. 먼저 KBS에서 서영훈사장 취임 이후 1989년 노조와 함께 방송프로그램을 재편('5공청문회'등 기획)하고 80여명의 정치 특채자를 퇴진시키는 방송 민주화 조치를 취하자 노태우정부의 보복이 시작되었다. 정부는 타 언론사들로 하여금 'KBS 법정수당 변태 지출사건'에 대해 보도(1990.2.8)하도록 하였고, 이후 감사원이 2월 26일 KBS 법정수당 지출 책임을 물어 서영훈사장 징계를 건의했다. 이어 정부는 노조와 우호적 관계를 유지하고 있던 서영훈사장을 3월 2일 KBS이사회를 통해 전격 해임했다.

KBS에서는 당일 노조(위원장 안동수)가 참여하는 〈KBS 자주권 수호 비상대책위원회〉(KBS비대위)를 발족하고, 곧바로 '서영훈 사장 퇴진 반대 및 관제 사장 반대'를 내걸고 농성에 돌입했다. 정부는 4월 9일 청와대 대변인 출신 서기원을 사장으로 임명한다. 서기원은 소설가 출신으로 청와대 대변인을 지내면서 1980년 5월 항쟁을 주도한 광주 시민을 '폭도'로 매도했고, 서울신문 사장 재직 시절에 관제 언론의 개혁을 요구한 서울신문노조(위원장 권영길)의 투쟁을 억압했던 대표적인 반민주 인사였다.

1990.4. 공권력 투입에 항의하며 사장 출근을 저지하는 KBS노조 집회

KBS비대위가 4월 12일 기습적으로 출근한 서기원 사장 퇴진을 요구하며 사장실 앞 농성에 돌입하자, 서기원은 공권력 투입을 요청하여 경찰은 노조위원장 등 117명을 즉시 연행했다. 이에 KBS노조는 곧바로 제작 거부를 선언했고, 노조원 700여명이 공권력 투입 및 노조원 강제 연행에 항의하는 농성에 돌입했다. 4월 17일 사장퇴진결의대회를 진행하던 중 KBS 실국장단 72명 중 47명이 공권력 투입 및 사장 임명 강행에 대한 항의 성명을 발표했다.[58] KBS노조 제작 거부 및 농성 19일째인 4월 30일 정부는 다시 공권력을 투입하고, 333명을 연행하며 KBS를 장악하기에 이른다. 경찰은 제작 거부와 파업, 서기원사장 출근 저지 등을 주도한 이임호PD(공정방송위 간사)등 11명을 구속했다.

5월 3일 〈KBS 경찰 난입 규탄대회 및 MBC·KBS 사원 합동 비상총회〉가 개최되었다. 이미 MBC노조를 중심으로 한 〈MBC 방송 재장악 저지 비상대책위원회〉는 5월 1일부터 6일간 제작 거부에 돌입한다고 밝혔다. 연대파업에 돌입한 것이다. 5월 4일에는 KBS비대위가 사무실로 사용중인 MBC노조에도 공권력이 투입되었다. KBS노조는 5월 9일 노조위원장이 경찰 출두한 이후 KBS비상대책위(위원장 김철수) 중심으로 제작 거부를 계속하였다. 언론노련(위원장 권영길)은 5월 12일 'KBS 자주권 수호 및 언론장악 음모 분쇄 결의대회'를 개최하였고, 당일 '언론 민주화와 국민 방송을 위한 걷기대회'를 진행했다. 결국 5월 18일에 37일간의 파업 및 제작 거부 투쟁이 마감되었다. 이 투쟁으로 노조위원장 등 16명이 구속되었다. 연대파업에 나섰던 MBC노조 역시 노조위원장(안성일) 등이 해고되었다.

MBC노조는 2년 뒤 방송 민주화를 위한 야심찬 목표 아래 장기 파업을 전개했다. MBC 사

---

58 '현 사태 수습을 위한 우리의 의견'으로 발표된 성명에는, "KBS사원들의 방송 민주화를 위한 노력을 전적으로 지지한다. 사장 취임 과정에서 공권력을 투입 요청한 것은 잘못된 일이다. 현재의 KBS 사장 임 제를 개선하여 공영방송체제로서의 독립성과 중립성을 보장할 것을 바란다"고 함으로써, 사실상 정부의 사장 임명 및 공권력 투입을 정면으로 반박한 것이었다(새언론포럼, 2008).

측은 1990년 KBS 공권력 투입에 대해 연대파업을 진행한 MBC노조의 위원장 등을 해고한 후 다시 선출된 노조 대표조차 인정치 않았다. 1992년 4월부터 단체교섭이 시작되었는데, 핵심 쟁점은 지난 1988년 9월 파업에서 합의한 주요 국장들의 추천제 실행 여부였다. MBC 사측은 '인사권 및 경영권 침해'라면서 이 제도의 폐지를 줄곧 주장해왔다. 게다가 노조 대표의 교섭 대표성까지 부정해오던 사측은 1991년에 이어 1992년에도 교섭 진행 중 8월에 일방적으로 임금을 인상했다. 결국 서울 MBC노조(위원장 직무대행 이완기)는 9월 1일 쟁위행의 결의를 거쳐 9월 4일부터 전면 파업에 돌입했다. 파업 14일째인 9월 15일에는 지방 소재 11개 MBC노조가 일제히 연대 파업에 돌입했다.

9월 19일 MBC 사측은 노조간부 15명을 업무방해 혐의로 고소했고, KBS노조는 9월 22일 연대파업 동참 성명을 발표했다. 10월 2일 파업 31일차에 정부가 공권력을 투입하고 노조원 400여명을 연행했다. 연대파업에 참여하여 파업 8일째에 마무리되었던 지방 MBC노조 11개를 포함한 19개의 지방 MBC노조 이날부터 다시 무기한 제작 거부에 돌입했다. KBS노조 역시 10월 8일 쟁위행위 결의를 통해 연대 파업을 선언했고 곧바로 준법투쟁에 나섰다. 노조위원장 직무대행마저 구속된 상태에서 MBC노조는 비상대책위원회(위원장 정기평)가 10월 21일 사측과 교섭을 통해 사태 해결의 가닥을 잡았다.

50일간 집행된 파업에서 비록 3개 국장의 추천제는 지키지 못했지만, MBC노조는 그동안 유명무실했던 공정방송협의회(공방협)을 활성화시키는 제도적 장치를 확보했다. 사상 유례없는 50일간의 파업으로 방송 민주화의 토대를 지켜내지만, MBC노조는 비대위원장을 비롯한 5명의 노조간부가 구속·해고되었고, 60여명의 노조간부들이 징계를 당했다. 1992년말 14대 대선을 앞두고 불과 50여일 앞두고 마무리된 이 파업은 방송 민주화를 넘어 우리 공공부문 민주노조운동의 큰 물줄기를 남기며 역사에 남게 되었다.

5) 사무전문직노조의 전국적 연대조직 '업종회의' 출범

1988년 연전노협 연대파업, 1987~90년의 병원노조 파업, 1989년 전교조 결성 및 의보노조 연대파업을 거쳐 1990년 KBS노조의 파업투쟁이 이어지면서, 사무전문직노조들은 전국적 연대를 발전시켰다. 이 당시 주요 투쟁들은 공공부문에서 진행되었으나, 당시에는 아직 공공부문 노동운동의 정체성이 제대로 형성되지 않아 우선 사회개혁을 요구하는 사무전문직 노동운동의 틀 내에서 전국적 연대가 모색된 것이다. KBS 공권력 투입 이후 사무전문직노조의 13개 업종연맹·협의회는 5월 4일 〈KBS·현대중공업노조 탄압 분쇄를 위한 업종연맹비상대책위원회〉(업종비대위)를 구성하여 공동투쟁을 선언했다.

업종회의는 기자회견을 통해, △KBS와 현대중공업의 공권력 즉시 철수와 구속자 석방 △KBS 서기원 사장 퇴진 △노동3권 전면 보장 △부동산투기 등을 근절하기 위한 경제민주화 조치 실시 등을 요구했다. 5월 8일에는 업종비대위 소속 연맹 소속 단위노조 합동간부 결의대회를 통해 노동운동 탄압에 대해 연대투쟁을 전개하기로 결의했다.

업종연맹 소속 사무전문직노조의 주요 간부들은 방송 민주화를 위한 KBS노조 투쟁을 지원하면서 1987년 6월의 민주항쟁을 계승한다는 취지아래 이 연대투쟁을 확산시켰다. 이후 업종비대위는 KBS노조의 투쟁을 연대하며 5월 30일 〈업종노련·협의회회의〉(업종회의)로 발전하였다. 업종회의는 "사무·전문·서비스직 노동자의 단결을 바탕으로 노동자의 정치·경제·사회적 지위 향상과 권익 실현을 위해 공동투쟁하며 자주적이고 민주적인 노동조합의 발전과 통일을 목적으로 한다"라고 위상을 밝혔다.

이후 업종회의는 전노협과 연대하여 노동운동 탄압에 공동 대응하기 위한 사업을 전개하면서 사무전문직 노동운동의 연대 틀을 구축했다. 다만 업종회의는 당시 민주노조의 전국조직이었던 전노협이 정권의 대대적인 탄압에 직면하고 있는 상황에서도 소속 노조들이 소극적인 연대 모습을 보였고, 업종연맹들 또한 이에 대한 책임있는 입장을 갖지 못했다. 이로 인해 사무전문직 노동자들의 업종별 이해 또는 계급적 한계에 갇혀 있다는 내부 비판들도 제기되었다.[59] 이 업종회의에는 〈전국의보노조협의회〉와 이후 2007년 공공운수연맹에 참여할 화물운송노련이 포함되어 있었다(표3-3).

1990년 11월 10~11일 전국노동자대회는 '노동운동 탄압 분쇄와 91임투 승리를 위한 민주노조 총단결'의 기치 아래 전노협과 업종회가 공동으로 주최했고, 경찰의 원천 봉쇄를 뚫고 개최되기에 이르렀다. 이 노동자대회에는 전문노련·서울지하철·서울대병원·지역의보노조 등 공공부문노조들이 조직적으로 참여하게 되었다. 이 전국노동자대회를 거치면서 '민주노조 총

---

59 1990년 당시 전노협과 별도로 업종회의 틀을 구축하는 과정에 대해 일부 업종(사무금융노련·전문노련·병원노련 등) 내부에서는 사무전문직 노동운동의 한계에 대한 비판의 목소리가 제기되기도 했다. 전노협에 대한 정부의 가공할 탄압이 이어지는 상황에서 업종연맹들이 책임있게 연대하지 못하는데 대한 문제 제기였다. 이러한 비판적 목소리들은 1990년 하반기에 이르면서 '민주노조 총단결'로 구체화되기 시작했다(필자 주). 당시 사무전문직 업종연맹들은 전노협에 연대하기 위한 토대가 부족하고, 사무전문직이라는 공통된 토대에 기초한 부문운동을 강화하는 방향으로 운동 노선을 정하면서 업종회의 중심의 연대틀을 형성하고 있었다(김준, 2001).

표3-3 업종회의 조직 현황

조직명	결성 시기	노조수	조합원수	합법성 취득
전국사무금융노조연맹	1987.11.27	125	40,000	1987.12.
전국병원노조연맹	1988.12.17	126	24,000	1993.6
전국전문기술노조연맹	1989.10.14	54	17,000	1993.7
전국건설노조협의회	1988.12.10	40	12,000	1992.7(연맹)
전국언론노조연맹	1988.11.26	53	17,000	1993.1
전국교직원노조	1989.5.28	단일노조	20,000	1999.7
지역의보노조전국협의회	1989.5.13.	13	8,000	1994.11(노조)
전국화물운송노조연맹	1988.9.12	14	26,000	1997.5.
민주출판노조협의회	1988.1.19	23	2,300	
전국대학노조협의회	1988.2.1	88	10,000	1997.5(노련)
전국시설노조협의회	1989.1.28	52	6,000	
전국외기노조협의회	1988.12.11	100	15,000	
전국대학강사협의회	1988.8.3.	단일노조	-	
계	-	690	173,000	

* 노조수와 조합원수는 1989년 10월 기준

자료: 업종회의(1992), 일부 재구성

단결'의 목표 아래 전노협을 넘어 새로운 전국중앙조직이 필요하다는 입장들이 서서히 구체화되기 시작했다.

1990년 12월 9일 한국정부는 UN 가입 후속 조치에 따라 세계노동기구(ILO)에 가입하였다. "자유롭고 평등하며 안전하게 인간의 존엄성을 유지할 수 있는 노동을 보장"하는 ILO헌장을 준수할 것을 서약하고 152번째로 가입한 것이다. 당시 한국의 노동3권이 거의 후진국 수준에 머물러 있는 상황에서 ILO 핵심협약 비준 문제가 제기됨에 따라, 1987년 이후 민주노조운동의 1차적인 숙원 과제였던 노동법 개정 투쟁이 이제 전국적으로 확산되고 있었다.

한편 한국노총은 1987년 노동자대투쟁 이후 민주노조운동이 확산되자 1988년 11월 신임 집행부(위원장 박종근) 취임과 함께 변화를 시도하겠다는 성명을 발표한다. 이후 1989년 9월 개혁을 내걸고 정치위원회를 설치하여 친 노동자 후보를 지지하는 선거 활동을 전개하고, 경실련·흥사단 등과 함께 〈경제개혁촉구대책회의〉를 구성하는 등 과거 정부에 종속되어왔던 흐름을 변화하는 노력을 했다. 이는 1987년 노동자대투쟁 이후 확산되는 민주노조운동에 대한 경계이자, 한국노총 소속 상급조직(연합단체) 탈퇴 예방을 위한 일시적 조치였다. 한국노총의 이같은 변화 움직임은 1993년 김영삼정부 출범 이후 또다시 정권과의 타협 분위기로 선회하고 말았다.

6) 서울시투자기관노조협의회(서투노협) 결성 및 투쟁

서울지하철노조의 결성 및 파업 투쟁을 통해 서울시 투자기관노조들의 연대활동도 공공부문 민주노조운동의 한 축으로 성장하고 있었다. 당시 행정자치부는 노조의 임금교섭 등과 성과상여금을 연계시키는 방식으로 지방공기업들을 통제하고 있었는데 그 1차적인 대상이 서울시 산하 지방공기업이었다. 이에 서울시 투자기관노조들은 1989년 12월 13~15일에 성과상여금 철폐 요구를 하며 서울시청을 항의 방문하고 간부결의대회를 진행하는 등 연대사업을 발전해왔다. 이러한 성과를 바탕으로, 1990년 4월 27일 서울지하철·시설공단·도시개발공사·농수산공사·강남병원 등 6개 서울시 지방공기업노조가 참여한 가운데, 〈서울지역투자기관노조협의회〉(서투노협, 의장 홍순영)가 결성되었다.

서투노협은 1990년 전노협 사업장에 대한 탄압 흐름이 지속되는 상황에서도 서울지하철노조와 함께 지역협의회(서노협) 활동을 지속했다. 서울지하철노조는 1990년 들어 전노협의 중심 노조로서 5월 1일 '노동운동 탄압 규탄 무임승차투쟁'을 실시하고, 7월 12일 구속동지 석방 및 90임투 조합원 전진대회, 8월 19일의 승무총회투쟁을 거쳐 12월 13일 파업을 결의하는 등 서투노협의 공동투쟁도 함께 주도하였다.

정부의 임금가이드라인 압박이 본격화되는 1991년 들어 서투노협은 5개 노조들이 공동 임투를 준비하였다. 당시 3월에 들어선 서울지하철노조의 신임 집행부(위원장 강진도)는 전노협이나 대기업노조연대회의 등 민주노조 진영과 거리를 두면서 서투노협 활동에 집중하였다. 다만 이 집행부는 공사측의 지원을 받는 노사협조주의 노선을 취하고 있어서, 서투노협의 활동이 왜곡된 방향으로 흐를 수 있다는 우려도 있었다.

서투노협은 1990년 12월에 서울시장을 상대로 공동교섭을 요구하면서 공동투쟁 결의대회를 진행했고, 1991년 1월 〈91임투 공동대책위〉를 구성하여 정부의 6% 가이드라인 철폐 및 공동교섭권 쟁취를 결의했다. 3월 소속노조 간부수련회를 거쳐 노조 탄압 사업장(강남병원)에 대한 공동투쟁 등을 준비했으나, 5월 들어 시설관리공단·강남병원·도시개발공사가 임금교섭을 타결함으로써 공동 임금투쟁은 사실상 실패했다. 서울지하철노조는 이후 6월 18일 사측의 무성의와 불성실한 교섭으로 파업 돌입이 예상되었으나 노조 집행부가 전격적으로 교섭을 타결했다. 그러나 이 합의 과정에서 노조 내부에 직권조인 논란이 발생하였다. 결국 파업을 결의한 조합원들의 열망을 반영치 못한 임금교섭 타결로 서울지하철노조의 임금협약은 조합원들의 인준 투표에서 부결되었다. 그런데 서울지하철공사의 임금 합의(기본급 7% 인상외에 다른 수당 인상) 내용이 당시 정부의 임금억제 방침을 우회했다는 언론 보도들이 이어지면서 1992년 이후 정부의 강압적 임금 개입의 배경으로 작용했다.

1992년 전국적인 총액임금제 반대투쟁에 맞춰 서투노협은 다시 5월 말 공동 쟁의발생신고 후 6월 공동 쟁의행위를 결의하였다. 6월 14일 서울지하철·농수산물공사·강남병원노조가 연대파업을 결의했다. 3개 노조의 연대 파업 분위기가 본격화되는 상황에서 서울지하철노조(위원장 강진도)가 6월 19일 연대파업을 앞두고 또다시 6월 17일 임금협약을 체결하면서 파업을 철회했다. 파업을 준비하던 서울농수물공사노조와 강남병원노조도 파업 돌입을 유보하면서 임금협약을 체결했고, 서투노협의 공동투쟁은 끝내 이뤄지지 못했다. 서울지하철노조의 임금협약 잠정합의(안)은 조합원들의 강한 반발 속에 또다시 부결(찬성률 26%)되었고, 지하철노조 내부에서는 직권조인에 반발하는 조합원들의 공공 행동이 구체화되기에 이른다.

서투노협의 중심 노조인 서울지하철노조의 민주노조운동 궤도 이탈로 인해, 1991년과 1992년의 공동 임투 역시 계속 벽에 부딪히면서 이후 서투노협 활동은 계속 정체성 논란에 휘말리면서 침체기에 접어든다. 서울지하철노조가 1993년 민주 집행부 출범 이후 전지협 및 공노대 활동에 중심을 두면서 서투노협 활동도 사실상 정지 상태에 들어갔고, 서울농수산물공사노조(위원장 이신우)만이 서울지하철노조와 계속 보조를 맞추었다. 서투노협은 이후 1999년 10월 서울지하철노조의 집행부가 바뀌면서 다시 활성화(?)되는 계기를 맞는다.

7) 임금 억제에 맞서는 전문노련 투쟁

1990년부터 정부가 '경제위기의 노동자 책임론'을 앞세워 발표한 '임금가이드라인'은 공공부문의 임금 억제를 강화시켰고, 경총에서도 단협 내용을 억압하면서 노동운동 탄압이 전국적으로 강화되는 양상을 보이고 있었다. 이미 1990년 11월 30일 경제기획원은 24개 정부투자기관의 1991년 임금인상률을 5%로 제한하는 임금가이드라인을 공식적으로 발표하고, 공무원과 공공기관부터 임금인상을 제한하겠다는 방침을 구체화했다. 명실상부한 '임금가이드라인'의 위력이 드러난 것이다.

이러한 임금억제 정책은 정부예산에 대부분 의존하는 정부출연기관 노동자의 임금교섭권을 사실상 박탈시키겠다는 발상이었다. 한편, 경총과 전경련을 비롯한 경제단체들은 '단체교섭지침'을 통해 △'경영권' 앞세운 인사·경영참여 배제 △노조 전임자 축소 등을 사용자들에게 강요하기 시작했다. 결국 이러한 흐름은 공공부문과 대기업에서 정부 정책에 대한 반발로 이어졌고, 공동투쟁 분위기가 전국적으로 확산된다.

'임금가이드라인'에 의해 사실상 교섭의 길이 막힌 정부출연기관노조들이 앞장섰다. 정부의 임금 억제를 공동으로 돌파하기 위해 1991년 1월 19일 '정부출연기관노조 91년 임금 및 단체협약 승리를 위한 공동투쟁' 출정식을 개최한다. 공동투쟁이 시작되자 과학기술계 출연기관들이 일방적으로 7% 임금인상(정부 가이드라인)을 발표하여 2월 8일 확대간부를 중심으로 곧바로 농성에 돌입했고, 2월 25일에는 소속 기관에게 집단교섭을 요구하기에 이른다. 정부출연기관에 이어 공익법인 성격의 경제단체노조들도 분과(의장 양경규) 지도하에 3월 23일 공동임투를 위한 출정식을 갖고 파업 돌입을 위한 현장간부 교육 등을 준비한다. 정부(경제기획원)는 3월 25일 산하기관(KDI·소비자원·조폐공사 등)에 대해 3월말까지 타결치 않으면 기관장을 문책하겠다고 발표했고, 4월말까지 임금교섭 미 타결시 예산 배정을 중단하며, 파업 돌입시 직장폐쇄 조치를 취하겠다고 협박했다. 1988년 12월 정부출연기관노조의 연대파업 직전과 유사한 상황이 다시 연출된 것이다.

　　4월 이후 각 정부출연기관들이 일방적으로 임금 인상을 발표하고, 정부출연기관노조들은 제대로 대응을 못한 상황에서 공투위 지도부 구성과 관련한 논란까지 더해지면서 정부출연기관노조는 아쉽게 공동투쟁을 접어야 했다. 정부의 강력한 탄압(공투위 집행부 소속 기관 내사, 기관장 문책, 예산 배정 중단 등)에 맞서 연대투쟁으로 돌파하기 어렵다는 판단하에서였다.

　　다만 각 정부출연기관노조들은 교섭의 시기와 내용을 집중하는 공동교섭을 통해 정부의 임금 억제에 불구하고 총액 10% 이상의 임금 인상과 임금체계 개선의 성과를 마련했다. 연대파업은 불발되었지만, 연대투쟁에 대한 최소한의 신뢰는 확보한 셈이 되었다.[60] 정부출연기관노조의 임금인상 타결 내용은 5월 이후 서울지하철공사의 임금 타결 내용과 함께 '임금가이드라인 실패' 사례로 언론에 크게 부각되면서 정부가 또다른 임금억제 방침을 구체화하는 배경으로 작용했다. 바로 '총액임금제' 정책의 출현이었다.

　　한편 1991년 공동투쟁을 준비했던 경제단체노조들은 소속 노조(5개)들이 모두 쟁의행위를 의결했고, 이중 상공회의소노조(위원장 양경규)·무역협회노조(위원장 이병무)는 5월 14일부터 연대파업에 돌입하였다. 상공회의소와 무역협회의 연대파업은 임금 억제와 인사·경영참여 배제를 지침으로 내세웠던 '경제단체의 심장'에서 전개된 투쟁으로써 사회적 울림이 크게 작용했

---

60 1991년 정부출연기관노조 공동투쟁을 결의할 당시 공동투쟁의 목표로 '정부출연기관 단일노조'를 설정했다. 그러나 공동투쟁이 별다른 성과를 거두지 못함으로써 단일노조 건설 논의는 수면 이하로 묻힌다. 이후 과학기술계 노조들은 1994년 4월 전국과학기술노조를 결성했고, 인문사회계 노조들은 1997년 8월 전국연구전문노조를 결성하며 '서로 다른 길'을 걸었다.

다. 다만 이들 경제단체노조들의 투쟁에도 불구하고 경제단체들의 반노조적 발상은 이후에도 거의 변화되지 못했다. 전국경제인연합회(전경련)노조는 5월 연대파업에는 돌입치 못했으나, 11월 낙하산 저지를 위한 전면 파업을 4일간 별도로 진행하게 된다.

8) 의료보험 통합 위한 지역의보노조의 4년 연속 파업투쟁

3당 야합의 변화된 정세로 의료보험 통합 전망이 난망해진 가운데 지역의보노조들은 조합원들의 단결 역량을 높이기 위해 지역의보노조협의회(의장 김위홍) 중심으로 1990년 5월 23일 의료보험 통합을 요구하며 집단 연월차투쟁을 전개하였다. 이 투쟁은 정권의 대대적인 탄압 공세로 이어졌다. 전국적으로 11명 해고 등 대량 징계가 뒤따랐고, 일부 지역노조가 와해되는 어려움에 직면했다. 이어 1991년 의료보험 통합 쟁취를 위한 연대 파업이 시작되면서 전국적으로 대대적인 해고가 뒤따랐다.

이같은 탄압 국면을 돌파하기 위해 5월 3일 인천의보노조(위원장 강선호)가 다시 파업에 돌입했고, 5월 9일에는 서울의보노조(위원장 김한상)가 연대 파업에 돌입하면서, 이후 경기·대구·충북·경북·경남 등의 지역노조가 잇달아 노조 탄압 분쇄의 기치 아래 연대 파업에 돌입했다. 5월 14일 서울의보노조는 중앙전산실 점거 투쟁에 돌입했다. 이 투쟁으로 전노협·전농·의보 공대위 등의 연대투쟁이 가시화되었고, 서울의보노조 투쟁에 힘입어 인천지역노조를 제외하고는 대부분이 원만하게 타결되었다. 인천의보노조는 8월 18일까지 112일간의 파업 끝에 투쟁을 접어야 했다. 인천의보노조는 마지막까지 파업에 참여한 22명의 조합원 중 16명이 해고되었고, 이후 5년 가까운 기간 동안 민주노조를 복원하는 힘든 세월을 보내야 했다.

연대파업을 마무리하면서 지역의보노조협의회는 1991년 10월 12일에 〈전국의료보험노조총연합〉(의보총련, 의장 김한상)으로 전환되었다. 의보총련은 출범 선언문에서 "15개 시·도 지역별 단위노조로 갈라진 노조를 단일노조로 강화하는 것이야말로 파행적인 의보 제도와 왜곡된 임금구조를 혁파하는 첫 관건이며, 공공부문 노동자를 비롯한 일천만 노동형제들과 굳세게 단결하는 길"이라며 밝히며, 공공산별노조 건설과 민주노총 건설에 적극 매진할 것을 결의했다.

1991년 지역의보노조들의 연대 파업을 거치면서 그간 8,000여명이 넘었던 의보노조 조합원수도 4,000여명으로 축소되는 등 이후 1996년까지 의보노조는 어려운 기간을 지내야 했다. 1991년 말부터 노조 탄압 공세가 강화되자 1992년 의보총련은 각 지역별로 민주노조 사수를 위한 투쟁을 전개하였고, 12월 대선 국면에서 서울·부산·경남노조를 필두로 노조 탄압 분쇄 및 의보 통합을 내걸고 또다시 연대 파업에 돌입했다. 이로써 의보노조는 1989년부터 4년간 내리 파업을 전개하며 의료보험 통합 쟁취 및 민주노조 사수를 위한 지난한 투쟁을 전개했다. 조직적으로 가장 어려운 시기를 연대 파업으로 끈질기게 버티어내면서 공공부문 민주노조운동의 흐름을 발전시켰다.

비록 당시 의보총련이 업종회의 산하 조직이었지만, 업종회의 주요 조직이 1992년 대선을 앞두고 민주정부 수립과 관련한 정치사업에 중심을 두고 있었기 때문에 의보노조 파업투쟁은 외부의 연대없이 독자적으로 진행했다. 마포의료보험조합 점거 등 1992년 말 투쟁을 거치면서 매우 위태로울 것으로 예상되었던 지역의보노조들의 민주노조 기반은 1993년도에 다시 복원되기 시작했다. 1993년 들어 의보노조는 전농 등의 사회단체 등과 연대하여 의료보험 통합 투쟁에 다시 전면적으로 나서게 된다.

9) 총액임금제에 맞서는 1992년 공공부문 투쟁

정부는 1992년 임금교섭부터 공공부문(정부투자·출연기관, 지방공기업 등)에 대해 한층더 강도 높은 임금억제 방침으로 '총액임금제'를 적용하겠다고 1991년 7월 발표했다. 5월 19일 경제장관회의에서 서울시장은 서울지하철공사 임금 타결 내용이 기본급 인상은 7%인데 수당 신설 및 예산 전용 등을 통해 12.9% 인상되었다고 보고했고, 각 부처에서는 당시 언론에 보도된 정부출연기관의 임금타결 내용에 대한 대응 방침을 보고했다. 이 회의를 거쳐 7월 20일 정부(노동부)는 공공부문의 '편법 인상'을 억제하는 총액임금제 도입을 추진하겠다고 발표했고, 10월 28일 경제부총리는 1992년 공기업의 임금을 총액 5.7%로 제한하겠다고 발표했다. 공공기관에 대한 '총액임금제'정책이 본격화되고, 이후 대기업에도 이를 확산시킨다는 정부 방침이 추가로 발표되자, 총액임금제에 반대하는 흐름들이 전노협·업종회의·대공장 등을 망라하여 모아지고 있었다.[61]

총액임금제 방침은 1992년 2월 12일 대통령이 직접 국무회의를 통해 "임금 인상이 국제수지 적자 및 물가 폭등의 주 원인으로서 먼저 공공부문이 나서서 총액 5%의 범위내 인상에 앞서 주도록 해야 한다"면서 정부투자·출연기관의 임금 총액 5%를 발표함에 따라 공공부문에서 가

---

61 전노협과 업종회의는 1991년 12월 13일 '총액임금제' 대응과 관련한 공청회를 개최하고, 이후 공동투쟁을 진행키로 하면서, 자연스럽게 ILO 가입에 따른 노동법 개정 투쟁과 같이 전국적인 민주노조 투쟁을 묶어내는 역할을 했다. 이 '총액임금제' 정책은 1993년 들어 노총과 경총의 임금인상 합의 흐름 속에서 겉으로는 '자율적 시행'으로 양상이 바뀌게 되었다.

장 먼저 구체화되었다.[62] 1992년의 총액임금제는 연맹·협의회의 경계를 넘어 공공부문 민주노조들이 최초로 연대를 모색한 계기로 작용했다. 전문노련의 공공부문(정출노협·과기노협)과 병원노련의 국공립병원, 서투노협이 3월 9일 노동부 앞에서 대표자 결의대회를 갖고 공동투쟁을 결의했다. 전노협과 업종회의 역시 3월 27일 기자회견을 거쳐 4월 10일 총액임금제 적용 대상 전국 단위노조 대표자 결의대회를 개최하여 총액임금제 저지를 위한 결의를 확산시켰다.

정부의 임금억제 정책에 가장 직접적인 영향권에 놓여 있던 전문노련 소속 정부출연기관 노조들은 공무원의 실제 임금인상율을 폭로하면서 공공기관에 대한 임금 억제 정책의 부당함과 함께 총액임금제의 문제점을 앞서서 공론화했다. 정부는 총액임금제 반대 투쟁이 전국적으로 확산되자, 4월 3일 총액임금제에 맞서는 공공부문노조의 연대투쟁에 대해 공권력으로 대처하겠다고 발표했다.

정부의 강경 대처 방침에도 불구하고 총액임금제 반대투쟁은 확산되고 있었다. 4월 20일 서울지역 대상 사업장 노조 대표들이 철야농성을 진행하고, 4월 21일 전국의 총액임금제 대상 사업장 300여 노조 대표들이 노동부 항의투쟁을 전개하였다. 이 과정에서 서울지노위가 서울대병원에 대해 5월 27일 총액 5%(기본급 6.1%)의 직권중재를 내리자 서울대병원노조에서 총액임금제 반대 시한부 파업이 진행되었다. 총액임금제 반대를 내세운 최초의 파업이었다. 이때 연대사를 한 병원노련 위원장(양건모)이 '3자개입 금지' 위반 혐의로 구속되었다. 정부가 본보기로 사법처리를 강행한 것이다.

'총액임금제'는 정부출연·투자기관에서 임금가이드라인 형태로 관철되었기 때문에, 공공부문 노조들 입장에서는 전국적인 연대를 통해 반대를 공론화했지만, 실제 서울대병원 등을 제외하고는 연대파업 투쟁으로 연결되지는 못했다. 다만 당시 정부가 '총액임금제'를 강요하면서 동시에 임금체계 개편(직무직능급)을 서두르자 정부출연·투자기관노조들은 이에 맞서 연공급 강화를 위한 임금·단체교섭으로 맞섰다. 이 과정에서 전문노련 소속의 상당수 정부출연기관노조(여성개발원·소비자원·에너지관리공단·예술의전당 등)들과 공기업노조(한국전력기술 등)들이 임금체계를 개편하여 단일호봉제로 전환하는 성과를 거두기도 했다.[63]

---

62 당시 공공기관의 총액 5% 제한 방침에도 불구하고, 정부는 공무원에 대해서는 9.8%의 임금인상을 발표했다. 그런데 실제로는 1992년 총선을 앞두고 실제 총액기준으로 16.2%의 인상률을 인정함으로써, 선거를 앞둔 공무원에 대한 선심 공세 및 공공기관에 대한 선도적 임금억제의 문제점이 언론에 크게 이슈화되었다.

63 당시 전문노련 소속 노조들의 단일호봉제 개편은 산업연구원의 사례가 롤모델로 작용했다. 지난 1988년

1992년 상반기 총액임금제 반대투쟁은 민간 대기업에서도 강하게 진행되었는데, 그간 임금지불능력이 상대적으로 안정적이었던 민간 대기업의 임금교섭에 대해 정부가 직접 개입, 통제하려는데 따른 저항의 흐름이었다. 노동부는 3월 '총액임금제 관리를 위한 임금교섭지도지침'을 발표하는데, 그간 공공부문노조에서 추가로 신설한 수당 등을 모조리 관리항목에 포함시켰다. 전노협은 5월 14일 총액임금제 저지 연대투쟁을 결의했고, 10개 언론사는 5월 27일 헌법소원을 제출했다. 1992년 상반기 '총액임금제' 강요 분위기 속에서 일부 공공기관노조(지역의보·서울농수산물공사·서울대병원 등)에서 파업이 진행되었고, 민간기업에서는 현대중공업·세일중공업노조 등이 파업에 돌입했다. 전문노련에서는 정작 총액임금제 적용 대상이 아닌 경제단체노조들(상공회의소·무역협회)이 '총액임금제 반대 및 임금가이드 라인 폐지' 등을 내걸고 경고파업을 진행했다.

공공부문 및 대기업노조들의 반발이 지속되자 노동부장관은 4월 이후 대상 사업장 축소(780개)와 함께 이 총액임금제를 1993년에는 공무원에게도 적용하겠다고 하면서 반발을 무마하려고 했다. 이 총액임금제 투쟁은 역설적으로 1992년 한해 전노협과 업종회의, 대기업노조 등 민주노조운동이 대선 정국을 앞두고 강하게 단결하는 계기를 제공했다. 420여개 노조가 참여하는 〈총액임금제 분쇄를 위한 전국 노동조합 대책위원회〉를 통해 공공-민간의 경계를 넘어 전국의 민주노조들이 결집하게 되었고, 자연스럽게 노동법 개정 투쟁까지 이어지게 된 것이다.

한국노총(위원장 박종근)은 1991년 9월 정부와의 간담회 이후 계속 관망하다 1992년 2월 27일 대의원대회를 통해 총액임금제에 대한 반대 입장을 천명하고, 3월 31일 노동자를 개최하여 총액임금제 철회를 공식적으로 요구했다. 한국노총은 4월 21일 '총액임금제 분쇄 투쟁지침'을 산하조직에 내리고 5월 중순 공동 쟁의발생 신고를 준비하고 각 산별조직 등에서 집회·농성 등이 이어졌다.

1992년에는 '총액임금제' 못지 않게 정부출연연구기관 기능 재정립 논의로 인해 과학기술계 주요 출연기관노조에서 투쟁이 계속되었다. 먼저, 한국화학연구소노조(위원장 고영주)가 인사제도 개선과 관련한 보충교섭 결렬로 1월 6일부터 4일간 전면파업을 진행하였고, 하반기들어

정부의 교섭 개입으로 정부출연연구기관노조 연대파업의 원인으로 작용했던 산업연구원노조의 임금·단체협약에서 단일호봉제는 핵심적인 이슈였다. 2016년 우리의 공공기관에 약 10% 정도 단일호봉제가 유지되고 있다는 비공식적인 발표(2016년 4월)가 있었는데, 이들 기관의 단일호봉제는 상당수가 1990년대 초반에 도입된 것으로 알려지고 있다.

전자통신연구소노조(위원장 정기현)가 연구소 운영의 민주화를 내걸고 9월 21일 전면파업에 돌입했다.

전자통신연구소노조는 정부출연연구기관노조 중 최대 조직인데다, 대전지역 최대 공공부문 민주노조로서 이 연구소노조의 파업은 정부의 과학기술정책의 향후 방향을 가늠할 수 있는 상징성을 지니고 있었다. 연구소 측은 파업 돌입 1시간 만에 공격적으로 직장 폐쇄를 단행하였다. 이 불법적인 직장 폐쇄로 인해 전자통신연구소노조는 28일간 파업을 진행할 수밖에 없었다. 노조가 복귀 하겠다는 의사를 밝혔으나 이를 무시하고 대전 지역의 중심이었던 전자통신연구소노조를 완전히 무력화하겠다는 발상 하에 직장 폐쇄를 계속했다. 이 투쟁은 과학기술분과를 넘어 전체 출연기관노조들의 연대와 대전충남지역 공공부문노조의 연대투쟁으로 연결되면서 끝까지 흔들리지 않고 결국 직장폐쇄를 철회하며 마감되었다.[64] 다만 전자통신연구소노조는 파업 투쟁 이후 사측의 노조 탈퇴 작업 등이 이어지면서, 대전지역 공공부문 중심노조로서의 위상이 약화되기 시작했다.

10) 정권의 노동운동 탄압 대응 및 민주정부 수립을 위한 정치적 투쟁 확산

1990년 전노협 건설 이후 노조 탄압이 본격화되고, 1990년 5월 현대중공업노조 파업투쟁에 대한 광범위한 연대투쟁이 이어지면서 대기업 민주노조들의 연대 움직임도 별도로 나타나고 있었다. 한편, 정부 역시 노동부장관에 최병렬을 임명하면서 노동운동 진영에 대해 선전포고를 하고 있었다. 1990년 12월 9일 서울지하철노조·대우조선·현대중공업·한진중공업·한국중공업 등이 중심이 된 〈연대를 위한 대기업노조회의〉(연대회의, 의장 백순환)가 결성된다. 연대회의는 1991년 임단협 공동투쟁 및 노동운동 탄압 분쇄를 위해 〈임금억제정책 철폐와 노동법 개악기도 분쇄를 위한 전국노동조합투쟁본부〉(가칭)를 준비하였다. 그러나, 1991년 2월 10일 간부수련회에 참가하였던 서울지하철노조를 비롯한 연대회의 지도부를 정부가 대우조선노조 파

64　전자통신연구소의 불법적 직장폐쇄는 훗날 법원의 판결로 결론지워졌다. 1995년 2월 대전지방법원은 1992년 9월 23일부터 10월 19일까지 단행한 한국전자통신연구원의 직장폐쇄는 노동조합 파괴를 겨냥한 공격적인 것이므로 이 기간 중 공제한 조합원 임금 전액을 지급하라'고 판결했고, 이후 12월 2심에서도 당시 연구소측의 직장폐쇄 및 무노동무임금 적용은 위법이라는 판결을 내렸다. 2심 재판부는 1992년 9월 노조의 이틀 시한부 파업에 맞서 28일간이나 직장폐쇄를 단행하고 조합원들을 상대로 노조 탈퇴를 유도한 점 등을 고려할 때 당시 직장폐쇄는 본래의 방어적 성격을 상실한 위법조처라 밝혔다.

업에 대한 개입을 모의하였다 하여 '3자 개입' 모의 혐의로 전격 구속시켰다. 일명 '최틀러'로 알려진 '강경 보수파' 노동부장관(최병렬)의 첫 작품이었다.[65]

연대회의 간부 구속 이후 전노협과 업종회의는 4월 17일부터 노동운동 탄압을 규탄하는 농성을 계속했다. 그런데 4월 26일 명지대생(강경대)이 시위 진압 경찰에 맞아 사망하고, 이어 5월 6일에는 연대회의 간부 구속에 맞서 옥중투쟁을 전개해오던 한진중공업 노조위원장(박창수)이 의문의 시체로 발견되는 등 정권의 살인적 폭거가 잇따랐다.

이에 5월 9일 비상 노동자대회와 국민대회가 개최되었고, 5월 18일 전노협 42개 노조 16,200여명의 조합원이 파업 투쟁에 참가한 가운데 전노협·업종회의·대기업연대회의 등이 참여한 총파업투쟁 집회가 이어졌다. 이어 '노태우정권 퇴진을 위한 범국민궐기대회'와 함께 노동-농민-청년학생등의 연대투쟁이 전국적으로 타올랐다. 1991년 강경대열사 사망으로부터 시작된 '열사정국' 하에서 타올랐던 학생·노동·민족민주운동의 열기는 6월 이후 소강 상태에 빠지게 된다. 국무총리에 대한 소위 '밀가루 투척'사건에 이어, 20년만에 시행된 지방선거(광역 의회 선거)에서 집권 여당이 승리하면서 정국 분위기가 전환되었기 때문이다.

1990년 한국정부가 유엔에 가입함에 따라 우리의 노동법의 국제적 기준(ILO조약) 비준 필요성이 확대되면서 노동법 개정 투쟁이 본격화되었다. 이러한 정세에 맞춰 전노협과 업종회의는 1991년 10월 8일 〈ILO 기본조약 비준 및 노동법개정을 위한 전국노동자공동대책위〉(ILO전국공대위)를 출범시켰다. ILO 전국공대위가 출범하면서, 자연스럽게 노동법 개정 투쟁은 민주노조의 전국적 조직 건설로 발전하는 토대를 마련하게 된다. ILO 전국공대위는 ILO에 한국정부를 제소하여 민주노조 진영이 한국 노동운동의 중요한 대표 조직임을 인정받기에 이르렀다. ILO는 곧바로 한국정부에 대해 노동법 개정의 권고를 내렸다. 이러한 분위기 속에 1991년 ILO 전국공대위가 주최한 전국노동자대회는 그동안 정권에 의해 계속 원천 봉쇄되었던 것과는 달리 여의도에서 합법적으로 개최되었다.

1992년 대선이 임박함에 따라 전문노련·사무금융노련·병원노련·언론노련·전교조 등 업종회의 조직들은 '민주대개혁과 민주정부 수립'의 정치방침을 확대간부 수준에서 공유하고 각 단위노조에 대선 적극 참여방침을 실천하도록 노력했다. 특히 정권과 직접 충돌했던 전교조 및 언론노련 등에서는 민주정부에 대한 강한 열망이 작용하고 있었고, 독재권력의 통제 속에

65　이 수련회에 참가했던 서울지하철노조는 3.16파업 이후 석방된 노조위원장(정윤광) 등 6명의 간부가 다시 구속된다.

노동3권이 제약당해야 했던 공공부문 노동자들도 민주적 권력이 수립되는데 대한 염원이 강했다. 당시 진보정치세력의 기반이 취약한 상황에서 '민주대개혁과 민주정부 수립'의 정치방침은 사무전문직의 노조들 및 공공부문노조들에게서 어느정도 공유되고 있었다.

1992년 한해 〈총액임금제 대책위〉 호헐동 속에 전국적 연대 흐름을 발전시킨 전국의 민주노조들은 1992년 11월 〈노동법 개정과 민주 대개혁을 위한 노동운동단체 공동실천위원회〉를 구성하면서 대선 정국에서 민주노조들이 결집하는 계기를 만들었다. 업종회의는 12월에는 전노협과 공동으로 〈민주 대개혁과 민주정부 수립을 위한 전국노동자선거대책본부〉(공동본부장 단병호·권영길)을 결성하고 정치활동도 활발하게 전개했다. 업종회의는 선거대책본부를 주도하면서 △총액임금제 철폐 △노동악법 개정 △고용안정 보장 △재벌 위주 경제의 개혁 등 민주 대개혁을 실현할 민주정부를 수립하는데 앞장서겠다고 선언했다.

4. 김영삼정부 초기 공공부문 노동자들의 연대투쟁

1) 김영삼정부 출범 및 공공부문 임금 · 노조활동 억제

1992년 12월 대선에서 민주정부 수립에 대한 노동운동 진영의 강한 열망에도 불구하고 보수대연합을 기반으로 김영삼정권이 승리를 거두게 된다. 김영삼정부의 출범은 1987년 민주화운동의 성과와 함께, 군부 독재와의 정치적 야합 한계를 동시에 반영하는 것이었다. 정치적으로는 문민정부의 틀을 앞세운 권력 재편 흐름(예, 하나회 해체, 전두환·노태우 사법처리 등)을 보였으나, 경제적으로는 이전 권위주의 정부 흐름을 계속 유지하고 여기에 시장주의 흐름까지 추가되는 국정방향을 구체화했다.

김영삼정부는 집권 초기 '한국병 치유를 통한 신한국 건설'을 국정 철학으로 밝혔는데, 이 '한국병'에는 임금 및 노동조건 개선을 위해 투쟁하는 노동운동세력도 포함하고 있다. 이러한 국정방향 아래 김영삼정부는 '신경제정책'을 앞세워 노동운동을 분리·포섭하겠다는 입장도 서서히 구체화하고 있었다. 한국노총 집행부를 포섭하여 추진한 '노총-경총 사회적 합의'(노경총합의)도 이같은 발상이 낳은 결과였다. 노·경총 합의는 '고통분담론'을 앞세워 노동자의 임금인상을 통제하는 대신 고용보험제 실시 등의 복지정책으로 보완하겠다는 발상이었다. 1989년 이후 잠시 개혁 흐름을 보였던 한국노총은 김영삼정부 출범과 함께 또다는 노사정 타협 노선을 선택함으로써 과거의 어두운 역사를 여전히 청산하지 못했다.

김영삼정부와 한국노총의 이같은 포섭·타협 흐름에도 불구하고, 1987년 노동자투쟁을 시작으로 1990년대 초반의 탄압을 뚫고 급격하게 발전해온 민주노조운동은 이같은 김영삼정부의 분리·포섭 전술을 넘어설 정도로 성장·발전해 있었다. ILO공대위를 중심으로 민주노조의 전국적 연대가 활성화되고, 지역의보·정부출연기관·서울지하철·국립대병원·방송 노동자들의 끈질긴 투쟁에 힘입어 공공부문노조들의 투쟁도 김영삼정부 초기에 가열되기 시작한다.

1993년에는 ILO전국공대위를 발전적으로 계승하면서 전노협·업종회의·대기업노조협의회 등의 민주노조 연합조직이 망라된 민주노조 전국중앙조직(민주노총) 건설도 준비되기 시작했다. 이러한 민주노조 전국중앙조직 건설의 염원을 안고 〈전국노동조합대표자회의〉(전노대)가 6월 1일 출범했다. 전노대는 △전노협(참관 포함) 소속 13개 지역 451개 노조(129,000명) △업종회의 소속 13개 업종(협의회) 645개 노조(141,000명) △현총련 소속 33개 노조(90,700명) △대노협(대우그룹노조협의회) 소속 16개 노조(40,000명) 등 모두 1,145개 노조(407,000명)를 포괄하고 있었다. 전노대 결성에는 한국노총의 경총과의 임금 합의에 반대하는 노조들이 탈퇴하면서 민주노조운동 진영의 폭이 넓어진 것도 주요한 배경으로 작용했다.

1992년 대선 직후 정부(경제기획원)은 12월 26일 정부투자·출연기관의 임금인상율을 3% 이내에 억제하며 총액임금제를 고수하겠다고 발표했다.[66] 이어 김영삼정부가 1993년 출범하자마자 3월에 경제기획원은 '공기업 경영개선 12대 과제'를 발표했다. 공공부문의 △조직관리(인력 감축, 자회사 설립 제한 등) △보수관리(예산편성지침 이행, 임금 일괄 규제 등) △복지 축소(명예퇴직·대학생학자금·주택자금지원·사내복지기금 등 축소) △노사관리(노조 전임자 및 임금지원 축소 등) 등의 방안을 통해 서서히 공공부문 노조운동을 억압하려는 준비를 구체화했다.

이 당시 김영삼정부가 구체화한 공공기관 '경영개선' 내용은 이후 20여년에 걸쳐 정부가 계속 교체되었음에도 일관되게 공공기관 노사관계를 구속하는 기본적 가이드라인으로 작용했다. 이 경영개선을 주도한 경제기획원이 이후 재정경제원-기획예산위원회-기획예산처-기획재정부로 계속 이어지면서 시장화 중심의 공공기관 관리체계를 한결같이 유지한 결과이다. 김영삼정부는 이어 1993년 말 지난 3년간 잠시 소강상태에 빠져 있던 공기업 민영화 추진을 다시

---

66 김영삼정부는 인수위 시절인 1993년 2월 총액임금제 철회를 주장해온 한국노총과 접촉하여 총액임금제 철회 대신 노총·경총의 임금인상율 합의를 추진하게 되는데, 주로 '한자리수 임금인상 합의 내용을 중심으로 이뤄졌다. 1993~4년 한국노총의 또하나의 어두운 역사로 남아있는 '노총·경총 합의' 파동이 여기서부터 시작된다.

전면적으로 구체화한다.

2) 정부의 임금억제 가시화 및 이에 맞선 전문노련 투쟁

정부 일각에서 1992년 대선을 앞두고 정부출연기관노조의 교섭권·쟁의권을 박탈해야 한다는 주장이 대두되는 상황에서, 김영삼정부는 출범 첫해인 1993년 한편에서 '노총-경총 임금 합의'를 추진하면서, 다른 한편에서 공무원과 공공기관 노동자의 임금을 억제하기 시작했다. 정부(경제기획원)는 공공부문에 대해 기본급 3% 인상을 7월 1일부터 적용하겠다고 발표한다. 이미 경기 회복으로 1992년부터 민간부문의 임금인상율이 10%를 사실상 넘고 있는 상황에서 또다시 공공부문 노동자에 대한 희생을 요구한 것이다. 특히 정부 예산 의존 비율이 높은 정부출연기관을 임금 억제의 희생양으로 삼겠다는 발상을 분명히 했다.

대통령은 3월 29일 '신경제 특별담화'를 통해 기업에는 지원을 강화하고 노동자들에게는 '고통 분담' 차원에서 임금 억제가 필요하다고 강조했다. 이에 따라 공무원과 정부출연기관의 △정원 감축(3~10%) △예산 절감 △임금 동결 등을 유도했다. 문제는 이같은 임금억제 분위기 속에서 한국노총이 취한 상식 이하의 반노동자적 발상이다. 한국노총은 4월 1일 경총과 4.7~8.9% 임금인상율 합의를 통해 전 산업에 걸쳐 임금 억제를 유도하는데 앞장서고 있었다.

이같은 임금 억제 방침에 대해 전문노련 정부출연기관노조협의회(정출노협, 의장 김병근)는 정부 예산을 편성하는 '실질 사용자' 경제기획원을 상대로 직접 교섭하겠다는 목표아래 투쟁을 전개하기 시작했다. 3월 경제기획원 직접 교섭 요구 및 4월의 정부과천청사 직접교섭 촉구 결의대회를 거쳐 정부에 대한 직접 교섭을 요구하는 투쟁은 10월까지 계속되었다. 여전히 정부가 노조의 교섭 요구를 거부하고 임금 억제 방침을 고수하자, 정출노협은 결국 11월 2일 KDI노조(위원장 정원호)·산업연구원노조(위원장 임상훈)·산업기술정보원노조(위원장 유영복)·보건사회연구원노조(위원장 김미곤)·통신개발연구원노조(위원장 김병근)·여성개발원노조(위원장 방혜영)·건설기술연구원노조(위원장 윤석영) 등 11개 노조가 참여한 가운데 시한부 연대파업에 돌입했다.

1988년 12월 연대 파업 이후 5년 만에 이뤄진 이 연대파업에는 주요 출연기관노조와 함께 전문기술분과 소속 에너지관리공단노조(위원장 이만길)도 참여했다. 건설기술연구원노조와 에너지관리공단노조의 파업이 3일 차에 이르렀을 때 정부가 직장 폐쇄 방침과 함께 예산 불이익 조치를 취하겠다고 발표하자, 파업 대오들이 흔들리면서 연대파업은 마감되고 각 출연기관노조들은 잠정 합의에 이르렀다.

정부출연기관 교섭구조의 한계를 공론화하는데 앞장섰던 1993년 투쟁은 결국 10개월의 대장정 속에서 정부의 임금 억제 장벽을 돌파하지 못하고 '화려한 패배'로 끝을 맺는다.[67] 정출노협은 1994년부터 대정부 직접교섭과 관련한 법적 투쟁도 계속 전개했다. 경제기획원장관의 교섭 거부에 대해 정출노협은 중앙노동위원회 구제신청 및 각하(6월), 서울고등법원 행정처분 취소 청구(7월)를 거쳐 대법원에 상고했지만, 1995년 4월 대법원이 상고를 기각하면서 정부의 교섭 당사자 지위를 확인하기 위한 법적 구제 절차를 마감했다.[68]

정출노협은 투쟁이 진행중이던 9월 2일 과학기술노조협의회(의장 고영주)·국책은행노조협의회(의장 현기환)·경제정의실천연합(경실련)과 함께 '공공부문 노사관계법' 관련 토론회를 개최했다. 당시의 ILO 노동기본권 비준을 요구하는 목소리가 높아지는 상황에서 공공부문에 가해진 총액임금제 강요 및 출연기관의 임금교섭권 박탈 등의 문제점을 사회적으로 의제화하기 위함이었다. 특히 김영삼정부는 정부출연기관의 임금교섭권을 공무원처럼 박탈하려는 시도를 계속하고 있었기 때문에, 이에 대한 강력한 대응이 필요한 상황이었다.[69]

한편 당시의 공공기관 예산편성지침에 대해 법원이나 헌법재판소 모두 행정소송이나 헌법소원의 대상이 되지 않는다고 판결함으로써, 우리 공공기관에 대한 정부의 임금 억제 정책은 법적으로도 차단할 수 없었다.[70] 정출노협은 대정부교섭과 연대파업을 기획하면서, 정부출연

---

67 1993년 정출노협의 대정부 직접교섭투쟁 및 연대 파업은 당시 정원호 KDI노조위원장(현 고양시정연구원장)이 12월 한국노동교육협회 월례 토론회에서 '화려한 패배'라는 주제로 소개한 바 있다. 1988년 최초의 업종 연대 파업에 이어 5년만에 두번째 연대 파업을 전개하는 과정에서 공공부문의 임금결정구조의 허구성을 폭로하고, 이후 공공부문노조 조직발전(소산별노조)의 필요성을 분명히 각인시켜주었다는 측면에서 비록 패배한 투쟁이었지만 역사에 남을 연대 파업이었다(필자 주).

68 당시 대법원은 경제기획원장관이 17개 정부출연기관 종사자와 직접 근로관계가 형성되지 않음을 이유로 노동조합법상의 교섭 당사자 자격이 없다는 내용의 판결을 내렸다(1995.4.7. 94누3209). 공공기관 교섭구조와 관련하여 정부가 교섭 당사자 자격이 없다는 법원 최초의 판결이었다. 이 판례는 이후 공공기관노조들의 소송(정부의 교섭 당사자 지위 확인)에서 계속 장벽으로 작용했다.

69 1992년 대선을 앞둔 5월 경제정의실천시민연합(경실련)은 "공공부문의 임금 결정은 단체교섭 대상이라기보다 국민과 공공부문 종사자의 의견 교환이 국회를 통해 수렴되는 과정이 바람직하다"면서 '공공부문노사관계법' 제정이 필요하다는 의견을 제출했다. 당시 경실련에는 김영삼 대선캠프의 주요 인사(박세일)가 참여하고 있었는데, 일본 공공부문(인사원)를 들어 정부출연기관의 경우 공무원과 같은 '임금법정주의'(공공기관의 임금은 국회예산으로 결정되는 것)의 적용을 받는 것으로서, 별도의 교섭권을 인정해서는 안된다는 의견을 제시하고 있었다.

70 당시 대법원은 중소기업은행노조가 '정부투자기관 예산편성지침'이 공공기관의 임금교섭권을 침해하고

기관의 단일노조를 조직적 목표로 설정했으나, 연대파업의 성과가 그다지 나타나지 않음으로써 이같은 단일노조 전망마저 구체화하지 못했다. 오히려 이 단일노조 전망은 과학기술계 정부출연기관노조들이 이후 곧바로 실천하기에 이르렀다.

이 시기에 에너지노조들의 투쟁이 갈수록 확대되고 있었다. 주로 한국전력 자회사로서 민영화 또는 구조조정이 거론되었던 한국전력기술·한국원전연료들이었다. 먼저 원전연료노조(위원장 주동주)가 5월 26일부터 5일간 전면파업을 진행했고, 한국전력기술노조(위원장 김종구) 역시 6월 24일부터 1주일간 전면파업을 전개하면서 공공부문 1993년 임단협 투쟁의 주요한 흐름을 형성했다. 전력기술노조는 6월 3일 사측과 임금체계 개편을 중심으로 한 1993년도 임금교섭에 합의한 바 있으나, 회사측이 이사회 결정이라는 이유로 합의 시행을 백지화함에 따라 파업에 돌입한 것이다. 먼저 영광원자력발전소에 근무하는 조합원들부터 파업에 돌입하여 전국적으로 파업이 확산되었고, 결국 회사측이 노조와의 합의 이행을 약속함에 따라 파업은 마감되었다. 그러나 민간 엔지니어링 노동자들에 비해 20% 이상 낮은 전력기술 노동자의 임금수준은 이러한 임금체계 개편으로도 해결되지 못했기 때문에, 2년 후인 1995년에 또다시 전면파업이 재연되었다.

한편 김영삼정부 초기에 병원 노동자들의 투쟁도 줄을 이었다. 가뜩이나 저임금에 시달리는 국공립 병원 노동자들에게 획일적으로 임금을 억제하는 정책이 계속되었기 때문이다. 국립대병원과 지방공사의료원노조들이 공동투쟁을 준비하게 되었다. 1993년 7월 국립대병원 노동자들이 투쟁을 선포한 가운데 정부출연기관으로 정출노협과 함께 임금 통제 대상이었던 서울대병원 역시 노조(위원장 김유미)가 7월 28일 정부의 임금 억제에 맞서 파업에 돌입했다. 파업 당일 병원의 처우개선 필요성이 인정되어 임금 인상이 이뤄졌고, 이와 함께 지난 1990년 급식과 투쟁으로 해고되었던 동지들의 복직이 합의되어 파업 투쟁은 마무리되었다.

있다는 이유를 들어 1992년 12월에 제기한 행정처분(예산지침) 취소 소송에 대해, 정부의 예산편성지침이 국민의 권리·의무를 설정·변경·박탈할 수 있는 것이 아니므로 행정처분의 대상이 될 수 없다고 판결(대법원, 1993.9.14.선고 93누9163)했다. 법원은 예산편성지침이 단순한 행정행위를 넘어 공공기관에 대해 법적 효력을 발휘하고 있다는 점을 간과했다. 헌법재판소 역시 '1993년 정부투자기관 예산편성지침 위헌 확인' 사건에 대해, 예산편성지침의 통보 행위가 공권력 행사가 아니어서 헌법소원의 대상이 되지 아니한다고 결정하였다(헌재, 1993.11.25. 92헌마293).

3) 전문노련 합법성 확보 및 민주노조 전국조직 건설 노력

전문노련은 6월 29일 대의원대회를 통해 3기 임원(위원장 박태주)을 선출하게 되는데, 곧이어 7월 30일에는 노동부에서 신고필증을 교부하였다. 이보다 앞서 1991년 12월 대법원은 언론노련이 노동부 장관을 상대로 낸 노조설립 반려처분 취소 소송에서 노조 설립 반려를 취소하도록 판결함으로써 언론노련은 신고필증을 교부받았다. 이후 병원노련도 1993년 5월에 대법원 판결을 통해 합법성이 인정되었다.[71] 전문노련은 1993년 6월 동종 산업으로 보기 어렵다는 이유를 들어 노동부가 설립신고서를 반려했는데, 이후 설립신고 보완 절차를 거쳐 건설노련과 함께 신고필증을 교부받게 된다. 업종연맹들의 잇따른 합법성 획득은 ILO협약 비준 논의를 앞두고 정세 변화가 이어진 결과였다. 이로 인해 민주노조 전국조직 건설과정에서 이들 사무전문직 노조들이 중요한 역할을 하게 하는 계기가 된다. 합법성을 지닌 사무전문직 업종연맹들의 기반이 강화되면서, 제조업 중심의 지역노조협의회를 기반으로 하는 전노협은 이후 민주노총 건설과정에서 산별·업종별 조직 재편의 과제에 직면하게 된다.

1993년 병원노련·전문노련·건설노련 등이 합법 연맹으로 자리잡음에 따라, 이들 조직이 참여한 업종회의의 향후 활동방향이 관심을 끌게 되었다. 이미 업종회의는 조직력의 한계에도 불구하고, 1992년 10월부터 전노협과 함께 ILO전국공대위를 이끌면서 민주노조의 전국적인 투쟁의 중심에 서있다. 또한 각 소속 조직들의 투쟁 또한 한국사회의 민주화 및 개혁 운동에서 중요한 역할을 하고 있었다. 전문노련은 당시 업종회의 소속 일부 업종연맹들이 민주노조 전국조직 건설에 다소 소극적인 상황에서 적극적으로 이 사업에 앞장섰다. 이러한 흐름은 민주노조 총단결을 주장했던 전문노련 집행부의 지도력이 작용한 결과이다. 8월 26일~27일 개최된 전노대 주최 전국단위노조 대표자수련회에 참여한 13개 업종연맹 소속 대표자의 1/3 이상이 전문노련 소속이었다.

4) 지하철노조들의 민주노조운동 복원

1991년 3월 이후 서울지하철노조를 이끌던 노사협조주의 성향의 강진도 집행부는 6월에 임금·단체협약 잠정 합의(안)이 부결된 이후에도 재교섭을 하지 않았고, 1992년 6월 공공부문

---

71 대법원은 한국노총 연합노련의 규약상 조직 대상이 다양한 업종들을 열거하고 있어 산업별 구속력을 지닐 수 없다는 전제 하에, 소속 노조들이 다른 연합단체를 구성하는 것을 복수노조로 규정하기 어렵다고 판결했다.

이 총액임금제 연대투쟁을 전개하는 상황 속에서 직권 조인을 한 결과, 또다시 임금·단체협약 잠정합의(안)이 부결되었다. 특히 1992년 6월의 임금·단체협약 찬성율은 26%에 머물렀다. 이에 8월 지하철노조의 조합원 5,123명이 불신임 투표를 요구하는 서명운동을 전개했다. 그러나 노조 집행부는 불신임 서명운동을 주도한 노조 간부 21명에 대해 고소하는 등 여전히 반민주적인 노조활동을 계속했고, 결국 〈서울지하철노조 범지부 대책위〉는 11월 23일 즉각 퇴진하라는 성명까지 발표한다. 결국 1993년 4월에 치러진 불심임 투표에서 조합원의 97%가 찬성함으로써 노조위원장은 물러났다. 강진도는 사퇴 이후 사기 혐의로 구속되기에 이른다. 집행부에서 같이 활동했던 주요 집행 간부들은 강진도 불신임 이후 서울도시철도공사로 이직했고, 1996년 이후 서울도시철도노조의 집행부를 맡으면서 노사협조주의 운동 노선을 계속 유지하게 된다.

노조 집행부 불신임 흐름 등 혼란스런 상황에서 민주노조의 기치를 내건 새로운 집행부(위원장 김연환)가 5월에 취임했다. 7월부터 임금 및 단체교섭이 시작되었는데, 당시 서울지하철에게는 운영권 분리(제2지하철공사 설립)의 문제가 대두되어 있었다. 이에 노조는 8월부터 지하철의 운영 통합을 촉구하기 위한 총력투쟁에 돌입했다. 1994년 예정된 서울의 제2지하철 공사의 분리 출범은 지하철 노선 및 운행 확대에 따른 서울지하철공사의 조직 확대를 막기 위한 방편이었다. 그리고 이는 1989년 3월 서울지하철노조의 전면파업 이후 다분히 서울지하철공사의 조직 확대에 따른 서울지하철노조의 조직 강화를 염두에 둔 발상이었다. 정부와 서울시의 노조 역량 분열을 노린 운영권 분리에 대해 서울지하철노조는 9월 3일 조합원 총회를 거쳐, 9월 16일 전면파업에 돌입하겠다고 선언했다.

파업 돌입 직전 9월 14일 노조활동 보장 및 해고자 복직 등을 주요 내용으로 한 임금·단체협약이 타결되었다. 교섭 타결 이후 시민사회 진영(경실련·녹색교통운동 등)과 함께 〈시민을 위한 지하철 만들기 시민연대회의〉를 구성하고, 10월 5일 대통령 면담 자리에서 서울지하철노조 위원장은 지하철 운영 통합을 요청했지만 지하철의 통합 운영은 끝내 실현되지 못했다. 1993년 12월 '2기 지하철 운영 조례(안)이 서울시의회를 통과했다.

1994년 3월 15일 서울도시철도공사가 창립되었고, 이후 곧바로 노조가 들어섰지만 이 노조를 주도했던 것은 서울지하철공사 출신이었다. 대체로 노사협조주의 성향을 보였던 인사들이었다. 이후 서울도시철도노조는 상당 기간 동안 노사협조 흐름을 계속함으로써 정부와 서울시가 분리 운영하려 했던 목표가 현실화된 셈이었다. 1995년 11월 지하철 5호선이 개통되고, 이후 2001년 3월에 6호선이 완전 개통되면서 2기 지하철도 완성되기에 이르렀다.

1988년 2월에 결성된 부산지하철(부산교통공단)노조도 1993년 이후 민주노조 활동이 본격화된다. 1987년 말 집권여당의 정치적 계산으로 지방공기업이었던 부산교통공단은 1988년 7월에 중앙정부(건교부) 산하로 이관되었다. 부산지하철노조는 3대 집행부(위원장 김정삼) 때까지 철도청 출신의 비공채 직원들이 주축을 이루는 상황에서 공채 출신이 중심이 된 서울지하철노조와는 달리 민주노조활동이 정체되고 있었다. 그동안 상급조직이 없었던 부산지하철노조가 1992년 4월 한국노총의 철도연맹 가입을 추진하자, 부산지하철노조의 활동가들이 〈지하철민주노조실천협의회〉(지민협)를 중심으로 이에 반대하는 투쟁이 시작되었다.

지민협의 계속된 반대 투쟁으로 인해 부산지하철노조는 1992년 11월 대의원대회에서 철도연맹 가입이 유보되었고, 1993년 철도연맹 가입을 추진했지만 또다시 부결되었다. 철도연맹 가입이 계속 부결되자 노조 집행부는 결국 사퇴했다. 이 사이 노조 대의원으로 상당수 활동가들이 당선되었고, 지민협과 활동가들의 노력 끝에 1993년 10월 선거에서 드디어 부산지하철노조에 민주 집행부(위원장 강한규)가 선출되었다. 노조의 각 지부장들도 민주 집행부와 같이하는 활동가들이 맡게 되면서 1993년 서울지하철노조의 민주 집행부 복원과 함께 궤도 민주노조운동이 본격화되는 계기를 마련하였다.

5) '참교육'의 열망을 끈질기게 실천해온 전교조 투쟁

1992년 대선에서 민주정부 수립을 통한 전교조 합법화에 전 조직적 역량을 결집시켰던 전교조는 김영삼정부의 출범 후에도 그 투쟁의 진군을 멈추지 않았다. 때마침 1993년 1월 25일 국제자유교원노조연맹에서 '전교조 인정과 해직교사 복직에 관한 긴급 결의문'을 발표하면서 전교조는 이에 힘입어 2월부터 집회·농성·대국민서명 등에 돌입했다. 이러한 투쟁들이 결실을 맺어 그동안 전교조 조합원을 모두 해고하고 일절 대화조차 기피했던 정부가 4년 만에 전교조를 '대화 상대'로 인정했다.

4월 8일 전교조 위원장(정해숙)과 교육부장관(오병문)이 처음으로 면담을 갖고, 전교조 해직 교사 복직 논의를 시작했다. 이러한 '대화 상대' 인정에도 불구하고, 김영삼정부는 아직 전교조를 인정할 준비가 되어 있지 않았다. 정부(교육부)는 해직 교사들이 전교조 탈퇴할 경우 선별적으로 복직시키겠다는 입장을 발표했다. 이에 6월부터 전국적으로 전교조의 항의 투쟁이 시작되었고, 전 조합원의 단식 농성까지 전개되었다. 이러한 투쟁에도 아랑곳하지 않고 김영삼정부는 7월 24일 '전교조 관련 해직교사 채용추진계획'을 일방적으로 발표하였다. 이에 전교조는 조합원들의 수차례 토론을 거치게 되고, 10월 15일 위원장(정해숙)이 '해고자 복직 담화'를 발표하면서 고뇌에 찬 결단을 내리게 된다. "학교현장으로 돌아가 교육개혁 실천, 전교조 합법화를 위해 투쟁하겠다!"는 입장이었다. 이에 따라, 전교조의 1,500여명의 해직 교사 중 1,400명이 정부 방침에 따라 복직하겠다고 밝혔다.

전교조는 1994년 2월 대의원대회를 통해 1994년을 '전교조 제2기 결성 원년'으로 선포하였다. 김영삼정부는 이에 맞춰 2월 7일 〈교육개혁위원회〉를 발족하면서 교육개혁 추진을 약속했고, 새학기가 시작되는 3월 1,294명의 해직 교사들이 5년만에 강단으로 복귀했다.[72] 외견상 해직 교사들이 전교조를 탈퇴하고 교육 현장에 복귀했으나, 오히려 이들로 인해 전교조 활동이 대중적으로 확산되기 시작했다. 학교 내에서 전교조의 활동을 확산시킬 수 있는 계기가 마련되었기 때문이다.

이후 5월 전국교사대회에 1만여명의 조합원들이 참여하면서 전교조는 다시 교육 개혁과 전교조 합법화의 투쟁을 선언했다. 이후 1995년 5월 10일부터 '올바른 교육개혁을 촉구하는 교사 선언'이 전국적으로 시작되어 10월 30일까지 전국의 2,080개 학교의 1만5천여명의 교사들이 시국선언에 참여했다. 이제 전교조는 법외 노조임에도 불구하고 1만5천여명의 공개된 조합원을 지닌 사실상의 합법 조직으로 뿌리를 내리게 되었다.

전교조는 이후 민주노조 총단결을 위한 운동에도 적극적으로 참여했다. 1995년 민주노총 건설이 본격화되자 10월 31일부터 3일간 치러진 지역별 대의원대회를 통해 민주노총 가입을 공식 결정하고, 11월 12일 전국노동자대회에는 3,000여명의 조합원(교사)들이 참여했다.

---

72 1,421명이 복직을 신청했으나 정부(교육부)가 자의적으로 150명 가량을 복직 대상에서 제외시켰다.

참고문헌

경제기획원(1988), 「제3차 공기업 민영화 추진 계획」

공공노조 사회보험지부 20년사편찬위원회(2010), 「사회보험노동조합 20년 투쟁사」

김금수(2004), 「한국 노동운동사 6 – 민주화 이행기의 노동운동」, 지식마당

김영수·김원·유경순·정경원(2013), 「전노협 1990-95년」, 한내

김준(2001), "노동운동의 성장과 좌절(1990~1995)", 「1987년 이후 한국의 노동운동」, 한국노동연구원

박석운(1997), "87년 노동자대투쟁의 평가와 의의", 87년 노동자대투쟁 10주년 기념 심포지움

박영범(1994), "한국 공공부문 노사관계의 현황과 과제", 「공공부문 노사관계의 국제적 추세와 한국의 과제」,
　　　　　한국노동연구원

새언론포럼(2008), 「현장기록 방송노조 민주화운동 20년」, 커뮤니케이션북스

업종노동조합연맹회의(1992), 「1991년 사업 보고」

연구전문기술노조협의회(1989), 「1988-89년 사업 보고」

이종래·임영일·나상윤(2012), 「공공노조 국민연금지부 조직진단 및 조직발전 연구」, 공공노조 국민연금지부

장홍근(1999), 「한국 노동체제의 전환과정에 대한 연구(1987~1997)」, 서울대학교(박사학위)

한국노동연구원(1992), 「KLI 노동통계」

제4장

공공부문노조들의 전국적 결집 및 통합 공공연맹 건설

1994년 들어 공공부문노조들의 투쟁이 전국적으로 확산되면서 공공부문 민주노조운동이 전국적인 연대 흐름으로 발전하기에 이른다. 김영삼정부는 출범 이후 주요 공기업의 민영화정책과 함께, 공공부문에 대해 임금억제 및 노조활동 규제 움직임을 계속했다. 다른 한편에서는 한국노총과 경총의 기만적 임금 합의가 이뤄지면서 공공부문 노조들의 반발도 확대된다. 1994년 5월 최대 공기업인 한국통신노조에 민주 집행부가 등장하고, 6월에는 철도·지하철노조(전지협) 연대파업 및 조폐공사노조 파업투쟁이 이어졌으며, 기업별 노조를 넘는 소산별노조운동이 과기노조 등을 중심으로 전개된다. 공공부문노조들의 투쟁 확산에 따라 정부에 맞서기 위한 공공부문노조의 전국적 연대체가 필요하다는 인식이 확산되었고, 주요 공공부문노조(전문노련·의보노조·서울지하철노조·전교조·서울대병원노조·조폐공사노조·정투노련·국책은행노조 등)가 대거 참여한 가운데 11월 공공부문노조대표자회의(공노대)가 결성된다. 공공부문노조의 정체성이 아직 형성되어 있지 않은 전문노련은 공노대 출범 이후 조직 내부에서 정체성 논란이 발생한다.

한국통신노조의 민주집행부 출범에 이어 전력노조에서도 민주화투쟁이 시작된다. 1995년 한국통신노조의 투쟁이 시작되자 정부의 전방위적 탄압이 계속되었고, 한국중공업·전력기술노조의 파업이 장기화되는 과정에서 민주노조의 전국중앙조직인 민주노총이 11월에 결성되었다. 1996년 들어 민주노총과 공노대의 주도 아래 공공 5개 노조(한국통신·서울·부산지하철·의보·조폐)의 연대투쟁이 성과를 거두며 마감되었고, 철도노조 민주화 투쟁에 이어 김시자열사 분신·사망을 계기로 전력노조 민주화투쟁이 전면화된다. 공공 5개 노조 투쟁 이후 소산별노조인 과기노조의 전면파업도 2단계에 걸쳐 진행된다.

'신노사관계 구상'을 앞세운 김영삼정부는 1996년 노사관계개혁위원회 구성·운영을 통해 민주노총 참여도 허용하며 노동법 개정 논의를 위한 사회적 대화를 추진했으나 여전히 자본의 논리만을 일방적으로 반영하는 흐름이 이어지면서 민주노총은 총파업 준비로 이에 맞섰다. 총선에서 승리하자 김영삼정부는 12월 26일 국회에서 노동법 개악(안)을 날치기로 처리함에 따라 12월 26일부터 민주노총 총파업 투쟁이 시작되었다. 민주노총의 전 조직이 위력적으로 참여한 이 총파업 투쟁에 전문노련·지하철노조·병원노련·의보노조 등의 공공부문 주요 조직들도 대거 참여하면서 4단계에 걸쳐 진행된 민주노총 총파업 투쟁은 성공적으로 마감하기에 이르렀다. 국회는 1997년 3월 노동법을 재개정하는 절차를 밟는다.

노동법 개정 총파업 투쟁 이후 상급단체 복수노조 허용이 제도화됨에 따라, 공노대는 1997년 공공서비스연합 중심으로 산별연맹 전망을 구체화하기 시작했고, 이같은 흐름속에 전지협은 민철노련으로, 전문노련은 공익노련으로 탈바꿈한다. 한국통신노조·의보노조·조폐공사노조 등 공노대의 주요 조직들은 (구)공공연맹을 1998년에 결성하였다. 1997년 하반기에 전국의보노조·정출노협·조폐공사노조·교육방송노조의 파업투쟁이 이어지는 가운데 민영화법이 시행되었다.

1997년 말 대선에 즈음하여 한국경제는 IMF 관리체제로 전환되었고, 김대중정부는 출범과 동시에 노동자의 고통 분담을 포함한 노사정 합의를 추진했다. 민주노총이 참여한 노사정 합의는 논란 끝에 1998년 2월 대의원대회에서 부결되고, 민주노총은 총파업 철회와 한께 집행부가 교체된다. 이후 정부는 5월부터 10월까지 5차례에 걸쳐 공공부문의 구조조정 방침을 발표했다. 이 과정에서 정부는 노사정 공공특위를 들러리기구로 전락시키면서 구조조정 방침을 일방적으로 계속 발표했다. 이러한 김대중정부의 강압적이고 일방적인 구조조정 추진에 대해 공공부문노조들은 총파업투쟁으로 이에 맞섰다. 민주노총은 5월 총파업 투쟁, 6월 노사정위 복귀, 7월의 총파업 투쟁 선언 및 노사정위 복귀 등의 혼란스런 행보를 거듭했지만, 이러한 행보와 무관하게 공공부문 민주노조들은 김대중정부의 구조조정에 맞선 총파업 투쟁을 위력적으로 전개했다. 총파업 투쟁 및 개별적인 파업 투쟁 전개 과정에서 공공부문 노조들의 상당수 간부들이 구속되었고, 민주노총은 노사정위 탈퇴-재가입-탈퇴 등의 혼란을 계속 드러냈다.

1998년 총파업 투쟁을 전개하면서 민주노총 공공부문 3조직(공익노련·민철노련·(구)공공연맹)은 계속되는 구조조정에 맞서기 위해 민주노총 내 공공부문노조의 총단결을 위한 조직 통합을 결의하였다. 1년 전 공노대의 조직발전 논의 당시 구체화되지 못했던 공공부문노조들의 총단결은 1998년 투쟁을 거치면서 더 이상 거부할 수 없는 대세로 자리잡고, 각 조직별 결의를 거쳐 1999년 3월 민주노총 공공연맹이 출범하기에 이르렀다.

1. 공공부문의 1994년 전국적 투쟁 및 공노대 건설

1) 민주노조의 전국 조직화 및 공공부문 노조의 지형 변화

1993년 6월 전노대 결성과 함께 민주노조 전국중앙조직 건설을 위한 논의가 한층더 진전되고, 각 지역과 업종 단위 조직에서 민주노총 건설 논의가 본격화되었다. 이러한 논의들이 모아지면서, 1994년 11월 13일 전국노동자대회를 통해 〈민주노총 준비위원회〉가 출범했다. 민주노총 준비위는 산업(업종) 15개 조직 674개 노조 285,321명, 11개 지역조직 479개 노조 198,079명, 3개 그룹 조직 50개 노조 112,091명 등 모두 907개 노조 400,315명을 포괄하고 있었다.

민주노총 준비위에서는 이후 민주노총의 조직체계를 둘러싸고 전노협·현총련 등을 중심으로 조직 발전 논쟁이 계속되었다. 1995년 출범이 예정된 상태에서 민주노총의 주요 조직체계를 산업·업종별 연맹을 주축으로 설정키로 하였는데, 지역 중심의 전노협과 그룹 중심의 현총련이 소속 조직들을 이러한 중심축인 산업·업종연맹으로 재편하는 과정에서 이견이 계속되었기 때문이다. 특히 4년여 동안 정권의 탄압 속에서 조직을 보존했던 전노협의 경우 지역협의회를 중심으로 조직되었던 소속 노조들을 산업·업종별로 재편하는 과정 속에서 조직의 청산이 불가피했다.

전문노련·언론노련·의보노조 등을 중심으로 전국조직 건설 논의가 전개되었던 업종회의는 1994년 2월 지난 4년간의 연대활동 성과를 모아 당시까지 11개 업종연맹(협의회)의 대표자회의 수준에서 운영되던 업종회의 조직체계를 발전시켰다. 최고 의결기구로 중앙위원회를 구성하여, 이후 민주노총 건설과 관련한 업종회의의 연대 강화 및 민주 집중적 의결구조를 모색하기로 한 것이다. 사실 당시만 하더라도 전노협과 대기업협의회 뿐 아니라 업종회의 소속 각 업종연맹들도 민주노총 건설에 대한 논의가 진행되는 과정에서 적지 않은 편차가 있었다. 따라서 대표자회의를 넘어 현장 간부들이 참여한 가운데 이를 조정할 수 있는 체계적인 의결 구조가 필요했다. 더구나 사무·전문직 업종 연맹의 집행부들 가운데 전노협과의 공동투쟁이나 조직 통합 논의에 대해 부정적인 입장도 일부 존재했다. 반면 해당 연맹의 산하 노조들 중에서 민주노총 총단결을 운동 목표를 앞세워 민주노총 건설의 필요성이 다양하게 제기되고 있었다. 당시 시대 흐름에서도 전노협과 업종회의를 묶어 전국적 단결을 추진하는 기본적인 이슈는 민주노조 총단결이었던 만큼, 전문노련과 함께 언론노련·전교조·의보노조 등의 공공부문노조들을 중심으로 민주노조 건설의 필요성이 강하게 제기되고 있었다.

한국노총은 이같은 민주노조의 전국적 결집 움직임과는 역행하는 발걸음을 계속하였다. 전년도에 이어 1994년 4월 경총과의 임금 인상 일방 합의를 또다시 추진함으로써 한국노총 소속 조직 내에서조차 반발 기운이 확산되었다. 이러한 반발 기운 속에 전노대는 4월 '노총-경총 합의 분쇄 투쟁'을 선언하면서 민주노총 건설의 기반을 확대하기에 이르렀다. 한국노총은 이미 1993년 10월 27일 "국민경제의 어려운 현실 극복을 위해 노사관계 안정과 공동체 정신이 성숙해야 한다"는 내용 하에 노사정 공동합의문을 발표했고, 이어 1994년 4월 1일 경총과 함께 4.7~8.9%의 임금인상율 합의를 발표하였다. 이 노사정 합의로 인해 1987년 노동자대투쟁 이후 개혁·변화를 표방하던 한국노총은 끝내 '4.13 호헌조치' 지지 발표 당시의 권위주의 시절로 회귀했다. 이같은 한국노총의 어용적 태도에 반발하여 당시 37개 노조가 한국노총을 탈퇴했고, 135개 노조가 한국노총 의무금 납부를 결의하는 등 한국노총에 대한 조직적 반발이 확산되고 있었다. 이같은 흐름은 자연스럽게 민주노조 진영의 결집체인 전노대의 위상을 강화해주었을 뿐 아니라 1994년에 결성되든 〈민주노총준비위원회〉로 많은 노조들이 참여하게 되는 계기로 작용했다.

이러한 흐름 속에 공공부문에서도 주요 노조(부산지하철·조폐공사·한국감정원·데이콤 등)들을 중심으로 한국노총 탈퇴 움직임이 가속화되었다. 6월 전지협 연대파업과 정부의 공기업 민영화 추진과 관련하여 전노대의 연대투쟁도 활발해지면서 공공부문 노동운동도 전국적으로 결집하기 시작했다. 이와 함께 공공부문노조 중에서 전투적 성향의 민주노조들이 이 시기에 대거 나타나기 시작했다.

이미 1993년 김영삼부 출범 이후 공기업 민영화 및 공공부문 노사관계 개악(전임자 축소 등), 총액임금제 강제 등으로 인해 이러한 정부정책에 저항하는 공공부문노조들의 투쟁이 본격화되고 있었다.[1] 이러한 1994년의 공공부문노조의 계속된 투쟁 및 주요 노조의 민주 집행부 출범 흐름 등은 전국의 결국 공공부문노조들을 〈공공부문노조대표자회의〉(공노대)로 단일하게 뭉치게 하는 계기로 작용했다.

---

[1] 박영범은 김영삼정부 초기인 1993년 3월 '한국 공공부문 노사계의 현황과 정책과제'를 발표하면서 이후 노동운동에서 공공부문을 주목해야 한다는 점을 밝혔다. 1991년 12월 기준으로 전체 노동조합 조직률(19.8%)에 비해 공공부문 조직률(92.3%)이 월등히 높고, 커다란 사회적 영향력과 파급효과가 있지만 노조활동의 조건 제약(공공기관노조의 임금교섭권 제약, 공무원·교사의 단결권 제한, 공익사업장 노동쟁의 제한 등)으로 인해, 전국적으로 공공부문 노동자들이 결집할 가능성이 높다고 진단했다(박영범, 1994).

2) 김영삼정부의 공기업 민영화 정책 추진

김영삼정부는 '신경제정책'의 구상에 따라 1990년 노태우정부가 중단했던 공기업 민영화 정책을 본격적으로 추진한다. OECD 가입 등의 대외적 환경 변화와 공기업 경영혁신의 정책 방향이 복합적으로 작용한 결과였다. 김영삼정부는 주요 국정과제로 대외개방·탈규제·유연화·노동시장개편 등의 방침이 담긴 신경제정책을 추진했다. 이를 위한 선도적 실천 과제로 공기업 민영화를 우선적으로 배치했다.

1993년 10월 정부(경제기획원)는 '공기업 경영개선 과제'를 발표했다. 공기업 방만 경영의 해소를 위해 1994년 2월까지 75개 공기업 중 57개 민영화를 추진하거나 추진 계획을 구체화하겠다는 것이다. 1993년 12월 29일 정부투자기관 경영평가위원회에서 '공기업 민영화 및 기능조정방안'이 의결되고, 경제기획원 '민영화추진대책위원회'에서 1994년 2월 18일 민영화 세부 추진계획이 확정되었다. 여기에는 전문노련 소속 노조 중 고속도로시설공단·한국종합기술(한종)·한국이동통신·한국PC통신 등이 포함되어 있고, 포항제철·국민은행·한국통신공사·한국담배인삼공사·한국가스공사·한국중공업 등의 대형 공기업이 포함되어 있었다(표4-1).[2]

표4-1 김영삼정부의 공기업 민영화 추진 계획

민영화방식		1994년 추진	1995년	1996~98년
민영화 (59)	투자기관 (6)	국민은행·국정교과서	가스공사	중소기업은행·주택은행·담배인삼공사
	출자기관 (1)	외환은행	–	–
	자회사 (30)	한국기업평가·한국이동통신·한국비료·대한중석·한국종합기술·고속도로시설공단 등	한국중공업·남해화학·한국신화·대우조선	한국PC통신·담배자판기
	지분매각 (21)	한국증권금융·동부화학·종합기술금융·아시아나항공·평화은행·한국경제신문·연합TV뉴스·동남은행 등	–	매일유업
통폐합(10)		한국종합화학·원진레이온·주택경제연구원·경주관광개발 등	석유공사·광업진흥공사·인삼수출공사	한국송유관공사
전체(68)		54	7	7

자료: 경제기획원(1994)

---

2 공기업 민영화 발표 직후인 1994년 3월 28일 전문노련 주최로 '공기업 민영화와 노사관계' 토론회가 개최되었는데, 당시 주제 발표를 맡았던 김대환교수(인하대)는 공기업 민영화의 폐해가 노사관계 뿐 아니라 국민경

당시 김영삼정부의 민영화 정책 추진은 공기업의 경영효율화를 주로 내세우면서 민간 매각을 우선시하는 것이었다. 일부 공기업에 대해 '민간이 보다 효율적으로 수행할 수 있는 분야'라고 지정함으로써 결국 재벌의 이해에 부응하기 위한 민영화라는 논란도 제기되었다.[3] 다만, 이 시기에 △경제력 집중에 대한 우려 △증시 상황의 불안 △관계 부처와 공기업노조 반발 등에 부딪혀 대형 공기업(한국통신·국민은행·가스공사·한국중공업 등)의 민영화는 제대로 추진되지 못하고, 일부 공기업의 △경영권 매각(한국종합기술·고속도로시설공단·대한중석 등) △지분 매각(한국이동통신·연합TV·한국경제신문·한국외환은행·국정교과서 등) △통폐합(원진레이온·한국종합화학 등)중심으로 추진되었다.

당시 통신 부분 민영화와 관련해서는 재벌의 '나눠먹기 대책'흐름이 강하게 나타났는데, 대표적으로 한국이동통신 사업자 선정과정에서 극명하게 드러났다. 당시 한국전기통신공사(한국통신)의 민영화 작업이 1990년에 중단된 이후 통신 시장은 서서히 공공적 관리 체계가 무너지면서 민간 시장 체계로 전환되고 있었다. 1991년 4월 한국통신의 출자회사인 데이콤이 독점해온 데이터통신사업에 민간기업의 참여가 허용되고, 12월에는 한국통신 독점 사업영역이었던 국제전화사업에 데이콤의 진입이 허용되고 있었다.

1993년 6월 정부가 제2이동통신 사업자 선정을 준비하였고 한국이동통신의 민영화(정부 지분 매각)도 연계해서 추진했다. 1993년 12월 정부는 이동통신 사업자 선정 권한을 전국경제인연합회(전경련)에 위임하였다. 결국 전경련은 재벌들의 담합 결과에 따라 제2이동통신 사업자를 전 대통령의 인척이 대표로 있는 SK그룹으로 선정했다. 한편 1995년 12월 철도청을 공사로 전환하기 위한 '철도공사법'이 폐지되고, '국유철도경영개선특별법'이 국회에서 의결되었다. 철도청의 공사 전환을 중단하고, 철도산업 자체를 한국통신·한국담배인삼공사 등과 같이 경영개선을 통해 민영화하기 위한 준비를 시작하겠다는 의미였다(표4-2).

제의 발전에도 역행(재벌 중심의 경제력 집중)한다고 발표한 바 있다. 이 토론회는 공기업 민영화에 대해 노동운동 진영과 진보학계가 처음으로 같이 토론을 개최한 자리로서, 전문노련은 1993년 정출노협의 연대파업과 정부의 민영화정책 반대 입장을 통해 공공부문으로서의 정체성을 서서히 구체화하고 있었다.

3   여기에는 한국중공업·한국이동통신·한국데이터통신 등이 해당되는데, 모두 재벌들이 인수를 희망하는 공기업이다. 재벌 입장에서는 이러한 공기업을 인수할 경우 엄청난 자산을 취득하기 때문에 이러한 공기업 민영화 정책이 경제력 집중 논란마저 제기될 수 있었다(이상헌, 1995). 실제 한국이동통신의 경우 한진에 이어 과거 공기업 민영화에 따른 혜택으로 재벌 위치로 부상한 SK(이전에 석유공사·워키힐 등 인수)로 인수되었다.

표4-2 김영삼정부의 공기업 민영화 실적(1993~1996년)

구분	계획	완료(21개사)	부분완료(7개사)
경영권 이양 (매각)	58개사	대한중석·한국종합기술개발·한국비료(주)·고속도로시설공단 등(7개)	국민은행·국정교과서·남해화학한국주택은행(4개)
지분 매각		연합TV뉴스·매경TV뉴스·한국경제신문·동부화학·한외종합금융 등(9개)	한국이동통신한국외환은행(2개)
통폐합·기타	10개사	주택경제연구원·한국석유시추(주)·원진레이온(주) 등(5개)	한국종합화학(1개)

자료: 감사원(2002)

3) 주요 공기업노조의 민영화 저지 투쟁

정부의 민영화 정책에 맞서 전국의 공기업 민주노조를 중심으로 1994년 4월 7일 〈공기업 민영화대책위〉(위원장 손석형)가 발족되었다. 당시 민영화 정책 추진은 '임금가이드라인', 전지협 공권력 투입 등과 함께 공공부문노조의 강한 반발을 초래했고, 이러한 반발이 공공부문노조를 결집하는 계기로 작용했다. 실제 1994년 5월 한국통신노조에 민주 집행부에 들어선 것도 이같은 민영화 정책에 대한 조합원들의 분노를 반영한 것이기도 했다. 다만, 주요 공기업의 민영화가 법 개정 등을 통해 단기간내 추진되기는 어려운 상황이었고, 중소 규모의 공기업 자회사(한국이동통신·한국종합기술·고속도로시설공단 등)들의 민영화가 먼저 추진되었다. 민영화 추진이 본격화되는 1994년도에 전문노련 소속 한국종합기술(한종)노조·고속도로시설공단노조 등이 민영화 추진에 맞서 파업투쟁을 전개했다.

한종노조(위원장 정오섭)는 이미 1991년 12월 매각 방침이 발표된 이후 2년 넘게 집회·농성·파업 등을 거쳐 민영화 대상 공기업노조 중 가장 끈질긴 투쟁을 전개한 바 있다. 한종은 1994년 5월 산업은행의 출자지분 매각으로 ㈜신한건축사로 인수되었으나, 이 건축사가 한진그룹의 위장 계열사로 알려지면서 결국 한진그룹이 인수한 것으로 드러났다.[4] 정부의 특혜성 민

---

4 한진그룹은 민영화로 성장한 대표적인 재벌이면서 노조 탄압의 대표적 기업이다. 월남전 당시 전략물자 수송을 담당한 한진상사는 1969년 3월 누적적자에 있던 공기업 대한항공공사를 인수하며 당시 한진고속·한진해운 등과 함께 한진그룹을 구성하여 재벌 반열에 올랐다. 1987년에는 공기업인 대한해운공사를 인수한 대한선주를 한진해운이 인수하였고, 곧바로 1989년 대한조선공사를 인수하여 한진중공업으로 변경했다. 또한 대한준설공사를 인수하여 영종도 개발에 참여, 이후 인천공항을 건설할 당시 독점적 편익을 누렸다. 노조 탄압은 이미 1970년 한진상사 본사에 월남 근무 노동자들의 점거투쟁이 있었고, 1990년 이후 한진중공업의 노조 탄압은 알려진 대로이다. 한종노조 역시 1994년 투쟁에서는 노조가 승리하지만, 1996년 이후 한진그룹의 노조 무

영화로 재벌 위치로 올라선 한진그룹은 과거 대한조선공사에서와 같이 한종을 인수하자마자 노조를 무력화하려 했다. 이에 노조는 경영권 교체 과정에서 고용 안정 및 노동조건 개악 저지를 위해 7월 21일부터 8월 24일까지 35일간 파업 투쟁을 전개했다. 한종노조의 파업은 전문노련내 엔지니어링노조들, 한진그룹 노조들의 연대투쟁까지 결합되면서 악명 높은 한진그룹과의 전면전을 방불케 했다. 당시 한진중공업노조도 LNG 선상파업을 전개하면서 한진그룹의 노조 탄압에 정면으로 맞서고 있었다. 결국 한진그룹은 한종 인수 이후 추진했던 노조 무력화 및 조합원의 고용·노동조건 개악 기도를 중단하고, 임금 유지 및 고용 안정과 관련한 협약을 체결하게 되었다. 민영화로 인한 단체협약 개악도 저지하였다. 당시 민영화 대상 공기업노조 중 가장 강력한 파업 투쟁이 전개되면서 노조활동 및 노동조건을 제대로 지켜낸 투쟁을 한종노조가 전개한 셈이다.[5] 이후 한종노조는 사측의 탄압이 계속되면서 1997년 이후 활동이 소강 상태로 된다.

1994년 이전까지 전국의 30여개 고속도로 휴게소를 통합 관리하던 고속도로시설공단에 대해 정부가 1994년 2월 민영화를 추진하기 위한 세부계획을 발표했다. 고속도로시설공단을 해체하고 각 휴게소를 민간에 매각하겠다는 의미였다. 이는 고속도로 휴게소에서 근무하는 1,500여명의 노동자들의 고용을 위태롭게 할 수밖에 없었다. 고속도로시설공단노조(위원장 신진수)는 6월 이후 4개월여 동안 전국 집중 결의대회 및 순환·부분파업 등을 전개하였으나, 정부가 대화조차 거부하자 12월 17일 전면파업에 돌입했다. 파업 돌입 직후 도로공사·고속도로시설공단과의 교섭을 거쳐, 민영화 이후 조합원의 고용승계 및 노동조건 유지를 위한 특별단체협약을 체결하면서 6개월 넘게 진행되던 투쟁이 마무리되었다. 당시 공단노조의 파업은 공노대 결성 직후에 전개되었기 때문에 주요 공기업노조들도 이 투쟁에 연대했다.

고속도로시설공단의 민영화는 공단이 직영하던 40여개 휴게소들이 단계적으로 매각됨으로써 전국의 휴게소노조가 위축되는 계기가 되었다. 실제로 고속도로공단이 해체된 이후 전국에 고속도로 휴게소들이 일부 추가로 설치되었지만, 기존에 한국도로공사 위탁 사업장에 별도로 결성된 노조를 제외하고는 채 10개의 노조도 이후 만들어지지 못했다.[6] 민간 업자들이 휴게

력화 전략에 따라 민주노조 기반이 위축된다. 주요 노조 활동가들은 IMF 이후 강제 전보 또는 명예 퇴직이 이어지면서 활동 역량이 분산되었다.

5   1993~94년의 한종노조 투쟁은 한종노조의 노보('바투')를 통해 연맹 산하 노조들에게 전해졌는데, 이 '바투'는 당시 전문노련 최우수 홍보물로 회자되고 있었다.

6   민주노총 산하 휴게소노조는 1980년대 말 망향·여산(큰길)에만 별도로 조직되었고, 대부분 시설공단 직

소 운영에 따른 이윤을 독점하기 위해 노조 설립을 계속 방해해왔기 때문이다.

정부의 통신시장 구조개편에 따라 한국통신 자회사인 데이콤 역시 민영화 추진이 본격화되고 있었다. 한국이동통신이 SK그룹의 소유로 이관되고, 데이콤이 국제전화사업에 참여하면서 통신시장이 재편되자 데이콤을 특정 재벌(LG)이 장악하려는 의도도 서서히 구체화되고 있었다. 과거 연전노협 소속이었으나 전문노련 전환 과정에서 참여치 않았던 데이콤노조는 1993년 8월 신임 집행부(위원장 이승원)가 출범하면서, 재벌 특혜 중심의 데이콤 민영화를 저지하기 위한 투쟁을 준비하기 시작했다. 동양그룹의 경영권 장악 움직임이 구체화되자 노조는 1994년 1월 25일부터 2월 8일까지 2주일간 데이콤 생존권 사수 투쟁을 전개하여, 정부(체신부)로부터 특정 재벌의 경영권 장악을 불허하겠다는 입장을 받아냈다.

이후 노조는 사측에 이사회 운영 관련 개선을 통해 데이콤 종사자들이 의결에 참여할 수 있는 방안을 모색했으나, 사측이 이를 거부하면서 직접 '우리 사주' 대표를 이사회에 참여하기 위한 투쟁을 전개했다. 데이콤노조는 이러한 경영권 사수 투쟁을 전개하는 과정에서 6월에 전문노련에 가맹하였다. 1996년 이후 LG그룹이 데이콤의 경영권 인수를 시도하지만 노조의 강한 투쟁으로 인해 데이콤의 재벌 인수는 IMF 구조조정 시기까지 계속 장애에 부딪힌다. 그러나 IMF 체제 이후 민영화가 확산되고 산업별로 빅딜이 이뤄지는 과정에서 결국 데이콤은 2000년에 LG그룹으로 매각되기에 이른다(현 LGU+).

4) 한국통신노조 및 전력노조 민주화 투쟁

• 한국통신 민주 집행부 등장

1994년 5월 30일 공공부문 민주노조운동 역사에서 또 하나의 쾌거가 이뤄진다. 우리나라 최대 공기업노조인 한국통신(조합원 49,000여명)에서 민주 집행부(위원장 유덕상)가 들어섰다. 4년간에 걸친 한국통신노조의 민주화 투쟁이 결실을 맺은 것이다. 한국통신노조를 민주화하려는 움직임은 1990년도 5월부터 시작되었다. 당시 불광전화국 가좌분회장(양한웅) 등 활동가 5명이 노조 내부의 취약한 활동 여건에도 불구하고 〈한국통신노조 민주화추진위원회〉(노민추)를 앞세

속이었던 휴게소에서는 시설공단 민영화(휴게소의 개별 운영권 매각) 이후 노조 설립이 대부분 정체되었다. 죽암·오창 등을 제외하고는 휴게소노조 조직화가 상당기간 중단된 후 2000년대 중반에 지역일반노조(경남·충남·전북 등)와 공공연맹의 지역공공서비스노조 등이 일부를 조직했지만, 아직까지 1994년 이전 고속도로시설공단의 조합원수에는 턱없이 모자란 상태이다.

워 노조위원장 선거에 출마했고, 선거 과정에서 직선제를 공론화한 결과, 차기(1992년) 선거에서부터 직선제를 실시키로 규약을 개정하는데 성공했다.

1991년 11월 정부가 한국전기통신공사 민영화 추진계획을 발표하였으나 한국통신노조는 민영화에 대해 소극적으로 대응했다. 이에 노민추는 노조(중앙)를 항의 방문하였고, 노조가 여전히 소극적 태도를 보이자 노조 위원장실에서 농성을 전개했다. 농성이 시작된지 하루 만에 공사측은 이들 농성 조합원들 강제로 해산시킨 후 농성을 주도한 노민추위원장(양한웅)을 비롯한 9명의 조합원을 해고하고, 노민추 회원인 20명의 조합원을 전국 각지로 강제 전보 조치했다. 그런데 이러한 강제 전보 조치는 오히려 노조 민주화 투쟁이 전국적으로 확산되는 계기로 작용했다. 이들의 강제 전보 조치에 대한 부당한 여론이 확산되었고, 이를 방치하고 용인한 노조 집행부에 대해 반발이 전국적으로 거세졌기 때문이다.

당시 노조 대의원의 10% 수준에 불과한 노민추는 1994년 5월 노조 선거에서 뜻하지 않은 결과를 연출했다. 그동안 각지에서 강제 전보된 조합원들이 모범적인 활동을 전개한 데다 민영화 저지 투쟁을 강하게 전개하겠다는 노민추의 약속이 조합원들의 깊은 공감대를 얻었다. 게다가 노민추의 역량을 과소 평가한 집행부는 노조 중앙위원장, 각 지방본부장 및 전국의 300여 지부장을 일괄 투표하는 것으로 선거방침을 정했다. 결국 조합원의 직접 선거에서 불과 500여 표 차이로 노조 중앙 위원장 및 각 지역본부장, 그리고 500여 지부장 후보 전원이 일괄적으로 당선되기에 이른다. 한국통신노조의 민주노조 기반이 전격적으로 확보된 것이다. '순간의 기적'으로 중앙 집행부 및 각 지방본부·지부에 이르기까지 민주적 기반이 확장된 한국통신노조(위원장 유덕상)는 10월 전국에서 3만5천여명의 조합원들이 집결하여 한국통신의 민영화에 맞서 투쟁할 것을 공식 선언했다. 한국통신노조에 민주 집행부가 들어서면서 1991년도에 해고되었던 노민추 활동가들 역시 7월에 노사 합의로 복직되기에 이른다.

- 전력노조의 민주화 투쟁 본격화

한국통신노조의 민주화 투쟁이 결실을 맺은 동안, 전력노조에서는 노사협조주의 성향 집행부에 대한 반대 투쟁이 전개되고 있었다. 전력노조(위원장 최태일)는 1994년 1월 정부의 임금 가이드라인(3% 인상)과 전임자 축소를 받아들이는 대신 특정 계층(사실상 노조 집행부)의 정년 연장을 받아들이는 상식 이하의 합의를 이뤄냈다. 전력노조 위원장은 1990년 선거에서 민주 집행부를 바라는 활동가들의 희망에 따라 퇴직금누진율 삭감 원상 회복과 전력노조 직선제를 목표로 오경호(광주전력지부장)와 런닝메이트로 위원장에 당선되었으나 곧바로 이에 반하는 태도를 드러내었다. 이에 1991년 1월 전력노조 민주화 운동이 시작되면서 최초로 〈전력노조 민주화촉진협의회〉가 구성되었다. 정부의 공공부문 임금 억제 및 조기 타결이 본격화되었던 1991년부터 전력노조는 항상 앞장서서 정부의 임금가이드라인을 수용한 결과,[7] 1993년, 1994년에 정부투자기관 경영평가에서 연속 우수한 성적을 기록했다.

    1992년 선거에서부터 민주 집행부를 당선시키기 위해 투쟁했던 전력노조의 민주 지부장들은 전력노조의 집행부의 이같은 어용적 행태에 맞서 〈전력노조의 도덕성 회복 및 특정인 정년연장 무효화 투쟁위원회〉를 구성하고 1994년 1월 노사 합의 직후부터 한국전력 본사 농성에 돌입했다.[8] 이후 전력노조의 민주화를 바라는 지부장들의 농성은 계속 확대되었는데, 〈발전지부협의회〉 소속 지부장들의 참여 비중이 매우 높았다. 특히 울산화력지부에서는 대의원과 조합원들까지 농성에 참여했다. 2월 5일에는 전력노조 사상 처음으로 집행부를 규탄하는 결의대회가 한국전력 본사에서 진행되었다. 450여명의 조합원들이 참여했고, 주위에서 500여명 이상의 조합원들이 호응을 보였다. 2월 18일에는 '특정인 정년 연장 무효화를 위한 3만 전력인 서명운동'이 시작되었다. 이 투쟁은 그간 전력노조의 민주화를 바라는 지부장들 중심의 운동이 조합원들까지 확대되는 계기를 마련했다.[9] 이 농성은 33일만에 마무리되었다. 민주 지부장 20명은

---

7 전력노조는 1991년 2월 20일(5%), 1992년 1월 28일(5%), 1993년 1월 26일(3%)에 각각 정부의 임금가이드라인에 따른 조기 노사 합의로 임금교섭을 매듭지었고, 이로 인해 정부투자기관 경영평가에서 유리한 평가 결과를 받았다. 이러한 흐름이 1994년에도 그대로 나타났다.

8 전력노조의 민주화를 추진하던 지부장들은 1991년 1월 최태일집행부의 공약(퇴직금누진율 축소 환원, 직선제 도입 규약 개정 등)의 이행 촉구를 위해 광주전력지부장(오경호)을 포함한 9명의 지부장들이 〈전력노조 민주화 촉진협의회〉를 구성하여 1992년 11월 노조 본부 사무실 1차로 점거 농성에 돌입한 바 있다. 이후 이들 지부장과 이후 전력노조 민주화운동의 중심에 선 고리원자력지부장(김채로) · 한일병원지부장(김시자) 등이 중심이 되어 1993년 선거에서 민주 집행부를 당선시키기 위해 〈전력노조의 변화와 전진을 위한 본부 위원장 후보 추대위원회〉('변화와 전진')를 구성했다. 비록 1993년 4월 선거에서 역부족으로 최태일이 다시 당선되었지만, 1994년 1월의 어용적 합의가 구체화되자 이들 지부장들은 결국 본사 노조사무실 농성을 다시 전개하면서 전력노조 민주화 투쟁의 본격적인 서막을 열었다. 1991년 3월 한일병원지부장에 선출된 김시자는 민주 활동가들과의 교류를 통해 한전노조 민주화 투쟁의 중심으로 자리잡는다(안재성, 2006).

9 이 투쟁에 〈발전지부 협의회〉 소속 지부장과 조합원들이 상당수 참여했는데, 2001년 이후 발전노조 활동의 주축이 되는 박주석(울산) · 김순섭 · 김동성(인천) · 정윤지(여수) · 이준상(남제주) · 최용환(일산) 등이 참여하면서 전력노조의 민주화운동 폭이 확대된다(안재성, 2006) .

3월 서울민사지법에 '최태일위원장 직무정지' 가처분 신청을 접수했다.

전력노조 집행부는 법원에서 위원장(최태일)의 직무정지 가처분 인용이 유력해지자 4월 28일 임원 선임, 임금 및 단체협약 일체를 졸속으로 처리하기 위한 대의원대회를 소집했다. 이에 반대하는 대의원들 70여명이 단상을 점거했지만 집행부측 대의원의 서명을 받은 집행부는 불과 1분만에 이들 안건을 날치기로 일괄 처리했다. 이에 앞서 4월 27일에는 「한겨레21」 잡지에 최태일의 일본 방문 때의 귀족노조 행각들이 담긴 기사가 폭로되었는데, 한일병원 김시자지부장의 인터뷰가 주된 근거로 작용했다. 5월 2일 서울민사지법은 공사측이 최태일에 대한 정년연장이 노조 운영에 개입한 것으로 인정하여 최태일위원장의 자격을 정지하는 직무정지 가처분을 인용했다. 이에 전력노조 활동가들은 5월 4일 〈전력노조 정상화 추진협의회〉(정추협)로 전환했다. 정추협의 강한 요구에 의해 위원장직무대행(오수장)은 1994년 말까지 퇴직금 문제를 해결치 못하면 집행부가 총사퇴하겠다고 밝혔다. 그러나 이 약속은 9월 법원의 직무정지 가처분 취소에 따라 최태일이 4개월 만에 위원장직에 복귀하면서 휴지 조각이 되었다.

전력노조 위원장은 복귀하자마자 명예 회복을 위해 조합원 찬반투표를 실시하여 98%의 찬성율로 쟁의를 결의하였다. 이는 퇴직금누진율 원상 회복에 대한 조합원들의 강한 열망이 반영된 것이었다. 그러나 11월 4일 독단적으로 공사측과 임금체계 개선의 합의를 이끌어내고 퇴직금누진율 원상 회복 투쟁이 종결되었다는 선언을 하게 된다. 전국의 민주 지부장들이 반발한 것은 물론이었다. 특히 울산화력지부 조합원들이 강하게 반발하여 11월 5일 상경투쟁에 나섰다. 울산화력지부의 조합원들에 대해 공사측과 노조는 지부장과 조합원들에 대해 징계했다.[10] 민주 지부장들 중심의 '정추협'은 1995년 1월 25일 〈한전노조 민주화 추진협의회〉(한민추협)로 전환되었는데, 울산화력 해고자 및 발전지부의 평 조합원들을 중심으로 〈전력노조민주화추진위원회〉(전민추)가 별도로 구성되면서, 전력노조 민주화운동은 두 개의 흐름으로 발전되었다.[11]

---

10   울산화력지부장(안홍렬)은 노조 집행부에 의해 6개월 자격정지에 처해졌고, 소속 지부의 대의원(박주석)이 해고되었다. 전력노조 민주화운동 최초의 해고자가 발생한 것이다.

11   전민추(의장 박주석)는 전력노조 위원장 직선 쟁취 및 어용노조 민주화라는 큰 목표에서는 기존의 민주화운동 세력과 입장을 같이했지만, 창립선언문에서 "노동해방의 염원을 안고 해방 깃발을 힘차게 움켜쥐겠다"고 밝히는 등 기존의 민주 지부장 중심으로 계속된 운동그룹(변화와 전진 → 정추협 → 한민추협)과는 사뭇 다른 경향을 보여주었다(안재성, 2006). 이러한 분화 흐름은 이후 1996년 김시자열사 분신 투쟁 및 이후의 전력노조 민주화운동, 그리고 2001년 발전노조 결성 및 초대 집행부 선거 과정에서 분화되는 흐름으로 이어졌다.

5) 철도·지하철노조(전지협)의 연대파업

- 전지협의 결성 및 연대파업 준비

1989년 철도노조 민주화를 위해 결성된 전국기관차협의회(전기협)는 1991년 10월 기관차사업소 소속 조합원들이 가입하는 대중 조직으로 변화되었다. 이후 어용 철도노조를 대신하여, 전기협은 자주적인 민주노조 조직으로 자리매김하면서 철도 노동자의 노동조건 개선을 주도하고 있었다. 부산지하철노조는 1993년 11월에 5년만에 민주 집행부를 선출하면서, 궤도 노동자의 연대투쟁에 결합하게 되었다.

철도노조의 민주화투쟁을 지원하고, 궤도운수 노동자의 단결을 위해 서울지하철노조·부산교통공단(지하철)노조가 참여하고 전국철도기관차협의회가 참관하는 〈전국지하철노동조합협의회〉(전지협, 상임의장 김연환)가 1994년 3월 26일 결성되었다. 전지협은 △운수노동자들의 권익 보호 △산별노조와 민주노총 건설 △교통문제 해결 등의 사업 목표를 제시했다. 출범선언문을 통해 "자주적인 산별노조와 민주노총 건설에 교통운수 노동자가 앞장서야 한다"고 밝히고, 결의문을 통해 "진정한 민주적인 운수산별노조를 건설하는데 그 역량을 집결한다"고 함으로써, 운수산별노조의 전망을 분명히 밝혔다. 이러한 흐름은 전지협의 활동 성과를 계승하여 1997년 산별연맹으로 발전한 민주철도지하철노조연맹(민철노련)에서도 그대로 이어지고 있었다.

한편 철도 노동자들은 1988년 7월 파업 투쟁 이후 전기협 등의 계속된 투쟁으로 일시적으로 노동조건이 개선되었으나, 정부의 철도청에 대한 경영 개선 압박으로 인해 인력이 감축되고 노동 강도가 강화되는 상황이 계속되고 있었다. 철도 전기협은 2월 간부수련회와 3·4월 8시간 노동제에 대한 조합원 설명회 및 5월 3일 결의대회를 통해 파업 투쟁의 준비를 계속해왔다. 1988년 7월 파업 투쟁 당시에는 외부 민주세력의 연대가 이뤄지지 못했지만, 1994년에는 전지협 활동에 철도가 참관단체로 활동하는 등 연대투쟁의 분위기도 확산되어 갔다. 실제 철도 전기협은 살인적인 노동조건 개선을 위해 단독 파업까지도 검토하고 있었는데, 이러한 연대투쟁 흐름까지 구체화되면서 우군을 얻은 셈이다.

5월 24일 철도노조 역사상 처음으로 서울역에서 1,500여명의 조합원들이 모인 가운데 전기협 지도부는 '구속 결단식'을 치루고 파업 결의를 다졌다. 전지협은 '근로기준법 준수와 8시간 노동제 쟁취'를 걸고 투쟁해온 철도 노동자들의 투쟁을 지원하고 궤도 노동자의 노동조건 개선을 위해 6월 2일(서울)·4일(부산)에 전지협 공동투쟁 결의대회를 진행하고, 6월 14일 연대 파업에 돌입하겠다고 의지를 밝혔다. 전기협은 6월 11일 성명을 통해 "월360시간의 살인적 노동시간을 개선하여 3조2교대로 변경하고 주1회 휴가를 요구하기 위한 투쟁"을 선언했다. 철도 노동자들은 1988년 1차 파업 전개 당시 기관사(승무원)들의 근무형태 개선 중심으로 투쟁을 진행한 바 있는데, 이번에는 전체 노동자의 근무형태를 24시간 맞교대에서 3조 2교대로 변경하는 요구를 내세웠다.[12] 전기협은 6월 13일부터 전국 각 지구별로 농성에 돌입했다. 서울지하철노조도 6월 16일 조합원 총회를 통해 6월 27일 연대 파업에 돌입하겠다는 결의를 밝혔다. 서울지하철노조의 파업 찬성률은 90.7%로 매우 높게 나타났다.

철도 노동자의 농성 투쟁이 시작되고 전기협의 파업 선언이 임박하자, 철도청은 6월 18일 '철도 현업직원 처우개선 대책'을 발표하였다. 그런데 이 대책은 그간 철도노동자들이 요구해 온 내용과는 거리가 멀었기 때문에 전기협은 파업 투쟁을 준비하고 있었다. 전지협은 철도 파업 돌입과 함께 연대 파업에 돌입할 준비를 하고 있었다. 한편 정부는 철도(전기협) 고립을 목적으로 서울·부산지하철노조에 대해 3% 임금 인상을 우회하는 처우개선을 제안하며, 파업 돌입을 차단하려 했다. 서울·부산지하철노조는 정부 방침을 거부하면서 궤도 노동자의 연대 파업을 선택했다.

전지협 공동투쟁의 핵심 요구는 △전기협의 변형근로제 철폐와 8시간 노동제 요구 △서울·부산지하철의 3% 임금가이드라인 철폐였다. 정부(건설교통부)는 경영 효율화를 위한 인력 감축(5,318명)을 강요하였고, 철도청이 제시한 '6.18 처우개선방침' 마저 수용치 않았다. 그리고 철도 노동자들이 파업을 강행할 경우 파업 주동자를 모두 처벌하여 감원 효과에 반영하겠다고 밝혔다. 당시 김영삼정부는 1995년으로 예정된 철도청의 철도공사화 방침을 백지화하는 대신 민영화 추진을 위한 기반 조성 차원에서 인력 감축을 통한 철도 경영효율화를 강요하고 있었다. 6월 27일 3조직이 연대 파업 돌입을 결의하고,[13] 먼저 철도 전기협 소속 노동자들이 각 지부별 농성에 돌입했다. 그러나 농성 돌입 직후 6월 23일 용산정비창 등 전국의 14개 철도 농성장에 공권력이 투입되면서 정권의 탄압이 전면화되었다.

12　철도 파업 직전인 경제기획원 차관 주재하에 관계부처(철도청·교통부·총무처·노동부·서울시) 회의를 거쳐 6월 18일 철도청이 밝힌 '철도 현업직원 처우개선 대책'에 따르면, △1일 8시간 노동제 실시 △특별인정 대기시간 △열차 운전수당 조정 △현업 일근자 시간외수당 지급 △승진차별 철폐 등이 포함되어 있었다.

13　당시 전기협은 7,509명이, 서울지하철은 8,631명이, 부산지하철은 1,797명이 각각 파업 찬반투표에 임해서 평균 91.1%의 높은 파업 찬성율을 기록했다.

- 전지협 연대파업

김영삼정부의 철도 현장 공권력 투입과 함께, 전지협의 연대 파업이 본격화되었다. 철도의 전기협 의장(서선원)은 공권력에 의해 농성 조합원 623명이 연행되자 곧바로 전면파업을 선언했다.[14] 전기협이 파업에 돌입한 후 전국의 철도는 사실상 마비 상태에 들어갔다. 여객열차의 운행률이 11%, 화물열차는 3%, 수도권 전철은 40%대에 머물렀다. 서울·부산지하철노조의 분리 포섭에 자신을 갖고 있었고, '6.18 처우개선방침'과 초기 공권력 투입 등의 압박으로 철도 노동자들이 파업 돌입이 어렵다고 판단한 정부(철도청)는 의표를 찔린 셈이었다.

전기협 파업 대오는 기독교회관으로 옮겨 농성을 계속했고, 이어 6월 24일 서울지하철노조(위원장 김연환)는 고려대에서, 6월 25일 부산교통공단노조(위원장 강한규)는 부산대에서 각각 조합원 총회를 열고 연대파업에 돌입했다. 서울지하철노조의 연대파업에 대해서는 정부도 예상을 못했다. 그러나 1993년 집행부 출범 이후 민주노조운동을 강화하겠다고 선언했던 집행부 입장에서는 민주노조의 정체성을 지키기 위한 결단으로 연대 파업에 돌입했다.[15] 사상 최초의 궤도 노동자 연대파업은 정부의 강한 탄압 및 언론의 악성 왜곡에도 불구하고, 3일간 흔들림없이 진행되었다.[16]

철도 노동자들이 농성중인 기독교회관에 6월 26일에 또다시 공권력이 투입되어 2,081명이 연행되었고, 2차 집결지를 찾지 못한 가운데 전기협 파업 대오가 흔들리기 시작했다. 한편

14 지난 1988년 7월 파업에도 참여한 이후 또다시 1994년 전기협 파업을 주도했던 서선원의장(당시 청량리 기관차 지부장)은 구속되어 2년을 복역한 후 1996년에 석방되었고, 2001년 이후 철도노조가 민주화되고 2004년 해고자 복직의 길이 열림에 따라 10년만에 현장으로 복귀했으나 건강 이상으로 곧바로 퇴사를 했다. 이후 암판정을 받고 투병 중 2013년 10월 54세의 나이에 안타깝게 생을 마감했다.

15 이러한 서울지하철노조 집행부의 결단을 평가하면서 당시 노조위원장(김연환)에 대해서는 '독사'라는 별명까지 붙게 되었다. 연대파업 돌입을 둘러싼 노조 내부의 의견 차이도 있었던 것으로 알려졌다. 그러나 철도 노조 파업 보위를 통해 철도·지하철의 연대 파업을 바라는 조합원들의 바람과 노조위원장의 결단이 결합되어 연대파업이 이뤄졌다. 김연환은 이후 공공연맹 위원장(1999년) 및 운수연대 상임의장(2004년)을 역임하며 활동했으나, 최근 2022년 11월 지병으로 안타깝게 생을 마감했다.

16 사상 최초로 진행된 궤도노동자의 연대파업에 대해, 조선일보 등 보수언론에서는 "시민의 발을 볼모로 하는 불법 파업, 배부른 이기주의, 수출입화물 적체-손실, 원자재난 공장가동 위협" 등과 함께, "정부를 전복하려는 불순분자의 책동" 등을 앞세워 악의적인 왜곡을 일삼았고, 정부는 강경 대응, 엄정 처벌 등의 압박을 가해왔다.

강고한 연대파업 대오를 유지하던 지하철노조들도 파업 1주일이 경과하면서 흔들리고 있었다. 고려대에서 농성 중인 서울지하철노조와 부산대에서 농성 중이던 부산지하철노조에도 역시 공권력이 투입되었다. 공권력에 의해 파업 대오가 해산되고 조합원들의 복귀율이 늘어나면서 결국 7월 1일 전기협과 서울지하철노조가, 7월 2일 부산지하철노조가 각각 현장 복귀를 선언하기에 이르렀다. 서울지하철노조 파업 지도부는 명동성당에서 농성을 계속하다 7월 25일 경찰에 출두하였고, 전기협 의장 등의 파업 지도부 8명은 62일간 조계사에서 농성 중 공권력 투입으로 강제 연행되기에 이르렀다. 이 파업으로 철도의 전기협 주요 간부 및 지부장 30명이 구속되고, 서울지하철 18명, 부산지하철 10명이 각각 구속되었으며, 최종적으로 서울지하철 40명, 철도 전기협 58명, 부산지하철 11명에 대해 해고 조치가 이뤄졌다.

1994년 전지협 파업에 대한 김영삼정부의 탄압은 당면한 정세 분위기와도 깊게 연관되어 있었다. 북한이 1993년 핵확산금지조약(NPT)의 탈퇴를 선언하고 영변 핵시설에 대한 사찰을 거부하면서 북미간의 대립이 고조되는 상황에서 6월 중순부터 '한반도 전쟁 위기설'이 확산되면서 정부의 노조 탄압도 기승을 부렸다. 사상 처음으로 진행된 철도와 지하철 노동자들의 연대파업은 공권력에 의한 강제 진압으로 마무리되었지만, 거꾸로 정부의 노동운동 탄압 및 임금억제 정책에 대한 반발을 전국적으로 초래하여 공공부문 민주노조의 결속을 유도하는 결과를 낳았다. 특히 정부의 분리 포섭를 거부하고 8일간 전개된 사상 최초의 철도·지하철노조 연대파업은 공공부문 노동자의 전국적인 연대투쟁을 촉진했고, 철도노조 민주화 투쟁의 본격적인 서막을 알리는 계기로도 작용했다.

철도·지하철노조의 연대 파업을 통해 전지협은 운수산별노조운동의 확고한 전망을 구축함으로써, 당시 민주노총의 산별노조운동의 전망 구축에도 실천적으로 기여했다(전국지하철노조협의회, 1995). 이 전지협의 연대 파업이 궤도 노동자의 단결을 촉진하면서 이후 1997년 민주철도지하철노조연맹(민철노련)으로 발전한다.

김영삼정부는 1994년 한해 '무분규 원년'으로 설정하면서 민주노조운동을 무력화시키려는 의도를 구체화했으나, 전지협 연대 파업으로 이 구상도 여지없이 무너졌다. 무엇보다 전지협의 연대 파업은 정부를 상대로 한 공공부문노조의 투쟁에서 공공부문 노동자들의 총단결이 필요하다는 점을 인식하는 계기가 되었다. 철도·지하철노조 연대 파업에서 보듯 공공부문 노동자의 노동조건 개선을 위한 투쟁도 권력의 집중 포화에 직면할 수밖에 없는 우리의 후진적 현실이 자각된 것이다. 공공부문노조의 전국적 연대(공노대)는 바로 이러한 배경에서 출발했다.

1994.6. 부산역에서 진행중인 전지협 연대파업 결의대회

전지협의 연대 파업은 국제 공공부문노조의 연대로까지 이어졌다.[17]

　　민주노조 진영에서는 전지협 파업과 때를 같이하여 6월 25일 한진중공업노조가 파업에 돌입했고, 뒤이어 대우기전·금호타이어·매리놀병원·현대중공업 등의 노조가 파업에 돌입했는데, 매리놀병원·금호타이어·대우기전에 차례로 공권력이 투입되었다. 전노대 대표(권영길·양규헌)에 대해 정부는 전지협 및 금속노조들의 파업에 대한 3자 개입 위반으로 체포 영장을 발부했다.

　　특히 1991년 노조위원장(박창수)이 의문사하는 등 계속 탄압에 직면한 한진중공업노조는 44일간 LNG 선상 파업까지 전개하는 등 전지협 파업 투쟁의 열기를 확산시키는 계기를 마련했다. 부산 지역의 화물운송노조 조직들도 연대 투쟁을 전개하면서 운수조직 연대의 기초를 다

17　전지협 연대파업을 앞두고 독일 공공운수노조(OeTV)는 1994년 6월 17일 전지협 파업에 대한 홍보 방침을 전달한 후 6월 21일, 6월 27일 잇따라 한국정부에 항의서한을 보내며 연대의 뜻을 계속 표시했고, 국제자유노련(ICFTU)·프랑스노총·덴마크노총 등이 지지의 뜻을 표시했다. 전지협의 연대파업을 통해 우리의 후진적인 노동법(직권중재 등)이 국제적으로 알려지는 계기가 되었다.

졌다. 한편 1994년 7월 8일 북한의 김일성주석 사망 이후 서강대 총장(박홍)이 노동운동에 대해 '주사파 배후설'을 제기하는 등 때아닌 '색깔 논쟁'이 이어졌다.

6) 공공부문 민주노조 투쟁 및 공노대 건설

1994년 6월 전지협 파업 이후, 조폐공사·한국전력기술·수자원공사·신용보증기금노조 등의 공공부문노조에서 크고작은 파업 투쟁들이 전개되었다. 전지협 연대파업에 대한 연대 투쟁도 확산되면서 전국적으로 공공부문 투쟁을 묶어낼 수 있는 연대체가 필요하다는 공감대도 마련되기 시작했다. 특히 조폐공사노조(위원장 김상신)가 조폐창 통폐합에 맞서 전개했던 파업 투쟁은 1994년 하반기 공공부문 노동운동의 질서 재편(공노대 출범)에 촉매제 역할을 했다.

조폐공사노조의 파업은 1987년 이후 한국중공업노조를 제외하고 중앙 공기업노조에서 최초로 이뤄진 파업이었다. 정부의 구조조정 및 노조 활동 통제에 맞서 노조는 9월 2일 쟁의행위 결의를 거쳐 9월 23일부터 10월 14일까지 파업이 계속되었고, 10월 20일 잠정합의에 이르렀다. 당시 재정경제부 장관은 직장폐쇄 조치를 사장에 강요하며 노조 파업에 강경하게 대응하도록 압박했고, 구조조정(조폐창 통·폐합)에 따른 최소 인원만 남기고 인력을 최대한 감축하도록 강요왔다. 전지협 파업 이후 강경 대응 기조 국면에서 노조의 강한 단결과 공공부문 민주노조 조직들의 연대가 이어지면서 조폐공사노조는 결국 구조조정(조폐창 통·폐합)을 저지하고 22일 간의 파업 투쟁을 승리로 이끌었다. 이 당시 같은 대전 지역에 있는 수자원공사노조 역시 임금 가이드라인 철폐를 요구하며 1987년 이후 한국노총 공기업노조에서 흔치 않은 경고 파업에 돌입했다.

1994년 하반기 들어 정부의 공공부문 임금 통제가 가속화되는 상황에서 조폐공사·수자원공사노조 등의 파업이 잇따르자, 한국노총 소속 노조들에서도 정부에 대항하는 분위기가 나타났다. 당시 한국경제는 급격한 성장 국면을 거치며 1988년 4,400$에 불과했던 국민 1인당 GNP가 1994년에 9,500$로 증가했다. 1993년과 1994년에는 10%에 가까운 경제성장율이 나타남으로써 고도 성장에 따른 노동자들의 임금 인상 요구도 강해지고 있었다. 정부는 이러한 경제 상황에는 아랑곳하지 않고 공공부문에 대해 계속 임금 억제 정책을 취해왔고, 게다가 정부는 1995년 공공기관(정부출연·투자기관)의 인건비 운영을 더 강력하게 통제하는 예산편성지침을 준비하고 있었다.

이러한 상황에서 한때 개혁을 내세웠던 한국노총이 또다시 정권과 타협하려는 1994년 노총-경총 합의를 이루자, 이에 분노한 공공부문노조 반발이 확산되었다. 전지협 파업 이후 7월에 한국노총의 정투노련(위원장 강희재)과 전노대(민주노총 전신) 소속 전문노련 대표자(박태주)간 논의를 거쳐, 전국의 공공부문 조직(전문노련·서울지하철노조·KBS노조·의보노조·조폐공사노조·정투노련·국책은행협의회 등)의 대표들이 9월 12일 1차 회의를 갖고 공공부문노조 총단결 논의를 시작했다. 이후 1994년 10월 22일 참가 조직이 확대된 대표자회의를 통해 대정부 공동투쟁과 함께 전국 연대조직을 건설키로 의견을 모았다. 11월 4일 속리산 서당골에서 142명의 공공부문 단위노조 대표자가 참가한 가운데 〈공공부문노조대표자회의〉(공노대)가 출범하였다. 전국의 공공부문 민주노조 조직이 처음으로 연대하여 출범한 공노대는 △임금가이드라인 철폐 △공공부문 노동3권 완전 보장을 위해 투쟁할 것을 선언했다.

"우리 공공부문의 노동자들은 국가 안정이라는 미명하에 강요된 침묵과 열악한 환경 속에서도 국민생활을 보장하기 위해 참고 견디어 왔다. 민주화와 개혁을 외치는 문민정부가 들어섰지만 우리에게는 과거보다 가혹한 조건만이 강요되는 실정이다. 정부는 이제까지 공공부문이 가지는 커다란 사회적 영향력과 파급효과를 악용하여 오래동안 공공부문을 노동통제의 희생양으로 삼아왔다. 진정한 사회개혁은 공공부문에 대한 그릇된 정책부터 개혁해야 한다. 임금가이드라인을 철폐하고 노동3권 완전보장과 제3자 개입금지조항 철폐 등과 같은 자유로운 조합활동을 위한 법적, 제도적 장치를 마련해야 할 것이다"(공노대 결성선언문).

1996.11. 공공부문노조대표자회의의 조직 발전을 논의하는 공개토론회

공노대는 이후 정권으로부터 계속 탄압을 받아오던 전교조·서울대병원노조·한국중공업노조 등이 속속 결합하고, 한국통신노조가 참관하면서 조직 확대가 이어졌다. 공노대는 당시 개별적으로 정부에 맞서 엄청난 탄압을 받으며 투쟁을 주도해 온 공공부문 노조들에게 전국적인 연대투쟁을 통해 정부와 맞설 수 있다는 희망을 불러일으켰다.[18] 전교조 역시 김영삼정부가 1995년 교원 성과급제 도입 계획을 발표함에 따라 노조 내부에서 강한 반발이 나타나기 시작했다.

한국노총 소속 노조들도 공공부문 연대에 관심을 가지기 시작했다. 한국노총 정부투자기관노조들은 1988년 정부투자기관노조협의회를 통해 대정부 투쟁을 선언했지만 뚜렷한 활동 성과를 내지 못한 상황에서 김영삼정부가 또다시 임금 억제를 강화하자 1993년 정부투자기관노조연맹(정투노련)을 결성했다. 그러나 복수노조 문제가 제기되어 한국노총에서 산별조직으로 인정을 받지 못했다. 한국노총 지도부에 대한 불만과 정부의 강압적 임금억제 정책에 대한 반발과 함께, 공공부문 민주노조들과의 연대를 통한 대정부 투쟁의 필요성이 공유되면서 [표4-3]에서와 같이 상당수 노조들이 공노대에 결합하였다.

표4-3   공공부문노조대표자회의 조직 현황

구분	산별,업종협의회		노조수	조합원수	주요 조직
민주노총 (준)	전문노련	정출노협	24	3,433	KDI·통신·여성·소비자원·예술의전당·고속도로공단 등
		과기노협	5	5,106	과기노조·원자력·식품연 등
		에너지협	4	2,807	에관공·전력기술·가스안전·원전연료 등
		기술노협	4	2,488	데이콤·PC통신·종합기술·지적공사 등
		경제단체	4	940	중기협·KPC·표준협회·해운조합 등
		시험연구원	6	510	의류·생활용품·전기전자·기기유화시험연구원 등
	병원노련	국립대병원	5	5,691	서울대·전남대·경북대병원, 보훈병원 등
		지방의료원	29	2,600	지방공사의료원
	사무노련	공공노협	18	4,507	공무원연금·증권감독원·학술진흥·교원공제회 등
	언론노련		5	4,671	KBS 및 자회사, 교육방송 등
	전지협		3	11,487	서울·부산지하철, 철도(전기협)

---

18   공노대 건설은 당시 투쟁중이었던 서울지하철노조·조폐공사노조·KBS노조 등의 노보 등을 통해 공공부문 투쟁의 희망으로 자리잡았고, 전국의보노조는 공노대를 주도하면서 의보노조의 당면 과제(중앙교섭 쟁취, 해고자 복직 등) 및 의보 통합을 주도할 새로운 희망의 시대가 열릴 것으로 기대했다(사회보험노조 20년사 편집위원회, 2010).

구분	산별,업종협의회		노조수	조합원수	주요 조직
민주노총 (준)	서투노협		3	1,453	서울도시개발·시설공단·농수산(지하철·강남병원 제외)
	전교조		1	10,223	
	전노협(금속)		1	3,530	한국중공업
	지역의보노조		1	3,800	
	원진레이온노조		1	1,600	(법정관리)
	소 계		114	64,846	
중간 진영	한국통신노조(*)		1	49,643	통신노련(노총) 소속
	조폐공사노조		1	2,400	금융노련(노총) 소속
	정투노련(**)		7	14,814	도로·수자원·주택·토지·무역진흥 등
	기타 공기업		8	7,494	전기안전·한전기공·농어촌·농수산유통·한국냉장 등
	전공노협		12	6,437	공항·자원재생·산업인력·근로복지·국립공원공단 등
	소 계		29	83,788	
한국 노총	담배인삼노조		1	10,454	
	금융노련	국책협의회	21	69,156	한국·주택·산업·기업·국민은행, 농협 등
	광산노련		2	7,601	석탄·광업진흥공사
	관광노련		1	791	관광공사
	화학노련		2	2,896	남해화학·매일유업
한국 노총	자동차노련		1	769	교통안전공단
	출판노련		1	320	국정교과서
	통신노련		5	2,848	이동통신·공중전화·통신진흥 등
	섬유노련		1	70	한국물산
	연합노련	의료	2	847	국립의료원·보훈복지공단
	무소속		1	1,115	가스공사
	소 계		48	95,903	
계			181	244,537	

* 한국통신은 전노대(민주노총(준)) 참관 ** 정투노련(1993년 결성)은 당시 한국노총 불인정
자료: 공공부문노조대표자회의(1994). 재구성

공노대는 비록 느슨한 상층 연대 수준에서 출발했으나 이후 3년여간 주요 투쟁의 중심에 있었고, 이후 결과적으로 공공부문 민주노조의 통합 조직이 결성되게 하는 촉매제로 작용했다.[19] 공노대 출범 당시 우리의 노동운동 진영은 한국노총이나 전노대(1994년 11월 이후의 민주노

---

19 1994년 11월 전문노련위원장(박태주)·정투노련위원장(강희재)·전지협의장(석치순)·국책은행협의장

총 준비위) 소속 각 산별연맹에서 공공부문노조들의 투쟁이 계속되고 있었지만, 1988년 정부출연연구기관노조 연대파업과 1994년 전지협 연대파업을 제외하고는 대부분 개별적으로 투쟁이 진행되고 있었다. 서울대병원·KBS·지역의료보험·국민연금·조폐공사·전력기술노조 등의 투쟁은 실제 정부 정책과 직접 대결하면서 '정부 앞에서 느꼈던 무력감'을 공히 인식하게 되었다. 물론 당시에는 공공부문에서 최대 규모의 고용을 포괄하고 있는 공무원노조도 없었고, 주요 공기업노조가 한국노총에 몸담고 있으면서 정부와의 직접적인 투쟁보다는 협상을 중시하는 분위기가 다수였다. 무엇보다 공공부문을 하나의 산별조직으로 포괄할 수 있는 전망이 당시의 노동운동 조건에서는 준비되지 않았다(박태주, 1995).

양 노총의 18개 산별조직에 걸쳐 있는 공공부문 조직을 임금가이드라인 철폐, 민영화 반대, 공공부문 노동3권 보장이라는 틀로 하나로 묶은 공노대의 결성은 이러한 느슨한 연대에서 출발했지만, 전국적인 연대를 구체화시키는 계기를 마련하게 되었다. 공노대에는 민주노총 준비위 소속 114개 노조 64,846명이 참가했고, 한국노총 소속 48개 노조 95,903명이, 상급단체를 정하지 않은 28개 중간노조 83,738명 등 전체적으로 181개 노조 244,537명이 참가했다.

공노대가 정부의 민영화, 임금 억제, 노동기본권 보장 등을 앞세워 정부와 직접 맞서는 지형을 보이자, 철도·전력·체신 등 한국노총의 주요 공공부문노조들은 불참했다. 공노대 결성과 때를 같이하여 민주노총준비위원회가 출범하면서 정권의 노동정책에 대한 저항 분위기가 확산되는 가운데, 한국노총 내부에서 위기론이 확대되면서 한국노총은 1994년 11월 17일 중앙집행위원회(산별대표자+지역본부)에서 '노총-경총 임금 합의' 정책을 폐기하기에 이르렀다.

다만 당시 공공부문노조로서의 정체성을 아직 갖추지 못한 전문노련의 경우 공노대가 조직되는 과정에서 참여 여부에 대한 논란이 제기되어, 연맹 차원이 아닌 3개 협의회(과기노협·정출노협·에너지협(준))가 참여했다. 1994년 12월 중앙위원회와 1995년 2월 대의원대회에서도 공노대 결합과 관련하여 전문노련의 정체성 논란은 계속 제기되었다. 따라서 연맹 위원장이 공노대 상임대표를 맡는데 대해서도 논란이 뒤따랐다. 게다가 집행부 선거를 앞두고 이러한 조직 정체성 논란은 진영간 대결로까지 이어졌다.[20] 1994년 12월 2,000인 이상 대기업노조인 전

(현기환)을 공동 대표로 시작한 공노대는 1995년 2월 조직체계를 정비하여 상임대표(박태주)를 선출하고, 이후 공동대표에 장대익(정투노련 위원장)·석치순(서울지하철노조 위원장)·전영일(KBS노조 위원장)·유덕상(한국통신노조 위원장) 등을 차례로 선출했다.

20 특히 정부출연기관노조들을 대표하고 있던 과기노조와 정출노협은 공공부문 노동운동 발전과 관련하여

기안전공사노조(위원장 이영원)가 전문노련에 가맹하면서 서서히 전문노련 역시 에너지노조들을 중심으로 공공부문의 정체성이 강해지는 계기가 조성되고 있었다.

공노대는 11월 27일 과천 정부청사 앞에서 3만여명의 조합원들이 참여한 가운데 '공노대 출범 선포 및 1995년 공동투쟁을 위한 전진대회'를 개최했다. 노총간 경계를 넘어 전국의 공공부문노조가 최초로 집결한 대규모 노동자대회였다. 1994년도 공노대의 결성은 전지협 연대파업, 과기노조 및 의보노조 건설, 한국통신 민주집행부의 등장, 주요 공기업(조폐공사·한국전력기술·한국중공업 등)의 투쟁과 맞물려 공공부문 민주노조가 전국적으로 결집하고 전면화하고 있음을 대외적으로 보여주는 상징적 역사로 기록되고 있다. 또한, 한국노총에 소속되어 있었던 상당수 공기업·공공기관노조들이 민주노조운동과 결합하는 계기를 제공함으로써, 이후 공공부문 민주노조운동의 지평도 확대되었다.

7) 과기노조 · 의보노조 등 소산별 · 단일노조의 태동
• 최초의 소산별노조 전국과학기술노조(과기노조) 출범

민주노총 건설 논의 속에 산별노조 건설 움직임도 활성화되면서, 공공부문에서는 공공부문 대산별노조 건설 이전에 업종 단위의 소산별노조 건설 움직임이 시작되었다. 1993년 인문사회계 정부출연기관노조들(정출노협)이 대정부 직접교섭 요구 및 연대파업을 전개했지만 조직적 목표로 설정한 단일노조까지 이르지는 못했다. 1993년 정출노협의 연대파업 및 단일노조 건설 실패가 사실상 '반면교사' 역할을 하면서 과학기술계 정부출연연구기관노조들의 단일노조 건설에 영향을 미친 것으로 볼 수 있다.[21] 과학기술계 정부출연연구기관노조들(과기노협)은

상이한 전망을 지니고 있었기 때문에 전문노련의 정체성을 둘러싸고도 의견 대립이 이어졌다. 정출노협(의장 박용석)은 정부의 직접 통제를 받고 있는 정부출연기관노조들은 공공부문노조의 전국적 연대를 적극 추진해야 한다는 입장이었지만, 과기노조(위원장 고영주)는 당시 과기노조의 조직 발전 전망에 대해 정부출연기관노조의 통합인지, 아니면 공공-민간을 넘는 과학기술노조 건설인지에 대해 조직내 충분한 합의가 이뤄지지 않았다며 공공부문노조의 전국적 연대에 소극적인 입장이었다. 이러한 입장 차이는 IMF 이전까지 극복되지 못했고, 1995년 7월 전문노련 차기 위원장 선거에서도 진영간 대결로 나타났다(필자 주).

21 1993년 대정부 집단교섭 및 연대파업을 앞두고 정출노협은 먼저 단일노조를 건설하고 집단교섭을 준비할 것인지, 아니면 집단교섭을 확보한 후 단일노조 건성을 추진할 것인지 격론을 벌인 끝에 후자를 선택하였다. 그러나 1993년 1년 가까이 진행된 집단교섭 확보 투쟁은 연대 파업까지 전개했지만 별다른 성과를 거두지 못했고, 이로 인해 단일노조 건설마저 실패하기에 이르렀다. 이전 정출노협의 실패 경로와는 달리, 단일노조를

이후 단일노조 건설 및 집단교섭 등의 당면 과제를 높고 조직 내부의 다양한 토론을 통해 그동안의 공동사업·공동투쟁 성과를 모아 단일노조로 전환하기로 했다. 1994년 4월 15일 14개 지부 3,200여명이 참여하는 〈전국과학기술노동조합〉(과기노조, 위원장 고영주)이 결성되었다. 과기노조는 창립 선언을 통해, "과학기술계 정부출연기관의 올바른 위상 확립 및 국가과학기술의 자주·자립을 추구함으로써 궁극적으로 노동 진영의 민주 산별노조 건설과 민주노총 건설에 일대 계기를 만들 것"을 밝혔다.

과기노조는 복수노조 체계 하에서 설립되어, 신고필증을 획득하는데 적지 않은 어려움을 겪었다. 4월 22일 노동부는 "과기노조가 노동조합 해산 절차 없이 총회에서 노동조합의 명칭만을 변경하여 별도의 단위노동조합을 결성하였으므로 노동조합법 제3조 단서 5호에서의 기존의 노동조합과 조직 대상을 같이하는 경우에 해당한다"는 이유를 들어 설립신고서를 반려했다. 이에 과기노조는 5월 10일 설립신고서 반려에 대한 2차 노동부 항의 방문을 진행하고 이후 △노동부 장관 면담 및 기자 회견 △노동법 전문가 소견서 제출 △규탄 집회 △국제노동단체 (PSI·FIET) 항의 서한 △ILO 총회 참석 홍보 △국회 활동 등을 통해 노동부에 대한 압박을 단행했다. 이같은 투쟁과 정치적 압박 끝에 결국 노동부로부터 "단위노조가 조건부 해산(과기노조의 합법적 지위 획득 조건)을 거쳐주면 신고필증을 내주겠다"는 답변을 얻어내고 이후 8개 지부가 조건부 해산을 결의함에 따라 9월 5일 설립신고필증을 교부받으면서 5개월 만에 합법성을 확보하게 되었다.

과기노조는 해방 이후 최초로 기업별 노조를 해산하고 아래로부터 건설한 산별노조로서 '한국형 산별노조의 전형'이라는 역사적 의미를 지니게 되었고,[22] 이러한 과기노조의 소산별노조(단일노조) 전환은 이후 민주노총 내 산별노조 조직 전환의 모델로 작용했다. 과기노조 건설은 1차적으로는 과학기술계 노동자들의 공동투쟁 성과이기도 하지만, 1990년대 초부터 꾸준히 '정부출연기관 단일노조' 전망을 제시해온 전문노련 집행부(위원장 박태주)의 방침도 중요하게 작용한 결과였다. 전문노련은 공공부문 산별노조 운동의 확대를 통해 대정부 교섭의 토대를 구

먼저 만들고 집단교섭을 추진하기로 한 과기노협의 전략적 선택이 과기노조 건설의 결과로 나타난 것이라는 견해도 있다(박태주, 1994).

22 과기노조를 소산별노조로 규정한 것은, 규모(공공부문내 업종) 및 이행단계(공공부문 대산별 이행 전망)을 고려한 것이었다. 이전까지 업종별 '단일노조'로 불리워졌던 '소산별 노조' 명칭은 1993년 정출노협 연대파업 당시 처음으로 구체화되었다(전문노련 94-5호(통권 22호), 1994.5).

1994.4. 87년 이후 최초의 산별노조인 전국과학기술노조 결성대회

축할 필요가 있다는 전제아래, 국제공공노련(PSI)의 후원 아래 연맹 소속 현장 간부들이 참여한 가운데 산별노조 교육을 강화하는 노력도 기울였다.

　　과기노조는 이후 1995년 정부의 출연연구기관 민영화 움직임에 맞서 투쟁을 준비하게 된다. 1월 7일 정부(과학기술처)가 전자통신연구소·화학연구소·기계연구소 등을 민영화하기 위해 경쟁력 기준으로 연구소 통폐합 추진을 모색하고 있는 것이 드러났기 때문이다. 이에 과기노조는 2월 15일 19개 지부 조합원들과 가족 1,500여명이 참석한 가운데 '제1차 일방적 통폐합 및 민영화 규탄대회'를 개최했고, 각 지부들도 자체 결의대회를 거치면서 민영화 반대를 위한 투쟁을 준비했다.

　　이같은 과기노조의 반발 분위기에 따라, 정부는 2월 28일 과학기술계 출연기관에 대한 통폐합·민영화 계획을 유보한다고 공식 발표하기에 이르렀다. 과기노조는 정부의 잘못된 과학기술정책 전반의 변화가 필요하다는 점을 지적하고, 연구 현장에 가해지는 △총연구원가제(PBS) 도입 △직원계약제 △정년 축소 △임금커브제(현 임금피크제) △인원 감축 등의 구조조정 추진을 중단할 것을 촉구했다. 이러한 정부의 부당한 조치들은 이후 1996년 과기노조의 전면 파업을 초래하게 되었다.

- 전국 의료보험 단일노조 출범

과기노조에서 시작된 소산별노조 운동은 1994년 11월 의료보험 전국 단일노조로 연결되었다. 지역의료보험조합은 전국적으로 시·군·구 단위로 분산되어 있지만 노동자들의 임금 및 노동조건은 정부(보건사회부)가 설정한 통일적 규정의 적용을 받고 있고, 임금 및 단체협약 또한 전국적으로 통일화되는 경향을 지니고 있었기 때문에 노조 또한 단일한 형태로 운영되는 것이 적합하다는 공감대가 이미 조성되어 있었다. 김영삼정부가 들어서면서 의료보험 통합 논의가 노동운동 및 민중운동 진영에서 확산되자 각 지역의보노조들은 단일노조로 전환하는 방안을 검토하기 시작했다. 1993년 8월 의료보험 통합을 촉구하는 공청회가 개최되면서 노동·민중운동 간 연대투쟁의 필요성이 제안되었고, 9월 19일에는 지역의보노조가 농민단체(전농)와 연대하여 통합 의료보험 쟁취를 위한 국민대회를 개최하기에 이르렀다.

1993년 국정감사에서 지역의보노조에 대한 정부의 탄압 및 의료보험 통합 등이 쟁점으로 부각되면서, 김영삼정부는 1994년 의료보험 개혁 논의를 시작했다. 1994년 1월 정부가 〈의료보험개혁위원회〉를 발족하자, 4월 지역의료보험노조가 앞장서서 〈의료보험 통합일원화와 보험 적용 확대를 위한 범국민 연대회의〉(의보연대회의)를 구성하며 범국민적 투쟁으로 발전시킨다. 이제 지역의보노조는 민주노총(준비위)를 포함한 진보적 단체들이 집결한 의보연대회의의 중심에 서게 되었다. 1989년부터 쉼없이 달려온 의보 통합 투쟁이 이제 노동-진보단체의 결집으로 판이 확대되는 계기를 맞게 된 것이다. 지역의보노조들은 의료보험 통합 투쟁과 함께 1993년 10월 의보총련 조직을 재정비하면서 단일노조 건설 준비를 진행하기 시작했다. 앞서 소산별 단일노조로 전환한 과학기술노조의 조직 형태 변경 전례(조건부 해산 결의)에 따라 의료보험 단일노조인 〈전국의료보험노동조합〉(전국의보노조, 위원장 이문희)이 1994년 11월 3일 출범했다.

8) 비민주적 운영에 맞선 사회복지시설 노동자들의 투쟁

1987년 6월 항쟁을 계기로 사회복지 시설에도 민주화 열기를 타고 노동조합이 결성되었다. 공공부문 노사관계를 둘러싸고 나타난 권력의 후진적 단면은 공공기관을 넘어 정부(지자체)의 손길이 닿는 공공 법인에서도 나타나고 있었다. 특히 우리나라는 사회복지 서비스가 민간 영역에서 먼저 시작되었고, 공공 부문의 서비스 시설들도 1990년 이후 정부의 민간 위탁 추진

방침에 따라 대부분 민간에 의해 운영되고 있었다. 민간의 사회복지 시설 운영은 대부분 운영자의 이윤 추구가 주된 사업 목표로 자리잡고 있기 때문에 비민주적 족벌 경영 및 인사 비리 등이 만연하고 있고, 시설 노동자 및 복지 대상자의 인권 침해 등이 빈발하고 있었다. 이러한 후진적 운영 현실을 극복하기 위해 노조들이 결성되었다.

홀트아동복지회에서 1988년 7월에 노조(위원장 이수경)를 결성한 이후, 1988년에 삼육재활원, 1989년에 대한사회복지회·대구장애자복지관·서울남부장애인종합복지관 등에 잇따라 노동조합이 결성되었다. 1990년대에는 소아마비정립회관·한빛맹아원·태화기독교복지관·한국장애인재활협회·사랑의전화종합사회복지관·장애우권익문제연구소·에바다복지관·군포장애인종합복지관 등에서 노조 결성이 계속되었다.

1990년 '사회복지단체 노동조합 협의회(준)'가 결성되어 활동을 하였으나 사회복지시설의 노동조합들이 사측의 노조 탄압으로 조기에 와해되는 경우가 많아 지속적인 활동이 이뤄지지는 못했다. 2000년 이후 사회복지 시설에 노조가 확대되면서 사회복지시설 노조들의 연대가 활성화되는 계기를 마련했으나,[23] 그 이전에 결성된 노조들은 대부분 취약한 환경 속에서 어렵게 노조활동을 이어가게 된다. 사회복지시설 노동자들에 대한 열악한 노동조건 개선 및 시설 민주화의 열망으로 출발했던 사회복지노조는 노조 결성 초기 대부분 비민주적 시설 운영을 은폐하기 위한 사측의 탄압 과정을 거치게 된다(전국공공서비스노조, 2008).

1994년 서울시 위탁기관 '사랑의전화'(대표 심철호)와 경기도 광주시 위탁기관인 혜인원, 그리고 1996년 평택시 민간위탁 기관인 에바다복지관에서 노조가 결성되면서 사측은 노조 파괴에 앞장서기 시작했다. 사회복지시설의 경우 대부분 30인 이하의 구성원으로 운영되는 경우가 많아 노조활동 탄압에 대한 사업장 내부의 대응도 쉽지 않은 조건이다. 더구나 관리 감독을 맡고 있는 각 지자체들은 사회복지 시설의 비리 및 비민주적 운영, 노조 탄압에 대해 별다른 조치를 취하지 않는게 일반적이다. 복지시설에 대한 전반적 운영을 책임지고 있는 이사회 역시 친인척 및 외부 낙하산 등으로 이뤄져 있어 민주적 통제 자체가 불가능한 구조로 되어 있다. 민간 위탁 사회복지시설의 폐해가 가장 단적으로 드러난 사례가 사랑의전화, 혜인원 및 에바다복지관 등이었다.

---

23 사회복지노조들은 1996년부터 '사회복지노조 연대모임'을 구성하고, 어려운 조건에 있는 사회복지시설 노조의 확대를 준비해왔다. 이에 따라 1997년 7월 '사회복지노조 결성 및 발전 경로 전망'을 통해 '단일노조 건설'을 제기하였다. 이러한 노력들은 2003년 1월 서울경인사회복지노조 결성으로로 모아지게 된다.

사회복지법인 〈사랑의전화〉에서 1994년 2월 노조가 결성되고 4월에 노사간 교섭이 시작되자, 복지관 대표(심철호)는 14명의 조합원을 해고하고, 항의하는 조합원들을 폭행하는 등 상식 이하의 노조 탄압을 시작했다. 상급단체인 전문노련은 사랑의전화 문제를 사회적으로 공론화하고 관할 행정관청(마포구)의 민주적 감독을 촉구함과 동시에, 7월 11일 연맹 산하 노조들의 간부들이 참여한 가운데 사랑의전화 노조 탄압 규탄대회를 열고 연대 투쟁을 시작했다. 그러나 노조(위원장 최문희)의 저항 및 연대투쟁에도 투쟁에도 불구하고, 행정관청의 직무 유기와 사랑의전화의 지속적인 노조 탄압 끝에 결국 12월 두명의 노조 간부가 최종적으로 해고되면서 이 투쟁은 아쉽게 마감되었다. 해고된 노조간부들은 1995년 이후 법원의 부당해고 판결에 따라 복직했지만, 노조활동은 이후 재개되지 못했다.

경기도 광주시 위탁 장애인 수용시설인 혜인원에서 1994년 10월 20일 노조를 결성했으나 곧바로 노조 위원장(정광용)을 해고하고 조합원들에 대해 노조 탈퇴 서약서를 강요하는 등의 탄압이 자행된다. 당시 혜인원은 정부로부터 보조금을 받기 위해 장애인 아동의 부모에게 친권포기 각서를 강요하면서도 시설 운영은 장애인들이 인간으로서 최저생활조차 유지하지 못할 정도로 열악한 수준이었다. 물론 이러한 비민주적 시설 운영은 비단 혜인원 뿐 아니라 당시 163개에 달하는 장애인 수용시설에 일반적인 관행이었다.

사측은 노조 가입을 봉쇄하고, 광주시청은 노조설립신고서를 2차에 걸려 반려하는 등 사측과 행정관청의 탄압이 계속되었다. 노조위원장이 광주시청의 노조설립 신고 반려에 대해 항의하러 가자 혜인원 측은 무단 이탈이라는 이유로 해고하였고, 2명의 조합원에게는 정리해고가 통보되었다. 노조 위원장은 시설 비리(운영비 횡령 등) 관련 자료를 광주시에 제출했고, 혜인원측은 노조 위원장이 이사장의 개인 서류를 탈취하였다며 절도죄로 고발하였다. 광주시 공무원과 사소한 시비까지 벌어지면서 노조 위원장은 결국 12월 9일 구속되었다. 구속된 노조 위원장은 1995년 5월 선고유예로 석방되었으나, 복직은 이뤄지지 않았다.

사회복지노조의 대표 주자인 홀트아동복지회노조(위원장 이수연)는 1996년 하반기부터 노조를 지키기 위한 힘겨운 투쟁을 시작한다. 1996년 7월 11일부터 처우개선, 임금체계 개선, 인사위원회 참여 등의 요구를 앞세워 5일간 파업투쟁을 전개하고, 16일 잠정합의로 업무 복귀했다. 파업 이후 9월에 새로운 회장이 부임하는데 노골적으로 노조 탈퇴 및 '노조 무용론'을 제기하면서 노조를 탄압하기 시작했다. 당시의 노조위원장과 부위원장을 무연고지로 전출 조치했다. 회장의 계속된 노조 탄압으로 75명에 달했던 홀트노조의 조합원은 불과 6개월만에 18명 수준으로 축소되었다. 문제는 당시의 회장 뿐 아니라 홀트재단의 이사들이 대부분 군·경찰 등의 복지 비전문가로 이루어진 가운데 모두들 '노조 혐오증'을 강하게 드러내고 있었다는 점이다.

이러한 지배구조(이사회)는 당시 비단 홀트재단 만의 문제가 아니었다. 홀트노조 조합원들의 완강한 투쟁과 전문노련의 연대 대오에 힘입어 홀트재단의 비민주적 운영은 1997년 3월 국회에서 공론화되었고, 결국 6월 17일 홀트재단 이사회에서 회장이 사의를 표명했다. 홀트노조의 민주노조 사수투쟁이 승리함에 따라, 앞서 투쟁했던 사랑의전화·혜인원 등에서 노조가 무력화되는 어려운 여건에서도 '노조활동의 불모지대'로 인식되어온 사회복지시설 영역에서 이후 2000까지 민주노조활동이 계속 이어질 수 있는 소중한 토대로 작용했다.

사회복지 노동운동 역사상 가장 장기간에 걸쳐 에바다복지관노조의 투쟁이 전개된다. 1996년 11월에 노조(위원장 홍순기)가 결성되고 복지관 이사회의 비민주적 운영에 맞선 투쟁이 시작되었다. 에바다복지관의 비민주적 운영 및 노조 탄압은 이후 지자체 위탁 사회복지시설에서 거의 보편화되는 흐름을 가장 단적으로 보여주었다. 1997년 2월 전문노련에 가입하면서 사회복지노조들과 연대투쟁을 전개하지만, 1998년에 노조 간부가 해고되고, 복지관 이사회의 비민주적 운영이 계속 이어지면서 지역사회 연대투쟁으로 발전한다. 사회복지시설 사상 가장 치열한 투쟁이 2003년까지 7년여 동안 이어진다.

2. 민주노총 건설과 공공부문 투쟁이 이어진 1995년

1) 민주노총 건설

1995년 11월 민주노조의 전국중앙조직인 전국민주노동조합총연맹(민주노총)이 출범했다. 해방정국에서 미군정과 대한노총의 공격으로 전평이 파괴된 후 40여년만에 1987년 노동자대투쟁이 타올랐고, 이후 8년의 지난한 투쟁과 민주노조 총단결의 열망이 모여져 명실상부한 '제2의 전국조직'이 탄생한 것이다. 민주노총의 결성으로 그동안 권력에 종속된 한국노총과는 조직의 이념과 전망이 확연하게 다른 민주노조 전국조직이 이땅에 가시화되면서, 그간 한국노총을 탈퇴한 채 '중간노조'로 남아 있거나 한국노총의 노동운동에 거부감을 표시해왔던 조직들이 민주노총에 본격적으로 합류하기 시작했다. 이러한 경향은 정부의 임금 및 노동정책에 대해 강한 반감을 지녔던 공공부문에서도 강하게 나타났다.

민주노총 건설과정은 다소 진통이 따랐다. 1995년 2월 민주노총(준) 운영위원회에서 민주노총 건설 시기를 둘러싸고 논란이 예속된 끝에 10월 이후로 조정했다. 물론 사무전문직의 업종회의 조직들 중에서도 민주노총 건설에 소극적인 분위기가 일부 있었다. 당시 업종회의는 이전부터 전노협과의 연대에 소극적인 상황에서 이 전노협의 통합을 통한 민주노총 건설 논의에 일부 조직들이 소극적인 태도를 보이고 있었던 것이다. 이에 전문노련은 공노대의 주요 노조(의보노조·조폐공사·서울지하철 등) 등과 함께 앞서서 민주노총 건설 필요성을 공론화하는데 앞장섰다.[24]

　　8월 24~26일 개최된 민주노총(준) 산하 전국단위노조 대표자 수련회에서는 각 조직별로 이견이 노출되어 민주노총 건설이 예정대로 추진되기 어려울지도 모른다는 우려가 제기되기도 했다. 그러나 1994·95년의 공공부문 노동운동 탄압 및 임금 억제에 맞서 투쟁해온 공공부문노조들을 중심으로, 노동 기본권 쟁취를 위해 민주노조의 전국중앙조직이 조속히 건설되어야 한다는 의견들이 강하게 표출되었다.[25] 민주노총 조기 건설의 열기들이 각 조직들 속에서 공유되면서, 1995년 11월 11일 연세대 강당에서 역사적인 〈전국민주노동조합총연맹〉 창립대의원대회가 개최되었다. 가맹노조 861개, 418,154명의 조합원을 대표하여 366명의 대의원과 수많은 노동운동 선배들이 참석한 역사적인 날이었다. 권영길 업종회의 의장(언론노련 위원장)이 초대 위원장으로 선출되었고,[26] 11월 12일 전국노동자대회에서 민주노총 출범을 대외적으로 선포했다.

"생산의 주역이며 사회 개혁과 역사 발전의 주체인 우리는 100여년에 걸친 선배 노동자들의
불굴의 투쟁과 1987년 노동자 대투쟁 이후 거대한 흐름으로 자리잡은 민주노조운동의 성과를

24　업종회의 조직 중 일부 조직은 민주노총 건설 논의와 관련하여 상대적으로 소극적(1992년 11월 전문노련이 주최한 '사무전문직 노동운동의 과제' 토론회 당시 '민주노조 총단결'이 아닌 '노동조합 총단결'이 필요하다는 입장 제출)이었고, 타 산별연맹도 그리 적극적이지는 않았는데(타 산별연맹의 산하 노조들이 오히려 더 적극적) 이러한 분위기를 전문노련이 앞서서 전환시키려고 노력했다.

25　1993~4년 전노협 내부의 조직발전 논쟁('전노협 강화론' ↔ '민주노총 건설론')은 1995년 들어 전체 금속(현총련 포함)조직의 산별 건설 경로(일시 금속산별 ↔ 자동차, 조선 등의 단계적 금속산별)를 둘러싼 민주노총 골간체계 논쟁으로 변화되어 있었다. 일부 조직(현총련·사무금융 등)에서 여전히 '시기상조론'이 제기되면서 8월의 대표자 수련회는 치열한 논쟁이 이어졌지만 민주노총 건설의 대세를 막을 수는 없었다(김영수·김원·유경순·정경원, 2013). 다행히 전문노련과 공노대 주요 조직(의보노조·조폐공사노조·서울지하철노조 등)은 대체로 민주노총 건설에 적극적인 태도를 보였다(편집자 주).

26　민주노총 수석부위원장에는 양규헌(전노협 2기 위원장)이, 사무총장에는 권용목(현총련 대표)이 선출되었으나, 1996년 들어 사퇴하고 배석범 수석부위원장, 허영구 사무총장 직대 체계로 운영하게 된다.

계승하여 자주적이고 민주적인 노동조합의 전국중앙조직인 전국민주노동조합총연맹을 결성한다. 우리는 민주노총의 깃발을 높이 들고 자주·민주·통일·연대의 원칙아래 뜨거운 동지애로 굳게 뭉쳐 노동자의 정치·경제·사회적 지위를 향상하고 전체 국민의 삶의 질을 개선하며, 인간의 존엄성과 평등을 보장하는 통일조국, 민주사회 건설의 그날까지 힘차게 투쟁할 것을 선언한다"(민주노총 결성선언문).

민주노총은 출범 당시 강령과 기본과제를 통해 △자주적이고 민주적인 노동조합운동 △사회개혁투쟁 실천 △노동법 개정을 통한 노동운동의 시민권 획득과 노동자 삶의 질 향상 △산별노조 건설

1995.11. 민주노총 창립을 선포하는 전국노동자대회

△노동운동의 정치세력화 등을 이후 과제로 설정했다. 민주노총의 건설은 단순히 한국노총의 운동노선과 이념과는 다른 '제2노총'의 출범에서 머무른 것이 아니었다. 해방 이후 독재정권과 기득권 세력의 민주적 권리 억압에 맞서 떨쳐 일어난 민주화 운동이자, 노동자들에 대한 차별과 억압을 철폐하기 위해 투쟁해온 민주노조운동이 총단결한 것이었다. 1970년대까지 계속된 전 세계 각국의 변혁운동 및 사회주의 운동이 1980년대 이후 퇴조하는 과정에서 그간 세계자본주의의 주변부에 머무르고 있던 한국에서 민주노조운동 세력이 새로운 변혁운동의 중심으로 자리잡게 되었다. 이후 27년 동안 이땅의 민주화운동·민중운동 등의 중심에는 항상 민주노총이 자리하게 되었다. 민주노총은 브라질노총(CUT) 및 남아공노총(COSATU)와 함께 남반구(아시아·남미·아프리카) 연대 흐름을 형성했다.

　　노동자대회 직후 민주노총 위원장(권영길)은 1994년 전지협 투쟁과 1995년 한국통신노조 투쟁 등 주요 공공부문노조의 투쟁과 관련한 '3자 개입 금지' 위반 혐의로 구속되었다. 민주노총 건설 과정에서 한국사회의 노동운동의 중심에는 공공부문이 자리잡고 있었고, 공공부문의

투쟁은 결국 민주노총이 짊어져야 할 시대적 과제임이 이미 분명하게 자리잡고 있었다.

한편 1990년 출범 이후 노동운동 탄압의 척박한 공간에서 5년여동안 민주노조의 전국중앙조직으로 꿋꿋이 버텨오던 전노협은 12월 3일 해산대회를 끝으로 그 위대한 역사를 마감했다. 출범 당시 19만여명에 달했던 전노협은 해산 즈음 6만명 이하로 축소되었다. 현대중공업노조 등의 대공장 노조를 가입시키지 못함으로써, △중소 제조업 중심의 전노협 △비제조업종의 업종회의 △대공장노조 중심의 그룹조직으로 민주노조 진영이 분화되어 전노협의 위상이 약화된 채 민주노총 창립을 준비해야 했다(김영수·김원·유경순·정경원, 2013).

그러나 이러한 전노협의 지난한 역사는 1차로 전노협에 대한 정권의 가공할 탄압이 집중된 데서 비롯되었고, 2차로 업종회의·대공장 등 민주노조 진영이 전노협을 보위하지 못한 한계로부터 비롯된 것이다. 사무전문직 업종연맹이 참여치 않음으로써 전노협은 제조업 중심 조직으로 축소되었고, 게다가 대공장노조들의 불참으로 중소 제조업 조직으로 더 위상이 축소되었기 때문이다. 전노협에 참여했던 지역노조협의회 소속 대부분의 금속 조직들은 1996년 1월 20일 민주금속연맹으로 결합하면서 전노협의 운동 흐름을 계승하게 되었다. 이후 민주금속연맹은 정부와 자본의 노동운동 탄압에 맞서 치열한 투쟁을 전개하게 되고, 1998년 IMF 경제위기 국면 속에 자동차노조연맹·현총련과 통합하여 금속산업연맹으로 다시 출발하게 된다.

2) 공공부문의 임금·노조활동 규제 및 공노대의 1995년 투쟁

1994년 10월 정부(경제기획원)는 '1995년 정부투자기관 예산편성지침'을 발표하였다. 이 '예산편성지침'은 정부출연·위탁기관에도 준용됨으로써, 전방위적인 임금 억제 정책의 시작을 알리는 상징적 조치로 작용했다. 또한, 예산 지침에 노조 활동 규제의 내용을 처음으로 반영했다. 이어 12월에는 '1995년 정부투자·출연기관 예산집행관리지침'을 통해 공공부문의 임금 억제(임금가이드라인) 및 노조활동 규제(특히, 노조전임자 축소) 등의 세부 방침을 발표했다. 임금 억제 내용으로는 △수당 신설 금지 △정-현원 인건비 전용 제한 △연월차수당 제한 △호봉승급분 예산 축소 등을 통해 이전에 공공기관에 관행적으로 인정되는 예산 집행을 전면 차단하는 조치였다.

정부는 1990년부터 임금 억제 방침을 구체화하면서, △1991년 임금가이드라인 전면화 △1992년 총액임금제 강행 △1993년 임금인상율 삭감 등의 조치를 계속하더니 1995년에 이르러서는 사실상 정부투자·출연기관에 대해 임금교섭의 여지를 거의 없애버렸다. 이러한 공공부문 임금 억제 및 노사관계 규제 흐름은 이후 20여년간 계속 발전되면서 2022년 현재까지 이어져

오고 있다.

　이러한 임금 억제는 공공부문 노동자들의 강한 반발을 일으킬 수밖에 없었다. 1993년 이후 경기가 활성화되면서 민간 부문의 임금 인상률은 높아지는데 정부가 공공기관의 임금 인상률은 계속 통제해왔기 때문이다. 더구나 [표4-4]에서와 같이 1994년 이후부터는 공무원의 임금 인상율에 비해서도 공공기관의 임금 인상율은 낮았다. 노조 전임자에 대해서는 예산집행관리지침에 각 규모별로 전임자 기준을 정해놓고 1995년부터 공공기관에 대해 집중적으로 점검하기 시작했다. 1995년 하반기부터 본격화된 공공기관의 노조 전임자 축소와 관련하여 당시 전력노조 집행부는 노조 내부의 민주적 활동을 무력화하는 수단으로 악용하기도 했다.

　임금 및 노조활동 억제 흐름 속에서 공노대는 1995년 2월 12일 전체 대표자회의를 통해 1995년 공동투쟁 계획을 구체화했다. 4월 8일 공공부문 총진군 대동 함성제를 거쳐 5월 27일 대규모 조합원이 참여한 가운데 공노대 결의대회를 개최했다. 이 결의대회에는 이미 1994년 말부터 정부와 공사측의 탄압에 직면한 한국통신 노동자들이 대거 참여했다.

　공노대는 한국통신노조 투쟁이 절정에 달하고 있던 6월 2일 보라매공원에서 전조합원 총력결의대회를 개최했는데, 의보노조·서울지하철노조·전문노련 등을 중심으로 2만여명이 결집하면서 민주노총 건설을 앞두고 공공부문 투쟁 열기를 높였다. 서울지하철노조(위원장 석치순) 역시 1994년 파업에 따른 손해 배상 철회를 위해 5월 27일 조합원 총회를 소집하고 쟁의 발생을 결의하면서 공노대의 연대투쟁에 참여하고 있었다.

　한국통신노조의 투쟁이 끝난 이후 7월부터 한국중공업노조(위원장 김창근)의 파업이 49일간 진행되었다. 한국중공업은 1988년 5월까지 9차례의 노조 파업 이후 그해 8월 민영화 조치가 발표되면서 경영진의 잦은 교체 및 일감 부족 등으로 고용 불안 위협이 확산되어 많은 노동자들이 이직을 하였다. 이후 1994년까지 한국전력의 발전설비 일원화 등으로 경영정상화가 이뤄지자 김영삼정부는 다시 민영화 추진을 발표했다. 민영화 추진은 영동 본사사옥 매각을 둘러싼 현대산업개발과의 소송 등으로 지연되었지만, 한국중공업노조는 그간 경영 어려움으로 인해 계속 지체된 처우 개선을 요구했다.

표4-4　1990년대 공공부문과 타 부문의 임금인상율 비교　　　　　　　　　　　　　　　(단위: %)

연도	1991년	1992년	1993년	1994년	1995년	1996년	1997년	1998년	1999년
공공기관 가이드라인	5.0	5.0	3.0	3.0	5.0	8.0	5.0	-4.1	-4.5
공무원 임금인상율	12.7	9.8	3.0	6.2	6.8	9.0	5.0	0	-4.5
전산업 임금인상율	17.5	15.2	12.2	12.7	11.2	11.9	7.0	-2.5	12.1

자료: 김태현(2021). 재구성(일부)

1991년 이후 4년간 무분규 하에서 매출액과 당기순이익이 증가했지만, 한국중공업의 임금수준은 유사업종인 민간부문(현대·대우중공업 등)에 비해 매우 열악한 수준에 있었다. 노조는 동종 업계 수준의 처우개선과 민영화 추진에 따른 고용 안정을 요구하며 1995년 7월 7일부터 부분 파업에 돌입했다. 여전히 사측이 교섭에 무성의한 태도를 보이면서 중앙노동위원회에 중재를 신청하고, 법원에 손해배상 청구까지 제기하자, 노조는 결국 8월 18일부터 본사(삼성동) 점거 및 정문 봉쇄(물량반출입 통제) 등 회사 업무를 완전 봉쇄하는 전면 파업에 돌입했다. 노조 파업은 공권력 투입이 임박한 상황에서 8월 24일 마무리되었다. 고소고발·징계 최소화 및 부분적인 처우개선의 합의가 이뤄짐으로써 장기 파업을 마감했지만, 한국중공업노조는 이후 1998년 민영화 추진이 본격화되자 또다시 완강한 투쟁을 재개해야 했다. 당시 한국중공업 본사 건물에 한국전력기술이 자리하고 있었고 마침 한국전력기술노조도 당시 파업 투쟁을 전개하고 있었기 때문에 두 노조의 파업이 상호 시너지 효과를 냈다. 다만, 당시 한국중공업노조는 대외적으로는 한국중공업 민영화를 반대하였으나, 내부적으로는 민간 중공업체에 비해 열악한 처우에 대해 조합원들의 불만이 만연한 상황에 있었기 때문에 민영화 반대 목소리가 크게 나타나지는 않았다.

공노대는 1995년 주요 조직들의 투쟁이 마무리되고, 참여 노조들이 확대되자, 9월 27일 대표자회의를 통해 집행체계를 새롭게 정비했다. 당면한 공기업 민영화 및 정부출연·투자기관의 전임자 축소에 대한 공동 사업이 이후 추진되었고, 10월 21일에는 1996년 투쟁을 준비하기 위한 대규모 결의대회를 개최했다. 이날 공노대 및 민주노총에 공식적으로 참여를 결의한 한국통신노조와 함께 1996년의 공동투쟁 및 공공부문 조직 통합에 대한 사업계획이 준비되기 시작했다.[27]

한국통신노조의 투쟁이 마무리된 1995년 하반기에 정부의 공공기관 전임자 축소, 조폐공사법 개정 등이 이뤄짐에 따라, 해당 공공기관노조들의 투쟁이 이어졌다. 당시 한국노총 소속 공기업노조(농어촌공사·수자원공사·신용보증기금 등)에서도 8월 이후 노조 전임자 축소 등과 관련한 노사간 갈등으로 철야농성, 대정부 규탄 집회 등이 계속되고 있었다. 또한, 보도 편집과 관련하여 노사간 갈등이 계속되었던 KBS는 11월에 파업 찬반 투표를 통해 파업을 준비하기에 이르렀다.

---

27 10월 20일 대의원대회를 통해 한국통신노조는 사측의 갖은 방해 공작에도 불구하고 공노대 가입 및 이후 결성될 민주노총 가입을 결의했다. 당시 우리나라 최대 노조였던 한국통신노조의 공노대 및 민주노총 가입 결정은 이후 노동운동 지형 변화에도 큰 영향을 미쳤다.

3) 통신 민영화 반대의 기치를 올린 한국통신노조의 투쟁

한국통신노조는 1994년 6월 민주집행부 출범과 동시에 정부의 민영화 추진에 반대하고 자주적 노조활동을 보장받기 위한 투쟁을 개시했다. 한국통신 노동자들의 투쟁은 통신 개방과 민영화 반대를 통해 노동자의 고용 불안을 초래하는 정부정책에 대한 분노를 표현하는 것이었다. 7월 체신부장관실 농성을 거쳐 12월에는 공사 이사장실 농성 투쟁을 전개했다.

한국통신노조는 3월 대의원대회를 통해 임금 3% 가이드라인 폐지 및 기본급 8만원 인상, 재벌특혜 민영화 반대 및 통신 분할 저지 등의 요구를 앞세워, 참관 중이던 공노대와 민주노총 (준)와의 연대투쟁을 선언했다. 노조가 이같은 공동 투쟁을 선언하자, 공사는 1994년 12월의 점거 농성 투쟁을 이유로 4월 5일 노조간부 64명에 대해 공무집행방해 혐의로 고발했다.

당시 정부와 공사측의 노조에 대한 강경 대응은 한국통신노조가 민영화 문제를 전면적으로 거론하면서부터였다. 한국통신노조는 공기업 중 낮게 유지되어온 임금 수준의 개선 및 정부의 통신사업 구조 개편 중단을 요구했다. 정부는 1990년 5월에 유보한 한국통신의 민영화 추진 기반의 확보를 위해 1994년 6월 데이터통신·제2이동통신 등을 포함한 통신산업 구조개편을 통해 경쟁체제 도입을 본격화하고 있었던 상황이었고, 한국통신 역시 1993년부터 민영화의 전초 작업이랄 수 있는 지분 매각을 이미 시행 중에 있었다.[28]

정부와 공사측의 노조 탄압에 맞서 한국통신노조가 파업 불사(不辭)를 앞세워 공노대 및 민주노총준비위 등과 연대투쟁을 결의하자, 5월 19일 대통령(김영삼)은 한국통신 민영화와 해외 매각 반대를 내세운 한국통신노조를 '국가전복세력'으로 규정하고 전방위적인 탄압을 개시

---

28 이미 1987년 7월에 한국통신의 민영화 방침을 발표한 정부는 △1990년 2월 한국통신 주식 25%의 90년 말 매각 △1991년 이후 24%의 추가 매각안을 중심으로 한 '한국통신 민영화계획'을 구체화했다. 그러나 1990년 중반 이후의 경기 침체와 증시 불안정으로 인해 정부는 5월 8일 '증권시장 안정화대책'을 발표하면서 이 계획을 유보하기 이른다. 그러나 통신사업에 대해서는 1990년 7월부터 경쟁체제 도입을 목표로 한 '제1차 통신 사업 구조조정' 계획을 발표하여, 1991년 이후 데이터통신시장와 국제전화사업에 경쟁 체계가 확대되기 시작했다. 통신사업의 경쟁 체계 확대는 결국 국가기간통신 사업자인 한국통신의 기능 분할 및 재벌 분양으로 흐를 가능성이 높았다. 실제로 한국통신은 1993년부터 매년 10%의 지분을 매각(1998년 IMF 구조조정 이전까지 41% 매각)하면서 민영화 추진의 기반이 서서히 구축되고 있었다. 바로 이러한 상황에서 1994년 5월 한국통신 노조에 민주 집행부가 출범했고, 민주 집행부는 곧바로 한국통신 민영화를 전제로 한 통신산업 구조개편에 저항할 수밖에 없었다.

했다.[29] 당시 현대자동차의 해고자 양봉수 열사가 회사의 부당노동행위에 맞서 분신하였고 현대자동차노조가 파업에 돌입하자 정부는 5월 19일 공권력을 투입한 가운데, 한국통신노조에 대해서도 정부는 강경 대응을 시사했다.

정부는 한국통신노조가 단체행동을 자제하겠다고 밝혔음에도 불구하고, 사전 구속 영장을 발부받아 노조 간부 4명을 구속하고 16명에 대해 추가로 구속 영장을 신청했다. 이에 노조는 5월 26~27일 정시 출근투쟁을 전개했다. 노조 지도부는 조계사에 들어가 무기한 단식 농성에 돌입했고, 전국의 10개 지역 2만여 한국통신 노동자들은 공노대 결의대회에 2만여명이 참여하면서 전국 동시다발적으로 대국민 선전활동에 참여했다. 6월 3일에는 전국의 사회단체들이 참여한 〈부당한 공권력 반대와 노동인권 보장을 위한 범국민대책위〉 주최로 노동자·시민·학생 1만여명이 장충단공원에서 대통령 규탄 및 노동인권 보장 촉구 결의대회를 갖게 되었다. 한국통신노조의 투쟁이 전국적인 연대투쟁으로 확산될 흐름을 보이자, 6월 6일 정부는 명동성당 및 조계사에 공권력을 투입하여 노조 간부들을 검거하기에 이른다.[30]

한국통신노조의 투쟁이 진행되는 동안 6월 21일 지방선거에서 집권여당이 참패했다. 이러한 정치적 흐름 속에 주요 금속노조들(한국중공업·한진중공업 등)이 연대파업을 선언하고, 의보노조 역시 6월 28일 파업에 돌입했다. 한국통신노조는 6월 12일부터 교섭을 진행항 후 6월 28일 임금·단체교섭 결렬에 따른 쟁의발생을 결의하고 7월부터는 지도부 검거로 느슨해진 조합원들을 묶어 세우기 위해 각 본부별로 투쟁 결단식을 갖는 등 본격적인 투쟁 준비에 착수했다. 이같은 투쟁 분위기에 힘입어 7월 22일 82.2%으로 파업을 의결하기에 이르렀다. 한국통신노조가 파업을 결의하자 중앙노동위원회는 7월 28일 직권중재 결정을 내렸고, 현장 조합원들의 투쟁 열기가 약해졌다고 느낀 노조 집행부는 7월 30일 부산역 앞 집회를 통해 파업 돌입을 유

---

29 김영삼정부가 한국통신노조에 대해 '국가전복세력'으로 규정한 상황에서, 당시 언론들은 한국통신노조가 8만원의 임금인상을 요구하자, '고임금 귀족 공기업노조의 파업'이라며 노조를 공격했다. 그러나 한국통신은 1987년 이후 제대로 된 임금교섭조차 진행한 적이 없을 정도로 정부의 임금억제 정책에 충실했고, 당기순이익이 1993년 4,708억원, 1994년 6,270억원에 달할 정도로 한 상황이었다. 노조가 임금 인상을 요구한 근거에 대해 언론들은 일절 외면했다.

30 이날 공권력 투입은 명동성당은 성당 개원(1898년) 97년만에 최초이고, 조계사는 1980년대 종단 분규 이후 두번째로서 모두 김영삼정부의 폭력성을 드러낸 것이다. 정부는 1994년의 전지협 연대 파업에서와 같이 공공부문의 파업에 대해서는 이전 정부와 마찬가지로 공권력 투입으로 정리하겠다는 방침을 분명히 하고 있었다.

보하고 투쟁을 마무리했다.

　　당시 민주노총 준비위는 11월 민주노총 창립을 앞두고 현대자동차노조와 한국통신노조를 묶어 전국적인 노동운동 탄압 분쇄 투쟁의 중심으로 설정하였고, 공노대 역시 한국통신노조를 매개로 공공부문노조의 전국적 연대투쟁을 확산하려 했다. 민중운동 진영에서도 범국민대책위원회를 구성하는 등 한국통신노조는 당면 정세의 중심에 있었다. 따라서 민주노총 준비위나 공노대 입장에서는 한국통신노조 집행부(위원장 유덕상)의 파업 선언 없는 투쟁 마감은 아쉬움으로 남았다. 결국 공노대의 투쟁 계획은 1996년도에 다시 구체화되기에 이르렀다. 1995년 5~6월 투쟁으로 인해 한국통신노조는 구속 33명, 해고 29명, 정직 27명, 경고 2,300명 등 대량 징계를 당하고, 상당수가 장기간 해고 상태에 직면했다. 투쟁을 주도하던 핵심간부 한명이 구속된 이후 곧바로 지병으로 사망하는 안타까운 상황도 나타났다.

　　전국적 네트워크를 지닌 공기업으로서 전국적으로 지부가 산재해 있던 조건 속에서 대공장과 같은 결집력을 발휘하기 힘든데다, 1년 전 취약한 토대 위에서 민주 집행부가 출범했고 아직 조합원들의 투쟁 경험이 없다는 한계를 지니고 있었다. 이러한 어려운 조건 속에서 완강하게 투쟁을 전개한 한국통신노조는 1995년 임금 및 노조활동 억제와 관련한 정부의 부당한 정책을 사회적으로 공론화시켰다.[31] 당시 한국통신노조는 컴퓨터 통신망을 이용하여 전국적으로 연락하고 및 투쟁 방침을 공유함으로써 민주 집행부의 취약한 토대 속에서도 민주노조의 기반을 강화할 수 있었다. 이러한 한국통신노조의 사례는 이후 노동운동·사회연대운동에서 정보통신 네트워크를 적극 활용하는 계기를 만들었다.

　　1995년의 한국통신노조 투쟁은 이후 2006년 〈민주화운동 관련자 명예회복 및 보상심의위원회〉(심의위원회)에서 해고되었던 22명의 노조간부에 대해 민주화운동 관련자로 인정받으면서 이 투쟁의 정당성이 확인되었다. 2006년 5월 2일 심의위원회는 1995년 한국통신노조에 대한 대량 해직 사태는 민주노조운동에 재갈을 물리기 위해 정권이 의도적으로 유발한 것으로, 한국통신노조의 투쟁이 민주화운동에 끼친 영향을 적극적으로 인정하는 의미에서 이들에 대해 민주화운동 관련자로 인정했다고 밝혔다. 이 당시 해고된 한국통신노조의 주요 간부 중 최종적으로 복직되지 못한 노조위원장 등 6명의 해고자들이 2007년에 마침내 복직했다.

31　한국통신노조는 "정부의 반민주적인 성격이 국민들에게 광범위하게 폭로되고 우리의 투쟁과 요구의 정당성이 국민적으로 확보되어 향후 우리 투쟁의 입지가 상당히 확대되었다는 점과, 많은 투쟁 경험을 축적하였고 투쟁 속에서 많은 활동가들이 발굴되었다는 점"을 투쟁의 성과로 제시했다(한국통신노조, 1996).

4) 운수산별노조 추진을 모색하는 전지협과 이후 지하철노조 투쟁

전지협은 1994년 연대파업으로 확대된 궤도 노동자의 연대 흐름을 바탕으로 1995년 하반기 들어 철도노조 민주화 투쟁 지원 및 운수산별노조 건설을 위한 사업을 준비하고 있었다. 9월 23일 다른 운수조직(택시·화물운송·버스)과 운수노동자 등반대회를 가진 후 10월 6일부터 제1회 '운수노동자학교'를 개설하였다. 전지협 투쟁 당시 택시·화물운송 노동자들이 연대투쟁에 참여하면서 자연스럽게 운수산업의 민주노조운동이 결집할 수 있는 분위기가 형성되고 있었다. 11월 11일 운수노조 조직들은 전국노동자대회 사전 행사로 '운수산별노조 추진 결의대회'를 가진 후 11월 30일 운수노동자 토론회를 통해 이후 운수산별노조 추진을 위한 구체적 사업을 논의하기에 이르렀다. 이를 위해 〈운수노조대표자협의회〉도 구성되었다.

다만 당시 철도노조의 민주화 추진 활동가들이 운수산업노조 건설에 참여할 수 있는 토대가 취약했고, 전지협 투쟁의 중심에 있었던 서울지하철노조는 공공부문 연대투쟁 추진도 동시에 중요하게 설정했기 때문에 운수노조 건설 논의는 그다지 힘있게 전개되지 못했다. 서울지하철노조는 1994년 연대파업을 거치면서 공공부문노조의 전국적 연대 필요성을 절감했고, 1996년 공공 5개 노조 투쟁을 겪으면서 서서히 공공부문 노조와의 연대 사업을 더 우선시하는 경향을 드러냈다. 한편 1995년 운수조직 노동자대회에는 1985년 일본 열도를 떠들썩하게 했던 국철(國鐵)노조 파업의 주역들이 우의차 참가하였다. 1994년 전지협 연대파업이 국제적으로 알려지면서 이후 한국과 일본의 궤도노동자들이 본격적으로 교류와 연대를 시작하는 계기가 마련된 것이다.

서울지하철노조는 1995년 임금·단체협약 투쟁을 통해 1994년 6월 파업 투쟁으로 인해 발생한 손해배상 가압류 및 해고자 복직 등의 당면과제를 해결하기 위해 당시 한국통신노조의 투쟁이 진행중이던 6월 9일 쟁의행위를 결의하였다. 7월 27일 조합원 총회를 통해 8월 5일 파업 돌입을 선언했다. 파업 돌입 직전인 8월 4일 공사측이 조합비 가압류를 해제하고, 손해배상 취하 및 해고자 복직을 위해 노력한다고 밝히면서 합의에 이르렀다. 그러나 공사측에서 9월 이후 합의 이행을 위한 노사협의회를 거부했다. 이에 노조는 10월 조합원 총회를 거쳐 공사의 합의 불이행을 규탄하면서, 이후 유사한 과제(해고자 복직)을 안고 있는 공공부문 조직(한국통신·의보노조·조폐공사 등)과 1996년 공동투쟁을 결의하기에 이른다.

5) 전문노련 공공부문 조직의 투쟁과 조직발전 움직임

전문노련의 전문기술노협에 속했던 에너지노조들은 1995년 3월 23일 전문노련 대의원대회를 통해 독자적 협의체로 변모했고, 이 협의회 활동을 통해 공노대에 참여하고 있던 외부의 공공 에너지노조들과 교류 폭을 넓힘으로써 1999년 통합 공공연맹 이후 조직 확대 발전의 기반을 마련한다. 당시 전문노련 내에서는 에너지노조협의회의 독자적 연대에 대해 부정적 인식이 있었지만, 결과적으로 이후 공공 3조직이 통합을 추진하고 공공연맹으로 자리를 잡아가는 과정에서 에너지노조협의회의 활동은 이후 공공연맹의 에너지협의회의 운동 기반을 확대하는 데 중요한 계기로 작용했다. 공공연맹이 1999년 결성된 이후 2006년 산별노조로 전환하는 과정에서 이 에너지노조협의회는 가장 모범적인 연대 활동과 산별노조 건설을 실천하는 조직으로 자리잡는다.

에너지노조들 중 한국전력기술노조(위원장 김종구)는 1995년도에 한국중공업노조와 마찬가지로 처우개선을 요구하며 장기간 파업 투쟁을 전개했다. 1993년 1차 파업을 진행했던 노조는 조합원 90.4%의 찬성으로, 동종업계와의 임금수준 보전 요구를 내걸고 6월 23일부터 전면파업에 돌입했다. 전력기술노조의 파업은 당시 전력기술이 KEDO의 북한 원자력발전소 건설사업의 타당성 조사를 맡고 있던 상황에서 정치적으로도 부담이 강한 상황이었다. 한국전력 자회사로서 정부와 한전에 눈치를 계속 보는 경영진은 교섭에서 계속 불성실한 자세를 보임으로써 장기 파업의 원인을 제공했다. 7월 3일까지 10일간 시한부로 시작된 이 파업은 결국 45일 동안 계속되었다.

당시에 민영화 논의가 계속 진행중이던 한국중공업노조 역시 처우 개선을 요구하며 장기간 파업이 진행 중에 있었고, 한국전력기술이 위치한 강남 한국중공업 본사에서 한국중공업노조 파업 대오가 점거 농성을 하는 바람에 자연스럽게 연대파업이 이뤄졌다. 전력기술노조의 파업은 8월 말 잠정 합의로 마무리되었으나 파업 이후의 후유증이 지속되면서 노사간 갈등은 계속되었다. 12월 28일 회사는 사소한 노사간 다툼을 이유로 노조위원장(김종구)에 대해 명예훼손 혐의로 해고 조치를 했다. 노조가 곧바로 농성집회 등으로 맞서고 전문노련의 연대투쟁이 계속되자 회사는 1996년 2월 15일 결국 해고 조치를 철회했다.

전문노련은 6월 30일 대의원대회를 통해 경선 끝에 4대 집행부(위원장 양경규)를 선출했다. 선거 과정에서 전문노련 위원장이 공노대 상임대표를 맡고 있던 상황에서 전문노련의 정체성에 대해 의견 대립이 이어진 가운데 선거가 치러졌다. 이후 전문노련의 3개 공공부문 협의회가 공노대 활동에 제한적으로 결합하는 구조속에서, 전문노련 집행부는 공공부문 투쟁이 집중되고 있던 공노대 활동과 거리를 두게 되었다. 3개 협의회의 공노대 결합 수준도 편차가 있었다.[32] 물론 공노대의 사업 추진 방식이 안정된 상급 단체로서의 역할을 하지 못하고 전국적 공동 투쟁체 수준에 머무르다 보니 공공부문 노동운동을 발전시킬 수 있는 사업 역향이 취약한 상황에서, 연맹 조직이 전면적으로 결합하기는 다소 어려운 상황도 있었다. 공노대에서 조직발전 논의가 구체화되는 1996년 말까지 전문노련은 당시의 공노대 활동에 직접 결합하기보다 민주노총이 공노대의 투쟁을 주요 사업으로 채택하면 이를 받아안는 형식으로 참여했다.

6) 철도노조 민주화 투쟁의 시작

1994년 6월 전기협 파업 투쟁 이후 철도노조의 민주화 투쟁은 상당 기간 침체기에 젖어 있었다. 전기협은 해체되었고 각 지부 사무실도 폐쇄되었으며, 조합원들은 비 연고지로 전출되는 등 잇따른 탄압에 시달렸다. 철도청은 해고자에 대한 후원회를 만든다는 이유만으로 지부장을 해고시키기도 했다. 철도청은 이전 1988년 파업 참가자에 대해 관대한 처분을 내림으로써 '불법 파업'이 재연되었다는 판단아래, 6월 파업에 참여한 조합원들에 대해 상상을 초월하는 탄압을 자행했다. 이러한 철도청의 탄압에도 불구하고 구속되었던 동지들이 석방되면서 어용 철도노조를 민주화시키기 위한 투쟁은 본격화된다.

1994년 9월 전기협 지도부가 출소하며 〈철도해고노동자회〉가 발족되었고, 이를 기반으로 1995년 2월 25일 해고자와 전출자 및 현장의 민주 활동가들을 중심으로 공공부문 민주노조들의 지원하에 〈철도노조민주화추진위〉(철도노민추)가 출범하였다. 철도노민추는 1996년 1월 한국전력노조의 김시자열사 분신 투쟁 이후 〈전력노조민주화추진위〉와 함께 2000년까지 공공부문노조 민주화 투쟁의 중심에 있었다. 전기협 파업 이후 기관차를 제외한 다른 직종에서 철도노조 민주화 운동은 서서히 확산되고 있었고, 철도노민추는 이러한 직종들을 중심으로 현장 활동을 서서히 확대했다.

철도노민추는 1995년 5월에 예정된 철도노조의 선거를 앞두고 철도노동자의 노동조건 개선을 위해 4월 4일 서울지역 철도 노동자의 농성과 함께 4월 12일 철도노조 앞에서 노민추 조합원 총회를 개최하였다. 당시 철도노민추의 농성은 철도노조 조합원들의 폭넓은 호응을 얻고

---

32 공노대 활동과 관련하여 전문노련의 정체성 논쟁(공공부문 조직 ↔ 공공부문 포함 전문조직)이 본격화된 1995년 선거 이후 전임 위원장(박태주)이 공노대 상임대표를 맡고 있는 상황에서 공노대와 전문노련 간에는 불편한 분위기가 지속되었다. 이러한 분위기는 박태주 상임대표가 1996년 8월 사퇴하기까지 계속되었고, 1996년 공노대 5개 조직 공동투쟁이 논의되는 과정에서 전문노련 소속 공공부문노조들의 투쟁도 공노대와 별개로 진행되었다.

있었다. 1994년 6.23 파업이 비록 공권력과 철도청에 의해 강제로 진압되었지만, 다른 한편 철도청 뿐 아니라 전체 기능직 공무원의 호봉체계가 개선되는 성과가 나타났기 때문이다. 실제 파업 이후 교체된 철도청장은, 철도청의 경영 개선 추진과 함께 철도 노동자의 처우 개선도 병행했는데, 이러한 흐름에 대해 철도 노동자들은 6.23 파업의 효과라고 공감하는 조합원들이 많았다(김병구, 2005). 철도노민추는 7월 26일 1988년의 '7.26 파업 7주년'을 맞아 '민주 철도노조 건설을 위한 등반대회'를 개최했다. 철노노조의 민주화 투쟁이 진행되는 동안, 11월 27일 〈철도노조 민주화 지원을 위한 연대모임〉이 전지협과 공노대를 중심으로 구성되었다. 12월 12일에는 철도-서울지하철노조의 연대 등반대회가 성황리에 진행되었다.

1995년 12월 김영삼정부는 철도청을 공사로 전환하는 방침을 보류하는 대신 철도청의 경영효율화를 위한 구조조정을 시작했다. 그러나 여전히 철도노조 집행부는 이에 대한 구체적인 대응 방침을 구체화하지 않고, 오히려 1996년 5월 23일 대의원대회에서 일방적으로 조합비를 인상했다. 이전부터 철도노조 집행부의 어용 귀족 행세에 대해 조합원들의 불만이 제기되는 상황에서 이같은 조합비 인상으로 철도노조 조합원들의 분노가 폭발했다. △철도노조 집행부의 일방적 의사 결정 △관광호텔에서의 호화스런 대의원대회 △노조 지방본부장 차량제공 등의 노동귀족 행세에 대한 조직적 반발이 구체화되기 시작했다(김병구, 2005).

철도노조 활동가들은 이에 7월 15일 〈조합민주주의 실현과 불법적 조합비 인상 철회를 위한 전국철도노조 범지부 대책위원회〉(범대위)를 구성했다. 이 범대위에는 27명의 지부장들이 참여하는 등 민주 철도노조에 대한 열망이 강하게 반영되었다. 범대위는 1만여 조합원의 서명을 받아 조합원 찬반투표를 요구했고, 7월 18일 철도노조 조합원들은 '조합비 인상 반대와 조병학 집행부 규탄' 조합원 항의대회를 열고 조합비 납부를 결의했다. 이에 철도노조 집행부는 7월 23일 범대위 소속 지부장에 대한 징계 방침을 밝혔고, 범대위는 7월 24일의 철도노조 대의원대회가 노동조합법(임원·대의원 선출시 직접·비밀·무기명 투표)을 위반했다는 전제 하에 '대의원대회 결의 부존재 확인 소송'을 법원에 제기하였다. 또한 범대위는 철도노조의 3중 간선제 무효를 이유로 위원장 직무정지 소송도 함께 제기했다. 이후 8월 22일 범대위는 용산역에서 600여 명의 조합원이 참여한 가운데 조합비 원천 징수 저지와 철도노조 개혁을 위해 투쟁할 것을 결의하였는데, 이 집회에는 한국통신노조·서울지하철노조가 연대했다.

철도노조 집행부는 범대위 활동이 계속 강화되자, 10월 24일 중앙위원회를 통해 서울객차지부장(유치상)을 비롯한 5명에게는 조합원 자격 제명을, 부산기관차 조합원(김영훈) 등 5명에 대해 권리 정지 조치를 내렸다.

한편 '한국철도공사법'(1989년 제정)에 따라 1996년 발족키로 한 한국철도공사 전환 방침은 1995년 9월에 백지화되고, 12월에는 '국유철도의 운영에 관한 특별법'이 제정되었다. 철도청의 재정 적자가 계속되고 경영개선이 불투명하다는 판단에서였다.[33] 이에 따라 2001년까지 7,000여명의 인력 감축 계획이 검토되고 있었고 '고객중심경영운동' 확산 아래 철도 노동자의 노동조건 억압이 다시 강화되고 있었다.

이같은 상황에서도 철도노조 민주화의 흐름 약간의 변화 흐름을 겪는다. 1994년 파업 이후부터 범대위 활동에 이르기까지, 철도노조의 민주화 없이는 철도노동자의 노동조건 개선도, 일방적으로 추진되는 구조조정 저지도 어렵다는 판단들이 현장에서 확산되기 시작했다. 범대위는 철도노조 집행부의 부도덕성과 비민주성을 확산시키면서 3중 간선제의 문제점을 쟁점화시키는데 1차적으로 기여했으나 철도노조 활동가들간의 입장 차이 및 철도청의 탄압으로 사실상 노조 민주화투쟁 흐름이 주춤하게 된다.

다만, 1996년 7월에 제기한 대의원대회 결의(위원장 선출)의 무효 확인 소송이 이후 철도노조의 커다란 지각 변동을 초래한다. 2000년 1월 대법원에서 대의원대회 결의에 대해 무효를 확인함으로써 지난 55년간 계속된 3중 간선제 중심의 철도노조 집행부 선거가 무효임이 드러났다. 한편, 1998년 선거에서 서울과 부산의 지방본부장 선거를 통해 민주 활동가들이 일부 약진하고, IMF 구조조정 위기 하에서 철도에 대한 민영화 방침에 대한 반발 여론이 확대되던 1999년 5월 철도노조 민주화 추진 활동가들은 〈철도민주노조추진위원회〉로 통합되기에 이른다.

3. 공공부문노조의 1996년 공동투쟁 및 노조 민주화

1) 민주노총의 노동법 개정 및 공공부문 투쟁 배경

민주노총은 창립 이후 1996년 2월 13일 정기대의원대회를 통해 당시 주요 사업으로 노동

---

33 '국유철도운영특례법'에 따라 1996년 '국유철도의 경영개선 기본계획'(1997-2001)이 발표되었는데, 여기에는 △공공서비스의무(PSO: public service obligation) 보상 △철도요금 전면적 인상 △철도시설 증·개축을 위한 정부투자 △인력감축 방안(7,000여명)이 포함되어 있었다. 한편 1995년 7월 관계부처 차관회의에서 철도공사 전환 중단 방침을 내린 배경에는 '철도공사노조'의 위력에 대한 거부감도 작용했다. 철도청 소속으로 단결권·단체교섭권이 제한되어 있는 철도노조가 철도공사 전환 이후 조합원이 증가하고 타 공공부문노조와 연대를 강화할 것이라는 우려도 한편에서 작용한 것이다(강충호·권혜자, 2004).

법 개정 투쟁을 중심에 두는 한편, 공공부문 투쟁 과제를 전면에 내세우게 된다. 당시 1996년 1월 전력노조의 김시자열사 분신 사망을 계기로 공노대와 민주노총 간의 연대도 강화되었다. 또한 김영삼정부가 1996년 4월 24일 '신노사관계 구상' 발표 후 5월 9일 '노사관계개혁위원회'를 발족시키면서, 노동법 개정 논의가 본격화되기 시작했다.

민주노총은 1996년 투쟁방침과 관련하여 각 산하조직들의 임단협 투쟁의 시기 집중을 주요 내용으로 설정했으나, 공공부문의 주요 조직들은 아직 공노대의 지도력이 미흡한 상황인 만큼 민주노총이 직접 공공부문 투쟁에 결합해주길 요구하고 있었다. 당시 주요 공공부문 조직들이 대부분 민주노총에 참여하고 있기 때문이다. 한편 노동법 개정 투쟁을 당면 최대의 과제로 설정한 민주노총 입장에서는 공공부문의 전임자 축소 및 임금가이드라인 철회와 함께, 공무원·교사의 단결권 금지 및 공익사업장 직권중재 폐지와 관련한 내용들이 중요하게 설정될 수밖에 없었다. 투쟁의 파급력이 큰 공공부문노조 6조직(한국통신노조·서울지하철노조·부산지하철노조·의보노조·조폐공사노조·KBS노조)의 투쟁을 통해 민주노총은 1996년 노동법 개정 투쟁의 교두보를 설정하는 계기를 마련할 수 있을 것이라는 기대도 작용했다.

6월 이후 KBS노조·과기노조를 제외한 5개 노조는 이러한 민주노총의 기획에 따라 실제 연대파업을 준비하기에 이른다. 다만 1996년 5~6월 당시 김영삼정부가 노동법 개악에 대한 구체적인 계획들이 드러나지 않았기 때문에, 공공부문노조들의 당면 과제인 △임금가이드라인 철폐 △해고자 복직 △손해배상 가압류 해제 등이 주요 쟁점으로 부각되었다. 민주노총 역시 노동법 개정 투쟁의 방침은 세웠으나 공격적으로 공공부문 노동3권의 의제를 전면화할 수 있을 만큼의 지도력은 채 갖추지 못한 상황에서 5개 노조 공동 투쟁은 독자적으로 추진되고 있었다.

2) 전문노련의 공공부문 투쟁

1996년의 공노대 중심의 공공 5개 노조 투쟁이 민주노총의 핵심사업으로 설정되는 등 공공부문 투쟁이 정세의 중심으로 부각되자, 전문노련은 〈공공부문노조특별위원회〉(과기노조·정출노협·에너지협 중심)를 구성하고 당면한 공공부문 주요 사업을 민주노총 투쟁방침 하에 추진하기로 결정했다. 당시 공노대가 아직 공공부문 투쟁의 구심으로 자리잡지는 못한 상황이었고, 주요 조직들이 민주노총으로 편입되고 있었기 때문에 민주노총이 주도하는 투쟁에 참여하는 형태로 전문노련의 공공부문 관련 협의회는 공공부문 투쟁에 연대했다.

1996년에는 전문노련 산하 주요 조직에서 파업 투쟁이 계속되었다. 1995년 장기 파업을 진행했던 전력기술노조(김종구)는 1996년 2월 위원장 해고 철회 이후에도 노사 갈등이 극복되지 않았다. 1995년에 이은 임금교섭이 1996년에도 여전히 회사측의 무성의로 교착상태에 빠지나, 노조는 6월부터 시한부 파업을 다시 전개하기에 이르렀다. 12월까지 계속된 노조의 부분·파상 파업으로 어렵게 임금협약이 체결되면서 투쟁이 마무리되었다. 1996년 전문노련의 투쟁은 과기노조에서 절정에 달한다.

1995년 하반기부터 과학기술계 출연연구기관에 가해지고 있는 PBS(Project Base System)에 맞서 과기노조(위원장 고영주)는 1996년 전면파업에까지 이르게 되었다. 당시 투쟁을 앞두고 과기노조에는 대형 연구기관노조들이 속속 합류하면서 조직이 강화되고 있었다. 1995년 12월 원자력연구소지부, 1996년 1월 항공우주연구소·전자부품연구소지부 등이 각각 가입했다. 과기노조는 2월 8일 연구단지 체육공원에서 '안정적 연구 환경과 올바른 국가과학기술 정책 쟁취를 위한 출연기관 종사자 및 가족 결의대회'를 개최했다. 출연기관 종사자 90% 이상이 반대하고 있는 PBS의 일방적 시행과 출연기관의 통폐합 정책을 전면 폐지할 것을 촉구했고, 원자력 사업의 기술 자립 및 안전성 보장을 요구하며 1996년 전면 투쟁을 선언했다. 노조는 3월 9일에도 출연기관 종사자 및 가족 2차 결의대회를 개최했다.

4월 18일 정부는 원자력연구소 노사가 맺은 퇴직금누진제 조항을 인정치 않고 단체협약 개악을 지시하는 등 노사관계에 대한 지배 개입을 노골화하였다. 과기노조는 6월 5일 수도권·창원지역·대전지역에서 간부 결의대회를 동시에 개최하며 정부의 부당한 지배 개입 등에 맞서는 투쟁을 시작했다. 이후 6월 19일 24개 지부에서 쟁의행위가 의결되었다. 당시 기대를 모았던 공공 5개 노조의 연대 파업은 6월 20일 전격적으로 합의가 이뤄짐으로써 유보되어 있었다. 과기노조는 6월 26일 △임금가이드라인 철폐 △실질임금 인상 및 임금구조 개선 △PBS 중단 및 출연(연) 운영제도 개선 △사용자단체 구성과 정부의 교섭 참여를 통한 교섭구조 개선 등을 내걸고 소속 13개 지부가 1차 시한부 경고 파업을 단행했다.

정부와 사측의 태도 변화가 없자, 7월 2일 과기노조는 16개 지부가 참가하는 2차 전면파업에 돌입했다.[34] 파업 돌입 이후 오후 3시부터 과천 정부종합청사 앞에서 전문노련 주최로 '올바른 과학기술정책 수립과 자율교섭 촉구를 위한 전문노련 결의대회'가 개최되었다. 이날 결의

34　이날 파업에는 화학연구소·표준과학연구소·생명공학연구소·자원연구소·기계연구원·원자력안전기술원·과학기술원·에너지기술연구소·과학기술정책관리연구소·연구개발정보센터·원자력연구소·항공우주연구소·과학기술연구원·전기연구소·해양연구소 등 과학기술처 산하 15개 연구소지부와 건설교통부 산하 건설기술연구원지부 등 총 16개 지부가 파업에 돌입했다.

대회에는 2,500여명의 조합원들이 참가하였으며 과기노조는 과학기술처가 정부의 임금가이드라인을 강요하고 각 기관 교섭의 자율권을 부여하지 않아 파업에 이르렀다며 과학기술계 연구기관의 자율적 교섭을 촉구했다. 아울러 과기노조는 연구 환경의 황폐화를 초래할 PBS 시행을 즉각 중단하도록 촉구했다. 이후 7월 4일 각 연구소들이 노조와의 교섭을 요청함에 따라 과기노조는 2차 연대파업을 중단하고 업무에 복귀했다.

업무 복귀 이후 자원연구소·생명공학연구소·원자력연구소 등에서 노조 탄압이 이어지자 과기노조는 다시 7월 12일 한국원자력연구소지부(지부장 이기원) 등 6개 지부 중심으로 3차 전면 파업에 돌입했다.[35] 이 파업의 결과, 원자력연구소지부 및 기계연구소지부(지부장 이승훈)가 잠정 합의에 이르렀고, 16일부터 3개 지부(에너지기술연구소·자원연구소·항공우주연구소)가 파업을 이어갔다. 에너지기술연구소에서는 사측이 노동부에 직장 폐쇄 신고서를 제출하고 16일부터 조합원 출입을 금지시켰다. 계속된 연대 파업 끝에 결국 에너지기술연구소지부(지부장 박선)가 7월 20일 마지막으로 임금 및 인사제도 개선에 합의하고 파업을 마무리했다.

에너지기술연구소지부의 파업 마무리에 따라, 산별노조 최초의 전면 파업을 전개했던 과기노조의 1996년 파업 투쟁도 마감되기에 이르렀고, 과기노조는 1996년 투쟁을 통해 산별노조의 사업과 투쟁을 집중하는 계기를 마련했다. 6월 공공 5개 노조의 투쟁이 파업없이 마무리된 상황에서, 과기노조의 파업은 정부의 임금 및 노조활동 억제에 전면적으로 맞선 '최초의 산별노조 파업'으로 역사에 남게 되었다. 실제로 1996년 파업 이후 10년 가까운 기간 동안 과기노조는 산별노조운동의 강한 토대를 유지했다.

1996년에는 과기노조 이외에도 부산상공회의소노조·염업조합노조(위원장 김광회)·무역협회노조(위원장 이병무) 등 경제단체노조에서 4월부터 8월까지 잇따라 파업이 진행되었다. 부산상공회의소노조(위원장 오성환)는 노조활동 보장과 노동조건 개선을 위해 8월 3일까지 100일간의 장기 파업을 전개했고, 파업 중에 회장의 전횡 문제가 제기되어 지역 사회운동단체들과 퇴진 투쟁까지 전개했다. 부산상공회의소노조의 파업 투쟁은 비록 소규모 노조에서 전개된 것이었으나, 1996년 공공부문노조의 여름 투쟁에 종지부를 찍을 만큼 관심이 집중되었다. 경제단

---

35 7월 12일 원자력안전기술원지부가 잠정 합의하는 등 16개 기관 지부에서 잠정 합의를 이끌어냈다. 잠정 합의에 이른 대부분의 지부들은 정부의 가이드라인인 기본급 5%를 뛰어 넘는 기본급 5.9~6% 수준(총액 14~15%) 인상, 성과급 일부 고정급화, PBS(연구과제 중심운영 제도) 도입시 규정 제·개정 노사합의(또는 협의), 임금체계개선위원회 설치 등 노조의 요구안이 반영됨으로써 과기노조의 전면 파업은 큰 성과를 거두었다.

체에서 100일간 파업이 진행된 것은 그 이전은 물론이고, 그 이후에도 없었다.

당시 건설노련 산하 부산도시개발공사노조(위원장 손승기)에서도 4월 4일부터 단체협약 갱신과 함께, '공사 바로 세우기' 등의 요구를 앞세워 54일간 장기 파업이 전개되었다. 5월 10일 건설노련·전문노련은 부산역 광장에서 부산도시개발공사노조와 부산상공회의소노조 투쟁을 지원하기 위한 연대 집회를 개최했다. 공노대 공공 5개노조의 투쟁에 앞서 진행된 이 파업 집회에 부산지역 공공부문 노동자 400여명이 참가했다.

산업보건협회노조(위원장 주영미)도 1994년 8월에 협회의 부당한 인사조치에 반발하면서 104일간 장기 파업을 전개했다. 12월 말에 순환근무와 관련 노사 합의가 이뤄져 투쟁을 승리로 마무리했다. 그러나 강한 투쟁을 전개한 산업보건협회노조는 1998년 이후 협회의 기능 조정 흐름 속에서 노조 해산 과정을 밟게 되고, 이후 2011년 한국노총 공공연맹에 가맹하여 노조를 다시 재건하게 된다.[36]

3) 공노대의 공공 5개 노조 투쟁

1995년 공노대가 제대로 투쟁 준비를 못한 상황에서 한국통신노조를 '국가 전복세력'으로 규정하면서 김영삼정부의 탄압이 시작되었고, 정부의 임금 억제 및 노조활동 규제가 전면화되면서 공공부문노조들은 1996년 반격의 전기를 준비하고 있었다. 공노대는 3월 23일 민주노총의 지원 아래 장충단공원에서 1만여명이 참여한 가운데 '노조탄압 저지 및 96임단투 완전 승리를 위한 공공부문 노동자 대규모 결의대회'를 개최했다.

당시 공공부문 노조에는 1988년 이후 공공부문노조의 계속된 투쟁으로 많은 해고자가 존재하였는데, 전체적으로 500여명에 달하고 있었다. 물론 그간 투쟁을 주도해온 공공 5개 노조 역시 상당수의 해고자를 안고 있어서, 자연스럽게 1996년의 투쟁에서 당면한 임금가이드라인 철폐 못지 않게 해고자 복직이 주 의제로 대두될 수밖에 없었다.

한편 한국통신노조(위원장 유덕상)·전국의보노조(위원장 안병한)·서울지하철노조(위원장 석치순)·부산지하철노조(위원장 안삼렬)·조폐공사노조(위원장 김상신) 등 5개 노조가 6월 연대 파업을 준비하기에 이른다. 서울지하철노조가 1995년 투쟁에 이어 1996년 초에 다시 파업을 준비하였

---

36 대한산업보건협회에 대해 1998년 이후 산업 전반의 구조조정 과정에서 민주노총 소속 노조들이(예, 금속) 협회 역할에 대해 계속 문제 제기를 하다 보니 협회내 민주적 노조활동 공간이 위축되는 과정을 겪게 되고, 결국 해산 절차를 밟게 되었다(필자 주).

고, 이에 따라 노조 내 해고자를 많이 지니고 있는 부산지하철노조·전국의보노조·한국통신노조가 연대 파업을 준비하게 되었다. 조폐공사노조는 구조조정 및 전임가 축소 문제가 당면 과제로 대두된 상황에서 연대 파업 대오에 합류하였다.

당시 공공부문 주요 조직들의 투쟁은 김영삼정부의 '신노사방침'을 돌파하려는 민주노총 투쟁의 교두보 역할을 하고 이었다. 또한 노동법 개정 투쟁을 앞둔 노정간 정세에도 중대한 변수로 작용하고 있었다. 5개 노조는 5월 1일 1차 조합원 총회를 거쳐 6월 4일 공동 쟁의발생신고를 냈고, 6월 11~13일 공동으로 파업 찬반투표를 실시했다. 6월 12일에는 공공5사 노조의 조합원 총회가 4만여명이 참여한 가운데 개최되었고, 공노대가 결의한 6개 목표의 관철을 위해 연대파업에 돌입하겠다고 선언했다.

공노대는 공공5사를 포함한 70여개 소속 단위노조들과 함께, △해고자 복직 △노조 전임자 축소지침 철회 △직권중재 철폐 △(민영화 등 관련) 고용불안 해소 △실질임금 쟁취(임금가이드라인 철폐) △교사·공무원 단결권 쟁취 등의 6대 요구를 내걸었다. 물론 1996년의 공공5사의 투쟁은 공노대의 틀을 중심으로 진행되었지만, 아직 연대파업을 지도할 역량이 미흡한 공노대의 조건으로 인해 연대파업의 기획 및 대정부 교섭은 민주노총이 직접 담당함으로써 사실상 민주노총이 주도한 투쟁이었다. 그럼에도 불구하고, 이들 5개 노조들이 연대파업을 결의하고 준비하는 과정에서 공노대의 연대틀이 주요하게 작용했음은 물론이다. 특히 1995년 투쟁과정에서 지도부가 해고되고 현장 노조간부에 대한 탄압이 가중되면서 민주노조의 기반이 흔들리고 있던 한국통신노조는 이들 조직과의 연대투쟁 속에 서서히 민주노조의 기반을 복원하게 되었다.

이러한 상황에서, 공공부문 투쟁은 5개 노조 외에도 6월 4일 이후 과기노조·서울대병원노조·KBS노조 등에서 쟁의행위가 논의되고 있었다. 이에 민주노총은 6월 12일 전국 비상단위노조 대표자 결의대회를 통해 공공부문노조 투쟁을 민주노총이 전 조직적 연대아래 엄호키로 했다. 1995년 한국통신노조 투쟁에 대한 아쉬움이 재연되지 않게 하려는 의도도 있었지만, 당시 민주노총은 노동법 개정을 위한 총파업 투쟁 계획이 서서히 구체화되는 시기였기 때문에, 민주노총은 공공부문노조 투쟁을 이후 노동법 개정 투쟁을 위한 준비 단계로 인식했다. 5개 노조외 과기노조 및 서울대병원·KBS노조도 6월 18일에 각각 쟁의발생을 각각 결의했고, 이후 과기노조는 공공5사 투쟁이 마무리된 후 7월초 파업에 돌입했다.

당시 언론에 크게 주목을 받지는 못했지만, 공공5사 연대파업을 준비하고 있던 시기에 지방공기업인 부산도시개발공사노조는 이미 54일간, 서울농수산물공사노조는 1주일간 각각 파업을 전개했다. 역시 지방공기업에도 임금 인상 및 노조활동 억제가 계속되면서 지방공기업노조의 투쟁이 계속되고 있었다. 특히 지방공기업은 중앙 공공기관에 비해 임금 및 복지가 상대적으로 열악했기 때문에 정부의 임금억제에 대한 불만이 상대적으로더 높게 형성되어 있었다.[37]

6월 18일 노동부가 직권중재를 신청함으로써 공공부문노조의 불만이 폭발한 가운데, 6월 19일 전국적으로 연대파업 전야제가 진행되었다. 특히 한국통신노조와 서울지하철노조의 연대집회가 공공부문 연대투쟁에 절정을 이루었다. 6월 20일로 예고된 공공부문 5개 조직의 연대파업 흐름은 김영삼정부와 민주노총간 사실상 대리전 성격을 띠고 있었다. 당시 4월 총선에서 승리한 김영삼정부가 '신노사관계 구상'을 앞세워 노동법 개정 투쟁을 전면화한 민주노총과 대립 지형을 보이고 있었기 때문이다. 민주노총 기획 아래 자동차연맹(위원장 조준호)이 6월 21일 현대·기아·대우자동차노조의 연대파업을 선언하는 상황에서 공공부문노조 연대파업은 노정 간 대립의 도화선으로 작용할 가능성도 높았다. 정부(노동부)는 파업의 예봉을 꺾기 위해 각 공공기관에 대해 압박 조치를 취했으나, 오히려 6월 19일 연대파업 전야제의 열기는 강해졌다.

공공부문 5개 노조의 6월 20일 연대 파업 돌입을 앞두고 6월 19일 서울지하철노조·부산지하철노조·한국통신노조·전국의보노조 순으로 잇따라 잠정 합의가 이뤄지면서 연대파업은 철회된다. 서울지하철공사에서 먼저 △해고자 복직 15명 △가압류 조합비 100% 해제 △1994년 6.24파업 관련 소송 취하 △임금구조개선 조건부 8% 임금 인상에 합의했고, 이어 부산교통공단에서 해고자 4명 복직과 임금 8.7% 인상 및 직제 개편 추후 논의 등의 성과를 내면서 합의했다. 동시에 한국통신도 해고자 6명 복직과 임금 15% 인상(기본급 7.5%)에 합의했고, 가장 강력한 파업 준비를 진행한 전국의보노조에서도 해고자 복직 합의가 이뤄졌다. 같은 시기에 파업을 준비했던 서울대병원노조(위원장 송보순)도 6월 19일에 임금 17% 인상, 상급단체 전임 인정 및 인력 충원의 합의를 이끌어냈다. 결과적으로 서울지하철노조가 파업을 준비하고 가장 먼저 합의를 이루는 과정에서, 주요 공공부문노조들도 이러한 합의의 성과를 공유할 수 있었다.

특히 한국통신노조의 경우 노조 지도부가 1995년 투쟁으로 대부분 해고된 상황에서 사측이 교섭 초기에 대표권 문제를 제기하여 교섭을 거부해왔음에도 6월 20일 해고된 노조 지도부

---

37 서울지하철을 제외한 지방공기업노조는 이러한 투쟁에서 보듯 민주노조 투쟁을 계속하고도 주목받지 못하는 위치에 있었다. 공노대·공공연맹을 거치면서 대기업 공공부문노조의 투쟁이 정세를 주도하는 상황에서 불가피한 측면도 있었지만, 공공부문 각 영역에서 벌어지는 투쟁과 사업을 제대로 추스르지 못한 공공부문 민주노조 조직의 지도력 부족의 결과일 수도 있다.

와 임금·단체협약을 체결하는 반전이 연출되었다. 이러한 연대투쟁의 성과에 힘입어 한국통신노조는 1996년 10월 대의원대회에서 91.8%의 찬성으로 민주노총 가입을 결의하고 아울러 공노대도 공식으로 가입을 결의했다.

파업 없이 최초로 합의 타결된 주요 핵심 공공부문노조들의 투쟁은 노동법 개정을 위한 전국적 투쟁 전선을 확장하려던 민주노총 입장에서는 적지 않은 아쉬움으로 다가왔다. 그러나 그간 파업 투쟁을 거치며 계속 정권의 탄압을 받아온 주요 공공부문노조 입장에서는 모처럼 원만하게 타결된 데다, 미흡하지만 당시 정세에서 결코 쉽지 않은 해고자 복직의 성과를 공동으로 일궈냈다.[38] 임금협약 역시 대부분 임금가이드라인을 넘어 마무리되었다. 특히, 경총이 6월 21일 긴급 성명을 통해 "해고자 복직은 노사 교섭의 대상이 아니다"라며 강하게 항의했을 정도로 당시의 해고자 복직은 사회적으로 크게 이슈화되었다.

특히 7월 19일 전국의보노조에서 1989년 파업 이래 발생한 49명 해고자 전원에 대해 단계적 복직 합의가 이뤄짐으로써 의료보험 통합과 민주노조의 험난한 길을 걸어온 의보노조가 통합 공단을 앞두고 조직력을 강화할 수 있는 계기를 만들어냈다(사회보험지부 20년사편찬위원회, 2010). 의보노조는 이 투쟁의 승리 이후 조직이 확대되면서 과거 탄압으로 위축되었던 노조활동을 공세적으로 전환할 수 있었다. 서울지하철노조도 해고자 복직과 함께 조합비 가압류 전액 해제 등의 성과를 이뤄냈고, 부산지하철노조 역시 1994년 파업투쟁으로 인한 해고자들이 상당수 복직하기에 이르렀다. 이러한 지하철노조들의 투쟁 성과는 지하철노조의 민주노조운동의 기반이 회복되는 측면과 함께, 이후 이들 노조들의 이후 조직발전 전망과 관련하여 공공부문이 크게 각인되는 결과도 낳았다.

다만 5개 노조의 투쟁은 투쟁 시기 집중과 공동 쟁의행위 결의 등 파업 돌입 이전까지는 비교적 높은 수준의 공동투쟁을 수행했으나, 공동 요구와 통일적 투쟁 전술을 갖지 못한 한계는 있었다. 공공 5개 노조의 투쟁은 '공공 산별노조' 건설을 조직적 목표로 채택하지 않은 상황에서, 당시 각 단위노조의 민주노조운동 기반을 강화하는 수준에 머물렀다. 실제 한국통신노조

---

[38] 5개 노조의 공동투쟁 평가 좌담회에서 5사 노조 모두 파업 없이 투쟁이 성과있게 마무리된 점을 높이 평가하고 있었으며, 자연스럽게 이 투쟁의 성과를 바탕으로 공공부문노조의 통합 조직 건설 필요성이 제기되었다. 한국통신노조와 서울지하철노조 역시 이 투쟁을 통해 조직력이 회복되고 조합원들이 공공부문 연대투쟁에 대한 자신감을 회복했다는 긍정적인 평가를 내리고 있었다('공노대 소식' 제12호, 1996.9). 다만 당시의 최대 현안인 전임자 축소 건이 해결되지 못한 조폐공사노조는 1997년 초 단독으로 투쟁을 전개해야 했다.

와 서울지하철노조 모두 투쟁을 평가하는 과정에서 현장의 민주노조운동 기반은 강화되었으나, 연대투쟁을 기획·총괄할 수 있는 공공부문 연대파업 지도부의 지도력과 집행력이 투쟁의 진행부터 타결까지 미흡했다는 점을 지적하고 있다. 1996년 공동투쟁을 마무리하고 평가하면서 공노대는 '공공산별노조' 조직 건설 논의를 시작하게 되었다.

공공 5개 노조 투쟁이 파업에 따른 노정 갈등(파업→직권중재→공권력 투입→노정간 전면전) 이전에 정부 차원에서 매우 부담스런 해고자 복직 등의 과제을 해결하며 원만히 마무리된 바탕에는 당시 김영삼정부의 '신노사방침'에 따른 '재야 노동계'(민주노총)의 제도권 편입 구상도 어느 정도 작용했다. 정부 입장에서는 연대 파업을 통한 노정간 전면전에서 '전투에서는 승리하고도 전쟁에서 패배'하는 결과를 초래함으로써 노사관계개혁위원회의 파산 및 '군사정권보다 후퇴한 노동정책'이라는 비판이 공론화될 것을 우려했다. 즉 공공 5개 노조 연대 파업이 자동차연맹(위원장 조준호)의 연대 파업과 연결될 수 있을 것으로 우려한 나머지 '쉽지 않은 과제'(해고자 복직)를 상당 부문 수용했다. 물론 이러한 정부의 '유연한 선택' 역시 공공 5개 노조가 실제 위력있는 연대 파업을 준비하고 민주노총이 총력적으로 지원한데 따른 노동운동 진영의 주체적 조건이 작용한 결과였다(노항래, 1996).

4) 김시자열사 분신과 전력노조 민주화 투쟁

1996년 1월 12일 전력노조 70여년 역사 속에서 가장 '비극적인 희생'이 발생했다. 1991년 3월부터 한일병원지부를 이끌면서 전력노조의 민주화 투쟁에 앞장섰던 김시자지부장이 분신을 한 후, 생을 마감한 것이다. 화상 전문 병원의 수간호사이자, 전력노조의 유일한 여성 지부장이었던 김시자의 분신 사망은 당시 큰 충격을 안겨줬을 뿐 아니라 이후 전력노조 민주화 운동이 전면화되는 계기로 작용했다. 우리나라 노동운동 사상 최초의 여성 노동자 분신이기도 했다.

1995년 11월에 자주적 민주노조운동의 전국조직인 민주노총이 출범했지만, 당시 전국의 노동현장에서는 곳곳에서 노동운동 탄압에 맞서 목숨을 끊는 안타까운 상황이 계속되고 있었다.[39] 결국 이러한 '안타까운 행진'이 한국노총의 주요 조직으로 자리잡았던 한국전력노조에서 이어진 셈이다.[40]

---

39 1995년 12월에는 조수원(대우정밀)·박삼훈(대우조선)·양봉수(현대자동차)열사 등이 노동운동 탄압에 항거하여 자신의 소중한 삶을 마감했다.

40 이하의 사건 흐름은 「김시자열사 평전」(안재성, 2006)을 인용하여 정리한 글이다. 다만, 필자 역시 당시

이 사건은 1996년 4월 전력노조 위원장 선거를 앞두고 당시 최태일 집행부가 선거를 앞두고 유력한 반대 후보(오경호)의 후보 자격을 제한(권한 정지)하기 위한 의도로부터 발단이 되었다. 전력노조 위원장(최태일)은 1994년에 취해진 직무정지 가처분 신청에 대해 법원이 1995년 2월에 패소 판결을 내리고, 4월 대의원대회에서 최태일 불신임안과 본부 위원장 직선제가 부결된 이후 본격적으로 민주 지부장들 및 현장 간부들에 대한 보복(전임해제·전출 등)을 시작했다.

노조 위원장은 1995년 11월 전력노조 49주년 기념 및 노사 화합 다짐대회에서 '조직의 발전을 저해하는 반조직적 작태'를 뿌리뽑겠다고 선언하면서 상당수 민주 지부장들의 전임을 해제했고, 초기 전력노조 민주화 운동을 주도한 오경호·김시자지부장에 대해서도 정권 조치를 취하겠다고 밝혔다. 당시 전력노조 집행부는 정부(재정경제원)가 1995년 11월에 발표한 공공기관 전임자 축소 방침을 받아들여 77명의 전임자를 23명으로 축소하였고, 대부분 집행부 반대 활동을 하는 지부장들의 전임을 해제한 것으로 알려졌다.

전력노조는 1996년 1월 8일 오경호·김시자지부장에 대해 △반조합 불법기구 결성 및 활동 △노조위원장 불법 퇴진운동 전개 △유언비어 유포 등을 통해 노조의 단결력을 저해하고 문란행위를 했다는 이유로 1월 12일 중앙위원회에서 징계안을 상정하겠다고 통보했다. 징계 경위로 작용한 것들은 1992년 11월의 퇴직금누진제 약속 이행을 앞세운 노조 점거 농성에서부터 1994년 1월 노사합의 반대 검거 농성 들을 포함하여 4년간 이뤄진 반 집행부 활동을 모두 포함한 것이었다. 노조 집행부는 이들 핵심 지부장 2명에 대해 6개월 정권 조치를 취함으로써 4월로 예정된 차기 임원선거에서 발을 묶겠다는 것이었다.[41] 특히 김시자지부장이 1994년 4월 「한겨례21」에 최태일 위원장의 일본 방문시 보여준 어용·귀족노조의 행태를 언급한 것에 대해 보복성 징계가 작용한 것으로 알려졌다.

이에 김시자지부장은 징계 논의가 이뤄지는 전력노조 중앙위원회에서 신상 발언을 한 후 표결이 진행되는 중 휘발유를 끼얹고 분신하였다. 서울 화상병원으로 이동하는 도중 13일 새벽

공노대 소속으로서 한일병원 집회 등에 참여했기 때문에 이 사건 흐름을 단지 「김시자열사 평전」에만 의존해서 정리한 것은 아니다. 필자 역시 당시 전개된 흐름들이 이 평전에 제대로 담겨 있다고 판단하고 있다(필자 주)

41 김시자열사는 분신 전인 1월 10일 '한일병원 조합원 여러분께'라는 글에서 오경호지부장과 자신에 대한 전력노조 집행부의 징계는 차기 위원장 선거에서 가장 유력한 후보(오경호)의 발을 묶고, 한일병원에 본부의 하수인을 심어 놓겠다는 숨은 의도가 있다고 밝혔다.

안타깝게 생을 마감했다. 마지막으로 혼신의 힘을 다해 그가 남긴 유언은 결국 전력노조의 변화를 위한 양심있는 조합원들의 실천이었다.[42] 유언에 따라 고리원자력지부장(김채로)이 〈전력노조 고 김시자열사 분신대책위원회〉의 위원장을 맡았다. 1월 13일 저녁 추모집회에는 전력노조 조합원을 비롯하여, 민주노총 및 공노대의 주요 간부, 철도노민추 활동가 등 200여명이 참여하여, '어용 집행부' 퇴진 등을 촉구했다.

김시자열사 사망 후 한일병원에 나타났던 전력노조 위원장은 전력노조 활동가들에게 붙들려 1월 14일 집행부 총사퇴와 함께 지부장 징계를 철회한다는 각서를 작성했다.[43] 그러나 다음날 전력노조 위원장은 각 지부에 보낸 성명서를 통해 '폭행 위협 속에 강제로 서명한 각서'라며 이를 전면 부정했다. 이로 인해 한일병원에서 농성 중이던 전력노조 조합원들의 불만이 폭발한 상황에서, 이후 1월 17일 농성중이던 한일병원에 공권력이 투입되었다. 이로 인해 농성중인 70여명의 조합원들이 연행되었고 분신대책위원장 등 6명이 최태일 폭행·감금 혐의로 구속되었다. 1월 19일 전력노조 조합원들 5백여명이 한전 본사에서 전력노조 규탄 집회를 하는 가운데, 민주노총과 공노대 대표 등이 한국전력 사장을 면담한 자리에서 한국전력 측은 분신대책위의 입장을 수용하고 20일 협의를 갖기로 했다.[44]

분신대책위의 주요 활동가들이 구속되고 이후 투쟁을 주도할 전력노조 내부 민주화 추진

---

42 김시자열사는 "전력노조가 변해야만 한전과 한일병원이 변한다는 생각에서 분신을 결심하게 되었어요.(중략). 전력노조가 하루속히 변하기를 바랍니다. 양심대로 생활하는 조합원은 행동을 보아주기 바랍니다." 는 유언을 남겼다(안재성, 2006).

43 최태일은 김말룡의원과 노동부 관계자들이 입회한 가운데, △위원장 및 집행부 총사퇴 △지부장 징계 철회 △과도집행부의 구성 등의 각서에 서명을 하고, "분신 사태에 대해 책임을 지고 사퇴하는 것이며 자의와 진실에 의한 각서이므로 번복하지 않겠다"는 입장까지 명확히 표명했다. 당시 김말룡 국회의원은 전력노조 위원장이 자의로 사퇴서를 작성한 것을 확인했고 열사 영전에 조문하며 유가족에게 사퇴서를 낭독한 사실이 있다는 확인서를 노동부에 제출한 바 있다.

44 김시자열사 투쟁은 공노대와 민주노총이 본격적으로 결합하는 계기로 작용했다. 분신 초기에 공노대(상임대표 박태주)의 명의로 전국의 공공부문노조에게 상황이 전달되었고, 이를 계기로 민주노총 대표(김영대 부위원장)와 공노대 상임대표(박태주)가 한국전력 사장을 공동으로 면담했다. 한일병원에 공권력이 투입되어 분신대책위 주요 활동가들이 구속·수배된 이후 공공부문 민주노조(한국통신·전지협 등)의 주요 간부들(양한웅·최종진 등)이 공동집행위원회에 참여하였다.

세력간의 입장 차이가 발생한 가운데,[45] 한일병원 조합원들이 정상 근무로 전환하는 혼란이 나타났고, 급기야 1월 21일 새벽에 공권력에 의해 시신이 탈취당하고 김시자열사의 유가족이 가족장을 선언하며 유해를 화장하는 상황이 발생했다. 당시 전력노조와 김시자열사 유가족 간에는 1월 21일까지 장례가 원만히 치러질 경우 전력노조 위원장이 사퇴하기로 노·사 대표자들이 각서를 작성했으나 전력노조는 노조 위원장이 강압에 의해 작성한 합의라는 이유로 이를 이행하지 않았다.[46]

더구나 전력노조는 김시자열사 분신 투쟁과정에서 구속되거나 징계가 예상된 조합원들에 대해 책임을 묻지 않기로 했음에도, 이 약속마저 지키지 않았다. 1월 28일에 〈고 김시자 열사 정신계승 및 한전노조 민주화 추진위〉는 1,000여명의 전력노조 조합원이 참여한 가운데 한국전력 앞에서 제2차 결의대회를 개최하고, 이후 전력노조 민주화 투쟁을 전면적으로 추진하기

---

45   열사투쟁 과정에서 대책위원회는 초기에 몇차례 조정 과정을 거쳤고, 이 과정에서 전력노조 민주화 추진 세력간의 분화가 나타나고 있었다. 이러한 분화 흐름은 지부장 중심의 투쟁이 '열심 조합원들'중심으로 옮겨가는 과정을 반영하고 있다. 실제 오경호지부장 등을 비롯한 전력노조 초기 민주화 추진 세력들은 민주노총이나 노동운동단체와의 연대를 기피하는 태도를 보임으로써, 이들 열심 조합원들과 입장 차이를 드러내고 있었다(안재성, 2006). 이러한 상황은 이후 전력노조 민주화 추진세력이 분화되는 계기가 되었다. 이중 이준상·최용환은 1월 17일 공권력 투입으로 구속되었고, 이를 주도했던 박주석은 수배 상태에 빠지게 된다. 이들 열심 조합원들은 모두 1월 12일 전력노조 중앙위에 안건으로 제출된 '반집행부 조합원'으로서 이후 별도 징계가 검토되고 있었다.

46   전력노조는 이러한 합의가 정상적인 상황에서 이뤄지지 않았다는 점을 들어 최태일 위원장 사퇴 건에 대해 운영위원회에서 논의조차 하지 않았고, 최태일 위원장은 이 상황에서도 1996년 2월 14일 1996년도 임금협약을 조기에 체결하고 4월에 임기를 채우고 물러났다. 당시의 이러한 전력노조 집행부의 처신과 관련하여, 「전력노조 60년사」에서는 「김시자열사평전」과 같이 당시 전력노조 집행부를 어용으로 규정하는 데에는 치명적인 한계가 있다고 진단했다. "필수공익사업장에서 정부와 맞서야 하는 공기업노조가 정부를 상대로 무모하게 투쟁하는 노선을 선택하지 않았다 해서 어용노조라고 규정하기는 힘들지 않"냐는 문제 제기였다(전국전력노조, 2006). 그러나 당시 정부의 부당한 임금 억제에 맞서 공공부문이 공노대 등을 중심으로 정부의 임금가이드라인 철폐를 요구하는 투쟁 흐름이 전국적으로 확산되는 상황에서 전력노조 집행부가 조기에 정부의 지침대로 타결하고, 노조의 주요 현안(퇴직금누진제 복원, 직선제 등)을 외면한 것에 대해 공공부문노조로서 책임을 다했다고 보기는 힘들 것이다(필자 주). 전력노조는 이후 1996년 4월 대의원대회에서 김시자열사의 분신 및 전력노조 민주화 세력의 투쟁에 대해 "민주노총이라는 법외단체가 출범 초기부터 조직 확장을 목표로 전력노조 내 불만세력을 침투하여 조직 와해 책동을 전개한 것"으로 규정했다(안재성, 2006).

로 결의를 다졌다. 이 결의대회를 계기로 열사 투쟁은 마감되었다.

전력노조는 1996년 4월 선거에서 최태일이 불출마하는 대신 다시 간선 형태로 위원장(권원표)이 선출되었다. 다만 1996년 3월의 지부장 선거 과정에서, 김시장 열사 투쟁으로 구속되어 있던 고리원자력지부장(김채로)과 한일병원지부장(박인기)이 옥중 당선되고 민주 지부장들이 약진하는 성과를 거두었다. 전력노조의 차기 위원장이 선출된 후 1주일 후에 구속된 지부장과 활동가들이 대부분 석방되었고, 곧바로 이들을 중심으로 〈김시자열사추모사업회준비위원회〉(위원장 박인기)가 구성되었다.

분신 1년 후인 1997년 1월 12일 김시자열사는 마석 모란공원에 안장되었다. 김시자열사의 분신 사망은 단순히 열사에 대한 추모 사업을 넘어 전력노조 민주화에 대한 폭넓은 공감대를 확산시켰다. 또한 전력노조 민주화 운동 세력과 민주노총의 공공부문 민주노조들이 연대하는 계기도 마련했다. 물론 전력노조 집행부는 김시자열사의 추모업에 대해 반집행부 활동 수준으로 규정하고 계속 거리를 두었다. 〈김시자열사추모사업회〉는 이후 2000년 1월 15일에 발족되었다. 철도노조의 대의원 중층 간선제에 대한 대법원의 무효 판결이 나온 직후였다. 이 판결에 힘입어 전력노조 역시 직선제의 도도한 역사적 흐름 앞에 열사가 염원했던 직선제가 2000년에 실현되기에 이르렀다.

4. 노동법 개정 총파업 투쟁(1996년~97년) 및 민주노총의 정치세력화

1) 노사관계개혁위원회 논의 및 민주노총의 총파업 준비

1996년은 노동법 개정을 앞둔 민주노총과 김영삼정부가 정면으로 충돌한 매우 역사적인 한 해였다. 민주노총(위원장 권영길)은 1996년 2월 정기대의원대회를 통해 노동법 개정을 통해 민주노총의 합법성을 쟁취하고 정부의 노동관계법 개악을 저지한다는 목표를 설정했다. 당시 김영삼정부 일각에서 거론되었던 〈노사관계개혁위원회〉(노개위)에 참여 건에 대해서는 '참여와 투쟁'을 기조로 한 전술적 활용이 채택되었다. 민주노총은 노개위 참여에 대해, "노동조합 전국 중앙조직의 고유 임무인 정책 참가의 첫걸음을 내디딘 것이며, 이후 임금 인상, 단체협약 갱신 투쟁 과정에서 민주노총의 전국 전선 형성에서 교섭력과 정치력 발휘를 가능케 하고, 노동법 개정 투쟁 국면을 만들어 대중 투쟁을 이끌어내는 위력적인 투쟁의 기폭제가 되었다."고 평가했다(김금수, 2004).

한편 김영삼정부는 1996년 4월 25일 '노동관계 개혁방안 보고대회'를 개최하여 '신노사관계 5원칙'을 주요 내용으로 하는 '신 노사관계 구상'을 발표했다. 이러한 신 노사관계 구상에 따라 정부는 〈노사관계개혁위원회〉(노개위)를 구성하고 노동법 개정 논의를 본격화한다. 당시 노동법 개정의 핵심 의제는 △복수노조 금지 폐지 △교사·공무원의 단결권 보장 △공익사업장 직권중재 폐지 등으로서 이미 ILO가 한국 정부가 개정을 권고한 내용들이었다.

당시 민주노총은 법외 조직이었지만, 이미 ILO가 조직 대표성을 인정하였고 김영삼정부 역시 '사회적 합의'의 형식을 유지하기 위해 5월 9일 노개위 구성 당시부터 참여를 허용했다. 민주노총은 대의원대회 기조에 따라 5월 2일 중앙집행위원회를 통해 노개위 참여를 공식 결정했다. 물론 초기부터 노개위 참여에 대한 적정성 논란이 일부에서 제기되었고, 이후 탈퇴-재가입 등을 거치면서 전술적 활용인가, 아니면 전술적 혼선인가에 대한 논란들도 거듭되었다.[47]

5월 9일 출범한 노개위는 양 노총 5인, 재계 5인, 공익위원 10인이 참여하는 사회적 대화(social dialogue)의 형식을 지닌 상태에서 7월 11일까지 5차례의 회의를 거쳐 그 결과가 대통령에게 보고되었다. 그러나 노개위 논의가 본격화되는 상황에서 정부(재정경제원)는 7월 2일 '1996년 하반기 경제운영방안'을 통해 정리해고 요건 완화, 근로자파견제 및 변형근로시간제 도입 등의 독소조항을 담은 노동법 개정이 필요하다는 입장을 발표했다. 노개위에서는 7월 16일부터 노동법 개정 논의를 구체화하기 위한 공개토론회가 개최되었고, 민주노총은 7월 18일 전국단위노조 대표자 수련대회를 통해 노동법 개악(안)이 제출될 경우 노개위를 탈퇴하고 총파업 투쟁을 전개할 것을 결의했다. 민주노총은 8월 6일 노동기본권 보장 및 노동시장 유연화 저지 등의 노동법 개정 최종안을 정부에 제출했다.

이후 9월 초 노개위 공익위원 중심으로 노동법 개정 초안이 제출되었는데, △교사·공무원 노동기본권 제한 △복수노조 금지 철폐 부대조건 설정 △정리해고제 도입 등 민주노총이 강하

---

47 당시 노개위 참여-불참-참여 재개를 놓고 전술적 활용인가, 아니면 전술적 혼선인가에 대한 논란들이 중앙위원회(9.20, 11.1)에서 제기되었는데, 이러한 논란은 결국 사회적 대화 운동 노선에 대한 찬성-반대 흐름과 맥이 닿아있다. 전자 입장에서는 노개위 참여를 통해 정부의 일방적 노동법 개악을 저지해야 하는 상황에서 전술적 참여·탈퇴·재가입은 불가피한 상황이라는 점을 제기했고, 후자 입장에서는 노개위 참여 및 참여 재개로 인해 민주노총의 총파업투쟁 준비에 혼선을 끼쳤다는 점을 제기했다. 필자 입장에서는 이후 민주노총의 거듭되는 사회적 대화 운동 전략의 실패를 되돌아보면, 노개위 참여-불참-참여 재개 흐름은 민주노총이 그나마 사회적 대화 참여를 전술적으로 활용한 흔치 않은 사례로 본다. 실제 노개위 참여를 통해 주요 쟁점에 대한 사회적 공론화를 거치면서 민주노총의 총파업 투쟁에 대한 명분 축적도 어느정도 이뤄졌다고 본다(필자 주).

게 반대하는 내용들이 포함되어 있었다. 이는 경제단체 등의 입장은 반영한 것으로, 당시 전경련은 주요 재벌 회의를 통해 정리해고 요건을 완화하고 복수노조·3자개입을 계속 유지하는 노동법 개정안을 제출했다.

9월 19일 노개위 전체 회의에서 미 합의 쟁점에 대한 논의가 계속되었으나, 민주노총과 경제단체·공익위원 간 대립이 계속되었다. 이에 민주노총은 9월 20일 중앙위원회를 통해 민주노총 요구안이 반영되지 않을 경우 노개위에 불참하기로 결의하고, 이를 지도부에게 위임했다. 결국 10월 1일 노개위 회의에서 민주노총은 공익위원(안)이 변경되지 않을 경우 불참하겠다고 선언했다. 그런데 민주노총이 회의에 불참하자, 노개위에서는 추가적인 개악 내용들(직권중재 대상 확대 등)이 합의되기 시작했다. 이에 민주노총은 11월 1일 중앙위원회를 통해 노동법 일방적 개악을 막기 위해 노개위 참여를 다시 결정하게 된다. 민주노총 참여 재개 이후에도 민주노총과 경제단체·공익위원 간 대립이 계속되는 가운데, 노사 양측의 안과 공익위원 수정안이 11월 7일 노개위 회의에 보고되었고, 11월 12일 노개위가 대통령에게 논의 과정 및 결과를 보고함으로써 노개위 활동은 마무리되었다.

민주노총은 7월 19일 전국단위노조 대표자 수련대회를 통해 노개위 활동을 보고하면서, 정부가 노개위 합의없이 일방적으로 노동법을 개악할 경우 총파업으로 맞서겠다는 결의를 모았다. 각 산하 산별연맹과 주요 노조들 역시 이번 기회에 총파업을 통해 민주노조운동의 숙원 과제인 노동법 개정을 쟁취하겠다는 강한 결의에 차 있었다. 이어 10월 10일 임시대의원대회를 개최하여 노동악법 철폐 및 노동법 개악 저지를 위해 총파업을 포함한 총력투쟁을 결의했다.

11월 1일 노개위 참여 재개 상황에서도 노동법 개악 움직임이 계속되자 11월 4일 민주노총 위원장은 단식 투쟁에 돌입하였고, 각 산업·지역조직들도 비상체제에 돌입했다. 1988년 노동자대회 이후 최대 규모인 실수 7만여명의 조합원이 참여한 가운데 11월 10일 전국노동자대회에서 민주노총은 노개위 및 국회의 법 개정 추진 상황과 연동한 총파업 투쟁 방침을 선언했다. 국회에서 노동법 날치기 처리 가능성이 구체화되자 민주노총은 11월 28일 전국 단위노조 대표자 결의대회를 거쳐, 11월 29일 여의도에서 현장 간부 2,000여명이 구속 결단식을 전개했다. 이후 12월 9일 전국 단위노조 상경투쟁 및 12월 23일 투쟁본부 대표자회의를 통해 12월 26일에 총파업에 돌입할 것을 결의하였다.

이러한 상황에서 김영삼정부는 민주노총과의 '사회적 합의'를 통한 타협 조정이 아닌 국회 의석에서의 우위를 바탕으로 '신노사관계 구상'을 물리적으로 강행하겠다는 의도를 구체화했다. 전경련·경총 요구를 중심으로 12월 26일 새벽 집권여당(신한국당) 단독으로 국회에서 날치기로 노동법 개악(정리해고·근로자파견 등 포함)을 결국 의결하기에 이르렀다. 국회 날치기 의결은 △재벌 독점자본 △보수 정치권력 △보수언론이 합작한 것으로서 우리나라의 후진적 정치질서 및 경체체제의 단면을 상징적으로로 보여주었다.

1996년 12월 국회에서 날치기로 의결한 노동법 개정 내용은, △교사와 공무원의 단결권 불인정 △복수노조 유예 △노조전임자 임금지급 금지 △해고노동자의 조합원 자격 부정 △쟁의기간 대체근로 허용 △제3자 개입금지 존속 △사업장내 쟁의행위 금지 △공익사업장 직권중재 지속 △쟁의기간중 임금지급 금지 △정리해고 도입 △변형근로제 도입 등 노동자의 단결권과 단체행동권을 전면 부정하는 악법으로 가득차 있었다. 신한국당은 성탄절 다음날인 12월 26일 오전 6시에 버스로 국회 본회장으로 이동하여 단 7분만에 노동법과 안기부법 개악안 등을 날치기로 통과시켰다.

2) 민주노총의 노동법 개악 저지 총파업 투쟁 돌입

국회에서 노동법 개악이 날치기로 의결되자 민주노총 지도부는 김영삼정부의 날치기 노동법 개악에 맞서 곧바로 총파업을 선언하였다. 12월 26일 민주금속연맹·자동차연맹·전문노련·현총련 등 88개 노조 143,695명의 조합원이 파업에 참가하였고, 전국 12개 지역에서 10만여명이 총파업 집회에 참여했다. 27일에는 병원노련 8개 노조 1만3천명과 함께 서울지하철노조가 파업에 가세하여, 전국적으로 171개 노조 223,000여명이 파업에 참여했다. 특히 12월 27일에는 서울지하철노조가 명동성당에서 4,000여명의 조합원이 참석한 가운데 파업 집회를 개최하고, 전문노련·의보노조·서울대병원 등도 파업 집회에 참여하는 등 공공부문의 주요 조직들도 파업에 합류하기 시작했다.

12월 30일 민주노총 전국 20개 시도에서 10만여명이 총파업 집회에 참여하는 등 186개 노조 214,095명이 파업에 돌입하며, 1996년 말을 화려하게 장식했다. 이미 전 세계 외신들은 이날 한국의 총파업을 본격적으로 보도하는 등 민주노총의 총파업은 국제적 관심사로 대두되었다.

이후 민주노총은 △1월 6일 2단계 총파업 △1월 15일 3단계 총파업 △2월 18일 4단계 총파업투쟁을 성공적으로 완수하고, 국회에서 날치기 처리된 노동악법을 재개정토록 하는 역사적인 성과를 남겼다. 특히, 1월 15일 총파업은 388개 노조 350,856명이 파업에 참여하여 총파업투쟁의 절정을 이루었다.

75일간 진행된 민주노총의 총파업은 모두 528개 노조 403,179명이 참여하였고, 누적 규모로는 3,206개 노조 3,597,011명에 이르는 등 한국전쟁 이후 최초로, 그리고 최대의 정치 총

1996.12. 명동성당에서 진행된 민주노총 총파업 집회

파업이 전개된 것이었다. 또한 1980년 이후 세계 노동운동 역사상 전국중앙조직 수준에서 정치 총파업을 전개한 흔치 않은 사례로서, 신자유주의에 신음하는 전세계 노동자들의 감동을 불러온 대사건이었다. 1987년 6월 민주화투쟁 10년 만에, 민주노총 출범 1년 여만에 역사를 바꾼 이 총파업 투쟁은 지난 1987년부터 10년간 이어진 노동자 대투쟁을 사실상 완성하고 민주노총을 명실상부한 한국 사회 대개혁 운동의 중심에 자리하게 만든 것이었다.[48] 다만 아쉽게도 노동법 개악 그 자체는 막지 못한 채 국회에서 부분적 개정을 하는 것으로 마감되었다. 3월 10일 국회에서 재개정된 노동관계법에는 정리해고제 도입 유예, 상급단체 복수노조 인정 등이 포함되어 있었다. 정부는 상급단체 복수노조가 허용된 상황에서도 민주노총의 설립 신고를 계속 반려하다, 1999년 11월에 뒤늦게 설립신고필증을 교부했다.

1996년 말부터 시작된 노동법 개정 총파업 투쟁은 민주노총 조직들의 선도 투쟁에서 시작되고 확산되었지만 한국노총 노조들도 참여함으로써, 명실상부한 총파업 투쟁의 역사를 만들어냈다. 당시 김영삼정부와 여당(신한국당)이 노동법 날치기를 강행한 것은 야당의 분열에 따른 1996년 총선 승리의 자신감과 함께, 한국노총이 민주노총과 다른 행동을 취할 것이라는 예상이 작용한 것으로 보인다. 정부·여당과 사실상 '공조관계'를 유지해온 과거 한국노총의 역사적 흐름으로 인해 사실상 총파업 역량이 거세되었다고 판단했고, 날치기 처리한 노동법 내용에

---

48 1997년까지 이어진 민주노총 총파업 투쟁에 대해, 1987년 민주·자주·연대·변혁성의 이념을 앞세우고 민주노조운동이 전노협과 민주노총 건설을 거치며 10년간 '확장'되고 '심화'된 투쟁이 마침내 '승리'한 것이라고 볼 수 있다. 민주노총이 총파업 투쟁 승리를 통해 민주주의와 계급 세력화의 중심에 자리하였다는 것이다 (노중기, 2012).

'복수노조 금지' 조항을 존치함으로써 '민주노총의 합법화'를 사실상 봉쇄했기 때문에 한국노총은 투쟁에 나서지 못할 것이라는 판단이 작용한 것이었다.[49] 물론 이 예상은 보기좋게 빗나갔다. 정부·여당은 한국노총의 변화를 제대로 보지 못했다.

한국노총은 1993년 이후 경총과의 임금인상 합의 등으로 조직 내부의 반발이 확산되는 가운데 1995년 출범한 민주노총의 사회적 영향력 확대에 따른 위기감이 표출되어, 내부 개혁의 목소리가 높게 나타나고 있었다. 1996년 3월에 치러진 한국노총 제16대 위원장 선거는 이같은 분위기를 반영하였다. 과거 1960년대 말 대한조선공사노조의 파업을 이끌었던 상대적으로 개혁 성향이 강한 박인상 금속노련 위원장이 당선된 것이다. 한국노총 위원장은 개혁 집행부답게 〈노사개혁위원회〉의 노동법 개정 논의과정에서 시대착오적인 복수노조 금지 조항의 폐지에 동의하는 등 기존의 집행부와는 다른 입장을 드러냈다. 무엇보다 1987년 이후 민주노조운동의 성과를 인정하고 민주노총과의 연대에 대해 긍정적인 태도를 보이기 시작했다. 과거 공공부문 민주노조운동에 열성적으로 참여했던 경험의 연장으로 풀이된다.

민주노총이 총파업 투쟁을 선언한 이후, 한국노총 집행부도 12월 28일 곧바로 총파업 돌입을 선언하였고, 금속노련·화학노련 등과 함께 개별 공공부문노조들도 여기에 참여하면서 명실상부한 '총파업'이 성사되기에 이른 것이다. 특히, 한국노총은 1997년 1월 15일부터 전개된 2단계 총파업에 공공부문 참여 방침을 결정했고, 공노대에 참여하고 있던 노조들(농어촌공사·수자원공사·주택공사·신용보증기금·한전기공 등)이 공노대 방침에 따라 총파업 투쟁에 참여했다.

3) 공노대·전문노련 조직 등의 총파업 참여

• 공노대 총파업 참여

1996년 공공 5사의 투쟁이 마무리된 후 공노대는 9월 2일 전체 대표자 결의대회를 통해 노동법 개정 투쟁을 위한 현장 실천지침을 결의하였다. 공노대의 노동법 개정 투쟁 사업에는 나름대로 내부 조직적 준비를 충실히 해온 전문노련을 제외하고 의보노조·전지협·한국통신·조폐공사·공항공단·정투노련(위원장 이주동) 등이 앞장서고 있었다. 물론 투쟁의 파괴력은 이들 대기업 조직노조들이 훨씬 클 수밖에 없었다.

공노대는 민주노총 투쟁방침에 따라 10월 4일 〈노동법개정투쟁본부〉(본부장 유덕상 공동대

---

49 1997년 1월 초 신한국당의 원내총무(서청원)는 "정부의 노동법 개정안을 당이 수정하면서 상급단체의 복수노조 허용을 3년 유예시킨 것은 한국노총의 위상을 고려한 것"이라고 밝혔다(유범상, 2005)

표)를 발족하였다. 10월 19일 노동법 개정 및 노조 탄압 분쇄를 위한 전 간부 결의대회를 거쳐, 11월 30일 공노대의 각 조직들이 대부분 참여한 가운데 '노동법 개악 저지 및 임금가이드라인 철폐를 위한 공공부문 노동자 전진대회'를 개최하였다.

당시 정부는 9월 들어 공공부문에 대해 노동기본권 제약을 위한 각종 조치(△임금 동결 △성 과급 확대 △고용 유연화 등)를 발표하면서 노동법 개악을 위한 사전 작업을 진행했다. 대신 공공 부문노조의 주요 요구 사항인 △교사·공무원의 단결권 보장 △직권중재 철폐 등에 대해서는 전혀 검토조차 하지 않고 있었다. 심지어 10월 19일 민주노총 가입을 의결하는 한국통신노조 의 대의원대회를 앞두고 새벽에 노조 위원장(유덕상)을 긴급 구속하는 등 공공부문의 노동법 개 악 투쟁의 예봉을 꺾기 위한 작업에 몰두했다.

12월 들어 민주노총 총파업 투쟁 열기가 확산되자, 한국통신·서울지하철·지역의보·조폐 공사·공항공단·서울대병원·서울농수산물공사노조 등에서 총파업 찬반투표를 완료했고, 한국 노총 소속이던 농어촌공사·신용보증기금노조에서도 총파업 찬반 투표를 완료했다.

12월 26일 민주노총 총파업이 선언되자 조폐공사노조가 27일 파업 돌입을 선언했고, 서 울지하철노조가 27일 야간 비상총회를 소집하고 28일에 파업 돌입하였으며, 서울대병원·부산 지하철·농수산물공사노조 등도 비상총회를 소집했다. 1997년 들어 전국의보노조가 1월 5일 전면파업을 선언하고 총파업투쟁 대오에 합류했다. 공노대 주요 조직들은 1월 7일을 기해 총파 업에 속속 합류했는데, 23개 노조 19,820명이 파업에 참여하였다.

특히 1월 15일~16일의 총파업에는 민주노총의 방침에 따라 국가 기간산업으로 그간 파업 의 효과가 컸던 서울지하철노조·전국의보노조·공항공단노조·조폐공사노조 및 전문노련 공공 부문노조 들이 대거 참여하여 총파업의 열기를 확산시켰다. 한국노총 소속 공공부문 조직들(농 어촌공사·수자원공사·신용보증기금노조 등)도 이날 대거 참여했고, 한국노총 공기업노조들은 이후 4차 총파업(2.18)에도 참여했다.

- **모범적으로 총파업 투쟁 실천한 전문노련**

중소 규모의 공공부문노조 및 전문기술업종노조가 결합된 전문노련은 1996년 한해 모범 적으로 총파업투쟁을 준비했고, 이후 책임있게 총파업투쟁을 실천했다. 8월 28일 가맹노조 대 표자회의에서 노동법 개정 투쟁의 결의를 다지면서, 9~10월 투쟁과 관련하여 각 협의회 및 주 요 노조에 대한 순회교육을 실시했고, 10월 28일 대표자회의 11월부터 조합원 총회를 통해 11 월 5일까지 쟁의발생 결의를 완료하는 등 모범적인 준비를 진행했다. 12월 10일 민주노총 결의대회에 이어 12월 11일에는 쟁의행위 찬반투표를 완료했다. 민주노총 투쟁본부 결정에 따라, 12월 24일 비상 대표자회의를 통해 26일 13시에 일제히 파업에 돌입할 것을 결의했다.

노동법 개악 날치기 처리에 따라 전문노련 역시 민주노총의 방침에 따라 26일 총파업을 선언하고, 주요 공공부문 노조(데이콤·전력기술·상공회의소·생산성본부·하이텔 등)들 역시 파업에 돌입했다. 파업 노조의 조합원들은 민주노총 지도부가 있는 명동성당에 집결했다. 12월 29일까지 파업 돌입을 선언한 전문노련 노조들은 모두 24개 노조였다. 2단계 총파업이 예정된 1월 6일에는 과기노조·정출노협 노조들이 파업을 선언하고 총파업 집회에 참여(전체 31개 노조 참여)하는 등 참여노조의 폭이 갈수록 확대되었다.

1월 15일 3단계 파업, 2월 18일의 4단계 파업까지 전문노련 소속 62개 노조 22,302명의 조합원들이 민주노총 총파업에 참여하였다. 당시 전문노련 소속 조직들은 중소 규모로서 사회적 영향력은 다른 공공부문조직들에 비해 약했지만, 끝까지 총파업 투쟁에 완강하게 참여하였다. 특히 1월 15일에 전개된 3차 총파업에는 전문노련 전체 조합원 25,860명 중 23,108명이 참석할 정도로 조직 내부의 참여 열기가 높았다.

4) 민주노총의 정치세력화 및 대선투쟁

• 민주노총의 정치세력화 및 대선 준비

총파업투쟁으로 조직 위상이 높아진 민주노총은 1997년 초부터 당면한 1997년 대선 준비에 돌입하였다. 총파업 투쟁의 성공에도 불구하고 일부 노동법 재개정 수준에서 투쟁이 마무리된 데 대한 대중적 아쉬움도 남아 있었고, 총파업 투쟁을 통한 민주노총의 정치적 위상 강화를 당면 대선 국면에서 확대하고자 하는 희망도 동시에 작용한 것이었다.

민주노총 정치위원회는 우리 사회의 민주적 개혁을 실천하고 노동자계급의 이익과 요구를 대변하기 위해 정치세력화가 필요하다늦 전제아래, 3월 27일 대의원대회에 1998~99년 독자정당 건설을 목표로 하는 사업계획을 발의했다. 민주노총은 5월 7일 '노동자 정치세력화와 97년 대선'이라는 주제로 민주노총 간부 토론회를 개최되었고, 이를 토대로 5월 29일 중앙위원회를 통해 정치세력화에 대한 기본 방향을 의결했다. 민주노총은 정치위원장(양경규)을 새로이 선출하였는데, 이는 상대적으로 전문노련(공익노련)이 4월 대표자수련회 등을 거치면서 정치세력화 논의를 가장 선도적으로 추진한데 따른 결과로 풀이된다.

민주노총은 7월 27일 대의원대회를 통해 '새로운 정당 건설의 토대를 구축'하기 위해 공동선거대책기구 구성에 참여하기로 하고, 독자적인 진보정당 운동을 전개하기로 했다. 한편 1992

년 대선에서 민주대연합 방침(김대중 비판적 지지)을 설정했던 〈민주주의민족통일전국연합〉(전국연합)은 1997년 2월 민족민주진영의 독자적인 정치세력화를 위해 노력하겠다는 결정을 하고, 6월 14일 '반신한국당, 민주개혁을 위한 국민후보 추대운동'을 전개하기로 했다. 국민 후보로 민주노총 위원장(권영길)이 추대되고, 이를 전국연합과 민주노총이 받아들임으로써, 9월 7일 〈국민승리21준비위원회〉가 발족하게 되었다. 10월 26일에는 〈민주와 진보를 위한 국민승리21〉(국민승리21)이 정식으로 발족된다.

- **1997년 대선 투쟁의 한계**[50]

국민승리21은 보수 정치세력의 정치 독점을 타파하고 진보정치세력을 현실 정치 속에 자리 잡게 하기 위해 △의미있는 득표 획득을 통한 정치적 시민권 획득 △진보정당 건설의 지지 기반 확보 △진보정당의 조직적·인적·물적 기반 확보 △지방선거 준비라는 주요 목표를 설정했다.

민주노총 내에서는 국민승리21 조직과 정치방침이 변혁적 전망을 담지 못했다는 비판도 제기되었고, 위원장의 대선 출마로 인한 민주노총의 조직적 불안에 대한 비판도 제기되었다. 특히 선거 기조를 둘러싼 혼란이 계속 제기되었는데, 가장 먼저 국민승리21이 정한 '국민 후보'의 상이 명확치 않았다. 국민 후보에 대해 '노동자+α'전략을 제시했는데, 이는 애당초 설정한 의미있는 득표(100~250만)을 위해서 노동자계급의 투표만으로 부족하여 외연을 확대할 필요가 있다는 취지하에서였다. 그러나 국민후보 이미지는 전혀 부각되지 못한 채 민주노총 대표 이미지만 부각되는 한계를 극복하지 못했다. 또한, 캐치프레이즈로 제기한 "일어나라! 코리아!"는 결국 선거 조직 내부의 분열을 가속화하는 계기로 작용했다. 선거 결과 30만6천여 표를 획득했는데, 이는 애당초 목표로 한 '의미있는 득표'(최소 100만)는커녕 민주노총 조합원(55만)도 결집하지 못한 초라한 성적이었다. 국민승리21은 1998년 2월 중앙위원회를 통해 제15대 대선운동의 성과를 계승하여 정치조직으로 전환한다는 결의를 하였다.

- **민주노동당 창당 준비**

민주노총은 1997년 대선 관련한 평가 논의를 제대로 하지 못하고 이후 대책 수립 중심으로 사업을 전개했다. 1998년 당시 IMF 위기로 인한 구조조정 상황에서 평가 토론을 할 수 있는 조건이 되지 못했기 때문이다. 먼저 1998년 5월 대의원대회에서 '1998년 정치방침'을 결정

---

50 국민승리21의 주요 선거 내용은 국민승리21의 평가자료(국민승리21, 1998)를 일부 발췌하여 정리하였다.

했다. 민주노총은 국민승리21을 확대·재편하여 노동자 중심의 진보정당을 건설하기 위해 적극적으로 지원·연대한다는 내용이었다. 1998년 지방선거도 국민승리21과 공동으로 대응한다는 방침을 정했다. 물론 민주노총 내부에서는 국민승리21과 함께 진보정당을 추진하는 데 대해 이견이 제기되었지만, 앞서 언급한 바와 같이 당시 구조조정 상황에서 이러한 논의는 제대로 이뤄지지 못했다.

이후 1999년 들어 진보정당 창당 논의가 본격화되었다. 국민승리21에 참여했던 조직을 중심으로 6월 13일 진보정당 창당추진위원대회가 개최되었다. 8월 29일 창당준비위원회 회의를 거쳐 당명이 (가칭)민주노동당으로 정해졌고, 2000년 1월 30일 "20의 사회를 80의 사회로"라는 목표 하에 민주노동당이 창당되었다.

5. 공공부문의 산별조직 재편(1997년)

1) 상급단체 복수노조 허용에 따른 공공부문 산별조직 분화

- 공노대 분화 및 한국노총 조직 변화

노동법 재개정(1997.3.10.)에 따라 1997년부터 상급단체의 복수노조 설립이 자유로워지면서 민주노총과 한국노총의 공공부문 조직들이 합법적으로 산별연맹 건설에 나서게 된다. 민주노총의 경우 민철노련과 민주금융노련이 1997년에 산별연맹을 건설하고, 한국노총 역시 1993년에 결성된 정투노련이 합법성을 얻게 되고 때를 같이하여 공공서비스노련·도시철도노련 등의 공공부문 조직이 분화하여 결성된다. 정투노련은 공노대 활동에 1997년 초까지 참여하였으나, 공노대가 민주노총내 '(구)공공연맹' 결성 논의로 발전하자 공노대 활동으로부터 멀어지게 되었다. 정투노련에 참여했던 농어촌공사노조(위원장 이주동)는 정투노련의 한국노총 가맹 직후 (구)공공연맹으로 상급단체를 변경했고, 관광공사노조는 1999년에 통합 공공연맹에 가입했다.

1995년까지 공노대에 결합했던 일부 정부출연·위탁기관노조들(자원재생공사·근로복지공단·국립공원관리공단·국제협력단 등)은 3월 한국노총 소속 별도의 연맹(공공서비스노련)을 결성하면서,[51] 사실상 공공부문 연대투쟁 대오에서 멀어져 갔다. 1996년 이후 이들은 공노대 활동에도

---

51 한국노총의 공공서비스노련은 공노대 결성 당시 '전국공공기관노조협의회'(전공노협) 조직으로 참여하고 있었는데 한국공항공단·자원재생공사·근로복지공단·어선협회노조 등이 주도하고 있었다. 이중 공항공단

거의 불참했다. 물론, 이들과 처음에 연대했던 공항공단노조 등이 민주노총의 틀 속에 있었기 때문에, 공공서비스노련은 초기에 그 규모가 크지 않은 상태였다. 1998년 이후 건강보험공단 직장·국민연금공단·산업인력관리공단노조 등이 민주노총을 탈퇴하고 가입하면서 공공서비스 노련의 조직 규모가 커졌다. 공공서비스노련은 1999년 건강보험공단직장노조를 받아들이면서 이후 건강보험 통합에 대한 반대 움직임을 주도했다.

- 민주노총 내 공공부문 조직 변화

한편 한국노총 금융노련 소속이었던 한국은행·금융감독원·보험개발원·수출입은행 등의 국책은행노조들 주도 하에 60여개 노조들이 금융노련을 탈퇴하고 1997년 4월 29일 민주노총 소속 민주금융노련(위원장 심일선)을 결성했다. 이전부터 한국노총 금융노련 활동에 대해 비판 적이었던 이들 조직은 노동법 개정 총파업 투쟁을 거치면서 민주노총으로 옮긴 것이다.[52] 당시 금융노련에서는 이미 조폐공사노조 등이 민주노총으로 전환된 상태였다.

한국감정원노조는 금융노련에 남아 있은 후 1998년 12월 (구)공공연맹으로 합류했다. 1994년 공노대 결성 당시 참여했던 〈국책은행노조협의회〉는 1996년 이후에 연대틀이 약화된 데다, 공공부문 민주노조와의 연대 흐름도 중단된 상태에서 소속 공공부문 노조들은 민주금융 노련으로 전환하거나 금융노련을 탈퇴하기에 이른다. 노동법 개정 총파업 투쟁에도 금융노련 소속 노조들의 참여 폭은 넓지 않았다. 금융노련의 이같은 흐름은 1998년 공공·금융부문의 구 조조정이 임박하면서 변하게 된다.

병원노련(위원장 이상춘)은 민주노총의 산별노조운동 방침을 기초로 1997년 3월 정기대의 원대회를 통해 산별노조를 건설하기로 하고 〈의료산별노조추진위원회〉를 구성했다. 이에 따라 1998년 2월 27일 병원노련 소속 노조(130개) 중 71.5%(93개), 조합원(34,286명)의 75%(25,704명) 이 산별노조로 전환함으로써, 산별연맹 단위 최초의 산별노조 전환이 이뤄졌다. 아직 산별노

(이후 공항공사)노조만 공노대 투쟁에 결합했을 뿐, 나머지 노조들은 공공부문 연대투쟁은 거의 실천하지 않고 공노대 주요 회의를 혼란스럽게 하다가 1995년 5월(한국통신노조투쟁) 이후 공노대 활동과 멀어졌다. 1997년 3월 한국노총 산하 별도 연맹으로 출범한 이후 1999년 민주노총을 탈퇴한 국민연금공단·건강보험공단직장노 조 등이 참여하면서 조직 규모가 확대되었다. 이후 2002년 10월 민주노총 공공연맹·사무금융연맹과 '정부산 하기관관리기본법'(정산법) 대응을 위해 공동투쟁을 하게 된다.

52 민주금융노련은 1999년 2월 11일 사무노련(위원장 채운석)과 통합하여 사무금융연맹으로 재편되었다.

조로 전환하지 않은 조직이 있기 때문에 병원노련은 한동안 유지되었으나, 주요 병원 조직이 산별노조로 전환함으로써 보건의료노조 산별 시대가 본격화되었다. 서울대병원 등을 중심으로 한 국립대병원노조, 각 지방공사의료원 등 국공립병원 노조 대부분은 산별노조(보건의료노조)의 지부로 자리잡았다.

보건의료노조 중 국공립병원노조 비율은 매우 높지는 않았지만, 보건의료 서비스가 공공부문 구조조정 흐름에 따라 연동하여 시장화·민영화될 가능성이 높고, 국공립병원에 대한 임금·노조활동 억제 및 구조조정이 IMF 체제 이후 전면화됨에 따라 이후 보건의료노조도 공공부문 노동운동에 부분적으로 참여하게 된다. 보건의료노조의 산별노조 전환 역시 앞서 과기노조·의보노조의 방식과 같이 기업별노조의 산별노조 지부으로의 전환 방식을 채택했다. 이러한 산별노조 건설 방식에 대해 보건의료노조 내부에서는 문제점도 제기되었다.[53]

2) 공노대의 조직발전 논의

1996년 공공 5개 노조 공동투쟁을 거치면서 공공부문 전국조직으로 위상을 잡아가고 있는 공노대는 1997년에 들어서면서 공공부문 산별조직들이 자체 조직발전을 모색하는 과정에서 느슨한 연대조직을 어떻게 발전시켜 공공부문노조들의 통합을 추진할 것인가를 고민하고 있었다. 공노대의 조직발전 논의는 공노대 자체의 미래 발전 문제도 있었지만, 여기에 소속 노조들이 참여하고 있는 전문노련·전지협 등도 각자 조직 발전 전망을 다시 점검하는 계기를 제공했다. 공노대는 1995년 11월 민주노총 출범 전까지는 뚜렷한 조직발전 전망을 갖지는 않고 양 노총의 상급단체 조직이 제대로 수행치 못한 공공부문 대정부 투쟁에 집중하였다. 다만 민주노총 출범 이후 산별조직 재편에 따라 정부와 직접 대결이 불가피하고 투쟁의 사회적 파급력이 강한 공공부문 조직을 어떻게든 하나로 묶는 과정이 필요하다는 진단은 계속 제기되고 있었다. 그간 '공공부문'(public sector) 조직의 정체성과 거리를 두어왔던 전문노련 역시 이에 대한 재검토가 필요했다.

공노대는 1996년 9월 대표자회의에서 조직발전특위를 구성하고, 10월 수련회를 통해 향후 공공부문 산별노조 건설의 전망을 개척하기 위한 구체적인 논의를 시작했다. 논의 방향은

---

53 서울대병원지부는 기존의 기업별노조를 해산하고 산별노조에 조합원들이 개별적으로 가입하는 절차를 거치지 않을 경우 차후 산별노조의 기업지부가 동일한 방식으로 탈퇴할 경우 이를 막을 방법이 없다는 문제 제기를 했다(김영수·정경원, 2013).

대체로 공노대 조직을 골간으로 한 〈공공대연합〉(구체적으로, '공공산별연맹')을 중심에 두고 있었다.[54] 1996년 하반기 이후 공노대는 민주노총 산하 조직(한국통신·전국의보·조폐공사노조)과 중간 진영 조직들 중심(농어촌공사·공항공단·고속철도건설공단·산업단지공단·한국감정원노조 등)으로 활동이 집중되면서 이들을 통합하기 위한 조직발전 논의가 제기되고 있었다.

공노대는 1995년부터 공공부문 연대투쟁을 통해 당시 출범 초기의 민주노총이 제대로 포괄하지 못한 공공부문 조직을 묶어 민주노총의 활동 기반을 확대하는데 기여했으나, 낮은 단결의 수준과 여전히 공공부문노조에 만연해 있던 기업별 노조활동 흐름을 극복하지 못했다. 그럼에도 비록 회의체 수준에서 출발한 공노대는 조직발전 전망으로서 〈공공 대산별 노조〉를 지향하면서, 비록 미완의 산별체계 개편이지만 상급단체가 없거나 한국노총을 탈퇴했던 조직들을 민주노총내 (구)공공연맹으로 모아내는 역할을 했다. 그리고 이러한 성과는 민주노총이 이후 공공부문 민주노조운동을 주도하게 되는 계기가 되었다.

1996년 공공 5개 노조 공동투쟁에서 나름대로 공공부문 연대에 따른 성과를 획득했다고 평가했던 공공부문 민주노조들은 1997년 초 민주노총 총파업 투쟁에 참여하면서 연대와 공동투쟁의 수준을 질적으로 발전시킬 수 있는 새로운 조직 건설 전망을 찾게 된다. 1996년 1월 한국전력 김시자열자 분신투쟁과 이후 곧바로 전개된 공공 5개 노조의 공동투쟁이 전개되는 과정에서 민주노총의 지도력 등이 작동하면서 1996년 이후 공노대는 민주노총으로 활동 중심이 이동하고 있었다.

민주노총 총파업 투쟁이 마무리된 후 1997년 3월 공노대는 3차 정기대표자회의를 통해 공동대표(김선구·김호선·이주동·전영일) 및 집행위원장(김한상)을 재선출하면서 조직체계를 정비했다. 1997년 5월 당시 공노대는 [표4-5]에서와 같이 참여 조직수 75개 노조, 128,509명, 참관 조직이 56개 노조, 19,673명으로 구성됨으로써, 1994년 11월 출범 당시에 비해 축소되어 있었다. 한국노총의 일부 공공부문노조들이 이탈했고, 금융노련·사무금융노련·병원노련의 상당수 노조(지부)들이 공노대 활동과 거리를 두고 있었기 때문이다. 다만 공공부문의 투쟁을 주도하던

---

54 당시 공노대 지도위원(정윤광)은 발전 강화된 공노대의 조직 토대 위에서 공공5사를 넘어 전 공공부문이 결집하여 공공과 금속 중심의 민주노총 투쟁전선이 필요하다는 전제아래, '공공서비스부문 대산별연맹(연합)' 건설을 제안했다(정윤광, 1996). 이보다 앞서 박태주 전 상임대표는 공공부문 노조의 연합(연맹)체는 초기에 정부라는 동일한 사용자를 상대하는 다업종 일반노조의 형태로부터 출발해야 한다고 전제한 뒤 결과적으로 민주노총의 산별 재편과 맞물려 조직발전 논의가 이뤄질 수밖에 없다는 점을 밝혔다(박태주, 1995).

표4-5 1997년 공노대의 조직현황

구분	총연맹	산별연맹	노조수	조합원수	주요 노조
참가 조직	민주노총	건설노련	2	143	부산도시개발공사 · 건설자원공영
		병원노련	1	2,122	서울대병원
		사무노련	1	210	보험감독원
		언론노련	1	4,800	한국방송공사(KBS)
		전교조	1	10,223	전교조
		전국의보노조	1	4,000	전국의보노조
		전문노련	42	16,056	과기노조 · 정출노협 · 에너지노협
		민철노련	3	11,870	서울 · 부산지하철, 철도노민추
		한국통신노조	1	47,258	한국통신
		민주금융노련	1	2,366	한국은행
		지역본부	2	2,385	조폐공사(대전충남) · 서울농수공(서울)
	한국노총	금융노련	3	2,763	한국감정원 · 신용보증기금 · 성업공사
		정투노련	9	12,772	주택 · 수자원 · 토지 · 농어촌 · 관광공사,KOTRA 등
	중간조직	(무 상급)	7	11,294	도로공사 · 한전기공 · 공항공단 · 고속철도건설공단 등
	소계		75	128,509	
참관 조직	민주노총	민주금속연맹	1	4,159	한국중공업
		병원노련	35	5,748	경북대병원 · 지방공사의료원 등
		사무노련	9	2,830	공무원연금공단 · 의료보험협회 등
		언론노련	1	900	문화방송(MBC)
		전문노련	1	860	대한지적공사
	한국노총	금융노련	1	392	한국수출입연맹
		연합노련	7	3,833	산업안전공단 등
		자동차노련	1	960	교통안전공단
	소계	–	56	19.673	
계			131	148,182	

자료: 김호선(1997)

노조(한국통신 · 전국의보 · 조폐공사 · 서울지하철노조 등)은 공노대를 중심으로 연대사업을 전개하고 있었기 때문에, 공노대 활동이 위축되지는 않았다. 조직체계를 정비한 공노대는 대표자회의를 거쳐 이후 기본적인 조직 발전 방향을 의결했다.[55]

　5월 9일 공노대는 '공공부문 노동조합 조직발전 전망과 1997년의 과제'에 관한 토론회를

55　대표자회의에서 의결한 공노대의 '조직발전 방향'은 "우선 연합형태를 지향하면서 1997년 상반기 내에 조직발전방안을 확정"하고, "공노대의 사업과 투쟁에서 민주노조의 사업원칙을 실천해내고 노동운동의 민주적 통일을 지향"한다는 것이었다.

통해 민주노총 산하에 〈공공서비스노조(대)연합〉을 건설하는 것을 기본 골자로 하는 조직발전 방안을 제출했다. 공노대 공동대표(김호선)의 발제를 통해 제시된 '공공대연합' 방안은 공공부문 민주노조 조직들이 통합하여 1997년 말까지 하나의 공공부문 대산별조직을 건설하자는 것이었다. 〈공공서비스노조연합〉 방안은, '대표자회의' 수준을 넘어선 상설 공동사업체로서, 총연맹과 단위노조 사이에 위치하는 '연맹'도 아니라고 규정했다. 상급조직이 없거나 느슨한 상급조직을 갖는 단위노조(예, 한국통신·의보노조·조폐공사·공항공단·한전기공 등)가 '연합' 조직을 결성하고, 상급단체가 있는 조직(전문노련·병원·전교조·금융 등)은 자주적으로 '연합' 참여를 결정하되, 참관 수준의 결합을 인정한다는 것이었다. 당시 공노대로서는 민주노총내 전 공공부문을 포괄할 수 있는 지도력이 아직 취약한데다, 제안된 연합 방안에 대한 구체적 실천 가능성이 미흡하였기 때문에, 공공부문 전체를 대산별 조직으로 묶을 수 있는 방안은 쉽지 않다고 판단하고, 느슨한 연합구조로 1차 전환하지는 취지였다.[56]

　　토론에 참여한 각 조직 대표들 중 산별연맹 소속 조직(화물운송·과기노조·서울지하철 등)은 각기 가능한 산별연맹을 조기에 건설하고 나머지 조직들은 민주노총 산하 〈공공연맹〉으로 통합한 후 전체 공공대산별 통합이 적정하다는 의견을 제시한 반면, 상급단체가 없는 조직(의보노조·공항공단 등)은 〈공공 대산별노조 연맹〉이 곧바로 필요하다는 견해로 나뉘게 된다.[57] 이 토론을 통해 1997년에는 민철노련 및 민주금융노련이 별도로 출범하고, 그 외 공노대 주요 조직들

56　이러한 '연합' 방안은 이미 산별조직을 갖춘 조직들(전문노련·민철노련 등) 입장에서는 구체적인 통합 방안이 아닌 원론적 수준의 공공 대산별 발전 방안을 제시하는 것으로 인식되었다. 결국 공노대는 상급단체가 없는 조직 중심으로 1997년 12월 (구)공공연맹을 결성함으로써, 1997년에 이뤄진 공노대의 조직 발전 논의는 마감되었다. 오히려 통합 논의는 1998년 공공부문노조 총파업투쟁을 전개하면서 그 필요성이 강하게 제기되었다.

57　이 토론에 참가한 화물운송노련위원장(김종인)은 화물운송 단일노조 → 운수산업노조 → 공공서비스대 연합노조 건설의 경로를 제시했고, 서울지하철노조는 전지협의 합법화(이후 민철노련)를 제안했다. 공항공단 노조와 지역의보노조는 공노대를 민주노총 공공서비스연맹으로 전환해야 한다는 입장을 밝혔다. 다만 의보노조는 공노대 각 조직들의 독자적인 조직발전과 공노대의 조직발전이 서로 대립되는 것이 아닌 병행하는 방안이 현실적이라는 점을 밝히면서, 공노대 내부의 조직발전 논란들을 사실상 조정하는 입장을 제시했다. 이러한 상황은 당시 공노대가 공공부문 전국조직의 상징성을 갖췄지만, 아직 하나의 산별연맹으로 단기간에 움직일 수 있는 조건이 어려웠다는 것을 반영한다. 그러나 공노대의 사업과 투쟁이 진행된 지난 3년의 활동은 결국 공노대가 이후 공공부문노조 대통합의 기반으로 자리잡고 있음을 보여주고 있었다(필자 주).

이 독자적인 연맹을 건설하자는 소위 '각개 약진' 흐름이 다수를 형성했다. 이러한 논의가 바탕이 되어 민주노총 소속 조직들을 중심으로 공노대는 1997년 12월 (구)공공연맹준비위로 전환하게 된다. 물론 이러한 각개약진 흐름은 1998년 IMF 구조조정 위기 상황을 겪으면서 다시 통합의 흐름으로 전환된다.

3) 민철노련의 출범 및 투쟁

1994년 전지협 연대파업, 1996년 공공5사 공동투쟁을 거친 서울지하철노조와 부산지하철노조는 1997년 임단투를 앞두고 전지협의 합법화를 추진하게 된다. 당면한 직제 개편(부산교통공단)과 해고자 복직 등의 과제를 힘있게 돌파하기 위해 교섭권 위임의 필요성을 공유하고 있었다. 이러한 배경 하에 1997년 5월 24일 전지협 4차 대의원대회에서는 전지협 조직을 〈전국민주철도·지하철노조연맹〉(민철노련, 위원장 김선구)으로 전환시켰다.

민철노련의 출범은 1995년 이래 계속 추진되어온 운수산별노조 건설의 전망아래 이뤄진 것으로서, 이후 민철노련은 운수산별추진위 사업을 중심에 두고 적극 결합한다. 다만 전지협의 투쟁이 1994년부터 1996년까지 공공부문 연대투쟁으로 발전한 경험도 있었기 때문에 전지협 조직발전 논의 단위에서 공공과 운수의 연대를 동시에 추진하는 방안을 계속 검토한 바 있었다.[58] 민철노련 규약 전문에 운수산별노조 건설을 이후 조직 발전 전망으로 채택하였으나 공공부문 민주노조 총단결의 가능성 역시 배제하지는 않았다. 어찌보면, 민철노련의 출범은 말그대로 '전지협 강화' 수준에서 이뤄진 것으로 볼 수 있다.

> "철도·지하철의 자율경영과 합리적 인사·경영을 촉진하고 노동자의 기본권과 정치·경제·
> 사회적 지위 향상을 도모하기 위하여 전국민주철도·지하철노동조합연맹을 결성하며, 노동조
> 합내 참된 민주주의의 실현과 조합원의 단결력을 제고하는 한편 공동사업과 공동투쟁을 통해

---

[58] 전지협 조직발전팀(팀장 김명희)은 1996년 10월에 '조직발전 전망에 대한 기초 의견'을 제출하면서, 전지협의 강령이 운수산별의 지향을 명확히 하고 있지만, 전지협의 중심력 미흡 및 타 운수조직의 민주노조 토대 취약으로 인해 운수산별 지향이 어렵다고 했다. 전지협의 연대틀이 1994년 이후 공노대 등을 통해 공공부문으로 확대되었기에 이러한 성과를 공유하기 위해 공공과 운수의 양쪽 관계를 긴밀하게 결합시켜야 한다고 하면서, 전지협 강화를 통해 공공이나 운수산별이냐를 명확히 할 수 있다는 점을 밝혔다. 이후 전지협이 민철노련으로 전환하는 과정에서 이러한 조직발전 전망 진단은 크게 변하지 않았다.

민주노조운동의 발전과 사회개혁에 기여하고 나아가 전국 운수산업노동자의 총단결과 운수
산별노동조합 건설을 지향한다"(민철노련 규약 전문).

이미 전지협은 1995년과 1996년 11월 전국노동자대회 사전 행사로 계속 '운수산별노조
추진 결의대회'를 전개한 후, 1997년 5월 1일 전국노동자대회에서도 동일하게 운수산별노조
추진을 위한 결의대회가 다시 진행되었다. 이후 5월 8일 운수조직 대표자회의를 통해 〈운수산
별노조건설추진위원회〉(운수산별추진위)가 발족되었다. 때를 같이하여 민주버스노조(5.1)와 민주
택시연맹(5.20)이 출범했고, 그간 법외조직으로 있었던 화물운송노련의 합법성이 확보(5.17)되
면서, 민철노련 출범은 궤도노동자의 단결을 통한 운수산별 추진 전망을 한층더 구체화시켰다.

다만 운수 제 조직들의 물적 토대가 대체로 취약한 상태에서 운수산별노조의 추진에는 민
철노련, 특히 그중에서도 지난 10년간 민주노조운동의 중심에 있었던 서울지하철노조의 조직
적 의지가 강한 변수로 작용했다.[59] 민철노련 내부의 조직발전 전망을 둘러싼 이견들은 전지협
의 조직 발전 방침(운수산별노조 전망)을 승계하고, 1996년 공공부문 공동투쟁의 경험을 동시에
이어받은 민철노련의 고민으로부터 비롯된 것으로 볼 수 있다. 1996년 전지협의 조직발전특위
가 공공과 운수를 동시에 지향코자 했던 것도 결국 지하철노조들의 조직발전 논의의 고민을 반
영한 것이었다.

서울지하철노조가 1997년 7월 9일 민주노총 총파업투쟁 방침에 맞춰 파업을 결의한 후
파업 직전에 임금·단체협약 합의를 하는 과정에서 민철노련과의 갈등이 불거졌다. 지하철노조
내부의 의견 대립 및 교섭권 위임을 둘러싼 연맹과 지하철노조간의 갈등으로 인해 민철노련 위
원장은 8월에 사퇴하기에 이른다. 연맹이 안정적 재정구조 및 전임 역량이 취약한 상태에서 주
력 노조인 서울지하철노조와 공노대 사업을 둘러싼 사업 방향 논란이 계속되면서 민철노련의

---

59 당시 운수산별추진위의 조직 현황을 보면 민주택시연맹이 35,000여명, 화물운송노련이 4,000여명, 민철
노련이 12,000여명이었다. 그러나 택시·화물 등 운수 제 조직들의 물적 토대가 취약하고 철도는 민주화투쟁
이 전개되는 상황 속에 민철노련의 중심인 서울지하철노조의 조직적 부담이 작용했고, 일부 운수조직에서 사
업 및 재정 분담이 제대로 지켜지지 않았기 때문에 운수 산별 논의는 구체적인 전망과는 달리 실천 동력이 약
해지는 점도 있었다. 게다가 1998년 김대중정부의 공공부문 구조조정이 본격화되면서 서울지하철노조 집행부
가 공공부문 연대를 중심에 두고 투쟁들을 전개하면서 운수 부문 산별 전망이 더 이상 구체화되지 못했다(민철
노련, 1998). 당시 철도노조가 민주노조운동 진영에 전면적으로 결합하지 못한 것도 운수 산별 추진 전망을 강
하게 구체화하지 못한 원인으로 작용했다.

이후 조직발전(운수산별) 논의 역시 난항을 겪게 된다. 1996년 공동투쟁을 통한 성과(해고자복직 등)에 힘입어 노조의 조직체계 안정을 이룬 서울지하철노조 입장에서는 운수산별노조 전망 못지 않게 한국통신노조·전국의보노조 등과의 연대를 무시할 수 없는 상황이었다. 결국 이러한 서울지하철노조의 고민이 민철노련의 지도력 약화로 연결된 것이다.

11월 9일 전국노동자대회 사전 행사로 3년 연속 운수노동자대회를 치루면서 운수산별노조의 전망을 재확인했고, 뒤이어 2기 운수노동자학교에서는 운수부문의 산별노조 건설 로드맵('업종 소산별' → 운수 통합연맹 → 운수산별노조 → 공공대산별노조 건설)까지 제출되었만, 이후 민철노련은 조직 내부의 이견으로 운수 산별 논의를 더 발전시키지 못했다. 다른 운수조직(택시·화물·버스 등)의 물적 토대가 취약하고, 철도노조의 민주적 기반이 미흡한 상황에서 민철노련의 조직발전 전망 혼란은 결국 민주노총 운수조직들의 조직발전 논의를 정체시켰다. 이로 인해 운수산별노조 건설 논의는 2004년까지 수면 이하로 가라앉게 된다.

1997년 12월 공노대의 주요 조직인 한국통신·전국의보·조폐공사·공항공단·농어촌공사 노조 등을 중심으로 〈(구)공공연맹준비위원회〉가 12월 17일 발족되자 민철노련에서는 이에 대한 참여 여부를 놓고 조직 내부 이견이 다시 표출되기 시작했다. 12월 29일 민철노련 대의원대회에서는 연맹 해산 건과 공공연맹준비위 가입 건이 수정안으로 발의되는 혼란이 지속되었다. 이 수정안들은 심의 끝에 모두 부결되었지만 거꾸로 이는 민철노련의 향후 조직발전 전망을 공식 의결 단위에서 책임있게 정리하지 못하는 민철노련의 한계를 적나라하게 드러낸 결과로 나타났다.[60] 김대중정부의 공공부문 구조조정을 앞두고 1998년 3월 30일 민철노련은 대의원대회를 통해 민주노총 차원의 공공부문 구조조정 저지 총력투쟁의 실천 및 공공·운수조직을 하나로 통합하여 내부의 조직발전 논쟁을 극복하려는 의도 하에, 공공과 운수를 포괄하는 공공서비스 조직의 대통합 및 공동투쟁을 제안하기에 이른다.

---

60 운수산별추진위를 중심으로 운수산별연맹이 한편에서는 준비되고, 다른 한편에서는 공노대의 조직발전에 따른 공공부문 조직 통합이 논의되는 가운데, 민철노련의 1997년 12월 대의원대회는 조직 진로를 둘러싼 조직 내부의 갈등으로 인해 조직 진로와 관련한 어떠한 결정도 내리지 못했다. 당시 대의원대회를 진행한 민철노련 위원장직무대행(김태진)은 안건 심의와 관련하여, "투쟁을 통해 강화해온 전지협과 이를 계승한 민철노련의 현재 상황은 존립 기반에 회의를 느낄 정도로 심각한 상황"이라고 밝힌 바 있다('민철노련' 기관지, 1998.1.8. 제7호).

4) 공익노련 전환 및 소속 노조 투쟁

전문노련은 1995년 집행부 교체 이후 1996년 하반기까지 공노대 내에서 논의되고 있었던 공공부문노조 조직 건설에 대하여 특별한 찬반 입장을 드러내지 않았다. 공노대에 참여하는 협의회들도 활동 편차가 큰 데다, 전문노련 집행부가 민주노총 총파업 투쟁 사업에 집중하고 있었기 때문에 공노대의 논의 내용이 전문노련 내에서 제대로 공유조차 되지 않았다.

전문노련 집행부는 민주노총 총파업 투쟁이 임박한 상황에서 1996년 11월 가맹노조 대표자회의를 통해 '공공서비스 부문(public service sector)'으로 조직발전 방향을 재조정할 필요가 있다는 입장을 제시했다. 이미 소속 노조의 90% 이상이 공공부문(정부재투자·출연·위탁·보조기관) 노조로 구성되어 있고, 공노대가 추진중인 조직발전 논의(공공대연합노조 건설)가 이후 민주노총 내 공공부문 조직의 재편과 밀접히 연관되고 있었기 때문에 전문노련 집행부는 책임있는 선택을 해야 할 상황에 직면한 것이다.

1997년 2월 노동법 개정 총파업 투쟁이 마무리 국면에 이르게 되자, 전문노련 집행부는 그간 미뤄왔던 조직발전 논의를 시작하였다. 4월 2일 가맹노조 대표자 수련회에서 조직발전 전망에 대한 토론을 개최하여, 전문노련을 공공부문 조직으로 전환하자는 내용의 조직 재편안을 구체화했다. 그간 내부적으로 문제되었던 '정체성'의 문제를 공공과 민간이라는 자본의 성격에 기초한 공공부문이 아닌, 노동의 성격이 가지는 공익성과 사회서비스라는 동질성을 바탕으로 한 공공서비스 부문을 이후 조직 발전 전망을 갖자는 취지에서였다.[61] 물론, 이러한 연맹 집행부의 조직 발전 전망에 대해 내부 반론도 제기되었지만, 5월 대표자회의에서 〈전국공익사회서비스노동조합연맹〉(공익노련)으로 조직을 전환키로 하고 7월 3일 대의원대회에서 확정하기에 이르렀다. 전문노련의 공익노련 명칭 전환 이후 그동안 사무금융연맹에 속해 있던 공공부문노조들(공무원연금공단·국민연금공단·학술진흥재단 등)이 이후 공익노련에 가입을 하게 되었다.

1997년 7월 민주노총은 노동법 개정 총파업 투쟁 이후 각 조직의 임단투를 집중하는 취

---

61 전문노련은 4월 대표자회의에서 공공부문 조직의 전국적 조직발전 논의에 맞춰 공공부문(public sector)의 정체성을 갖출 필요가 있음을 제기했다. 한국노총에서 공공서비스노련이 결성되고, 정투노련이 합법성을 취득했으며, 공노대가 〈공공서비스노조연합〉 또는 〈공공서비스·운수·통신노조연합〉으로 변신을 모색하는 상황에서 〈공익사회서비스연맹〉으로 전환하자는 것이 주된 요지였다. 그러나 공공부문이 아닌 공공서비스부문으로 정체성을 표현한데 대해서는 여러 해석이 제기된다. 필자 입장에서는 전문노련 집행부(위원장 양경규)가 공노대 활동에 비판적으로 접근해온 데다, 연맹내 공공부문으로 확실히 규정하기 힘든 업종(경제단체 등)과 민간 업종(ENG사)에 대한 배려가 필요하다는 점 등이 복합적으로 작용한 것으로 이해된다(필자 주).

지에서 7월 9일 총파업을 포함한 총력투쟁 방침을 설정했고, 이 총파업투쟁에는 서울지하철노조·부산지하철노조·공익노련·병원노련 등이 파업에 참여키로 했다. 그러나 실제 파업에 돌입한 조직은 전국의보노조와 공익노련의 정부출연기관노조들이었고, 그 외 조폐공사노조·교육방송노조들이 독자적으로 파업을 전개했다. 당시 공익노련에는 중소기업진흥공단·한국전력기술·한국종합기술개발노조 등의 투쟁 조직이 있었으나 예상 외로 민주노총이 설정한 7월 총파업 투쟁의 중심에는 그간 조직력이 취약하다는 평가를 받아온 정출노협 소속 정부출연기관노조들이 중심에 있었다.

정출노협(의장 고형곤) 소속 노조들은 1997년 5월부터 집단교섭을 다시 추진했으나 기관장들의 무성의로 교섭이 제대로 이뤄지지 않자 결국 7월 연대 파업을 전개하게 되었다. 정출노협은 이 연대 파업을 통해 집단교섭에 무성의한 태도를 보이는 기관에 대한 강한 타격을 함으로써 집단교섭의 기반을 반드시 이루겠다고 결의했다. 이는 1년 전 산별노조 파업의 지평을 개척한 과기노조의 사례를 모델로 한 것이었다. 다만 1996년 과기노조가 3차에 걸쳐 전면 파업을 전개하고, 1997년에는 정출노협이 연대파업을 전개했는데, '정부출연기관 단일노조'를 논의해 왔던 이 조직들은 공교롭게 1993년부터 계속 엇갈린 채 연대파업을 진행하고 있었다.

7월 9일부터 2일간 교통개발연구원·방송위원회·소비자원·영화진흥위·종합유선방송위·예술의전당·에너지경제연구원·여성개발원 등 10개 노조가 1차 시한부 연대파업을 전개하였다. 이후 7월 13일부터 5개 노조(방송위원회·종합유선방송위·소비자원·영화진흥위·예술의전당)의 교섭이 교착 국면에 빠지면서 2차 연대파업에 돌입하였다. 마지막에 방송위원회노조(위원장 양한열)와 종합유선방송위원회노조(위원장 오광혁)가 계속 파업을 전개했고, 최종적으로 12일간의 파업을 진행한 종합유선방송위노조를 끝으로 연대파업이 마무리되었다.

정출노협의 연대파업은 그간 정부의 임금억제 정책의 희생양으로 자리잡은 정부출연기관 노동자들의 저항과 집단교섭의 토대 확보 차원에서 시작되었지만, 개별적으로 투쟁을 전개해 왔던 노조들에 대한 동조파업의 성격이 더 강했다. △노조 초기 기관의 민주적 운영 기반을 위해 투쟁해온 영화진흥위원회노조(위원장 박창인) △공연예술지원기관의 독립성을 지키기 위해 4년 넘게 투쟁한 예술의전당노조(위원장 채홍기) △민주적 방송 심의의 기초를 다지려는 방송심의 기관(방송위·종합유선방송위)노조 △독선적 기관 운영에 맞서 1996년 말부터 인사·경영의 공정성 확보를 위해 투쟁해온 소비자원노조(위원장 박용석) 등이 앞장서고, 정부출연연구기관노조들이 연대파업으로 이들 노조들의 투쟁을 지원한 것이었다.

흥미로운 것은 정출노협의 7월 9일 연대파업 집회 다음날인 7월 10일에 전국의보노조(위원장 안병한)가 5천여명의 조합원들이 참여한 가운데 과천 정부청사 앞 파업 집회를 가졌는데, 언론에서는 1,500여명의 조합원이 참여한 7월 9일 정출노협 연대파업이 오히려 더 크게 부각되었다. 정부의 임금억제 정책이 가장 먼저 시행되었던 정부출연기관에서 노조들의 저항하는 모습이 정치적으로 더 크게 이슈화된 것이었다.

1997년 연대파업을 통해 정출노협은 비록 목표했던 임금 공동 요구안 쟁취 및 집단교섭의 틀 확보에는 실패했지만, 신생 노조(방송위원회·종합유선방송위·영화진흥위 등)의 조직 강화 및 단일노조 건설의 토대를 일궈냈다. 1988년의 1차 연대파업, 1993년의 2차 연대파업에 이어 세번째 연대파업을 거치면서 그간 조직적 목표로 제시되어왔던 소산별 단일노조인 〈전국연구전문노조〉(연전노조, 위원장 박용석)가 2년 전의 실패를 딛고 뒤늦게 8월 21일 다시 결성되었다.

과기노조(위원장 이성우)는 1996년 전면파업 이후 일부 지부들이 연구원측의 노조 탄압에 직면하고 있었다. 5월 13일 2차 통일교섭을 시도하였으나 2개 기관장만 참석해 교섭이 무산되었다. 이후 6월 중앙위원회를 통해 부처별 교섭마저 거부하고 있는 과학기술처 산하 출연(연)을 대상으로 '부처별 교섭 쟁취를 위한 총력투쟁'을 전개했다.

7월 이후에도 부처별 교섭 쟁취 총력투쟁기간을 설정하여 지부별 상집·대의원 연석회의 개최, 과기처 항의 방문, 간부결의대회, 지부별 야간농성과 기관장 집단 면담을 이어갔으나, 8월들어 과학기술처 산하 14개 기관이 부처별 대각선교섭도 거부하자, 8월 28일 정기대의원대회를 개최하고 쟁의 돌입을 결의했다. 이후 9월 들어 과기처 산하 기관들을 중심으로 단체협약 해지 사태가 잇따르고, 과학기술처 산하 11개 기관 교섭에서 모든 기관이 공통적으로 △인사경영 관련 조항 전면 삭제 △조합활동 제한 △전임자 축소 및 처우 개악 △조합간부 징계시 노조협의 배제 등의 개악안을 제출했다.

이어 11월에는 지난 1992년 전자통신연구소의 불법 직장폐쇄를 주도했던 소장(양승택)이 연구소의 독단적 경영에 대해 반대하던 노조에 대해 전임자 복귀 명령을 내리고 핵심 간부를 해고하려는 움직임이 나타났다. 이미 전자통신연구원의 단체협약은 8개월 전인 3월에 해지된 상태였다. 이에 전자통신연구소지부장(정기현)이 단식에 돌입하였고, 이후 과기노조 위원장이 단식 농성에 돌입했다. 과기노조는 전자통신연구소의 투쟁을 바탕으로 단체협약 개악 및 해지에 맞서기 위해 11월 25일 쟁의행위를 결의하였다.

12월 1일 과학기술처 산하 14개 출연기관 단체협약이 해지되면서, IMF 경제위기가 도래하는 상황에서 정부와 사용자의 공공부문 노조 탄압 도발이 가시화되고 있었다. 과기노조는 1998년 1월 한국통신노조·조폐공사노조·전국의보노조·서울지하철노조 등과 함께 정부의 공공부문 부당노동행위 분쇄를 위한 민주노총 공동투쟁을 준비한다.

5) 공노대 조직의 투쟁 및 (구)공공연맹 결성

공노대는 전국의보노조·정출노협 등에서 파업 분위기가 형성되어가자 3천여명의 조합원들이 참여하여 5월 31일 총력결의대회를 통해 투쟁을 준비하고 있는 전국의보노조·서울지하철노조·조폐공사노조·정출노협 등의 투쟁을 지원했다. 공노대에 뒤늦게 참여한 고속철도건설공단노조(위원장 김동석)에 대해 공단이 전임자 발령을 거부하는 등 기본 노조활동조차 인정치 않으려 하자, 노조는 결성 직후 3월 22일 전국 조합원 상경 총회(시한부 파업)로 맞섰다. 공노대 주요 조직들(지하철·의보노조 등)도 공단노조의 투쟁에 연대하였다. 공노대의 연대투쟁에 힘입어 고속철도공단노조는 초기의 취약한 민주노조 기반을 강화하였고, 이후 민주노조운동의 흐름을 계속 유지할 수 있었다.

조폐공사는 1996년에 이어 1997년도에도 정부의 전임자 축소 방침을 앞세워 전임자 발령을 유보하고 이에 항의하자 징계 조치를 취했다. 조폐공사는 이후 예견된 구조조정(창 통·폐합)을 위해 강한 투쟁 역량을 지닌 노조를 무력화하려고 이같은 조치를 계속 취해왔다. 조폐공사노조(위원장 강승회)가 공사측의 노조 탄압에 맞서 2월 18일 전 조합원 총력결의대회를 거쳐 3월 24일 쟁의행위 찬반투표에 돌입하자 사측은 일단 징계 방침을 철회했다.

그러나 공사측은 6월 또다시 노조 전임자 축소와 전임자 임금 미지급 조치를 취함으로써, 노조는 6월 19일부터 본사 농성 투쟁을 이 시작했다. 이후 공사측이 교섭마저 거부하자 8월 31일 노조 교섭위원들이 단식 농성에 돌입했다. 노조는 9월 10일 대의원대회를 통해 교섭권을 민주노총에 위임했다. 민주노총 사상 최초로 이루어진 단위노조의 교섭권 위임이었다. 민주노총이 교섭에 참여하면서 공사측은 9월 27일 민주노총과의 교섭을 거쳐 노조 전임자 축소 철회 및 기능직 처우 개선이 합의하면서 1996년부터 계속된 조폐공사노조의 투쟁이 마무리되었다. 물론 조폐공사노조의 투쟁은 마무리된 것이 아니었다. 1998년 구조조정 및 1999년 노조 탄압에 대응하는 기나긴 투쟁이 또 기다리고 있었다.

1997년 공공부문 투쟁은 전국의보노조 투쟁에서 절정에 달한다. 1996년 공공5사 투쟁을 통해 해고자 복직 성과를 일궈내며 조직을 안정시켰던 전국의보노조(위원장 안병한)는 조합원들의 최대 현안인 승진 적체 해소를 위해 집중적인 교섭을 전개했으나 여의치 못하자 1997년 7월 민주노총의 총파업투쟁 방침에 따라 전면 파업에 나서게 되었다. 당시 의료보험 통합을 앞두고 구조조정 분위기가 돌고 있어 노조는 고용안정 및 인사적체 해소를 위해 파업투쟁을 준비했다.

의보노조 입장에서는 1997년에 모처럼 조합원들의 노동조건 개선을 위한 파업을 전개했다. 앞서 언급한 바 있듯이 1989년부터 시작된 의보노조의 파업은 대부분 의료보험 통합, 노조탄압 분쇄 등에서 비롯된 것들이었다. 7월 9일~11일에 순환 파업을 거쳐 7월 16일 전면파업을 진행한 결과, 통합 공단 출범을 앞두고 7월 26일 구조조정 방지를 위한 노사합의가 이뤄졌다. 그리고, 계속된 현장 투쟁을 거치면서 10월 30일 고용안정을 포함하는 단체협약을 체결하면서 노조의 투쟁은 마무리되었다. 다만 아쉽게도 의보노조의 숙원과제였던 '연한승진제'는 2000년 이후로 넘어갔다.

1997년 11월 18일에는 지역의보 노동자들과 민주 시민사회단체의 10여년의 숙원사업인 통합 국민의료보험법안이 국회를 통과했다. 지역의료보험조합과 공무원·교원의료보험관리공단을 〈국민의료보험공단〉으로 통합하는 것을 주요 내용으로 1999년 시행토록 예정된 것이었다. 물론 아직 건강보험의 재정 통합은 미 해결 상태로 남아있었다. 이 재정 통합은 1998년 2월 노사정 합의에 따라 우여곡절 끝에 2002년에 시행되기로 했으나, 통합 반대세력의 저항으로 2003년 7월에 완료되기에 이른다.

1997년 하반기에 공공부문 주요 조직(한국통신노조·전국의보노조·조폐공사노조·서울지하철노조 등)의 투쟁이 시작되고, 이어 1998년 공공부문 구조조정 공세가 예상되는 가운데, 한국통신·전국의보·조폐공사·공항공단·한국감정원·고속철도건설공단노조 및 정투노련 일부 노조(농어촌공사 등))이 1997년 12월 19일 〈(구)공공연맹준비위원회〉를 발족시켰다. 400여명의 현장 간부가 참석한 준비위 발족식에서 빠른 시일 내에 연맹을 결성하여 민주노총에 가맹키로 결의했다.

공공부문 대정부 투쟁의 중심에 자리잡았던 공노대는 (구)공공연맹준비위 발족과 함께 사실상 역사의 뒤편으로 사라졌다. 이후 김대중정부의 공공부문 구조조정이 본격화되던 1998년 4월 19일에 8개 노조(한국통신·전국의보·공항공단·조폐공사·신공항건설공단·고속철도건설공단·산업단지공단·서울농수산물공사) 중심으로 먼저 〈전국공공노동조합연맹〉(구 공공연맹)이 결성되기에 이르렀다. 농어촌공사노조와 한국감정원노조는 이후 3조직 통합 논의과정에서 (구)공공연맹에 합류했다.

6) 공영방송노조의 1996~97년 파업

• 문화방송(MBC)노조의 사장 퇴진 투쟁 및 파업

1996년에는 공공 5개 노조의 공동투쟁이 주요한 이슈로 제기되었지만, 공공 5개 노조 투쟁 외 공영방송을 위한 문화방송노조의 투쟁도 빼놓을 수 없다. 1995년 8월 문화방송노조는 부실 경영, 파행 인사 및 불공정 방송의 책임을 지고 문화방송 사장(강성구)가 퇴진 운동을 전개하기로 대의원대회에서 결의했다. 특히 사장은 노사간에 체결한 공정방송 관련 합의를 이행치 않고 정권 입맛에 맞는 방송 프로그램 편승을 유도하는 등의 반민주적 경영을 일삼자 노조가 퇴진 운동을 전개하기로 한 것이다. 노조가 사장 퇴진 운동을 본격화하자 문화방송 측은 9월 노조 위원장(최문순)에 대한 징계 심의를 하겠다고 노조에 통보했다. 사장 퇴진운동을 전개했다는 이유였다. 징계위원회 결과 3개월의 정직 조치가 내려졌고, 노조위원장은 이후 단식 농성에 돌입했다. 노조 투쟁이 계속되자 문화방송 측은 노조 위원장 징계 조치를 해제했고 강성구는 사퇴 의사를 잠시 비추기도 했다.

그런데 퇴진 여론이 높은 상황에도 불구하고 방송문화진흥위원회(방문진)가 1996년 3월 13일 이사회를 통해 강성구 사장 연임을 결정하자 전국의 20개 MBC 본·계열사로 구성된 문화방송노조연합(공동위원장 최문순·황철순)은 3월 14일 무기한 전면 파업에 돌입했다. 1992년 이후 4년만에 문화방송노조가 파업을 전개한 것이다. 문화방송노조가 파업에 돌입하자 KBS·EBS·CBS 등 방송노조들이 파업을 지지하며 △방송민주화 대행진 △100만 서명운동 △긴급 토론회 등을 통해 강성구 사퇴를 공론화했다. 시민단체 대표로 구성된 〈MBC 파업 진상조사위원회〉는 3월 27일 조사 결과를 발표하며 사장 선임과정에 문제가 있다고 제기했고, 방송사 노조들은 연대파업을 결의하기에 이르렀다.

4월 4일 방송문화진흥회 이사장이 강성구사장 자진 사퇴를 추진하기로 함에 따라 문화방송노조는 4월 6일 23일만에 파업 투쟁을 마무리했다. 강성구사장은 4월 15일 자진 사퇴 의사를 밝히며 곧바로 물러났다. 문화방송노조의 파업 투쟁은 문화방송노조의 강한 단결력과 방송사노조의 연대, 그리고 시민단체 등의 지원이 결합되면서 방송 민주화에 대한 사회적 공감대가 구축되는 계기를 마련했다.

- **교육방송 독립을 위한 교육방송(EBS)노조의 장기 파업**

1997년 공공부문노조 중 최장기 파업이 교육방송(EBS)노조에서 진행되었다. 교육방송공사 설립을 통해 자율적 교육방송 기반을 확보하려는 7년여의 노력이 결실을 맺은 파업이었다. 교육방송노조는 지난 1988년 전문노련 소속인 교육개발원노조에서부터 출발했다. 1973년에 한국교육개발원(KEDI)이 설립된 이후 교육방송은 교육개발원의 한 부서였다. 1990년 방송법 개정에 따른 교육방송 구조 개편에 따라 1991년 5월 교육방송노동조합으로 독립했다. 당시 연구원 중심의 교육개발원노조는 활동이 정지되어 있었다.

　교육방송노조는 방송법 개정을 통해 교육방송공사를 희망했으나, 1990년 5월 KBS노조 투쟁 기간 중 공영방송노조의 확대를 우려한 정부에 의해 KEDI 산하 교육방송으로 재편되었다. 인사경영권은 교육개발원이, 방송 제작은 교육방송이, 송출은 KBS가 하는 기형적 체계로 인해 교육방송 노동자들의 반발이 계속되었다.

　이같은 기형적인 교육방송 체제의 개편을 위해 1994년 9월 언론단체 및 방송사 노조들이 '방송개혁국민회의'를 구성하고 '한국교육방송공사법' 청원(안)을 제출했으나, 교육부의 반대로 저지당했다. 결국 교육방송노조(위원장 정연도)가 1994년 12월 쟁의행위 의결을 거쳐 12월 27일부터 방송 중단에 돌입했다. 교육방송노조의 1차 파업은 4일만에 마무리되지만, 전면적인 공사화의 필요성이 공론화되는 계기로 작용했다. 1996년 12월 독립된 위상을 갖는 '교육방송원법'이 국회에서 통과되어, 1997년 3월 한국교육방송원이 출범했다. 그러던 중 6월에 'EBS 교재 비리 사건'이 터진다. 교육방송노조는 이같은 비리사건의 원인이 교육방송의 독립성이 결여된 데서 비롯된 것으로 간주하고 교육방송 정상화를 위한 제도적 조치(공사화)를 요구했으나 정부가 이를 계속 거부하자 8월 28일 '교육방송 정상화' 요구를 앞세우고 전면 파업에 돌입했다.

　정부와 집권 여당의 무관심으로 전면 파업이 40여일이 경과한 상황에서, 대선을 앞두고 야당(국민회의)에서 'EBS 공사화 추진'을 제안하여 협상이 진행되었다. 10월 14일 언론노련 위원장(이형모), 3개 방송노조(KBS·MBC·EBS) 대표와 국민회의 정책위원장의 합의로 국민회의에서 교육방송의 공사화 추진 및 공익 지원제도 등을 공약으로 설정하기로 하고, 파업을 철회했다. 10월 27일 국민회의가 이를 대선 공약으로 밝히면서 62일간 진행된 EBS노조의 파업은 마무리되었다. 1992년 대선을 앞둔 MBC노조의 '방송 민주화' 파업에 이어 5년만에 다시 1997년 대선을 앞두고 진행된 EBS노조의 파업은 공영방송의 민주적 기반을 견실하게 하는 토대로 작용했다. 김대중정부는 〈방송개혁위원회의〉 논의를 거쳐 1999년 12월 '한국교육방송공사법'을 국회에서 의결했고, 2000년 6월에 교육방송공사가 출범했다. 10년만에 매듭지워진 교육방송 독립이었다.

7) 공기업 민영화 추진을 본격화한 민영화법 제정

　김영삼정부는 1994년 밝힌 공기업 민영화 방침을 일부 공기업(종합기술·이동통신·고속도로공단 등)에 대해서만 시행했고, 대규모 공기업에 대한 민영화는 제대로 추진하지 못했다. 한국통신·국민은행·국정교과서·남해화학·주택은행·외환은행·한국종합화학 등 민영화 대상 기업의 경우 일부 지분 매각 수준에서 머무르며 민영화 추진은 계속 지연되고 있었다. 이에 정부는 1997년 7월 '공기업 경영구조 개선 및 민영화에 관한 법률'(민영화법)을 제정하여 해당 공기업 전체를 민영화기 위한 제도적 기반을 준비하기에 이르렀다. 이들을 상법상의 출자회사로 전환 하여 별도의 입법 절차 없이 주주총회에서 민영화를 결정할 수 있도록 조치한 것이다.

정부는 주요 공기업(한국통신·가스공사·포항제철·한국중공업·담배인삼공사·한국종합화학 등)의 민영화를 조기에 추진할 수 있도록 1997년 4월 국회에 민영화법(안)을 상정했다. 1997년 초까 지 이어진 노개투 총파업 이후 느슨해진 공노대는 5월 1일 총력 결의대회에서 특별한 입법 조 치 없이 상시 민영화를 제도화할 것으로 예상되는 이 민영화법을 저지하겠다고 밝혔으나, 공공 부문 각 노조들이 당면 현안에 묻혀 역량이 분산된 가운데 민영화법(안)은 별다른 저항없이 결 국 7월 1일 국회에서 의결되기에 이르렀다.[62] 민주노총이 한국통신노조·한국중공업노조 주관 으로 6월 13일 공기업 민영화 관련 토론회를 개최했는데 정작 민주노총 소속 조직의 참여는 매 우 저조했다.

당시 공공부문노조들은 정부의 공기업 정책이 민영화 중심으로 변화되고 있다는 사실을 피부로 실감하지 못했기 때문에 이에 반대하는 투쟁들이 그리 강하게 집중되지는 못했다. 실제 정부(재정경제원)는 1996년 11월 '공기업 경영효율화 및 민영화 추진 방안'을 발표할 때만 하더 라도 최대 공기업인 한국통신의 전면적 민영화 추진은 신중을 기한다는 입장이었다. 1997년에 구체화된 '민영화법' 제정 역시 외형적으로는 전문 경영인 체제를 강화한다는 것을 앞에 내세 웠다.

이미 통신산업 구조개편과 함께 민영화 추진이 본격화되어 있던 한국통신, 1994년부터 경 영 흑자로 돌아서면서 이미 1997년 당시 자산 3조원대의 알짜배기 공기업으로 성장한 한국중 공업 등의 민영화 추진에 대한 문제점이 제기되었지만, 노조의 강력한 투쟁이 없는 상황에서 당시 언론에서도 이같은 민영화 정책의 문제점이 크게 부각되지는 못했다. 전문 경영체제 도입

62　이 민영화법이 제정되면서, 해당 공기업의 설립·운영·폐지와 관련한 각각의 특별법 개정(한국통신·담 배인삼공사법 폐지 등)과 함께 상법상의 주식회사(출자회사)로 전환된 만큼 내부 의결(주주총회 및 이사회 의 결)로 곧바로 민영화 추진이 가능해졌다. 물론 이들 공기업의 최대 주주는 정부였기에 결국 공기업 민영화 추 진은 정부의 정책에 의해 추진될 수밖에 없었다. 당시 한국전력(자회사 제외)의 구조개편은 이 민영화법에서 제외되어 있었는데, 1998년 민영화 추진계획에 따라 결국 이 민영화법의 내용이 2000년 12월에 제정된 전력 산업구조개편 법률에 포함되게 된다.

을 위한 민영화법 제정은 이후 1998년 김대중정부가 전면적으로 민영화를 추진하게 하는 발판이 되고 말았다.

이 민영화 법 시행으로, 1998년부터 본격적인 경영권 및 지분 매각, 출자회사 전환 등의 민영화가 전면적으로 추진될 위기에 놓였다. 철도·전력 등을 제외하고는 모두 각 부문의 구조개편 특별법 제정 없이 말그대로 '쉬운 민영화'(△경영권 매각 △지분 매각 △자회사 매각 △기능 분사화 등)의 길이 트이게 된 것이다. 당시 민주노총과 공노대가 의욕적으로 추진했던 7월 공공부문 연대 파업이 일부 조직(의보노조·정출노협 등)만 참여한 채 별다른 위력을 발휘하지 못하고 공공부문 연대에 대한 지도력이 느슨해진 상황에서 민영화법이 제정된 것이었다. 결국 민영화법 제정에 대한 공공부문 노조들의 미흡한 대응은 당시 공노대 상황을 반영한 것이었다. 이 당시 공노대 역시 각 조직들의 조직발전 논의가 분산되는데다, 공노대 자체의 지도력이 많이 약화된 상황에 처해 있었기 때문에 민영화법에 대한 대응을 제대로 하지 못했다.

문제는 당시 공공부문에서만 구조조정 작업이 진행된 것이 아니었다는 점이다. 1997년 8월 정부(재정경제원)는 기업의 인수·합병시 정리해고를 가능케 하는 '구조조정특별법' 개정을 추진했다. 한편, 일부 대기업에서는 임금과 인력 감축에 대한 노조 동의서 첨부를 주 내용으로 하는 '부도유예협약'이 구체화되고 있었다. 공공부문 노조 입장에서는 이같은 구조조정이 본격화되는 흐름 속에서도 민영화법 제정으로 야기될 수 있는 미래 위험에 대해 크게 주목하지 않고 있었다. 당시로서는 아직 IMF 경제위기 하의 전면적 구조조정이 피부에 와닿지 않은 상황이었다.

이미 민주노총은 9월 대의원대회를 통해 대기업 연쇄 부도로 인한 대규모 구조조정이 임박함에 따라 '경제 민주화와 고용 안정을 위한 총력 투쟁'을 결의했다. 9월 말까지 파업 투쟁 집중을 통해 경제 민주화에 대한 정책을 사회적으로 공론화하고 각 사업장의 탈법적 정리해고 및 노조 인력감축 동의 요구에 단호히 맞서자는 것이었다.

6. IMF 공공부문 구조조정 저지 총력투쟁(1998년)

1) IMF 체제 하의 공공부문 구조조정 전면화

IMF 외환위기가 본격화된 1997년말 대통령 선거가 치러졌고, 정부 출범 이후 50년 만에 수평적인 정권 교체가 이뤄졌다. 명목상으로는 30년 가까이 민주화운동을 전개한 세력(김대중)

이 집권했지만, 결국 보수세력 연합(DJP연합)에 의해 당선되었기에 김대중정부의 정체성은 출발부터 논란이 있었다.

당시 재벌 중심 성장으로 시장 질서마저 왜곡된 한국 경제는 IMF 체제로 진입하기 이전부터 1997년 하반기에 주요 재벌(대우·기아·한보·진로·동아·쌍용 등)이 부도 위기에 빠지는 등 이미 총체적 위기 국면에 빠져 있고, 이들 재벌들의 부도 위기로 인해 금융·외환시장 역시 거의 패닉 상태에 직면하고 있다. 한국 정부는 외환 위기 극복을 위해 국제통화기금(IMF)과 구제 금융 협의를 시작했고, 12월 3일 전격적으로 구제금융 합의가 이뤄졌다. 대선 다음날인 12월 18일 국제 신용평가사는 한국경제의 신용평가 등급에 적신호를 보내면서 혹독한 구제금융의 이행을 유도했다.

IMF 관리체계는 미국 주도의 세계경제 질서에 수직적으로 편입되게 하는 계기로 작용하면서, IMF 구제금융을 받는 국가들의 경제질서를 미국 중심 시장주의 체제로 전면적으로 개편하도록 강요했다. 2차 세계대전 이후 창설된 IMF는 1970년대 초 세계경제의 흐름 변화(브레튼우즈체제 붕괴)에도 불구하고, 여전히 US달러 중심의 기축 통화 체재(국제 교환성을 갖지 못한 회원국의 달러화 납입 강제) 및 긴축 정책을 전제로 한 구제금융 원칙(구조조정 비용의 국제수지 적자국 긴축 정책을 통한 부담)을 유지하고 있었다.

아울러 구조조정 프로그램은 자유화 정책(정부 경제활동 개입 축소에 따른 재정적차 축소 및 SOC 투자 축소 등)에 따라 추진되어야 한다는 전제 아래 공기업 민영화(privatization)를 필수적으로 요구하고 있다. 우리보다 앞서 IMF 구제금융을 받았던 멕시코(1988~94년) 역시 발전·공항·항만·통신 등의 공기업 민영화가 IMF 구제금융 양허안에 명시되어 있었다.

한편 1980년대 이후 전세계적인 공기업 민영화 흐름을 보면 표면적으로는 공기업에 대한 경쟁체제 도입을 통한 경영 효율성과 성과 제고를 내세우고 있었다. 당시 우리 정부도 초기에는 이와 유사한 정책 흐름을 보이고 있었다. 그런데 민영화 추진 상황을 구체적으로 살펴보면, △재정정책(국제기관 차관 도입 및 정부 재정의 건전성 유지) △투자 유치 확대(국가의 재정 개입 차단) △자본시장 발전(외국자본의 투자 유치) △작은 정부 지향(국가의 경제 개입 축소) 등의 목적이 강하게 작용하고 있음을 알 수 있다. 이는 강도 높은 구조조정을 전제로 하고 있는 것이다. 특히 강력한 동력을 지닌 공공부문 노동운동 세력 기반을 약화시킬 정치적 목표도 간접적으로 포함되어 있다(김상조, 1999).

이러한 IMF 체제의 위기 상황에서 집권한 김대중정부는 당선 직후부터 이전 김영삼정부가 추진했던 공기업 민영화 정책과 경제위기를 빌미로 한 전반적인 구조조정(인력감축·분사·기

표4-6 IMF 구제금융 관련 한국의 양허안 내용

구분	주요 양허안 내용
거시경제 목표	- GDP 성장률: 1998년 3%, 99년 잠재성장률 수준(약 5%) - 물가상승률: 5% 이하 - 경상수지 적자: 1998년 GDP대비 0.5% 이내(97년은 3%) - 외환보유고: 1998년말까지 2개월분의 외환보유고 적립
정부 정책 기본방향	- 재정·금융긴축을 통한 외환보유고 제고, 경상수지 적자 축소 - 투명·건전·시장중심적 금융질서 확립을 위한 금융산업 구조조정 - 경제의 위험 분산을 위한 기업의 차입의존도 축소
통화·환율정책	- 목표: 물가상승을 억제하기 위한 긴축기조 유지 - 절차: IMF스탭과 협의하여 집행 - 내용: 물가목표에 맞추어 총유동성(M3) 증가율 인하, 단기적 고금리 허용, 변동환율제 유지
재정정책	- 목표: 재정적자 축소, 금융부문 부담(부실채권 정리) 완화를 위해 GDP 1.5%의 조정 실시 - 세수 확대: 원유세·특별소비세 인상, 기타 간접세 과세기준 확대 - 지출 축소: 경상경비 축소 및 SOC투자 등의 자본지출 축소
금융산업 구조조정	- 기본방향: 명확하고 엄격한 퇴출정책, 강력한 시장과 감독정책, 경쟁촉진 - 퇴출정책: 9개 부실 종금사 정리, BIS기준(위험가중 자기자본비율 8%) 미달 은행 구조조정 - 회계의 투명성 제고: 외국 회계법인이 대형금융기관의 회계장부 감사 - 통합금융감독기구 설립(독립성 확보) 및 한국은행 독립(물가안정) - 개방: 98년 중반까지 외국은행 자회사 및 외국증권사 현지법인 설립 허용
무역·자본 자유화	- 무역자유화: 무역관련 보조금, 수입선 다변화제도, 규제적 수입허가제 폐지 관련 일정표 제시 - 자본자유화: 외국인 주식매입한도 확대(종목당 한도 1997년말 50%, 1998년말 55%, 1인당 한도 1997년말 50%), 채권시장 개방 확대(1998년 2월까지 단기자금시장 및 회사채 시장 개방)
기업 지배구조	- 기본방향: 금융개혁을 통한 재벌의 은행 차입의존 경영행태 쇄신, 기업경영 투명성 제고 - 기업경영 투명성 제고: M&A 규제 대폭 완화, 기업공시 철저 등
노동시장	- 노동시장 유연화: 정리해고 제한 완화, 파견근로제 도입 - 고용보험제도 강화
기타	- 금융실명제: 현행 골격 유지 - 통계자료의 투명성 제고: 외환보유고, 금융기관의 경영상황, 통합재정수지 등에 대한 자료를 IMF기준에 맞추어 98년 3월말까지 공표
실행기준 평가	- 1998년 1월에 추가적인 양적 실행기준 마련 - 1998년 3월말, 6월말, 9월말로 맞춰진 실행기준 분기별로 검토

자료: 김상조(1999)

능조정 등) 정책을 본격화한다. 특히 이전 김영삼정부가 추진을 유보하거나 지체하고 있었던 대형 공기업(한국통신·포항제철·한국전력·국민은행·한국중공업·담배인삼공사·가스공사 등)의 민영화를 전면적으로 추진하면서, 외환 보유고 획득 및 시장 활성화를 통해 경제 위기를 돌파하겠다는 입장을 본격화했다. 바야흐로 1980년대 전 세계를 지배했던 신자유주의 흐름에 따라 우리 공공부문에서도 시장화 체제가 전면적이고 전격적으로 자리잡은 것이다.[63]

김대중정부의 공공부문 구조조정은 IMF 구제금융 이행계획에 따라, 노동시장 유연화 정책과 함께 IMF 채무 이행의 조건에 포함된 것이기도 했다.[64] 그리고 경제정책·노동정책 전반에 걸쳐 이미 이전 김영삼정부에서부터 나타난 신자유주의 흐름이 짙게 깔려 있었다. 소위 정치 민주화의 상징으로 표현되던 '87년 체제'는 결국 IMF 경제위기 하에서 '97년 체제'(신자유주의 전면화)로 굴절되는 과정을 거치게 된다.

'작지만 효율적으로 봉사하는 정부 구현'을 국정 목표로 설정한 김대중정부는 △구조조정(작은 정부) △운영시스템 혁신(효율적인 정부) △대국민 서비스 개선(봉사하는 정부) 등의 공공부문 개혁을 주요 국정과제로 제시했다. 구조조정 정책과제로는 △인력 감축 △공기업 민영화 및 자회사 정리 △방만경영 혁신(산하기관 통폐합, 외주화, 자산 매각, 퇴직금누진제 개선) 등을 제시했고, 운영시스템 혁신 정책과제로는 △자율·경쟁·성과원리 도입(책임운영기관·성과연봉제 등) △재정 운용 효율화(성과주의 예산 등) 등을 제시했다(기획예산처, 2002). 이러한 공공부문 국정과제들은 1980년대 세계적으로 확산되고 있는 공공부문 시장화 흐름을 반영하는 것들이었다.[65]

먼저 김대중정부 인수위원회는 1998년 2월초 △유사 기능 통·폐합 △민간부문 수행 가능 분야의 조속한 민영화 △독점 분야 경쟁체제 도입 △자회사 매각 및 외주화 확대 등 이전 정부

---

63 공공부문 시장화는 공공부문의 민영화(소유구조 개편) 및 경영효율화(운영구조 개편)을 포괄하는 개념으로서 필자가 주로 사용하는 표현이다(박용석, 2022). 민영화 및 경영효율화를 각각 사유화 및 상업화로 표현하는 경우도 많다.

64 1998년 6월 55개 퇴출기업 명단 발표 및 은행·공기업 구조조정계획 발표 당시 경제부총리(이헌재)는 IMF와 IBRD 관계자들과 충분히 협의했다고 했다(박승호, 2001). 실제 공공부문의 소유구조 개편을 넘어 인력 감축 역시 경제위기 상황에서 20% 희생이 불가피하다면서 정부는 1998년 1·2월 노사정 논의 당시 계속 주장했다.

65 공공부문 시장화는 공공정책에서 '신공공관리론'(New Public Management)으로 규정되는 흐름으로서 신자유주의 흐름의 주요 구성 요소이다(필자 주).

표4-7 구조조정 대상 정부산하기관 현황(1998년 2월) (단위: 명,억원)

구 분		기관수	인원	1998년 예산	1998년 정부지원
공기업	정부투자기관	13	64,275	451,162	28,052
	정부출자기관	19	137,846	543,847	574
	자회사	134	58,617	101,991	117
정부출연·위탁기관	정부출연기관	100	42,180	143,953	51,881
	기금관리기관	11	5,072	31,264	2,533
	정부보조기관	86	12,605	37,919	7,947
기타기관	국가사무위임단체	83	16,954	58,666	38
	정부지원단체	106	48,022	62,331	3,398
계		552	385,571	1,431,133	94,539

자료: 기획예산위원회(1998a)

에서 추진하려다 벽에 부딪힌 정책들을 중심으로 '공공부문 구조개혁 과제'를 발표했다. 이와 함께, 인력 및 조직 감축 구조조정 추진(10% 인원 감축, 예산동결 또는 삭감 등), 정부산하기관관리 기본법 제정 등을 전면적으로 실시하겠다고 밝혔다.[66]

이러한 인수위 국정과제를 중심으로, 기획예산위원회는 4월 20일 1차 '공공부문 구조조정 공청회'를 개최하고, 공기업(166개), 정부출연기관(100개), 정부출연·위탁·보조기관(286개) 등 모두 552개 중앙정부 산하 공공기관에 대해 구조조정 방안을 6월 말까지 확정키로 했다. 말 그대로, 공공부문 전반에 걸쳐 구조조정이 전면화되기 시작했다.

이에 앞서 정부는 4월 15일 '공기업 경영혁신 추진지침'을 통해, 13개 정부투자기관, 19개 정부출자기관, 123개 출자회사 등 155개 공기업을 대상으로 5월 4일까지 민영화 및 경영혁신 추진계획 제출을 강요했다. 특히 26개 공기업(13개 투자, 13개 출자)에 대해, △'기업성이 강한 기관'(4개) △'공공성 강하나 일부 사업에 기업성 도입 기관'(13개) △'공공성이 강한 기관'(9개) 등으로 나누어 각각 △민영화(경영권·지분 매각) △기능조정(민간이양 또는 위탁) △인력 구조조정 등의 방침을 설정했다.

이후 기획예산위원회는 5월 13일 「정부출연연구기관 운영 개선 방안」발표를 통해 정부출

---

66 1984년에 제정된 정부투자기관관리기본법을 모델로 한 정부산하기관관리기본법에는 5년 단위 기관 존속 여부 심의, 임직원 보수의 경영평가 연계 등의 내용이 포함되어 있었는데, 경제기획부처(기획예산처) 독주를 의식한 타 부처의 반발에 막혀 시행이 보류되다, 2002년 10월 입법예고를 거쳐 2003년 12월 노무현정부에서 제정되기에 이른다.

연연구기관에 대한 강도 높은 경영혁신을 강요했고, 6월 9일 '공기업 구조조정 토론회'를 통해 공기업 민영화의 기본 방침을 밝힌 뒤, 7월 3일 「1차 공기업 민영화 및 경영혁신추진계획」을 발표하였다. 이어 8월 4일 「2차 공기업 민영화 및 경영혁신 계획」, 8월 18일 「정부출연·위탁기관 경영혁신추진계획」 등이 계속 발표되었다. 마지막으로, 10월 18일 행정자치부가 중앙정부 산하기관의 구조조정 계획에 근거하여 「지방공사·공단 구조조정 및 경영혁신계획」을 밝혔다.

김대중정부의 공공부문 구조조정 정책 중에서는 공기업 민영화가 가장 강도높게 추진되었다. 이는 과거 1960년 후반부터 1994년까지 4차례에 걸쳐 추진되어왔된 민영화 추진의 폭과 내용을 훨씬 뛰어넘는 강도 높은 것이었다. 여기에는 공기업 민영화 추진의 1차적 근거로 자리 잡았던 '경영효율화' 보다, 오히려 해외 주식(DR) 발행 등을 통한 매각수익의 재정자금 활용 목적이 더 강하게 작용하였다.[67] 물론, 포항제철·한국통신·국민은행·담배인삼공사 등의 공기업에 대해서는 주식 소유 한도를 제한함으로써 국민주 방식에 의한 공기업 소유구조 개편을 통해 완전 민영화의 길로 내닫게 된다(이병훈·황덕순, 2000). 이같은 공기업 경영권 또는 지분 매각 추진으로 김대중정부는 1998년 6,667억원, 1999년 8조 6,309억원의 재정 수입을 확보했다. 이러

표4-8   1998년 각 부문별 공공기관 민영화 및 경영혁신계획 추진 현황

구분	발표시기	주요 내용
정부출연연구기관 운영 개선방안	5.13.	- 운영시스템 개선: 성과주의 인센티브제(연봉제 등) 구축 - 관리방식 개선: 유사·중복기능 일원화, 연합이사회 도입 등 - 인력감축 1,710명(9.2%)
1차 공기업 민영화 및 경영혁신 추진계획	7.3.	- 12개 공기업(한국통신·가스공사·포항제철·담배인삼공사·한국중공업·한국전력·석탄공사·국민은행·주택은행·종합기술금융·국정교과서·남해화학) 1999년까지 민영화 추진
2차 공기업 민영화 및 경영혁신 추진계획	8.4.	- 19개 공기업, 55개 자회사에 대해 기능조정(위탁)·통폐합·매각 등 - 인력 감축(25.1%, 41,234명) 1998년 말까지 추진
정부출연·위탁기관 경영혁신 추진계획	8.18.	- 1334개 정부출연·위탁·보조기관'을 대상으로 각 공공기관의 통폐합·기능 조정·인력감축(24.1%, 13,400명) 1998년 말까지 추진
지방공사·공단 구조조정 및 경영혁신 계획	10.18	- 80개 공사·공단 중 12개 축소(통폐합, 민영화 등) - 인력감축 22.8%(8,103명) 1999년 상반기까지 추진

자료: 기획예산위원회(1998), 행정자치부(1998)

---

67 1997년 7월 '민영화법' 제정 당시 정부의 민영화 정책 추진 방향은 △경제력 집중 억제 △전문 경영체제와 자율경영 △외국인 투자제한 등을 중심에 둔 반면, 1998년의 공기업 민영화는 공공서비스 질을 향상하고, 매각대금을 실업대책, 구조조정에 필요한 재원으로 활용한다는 점을 분명히 하고 있었다(필자 주).

표4-9   1998년 공기업 구조조정(민영화 등) 추진계획

구조조정 방식		대상 공기업
완전 민영화	출자기관(5)	포항종합제철 · 한국중공업 · 한국종합화학 · 한국종합기술금융 · 국정교과서
	자회사(33)	포항제철 자회사 등 17개(신세기통신 · 남해화학 · 한국통신카드 · 지엔지텔레콤 · 매일유업 · 한양목재 등)
단계적 민영화	투자기관(1)	한국전력
	출자기관(5)	한국전기통신공사 · 한국담배인삼공사 · 한국가스공사 · 대한송유관공사 · 지역난방공사
	자회사(28)	한국전력기술 · 한전기공 · 한국가스기공 · 안산도시개발 · 한국냉장 · 한국토지신탁 · 고속도로감리공단 · 고속도로정보통신공단 · 수자원기술공단 등
통폐합	자회사(6)	한국송유관공사 · 경주관광개발 · (주)한양 · 한국부동산신탁
인력 감축	투자기관(12)	조폐공사 · 관광공사 · 농어촌진흥공사 · 농수산물유통공사 · 광업진흥공사 · 석탄공사 · 석유개발공사 · 토지공사 · 주택공사 · 수자원공사 · 무역투자진흥공사
	출자기관(1)	한국감정원
	자회사(8)	한국PC통신 · 한국공중전화 · 한국원전연료 · 한전정보네트워크 등
전체(99)		투자기관(13), 출자기관(11), 자회사(75)

자료: 기획예산위원회(1998c), 재구성

표4-10   주요 공기업의 민영화 추진계획

구조조정 방식		주요 추진방안
완전 민영화	포항종합제철	- 정부 및 산은 지분(26.7%)을 1인당 3% 한도로 내국인에게 매각 - 외국인 투자한도 폐지 및 2001년말 동일인 소유한도 폐지
	한국중공업	- 지분 매각을 통해 완전 민영화 - 우리 사주제 도입
	한국종합화학	- 자산 매각 후 청산 - 자회사(남해화학)는 1차로 농협과 수의계약 후 매각 추진
	한국종합기술금융	- 정부 지분, 자사주 등을 경쟁입찰방식으로 매각
	국정교과서	- 민간 출판업계의 활성화에 기여

단계적
민영화
	한국전기통신공사	• 경쟁력 확립시까지 단계적 민영화
		   - 신주 10% 내외를 세계적 통신사업자에 매각하여 전략적 제휴
		   - 직상장 후 해외 공모, 우리 사주 등 국내 매각

	담배인삼공사	- 2000년까지 정부지분 및 은행 현물출자분 매각을 통한 완전 민영화 - 2000년까지 제조시설 현대화 · 통폐합 및 구조조정 완료
	대한송유관공사	- 자회사인 한국송유관공사와 통합 후 2000년에 정부 지분 매각
	한국전력공사	- 발전 및 송 · 배전을 분리하여 발전부문부터 조기 민영화(정부지분 5% 및 국내외 발전설비 일부 매각)
	한국가스공사	- 증자 후 단계적 민영화(2000년까지 국내외 기업 및 일반에게 증자 지분 매각)
	지역난방공사	- 부천, 안양사업소를 한전의 열병합발전소와 함께 분리 매각 후, 2001년에 51% 이상 지분 매각하여 민영화 완료

자료: 기획예산위원회(1998c), 재구성

한 수입은 기업과 금융부문의 구조조정에 필요한 재원으로 활용했다. 해외 지분 매각에 따라, 외국자본도 약 52억$ 가량 적립하면서 외환 보유고도 호전시켰다.

특히 공기업 중에서도 국민의 생활과 직결되는 보편적 공공서비스이자 국가 기간산업인 통신·전기·가스·지역난방 등의 민영화 추진이 강도높게 추진될 것으로 예상되었다. 이는 결국 민영화로 인한 필수공공서비스의 공공성 후퇴 논란으로 작용했고, 민영화 추진 과정에서 해외자본의 지분 인수로 인한 공기업의 국부 유출 논란도 제기될 수밖에 없었다.

이러한 민영화 추진 방식은 해당 공공부문노조의 거센 반발을 넘어 민주노총과 시민사회 단체를 포함한 국민적 저항까지 나타났다. 게다가 포항제철·한국중공업·한국종합화학 등의 완전 민영화는 정부의 산업구조 조정과 함께 추진되었기 때문에 구조조정에 직면한 노조의 반발을 초래했다. 또한, 산업구조 조정을 통한 재벌 빅딜이 추진되면서 IMF 경제위기를 몰고왔던 재벌의 책임 문제 등이 강하게 제기되었다.

2) 민주노총 공공부문 구조조정 저지 투쟁

1월 5일 노사정위원회가 발족된 이후 민주노총(위원장 직무대행 배석범)은 1월 7일 중앙위원회 및 1월 8일 대표자 수련회를 통해 노정간 교섭방침을 정하고, 김대중정부 당선자와 당면한 현안을 협의하기 시작했다. 당시 공공부문 구조조정을 앞두고 주요 공기업에서는 이전 정부에서와 같이 노조를 적대시하는 움직임이 나타나고 있었다. 이미 본격적인 구조조정 이전에 한국통신노조·서울지하철노조·조폐공사노조·전국의보노조·과기노조 등의 주요 공공부문 조직에서는 노사간 충돌이 계속 이어지고 있었다. 노사정위에서는 이러한 공공부문의 각 현안도 같이 논의되었다.

한국통신에서는 12월 29일 성과급제를 포함한 임금체계 개악(안)이 이사회를 통과했고, 서울지하철에서는 손해배상 가압류와 관련한 1심 판결이 1998년 2월 3일 예정된 상황에서 직제 개악(4조3교대 → 3조2교대제) 움직임이 구체화되었다. 지역의료보험조합에서는 국민건강보험공단 출범을 앞두고 노조와 협의없이 직제 개편과 함께 2,000명의 전출이 강행되고 있었고, 조폐공사에서는 명예퇴직을 앞세운 정리해고가 이미 시작되고 있었다. 이들 4개 노조의 현안에 대해 공공연맹(준)은 노사정위 논의 안건으로 설정해 줄 것을 요구하였다.

이와 함께 한국통신노조는 1월 24일 수도권 총력 결의대회를 진행하였고, 서울지하철노조는 2월 2일 파업 찬반투표를 거쳐 2월 8일 파업을 예고했다. 민주노총의 노사정 합의의 분위기 속에 서울지하철노조는 2월 8일 서울시가 참여한 노사정 합의로 1994년 파업 이래 노조를 괴롭혀오던 손해배상 가압류 철회를 이끌어내고 파업을 유보했다.

1997년 하반기 주요 연구원측의 노조 탄압에 직면했던 과기노조(위원장 이성우) 역시 노사정 공동선언문 발표에 즈음해 1월 21일 노사정위원회가 단체협약 파기 등 부당노동행위 근절 우선 과제로 삼겠다고 발표한 점을 지적하며 출연기관의 노사관계 정상화를 촉구하는 성명서를 발표했다. 전자통신연구원을 비롯한 16개 기관의 일방 단협 해지, 과학기술처 산하 21개 기관 사용자들의 일방적 임금인상분 지급 등의 불법행위의 즉각적인 시정과 함께, 출연기관의 노사관계를 악화시키는 정부의 간섭과 통제를 즉각 중단하고 사용자들도 노사관계 정상화 및 운영의 민주화를 위한 혁신체제를 마련토록 촉구했다.

전국의보노조(위원장 조희만)는 정부(보건복지부)의 일방적 직제 정원 조정(감축)에 맞서 2월 17일부터 파업에 돌입했다.

3) 민주노총 노사정 합의 부결 및 공공기관노조 총파업 투쟁

IMF 위기가 본격화되던 1997년 12월 26일 대통령 당선자(김대중)는 'IMF 체제 극복을 위한 노사정위원회' 구성을 양 노총에 제의했다. 대선 당시 한국노총(위원장 박인상)은 당선자와 이미 정책협약을 체결한 상태에서 당선자의 제안을 즉각 수락했다. 민주노총(위원장 직무대행 배석범)은 1998년 1월 7일 중앙위원회를 통해 "민주적 구성과 운영을 전제로 노사정 3차 협의체를 구성하고 중앙교섭을 전개한다"는 방침 하에 당선자의 제안을 수락했다. 총파업 투쟁과 노사정 교섭을 병행한다는 것이었다.

김대중정부와 양 노총은 1998년 1월 30일 '경제위기 극복을 위한 노사정간의 공정한 고통 분담에 관한 공동선언문'을 채택하고 노사정 협의를 시작했다. 당시 민주노총 집행부는 2월 총파업투쟁을 결의하고 있었지만, 외환위기 직후 대량 실업과 휴·폐업 등이 확산되는 상황에서 현실적으로 총파업이 쉽지 않다는 판단을 지니고 있었다. 노사정 협상 없이 정부측 원안대로 정리해고가 법제화되고 근로자파견법이 제정된다면 노동자 대중들의 상태가 더욱 악화된다는 판단아래 민주노총은 1백여개의 요구조건을 내걸고 협상에 임했다(김유선, 2007).

민주노총은 노사정 협의 기간 중에도 투쟁체제를 유지하며 2월 4일 부당노동행위 사업장의 노조들를 중심으로 농성이 시작되었고, 2월 6일 1차 부분파업에 돌입했다. 2월 6일 정부와 양 노총은 '경제위기 극복과 재도약을 위한 노사정 공동선언문' 채택과 함께, 제1차 노사정 합의를 이뤄냈다. 민주노총은 집중적인 노사정 교섭을 통해 전교조 합법화 및 의료보험 통합의 요구를 관철시켰다. 그러나 2월 9일 민주노총 비상대의원대회에서 노사정 합의 내용과 절차에 대한 문제점이 집중적으로 제기되면서 노사정 합의는 부결되었다.[68] 이에 책임을 지고 민주노총 1기 집행부(배석범 직무대행)가 사퇴하면서 비상대책위원회(위원장 단병호)가 출범했다.

민주노총 대의원대회에서는 2월 13일 총파업을 결의했으나 비대위는 준비 부족 및 내부 갈등을 이유로 총파업 돌입을 철회했다. 때를 같이하여 2월 13일 국회에서는 정리해고 법제화 및 근로자파견법 제정이 의결되었다. 민주노총은 이후 3월 31일 대의원대회를 통해 경선 끝에 2기 집행부(위원장 이갑용)를 선출했다. 민주노총은 당면한 구조조정 위기에 대응하여 1998년 총파업투쟁 조직화를 위한 공동 임단투 요구를 설정하고, 공공부문과 금속산업을 중심으로 한 구조조정 저지 투쟁방침을 구체화했다.[69] 한편 이 시기에 민주노총 지도부의 노사정 합의 및 부결, 이후의 2기 집행부 선거를 둘러싸고 민주노총의 운동노선과 관련된 논쟁들이 민주노총 안팎에서 전개된다. 공공부문의 각 현장에서는 전방위적인 구조조정에 대응하느라 이러한 논쟁들은 결국 상층 활동가들 중심에서 이뤄졌다. 그러나 이러한 논쟁들은 이후 민주노총의 사업 방향을 논의하는데 있어서 적지 않은 변수로 작용했다.[70]

공공부문 구조조정 공세에 대응하여, 민주노총은 4월 17일 〈일방적 구조조정 저지를 위한 공공부문 공동투쟁위원회〉(공공공투위, 위원장 유덕상) 발족과 함께 공공부문의 일방적 구조조정 저지를 위한 총력투쟁을 선언했다. 공공공투위에는 (구)공공연맹·공익노련·민철노련·보건의 료노조·공공노협(사무노련)·언론노련·민주금융노련·전교조 등이 참여했으나, 이후 공공부문 투쟁이 집중되면서 민주노총의 총파업에는 공공 3조직(공공·공익·민철) 및 보건의료노조가 주

---

68 2.7 노사정 합의는 △노동기본권 보장(1999.7.1. 교원노조 허용, 공무원 직장협의회 인정 등) △사회보장 제도 확충(의료보험 통합 등) △고용안정과 실업대책 △노사관계법 개정(노조전임자 임금지급 처벌 삭제)등의 긍정적 내용이 포함되어 있었지만, 노동자의 고용 안정을 위협하는 '노동시장의 유연성 제고방안'(2월 국회에 서 정리해고제 도입, 파견근로 허용 법제화)이 포함되어 있는데다, 합의과정에서의 절차적 문제까지 제기되어 결국 부결되기에 이른다(찬성 54명, 반대 184명). 야당인 국민회의 대선 후보와 정책협약을 체결한 한국노총 (위원장 박인상)은 2월 8일 중앙집행위에서 노사정 합의를 수용했다.

69 4월 22일 민주노총 집행부 및 산별 대표자들은 김대중 대통령과 오찬 대화를 갖고 IMF 경제위기 속에 노 동자들의 고용안정 및 부당노동행위 근절을 공동으로 요구하였다.

70 이와 관련하여, 민주노총 2기 집행부 출범은 1기 집행부가 선택한 운동노선('국민과 함께하는' 사회개혁 투쟁 및 노사정위원회의 정책 참여)에 대한 비판적 입장 아래, '전투적이고 투쟁적인 전략을 강조한 운동노선' 이 선택된 것이라고 평가한 주장들이 당시 강하게 제기되었다(조효래, 2001). 그러나 결국 1998년 2기 집행부 의 운동노선은 이러한 전략과는 달리 노사정위와 관련하여 적지 않은 혼선을 드러냈다. .

로 참여하였다. 한편, 상급단체 복수노조 인정 등의 노동법 재개정에도 불구하고 정부는 1998년 5월 민주노총의 설립 신고를 또 반려했다.

공공공투위는 5월 12일 기자회견에서 공동투쟁 결의를 밝히고, 5월 23일 권역별 총파업 결의대회를 거쳐 금속산업연맹이 연대파업을 결의한 5월 27일 1차 총파업을 추진했다. 당시에는 공공부문을 넘어 전 산업에 걸쳐 광범위한 구조조정이 확산되고 있었기 때문에, 민주노총은 먼저 공공부문 조직과 금속산업연맹을 앞세워 총파업의 전선을 확대하려는 계획을 구체화했다. 5월 27일 민주노총 총파업에는 공익노련·금속산업연맹·보건의료노조·(구)공공연맹 등 5개 연맹 123천여명의 조합원이 파업에 돌입했다.

정부의 공공부문 구조조정 강행 흐름 속에서 민주노총은 6월 10일 2차 총파업을 결의하였으나, 이에 앞서 6월 3일 긴급 중앙위원회 논의를 거쳐 2기 노사정위원회에 다시 참여키로 했다. 민주노총의 참여에 따라 노사정위 산하에 〈공공부문 구조조정 특위〉(공공특위)가 6월 27일 설치되어 구조조정 방안에 대한 논의가 시작되었다. 노사정위 공공특위에는 민주노총에서 공공공투위 관계자들이 참여했다. 그러나 노사정위 공공특위가 구성된 6월 27일 당일 공공특위 회의에서 정부가 '공기업 경영혁신 및 민영화 계획'을 발표했다.

'공기업 경영혁신 및 민영화 계획'은 지난 4월 15일 정부가 발표한 경영혁신추진계획을 대부분 수정없이 확정한 것으로서, 민주노총 노사정위 참여를 비웃는 듯한 정부 발상이 드러났다. 이후 이에 근거하여, 7월 2일까지 4차에 걸친 특위 회의에서 정부(기획예산위원회)는 민주노총·한국노총의 강한 반대 의견에도 불구하고 인력 감축 및 일방적·획일적 구조조정과 관련한 구조조정 세부계획 추진을 강행했다. 결국 정부의 일방통행식 논의 과정에 반발하면서 결국 민주노총은 공공특위 퇴장을 선언했다. 정부의 구조조정 추진 방식에 반발한 한국노총도 공공특위에서 동시에 퇴장했다.

당시 민주노총의 노사정위 탈퇴-재가입 등을 둘러싸고 민주노총 내부의 적지 않은 논란과 혼선이 발생했다. 민주노총의 2.8 노사정 합의 부결 → 총파업 선언 뒤 불발 → 총파업 돌입 및 노사정위 참여·탈퇴의 반복 속에 공공부문에서는 주요 간부들의 구속·수배, 각 기관별로 구조조정을 둘러싼 충돌로 인해 민주노총에 대한 불신 흐름도 나타났다. 논란의 핵심은 과연 노사정위원회가 실효성이 있는가 하는 것과,[71] 전투적 운동노선을 선택한 민주노총 집행부가

---

71 민주노총의 노사정위 복귀(6.5)와 관련하여, 민주노총 사무총장은 "노사정위원회 한계는 분명하지만, 구조조정 반대투쟁을 강화하고 투쟁의 정당성을 확보하기 위한 전술적 고리로 노사정위원회를 활용한다"는 '전

노사정위원회를 활용하는 것이 적절한가 하는 것이었다.[72]

정부가 7월 3일 1차 공기업 민영화계획 발표를 강행하자, 민주노총은 곧바로 노사정위 공공특위에서 탈퇴하겠다는 성명을 발표하고, 정부가 공공부문 구조조정을 중단치 않으면 7월 15일 2차 총파업에 돌입하겠다고 선언했다. 정부의 구조조정에 맞서 한국노총과 공동투쟁 분위기가 무르익으면서 7월 12일 △강제적 구조조정 저지 △정리해고 중단 △부당노동행위 척결 등을 위한 전국 노동자 총력투쟁 결의대회가 양 노총 주최로 10만여명이 결집한 가운데 개최되었다. 우리 노동운동 역사상 최대 규모가 참여한 노동자대회였다. 그러나 이같은 계속된 투쟁에도 정부의 구조조정 정책은 계속 강행되었다. 물론 노사정위원회(공공특위)의 논의도 모두 무용지물로 만들었다. 결국 7월 14일 민주노총은 총파업을 선언하였고, (구)공공연맹·공익노련·금속연맹을 중심으로 7월 15~16일 2차 총파업이 진행되었다. 비록 하루였지만, 7월 15일 한국통신노조(위원장 김호선)는 역사상 처음으로 전면 파업에 돌입했다.

한편 7월 23일로 예정된 3차 총파업을 앞두고 민주노총 및 공공연맹 주요 노조(한국통신·조폐공사·의보노조 등)에 대한 고소·고발 및 체포 영장이 대거 발부되었다. 이에 민주노총은 정부에 노동운동 탄압에 대해 강하게 항의했고, 이 과정에서 민주노총은 정부와의 합의를 통해 7.23. 총파업을 철회하고 노사정위원회에 복귀(3차 참여)했다. 7월 27일 노사정위 사무실에서

술적 활용론'을 제기했다(고영주, 1998). 이러한 민주노총 집행부 입장에 대해 찬·반 양론이 이 각각 제기되었다. 찬성하는 입장에서는, "노사정위원회는 민주노총이 정부의 정책결정기구에 참가할 수 있는 유일한 통로이며, 노동운동이 취약한 현재 조건에서 3자 기구 참여를 더 중시할 필요가 있다"고 주장(김유선, 1998)한 반면, 반대하는 입장에서는 "노사정위원회 참여가 투쟁요구를 쟁점화하고 현안 해결을 위해 활용되기보다는 6.10, 7.23 총파업투쟁의 철회로 이어지는 등 전체적인 투쟁 전선만을 교란"시켰다고 주장(허영구, 1999)했다. 노사정위에 대한 계속된 논란 끝에 민주노총은 1999년 2월 24일 대의원대회에서 탈퇴를 선언했고, 이후 다시는 노사정위에 참여하지 않았다.

72 1998년의 '전술적 활용론'은 민주노총 지도부의 총파업투쟁에 대한 지도집행력의 한계로 인해 별다른 성과를 거두지 못했다고 볼 수밖에 없다. 실제 [표4-11]에서 보듯 노사정위 논의 결과는 5회에 걸쳐 발표된 각 부문의 구조조정 정책에 거의 반영되지 않았기 때문이다(필자 주). 한편, 당시 민주노총 집행부가 변혁적 운동노선을 내세우고도 노사정위원회를 활용한 것에 대해, 당시 민주노총의 주요 의결단위인 중앙집행위원회 구성에서 집행부측과 노선을 같이하는 각 조직 대표들이 부족하여 내부 역학관계상 집행부의 운동노선을 제대로 실천할 수 없었다는 입장(유범상, 2005)도 있다.

노사정위원장과 양 노총이 두번째 합의서를 채택한다.[73]

　7월 27일 노사정 합의와 함께 민주노총이 노사정위 공공특위에 복귀했지만, 정부은 이 합의에 아랑곳하지 않고 8월 4일 '2차 공기업 민영화 및 경영혁신추진계획'을 발표했고, 8월 18일에 300여개 정부출연·위탁기관에 대해 인력 감축, 통폐합, 기능조정 등의 구조조정 계획을 또다시 발표했다. 이로써 중앙정부 산하 공공기관 552개에 대한 △민영화 △인력 감축 △통폐합 △자산(자회사) 매각 등을 포함한 구조조정 방안이 모두 확정 발표되었다. 10월에는 행정자치부가 별도로 지방공기업(공사·공단)에 대한 구조조정 방침을 발표했다.

　민주노총이 노사정위 공공특위에 참여하는 동안 이에 대한 실질적인 논의는 거의 이뤄지지 않은 채 정부(기획예산위원회)는 자신들의 예정된 일정에 따라 모든 구조조정 방침을 일방적으로 발표해버린 것이다. 정부(기획예산위원회 등)는 노사정위 공공특위에서 [표4-11]에서와 같이 거듭 채택한 구조조정과 관련한 특별결의문·건의문 등도 대부분 무시한채 애당초 정부가 설정한 구조조정 계획을 수정없이 모두 강행했다.

표4-11　노사정위원회 공공부문특별위원회(1998년) 노조측 제안 및 주요 의결내용

구분	의결일시	주요 내용	비고
공공부문 구조조정에 대한 대정부 건의문	7.2.	- 공공부문 개혁추진 6대 원칙: 공익성(국민의 이익 극대화), 투명성(개혁방식과 절차 공대), 고용안정(고용승계, 해고회피노력 등 보완대책), 공정성(개혁의 고통과 성과 공정 분배), 자율경영(경영간섭 배제, 이해당사자 참여), 민영화(주식매각기 국민참여 보장, 경제력 집중 예방 등) - 향후 공공부문 개혁 노사정위 공공특위에서 충분한 협의 하에 추진	노동계 퇴장, 선별 반영
공공부문 구조조정 관련한 입장	7.20.	- '제2차 공기업 민영화 및 경영혁신 추진계획' 발표 연기 - 노동계 대표들의 대표적인 참여와 의견개진 촉구	7.27. 노동계 참여
'2차 공기업 민영화 및 경영혁신 계획'에 관한 대정부 건의문	8.2.	- 7.2. 결의된 6대 원칙 반영 재확인 - 노사간 성실한 협의 거쳐 '2차 공기업 민영화 및 경영혁신' 계획 추진(고용조정 완료 시점 2001년 연장, 고용조정 비율 조정, 근로조건 변경시 노사간 합의 조정 등)	미이행 (한국통신 등 인력감축 확대시행)

<hr>

73　노사정위원장(김원기)과 민주노총위원장(이갑용), 한국노총위원장(박인상)은 공공·금융부문 구조조정, 장기투쟁사업장, 현대자동차 정리해고 등 10개 현안에 대해 7월 27일 합의서를 체결했다.

구분	의결일시	주요 내용	비고
'비연구 정부출연기관 경영혁신 추진계획'에 관한 합의문	8.14.	- 인사·예산집행에 대한 독립성·자율성 보장(기관장 선임시 추천위 구성, 예산전용 자율범위 확대 등) - 개별기관의 기능·특성을 고려하여 구조조정 신축적 추진 - 근로조건 변경시 노사합의 조정	미 이행 (상당수 기관 노사충돌)
'정부출연연구기관 설립·운영및육성에관한법률안'에 대한 건의문	10.2.	- 연구회 이사회, 임원추천위원회 구성시 노동계(1인) 참여	미 이행 (1998년 법 제정)
'정부투자기관관리 기본법개정(안)'에 관한 대정부 건의문	11.3.	- 정부투자기관평가위원회의 운영위원회로 재편 철회 - 위원회에 노동계 1인 참여	미 이행 (2002년법 개정)
'지방공기업중개정 법률안'에 관한 합의문	11.12.	- 지방공사의 설립권·사장임명승인권·감사임면권 지방정부 권한 이양 - 기관장추천위원회 구성시 노동계 참여	일부 미이행

자료: 노사정위원회(1999) 재구성

또한 공공기관 경영혁신과 관련한 제도개선(이사회·기관장추천위 노동계 참여 등)은 거의 이행치 않았다. 철저히 공공부문노조를 들러리로 활용한 '최악의 합의기구' 운영으로서 이후 노사정위에 대한 불신은 계속 높아질 수밖에 없었다. 결국 △정부의 구조조정 정책 강행 발표 및 노사정위의 일방 통행 민주노총한 노사정 합의 △민주노총의 총파업 돌입 및 철회 등의 혼란 속에, 각 공공기관들(특히, 부산교통공단·조폐공사·한국통신 등)은 9월 이후 구조조정으로 인한 심각한 노사, 노정간 갈등 국면으로 빠져들고 있었다.

4) (구)공공연맹의 구조조정 저지 총파업 투쟁 및 산하 조직 투쟁

4월 19일 (구)공공연맹이 결성된 후 산하 조직들은 공동투쟁을 준비하기 위해 임금 및 구조조정 관련 공동 요구안을 중심으로 일제히 교섭에 돌입했다. 5월 19~20일 대의원·집행간부 합동수련회에서, (구)공공연맹은 6월 10일 총파업을 준비했다. 민주노총 집행부의 노사정위 참여 선언 및 공공특위 논의로 투쟁 진행을 잠시 유보했으나, 노사정위(공공특위) 논의를 무시하고 정부가 다시 공기업 구조조정을 강행하자 7월 7~8일 쟁의행위를 결의했다.

7월 11일 명동성당에서 민주노총 총파업 전야제에 참여한 후, 7월 12일 민주노총-한국노총 연합 결의대회에 앞서 공공연맹은 35,000여명이 대규모 조합원들이 참여한 가운데 총파업 결의대회를 추진했다. 7월 14일 민주노총 2차 총파업 돌입 선언에 따라, 서울·대구·대전 등에서 한국통신노조·전국의보노조 등을 중심으로 총파업 대오가 지역별로 집결하였고, 7월 15일 공공연맹이 시한부 파업을 선언했다. 한국통신노조를 비롯하여 전국의보노조·조폐공사노조·공항공단노조·한국감정원노조 등이 연대파업에 돌입했고, 고속철도공단노조 등 3개 노조는 총회투쟁에 돌입하면서, 65,000여명의 조합원들이 총파업에 돌입했다. 7월 16일까지 총파업('일방적 구조조정 저지, 생존권 사수, 고용안정 쟁취를 위한 총파업 결의대회')이 이어졌다.

정부는 주요 공공기관노조가 참여한 (구)공공연맹 연대파업에 맞춰 주요 조직의 핵심간부에 대한 체포 영장을 발부하고 수배 조치를 취하는 등 노조 탄압을 본격화했다. 7월 17일 조폐공사노조 위원장(구충일)에 대한 체포영장이 발부되어 연행되었고, 18일에 전국의보노조 위원장(조희만)에 대해서도 체포 영장이 발부되었으며, 공공부문 출신의 민주노총 사무총장과 서울본부장이 체포되었다.

7월 15~16일 경고 총파업을 한 (구)공공연맹은 7월 23일 또다시 '전면 무기한 총파업' 돌입을 결의하고, 7월 22일 3,000여명이 참여한 가운데 연대파업 돌입을 위한 야간 총회를 진행하였다. 7월 23일 민주노총 지도부가 총파업을 철회함에 따라 전국의보노조·한국통신노조·공항공단노조 등은 현장 복귀를 선언했고, 한국통신노조는 7월 26일 고용안정 및 임금에 관한 협약을 체결했다. 그러나 한국통신노조의 고용안정 협약은 머지않아 정부와 공사측에 의해 파기되었다.[74]

7월 총파업 과정에서 (구)공공연맹의 주요 조직 간부들에 대한 체포 영장 및 고소·고발이 집중되었다. 한국통신노조 위원장 등 10명, 전국의보노조위원장 등 4명, 조폐공사노조 위원장 등 2명, 서울지하철노조 위원장(김선구)등 10명, 부산지하철노조 위원장(김태진) 등 2명에 대해 체포 영장이 발부되거나 수배 조치가 내려졌으며, 공공부문 출신 민주노총 간부에 대해서도 5월·7월 총파업투쟁과 관련해서 체포영장 또는 수배가 내려졌다.[75]

---

74 한국통신의 고용안정 협약에는, 종사자의 고용 안정을 위해 사업 구조조정에 따른 인위적 인원 감축을 하지 않으며 불가피한 사업 퇴출시 인력 재배치 등은 노조와 사전 협의를 한다는 내용이 포함되었다. 그러나, 8월4일 '2차 공기업 민영화 및 경영혁신 추진계획'에 한국통신은 8,250명의 인력을 감축한다는 내용이 포함되었고, 사측은 더 나아가 1998년 12월 정부의 8월 정책 발표 때보다 2,000명이 추가된 10,500여명의 인력감축 방안을 발표한다. 이같은 한국통신 공사측의 노사 합의 위반은 2001년까지 3차례에 걸쳐 더 나타난다.

75 당시 민주노총에서 공공부문노조 연대 총파업을 주도했던 수석부위원장(유덕상), 사무총장(고영주), 조

이후 정부가 8월 4일 발표한 '2차 공기업 경영혁신계획'에서 조폐공사에 대해 △옥천 조폐창의 경산창 통합 △부여창 소사장제 도입 △929명(35.3%)의 인력감축 및 인건비 삭감(1998년 30%, 1999년 20%) 등의 추진 방침을 발표했다. 이미 민주노총의 7월 총파업 투쟁에 참여한 조폐공사노조는 8월 25일부터 4일간 본사 및 각 조폐창을 순회하는 파업을 전개했고, 이어 9월 1일부터 전면 파업에 돌입하겠다고 선언했다.

공사는 노조가 파업에 돌입하기 직전 9월 1일 아침부터 직장폐쇄를 단행했다. 결국 노조는 전면파업에 돌입했고, 공사측은 조폐공사노조의 강한 단결력과 공공부문 민주노조들의 연대 투쟁 분위기로 인해 일단 9월 12일 직장 폐쇄를 철회했다. 그러나 공사측은 10월 2일 이사회를 통해 경산·옥천창 통폐합을 1999년 3월까지 앞당겨 완료하겠다는 의결을 강행했다. 이에 노조는 10월 24일부터 창 통폐합 반대 서명을 전개하면서 11월 25일부터 2일간 시한부 경고 파업을 전개했다. 노조가 12월 14일 상경 투쟁에 돌입한 이후 공사는 옥천 조폐창에 대해 12월 15일 직장 폐쇄(창폐쇄) 조치를 내림으로써 노조는 옥천지부부터 무기한 전면 파업에 다시 돌입했다. 이 조폐공사의 파업은 노조를 와해시켜 공공부문 구조조정을 용이하게 하려는 정권의 유도 공작이었음이 불과 6개월 후에 밝혀진다.[76]

노조의 전면 파업 방침에 따라 12월 17일 부여지부가 파업에 돌입하면서 전면 파업이 확대되었다. 1999년 1월 6일 공사측이 옥천창 기계 반출을 시도하자, 노조는 1월 8일 기획예산위원회 점거 농성에 돌입했다. 파업 23일 차인 1월 11일 노조는 현장 투쟁으로의 전환을 선언하고 직무대행(김상신) 중심으로 파업 이후 후속 처리를 완료했다. 조폐공사노조는 결국 1998년 한해 공공부문 구조조정에 맞서 4번의 파업을 거치는 등 공공기관노조 중 가장 끈질기게 투쟁하였다. 이로 인해 노조위원장 등 5명이 구속되고, 노조 간부 7명에 대해 손해배상 소송이 제기되었다. 1월 17일 옥천장 노동자 218명이 경산창으로 강제 전보되고, 일부 명예퇴직도 이뤄지면서 옥천창의 통폐합 또한 완료되기에 이르렀다. 그러나 조폐공사노조의 투쟁은 여기서 끝나

직국장(박표균), 서울본부장(임성규), 대전충남본부장(김예준) 등의 공공기관노조 출신 간부들에 대해, 5월 1차 총파업, 7월 2차 총파업 투쟁으로 모두 체포 영장이 발부되거나 수배 조치가 내려졌고, 이후 모두 구속되었다.

76 1999년 6월 대전고검장으로 발령받은 진형구는 기자들과 간담회를 나누는 자리에서 1998년 조폐공사 파업 당시 대검 공안부장 재직중에 조폐공사노조를 구조조정 본보기로 삼기 위해 공사 사장(강희복)과 공모 하에 파업을 유도(창 통폐합 및 직장폐쇄)했다는 발언을 함으로써 파문을 야기한다.

지 않고 1999년에 다시 불붙게 된다.

1998년 7월 총파업으로 노조 간부 상당수가 구속·해고된 한국통신은 노사간 징계 최소화 합의에도 불구하고 이후 사측이 대량 징계절차에 착수하면서, 다시 노사 갈등이 격화된다. 공사측은 파업의 책임을 물어 12명 해임, 58명 정직 등 374명에 대해 중징계 조치를 내렸고, 이에 노조는 11월에 부당노동행위 규탄 및 인력감축 저지를 위한 결의대회를 통해 정부와 공사측이 탄압을 계속할 경우 전면 파업에 돌입하겠다고 선언했다.

이에 사측은 노조 간부에 대해서는 일부 징계를 철회하겠다고 발표했지만, 곧이어 12월에 2000년 민영화 완료와 함께 10,501명의 인력을 감축하겠다는 구조조정 계획을 다시 확정하여 발표했다. 이 인력감축 규모는 정부가 8월 4일 발표한 8,250명보다 더 확대된 규모였다.[77] 한국통신 사측은 1998년 말부터 곧바로 노조와 합의없이 일방적으로 3,000명의 인력 감축을 위한 명예·희망퇴직 절차에 착수했다. 노조는 결국 1999년 4월 통합 공공연맹의 총파업 투쟁에 맞춰 구조조정 저지를 위한 파업 투쟁을 준비할 수밖에 없었다.

전국의보노조(위원장 조희만) 역시 국민의료보험법안(단계적 통합방안)에 따른 통합 공단 설립을 앞두고 공단의 직제 설계에 따라 국민연금공단으로의 전출을 포함한 구조조정이 가시화되자, 이에 맞서기 위해 1998년 4월 6일부터 5일간 순환 파업에 돌입했다. 7월 15일 민주노총 2차 총파업 투쟁에 참여한 이후 정부가 인력 감축을 강행하자 이에 맞서 9월 1일 전면 파업 돌입을 선언하기에 이르렀다. 8월 31일 파업 돌입 직전에 고용 안정, 해고자복직, 근속 승진을 주요 내용으로 하는 잠정합의가 이뤄졌다. 당시 의보노조 입장에서는 구조조정(인력 감축) 못지 않게 숙원과제인 국민건강보험 통합 법안을 위한 국회 투쟁이 더 시급했기 때문에 구조조정 저지 투쟁을 마무리할 수밖에 없었다.

1998년 말 국회에서 의료보험 통합 법안 논의가 본격화되자 의보노조는 또다시 파업에 돌입했다. 서울본부가 선도적으로 전면파업(12·24)에 돌입했고, 전국의보노조는 12월 29일 국회 입법을 촉구하며 전면 파업에 돌입했다. 1999년 1월 6일 국회에서 국민건강보험 통합 법안이 의결(2002년 1월 시행)됨으로써, 1월 15일 의보노조는 결국 1998년부터 계속된 파업투쟁을 마무리했다. 물론 이 의료보험 통합 법안은 2001년 이후 또다시 갈림길에 놓이게 된다.

---

77 당시 최대 공기업이었던 한국전기통신공사는 정원이 59,491명이었으나, 2000년까지 48,990명으로 감축(114 기능조정, 지점수 축소 등 포함)하겠다고 함으로써 김대중정부 구조조정의 '모범적 사례'(?)로 부각되었다.

5) 공익노련의 구조조정 저지 총파업 투쟁 및 산하 조직 투쟁

공익노련(위원장 양경규)은 3월 대표자 수련회를 통해 산하 조직에 대해 고용안정 및 임금인상 등의 요구사항을 내걸고 연맹으로의 교섭권 위임 전술을 통한 총력투쟁을 결의했다. 또한 공공부문 조직들이 구조조정에 맞선 투쟁을 준비하기 위해 공익노련을 산별노조로 전환하는 조직발전 전망도 아울러 검토하기 시작했다.[78] 공익노련 소속 조직에서도 1998년 3월 정부의 구조조정이 본격화되기 이전에 △임금체불·삭감(한국종합기술·에너지관리공단·원자력연구소 등) △부당해고(한국종합기술·엑스피아월드 등) △부당노동행위(과기노조 산하 16개 연구소의 단협 해지 등) 등이 빈발하고 있었다.

5월 1일 민주노총 공투위 주최 결의대회 이후, 공익노련은 5월 18일 연맹 차원의 총파업 결의대회를 전개하였고, 5월 27일 민주노총 1차 총파업에는 60개 노조 22,000명이 참여했다. 공익노련은 주요 투쟁 사업장을 중심으로 28일까지 총파업을 지속하였다. 전면 파업에 돌입한 과기노조(위원장 이성우)를 중심으로 연맹 결의대회를 개최했고, 이 과정에서 민주노총 공공공투위 소속 조직(전국의보노조·서울지하철노조·서울대병원지부 등)들도 같이 연대했다.

6월 1일 공익노련은 투쟁 사업장 중심으로 자체 총파업 결의대회를 갖고,[79] 6월 3일 전국 동시다발 집회, 6월 8일 정부출연기관노조 총력결의대회를 거치면서 민주노총의 6월 10일 2차 총파업에 맞춰 파업을 결의했다. 민주노총의 노사정위 참여로 6월 총파업투쟁이 유보된 이후 노사정위 공공특위가 가동되자, 공익노련은 6월 27~28일 공공부문노조 확대간부 수련회 및 6월 30일 정부출연기관노조 연대파업 결의대회를 개최했다. 7월 4일까지 임단투를 매개로 한 조정신청을 완료하고, 7월 15일 민주노총 2차 총파업에도 26개 노조 15,000여명이 참여했다.

---

78 1998년 3월 가맹노조 대표자 수련회에서 발표한 '조직발전 토론자료'를 보면, 공익·사회서비스노조(대산별)로 뭉치는 방안을 통해 공익노련부터 산별노조로 전환할 필요가 있다는 내용이 담겨 있다, 이미 공노대가 〈공공대산별노조 연합〉으로 조직발전 전망을 제시하면서 1997년 12월 〈공공연맹준비위원회〉를 구성하자 공익노련 안팎의 공공부문 조직들을 모아내기 위한 전략의 일환으로 풀이된다(필자 주).

79 1998년 6월 투쟁에는 구조조정에 앞서 노조 탄압을 진행하고 있는 공공기관(과학기술계 출연연구기관, 에너지관리공단·한국전력기술·중소기업진흥공단·대구염색공단 등)도 있지만, 폐업(청산)·매각 등으로 고용 위기에 직면한 민간부문(동아ENG·조흥시스템·세진컴퓨터랜드·한국종합기술·엑스피아월드 등)들이 주로 앞장섰다. 특히 5월 27일 동아엔지니어링(ENG)노조의 신길수(전 위원장)의 자살 충격이 사회적으로 큰 파장을 불러일으켰다. 이들 노조 대부분이 민주노총의 5월~7월 총파업에 앞서서 참여하였다. 그밖에 민간부문노조(서울종합학교·유신코퍼레이션·대림엔지니어링·광주상공회의소 등)도 총파업에 참여했다.

공익노련은 7월 16일까지 단독으로 연대 파업을 이어가며 주요 투쟁 조직의 연대를 위한 투쟁을 지속하며 7월 23일 민주노총이 선언한 3차 총파업도 준비했다. 7월 23일 민주노총의 3차 총파업이 유보된 후에도 구조조정 및 노조 탄압에 맞서 계속 투쟁하는 조직들에 대해 공익노련은 승리로 마무리하기 위해 7월 31일 기획예산위원회 앞에서 파업 중인 조직들과 연대파업 집회를 가지게 되었다.

비록 공익노련에는 대형 공공기관 조직이 많지는 않았지만, 이전부터 계속 투쟁을 지속해온 조직들(과기노조·전력기술노조·전기안전공사노조·데이콤노조 등)과 함께 신규로 가맹한 조직들(환경관리공단·영화진흥위원회노조 등)이 총파업투쟁에 참여했다.[80]

공공부문 중에서는 1998년 한해 정부출연연구기관의 구조조정을 전면에서 막아왔던 과기노조의 투쟁이 돋보였다고 할 수 있다. 과기노조는 4월 15일 정부출연기관에 대한 통폐합 방안과 예산 삭감, 인원 감축 방안이 제출되자, 4월 17일부터 산하 17개 지부가 졸속적인 구조조정 논의 중단 및 노조 의견 수렴 등을 요구하며 철야농성에 돌입했다.

4월 22일에는 연전노조(위원장 고형곤)와 함께 공익노련 주최의 '출연연구기관 일방적 경영혁신 추진 규탄 결의대회'에 참여하여 공익노련의 총파업 투쟁을 선도하였다. 5월 8일 기획예산위원회가 개최한 정부출연연구기관 경영혁신 2차 공청회에서 △출연기관 경상경비 20% 삭감 △연합이사회 운영 △연봉계약제 전면 실시 등을 주요 골자로 하는 혁신안이 발표되자, 5월 28일 민주노총 지침에 따라 공공부문 일방적 구조조정 저지를 위한 전면 파업에 돌입했다. 7월 15일에는 민주노총의 구조조정 저지 총파업 지침에 따라 지부별로 총회를 개최하고 지역별 민주노총 결의대회에 결합했다.

9월 28일에는 과학기술계 출연연구소의 임시 이사회 연기를 촉구하며 과학기술부 장관의 지구당 사무실 농성에 돌입했고, 29일에는 한국과학기술연구원 이사회를 봉쇄하여 이사회를 무산시키는 등 모든 기관의 이사회가 무산되기에 이르렀다. 과기노조는 10월 2일 과학기술부 장관이 사과 의사를 표명하고 이사회 안건에 대해 노조와 충분한 협의를 하겠다고 약속함에 따

---

80 공익노련 소속 공공기관노조들은 국가 기간산업이 집중된 (구)공공연맹·민철노련 소속 공공기관노조에 비해 언론에 크게 부각되지 않았고 해고·구속되는 경우가 많지 않았지만, 소속 노조들이 연맹 집행부의 총파업투쟁 방침을 충실히 이행한 것으로 평가되었다. 이같은 흐름은 공익노련의 중앙 사업 집행체계의 안정에서 비롯되었는데, 이후 공공 3조직의 통합 추진 과정에서 공익노련이 실무적 준비를 주도하는 역할을 맡게 된다 (필자 주).

라 투쟁을 마무리했다.

공익노련 소속 대구염색공단·한국전력기술·중소기업협동조합중앙회(중기협)·에너지관리공단·중소기업진흥공단·소비자원노조 등에서 1998년 하반기 구조조정(인력감축)에 저항하는 노조의 투쟁이 계속되었다. 한국전력기술노조(위원장 이광영)는 1998년 한해 완강한 파업 투쟁을 전개했다. 5월 27일 민주노총 총파업 투쟁 및 7월 15일 민주노총 2차 총파업 투쟁에 결합했던 노조는 8월 초 공기업 2차 경영혁신 추진계획이 발표된 후 8월 22일부터 12월 24일까지 구조조정(기능 조정, 30% 인력 감축 등) 저지를 위해 시한부 파업, 대정부 규탄 총력 결의대회 등을 계속했다. 전력기술노조는 이후 1999년부터 2002년까지 구조조정과 관련하여 5차례의 파업 투쟁을 더 전개한다.

중기협노조(위원장 유광수)는 사측의 정리해고 통보에 맞서 7월 15일부터 전면 파업에 돌입하여 14일간의 파업 끝에 강제 인력 감축을 저지했다. 대구염색공단노조(위원장 이우인) 역시 사측의 계속된 체불임금 및 정리해고 위협에 맞서 7월 22일 전면 파업에 돌입했다.

1998년 말에는 정부가 설정한 구조조정 방침을 가장 먼저 완료토록 되어 있는 정부출연·위탁기관노조들의 투쟁이 먼저 시작되었다. 다만 중소규모 노조들이라 크게 부각되지는 못했다. 중소기업진흥공단노조(위원장 유중호)는 민주노총 7월 총파업이 진행중이던 7월 15일 1차 시한부 파업을 전개한 뒤, 10월까지 집회·농성을 계속했다. 노조가 1995년 전문노련 가맹 이후 공단 측의 노조 탄압이 계속되었고, 구조조정 추진 과정에서도 노조를 배제하면서 갈등이 더 깊어졌다.

서울에너지노조(위원장 이방무) 역시 열병합발전의 분리로 인한 구조조정이 임박한 상황에서 고용안정협약 쟁취를 위해 12월 22일부터 24일까지 총력 결의대회를 진행하였다. 1997년 정부출연기관노조 연대파업에 참여했던 소비자원노조(위원장 박용석)는 사측의 구조조정을 빙자한 노조 집행부 해고에 맞서 12월 1일부터 부분파업·집회·단식투쟁 등을 계속하였다. 사측의 노조 집행부 해고는 1997년 파업을 이끈 노조 집행부에 대한 일종의 보복성 정리해고였다.

6) 민철노련의 구조조정 저지 투쟁

민주노총의 노사정 합의 및 부결 당시 서울지하철노조는 2월 8일 전면파업을 선언했으나, 노조의 주요 쟁점이었던 손해배상 가압류 건에 대한 노사정 합의가 별도로 이뤄지면서 파업 돌입은 유보되었다. 집행부가 교체된 후 노조(위원장 석치순)는 민주노총이 노사정위 참여를 결정한 다음날인 해고자 복직 등의 요구를 앞세워 6월 11일 전면 파업을 선언하였다. 노조가 파업을 선언한 직후 임금인상 및 해고자 복직과 관련한 합의가 이뤄져 파업을 철회하고 교섭을 마무리했다. 당시 지방공기업은 구조조정 계획이 아직 발표되기 전이었기 때문에, 서울지하철노조의 파업 배경 및 합의 내용에 구조조정 관련 의제는 제외되어 있었다.

이보다 앞서 4월 30일 민철노련은 '철도·지하철 구조조정에 대한 정책 건의'를 정부에 제출하였다. 철도(노민추)의 경우 인력감축·임금삭감 중단 및 8시간 노동제 도입, 서울지하철노조는 △지하철 건설 부채의 중앙정부 이관 △수도권 지하철·전철의 운영권 통합 △지방공기업법 개정 △주40시간 노동제 도입을 통한 고용 확대, 부산지하철노조는 1997년에 합의한 직제 개편 철회 이행 및 인력 충원 등을 각각 요구했다. 이러한 정책 건의는 앞서 언급한 노사정위 공공특위 파행 운영 등과 함께 정부에 의해 묵살되었다. 부산교통공단의 직제 개편 강행은 결국 노조 파업으로 연결되었다.

1998년 상반기에 예정된 부산지하철 2호선 개통을 앞두고 부산교통공단은 인력 충원 대신 인력 감축 등이 포함된 직제 개편을 추진하였다. 지하철 운행 폭이 확대됨으로써 신규 인력 충원이 필요한 상황이지만, 정부와 부산교통공단은 인력 감축(1인 승무 도입 및 외주화 확대 등)으로 대응하고 있었다. 이에 부산지하철노조(위원장 김태진)는 1997년 임금·단체교섭과 연계하여 '직제개편의 노사 합의 후 시행'을 요구하며 투쟁한 끝에 '노사 직제개편추진협의회' 구성을 합의하였다. 그러나 공단 측이 이 합의 이행을 계속 거부하고 직제 개편을 강행하려 하자, 노조는 1998년 3월 11일 파업을 의결하고 3월 12일 파업을 위한 야간 총회에 돌입하였다.

3월 12일 부산지역 시민사회단체의 중재하에 직제 개편(1인 승무 시행)을 유보하는 대타협을 이끌어냈다. 그러나 정부(건설교통부)가 장관 교체 이후 직제 개편 유보에 합의한 이사장을 전격 경질하고 새로운 이사장을 임명했다. 신임 이사장은 3월의 합의 이행을 거부하고, 7월 1일에 1인 승무 체계 도입을 포함한 직제 개편을 일방적으로 강행했다. 결국 노조는 7월 2일 조합원 총회를 통해 동래역 고가 농성에 돌입하고 7월 4일 새벽 전면 파업을 선언했다. 승무지부를 중심으로 700여명의 조합원들이 1차 파업 투쟁에 돌입했다.

정부는 노조 파업 돌입 직후 농성이 진행중이던 동래역에 곧바로 공권력을 투입하여 노조 위원장 등 간부 14명이 구속되고, 508명의 조합원이 연행되었다. 그러나 연행 후 석방된 조합원들이 상경 투쟁을 전개하며 정부종합청사 앞에서 총력 결의대회를 전개하는 등 완강한 파업 대오을 유지하면서 노조의 파업은 7월 13일까지 계속되었다.

부산지하철노조가 전면 파업 등의 희생을 통해 저지코자 했던 '1인 승무'는 이후 부산을 넘어 각 지하철(서울지하철 제외)로 확산되기에 이르렀다. 이는 각 지하철공사의 구조조정(인력 감축)과도 직결되는 핵심 의제로서, 1999년 4월 서울지하철노조 파업의 주요 원인이기도 했다. 이 파업으로 부산지하철노조의 조합원 23명이 해고되었다.

서울지하철노조와의 합의 및 부산지하철의 직제 개편 강행에 따른 노조의 전면 파업이 마무리된 후 정부(행정자치부)는 10월 2일 지방공기업(공사·공단)에 대한 구조조정 계획을 발표한다. 이에 따라 민주노총 총파업에 참여했던 지방공기업노조들(서울지하철·서울농수산물공사·서울시설공단·부산도시개발공사 등)은 1999년 이후 구조조정 저지를 위한 투쟁을 준비했다. 지방공기업 구조조정 계획에는 20% 이상의 인력 감축 뿐 아니라 강도 높은 경영혁신 계획(외주화·연봉제도입·퇴직금제도개편 등)이 포함되어 있었다. 이는 앞서 발표한 중앙정부 산하 공공기관에 대한 구조조정 및 경영혁신 계획을 뛰어넘는 수준이었다. 정부는 지방공기업에 대한 구조조정 방침을 제일 마지막에 발표하면서 가장 강도 높은 목표를 설정하고, 이를 앞서 발표한 중앙 공공기관에도 작용하려는 의도를 드러냈다. 예상대로, 지방공기업에 추가로 포함되었던 경영혁신 계획은 이후 1998년 11월에 중앙정부 산하 전 공공기관에도 확대 적용된다.

이러한 지방공기업 구조조정 계획으로 인해 가장 큰 규모를 지닌 서울지하철공사의 구조조정이 '태풍의 눈'으로 떠오르게 되었다. 이미 부산지하철에 1인 승무제 도입이 강행되는 등 구조조정이 본격화되고 있었기 때문이다. 서울지하철노조는 12월 15일 구조조정 저지를 위한 1차 조합원 총회를 거쳐 1999년 전면 파업을 준비하기에 이르렀다.

7) 한국노총 소속 공공부문 조직들의 구조조정 대응 투쟁

1998년 2월 김대중정부와 노사정 합의 이후 양 노총의 공공부문 구조조정 대응은 초기에 공동으로 추진했다. 한국노총은 1998년 3월 30일 〈공공부문 구조조정 및 공기업 해외매각 대책위원회〉를 구성했고, 민주노총과 함께 〈공공부문 구조조정 및 민영화 공동대책위원회〉를 통해 정부에 정책 건의를 전달하였다. 당시 공노대 소속으로 민주노총 조직들과 1997년까지 연대를 해왔던 정투노련은 1998년 한국노총 소속으로 자리잡았다. 민주노총이 5월 17일 1차 총파업에 돌입하기 전인 1998년 5월 24일 한국노총 정투노련은 먼저 정부투자기관에 대한 졸속 구조조정 저지를 위한 결의대회를 갖고 산하조직들 또한 투쟁 대오를 준비하기 시작했다.

6월 21일 민영화 대상 5개 조직(한국통신·한국전력·한국중공업·한국가스공사·한국담배인삼공사) 노조들의 민영화 반대 결의가 있은 후 양 노총 공공부문노조들은 다른 행보를 보이고 있었다. 민주노총 조직(한국통신·한국중공업노조)은 총파업 투쟁을 주도한 반면, 한국노총 소속 공기업 노조들(전력·가스·담배인삼노조 등)은 한국노총 공공부문 조직들과 12월에 〈정부산하기관노조협의회)를 구성했지만, 결의대회에서 민영화 반대를 요구하는 수준에 머물렀다. 공기업노조가 다수 포진한 정투노련은 1998년 정부투자기관의 구조조정 계획이 발표되자 양 노총 전국노동 자대회 참여 이후 별다른 투쟁 움직임을 보이지 않고 1999년에 경영혁신 압박(퇴직금누진제 폐지 등)이 구체화되자 일부 노조(한전기공·수자원공사·토지공사 등 6개 노조)가 연대파업을 준비하기에 이른다. 한국노총의 1999년 연대 파업은 6월 25일 한국노총 노사정 합의에 따라 유보된다. 가스공사노조는 가스산업 구조 개편에 맞서 1999년에 시한부 경고 파업을 전개했고, 2000년에 상급단체를 변경하여 정투노련에 가입했다.

전력노조는 1999년 10월 3일 1만여명이 참여한 가운데 '전력산업 분할 해외매각 범국민 규탄대회'를 개최했으며, 11월 8일에도 이어 전 조합원 총회를 개최했다. 전력노조 등은 시민 사회단체의 전력 민영화 반대 흐름을 등에 업고 있었으나 1998년 민주노총이 두차례에 걸쳐 총파업을 진행하는 동안 주로 노사정위와 정치권에 의존하면서 민주노총과는 연대를 기피하는 경향을 드러냈다. 당시 전력노조는 민주적 직선제가 도입되기 이전 상황이었다. 한국노총 조직 중에서는 가스공사노조가 시한부 파업에 돌입하였고, 한전기공·수자원공사노조 등도 정부 정책에 맞서 총파업을 결의하기도 했다.

7. 공공부문 민주노조 조직의 통합(1998~99년)

1) 1998년 구조조정 저지 투쟁 과정에서의 통합 논의 구체화

1998년 7월에 전개된 민주노총의 공공부문 구조조정 저지 2차 총파업은 민주노총 및 (구) 공공연맹의 주요 간부들에 대한 구속(사법처리) 탄압으로 이어졌지만, 총파업에 참여한 공공부문 노조들의 총단결을 위한 조직 통합 논의가 가속화되는 계기를 만들었다. 특히 1998년 7월 총파업투쟁으로 상당수 간부들이 구속된 (구)공공연맹, 공공과 운수와의 조직발전 전망 논란으로 내부에서 진통을 겪은 민철노련에서는 민주노총내 공공부문 조직의 통합 논의 필요성이 내부에서 강하게 제기되고 있었다.

이러한 (구)공공연맹·민철노련의 상황과 관계없이 당시 정세로 인해 공공부문 민주노조 통합의 필요성이 공유되고 있었다. 7월부터 10월까지 거의 융단폭격식으로 가해지는 김대중정부의 강도 높은 구조조정에 맞서 공공부문 민주노조들은 전국적인 공동 투쟁을 위해 조직 통합이 불가피하다는 인식이 확산되어 있었다. 정부의 강도 높은 구조조정에 대해 1~2차례 전개된 연대 총파업 투쟁으로는 도저히 대응할 수 없다는 현실을 체감했기 때문이다.

1년 전 공노대의 조직발전 논의 당시 구체화되지 못했던 공공부문 조직의 총단결은 1998년 총파업 투쟁을 거치면서 더 이상 거부할 수 없는 대세로 자리잡았고, 이러한 흐름들이 결집하여 1999년 3월 민주노총 공공연맹이 출범하기에 이르렀다. 공익노련 역시 산별노조 이행을 중심으로 한 조직발전 사업 대신 공공부문노조 대통합을 당면 과제로 설정하기에 이르렀다.

공공조직의 통합 논의는 〈(구)공공연맹준비위원회〉에서 제일 먼저 거론되었으나 4월에 (구)공공연맹을 먼저 결성하고 추진하자는 의견들로 인해, 실제 통합 제안은 민철노련으로부터 이뤄졌다. 조직발전과 관련한 갈등을 겪은 민철노련이 1998년 3월 30일 대의원대회를 통해 새로운 집행부(위원장 김연환)를 선출한 뒤, "공공·운수·사회서비스 각 조직의 강력한 연대투쟁과 대산별 건설사업을 함께할 것을 제안"하면서 이후 조직 통합 논의가 본격화된다. 민철노련은 (구)공공연맹준비위·공익노련·병원노련과 함께, 사무노련 산하 공공노협 및 운수3조직(민주택시노련·민주버스노조·화물운송노련)에게 이같은 공공투쟁과 조직 통합을 제안했다.

이에 4월 6일 공공연맹(준) 위원장(김호선), 공익노련 위원장(양경규), 민철노련 수석부위원장(김선구) 등 3조직 대표가 모여 공기업 민영화·통폐합·인력감축 등 공공부문 구조조정에 대한 총력 대응이 필요하다는데 1차로 인식을 같이했다. 이어 다른 공공서비스 조직(보건의료노조·화물운송노련·대학노련·사무노련 공공노협 등)과 공동 대통합 및 공동투쟁을 제의하기로 했다. 이에 따라 4월 17일 〈민주노총 공공부문 공동투쟁위원회〉가 출범하고, (구)공공연맹준비위에 속한 조직들을 중심으로 4월 19일 (구)공공연맹(위원장 김호선)이 결성되었다.

이어 4월말부터 공공부문 구조조정이 전면화되면서 조직 통합 논의는 잠시 유보되고, 공동투쟁 중심의 사업이 추진되었다. 정부의 공공부문 구조조정 계획이 속속 발표되고, 이후 7월까지 민주노총 총파업투쟁 및 각 조직들의 총파업투쟁, 그리고 각 산하조직의 투쟁들이 이어지면서 자연스럽게 조직의 통합 분위기도 확산되었다. 7월 총파업 이후 사무노련 공공노협 소속 노조들 및 일부 공기업(지역난방공사 등)이 8월에 공익노련으로 상급단체를 전환했고,[81] 공익노

---

[81] 1998년 구조조정 당시 사무금융노련 공공노협에는 국민연금공단·공무원연금공단·사학연금공단·학술진흥재단·유네스코 등의 5개 공공기관노조 및 금융 부문(은행감독원·보험개발원·증권예탁원·교원공제회 등)이 있었는데, 앞서 5개 노조가 10월에 공익노련에 가맹한다. 이중 국민연금공단은 1999년 통합 공공연맹 출범 당시 집행부가 개편되며 한국노총(공공서비스노련)으로 전환한 후 2005년 11월 전면파업을 거친 뒤 2006년 4월 공공연맹으로 다시 가맹하게 된다.

런 내에도 통합의 필요성이 제기되기 시작했다. 이어 7월 민주노총 총파업으로 상당수 간부가 구속·해고되었던 (구)공공연맹에서 8월 18일 중앙위원회를 통해 민주노총 공공부문 조직의 연내 통합 제안을 결의했다. 이에 8월 30일 3조직의 대표자(양경규·김연환·강승회) 회의를 통해 통합과 관련한 기본 원칙을 합의하면서 3조직 통합 사업이 구체화되기 시작했다.[82]

이후 9월 4일 3조직 집행단위 모임을 시작으로 집행위원회를 결성하고 통합에 필요한 실무 준비도 진행키로 했다. 4월에 8개 조직으로 출발한 (구)공공연맹도 10월 들어 농어촌공사·한국감정원·한국냉장·관광공사·서울도시개발공사 등의 공기업노조들이 추가 가입하면서 조합원이 65,000여명에 이르고 있었다.

9월 10일 민주노총 전국 단위노조 대표자 수련대회(속리산)가 개최되는 가운데, 3조직(공공연맹·공익노련·민철노련) 간부들의 간담회를 통해 통합의 공감대가 조성되었고, 이에 9월 15일 민주노총에서 공공 3조직 대표는 기자회견을 통해 3조직 통합을 선언했다. 3조직은 1998년 말까지 통합을 완료하고 각 조직별로 진행된 공공부문의 투쟁을 하나의 조직 체계로 묶어 1999년 공동투쟁을 준비하기로 결의를 모았다. 이어 9월 30일 '공공부문 구조조정 저지 및 3조직 통합을 위한 간부 결의대회'를 진행하였다.

한편, (구)공공연맹은 7월 총파업 관련하여 위원장이 구속되고, 주요 노조 위원장도 구속됨에 따라 지도력 공백이 이어지고 있었고, 민철노련은 지도부가 또다시 사퇴하면서 논의가 단절되고 운수산별노조 운동 전망에 대한 책임있는 입장 정리가 지연되면서 통합 논의가 다소 정체되었다. 특히 민철노련의 내부 상황이 여전히 혼란스러웠다. 민철노련이 공공 3조직 통합 논의에 참여한 이후 9월 25일 운수산별추진위 대표자회의에서는 이후 운수노조추위원회를 운수 3조직(화물·택시·버스) 중심으로 유지한다는 입장을 정리했다. 민철노련은 공공3조직 통합 추진 이후에도 운수산별 추진을 위한 운추위에 지속적으로 참여할 것을 결의했지만, 공공부문 조

82　1998년 8월 3조직 대표자회의를 통해 공공부문 3조직 통합과 관련한 5대 원칙이 설정되었다.

1. 통합연맹은 민주노총에 가입을 전제로 하며, 이에 동의하는 공공부문 노동조합이라면 누구나 자유롭게 참여할 수 있다.

2. 통합연맹의 조직 범위는 공공서비스(public service) 부문 전체 노동조합으로 한다.

3. 통합연맹은 통합을 추진하는 세 조직 조합원 전체가 참여하는 민주적 절차와 과정을 원칙으로 한다.

4. 통합연맹에 참여하는 모든 조직은 공공부문 노동자들의 대의에 충실하며, 이를 위해 조직의 기득권을 완전히 버린다.

5. 통합연맹은 여하한 어려움 속에서도 연내에는 통합을 완료토록 한다.

직 통합 및 공동 투쟁의 전망을 설정한 서울지하철노조와의 입장 차이가 여전히 남아 있었다.[83] 결국 조직 통합 논의는 공익노련과 (구)공공연맹이 주도하게 되었다. 통합 추진의 기본적 준비 및 통합 연맹의 이후 사업 계획들은 상대적으로 산별조직 중앙의 집행력이 안정되어 있었던 공익노련 중심으로 이뤄졌다.

2) 3조직 통합 논의 본격화 및 공공 대산별 연맹 출범

11월 8일 전국노동자대회(민중대회)에서 공공 3조직은 사전 결의대회를 통해 공공3조직 통합 및 1999년 공동투쟁에 대한 결의를 진행했다. 다만, 여전히 각 조직의 사정이 여의치 않아 통합 논의가 지연되면서 1998년 12월에 통합을 완료키로 한 결의는 잠시 지체되었다. 이후 12월 16일 구속되었던 (구)공공연맹의 위원장(김호선)이 출소하여 3조직 대표자회의가 개최됨으로써 통합 논의는 다시 본격화된다. (구)공공연맹은 1997년 준비위 전환 당시 기본적으로 공공 대산별노조 통합을 전제로 했던 만큼, 지도부가 안정되자 곧바로 공노대의 조직 발전 전망을 계승하여 통합 논의를 본격적으로 전개했다. 3조직은 대표자회의에서 통합 시기를 1999년 3월로 조정하고, 통합준비위원회를 〈공공대통합과 99공투 승리를 위한 투쟁본부〉(공공 공투본)로 전환키로 했다. 공공 공투본 산하 집행위원회는 12월 30일 1차 회의를 갖고 통합 실무 준비에 박차를 가했다.

공공 공투본은 1999년 1월 8일 소속 노조 대표자 및 합동간부 수련회를 갖고 통합의 결의를 모은 가운데, 1월 22일 (구)공공연맹이 대의원대회를 통해 선도적으로 통합 결의를 완료했다. 2월 7일 전 조합원 결의대회('공공 대통합과 99공동투쟁 승리를 위한 전진대회')를 거쳐, 2월 19~20일 3조직 현장 대표자 수련대회에서 통합 공공 산별조직 창립을 최종 결의하기에 이르렀다. 공공 3조직의 통합은 단순한 조직 통합을 넘어 1998년부터 본격화되고 있는 김대중정부의 구조조정에 맞서 공공부문 민주노조들이 총단결하는 토대를 구축하는 의미에서 시대적 과제라고도 불 수 있다. 당연히 당면 최대 과제인 구조조정을 총력 투쟁으로 전개하겠다는 실천

---

83 민철노련은 공공3조직 통합이 약간 소강 상태에 빠졌던 11월 10일 중앙위원회를 통해 공공3조직 통합과 관련한 사업 방침을 논의하였으나, 궤도 단일노조 건설 논쟁, 운추위 사업방침과 관련한 혼선이 재연되어 위원장(김연환)이 사퇴하기에 이르렀다. 민철노련은 공공3조직 통합을 힘있게 추진할 새 집행부(위원장 김태진)을 12월 2일 대의원대회에서 선출하지만 위원장이 부산지하철 구조조정으로 인한 내부 사정으로 다시 사퇴하는 혼란을 겪게 된다.

의지도 포함되어 있었다.

통합을 주도했던 공익노련은 3월 10일 해산 대의원대회를 개최하여, 연전노협(1988년) →
전문노련(1989년) → 공익노련(1997년)으로 이어지는 전문직 및 공공부문 노동운동의 11년 역사
를 마감했다. 1997년 창립 이후 조직발전 논쟁으로 어려운 과정을 지냈던 민철노련(위원장 직무
대행 석치순) 역시 1998년 12월 운수산별추진위원회 회의를 마지막으로 운수산별노조운동에 대
한 전망을 유보하고, 3월 13일 대의원대회에서 '전국공공연맹 가입을 전제로 한 조건부 해산
결의'를 통해 공공 산별노조운동의 조직 전망을 정리하며 해산하기에 이르렀다. 흥미로운 사실
은 민주노총내 공공부문 조직이 통합을 논의하는 1998년 중·하반기에 한국노총은 새로운 공
공부문 산별 조직이 계속 분화하고 있었다는 점이다. 주로 연합노련에 참여하는 공공부문노조
들이 상급단체 복수노조 흐름에 따라 정투노련·공공서비스노련·공공건설노련·도시철도노련
등으로 상급단체가 계속 갈라져 출범하고 있었던 것이다.

3월 13일 공공 3조직이 통합하는 역사적인 창립 대의원대회가 새종대에서 개최되어 〈전
국공공운수사회서비스노동조합연맹〉(공공연맹)의 깃발이 올랐다. 이후 3월 30일 공공연맹은
1999년 총력투쟁 결의대회를 통해 공공부문노조 통합을 대외적으로 천명했다.[84] 11만여명을
포괄하는 민주노총의 공공부문 대산별 연맹이 탄생한 것이다. 1999년 3월 공공연맹이 통합하
여 출범함으로써, 민주노총내 공공부문노조는 보건의료노조(국공립병원지부)·언론노련(공영방
송)·전교조를 제외하고는 상당 부분의 노조들이 공공연맹으로 집결한 모양새가 되었다.[85] 공
공연맹은 출범 선언문을 통해 '공공의 보편적 이익 증대'를 위한 공공부문 노동의 가치를 제기
하며 이후 사회공공성 강화 운동의 전망을 제시했다.

"우리 공공서비스 부문 노동자들은 우리 노동이 사회발전과 역사 진보에 필수적임을 깊이 인
식하고 우리 노동이 소수 지배 집단을 위해서가 아니라 공공의 보편적 이익 증대를 위해 이
용되어야 함을 밝힌다. 우리는 선배 노동열사들의 피어린 투쟁을 통해 발전해 온 민주노동동

---

84 3월 13일 대의원대회에서 조직 명칭을 둘러싼 해프닝이 발생했다. 원안으로 제시된 '전국공공운수사회서
비스노동조합연맹'의 명칭이 너무 복잡하다며 공공 3조직 통합 취지에 맞게 '전국공공노동조합연맹'으로 변경
하자는 수정(안)이 발의되었는데 이 수정(안)이 과반수로 통과된 것이다. 순간적으로 혼란스런 분위기가 이어
진 가운데, 주최측에서 발의 대의원에게 양해를 구하여 다시 번안 동의가 발의됨으로써 원안이 확정되었다.

85 당시 보건의료노조·언론노련·전교조 외에도 사무노련·대학노련 등에 일부 공공부문노조가 존재했다.

▲ 통합연맹을 이끌 3조직 대표 (99. 2. 7 종묘)

1999.3. 공공연맹 출범 및 총파업 전진대회

운동을 계승하고 나눠이졌던 힘을 합쳐 새로운 도약을 이루기 위해 공공운수사회서비스 부문
노동자들의 결의를 모아 전국공공운수사회서비스노동합연맹을 결성한다"(공공연맹 선언문).

공공연맹은 창립 대의원대회 당일 1999년 총파업 투쟁 돌입을 위한 투쟁명령 1호를 발표
했다. "1. 연맹 소속 노조는 3월 20일까지 연맹으로 교섭권을 위임하고, 현재 교섭을 진행 중인
노조는 즉각 교섭을 중단한다. 2. 모든 노조는 3월 15일부터 3월 26일 사이에 쟁의발생을 결의
한다. 3. 모든 노조는 3월 22일부터 4월 3일 사이에 쟁의행위 찬반투표를 실시한다. 4. 모든 노
조는 쟁의행위 찬반투표 이후 연맹 위원장의 투쟁 명령에 따라 언제든지 투쟁에 준비할 수 있
도록 비상 대기하고, 구체적인 투쟁 시기와 전술은 연맹 위원장이 결정한다." 공공연맹의 창립
이 공공부문 민주노조의 총단결을 넘어 김대중정부의 구조조정을 저지하는 투쟁을 전개하기
위한 것임을 창립 당일 밝힌 것이다. 이제 공공연맹의 4월 총파업 투쟁이 뒤를 잇게 되었다.

참고문헌

감사원(2002), 「공기업감사백서」

강충호·권혜자(2004), 「철도산업 구조조정과 노사관계의 변화」, 한국노동연구원

경제기획원(1994), 「공기업 민영화 추진계획」

고영주(1998), "하반기 정세전망과 민주노총의 투쟁 방향", 전국민주노동조합총연맹(정책토론회)

공공노조 사회보험지부 20년사편찬위원회(2010), 「사회보험노동조합 20년 투쟁사」

공공부문노동조합대표자회의(1994), 「공공부문노동조합대표자회의 결성자료」

국민승리21(1998), 「15대 대통령선거 평가(안)」

기획예산위원회(1998a), 「정부산하기관 및 지원단체 현황」

_____(1998b), 「정부출연연구기관의 운영 개선방안」

_____(1998c), 「1차·2차 공기업 민영화 및 경영혁신 추진계획」

_____(1998d), 「정부출연위탁기관 경영혁신 추진계획」

기획예산처(2002), 「2002 국민의정부 공공개혁백서」

김금수(2004), 「한국노동운동사 6 – 민주화 이행기의 노동운동」, 지식마당

김병구(2005), "1994년 6.24파업 이후부터 선거투쟁까지" 「60년 걸어온 철길」, 전국철도노동조합

김상조(1999), "IMF 구제금융과 한국 경제의 미래", 한국노동이론정책연구소·민주와진보를위한지식인연대
(토론회)

김영수·김원·유경순·정경원(2013), 「전노협 1990-1995」, 한내

김영수·정경원(2013), 「서울대병원노동조합 20년사 신새벽」, 한내

김유선(1998), "민주노조운동의 혁신을 위한 제언", 「노동사회」, 한국노동사회연구소

_____(2007), 「한국의 노동 2007」, 한국노동사회연구소

김태현(2001), "공공부문 노동운동의 현황과 발전방향", 공공포럼, 한국노동사회연구소

김호선(1997), "공공부문 노동조합의 조직발전과 1997년 과제", 공공부문노동조합대표자회의(토론회)

노사정위원회(1999), 「1998년 활동보고」

노중기(2012), "87년 노동자대투쟁의 역사적 의의와 현재적 의미", 87년 노동자대투쟁 25주년 기념 심포지움,
전국민주노동조합총연맹·매일노동뉴스·레디앙·참세상

노항래(1996), "96 공노대 공동임투, 성과와 과제", 「노동사회」, 한국노동사회연구소

민주철도지하철노동조합연맹(1998), 「1997년 사업 보고」

박승호(2001), "김대중정권의 구조조정 정책, 그 비극적인 종말", 「교육비평」, 교육비평

박영범(1994), "한국 공공부문 노사관계의 현황과 과제", 「공공부문 노사관계의 국제적 추세와 한국의 과제」,
한국노동연구원

박용석(2022), "공공기관 기능조정과 시장화 전략 진단", 「전환의 시대, 공공기관의 길을 묻다」, 공공상생연대
기금

박태주(1994), "전국과학기술노조 건설의 경험(4장)", 「한국 노동조합의 조직발전 전망 연구」, 전국노동조합협

의회

_____(1995), "민주노총과 공노대, 교집합 확대를 위한 상호 노력을", 「현장에서미래를」, 한국노동이론정책연
　　　구소

안재성(2006), 「김시자열사 평전 – 부르지 못한 연가」, 삶이보이는길

유범상(2005), 「한국의 노동운동 이념」, 한국노동연구원

이병훈·황덕순(2000), 「공기업 민영화와 노사관계」, 한국노동연구원

이상헌(1995), "한국중공업 민영화의 쟁점", 「동향과 전망」제28호, 한국사회과학연구소

전국공공서비스노조(2008), 「사회복지서비스 노동현황과 노동조합의 과제」

전국전력노동조합(2016), 「전력노조 60년사」

전국지하철철도노동조합협의회(1995), 「1994년 사업 보고」

정윤광(1996), "공공부문노조의 발전을 위한 과제 진단", 공노대소식(14호), 공공부문노동조합대표자회의

조효래(2001), "노동환경의 변화와 노동운동의 새로운 모색(1996~99)", 「1987년 이후 한국의 노동운동」, 한국
　　　노동연구원

한국통신노동조합(1996), 「1995년 투쟁자료집1」

허영구(1999), "민주노총 98년 사업평가와 99년 사업방침", 민주노동조합총연맹(토론회)

행정자치부(1999), 「지방공사·공단 구조조정 및 경영혁신 계획」

• • • •

제5장

IMF 체제하에서 전면화된 구조조정 및
이에 맞서는 공공부문 민주노조 투쟁

1999년 3월 민주노총 소속 공공부문노조들을 통합하여 결성된 공공연맹은 통합 결성의 취지 및 당면 민주노총의 방침에 따라 연맹 출범 직후 곧바로 김대중정부의 공공부문 구조조정에 맞서는 총파업투쟁에 돌입하였다. 서울지하철노조의 4.19 파업을 시작으로 의보노조·과기노조·전력기술노조 등의 공공부문 조직이 총파업에 참여했지만, 기대를 모았던 한국통신노조의 불참 속에 공공연맹이 주도한 4월 총파업은 정부 권력 앞에 무너지면서 별다른 성과없이 마감된다. 공공연맹 외 금속연맹 산하 조직(예, 한국중공업노조)에서 민영화에 맞선 고용안정투쟁이, 보건의료노조 소속 국공립병원의 구조조정에 맞선 파업 투쟁이 계속되었지만, 민주노총 총파업은 이를 제대로 포괄하지 못하는 한계를 드러냈다.

다만 투쟁 과정에서 조폐공사 파업 유도 및 지하철노조에 대한 공안세력 개입이 공론화되면서 김대중정부의 공공부문 구조조정의 민낯이 드러나기도 했다. 정부가 특검을 통해 파업 유도 사건을 조사했으나 결국 공안세력의 조직적 개입 흐름은 짚지 못했고, 해당 노조(조폐공사·지하철노조 등)들의 투쟁으로 구조조정 흐름이 일부 변화되는 계기를 마련한다.

2000년 들어 정부의 경영혁신 압박 공세가 가중되면서 그동안 민주노총과 다른 노선(투쟁보다 정부와의 교섭 중심 경향) 흐름을 보였던 한국노총도 정부의 강압적인 구조조정에 대항하기 위한 공공부문노조의 연대의 필요성이 제기되고 전력노조에 직선 집행부가 들어서면서 양 노총 공공부문 연대투쟁(공공연대)이 가시화된다. 그러나 기대를 모았던 전력노조가 파업을 철회하면서 공공연대 투쟁은 무산되기에 이르렀고, 한국노총 공공부문 조직들(철도·전력·도시철도 등)의 파업 철회 속에 민주노총 공공부문 조직들의 개별적인 파업투쟁이 2001까지 계속된다. 2000년 민영화에 맞선 한국통신·데이콤·한국중공업·전력기술노조 등의 파업투쟁과 함께 사회보험노조의 투쟁이 계속되었고, 한국노총 금융노조 중심으로 국민-주택은행 합병 반대 파업도 전개되었다.

2001년에는 김대중정부의 구조조정에 맞서는 민주노총의 총파업투쟁 방침에 따라 공공연맹도 총파업투쟁을 전 조직적으로 실천했고, 여기에 사회보험·전력기술·지역난방·산업단지공단노조 등이 파업투쟁을 전개했다. 이들 공공기관노조 외에도 경기도노조·세종문화회관노조·오창휴게소노조 등 전국의 지자체 민간위탁 및 공공서비스 노동자들도 총파업투쟁에 참여했다. 당시 항공부문(대한항공조종사·아시아나항공노조)의 연대파업과 함께 국립대병원노조(보건의료노조 소속)의 퇴직금누진제에 맞서는 파업투쟁, 두산재벌에 맞선 한국중공업노조의 파업 투쟁이 끈질기게 전개되었다.

공공기관 최대 노조인 한국통신노조는 2000년 12월 파업 투쟁을 전개했지만, 불완전한 파업 마무리에다, 2001년 114분사투쟁을 제대로 수행치 못한 상황에서 민영화를 앞두고 사측의 구조조정 공세에 제대로 대응하지 못했다. 더구나 당시 처절하게 진행된 한국통신 계약직 노동자들의 투쟁을 사실상 외면하면서 민주노조의 정체성에 의문을 자아내게 했다. 김대중정부 기간 내내 파업을 계속했던 사회보험노조는 민주노조의 기반을 지켜내면서 결국 2003년 7월 건강보험 재정 통합을 완성해내고, 1998년부터 5년간 계속 파업했던 전력기술노조 역시 민영화와 인력 감축을 모두 저지하면서 투쟁을 마무리하기에 이른다.

1999년부터 본격화된 시작된 철도노조 민주화 투쟁에 따라 2001년 6월 철도노조에 50여 년만에 민주 집행부가 들어서고, 2001년 4월 전력의 분할에 따라 발전노조가 독립하여 민주노총(공공연맹)에 가맹하였다. 철도·발전노조는 김대중정부의 민영화에 맞선 파업 투쟁을 준비함에 따라, 그동안 민영화 저지투쟁을 계속한 가스공사·전력기술·지역난방공사노조 등과 함께 2002년 2월 공기업 민영화에 맞선 연대 파업 투쟁이 가시화된다.

김대중정부의 공기업 구조조정에 맞서 가장 강력한 투쟁을 전개한 철도노조·발전노조·가스공사노조 연대파업이 2월 25일 시작되었고, 가스공사노조·철도노조가 노사,노정간 합의를 통해 파업이 마무리된 상황에서 발전노조는 공공부문 민주노조들의 연대에 힘입어 38일간의 영웅적인 '산개파업' 투쟁을 전개하였다. 발전노조 파업 투쟁을 민주노총이 받아안아 민주노총 차원의 총파업이 4월 2일로 예정되었지만, 파업 돌입 직전에 노정간 합의가 이뤄져 파업은 철회되었다. 그러나 정부와의 합의 내용 및 파업 철회 과정에서 문제가 발생하여 노정간 합의가 파기되고 민주노총과 공공연맹 집행부가 사퇴하면서 민주노총 및 공공연맹 지도력에 큰 타격을 입게 된다. 발전노조 파업 기간 중 주요 공공서비스(국가기간산업)의 민영화에 대한 사회적 반대 여론이 형성되면서 이후 공공부문 노동운동에서 '사회공공성 강화'의 담론이 확고한 운동 전략 및 과제로 자리잡게 된다. 연대파업 이후 철도노조와 가스공사노조는 민주노총(공공연맹)에 가입하게 된다.

김대중정부의 구조조정 투쟁이 계속되는 동안 서울지하철노조는 1999년 4월 파업 이후 노사협조주의 집행부로 교체되면서 1999년 말 정부의 지방공기업 경영혁신방침을 대부분 수용하여 민주노조운동으로부터 이탈하는 흐름이 나타났다. 반면 서울도시철도노조에 민주노조 흐름이 확대되면서 부산지하철과 함께 지하철조직의 민주노조운동이 인천·대구에까지 확산되는 대조적인 모습이 나타난다.

한편 공공부문 구조조정은 지자체 상용 노동자들에게도 확산되었고, 이에 대응하여 지자체 상용·위탁 노동자들의 민주노조 결성과 전국적인 투쟁이 확산되는 계기가 형성된다. 먼저

지자체의 민간 위탁에 반대하는 상용직과 환경미화원투쟁이 서울상용직노조와 경기도노조를 중심으로 전개되면서, 전국 각지에서 이들 노동자들의 조직화와 투쟁이 확산되었다. 특히 경기 도노조의 투쟁은 지역 조직화 및 연대투쟁의 성공적 모델로 자리잡으면서, 공공시설노동자의 전국적 연대의 밑거름을 제공했다. 서울상용직노조는 광역 지자체 단위의 집단교섭 모델을 선 도적으로 개척하면서 전국의 상용직노조 투쟁의 중심에 자리잡았다.

세종문화회관 및 각 지자체 문화예술 노동자들의 투쟁도 전국 각 지자체를 중심으로 전개 되는데, 세종문화회관노조의 계속된 투쟁이 문화예술 노동자들의 전국적 연대가 형성되는 계 기로 자리잡는다. 각 지자체 문화예술 노동자들은 오디션을 앞세운 계약 해지 및 노조 탄압에 맞서 힘겨운 투쟁을 전국 곳곳에서 전개한다. 한편 이미 1990년대 초반부터 민간 위탁이 확산 되어왔던 사회서비스시설 노동자들의 투쟁도 에바다복지관·부천장애인복지관·소아마비정립 회관 등을 중심으로 계속된다.

IMF체제 이후 공공부문에서 확산되어오던 비정규직 노동자들의 저항과 투쟁도 2000년도 이후 본격화되는데, 이 투쟁의 중심에는 517일간 파업 투쟁을 전개한 한국통신계약직노조가 자리했다. 비록 한국통신계약직 노동자들의 파업 투쟁은 해당 정규직노조의 외면 속에 역사속 으로 사라졌지만, 이후 각 공공기관 및 중앙행정·지자체 비정규직 노동자들의 조직화와 투쟁 이 본격화되는 계기를 마련한다.

비록 1998년 2월 노사정 합의는 민주노총에서 부결되었지만, 이 합의에 따라 전교조는 1999년 7월 마침내 합법화되면서 2000년 이후 조합원이 10만명에 이르는 규모로 성장했고, 1997년 이후 산발적으로 투쟁했던 공무원 노동자들은 2000년 직장협의회 투쟁을 거쳐 2002년 공무원노조 출범을 선언했다. 공무원노조는 출범 이후 정권의 극심한 탄압을 거치면서 공무원 노동자의 노동3권을 확보하기 위한 투쟁을 계속한다.

전교조의 합법화, 김대정부정부의 구조조정에 맞선 공공부문 민주노조의 투쟁이 본격화 되면서, 그간 조직 규모가 한국노총에 비해 열세였던 공공부문은 2000년 이후 그 규모가 앞서 기 시작했고, 2005년에는 거의 2배 이상의 규모로 한국노총 공공부문을 앞선다.

다만 공공부문의 투쟁이 계속되는 가운데, 서울지하철노조의 이탈, 공공부문노조들간의 투쟁과 교섭의 편차로 인한 원심력 강화의 과제를 공공부문 민주노조운동은 계속 안고 있었다. 공공부문 민주노조 총단결의 힘으로 김대중정부의 구조조정에 맞서는 총파업 투쟁을 전개하 기 위해 출범했던 공공연맹이었지만 공공부문 시장화 전략으로 무장된 국가 권력 앞에 대응 역 량의 한계를 드러낸다. 무엇보다 기업별 체계에서 시기별 연대 파업으로 이러한 정세를 돌파하

기는 쉽지 않았고, 주요 공공기관노조들 또한 정부의 구조조정 및 경영혁신 공세를 막아내기에
는 역부족이었다. 공공연맹 역시 이러한 한계를 극복하기 위한 다양한 실천사업을 전개하지만,
2004년까지 잦은 집행부 교체로 인해 전체 공공부문 민주노조운동을 책임있게 포괄하기 위한
사업 추진에 한계를 드러냈다.

1. 구조조정에 맞선 1999년 4월 공공연맹 총파업투쟁

1) 정부의 강도 높은 구조조정 칼바람

1999년 3월 출범한 민주노총 공공연맹은 통합 취지에 맞게 김대중정부의 공공부문 구조조정에 대한 총력 투쟁을 초기부터 힘차게 준비했다. 김대중정부의 민영화·인력감축·경영혁신의 칼바람은 이미 공공부문 곳곳에서 노정·노사간 충돌로 나타나고 있었다. 1998년 5월부터 10월까지 정부출연연구기관·공기업·정부출연·위탁기관에 대해 잇따라 구조조정 방침을 발표했던 정부(기획예산위원회)는 1998년 10월에 또다시 공기업 및 정부출연·위탁기관에 대한 강도 높은 구조조정 및 경영혁신 방침을 담은 '1999년도 정부투자기관 예산편성지침'을 발표했다.

앞서 발표한 구조조정 방침과 이 예산지침은 1999년 이후 전 공공기관의 노사관계, 노동운동의 방향을 규정짓는 핵심적 변수로 작용하고 있었다. 이미 각 공공기관에 민영화 및 인력감축이 광범위하게 진행되는 가운데, 전 공공기관에 대해 적용한 △인건비 4.5% 삭감(1997년 대비 8.6% 삭감) △체력단련비 폐지 △성과급 차등 지급 △복지 축소(대학생자녀학자금·주택자금 지원 폐지 등)의 예산지침은 공공기관 노동자들의 강한 반발을 초래했다.

공공부문 구조조정과 관련하여, 1998년 12월 16일에 공공3조직 대표와 노사정위원장간 간담회가 개최되었지만, 정부가 구조조정 정책을 강행하겠다는 의사를 밝힘에 따라 이 간담회는 실효성을 지니지 못했다. 1999년 2월 공공 3조직이 요청한 국무총리와의 교섭도 막히면서 공공연맹은 통합 출범과 동시에 총파업을 포함한 총력투쟁을 준비할 수밖에 없었다. 공공연맹의 4월 총파업은 결국 김대중정부가 추진해온 △공공부문 구조조정 및 인력 감축 △임금 삭감 및 복지후생 축소 △퇴직금제도 개악(누진제 폐지) △단체협약 무시 및 부당노동행위 등 총체적인 신자유주의적 공세에 맞서 공동투쟁 전선을 구축하지 않으면 안된다는 절박한 상황에서 구체화되었다.

이러한 상황 속에서 민주노총 공공부문 조직은 1999년 3월 공공연맹의 창립과 함께 대정부 공동투쟁을 통해 공공부문 노조의 총단결을 이룬다는 목표 하에 서울지하철노조·한국통신노조·의보노조를 중심에 세우는 공공부문 총파업을 3월에 전개한다는 목표를 세웠다. 이러한 목표아래 통합 공공연맹 건설과 총파업 준비를 병행하며 1998년 말부터 1999년 초까지 지속적인 현장 조직화 사업을 준비하며 총파업을 준비해 나갔다. 그러나 이러한 공공연맹의 3월 총파업 방침은 산하노조들의 파업 조직화 시점의 차이를 조정해야만 하는 문제를 안고 있었고, 민주노총의 투쟁 방침과 시기상 일치하지 않는다는 더 큰 문제를 안고 있었다.

민주노총은 2월 대의원대회에서 김대중정부와과의 전면적 투쟁을 선언하면서 노사정위원회 탈퇴를 결의하고 임·단협의 시기 집중을 통해 민주노총 전 노조가 5월 총파업에 들어간다는 투쟁방침을 수립하였다. 총파업 투쟁 돌입 시기와 관련하여, 공공부문의 당면한 구조조정 저지 총파업 투쟁을 시급히 추진해야 한다는 공공연맹 입장과 타 산별연맹과의 시기 집중이 필요하다는 총연맹 지도부 입장과의 차이가 발생하였다. 이러한 상황에서 민주노총과 공공연맹 지도부는 최대한 투쟁 시기의 차이를 줄이며 '파도 타기' 총파업을 통해 대정부 투쟁 전선을 구축하기로 입장을 통일하고, 공공연맹은 4월 19일에, 그리고 민주노총의 다른 산별연맹들은 5월 1일 메이데이에 총파업에 돌입하는 것으로 투쟁 방침을 조정하게 된다. 공공연맹은 이런 과정을 거쳐 4월 8일 중앙위원회와 4월 13일의 대의원대회에서 최종적으로 총파업 시기를 4월 19일로 확정하고 산하노조에 대한 총파업 돌입을 적극적으로 조직해 나갔다. 4월 19일 공공연맹 총파업은 1998년 10월부터 행정자치부의 지방공기업 구조조정에 계속 맞서온 서울지하철 노조가 선봉에 섰다.[1]

2) 구조조정 최전선에서 전개된 서울지하철노조 4월 파업

1998년 10월 지방공기업 인력감축 방침이 발표된 이후 지하철공사 대부분이 그해 말 정부의 지방공기업 구조조정에 따라 인력 감축이 진행되었고, 부산지하철 역시 1998년 파업을 전개한 후 노조 내부의 역량이 위축된 가운데 이미 550여명이 감축되었다. 이로써 지하철공사 중 가장 규모가 큰 조직으로서 3,000명 이상의 인력 감축 계획이 통보된 서울지하철공사가 남게 되었다. 이는 결국 1999년 공공부문 구조조정 과정에서 '태풍의 눈'으로 작용할 수밖에 없는 상황이었다.

1998년 12월 서울지하철노조(위원장 석치순)는 '고용안정 쟁취와 지하철 개혁을 위한 제1

---

1 공공기관의 구조조정(민영화·통폐합·인력감축 등)의 양상이 공공기관별로 상이하게 나타나는데다, 공공기관의 경영혁신(퇴직금누진제·대학생자녀학자금 폐지 등)이 당시 '공공 개혁'의 핵심내용으로 부각되는 바람에 이에 대한 저항이 공론화되기 어려운 상황이었다. 이런 상황에서 1999년 4월 공공연맹의 총파업투쟁은 '공공부문 구조조정 중단'과 '대정부 교섭'이라는 거시적 담론에 맞춰져 있었다. 결국 이 시기의 투쟁은 한국통신노조·의보노조·지하철노조 등 대규모노조들이 중심에 서고, 다른 공공기관노조들은 총파업투쟁에 연대하는 흐름을 보였는데 노조별 당면 과제의 차이가 있었기 때문에 투쟁이 집중되지 못하는 한계가 있었다. 여기에 한국통신노조의 파업 불참은 이러한 연대 총파업 투쟁의 흐름을 약화시키는 1차 분수령으로 작용했다(필자 주).

차 조합원 총회'를 개최하여, 공사가 추진하려던 구조조정 계획을 1차 무산시켰다. 그러나 또다시 행정자치부와 서울시가 구조조정 압박을 가해오자 3월 26일 전 조합원의 압도적 찬성으로 파업을 결의하였다. 이에 앞서 2월 12일에 개최된 서울지하철 노사간 교섭에서 공사측은 3,447명의 감원을 포함한 구조조정(1인 승무, 차량정비 외주화, 역무 위탁 등)방안과 함께, △명예퇴직 강제 시행 △정년 단축 △대학생자녀학자금 지급 중단 등의 단체협약 개악(안)을 제시했고, 기 합의사항(체력단련비)의 이행 거부 등을 통해 노조와의 전면전을 선언했다. 서울시와 공사의 노골적인 공세는 3월말 이후 노사간 집중 교섭에서도 변함이 없었고, 파업 돌입 직전 4월 18일까지도 구조조정 방침의 철회 등의 요구내용이 전혀 수용되지 않았다. 노조가 요구한 서울시와의 공개적 협상마저 거부되었다. 민주노총과 공공연맹 구조조정 저지 투쟁을 준비하던 시기에 선도적으로 파업 투쟁을 준비하고 있던 노조 집행부에 대해 마치 파업하도록 유도하는 듯한 분위기였다.

민주노총과 공공연맹의 대정부 교섭을 정부가 거부하고 정부의 인력 감축, 경영혁신 압박이 강화되는 가운데, 공공연맹(공동위원장 양경규-석치순-김호선)은 연대 총파업을 선언했다. 4월 19일 새벽 4시에 서울지하철노조는 파업 지도부 및 승무지부가 명동성당에, 3개 지부 조합원

1999.4. 파업중인 서울지하철노조 조합원들의 거리 행진

들이 서울대에 각각 집결한 상태에서 전면 파업 돌입을 선언했다. 1989년 3월 파업, 1994년 6월 전지협 연대파업에 이어 다시 5년 만에 전면 파업이 실행된 것이다.

공공부문 노조의 총파업·총력투쟁의 연결 고리로 작용한 서울지하철노조 파업을 조기에 진압하기 위해 정부와 서울시는 즉각 7,105명의 대체 인력을 투입했고, 공공연맹의 집행부(양경규·김호선 공동위원장)와 노조 간부 60명에 대해 체포 영장을 발부했다. 지하철노조의 파업 대오가 완강하게 버티고 민주노총을 중심으로 연대파업 흐름이 확산되자 정부는 급기야 4월 25일 파업 7일 차에 조합원들이 농성중인 서울대에 공권력 투입을 통해 파업 대오를 해산하려고 했다. 노조의 주력 대오인 차량지부의 조합원들 다수가 연행되면서 완강하던 파업 대오가 흔들린 데다, 4월 26일 연대파업이 기대되었던 한국통신노조(위원장 김호선)가 파업 철회를 선언하자 결국 4월 27일 파업 9일 차에 서울지하철 노조위원장은 파업 중단을 선언하기에 이른다. 한국통신노조는 4월 26일 고려대에서 파업 돌입 결의대회를 가졌지만, 파업 동원력에 대한 자신 부족으로 노조 집행부가 파업을 철회하기에 이르렀다.

서울지하철노조의 파업은 공공연맹 4월 총파업의 중심에 있었지만, 한국통신 등의 연대파업 수준이 미흡하여 결국 독자적으로 파업을 전개하면서 마감한 결과가 되었다. 공공연맹의 총파업은 그동안 수세적인 국면에서 탈피하지 못했던 공공부문 노조의 전면적인 파업이 이루어졌다는 점에서, 그리고 창립과 함께 공공연맹이 공공부문 노동자의 투쟁의 구심이었음을 확인했다는 점에서는 의미있는 파업으로 자리잡았다. 그러나 한국통신노조의 파업 철회로 인해 민주노총의 각 산별조직과 공공연맹의 주요 조직에서 연대 파업 분위기가 더 이상 확산되지 못했다. 공공연맹의 총파업 투쟁에 대해서는 서울지하철노조 내부에서도 논쟁으로 연결되어 노조 내 민주세력이 분열하는 계기로도 작용했다.

서울지하철노조의 파업 철회 및 현장 복귀 이후 사측은 직권면직 65명, 직위해제 159명에 이어 수백명의 징계가 계속되었고, 노조 간부를 상대로 39억원의 손해배상이 청구되는 등 가공할 탄압이 뒤를 이었다. 명동성당에서 농성중이었던 파업 지도부는 당면한 노조 탄압 상황을 투쟁으로 돌파하겠다는 판단아래 5월 7일과 14일에 2차 파업을 선언했다. 그러나 파업 지도부와 현장 핵심 간부들이 사실상 현장에서 배제된 상황 하에서 현장 조합원들의 침체 분위기로 인해 결국 파업은 철회되었다.

2차 파업 철회와 함께 파업 지도부는 6월 2일 직무대행(김명희)을 선임하고 마무리 집회 후 경찰에 출두하였다. 구속된 노조간부들에 대한 재판 결과, 노조위원장(석치순)을 비롯한 7명에 대해 실형이 확정되었다. 당시 서울지하철에 대한 탄압이 계속되고 있는 상황에서 조폐공사

노조의 1998년 파업에 대해 '공안 검찰의 파업 유도설'이 제기되면서 서울지하철노조는 공안 탄압 사업장의 노조들(조폐공사·부산지하철노조)의 연대투쟁에 나서게 된다. 서울지하철노조의 직무대행 집행부는 노조 탄압 및 구조조정에 맞서 2차 파업의 배수진을 친 끝에 7월 17일 단체협약 이행, 조합비 가압류, 노조간부 징계 등과 관련한 합의를 이끌어내고 4월 파업으로 이어졌던 1999년 상반기 투쟁을 마무리했다. 다만 노조 직무대행 체제 중심으로 4.19파업에 대한 전반적인 평가가 이뤄지는 과정에서 파업 지도부와 직무대행 집행부간에 이견이 발생함으로써 민주세력간 갈등이 불거졌다.[2]

　　4.19파업 투쟁의 평가는 자연스럽게 공공연맹의 4월 총파업투쟁에 대한 평가와 연계되면서, 공공연맹의 실질적인 1기 통합 집행부를 선출하려던 1999년 7월 대의원대회마저 논란 끝에 무산되기에 이르렀다. 서울지하철노조 역시 파업 지도부의 사퇴와 함께 1999년 10월에 민주세력이 분열된 가운데 집행부 선거를 치루게 되었다. 서울지하철노조는 10월 선거에서 민주세력이 패배하고 실리주의 집행부(위원장 배일도)가 들어선다. 이후 4년여동안 서울지하철노조는 실리주의(=노사협조주의) 집행부 중심의 활동이 이어지면서 4.19파업을 통해 저지하려 했던 대부분의 구조조정 방안이 수용되는 흐름으로 나타났다.

2　노조 직무대행 체계 하에서 4.19파업에 대한 평가가 이뤄졌는데 주로 파업 돌입 시점과 복귀 전술과 관련한 비판적 평가가 주를 이루었다. 파업 돌입과 관련하여 민주노총이 4월 투쟁에 대해 정치 총파업으로 설정하지 못한 상황이고 한국통신노조도 파업 돌입이 사실상 어렵다고 평가되는 분위기 속에 서울지하철노조 집행부가 정권의 구조조정에 정면으로 맞서기 위한 파업에 돌입한 것이 적절치 못했다는 점, 당시 서울대 파업 대오가 완전히 무너지지 않은 상황에서 집행부가 파업 현장의 민주적 의사결정이 생략된 채 파업을 철회했다는 점 등이 주로 노조 집행부의 한계로 제기되었다. 이러한 이유를 들어 지하철노조의 4.19 파업이 사실상 실패했다고 직무대행 체제는 평가했고(서울지하철노조, 「4.19 총파업 직무대행 중앙평가서」, 1999.8.), 공공연맹의 4월 총파업투쟁에 대해서도 비판적인 입장을 취했다. 이러한 평가에 대해 구속중이던 지하철노조의 4.19 파업지도부(석치순) 입장에서는 아쉬움을 금치 못했다(석치순 인터뷰). 파업 지도부는 서울지하철노조 파업 돌입 시기를 조정(민주노총 총파업에 맞춰)한다고 해도 실제 민주노총의 총파업투쟁이 가능한 조건이 아니었다는 점, 파업 철회 시기 역시 파업 동력이 살아있을 때 현장에 복귀하는게 타당했다는 점을 내세우며 이러한 직무대행 집행부의 평가에 대해 아쉬움을 드러냈다. 실제 8월 24일 서울지하철노조의 4개 지부 선전편집위원회의 토론 내용 역시 파업 지도부의 판단과 유사한 것으로 나타나 있다. 서울지하철노조의 4월 파업에 대한 이러한 상반된 평가 흐름은 공공연맹의 1999년 7월 대의원대회에서 위원장 선거를 둘러싼 대립으로 표면화되었고, 결국 대의원대회가 무산되는 주요 원인으로 작용했다(필자 주).

3) 민주노총 총파업투쟁까지 연결되지 못한 공공연맹 4월 총파업 투쟁

이미 3조직 통합 출범 초부터 1999년 총력투쟁을 선포한 공공연맹은 3월 5천여명의 조합원이 민주노총의 전국 동시 다발 집회에 참석하며 '세상을 바꾸는 총파업투쟁'의 결의를 높이고 있었다.[3] 3월 31일까지 한국통신노조를 포함한 56개 노조가 연맹에 대정부 교섭을 위한 교섭권 위임을 결의한 가운데, 4월 13일 대의원대회를 열고 김대중정부의 정책 기조를 바꾸는 4.19 총파업을 결의했다. 서울지하철노조와 공공연맹이 선도적으로 파업에 돌입하고, 뒤이어 민주노총이 연대 총파업에 돌입한다는 방침 아래, 과학기술노조·데이콤노조·전국의보노조·한국통신노조 등 주요 노조들이 총파업 돌입을 의결 또는 선언하는 등 1998년 공공부문 구조조정 저지 투쟁과정에서 집중하지 못했던 공공부문 주요 조직들이 연대 총파업 투쟁 준비에 돌입했다.

한편 민주노총은 2월 대의원대회에서 노사정위원회를 탈퇴하면서 김대중 정부에 대한 총력투쟁을 결의하고 임금·단체교섭의 시기 집중에 의한 총파업을 진행하기로 하였다. 이런 투쟁 시기의 차이에 대해서 공공연맹은 현재의 국면이 임·단협의 시기집중 파업으로 돌파할 상황은 아니며 전면적인 정치적 총파업을 포함하는 대정부 투쟁 전선 구축이 필요하다는 입장이었지만, 민주노총의 다른 산별조직의 경우 민주노총의 투쟁 조직화를 통한 전 노조의 전면 총파업을 위해서는 임금·단체교섭의 시기 집중이 불가피하다는 입장이었다.

결국 이런 입장 차이는 IMF 관리 체제하에서의 민주노조운동의 기본적인 투쟁전략의 차이이기도 했지만 공공부문과 민간부문이 갖는 구조조정 공세에 대한 인식의 차이, 현장 조건의 차이에서 나타난 것으로 볼 수 있다. 공공연맹 집행부는 이러한 인식의 차이가 공공부문과 민간부문이 신자유주의 공세에 대한 기본 입장과 이에 맞서는 운동전략에 대한 차이에서 비롯된다고 보고 있다.[4]

---

3 이미 민주노총은 2월 대의원대회에서 노사정위원회를 탈퇴하고 김대중정부와 어떠한 노사정 합의도 더 이상 추진하지 않기로 결의한 상태에 있었기에, 자연히 1999년 상반기 공공연맹의 투쟁은 민주노총의 노사정 탈퇴 이후의 위상과도 직결되는 중요 변수였다.

4 공공연맹 위원장은 이러한 차이에 대해 다음과 같이 구체적으로 밝히고 있다. "신자유주의 공세에 부딪히면서 민간부문과 공공부문의 노동운동은 서로 다른 투쟁의 과정을 거치게 된다. 개별 자본의 물적 토대에 근거한 민간부문의 노동운동은 일정한 어려움 속에서도 타협과 투쟁을 병행할 수 있는 조건을 갖고 있었다. 반면 공공부문 노동운동은 공공부문에 대한 총체적인 공세를 전제하는 시장화 공세와 권력의 완강한 통제에 부딪히

4월 19일 공공연맹의 총파업은 서울지하철노조의 파업을 중심으로 데이콤·환경관리공단·전력기술·전기안전공사·가스안전공사·한국감정원·원전연료·영화진흥위원회노조 등을 비롯한 20개 노조 25,000여명이 파업에 들어가며 시작되었다. 서울지하철노조는 이후 파업을 이어갔고 전기안전공사·환경관리공단·전력기술노조는 2일간, 나머지 노조들은 하루 파업으로 공공연맹의 총파업에 힘을 보탰다. 4월 21일에는 연맹 공동대표(양경규·김호선)에게 체포 영장이 발부된 상태에서 전국과학기술노조(위원장 이성우) 등이 파업에 참여했다. 서울지하철노조의 파업은 명동성당과 서울대를 거점으로 완강하게 버티며 서울지하철노조 투쟁의 역사에서 가장 긴 파업을 4월 26일까지 끌고 나간다. 4월 26일에는 전국의보노조(위원장 황민호)까지 연대파업에 돌입했지만, 4월 13일 구속결단식까지 진행하여 파업을 예고하고 4월 25일 고려대에 파업 대오까지 집결시켰던 최대 공기업 한국통신노조는 당초 예정된 4월 26일 파업 돌입을 유보했다.

1998년 구조조정 저지 총파업 투쟁을 거치면서 현장에서 소위 민주 지부장들에 대한 징계 움직임이 계속되고, 노조위원장(김호선)을 비롯한 한국통신노조 지도부 역시 연대파업으로 당면한 구조조정 방침을 돌파하겠다는 의지가 미흡한 상태였다. 결국 한국통신노조는 파업 철회를 공식 선언하게 된다.[5] 한국통신노조와 서울지하철노조를 묶는 연대파업 전선을 계획했던 공공연맹 총파업은 급격하게 동력을 상실하게 된다. 서울지하철노조는 4월 27일 현장 복귀를 선

며 타협의 여지를 찾을 수 없는 투쟁으로 몰리면서 사업장 중심의 투쟁에서 대정부투쟁으로 나아가게 된다. 타협의 여지가 없었던 공공부문 노조들의 투쟁은 계속적인 패배를 경험하게 되고 정부의 공공부문에 대한 이데올로기 공세까지 겹치며 급격하게 위축되는 양상을 보이게 된다. 이런 양상 속에서 공공부문 노조에서 실리주의를 앞세운 운동적 경향이 나타나면서 민주노조의 기반이 위협받기도 한다"(양경규 인터뷰).

5 4월 26일 한국통신노조의 파업 유보는 노조 내부의 역량 부족이 1차적인 원인이었다. 4월 25일 용산역에 개최된 총력결의대회에 1,300여명의 조합원이 참여하면서 집행부 입장에서는 파업 선언을 주저한 것으로 알려졌다. 그러나 한국통신노조의 파업 유보 결정과 함께 당일 서울지하철노조가 8일간 진행한 파업을 철회하면서 "세상을 바꾸자!"면서 의욕적으로 추진한 민주노총 공공연맹 총파업이 사실상 마감되는 결과가 되었다. 한국통신노조가 파업을 철회함으로써, 공공부문 전체의 투쟁 열기에 찬물을 끼얹는 결과도 되었지만, 1998년 12월 정부와 사측이 이미 엄청난 인력감축과 민영화 조기 추진 방침을 구체화하면서 사실상 '노조와의 전쟁'을 선포한 상황에서 자신들의 구조조정을 막아낼 연대 투쟁의 기회도 상실한 것이었다. 역사는 반복된다고 했듯이, 2000년 12월 전력노조가 파업을 철회한 후 독자적으로 진행한 한국통신노조의 파업에서 결국 자신들이 1999년 4월 파업 철회가 남긴 어려움을 고스란히 떠안는 결과가 되었다(필자 주).

언할 수밖에 없었고 공공연맹의 총파업은 사실상 막을 내리고 말았다. 한국통신노조는 연대파업 철회 후 극심한 내부 갈등이 계속된 끝에 5월 23일 사측과 1999년 임금·단체협약을 체결했다. 그러나 1998년 말부터 계속되어온 사측의 구조조정은 노조와의 단체교섭과 무관하게 계속 강행되고 있었고, 이미 5,000여명의 인력이 명예·희망퇴직으로 감축되기에 이른다.

한편, 공공연맹의 총파업을 이으며 총파업 전선을 지속하고자 계획했던 민주노총의 총파업은 4월 26일 민주노총의 총력투쟁 결의대회에 이어 4월 27일부터 금속연맹과 보건의료노조를 중심으로 진행된다. 여기에는 보건의료노조의 공공부문인 원자력병원·서울대병원지부, 금속의 한국중공업노조 등이 참여하며 공공부문에 대한 정부의 공세에 대한 대응을 또 한번 만들어내게 된다. 공공연맹 또한 4월 28일 의보노조·과학기술노조 등을 중심으로 2차 총파업 결의대회를 진행했다. 그러나 두 공동위원장(서울지하철노조·한국통신노조위원장)을 대신하여 사실상 연맹을 이끌던 상임위원장(양경규)이 수배 상태에 놓이면서 전국적인 지도력을 발휘할 수 있는 토대가 취약한데다, 통합 이후 아직 내부 결속이 강하지 못한 공공연맹의 조건, 그리고 투쟁의 중심이었던 서울지하철노조의 파업이 철회되면서 공공연맹의 2차 총파업은 큰 위력을 발휘할 수 없었다.

결국 민주노총의 총파업은 이런 일련의 과정을 거치는 가운데 당초 계획했던 수준의 총파업에 이르지는 못하고 종료하게 된다. 이런 결과를 두고 공공연맹의 총파업을 시작으로 파도타기식으로 이어가고자 했던 민주노총의 총파업 방침이 적절했는가 하는 평가가 공공연맹 집행부 차원에서 제기되기도 하였지만, 역으로 공공연맹 집행부가 4월 총파업 투쟁 전술과 관련하여 총연맹 자도부와 대립각을 세우는 것이 적절했는가 하는 문제 제기도 있었다.

다만, 서울지하철노조를 중심으로 한 공공연맹의 4월 총파업 투쟁이 불가피했던 측면은 이해되지만, 공공연맹이 다른 공공부문 노조들의 구조조정 저지 투쟁 상황도 같이 고려하면서 총파업 투쟁의 연대 폭을 넓힐 수 있었으면 좋지 않았을까 하는 아쉬움도 결과적으로 남는다.[6]

---

6 3월 29일 개최된 공공연맹 가맹노조 대표자회의에서 당시 투쟁이 진행중이거나 눈앞에 둔 주요 노조(서울지하철·의보·과기노조 등)의 대표들은 총연맹 지도부가 공공연맹 총파업 투쟁 시기를 수용하지 못하는데 대해 강한 불만을 토로했지만, 일부 단위노조 대표들은 서울지하철노조 파업이 중요하기는 하나 과연 이 파업 투쟁으로 김대중정부의 전면적인 구조조정을 저지할 수 있을까에 대한 우려도 제기했다. 특히, 한국통신노조는 여전히 파업 돌입에 대한 명확한 의지를 밝히지 않고 수동적 태도를 취함으로써, 이후 총파업 투쟁의 성공 여부에 대한 불안을 낳기도 했다(필자 주).

당시 보건의료노조 소속 서울대병원지부·원자력병원지부 등을 중심으로 4월말 총파업투쟁에 참여한 이후, 10개 국공립병원지부들이 5월 13일 연대 파업을 전개했고, 원자력병원지부는 5월 12일부터 15일간 구조조정에 맞서 전면 파업을 진행했다. 민영화를 앞둔 한국중공업노조(금속연맹) 역시 금속연맹 주도의 민주노총 4월말 총파업 투쟁에 참여했다. 다소 늦었지만, 공영방송노조들도 7월에 연대파업을 전개하여 4월 공공연맹 총파업 투쟁 못지 않은 사회적 파장을 낳기도 했다. KBS·MBC노조 및 계열사노조들은 〈방송노조연합〉을 구성하고 △방송위원회 독립성 보장 △공영방송사장·임원 선임시 인사청문회 등의 요구를 앞세워 7월 13일부터 28일까지 16일간 연대파업을 진행했다.

공공연맹의 4월 총파업이 마무리된 이후 1999년 5월 기획예산처는 또다시 '공기업 경영혁신 점검' 계획을 발표했다. 전 공공기관에 대해 △임금 삭감 △복지후생비 개악(대학생자녀 학자금 융자 전환 등) △퇴직금 누진제 폐지 등에 대한 집중 점검을 예고하고, 공공기관노조와의 '사실상의 전쟁'을 선언했다. 이같은 정부의 강압적 경영혁신 방침에 대해 1999년부터 2001년까지 공공기관노조들은 각기 다른 대응 체계를 드러내고 있었다. 민영화 및 구조조정(청산·합병·분할 등)이 임박한 공공기관노조들은 총파업투쟁 참여를 통해 강력하게 저항했지만, 상당수 공공기관노조들은 양보 교섭 등을 통해 정부의 경영혁신 방안을 수용하는 흐름을 보이고 있었다. 후자의 경우 한국노총 소속 노조들 뿐 아니라, 민주노총(공공연맹) 소속 노조들 일부에서도 나타나고 있었다. 그런데, 이러한 정부의 경영혁신 압박이 본격화되는 상황에서, 김대중정부 공안세력의 파업 유도 사건이 공론화되기 시작한다.

4) 조폐공사 등의 파업 유도 및 공안 탄압

1999년 6월 들어 김대중정부가 공공부문 구조조정 추진과 관련하여 공안세력을 중심으로 공공부문 민주노조운동을 무력화시키려는 움직임을 전개했다는 사실이 드러나기 시작했다. 1999년 6월 8일 한겨레신문은 진형구 전 대검 공안부장(대전고검장 내정)이 기자들과의 술자리에서 1998년 조폐공사노조가 조폐창 통폐합에 맞서 전개한 파업을 자신들이 유도했다는 충격적인 사실을 보도했다. 조폐공사노조(위원장 강승회)는 언론 보도를 통해 지난 1998년 정권의 파업 유도 공작을 공사 사장(강희복)이 공모했다는 충격적인 사실을 접하고 곧바로 사장 퇴진 투쟁을 전개하기 시작했다. 민주노총과 공공연맹도 6월 8일 기자회견을 통해 파업 유도 책임자 구속 및 진상 규명을 촉구하며 농성에 돌입했다.

6월 10일부터 노조가 사장의 출근을 저지하는 투쟁을 시작하자, 투쟁 3일 차인 6월 12일

정부는 곧바로 공권력을 투입하여 노조위원장 등 4명의 간부를 구속했다. 공공연맹은 조폐공사의 투쟁을 '공공부문 민주노조 사수'의 핵심적 의제로 설정하고, 대전지역을 중심으로 연대투쟁을 전개했다. 그런데, 이같은 파업 유도 공작이 서울·부산 지하철에서도 비슷하게 재연된 것으로 나타나 또다시 충격을 주었다. 양 지하철노조는 이를 뒷받침하는 자료들을 6월 21일 언론에 공개했다. 결국, 김대중정부가 추진한 공공부문에 대한 구조조정 방침은 다른 한편에서 공공부문 민주노조 주요 조직들의 기반을 약화시키려는 음모까지 수반된 것으로 밝혀진 것이다. 비록, 김대중정부가 IMF 체제 하에서 신자유주의적인 공공부문 구조조정을 추진한 정책 오류를 지속하고 있지만, 정치적으로는 오랫동안 민주화운동에 앞장서왔기 때문에 이러한 공안 세력의 정치 공작이 임기 중 전개되었을 것이라고는 쉽게 예상치 못했다.

이같은 충격적 사실을 접한 공공연맹 지도부는 조폐공사·서울지하철·부산지하철노조 등과 함께 집권여당(국민회의)을 항의 방문하고 해당 노조의 간부들과 함께 점거 농성에 돌입하였다. 한편, 민주노총은 김대중정부의 공안 탄압과 조폐공사노조의 파업 유도 공작에 대한 책임자 처벌을 요구하며 민주노총 집행부와 산별연맹 위원장 전체가 명동성당에서 단식 농성에 들어갔다. 민주노총과 산별연맹의 단식투쟁은 전국적으로 공유·확산되며 민주노총이 전국적으로 완강한 투쟁의 전선을 구축하기 시작했다. 지역본부별로 모두 단식 투쟁에 돌입했고 단위노조에서도 7월 1일 점심굶기 투쟁 등을 통해 정부의 노동운동 탄압에 대한 강력한 저항의 의지를 보여 주었다.

이러한 민주노총의 완강한 투쟁에 김대중 정부의 공세도 일단 주춤하게 되었고 김대중 대통령은 청와대에서 양 노총 위원장과의 회동을 갖고 성의 있는 해결 노력을 약속하게 된다. 민주노총은 7월 1일 명동성당에서 중앙집행위원회를 열고 8월까지 정부의 책임 있는 조치를 지켜보고 이후 투쟁방침을 결정하겠다는 결정을 하면서 6월 투쟁을 마무리한다.

조폐공사·지하철노조와 함께 공공연맹이 공안 탄압 진상 규명 등을 위한 투쟁을 계속하면서 정부·여당(국민회의)을 압박한 결과, 결국 9월에 국회 의결을 거쳐 조폐공사 파업유도 사건을 재조사하기 위한 특별검사가 임명되었다. 곧이어, 강희복사장은 불법적으로 파업을 유도했다는 사유로 해임되었고, 진형구 전 공안부장은 기소되었다. 그러나 공안 검찰의 조직적 개입 사실에 대해 특검은 계속 외면하고 관련 자들의 개인적 일탈행위에만 초점을 맞추고 있었다. 이에 따라, 파업 유도에 개입하여 직권남용·업무방해·3자개입 등의 혐의로 기소되었던 진형구 전 대검 공안부장에 대해서는 '술자리에서의 단순한 실언'으로만 규정하고 약식으로 기소하는 수준에 머물렀다.

그런데 조폐공사 특검은 처음부터 수사 대상으로 설정된 대검 공안부 소속의 일부 검사들을 수사관으로 선정하는 등 시작부터 한계를 드러내면서, 결과적으로 이같은 공안 검찰의 조직적 개입 혐의를 밝혀내려는 의지가 부족했다.[7] 특검 대상 검찰 조직의 구성원을 특검의 수사팀으로 설정한 것 자체가 마치 '고양이에게 생선을 맡긴' 격이 되었다. 민주정부를 표방했던 김대중정부가 공공부문 구조조정 추진에 몰두하면서 스스로 민주정부의 틀을 내팽개친 대표적 사례가 아닐 수 없다.

공공연맹은 민주노총 등과 함께 〈파업 유도 진상 규명 및 완전한 특검제 도입을 위한 공동대책위〉를 구성하고, 특검(강원일)을 직무유기로 고발하면서 특검 제도를 개선하기 위한 입법 청원 활동을 전개했다. 이러한 특검에 대한 대응 투쟁이 전개되는 동안, 공안 검찰 파업 유도의 진원지였던 조폐공사에서는 노조가 구조조정을 원상 회복시키기 위한 투쟁을 다시 본격화한다.

파업 유도 사건의 재조명 투쟁으로 민주노조 활동의 기반을 회복한 조폐공사노조는 10월 당면한 1999년의 임금삭감 과제와 함께 1998년 불법적 파업 유도 관련 후속조치를 해결하기 위해 파업 돌입을 선언했다. 파업 돌입 직전 12월 14일 1999년 임금 및 단체협약이 체결되었고, 폐쇄되었던 옥천조폐창의 부분 재가동에 대해서도 잠정 합의에 이르렀다. 그러나 정부(기획예산처)가 개입하면서 옥천창 재가동 합의가 번복되자, 노조는 12월 17일 특검에 항의하는 시한부 파업을 2일간 진행하였고, 12월 21일부터는 합의 이행을 촉구하며 순환 파업에 돌입하였다. 이 파업은 7일간 진행된 후 12월 27일에 합의 이행을 위한 내용들이 구체화됨에 따라 마무리되었다.

1997년 노조활동 탄압에 맞서 투쟁이 시작된 이후 1998년 7월부터 6개월여 기간, 그리고 1999년에 또다시 6개월여 기간 동안 지속되었던 조폐공사노조의 지난한 구조조정 대응 투쟁이 결국 마무리된 것이다. 조폐공사 파업 유도 사건은 15년 후인 2013년 1월 10일 〈민주화운동 관련자 명예회복 및 보상심의위원회〉가 이 파업으로 인해 구속되었던 14명의 노조 간부에 대해

---

7 대검 공안부는 1998년 10월 7일에 '한국조폐공사 노사분규 동향 및 대책'의 문건에 "공사측의 대폭 양보로 노사간 합의 타결될 경우 향후 공기업의 구조조정에 악영향"을 미친다고 진단했고, 1999년 1월 23일 '공안사범 합동수사본부 회의결과 보고'에는 "전통적 강성노조인 한국조폐공사 구조조정시 초동단계인 1998년 10월 경부터 종합적·체계적 대응으로 원만한 구조조정을 지원한 바 있음"이라는 내용이 포함되어 있었다. 이러한 사실을 단순히 대검 공안부장 개인(진형구)의 '취중 실언'이 아닌 공안부의 조직적 개입이 있었다는 것을 입증했으나 특검은 이러한 증거들을 모두 외면했다(참여연대, 2000). 결국, 이러한 특검의 부진한 수사 흐름은 공공부문 구조조정을 주요 국정과제로 제기한 김대중정부의 '공공개혁(?) 동력'이 약화될까 우려하는 정치적 판단이 강하게 작용한 것으로 풀이된다(필자 주).

민주화운동 관련자로 인정함으로써 역사적인 평가를 내리기에 이르렀다.

1998년 7월에 정부의 직제개편 개악에 맞서 전면파업을 전개했던 부산지하철노조는 공단 측이 1998년 말에 어렵게 합의한 내용의 이행을 또다시 거부하자 다시 이에 맞서는 투쟁을 계속했다. 전년도 파업 당시와 같이 또다시 합의서 이행이 거부되면서 노사 갈등이 또다시 격화되었다. 5월 파업 돌입을 유보하면서 공단측의 전향적 태도를 기대했던 부산지하철노조(위원장 이민헌)는 조폐공사 파업 유도 공작이 드러나자 부산교통공단에도 유사한 파업 유도 정황이 포착되었다면서 강하게 반발했다. 공안 당국이 1998년 7월 부산교통공단의 노조 합의 불이행 및 파업 돌입 과정에서 노조 파업을 유도했던 정황이 드러나기 시작한 것이다. 이에 노조는 1999년 7월부터 이사장실 점거 농성에 돌입했다. 농성 과정에서 사측이 원만한 노사관계 유지를 약속하고도, 단체협약을 계속 무시하고 정부의 경영혁신 방침(△임금 삭감 △정년 축소 △퇴직금누진제 폐지 △학자금 융자 전환 △휴가 축소 등)을 강행하려 함으로써 결국 노조는 12월 24일 전면파업에 돌입하겠다고 선언했다. 당시 부산교통공단은 정부 산하기관(중앙 공공기관) 경영혁신 방침의 직접 관리 대상이었다. 노조가 12월 23일 파업 전야제를 진행하는 가운데 부산지방노동위원회(부산지노위)가 직권중재 회부 결정을 내렸고, 2000년 1월 1일 직권중재 조치가 내려졌다.

이후 부산지노위는 현재의 단체협약을 인정하는 중재안과 함께, 직권중재도 완화하는 안을 다시 내렸다. 그러나 1998년 파업으로 인한 해고자 복직 및 손해배상 철회 등이 해결되지 않자, 노조는 1월 8일부터 3일간 시한부 파업을 전개했다. 1월 15일 보충협약서가 체결되고, 1월 29일 20명의 해고자 복직 합의가 이뤄짐으로써 부산교통공단의 노사 갈등은 정리되었다. 그러나 이런 노사간의 타협에도 불구하고 부산지하철노조 역시 1998년부터 진행된 구조조정으로 인해 1인 승무와 역무 외주화 등 전국의 지하철공사에서 전개되는 유사한 구조조정의 흐름을 막지는 못했다. 다만 중앙 공공기관에 대해 강요되는 경영혁신 공세(예, 퇴직금누진제 폐지 등)는 파업투쟁 등을 통해 일시적으로 유보하는 성과를 냈다. 물론 이러한 구조조정 유예는 2001년에 또다시 정부 강압적 공세 앞에 효력이 없게 되었다.

2. 양 노총 공공부문노조의 연대 투쟁

1) 정부의 공공부문 경영혁신 및 구조조정 압박

2000년 10월 30일 기획예산처가 정부투자기관운영위원회를 통해 강도 높은 경영혁신 방안을 담은 '2001년도 정부투자기관 예산편성지침'을 확정 발표하자, 노사정위 공공특위에 참여하고 있던 한국노총 조직들의 태도도 변하기 시작했다. 1998년 이후 계속된 공공부문 구조조정 및 경영혁신 압박은 '새천년'(2000년)이 시작되는 상황에서도 바뀌지 않았다. 이미 민주노총은 1999년 총파업투쟁 이후 12월 말까지 여의도에서 지도부 농성을 하면서 결국 차가운 길바닥 위에서 '새로운 천년'의 시작을 경험해야 했다. 2000년 역시 공공부문의 각 현장은 정부 정책에 맞서는 투쟁이 계속되고 있었고, 그간 노사정위원회에 참여하면서 정부와의 협상을 주도하던 한국노총마저 서서히 김대중정부와의 대화가 더 이상 무의미함을 깨닫기 시작했다.

김대중대통령은 2000년 6월 15일 북한(조선민주주의인민공화국)의 김정일 국방위원장과 정상회담을 통해 역사적인 '6.15 공동선언'을 발표하면서 한반도 평화 정착의 기대를 확산시켰으나, 여전히 공공부문에 대해서는 종래의 시장화 공세를 멈추지 않았다. 특히 2000년 하반기에 들어서면서 정부의 경영혁신 공세는 한층더 강도높게 전개되고 있었다. [표5-1]>에서와 같이 기획예산처가 발표한 '2001년도 정부투자기관 예산편성지침'은 공공기관에 대한 경영혁신을 2000년 말까지 완료하고, 미이행시 예산 불이익 조치를 강하게 취하겠다는 내용까지 포함되었다. 이 지침은 정부투자기관을 넘어 전 공공기관에 공통적으로 반영되면서 공공기관 전체의 인력 감축 및 경영혁신 5대 과제 강행 등의 토대로 작용했다. 이러한 예산지침으로 인해 공공기관노조들은 2001년을 넘어 김대중정부의 임기 말인 2002년까지 계속적으로 경영혁신 압박에 직면해야 했다.

중앙정부 및 지자체 산하 각 공공기관들노조들은 △인력 감축 △기능조정(외주화·분사) △경영혁신(퇴직금누진제 폐지·주택지원·사내복지 축소·연봉제 도입 등)의 압박에 직면하면서 자연스럽게 거의 모든 공공기관의 노조들이 정부 정책으로부터 자유로울 수가 없었다. 노사정위에 참여하면서 정부와의 교섭을 통해 이러한 압박을 해결하려 한 한국노총과 산하 공공부문 조직들의 의도도 더 이상 정부에 먹혀들지 않았다. 더구나 한국노총의 주요 공공부문 조직인 철도·전력·가스·담배인삼 등의 민영화가 본격 추진되면서 해당 노조들 역시 정부와의 공동투쟁을 선언하기에 이르렀다. 그리고 1999년, 2000년에 이어 2001년까지 김대중정부의 공공부문 구조조정 및 경영혁신이 계속 강요됨에 따라 그동안 정부 방침을 계속 수용해왔던 한국노총 공공부문 조직들도 더 이상 양보할 수 없다는 결의 하에 결국 2000년 하반기에 양 노총 공공부문의 공동투쟁을 준비하기에 이른다.

표5-1 2000 · 2001년년도 「정부투자기관 예산편성지침」

구분	2000년 지침	2001년 지침
인건비	2000년 인건비 전년 대비 4.5% 삭감 (1997년 대비 8.6% 삭감)	2000년 정원 감축 및 감축 계획을 제외한 총인건비의 전년 대비 6% 내 증액
임금체계 개편	체력단련비 폐지, 연봉제 도입	기본급 동결 및 2급 이상 직원에 대한 연봉제 확대 등 성과관리 확대
조직관리	1998년 확정 인력감축 · 기능조정 시행	비핵심업무의 외부위탁(아웃소싱) 확대
경영평가 성과급	인센티브상여금 70% 차등 지급	기본 상여금 300% 전환을 통한 경평성과급 예비비 500% 편성
복지	- 퇴직금누진제 폐지 - 대학생자녀학자금 융자 전환 - 개인연금 · 주택대출제도 개선 등	- 퇴직급여충당금의 '공공기관 퇴직금제도 개선 방안'에 의한 소요액 반영 - 학자금 · 개인연금 · 유급휴가제도 · 주택대출금 등 복

자료: 기획예산처(1999 · 2000)

2) 한국노총 공공부문 연대 흐름

이에 앞서 한국노총과 민주노총은 1998년 6월 21일 민영화 대상 5개 공기업 노조(한국통신 · 전국전력 · 한국중공업 · 한국가스공사 · 한국담배인삼공사)의 '일방적 구조조정 저지 및 해외매각 저지를 위한 결의대회'를 거치면서 공동투쟁을 결의한 바 있었다. 양 노총은 〈공공부문 구조조정 및 민영화 공동대책위원회〉을 구성하면서 정부에 민영화 및 일방적 구조조정 중단 건의를 전달했다. 민주노총은 1998년 5월과 7월에 걸쳐 총파업투쟁을 전개했음에도, 김대중정부는 양 노총의 공공부문 구조조정 관련 건의를 계속 무시하고, 7월 이후 잇달아 각 공공부문의 구조조정 정책을 발표했다. 양 노총은 7월 12일 공동으로 전국노동자대회를 개최하면서 공공부문 구조조정 총력투쟁을 결의했으나, 8월 이후에는 각자 다른 길을 걷게 되었다. 이러한 양 노총의 상이한 행보는 이후 2년여동안 계속된다. 한국노총은 1998년 IMF 구조조정 이후 조합원이 증가하고 있는 민주노총과는 달리 조합원들이 계속 감소하고 있었다.

1998년 5월 총파업과 7월 총파업 진행과정에서 민주노총 공공부문은 정부로부터 강한 탄압을 받았으나, 한국노총 공공부문은 노사정위원회에 참여하며 정부와의 교섭 틀에 안주하고 있었다. 한국노총은 1998년 5차례에 걸쳐 정부가 구조조정 방침을 발표할 당시 7월에 양 노총이 주최한 공공부문 전국노동자대회를 제외하고는 대정부 성명을 발표하거나, 노사정위 공공특위의 대정부 건의 중심으로 대응했다. 그러나 각 공공기관에 직접 충격을 가하게 되는 △인력 감축 △임금 동결 △복지 축소 등을 담은 구체적인 예산지침이 발표되자 각 공공기관노조들이 반발하면서 공동 대응에 나서게 된다.

1998년 10월 '1999년 정부투자기관예산편성지침' 발표 후 한국노총 8개 공공부문 조직은 12월 30일 〈정부산하기관노조협의회〉(정산협)를 발족하고, 1999년 1월 기자회견을 통해 정부의 구조조정 및 1999년 예산지침의 철회를 요구했다. 그러나 정부(기획예산처)는 1999년 4월 민주노총 공공연맹 중심의 총파업 투쟁이 마무리된 직후, 1999년 5월 12일 '공기업 경영혁신 점검대책'을 발표했다. 이에 한국노총 정산협 조직들은 5월 6일 총파업 돌입을 선언하였다. 특히 정투노련 소속 공기업노조들이 선두에 나섰는데, 한전기공노조가 5월 6일 먼저 쟁위행위를 결의했고, 6월 18일에는 주택공사·토지공사·농수산물유통공사·수자원공사 등 구조조정에 직면한 6개 노조가 동시에 파업을 결의했다. 이 과정에서 6월 9일 기획예산처 장관(진념)을 직권남용죄로 고발했다. 정산협은 6월 26일 한국노총 총파업 돌입에 맞춰 전면파업에 돌입키로 한다.

총파업 돌입을 하루 앞두고 한국노총은 6월 25일 정부와 공공, 금융부문의 구조조정시 노사정위원회에서 충분하고 성실하게 협의한다는 내용의 합의를 통해 총파업 돌입을 유보하고, 노사정위에 복귀했다. 그러나 7월 7일 기획예산처가 '공기업 경영혁신 점검회의'를 통해 정부지침 이행 여부를 정부투자기관 경영평가에 반영한다고 선언함으로써, 노사정위에 복귀한 한국노총 공공부문은 '마이웨이'를 고수하고 있었던 기획예산처에 또다시 뒤통수를 맞는다

노사정위 공공특위는 1999년 1차 회의를 10월 26일에 예고했지만, 이보다 앞서 10월 14일 기획예산처는 또다시 '2000년 예산편성지침' 예고를 통해 경영혁신 미이행 기관의 예산 편성시 불이익 조치를 발표하였다. 이어 1차 공공특위 회의에서 기획예산처는 △전력산업 구조개편(1999년 발전회사 분할 및 2002년까지 매각, 2001년까지 배전 민영화 추진, 안양·부천 열병합발전 매각 등) △2000년 정부투자기관예산편성지침 등을 강행하겠다고 밝혔다. 심지어 11월 30일에 개최된 공공특위 5차 회의에서는 '철도민영화 및 구조조정' 방침까지 추가하여 안건으로 상정하고 강행 추진 계획을 밝혔다. 한편 전력노조를 비롯한 〈전력계열 노조 공동투쟁위원회〉(전력공투위) 소속 노조들은 공동투쟁을 결의하고, 10월 3일 1만여명이 참여한 가운데 '전력산업 분할 해외매각 범국민 규탄대회'를 개최했으며, 11월 8일에도 이어 전 조합원 총회를 개최하기에 이르렀다. 전력공투위의 투쟁과 시민사회의 연대 속에 전력산업 구조개편 법률안은 1999년에 처리되지 못했다.

기획예산처의 잇따른 구조조정 강행 흐름 속에 정부(노사정위)의 들러리 상황에 직면한 한국노총은 11월 15일 공공특위에 상정된 공공부문 구조조정 및 예산지침 안건을 철회하지 않을 경우 노사정위 활동을 중단하겠다고 선언했다. 이후 2000년 7월 금융노조의 파업 때까지 한국노총의 불참으로 노사정위는 중단 상태에 놓인다. 이 과정에서 한국노총의 주요 공기업노조들

은 경영평가의 구속력으로 인해 퇴직금누진제 및 대학생자녀학자금 등의 핵심적 경영혁신 과제들을 양보하고 있었다. 한편 전력에 이어 철도까지 구조개편(민영화 포함) 방침을 발표한 상황 속에서 한국노총은 결국 김대중정부와의 투쟁을 선포한다.

한국노총 정투노련은 2000년 1월 민영화 반대 투쟁을 계속해온 한국가스공사노조가 가맹하면서 1999년 파업 불발 이후 조직 내부의 이완 분위기가 변화하기 시작했다. 이 가운데 기획예산처가 공공기관에 대해 인력감축과 경영혁신(퇴직금누진제·대학학자금 폐지 등)를 계속 강행하자, 5월과 7월에 기획예산처 앞 집회를 잇달아 개최했다. 이들 집회에는 가스공사·주택공사·수자원공사·한전기공 등의 주요 공기업노조와 함께 공공서비스노련의 국민연금공단·건강보험직장노조 등도 참여하게 되었다. 특히 1999년 3월에 한국노총으로 전환한 국민연금공단노조는 사측의 경영혁신 압박 공세에 맞서 한국노총 공공부문 조직 중에 흔치 않게 1999년 7월에 전면파업을 전개했다.

이후 2000년 7월 11일 서울역에서 1만여 명이 참여한 가운데 한국노총 공공부문 노동자 총력결의대회가 개최되었다. 이를 계기로 한국노총 공공부문 조직은 이전의 정산협을 〈공공기관노조협의회〉(공공노협)로 확대 개편하였다.[8]

한국노총은 7월 금융노조 파업 정리과정에서 노사정위에 다시 복귀하여 공공특위에 참여하고 있었으나 정부가 또다시 △민영화 △인력 감축 △경영혁신을 강행 추진하자 결국 거리로 나올 수밖에 없었다. 이에 앞서, 금융노조는 정부의 통폐합 강행 추진 등에 맞서 7월 11일 파업에 돌입했으나 곧바로 노정 합의를 통해 파업을 마무리했고, 한국노총은 다시 노사정위에 복귀했다. 그러나 금융노조와 정부의 합의에도 불구하고, 2000년 12월 국민은행-주택은행의 강제합병은 가시화된다.

한국노총은 김대중 정부의 공공부문 공세가 지속적으로 진행되는 과정에서 끝없이 후퇴하면서 자신들의 의도와는 관계없이 공공부문 구조조정의 이행 통로가 되는 역할을 수행했다. 정부는 민주노총의 투쟁력을 약화시키고 전체 공공부문에 대한 정부 정책을 관철하기 위해 한국노총을 활용하는 전략으로 공공부문의 공동투쟁 전선을 약화시켰다. 한국노총은 이러한 과정에서 매번 협상의 방편으로 투쟁을 내세웠지만 2000년 7월의 금융노조 파업 이외에는 어떤

---

8 2000년 6월에 발족한 한국노총 공공노협은 정투노련(17,148), 공공서비스노련(13,007), 도시철도노련(8,277), 공공건설노련(5,145), 전력노조(23,803), 철도노조(25,000), 체신노조(23,000) 등 모두 115,380명의 조합원을 포괄하고 있었다.

구체적인 투쟁도 진행시키지 않았다. 공공부문의 특성상 대규모의 공기업에서 경영혁신과 구조조정 방침이 정리되면 공공부문 전체에 대한 파급력이 클 수밖에 없는 조건에서 대규모의 공기업을 망라하고 있던 한국노총의 이러한 대응은 민주노총의 공공부문에는 큰 장애 요인이 되었다. 이러한 한국노총과 공공부문 상급조직의 타협적 자세는 단위노조와 현장 노동자들의 불만을 증폭시키고 있었다.

한편 강력한 의지를 가지고 추진해온 김대중정부의 공기업 민영화 정책은 통신·전력·가스 등의 핵심 공기업들의 민영화가 지연되면서 1999년 말까지 속도를 내지 못하고 있었다. 기획예산처와 관련 부처간의 이견이 계속되고 공기업노조들의 저항이 계속되는 가운데, 국내 증시는 불안정했고 해외 매각과 관련하여 외국 투자자들이 공기업을 저평가하고 있었기 때문이다. 포항제철·담배인삼공사·한국중공업·한국종합화학·국정교과서·송유관공사 등의 민영화 및 매각 등은 노조의 반대에도 불구하고 강행 추진되고 있었다.

표5-2 주요 공기업의 민영화 추진현황(2001년)

공기업	계획(1998년 기준)	민영화 실적
한국전기통신공사	- 해외DR 발행(정부지분 13% 매각) - 전략적 제휴 추진(지분 15% 매각)	- DR발행 1999년 일부 실행(24.9억$) - 자회사(한국통신프리텔 등) 매각(1999.11) - 2002년 5월 민영화 완료(정부지분 매각)
담배인삼공사	- 정부지분 25% 1999년 상반기 매각	- 해외매각 실패, 국내 일부 지분매각(9,6230억원) - 2000.12. 민영화 완료(정부지분 매각)
포항제철	- 1998년 해외DR 발행 - 산업은행 잔여 지분 매각	- 1998년 해외DR 발행 실행(13.6억$) - 2000.10. 민영화 완료(정부지분 매각)
한국전력공사	- 해외DR 발행(정부지분 5% 매각) - 열병합발전(안양·부천) 매각 - 발전부문 자회사 분리후 1개 매각	- 1998년 계획한 DR 발행은 1999년 실행(7.5억$) - 열병합발전(안양·부천) 매각(2000.6) - 전력구조개편 관련법 국회 의결(2000.12) - 발전 분할(2001.4)
한국중공업	- 1999년 경영권 매각	- 빅딜 지연, 입찰방안 계획 수정 - 2000.12. 경영권 매각 완료(두산콘소시엄)
한국가스공사	- 1998~99년 증자	- 증자 2000년으로 연기 - 국내 공모(9,900억원)
한국종합화학	- 1999년 정부 지분 매각	- 자회사(남해화학) 매각(1998.9) - 2000.11. 청산
국정교과서	- 1998년 정부 지분 매각	- 1998.11. 경영권 매각 완료(대한교과서)
한국종합기술금융	- 1999년 정부 지분 매각	- 1999.1. 경영권 매각 완료(미래와사람)
대한송유관공사	- 1999년 정부 지분 매각	- 자회사(한국송유관공사) 통합 - 2000.4. 경영권 매각(정유4사)
농수산물유통공사	- 1999년 자회사(한국냉장, 매일유업) 매각	- 매일유업·한국냉장 매각(2002.1)

자료: 기획예산처(2002) (일부 재구성)

주요 공기업에서 민영화 추진이 약간 지체된 사이, 전 공기업에는 인력감축, 기능 조정(분할, 외부 위탁, 분사화 등) 등의 구조조정과 함께 경영혁신(퇴직금누진제 폐지 등)이 진행되고 있었다. 그러는 가운데, 2000년에 들어서는 다시 통신·전력·가스 등의 민영화 추진도 서서히 구체화되고 있었고, 민영화의 기반 구축을 위한 철도 구조 개편까지 본격화되고 있었다. 이들 거대 공기업의 구조 조정에 대해 관련 노조들의 조직적인 저항 움직임이 이후 공공부문 노-정, 노-사관계의 주요 변수로 떠오르게 된다. 이전부터 계속 추진해왔던 포항제철·담배인삼공사·한국중공업·국정교과서 등의 민영화는 2000년 하반기에 대부분 완성 단계에 이르렀지만, 한국중공업노조를 제외하고는 이렇다할 노조의 저항과 투쟁조차 없었다. 대형 공공부문 조직인 통신·철도·전력 등의 민영화가 당면 최대 의제로 부각되면서 김대중정부와 공공부문노조와의 대립·충돌이 또다시 가시화되고 있었다.

3) 불발된 2000년 양 노총 공공연대의 공동투쟁

2000년 말까지 철도·전력·통신 등 국가기간산업의 구조개편 및 민영화 추진이 임박하고 9월 기획예산처가 또다시 경영혁신 추진을 강행하겠다고 선언함에 따라, 양 노총은 1998년 7월 공공부문 연대집회 이후 중단되었던 공동투쟁 흐름을 2년 만에 복원하기로 의견을 모은다. 물론, 여기에는 2000년 하반기에 정부가 정부투자기관 경영평가 등과 연계된 경영혁신 강행과 철도·전력산업 구조개편(민영화 추진 입법화)을 추진하기로 한 것이 결정적인 배경으로 자리잡았다.

민주노총은 롯데호텔·사회보험노조에 대한 정부의 강경 진압으로 이미 정부와 전면전을 선포한 상태에 있고, 한국노총도 철도·전력·금융 등의 구조조정이 구체화되고 있는 상태에서 더 이상 정부와의 협상에 매달릴 수 없는 상황이었다. 민영화를 앞둔 양 노총 최대 공공부문 조직 한국통신노조와 전국전력노조 중심으로 연대투쟁을 구체화함에 따라 양 노총 공공부문의 공동투쟁도 구체화되기 시작했다.

민영화와 인력 감축의 공동 과제에 직면해있던 한국노총의 전력노조(위원장 오경호)와 민주노총의 한국통신노조(이동걸)는 9월 24일 전력노조의 투쟁 선포식과 간부 상경투쟁에 이어 한국통신노조 대의원대회를 거치면서 공동투쟁을 결의했다. 9월 25일 양 노조는 국회를 항의 방문하고 과천 정부청사 앞에서 대규모 결의대회를 개최했다. 이후 한국노총 공공노협 조직과 민주노총 공공연맹은 10월 8일 여의도에서 3만5천여명이 참석한 가운데 '공공부문 노동자 총력 결의대회'를 개최했다.

이 결의대회에는 공공연맹과 전력·통신 등의 주요 공기업노조 뿐 아니라 철도·지하철(서울도시철도)노조 등도 대규모로 참여했다. 공공노동자 총력 결의대회에서 '국가기간산업 민영화 저지, 공공부문 관치경영 분쇄 및 노정교섭 쟁취를 위한 양 노총 공동투쟁'을 선언한 후, 이어 10월 31일에는 양 노총 연대조직인 〈공공부문노조연대투쟁대표자회의〉(공공연대)가 출범했다.[9] 이후 11월 14일 공공연대는 '기간산업 민영화 저지와 구조조정 저지, 노정교섭 쟁취를 위한 공공노동자 간부결의대회'를 가졌고, 이후 11월 17일 공공연대 간부 합동수련회를 거쳐 11월 26일 2만여 명이 모인 가운데 '제2차 공공부문노동자 총력투쟁 결의대회'를 개최했다. 공공연맹(위원장 김연환)은 당시 투쟁 중이거나 준비 중인 공공기관노조들의 총력 투쟁 시기를 이 공공연대에 맞추기 위한 논의를 본격적으로 전개했다.

전력노조 파업이 예정된 11월 30일 김대중정부의 공공부문 구조조정에 대한 저항과 분노가 집중된 '공공부문 공동행동의 날'이 다가왔다. 양 노총에서 35개 공공부문 노조 약 115,200명이 파업 또는 총회투쟁 등을 전개했지만, 정작 파업에 돌입키로 한 전력노조가 이날 파업을 유보하면서 예정된 양 노총 총파업 투쟁은 불발되었다. 이후 전력노조는 12월 3일 위원장이 파업 대기 중이던 조합원들의 강력한 반발에도 불구하고 3번째 파업 철회를 선언하고 전력구조개편과 관련한 중앙노동위 조정을 수용했다.

전력노조의 파업 무산 및 구조조정 수용으로 인해 결국 공공연대의 2000년 공동투쟁의 기반이 흔들리게 되었다. 이후 서울도시철도노조(위원장 하원준)가 12월 8일 파업을 철회했고, 12월 10일 철도노조(위원장 김기영)도 철도 구조개편 관련 노사정 합의에 동의하면서, 결국 기대를 모았던 양 노총의 공공부문 공동투쟁은 무산되기에 이르렀다. 이후 12월 23일 국회에서 발전 부문의 분할 민영화, 배전 부문의 분할을 주요 내용으로 하는 전력산업구조개편 촉진 법안 및 철도 구조개편 관련 법률이 통과되었다.

공공연대의 공동투쟁이 무산된 뒤, 2000년 12월 한국통신노조 및 금융노조는 전면파업을 진행하면서 무산된 공공부문의 공동투쟁이 기대되었지만, 이들의 투쟁은 개별적인 파업(한국통신·국민·주택은행)으로 머물렀다. 그러나 이러한 양노총 공동투쟁 무산에도 불구하고, 2000년 하반기에 공공연맹의 사회보험·전력기술·원자력연료·고속철도건설공단·산업단지공단·

---

9 공공연대는 정부에 대해 △공공부문 개혁 협의체 구성 △민영화 방침 전면 재검토 △공공부문 추가 인력 감축 중단 △공공부문 구조조정 사안 '개혁협의체' 합의 원칙 준수 △낙하산 인사 중단 및 개방형임용제 철회 △자율책임경영 보장 △ 중앙노사교섭기구 설치 등을 요구했다.

한국냉장·사학연금공단·데이콤노조 등은 정부의 구조조정 방침에 저항하며 파업을 벌여 나갔다. 그러나 이런 파업들이 공공연맹 차원에서 또는 공공연대 차원에서 집중화되는 공동투쟁의 모습으로는 발전하지 못했다는 점은 아쉬운 일이었다. △전력노조의 파업 철회 및 공공연대의 공동투쟁 무산 △한국통신노조·금융노조의 파업 개별화 △공공연맹내 주요 노조의 파업 투쟁 분산 등으로 인해 김대중정부의 구조조정 공세를 전환시킬 수 있는 전략적 기반으로 자리잡지 못했기 때문이다.

2000년 하반기 공공연대 투쟁 실패는 사실상 치밀하게 준비되지 못하고, 거대 노조의 파업투쟁에 의존한 투쟁 기획에서 비롯된 측면이 크다. 전력노조·한국통신노조 등 대기업노조 투쟁을 앞장세우면서 당시 경영혁신 공세에 직면한 다수의 공공기관 단위노조를 적극적으로 조직하지 못했고, 양 노총의 공동투쟁 선언이 갖는 정치적 선전 효과에 다소 집중한 측면이 적지 않았다. 무엇보다 민주노총과 한국노총 공공부문 조직들의 한계가 그 바탕에서 중요하게 작용했다. 민주노총 공공연맹의 1999년 4월 총파업투쟁 이후 공공기관노조 투쟁들의 개별화, 한국노총 공공부문의 1999년 6월 연대파업 무산 및 노사정위 복귀 등에서 나타난 한계가 결국 2000년 공동투쟁을 힘있게 전개시키지 못한 원인으로 작용한 것으로 볼 수 있다.[10]

2000년 공공연대의 공동투쟁이 무산된 후 주요 공공부문 조직들은 각개 약진하는 양상을 보여주었다. 먼저, 한국통신노조·전국전력노조는 2001년 8월 도시철도연맹·서울시투자기관노조협의회 등과 함께 국회에서 '공공부문노조 발전을 위한 토론 준비위원회'를 구성하고 또다른 〈공공노조 연대〉의 복원을 검토했지만, 이미 2000년대에 무너진 양 노총 〈공공연대〉는 더이상의 추진 동력을 갖지 못했다. 이미 투쟁을 포기했거나, 정부와의 타협에 의존하는 노조 조직들 중심의 연대는 양 노총 공공부문노조 조직내에서 거의 공감대를 얻지 못했다.

이후 한국노총은 노사정위 복귀(정부와의 교섭)를 통해 철도·전력·도시철도·체신 부문에 대해 국회 차원의 정책 건의 중심으로 활동했고, 민주노총은 2003년 공공연맹·전교조·공무원노조·보건의료노조 등을 중심으로 〈대정부교섭을 위한 공공부문노동자연대〉(공공연대)를 다시

---

10 2000년 말 공공연대의 공동투쟁 무산에는 민영화 대상 공기업노조 집행부의 투쟁 의지 부족 및 노사협조적 관행, 전체 공공기관노조의 총력투쟁을 집중화하는 상급단체의 지도력 부족 등이 복합적으로 작용한 결과로 보여진다. 1차적으로는 전력노조의 파업 철회가 공동투쟁 무산의 주된 이유였지만, 전력노조 파업에 의존한 채 제대로 파업 투쟁을 준비하지 못했던 전체 공공부문 상급 조직들(공공연맹 포함)의 지도력 부족도 분명히 그 배경으로 작용했다(필자 주).

구성하게 된다. 공공연맹은 2001년 6월 민주노총 총파업투쟁에 적극 결합하고, 2002년 2월 철도·발전·가스 연대파업을 기획하는 등 김대중정부의 구조조정 공세에 대해 계속적으로 저항하면서 공공부문 민주노조운동의 흐름을 계속 유지했다. 이 시기에 철도노조의 민주 집행부 구성, 전력 분할로 인한 발전노조 결성 및 공공3조직 연대파업 등을 거쳐 공공부문 주요 조직이 민주노총(공공연맹)으로 이동하는 경향이 나타났다.

2000년 양 노총의 공공부문 공동투쟁이 무산된 이후 노사정위에 복귀한 한국노총은 2001년 2월 정부와 노동법 개정(노조전임자 임금지급 금지, 단위사업장 복수노조 허용 등)의 5년 유예에 관한 협약을 체결하였다. 이제 김대중정부는 드러내놓고 민주노총을 배제한 채 한국노총과의 파트너쉽을 형성하고 있었다. 당시 민주노총은 2000년 롯데호텔과 사회보험노조에 대한 공권력 투입, 2001년 초 대우자동차 구조조정을 놓고 정부와 대립하고 있었던 상황이었는데, 이같은 분리·포섭 구상이 구체화되면서 민주노총과 김대중정부 간에는 대결이 강화되고, 양 노총의 연대는 한동안 실종될 수밖에 없었다.

민주노총과 김대중정부 간 대결이 계속되는 동안 양 노총 공공부문 조직들의 연대 흐름도 사실상 중단되었다. 당시 사회보험노조의 의료보험 재정 통합에 따른 양 노총 입장 차이, 철도노조 등의 민주노총(공공연맹) 전환 등 공공부문 민주노조운동 확대 등도 갈등 요인으로 작용했기 때문이다. 이후 2년여의 공백을 거쳐, 2002년 하반기 정부산하기관관리기본법(정산법) 대응 공동투쟁이 준비되기에 이른다.

3. 민영화 대상 공기업 노조의 1999~2001년 투쟁

1) 가장 강도 높은 인력감축에 맞선 한국통신노조 파업

1999년 12월 한국통신노조는 신임 집행부(위원장 이동걸) 취임 이후 원만한 노사관계 유지를 통한 분위기 전환을 시도했지만, 최대 공기업인 한국통신을 향한 정부와 사측의 구조조정 공세는 갈수록 계속된다. 정부 입장에서는 한국통신의 구조조정 마무리가 공공부문 구조조정의 '리트머스 역할'을 하는 상황이었기 때문이다. 2000년 4월 언론에서 한국통신의 3,000명 추가 감축이 보도되자 한국통신노조는 5월 전면 파업을 선언했으나, 사측이 강제 인력 감축은 절대로 추진하지 않겠다고 약속하여 일단 파업 돌입을 유보했다. 그러나 당면한 민영화 추진에 대한 안팎의 반대 여론이 높은 데다, 전력노조에서 민영화 반대 여론에 힘입어 8월에 직선 집행부가 선출되면서, 한국통신노조는 전력노조와의 공동투쟁을 준비한다. 통신노조·전력노조는 당시 양 노총의 최대 공공부문 조직이었다. 한국통신노조는 2000년 9월 24일 대의원대회를 통해 전력노조와 함께 구조조정에 맞선 연대파업 투쟁을 결의하기에 이른다.

2000년 하반기 들어 한국중공업 등 민영화가 예정된 공기업에 대해 강도 높은 인력 감축이 진행되면서, 최대 공기업인 한국통신에는 정부가 설정한 규모를 넘어서는 추가 인력 감축 분위기가 계속 가시화되고 있었다. 더구나 전기통신사업법 개정에 따른 한국통신의 통신공동 시설 의무화 및 단말기 사업 금지 등을 삭제하면서 기간통신 사업자로서의 지위를 제한하고, 외국인 소유지분 한도 확대(33 → 49%)도 추진되면서 민영화 추진을 위한 지분 매각도 본격화되고 있었다. 당시 한국통신은 2000년 한해 당기순이익이 1조2천억원에 이르는 초우량 기업인데다, 이미 1만2천명 수준의 구조조정으로 인해 IMT2000·위송방송 등의 신규 사업 확대에 따른 7천여명의 인력 증원마저 필요한 상황이었지만, 정부와 공사측은 민영화를 앞두고 최대한의 인력 감축에 올인하고 있었다. 이러한 한국통신의 구조조정 방침은 민영화 이전 뿐 아니라 민영화 이후의 기업 경영 방침을 노골적으로 드러내는 것으로서, 당시 민영화 공기업에서 일반화된 흐름이었다.

이러한 상황에서 한국통신 사측은 11월 18일 전년도(1999.5)에 체결한 노조와의 합의를 뒤엎고 대규모 구조조정을 위한 명예퇴직·희망퇴직 시행 방침을 일방적으로 발표했다. 20년 이상 근속자중 1년 미만인 경우 명예퇴직을, 1년 이상인 경우 희망퇴직으로 인력을 감축하겠다는 방침이었다. 앞서 전력노조와 민영화 반대 연대 파업을 준비한 한국통신노조는 전력노조 파업 유보로 공공연대 공동투쟁이 무산됨에 따라, 12월 6일 당면한 인력 감축을 저지하기 위해 한국통신노조가 단독 파업투쟁을 돌입할 것인가의 여부에 대해 쟁의행위 찬반 투표를 다시 진행했다.

이미 1999년까지 12,141명이 감축된 상황에서 또다시 3천여명 이상의 정리해고 방침이 구체화되자 한국통신노조도 파업 이외에는 다른 방안을 선택할 수 없었고, 조합원들도 80% 이상의 찬성으로 파업을 의결했다. 12월 17일 한국통신 조합원 7천여명이 명동성당에서 철야 농성에 돌입했고, 12월 18일 노조는 전격적으로 전면 파업 돌입을 선언했다. 조합원 1만3천여명이 참여하는 열기 속에 '강제 명예퇴직과 일방적 구조조정 중단, 완전민영화 반대'를 위한 파업 출정식이 진행되었다. 공공연대의 공동 투쟁 무산에도 불구하고 한국통신노조의 파업 투쟁은 힘있게 진행되었다. 당시 금융노조 파업이 구체화되는 가운데, 한국통신노조의 파업이 공공부문을 넘어 전체 민주노조 진영의 투쟁을 확산시킬 것이라는 기대도 작용했다.

한국통신노조 파업이 진행되면서 12월 19일 〈국가기간산업 민영화(사유화) 및 해외매각 반대 범국민대책위원회)가 기자회견을 가졌고, 파업 중인 데이콤노조와 통신부문 연대 파업집회 등이 이어지면서 한국통신노조는 5일간 전면파업을 전개했다. 이후 정부와 민주노총의 물밑 교섭이 이뤄진 끝에, 12월 22일 공사측이 114안내·선로유지보수·콜센타 통합 및 분사화 등의 일방 추진을 철회한다는 등이 포함된 노사·노정간 잠정 합의가 이뤄졌다. 한국통신노조는 파업 승리 보고대회를 개최하고 파업을 종료했다.

이 파업은 2000년 12월 당시에는 비록 한국통신노조의 '뒤늦은 투쟁'과 비정규직 외면이라는 비판에도 불구하고, 적어도 정부의 일방적 구조조정에 대한 어느 정도 저지선을 구축했다는 의미를 부여할 수 있었다. 한국통신의 분사 중단을 의미하는 3천명의 강제 명예퇴직이 중단되는 성과를 얻었고, 인력풀제 철회와 함께 강제 명예퇴직 수단인 사내 부부 전보 발령도 철회되기도 했다. 그러나 인력 감축 중단 합의는 파업을 중단시키기 위한 공사측의 계산이었다는 사실이 머지 않아 드러났다. 한국통신 사측은 이 파업에 따른 합의 이후 2001년도에도 계속적으로 인력 감축을 추진했고, 명예퇴직과 희망퇴직 역시 계속되었으며 114 분사화도 곧이어 추진되었다.[11]

한편 전력노조와 공동투쟁이 무산된 이후 당면 최대 현안인 한국통신 민영화는 민주노총과 범국민대책위원회의 핵심적인 대정부 요구였음에도 불구하고, 노조의 파업 과정에서 제대로 공론화되지 못했다. 사실상 노조가 민영화를 인정한 상태에서 강제 인력감축 저지 중심으로 투쟁 방향을 설정하고 있었기 때문이다. 대외적으로는 민영화 반대였으나, 노조 내부적으로는 민영화에 따른 고용 보장 의제가 주된 의제였던 것이다. 한국통신노조의 파업 투쟁은 이후 공사측의 구조조정을 예방하지 못하는 불완전한 수준에서 마무리되었을 뿐 아니라, 당시 이미 구조조정이 진행중이던 계약직 노동자들과의 연대투쟁도 전개하지 못한데서 한계를 보였다.

파업 종료 직후 국회에서 국가기간통신 사업자로서의 독점적 위치에 있던 한국통신 지위

---

11 2000년 말 공공연대의 공동투쟁이 무산된 뒤에 이뤄져 관심이 집중된 한국통신노조의 파업은 △현행 명예·희망퇴직의 추가 연장 없는 종료 △향후 명예퇴직의 인사규정 의거 정기적 시행 및 미 강제 △명예·희망퇴직 시의 인력풀제 전면 철회 △민영화 추진 노사 동수로 구조조정특별위원회 구성·실시 △명예·희망퇴직의 위로금 모금 중단 △향후 사업 분사·분할(선로 유지보수, 114 등)시 구조조정특별위원회에서 충분히 협의 후 실시 △보수제도 개선 2000년 12월내 해결 등이 합의되어 정리되었다. 그러나 당면 최대의 과제인 민영화 및 인력 감축 철회 등에 대한 언급이 제외되어 불안을 남겼는데, 이러한 불안은 2001년 이후 현실로 나타났다(필자 주).

가 변경되는 전기통신사업법이 개정되면서 한국통신 역시 2001년 이후에는 통신산업 경쟁체제로 진입하게 되었다. 2002년의 완전 민영화를 앞둔 조치였다. 물론 노조 파업 및 노사 합의와 무관하게, 2001년도부터 본격적인 구조조정이 시작된다.

한국통신은 2001년 5월 이사회를 통해 적자 분야인 114안내 및 요금체납관리본부의 분사화를 추진하며 또다시 구조조정을 전면화하기에 이른다. 114 분사화는 2000년 12월 22일 파업 마무리 당시 노사간 협의후 시행 합의가 있었으나 구체적인 후속조치 내용이 결여되면서 사측이 노조 파업 이후의 혼란 상황을 틈타 강행한 것이다. 파업을 진행하던 노조 집행부가 구속되어 정상적인 노사 협의가 불가능한 상태에서 2001년 2월 한국통신은 인력 감축이 포함된 직제 개편을 전격적으로 강행했고, 조직개편 후속조치로 5월 이사회 직후 분사 추진을 일방적으로 발표했다.

한국통신 사측의 구조조정 합의 파기는 1998년 이후 벌써 세 번째이다. 1998년 8월, 1999년 5월, 2000년 12월에 한국통신은 노조와의 합의를 통해 강제 인력 감축을 추진하지 않기로 계속 합의하고도 계속 일방적으로 인력 감축을 강행해온 것이다. 정부가 2002년으로 예정된 한국통신의 완전 민영화를 앞두고 정규 인력의 감축을 최우선 과제로 제기한 상황에서 한국통신 사측은 노사 합의를 위반하고 강제 인력감축을 계속 추진해왔다. 114분사에 따른 인력 감축이 그 세번째였다.

한국통신의 구조조정 계획이 발표되자 114안내 담당 조합원 등 1천여명이 4월부터 본사 점거 농성을 시작했지만 사측은 아랑곳하지 않고 1,600명의 인력 감축을 강행했다. 노조 집행부는 이사회 직후부터 중앙간부 중심으로 농성에 돌입했고, 5월 19일 지방본부의 상경투쟁을 결의했지만, 노조 내부의 동력은 2000년 12월 파업 이후 고소·고발과 대량 징계로 인해 위축된 상태에 있었다.

노조는 일방적 분사 발표와 이사회 결의에 대한 경영진의 사과, 노조간부에 대한 고소·고발 취하 및 대량 징계 유보의 조건으로 교섭에 임하겠다고 했으나, 사측은 이를 무시했다. 이런 상황에서 6월 9일에 노조 집행부는 114안내 분사와 관련한 교섭을 진행하여 사측과 합의에 이르렀지만, 114안내 조합원들은 이 합의가 해당 조합원들의 의사를 무시한 직권 조인이라는 이유로 거부하였다. 결국 〈한국통신 114분사 철회 비상대책위원회〉(비대위)를 중심으로 114안내 조합원들은 직권조인 무효를 주장하며 노조 집행부와는 별개로 계속 투쟁을 전개했다.

한국통신노조 집행부는 이러한 비대위 투쟁에 대해 방관하는 태도를 보였다. 공공연맹은 이 투쟁에 대한 지원과 지지를 진행하며 한국통신노조 집행부에 대해 투쟁 결합을 권고하였지만 별다른 효과가 없었다. 노조의 방관 속에 6월 18일 비대위와 사측간 합의가 이뤄졌다. 114 안내에 한해 분사는 인정하되, 고소·고발을 취하하고 징계는 최소화한다는 내용이었다. 이 합의를 거쳐 비대위는 46일간 점거 농성 투쟁을 마감하고 복귀했다. 그러나 이 합의 역시 2002년 들어 한국통신 완전 민영화가 추진되면서 별다른 효력을 지니지 못했다. 2000년 12월 파업 돌입의 직접적 원인으로 작용했던 3천명의 인력 감축은 [표5-3]에서와 같이 2001년에 사실상 완료되었다.

한국통신노조의 2000년 파업투쟁, 2001년의 114분사 저지 투쟁이 마무리된 이후 12월 한국통신은 KT로 회사명을 변경하고 CI 선포식을 개최하였다. 곧이어 2002년 1월 21일 정보통신부 정보통신위원회는 △선로 공동 활용 △시외전화 유선접속료 추가 할인 △이동전화 번호이동성제도 시행 등 한국통신의 완전 민영화를 전제로 한 '통신산업 구조개편 추진 계획'을 발표했다.

노조는 뒤늦게 4월 28일 3,500여 조합원이 참여한 가운데 '2002년 투쟁승리 조합원 결의 대회'를 개최하며 전국대의원·지부장 중심으로 500여명의 간부들이 본사를 점거하며 뒤늦게 일방적 민영화 추진에 반대하는 농성을 시작했다. 그러나 이미 2000년 12월에 진행된 명예퇴직·희망퇴직 개선 및 분사 반대를 위한 파업투쟁 속에서 한국통신 민영화 반대 의제가 부각되지 못한 상황에서, 노조의 민영화 반대투쟁은 조합원들의 공감을 얻지 못한 채 고립되었다. 더구나 공공부문 민영화 저지 투쟁의 큰 분수령으로 작용한 2002년 2월 철도·발전·가스노조 등의 민영화 저지 연대파업 과정에 한국통신노조는 거의 연대하지 않음으로써, 당면한 통신 민영화의 공세를 막아낼 최소한의 명분이나 연대 전선조차 갖추지 못했다.[12]

1개월여 진행된 노조간부들의 농성 투쟁이 마감되면서, 사실상 한국통신노조가 공공부문 조직으로 전개한 투쟁의 역사도 마감되기에 이른다. 물론, 민영화 이후 한국통신(KT)노조는 더 이상 정부에 대해서는 물론이고 사측에 대한 투쟁마저 사실상 완전히 중단하는, 말 그대로 실리주의 흐름으로 전환하게 된다.

정부는 2002년 5월 28일 정부지분 28.36%를 전부 매각하여 1987년 주식 상장부터 시작된 15년간의 민영화 작업을 완료하게 된다. 1998년 민영화추진계획이 발표된 후 2001년까지

---

12 한국통신노조의 투쟁이 큰 관심을 받지 못한 상태에서 〈국가기간산업민영화(사유화)저지 범국민대책위원회〉는 2002년 5월 15일 "한국통신 민영화, 문제점과 해결방안'이란 주제로 토론회를 개최하고 '재벌 살찌우는 한국통신 민영화 정책, 국민적 재논의가 필요하다'고 주장했다.

[표5-3]에서와 같이 15,285명을 감축한 한국통신은 외국 자본이 50%가 넘는 KT로 2003년 1월 새롭게 발족되고, 2003년 이후에도 KT는 계속해서 강제 인력감축(명예퇴직)을 실시한다.

2002년 10월에 새로운 집행부(위원장 지재식)가 출범하지만, 이후 KT노조는 정부의 통신정책이나 사용자의 구조조정에 대해 제대로 투쟁 한번 전개하지 않았다. 이 과정에서 조합원들에 대한 인력 감축(명예퇴직)과 관련하여, 일부 노조원들의 집행부 비판이 간간히 제기되었지만, 전체적으로 KT노조는 민영화와 함께 현장의 민주노조 활동 기반이 사실상 무력화되는 상황으로 발전하게 된다.

표5-3 민영화 이전 한국통신의 인력 감축 현황

구 분	1998년	1999년	2000년	2001년	계
신규충원	36	570	236	313	1,155
퇴직(*)	3,109	9,638	1,701	1,992	16,440
인력감축	3,073	9,068	1,465	1,681	15,285

* 퇴직은 정년퇴직+구조조정(명예·희망퇴직) 포함

자료: 윤학규(2002)

2) 민영화·구조조정에 맞서 치열한 투쟁을 전개한 한국전력기술·한국중공업노조

- 한국전력기술노조

기획예산처는 한국전력의 분할 민영화 추진에 앞서, 한국전력기술·한전기공 등의 자회사에 대해 인력 감축 등의 구조조정을 선도적으로 강행했다. 기획예산처는 이미 민영화 대상으로 선정된 한국전력기술에 대해 플랜트 부문의 분리 매각과 함께 2000년까지 330명의 인력을 감축하도록 구조조정 계획을 통보했다. 이에 한국전력기술노조(위원장 이광영)는 1999년 4월 공공연맹의 총파업 투쟁에 1차 참여한 후 다시 하반기에 구조조정에 따른 인원 감축에 맞서 파업을 준비하게 된다. 1999년 하반기에 전력산업 구조개편이 본격화되는 가운데, 전력 계통 노조들의 공동투쟁이 준비되었다. 9월 7일 한국전력기술노조·원전연료노조·한전기공노조·전력노조비대위 등을 중심으로 〈전력계열 노조 공동투쟁위원회〉(전력공투위)를 구성했다.

한국전력 구조개편 법안이 국회에서 논의되는 과정에서 한국전력기술 사측은 11월 3일 일방적 인력 감축을 추진하기 위해 111명을 대기 발령 조치했다. 정부의 29.8%(655명) 인력 감축 방침을 실행하는 과정에서 사측은 해고회피 노력(명예퇴직 등)조차 생략하고 전격적으로 구조조정에 돌입한 것이다. 노조는 전력산업 구조개악 저지를 위한 전력계열 노조들의 공동 투쟁 발표 이후 12월 2일 국회 앞에서 원자력연료노조와 함께 연대파업 집회를 가졌다. 원자력연료노조는 파업 2일 만에 12월 3일 산업자원부 앞에서 구조조정 저지를 위한 파업 투쟁을 전개한 끝에 일방적 구조조정 중단의 합의를 이끌어냈다.

전력기술은 노조 파업 및 노사 합의를 거쳐 인력 감축을 잠시 중단하지만, 2000년 들어 분사·명예퇴직 등의 구조조정 압박을 다시 계속했다. 노조(위원장 박용성)는 또다시 2월 22일 전면 파업에 돌입했다. 국회앞 집회, 한전 앞 집회를 거쳐 파업 32일째인 3월 23일 민주당사 항의 방문 및 단식 투쟁을 전개하였다. 전력기술노조의 파업은 3월 31일 수원지법이 노조가 제기한 '플랜트 부문 분리매각'과 관련한 영업양도금지 가처분 신청을 받아들임으로써 파업 33일 만에 마무리되었다. 사측은 법원 결정에 따라 일단 구조조정 추진을 중단했다. 그러나 8월 들어 기획예산처가 다시 인력 감축(220명 정리해고) 방침을 강요하자 전력기술노조는 또다시 9월에 7일간 파업을 통해 이를 저지했다.

당시에는 인력 감축 뿐 아니라 3년간 동결된 임금 인상 건이 쟁점으로 제기되었지만 정부의 경영혁신 압박으로 별다른 교섭의 진전이 없어 노조는 또다시 파업투쟁을 전개할 수밖에 없었다. 2000년 하반기에 전력산업 구조 개편을 눈앞에 두고 전력노조가 파업을 선언하는 등 전력 계통 노조들이 1999년에 이어 또다시 공동투쟁을 준비하지만, 전력노조 파업 돌입 유보 선언에 따라 실제 파업에 돌입한 조직은 전력기술노조 뿐이었다.

전력기술 사측이 2001년에도 회사 지분 매각 및 기능 위탁 등의 구조조정을 계속하자, 노조는 다시 민주노총 총파업 방침에 맞춰 6월 12일 파업에 돌입했다. 이미 전력기술노조는 2001년 3월 전체 직원(1,800여명)의 90%가 넘는 1,750명이 우리사주조합을 결성하고 한국전력이 보유한 주식을 인수하기 위해 기획예산처와 줄다리기를 거듭하고 있었다. 노조 입장에서는 전력기술이 민간기업으로 매각될 경우 한국중공업의 사례에서와 같이 경영 효율화를 앞세운 강도 높은 구조조정 추진이 불을 보듯 뻔하기 때문에, 민영화(지분 매각)를 결사적으로 반대할 수밖에 없었다.[13] 노조는 이후 9월 14일 회사 측의 매각 입찰제안서 발표에 반발해 '종업원지주제 회사 설립 보장'을 요구하며 17일까지 시한부 전면 파업을 전개하였다.

---

[13] 2000년 말 기준으로 한국전력기술은 자기자본 1,321억원에 부채가 518억원(부채비율 39.2%)에 불과한 우량기업으로 2,152억원의 매출액과 299억원의 당기 순이익을 기록하였다. 노조 입장에서는 이러한 우량기업을 지키기 위해 파업 투쟁과 함께 우리사주조합의 한국전력의 지분 인수를 통한 사실상의 '자주관리'를 모색했다. 당시 기획예산처는 한전 지분의 20%까지는 우리사주조합에 매입 기회를 줄 수 있다고 밝혔으나 실제 그 수준까지는 이르지 못했다.

노조 파업은 2002년도에도 계속되었다. 3년째 계속된 임금교섭 결렬로 9월 24일부터 파업에 돌입하여 28일 만에 임금 및 단체교섭이 타결되었다. 김대중정부의 구조조정 방침에 맞서 1998년부터 2002년간 전력기술노조는 여섯 차례에 걸쳐 전면파업에 돌입하는 등 전력계열 노조 중에서 가장 치열한 투쟁을 전개해야 했다. 계속된 노조의 투쟁으로 전력기술의 지분 매각 및 분사화 방침은 벽에 부딪히게 되었고, 결국 전력기술의 지분 매각은 이명박정부 이후로 연기되면서 2022년 현재까지도 이 방침은 현실화되지 못하고 있다.

한국전력기술노조의 끈질긴 파업투쟁은 결국 민영화·인력감축·분사 등을 모두 저지하여 애당초 1998년에 수립했던 구조조정 정책을 바꿔낸 것으로 그 의미는 매우 크다고 할 수 있다. 비록 전력기술노조가 대기업노조가 아니라서 이후 전개될 철도노조·발전노조·가스공사노조 투쟁에 비해 크게 주목받지는 못했지만, 민영화가 예정된 공기업노조 중 이 정도로 정부 정책에 맞서 전면적으로 저항하고 민영화를 실제 저지한 사례 역시 흔치 않다.

- 한국중공업노조

1998년 정부의 빅딜 민영화 정책에 따른 발전설비 일원화 방침에 따라, 산업은행과 한국전력이 합작하여 출자한 발전설비 제조 자회사인 한국중공업은 1999년부터 본격적인 민영화 (매각)가 진행된다.[14] 이러한 민영화에 맞서 고용 보장을 확보하려는 한국중공업노조의 파업이 2002년까지 계속되는데, 이는 IMF 이후 민영화된 공기업 중 가장 치열한 파업투쟁이었다. 노조(위원장 김창근)는 1998년 7월 민주노총 2차 총파업 방침에 맞춰 민영화 저지를 위한 연대파업에 참여한 후 이것이 문제가 되어 1999년 6월 노조위원장이 구속되자 이에 항의하는 파업 투쟁을 다시 전개했다.

정부가 1999년 하반기에 현대·삼성그룹과의 빅딜을 통한 민영화 추진을 본격화하자 노

---

14 김대중정부는 IMF 구조조정 이후 공기업 민영화와 함께 주요 재벌들의 주력 업종 조정을 위한 빅딜 민영화 정책을 1999년부터 본격적으로 추진했다. 그 결과 반도체(하이닉스)·철도차량(현대로템)·발전설비(두산중공업)·선박엔진(HSD)·석유화학(삼성토탈)·정유(현대오일뱅크)·항공우주(항공우주산업) 부문의 빅딜 추진이 구체화되었다. 이들 기업에 대한 빅딜 민영화 추진과정에서 '뼈를 깎는 자구노력'의 미명아래 강도 높은 구조조정(인력 감축 등)이 취해졌음은 물론이다. 문제는, 이같은 재벌들의 '몸집 불리기'로 인한 빚더미 경영이 이 나라의 경제위기를 초래한 것이라고 이전에 강하게 질타했던 언론들이 이같은 빅딜 민영화 조치에 따른 재벌들의 또다른 '몸집 불리기'에 대해서는 대부분 침묵으로 일관했다. 그러면서 인력 감축 등의 강도 높은 구조조정이 필요하다는 편향된 입장만 계속 제기했다.

조(위원장 손석형)는 11월 10일부터 전면 파업에 돌입했다. 노조는 기획예산처 규탄 투쟁, 주요 정당(한나라당·국민회의) 타격을 위한 상경 투쟁과 공장 점거투쟁을 전개하였다. 이에 대해 사측은 '불법단체행동가처분신청'을 법원에 내고 파업 손해 배상으로 매일 1,000만원을 청구하며 탄압을 가했다. 1999년 말 금속산업연맹(위원장 문성현)이 연대파업을 결의하고 국회 등이 개입한 가운데 진행된 40일 넘게 진행된 한국중공업노조 파업은 12월 28일 고용안정 협약을 체결하며 어렵사리 마감되었다.

파업 이후 정부는 발전설비 일원화 및 선박엔진 빅딜을 단행하고 2000년 10월 경영권 매각(지분 36% 포함)을 공고하였다. 각종 특혜와 편법 논란 속에 2000년 12월 두산그룹(두산콘소시엄)이 인수하여 이후 한국중공업은 두산중공업으로 회사 명칭마저 변경되었다.[15] 두산중공업은 경영권 장악의 최대 걸림돌인 노조를 무력화하기 위해 인수 직후인 2001년 3월부터 노사 합의(고용안정협약)를 무시하고 명예퇴직을 강행하여 1,124명의 인력을 감축하였다. 이후 5월에는 발전 설비 외주화와 더불어 성과 평가를 통한 상시 퇴출이 전제된 소사장제까지 실시하겠다고 밝혔다. 결국 노조(금속노조 두산중공업지회)가 또다시 10월 5일부터 부분·전면파업 등을 번갈아 가며 41일간 파업을 벌인 끝에 12월 19일 소사장제 방침은 철회되었다.

그러나 2002년 들어 두산중공업 사측은 경영혁신 추진과 관련한 교육을 일방적으로 강요하고, 이에 반발하는 노조 핵심간부 16명에 대해 교육 불성실의 책임을 물어 해고 조치했다. 아울러 2002년 2월 민주노총이 공공 3조직 연대파업에 맞춰 추진한 노동법 개악 저지를 위한 총파업 투쟁에 두산중공업지회가 참여하자 201명에 대한 징계 조치를 발표했다. 이같은 노조 탄압에 맞서 두산중공업지회는 금속노조(위원장 김창근) 주도 하에 3월 18일부터 79일간 농성을 전개했다. 이 상황에서 노조가 요구한 교섭에 사측은 계속 불참했고, 노조가 5월 22일 파업에 돌입하자 곧바로 단체협약을 해지했다. 6월 노사간에 물리적인 충돌이 발생하고 7월 정문이 봉

---

15 두산컨소시엄의 한국중공업 인수는 특혜 그 자체였다. 발전 설비를 주로 제작하는 한국중공업은 2000년 인수 당시 공시된 자산이 4조원에 달했는데 두산컨소시엄은 3,058억원의 헐값에 이를 인수하였다. 당시 두산컨소시엄으로 참여한 ㈜두산과 두산건설은 부채율이 200%를 넘어 자격 요건에도 미치지 못한데다, 두산이 인수한 36%의 지분으로 한국중공업의 경영권 획득에 어려움을 겪고 있었다. 그러자 정부는 외환은행 지분 15.74%의 지분 권한 행사를 두산에게 위임함으로써, 결국 두산컨소시움의 편법적 인수를 지원했다. 게다가 공정거래위원회는 두산그룹의 한국중공업 인수가 출자총액 제한에 저촉되자 "구조조정을 위한 타법인 출자는 예외로 한다"는 내용으로 공정거래법 개정을 통해 이를 합법화하기에 이른다.

쇄되는 극한 대립 속에 7월 8일 지역의 시민단체를 중심으로 징계 최소화 권고를 위한 중재안을 제시했고, 이 중재안을 노사가 수용하여 47일간 진행된 노조 파업이 마무리되었다.

그러나 합의 이후 금속노조 위원장을 포함한 18명의 노조 간부가 또다시 해고되었고, 70여명의 징계와 함께 54명에 대해 손해배상 가압류 조치를 취하는 등 사측은 가공할 탄압을 가했다. 노조(지회)는 다시 농성 투쟁을 거쳐 12월 말 어렵사리 단체협약을 마무리했다. 그러나 사측의 손해배상 가압류와 노조 간부 징계는 해소되지 않아, 결국 2003년 1월 9일 대의원이었던 배달호열사가 분신 사망하는 비극으로 이어지게 된다. 한국중공업노조가 민영화 전후에 전개한 파업 투쟁은 한진중공업 등의 사례와 함께 재벌의 이해에 충실한 공기업 민영화가 이후 노사관계에 어떠한 결과를 보여주는지 생생하게 보여주고 있다.

3) 민영화에 맞선 공공연맹 공기업노조들의 계속된 파업투쟁

- 한국종합화학노조

정부출자기관이었던 한국종합화학은 폐수 처리 합성 세제인 수산화알루미늄의 생산을 위해 1996년 12월 전남 대불공단에 생산 설비를 확대하며 공적 투자를 확대했다. 이 투자에 힘입어 수산화알루미늄의 수입 대체 효과에 따른 한국종합화학의 수익이 확대되자, 정부는 이러한 기술의 민간 이전을 위해 1998년 한국종합화학의 민간 매각을 위한 민영화 방침을 발표했다.

민영화 발표 직후 노조(위원장 김치선)가 결성되어 이 청산 방침이 부당하다는 점을 계속 제기했으나, 2000년 11월 7일부터 경영권 매각을 앞두고 청산 절차가 본격화되기에 이른다. 이 전까지 노조는 민영화에 대해 강한 대응을 하지 않았지만 청산이 임박함에 따라 파업 투쟁에 돌입했다. 11월 17일 고용안정을 요구하며 파업에 돌입했고, 동시에 조합원 전원(220명)이 노조에 사직서를 제출하였다. 정부출자기관이었던 한국종합화학은 결국 11월 30일 산업은행이 주도한 주주총회를 통해 기업 해산을 결의하였다.

노조는 산업은행 앞에서 농성 중 12월 5일 고용 승계 문제를 교섭하기 위한 노사정 교섭을 산업자원부와 산업은행과 협의하여 진행했다. 이에 따라 1차로 청산법인 대표로부터 공장 매각 과정에 노조가 참여하고 감정가격 시행안 역시 노사 합의 후 상정키로 합의를 도출했다. 공장 인수 작업이 구체화되자, 노조는 2001년 2월 27일 파업 102일째 다시 상경투쟁을 전개하고 매각과정에서 고용 및 노조 승계, 매각절차 진행과 관련한 3자 합의(노조-인수업체-청산인)를 요구하였다. 결국 3월 19일 노조의 요구를 수용한 대주중공업이 공장 인수자로 나서면서 3월 22일에 3자 합의로 △희망자 고용승계 △노동조합 및 단체협약 승계 △임금 수준 유지 △노동조건 저하 금지 등이 담긴 '고용보장 합의서'가 마련되었다. 이로써 2000년 11월부터 시작된 노조의 125일간의 장기파업 투쟁은 마무리되고, 한국종합화학은 완전한 민간기업으로 변모하였다. 노조는 이후 명칭을 한국화학노조로 변경하여 현재에 이르고 있다.

- 한국냉장노조

정부의 민영화 추진계획에 따라 농수산물유통공사 자회사인 한국냉장에 대한 매각 추진이 임박하면서 한국냉장노조(위원장 김흥식) 역시 2000년 파업에 돌입했다. 2000년 11월 21일 파업을 결의하고 23일부터 순환 파업에 돌입했다. 노조는 경영권 매각에 앞서 △고용안정위원회 구성 △집단해고 제한 △해고시 위로금 지급 등의 요구를 내걸고 11월 30일까지 파업을 전개했다. 이 투쟁을 통해 12월에 한국냉장노조는 사측과 고용안정 등에 대한 합의를 이끌어냈다.

그러나, 모회사인 농수산물유통공사는 이같은 노사 합의를 무시하고 2001년 4월 26일 일방적으로 노량진수산시장 매각을 결정했다. 이에 한국냉장노조는 5월 4일 날치기 이사회로 결정된 '노량진수산시장 입찰 설명회'에 맞서 조합원 120여명이 점거 농성에 돌입하였다. 이후 △노량진 수산시장부지 매각 반대 △고용안정위원회 설치 △ 집단해고 금지 및 위로금 지급 등을 요구하며 한달간 시한부 부분파업 등이 이어졌다. 2001년 6월 민주노총 총파업투쟁에 맞춰 6월 12일 2일간 전면파업을 진행한 끝에, 고용승계 합의를 이끌어내며 7개월간 진행된 한국냉장노조의 파업은 마무리되었다.

- 대한송유관공사노조

석유 관로수송 전문 공사로서 민영화 대상인 대한송유관공사노조 역시 민영화를 시행하는 과정에서, 2000년 12월 28일 공사의 정부지분을 정유5사가 인수하였고, SK가 최대주주로 자리 잡으면서 인력 감축 및 노동조건 개악을 추진하고 있었다. 송유관공사노조는 민영화 진행 과정에서 노동자들의 임금·복지 축소를 제시하며 산업자원부에 대해 고용보장 합의를 요구했으나, 정부는 계속 이를 거부했다. 민간 자본의 인수에 따라 구조조정 및 노동조건 개악이 임박하자, 노조(위원장 김현만)는 2001년 4월 파업을 결의했다. 6월 12일 민주노총 총파업투쟁에 맞춰 2일간 파업을 전개했다. 이후에도 사측의 태도에 변화가 없자 27일부터 노조집행부가 단식 농성에 돌입하면서 또다시 30일 가까이 파업을 진행했다.

노조는 파업을 통해 민영화에 따른 고용 불안을 사회적으로 여론화하는데 집중했으나, 고용 불안 의제는 '공공개혁'의 미명아래 공공기관 대부분에서 전면화되고 있었던 상황에서 별다른 성과를 내지 못했다. 이후, 송유관공사는 경영권이 SK에 매각되면서 흑자 경영을 위한 강도 높은 경영효율화를 추진했고, 노조가 이에 저항하자 노조와의 교섭 없이 노동조건을 개악하고 명예퇴직을 일방적으로 실시한다.

파업투쟁 이후 조직 내부 역량이 약화된 노조는 결국 법적 투쟁으로 전환하게 된다. 인력 감축과 관련한 명예퇴직금 관련 소송을 전개하는 과정에서, 사측의 노조 분열 공작으로 2003년 이후 조합원 규모가 대폭 줄어들었다. 대한송유관공사는 매각 이후 불법 파견 논란에 직면했다. 노동부가 송유관공사의 위탁업체인 ㈜대송텍에서 종사하는 노동자에 대해 직접 고용을 지시했지만, 송유관공사는 이들에 대해 전원 해고 조치하고 군사시설 보호의 명분으로 이들 노동자들의 투쟁을 군부대까지 동원하여 진압하려 했기 때문이다.

- 산업단지공단노조

각 지역 산업단지에 열에너지를 공급하는 산업단지공단의 각 지역 열병합발전소 매각이 본격화되면서 산업단지공단노조(위원장 윤진호) 역시 이에 맞서는 투쟁을 전개한다. 노조는 1999년 7월 파업을 통해 퇴직금누진제 관련 일방적 취업규칙 개정을 막아냈고, 다시 정부가 정부지침을 강행하는 분위기 속에 2000년 10월 파업을 전개했다. 2001년 들어 기획예산처의 구조조정(열병합발전소 부분 매각) 방침이 구체화되면서 파업을 준비해야 했다. 산하 반월·구미열병합발전 매각이 임박하면서 노조는 구조조정에 맞서 2001년 9월 24일부터 전면파업에 돌입했다. 이에 공단은 9월 28일 노조의 쟁의행위금지가처분신청을 법원에 내고 노조위원장 등 40명을 업무방해와 집단에너지사업법 위반 등의 혐의로 검찰에 고소했다. 경찰은 12명에 대해 체포영장을 발부했다.

9월 30일부터 전 조합원이 구미와 안산공단에서 전 조합원이 상경하여 파업 투쟁을 전개했고, 파업 5일만인 10월 4일 파업 농성장에 공권력이 투입되어 조합원 200여명이 연행되었다. 그러나, 10월 5일 석방된 조합원들이 업무 복귀하지 않으면서 파업은 계속되었다. 노조위원장 등 5명에 대해 구속영장이 발부된 상태에서 10월 8일 총회를 각각 열고 파업과 관련 구속자 석방을 위해 사측이 노력한다'는 약속에 따라 파업 15일 만에 업무에 복귀했다.

10월 26일 노조위원장 직무대행이 공단측과 민형사상 고발 취하 및 해고 노조간부의 복직 등을 주요 내용으로 합의에 이르렀고, 11월 29일 파업으로 구속됐던 노조위원장 등이 석방되었다. 노조위원장 등 해고된 노조간부들에 대해 2003년 2월 중앙노동위원회에서 부당해고 결정이 내려졌고, 이후 법원에서도 고용안정과 연계된 민영화 반대 파업에 대해 해고 사유로 적절치 않다는 판결이 내려졌다. 산업단지공단노조는 1999년부터 3년여에 걸쳐 강고한 파업투쟁을 전개했지만, 2002년 열병합발전의 매각 이후 노조활동도 침체 국면에 접어들고, 결국 민주노총(공공연맹)도 탈퇴하기에 이르렀다.

· 지역난방공사노조

정부의 민영화 방침에 따라 열병합발전 분리 매각이 진행중이었던 한국지역난방공사는 2000년 전력공사의 부천·안양 열병합발전소를 매각하는 과정에서 사실상 분사가 이뤄졌고, 정부는 추가적으로 열병합발전 매각을 계속 강행하고 있었다. 이에 노조(위원장 배규현)는 계속되는 매각 공세를 저지하기 위해 2001년 5월 14일 민영화 안건을 처리하려던 주주총회를 봉쇄하였다. 그러나 정부의 민영화 공세가 계속 이어지자 노조는 민주노총(공공연맹) 총파업투쟁 방침에 따라 6월 12일부터 5일간 전면파업을 진행하였다. 부천·안양 발전소의 민영화를 저지하고, 민영화에 따른 우리 사주 양도 및 명예퇴직제 등을 요구하며 투쟁이 전개되었다.

노조가 파업 투쟁에 돌입하자, 일산·산본·분당 지역주민들이 지역난방공사 민영화 방침을 철회하지 않으면 난방비 납부거부운동을 전개하겠다고 선언했다. 노조의 투쟁에도 불구하고 정부 방침에 따라 부천·안양 열병합발전은 2001년 말에 매각되어 LG파워(이후 GS파워)로 인수되었다. 이후 일산·분당 발전소에 대한 민영화 방침이 추가적으로 검토되자 2002년에 다시 노조는 민영화 방침의 공식 철회를 요구하며 6월 10일부터 3일간 파업에 돌입했다. 이후 2002년 10월에 정부가 분당·일산지역의 난방요금 인상을 발표하자 사실상 민영화의 시작이라 간주하고 다시 경고 파업에 돌입했다. 파업 돌입과 때를 같이하여 주민들의 반발도 드세어지면서, 공사는 결국 난방요금 인상 발표를 유보하였다. 물론 분당·일산 발전소에 대한 추가 민영화 방침이 철회되어 현재에 이르고 있다. 부천·안양지역의 열병합 발전을 인수한 LG파워 역시 해외 매각이 검토됨에 따라 30%의 인력감축 방침이 구체화되면서 노조(위원장 김진호)가 강하게 저항하는 등 구조조정을 둘러싼 노사 갈등이 계속되었다.

4) 국민은행 민영화와 국민-주택은행 강제 합병에 맞선 금융노조 파업

1999년 하반기에 속개된 노사정위 공공특위에서 금융 공기업에 대한 구조조정이 계속 강행될 기미를 보이자, 금융노조(위원장 이용득)는 2000년 7월 11일부터 전면파업에 돌입하였다. 파업 돌입 직후 노사정간의 교섭이 타결되어 금융노조는 강제 합병 및 일방적 구조조정을 유보하는 합의를 이끌어냈다. 당시 정부는 국민-주택은행의 합병을 통한 민영화, 산업은행 등의 금융·지주회사법 설치를 추진하려 했으나, 금융노조의 전면 파업으로 일시 주춤하게 된다.

그러나 정부가 8월 이후 금융감독위 출신의 국민은행장을 임명한 뒤 국민-주택은행의 합병을 강행하기 시작했고, 금융노조는 11월 금융노동자 결의대회를 거쳐 노정 합의를 파기한 정부에 맞서 연대파업을 선언했다. 금융감독위원장이 직접 국민-주택은행의 통합을 주도하고도, 정부는 한편에서 이 합병이 '두 은행의 자율적 결정'이라고 주장하면서 노조원들의 분노가 확산되어 금융노조는 9월에 은행장실 점거 농성에 돌입했다. 당시 국민은행·주택은행의 합병 외에도 구조조정에 직면한 4개 은행(제주·평화·경남·광주)이 파업을 준비하고 있어서 금융노조는 이러한 구조조정에 맞선 연대파업을 준비하기 시작했다.

금융노조의 국민은행·주택은행지부는 강제 합병 반대를 내걸고 2000년 12월 20일부터 선도적으로 전면 파업에 돌입했다. 파업 돌입 직후 국민은행장과 주택은행장은 합병양해각서(MOU)를 체결했다. 금융노조 사상 최초로 이뤄진 대형 은행노조의 전면 파업은 1만5천여명의 조합원들이 참여한 가운데 1주일간 힘차게 진행되었다. 다만 함께 파업을 준비하기로 한 4개 은행노조는 정부가 구조조정 시한을 연장하면서 파업을 유보했다. 12월 28일 정부가 공권력을 투입하여 강제 해산을 시도한 가운데, 조합원 일부가 파업을 계속하고 정부의 공권력 투입에 맞서 금융노조는 연대 파업을 선언했지만 연대파업은 실행되지 못했다. 금융노조는 12월 28일 국민·주택은행의 자율적 통합을 추진하고, 파업 참가자에 대한 인사상 불이익 및 민형사 책임을 묻지 않을 것을 요구하면서 '조건부 파업 유보'를 선언했다.

금융노조의 연대 파업 돌입이 무산된 것은, 결국 양 노총의 공공연대 공동투쟁 무산 및 한국노총 주요 조직의 파업 철회로 인해 급속히 냉각된 공공부문 조직들의 분위기가 반영된 결과였다. 이 파업으로 양 은행 노조는 구조조정 과정에서 강제 인력 감축을 저지하였지만, 이후의 국민-주택은행 통합 작업은 사실상 막지 못했다. 그러나 대규모 은행의 합병에도 불구하고 인력 감축이 유보된 것은 분명 연대 파업의 성과였다. 파업 이후 금융노조 위원장과 양 은행의 지부장들은 구속되었다. 이후 주택은행을 통합한 국민은행은 정부의 민영화 방침에 따라 우리나라 최대 은행인 KB국민은행으로 전환되었고, KB국민은행 역시 2002년에 KT·포항제철·담배인삼공사 등과 같은 형태(국민주 방식)로 완전 민영화되는 길을 걷게 된다.

5) LG의 경영권 장악에 맞선 데이콤노조의 장기 파업

김대중정부의 빅딜 민영화 정책에 따라, LG그룹이 1999년 12월 데이콤의 경영권을 인수한다. 과거 1993년 말 데이콤의 민영화 방침에 따라 한국통신 지분(33%)이 매각된 후 전기통신

사업법상의 지분 제한(10%)에 따라 데이콤은 IMF 이전까지 동양·LG·삼성·현대그룹 등이 지분을 나눠가지고 있었는데, 정부의 빅딜 민영화 정책에 따라 LG그룹이 사실상 데이콤을 인수한 것이다.[16] LG는 데이콤 인수 후 경영권 장악을 위해 지분 제한(5%) 철폐를 정부에 요구하면서 부당 내부거래를 강화해갔다. 이 과정에서 LG의 부당한 경영 간섭 및 내부 거래가 이어졌고, 사장의 무소신 경영으로 데이콤의 영업 실적 역시 악화되고 있었다. 또한 경영권 장악에 방해가 되는 노조활동에 대해서도 계속 억압하는 분위기가 이어졌다.

데이콤노조는 1993년 민영화 이후 정부의 경영 간섭 배제 및 낙하산 인사 예방을 위해 '재벌 지배와 정부 간섭 없는 국민기업 육성'을 이후 데이콤의 운영 전략으로 제시했다. 이를 위해 노조는 △재벌로부터의 경영권 수호 △소유와 경영이 분리된 전문 경영체계 확립 △지배 주주의 소유지분 제한 △정부의 경영 간섭 반대 등을 일관되게 요구하게 된다(이승원, 1997). 그러나 IMF 경제위기를 앞세운 주요 공기업에 대한 빅딜 정책이 구체화되면서 데이콤에 대해서도 LG그룹의 경영권 장악이 본격화되기 시작했다.

데이콤노조(위원장 한현갑)는 1999년 1월부터 LG그룹의 경영권 인수에 대비하여 비상대책위원회 체계로 전환하고, '재벌 반대 생존권사수투쟁'을 시작한다. △대국민 서명운동 △정기주주총회 위임장 확보 △금융감독위원회 규탄 집회를 거쳐 4월 8일에 쟁의행위를 결의했다. 5월 4일 1차 시한부 전면 파업을 전개하고, 이후 5월 6일부터 다시 8일간 전면 파업을 전개하면서 각 정당 앞 항의 집회 및 언론 광고를 계속했다. 이후 9월말에 LG그룹의 경영권 인수를 위한 이사회가 구체화되자 노조는 10월 4일 이사회장 농성 끝에 이사회를 저지하였고, 이후 12월에는 사장실 점거농성을 단행 한다. 2000년 2월에 LG그룹의 구조조정본부 관계자가 부임하자 이에 대한 낙하산 반대투쟁이 계속되었다. 투쟁 끝에 LG그룹의 경영권 장악은 1차 저지했으나 여전히 LG의 경영권 장악 의도는 계속되었다. 이러한 분위기 속에 2000년 5월부터 계속된 단체교섭도 사측이 단체협약을 전면 부정하는 개악(안)으로 일관하자 사실상 중단되었다.

데이콤 상황이 갈수록 악화되는 과정에서 노조는 6월에 집행부가 사퇴한 이후 8월 보궐

---

16 1996년 말 당시 논란이 많았던 PCS 사업자 선정 시 정부는 LG그룹에 PCS사업을 허용하는 조건으로 데이콤 지분 한도 제한(5% 미만)을 부과하면서 LG그룹 회장(구본무)의 데이콤 경영권 포기 각서를 받았고, 이후 LG그룹은 데이콤 경영권 인수 계획을 전면 백지화하겠다는 입장을 여러차례 공표했다. 그러나 김대중정부는 재벌 개혁에 따른 반도체 빅딜 추진 과정에서 결국 1999년 11월 LG그룹이 데이콤을 인수하도록 특혜를 제공하게 된 것이다.

선거를 통해 새로운 집행부(위원장 이승원)를 구성했다. 사측은 여전히 노조와의 단체협약을 무시하고 인사제도 개편과 능력성과급제 도입을 통한 구조조정 압박을 가시화했다. 이에 따라, 노조는 8월 29일 노조집행부 출범식을 통해 LG그룹에 대한 2차 전면 투쟁을 선언했다. 이후 노조는 LG인터넷의 인수를 위해 사측이 추진한 DMI 통합 관련 이사회를 9월에 저지하고, 당면한 경영 현안과 단체협약을 묶어 11월 2일 파업 결의대회 이후 본사 점거 농성을 전개했다. 노조는 민주노조 사수와 독립 경영 확보를 위한 5대 경영 현안 쟁취를 목표로 11월 8일부터 LG그룹의 경영권 장악 및 노조 무력화에 맞서 전면 파업에 돌입했다.[17]

노조 파업이 장기화될 분위기가 보이자, 사측은 12월 1일 노조간부 16명에 대해 업무방해 혐의로 고발하고, 12월 18일 조합원만을 대상으로 공격적 직장 폐쇄를 단행한다. 2001년 1월 15일 노조위원장 등에게 체포 영장이 발부되었지만, 노조는 완강하고 끈질긴 파업 투쟁을 전개한 끝에 결국 1월 26일 파업 80일 만에 잠정 합의에 이르렀다. 파업 이후 2001년 4월에 데이콤 조직의 생존을 위한 노사 화합 추진의 합의를 했지만, 사측은 이 합의와 무관하게 파업의 책임을 물어 노조 위원장 등을 해고 조치했다.

5월부터 노조 탄압 중단의 요구를 앞세워 다시 농성에 돌입했고, 6월 12일 민주노총 총파업투쟁에 맞춰 부분파업 등을 통한 총력투쟁을 전개했다. 1개월간 노조 투쟁이 전개된 끝에 사측이 노조 탄압을 중단하겠다는 합의를 이끌어내며 투쟁이 마감되었다. 노조위원장 등의 파업(업무방해)과 관련하여 2002년 7월 서울지법은 벌금형을 선고했으나, 사측은 해고를 철회하지 않았다. 더 나아가, 2002년 들어 능력성과급제를 강행함에 따라 노조는 각 지부별로 5월부터 파업 찬반투표로 맞섰다.

데이콤 노조위원장(이승원)은 2001년 7월 해고 이후 2008년 5월 대법원에서 부당해고로 판결이 난 후 복직하였고, 복직과 함께 곧바로 퇴사했다. 이승원은 2003년 공공연맹 위원장을 역임했고, 해고 기간 중이던 2005년 4월부터 7월까지 전국의 데이콤 사업장을 2,000km 가까이 도보로 행군하며, '원직 복직, 비정규직 철폐'를 위한 투쟁을 전개했다. 퇴사 이후 노동자 역사 '한내'를 설립하는 등 노동운동 역사 복원에 노력했으나, 안타깝게 2017년 6월 지병으로 생

---

17 데이콤노조가 제시한 5대 경영 현안은 △채널아이 인수 전면 백지화 및 원상 회복 △유상증자 실시 △자금팀장 채용에 따른 부사장 사과와 재발 방지 △KIDC주식의 임직원 배정 실시 △경영정상화를 위한 직원발전협의회 개최 등이었다. 지난 93년부터 우리 사주 조합 등을 운영하면서 민영화에 대응해온 데이콤노조가 LG의 경영권 장악을 위해 내세운 조치들이었다.

을 마감했다.

　　데이콤노조 파업 이후 LG는 2002년 한국전력 자회사인 파워콤 인수를 위한 경쟁에 뛰어들어 결국 12월에 데이콤이 파워콤을 인수하기로 결정했다. KT에 이어 제2의 유선통신망 사업자로 자리매김된 파워콤의 인수를 계기로 LG는 이후 KT와 SKT가 분할하고 있는 유무선 통신업계의 강력한 경쟁자로 부상했다. 그러나 당시 파워콤의 매각에 반대하고 있었던 파워콤노조는 데이콤으로 인수될 경우 "전직원 사표도 불사하겠다"는 방침으로 인해 매각-인수에 따른 갈등이 구체화되고 있었다. 당시 데이콤은 파워콤의 모든 노동자에 대해 5년간 해고없이 고용 보장을 약속했지만, 이미 민영화에 따른 고용 불안이 한국사회 곳곳에서 확산된 상황 하에서 파워콤노조의 반발은 쉽게 마무리되질 않았다. 결국 파워콤은 2003년에 파워콤노조의 희망에 따라 데이콤 자회사가 아닌 LG그룹 자회사로 변모하게 된다.

　　한편 이러한 LG그룹의 파워콤 인수 등 통신사업자간의 갈등을 조직적으로 해결하기 위해 데이콤노조는 2004년 1월 8일 자회사들을 묶어 〈정보통신노조〉라는 초기업노조로 탈바꿈했다. 데이콤은 2006년 9월 법인명을 ㈜LG데이콤으로 변경하였고, 이후 LG그룹은 LG텔레콤을 통한 계열사 통신사업자의 통합을 추진하여 데이콤과 LG파워콤을 묶어 2010년 7월 LGU+로 통합되기에 이르렀다.

4. 김대중정부의 공공부문 경영혁신에 맞서는 투쟁

1) 공공기관에 대한 강도 높은 인력감축 추진

김대중정부는 1998년 이후 강도 높은 인력 구조조정을 추진한 결과 [표5-4]에서와 같이

표5-4　공공부문 전체 인력감축 현황　　　　　　　　　　　　　　　　　　(단위: 명)

구 분		1997년말 정원	1998~2001년 감축계획	감축 실적	감축률(%)
공무원	중앙부처	161,809	25,955	21,356	13.2
	지자체	291,288	56,649	49,506	17.0
	소계	453,097	82,604	70,862	15.6
공공기관	공기업	166,415	41,234	41,704	25.1
	산하기관	80,870	18,761	18,516	22.9
	소계	247,285	59,995	60,220	24.3
계		700,382	142,599	131,082	18.7

자료: 기획예산처(2002)

공공기관(공기업·산하기관)의 경우 20% 이상의 인력이 감축되었다. 1999년 7월 기획예산처는 출범(기획예산위원회와 예산청 통합) 직후인 7월 8일 보도자료를 내고 예정된 공기업 구조조정 및 경영혁신을 추진하겠다고 선언했다. 2001년까지 인력 감축을 완료함과 동시에 2001년까지 공공 개혁 미명 아래 강도 높은 경영혁신 추진도 강행하겠다는 것이다.

공공기관 인력 감축은 주로 대규모 공공기관이었던 공기업에서 크게 나타났다. 주로 민영화와 기능 조정(자회사 매각·분사·외주화 등)이 집중된 공기업(한국통신·담배인삼·조폐공사·송유관공사·농수산물유통공사·주택공사 등)에서 인력 감축 규모가 컸다. 물론 건강보험 재정 통합을 둔 건강보험공단도 1,070명이 추가 감축되는 등 김대중정부의 인력 감축은 2000년까지 전 공공기관을 뒤흔들었다. 특이한 것은, 국민건강보험공단과 함께 공기업 중 애당초 계획보다 추가로 인

표5-5 주요 공기업 인력 감축 현황 (19개 정부투자기관)　　　　　　　　　　　　　　(단위: 명)

구 분	1998.3 정원(A)	인력조정 실적			정원 (2000.1)	조정비율(B/A,%)	
		1998년	1999년	계(B)		추진실적 (2000.1)	1998.8 계획
한국전기통신공사	59,491	2,780	7,721	10,501	48,990	17.7(*)	13.9
담배인삼공사	7,680	1,503	936	2,439	5,241	31.8	41.4
한국전력공사	39,454	3,765	839	4,604	34,850	11.7	15.8
한국가스공사	2,891	457	–	457	2,434	15.8	15.8
송유관공사	523	97	83	180	378	34.4(*)	29.6
지역난방공사	1,015	49	174	223	792	21.9	26.7
한국조폐공사	2,634	696	492	1,188	1,446	45.1(*)	35.3
한국관광공사	984	207	31	238	746	24.2	29.0
농업기반공사	2,478	224	176	400	5,974	16.1	16.1
농수산유통공사	948	391	47	438	510	46.2	47.3
광업진흥공사	431	52	18	70	361	16.2	18.8
한국석탄공사	4,072	536	521	1,057	3,015	25.9	31.0
KOTRA	649	45	25	70	582	10.8	13.4
한국석유공사	949	169	18	187	762	19.7	22.3
대한주택공사	5,914	712	1,996	2,708	3,206	45.8	48.0
한국토지공사	2,490	355	110	465	2,025	18.7	26.9
한국도로공사	5,178	644	394	1,038	4,218	20.0	30.0
한국수자원공사	4,162	565	412	977	3,469	23.5	30.7
한국감정원	1,120	131	174	305	815	27.2(*)	20.0
계	141,943	15,245	15,992	31,237	118,999	19.3%	20.1%

* 민주노총(공공연맹 소속)

자료: 기획예산처(2001, 보도자료)

력 감축이 진행된 공기업(한국통신·송유관공사·조폐공사·한국감정원 등)들이 공교롭게 모두 민주노총(공공연맹) 소속 공공기관이었다는 점이다.[18] 단순한 우연인지, 아니면 다른 의도가 포함되었는지 알 수 없으나, 앞서 언급한 바 있는 조폐공사 파업 유도 사건을 떠올린다면, 단순한 우연으로 보기는 어려울 듯하다.

2) 퇴직금누진제 폐지 등 상시적 경영혁신 압박

1999년과 2000년에 걸쳐 정부가 인력감축과 함께 가장 강도높게 추진한 정책은 퇴직금누진제 폐지였다. 이미 공무원연금과의 형평성을 이유로 1980년대 초반 1차로 퇴직금누진률을 하향 조정한 정부는 1999년부터 전 공공기관의 퇴직금 누진률 자체를 폐지하겠다는 입장을 발표했다. 당시 공공기관의 퇴직금 누진률 폐지는 공무원연금의 개악 방침과 병행하여 진행되었다. 그러나 실제 공무원연금 개악이 장기간에 걸쳐 진행된 데 비해 공공기관의 퇴직금 누진 폐지는 전격적으로 추진되었다.

정부는 1차로 1999년 10월에 정부투자기관에 대해 퇴직금누진제를 폐지하지 않을 경우 2000년 예산 불이익 조치를 취하겠다고 선언함에 따라 대부분의 정부투자기관, 출자회사 및 공기업 자회사들이 1999년 말에 누진제 폐지를 수용했다. 일부 공기업(가스공사·지역난방공사·조폐공사 등)이 이를 이행치 않아 2000년 경영평가에서 불이익 조치가 취해졌다.[19] 퇴직금누진제 폐지는 공공기관 노동자들의 생애 소득을 현저하게 삭감하는 결과로 작용했다. 더구나 모든 공공기관에 대해 2000년 이전까지의 중간 정산된 퇴직금을 모두 지급하는 바람에, 공공기관 노동자의 노후 소득 문제가 남게 되었다.

---

18 한국통신은 애당초 13.9% 계획이었으나 17.7% 인력 감축이 실행되었고, 송유관공사 29.6% 계획에 34.4% 실행, 조폐공사는 35.3% 계획에 45.1% 실행, 한국감정원 20.2% 계획에 27.2% 실행을 각각 보이고 있다.

19 2001년 초 정부가 예산배정 중단 조치를 동원하며 가장 압박을 강한 조치는 퇴직금누진제 폐지였다. 정부 입장에서는 과거 1990년 대법원 판결을 상기하며 이 퇴직금누진제 폐지를 위해 반드시 노사 합의를 관철하려 했다. 지난 1980년 12월 전두환정부가 공기업의 퇴직금 누진율을 축소(30년 근속 최고 151배 → 52.5~80배)하면서 일방적으로 추진한데 대해 대한주택공사 퇴직자들이 소송을 제기한 결과, 대법원은 근로기준법 상의 근로조건 불이익 변경에 대해 일방적(노조 또는 종사자 과반수 동의없이)으로 추진한 퇴직금누진율 축소가 무효라고 판결한 바 있기 때문이었다. 공공기관에 대해 퇴직금누진제 폐지가 강행된 반면 공무원에 대해서는 연금 개악이 지연되면서 공공기관과 공무원간의 형평의 문제도 발생했지만, 2002년 공무원노조 출범 이후 정부의 탄압이 가속화되면서 공공기관노조가 이 문제를 공론화하지는 못했다.

정부투자기관을 제외한 공공기관은 2000년 들어서부터 퇴직금누진제 폐지에 대한 강한 압박이 취해졌다. 경영평가를 통한 불이익 조치가 실효성이 없었던 이들 공공기관에 대해서는 예산 불이익 조치를 동원했다. 많은 공공기관노조들(고속철도공단·산업단지공단·사학연금공단·원자력병원 등)이 2000년에 파업으로 맞섰지만 결국 퇴직금누진제 폐지는 막지 못했고, 200여개 이상의 공기업 및 정부출연·위탁기관들이 2000년 말까지 대부분 이를 수용했다. 그러나 조폐공사·건강보험공단·건강보험심사평가원·부산교통공단 등의 공공기관을 비롯하여 국립대병원(서울대·전남대·경북대 등), 금융기관(농협·한국은행·서울보증보험 등), 과학기술계 정부출연연구기관 등 52개 기관이 노조 반대에 부딪혀 2000년까지 이행치 못했다.

결국 기획예산처는 2001년 1월 4일 공기업 및 정부출연·위탁기관 중 퇴직금누진제 폐지 등의 경영혁신 미이행기관 52개 및 감사원 지적사항 미이행 기관 14개 등 모두 66개 기관에 대해 정부예산 배정을 유보하는 초강경 조치를 취했다. 공공연맹을 비롯한 공공기관노조는 정부의 부당한 처사라고 반발했지만, 오히려 이에 맞서 2000년까지 파업을 전개했던 노조들은 이미 합의한 상태에 있었다. 퇴직금누진제 폐지와 관련한 노조들의 저항은 건강보험공단(사회보험노조)·건강보험심사평가원·부산교통공단노조 등과 보건의료노조 소속 국립대병원노조(지부)들에게서 나타났다.

1998~1999년에 강도 높은 파업을 계속했던 조폐공사노조는 정부의 이같은 예산 배정 유보 조치에 대해 독자적으로 헌법소원을 제기했으나, 결국 헌법재판소는 이에 대해 부당한 공권력 행사가 아니라고 결정을 내렸다. 1993년 12월 중소기업은행노조가 제기한 '1993년 정부투자기관 예산편성지침'의 위헌 확인 사건에 이어 여전히 헌법재판소는 정부의 일방적 공공기관 임금 결정을 인정하는 보수적인 입장을 계속 드러내고 있었던 것이다.[20]

이같은 강도 높은 경영혁신 추진은 김대중정부의 공공기관 정책 방향이 2001년 이후 시장

---

20 헌법재판소는 퇴직금누진제 등의 개선 조치가 미흡하다는 이유로 조폐공사노조가 2001년 1월에 제기한 '2001년도 정부투자기관 예산편성지침 위헌 확인' 사건(정부가 한국조폐공사의 예산 배정을 중단 조치한 것이 부당한 행정처분이라는 점에 대한 확인)에 대해, "이 지침 통보로 인해 단체교섭권이 영향받는다 하더라도 간접적인 것에 그치고 단체교섭이 제한받는다고 볼 수 없어 헌법소원의 대상이 되는 부당한 공권력 행사에 해당되지 않는다"고 결정하였다(헌재, 2002.1.31. 2001헌마228). 그러나 이러한 헌법재판소의 판결은 선진 각국에서 이미 비준했던 국제노동기구 조약 제151호(공공부문 교섭구조)를 한국정부가 비준하지 않은 상황을 감안한다면 매우 시대착오적인 관점으로 이해될 수밖에 없다(필자 주).

표5-6 공공부문 구조조정 정책 흐름의 변화

구분	1단계(1998-2000)	2단계(2001~2002년)	3단계(2003~2006년)
시기별 특징	민영화·인력감축 구조조정	상시적 경영혁신 체제 도입	상시적 경영혁신 체제 정착
주요 추진기제	- 6회에 걸친 공기업 민영화 및 공기업·정부출연·지방공기업의 인력감축 - 정부출연연구기관설립운영육성법률(정출연법) 제정, 정부투자기관관리기본법(정투법) 및 지방공기업법 개정	- 공공기관 경영혁신(5대 과제) 추진 - 정투법 개정을 통한 경영평가제도 기반 구축 - 정부산하기관관리기본법(정산법) 제정 추진	- 정산법 제정 - 정부투자기관 경영평가 인센티브 확대 - 공공기관 통합관리체계(공공기관운영법 개정 추진) - 행정기관의 총액인건비제 운영 및 책임운영기관 시행
세부 추진내용	- 12개 공기업 및 50여개 자회사 민영화 및 경영혁신 - 공공부문 전체 13만여명의 인력 감축(공무원 8만2천, 공공기관 5만9천여명) - 비핵심업무의 민간위탁·외주화 추진	- 공공기관 경영혁신 미이행기관 불이익 조치(2001년) - 인력 운영의 경영혁신(핵심기능의 민간위탁·외주화 추진)	- 경영혁신 시스템 강화(혁신 수준 진단 평가 등) - 고객만족도 조사 확대 - 노사관계 합리화(선진화) - 핵심기능의 민간위탁·외주화 추진 및 이를 위한 관리체계 마련

자료: 기획예산처(2002), 재구성

화 체제를 전제로 한 상시적 구조개혁 흐름으로 전환되고 있다는 것을 보여주고 있다. 공공기관 종사자에 대한 복지 및 노동조건 축소, 인력 감축 및 조직 합리화(외주화 등) 등을 통해 상시적 경영혁신 체제로 운영하겠다는 것이 정부의 방침이었다. 필요할 경우, 노조까지도 개혁대상으로 설정하겠다는 의미도 포함되어 있었다. 이러한 김대중정부의 정책 방향은 공공개혁·금융개혁·노동개혁 전반에 드리워지고 있던 신자유주의적 흐름을 반영하고 있었고, 이는 공공기관 운영이 시장화(경영효율화) 중심의 '신공공관리론'(New Public Management)으로 구체화되고 있다는 반증이었다. 그리고 이러한 상시적 경영혁신 체계는 노무현정부에서 계속 강화되어 완성되기에 이른다.

3) 정부 예산지침 분쇄투쟁으로 시작된 공공연맹의 2001년 6월 총파업투쟁

2001년 1월 공공연맹의 3기 집행부(위원장 양경규)가 출범하면서 1999년 4월 투쟁에 이어 김대중정부와의 공공부문 구조조정에 대한 전면적 투쟁이 다시 준비되고 있었다. 김대중정부가 예산지침을 앞세워 공공부문 노동자의 노동조건을 개악하려는데 대해 각 공공기관노조 현장의 불만이 확산되어 있었기 때문이었다.

기획예산처가 경영혁신 미이행 기관에 대해 2001년 1월 4일 예산 배정 중단 조치를 내리자, 공공연맹은 1월 5일 공공기관노조 간부들을 중심으로 '기획예산처 예산권 남용' 규탄대회를 개최하였다. 이 집회에는 임금 체불을 통보받은 건강보험공단의 사회보험노조가 앞장섰다. 이어 2월초 보건의료노조와 사무금융연맹과 함께 〈기획예산처 예산권 남용 분쇄를 위한 공동대책기구〉를 통해 민주노총내 공공부문 공동투쟁을 준비했다. 공공연맹은 조합원 전진대회(3.31)를 갖고 2001년 예산편성지침 분쇄를 위한 2001년 총파업투쟁을 준비하게 된다.

당시 민주노총은 2000년의 롯데호텔·건강보험공단에 대한 공권력 투입, 대우자동차의 GM 매각 등 노동자에 대한 고통을 가중시키는 김대중정부의 반노동정책에 맞서 2001년 3월부터 총파업을 준비하고 있었다. 공공연맹 역시 경영혁신 압박에 직면한 공공기관노조들과 민영화 등 구조조정 대응 투쟁을 본격화하고 있는 노조들을 중심으로 이 투쟁 흐름에 참여하게 된다.

2001년부터 공공기관 경영혁신에 대한 강제 시행이 몰아치고 민영화가 구체적으로 진행되면서 강제혁신과 민영화에 맞선 공공부문의 공동투쟁은 다시 불붙게 된다. '민영화법'에 따라 우선 매각이 결정된 공기업(포항제철·한국중공업·한국담배인삼공사 등)을 제외한 공기업들은 2000년에 관련 법률 등을 국회에서 의결하고 2001년에 민영화 추진이 본격화됨에 따라 이 시기에 투쟁이 집중될 수밖에 없었다.

2001년 2월부터 예산지침에 따른 예산 배정이 유보된 공공기관 조직을 중심으로 기획예산처를 압박하는 릴레이 집회를 통해 투쟁 흐름을 확산하던 공공연맹은 4월에 30여개 공공기관노조의 교섭권을 위임받고, 5월 4일에는 기획예산처 장관(전윤철)을 만나 정례적인 노정간 협의를 요구하며 대정부교섭의 틀을 확보하고자 했다. 이어 5월 5일 공공연맹은 '국민재산 헐값 매각 저지, 공기업 공공성 확대, 고용보장 쟁취'를 앞세워 민영화 저지 조합원 결의대회를 진행하면서 또 다시 공공부문 총파업을 조직하기 위한 본격적인 준비에 들어갔다.

현장 조직화와 대정부 면담 등을 병행하며 투쟁의 기반을 조성한 후 공공연맹은 △예산지침 분쇄 △민영화 저지 △연봉제(차등성과급제) 저지 등의 당면 현안을 묶어 총파업투쟁을 선도적으로 실천하며 민주노총 방침에 맞춰 6월 총파업 돌입을 결의했다. 공공연맹의 2001년 6월 총파업투쟁은 구조조정(인력감축 등)이 걸린 한국전력기술·산업단지공단·지역난방공사·송유관공사·한국냉장 등의 공기업노조, 인력감축과 경영혁신이 걸린 사회보험노조·과기노조, 그리고 경기도·대전상용직·광주전남환경노조 등의 지자체 상용·위탁 부문, 세종문화회관노조 등 18개 노조가 참여하면서 투쟁의 폭만 보면 1999년 4월 총파업 당시보다 전선이 확장되어 있었고, 투쟁 의제도 공공부문 정책 전체를 망라하는 수준이었다. 그리고 여기에는 대한항공조종사 및 아시아나항공 등 항공부문 노조도 포함되어 있었다. 또한 퇴직금 누진제 폐지에 대해 강하게 저항하고 있던 보건의료노조의 국립대병원노조(지부)들이 민주노총 6월 총파업 투쟁에 결합했다.

그런데 정작 6월 총파업 투쟁과 관련하여 공공부문의 의제는 당시 언론에서는 거의 부각되지 못한채, 대한항공조종사노조 투쟁이 전면에 부각되었다. 민주노총의 총파업을 폄훼하려 한 보수언론의 의도였다.[21] 공공연맹은 투쟁이 장기화되고 있는 조직(사회보험·전력기술·과기노조 등)을 중심으로 7월 5일 2차 총력투쟁도 전개했다. 이어 7월 7일에는 민주노총이 주최한 '노동운동 탄압, 신자유주의 구조조정 분쇄, 김대중정권 퇴진 결의대회'에 많은 공공기관노조 간부들이 참여했다. 이 시기에 '김대중정권 퇴진' 투쟁은 확산되어, 7월에는 288개 시민사회단체가 민주노총의 요구에 뜻을 같이하는 시국선언을 발표하기도 했다.

2001년 정부의 경영혁신 정책에 맞서 투쟁을 계획했던 공공연맹의 6월 총파업은 정작 공공부문의 당면 의제가 집중적으로 공론화되지 못하는 한계를 드러냈다. 이는 워낙 파급력이 큰 대한항공조종사노조의 파업에 모든 이슈가 집중된 탓도 있었지만 2000년 이후 진행되어 온 정부의 공공부문에 대한 공세가 워낙 넓은 범주에서 진행되면서 단일한 투쟁 의제를 중심으로 투쟁하는데 어려움을 겪었기 때문이다. 각 공공부문노조들의 영역별 현안 과제가 다르다보니 총파업 투쟁 시기는 집중했으나 실제 투쟁 전개는 개별적으로 이뤄지고 타결되는 경향이 나타났다. 정부의 공공부문에 대한 전반적인 경영혁신 압박에 맞선 공공연맹이 집중적인 공동투쟁을 전개하는데는 한계가 나타날 수밖에 없었다.

실제 6월 파업 국면과 그 이후에 각 공공기관에 대해 정부의 경영혁신 압박은 노골적인 공세를 통한 물리적 탄압보다는 노조에게 일정한 실리를 주며 양보교섭을 강요하는 형태로 진행

---

21 당시 언론에서는 민주노총의 총파업을 비방("가뭄에 웬 파업?", 조선일보)하기 위해 대한항공조종사노조의 파업을 앞세워 '연봉 1억 이상의 귀족노조 파업'이라고 비방했다. 공공기관노조들의 파업은 일부 언론(한겨레 등)를 제외하고는 당시 언론에 거의 보도조차 되지 않았다. 당시 연맹 위원장(양경규)은 공공부문 연대파업과 대한항공조종사노조의 파업 지원과 관련하여 '3자 개입 금지' 위반으로 구속되었고, 이후 2005년 7월 대법원에서 형(집행유예)이 확정됨에 따라 사업장(서울상공회의소)에서 해고되기에 이르렀다. 공공연맹 위원장과 민주노총 위원장(단병호)의 구속은 결국 2001년 6월 민주노총 총파업투쟁에 대한 김대중정부의 노동운동 탄압 흐름을 제대로 보여주고 있었다.

되었고 개별노조들은 이러한 공세에 움츠러드는 양상을 보였다. 이런 상황에서 공공연맹은 위원장이 다시 6월 총파업으로 인해 수배되었다가 구속되는 상황을 맞게 되면서 지도력의 공백이 발생한 데다가 공공연맹의 가장 큰 노조이자 투쟁의 중심축이 되어야 할 한국통신노조와 서울지하철노조에서 노사협조주의를 내세운 집행부가 자리잡으면서 공공연맹은 6월 총파업을 이어가는 투쟁을 전개하지 못했다. 오히려 2001년 6월 총파업 당시 공공부문 투쟁 의제를 가장 강하게 실천한 조직은 보건의료노조 소속 서울대병원·충북대병원 등의 국립대병원지부들이었다. 국립대병원노조(지부)들은 퇴직금누진제 폐지에 맞서 2001년 힘찬 연대 파업을 전개함으로써, 예상 퇴직금 손실을 보전하는 대책을 마련했다.

2001년 공공연맹의 총파업은 1999년 총파업 이후 정부의 전면적인 공세에 산발적으로 대응하던 공공부문의 투쟁을 다시 집중화시켰다는 점에서 그 의미를 평가할 수 있는 것이었다. 한국노총의 공공부문이 노사정위를 왕래하며 공공부문의 공세에 대해 무력하게 주저앉고 있는 상황에서 공공부문 민주노초 단결과 공공성 강화를 기치로 걸고 출범한 공공연맹은 그 짧은 역사에도 불구하고 창립 이후 공공부문 투쟁의 중심이자 민주노조운동의 투쟁의 중심으로 자리잡아 왔다.

창립 이후 공공부문의 공세에 맞서는 공공부문의 파업은 사실상 연이은 패배로 이어졌지만 그런 가운데에서도 끊임없이 저지선을 구축하고 최악의 상황을 막아내기 위한 투쟁을 감행한 것은 공공연맹이었다. 6월 총파업은 이런 투쟁의 양상에서 벗어나지는 못했지만 여전히 공공부문에 대한 정부의 공세는 늘 노동자들의 저항에 부딪힐 것이라는 것을 확인시켜 투쟁이라는 의미를 남겼다. 이는 8개월 후 철도·발전·가스 3사의 공동파업에서 확인된다. 2002년 2월 다시 철도·가스·발전의 3사 노조를 묶는 역사적인 연대 파업이 이뤄지는 계기 역시 이렇듯 3년간 계속된 투쟁과 무관치 않다.

그러나 공공연맹이 추진했던 일련의 총파업 투쟁에 대한 한계도 분명하게 짚어져야 한다. 2001년 총파업 투쟁이 정리되면서, 1998년부터 계속되어온 공공부문 조직의 김대중정부에 대한 구조조정 및 경영혁신 저지 투쟁도 사실상 마감되었다. 결과적으로 공공연맹의 공공부문 구조조정 저지 투쟁은 정부의 정책 변화를 이끌어내지도 못했고, 민영화, 인력 감축, 퇴직금누진제 폐지 등의 정부 정책이 상당수 개별적으로 관철되었다. 정부 권력에 맞서 투쟁을 전개했지만, 여전히 기업별 체계에서 개별적으로 투쟁이 전개되고 마감되는 흐름이 극복되지 못한 것이다.

이러한 배경에는 공공부문노조가 당면한 구조조정에 대해 시종일관 '반대'와 '저항'으로 이뤄지면서 공공부문 노동운동이 지향해야 할 전략적 목표(공공서비스 확대를 통한 사회·경제구조

개혁)가 제대로 부각되지 못한데 있었다. 공공연맹의 투쟁은 김대중 정부의 공공부문에 대한 전면적인 공세에 대한 대응이자 정부 정책을 변화시키기 위한 대정부투쟁이었다. 이는 곧 공공부문의 시장화로 무장한 국가 운영 체제를 변화시키겠다는 운동 전략이 포함된 것이었다.

김대중 정부 하에서 2001년까지 전개된 공공부문 민주노조운동은 기업 단위 고용·임금을 지키기 위한 경제투쟁으로 인식되면서 정부 정책을 변화시켜 민중의 지지 및 사회적 정당성을 확보하기 위한 운동 전략과 과제들은 전혀 공론화되지 못한 한계를 지니고 있었다. 2002년 철도·발전·가스의 연대파업은 이러한 한계를 극복하는 전환점을 마련해 주었다. 공공부문 노동운동의 사회적 가치로 설정한 공공성 담론이 이 투쟁들을 통해 구체화되었기 때문이다.

4) 경영혁신지침에 맞선 고속철도공단·사학연금공단노조 파업투쟁

2001년까지 전개된 공공연맹 중앙의 총파업 투쟁이 여러 한계를 남겼지만, 각 공공기관노조들이 구조조정 및 경영혁신을 저지하기 위해 전개한 투쟁들은 정부 정책의 파열구를 내는데 적지 않은 기여를 했다. 주요 공공기관노조들의 투쟁 사례를 살펴본다.

• 노동조건 개악에 맞선 고속철도공단노조

1999년 7월부터 단체교섭을 계속했던 고속철도건설공단노조(위원장 김동석)는 철도 구조개편을 앞두고 사측이 노동조건 개악을 계속 추진하자, 이에 맞서 2000년 6월 21일부터 전면파업에 돌입했다. 공단 측은 정부의 경영혁신 압박을 앞세워 △정년 단축 △퇴직금누진제 폐지 △대학생자녀 학자금 지원 중단 등의 노동조건 개악 만을 요구할 뿐 노조가 요구한 공단 구조개편과 관련한 고용안정 등에 대해서는 외면함으로써, 노조의 장기 파업을 불러일으켰다. 머지않아 철도산업 구조개편에 따라 기관 종사자의 고용 또한 심각한 위협에 직면할 것이라는 위기감도 작용하고 있었다.

파업 43일째인 8월 2일 노사간 교섭이 재개되었으나 사측은 여전히 노동조건 개악을 고수하고 무노동무임금 원칙까지 강행하겠다고 함으로써, 교섭은 다시 교착상태에 빠졌고, 8월 4일에는 파업 진행과정에서 노조 간부들과 사측 관리자간의 충돌마저 일어났다. 이 시기는 건강보험공단에서 노사간 충돌이 발생하고, 공권력을 투입하는 하는 등 공공부문노조에 대해 강경대응 흐름이 계속되는 상황이었다. 공단 역시 이러한 상황을 이용하여 노조 파업을 무력화시키기 위해 노조 농성장을 침탈하거나 노조원의 파업 참여를 방해하는 과정에서 노사간 충돌이 발생한 것이었다. 그러나 이러한 노조 무력화 의도가 계속되는데도 불구하고, 조합원의 80% 이상이 파업 대오에 참여하면서 공단노조의 파업 투쟁은 8월 12일 합의에 이르기까지 53일간 강고하게 진행되었다. 이 합의로 이후 고속철도공단 구조 개편과 관련한 고용안정 협약을 확보하고, 부당노동행위와 업무방해 관련 고소도 노사 쌍방이 취하하면서 노조 투쟁도 마무리되었다.

이후 공단측이 어렵게 채결한 노사 합의에 대해 공단측이 계속 이행치 않아 노조는 다시 10월11일부터 무기한 점거 농성에 돌입하였다. 노조의 농성은 연말까지 계속되었으나 사측은 끝내 합의를 이행치 않았다.

2001년 5월 철도노조에 민주집행부가 들어선 이후 2001년 하반기부터 고속철도공단노조 역시 철도산업 구조개편 입법 저지를 위한 투쟁에 나서게 된다. 고속철도건설공단노조는 고속철도 건설 과정에서의 경험과 기술력을 앞세워 고속철도의 독립 운영(고속철도의 시설 및 운영 통합)을 요구하면서, 정부의 시설과 운영 분리 정책에 맞섰다. 이 과정에서 사측은 1999년과 2000년에 맺은 협약 및 합의사항을 계속 이행치 않아 노조는 2001년 11월 쟁의행위를 결의하고, 12월 28일에 또다시 시한부 파업에 돌입했다. 고속철도건설공단의 노사 갈등은 이후 2004년 철도 구조개편으로 철도시설공단으로 전환될 때까지 계속된다.

- 성과급 도입 기도를 막아낸 사학연금공단노조

사학연금공단에서도 사측이 노조와의 단체협약을 무시하고 정년을 일방적으로 축소하고, 성과급제 및 퇴직금누진제 폐지를 강행하려 하자 노조(위원장 강태위)가 이에 반대하며 9월부터 농성에 돌입했다. 당시 사학연금공단노조의 투쟁은 중소기업진흥공단, 공무원연금공단, 상공회의소 등의 공공연맹 경제사회분과 소속 공공기관노조들의 연대투쟁과 함께 진행되었다. 노조는 고용안정, 일방적으로 축소된 정년의 연장 등을 요구하며 2000년 10월 6일 파업을 결의했고, 사측의 노동조건 개악 기도가 계속되자 결국 10월 14일부터 전면파업에 돌입했다.

사상 처음으로 진행된 사학연금공단노조의 파업이었지만, 조합원들의 강한 단결로 18일간 파업이 진행되었다. 10월 31일 노조는 임금체계 개악을 저지하는 성과를 내고 파업을 마무리하였다. 쟁점이 되었던 퇴직금누진제는 처우개선을 보전하는 것을 전제로 조정되었다. 1999년~2000년에 공공연맹 소속 공공기관 노조 중에서 퇴직금누진제 폐지에 맞서 파업을 진행한 조직은 고속철도건설공단·산업단지공단·사학연금공단·전력기술노조 등 4곳으로서 비록 누진제 폐지는 저지하지 못했지만, 파업 투쟁을 통해 조합원들의 처우개선을 확보하는 나름대로의 성과를 냈다. 그러나 이러한 투쟁이 공공연맹의 지도력 하에 집중화되지 못한 한계는 여전히 남아있었다.

5) 구조조정 및 경영혁신에 맞선 출연연구기관노조의 투쟁

1998년 5월 정부출연연구기관의 구조조정 계획이 발표된 이후 정부출연연구기관은 각 부처 소속에서 1999년 1월부터 '정부출연연구기관 설립·운영 및 육성에 관한 법률'(정출연법)에 따라 5개 연합이사회(연구회)로 재편되기에 이른다. 물론, 이러한 지배구조 개편 이전에 각 연구기관의 인력 감축, 연봉제 도입 등의 구조조정·경영혁신이 계속 이어졌다. 출연연구기관의 투쟁은 과기노조가 중심 역할을 했다. 이미 1999년 초부터 전자통신연구소·원자력연구소 등에서 연봉제 강행 도입이 추진되고, 과학기술원에서는 낙하산 인사가 계속되었다.

3월 이후 출연연구기관의 기능조정, 과학기술원 등의 교육부 이관 등이 계속되면서 구조조정 압박이 가시화되자, 과기노조는 1999년 4월 공공연맹 총파업 투쟁 방침에 따라 각 지부별로 파업 투쟁을 준비했다. 4월 20일 파업을 결의한 과기노조는 4월 21일 공공연맹의 총파업방침에 따라 28개 지부가 시한부 전면 파업에 돌입했다. 과기노조는 연전노조와 '정부출연연구기관 설립·운영을 위한 법률'(정출연법) 개정을 위한 공동투쟁 집회를 개최한 후 민주노총 총파업 투쟁에 결합했다. 이후 과기노조는 5월 14일 다시 2차 부분파업에 돌입하여, 연봉제 강행 도입을 추진하는 기관을 중심으로 기관 경영진을 타격하는 투쟁을 전개했다. 6월 24일에는 연전노조와 함께 경영혁신을 강요하는 기획예산처 규탄집회를 개최했다.

1997년 출범 이후 집행부 공백 등이 계속되며 불안정한 모습을 모습을 보였던 연전노조는 1999년 초 새 집행부(위원장 소대섭)가 발족되면서 정부출연연구기관에 대한 구조조정을 저지하기 위한 투쟁을 준비했다. 연전노조는 통일연구원지부의 1998년 구조조정을 원상 회복하는 투쟁과 함께 정부출연연구기관에 대한 경영혁신 대응 투쟁을 전개했다.

통일연구원은 1998년 출연연구기관 구조조정 과정에서 정규직 연구원을 일괄적으로 정리해고하고 1999년 1월에 다시 계약직으로 고용한 매우 심각한 구조조정 사례였다. 통일연구원에 1999년 3월 연전노조의 지부(지부장 김종우)가 결성되었으나, 연구원측이 노조를 계속 인정하지 않자 연전노조 소속 지부장들과 통일연구원지부 조합원들이 6월 24일 연구원 점거 농성에 돌입하였다. 20여일간 투쟁이 진행된 끝에 7월 13일 노조의 기본활동을 보장하는 기본 합의서를 체결했다. 그러나 원장 교체 이후 고용안정 협약 체결에 대해 여전히 사측이 무성의한 태도를 보이자 통일연구원지부는 10월 21일 전면 파업을 선언했다. 연전노조는 통일연구원지부의 파업과 동시에 인문사회연구회(연구회) 규탄 집회를 가진 후 연구회 점거 농성에 돌입했다. 연구회 관계자의 중재 아래 성실교섭을 약속받은 후 3일간의 점거 농성을 해제한 후, 11월 19일 5개월여 농성·집회·파업투쟁이 계속된 끝에 통일연구원지부는 고용안정과 관련한 단체협약을 체결하였다.

통일연구원지부 투쟁이 진행되던 1999년 6월 각 연구회는 연봉제, 계약제, 복지 축소 등의 5대 경영혁신과제를 각 연구기관에 시행토록 지침을 내리게 된다. 연전노조 소속 각 지부들은 과기노조와 공동투쟁을 전개하고 일부 지부(여성·보사연·교통연 등)에서 강하게 저항했지만, 노조 없는 연구기관(KDI·조세·KIEP 등)이나 활동이 정체된 노조(통신개발·형사정책·산업연·농경연 등)들이 많아 전체적으로 위력적인 대응은 쉽지 않았다. 그러나 통일연구원지부의 투쟁과 연계하여 연구회를 타격하고 점거 농성하는 과정에서 초등 단계의 집단적 협의구조는 마련하였다.

이러한 초기 대응으로 인해 정부출연연구기관노조들은 연봉제 도입의 상황에서도 노조 내부의 단결력을 유지할 수 있었다. 상대적으로 당시 노조가 없었던 연구기관의 경우 정부의 경영혁신 압박이 강하게 작용한 결과, 출연연구기관 경영혁신의 가장 대표적 의제인 연봉제 운영이 매우 심각한 수준의 누적식 체계로 자리잡으면서 차등과 차별이 고착화되었다. 이러한 상황은 이후 2005년 조세연구원에 노조가 결성되면서 드러나게 되었다.

과학기술계 출연연구기관에 대해서도 1999년 하반기에 정부의 경영혁신 공세가 다시 강화된다. 1999년부터 몰아닥친 5대 경영혁신과제 및 퇴직금누진제 폐지 등의 공세였다. 7월부터 과학기술원·원자력연구소에서 다시 연봉제 추진이 본격화되어 두 지부는 12월에 농성투쟁에 돌입했고, 건설기술연구원지부는 경고파업을 전개하기에 이르렀다. 과학기술원지부와 원자력연구소지부도 2000년 1월 3일부터 시한부 경고 파업을 전개했고, 과학기술원에서는 여전히 사측의 무책임한 교섭 태도가 이어지자 과학기술원지부는 1월 12일 또다시 경고 파업에 돌입했다.

과기노조는 2000년 6월 22개 출연연구기관을 상대로 공동 조정신청에 돌입했고, 7월 12일부터 과학기술정책연구원·과학기술연구원·건직연구원지부가 전면 파업에 돌입했다. 과학기술정책연구원과 과학기술연구원지부는 10일간 파업을 진행하고 마무리했다. 그러나 1999년부터 사측의 노조활동 방해 등으로 노사갈등이 계속된 과학기술원·원자력연구소·원자력안전기술원지부는 결국 10월에 또다시 쟁의행위를 결의하고, 10월 27일부터 3일간 연대파업을 전개했다. 한편 과학문화재단지부는 정부의 낙하산 인사 및 노조 탄압 흐름에 맞서 7월부터 94일간 파업을 계속했다.

과학기술원에서 2000년 11월 10일 시설부문 외주화 및 정리해고를 발표함에 따라, 과학기술원지부(지부장 황규섭)는 11월 22일 다시 경고 파업을 전개했고, 연구원측이 정리해고를 강행하려 하자 결국 12월 13일 시설 민영화 저지를 내걸고 전면 파업에 돌입했다. 연구원측이 시설부문 노동자에 대해 2001년 1월 30일자로 정리해고하겠다는 입장을 발표함에 따라, 지부는 1월 5일부터 연구원 측의 정리해고 강행 저지를 위해 원장실 점거 농성에 돌입하였다.

과기노조의 36개 지부장들도 1월 8일 원장실 점거 농성에 돌입했고, 1월 16일에는 과학기술원 행정동 전체를 봉쇄하는 투쟁에 돌입했다. 1월 19일 과기노조 위원장과 과학기술원지부 간부 11명에 대해 체포 영장이 발부되었다. 공권력 투입이 임박한 가운데 1월 20일부터 고용안정을 위한 교섭이 시작되고 과기노조 중앙위원들의 농성이 계속되었다. 1월 30일 파업 49일 만에 고용 안정 관련 합의가 이뤄짐으로써 과학기술원지부의 파업은 마감되었다.

2월 1일 체포 영장이 발부된 과기노조위원장(장순식)과 과학기술원지부 지부 간부 11명이 자진 출두하였고, 노조위원장과 과학기술원지부장 등이 업무방해 혐의로 구속되었다. 대전지법은 3월 과기노조 위원장에게 집행유예를 선고한 반면, 과학기술원지부 지부장·부지부장에게 징역 1년6월의 실형을 선고했다. 이후 업무방해에 대한 법정 공방이 계속된 끝에 2003년 12월 대법원 판결로 원심이 확정되었다. 확정 판결 직후 장순식 위원장은 해고(직권면직)되었으나, 2004년 11월 대전지법이 해고 무효 판결을 내림으로써 복직하게 된다.

과학기술원지부의 파업 투쟁이 계속되던 2001년 1월 5일 기획예산처는 과학기술계 출연 연구기관에 대해서도 4대 경영혁신 미이행을 이유로 예산 배정을 유보하는 조치를 취했다. 이어 국무총리실 산하 연합이사회(인문·경제)에서 출연연구기관 기관평가에서 이같은 경영혁신 미이행을 이유로 예산 불이익 압박이 계속되었다. 연전노조 소속 출연연구기관지부들은 2000년에 경영혁신 이행 조치를 대부분 완료했기 때문에 예산 불이익 조치는 없었지만, 각 기관별로 이행 수준에 따라 기관평가에서 불이익 조치가 취해졌다.

과기노조는 이같은 정부의 예산배정 유보 조치에 대해 3월 대표자수련회를 통해 4월 전면 파업 방침으로 돌파하겠다고 밝혔다. 이와 함께 과기노조는 4월 10일 예산 배정을 유보한 기획 예산처 장관을 상대로 소송에 돌입했다. 결국 정부(기획예산처)는 4월 30일 '출연(연) 활성화 및 사기진작 종합대책'을 발표하면서 과학기술계 출연연구에 대한 예산배정 유보 조치도 함께 철회하기에 이르렀다.

그러나 이후 기획예산처는 정부출연연구기관의 경영혁신 이행이 부진하다는 진단아래 2001년 9월에 '출연연구기관 경영혁신과 2002년 예산연계방침'을 발표하면서 42개 정부출연 연구기관의 예산을 차등 배정하겠다는 조치를 취했다. 이에 과기노조와 연전노조는 10월 25일 연석회의를 통해 공동투쟁본부를 구성하고, 11월부터 12월까지 집회 농성 등으로 맞섰다. 특히 11월 23일에는 총력투쟁 결의대회를 통해 불법적인 예산 차등 방침을 폭로하고, 예산 차등

기준의 일부 조정을 이끌어내는 등 강력한 공동투쟁을 실천해냈다.

과기노조와 연전노조(위원장 박용석)는 12월 국회 투쟁을 공동으로 전개한 후 2002년 1월에 공투본을 해체했지만, 공동사업의 흐름은 계속 이어갔다. 4월의 합동 중집위 회의를 거쳐 5월에 연합이사회에 공동교섭을 요구하고, 6월에는 교섭에 불응하는 연합이사회 앞에서 공동집회를 개최했다. 이같은 공동사업에 힘입어 양 조직은 9월 12일 합동 중집위에서 노조 통합을 위한 추진위 구성에 합의했다. 이후 10월 1일에는 합동 중앙위원회를 개최하여 2003년 2월까지 조직 통합을 완료키로 했다. 양 노조는 9월말 입법 예고된 정부산하기기관관리기본법(정산법) 제정에 대해서도 가장 앞장서 투쟁했다.

그러나 10월 10일 과기노조 대의원대회에서 합동 중앙위원회의 결의사항(양 조직 통합안) 및 2개 지부 징계안에 대해 수정안이 채택(사실상 부결)됨으로써 통합 추진에 제동이 걸렸다.[22] 12월 과기노조(위원장 이성우)와 연전노조(위원장 윤희갑)에 새 집행부가 들어서면서 결국 통합 논의는 수면 이하로 가라앉았다. 1991년 공동투쟁을 거치면서 노조 통합을 검토한 이후 10년 넘게 거론되어온 양 조직의 통합 논의는 이 시기에 일단 좌절되었지만. 공공연맹의 산별조직 전환이 본격화되던 2006년 11월에 다시 수면 위로 떠오른다.

6) 구조조정과 퇴직금누진제에 정면으로 맞선 국공립병원노조 연대파업

정부의 강압적 경영혁신 압박에 대해서는 보건의료노조 국립대병원지부들이 가장 강하게 저항했다. 1998년 공공부문 구조조정 당시 13개 국립병원(국립의료원·국립정신병원 등), 30여개 특수 목적 공공병원(국립대병원·원자력병원·보훈병원·산재병원·적십자병원 등), 34개 지방공사의료원, 3,000여개의 보건소·지소·진료소 등의 공공 의료기관에 대해서도 구조조정의 칼바람이 몰아쳤다. 국립대병원과 보건소 등에 대해서는 인력 감축과 책임경영제도가, 특수목적 공공병원 및 지방공사의료원에는 민영화·인력감축·성과급제 도입 등이 강행되었다(김창엽, 1998). 그

---

22 2002년 10월의 양 조직 통합 논의가 전격적으로 추진됨으로써, 한국사회 최초의 자주적인 산별노조로서 8년간의 산별노조운동의 지평을 개척해온 과기노조 현장 간부 눈높이에서는 제대로 평가 절차도 거치지 않은 채 무리하게 진행된 측면이 있었다. 게다가 과기노조 중앙위원회에서 의무 미이행을 이유로 집행부가 과기노조 역사에서 주요한 역할을 담당해온 2개 지부(전자통신연구원·과학기술원)를 제명함으로써 조직 내부의 갈등이 확대되었다. 결국 이러한 상황들이 과기노조 10월 대의원대회에서 수정안(양 노조의 통합은 원칙적으로 추진하되, 구체적인 시기와 방법은 6대 집행부에서 결정키로 하고 6대 임원 선거를 즉시 실시)으로 나타났다.

리고 공공 의료기관 전반에 대해 외주화가 확산되고 있었다.

　더구나 공공병원 소속 노동자들은 다른 공공부문(공기업·출연연연구기관 등)에 비해 처우와 복지 수준이 열악한 상황임에도 획일적 구조조정과 경영혁신 압박이 예외없이 구체화되자 정부 정책에 대한 불만이 높아져 갔다. 이러한 상황에서 정부의 구조조정에 맞서 보건의료노조는 1998년 5~7월, 1999년 5월에 민주노총 총파업에 맞서 8개 공공병원노조들이 중심이 되어 파업 투쟁에 참여했다. 그중 가장 앞서서 강력한 투쟁을 전개한 노조는 원자력병원지부였다.

　원자력병원지부(지부장 이강춘) 역시 정부의 구조조정(인력 감축, 외주화, 전직원 계약제·연봉제 도입 등)에 맞서 1999년 5월 12일부터 전면 파업에 돌입했다. 15일간 전면 파업이 진행된 후 노사 합의를 거쳐 구조조정을 시행한다는 잠정 합의 끝에 노조(지부)의 파업 투쟁이 마무리되었다. 이때 서울대병원지부 등의 국립대병원지부들도 민주노총 총파업 방침에 따라 5월 13일 시한부 연대 파업을 전개하였다. 이후 원자력병원측은 합의 후 26명의 노조간부를 직권면직 처리하고 파업에 참여한 조합원 300여명을 징계하겠다고 발표하였다. 노조가 다시 점거 농성과 로비 집회를 계속한 결과 파업 참여자에 대한 징계를 최소화하는 것으로 정리했다. 1999년 말 원자력병원은 노사합의에도 불구하고 기획예산처의 방침에 따라 인력 감축을 강행했다. 게다가 2000년 7월 들어 정부지침에 따라 연봉제 및 퇴직금누진제 폐지를 강행함에 따라 지부는 8월 30일 다시 파업에 돌입했다. 파업 돌입 당일 사측이 연봉제 및 퇴직금누진제 폐지를 철회하면서 파업은 철회되었으나, 결국 계속된 사측의 구조조정 압박으로 인해 결국 2000년 12월 원자력병원의 퇴직금누진제는 폐지되기에 이른다.

　보건의료노조의 국공립병원의 구조조정 저지 투쟁은 1999년에 일부 시한부 파업을 거쳐 2000년부터 본격적으로 시작된다. 먼저 원자력병원의 노사 갈등이 증폭될 즈음 1999년 12월 서울대병원에서 기습적인 소아급식 위탁에 맞서 천막 농성투쟁이 시작되면서 2000년 공공병원들의 구조조정 저지 투쟁이 전국적으로 확대된다. 5월 31일 서울대·경북대·전북대·충남대·충북대 등 5개 국립대병원지부, 원자력병원지부, 5개 보훈병원지부 및 13개 지방의료원지부들이 연대 파업에 돌입했다. 이중 경북대병원지부는 34일, 충북대병원지부는 40일간 파업을 전개했다. 국공립병원노조(지부)들의 연대파업으로 2000년 정부가 추진하려 했던 퇴직금누진제 폐지 및 연봉제·성과급제 도입을 대부분 저지했다. 이들 다수 국공립병원에서 퇴직금 누진제 폐지가 이뤄지지 않자 기획예산처는 2001년 1월 이들 병원들에 대해 예산 배정 중단의 조치를 취하게 된다.

　지방공사의료원노조(지부)들 역시 퇴직금누진제 폐지에 대해 2000년 연대파업을 통해 강하게 저항했다. 이에 행정자치부는 의료원의 외주화, 신규 입사자에 대한 누진제 폐지 등을 강행하려 했다. 2001년 12월 '지방공사의료원의 활성화와 공공의료 확대 정책토론회'를 통해 지방공사의료원에 대한 경영혁신 압박(외주화·매각 등)으로 인해 공공의료 기능이 현저하게 저하되었다는 여론이 확산되었지만 정부(행정자치부)는 이를 외면했다. 오히려 행정자치부는 한술 더 떠 일부 의료원에 대해 '경영개선명령'을 발표하면서 사실상 전 지방공사의료원의 경영혁신 압박을 확대하기에 이르렀다.

2001년 국립대병원 등 중앙 공공기관에 대한 퇴직금 누진제 폐지 정책이 벽에 부딪히자 2001년 예산 배정 중단과 함께 정부는 △조직·인력 감축 △연봉제 도입 △정년 단축 등의 압박을 또다시 가했다. 아울러 기획예산처와 교육부는 경영혁신 과제 이행 순서에 따라 국립대병원에 인센티브를 부여하겠다는 입장까지 발표하면서, 국립대병원지부들의 분열을 부추기고 있었다. 보건의료노조(위원장 차수련)는 이같은 정부의 부당한 압박 및 예산 불이익 조치에 맞서고자 2001년 6월 민주노총 총파업투쟁에 적극 참여키로 결의를 모았다.

앞서 공공연맹이 정부의 경영혁신 압박에 맞서 '예산지침 분쇄'를 위한 총파업투쟁을 준비할 당시 가장 핵심적인 의제가 퇴직금누진제 폐지였지만, 정작 2001년 6월 공공부문 총파업 투쟁 당시 공공연맹 소속 공공부문노조들의 의제는 공기업 민영화, 건강보험공단 인력 감축, 상용·위탁노조들의 노동기본권 쟁취 등으로 분산되었다. 오히려 총파업 투쟁의 발단으로 작용한 퇴직금누진제 폐지에 대한 파업 투쟁은 공공연맹이 아닌 보건의료노조의 국립대병원지부들이 가장 완강하게 진행했다.

6월 3일부터 시작된 국립대병원 노동자들의 연대파업은 서울대병원·전남대병원·전북대병원·충북대병원 및 지방공사의료원노조들이 결합했다. 이후 서울대병원지부(지부장 최선임)는 13일간 파업이 진행되었고, 충북대병원지부는 11월 9일까지 무려 150일간 장기 파업이 진행되었다. 이미 1999년 원자력병원 파업시 연대 파업, 2000년 5월 인력 감축에 맞서 5일간 파업을 전개했던 서울대병원지부의 파업에 이어 국립대병원지부들은 3년 내리 파업 투쟁을 전개했다.

서울대병원은 병원측이 무노동 무임금 압박을 가함으로써 오히려 이것이 13일간 장기 파업으로 이어지는 원인이 되었다. 노조(지부)는 공권력 투입과 직권중재이 임박한 상황 속에서 6월 25일 파업을 마무리했다. 지부장(최선임)은 이 파업으로 구속되었고, 노조 간부 3명이 해고되었다. 국립대병원노조(지부)의 파업에 힘입어 국립대병원의 퇴직금누진제는 차별 없이 '퇴직수당 전환' 형태로 모두 보전되었다.

충북대병원지부의 장기 파업은 사측의 부당한 해고 등 불법 부당노동행위가 원인으로 작용했다. 이미 충북대병원지부(지부장 금기혁)는 사측의 단체협약 불이행(비정규직의 정규직화 등) 및 노조 간부 부당해고에 맞서 2000년 5월 31일부터 40일간 파업을 진행한 바 있었다. 충북대 병원은 이후 충북지방노동위원회가 5월에 부당해고 결정을 내린 노조 간부 4명에 대해 다시 재 해고 통지를 하고, 다른 노조간부들에 대해 부당한 인사를 시행하는가 하면, 퇴직금누진제 폐 지에 따른 임금 보전에 대해서도 무성의한 태도를 보였다. 이러한 병원측의 태도는 노조 무력 화 공세로 인식되면서 결국 장기 파업으로 연결되었다.

충북대병원지부가 서울 상경, 병원 점거 농성 및 삭발·단식 등 모든 투쟁 수단을 동원하 여 파업이 계속되는 동안, 병원의 전공의협의회가 진료 차질을 우려하는 성명을 발표하고 청주 지역 시민단체도 조속한 해결을 촉구하는 성명을 발표했다. 지부 파업이 장기화되자 보건의료 노조는 전체 지부장들이 11월 7일부터 무기한 단식 농성에 돌입했다. 결국 충북대총장을 비롯 한 이사회의 중재아래 집중 교섭을 전개한 끝에 11월 9일에 잠정 합의에 이르렀다. 당시 합의 내용을 보면, △퇴직금누진제 폐지에 따른 임금 보전 △비정규직의 정규직화 △부당해고 철회 등 당시 공공부문 노사관계에서 주요한 쟁점으로 작용했던 전반적인 내용이 포함되었다. 공공 병원 사상 최장기 파업이었던 충북대병원지부의 투쟁은 결국 끝까지 투쟁해서 목표를 관철했 다는 평가를 낳았다.[23]

7) 노조 무력화에 맞서 건보 재정 통합을 완성한 사회보험노조의 투쟁

1999년 4월 26일부터 3일간 공공연맹의 총파업 방침에 맞춰 전면 파업에 돌입했던 전국 의보노조(위원장 황민호)는 통합 공단 설립을 앞두고 의료보험료 국고지원 50% 이행과 4대보 험 통합 등을 촉구하며 5월 25일에 다시 파업에 돌입했다. 파업 돌입 7시간여만에 자동 승진 및 동일직종 동일임금 등에 대한 합의가 이뤄지면서 파업이 마무리되었다. 이후 사측은 돌연 7

---

23 서울대병원 등 국립대병원지부들의 합의는 비록 신규 직원에 대해 누진제 폐지가 적용되는 것으로 정리 되어 다소 아쉬운 점도 없지 않았으나, 대부분의 공공기관에서 퇴직금누진제가 폐지된 가운데 가장 마지막으 로 파업 투쟁을 통해 불이익이 보전(퇴직수당 전환)됨으로써, 나름대로 의미가 있는 성과를 남겼다. 이 파업 끝 에 충북대병원지부는 △5년이상 근무 또는 국가자격증 소지 비정규직의 즉시 정규직화 △1999년, 2000년 미 지급 특별상여금의 단계적 지급 △청소용역 해고자의 고용보장 및 퇴직위로금 지급 △퇴직금누진제 폐지에 따 른 임금 보전(퇴직수당 누진제 적용, 정규직 1호봉 승급, 비정규직 25,000원 인상) △재정자립기금 2억원 지급 등 그간 쟁점으로 남아있는 사항 모두를 정리하게 이르렀다(필자 주).

월 12일 조합원 2,186명에 대해 대규모 원거리 전보 명령을 발표했다. 전례없는 대규모 전보인데다 노사간 협의조차 배제한 일방적 조치였다. 이에 노조는 또다시 전면파업으로 맞섰다. 7월 13일부터 8월 15일까지 33일간의 파업이 진행된 끝에 합의가 이뤄지졌지만 이 합의안은 조합원 총회에서 부결되었다.

이에 따라, 새 집행부(위원장 김한상)가 9월 이후 출범했고, 의보노조는 2000년 3월 〈전국사회보험노조〉로 명칭을 변경하였다.[24] 2000년 7월 1일 국민건강보험공단이 출범하였는데, 당시 파업 직전 노조는 1989년 이래 최고의 조직율(조합원 7천여명)을 기록하면서 전성기를 구가한다.

이러한 사회보험노조를 놓고 정부와 사측의 공세가 시작되었다. 1999년 말 단체협약이 만료된 상황에서 시작된 임금·단체교섭에서 6월 16일 김대중정부의 '실세'로 불리는 박태영이 이사장으로 부임하면서 교섭 상황이 급변했다. 당시 건강보험 통합을 둘러싸고 직장노조가 이에 반대하는 파업을 전개하는 상황에서, 이사장은 취임하자마자 노조를 장악하려는 의도를 드러낸다. 정부의 공공기관 인력 감축과 경영 혁신의 '광풍'이 몰아치는 상황에서 사측은 자동승진 조항의 추가(4급→3급), 정리해고 사전 합의 조항 등 예상키 어려운 '파격적인 제안'을 했다. 그러나 이러한 제안 이면에 조합원 가입범위 제한과 노사평화선언 등이 포함되어 있었다. 결과적으로 민주노조를 거세하려는 의도가 구체화된 것이다. 사측의 노사평화선언 공세가 거세어지자 노조는 곧바로 6월 20일부터 순환 파업에 돌입했다. 6월 29일 마지막 교섭에서 이사장이 불참한 상태에서 노사평화선언과 조합원 자격과 관련한 쟁점이 합의되지 못하자, 노조는 6월 30일 전 조합원이 집결한 가운데 공단 경영진에 대한 규탄 총회를 개최했다.

이사장(박태영)이 교섭에 불참하며 배후에서 노사평화선언을 주장하며 노사간 갈등을 부채질하자, 7월 1일 노조 집행부는 이사장실 및 임원실 농성에 돌입했다.[25] 농성에 돌입한지 5

---

24 의보노조가 조직 명을 〈사회보험노조〉로 전환한 것은, 1차적으로 건보공단 출범에 따라 부속기관이 된 일산병원의 조직화를 염두에 둔 것이지만, 궁극적으로는 건강보험 재정 통합을 넘어 사회보험 체계의 통합을 장기적으로 전망한 발상이었다(사회보험지부, 2010).

25 박태영이사장은 과거 산업자원부 장관 시기인 1998년 말에 정부의 민영화 정책을 제대로 추진하지 못한다는 이유로 실정법('민영화법'에 의한 임기 보장)을 위반하면서 한국전력공사 사장과 한국중공업 사장을 해임시킨 이력을 지녔다. 사회보험노조와의 교섭에서도 "장관과 대통령 특보 출신인이 내가 교섭에 참여해야 하나?"식의 오만한 자세를 보였는데, 결국 교섭에서 보여준 '파격적인 실리' 제안과 '노사평화선언'은 공공기관노조 최고의 투쟁력을 지녔다고 평가되는 사회보험노조를 무력화시키기 위한 기만적인 의도로 드러났다. 노조의 분노가 높아질 수밖에 없는 상황이었다(필자 주).

2000.7. 공권력 투입에 맞서 파업 중인 사회보험노조

시간 만에 공단 측의 요청에 따라 공권력이 투입되었다. 경찰은 공단에서 농성 중인 조합원 1,606명을 연행하였고, 임원실 농성을 주도하던 노조위원장 등 8명을 구속하였다.[26] 노조(안호빈 직대)는 7월 1일부터 무기한 파업을 선언했으나 주요 언론들이 노사간 갈등의 원인과 과정은 생략한 채 농성중에 발생한 노조 폭력 문제만을 집중 부각하며 노조에 대한 비난에 앞장섰다. 이에 노조는 악화된 여론을 감안하여 일단 7월 4일 파업을 중단했다. 공단은 이사장실·임원실 농성의 책임을 물어 7월 10일 징계위원회를 열어 파면 27명, 해임 8명, 정직 14명 등 49명을 중징계하기로 결정했다.

당시 건강보험공단 공권력 투입 하루 전에 정부는 파업중이던 롯데호텔에도 전격적으로

---

26 사회보험노조 공권력 투입에 앞서, 6월 29일 김대중정부는 농성중인 롯데호텔에 공권력을 투입하여 파업 노조에 대한 강경입장을 드러냈다. 2000년 하반기 공공부문 구조조정을 강행하는 과정에서 보여준 김대중정부의 노사관계 인식 수준이 롯데호텔과 사회보험에서 드러난 것이다.

공권력을 투입하면서 대기업 노조의 파업에 강하게 대응했다. 민주노총은 롯데호텔과 건강보험공단의 공권력 투입과 관련하여 7월 27일 단병호 위원장이 무기한 단식 농성에 돌입했고, 산별연맹 위원장들도 농성을 진행했다. 7월 28일 '폭력 진압 책임자 처벌과 공안탄압 분쇄 민주노총 결의대회' 이후 사회보험노조는 위원장 직무대행(김위홍) 체계 하에서 이후 8월 7일부터 9월 20일까지 전면 파업을 전개했다. 안타깝게도 파업 투쟁이 시작되던 8월 7일 경인본부 소속 조합원(최진욱)이 감전·화상사고를 당했고, 투병 20일만인 8월 26일 사망했다. 9월까지 진행된 노조의 전면 파업은 10월 이후 순환 파업으로 전환된 끝에 11월 3일 근속승진을 포함한 단체협약 체결을 끝으로 마감되었다.

비록 노조 간부의 대량 구속·해고와 함께 소중한 동지의 희생까지 거치며 어렵게 투쟁을 전개했지만 노조는 장기간의 끈질긴 투쟁 끝에 매우 의미있는 합의를 이끌어냈다. 1997년 파업 이후 노조의 숙원과제인 근속승진의 연한 단축이 합의되었고, 투쟁의 발단이 되었던 사측의 노조 무력화 내용(노사평화선언, 조합원 가입범위 제한)도 물리침으로써, 84일간 끈질기게 진행된 파업투쟁은 사실상 승리로 마감되었다. 2000년 장기 파업투쟁은 지난 1989년 연대파업 이후 가장 치열하고 완강했던 투쟁으로 정권과의 구조조정 투쟁에서 사회보험노조의 역량을 보여준 것이었다. 당시 공공부문에서 구조조정과 인력감축 등으로 계속 공공부문노조가 수세에 직면했던 상황을 감안하면, 나름대로 승리한 투쟁으로 볼 수 있다. 11월 3일 법원은 파업 사건으로 구속된 노조 위원장(김한상) 등 3인에 대해 이례적으로 징역 2년 이상의 실형을 선고했다.

사회보험노조는 1999년부터 2003년까지 매년 파업을 계속했다. △노조활동 탄압(부당전보 및 노사평화선언, 공권력 투입 등) △인력 감축 △근속승진제 이행 △건강보험 재정 통합 등 굵직굵직한 현안들이 계속 쟁점으로 부각된 탓이다. 2000년 파업 투쟁이 마무리된 후 2001부터는 근속승진제 이행과 건강보험 재정 통합으로 3년간의 긴 투쟁이 이어진다. 건강보험공단은 2001년 1월초 정부 방침에 따라 노조가 퇴직금누진제 폐지를 수용치 않을 경우 임금을 체불하겠다는 협박까지 하여, 노조간부들이 긴급 상경투쟁으로 맞섰고, 공공연맹과 함께 1월 16일 기획예산처 앞 규탄집회를 가졌다. 임금체불을 강행하기에는 법적으로 부담스런 상황이라 공단은 이를 철회했다.

그런데 이 시기 사회보험노조가 강하게 저항했던 것은 정부의 경영혁신 조치였다. 타 공공기관에서 계속 갈등을 빚어왔던 인력감축·분사·외주화 등과 함께 능력주의 인사체계 도입 등이 계속 불거졌다. 노조(위원장 이충배)는 4월 10일 퇴직금누진제 폐지에 대한 저지 방침을 근거로 구조조정 저지를 위한 조합원 총회를 소집하고 쟁의행위를 의결했다. 그러나 노조 내부에서 퇴직금누진제를 양보하고 인센티브나 해고자 복직 등의 과제를 획득하자는 의견이 확산되었다.

결국 4월 26일 다시 임시총회를 소집하여 조합원들의 뜻을 확인한 결과 퇴직금누진제 폐지 반대투쟁에 대해 2/3이상이 반대하여 결국 퇴직금 투쟁은 성과없이 마무리되었다. 사회보험노조의 퇴직금 투쟁 정리는 당시 공공연맹의 2001년 파업 투쟁의 직접적 배경으로 작용한 '정부지침 분쇄' 투쟁이 6월 투쟁 공간에서 공공부문 전체 의제로 전환되는 계기로도 작용했다.

건강보험공단의 인력 감축은 2001년 5월 정부가 발표한 건강보험 재정 적자로부터 비롯된 것이었는데, 사회보험노조는 이러한 건강보험 재정 적자가 병·의원들의 부당·허위청구로 유출되는 보험료에서 비롯되고 있다고 문제 제기했다. 이로 인해 노조위원장은 의사협회로부터 명예훼손으로 고소를 당하게 된다. 건강보험 재정 악화에 대한 공단 책임 여론이 거세어지자 공단은 5월 18일에 1,070명의 인력감축 계획을 발표했고,[27] 노조는 정리해고를 저지하기 위해 곧바로 5월 29일 파업에 돌입했다. 이후 6월 12일 민주노총 총파업투쟁 참여까지 파상 파업이 이어지는 과정에서 교섭이 이뤄지고, 이후 계속된 투쟁 끝에 7월 4일에 강제적인 지명 무급휴가제 실시를 하지 않는다는 합의가 이뤄졌다. 당시 이미 한국노총과 건강보험공단 직장노조가 한나라당을 등에 엎고 공단 재정 통합을 반대하는 분위기를 확산시키는 상황이었는데, 공단이 '업무 및 관리체계 일원화' 방침으로 재정 통합의 의지를 밝히자 노조는 투쟁을 마무리한 것이다. 사회보험노조의 2001년은 복잡 다단했다. 정부의 경영혁신 미이행에 따른 패널티, 인력 감축, 건강보험 재정 통합 연기 움직임 등이 복잡하게 얽혀있었다. 이 과정에서 2000년 파업투쟁으로 어렵사리 합의한 근속승진제는 보건복지부가 승인치 않아 시행되지 않았고, 노조가 12월에 다시 파업에 돌입했으나 별다른 성과를 내지 못했다.

2002년 노조(위원장 김위홍)는 월드컵 기간 파업투쟁을 통해 근속승진제 이행의 성과를 냈다. 2002년 초 정부와 공단이 부당하게 상후하박의 임금인상율을 결정하여 건강보험직장노조

---

27 이미 건강보험공단은 공단 통합 과정에서 의료보험 업무 노동자 중 5,444명(34.2% 수준)을 감축했기 때문에, 건강보험 재정 악화를 명분으로 제기된 추가 인력 감축은 노조를 자극하기에 충분했다. 노조는 6월 22일 '건강보험 재정 안정을 위한 정부 종합대책 철회 및 실사권 쟁취 결의대회'로 맞섰지만 결국 당면한 건강보험 재정 통합 반대 정세로 인해 강제 인력 감축을 1차적으로 예방하는 수준에서 투쟁을 마감했다. 당시 한나라당과 한국노총(직장노조 포함)은 건강보험 재정 적자를 앞세워 2002년에 예정된 건강보험 재정 통합을 계속 반대하고 있었다.

와 건강보험심사평가원노조와 같이 5월 23일 동시에 쟁의행위를 결의했다. 월드컵 기간 중의 파업 부담을 안고 사회보험노조 단독으로 전면파업에 돌입한 결과 5월 30일(월드컵전야제)에 근속승진제 이행 등이 포함된 합의를 이끌어냈다.

노조의 숙원 과제인 근속승진제는 2003년도에 시행된다. 2003년 5월부터 노조의 근속승진 이행 담보를 위한 조직개편안 심의가 이사회에서 이뤄졌지만 일부 이사들의 반대로 계속 공전되고 있었다. 이에 사회보험노조가 10월에 건강직 신설을 통한 구조조정 타협안을 제기하면서 12월에 이사회에서 직제 개편안이 의결되었다. 1996년부터 계속 지연되어온 건강보험공단의 근속승진이 드디어 2003년 12월 30일에 7년간의 산고 끝에 시행되기에 이르렀다.

당시 근속승진 못지 않게 커다란 제기된 쟁점이 건강보험 재정 통합 건이었다. 1998년 2월 노사정 합의에 따라 건강보험 재정 통합은 2002년 1월로 이미 확정되어 있었지만, 공단 통합 및 재정 통합을 계속 반대해온 건강보험공단 직장노조가 1999년 5월 이후 재정 통합을 전면적으로 반대하는 투쟁을 시작했다. 이후 사회보험노조가 2000년 7월 이후 장기파업에 돌입한 상황 속에 제도개선에 집중할 수 없는 시기에 직장노조는 통합 반대운동을 확산하고 있었다. 심지어 직장노조는 사회보험노조 파업 기간 중 일부 조합원을 지역의료보험 업무에 대체인력으로 투입하기도 했다.[28]

---

28 1998년 2월 노사정 합의에 따라 '의료보험 통합' 추진이 가시화되자 직장의료보험 종사자들은 곧바로 3월 20일에 비상대책위원회를 구성하였고, 이전의 지역직장노조들과 함께 6월 27일에 직장의료보험노조(2000년 4월에 〈국민건강보험공단직장노조〉로 변경)를 결성했다. 직장노조는 건강보험의 재정 통합시 실질소득 파악률이 저조한 자영업자 및 농어민에 비해 소득파악률이 100%인 직장 가입자가 추가로 의료보험료를 부담해야 하고, 건강보험 국고 지원이 없는 상황에서 재정 파탄이 예상된다 하여 격렬하게 반대했다. 통합 직장노조 결성 당시 사무금융노련에 속해 있던 각 지역별 직장노조는 직장의보노조 결성과 동시에 민주노총(사무금융연맹)을 탈퇴했다. 직장노조는 8월부터 '의료보험 통합반대 100만 서명운동'을 시작했고, 9월에 한국노총(공공서비스노련)에 가맹한 후 1999년 5월에는 국민건강보험법의 헌법소원 및 효력정지 가처분 신청을 제출했다. 직장노조의 반발 및 업무 비협조로 인해 통합 국민건강보험공단은 출범이 6개월 연기되었다. 직장노조는 국민건강보험공단 출범(2000년 7월)을 앞둔 2000년 4월에 통합 반대를 위한 시한부 전면 파업에 돌입하였고, 2001년 5월에는 〈공교의료보험노조〉와 통합하여 통합 반대 투쟁을 계속한 결과 2001년 12월 한나라당·한국노총의 지원하에 재정 통합을 1년 6월 연기시켰다. 2003년 재정 통합을 앞두고 새누리당을 앞세워 재정분리 법안을 제출하고 5월에 파업까지 벌였지만, 결국 재정 통합은 2003년 7월에 완성되었다. 직장노조와 사회보험노조의 건강보험 통합을 둘러싼 대립 갈등은 결국 상급단체와 정당까지 정면 대결하는 한국사회의 치열한 진영 갈등으로까지 연결되면서 민중연대 및 건강보험의 공공성 확대와 관련한 사회적 공론화가 이루어졌다. 5년간 사

앞서 1998년 2월 노사정 합의 당시 의료보험 재정 통합에 찬성했던 한국노총은 1998년 9월 직장노조를 산하 조직(공공서비스노련)으로 받으면서 돌연 재계·한나라당과 손을 잡고 재정 통합의 재검토를 주장하기 시작했다. 2001년 2월 노사정위 경제사회소위에서 한국노총은 건강보험 재정 통합에 따른 가입자간 형평성 문제를 제기했고, 때를 같이하여 교총·경총·의사협회 등과 손을 잡고 건강보험 재정 통합을 반대하는 운동을 시작했다. 민주노총이 불참한 가운데 개최된 노사정위원회에서 한국노총 주장을 일방적으로 받아 한나라당이 발의한 건강보험 재정 분리 관련 건강보험법 개정안이 2001년 10월 발의되었다. 사회보험노조가 11월 순환 파업 및 12월 초 전면 파업으로 맞섰고, 한국노총이 정부 여당을 압박하는 가운데 12월 한나라당 단독으로 건강보험 재정 분리 법안을 상임위에서 통과시켰다.

사회보험노조와 직장노조 간의 대립 갈등은 결국 양 노총을 넘어 정치권과 한국사회의 진영(진보-보수)간 대립으로 확대되어 있었다. 국회내에서 계속되던 여야간 대립 끝에 결국 민주당과 한나라당간 합의로 건강보험 재정 통합을 1년6개월 연기(2003년 7월)하기로 한 건강보험법 개정안이 국회 본회의에서 2002년 1월에 의결되었다.

그러나 한나라당은 2003년 7월 예정된 재정 통합을 눈앞에 두고 2002년 하반기 들어 또다시 재정 통합마저 무산시키려 들었다. 2002년 하반기 들어 다시 재정 통합을 수정하는 법안을 제출했고, 때맞춰 통합 반대 세력(한국노총·건보직장노조·재계·한나라당)의 연대 움직임도 다시 본격화되었다. 그러나, 2002년 말 대선에서 한나라당이 패배한 이후 재정 통합의 분리는 벽에 부딪혔다. 이에 한나라당은 건강보험제도의 발전 방안을 새롭게 마련하자는 취지로 재정 통합을 사실상 연기하려는 법안 개정안을 2003년 초 다시 제출했다.

2003년 5월에 직장노조는 직제개편 철회와 재정 통합 저지를 내걸고 전면 파업을 선언하였다. 한나라당은 최종적으로 '재정 통합 2년 유예' 당론을 정하고 6월 25일 상임위에 제출하려 했으나, 민주노총과 사회보험노조의 국회 앞 파업 집회와 제 시민사회단체 등의 강한 흐름 속에서 결국 상임위의 재 상정이 무산되었다. 이에 따라, 20여년을 넘게 끌어온 건강보험 재정 통합이 2003년 7월 1일에 마침내 완성되기에 이르렀다.

회보험노조와 계속 대립한 이 직장노조는 2006년 4대보험 징수 통합을 앞두고 사회보험노조와 공동으로 대책 기구를 구성하고 2007년 12월에는 연대파업까지 전개하기에 이른다.

표5-7 국민건강보험 통합정책 추진 경과

일 시	통합정책 추진 내용	비 고
1980.10.	보건사회부, 대통령에게 의료보험 통합 추진계획 보고	
1986.5.	여당(민정당), 당정협의회에서 통합 추진 요구	
1986.8.	경총, 의료보험 통합 반대 입장 발표	
1988.2.	진보의료단체·농민단체 등 의료보험 통합 추진 운동 시작	
1989.3.	의료보험 통합을 골자로 하는 국민의료보험법 국회 의결	
1989.3.	노태우대통령, 통합 의료보험 법안 거부권 행사(의보노조 투쟁 전면화)	
1997.11.	국민의료보험법 국회 의결	
1998.2.	노사정위원회, 의료보험 통합 노사정 합의	
1998.10.	지역의료보험조합·공교의료보험공단의 조직 통합(국민의료보험공단 출범)	1차 통합
1999.1.	직장보험까지 통합하는 국민건강보험법 국회 의결	
1999.2.	국회, 건강보험공단 조직 통합 연기(2000.1→2000.7)	
2000.7.	직장의보·국민의료보험공단 통합으로 국민건강보험공단 출범	2차 통합
2001.1.	직장건강보험과 공교건강보험의 1차 재정 통합	3차 통합
2001.5.	한나라당, 직장건강보험·지역건강보험 재정 분리 법안 국회 제출	
2002.1.	국회, 직장 및 지역건강보험 재정 통합 2003년 7월로 연기	
2003.7.	재정 통합 유예 법안 국회 무산으로 건강보험 재정 통합 완성	4차 통합

5. 철도 · 발전 민주노조 출범 및 2.25 연대파업

1) 철도노조 민주화 투쟁 및 민주노조 출범

1994년 전기협 파업 이후 철도노조 민주화 투쟁이 계속되던 2000년에 50여년의 어용 철도노조를 뒤흔드는 일대 파란이 일어났다. 1996년 7월 철도 노민추가 제기한 1996년 철도노조 임원 선출과 관련한 대의원대회 결정의 무효 확인 소송에 대해, 2000년 1월 14일 대법원은 철도노조의 3중 간선제를 정한 규약과 선거관리규정이 노동조합 및 노동관계조정법(제17조 2항)을 위배한 것으로 무효라는 판결을 내렸기 때문이다.

대의원마저 조합원의 직접·비밀·무기명투표를 거치지 않은 3중 간선제는 그간 철도·전력 등의 한국노총 공공부문노조에서 일반화된 제도였다. 결국 법원이 이러한 한국노총 주요 조직의 3중 간선제에 대해 부당함을 인정한 것이다.[29] 한국노총의 중심 세력으로 자리 잡아온 철

---

29 철도 노민추는 1996년 5월 철도노조 대의원대회에서 조합원의 직접 투표로 선출하지 않은 간선(대의원들이 선출) 대의원 98명이 조합비 징수비율을 의결한 것에 대해 대의원 선출을 정한 규약 및 선거관리규정의

도·전력·담배인삼노조 등의 공공부문의 3중 간선제에 대해 대법원이 위법성을 인정하자, 한국노총과 관련 노조들은 일제히 반발했다.[30] 그러나 이는 1987년 이후 한국 사회의 민주화 흐름을 외면한 한국노총의 정체성을 스스로 드러내는 부끄러운 고백일 수밖에 없었다.

이에 앞서 철도노조 활동가들은 1998년 임원 선거를 거치면서 철도노조 민주화 투쟁의 집중을 위해 활동가 조직을 재구성하기에 이른다. 그간 철도노민추(대표 이철의)·운수마을21(대표 임도창)·철도발전연구회(대표 이창환) 등으로 분산된 활동을 전개하던 노조 민주화 활동을 1999년 5월 〈철도노조 민주화추진위원회〉(철민추)로 통합시킨 것이다. 공공부문 구조조정이 전방위적으로 확산되고 철도 역시 민영화 추진 움직임이 구체화되면서 철도 공공성 확보 및 철도 노동자 생존권 확보를 위해 철도노조의 민주화운동을 새롭게 전개하기 위한 목적이었다. 민주활동가들의 조직 재건에 힘입어 인력 감축 및 민영화 위협이 구체화되고 있는 각 철도 현장에서도 이러한 노조 민주화의 바람은 계속 확산되고 있었다.

철도노조 민주화 투쟁이 계속되던 1998년 12월 새마을호 축상 발열로 인한 화재 사고가 발생했다. 이와 관련하여 그간 철도 차량의 안전에 문제를 제기해오던 서울동차(현 용산차량)지부의 활동가들이 철도청의 표적 감사를 받았다. 철도청은 이들에 대해 비밀누설 혐의를 적용하여 지부장(황하일)을 비롯한 3명이 파면당하는 사건이 발생했다. 철도 안전과 관련한 공공성 강화를 위해 투쟁한 노동자들이 어용 철도노조 하에서 보호받지 못한 결과였지만, 이 사건은 철도 현장에서 노동자들이 자발적으로 전개한 대표적인 현장 투쟁으로 기록되었다.[31]

하자를 이유로 '대의원회 의결 부존재 확인' 소송을 제기했다. 1심(1997년 2월) 및 2심(1997년 7월)에서 철도노민추는 패소했지만, 대법원(대법 2000.1.14. 97다41349)은 하급심의 판결을 파기 환송하면서 철도 노민추의 손을 들어줬다. 대법원은 "조합원이 대의원 선출에 직접 관여치 못하도록 한 철도노조의 간선 선출 규약이나 선거관리규정은 조합원의 직접·비밀·무기명 투표로 대의원을 선출토록 한 노동조합법을 위반한 것으로 무효"라고 판결하였다. 2000년 당시 한국노총의 주요 공공부문 노조인 철도노조(28,500여명)·전력노조(27,200여명)·체신노조(28,300여명)·담배인삼노조(8,900여명) 등은 이러한 3중 간선제를 통해 노조위원장을 선출하고 있었는데, 결국 이 판결이 이러한 3중 간선에 의한 대의원회의 의결과정 모두를 무효라고 판단한 것이어서 일대 파란을 야기한 것이다.

30 한국노총은 대법원 판결에 대해로 "노조 내부의 규약 개정을 통해 해결해야 할 문제를 법적으로 문제삼은 것은 노조 자주성을 침해하는 것"이라고 항의(2000.1.15. 성명)했다.

31 당시 부지부장으로 무연고 전출되었던 조항민동지는 사측의 노조 탄압에 시달린 나머지 2000년 7월 목숨을 끊는 안타까운 상황이 발생했다. 철도 민주노조가 들어서기 불과 10개월 전이었다.

현장에서의 노조 탄압에도 불구하고 철도 공공성과 민주 철도노조 건설의 열망은 꺾이지 않았다. 바로 이러한 민주 철도노조 건설의 열망이 1999년 5월 철민추 통합으로 나타났다. 철민추는 민주노총 공공연맹 참관 조직으로 활동하면서, 공공부문 민주노조운동의 외연을 확대하고 있었다.

대법원의 철도노조 3중 간선제에 대한 무효 판결 이후, 철도 노민추(대표 이영익)는 2000년 1월 22일 철도노조위원장 직무정치 가처분 신청서를 법원에 제출했다. 또한, '직선제 규약 개정을 위한 조합원 서명운동'에 돌입하는 한편, 1월 26일 철도 노민추를 확대하여 〈철도노조 전면적 직선제 쟁취를 위한 공동투쟁본부〉(직선제공투본)로 전환했다. 공투본은 출범 선언문에서 "우리는 오늘 철도노동조합의 주인이 조합원임을 엄숙히 선언한다"라고 선언했고, 이 내용을 선전자료('바꿔야 산다')에 담아 전국의 철도 조합원들에게 배포했다.

직선제공투본은 조합원 13,000여명의 서명을 받아 임시총회 소집을 요구하였으나, 철도노조 집행부는 이를 거부하였다. 이에 공투본은 철도노조 사무실을 점거하고 철야 농성을 전개했지만 철도노조는 이를 무시했다. 철도노조 집행부는 이것도 모자라 오히려 3월 7일 다시 대의원대회를 개최하여 다시 간선 체계로 위원장을 재선출하기로 규약을 개정하였고, 이에 항의하는 공투본 간부 44명을 제명 조치하였다. 철도청에서도 공투본 지도부에 대해 파면(11명), 정직(4명) 등을 포함하여 대량 징계조치를 취했다. 공투본은 3월 8일 서울역광장에서 대의원대회 무효 및 즉각적인 직선제 실시를 위한 조합원 결의대회를 개최하면서 집행부에 맞섰다.

직선제 공투본의 투쟁이 이어지는 동안, 철도청의 징계 철회 및 철도청장 구속 등을 요구하며 4월 29일 용산역 구내 30m 높이 철탑에서 철도청의 징계 철회 및 철도청장 구속 등을 요구하는 공투본 간부(이종선·김병구)들의 고공 농성이 시작되었다. 한편 철도청은 4월 이후 대의원선거에서 각 본부별로 공투본 소속 후보들의 당선이 확실해지자 징계를 남발하였는데, 7명이 해고되고, 74명이 무연고지로 전출되었다.

공투본에서 6월 1일 조합원 결의대회를 가진 후 명동성당에 지도부가 단식농성에 돌입했고, 40일 동안 철탑 농성중이던 동지들도 같이 합류했다. 철도청의 부당징계 및 비리 연루 등에 대해 민주노총(공공연맹) 등 사회단체가 반발하면서, 〈철도 비리 척결과 철도노조 사태 해결을 위한 공동대책위원회〉가 구성되었다. 공투본 투쟁 과정에서 공공연맹은 철도노조 민주화 투쟁을 지원한 반면, 한국노총은 철도노조 집행부의 어용적 태도를 방관함으로써 결국 2001년 5월 이후 등장한 철도 민주 집행부가 상급 단체 전환을 검토하는 배경으로 작용했다(김병구, 2001).

2000년 5월 공투본 투쟁으로 7명이 해고되고, 50여명의 징계·전출자를 양산했지만, 결국 이 투쟁의 결과, 철도노조 집행부(위원장 김기영)는 2000년 7월 차기 선거(2001년 5월)를 직선으로 진행하겠다고 발표하기에 이른다. 철도청의 공투본 탄압에 대해 중앙노동위원회는 2001년 5월 노조 내부의 세력 갈등 구도 속에 철도청이 특정 세력에 유리 또는 불리하게 개입하는 것에 대해 부당노동행위로 규정했다.

한편 김대중정부의 전면적인 공공부문 구조조정 국면 하에서 민영화를 전제로 한 철도의 구조개편 논의가 본격화되고 있었다. 1998년 2월 정부조직 개편 과정에서 이전에 백지화되었던 '철도청의 공사화' 방침이 다시 구체화되었고, 1999년 5월에 국무회의에서 2002년 1월까지 시설과 운영의 분리 후 운영 부문을 민영화한다는 기본 방침이 결정되었다. 이에 따라 2000년 7월 〈철도구조개혁심의위원회〉를 설치하였다. 이 과정에서 철도청은 1999년 10월과 2000년 1월에 시행된 두번의 조직개편을 통해 사업소의 통폐합 및 인력 감축을 계속 추진한 결과, 2001년까지 철도 노동자 7,739명이 단계적으로 감축되었다.

이러한 철도 구조 개편이 본격화되는 과정에서, 철도노조는 〈공공연대〉의 공동투쟁이 무산되자마자, 2000년 12월 10일 노사정위 공공특위에서 정부가 요구한 철도 민영화 및 인력 감축 계획을 수용했다. 이후 철도노조 집행부의 구조개편 수용에 항의하는 반발 분위기가 전국적으로 확산되었다. 철도노조는 정부가 요구한 인력 감축, 외주화 등의 구조 개편에 모두 동의하는 어용적 태도를 보임으로써, 조합원 손으로 직접 선출되지 못한 집행부가 결국 조합원들의 고용을 결정적으로 위태롭게 한다는 전형을 보여주었다.

결국 철도노조 집행부의 구조 개편 합의에 따라 12월 23일 철도사업의 분할 민영화를 주요 내용으로 하는 '철도구조개편 관련 법률안'이 별다른 저항없이 국회를 통과했다. 2001년 1월에 건설교통부 산하에 〈철도구조개혁기획단〉이 발족되어 시설·운영 분리 및 운영 부문 민영화가 본격적으로 추진되기 시작했다.

2001년 2월 철도노조 선거를 앞두고, 철도 현장지부장들과 각 민주활동가 조직의 대표자들이 모여 〈생존권 사수와 민주노조 건설을 위한 철도투쟁본부〉를 출범시켰다. 이후 3월에 치러진 각 지부장 선거에서 민주 활동가들이 대거 약진했고, 곧이어 철도투쟁본부는 투쟁본부장(김재길)을 위원장 후보로 추대했다. 민주 세력의 단일 후보 추대 흐름과는 달리 기존 철도노조 집행부는 노조 권력을 둘러싼 내부 분열로 인해 초기에 선거에 집중하지 못했고, 오히려 철도청이 민주 후보를 대신 공격하는 역할을 맡았다.

철도청은 민주 후보를 비방하는 문서를 전국의 철도 사업장에 유포하면서 노조 선거에 노골적으로 개입했다. 철도노조 직선을 앞두고 민주노총과 공공연맹을 비롯한 37개 민주시민단체를 중심으로 〈철도노조 공정선거를 촉구하는 시민단체 일동〉이 결성되면서 공정선거 감시에 돌입했다. 이러한 공정선거 활동으로 철도청의 선거 부정을 예방하기 위한 선거 참관인단 활동이 전국적으로 전개되었다.

이 가운데에서도 그동안 철도 노민추와 연대하며 철도노조의 민주화 투쟁을 지원해 왔던 공공연맹의 역할이 적지 않았다. 공공연맹은 철도노조의 선거와 관련하여 중앙과 지역본부가 나서 인적·물적 지원을 위한 최선의 노력을 기울였다. 사측의 개입에도 불구하고 민영화를 앞두고 철도 민주 집행부를 희망했던 조합원들의 열망이 반영되어, 5월 21일 56년만에 치러진 철도노조의 첫 위원장 직선에서 김재길 후보가 62.7% 지지로 당선되었다.

철도노조의 민주 집행부 출범은 지난 50여년 동안 한국노총(대한노총)의 중심 조직으로 활동한 어용 철도노조 역사를 뒤엎는 일대 사건이자, 이후 철도라는 가장 광범위한 네트워크를 지닌 국가 기간산업을 바탕으로 공공부문 노동운동의 새로운 중심 세력으로 철도노조가 자리잡게 되는 계기로 작용한다. 철도노조 집행부는 2001년 5월 30일 첫 대의원대회를 통해 2000년 12월 전 집행부가 합의한 노사정 합의(인력 감축 및 구조 개편)가 무효임을 선언하고 철도 민영화 정책에 맞서 투쟁할 것을 결의했다.

철도노조는 6월 23일 공공연맹의 집행부와 철도·지하철노조 활동가들이 대거 참여한 가운데 민주 집행부 출범식과 함께 전지협 파업 기념식을 개최했다. 아직 한국노총 소속이지만 철도노조는 어느새 민주노총 조직의 일원으로 참여하고 있었다. 이와는 대조적으로 한국노총은 전지협 연대파업을 외면하고 어용 철도 집행부를 일방적으로 옹호했던 부끄러운 과거로 인해 철도노조와 불편한 관계가 되고 있었다.[32]

철도노조에 민주 집행부가 들어섬에 따라 1996년에 결성되었던 〈철도노조민주화 지원연대〉는 8월 9일 역사적인 해산식을 가졌다. 1994년 철도·지하철 연대파업의 정신으로 갖은 탄압과 어려운 상황 속에서 1996년 조합비 인상 반대투쟁을 이끌어왔고, 마침내 2000년 어용 집행부의 부당한 선출과 관련한 대법원 판결을 거쳐, 철도노조 직선제 쟁취투쟁 등을 지원하면서 철도노조 민주화의 대장정을 이끌어온 조직이었다.

---

32 민주 집행부가 출범하고 나서도 당분간 철도노조는 한국노총의 소속 조직의 기본적인 활동은 유지했다. 철도노조는 한국노총 조직 일원으로 2001년 6월 양 노총의 평양 방문시 철도노조 위원장이 참여하기도 했다. 묘향산에 있는 국제친선관람관에는 당시 철도노조 위원장(김재길)이 선물한 모형 기관차가 2007년까지 보존·전시되고 있었다.

철도 민주 집행부 출범 직후인 7월 19일 건설교통부는 지난 2월 27일의 '철도산업구조개혁 기본법(안)' 입법 예고에 이어, 후속 법안으로 '한국철도시설공단법(안)'을 입법 예고했다. 철도노조가 당면한 최대의 과제인 민영화 시행이 목전에 다가오고 있었다. 철도노조는 9월 20일 철도산업 민영화 관련 입법 철회를 골자로 한 특별 단체교섭을 철도청에게 요구하였다. 이에 따라 10월부터 철도청과의 교섭이 시작되었고 중앙노사협의회까지 개최되었지만, 철도 민영화 철회 건 및 해고자 복직 건에 대해 철도청은 계속 교섭을 기피하였다. 결국 철도노조는 11월 25일 청량리역에서 발전노조와 함께 철도·발전 민영화 저지를 위한 총력투쟁 결의대회를 개최했고, 이후 12월 3일 조정신청과 함께 국회 앞 농성에 돌입했다.

이보다 앞서 철도노조와 고속철도건설공단노조가 8월 22일에 개최된 '철도산업 구조개혁 관련 법률(안) 공청회'를 무산시켰는데, 12월 4일 국무회의에서 이들 '철도 민영화' 관련 법안이 의결되었다. 철도산업 구조개혁 관련 법률(안)의 주요 내용은 철도의 건설·시설과 운영을 분리하여, 철도청의 건설부문과 고속철도공단을 흡수하여 철도시설공단으로, 운영부분은 철도운영 주식회사를 설립하여 민영화한다는 것이다.

다만 당시 철도노조가 시설과 운영과 분리의 반대를 요구한 데 대해, 고속철도건설공단노조는 고속철도의 독립 운영(일반철도와 고속철도의 분리)을 요구함으로써 양 노조는 철도 구조 개편과 관련한 입장 차이를 드러냈다. 철도노조는 쟁의대책위원회에서 2002년 2월 25일 파업을 결의했고, 2002년 1월 25일 철도청에 교섭 결렬을 통보했다.

2) 전력노조 민주화 및 발전 민주노조 출범

철도노조 3중 간선제에 대한 대법원 판결은 전력노조의 민주화운동에도 일대 전기를 마련했다. 전력산업 구조 개편을 눈앞에 둔 전력노조는 1998년부터 1999년까지 외견상 전력 계열 등의 공공부문노조 조직과 연대투쟁을 전개했지만, 조직 내부적으로는 계속 집행부 선출을 둘러싼 정당성 논란이 끊이질 않았다. 전력노조 집행부(위원장 권원표)는 철도 간선제의 위법 판결 이후 간선제 선거의 위법 논란을 회피하고자 현 집행부에 대한 조합원 신임투표를 발의하지만 2000년 7월 대의원대회에서 부결되면서 결국 사퇴하기에 이르렀다. 당일 대의원대회에서 경선 끝에 직선제 규약 개정을 내건 오경호 광주전력지부장이 임시 위원장으로 당선된다.[33]

---

33 대의원대회 간선으로 치러진 위원장 선거에서 오경호는 김동성(태안화력) 대의원과 경선을 치뤘는데, 이 같은 경선 흐름은 앞서 김시자열사 분신 투쟁 속에서 나타난 전력노조 민주화운동의 분화된 흐름을 반영하는

오경호지부장은 4년 전 김시자열사의 분신 당시 전력노조가 권한을 정지하려 했던 당사자로서 1990년대 전력노조 민주화운동을 같이해온 위치에 있었다. 2000년 8월 17일 직선제 규약 개정을 거쳐 다시 8월 29일 조합원 직선을 통해 선출된 전력노조 위원장은 당면한 전력산업 구조개편 저지를 위한 투쟁을 본격적으로 준비하게 된다. 이미 1998년 8월에 전력산업 구조개편 방침이 발표되었고, 1999년 1월에 확정된 '전력산업 구조개편 기본계획'에 따라, 전력산업의 구조개편 관련 법률(안)은 전력노조 직선 집행부가 들어설 당시인 이미 2000년 7월 24일에 국회에 상정되어 있었다. 이제는 전력노조 민주화 운동의 중심 세력들이 전력산업 구조 개편을 저지해야 할 막중한 책무를 지니게 된 것이다. 물론 1999년에도 전력노조와 전력계열 노조들이 연대하여 전력산업 구조개편을 저지하기 위한 연대투쟁을 진행한 바 있었던 상황에서, 전력노조 집행부가 과거 민주화 운동 세력들로 교체되었다는 것은 매우 고무적이었다.

한국노총과 민주노총의 〈공공연대〉 공동투쟁의 중심에 선 전력노조는 2000년 11월 17일 쟁의행위를 결의하고, 양 노총 공공부문 조직들의 연대를 모아 11월 24일 1차 전면파업을 선언했지만 1차로 파업 돌입을 유보한다. 이후 11월 30일 〈공공연대〉의 총파업을 포함한 '공동행동의 날'을 앞두고 11월 27일 전력노조 위원장 또다시 파업을 유보하였고, 급기야 12월 3일 파업을 철회했다. 노조원들의 강한 항의와 반발에도 불구하고 중앙노동위원회에서 정부의 전력산업 구조개편 내용을 수용하기에 이른다.

전력노조의 민주화 투쟁을 초기에 이끌었던 오경호위원장의 파업 철회로 결국 〈공공연대〉의 공동투쟁도 무산된다. 전력노조 집행부의 파업 철회는 곧 노사 합의의 명분을 획득한 정부가 민영화와 경쟁체제 개편을 담은 전력산업 구조 개편을 추진하는데 있어서 장애가 사라졌음을 의미한다. 당시 조합원들 대다수는 전력노조가 파업 투쟁을 통해 전력산업 구조 개편이 왜 잘못되었는지, 무엇이 문제인지를 정확히 공론화할 필요가 있다는 의지가 강했다(김주영, 2016).

전력노조의 파업 철회로 전력산업 구조개편 정책이 일사천리로 진행되고 전력노조는 이제 분할과 민영화에 따른 전적(轉籍)과 고용조건 유지라는 제한된 범위의 교섭만 남게 되었다. 결과적으로, 오경호위원장의 파업 철회는 김시자열사 분신투쟁 등을 거치며 1990년대부터 이어져온 전력노조 민주화운동의 역사마저 퇴색하게 만든 매우 잘못된 선택이고, 스스로도 김시자열사가 지켜내고자 했던 전력노조 민주화의 중심 인물이 아니라는 것을 입증한 셈이 되었다.

것이었다. 오경호위원장은 이전부터 전력노조 민주화 운동이 외부 민주화 추진 세력과의 연대로 발전하는 것에 대해 소극적 자세를 취하고 있었다(안재성, 2006).

전력노조 내부에서는 1998년부터 1999년까지 노사협조 노선을 표방한 집행부(권원표)가 전력산업 구조개편을 저지하기 위한 투쟁을 전개한데 반해, 자칭 '전력노조 민주화운동의 중심 인물'(오경호)이 이 구조개편을 수용한 결과를 놓고 결국 기존의 '노조 민주화운동 세력'을 비판 하는 분위기마저 확산되었다. 이러한 흐름은 이후 발전부문이 독립한 상태에서 2002년 4월 치 러진 차기 전력노조 선거에서 오경호가 낙선되는 결과로 나타났다.

2000년 12월 '전력산업구조개편촉진법률'이 국회에서 통과되면서 2001년 3월 16일 한국 전력 주주총회에서 발전부문 분리가 의결되었고, 이후 4월 2일 발전 부문(수력·원자력 및 화력)이 한국전력에서 분리된다.[34] 이미 발전 부문은 1997년에 비하여 2000년에 설비용량이 16% 증가 했지만 오히려 인력은 15%가 감축된 상태였다. 민영화를 추진하기 위한 구조조정이 사실상 진 행되어 온 것으로 볼 수 있다. 발전 부문의 경쟁체제 도입을 위한 전기사업법 개정이 2001년 2 월에 이뤄지면서, 2002년부터 발전 부문의 단계적 매각(민영화)이 예정되어 있었다.

이러한 발전 부문의 구조조정 추진 계획으로 인해 2000년 12월 전력노조 위원장의 파업 철회 선언 당시 발전부문 조합원들의 반발이 가장 강력하게 일어났다. 발전 지부장들이 파업 철회 이후 전력노조 위원장에 대해 불신임 투표를 주장하자, 한국전력은 이들을 강제 전출시키 는 조치를 취함으로써 발전 부문 조합원들의 반발은 더 거세졌다. 전력노조는 발전부문 분할을 앞두고 2001년 1월 5일 〈발전부문연대회의〉에 교섭권을 위임하여 3월 21일 단체협정서를 제 출하였다. 그러나 발전부문 조합원들은 전력노조가 발전부문을 노조 산하의 특별지부로 배치 하기 위해 이러한 특별교섭(발전부문 이동, 단협 승계 등)을 진행한 것이라고 판단하고 이 단체협정 서를 부결시켰다.

한편 한국전력 사측은 발전 분할을 앞두고 발전 지부장들을 징계하는 등 발전 부문의 독 자 노조활동에 대해서 제재를 가할 움직임을 보이기 시작했다.[35] 이같은 상황 속에서 발전 부

---

34 전력산업구조개편 법률에 의하면, 1단계로 2001년부터 발전 분리 및 단계적 민영화를 추진하고, 2단계로 2003년부터 배전부문 분리를 통한 판매회사간 경쟁 동입을 추진하며, 3단계로 2009년 이후 소매부문 판매회 사간 경쟁체제로 전환한다는 것이었다. 이 법률은 결국 2009년까지 전력산업의 분할과 모든 구조개편을 마무 리한다는 전제 하에 통과되었다.

35 한국전력은 공무기강 문란을 이유로 3월 30일에 〈전력노조 민주화 추진위원회〉(전민추위)위원장을 맡 고 있는 김동성 태안화력지부장을 해고하고, 발전지부 분할 특별교섭을 담당했던 이준상 여수화력지부장을 3 개월 감봉 처분했다. 이전부터 전력노조 민주화투쟁을 주도해온 김동성지부장에 대해서는 2000년 전력노조

문 조합원들은 발전 분할에 따라 전력노조로부터 독립된 노조를 결성하고자 하는 의지를 모아 가기 시작했다. 이러한 의지는 4월 26일~27일 〈발전지부연대회의〉 중심으로 치러진 조합원 투표에서 신설노조 설립(전력노조 탈퇴) 및 발전회사별 기업노조 결성이 결정됨으로써 확인되었다. 한국수력원자력과 화력으로 나눠진 상황 속에서 조합원들은 전력노조로부터 벗어나려는 열망으로 기업별노조를 선택한 것이다. 5월 29일 전력노조 대의원대회에서는 논란 끝에 수력·원자력노조와 발전5사 단일노조 노조를 설립하는 내용을 중심으로 발전부문의 노조 독립이 의결되었다.[36]

전력노조로부터 화력5사 조합원들이 발전노조로 독립된 후 6월 28일 발전노조 규약이 제정되고, 7월 19일 노조 집행부 선거를 치르게 된다. 선거는 오경호 집행부에 대한 불신임 투쟁을 주도한 조직에서 추천한 후보(이호동)가 발전노조 초대 위원장으로 선출된다. 발전노조 선거는 그간 전력노조 민주화운동을 둘러싸고 분화되었던 세력들이 직접 부딪히는 양상을 보였다고 볼 수 있다.[37] 발전노조는 7월 24일 5개 발전회사 노동자를 대상으로 한 전국 단위 〈한국발전산업노조〉로 출발한다. 당선 후보의 공약대로 8월 10일 상급단체 선택 투표가 이어져 민주노총 가입을 76.1%의 압도적 찬성으로 결정하고, 8월 14일 공공연맹에 가입하게 된다. 이에 앞서 한국수력원자력(한수원)노조는 6월 26일 역시 경선 끝에 초대 노조집행부(위원장 김병기)를 선출

파업 및 2001년 발전 분사 과정에서 비전임 지부장임에도 무단 업무 이탈했다는 책임을 물어 해고 조치했고, 1996년 김시자열사 투쟁 당시 구속된 바 있던 이준상지부장에 대해서는 한전 주총장에 들어가 주총 저지 투쟁을 벌였다는 이유로 징계 조치가 취해졌다(매일노동뉴스, 2001.4.2).

36 〈발전지부 연대회의〉는 각 기업별 노조 설립을 의결한 바 있으나, 전력노조 집행부는 기업별 분리를 반대하여 원안으로 발전5사 단일노조안을 상정했는데, 전력노조 대의원대회에서 기업별노조 수정안이 부결되어 결국 〈발전단일노조〉로 정리되었다. 이에 앞서 발전부문 분리 직후인 4월 2일 서부발전노조(위원장 엄경식)는 별도 설립신고서를 제출했으나 복수노조 이유로 반려되었다. 기업노조는 남동발전에서도 추진된 바 있었다. 전력노조 집행부가 기업별노조를 반대하고 발전단일노조를 내세운 근거에 대해서는 각 기업별 노조가 전력노조와의 관계를 청산(민주노총 가입 등)하는 것을 예방하기 위한 것으로 풀이된다.

37 발전노조의 진로에 대해, 이호동후보는 민주노총 가입을 명시적으로 내세웠고, 이준상후보는 전력계열 노조(한수원·한전기공·전력기술·원자력연료 등)의 연대를 통한 에너지 산별 전망을 내세웠다. 선거에서는 전력노조 집행부와 분명한 대립각을 세운 세력과 후보들이 지형상 유리하게 작용했다. 즉, 오경호 집행부의 불신임을 주도하고 전력노조와의 관계 청산을 내세운 후보가 이미 전력노조에 대한 불신이 높아진 발전노조 조합원들에게 선택받기 쉬웠던 것이다(필자 주).

하고, 8월 10일 대의원대회를 통해 출범을 선언한다.

이미 전력산업 구조개편 관련 법안이 통과되고 발전부문의 분할이 2002년 초부터 진행될 예정이기 때문에 발전노조는 민영화 저지를 위한 투쟁을 곧바로 준비해야 했다. 한편 발전5사 사측은 발전노조가 출범한 이후 9월에 시작된 단체교섭에서 이전 전력노조 단체협약의 포괄적 승계를 거부한 채 집행부의 전임 활동, 조합비 공제, 사무실 제공 등의 기본적인 활동조차 인정치 않았다. 민영화 반대를 위한 투쟁을 준비하던 발전노조는 결국 △발전소 매각 철회 △단체협약 체결 △해고자 복직 △부족인력 충원 등을 포괄적으로 내걸고 전면적인 투쟁을 선언했다.

실제 당시의 발전노조는 당면한 발전부문 분할 매각을 저지함과 동시에, 민주노조로서 안정된 기반을 구축해야 하는 험난한 진로가 예정되어 있었다. 9월 25일 국회 산업자원위원회 국정감사가 열리는 한국전력 본사 앞에서 발전노조는 발전소 매각 저지를 위한 결의대회를 개최했고, 이후 교섭에서 10월 8일 노조 활동을 인정하는 기본 합의서를 체결했다. 물론 이것도 발전사 사측은 제대로 지키지 않았다. 발전·철도 민영화 추진이 본격화되는 가운데, 이후 철도노조와 연대를 통해 민영화 저지를 위한 전면 파업이 이어지게 되었다.

발전노조는 2001년 12월에 임금협약을 체결한 후 2002년 2월 8일 비상 중앙위원회를 통해 중앙위원 구속 결단식 등을 포함한 파업 투쟁을 결의하고, 이어 2월 17일에는 권역별 결의대회를 통해 본격적인 파업 준비에 들어가게 된다. 마침내 2월 22일 '발전소 매각 저지 및 단체협약 쟁취'를 내걸고 쟁의행위를 의결하면서 발전노조는 철도·가스노조와의 연대파업을 위한 준비를 마치게 된다.

3) 구조조정 저지 투쟁을 계속 진행해온 가스공사노조

2000년 12월 양 노총 공공부문 공동투쟁이 별다른 성과없이 마무리된 이후 발전 분할마저 2001년 상반기에 마감되자, 이제 정부의 구조개편 대상은 가스공사로 향하고 있었다. 1998년 7월 가스공사 민영화 방침 발표 이후 가스공사의 지분 매각과 함께 공사의 직제개편이 서서히 구체화되면서 가스공사노조(위원장 박상욱)는 민영화 반대 투쟁을 전면화하기 시작했다. 이미 1994년 1월 김영삼정부의 민영화 추진에 맞서 가스공사노조는 대국민 여론작업을 통해 가스 민영화의 부당성을 대외적으로 알려왔다. 가스공사는 1998년 IMF 경제위기 이전 1997년 7월 민영화법 제정에 따라 출자기관으로 전환된 이후 정부의 출자지분이 매각되기 시작했다.[38]

---

38 1999년 11월 전문기관의 용역 결과, '가스산업 구조 개편 기본 계획'이 확정되었는데, 가스공사를 도입도

1999년 11월 정부(산업자원부)는 '가스산업 구조개편 기본계획'을 확정하게 된다. 이어 2001년 7월 〈공기업민영화추진위원회〉를 통해 '가스산업구조개편(안)'을 확정하고, 연내 법안 통과 및 2002년 상반기에 자회사 매각 방침을 구체화했다. 아울러, 정부는 9월 25일 가스공사 민영화 및 가스산업 구조개편과 관련한 법안(도시가스사업법 개정안, 가스산업구조개편 특별법 제정안)을 입법 예고했다. 이러한 가스산업 구조 개편은 가스공사 독점 체계를 민간 자본의 사업 참여를 확대하는 경쟁 체계로 전환하기 위한 것들이었다. 이에 맞서 가스공사노조는 가스 수급 불안정과 요금 인상 등의 이유를 앞세워 관련 법안 철회를 요구했다.

2001년 9월 민영화 관련 공공부문 연대회의가 구성된 이후 가스공사노조가 속한 한국노총 정투노련은 파업 투쟁을 중심에 둔 철도·발전·전력기술·지역난방공사 등의 공공부문 민주노조 조직들과 입장 차이를 드러내면서 사실상 민영화 관련 공동투쟁에서 멀어지고 있었다. 가스공사노조는 11월 14일부터 기 합의된 사항의 이행(퇴직금누진제 임금 보전 등)을 요구하며 사장실 점거 농성에 돌입했다. 이어 11월 17일 정부의 가스산업 구조 개편 관련 법안 처리 일정이 가시화되자, 11월 25일 민영화 저지 공투본 집회 등에 결합하면서 11월 29일 파업을 결의하였다. 12월에 '도시가스사업법', '가스공사법', '에너지위원회법' 등의 가스산업 구조 개편과 관련한 법률안이 국회에 제출되자, 가스공사노조는 2002년 1월 중앙위 의결을 통해 2월 25일에 철도·발전노조와 연대파업을 돌입하기로 결정한다.

4) 철도–발전–가스노조 연대파업

철도노조와 발전노조의 민주 집행부 출범은 지난 2000년 말 전력노조와 철도노조의 이전 집행부가 무기력하게 정부의 구조개편 방침을 수용했던 상황이 반전되고 있음을 예고한 것이었다. 실제 철도노조의 민주 집행부가 당선된 배경에도 민영화 반대의 열망이 강하게 작용하고 있었다. 철도노조 위원장이 취임 일성으로 "철도 민주 집행부 당선은 민영화를 반대하는 조합원들의 열망이 반영되었다"고 한 점도 이를 반영하고 있다. 이에 철도 민영화 반대를 위한 투쟁이 민주 집행부의 최대 당면 과제로 떠오를 수밖에 없었다. 가스공사노조 역시 한국노총 조직

매부분과 설비부문으로 분리하는 구조 개편안을 제시했다. 도입·도매 부문은 3개 사로 분할하여 2개 사를 우선 매각하고, 설비 부문은 가스공사에서 관리하고, 소매 부문은 경쟁체제를 도입한다는 것이 주요 내용이었다. 기본 계획이 발표되던 1999년 11월 이미 가스공사는 1단계 증자를 통해 정부 출자지분을 50.2%에서 26.9%로 축소시켰다.

으로서 1999년 이후 계속 투쟁을 전개해왔고, 가스산업 구조 개편을 저지하기 위해 파업 투쟁이 불가피하다는 인식이 조직 내부에서 계속 확산되고 있었다.

이들 철도노조·발전노조·가스공사노조의 연대파업은 〈국가기간산업사유화저지 공동투쟁본부〉(이하 '공투본')를 기획한 공공연맹 지원 하에 이뤄졌다. 공투본(상임공동대표 양한웅)은 국가기간산업의 연대 파업을 이끌어 내기 위해 사실상 실무적인 지원과 지도를 책임지며 이후 연대 파업을 기획하는 사업들을 전개했다.[39] 철도·발전·가스 3개 노조의 공동 투쟁이 구체화될 무렵, 2001년 9월 공공연맹은 한국노총의 철도노조·정투노련과 함께 공공부문 민영화(사유화) 저지를 위한 공동투쟁 결의를 모으고 10월 31일에 공투본을 출범시켰다. 이 공투본에는 한국노총의 철도노조·가스공사노조와 함께 공공연맹의 발전노조·전력기술노조·지역난방공사노조·고속철도공단노조 등이 참여했다.

공투본은 출범식을 통해 '국가기간산업 민영화 철회, 정부와 직접 교섭'을 요구했고, 11월 25일 20,000명의 조합원이 참석하는 대규모 집회에서 총파업을 포함한 총력투쟁을 전개하겠다고 밝혔다.[40] 2002년 2월 3일 공투본과 〈국가기간사업 민영화(사유화)·해외매각 저지를 위한 범국민대책위원회〉는 공공부문노조 조합원 7천여명이 참석한 가운데 '국가기간산업 민영화(사유화) 저지와 노동조건 개선을 위한 공공노동자 총력투쟁 2차 결의대회'를 열고 2월 25일 총파업을 선언했다. 2월 23일 공투본은 발전·철도·가스노조의 25일 총파업과 관련해 민주노총·한국노총·발전·철도·가스·공투본·공공연맹·정투연맹(한국노총) 등이 참여하는 교섭기구를 만들기로 했다.[41] 민주노총은 철도·발전·가스노조의 연개 파업에 맞춰, 2월 24일 △국가기간산업 사유화 저지 △중소영세비정규 노동자의 희생없는 주5일제 쟁취 △노동법 개악 저지를

---

39 공공연맹은 당시 양경규 위원장이 6월 총파업으로 구속중인 상태에서 수석부위원장의 책임 하에 3조직 연대파업을 준비했다. 양경규 위원장은 이후 2011년 11월 석방되었고 2002년 3조직 연대파업의 기획과 지원을 책임지는 역할을 맡게 된다.

40 10월 31일 공투본 출범 당시 '결의문'을 통해 "철도와 전력, 그리고 가스외 지역난방 등 국민복지와 직접 연관이 있는 국가기간산업에 대한 민영화·사유화 정책은 국민에게 보다 나은 복지를 제공하고 보장해야 한다는 국가의 최소한의 의무도 저버리는 공공복지 포기 정책이다"라며, 민영화 정책의 폐기를 위한 연대파업 투쟁을 선언하였다. 공투본 소속 조직들은 11월말부터 12월까지 쟁의행위를 결의했는데, 철도노조 72.2%, 가스공사노조 95.5%, 고속철도공단노조 77.0%, 지역난방공사노조 89.3%, 전력기술노조 85.8% 등의 찬성율을 보였다.

41 공투본의 대정부교섭은 양 노총 사무총장과 공투본 양한웅 공동대표가 주관하는 등 전체적인 교섭을 양 노총이 진행하기로 한다.

앞세워 전국노동자대회를 개최했다.

2월 24일 철도·발전·가스 3조직 위원장과 공투본 대표 등은 명동성당 농성에 돌입했고, 조합원 1만5천여명이 전국 7개 거점에서 파업 전야제를 진행한 후 2월 25일 4시부터 연대파업이 시작되었다. 3조직 모두 민영화 저지가 1차 공통 목표였고, 철도노조는 노동조건(24시간 맞교대, 노동시간) 개선, 해고자 복직 및 비연고지 전출 중단 등이, 발전노조 역시 해고자 복직이 별도의 주된 쟁점으로 작용했다.

발전노조와 가스공사 노조 모두 사상 최초로 파업에 돌입했고, 철도노조 역시 해방정국 이후 노조 위원장이 공식적으로 선언한 최초의 파업이 시작되었다. 이들 노조들의 파업은 우리 나라 공공부문 노동운동 역사상 국가 기간산업노조들이 최초로 전개한 연대파업이었다. 이같은 연대 파업에 직면하여 정부는 2월 25일 새벽의 막판 교섭에서조차 성의있는 답변을 거부하더니, 예고되었던 4시를 넘기며 노조가 파업을 선언하자마자 3개 조직 간부들에게 체포 영장을 발부했다.

가스공사노조는 2월 25일 오전에 파업 출정식을 진행한 후, 곧이어 12시에 단체협약 잠정합의 및 가스공사 구조 개편 관련 노정 합의문이 채택되면서 단시간 내에 파업을 종료했다. 사실상 파업 돌입 이전에 정부와 실질적인 교섭이 이뤄지고 있는 상태에서 파업 동일 직후 합의가 도출된 것이다.[42] 가스공사노조는 파업 이후 2.25 파업 돌입 과정 및 발전노조 파업 기간 중 전개된 민영화 저지 투쟁에서 책임있는 모습을 보여주지 못했다는 판단하에 정투노련(한국노총)을 탈퇴하고, 3조직 연대파업을 사실상 책임지고 지원했던 공공연맹(민주노총)으로 상급단체를

---

[42] 산업자원부 차관(임내규)과 가스공사 노조위원장이 합의한 '가스산업 구조개편' 내용에는 "가스산업의 건전한 발전을 위한 노동조합의 합리적인 대안을 검토해, 추진과정에서 국민의 불편을 최소화하고 국내 가스 산업을 발전시킬 수 있도록 시기 및 시행방법에 대해 노사간의 논의를 통해 해결"한다는 내용이 포함되었다. 비록, 가스공사노조가 목표했던 가스산업 구조 개편을 철회하지는 못했지만, 노정간 논의를 통해 가스산업 구조개편 논의를 진행한다는 합의문과 1년반 동안 교착상태에 빠진 단체협약을 체결하는 성과를 남긴 것이다. 다만, 정부와의 합의로 인한 파업 철회과정의 혼선과 연대파업 무산에 따른 조합원들의 반발로 노조 집행부는 합의후 3월 4일 대의원대회에서 사퇴했다. 한편, 6월 7일 서울지법은 2.25 공공3사 총파업투쟁 관련으로 기소되었던 가스공사노조 10명에 대해 파업의 절차와 목적에 있어서 정당함이 있으며, 중앙노동위원회의 중재과정이 노사간 합의의 노력에 미치지 못한 점 등을 들어 노동쟁의조정법 위반 및 업무방해죄는 성립되지 않는다고 무죄 판결을 내렸다.

2002.2. 서울대에서 진행중인 철도-발전-가스노조 연대파업 집회

변경하기로 만장일치로 결의했다.[43] 정부에 맞서 민영화 저지 투쟁을 성공적으로 이끌기 위해 강한 상급단체의 지도 역량을 필요로 하는 분위기가 현장에서 확산된 결과이다.

철도노조는 2월 25일 전국 5대 거점에서 10,000여명의 조합원들이 파업 투쟁을 진행하는 가운데, 국회에서 2월 말 민영화 법안 처리가 무산됨에 따라 노동조건 개선 및 해고자 복직 등의 교섭이 시작되었다. 철도노조는 당시 철도 민영화 법안 처리가 어려워지자, 파업 돌입 당시의 쟁점이 인력 충원과 해고자 복직으로 집중되어 있었다. 한국노총에 교섭권을 위임했던 철도노조는 3일차인 2월 27일 인력 충원 등의 현안 문제를 합의하고 해고자 복직 및 철도의 공공성 유지에 대한 추후 논의의 여지를 확보하면서 파업을 종료했다.[44] 2월 27일 합의와 함께 자진

---

43 가스공사노조는 한국노총(정투노련)이 1999년 이후에 정부의 구조조정 방침에 제대로 대응하지 못했고, 2002년 파업 기간 중에서 공투본 참여를 반대하며 투쟁은 준비하지 않고 협상 만으로 문제를 풀려고 한데 대해 강한 불만을 표출했다. 2002년 2월 파업 종료 직후 가스공사노조는 공공연맹(민주노총)으로 전환했다(가스공사노조, 2005).

44 2월 27일 7시에 철도 노사가 합의한 내용은 △철도 민영화와 관련하여, 철도의 주요 공공 교통수단이라

출두한 철도노조 위원장(김재길)은 3월 2일 구속되었고, 3월 7일 체포 영장이 발부된 노조집행부 14명 중 6명이 구속되었다. 3월 8일 철도노조는 노사정위원장·철도청장·한국노총위원장·노동부장관이 참가한 노사정위원회에서 △철도청의 노조 탈퇴 제출 요구 중단 △파업 관련 자술서 제출 요구 중단 △고소·고발자 제한 및 선처 등에 합의했다.

그러나 합의 다음날인 3월 9일 서울지법이 철도청의 손해배상 청구를 위한 조합비 가압류 결정을 내렸고, 철도청은 파업 철회 이후 노사 합의를 무시하고 파업을 주도했던 현장간부 186명을 고소·고발 조치했다. 정부 스스로 노정간 합의를 걷어찬 모양새였고, 자연스럽게 철도노조 조합원들 사이에서 한국노총의 역할에 대한 불만도 제기될 수밖에 없었다.

2002년 철도노조의 파업 이후 철도 민영화에 대한 반대 여론이 확산되자, 김대중정부는 결국 철도 구조개편 추진을 마무리짓지 못하고, 2003년에 새롭게 출범하는 노무현정부에게 이관할 수밖에 없었다. 사상 최초로 민주 철도노조 집행부가 전개한 연대파업으로 인해 철도 민영화가 사실상 중단된 것이다.

5) 발전노조 38일 파업투쟁

2월 26일 발전노조는 공권력 침탈을 우려하여 서울대에서 파업투쟁 농성 중이던 5천여 발전노조 조합원들에게 산개투쟁 지침을 발표했다. 2월 28일 발전회사 사장단은 일간지 신문 광고 형식으로 업무복귀명령을 발표했다. 발전노조와 함께 '국가기간산업 사유화 저지' 투쟁을 선언한 공공연맹(위원장 양경규)은 발전노조로부터 교섭권을 위임받아 대정부 교섭을 추진하는 한편, 발전 파업을 엄호하기 위해 주요 공공기관 조직의 연대투쟁을 준비해 나갔다.[45]

3월 5일 발전사 사장단은 발전노조가 민영화 철회 주장을 거두지 않을 경우 교섭에 참여

는데 인식을 같이하고, 공공적 발전에 공동 노력 △임금 보전을 전제로 3조2교대의 근무형태 변경을 2004년까지 단계적으로 시행 △경영진단 결과에 따른 인력충원계획 수립, 시행 △2000년 12월 노사정 합의정신 실현을 위해 최선을 다함(2003년 9월까지) 등이었다. 이 합의 내용에 대해 일각에서는 '민영화 철회'를 관철하지 못한 점, 해고자 복직에 대한 진전이 없는 점 등을 이유로 반대하였으나, 3월 13일 집행부의 신임까지 포함한 조합원 총투표에서 합의안은 70%의 찬성으로 통과되었다.

45 공공연맹은 소속 노조에 대한 지침을 통해 2.25 총파업에 맞추어 파업과 총회투쟁 등으로 함께 할 것을 지침으로 내린다. 사회보험노조가 파업에 참여했고 나머지 소속 노조들도 최선을 다해 엄호하면서 이후 발전노조의 산개파업을 지원하는 등 연대투쟁의 모범을 보이게 된다.

하지 않겠다고 선언했고, 3월 8일 중앙노동위원회(중노위)는 발전노조 파업과 관련하여 "매각·양수·합병에 따른 조합원 신분 변동시 사전 협의를 거치도록 한다"는 내용을 핵심으로 하는 중재 재정안을 확정하여 노사 양측에 통보하였다.[46] 그러나, 핵심 쟁점인 발전소 민영화와 관련한 언급이 없어 발전노조는 내부 논의 끝에 파업 투쟁을 계속하기로 결의했다.

3월 13일 노정간 교섭에서, 산자부 차관은 중노위의 중재 재정안(단협) 내용에 대해 기업 합병·분할시 조합과의 협의 삭제를 요구하였고, 발전노조도 이에 맞서 '발전소 매각 철회'를 분명히 밝힐 것을 요구하며 교섭은 결국 결렬되었다. 교섭이 결렬된 이후 이미 체포 영장이 발부된 발전노조 집행부 및 현장간부 24명 외에 민주노총과 공공연맹 집행부에 대해서도 경찰 출석요구서가 통보되었다.

이어 3월 14일 산업자원부 장관은 군인력 투입을 추진하겠다는 입장과 함께 2002년 내에 발전회사 한 곳을 매각하겠다는 방침을 발표하였다. 또한 발전노조 조합원의 복귀를 강제하기 위해 이미 2회에 걸쳐 244명이 고발된 상태에서, 추가로 519명(총 763명)의 조합원을 고소·고발 조치할 것이며 미복귀 조합원 전원에 대해 손해배상 가압류 신청을 할 것이라는 방침도 밝혔다.

발전노조 파업에 맞춰 2월 26일 연대파업에 돌입했던 금속산업연맹 소속 노조들에게도 고소·고발이 줄을 이었다.[47] 국무총리(이한동)는 3월 18일 노동관계 장관회의를 통해 '민영화 유보 협상 불가'를 선언하면서, '불법파업'에 대해 엄정하게 대처하겠다는 입장을 재차 천명했다.

이러한 정부의 강경한 방침에 맞서 공공연맹은 3월 6일 발전노조의 파업을 지원하는 연대 집회를 개최했고 민주노총은 3월 9일 전국동시다발 결의대회를 개최하면서 연대투쟁의 흐름을

---

46 중노위의 중재재정안은 △노조 전임자 수 13명 △조합원 신분 변동시 노조측과 협의 △회사의 휴폐업·분할·합병·양도·이전·업종전환 등 신분 변동시 60일 전 통보 및 성실한 협의 △조합원의 근로조건 특별단체 교섭회의를 통해 결정하고, 조합원의 고용·근속년수·근로조건·단체협약 등의 승계 등이었다. 다만 핵심 쟁점인 민영화 유보 및 해고자 복직 건도 포함되지 않았다.

47 금속연맹은 2월 26일 개별 노조의 현안이 아닌 3사노조의 파업에 대한 동조 파업을 감행한다. 26일 1시부터 진행된 금속연맹의 동조파업에는 금속노조 84개 지회와 현대자동차·기아자동차·쌍용자동차·현대중공업·대우조선·두산중공업노조 등에서 12만 5천명의 조합원이 참여했다. 1987년 이후 민주노조운동에서 일어난 사실상 첫 번째라 할 수 있는 동조파업이었다. 이 파업으로 금속연맹의 주요사업장 노조들은 정부의 노조 탄압에 부딪혀야 했다. 특히 금속노조 두산중공업지회는 발전노조 파업을 위한 2월말 연대파업 참여로 인해 심각한 노조 탄압 국면에 이르게 된다.

확장시켜 나갔다.[48] 이후 발전노조 조합원 5천여명이 전국 거점별로 일제히 번개집회를 가진 후 조계사에 일부 조합원들이 진입하자 정부는 곧바로 공권력을 투입했고, 이같은 정부의 탄압에 맞서 민주노총과 공공연맹은 연대 총파업을 다시 준비하기 시작했다.

정부의 강경 대응 방침 속에 발전노조 파업 투쟁은 민주노총 전체의 연대투쟁으로 확대되는 흐름으로 발전하고 있었다. 민주노총과 공공연맹 지도부는 3월 14일 기자회견을 통해 3월 23일까지 발전노조 파업을 대화를 통해 해결치 않을 경우 연대파업에 돌입하겠다고 선언했다. 3월 17일에는 공공연맹과 〈국가기간산업 민영화(사유화)·해외매각 저지 범국민대책위원회〉가 발전노조 파업 21일째를 맞아 종묘공원에서 가족대책위와 민주노총 조합원을 중심으로 발전노조 파업투쟁 사수를 위한 결의대회를 개최했다. 3월 18일에는 민주노총과 공공연맹의 지도부를 비롯한 각계 대표들이 단식 농성에 돌입했다. 노정간의 충돌 상황에서 야당인 한나라당은 안영근의원을 비롯한 25명의 의원들 명의로 "노·사·정 대타협을 촉구한다"는 성명서와 함께, 노정간 중재안을 발표하기도 했다.[49]

3월 20일부터는 민주노총 산별 대표자들이 동조 단식에 돌입했고, 3월 23일에는 민주노총과 범대위가 공동 주최하는 전국 동시 다발 항의 집회가 계속되었다. 공공연맹 역시 3월 18일 위원장 단식에 이어, 3월 20일부터 상근 임원이 단식 투쟁에 돌입했고, 3월 22일 일제히 각 사업장별로 항의 중식 집회를 개최하는 등 연대투쟁을 전개했다. 3월 25일에는 공공연맹 산하 전 조직의 대표자들이 단식에 돌입하였다.

이때까지도 발전노조 조합원의 93%에 달하는 5,300여명이 산개 파업에 참여하는 등 발전노조의 파업 대오는 정부의 갖은 탄압에도 불구하고 굳건하게 유지되었다. 3월 21일 서울지법

---

48 민영화 저지 투쟁은 사회단체 등에서도 전행되었는데, 3월 5일 〈국가기간산업 민영화(사유화)·해외매각 저지 범국민대책위원회〉는 명동 향린교회에서 '발전소 매각의 문제점과 해결방안'이라는 주제를 가지고 긴급 토론회를 개최했다. 이어 3월 7일 기독교·천주교·불교 등 종교계, 교수와 전문가 등 학계, 참여연대·경실련·전국연합을 비롯한 시민사회계, 민중운동계, 문화계 등 각계각층 인사 1000여명이 발전소 매각에 대한 시국선언을 발표했다.

49 한나라당의원들이 밝힌 '발전산업 정상화를 위한 권고안'에는 △발전소 매각은 충분한 국민적 공감대가 형성되도록 노사정이 인식 공유 △국회는 발전소 매각에 대한 국민적 합의를 이루기 위한 공청회·토론회 개최 △정부는 국회 의사결정 존중 △노조 파업 종결 및 현업 복귀 △ 업무 복귀 이후 고소·고발 및 민·형사상 책임 최소화 등이 포함되어 있다. 이후 '권위주의(이명박근혜) 정부' 10년간 보여줬던 한나라당·새누리당의 모습과 비교해보면 격세지감인 듯하다.

은 발전회사가 제기한 발전노조 지도부 116명을 상대로 제출한 62억원의 월급 가압류마저 받아들였다. 산개중인 발전노조 조합원들은 3월 24일 연세대에 집결하여 회사측의 최종 복귀 시한을 거부하는 결의를 하였는데, 곧바로 공권력이 투입되어 381명의 조합원들이 연행되었다. 3월 25일에 발전회사 사장단들은 기자회견을 통해 기 해고 조치된 197명과 해고 절차가 진행중인 404명, 그리고 최종 복귀 시한까지 복귀치 않은 조합원 3,912명까지 모두 해고하겠다고 선언했다.

민주노총(위원장 직무대행 허영구)은 3월 26일 대의원대회를 통해 4월 2일 발전노조 투쟁을 지지하고 연대하기 위한 총파업을 결의했다. 민주노총 대의원대회에서 총파업이 결의되면서 그간 공공연맹으로 위임되었던 발전노조의 교섭은 민주노총으로 위임되었고, 총파업이 임박한 상태에서 노동부와 민주노총 교섭단 간의 교섭이 시작되었다.[50] 교섭에서의 핵심 쟁점은 '발전소 민영화'를 교섭 내용 및 합의문에 포함시킬 것인가 하는 것으로서, 정부가 이 쟁점을 교섭 대상 제외할 것을 계속 주장함에 따라 1차 교섭은 결렬되었다.

이에 민주노총은 4월 2일 오전 11시에 기자회견을 통해 5개 연맹 393개 사업장에서 14만여명이 참가하는 총파업에 돌입하겠다고 선언했고,[51] 같은 시각 민주노총 교섭단은 정부측과 교섭을 진행했다. 난항을 거듭하던 교섭은 중재를 맡았던 중앙노동위원회 위원이 "발전소 민영화 문제는 논의대상에서 제외한다"는 수정안을 제시하고 민주노총이 이를 수용하면서 합의 국면에 이르렀다. 민주노총의 파업 돌입 예정 시각(오후 1시)에 10분을 남겨 놓은 12시 50분에 민주노총과 정부 간에 합의서가 체결되었고, 이에 따라 민주노총은 총파업 철회를 선언하였다.[52]

---

50 민주노총과 정부의 교섭은 이홍우 민주노총 사무총장과 산업자원부 임내규 차관을 대표로 하여 진행되었다.

51 공공연맹도 연대파업 총력 조직화 방침 아래 산하 조직 167개 사업장의 파업을 조직했다. 발전노조 파업을 지원하기 위한 민주노총의 총파업은 동조 파업을 위한 조직화로서는 역사상 전례가 없는 일이었으나, 민주노총과 정부와의 교섭 타결로 인해 실제 파업에는 돌입하지 않게 된다.

52 민주노총 교섭에 따른 발전파업 노사합의서(4.2)는 다음과 같다. "노사는 이번 파업으로 인해 국민에게 끼친 피해에 대해 정중하게 사과드리며, 앞으로 이와같은 불행한 사태가 다시 발생하지 않도록 법과 원칙을 준수하고, 노사화합을 바탕으로 발전산업의 미래를 위해 공동으로 노력하기로 약속하며 다음과 같이 합의한다.
1. 노조는 2002.3.8일자 중앙노동위원회 중재 재정을 존중하여, 발전소 민영화 관련 교섭은 논의대상에서 제외한다.
2. 회사는 조합원에 대한 민·형사상 책임과 징계가 적정한 수준에서 해결될 수 있도록 노력하며, 필요한 경우

그러나 민주노총의 교섭 합의 및 총파업 철회는 절차적 문제도 있었지만, 내용적으로도 노조의 요구가 제대로 관철되지 않았다는 비판이 강하게 제기되었다. 실제 합의가 발표되기 이전에 언론에 합의 내용이 보도된 것을 보면, 정부에 우롱당한 측면도 있었다. 게다가 정부는 민주노총이 발전소 민영화를 교섭 대상에거 제외하겠다고 합의했기 때문에 정부가 곧바로 관련 절차를 거쳐 민영화를 추진하겠다고 밝혔다.[53] 발전노조 파업 대오가 흔들리는 상황에서 민주노총이 발전노조에 대한 정부와 사측의 탄압을 예방하기 위해 교섭에 임했지만, 정작 교섭 위임 주체인 발전노조의 조직적인 동의도 얻지 않은 채 노정간 합의가 이뤄진 것으로 알려졌다.[54]

이러한 상황에서 4월 3일 민주노총 투쟁본부(중집위)는 합의문을 폐기하고[55] 구속중이던 단병호 위원장을 제외한 민주노총 임원진이 사퇴할 것을 결의하였다. 4월 4일 민주노총은 '조합원 동지들에게 드리는 사과문'을 발표했지만 직권 조인 논란은 가라앉지 않았다. 4월 8일 중앙위원회와 4월 24일 대의원대회를 거쳐 민주노총은 비상대책위 체제로 전환되었다. 공공연맹 역시 4월 10일 중앙위원회에서 위원장(양경규)이 사퇴를 선언함으로써 직무대행 체제로 전환되었다.[56] 발전노조는 4월 3일 기자회견을 갖고 38일간의 파업 종료를 선언하고, 각 발전소 현장으로 복귀했다.

이를 관계당국에 건의한다.

3. 노조는 파업을 중단하고 즉각 회사에 복귀한다. 2002.4.2.ᴵ"

53 발전노조 파업 종료 직후 정부는 4월 9일 공기업민영화추진위원회를 통해 '발전회사 민영화 계획'을 확정했다. 수력·원자력을 제외한 5개 화력발전사를 매각 대상으로 설정하고 경영권 매각을 기본으로 하되 증시 상장(지분 매각)도 병행 추진하겠다는 것이었다. 정부는 첫 매각 대상 발전사로 한국남동발전(주)를 지정했다.

54 발전노조 위원장(이호동)은 4.2 합의 내용에 대해, "이 합의안은 '법과 원칙 준수', '노사 화합', '민영화 관련 교섭 대상 제외', '민·형사상 책임과 징계의 적정 수준 해결', '노조 파업 중단 및 즉각 회사 복귀' 등 그 내용에서 정부측의 입장을 일방적으로 수용한 것이었다"고 평가하였다(이호동, 2002). 발전노조 위원장은 "민주노총의 교섭단의 합의는 내용 뿐 아니라 절차에도 문제가 있었다. 교섭단이 교섭내용을 전할 당시 이미 교섭 합의 및 총파업 철회 기사가 방송으로 보도되고 있었다"고 밝혔다(필자 인터뷰).

55 민주노총 투본 대표자회의(4.3)에서 4.2. 잠정 합의안을 폐기한 이유는, △전문이 노사평화선언으로 해석될 소지가 있고 '법과 원칙 준수' 표현이 적절치 않은 점 △징계 최소화도 관철하지 못한 점 △발전소 민영화를 합의하지 않았음에도 정부가 이를 왜곡하여 민영화 강행에 이행하고 있는 점 등이었다.

56 공공연맹은 이날 중앙위원회에서 '월드컵 무파업'을 선언한 서울지하철·서울시설공단·서울도시개발공사노조에 대해 징계(정권 3개월) 조치를 취했다.

발전노조 파업은 완강한 투쟁과 강력한 연대로 38일간 이어졌지만 결과적으로 아쉬움을 남긴 파업이 되고 말았다. 발전노조의 38일 파업의 의미를 반감시킨 민주노총과 정부와의 직권조인 파동은 공공부문 노동운동은 물론 우리 민주노조운동 전체에게도 매우 큰 상처를 남겼다. 3조직의 연대파업이라는 국가기간산업 노조의 전무후무했던 강력한 투쟁도 민주노총 총파업 및 교섭 실패로 그 의미를 확장시키지 못했다는 아쉬움을 남겼다.

더욱이 김대중 정부의 공공부문에 대한 공세가 강화되고 있는 상황에서 이후 공공부문 민주노조운동의 성장을 위한 새로운 기반을 형성할 수 있었던 기회를 놓쳤다는 점은 더욱 안타까운 일이라 할 것이다. 더욱이 민주노총의 막판 교섭 및 총파업 철회, 이로 인한 현장의 혼란과 반발은 민주노총의 지도력에 대한 불신과 상처를 남겼다. 공공연맹 또한 교섭의 직접적인 당사자는 아니었지만 발전노조 투쟁에 대한 책임을 다하지 못함으로써 그동안 공공부문 노동운동의 중심으로 활동해 왔던 위상과 내부 조직력에 적지않은 타격을 입게 되었다.

막판 민주노총의 교섭 실패와 파업 철회는 여러 가지 요인이 복합적으로 작용한 결과라고 보아야 할 것이다. 공공부문에 대한 공세가 단순히 어느 특정 사업장에 대한 구조조정이나 노조 탄압의 문제가 아니라 공공부문을 시장화 체제로 전환시키는 국가 운영 연장선에 있다는 사실, 그리고 이에 맞서는 투쟁은 바로 이런 흐름과의 정면 충돌을 전제로 한다는 점을 분명히 인식하지 못한 민주노조운동의 한계가 드러난 것이라 할 수 있다.[57]

그러나 발전파업은 38일간 이어지는 과정에서 발전소 민영화 문제를 뛰어넘어, 앞서 연대파업했던 철도·가스 등을 포함한 국가기간산업의 민영화에 대한 부정적 여론을 확산시키며, 공공성 확대에 대한 깊은 공감대와 함께 사회적 의제화를 만들어 낸 것은 매우 의미 있는 일이었다.[58] 이는 보수언론과 정부의 통제를 받는 공공연구기관이 전력산업의 공공성과 민영화의

---

57 발전노조의 파업에 대한 평가는 다소 엇갈린다. 한편에서는 민주노총의 지도 관장력을 중심에 놓고 평가하는가 하면 한편에서는 민주노총의 정세 인식의 한계를 주요한 원인으로 꼽기도 한다. "민주노총의 총파업 투쟁이 기획되고, 다른 한편에서는 노정교섭을 통한 타결이 진행되면서 이를 제대로 결합시키지 못한 지도력의 한계가 나타난 것이다. 결국 이는 '투쟁에서의 좌편향', '교섭에서의 우편향'이 결합된 것으로 이해될 수 있다"(노항래, 2002)."민주노총이 노정교섭을 할 경우 교섭수준과 내용이 달라져야 함에도 이를 발전 노사의 문제로 인식하고, 현장 복귀를 앞둔 발전노조를 지원하기 위한 수준에서 노정교섭이 이루어진 것은 민주노총 지도부의 정세 인식에 대한 한계를 보여주는 결과이기도 하다"(선지현, 2002).

58 발전노조 파업이 진행중이던 3월 7일 사회 원로 988인이 민영화 정책의 일방적 추진을 중단하고 국민적 토론을 촉구한다는 시국선언을 발표했고, 3월 25일 국회 산업자원위 소속 여야의원 25명이 '발전산업 정상

위험성에 대한 국민적 관심을 끊임없이 차단하는 가운데 형성된 여론이라는 점에서 더욱 의미 있는 일이라 할 것이다.[59] 발전노조 파업을 통해 정부의 발전 민영화 추진에 파열구를 내었고, 결과적으로 이후 발전 민영화가 중단되는 계기를 마련한 것이다.

발전노조 파업 과정에서 공공연맹의 크고작은 공공부문노조들의 연대 및 발전노조 조합원 가족들의 연대 또한 간과할 수 없는 소중한 실천으로 기록될 수 있을 것이다. 발전노조 파업 승리를 위해 연대파업에 참여한 노조들 뿐 아니라, 발전노조 조합원들의 안전한 산개 파업을 지원한 수많은 노조들이 있었다. 발전노조 가족대책위는 △울산·영남 △여수·호남 △당진·태안 △보령 △평택 △하동 등 각 지부별로 상경 투쟁을 전개했는데, 3월 6일 민주노총 결의대회 및 3월 17일 범국민대책위 결의대회 등에 참여하며 발전노조 파업 투쟁 승리를 위한 노력을 기울였다.

그동안 경제투쟁이라는 틀에 갇히며 국민적 공감을 확보하는데 한계를 드러냈던 공공부문 노동운동은 철도·발전·가스노조의 연대 파업과 발전노조의 완강한 파업 투쟁을 통해 공공부문 투쟁이 갖는 사회적 정당성(사회공공성 강화)을 확인시켰다. 발전노조 파업을 경과하고 그 평가를 진행하면서 공공부문 노동운동은 그 운동의 지향점을 새롭게 정리하는 계기를 마련했다. 공공연맹은 그동안 경제투쟁의 과정에서 부차적일 수밖에 없었던 공공성 확대라는 문제를 '사회공공성 강화'라는 담론으로 구체화시키기 시작했고 이후 사회공공성은 공공부문 노동운동의 주요한 운동과제로 자리잡게 된다.[60]

화를 위한 권고안'에 공동 서명하였다. 민주노총이 한길리서치에 의뢰하여 3월 13~15일 실시한 국민여론조사 결과 86.2.%가 발전소 매각을 보류하고, '국민적 합의를 거쳐야 한다'고 응답했다. 아울러 '전력생산의 60%를 담당하는 화력발전소를 국내 대기업이나 외국자본에게 팔고 그들로부터 전기를 사서 쓰는 문제'에 대해서도 81.0%가 반대하며, 발전산업노조 파업에 대해 '정부와 노조가 즉각 협상을 다시 시작해서 대화로 해결해야 한다'는 의견이 84.0%였다. 발전노조 파업이 완강하게 장기화되면서 공기업 민영화에 대한 발전노조 파업이 국민들에게 정당성을 얻고 있음이 확인되고 있었던 셈이다.

59   2002년 3월 발전파업 진행 중인 3월 7일 참여연대 주제 발표자로 선정된 박태주 산업연구원 연구위원에 대해 산업연구원측이 토론 참여를 불허했고, 3월 9일 KBS 심야토론(발전노조 파업 - 무엇이 문제인가) 참석 역시 불허했다. 이러한 산업연구원측의 태도에 대해 정부가 전력산업 민영화 반대 여론을 차단하려는 것으로 풀이되었다(매일신문, 2002.3.12).

60   발전노조 파업 이전까지 정부의 신자유주의적 구조조정에 맞서는 대항의 담론으로 '사회공공성' 논의가 간헐적으로 제기(오건호, 2001. 김성구, 2002)되었다. 발전노조 파업은 이러한 '사회공공성 강화' 담론을 전면

6) 철도-발전-가스의 민영화 저지 후속 투쟁

발전노조 파업 이후 발전노조를 교란하려는 기도가 일각에서 구체화되었다. 남동본부(본부장 김종남)가 5월 31일 조합원총회를 개최하여 기업별노조 전환을 위한 찬반투표를 실시했다. 그러나, 조합원들의 단결 앞에 부결되었고, 남동본부는 본부장을 교체(신종승)하였다. 6월 25일 발전노조 위원장과 수석부위원장은 명동성당에서 경찰에 연행되어 구속되었다. 이후 사측은 8월 20일 파업에 따른 업무방해의 책임을 물어 3,084명의 급여를 가압류하고, 348명을 해고하였다. 이미 발전노조는 894명이 고소·고발 조치되어 있었고, 노조위원장을 비롯하여 9명이 구속되었다.

발전소 민영화에 대한 국민적 반대 여론이 높은 가운데 정부와 한국전력은 2002년 7월 15일 5개 발전회사 중 수익성이 높은 남동발전을 2003년 1월까지 매각하겠다는 방침을 결국 발표했다. 발전 산별노조 탈퇴 및 기업노조 전환 움직임이 원인으로 작용한 것었는지는 모르겠지만, 공교롭게 '발전노조의 약한 고리'로 인식되던 남동발전이 최우선 매각 대상으로 부각된 것이다. 이어 정부와 한국전력은 9월 13일에 '남동발전(주) 민영화 세부추진계획(안)'을 확정하고, 10월 8일에는 '투자의향서 제출 요청'을 공고했다.

발전노조는 〈발전매각저지 선봉대〉를 조직하고, 〈발전노조 해고자복직투쟁위원회〉와 함께 각 발전소에 대해 투쟁을 통해 실사를 저지하겠다는 계획을 세운다. 이에 따라, 2003년 2월 10일 영흥화력에서부터 2월 24일 삼천포화력에 이르기까지 계속된 실사 기간 동안 발전노조는 파업 이후 현장 탄압으로 조합원들이 위축된 상황에서도 완강하게 투쟁을 전개했다. 정부(산업자원부)는 이러한 실사를 배경으로 4월 1일 최종 입찰자를 선정하여 협상을 계속하려 했으나 뜻을 이루지 못했다.

이미 노무현정부 역시 철도·전력 민영화에 대한 국민적 반대여론을 체감하고 정책 전환을 검토하고 있었던 상황에서 결국 최종 입찰이 불발되기에 이르렀다. 발전노조 38일의 파업투쟁과 남동발전 실사 저지 투쟁으로 결국 발전소 매각(민영화)작업이 중단되기에 이르렀다.

한편 가스공사노조와의 합의에도 불구하고 정부(산업자원부)는 가스산업 구조개편 법안을 일방적으로 추진하려는 계획을 다시 구체화되기 시작했다. 이에 노조는 5월 산업자원부 앞 규탄 집회를 시작으로, 9월 대의원대회의 투쟁 결의를 거쳐, 10월 16일 가스산업 구조 개편 입법

적으로 확대시킨 결과를 낳았다. 발전노조 파업을 통해 확산된 전력 공공성 논의가 공공부문 노동운동 전반에 걸쳐 사회공공성 강화로 연결되었기 때문이다.

저지를 위한 쟁의행위를 의결했다. 국회 법안 통과 강행 시 10월 28일 파업에 돌입하겠다고 밝혔는데, 국회 산자위가 가스산업 구조 개편 법안 심의를 연기하자 노조 파업은 유보되었다.

철도노조는 2월 파업 이후 사측의 노조 탄압 공세에 맞춰 집회·농성 투쟁을 통해 민주노조의 기반 강화에 주력했고, 11월 6일 상급단체 변경을 위한 조합원 총투표를 거쳐 민주노총으로 조직 변경을 결정했다. 철도노조는 이후 새 집행부(위원장 천환규)가 들어선 이후, 2003년 2월 공공연맹에 가맹했다. 이후 기업 단위 최대 공공부문노조으로 자리잡는 철도노조의 민주노총(공공연맹) 가입은 공공·운수부문의 민주노조운동에 일대 전기를 마련했다. 정부의 구조조정에 맞서 투쟁해온 공공부문 노동운동, 서울·부산지하철노조가 투쟁으로 지켜온 궤도 노동운동, 그리고 민주노총내 운수부문 노동운동이 철도노조의 합류를 계기로 모두 새로운 연대와 단결의 토대를 활성화는 계기를 마련한 점에서 매우 의미있는 사건이었다. 이후 공공연맹은 공공부문 노동운동의 명실상부한 중심으로 자리잡게 된다.

한편 철도노조의 2002년 파업 이후 철도 민영화에 대한 국민들의 부정적 여론이 확산되자, 정부는 기존 철도구조개혁 법안으로 철도 운영 부문의 민영화를 추진하는 것이 불가능하다는 판단에 따라 공기업인 철도공사로 전환하는 방안을 서서히 구체화하기 시작했고 2002년 말 집권한 노무현정부는 2003년부터 이를 본격적으로 추진한다.

이보다 앞서, 2002년 10월 10일 〈국가기간산업사유화저지를 위한 공동투쟁본부〉는 철도·가스·발전·전력노조의 위원장 및 공공연맹 위원장이 참가한 가운데 기자회견을 열고 2기 공투본의 출범을 공식 선언했다. △발전 부문의 분할 매각 △가스산업 구조개편 움직임 △철도 민영화를 위한 구조개편 입법 △전력의 배전 분할 등이 계속 진행중에 있었기 때문이다. 한가지 특이한 사실은 이 공투본에 전력노조가 참여한 사실이었다. 과거 '전력노조 민주화운동'에 몸담아왔다고 평가되었던 오경호위원장은 2000년 12월 파업 철회 이후 조합원들의 불신 속에 2002년 4월 선거에서 낙선하고 새로운 집행부(위원장 김주영)가 선출되면서, 이 전력노조의 집행부가 2기 공투본을 통해 민주노총(공공연맹)의 한 공공부문노조들과 연대를 같이하게 된 것이다.[61]

---

61 전력노조 집행부(위원장 김주영)은 2002년 4월 당선 이후 당면한 배전 분할을 저지하기 위해 민주노총 공공부문노조와 연대를 하게 된다. 전력노조 집행부는 이후 노사정위 공공특위가 공동연구를 통해 배전 분할 및 독립 사업부제 도입을 권고하고 이를 정부가 수용함에 따라 당면 과제인 배전 분할 문제를 해결하기에 이른다.

6. 지하철노조들의 엇갈린 행보

1) 서울지하철노조의 '궤도 이탈'

4.19파업 이후 파업 지도부와 직무대행 체제간의 갈등으로 민주세력이 분열된 가운데 치러진 서울지하철노조 선거에서 1999년 10월 실리주의(=노사협조주의)를 표방한 새 집행부(위원장 배일도)가 출범했다. 지하철노조 초대 위원장으로서 '천만 노동자의 기관차'를 표방했던 배일도는 1988년 주택조합 비리 혐의로 구속·해고되어 10년 만에 복직했다. 이후 노조 선거에서 당선된 뒤 취임사를 통해 대정부 파업투쟁 일변도로 진행된 과거의 지하철 노조활동을 노사상생의 운동으로 전환하겠다는 입장을 발표했다.

곧이어 공사와의 구조조정 관련 교섭을 통해 12월 30일 근무형태 변경 등 대규모 인력감축 방안이 포함된 사측안을 전격적으로 수용하는 직권 조인을 하게 된다. △1,621명의 인력 감축 △근무형태 개악(4조3교대→3조2교대) 및 변형근로제 도입 △대학생자녀 학자금 폐지 △정년단축(57세) △휴일 감축 등을 합의했는데, 이는 지난 4월 서울지하철노조 파업을 사실상 무위로 돌리는 어처구니없는 합의가 아닐 수 없었다.[62]

결국 각 현장 간부와 지회장들로 구성된 〈구조조정 저지와 민주노조 사수를 위한 비상대책위원회〉가 발족되면서 집행부를 규탄하는 투쟁이 계속되지만, 배일도위원장은 한술 더 떠 2000년 1월 4일 '노사평화선언'을 발표하는 등 2003년 12월까지 노사협조 노선을 계속하기에 이른다. 2000년 1월 25일 잠정합의안에 대한 조합원 총투표 결과, 노조 집행부는 가결되었다고 선포했지만, 총회 의결에 대한 논란이 발생했다. 비상대책위는 과반수에 미달했다는 이유로 1월 28일 서울동부지원에 '총회결의 무효확인소송'을 제기하였다.

배일도 집행부의 서울지하철노조는 민주노총 공공연맹과의 연대활동 대신 서투노협을 중심으로 지방공기업노조와의 연대를 모색하게 된다. 이러한 상황에서 서투노협은 1992년 이후 다시 7년여 만에 활동을 재개하기에 이른다. 배일도 집행부는 2001년 8월 서울지하철공사 강

---

62 1999년 12월 서울지하철공사 합의 내용에는 서울도시철도공사와의 임금격차 해소(임금 12% 인상), 승진소요 3배수 경과자(2,200명)의 승진 등의 내용이 포함되어 있지만, 전반적으로 정부와 공사의 구조조정 방안을 대부분 수용했기 때문에 민주노조 추진 활동가들의 강한 반발이 제기되었다. 조합원 찬반투표에서 논란이 발생하여 법적 다툼도 발생했다. 대규모 인력 감축과 노동조건 악화를 초래한 이 합의로 인해 서울시와 공사측으로는 엄청난 인건비 감축 효과를 얻을 수 있었다(정윤광, 2007).

당에서 서울지하철·부산도시개발공사·서울도시개발공사·서울시설공단 등 전국의 26개 지방공기업노조를 중심으로 〈지방공기업노조협의회〉를 발족시켰다. 또한 2001년 8월 9일 서울시 산하 노사정협의회인 '서울모델 협정서'를 체결하면서 새로운 노사 문화를 추구하겠다고 선언한다.

이 〈서울모델협의회〉는 1999년 12월 서울지하철노조가 서투노협에 제안하고 서투노협이 다시 서울시에 제안하여 구성되었다. 2000년 2월 14일 서울시는 〈노사정협의회〉를 발족했고, 이 노사정협의회의 상시적 협의기구로 서울모델이 자리하게 된다.[63] 그러나 이러한 지방공기업노조들의 노사협조 노선에도 불구하고 행정자치부의 구조조정(역무 등 주요 업무 외주화) 압박은 거세어졌고, 서울지하철노조 집행부 역시 이러한 상황에서 노사협조주의(노사상생)만을 내세울 수는 없었다. 경영혁신 이행(퇴직금누진제 폐지 등)과 연동된 상여금 지급을 행정자치부가 지급하지 못하게 하자 서울지하철노조는 이에 반발하면서 결국 2001년 10월 2일 대의원대회에서 '서울모델' 불참을 결의하였다.

서울지하철노조는 2002년 1월 공사 측이 행자부 지침에 근거한 12개 분야의 임금·단체협약 개악(안)을 들고 나오자 도시철도노조와의 공동투쟁을 선언하는 등 이전과는 다른 활동흐름을 보여주는 듯했다. 그러나 이러한 양상은 오래가지 못했고 다시금 1월 30일 파업 선언을 한 상태에서 잠정합의에 이르렀다.

2001년 임금·단체협약 합의 내용이 행자부의 주요 경영혁신 지침을 수용한 것이라는 비판이 제기되는 가운데, 2월 22일 조합원 찬반투표 결과, 52.1%의 조합원이 반대함으로써 부결되었다. 그러나 임단협 부결로 사퇴한 배일도 위원장은 3월 17일 치러진 노조 임원선거에 출마하여 위원장으로 또다시 당선되었다. 아이러니한 것은 서울지하철노조 조합원들의 선택이었다. 노조위원장은 노사협조주의를 추구하는 집행부를 선택하면서, 4개 지부의 지부장들은 모두 민주적 활동가[64]를 선택한 것이다.

서울지하철노조는 2002년 4월 1일 6개 서울시투자기관노조 공동명의로 발전노조 파업과

---

63 6개 노조가 참여한 서울모델은 지역노사정협의회, 집단교섭구조, 분쟁조정기구를 포함한 것이지만, 결국은 당시 노사정위원회에서 추진중인 지역·업종 노사정협의회의 성격을 지니고 있었다. 또한 당시 민주노총과 공공연맹의 투쟁노선과는 달리 서울시와 원만한 노정 관계를 통한 실리 추구를 목표로 하고 있었다.

64 앞에서와 마찬가지로, "민주노조를 추진하는 활동가"를 '민주 활동가'로 편의상 표현한다. 후술하는 '민주후보', '민주 집행부' 역시 이와 같다.

관련한 민주노총의 4.2 총파업에 반대하고 '월드컵기간 중 무파업'을 유지하겠다는 기자회견을 하기에 이른다.[65] 4월 2일 총파업 돌입 예정 하루 전에 취해진 이같은 '무파업 선언'으로 인해 결국 서울지하철노조·서울시설공단노조·서울도시개발(SH)공사노조는 공공연맹 4월 중앙위원회에서 징계(정권 3개월)를 당하게 된다. 이후 2002년 임단협 교섭 중 배일도위원장은 6월 7일 서울모델 토론회에서 '노사문화의 새로운 패러다임'이라는 주제 발표를 통해 정부정책에 맞서는 파업 투쟁과 결별하겠다는 입장을 발표했다.[66]

이후 지하철노조는 당면한 임금 인상, 해고자 복직, 손배 철회 등에 대해 7월 13일 서울모델의 공익위원회 조정 결과에 따르겠다는 합의에 이르렀고, 결국 지하철노조는 또다시 노조위원장 불신임 파동에 휩싸이게 되었다. 한편, 8월 23일 2002년 임·단협이 인준된 후 서울시 방침에 따라 지하철의 연장 운행이 대두되었다. 이에 서울지하철노조는 12월에 노동조건 개악과 연계된 일방연장 운행 반대 투쟁을 위해 쟁위행위를 결의하고 1월초 연월차투쟁까지 전개했지만, 다시 2003년 1월 7일 서울시의 연장 운행을 수용하는 협약을 체결하였다. 당시 서울도시철도노조가 일방적 운행 연장에 반대하는 투쟁을 계속하며 노조 간부가 구속되는 것과 대조를 이룬다. 지하철 연장 운행은 논란이 계속되었지만, 조합원 투표 결과 수용됨으로써 마무리되었다.

이러한 협약 인준 분위기 속에 배일도 집행부는 2003년 5월 서울모델 간담회를 통해 2001년에 주장한 '새로운 노동운동 패러다임'을 다시 제기했다. 6월 지하철노조의 연대파업을 외면한 후 노조는 2003년 12월 21일 흑자 경영과 고용 안정을 주 내용으로 하는 '21세기 지하철발전협약'를 체결했다. 지하철 '흑자 경영'이란 말 그대로 정부가 추진한 수익 확대 및 비용 감소 등의 경영효율화 방침을 수용한 것으로 또다시 논란이 발생했다. 결국 이 협약은 12월 23일 조합원 찬반투표에서 부결되었다.

---

[65] 서울농수산공사노조(위원장 이종육)는 2002년 2월 1일부터 파상 파업에 돌입한 상태에 있었기 때문에, 이 서투노협의 '무파업 선언'에 대해 동의하지 않았다는 별도 성명을 발표했다. 서울농수산공사노조는 2001년 9월 사장(허신행) 연임 반대투쟁을 전개한 혐의로 13명의 노조간부가 징계를 당했는데, 사측이 서울모델 공익위원 조정안조차 거부하자 파업에 이르게 된 것이다. 문제가 된 허신행사장은 1997년 한국소비자원 원장 재임 시에도 부당인사 등으로 노조의 파업을 불러왔던 인사였다.

[66] 배일도는 이 당시 일부 언론과의 인터뷰에서 "현재의 한국노총, 민주노총으로서는 노조의 역할과 임무를 제대로 수행할 수 없기 때문에 제3노총을 설립할 필요가 있다"(주간조선 2002.5.2.)고 밝혔다. 이 제3노총은 배일도의 후임으로 서울지하철노조 위원장을 역임한 정연수가 2010년에 추진한다.

배일도는 2004년 3월에 치러진 노조 선거에 다시 출마했으나 민주세력 후보(허섭)에게 패배함으로써 4년여 동안 '엇갈린 행보'를 거듭했던 끝에 마침내 물러나게 되었다.[67] 허섭 후보는 "배후보가 5년간 독재하는 바람에 노조의 자주성·민주성·투쟁성이 상실됐다"며, 노사협조주의 타파 및 노조의 민주적 운영을 공약으로 제시한 결과, 변화를 바라는 노조원들의 선택을 받아 4년 반 만에 서울지하철노조에 민주 집행부가 복원되었다.

2) 서울도시철도노조의 민주화 및 부산지하철노조 투쟁

서울지하철노조의 조직 역량을 약화시키기 위한 방안으로 정부와 서울시가 지하철공사마저 분리한 끝에 1994년 서울도시철도공사가 설립되었고, 때를 같이하여 서울도시철도노조가 곧바로 결성되었다. 서울지하철의 분리 자체가 민주노조의 활동을 억제하기 위한 의도도 분명히 있었던 조건에서 서울도시철도공사는 민주노조의 바람을 꾸준히 차단해 왔다.

이러한 상황에서 서울도시철도노조는 1996년 이후 서울지하철노조 출신의 노조위원장들이 계속 집권하면서 여전히 노사 협조적 흐름을 벗어나지 못하고 있었다. 서울지하철노조와 부산지하철노조가 1998년과 1999년의 구조조정을 저지하기 위해 파업 투쟁을 전개하는 기간에도 서울도시철도노조는 정부와 서울시의 구조조정 방안을 저항없이 받아들였다.

그러나 설립 직후부터 경영효율화라는 이름으로 시행된 1인 승무를 비롯한 김대중 정부의 구조조정이 수용되면서, 현장 노동자들의 불만이 증폭되었다. 이에 따라 노조 민주화에 대한 요구가 강력하게 제기되어 나오기 시작했고 〈도시철도 생존권사수와 민주노조건설을 위한 투쟁위원회〉가 결성되었다.

2001년 5월 〈도시철도 생존권사수와 민주노조건설을 위한 투쟁위원회〉는 사측이 노조위원장 선거를 앞두고 민주 집행부 후보에 대해 조합원 자격이 제한된 부서에 전보 조치를 강행하자, 천막 농성에 돌입하고 선거에 적극 대응하고 나섰다. 이러한 노조 민주화 투쟁에 힘입어 기술본부 등에서는 민주적 활동가가 본부장으로 선출되어, 2002년 1월에는 서울지하철노조 기

---

67 서울지하철 노사가 체결한 '21세기 지하철 발전을 위한 협약서'에는 △만성적자 3년 이내 흑자 전환 △인력 운영 등의 경영효율화 △강제퇴출방지 및 고용안정 △흑자경영 성과의 조합원 배분 등이 포함되어 있는데, 지하철노조의 지부장들은 이 협약서가 구조조정 프로그램과 흑자경영이 연계된 것이라 하여 반대의사를 표시했다. 배일도집행부가 1999년 12월부터 유지해온 노조활동 기조가 담긴 협약서이지만, 당시 지하철에도 계속된 구조조정 흐름을 제대로 막지 못한데 따른 조합원들의 반감이 작용한 것으로 풀이된다(편집자 주).

술지부와의 공동투쟁을 전개하는 등 이전과는 다른 활동 흐름의 변화가 나타났다.

　2001년에 이어 2002년에 임금·단체협약을 직권 조인한 집행부가 조합원의 불신을 받고 물러난 후, 2002년 10월 선거에서 민주 집행부(위원장 허인)가 선출되었다. 2002년 12월 서울지하철과 함께 서울도시철도공사 역시 심야 지하철 시간의 연장 운행이 시작되었는데, 서울지하철노조가 노사합의로 이를 인정한 반면, 서울도시철도노조는 시민에 대한 안전장치 확보가 되지 않은 연장 운행에 대해 반대 입장을 분명히 했다. 이후 선로 농성을 하던 기술본부장이 구속되고, 노조는 12월 15일 파업 돌입을 위한 전야제를 가졌으나 파업 직전에 합의되었다. 이러한 서울도시철도노조의 활동은 2002년 4월과 5월에 각각 새롭게 민주노조로 탈바꿈한 인천지하철노조와 대구지하철노조의 활동과 결합되면서 지하철노조의 전국적인 민주노조운동 기반을 형성해 나가게 된다.

　2001년 당시 중앙정부(건설교통부) 산하기관으로 상대적으로 임금 수준이 열악했던 부산교통공단 역시 정부의 경영혁신(퇴직금누진제 폐지 등) 공세에 직면했다. 노조(위원장 김광희)는 이러한 공세에 맞서 건설교통부 산하 공기업 수준의 처우 개선을 요구하며 공공연맹 총파업투쟁에 맞춰 6월 12일 파업 돌입을 선언했다. 파업 돌입 직전에 일부 처우개선 및 해고자 복직 합의가 이뤄져 투쟁이 마감되었다.

　그런데 부산교통공단은 2006년 예정된 지방공기업 전환(부산시 이관)을 앞두고 구조조정을 위한 외부 용역의 중간 연구 결과를 발표했다. 여기에는 역무·차량·기술 분야의 외주화, 승무 분야의 분사 및 지하철 요금 인상과 함께, 직무성과체계(연봉제·성과급제·팀제 도입)를 전제로 한 처우개선 방안이 포함되어 있었다. 다분히 중앙정부(기획예산처)의 공공기관 경영혁신 방안을 공단측이 대폭 수용하여 반영한 결과였다. 부산교통공단은 1998년 7월 파업 이후 557명의 인력을 감축하여 인력 부족이 심각한 상태에 있었음에도, 또다시 구조조정을 준비하고 있었다. 이러한 상황에서 공단은 먼저 12월에 사내 식당의 외주화를 추진하였고, 2002년 1월 들어서는 역무의 매표업무 80% 외주화 등을 포함한 '부산교통공단 경영혁신방안'을 발표하게 된다.

　중앙정부 산하기관이었던 부산교통공단에서 구체화된 이같은 역무 및 차량 부문의 외주화 방안들은 이후 지방공기업인 각 지역의 지하철공사 전체에까지 곧바로 확산될 수밖에 없었다. 이미 서울지하철공사를 제외한 서울도시철도·대구도시철도 등에서는 1999년 구조조정 계획에 따라 승무 분야의 1인 승무제가 도입되어 있었다. 부산지하철노조는 2월부터 경영혁신 전면 백지화와 외주화 전면 철회를 위한 투쟁에 돌입했다.

　5월 28일 파업 돌입을 선언한 가운데 외주화 시행 방침 유보 및 일부 해고자 복직 등의 합의가 추가로 이뤄짐으로써 노조 파업 돌입은 유보되었다. 다만 외주화 방침의 철회에 대한 명확한 합의가 없는 가운데, 부산교통공단은 노조 집행부 선거 기간 중인 8월 22일 역무의 매표 업무를 전격적으로 외주화했다. 이에 부산지하철노조의 새 집행부(위원장 오영환)는 당면 과제(△역무분야 외주화 철회 △해고자 복직 △차별 성과급 철회 등)를 앞세워 10월에 쟁의행위를 결의했다. 다른 지역의 지하철노조들과 연대하여 2003년 지하철노조의 1차 연대파업을 준비해 나갔고, 다른 한편에서는 8월부터 11월까지 경영평가 성과급 반납 투쟁도 전개하였다. 부산지하철노조에서 시작된 성과급 반납 투쟁은 이후 지하철노조들에서 성과급 균등 분배 사업이 확산되는 계기를 마련하였다.

한편 2002년 4월과 5월에 인천지하철과 대구지하철에서 민주노조가 들어서고 철도노조가 2002년 11월에 민주노총에 참여하면서 민주노조운동에서 궤도 노동자들의 전국적인 연대가 형성되기 시작한다. 2002년 9월부터 처음으로 철도노조, 인천·대구·서울·부산지하철노조 및 서울도시철도노조 등의 '궤도노조' 간부들이 연대모임을 가지기 시작했다. 11월에는 수도권 전철 연장 운행 방침이 발표되면서 철도·서울지하철·도시철도·인천지하철노조 등에서 연대 투쟁이 구체화되었다. 12월에는 서울지하철노조와 도시철도노조에서 일방적 연장 운행 저지를 위한 공동 집회가 추진되었다.

이러한 연대투쟁이 이어지면서 2003년 1월 24일 전국의 궤도노조 대표자들을 중심으로 〈전국궤도노조연대회의〉(궤도연대)가 출범했다. 이 궤도연대는 2022년 현재까지 전국철도지하철노조협의회(약칭 '궤도협의회')로 이어지고 있다. 다만 2003년에는 궤도 노동운동의 가장 중심적 역할을 해왔고, 우리나라 공공부문 노동운동의 기관차 역할을 해왔던 서울지하철노조가 '궤도 이탈'을 한 채, 여기에 참여하지 않았다. 이로 인해 궤도연대의 초기활동은 다소 어려움을 겪었으나, 2004년 서울지하철노조에 민주 집행부가 다시 복원되면서 철도·지하철노조 중심의 궤도 부문 민주노조운동도 힘을 붙여 나가기 시작했다.

7. 공공부문 상용(공무)·위탁 노동자 및 비정규직의 투쟁

1) 지자체 공공시설 상용(공무)·위탁노동자들의 투쟁 및 조직화

1999년 이후 공공부문 민주노조운동에서 또 하나의 중요한 물줄기가 공공·환경시설 부문에서 형성된다. 그 배경에는 1998년 중앙정부의 구조조정 방침 및 이를 근거로 한 행정자치부의 민간위탁이 자리잡고 있었다. 김대중정부는 공무원 뿐 아니라, 고용직(정부 정원외 상근인력)들에 대한 구조조정도 강력하게 추진하였다. 1998년 4월 정부(기획예산위원회)는 '국민과 함께하는 국가 경영혁신'계획을 보고하면서, 건물 등 시설물 관리 주차장 관리 식당 운영 등 비교적 단순 기능업무의 민간위탁 추진을 시작했다. 이어 '1999년 정부 예산편성지침'의 10대 과제로 비핵심 단순기능업무의 민간위탁 확대를 기본 방향으로 정했다. 1999년 이후에는 정부 경영혁신 추진지침에 따라, 비핵심 단순 기능 업무의 민간 위탁을 넘어, 민간 위탁 발주기관의 전략성과 공급기관의 전문성을 앞세워 청소·시설관리·검사·검정에서부터 전산기능, 특정기관의 운영 등에 걸쳐 민간 위탁을 대폭 확대하였다(기획예산처, 2002).

이러한 민간위탁 확대 정책은 상용직·일용직을 많이 활용하는 지방자치단체에서 더 크게 문제가 되었다. 1998년 12월 29일 행정자치부는 각 지방자치단체에 '자치단체사무의 민간위탁 추진지침'을 보내어 행정개혁 차원에서 각종 시설·장비 관리 및 이관 사무 분야에서 지역 실정에 맞게 민간위탁을 확대·추진하도록 지시하였다.[68] 또한 행정자치부는 1999년 1월부터 자치단체별 민간위탁 가능 사무를 적극 발굴하게 하고, 2000년부터 본격적인 민간위탁을 강요했다.

[표5-78]에서와 같이 2000년까지 각 지자체 상용직(현 공무직)의 37.5%가 감축되었고, 이

표5-8 지방자치단체 정원외 상근인력(상용직) 감축 결과(1998-2000)　　　　　　　　　　(단위: 명)

직종별	감축전 인원	감축인원	감축비율(%)
행정보조원	10,583	10,547	99.7
단순노무원	12,310	3,664	29.9
환경미화원	30,819	8,059	26.1
도로보수원	4,727	1,135	24.0
청원경찰	12,204	3,119	25.6
계	70,643	26,524	37.5

자료: 행정자치부(2001)

68　이러한 광범위한 민간위탁은「행정권한의 위임 및 민간위탁에 관한 규정」제23호를 근거로 하고 있다. "위탁"이라 함은 각종 법률에 규정된 행정기관의 장의 권한 중 일부를 다른 행정기관의 장에게 맡겨 그의 권한과 책임하에 행사하도록 하는 것을 말하며, "민간 위탁"이라 함은 각종 법률에 규정된 행정기관의 사무중 일부를 지방자치단체가 아닌 법인·단체 또는 그 기관이나 개인에게 맡겨 그의 명의와 책임하에 행사하도록 하는 것을 말한다. 지방자치법(제96조제3항)에 의하면 지방자치단체의 장은 조례 또는 규칙이 정하는 바에 의하여 그 권한에 속하는 사무중 조사·검사·검정·관리사무 등 주민의 권리·의무와 직접 관련되지 아니하는 사무를 법인·단체 또는 그 기관이나 개인에게 위탁할 수 있다. 이 민간위탁은 행정기관 업무의 위탁을 주로 의미하는데, 공공기관 업무의 외주 위탁(=외주화)과 혼용되어 사용되기도 한다. 공공 정책에서는 다른 개념이다.

감축 인원의 상당수는 민간위탁 추진과 함께 간접고용 형태로 전환되었다. 정부가 정한 공공부문 인력 감축 실적을 채우기 위해 각 지방자치단체는 공무원에 비해 상대적으로 주변부에 위치한 상용직·일용직 노동자부터 구조조정을 시행한 결과였다. 특히, 단순 노무, 도로 보수 등 민간 위탁이 임박한 상용직과 함께, 이미 민간 위탁이 광범위하게 진행된 환경미화 등에서 이에 대한 전반적인 갈등이 분출하기 시작했다. 공공연맹 내 상용직노조 및 환경미화원노조 조직들도 이러한 분위기 속에서 1999년부터 본격적으로 노조 결성을 추진하게 되었다.

지자체 상용직·위탁 노동자들의 민주노조운동은 서울상용직노조와 경기도노조에서부터 시작되었다. 상용직의 경우 민간위탁의 위협으로부터 노동조건을 보호하기 위해 서울·대전 등에서부터 시작되었고, 민간 위탁이 이미 진행된 환경미화 노동자들의 투쟁은 경기도 의정부에서부터 본격화된다. 경기도에서 환경미화 노동자들의 투쟁이 먼저 시작된 이유는 서울시와 경기도의 조건 차이 때문이었다. 1960년대 중반 이후 한국노총 연합노련 산하에 서울시청의 환경미화원노조가 결성되었고, 서울시와의 교섭을 통해 처우개선을 추진하면서 서울시 산하 각 구청 소속 환경미화원의 민간위탁은 상대적으로 강하게 진행되지 못했기 때문이었다.

1999년 이후 전국 각지에서 민간위탁이 진행되는 과정에서 상급단체인 연합노련의 무관심 속에 민간위탁으로 전환된 환경미화원들 역시 고용과 임금의 사각지대에 내몰리게 된다.[69] 이같은 상황 속에 초기 지자체 상용·위탁 노동자의 조직화 및 투쟁과정이 전국적으로 확대되면서 자연스럽게 경기도노조는 위탁(예, 환경미화) 노동자들 중심으로, 서울상용직노조는 상용직 노동자들 중심으로 각각 조직하게 되고, 이후 환경미화 노동자들과 상용직들의 노조 결성 모델로 작용하게 된다.

1999년과 2000년에 간헐적으로 진행된 각 노조들의 투쟁은 2001년 6월 민주노총 총파업 투쟁 시기에 환경미화원 구조조정 철회를 행정자치부에 요구하면서 전국적으로 확산되었다. 2001년 12월 6일 경기도노조를 앞세운 공공연맹 공공시설 분과의 주요 노조(서울상용직·광주전남환경·충남지역환경 등)들은 행정자치부 앞에서 이러한 공공시설·환경미화 노동자들의 노동조건을 훼손하고, 민주노조를 파괴하게 만든 모든 원인이 행정자치부의 무분별한 민간 위탁 방침

---

69 서울시청노조는 전국적으로 환경미화원 민주노조가 조직화되었던 1999년과 2000년에 조합원 4,000여 명을 포괄하는 대규모노조로서 연합노련의 중심 조직으로 있었다. 1980년대 중반 이 노조의 위원장을 역임했던 김락기는 이후 연합노련 위원장을 재임하면서 전문노련·병원노련·건설노련의 설립 신고를 방해했고, 이후 16대 국회에서 한나라당 의원을 지냈다.

에서 비롯된다고 규정하고 이 방침의 철폐를 강하게 주장하였다.

이러한 투쟁에 힘입어 2002년 2월 공공연맹은 공공시설환경분과를 설치하면서, 지자체 상용·위탁 노조들의 당면과제인 △민간위탁 저지 △임금차별 철폐 △고용안정 등의 연대투쟁을 발전시켰다. 이러한 투쟁의 성과로 2002년 11월 24일 공공연맹 소속 환경미화원·정화조·상용직 노동자들이 모여 행정자치부를 규탄하는 대규모 결의대회가 열렸다. 공공시설환경분과는 이러한 연대투쟁의 흐름 속에서 전국 단일노조 건설을 논의했으나, 상용직 노동자와 위탁(소속 환경미화원·정화조) 노동자들의 입장 차이로 별다른 진전을 이루지 못했다. 이 당시 한국노총(연합노련)의 청소노동자가 1만3천여명이었던 데 반해, 공공연맹 공공시설분과가 4,000명 내외의 수준에 불과한데다 고용형태의 차이로 연대의 수준은 그리 높지 않았던 것이 그 이유였다.[70]

이러한 직접고용과 간접고용이라는 고용 형태의 차이는 불가피하게 교섭의 양태나 투쟁의 방식에서도 차이를 드러냈다. 이런 연유로 서울상용직노조는 2000년 이후 집단교섭의 틀이 안정적으로 구축된 반면, 경기도노조는 계속적으로 신생 지부(분회)가 조직화되고 경기도 전역에서 노조탄압·체불·부당해고에 맞서는 투쟁이 곳곳에서 진행되면서 집행부가 계속 구속되는 어려운 상황이 반복되었다.

• 서울상용직노조

민간위탁 시행이 상대적으로 더딘 서울시에서도 1998년 12월 비 공무원 인력의 30% 축소 방침이 발표되면서, 공공시설 상용직(도로·하수관로·녹지관리 등) 부문에서 행정자치부 방침에 의한 민간 위탁과 인력 감축, 정년 축소 등이 전면화되고 있었다. 이런 상황 속에서 지자체 상용직 노조의 선두주자인 서울상용·일용직노조(위원장 이동엽)가 결성된다.[71] 서울상용직노조

---

70 2002년 12월 당시 민간위탁 환경미화원 노동자들은 전체 16,000여명이 노조로 조직되었는데, 이중 79%가 한국노총(연합노련) 소속이고, 민주노총 소속은 모두(경기도, 각 개별노조, 지역일반 포함) 21% 수준에 불과하였다(박영범, 2004).

71 통상 지자체 내에서는 '상용직'은 일용직(계약직)과 대비되는 개념으로 정규직과 유사한 용어이지만, 지방자치단체에서는 '비공무원 정규직'을 일컫는 계층으로 지칭한다. 2006년 기간제법이 통과된 후 이러한 계층은 일괄적으로 '무기계약직'으로 규정되었는데, 2010년 서울상용직노조(지부)의 공무직 전환 이후 대체로 이들을 '공무직'으로 표현하는 경향이 일반화되었다.

의 조직화는 1999년 3월 5일 도봉구에서부터 시작되었다. 이후 계속 각 구청별로 지부를 결성했고, 9월에 구청장협의회 의장인 종로구청에서 지부가 결성되자 상용직노조는 종로구청을 상대로 10월 28일부터 단체교섭에 돌입했다. 상용직노조 투쟁은 서울시가 일방적으로 추진한 정년 단축을 철회하는 것에서부터 시작되었다. 당시의 서울시 구조조정 방침에는 정년 단축이 인력 감축의 주요 수단으로 작용했다.

이 투쟁이 본격화되면서 1999년 11월 마포구지부까지 결성되어 서울상용직노조는 20개 지부를 포괄하는 지역 단위 업종노조로서 위상을 갖추게 되었다. 그러나 노조의 조직화에도 불구하고 구청장협의회 의장 소속 종로구청과의 교섭은 계속 난항이었다. 종로구청과의 교섭 결과가 서울시 각 구청 모두에게 곧바로 적용될 가능성이 높은 상황에서 종로구청이 책임있는 교섭을 기피하고 있었기 때문이었다. 2000년 들어 상용직노조가 결국 전면파업 돌입을 다시 선언하자 비로소 1월 13일 종로구청과의 단체교섭이 타결되기에 이른다.

종로구청이 타 구청과의 조정을 이유로 계속 협약 이행을 지연하자 1월 31일 종로구청 앞에서 합의 불이행에 대한 규탄 집회를 갖게 되었다. 이후 동대문·강동·녹지사업소지부 등의 교섭까지 난관에 봉착하자, 상용직노조는 교섭 방식을 전환하여 3월 4일 구청장협의회 상대로 집단교섭을 요구하였다. 집단교섭이 계속 이뤄지지 않자 결국 4월 8일부터 지부별 순환 파업 및 농성에 돌입하게 된다. 7월 19일 최종적으로 조정이 결렬됨에 따라, 8월 2일부터 전면 파업에 돌입했다. 파업 3일째인 8월 4일 구청장협의회를 상대로 서울상용직노조는 집단교섭을 통해 일괄 타결을 이끌어낸다.

이로써, 노조 설립 1년 5개월만에 집단교섭을 완성시킨 서울상용직노조는 지자체 상용직 노동자들의 노조 결성 희망을 심어주면서 전국적으로 지자체 상용직노조들이 확산되는 계기를 마련했다. 기초자치단체 사용자들과 광역 단위에서 집단교섭을 진행하는 서울상용직의 초기업 교섭 모델은 이후 다른 지역의 지자체 상용직 노조들이 공통적으로 추구하는 목표가 되었다.

2001년 11월 서울시의 민간 위탁 방침에 맞서 전 조합원 결의대회를 개최한 이후, 서울상용직노조는 경기도노조 등과 12월 6일 행정자치부 앞 결의대회를 거치면서 전국의 상용직 노조들의 연대를 이끌어낸다. 2002년 들어 각 지부별로 위탁 비리, 조합원 해고들이 이어지자, 2002년 10월 전 조합원들이 다시 2년 만에 전면파업에 돌입했다. 이 파업 투쟁에 힘입어 각 구청장들이 민간 위탁의 일방적 추진을 유보하고, 노조와의 합의를 통해서 민간 위탁을 추진하는 경향을 보이기 시작했다. 서울상용직에서의 민간위탁 추진이 유보되는 상황에서, 아직 노조의 토대가 취약한 타 지자체에서는 상용직 노동자의 민간위탁이 계속 추진되고 있었다.

• 경기도노조

　의정부시청 소속 환경미화원 노동자들이 1999년 7월 1일 의정부시설관리공단에 위탁된 후 7월 25일 새벽에 작업을 하던 청소노동자(김경영)가 다른 청소노동자(홍희덕) 눈 앞에서 뺑소니 차에 치여 사망하는 사건이 발생했다. 이에 의정부 청소 노동자들은 김경영 노동자의 장례를 치룬 후 8월 9일에 민간 위탁 청소노동자들의 노동조건 개선을 내걸고 의정부지역시설관리노조(위원장 장석훈)를 설립하였다. 노조 결성 직후 의정부시의 민간 위탁을 조사하는 과정에서, 간접고용 전환과 관련한 불법적인 정리 해고와 함께, 퇴직금이 일부 횡령된 사실이 밝혀지면서, 민간 위탁 노동자들의 분노와 함께 노조의 투쟁도 확산되었다.

　이후 2000년 1월부터 포천군 청소 노동자들이 의정부와 같이 민간 위탁으로 전환되면서 의정부에서와 같은 상황이 또다시 반복되자 경기 북부지역 청소 노동자들의 노조 결성이 시작되었다. 이에 의정부와 포천 청소 노동자를 중심으로 경기도 전역의 청소용역 노동자를 조직한다는 목표아래 의정부시설노조가 1월 20일 조직 대상을 확대하며 경기도노조(위원장 김헌정)로 조직 형태를 변경하였다.[72] 지자체 상용·위탁 노동자들의 전국적인 조직 결성의 봇물을 트게 한 경기도노조의 투쟁이 본격화된 것이다.

　경기도노조는 출범 직후인 3월 27일 녹색 조끼를 입고 의정부 지역을 중심으로 파업에 돌입했다. 경기도노조 파업에 대해 의정부시는 강하게 탄압했다. 파업 5일째인 3월 31일 의정부 중앙로에서 대체 근로를 막던 조합원 40여명이 연행(11명 해고)되었고, 4월 1일 총선 반대투쟁을 하는 과정에서 노조위원장(김헌정)이 공무집행방해 혐의로 구속되었다. 이같은 탄압에도 불구하고 완강한 파업투쟁이 이어진 끝에 5월에 중노위 결정으로 해고된 조합원들이 복직하였고, 파업 45일만인 6월 23일 경기도노조는 의정부시 상용·위탁 노동자들의 노조 활동과 처우 개선을 담은 단체협약을 체결하기에 이르렀다. 이후 9월에 노조위원장이 석방되고, 의정부 투쟁을 계기로 민간위탁에 대한 공동의 투쟁 결의가 확산되는 가운데 경기도노조는 고양시·부천시·성남시·안산시·수원시 등에서 상용·위탁 노동자들을 중심으로 조직을 확대했다.

　경기도노조가 경기도 전역에서 노조활동의 기반을 갖춘 후 2001년 2월부터 고양·안산·

72　경기도노조는 이전의 의정부시설관리노조가 가진 지역 업종노조의 틀을 벗고 경기도 전역의 노동자를 조직하기 위한 지역일반노조로 전환함으로써, 우리나라 지역일반노조운동의 새로운 지평을 개척했다. 경기북부노동정책연구소에서 의정부시설노조 결성을 지원하던 김헌정이 직접 경기지역 민간위탁 노동자들의 조직화를 위해 지역일반노조를 세우고 노조를 이끌게되었다(박미경, 2013).

파주·의정부 등 경기도 거의 대부분의 지역에서 환경미화원들의 투쟁이 본격화되었다. 고양분회는 체불임금 지급 및 단체협약 체결을 위해 400명 분회 전원이 천막농성 투쟁을 전개하였고, 5월 분회 파업을 거쳐 6월 경기도노조가 전개한 전면 파업까지 투쟁을 이어갔다. 이미 지방노동위원회에서 고양시 조합원에 대해 체불 임금 8억여원의 지급 결정이 난 상황 속에서 고양분회는 경기도노조의 전 지역 투쟁을 독려하기 위해 투쟁을 계속했다.

경기도노조는 안산·파주·부천·의정부 조합원들의 투쟁을 묶어 6월 12일에 진행된 공공연맹 총파업투쟁에 맞춰 전면파업에 돌입했다. 그러나 안산시의 경우 위탁업체가 노조가 파업과 함께 비리 감사 청구 및 구속 수사를 요구하자 직장폐쇄를 단행했고, 파주시의 경우 7월에 환경미화 업무를 시설공단으로 위탁하겠다는 방침을 통보했다. 파주시는 8월에 100명에 달하는 상용직(환경미화)에 대해 정리해고를 강행했고, 안산시는 저항하는 조합원들에게 폭력을 행사했다. 결국 이같은 상황이 계속되자 경기도노조의 각 분회별 파업과 농성은 장기화될 수밖에 없었다. 10월 들어 의정부·부천지부 등의 교섭도 장애에 부딪히며 파업에 돌입함으로써, 경기도노조의 투쟁은 이후 전 경기 지역으로 확산되었다. 결국 경기도노조는 이들 투쟁하는 지부·분회를 묶어 12월 6일에 또다시 전면 파업을 전개했다.

경기도노조의 투쟁은 2002년도에도 계속되었다. 민주노총의 4월 총파업(발전노조 연대총파업)에 맞춰 투쟁을 준비하면서 5월 23일부터 3일간 전면 파업을 전개하였다. 경기도노조의 파업 투쟁이 진행되는 과정에서, 민간위탁 환경위생 노동자들의 투쟁은 이후 성남·평택·고양 등에서도 계속된다. 경기도노조는 12월 들어 파업을 접고 평화적 교섭 국면으로 전환하면서 각 지자체가 참여하는 대각선교섭을 각 지역별로 전개하기 시작했다. 민간위탁 운영의 책임을 지고 있는 지자체와의 교섭을 통해 민간위탁 과정에서 발생한 정리해고·퇴직금 미지급·비리 등을 개선·시정하기 위해서였다.

이러한 투쟁 과정들이 이어지면서 경기도노조는 2002년부터 각 지자체를 상대로 한 집단교섭이 준비되기 시작했고, 각 지부별 교섭과 투쟁이 집중되는 가운데 2002년 말에는 경기도 대부분 지역에서 지부가 설립되어 조합원도 2,000명에 육박했다. 이러한 조직 확대 및 끝없는 투쟁이 이어지면서 경기도노조는 4년여의 노력 끝에 2003년에 마침내 집단교섭 틀을 완성함으로써, 지자체 상용·위탁 민주노조의 모범적인 모델로 자리잡았다.

- 기타 공공시설노조의 투쟁 및 조직화

의정부시설노조 결성과 때를 같이하여 민간위탁 청소용역 노동자의 고용안정 및 노동기본권을 위해 과천·동두천·의왕 등에서는 각 지자체별로 환경미화원노조가 새로이 결성되었다. 이들 노조들은 상대적으로 경기도노조의 조직화가 덜 진행된 상태에서 개별 노조로 출발했다. 이중 과천환경미화원노조는 1999년 6월 초부터 계속 집회·농성투쟁을 전개한 끝에 6월 21일 추가적인 민간위탁을 막아내는 성과를 이끌어냈다.

2001년 들어 광주전남환경위생노조(위원장 박동선)가 노동조건 개선 및 노조활동 보장을 요구하며 2001년 5월 29일 전면파업에 돌입하였다. 17일간의 파업투쟁을 거쳐 6월 15일 노조 기본활동(전임자, 징계위 노조 참여) 보장 및 정년 연장 등이 포함된 협약을 체결했다. 광주전남환경위생노조의 투쟁은 경기도노조의 각 지부 투쟁과 유사한 내용을 담고 있었다. 수십년동안 관행화된 수거요금의 불법 부당 청구, 정화조사업 독점 비리, 민간위탁 인건비의 횡령 등이 투쟁 과정에서 밝혀졌다. 지역공동대책위의 지원 속에 광주전남환경노조는 파업투쟁을 통해 정화청소업을 신설된 환경관리공단에 재직영토록 하는 성과도 남겼다.

2000년 11월 대전시의 상용직 구조조정에 맞서 투쟁을 시작한 대전상용직노조(의원장 황인성) 역시 2001년 6월 12일 공공연맹의 총파업투쟁 방침에 따라 전면파업에 돌입했다. 10일간 전개된 파업 끝에 노조활동 보장 및 부당노동행위 처벌 등의 성과를 일궈냈다.

2001~2년에는 충남 서부지역 환경미화 노동자들의 투쟁이 계속되었다. 서천환경미화노조가 2001년 8월 10일부터 4일간 전면파업을 진행하고, 예산지역환경관리노조가 12월에 파업을 진행했으며, 2002년 들어 논산환경관리노조가 5월에, 보령환경관리노조가 6월, 아산환경관리노조가 8월에 각각 파업을 전개했다. 충남지역의 환경미화노조는 이러한 계속된 파업투쟁을 통해 연대사업도 확대하면서 2003년 〈충남공공환경노조〉(위원장 송영신)로 조직을 통합하기에 이른다. 경기도노조에 이어 광역 단위의 환경미화원 투쟁이 집중된 성과이다. 이후 경기도노조가 민주연합노조로 조직체계를 전환시킨 상태에서 2009년에 충남공공환경노조와 함께 민주시설연맹을 결성하기에 이른다.

- 지역일반노조운동

경기도노조의 투쟁이 본격화되는 2000년에 민주노총 조직으로 〈지역일반노조〉가 등장한다. 물론 경기도노조 역시 지역일반노조 성격을 지니고 출발했지만, 노조 명칭을 지역일반노조로 설정한 것은 당시에는 약간 이례적인 경우였다. 그 출발은 부산이었다. 2000년 4월 1일 부산지역일반노조(위원장 정의헌)가 지역내 환경미화원 300여명을 조직하면서 출발했다. 이후 2000년 7월 29일 진주일반노조가 뒤를 이었고, 이어 ·경남·서울·경기·충북 등에서 지역일반노조는 계속 조직되었다.

지역일반노조들은 지역내 중소영세노동자의 조직화 취지를 앞세워 공공-민간을 구분하지 않고 산업별 경계를 넘어 조직 대상을 확장했다. 이들이 기존 산업별·기업별노조 체계 밖에 있는 '불안정한 노동자들'(percarious workers)들을 조직화 하는데 대해, '조직 불가능한 이들의 조직화'(organizing the unorganizable)료 표현하기도 한다(장진범, 2017).

공공부문에서는 환경위생 노동자와 지자체내 비정규직을 조직대상으로 하고, 민간 부문에서는 아직 산별 조직화의 손길이 미치지 못한 레미콘·학습지·호텔시설 노동자들이 대상이었다. 그러나 각 지역일반노조의 조직 현황을 보면, 조직 구성원의 2/3 이상은 공공부문의 상용·위탁노동자들이었다. 특히 2006년 당시 조직 규모가 큰 경남일반노조의 경우 지자체 상용직·위탁 환경미화원·예술단·휴게소 등 공공부문의 구성비율이 매우 높게 형성되어 있다.

이 지역일반노조는 산별노조운동의 사각지대에서 노동자 권리를 인정받지 못하는 중소영세 사업장의 노동자들이 산업·업종별 경계를 넘어 조직화를 추진한 결과로 볼 수 있다.[73] 각 지역에서 자생적으로 조직 활동가들이 노조를 결성한 경우가 다수이지만, 민주노총 지역본부 지원 하에 노조를 결성한 경우(경북일반노조)도 있었다. 지역일반노조는 각 지역별로 조직이 확대되고, 조합원수도 증가하여 2021년 12월 기준으로 민주노총(민주일반연맹)내 조합원은 15,700여명에 달하고 있다. 한국노총에서도 2003년 이후 지역일반노조가 들어서기 시작한다.

2) 문화예술 공연 노동자 투쟁

문화예술 공연 노동자들은 △중앙정부 직속기관에 무기계약직(공무직)으로 고용된 노동자(국립극장 예술단체) △각 시·도립 직속 계약직 노동자(인천·울산·전주·청주시립 및 경기도립 예술단 등) △지자체 산하기관에 위탁된 노동자(세종문화회관 예술단체) △정부산하기관 노동자(서울예술단·국립합창단 등) 등 다양한 고용 형태로 구성되어 있었다. 특히, 지방자치 시대에 지역내 문화예술 수요 확대에 따라 각 시·도 산하에 예술단이 계속 발족되면서 이들 문화예술 노동자들이 곳곳에 산재하고 있었다.

---

73 지역일반노조 운동의 배경에 대해, △민주노총 건설 후 산별 중심 조직체계 하에서 무너진 지역연대 △기업과 업종 중심의 노조체계하에서의 실리주의 만연 △경제체제 변화에 따른 산업영역의 다각화·복잡화 및 이로 인한 경계 모호화 △불안정한 고용구조 및 산업 공동화에 따른 중소영세 비정규직 처지 개선의 어려움 등이 제시되고 있다(정의헌, 2006).

그런데 문화예술단의 지배구조와 관계없이 이들 공연예술 노동자들은 정기적 평가(소위 '오디션')를 통해 계약이 이뤄지는데다, 노동조건이 매우 열악한 공통점을 지니고 있었다. IMF 체제 이후 전 공공부문에서 노동자들의 투쟁이 확산되면서, 이들 문화예술 노동자들도 열악한 처지를 자각하고 노조를 결성하면서 투쟁에 나서기 시작했다. 그런데 정부와 각 지자체들은 물론이고 예술단의 책임자들은 대부분 문화예술단의 노조활동에 대해 매우 부정적인 태도를 보였다. 노조가 결성되자 오디션 평가를 통해 노조원에 대해 계약 해지를 하는 경우도 다반사였다. 공연 문화예술자들의 노조 활동은 서울 세종문화회관 예술단체 노동자들로부터 시작되었다.

1999년 7월 1일 세종문화회관이 서울시 산하 재단(출연기관)으로 발족되면서 8월에 문화예술 공연 노동자들을 중심으로 세종문화회관노조(위원장 이용진)가 결성되었다. 잦은 기능 조정 및 신분 불안(소위 '오디션'에 의한 계약 해지)으로 초기부터 노사관계가 원만치 못했던 공공 문화예술기관의 상황은 세종문화회관에서도 예외가 아니었다. 공연예술노동자 노조의 선구자로 자리잡았던 세종문화회관노조는 이후 5년 여에 걸쳐 지난한 투쟁에 돌입하게 된다.

2000년 1월 4일 사측이 오디션 제도를 악용하여 9명의 조합원을 해고하자, 노조가 곧바로 항의 농성에 돌입했다. 이 투쟁 끝에 세종문화회관노조는 1월 31일 계약제와 연봉제가 철회된 근로계약을 다시 체결했다. 그러나 사측이 계약 해지된 조합원의 해지 철회를 계속 거부하자, 3월 31일 교향악단지부, 4월 6일 합창단지부 중심으로 각각 공연 파업을 전개했고, 4월 11일에는 노조간부들이 무기한 천막 농성에 돌입했다. 5월 6일 공공연맹이 주도한 총력투쟁 결의대회를 통한 압박이 작용하면서 결국 조합원들의 계약 해지는 철회되었다.

2001년 들어 각 예술단의 분리 움직임으로 인해 고용 불안이 발생하자, 세종문화회관노조는 6월 12일 공공연맹 총파업투쟁에 참여한 이후 계속 농성을 하였다. 정부종합청사 앞에서 진행되는 농성투쟁에 대해 정부는 6월 19일 1차로 공권력을 투입했고, 이어 6월 29일에도 또다시 공권력을 투입했다. 곧바로 세종문화회관노조는 순환·부분파업에 돌입했고, 15일간 파업투쟁이 진행되었다. 7월 이후 거리 공연 중심의 투쟁으로 전환한 세종문화회관노조는 9월 25일에 어렵게 노조 결성 2년 만에 노조활동 보장 및 조합원의 고용안정 등을 담은 단체협약을 체결하기에 이른다. 세종문화회관노조의 단체협약은 노조 설립 후 2년간 어려운 여건에서 투쟁해온 세종문화회관 노동자들의 자신감의 결과이자, 전국의 문화예술 노동자들에게 노조 결성 및 노동기본권 개선의 희망을 불러넣어준 계기로 작용했다.

세종문화회관 등 문화예술노조들은 전국적으로 노조활동 탄압과 함께 조합원의 고용 위협(오디션 평가를 앞세운 계약 해지)이 보편화되자, 2002년 3월부터 전국의 문화예술노조들이 통

2001.6. 공연 예술노조의 지평을 개척한 세종문화회관노조 파업

합을 준비하기 시작했다. 전북도립국악원에서는 2001년 5월 노조를 결성한 뒤 국악원 민영화에 대한 반대투쟁을 벌이다 조합원 전원이 해고되었다. 청주시립예술단에서는 2002년 12월 오디션 평가를 앞세워 3명의 노조원이 해고되고 이후 노조간부가 병가 후 복귀하자 해고되었다. 2002년 5월에는 인천예술단에서 무능한 예술감독 퇴진과 함께 불공정한 오디션(실기·고과) 개선 투쟁을 주도한 조합원 2명이 해고되기에 이르렀다.

전국도립국악원노조(위원장 이항윤)는 2001년 5월 14일 전북도청 앞에서 전북도립국악원의 민간위탁을 반대하는 기자회견을 열고 투쟁을 시작했다. 노조의 투쟁에 힘입어 전북도의회에서 국악원의 민간 위탁이 부결되었는데, 이후 단체교섭 과정에서 노사간 이견을 이유로 전북도(지사 유종근)는 조합원들을 해고하기에 이르렀다. 12월 31일 예술단원 및 공연기획 관련 근무자 전원을 계약 해지함으로써 도립국악원을 사실상 직장 폐쇄하였다. 이는 전년도에 추진하다 반대에 부딪힌 도립국악원의 민간 위탁을 위한 사전 조치로 풀이된다. 이후 3개월 가까이 노조의 파업 투쟁이 전개되고 지역의 시민미단체·예술계 등의 연대에 힘입어 전북국악발전위원회가 도립국악원의 정상화를 권고하기에 이르렀다. 전북도는 3월 28일에 해고 단원의 오디션 평가를 실시하고 공연 기획자들의 계약 해지를 철회하는 절차를 밟기 시작했다. 이후 4월에 해고된 조합원들이 복직하고 도립국악원은 정상화되었다.

청주시립예술단노조(위원장 전광수)는 2002년 3월 22일 청주시청 앞에서 해고 철회 및 노조 탄압 중단 투쟁 결의대회를 전개하였고, 이 결의대회에 공공연맹 및 문화예술노조들이 연대하면서 투쟁을 지원했다. 결국 2002년 5월에 충북지방노동위원회에서 이들 해고가 모두 부당한 것으로 결정나면서 해고자들은 모두 복귀하기에 이르렀다.

인천예술단의 해고 및 직급 강등에 대해서는 인천지노위가 부당해고 등을 결정했지만, 인천예술회관 측이 계속 해고 및 징계 철회를 거부하는 바람에 이후에도 문화예술노조의 연대 투쟁이 계속되었다. 인천예술단노조(위원장 김용란)의 투쟁은 2003년 6월 노사 합의에 따라 해고자 복직이 이뤄지고 단체협약이 체결됨으로써 1차 마무리되었다.

이렇듯 세종문화회관부터 시작된 우리나라 공연예술기관의 후진적 운영 단면은 노조가 결성될 때마다 계속되었다. 노조가 결성되면 조합원들에 대해 오디션을 앞세워 계약 해지하고, 노조가 투쟁을 전개하면 노조간부를 징계하는 이 후진적 흐름은 이후에도 계속되었다. 이러한 노조 탄압에도 불구하고 문화예술 노조들은 비록 소규모 조직이지만 강한 연대로 이같은 노조 탄압 흐름을 막아내었다. 전국에 산재한 문화예술노조들은 2002년 12월 올림픽공원에서 공공연맹 주최로 합동 공연행사를 개최함으로써, 전국적인 연대의 힘을 보여줬고 이후 노조 통합의 결의를 다지게 된다. 문화예술노조들의 통합은 이후 2003년 12월에 이뤄진다.

3) 사회복지 시설 노동자 투쟁

지방자치단체의 공공부문 민간위탁의 폐해가 가장 극심한 것은 사회복지 영역이었다. 지자체가 대부분 운영 중인 사회복지 영역은 이미 1990년대 초부터 민간 위탁이 본격화되었다. 겉으로는 사회복지라는 허울좋은 가면을 내세웠지만, 민간 위탁 이면에는 △이권 개입 및 지자체 공무원과의 비리 연계 △노조 결성을 결사적으로 막는 비민주적 운영 △장애인 등 사회적 약자에 대한 폭력이 보편화되면서 인권·노동권의 사각지대로 자리잡아왔다.

2000년대 초반에도 안산장애인종합복지관·영락원·안양장애인종합복지관·부천장애인종합복지관·산 사회복지시설노동조합 등에서 노조가 결성되었으나, 이들 노조 역시 취약한 환경 속에서 어렵게 노조활동을 전개할 수밖에 없었다. 1996년부터 계속 노조와 대립중인 에바다복지관에 이어 2002년에는 부천장애인복지관에서도 투쟁이 이어졌다. 노사 갈등, 운영 비리 등의 문제는 이후 소아마비정립회관·상애원 등에서도 빈발했다.

사회복지노조는 이미 1990년대 후반부터 노조활동이 어려운 여건을 공동으로 극복하고자 단일노조 결성을 준비했다. 2000년 10월부터 시작된 노조의 통합 논의는 2001년 9월 사회복지노조준비위 결성으로 이어졌고, 10개 지부들이 참여한 가운데 향후 노조운동의 전망과 조직체계 등을 정비하여 2003년 1월 지역업종노조의 형태로 서울경인사회복지노조(위원장 장대석)가 출범하게 된다. 이러한 사회복지 단일노조가 결성되는 과정에서도 개별 사회복지시설에서는 비민주적 운영과 노조활동 억압으로 인한 갈등이 지속된다. 2000년대 초에는 에바다복지관과 부천장애인복지관의 투쟁이 사회복지시설의 어두운 단면을 드러냈다.

평택시에서 위탁 운영 중인 에바다복지관은 재단 비리가 드러난 1996년 11월부터 농성하는 농아들을 지원하던 노조(위원장 홍순기)에 대해 노조위원장을 해고하면서 계속 탄압해왔다. 급기야 1998년 의문사로 처리되었던 7세 농아에 대한 가혹행위가 드러나면서 사회적으로 큰 파문을 일으켰다. 이러한 상황에서 노동운동 진영과 지역 시민사회운동 진영의 연대투쟁이 전개되었고 1999년 7월 11일 '시설 의문사 합동 위령제 및 장애인 시설 비리 척결과 에바다 문제 해결을 위한 범국민대회'가 개최되기에 이르렀다. 이후 8월 28일 투쟁을 주도하던 노조위원장은 사측의 성희롱 누명이라는 불명예까지 안고 구속되었다. 그러나 재판 과정에서 무죄가 입증되어 석방되었고 결국 부당해고로 인정받아 복직되기에 이르렀다. 에바다복지관의 투쟁은 이후에도 계속 전개된다.

2000년 7월 1일 사회복지노조 및 민주노총 경기본부를 중심으로, 시민사회단체(에바다 정상화를 위한 연대회의) 대표들이 비리 인사 배제를 요구하며 15일간의 단식 농성에 돌입한다. 이를 통해 에바다복지기관의 비리가 지역 사회에 폭넓게 공론화되었다. 2001년 3월 에바다복지회관 이사회가 민주적 이사 선임을 통해 농아원장의 해임 및 신임 교장 임명권을 부여하게 하는 조치를 취함으로써 민주적 운영의 단초를 어렵게 만들었다. 그러나 이후 복지관을 관할하는 평택시의 관리감독 소홀 및 복지관 운영 주체들의 저항으로 복지관의 정상화는 계속 지연되었다. 2003년 6월에 이르러서야 정부가 파견한 관선 이사가 복지관 전반에 걸친 구시대적 적폐들을 걷어내면서, 노조 탄압 및 복지관 운영 비리는 극복되었다. 1996년부터 7년에 걸친 완강하게 진행된 노조와 시민사회단체의 지난한 투쟁 끝에 에바다복지관의 민주적 운영 기반이 마련된 것이다.

2002년 3월부터 복지관 민간 위탁 노동자들의 임금체계 개편 및 노동조건 개선을 요구해온 부천장애인복지관노조(위원장 곽노충)는 10월 쟁의행위 결의를 거쳐 11월 20일부터 파업에 돌입했다. 노조 파업이 계속되자 12월 30일 복지관 측은 이들 민간 위탁 계약직 조합원들을 전원 계약 해지하였다. 이에 노조는 2003년 1월 부천시청 앞 집회를 시작으로, 4월부터 위탁 사업을 운영중인 종교재단(성가소비녀회)앞에서 공공연맹 연대 대오들과 함께 집회 및 노숙 농성을 계속하였다. 농성이 계속되는 동안 성가소비녀회는 대화를 거부하고 경찰에 공권력 투입을 요청했고, 경찰은 4월 18일에 공권력을 투입하여 농성하는 공공연맹 간부 및 조합원 등 17명을 연행되기에 이르렀다.

5월 이후 8월까지 공공연맹과 함께 부천지역노조들이 복지관 고용 승계를 위한 연대투쟁을 전개했고, 노조위원장이 8월 13일부터 무기한 단식 투쟁을 전개한 끝에 8월 23일 부천시, 부천복지관노조 및 새 위탁운영재단 3자가 조합원 고용 보장에 합의하면서 300여일에 걸쳐 진행된 부천장애인복지관노조의 파업 투쟁은 1차 마무리되었다. 그러나 9월에 새로 선정된 위탁기관(천주교 인천교구)이 노조위원장 등 노조간부 3명에 대해 고용 승계를 거부했다. 이후 노조가 또다시 농성 투쟁을 전개한 끝에 2004년 초에 노조위원장을 제외한 2명의 노조 간부는 복직되면서, 부천장애인복지관노조의 투쟁은 마무리되었다.

4) 공공부문 비정규 투쟁의 봉화! 한국통신 비정규 노동자 투쟁

한국통신의 민영화 추진으로 한국통신 정규직의 인력 감축이 이미 1999년 말까지 1만2천명을 넘어섰고, 이후 2001년 114 분사 등을 통해 추가로 1천여명의 인력 감축이 본격화되면서 10,000여명에 달하는 한국통신 계약직의 심각한 고용 문제가 대두되었다.[74]

한국통신계약직노조(위원장 홍준표)는 2000년 3월 31일 결성되었으나, 한국통신 정규직노조의 규약 개정이 지연되면서 10월 14일에 뒤늦게 합법노조로 인정받았다. 그러나 노조 결성의 기쁨이 채 가시기도 전에 한국통신 사측은 11월 말 1,000여명, 12월 말에 6,000여명의 비정규직 노동자들에 대해 계약 해지를 통보하기에 이른다. 이에 한국통신 비정규직 노동자들은 대한 대규모 정리해고가 시작된 2000년 12월부터 무려 517일 동안 파업투쟁을 전개하면서, 공공부문 비정규직 노조의 지난한 투쟁의 깃발을 올리게 된다.

---

74 구조조정 이전에도 한국통신 비정규직 노동자들의 노동조건 또한 매우 열악했다. 9년 근속 계약직의 처우는 1997년 137만원 수준에서 2000년 86만원까지 감소했고, 4대 보험도 적용되지 않았으며, 2~3개월의 초단기 계약도 강요받는 실정이었다. 이러한 열악한 노동조건을 감수하고 한국통신의 정규직으로의 전환을 희망하던 비정규직들은 한국통신의 전면적 구조조정 방침에 결국 노조를 결성하며, 517일간의 지난한 투쟁을 전개한 것이다.

2002.1. 한국통신계약직노조 투쟁

　　11월 27일 노조는 각 전화국 별로 계약해지 통보가 시작되자 쟁의행위를 의결했고, 12월 13일 고용 안정 등을 요구하며 전면파업에 돌입했다. 12월 17일 한국통신 정규직노조의 파업 돌입에 4일 앞서 파업이 시작되었다. 한국통신노조의 파업과 함께 비정규직과의 연대가 추진되었으나 안타깝게 12월 19일 정규직노조의 기피로 연대 집회가 무산되면서 한국통신 비정규직 노동자들의 힘들고 끈질긴 투쟁이 이어지게 된다.

　　12월 22일 한국통신노조가 파업을 철회하고 현장에 복귀하면서 비정규직노조의 투쟁이 결국 외롭게 남겨졌다. 비정규직노조가 12월 27~28일의 본사 점거 농성을 전개했지만, 노조의 투쟁에도 아랑곳하지 않고 2001년 1월 2일 결국 7,000여명에 달하는 대규모 계약직 노동자에 대한 계약 해지가 강행되었다. 이에 1월 2일 해고된 계약직 노동자 400여명이 한국통신 본사에서 노숙 농성에 돌입했다. 이후 해고된 노동자들은 1월 5일 과천 정부종합청사 노동부 앞 농성, 1월 16일 한강대교 난간 위에서의 시위를 이어 나갔다. 이 과정에서 1월 15일 혹한의 추위 속에 계속된 노숙 농성으로 인하여 조합원 1명이 뇌경색으로 쓰러지는 안타까운 상황이 발생하는 등 한국통신 비정규 노동자들의 투쟁은 처절한 고통을 수반하는 투쟁을 감내해야만 했다.

　　2월 1일 본사 상경 투쟁, 3월 8일부터 전국 순회 투쟁 등이 이어졌고, 민주노총은 전국의 비정규직노조 중심으로 연대 총파업 결의로 이 투쟁을 지원했다. 계속되는 투쟁에도 불구하고 한국통신 사측이 사태 해결 노력을 보이지 않자 결국 3월 29일 198명의 조합원들이 목동 전화국 점거 농성에 돌입했다. 목동전화국은 국제 전화 온라인망이 집결되어 있는 통신산업의 핵심 거점이었기 때문에, 한국통신 업무에 지장을 주기 위해 농성을 시작한 것이다. 이 점거 농성에도 불구하고 사태 해결의 전망은 밝지 않았다.

이에 따라 비정규직 노동자들은 △4월 26일 한국통신 앞 전국 비정규노조 연대집회 △5월 21일 전국 전화국 버스투어 투쟁 △7월 19일 중앙전화국 상경투쟁(파업 216일 차) △8월 17일 2차 목동전화국 점거 농성 △9월 27일 지방 전화국 점거 투쟁 △10월 8일 청와대 앞 한국통신 계약직노조 총파업투쟁 300일 총력집중 결의대회 △10월 31일 국회 본회의장 시위 △12월 4일 중앙노동위원회 앞 노숙 투쟁 등 모든 투쟁 수단을 동원한 투쟁이 끊임없이 계속되었다.

이러한 치열한 투쟁이 계속되는 동안 한국통신 정규직노조(위원장 이동걸)는 최소한의 연대 노력조차 보이지 않았다. 당시 한국통신노조는 〈114비대위〉를 중심으로 진행된 정규직의 114 분사 투쟁에 대해서도 수수방관하는 태도를 보이는 등 민주노조로서의 정체성을 잃고 민영화에 따른 정규직 중심의 고용·노동조건 개선에만 골몰하고 있었다. 물론 한국통신 사측의 계속되는 구조조정 공세에 맞서 정규직의 고용·노동조건조차 제대로 지켜내지 못했다.

공공연맹은 2001년 새로운 집행부가 들어선 이후 본격적으로 한국통신 계약직노조 투쟁에 대한 지원 대책을 세우게 된다. 그러나 연맹의 거듭되는 연대 요청에 대한 한국통신 정규직노조의 무관심과 정규직 중심의 공공기관노조들을 연대투쟁으로 묶어내지 못한 연맹의 한계로 한국통신 비정규 투쟁은 처절한 투쟁 속에서 해를 넘기게 되었다.[75] IMF 이후 확산되기 시작한 비정규직 문제를 단위노조의 투쟁 지원 정도로 인식한 정규직 노조의 한계가 그대로 드러났던 상황이었다. 이후 한국 노동시장의 가장 큰 문제이자 노동운동의 가장 중요한 과제가 되는 공공부문 비정규 노동자의 문제에 대한 운동적 인식이 당시 어떠했는지를 확인할 수 있는 대목이라 할 것이다.[76]

---

75 한국통신계약직노조의 투쟁과정에서, 2001년 6월 〈비정규직 철폐와 한국통신계약직노동조합 투쟁 승리를 위한 공동투쟁위원회〉는 "한국통신 정규직 동지들과 공공연맹에 바란다"는 성명서를 통해 공공연맹이 한국통신 정규직노조와 계약직노조의 투쟁을 진행해오면서, 두 노조의 공동투쟁을 만들어내는 의지나 노력이 부족했음을 지적했다(공공연맹, 2002).

76 2001~2002년 한국통신계약직노조가 500여 일의 파업에 대해, 한국통신노조 민주화운동을 주도했던 양한웅(당시 공공연맹 수석부위원장)은 훗날 한겨레신문과의 인터뷰에서 "당시에는 비정규직의 개념조차 생소

해를 넘겨 2002년으로 들어서며 공공연맹은 1월 16일 파업투쟁 400일차를 맞아 '비정규직 철폐와 한통계약직노조 파업투쟁 승리를 위한 공공연맹 제3차 결의대회'를 한국통신 본사 앞에서 개최하는 등 각 산하조직들의 연대를 조직화하기 위한 노력을 기울였다. 이후 철도·발전·가스노조의 연대파업이 이어지고, 발전노조 파업과 관련한 민주노총과 공공연맹의 지도부가 사퇴하는 등 상급단체가 조직적 힘을 쏟기 어려운 상황이 되면서 한국통신 계약직노조는 비정규노조 중심의 연대 전선을 확대하면서 투쟁을 이어갔다.

비정규직 노조들과의 연대투쟁을 확대하며 한국통신계약직노조(위원장 직무대행 이춘하)는 4월 6일 한강대교 고공 농성 등을 거쳐 파업 510일 차인 5월 4일에 회사와 고용승계 등의 현안에 대해 잠정합의에 이르렀다.[77] 5월 12일 노조는 조합원 총회를 통해 잠정 합의안에 대한 찬반투표 및 합의이행을 조건으로 한 노조 해산에 대한 찬반투표를 실시하고, 517일간의 한 맺힌 투쟁을 마감했다. 2002년 4월 30일 한국통신의 민영화가 완료된 상황에서 노조의 한맺힌 투쟁이 마감된 것이다.

한국통신 비정규직 노동자들은 어렵고 힘든 투쟁으로 고용 승계는 이루었지만 열악한 노동조건에서 차별과 설움을 받으며 비정규직 노동자로서 보냈던 한국통신과는 결국 작별하는 결과로 끝이 났다. 비록 아쉬움 속에 마무리되었지만, 이 투쟁을 통해 공공부문 비정규직 노동자들의 투쟁이 전국적으로 공론화되고 비정규직 투쟁도 서서히 확산되는 계기가 되었다. 한국통신 비정규직 노동자들의 끈질긴 투쟁은 이후 공공부문 비정규직 노동운동의 선도적 지평을 연 것이다. 당시 비정규직 노동운동에 대한 이해가 깊지 않았던 민주노총에서도 비정규직의 정규직화와 함께 비정규 노동자의 조직화의 필요성이 한국통신 비정규직 노동자들의 투쟁을 거치면서 부각되기 시작했다.

하여 비정규직 노동운동을 어떻게 끌고 갈 것인가에 대한 의식이 없었다. 한국통신노조 집행부는 물론이고 민주노조운동을 한다고 했던 우리들도 이들 투쟁을 어떻게 지원할지 제대로 몰랐다"라는 취지의 반성어린 회고를 했다(한겨레신문, 2014.1.5).

77 한국통신계약직노조는 한국통신 사측과의 교섭에서 쟁점 내용이었던 고용 문제에 대해 △희망자에 한해 올 상반기 중 도급업체 취업 알선 △본인의 희망지 적극 반영 △특별한 사유가 없는 한 3년간 고용보장 최대한 노력 △조합원 생활안정 지원 △법원과 수사기관에 계류 중인 모든 사건에 대해 쌍방 고소·고발 취하 등에 합의했다. 대신 이 합의는 노조 해산이 전제되어 있었다. 이때는 이미 한국통신 민영화가 완료된 상황이었다. 당시 한한국통신계약직 노조위원장(홍준표)은 목동전화국 점거 농성을 이유로 구속·기소되어 2001년 5월 2년6월이 실형이 선고되는 바람에 최종 합의 당시 감옥에 수감되어 있었다.

5) 집배원 노동자들의 민간위탁 및 비정규직 조직화

1998년 정부의 구조조정 계획에 따라 우편업무에 종사하는 노동자 8,000여명이 감축되면서 집배원 업무에서도 민간위탁과 비정규직 비중이 확대되었다. 한국노총의 체신노조는 정부의 구조조정 방침에 맞서 1999년 5월 체신노동자의 인력감축 저지를 위한 총력결의대회를 전개했지만, 이후 2000년 8월 노사정위 공공특위에서 '체신 부문 인력감축계획'에 대해 합의하게 된다. 이에 앞서 7월 1일에는 '우정사업본부'가 발족된다. 체신 노동자의 대규모 인력 감축으로 집배원 노동자들은 새로 채용된 비정규직은 물론이거니와 정규직도 장시간 노동과 열악한 처우에 시달리고 있었다. 이 과정에서 체신노조는 상시위탁 노동자들을 노조로 받아들이면서 일부 특채자에 대해 정규직화하는 기만적 움직임으로 인해 비정규직 노동자들의 반발을 초래했다.

집배원 비정규직 노동자들의 노동조건 개선을 위해 2001년 10월 〈전국집배원노동자협의회(집노협) 준비위원회〉가 결성되었다. 정규직 집배원까지 포함한 집배원 노동자의 장시간 노동 철폐와 노동조건 개선을 위한 투쟁을 시작한 집노협은 2002년 3월부터 각 사업장 순회투쟁을 전개하면서 정부와 체신노조를 압박했다. 투쟁이 전면화되면서 우정사업본부는 2002년 6월 집배원 부족인력 2,900여명의 충원을 행정자치부에 요청한 결과, 이후 2003년과 2004년에 1,700여명의 상시 집배원이 정규직으로 전환되었다.[78]

집배원의 인력 충원 및 정규직화가 진행되는 동안 우정사업본부의 민영화 논의도 2002년부터 제기되기 시작했다. 그러나, 집노협을 비롯한 시민사회단체, 민주노동당 등의 반발로 인해 2004년 10월 국회에서 정보통신부 장관은 우정사업의 공사화 및 민영화를 단기적으로 추진하지 않겠다고 선언하였다. 집노협은 이후 체신노조의 민주화 및 집배노동자의 정규직화를 위해 활동했는데, 이들 집배원 노동자들은 한국노총 체신노조(우정노조)에 막혀 독립적 노조 활동이 제한되었다. 이후 집노협 활동가들은 〈체신민노회〉를 구성하고 노동강도 강화를 반대하는 현장 투쟁과 함께 노조의 지부·본부 선거에 대응하면서 대중적 세력화를 계속 추진한다.

이후 2010년 복수노조가 허용되면서 2012년 3월에 공공운수노조 산하 전국우편지부(비정규직 및 무기계약직), 2016년 4월에는 전국집배노조(정규직)를 결성하여, 비정규직 집배원 노동자들의 고용 및 노동조건 개선을 위해 투쟁하기 시작했다. 이들은 2020년 이후 전국의 집배원 정

---

78 집배협의 투쟁을 지원하기 위해, 집노협 지원대책위원회가 2002년 9월 발족되었다. 민주노동당, 민주노총 공공연맹, 민주사회변호사회 및 사회단체(불안정노동철폐연대·사회진보연대·민중의료연합 등)가 참여하였다.

규직·비정규직을 묶어 민주우체국본부를 발족하여 활동하고 있다.

8. 공공서비스 부문 노동자들의 투쟁

1) 항공부문 노동운동 확대 및 2001년 6월 총파업

운수 부문 중 노조활동이 취약했던 항공 업종에서도 민주노조들이 등장하기 시작했다. 1988년 영업을 시작한 아시아나항공에서 1999년 4월 30일 노조(위원장 임송표)가 결성되었다. 노조 결성 후 사측은 같은 항공사 노조로서 활동해 온 대한항공노조처럼 아시아나항공도 사측에 순응하는 노조로 길들이겠다는 의도를 드러냈다. 아시아나항공의 일반직 노조는 사용자측이 교섭에 성실히 응하지 않고 노조 무력화 기도만을 일삼자, 12월 쟁위행위를 의결하고 전조합원 총력 결의대회를 개최하였다. 파업 돌입을 하루 앞둔 12월 26일에 노조활동 보장과 실질임금 인상을 주요 내용으로 하는 임금 및 단체협약이 체결되었다.

2001년 6월 노조는 임금교섭 결렬에 따라 사상 처음으로 전면 파업에 돌입했다. 그동안 항공사측의 임금 억제가 계속되고 있는데 대한 노동자들의 불만이 누적되면서 노조가 기본급 인상 및 휴일근로수당 등 신설을 요구했지만, 사측이 오히려 노조 활동을 억압하는 흐름을 계속 보이고 있기 때문이었다. 공공연맹 총파업투쟁에 맞춰 6월 12일부터 대한항공조종사노조와 함께 전면 파업에 돌입한 아시아나항공노조(위원장 이재원)는 7일간 영종도에 전 조합원이 집결하여 가열차게 파업투쟁을 전개했다. 사측의 부당노동행위 근절 및 수당 차별 해소 등의 합의를 이끌어내며 1주일간의 파업 투쟁을 마무리했다.

대한항공은 이미 1969년 민영화 이후부터 노조가 결성되었지만 오랜 기간 노사 협조 흐름이 이어져왔다. 그 속에서 그간 관리자 취급을 받아 노조 결성이 봉쇄되었던 항공운항승무원들이 1999년 8월 30일 대한항공조종사노조(위원장 이성재)를 결성했다. 그러나, 노동부는 조종사들이 사용자 이익을 대변한다는 판단아래 9월 10일 설립신고를 반려했다. 신고필증이 없다는 이유로 사측은 11월 노조의 대의원 선거를 방해하고, 이에 항의하는 노조 간부에 대해 폭행을 자행했다. 노조가 항의 집회를 계속하고 사내에 유인물을 게시하자 사측은 결국 11월 26일 노조위원장 등 4명의 노조간부를 해고하기에 이른다.

정부가 운항중 청원경찰 지위에 있는 조종사들이 사용자의 이익을 대변한다면서 설립신고필증 교부를 거부하자, 노조는 이에 항의하는 뜻으로 2000년 2월 17일 조합원 1,038명이 청원경찰 해지신청서를 제출했다.

5월 19일 조합원들은 대한항공 본사 앞에서 '청원경찰제 해지'를 요구하며 명동성당까지 선전전을 벌였고, 5월 29일 쟁의행위 찬반투표 끝에 5월 31일 파업 돌입을 선언했다. 결국 파업 돌입 직전에 노조 설립신고필증이 교부되었다. 노조 설립 9개월 동안 노조간부 해고 역경을 딛고 끊임없는 투쟁을 전개한 끝에 얻어낸 값진 결과였다. 노조는 합법적 위치에서 사측과 다시 교섭을 시작하지만, 이미 사측이 노조 핵심간부를 해고한데다 주요 요구사항을 계속 거부하면서 원만한 교섭이 이뤄지지 못했다. 결국 2000년 10월 22일 파업에 돌입한 상태에서 노조 설립 후 약 14개월 만에 첫 단체협약을 체결했다.[79]

2001년 노조는 임금 및 보충협약 결렬로 6월 7일 쟁의행위를 의결하고, 공공연맹 총파업 투쟁에 맞춰 6월 12일 파업에 돌입했다. 대한항공조종사노조의 파업은 2001년 6월 민주노총 총파업의 가장 핵심적 이슈로 부각되었다. 파업 직후 14명의 노조간부에 대해 체포영장이 발부되고, 38명이 업무방해로 고소된 상태에서, 6월 13일 새벽에 외국인 조종사 채용 규제 및 운항 규정심의위원회 노사 동수 구성 등을 주요 내용으로 하는 잠정합의가 이뤄짐으로써 파업이 종료되었다. 파업 이후 노조위원장 등 노조 간부 4명이 구속되었다. 이후 사측은 노사합의를 무시하고 노조간부 9명을 파면했고, 조합비 가압류, 파업참가자 상여금 25% 삭감(900여명) 등의 노조 탄압을 진행하였다. 공공연맹 위원장(양경규)은 대한항공조종사노조 파업투쟁을 주도한 혐의로 8월 29일 구속 기소되었다. 이후 집행유예로 석방되었으나, 2005년 3월 대법원에서 집행유예로 형이 확정됨에 따라 2005년 7월 소속 사업장인 서울상공회의소에서 해고되었다.

아시아나항공에서도 조종사노조가 별도로 결성되어 2002년에 합법적으로 노조활동을 시작했다. 대한항공조종사노조의 파업투쟁 등을 지켜보면서, 아시아나항공 조종사들 역시 2004년부터 본격적으로 단체교섭을 시작했으나, 아시아나항공 사측이 여전히 노조의 일상적 활동조차 인정치 않았다. 아시아나항공 일반노조가 겪는 어려움이 똑같이 계속되었다. 더구나, 노조활동을 약화시키기 위해 조종사들 내부의 갈등을 유도하고, 공채 출신 조종사들을 오히려 차별하는 등 상식 이하의 조치를 취하고 있었다.

이에 노조(위원장 김영근)은 2005년 7월 17일부터 유니온샵 등을 포함한 단체협약 갱신을

---

79 파업투쟁을 통한 단체협약 체결에도 불구하고 10월 27일 대한항공 사측은 상벌심의위원회를 열어 조종사노조위원장 등 핵심간부 9명에게 파면을, 부위원장 등 18명에게는 비행 정지를 결정하는 등 중징계로 대응했다.

앞세워 전면파업에 돌입했다. 조종사노조의 파업이 장기화될 조짐을 보이자, 정부는 8월 9일에 긴급조정권을 발동하기에 이르렀다. 조종사노조 역사상 가장 끈질긴 파업을 전개했던 아시아 나조종사노조는 결국 정부와 사측의 탄압으로 25일 만에 파업을 접었다. 노조의 기본적 활동조차 제대로 인정치 않는 사측의 완강한 태도에도 불구하고, 정부는 결국 사측의 손을 들어주고 말았다. 노조 파업 이후 사측은 파업에 참여한 노조간부들과 조합원들에 대해 노골적인 불이익과 차별을 계속 가함에 따라, 이듬해 노조위원장을 포함한 상당수 노조 간부들이 회사를 떠나게 되었다.

2) 서울에너지 · 휴게소 · 자동차운전학원 노동자들의 투쟁

- 대성그룹에 맞선 민간 에너지노조

2000년 4월 서울에너지노조(위원장 이광원)와 서울도시가스노조(위원장 박철암)가 공동의 사용자를 상대로 노동조건 개선을 위한 공동투쟁을 준비했다. 1993년 정부출연기관노조의 연대파업에 앞장섰던 에너지관리공단의 열병합발전소는 1995년 노조가 분리되어 서울에너지노조로 독립했다. 이후 1998년 에너지관리공단의 구조조정 계획에 따라 1999년 열병합발전소가 분리되어 서울시로 이관된 뒤 대성그룹이 위탁 운영했다.

대성그룹 위탁 이후 노동조건 개선을 위한 교섭에서 사용자의 무성의로 교섭이 지연되자, 서울에너지노조는 같은 사용자(대성그룹)을 두고 있는 서울도시가스노조와 연대파업을 결의하기에 이른다. 6월 1일에 서울에너지노조가 파업에 돌입했고, 6월 2일에는 서울도시가스노조가 노동조건 개선과 회사의 비민주적 운영 개선을 요구하며 파업에 돌입했다.

9일 간의 연대파업 끝에 서울에너지는 6월 9일에, 서울도시가스는 6월 10일에 나란히 파업을 마무리한다. 이후 서울에너지(열병합발전)는 이후 2006년 서울도시개발공사(SH) 산하 사업단으로 기능이 이관되었고, 2016년 이후 서울시 산하 별도의 지방공기업(서울에너지공사)으로 자리잡고 있다.

- 고속도로휴게소노조

1995년 고속도로시설공단이 민영화(사업소별 분리 경영 위탁)된 이후 각 휴게소는 한국도로공사가 개별 위탁하는 조건으로 바뀐 상황 속에서 노동조합도 개별적으로 설립되거나 운영되고 있었다. 1995년 이전에 도로공사 별도 위탁 사업장이었던 휴게소(예, 여산 큰길, 망향 등)를 제외하고, 공단 민영화 이후 대부분의 휴게소는 위탁 사업자들이 노조 자체를 기피해서 노조 설립이 어려운데다, 노조가 설립된 이후에도 노조를 탄압하는 흐름이 계속되었다. 2001년 6월 경남일반노조에서 칠서영산휴게소(조합원 60명)에 노조를 조직하면서 각 지역의 일반노조에서 휴게소 조직 움직임이 나타나기 시작했다.

1998년에 노조가 설립된 죽암휴게소 역시 노조 탄압(노조간부 부당인사 및 폭행)이 계속되고, 조합원 성희롱까지 전개되자 2001년 6월 12일 노조(위원장 이희철)가 공공연맹 총파업투쟁에 맞춰 전면파업에 돌입하였다. 사측의 직장폐쇄에도 불구하고 공공연맹, 민주노총 충남지역본부의 지원아래 굳건히 파업 대오를 유지하면서 33일간 파업을 진행하였다. 7월 17일 사측과 부당인사를 철회하고, 노조활동을 보장하는 합의를 이끌어내며 노조 파업은 승리로 마무리되었다.

이후 노조원에 대한 성희롱 사건이 2002년 초에 발생했다. 5월에 회사가 성희롱 관련 가해자를 복귀시키고 거꾸로 피해자가 명예훼손과 협박·모욕죄로 고소당해 구속당하는 어이없는 상황이 전개된 것이다. 대전·충청권 여성·노동단체의 연대가 이어지는 등 투쟁이 계속됨에 따라, 7월 24일 사측이 가해자 징계 및 피해자의 유급 휴직 조치와 함께 공개 사과를 발표하면서 노조의 투쟁이 마무리되었다.

노조활동이 상대적으로 안정되어 있었던 망향휴게소에서도 2002년 10월 위탁 사업자가 노조간부의 징계 및 고소를 통해 노조활동을 억압하였다. 이에 노조 탄압에 맞서 노조(위원장 이경순)는 3일간 파업을 진행했다. 이 파업은 사측이 부당징계를 철회하고 민주적 경영을 약속하면서 마무리되었다. 망향휴게소는 이후 2008년에도 노조 파업이 발생하는데, 또다시 노조간부 해고, 조합원에 대한 부당인사 등이 원인으로 작용하였다. 이 파업 투쟁 과정에서 휴게소노조를 지원했던 화물연대본부 간부들이 구속되기도 했다.

- 자동차운전학원노조

2001년 2월 24일 자동차운전학원 단일노조인 전국자동차운전학원노조(위원장 공병오)가 운전학원노동자들의 노동조건 개선과 자동차 운전면허 제도의 전반적인 개혁을 목표로 26개 지부의 430명의 조합원이 참여한 가운데 출범했다. 그러나, 자동차운전학원은 중소영세 규모인데다, 노조가 결성되는 곳마다 위장 폐업과 노조 탄압(직장폐쇄 등)이 줄을 잇고 있었다. 운전학원 설립 주체들이 노조에 대해 매우 적대적인데다, 운전학원의 폐업 및 재개원이 제도적으로 어렵지 않은 조건 속에서 저임과 장시간 노동으로 힘든 노동환경에 처한 운전학원 노동자들이 노조를 결성할 때마다 이런 악행들이 계속되고 있었다.

이미 1999년 6개월간 투쟁한 둔산자동차학원에 이어 2000년 11월에 노원자동차운전학원에서 노조 탄압이 계속되면서 출발부터 순탄치 않았다. 2001년 현재 전국에 500여개 자동차운전학원이 있었는데, 이중 노조가 설립된 곳은 50여 곳에 불과하여 노조가 설립할 때마다 이러한 악순환이 되풀이되어 왔다.

2001년 6월에 포항 경북자동차운전학원, 이천 고려자동차운전학원, 선진자동차운전학원, 대구 동양자동차운전학원에서, 7월에 진영 장유자동차운전학원, 부천 소사자동차운전학원에서 노조 결성 직후 위장폐업이 각각 단행되었다. 노조 파업에 대해 직장폐쇄를 단행한 운전학원도 나타났는데, 2002년 4월에 시흥자동차운전학원, 북부자동차운전학원, 5월 보령자동차운전학원, 6월 유한자동차운전학원 등에서였다. 운전학원 단일노조를 결성하여 운전학원 노동자들이 총력 대응하는 과정을 계속했지만, 이후에도 이러한 위장폐업 흐름은 전혀 개선될 기미를 보이지 않았다. 김대중정부가 공공·금융·기업 구조조정으로 노동운동 세력과 정면 충돌하는 과정 속에서 이들 중소영세 사업장의 부당한 노조 탄압은 사각지대에서 외면받고 있었던 것이다.

이러한 자동차운전학원의 위장폐업은 2003년 1월에 경남 김해 장유·진영자동차학원노조가 사측 간부의 양심선언을 언론에 밝힘으로써 비로소 그 불법적인 단면이 공론화되었다. 장유·진영자동차운전학원노조는 2000년 4월과 5월에 각각 결성된 후 2000년 12월 통합되었는데, 2001년 2월 15일 장유자동차학원이, 2002년 3월에 진영자동차학원이 각각 폐쇄되었다. 창원지방법원은 운전학원 사업주에 대해 노동관계법 상의 위장폐업이 인정된다는 판결을 내리게 된다.

이같은 취약한 환경으로 인해 자동차운전학원노조는 2005년 이후 급속히 감소하여, 2022년 현재에는 전체 조합원이 100명도 채 되지 않는 소규모 조직으로 유지되고 있다. 자동차운전학원의 노조 탄압을 예방할 수 있는 제도적 조치들이 여전히 취약한 상황 속에서 민주노조운동의 기반이 어렵게 유지되고 있는 것이다.

9. 전교조 · 공무원노조 투쟁 및 기타

1) '참교육의 희망' 전교조의 합법화 및 조직 확대

권위주의 정부 하에서 끝없이 탄압받으면서도 학교 현장에서 '참교육'을 실천하던 전교조는 1998년 2월 노사정 합의에 따라 합법화의 길이 열렸다. 비록 민주노총 지도부의 노사정 합의는 부결되었지만, 합의 사항 중 일부에 포함된 전교조 합법화 내용에 따라 1999년 1월 교사

표5-9 양 노총 공공부문 조직 현황(1994년과 2000 · 2005년) 비교

구분	1994년(12월)			2000년·2005년			
	조직명	조합원	비고	조직명	2000년	2005년	비고
민주노총	전문노련	15,284		공공연맹	81,796	111,476	
	전지협	10,487	전기협 제외	전교조	75,000	90,983	
	서투노협	1,453	지하철 제외	보건의료노조	12,316	10,500(*)	
	전교조	10,223		사무금융연맹	19,590	17,400(*)	
	의보노조	3,800	공노대	언론노조	6,880	6,150(*)	KBS · 교육 · 방송위
	병원노련	8,291	국공립	서비스연맹	13	3,600(*)	강원랜드 등
	사무금융노련	4,507	공공기관	공무원노조	–	111,163(*)	
	언론노련	4,671	KBS 등	기타	1,483	3,100	IT,일반
	기타	7,130	한국중공업 등				
	계	64,846			197,078	357,072	
한국노총	철도노조	29,054		철도노조	25,816	–	공공연맹(민)
	전력노조	29,300		전력노조	24,367	16,850	
	체신노조	25,140		체신노조	23,492	24,806	
	담배인삼노조	10,454		담배인삼노조	6,240	4,800	
	금융노련	69,156	국책은행	금융노련	41,775	32,826	국책은행
	연합노련	16,500	서울시청 등	정투노련	16,287	47,839	공공노련 통합
	화학노련	2,896	남해화학등	공공서비스	10,745		
	광산노련	7,601	석탄 · 광업	공공건설노련	4,922		
	통신노련	2,848		도시철도노련	6,145	–	공공연맹(민)
	기타	3,065	관광 · 화학 · 가스	한교조	25,014	15,220	
				광산노련	3,051	2,289	
				정보통신노련	3,999	4,500	
				연합노련	22,588	23,500	
				기타	926	768	교통안전,관광개발
	계	193,304			215,327	151,480	

* 노조 내부 자료. 단, 공무원의 경우 당시 정부는 75,000명 수준으로 추계
** 2005년에 공무원노총(51,250명)과 지방공기업연맹(2,540명)은 상급단체 없이 '제3노총'추진 선언
자료: 고용노동부(1999, 2001, 2005), 공공연맹(2003), (재구성)

의 노조 설립을 보장하는 교원노조법이 국회를 통과하였고, 7월 1일에는 마침내 전교조가 합법적 조직으로 우뚝 선다. 전교조는 2000년 말 합법화 1년 만에 1만여명의 조직에서 7만5천여명의 노조로 발전한다. 이러한 전교조의 성장은 단지 교사들의 노동기본권 확보를 넘어 수많은 난제에 직면해 있는 교육 현장을 민주화시켜 참교육의 희망을 실천할 수 있는 토대로 작용할

수 있다는 점에서 매우 고무적인 일이 아닐 수 없다.

전교조가 합법화되고 공공부문의 민주노조들의 투쟁이 계속되면서 민주노총내 공공부문 조직이 계속 확대되었다. 1994년 공노대 결성 당시와 비교해 볼 때, 민주노총 조직은 64,846명에서 2000년에 203,782명으로 대폭 증가한 반면, 한국노총 조직은 193,304명에서 215,327명으로 소폭 증가했다. 철도·지하철 노조가 민주노총 공공연맹에 가입하고 공무원노조가 출범한 2005년 말에는 민주노총 공공부문 조직이 357,072명으로 증가하였지만, 한국노총 공공부문은 151,480명으로 현저하게 감소하여 민주노총의 절반 수준에 머무르게 된다.

김대중정부와 노무현정부를 거치며 민주노총 공공부문노조는 정부와의 계속된 투쟁 속에 민주노조운동의 가치를 인정받으면서 계속 조직이 확대되는 추세를 보였다. 이러한 공공부문 민주노조 확대 추세는 이명박·박근혜정부의 전교조·공무원노조에 대한 탄압 및 민주노총 소속 공공기관노조에 대한 공격(복수노조 공작 등) 과정을 거치며 변화하게 된다.

2) 공무원노조 설립 및 공무원노조법 대응 투쟁

• 공직협 결성 및 공무원노조 결성 준비

1996년 김영삼정부의 '노사관계개혁위원회'의 노동법 개정 논의 과정에서 공무원과 교사의 노동기본권 보장방안이 검토된 후, 노동법 개정 총파업 투쟁이 진행되는 상황에서 1997년 1월 〈전국공무원노조준비위〉(공노준)가 최초로 결성된다. 우리나라 공공부문 중 최대 규모인 공무원 조직에도 노조 결성의 기운이 싹트기 시작한 것이다. 공노준은 1999년 〈공무원 직장협의회〉가 입법화되기 이전에 법외노조로서 활동을 시작했다. 이승찬(용산구청)·김동일(목포세무서) 중심으로 소모임 활동을 시작하여, 5월 '공직사회 개혁방안'에 대한 공개토론회, 7월 공노준 수련회를 여는 등 공개적인 활동을 확대하고, 전국의 각 기초자치단체의 읍·면·동사무소에 공노준 활동을 담은 '함께 가는 길'을 제작 배포하는 등 공무원노조의 필요성을 확산시켰다. 공노준은 5월 25일 '깨끗한 공직사회를 위한 공무원의 역할'을 주제로 한 토론회를 개최했다. 현직 공무원 등 100여명 참가한 이 토론회에서 "공무원노조 없이는 공직사회 부패 끊을 수 없다"는 입장이 공유되었다.

1998년 2월 6일 노사정 합의(1999년 1월부터 공무원 직장협의회 설치 관련 법안 시행)에 따라, 2월 16일 '공무원직장협의회설립운영에관한법률'(공직협법)이 제정되고, 1999년 1월부터 직장협의회 설립이 인정되었다. 직장협의회 설립 이전의 공노준 활동은 1998년 (구)공공연맹에서부터 시작되었다. 1999년 3월 통합 공공연맹 출범 이후 공노준 외에도 지방자치단체노조가 이후 활동하면서 공무원노조는 활동의 기초를 마련하게 된다.

공공연맹은 철도노조 민주화추진위, 공무원노조준비위 등 아직 민주노조 기반이 취약한 공공부문 조직들의 민주화 투쟁이나 노조 결성 투쟁을 위해 활동의 근거지를 제공하고 실무역량이 부족했던 이들 단위에 대한 지원과 지지를 위한 노력을 아끼지 않았다.

1998년 2월 공노준은 〈깨끗한 공직사회 실현을 위한 전국공무원노조준비위〉 명의로 공무원의 인력 감축에 반대하는 유인물을 배포하고 3월에는 공무원 임금 10% 삭감에 반대하는 기자회견을 실시하였다. 정부는 3월 26일 기자회견을 통해 공노준이 임금 삭감에 대한 의견을 발표한데 대해 법으로 보장되지 않는 집단 행동으로 간주하는 공문을 해당 기관에 통보했고 해당 기관은 공직협 준비모임을 이끌던 공노준 공동대표 2인(이승찬·김동일)에 대해 해임 조치를 취했다. 이후 1년여 동안의 법적 구제 절차를 거쳐 김동일 공동대표는 1999년 4월에, 이승찬 공동대표는 2000년 4월에 각각 복직되었다.

1999년 1월부터 직장협의회 설립이 인정됨에 따라, 중앙 부처에서 최초로 산업자원부(1.12)와 농림부(1.29)에서 직장협의회가 설치되었고, 3월 16일에는 지자체 최초로 청주시에서 공무원직장협의회가 설립되었다. 이후 대구광역시(3.22)와 부산광역시 연제구(4.8)에 계속 설립이 이어진다. 이러한 직장협의회 설치와 관련하여 각 지자체는 별도의 조례를 제정해야 하나, 지자체장들이 조례 제정에 대해 비협조적인데다 공직협을 통한 공무원의 자주적 단결권도 계속 제약을 가하고 있었다.

또한 법 내용에서도 6급 이하로 가입 자격을 제한하고, 공직협 임원 신분 및 간부의 전임 활동을 인정치 아니하고, 연합체 설립을 금지하는 등 자주적 단결권을 가로막는 독소조항이 즐비했다. 무엇보다, 공무원노조가 공식적으로 활동을 시작할 당시인 2002년도의 경우 공공 개혁이라는 이름아래 공공부문에 대한 구조조정과 경영혁신이 강하게 휘몰아치는 시기였기 때문에 공무원노조의 활동 기반 역시 순탄치 않은 조건에 놓여 있었다.

1999년 6월 대구에서 전국의 공직협 대표자들이 간담회를 통해 직장협의회의 전국적 연대의 필요성이 공유되었고, 각 지역과 직장의 실천노력들이 결합된 결과, 2000년 2월 19일에 〈공무원직장협의회발전연구회〉(전공연)가 결성되었다. 3월 전국 대표자 간담회를 통해 '공무원노조 허용'을 정부에 요구하기로 했다. 노사정위 산하에 공무원노조특위가 구성되었고, 공무원노조 인정에 대한 논의가 노사정위에서 공직협 대표가 참여한 가운데 이뤄졌다. 이후 전공연은 공무원노조 단일 조직을 지향하며, 2001년 3월 24일 〈전국공무원직장협의회총연합〉(전공연, 위

원장 차봉천)로 조직을 전환한다.[80]

2000년은 공공기관에 퇴직금누진제 폐지가 강행되고 있었던 상황이었는데, 때를 같이하여 공무원에 대해서도 연금 개악이 검토되고 있었다. 이에 〈공무원노조협의회〉(철도·체신·국립의료원)는 전교조 등과 같이 〈공무원연금법 개악 저지를 위한 공동대책위원회〉(이하 연금공대위)를 8월에 출범시켰다. 9월 23일 공무원연금 개악 및 구조조정 저지를 위한 전국 공무원 결의대회가 개최되었다. 전공연도 이러한 공무원 결의대회에 참여는 했지만 아직은 일부 단위에 머물었다.

한편, 전공연 투쟁이 진행중인 2001년 5월부터 10월까지 공공연맹에는 〈전국지방자치단체노조〉(위원장 안치복)가 법외노조로 투쟁하고 있었다. 워낙 대규모의 전공연 조직이 공무원노조 투쟁의 중심에 있었기에 자치단체노조의 투쟁은 제대로 부각되지는 않았지만, 자치단체노조는 공무원들의 구조조정(직권면직)에 맞서 각 지자체별로 2001년에 투쟁을 전개했다. 5월 15부터 6월 22일까지 대구시청 및 각 구청 광장에서 천막농성이 진행되었고, 10월 29일부터 4일간 서울의 마포·영등포·송파·강북구청 등에서 파업투쟁이 전개되었다. 비록, 법의 보호를 받지 못한 법외노조였지만 사각지대에서 구조조정 위협에 놓여있는 공무원들의 생존권 보장을 위한 투쟁의 한 시대를 장식했다.

전공연의 투쟁은 2001년 6월부터 본격화된다. 6월 9일 전공연·민주노총·한국노총·공공연맹 등과 함께하는 〈공직사회 개혁과 공무원 노동기본권 쟁취를 위한 공동대책위원회〉(공대위) 주최로 7,000여명의 공무원이 참여한 가운데 '공직사회 개혁, 일방적 구조조정 중단, 공무원 노동기본권 쟁취를 위한 전국 공무원 결의대회'가 개최되었다. 정부(행정자치부)는 6월 23일 이 결의대회와 관련하여 차봉천 위원장을 비롯한 5인의 지도부에 대해 파면·해임 조치를 취했다. 이에 대해 전공연의 항의 농성이 이어지자 지도부에 대한 체포 영장이 청구되었다. 전공연의 차봉천 위원장은 이때 6월 총파업으로 체포영장이 발부되고 수배 상태에 놓여 있던 민주노총 지도부(위원장 단병호)와 공공연맹의 지도부(위원장 양경규)가 농성중이던 명동성당에 합류하여 투쟁을 이어간다.

이보다 앞서 정부는 노조 설립을 준비하던 기능직·고용직 공무원의 구조조정(명예퇴직 및

---

80 당시 전공연과 정부의 직접 대결에 부담을 느낀 일부 공직협 대표들은 '발전연구회'(전공연) 잔류를 선언함으로써, 이후 전공연은 두갈래 흐름으로 나뉘어진다. 이때 전환된 '전공연'에 불참한 조직들이 이후 전국공무원노조에 참여치 않았고, 이후 공공부문 민주노조운동의 흐름에서 계속 빗겨나 있다.

직권면직)을 2000년부터 2003년에 각 부처별로 계속 실시했다. 이에 따라, 공무원노조 출범을 앞두고 곳곳에서 공무원의 직권면직과 관련한 갈등이 이어진다. 전공연에 참여치 않은 발전연구회 소속 직장협 대표들은 7월 26일 〈대한민국공무원노동조합준비위〉(대한공노준)를 결성했다. 이들은 2002년 3월 전국공무원노조 출범이 본격화되자 2002년 3월 16일 공노준 간부와 한국노총 위원장 등 소수가 참여한 가운데 〈대한민국공무원노동조합총연맹〉(대한공노련)을 별도로 발족하기에 이른다. 민주노총 공무원노조와는 다른 공무원노조 조직이 본격화된다.

전공연은 발전노조의 산개 파업이 전국적으로 전개되던 2002년 3월 24일 〈전국공무원노동조합〉의 출범을 공식 선언하였다. 정부의 방해 속에 4월 3일 임원 선거를 치른 끝에 차봉천 전공연 대표가 초대 공무원노조 위원장으로 선출된다. 이후 공무원노조는 5년여의 법외노조 활동을 하며 수많은 구속·해고를 겪게 되었지만, 공무원의 노동기본권 보장과 공직사회 개혁의 주체로 자리매김한다. 공무원노조 위원장은 10월 3일 결국 정부에 의해 구속되었다.[81]

2002.3. 경찰의 침탈 속에서 전개된 공무원노조 창립대회

---

81 공무원노조 초대 위원장으로서 출발부터 구속·해고의 가시밭길을 계속 걸어야 했던 차봉천위원장은 이후 2004년 11월 연가 파업으로 또다시 구속되었다. 석방된 후에도 비정규직 철폐 등에 앞장섰으나 안타깝게

"권력과 가진 자들에 의하여 흔들려온 공직사회를 곧추세우고, 오랜 세월 부정과 부패로 얼룩져온 공직사회를 내부로부터 혁신함으로써 올바른 나라, 상식과 정의가 바로서는 나라를 만드는데 주체가 될 것이다. 이제 90만 공무원 노동자의 이름으로 만천하에 선포한다."(공무원노조 창립선언문).

- 공무원노조 결성 및 정권의 탄압

전국적으로 활동 무대를 구축한 전국공무원노조는 2003년 2월에 176개 지부, 71,984명의 조합원을 갖는 조직으로 확대되었다. 공무원노조는 2002년 4월 27일 '지역·직능본부 출범식'을 겸한 '공무원노조 탄압 저지와 노동3권 쟁취를 위한 공무원 노동자 투쟁 결의대회'를 거쳐, 5월 26일 공무원노조 사수 전국 집중투쟁을 전개했고, 6월 27일에는 공무원노조 인정 촉구를 위한 국제 공동행동을 전개했다.

특히 공무원노조와 공공연맹 공동 주최로 개최된 5월 26일 대학로 집회는 〈공무원·교수 공대위〉와 〈국가기간산업사유화저지범대위〉 등 후원으로 3만여명이 참여하는 대규모 결의대회로 치러졌다. 이 집회에는 3월 23일 공무원노조 출범 때부터 인천 산곡성당에서 농성중인 공무원노조 위원장과 비상대책위원장(정용천)이 참여하였다. 비대위원장은 이후 구속되었고, 위원장은 9월까지 명동성당에서 계속 농성을 전개했다. 2003년에는 공공연맹·전교조 등이 중심이 되어 공무원노조 활동을 지원 연대하기 위해 5월 12일 〈대정부 교섭을 위한 공공부문노조 연대회의〉(공공연대)가 발족되었다. 공무원노조 탄압에 대해 민주노총 주요 공공부문 조직들이 연대하여 투쟁하는 한편, 전체 공공부문 민주노조의 연대를 발전시키는 방안을 모색하기 위해서였다. 다만, 이 공공연대는 이후 별다른 활동을 전개하지 못했다.

공무원노조법은 독일의 공무원조합(Beamte)으로부터 출발했지만 내용 면에서는 이보다 훨씬 미흡했다. 독일 공무원조합은 비록 노동조합의 형태는 갖추지 않았지만 단결권과 단체교섭권이 보장되어 있었기 때문에 오히려 현재의 공무원노조보다 활동 조건은 더 양호한 상태에 있었다. 2002년 5월 26일부터 10월 18일까지 노사정위의 논의를 거쳐 김대중정부는 공무원의 노동기본권 허용 방안의 하나로 '공무원조합의 설립 및 운영에 관한 법률(안)'을 2002년 10월 18일 국회에 제출했다.

〈공무원조합〉은 단체협약을 체결할 수도, 노동단체 연합체를 구성할 수도 없었다. 정부의

_____

2008년 9월 4일 지병으로 생을 마감했다.

법안과 달리 일부 국회의원들이 공무원노조를 인정하는 법률안을 별도로 발의하였고, 공무원노조의 연가 파업 등 반발이 거세지자 정부가 발의한 법안 논의는 국회에서 중단되었다. 공무원노조(위원장 김영길)는 2002년 10월 30일 쟁의행위 찬반투표를 통해 89%의 찬성으로 쟁의를 의결했고, 11월 4~5일 연가파업이 이뤄졌다. 2002년 11월 공무원노조의 연가 파업은 정부 법안을 부결시키는 성과를 거두었지만, 구속·수배 25명, 불구속 574명, 해임 30명과 500여명의 징계조치가 뒤따르는 등 적지않은 희생을 치러야 했다. 공공부문 중 가장 비중이 높은 조직이자, 정부의 직접적 공격을 받아야 했던 공무원노조의 투쟁은 이렇듯 '험난한 미래'를 예고했다. 이 당시 해고된 공무원 노동자들은 이후 20년 가까이 지난 2021년에야 복직의 길이 열리게 되었다.

3) 강원랜드노조

1980년 4월 한국사회에 큰 충격을 안겨준 사북지역(동원탄좌 등) 노동자들의 파업 투쟁이 마무리된 이후에도, 폐광에 따른 대규모 고용 불안으로 인해 태백·정선지역 광산 노동자들의 생존권 투쟁이 계속되었다. 강원도 태백시에 있는 강원산업에서 1988년 1월 고용 안정을 요구하며 파업 투쟁을 주도하던 노조 간부가 해고되자, 조합원 2명(이기만·성완희)이 6월 22일부터 노조 사무실 앞에서 단식 농성을 전개하였다. 회사측과 어용노조가 노조 사무실에서 농성중이던 노동자를 강제로 해산시키는 과정에서 6월 29일 성완희 노동자가 자신의 몸에 불을 질렀다. 성완희 열사는 7월 8일 결국 사북지역 민주노조운동의 열망을 뒤로 한 채 생을 마감하게 된다.

성완희열사의 투쟁은 1987년 노동자 대투쟁 이후 침체되어 있던 강원 태백·정선지역 광산노동자들의 생존권 투쟁을 본격화하는 계기로 작용한다. 석탄산업 합리화 대책을 통해 폐광을 계속 하면서 폐광에 따른 고용 문제 해결에 소극적으로 대해왔던 정부는 광산 노동자들의 생존권 투쟁을 외면할 수 없어 1995년 12월 '폐광지역개발지원특별법'을 제정하였다. 이 법에 근거하여 1998년 6월 석탄산업합리화사업단(현 광해광업공단)과 강원개발공사 등이 참여한 가운데 ㈜강원랜드를 설립하였다. 강원랜드는 2025년까지 내국인이 이용하는 카지노를 독점 운영하기로 계획되었다. 강원랜드가 내국인 전용 카지노 운영 과정에서 사회적 문제(도박 등)가 부각되고 있는 가운데서도, 2010년 기준으로 1조3천억원의 매출을 기록하는 등 경영 규모는 계속 확대되어갔다.

성완희열사 정신을 계승하는 지역내 연대사업이 계속 이어지는 가운데, 2000년 11월 이 지역 최대 공공부문노조인 강원랜드노조가 결성되었다. 강원랜드노조는 2005년 민주노총(서비스연맹)에 가맹을 하면서 공공부문 민주노조운동에 합류하기에 이른다. 강원랜드노조가 결성되기 전인 1999년 7월에는 석탄산업합리화사업단(이후 광해관리공단)에 노조가 결성되어 공공연맹에 가입한다. 원래 이 사업단은 2000년까지 폐광지역 개발을 정리한 후 폐지하기로 되었으나, 노조(위원장 박철량)의 노력으로 기관 설립 취지가 변경(광해관리공단으로 개명)되면서 이후 안정된 기반을 다지게 되었다. 광해관리공단노조는 공공연맹의 환경에너지분과에서 모범적으로 활동했고, 공공 산별노조로 조직 전환을 했으나, 이명박정부의 '공공기관 선진화'가 본격화되던 2010년 공공노조(공공운수연맹)을 탈퇴하기에 이른다.

한편, 강원랜드노조는 이명박정부 당시 민주노총(서비스연맹)을 탈퇴한 이후, 2014년 4월 박근혜정부의 '공공기관 정상화' 압박이 가중되는 가운데, 다시 민주노총(공공운수연맹) 조직으로 가맹을 신청하기에 이른다. 그러나 강원랜드노조의 공공운수연맹 가맹은 이전 소속이었던 서비스연맹의 강한 반대에 부딪혀 2022년 현재까지 민주노총에서는 아직 공공운수노조 조직으로 인정받지 못하고 있다.

4) 공공연맹 해고노동자 원상회복 투쟁위원회(공해투)

1990년대 들어 계속 투쟁이 진행되는 동안 공공부문의 해고자가 계속 증가하여 2000년 중반 500여명에 달한 가운데 10월 13일 '공공연맹 해고노동자 원상회복 투쟁위원회'(공해투)가 발족된다. 공해투 위원장에 양한웅(한국통신), 부위원장에 박철우(한국통신), 홍순영(서울지하철), 임선백(부산지하철), 이철의(철도) 등이 선출되어 각급 단위의 해고자 복직 투쟁이 시작된다. 이후 공해투는 철도·지하철·사회보험·과학기술·데이콤 등의 투쟁이 계속되면서 사실상 회원이 계속 확대(?)되어 왔다. 특히, 철도노조의 2003년 6.28파업은 대량 해고를 낳게 되어 철도노조는 이 당시 해고자 100명이 넘었지만 2004년말 특별 단체교섭을 통해 2005년도에 철도노조가 1994년 전지협 파업 및 2002년 2.25연대파업 해고자들 대부분 복직시킨다. 그러나, 철도노조의 2003년 파업 투쟁 당시의 해고자들은 2018년에 이르러서야 비로소 복직의 길이 열리게 된다.

사회보험노조 해고자들은 2003년 일부 복직(16명)에 이어 2014년 말에 장기 해고자들 일부가 복직했고, 서울지하철노조를 비롯한 지하철노조는 2012년에서 14년 사이에 일부를 제외하고는 대부분 복직이 이뤄진다. 발전노조의 경우 장기 해고자(4명)와과 2006년 이후 해고자(3명)들의 복직이 아직 이뤄지지 않고 있다.

1995년 투쟁으로 해고되었던 한국통신(KT)의 해고자들은 2006년 민주화운동 관련자 명예회복 절차에 따라 2007년에 복직하기에 이르렀다. 다만, 공공연구노조(과기노조)의 해고자들은 거의 복직되지 못한 상태에서 현재에 이르고 있다. 철도·사회보험·지하철·발전 등의 해고자들은 매우 오랜기간 복직 투쟁과 함께 공공부문의 각 투쟁에 참여하면서 공공부문 민주노조운동의 소중한 밑거름 역할을 해오고 있다.

참고문헌

고용노동부(1995,2001,2006), 「전국 노동조합 조직현황」

공공연맹(2002), 「2001년 활동보고서」, 전국공공운수사회서비스노동조합연맹

_____(2003), 「산별노조건설특위 2차 보고서」, 전국공공운수사회서비스노동조합연맹

공공노조 사회보험지부(2010), 「사회보험노조 20년 투쟁사」

기획예산처(1999), 「2000년 정부투자기관 예산편성지침」

_____(2000), 「2001년 정부투자기관 예산편성지침」

_____(2002), 「2002 국민의정부 공공개혁 백서」

김병구(2001), "철도 민주화 건설의 역사 4강 – 저항과 연대·헌신의 역사", 전국철도노동조합

김성구(2002), 「신자유주의와 공공부문 구조조정」, 문화과학사

김주영(2010), 「전기는 인권이다」, 전국전력노동조합

김창엽(1998), 「공공의료기관 구조조정의 경과와 역할」, 참여연대 사회복지위원회

노항래(2002), "발전노조 파업이 남긴 과제", 「노동사회」, 한국노동사회연구소

박미경(2013), 「민주연합노조 열사 평전, 나의 형제 김헌정」, 매일노동뉴스

박영범(2004), "공공부문 노사관계과 정부 규제", 「산업관계연구」, 한국고용노사관계학회

서울지하철노조(1999), 「4.19 총파업 직무대행 중앙평가서」

선지현(2002), "2~3월 사유화 저지 투쟁 경과 및 향후 과제", 「현장에서 미래를」, 한국노동이론정책연구소

오건호(2001), 「공공부문 구조조정 평가와 과제」, 민주사회정책연구원

이승원(1997), "데이콤 민영화 과정과 현안 과제", 「공기업 경영구조 개선과 민영화에 관한 법률 토론회」, 전국
　　　　　　민주노동조합총연맹

이호동(2002), "발전노조 파업의 경과와 과제", 「노동사회」, 한국노동사회연구소

윤학규(2002), 「민영화가 노사관계에 미치는 영향 연구 – KT 사례 중심」, 고려대학교(석사논문)

장진범(2017), "중소영세비정규 조직화 사례로서 민주노총 지역일반노조 운동사", 「비정규직 노동운동사 – 주
　　　　　　제사」, 전국민주노동조합총연맹

정윤광(2007), "지하철 노동조합운동의 경과와 과제", 운수노동정책연구소

정의헌(2006), "전국지역·업종일반노동조합협의회 출범의 의미와 전망", 「사회운동」, 사회진보연대

참여연대(1999), "대검 공안부 파업 유도 물증 있다", 참여연대

한국가스공사노동조합(2005), 「가스공사노조 20년, 과거에서 희망을 찾다」

행정자치부(2001), 「지방자치단체의 비상근인력관리운영지침」

제6장

노무현정부의 공공부문 시장화에 맞선
사회공공성 투쟁 및 산별노조 건설

2003년 노무현정부 출범 이후 '사회 통합적 노사관계' 국정방향이 구체화되면서 이전 김대중정부의 주요 정책들이 변화될 것이라는 기대가 있었지만, 경제정책 방향에서 이전 정부의 신자유주의적 흐름이 계속됨으로써 이러한 기대는 실망으로 변하기 시작했다. 신자유주의적 경제정책 방향은 공공부문에서도 외형상 정책 변화(민영화 유보 등)의 변화에도 불구하고, 시장화가 더 심화될 가능성을 안고 있었고, 이에 따라 공공부문 민주노조운동과의 충돌 역시 불가피해지고 있었다.

노무현정부는 철도·발전 등의 소유구조 개편(민영화) 대신 운영구조 개편(경영혁신)을 중심으로 공공부문 정책기조를 일부 변화시킨다. 그러나 2003년 6월 철도노조가 파업 투쟁에 돌입하자 정부의 공공부문 노동운동 대응이 과거 흐름으로 전환되었고, 이에 따라 또다시 노정간 대립이 시작된다. 공공부문 경영혁신 또한 이전 정부의 시장화 흐름을 한층 더 강화하는 정책이 구체화됨에 따라, 노정간 대립이 불가피해졌다.

2003년은 민영화된 공기업(두산중공업·한진중공업)에서 노동운동 탄압에 맞서, 근로복지공단에서 비정규직 노동자의 권리를 외치며 열사투쟁이 전개되는 가슴아픈 시기였다. 한편에서는 대구지하철 참사로 공공기관의 경영효율화의 잘못된 정책방향이 드러나는 시기였다. 노무현정부가 내세운 '사회통합적 노사관계' 국정방향 역시 2003년에 전개된 이러한 한국사회의 '어두운 단면'을 제대로 극복하지 못하면서 불신의 폭이 확대되고 있었다.

2003년 6월의 철도 파업, 2004년 7월의 지하철노조 연대파업에 대해 정부는 강경 대응으로 일관하면서 철도·지하철의 안전 및 공공성 확보를 내세운 노조들의 요구를 외면했다. 더구나 주5일제 도입, 비정규법의 제정 및 노사관계로드맵 등이 구체화되는 가운데 노동정책이 자본 이해 중심으로 후퇴하였었고, 이러한 정부 정책에 대한 불신은 2005년 초 민주노총의 사회적 교섭방침 추진과 관련한 파행 원인을 제공했다.

2004년 서울지하철노조에서 4년여 만에 민주 집행부가 복원되고 지하철노조들이 민주노총(공공연맹)에 참여한 가운데 7월 지하철노조 연대파업이 전개되었으나, 서울지하철노조의 파업 철회 이후 혼란이 이어진 끝에 별다른 성과를 남기지 못하고 마감되었다. 대구지하철노조만 홀로 장기파업을 전개했다. 투쟁 과정에서 지하철 공공성 문제를 공론화하는데 일정한 기여를 했으나, 이 연대파업의 실패 이후 일부 지하철노조들에서는 상당기간 노사협조주의 성향의 집행부가 들어서면서 공공부문 민주노조의 투쟁과 조직발전 실천 과정에서 멀어져갔다.

노무현정부는 공공기관 경영효율화를 확대하기 위해 정부산하기관관리기본법(정산법)을 임기 초 제정한 후 곧바로 시장화 중심의 공공기관 관리체계의 완성을 위한 공공기관운영에관한법률(공운법) 제정을 준비했다. 공공연맹은 이러한 시장화 중심의 공공기관 관리체계에 맞서 '지배구조 민주화' 및 사회공공성 강화의 대안 의제를 앞세워 2006년 7월 총파업투쟁을 전개했다. 공공연맹의 대정부투쟁과 때를 같이하여 공공기관노조들도 정부의 시장화 정책 흐름에 맞서 공공성을 강화하는 투쟁을 계속했다. 발전노조는 남동발전 매각을 저지하여 정부의 발전 민영화정책을 결국 철회시켜냈고, 이후 2006년 구조조정, 인력확충, 근무형태 개편 등을 내걸고 파업을 전개했다. 가스공사노조는 정부의 가스산업 구조 개편이 더 이상 확대되지 못하도록 강하게 저항했고, 우수한 근무형태(5조3교대) 모델을 확보·유지하기 위해 부단한 노력을 계속했다. 철도노조는 2004년 특별단체협약 체결 및 2006년 3월 전면파업을 통해 해고자 복직과 민주노조 활동 기반을 강화했다. 과기노조 역시 2006년 치열한 투쟁 끝에 한국 최초로 산별노조의 통일협약을 쟁취했다. 과거노조 통일협약은 이후 2010년 이명박정부의 일괄 단체협약 해지에 따라 역사 속으로 사라졌지만, 공공부문 민주노조운동 역사상 처음이지 마지막으로 확보한 모범적 성과였다.

비록 공공부문 정규직노조들의 투쟁에 가렸지만 비정규직들의 투쟁도 근로복지공단 투쟁을 계기로 확산되었고, 이후 철도(KTX·새마을호)·산업인력공단·경찰청고용직노조 등에서 투쟁이 계속되었다. 지자체 상용·위탁 노동자들의 전국적 투쟁이 계속되면서 경기도노조는 2003년 경기지역 집단교섭을 완성시키고 환경미화원과 지자체 비정규직의 전국조직화를 추진하는 과정에서 2006년 민주연합노조로 전환했다. 공공연맹의 각 지역조직들도 지역 중심 노조 전략 조직화에 근거한 지역 공공서비스노조를 결성하면서 지역별 직·간접 비정규직 조직화의 토대를 마련했다. 세종문화회관을 비롯한 문화예술노동자들은 2003년에 전국 단일노조(전국문화예술노조)를 건설하며 전국의 투쟁을 집중화하려는 노력을 전개했고, 소아마비정립회관·상애원 등 사회복지 시설 노동자들은 곳곳에서 시설 민주화를 위한 투쟁을 전개했다.

이들 비정규직, 지지체 상용직·민간위탁, 문화예술 및 사회복지 노동자들의 투쟁은 비록 중소 규모의 영세한 단위에서 전개되었으나, 공공부문 민주노조운동의 기반을 확대시키는데 적지 않은 기여를 했다. 공공연맹 소속 노조들의 투쟁이 이어지는 가운데, 민주노총내 공공부문 조직들도 노무현정부와의 투쟁을 계속해야 했다. 공무원노조는 공무원노조법(특별법)에 맞서 2004년 전면파업을 전개했고, 전교조는 교원성과급제와 NEIS에 맞서 투쟁했다.

2004년 보건의료노조의 산별협약 체결과정에서 서울대병원지부를 비롯한 국립대병원지부들 일부가 산별협약효력(10장 2조)의 문제점을 제기하면서 갈등이 불거졌고, 이 갈등은 끝내 보건의료노조 내에서 정리되지 못한채 서울대병원지부가 탈퇴하는 상황에까지 이르렀다. 이후 서울대병원의 공공연맹 가맹 과정에서 공공연맹 내부와 민주노총에서 이를 둘러싼 격론과 갈등이 계속되었고, 논란 끝에 결국 서울대병원지부를 포함한 병원노조협의회 조직들(이후 의료연대 전환)이 공공연맹 조직으로 참여하게 되었다.

지난 2000년부터 간헐적으로 전개되었던 공공산별노조 건설 논의가 2005년부터 본격화되었다. 공공연맹의 산별운동 전망과 경로에 대한 치열한 논쟁과 함께, 철도를 비롯한 운수조직의 조직발전 전망이 중층적으로 결합되면서 결국 2006년 2월 운수노조 등을 인정하는 단계적 공공운수 산별노조운동의 전망이 정리되었다. 이후 운수조직을 제외한 공공부문 산별노조의 조직체계, 운영과 관련한 논란이 다시 제기되었고, 어려운 조정을 거쳐 2006년 9월 공공노조 조직체계가 정리되고, 운수노조 및 공공운수연맹을 망라한 공공연맹의 산별운동 방침이 최종 확정되기에 이른다. 이후 2006년 11월에 사회보험·국민연금·가스공사·전기안전공사·서울대병원 등을 중심으로 한 공공노조가, 12월에 철도·택시·화물·버스·항공을 중심으로 한 운수노조가 각각 출범했다. 다만, 상당수 공공기관노조들이 공공운수노조로 전환하지 않음으로써 공공운수 산별노조운동의 '첫 단추'가 잘못 끼워졌다. 2007년 1월 공공운수 통합 산별노조 건설의 전망 하에 공공운수연맹이 결성되었다. IMF 체제 이후 8년간 정부의 구조조정과 경영효율화 공세에 맞서 투쟁하면서 공공부문 민주노조운동의 중심 역할을 자부해온 공공연맹도 역사에 묻히고, 그 성과와 한계를 이후 공공운수연맹으로 넘기게 된다.

한편 한국통신노조는 민영화 이후 KT노조로 바뀐 상태에서 정보통신부문 노동운동(IT연맹)으로 정체성을 변화시켰지만, 자본과의 투쟁을 포기하고 결국 사측이 장악한 노조활동의 실체를 드러내며 민주노총을 탈퇴하기에 이르렀다. 공공연맹의 공운법 대응 투쟁 및 지방이전 대응과 상이한 입장을 취했던 한국노총 공공부문 조직들은 2004년 공공노련(이후 공공연맹)으로 통합되었고, 서울지하철노조를 비롯한 지방공기업노조들은 지방공기업연맹을 앞세워 '제3노총'의 흐름을 조성하기 시작했다.

1. 허구로 드러나는 노무현정부의 사회통합적 노사관계

1) 노무현정부 출범 및 공공부문에서의 시장화 흐름 변화 기대

IMF 체제 이후 공공부문 구조조정을 둘러싼 김대중정부와 공공부문 노동운동의 계속된 대립, 그리고 갈수록 사회적 양극화 및 불평등 확산 논란이 계속되는 가운데, 2003년 2월 노동인권 변호사 출신 노무현이 대통령으로 취임했다. 노무현정부는 △노사간 상호 인정 △자발적 참여와 협력 △국민경제와 사회적 약자에 대한 배려 등을 중심으로 한 '사회통합적 노사관계'의 국정방향을 제시했다. 전 산업에 걸쳐 구조조정을 둘러싸고 계속 노동운동세력과 충돌했던 김대중정부를 계승했지만, '사회통합적 노사관계 구축'의 차별화된 국정방향을 내세운 노무현정부에 대해 공공부문 민주노조운동 역시 기대감은 높았다.[1]

노무현 대통령 당선자는 취임 이전인 2003년 2월 22일에 민주노총 사무실을 방문했다. 민주노총 역사상 전무후무한 일이다. 민주노총을 방문한 자리에서 노무현은 "민주노총이 합리적으로 대화하고 협상할 수 있는 상대가 되었으면 한다"고 밝혔다. 실제, △2003년 4월 철도노조합의 △5월 화물연대 노정교섭 △6월 3개 지하철노조 연대파업 대응 △7월 1일 건강보험 재정 통합 등의 과정에서 이전 김대중정부와는 다른 국정 운영 흐름을 보여주기도 했다.

특히 공공부문에서는 이전 정부의 민영화 추진 흐름을 재검토하겠다는 정책까지 제시함으로써, 공공부문 노동운동 진영에게 신자유주의 정책 전환에 대한 희망도 불러일으켰다. 노무현정부는 공공부문 정책과 관련한 대선 공약을 통해 이전 김대중정부에서 완료하지 못한 주요 공공부문(철도·발전·가스·공항 등)의 민영화 추진을 중단하고, 공공부문의 경영 혁신(경영 합리화)를 통한 상시·자율적 경영혁신 체계를 정착하는 방향으로 공공부문 구조조정 정책을 선회했다. 즉 공공부문 정책이 이전 김대중정부의 소유구조 개편(민영화·매각·기능조정 등)에서 내부 경영혁신('경영합리화') 중심의 정책으로 전환하고 있는 것이다. 그러나 공공부문에 대한 시장화(민영화 및 경영효율화) 정책 흐름은 외형적 변화 속에서도 계속 강화되었다.

철도는 기존 철도청(정부기관) 체계가 철도 시설(철도시설공단) 및 운영(철도공사) 부문으로 분리되었고, 대신 철도공사에 대해 경쟁 체계 및 경영효율화(외주화·비정규직 확대 등)가 수반되었다. 단계적 민영화가 예정되어 있던 발전의 경우 이후 남동발전의 매각이 중단되고, 가스공

---

1 조사 결과, 2002년 12월 대선에서 민주노총 조합원의 36.8%가 민주노동당의 권영길 후보를 찍은 반면, 47.8%는 노무현을 찍은 것으로 나타났다(이근원, 2013).

사의 민영화 역시 중단된 채 천연가스 도입 관련하여 경쟁체제로 전환되었다. 2002년 연대파업을 불러일으켰던 철도·발전·가스는 결과적으로 민영화 및 분할 매각이 중단되었고, 아울러 지역난방 등도 기존의 매각(안양·부천지역) 외 추가 분할 매각이 중단되었다. 민영화·분할매각이 중단된 전력·가스·지역난방의 경우 주식시장 상장으로 일정 지분의 매각이 진행되었다. 이를 통해, 외국인 투자가 유입된 건 물론이다.

발전 분할 경쟁 체계 및 천연가스 도입 경쟁 체계는 민간 기업들이 시장에 참여하는 길을 열어주었고, 지역난방 역시 공급 대상 지역의 확보를 위한 경쟁 체계가 계속 확대되도록 했다. 이러한 경쟁 체계는 이후 이명박·박근혜정부를 거치며 한층 더 강화되었고, 이후 문재인정부 후반기에 이르러서는 민간자본의 점유율이 급성장하게 되었다. 결국 이러한 경쟁 체계 확대는 경영권 매각 중심의 민영화는 중단된 대신 민간자본 확대로 인한 '우회적 민영화'의 길을 열어준 셈이다. 철도·발전·가스·지역난방 등에서 확대되는 경쟁체계는 이후 외주화 및 민간투자사업 확대와 결합되면서 해당 공기업의 공적 기반을 현저히 약화시키는 결과를 초래했다.

많은 기대를 모았던 노무현정부는 출범 초기에 두산중공업 배달호열사의 분신과 대구지하철 참사를 겪으면서 '어두운 단면'을 계속 드러냈다. 이후 2003년 상반기를 지나면서 철도노조 파업, 전교조의 NEIS반대 투쟁 등을 통해 공공부문 노동운동에 대해 이전과 같은 강경 대응 기조로 전환했고, 2003년 하반기부터 2004년까지 이어진 주요한 투쟁과 사건 속에서 민주노총과의 대립 또한 갈수록 격화되었다.

2) 민영화된 공기업과 노동 관련 공공기관에서 나타난 '열사 정국'

노무현정부 초기인 2003년은 수많은 노동열사들이 죽음으로 항거하는 '열사정국'이 이어지면서 한국 자본주의의 후진적 단면과 함께 민영화된 공기업의 운영 현실을 그대로 드러냈다. 노무현정부가 내세운 '사회통합적 노사관계 구축'의 토대가 매우 취약했다는 반증이었다. 더구나, 노무현정부는 2003년 6월 철도노조 파업 및 7월 화물연대 파업을 강경 진압하면서, 이후 사법적 통제 중심의 노조 탄압을 계속함으로써 사회 통합은 구두선에 불과했음이 드러나고 있었다.

공공부문 노동정책 운영에서는 '모범적 사용자'(model employer) 모델을 통해, 공공부문이 고용 안정 및 모범적 노사관계를 선도할 필요가 있으나, 우리 현실은 이와는 정반대로 흘러오고 있는 것이 현실이다. 따라서 '사회통합적 노사관계 구축'역시 공공부문에서 먼저 선도적으로 이뤄졌어야 했지만, 노무현정부는 이러한 토대를 만드는데 그다지 적극적이지 못했다. 그 결과, 민간 부문에서도 갈수록 노조 활동을 억압하는 후진적 노사관계 흐름이 노골화될 수밖에 없었다. 노조활동 억압 흐름은 공교롭게 한국중공업·대한조선공사 등의 공기업을 인수한 두산·한진그룹 등에서 더 가혹하게 나타나고 있었다. 이는 결국 공기업 민영화의 결과로 나타난 '자본의 탐욕'을 보여주는 생생한 증거가 아닐 수 없었다.

2000년 한국중공업을 인수한 두산 재벌은 2001년까지 구조조정을 계속 강행함으로써, 두산중공업노조는 2001~2002년 내내 투쟁을 계속해야 했다. 2002년 2월 민주노총 총파업 투쟁에 따라 4월까지 진행된 금속노조의 파업투쟁으로 노조(두산중공업지회)에는 50억원의 손해배상이 청구되었고, 54명의 노조간부 및 조합원에 대해 가압류가 내려져 있었다.

2002년 파업 당시 대의원으로 구속되었던 배달호 조합원은 석방된 후 3개월동안 정직을 당했고, 월급 50%가 가압류되어 있었다. 이러한 노조 탄압에 괴로워한 나머지 2003년 1월 9일 분신을 하였고, 사망한 채 발견되었다. '사회통합적 노사관계 구축'을 공약으로 제시한 노무현 대선 당선자의 취임 이전에 전개된 이 상황은 사회적으로도 큰 충격을 안겼다. 민주노총이 곧바로 총력투쟁에 나선 가운데, 시민사회단체도 '두산제품 불매운동'을 전개하며 압박에 나섰다.

이후 민주노총 및 금속노조 등의 연대투쟁 하에 두산중공업지회는 농성·상경투쟁·부분파업 등 65일간의 투쟁을 전개한 끝에 3월 12일 두산중공업 사측과 손해배상 가압류 및 징계를 최소화한다는 합의가 이뤄졌다. 이 합의에 따라 열사에 대한 장례가 3월 14일 진행되었다. 두산중공업지회의 열사 투쟁이 마무리되는 과정에서 금속노조 등의 집중 투쟁과 함께 노무현정부 초기의 직접적인 개입이 어느 정도 효과를 발휘했다.[2] 그러나 이후 계속된 열사 정국에서 노무현정부는 갈수록 극한 상황에 처한 노동자들을 외면하는 경향을 보였고, 심지어는 열사들을 모욕하는 언행까지 서슴지 않았다.

역시 공기업이었던 대한조선공사 시절부터 노조 탄압 및 살인적 노동조건으로 인해 투쟁이 계속된 한진중공업은 IMF 구조조정 이후에도 민주노조에 대한 탄압이 계속되었다.[3] 2000년

---

2 노무현정부 초기 노동부장관(권오기)이 직접 두산중공업 노사 교섭에 개입하여, 비록 미흡한 수준이지만 극악한 노조 탄압 방침(손배·가압류, 해고, 파업 무단결근처리 등)을 완화시키는 노사 합의를 유도하여 장례를 치룰 수 있게 되었다. 노동부장관의 중재 아래, 3월 12일 두산중공업과 금속노조는 △개인 손배·가압류 소급 취하 △조합비 가압류 40%만 적용(60% 해제) △해고자 5명 복직 △2002년 47일 파업의 무단결근 처리 50% 보존 등의 쟁점사항이 합의되었다. 배달호열사의 분신 사망 후 63일만이었다.

3 한진중공업은 1968년 민영화된 대한조선공사를 인수한 극동해운이 경영 위기에 직면한 상태에서 한진그

12월 인력 감축 추진과 관련하여 어렵게 노사 합의가 이뤄졌지만, 사측은 2002년 12월 이 합의를 파기하고 일방적인 정리해고(명예퇴직)를 강행했다. 계속되는 인력 감축에 맞서 노조(지회장 김주익)가 농성 · 집회 · 부분파업 등으로 투쟁했지만 오히려 14명의 노조간부에 대한 고소 · 고발, 26명 징계, 18억 손해배상 청구가 가해지는 등 노조 탄압은 갈수록 강화되었다.[4]

결국 노조 지회장은 6월 11일 조선소내 '85호 크레인'에 올라 고공 농성에 돌입하였고, 노조의 계속된 파업투쟁에도 노조 탄압 상황이 호전될 가능성이 없음을 비관하며, 농성 129일째인 10월 17일 크레인 난간에 목을 메고 생을 마감했다. 불과 7개월 전 배달호 열사 장례식 당시 "열사의 뜻 받들어 해방 세상 만들겠다"고 외쳤던 동지였다. 매우 슬픈 것은, 9년 전 노조 퍼 파업 당시 자신를 변호했던 변호인(노무현)이 대통령으로 재임하던 시기에 자기 생을 마감한 것이다. 금속노조와 민주노총 등이 김주익 열사 정신을 계승하면서 투쟁을 본격화하는 상황에서, 고인과 절친했던 노동자 1명(곽재규 열사)이 10월 30일 도크에 투신하여 또다시 생을 마감했다.

민영화된 공기업에서만 죽음을 통한 저항 흐름이 나타난 것이 아니었다. 노동부 산하기관인 근로복지공단에서 비정규직노조 간부(이용석 광주전남본부장)가 공단측의 교섭 거부 및 비정규직 차별에 맞서 10월 26일 비정규노동자대회 도중 분신하여 10월 31일에 운명하게 된다. 이 내용은 별도로 후술한다.

노조 탄압에 맞선 열사 투쟁은 민간 부분에서도 확대된다. 금속노조 세원테크지회의 이해남지회장이 대구 세원테크 본사 앞에서 10월 23일 분신하여 11월 17일 운명하였다. 2002년 구사대 폭력으로 중상을 입은 세원테크 아산지회 이현중 조합원이 8월 26일 운명하자 노조 탄압 중단을 요구하며 투쟁하다 생을 마감한 것이다. 이러한 잇따른 열사들의 죽음은 2003년 '사회 통합적 노사관계 구축'을 내세운 노무현정부가 출범한 첫해 우리나라 노동자들의 절망감이 더욱더 깊어졌기 때문인 것으로 볼 수 있다. 이러한 현실은 노무현정부와 민주노총간 대립과 갈등이 임기 내내 이어진 것과 무관치 않은 것이다.

룹이 1989년 인수하여 1990년 7월 새로 출범한 조선사이다. 앞서(3장) 언급한 바와 같이 이전 대한조선공사 시절부터 노조 탄압을 계속해온 악덕 기업으로 정평이 나있다. 박창수 노조위원장이 1991년 5월 의문의 죽음을 당했고, 노조활동을 같이한 김주익 지회장은 1994년 6월 한진중공업노조의 LNG 선상 파업을 주도한 후 해고되어 2001년에 복직되었다. 그러나 결국 2년 후 파업과 고공 농성 끝에 생을 마감했다.

4 2002년 12월에 지급된 김주익 지회장의 급여는 손해배상 가압류로 인해 단 13만원 뿐이었고, 이미 집과 퇴직금은 압류당한 상태에 있었다.

민주노총은 10월 말부터 △손해배상 가압류 등 노동 탄압 분쇄 △비정규직 차별 철폐 △이라크 파병 철회 등을 위한 시국 농성 선포식을 열고 서울역 광장에서 무기한 노숙 농성투쟁에 돌입했다. 민주노총의 열사 정신 계승 투쟁에 대해 대통령(노무현)은 분신 자살에 대해 폄훼하는 망언을 했다.[5] 당시 열사들이 계속 발생하고 있는 노동 현장에 대한 구체적인 진단없이 대통령이 밝힌 이같은 반 노동적 태도는 민주노총 조합원들의 분노를 자극하였다. 이미 민주노총이 6월 25일에 경제특구 저지, NEIS 반대 등을 앞세워 시한부 총파업을 전개하자 노무현정부는 민주노총에 대해 적대적인 입장을 드러내고 있었던 상황에서 이같은 망언이 표출되었기 때문이었다.

11월 9일 민주노총은 전국노동자대회를 통해 노무현정부의 반노동자적 발상에 대해 강한 저항을 표출했고, 이후 민주노총의 투쟁 또한 계속 강도를 더해 갔다. 11월 12일부터 금속노조 중심으로 진행된 민주노총 총파업 투쟁으로 한진중공업에서 11월 15일 금속노조(위원장 김창한)와의 교섭이 어렵사리 타결되어 김주익·곽재규열사 장례식이 진행되었다. 노조 파업 116일만에 △사측의 '노사평화선언' 요구 철회 △징계 최소화 및 해고자 복직 △부당노동행위 책임자 처벌 등에 관한 합의가 이뤄졌고, 사측의 인력 감축 및 노조 탄압 공세도 중단되었다. 이후 한진중공업은 2006년에 또다시 구조조정의 칼날을 휘두르기 시작했다.[6] 공공연맹이 주도한 근로복지공

---

5 대통령(노무현)은 11월 4일 국무회의를 통해 "분신을 투쟁수단으로 삼는 시대는 지났다"며 "지금과 같이 민주화된 시대에 노동자들의 분신이 목적을 달성하기 위한 투쟁 수단으로 사용되어서는 안되며, 자살로 인해 목적이 달성되는 일은 없어야 한다"고 밝혔다. 격세지감이라고 할까? 1994년 한진중공업 파업 당시 구속되었던 김주익 지회장의 투쟁이 정당했다고 강변했던 '변호인'이 바로 노무현 대통령이었다는 사실이 믿기지 않는다. 역사의 아이러니인지는 몰라도, 자살을 통한 목적 달성을 비판했던 노무현 대통령 본인도 이후 2009년 6월 결국 검찰의 무리한 수사에 반발하며 자신의 삶을 마감하는 비극을 되풀이했다.

6 한진중공업은 2010년 이후 사업 물량을 해외(필리핀 등)으로 이전하는 등의 구조조정을 계속 추진했다. 이같은 구조조정 흐름에 맞서고자 한진중공업의 장기 해고자 김진숙(민주노총 부산본부 지도위원)이 2011년 1월 6일 새벽에 한진중공업의 85호 크레인에 올랐다. 이 85호 클레인은 8년 전 김주익 열사가 올라가 목숨을 끊었던 곳이다. 김주일 열사 사망 당시 김진숙 지도위원은 추모사를 통해 김주익 열사가 목숨을 끊게 된 우리 사회의 현실을 절규한 바 있다. 크레인 농성이 계속되는 동안 노동자·시민들이 연대하여 '희망버스'를 만들었고, 이러한 '희망버스'를 통한 사회적 공감대 확산으로 김진숙 지도위원은 본인의 약속대로 '죽지 않고' 309일을 버틴 끝에 11월 10일 구조조정 중단 등을 포함한 노사 합의에 의해 내려왔다. 그러나 한진중공업은 이후 노조에 대해 또다시 158억원의 손해배상을 청구하였고, 이러한 탄압이 계속되면서 2012년 12월 한진중공업의

단 비정규노조의 교섭도 12월 6일에 타결되어 12월 8일 이용석열사의 장례가 진행되었다.

3) 자본 요구 중심의 노동정책, 주5일제 · 비정규직 및 노사관계 로드맵

노무현정부는 재벌 중심(이윤 주도)의 경제성장을 지속한 김대중정부의 국정방향을 계승함으로써 결과적으로 신자유주의적 경제정책이 그대로 재연되는 한계를 유지하고 있었다. 2003년 5월 정부는 〈노사관계제도선진화연구위원회〉를 구성하여 9월에 '노사관계법 · 제도 선진화방안'을 발표했다. △노사갈등으로 인한 사회적 비용 최소화(국제기준 노사관계제도 관행 등) △노동유연성 제고 및 시장성 강화(근로기준제도 유연화 등) △노동계층간 격차 완화(비정규직 남용 규제 등) 등의 내용으로 구성된 노사관계법 · 제도 선진화방안은 노무현정부가 내세운 '사회통합적 노사관계'의 한계를 단적으로 드러내고 있었다.

신자유주의적 경제정책과 함께 노동시장 유연화를 지향하는 노무현정부의 노동정책은 결국 비정규 입법 제정 및 노사관계제도 선진화(전임자임금 · 복수노조창구단일화 등) 추진 과정에서 민주노총과 계속 충돌할 수밖에 없는 의제였고, 공공부문 민주노조와 역시 예외가 아니었다. 대표적인 예가 2006년 이후 공공기관 경영평가에 등장한 '노사관계 합리화'정책 지표이다. 노동정책의 한계는 결과적으로 공공 정책이 시장화를 갈수록 가속화하는 경향을 드러낼 수밖에 없었다. 공공기관 예산지침 · 경영평가 등을 둘러싼 노정간의 대립 · 충돌이 이어졌던 것 또한 이러한 국정방향의 한계에서 비롯된 것이었다.

철도노조 · 화물연대의 파업에 대한 정부 대응에 대한 실망이 높아진 상황에서 2003년 8월 국회는 본회의를 열어 주5일제 관련 법안을 의결했다. 2004년 7월 1일부터 공공부문 · 금융 · 대기업부터 주5일제가 시행된다는 내용이었다. 그러나 △연차 15~20일 제한 △생리휴가 무급화 △휴일 근무시 할증률 인하 등을 내용으로 하는 이 법안은 노동자들의 요구가 외면된 것으로서 노무현정부에 대한 실망감을 안겨주었다.

노무현대통령은 2004년 4월 탄핵을 당한 후 개혁을 열망하는 민주시민사회단체의 '탄핵반대'투쟁에 힘입어 2004년 상반기에 탄핵이 철회되고 총선에서도 집권여당(열린우리당)이 승리했지만, 민주적 개혁에 대한 민주시민사회단체의 기대를 계속 외면했다. 노무현정부의 노동정책 후퇴는 2004년 7월 지하철노조의 연대파업에서도 구체화되었다.

정부는 2004년 9월 4일 '노사관계 개혁방향'과 '노사관계법 · 제도 선진화방안'을 발표했

노동자 1명(최강서)이 또다시 삶을 마감했다.

다. 소위 '노사관계 로드맵'으로 표현되는 집단적 노사관계 법률을 개정키 위한 것으로서 △기업 단위 복수노조 인정 △복수노조 하의 교섭 창구 단일화 △ 노조 전임 제도 변경(타임오프제) 등 등 당면한 핵심 쟁점을 담고 있다. 이어 9월 11일에는 정부가 '기간제노동자보호에관한법률'(기간제법)을 발의하였다. 비정규 노동자를 보호하기 취한 취지의 법률이었으나 비정규직 사용 제한, 고용 의제 등의 핵심 내용이 결여된 것으로서, 민주노총을 비롯한 노동진영은 비정규직 개악법이라고 강하게 반발했다. 2004년 9월 이후 2년간 노사관계법 개정, 비정규법 개정 등을 둘러싼 노정간 대결 양상이 계속되면서 2003년 하반기 정국에 이어 참여정부의 노사관계 개혁에 대한 기대가 계속 무너지고 있었다. 이에 따라 노무현정부 하에서 노사정 교섭('사회적 교섭')을 추진하려 했던 민주노총 집행부(위원장 이수호)도 내부 반발에 직면하게 된다.

△주5일제 도입 △노사관계로드맵 △비정규 입법 역시 공공부문에서는 중요한 시사점을 주고 있었다. 주5일제 도입의 경우 철도·지하철 등 교대 근무 사업장에서 과거 구조조정으로 인한 인력 감축 흐름을 반전시킬 수 있는 계기였다. 노사관계로드맵의 핵심 이슈는 필수공익사업장의 직권중재 제도 개선으로서 주요 공기업의 핵심적 개선 요구사항이다.

비정규 입법 역시 공공부문에서 경영효율화를 앞세운 △정규 인력 감축 △비정규직 및 간접고용(외주화·민간위탁) 흐름을 개선시킬 수 있는 계기로 작용할 수 있는지의 여부가 주요 쟁점이었다. 그러나, 기본적으로 공공부문 시장화 전략을 앞세운 노무현정부는 이러한 중요 정책의 제를 공론화하고 결정하는 과정에서 민주노총과 공공부문 민주노조 조직과 끝없이 대립과 갈등을 이어갔다.

4) 민주노총 사회적 교섭 논쟁 및 거듭된 총파업 투쟁

2004년 1월 민주노총 정기대의원대회에서 치러진 4기 임원 선거에서 '사회적 교섭' 공약을 내건 집행부(위원장 이수호)가 출범했다. 민주노총은 곧바로 당면한 비정규 입법 및 노사관계 로드맵에 대한 교섭 방침을 준비하면서 5월부터 한국노총과 함께 노사정대표자회의에 참여했다. 이어 민주노총 집행부는 2004년 하반기들어 민주노총의 대정부 교섭방침의 하나로 사회적 교섭 추진을 위한 논의를 시작하게 된다.[7] 노무현정부가 '사회통합적 노사관계 토대 구축'의 구

---

7 2004년 5월 청와대에서 열린 '노사정 대토론회'에 참여한 후 민주노총 위원장은 한국노총 위원장, 대한상의·경총 회장, 노동부장관, 노사정위원장이 참여하는 '노사정 대표자회의'에 참여했다. 노사정 대표자회의는 노사정위원회에 참여하지 못하는 민주노총을 위해 별도로 마련된 회의 체계였다. 당시 민주노총 중앙위원회는

체적인 방안으로 '중층적 구조의 사회적 파트너쉽 형성'을 줄곧 제시해왔고, 이 방안에는 민주노총의 사회적 대화기 참여까지 포함되었다.

그러나 사회적 교섭 방침은 민주노총이 1999년 1월에 최종 탈퇴한 노사정위원회 복귀와 연관되어 있었기 때문에, 교섭방침을 둘러싼 정치적 입장 차이로 강한 반대에 부딪힌다. 실제로 민주노총 내부에서는 △노사정위원회의 활성화 △산업·업종별 노사정협의회 활성화 △산별교섭 구조 활성화 등이 동시에 추진된다면 사회적 교섭이 필요하다는 분위기도 적지 않았다. 그러나, 공공부문의 경우 지난 1998년의 노사정위원회 참여 및 이후 공공부문 구조조정에 따른 트라우마가 강하게 남아 있었고, 이후에도 2003년 철도노조 파업, 2004년 지하철 연대파업 및 공무원노조 파업 등으로 인한 노정간 대립이 계속되면서 참여정부에 대한 반감이 지속되었던 것도 사실이다.

물론 민주노총의 사회적 교섭 논쟁은 사실 2004년 1월 4기 집행부 선거에서 1차로 주요 쟁점으로 부각된 바 있어서 냉정하게 본다면 민주노총 집행부는 선거 공약을 실천하기 위해 이를 구체화한 것으로 볼 수 있다. 선거 과정에서 소위 '좌파연대' 후보들은 계급적·변혁적 노동운동의 이념하에 전국적인 총파업투쟁과 함께 중층적·총체적 교섭방침을 내세우며 노사정 교섭틀의 전면적 개편을 주장한 반면, 집행부 그룹을 형성한 후보들은 그간의 관성적 총파업투쟁에 대한 반성과 함께 노사정위 개편을 통한 사회적 교섭의 필요성을 각자 제기한 바 있었다. 다만, 당면한 정세, 특히 노무현정부 하에서 계속된 노동자들의 분신 등의 저항, 주요 철도·화물·지하철 등의 파업에 대한 정부의 대응 등이 맞물리면서 민주노총 집행부의 선택과 관계없이 노동 현장에서는 정부 정책에 대한 불신이 확대되는 경향이 있었다. 또한 노무현정부는 이전 김대중정부에서부터 이어진 노동시장의 불균형 및 불안정을 해소할 구체적인 방안을 준비하지 못하고 있었고, 2003년 열사정국에서의 민주노총 투쟁 폄훼와 함께, 2004년 지하철노조의 연대파업에 대한 직권중재 및 노조간부 해고 조치 등을 취했다. 물론, 과거 1998년 노사정위 참여 과정에서 혼란을 거듭했던 민주노총 집행부에 대한 부정적 학습효과도 아직 남아있었다.

민주노총 집행부는 2004년 9월 임시대의원회에 안건으로 상정한 '사회적 교섭 방침'건 처리를 유보하고 차기 대의원대회(2005년 초)로 이관한다. 2005년 1월 20일 정기대의원대회에서

'노사정 대표자회의' 참여에 대해 찬반 양론이 있었지만, 비정규법 등 당면한 과제를 논의하는 한시적 대화기구에 대해서는 참여를 인정하는 분위기였다. 그러나 민주노총 위원장을 제외하고는 모두 노사정위원회 구성원이다보니 사실상 노사정위원회로 복귀하는게 아니냐는 의혹도 있었다.

교섭 방침이 안건으로 상정되지만 안건 심의 중 계속 논란이 거듭되다 성원 부족으로 유회되었다. 그리고, 2월 1일 이 교섭방침 건과 국고보조금 지급 건만으로 별도로 소집된 임시대의원대회는 언론에 보도된 바와 같이 단상 점거 등의 폭력으로 얼룩지면서 결국 무산되었다.

민주노총은 이후 당면 사태의 수습을 위해 3월 11일 '사회적 교섭 방침'의 이후 추진 전망과 관련된 공개토론회를 가졌으나 찬반 의견이 서로 맞선 가운데 논의를 좁히지 못했고, 이후 3월15일 소집된 대의원대회 역시 조직적 저항 앞에 안검 심의가 무산되었다.[8] 최고 의사결정기구인 대의원대회를 통해 입장을 정리하자는 찬성 견해와 민주노총 집행부의 정체성과 교섭방침을 문제삼았던 반대 견해는 결국 정상적인 의결과정 속에서 정리되지 못한채 충돌했고, 이후 '사회적 교섭' 방침은 다시 안건으로 다뤄지지도 못했다. 민주노총 대의원대회의 연이은 무산은 반대한 그룹들의 의사와 무관하게 민주노총의 정상적인 의결기구 작동을 중단시킨 충격적인 상황이 아닐 수 없다.[9]

민주노총은 결국 '사회적 교섭' 추진을 접고, 비정규 개악안 폐기 등을 위한 총파업투쟁을 준비하게 되고, 공공연맹도 비정규 개악안 폐기 및 비정규직 철폐를 앞세운 4월 총파업 투쟁을 결의하게 된다. 민주노총은 6월 21일 예정된 국회 환경노동위원회 법안심사소위에서 비정규 법안을 강행처리할 경우 6월 23일 총파업투쟁에 돌입하겠다고 선언했다. 이러한 반발 속에 국회 상임위원회는 법안 처리를 유보하게 된다.[10]

---

8 3월 11일 민주노총 토론회에는 사회적 교섭과 관련한 찬성 입장으로 강승규 수석부위원장, 박용석 공공연맹 부위원장이, 반대 입장으로 임성규 전 공공연맹 사무처장, 조돈희 전해투 의장이 참석하여 각각 찬반 토론을 전개했다. 공공연맹 소속 활동가들이 상호 대립되는 찬반 토론을 전개했듯, 공공연맹 내부에서도 2004년 8월부터 2005년 3월까지 이를 둘러싼 논쟁이 계속되었다.

9 2005년 민주노총의 대의원대회의 연이은 파행은 결과적으로 민주노총 대의원대회가 정상적으로 진행되었더라면 집행부의 사회적 교섭 방침 건이 통과될 수 있다는 사실을 거꾸로 반증하고 있다. 물론 당시 노무현정부의 노동정책이 자본 중심으로 편향되면서 사회적 대화 체제에 대한 불신이 확산된 상황을 감안한다 하더라도, 선거를 통해 사회적 교섭 방침을 공약으로 제시하고 당선된 집행부의 사업을 물리적으로 방해하고 공식 의결기구를 무력화한 행위는 결코 정당화될 수 없을 것이다. 노동운동 역시 아무리 목적과 동기가 정당하다 하더라도 수단과 방법이 정당하지 못할 경우 정당성을 갖지 못한다는 점을 인식할 필요가 있다(필자 주).

10 민주노총이 투쟁을 준비할 즈음인 2005년 4월 14일 국가인권위원회는 정부의 비정규 관련 법안에 대해, △기간제 남용 방지를 위한 사용사유 제한 △동일노동 동일임금 원칙 명시 △파견 허용 업무의 포지티브 방식 유지 △파견근로자의 노동3권 보장 등의 내용이 보완될 필요가 있고, 전체적으로 '비정규직 예외의 원칙'과 '차

정기국회에서 비정규법이 다시 심의될 즈음 민주노총은 수석부위원장(강승규)이 비리 혐의로 구속됨에 따라 10월 21일 위원장을 비롯한 임원 전원이 총사퇴하고, 비상대책위원회를 구성했다. 비대위(위원장 전재환)는 비정규직 입법의 국회 처리가 예상되자 곧바로 11월 총력 투쟁에 나서게 된다. 11월 13일 민주노총은 광화문에서 열린 전국노동자대회에서 비정규 권리보장 입법 쟁취를 위한 총파업 투쟁을 결의하였고, 12월 1일과 8일에 걸쳐 금속연맹·공공연맹·건설연맹 등의 조직을 중심으로 국회 앞에서 총파업 결의대회를 진행하였다.

이 시기에 민주노총은 홍콩에서 열리는 WTO 각료회의 저지 원정 투쟁을 위해 투쟁단을 파견하는데, 대표를 맡은 공공연맹 양경규 위원장(민주노총 비대위 부위원장)이 민주노총의 집회·시위와 관련하여 2005년 12월 19일 현지에서 구속되었다. 홍콩 투쟁단이 무기한 단식 농성을 전개하는 등 현지 투쟁이 이어지면서 양위원장은 2006년 1월 홍콩 재판에서 석방되었고, 2월 17일 홍콩 검찰이 공소를 취하함으로써 결국 무죄로 판명이 났다.

2006년 2월 대의원대회에서 KT노조의 대의원 자격 시비 등 우여곡절 끝에 민주노총 보궐 집행부(위원장 조준호)가 출범했다. 조준호 집행부는 출범하자마자 비정규 법(안) 제정 및 노사관계법 개정(안) 강행에 맞서 2월 28일부터 3일간 1차 총파업을 진행하였다. 이어 4월 10일에 다시 전국적으로 2차 순환 파업이 진행되었다. 8월부터 민주노총이 손해배상 가압류와 노조 탄압에 맞서 분신한 하중근 열사(포항건설노조)의 정신 계승을 위한 투쟁을 진행하는 동안, 노사정위원회에서 노조 전임자 및 복수노조 등을 포함한 '노사관계 로드맵'을 논의하던 한국노총(위원장 이용득)이 9월 11일에 반노동자적 합의를 하기에 이른다.[11]

민주노총은 11월 국회에서 비정규법(안) 및 노사관계법 개정(안) 등이 통과됨에 따라, 11월 22일 또다시 총파업을 진행했다. 민주노총의 조준호 집행부는 2006년 한해 4회의 총파업투쟁을 선언하고 실행하였다. 그러나 총파업의 참여 주체가 제한(주로 금속 등)되고, '국회 일정 따라가기'식의 파업 전술로 인해 민주노총 총파업 투쟁에 대한 대중적 불신을 가중시킨 결과를 낳았다. 물론, 여기에는 현장의 준비 정도는 간과한 채 민주노총의 총파업 전술만을 계속 요구하는 일부 편향된 노선과, 국회 일정에 따라 항의·규탄 집회 중심으로 진행된 집회 투쟁을 '총파업'으로 규정했던 집행부의 지도력 부족 등이 결합되었다. 국회 입법 대응 투쟁 등과 관련한

별금지의 원칙'이 법안에 핵심적으로 반영되어야 한다는 의견을 제시했다.

11 9.11. 노사관계법 개악 합의에는 △복수노조 금지·전임자 임금지급 금지의 3년 유예 △필수공익 대상에 항공·혈액공급 등의 확대 및 최소업무유지제도 도입 등을 담고 있었다.

민주노총의 전반의 운동전략 한계가 강하게 나타난 것이다.[12]

민주노총은 이수호 집행부 출범 당시 '준비된 총파업'을 전략적으로 설정했으나, △'사회적 교섭' 방침의 혼선 △정부의 비정규 입법의 강행 △민주노총 지도부의 사퇴 및 비대위 구성 등의 과정에서 결국 국회 일정에 따라 총파업을 배치하는 종전의 관성을 계속하고 있었다. 민주노총의 교섭 및 투쟁 전략, 총파업투쟁의 전술적 한계를 그대로 보여준 것으로, 이후 현재까지 크게 변화하지 않고 계속되고 있다.

2. 공공성과 안전의 보루인 철도 · 지하철노조의 반 시장화 투쟁

노무현정부 하의 공공부문 정책이 가장 대표적으로 드러난 것이 철도와 지하철의 구조 개편 및 운영 방향이었다. 정부 출범 초기 민영화를 철회하고 철도공사를 출범시킨 노무현정부는 이후 철도공사 출범 과정에서 철도노조와 합의(4.20)를 통해 향후 민영화나 철도 개혁을 노조와 충분하게 협의하고 사회적 합의를 만들어간다고 약속함으로써 이전의 김대중 정부와는 다른 노동정책의 일단을 보여주는 듯 했다. 그러나 4.20. 합의 이후 시행방안을 둘러싸고 정부가 일방적인 조치를 시행하면서 노정간 갈등이 확산되고, 이후 계속적으로 △인력 감축 △비정규직 확대 △기업경영 원리 확대 등 시장화 중심 공공정책을 밀어붙이면서 2번에 걸친 철도노조의 파업, 지하철노조 연대파업 및 KTX승무원들의 투쟁을 불러왔다.

한편 2003년 2월 노무현정부 출범 직전에 발생한 대구지하철 참사의 재발을 방지하고, 시민 안전과 지하철의 공공성 확대를 위해 투쟁해온 지하철노조들은 경영 효율성을 앞세운 정부와 각 지하철공사의 시대착오적 발상으로 인해 2003년과 2004년에 2년 연속으로 연대파업 투

---

12 민주노총은 2002년 4월 발전노조 파업을 지원하기 위한 연대파업 실패 이후에도 대의원대회 개최할 때마다 일부 대의원들이 '전가의 보도'처럼 총파업 투쟁 방침을 계속 요구하고 집행부가 마지못해 이를 수용하는 관성이 계속되었다. 문제는 의결구조와 집행구조의 괴리였다. 총파업 결의가 현장 조합원들의 총의에 기인한 것이 아닌 데다(의결과정의 대표성 부족), 총파업 투쟁을 실질적으로 관장해야 할 산별조직들은 이러한 현장의 한계를 들어 제대로 총파업을 실천하지 않고 있는(집행력의 한계) 문제가 계속되고 있었다. 이러한 문제들이 적나라하게 드러난 것이 2005년 하반기부터 2006년까지 이어진 비정규 입법 등과 관련한 민주노총의 잇따른 총파업 선언이었다.

쟁을 전개해야 했다. 철도와 지하철노조는 궤도 부문의 공통점과 함께 공공부문 노동운동의 핵심 단위를 구성하고 있기 때문에, 철도·지철노조의 투쟁 전체 공공부문 노동운동의 정세와 진로를 가늠하는 중요한 계기를 제공하고 있었다.

1) 철도 민영화 저지 및 공공성 확보 투쟁

• 2003년 4.20 합의 및 철도공사 전환 관련 입장 대립

노무현정부는 2003년 2월 인수위원회 발표를 통해 철도·전력(발전 포함) 민영화에 대해 신중하게 국민적 동의를 얻어 추진하겠다고 발표했다. 그런데 철도 소관 부처(건설교통부)는 이러한 발표는 아랑곳하지 않은채 민영화 관련 법안 추진을 강행하고 있었다. 이에 철도노조(위원장 천환규)는 2003년 2월 10일 민주노총(공공연맹) 가입과 함께, 2002년 파업에서 마무리짓지 못했던 철도산업의 공공성 확보 및 당면한 정기 단체협약 승리를 위한 투쟁을 준비했다.

3월 14일 정부(건설교통부)가 '철도사업법(안)'을 입법 예고함으로써 노무현정부의 철도 정책이 이전 김대중정부 흐름을 계승하고 있는 것이 아닌가 하는 우려가 제기되기 시작했다. 이에 철도노조는 3월 30일부터 4월 14일까지 각 직종·지역별로 총력결의대회를 진행하고 4월 19일 전면파업을 위해 거점별 농성에 돌입하였다. 철도노조는 △국회에 계류 중인 철도 민영화 법안의 폐기 △시설·운영의 분리 방침 철회 △공공철도 건설에 대한 사회적 합의 △1인 승무 철회 △부족 인력 등의 충원(4,661명) △외주용역화 철회 △해고자 복직 및 손배·가압류 철회 등을 요구하며 4월 20일 파업 돌입을 선언했다.

4월 20일 새벽 파업 돌입 직전에 철도노조는 철도 구조 개편 추진(민영화 철회 등) 및 정기 단협(부족인력 충원, 해고자 복직 등)과 관련하여 철도청과 합의에 이르렀고, 이에 따라 파업 돌입을 유보하였다. 특히 "철도의 공공성을 감안하여 기존 민영화 방침을 철회하거나 대안을 모색한다. 향후 철도 개혁은 철도노조 등 이해당사자와의 충분한 논의와 사회적 합의를 거쳐 추진한다"는 내용은 이 합의의 백미였다.[13] 이 합의를 계기로 김대중정부가 2000년과 2001년에 입

---

13 2003.4.20의 주요 합의사항은 단협과 관련하여 △1인 승무 철회 및 1인 승무 실시로 감축한 정원 1,481 명 충원 △부족인력중 정원 1,500명의 6월 말까지 확보 △해고자 45명 복직(신규채용방식) △조합비·조합재산·개인급여에 대한 가압류 취하가 포함되었다. 철도 구조개혁과 관련하여 △민영화 방침 철회 △시설-운영의 분리방침에 따른 유지보수 기능은 운영부문과 통합하는 방안 모색 △향후 철도개혁의 이해당사자(철도노조 포함)와의 충분한 논의 후 추진 등이 포함되었다. 비록 4월 20일 새벽 합의 추진 및 파업 철회 과정에서의 혼란

안했던 '철도산업구조개혁기본법'과 '한국철도주식회사법'은 2003년 6월 '철도산업발전기본법' 과 '한국철도공사법'으로 개정되었고, 분할 민영화를 전제로 했던 '철도사업법'의 내용도 개정 되었다.

그런데 노정 합의 이후 철도공사 전환을 둘러싸고 정부와 철도노조간 입장 차이로 인해 노정간 충돌이 발생하기 시작했다. 정부(건설교통부)는 곧바로 철도 구조개편 관련 법률의 국회 처리를 주장했고, 철도노조는 기존 민영화 방침이 철회된 상태에서 새로운 대안을 마련하기 위 한 최소한의 논의 기간을 요구했다. 철도 구조 개편과 관련한 국정 토론회가 4월 30일 대통령 이 참여한 가운데 이루어졌고, 철도공사의 방향을 놓고 이같은 입장 차이가 곧바로 표출되었 다. 주요 쟁점은 △철도 시설·운영 부문의 분리 방안 △철도공사의 위상 △고속철도 건설 부채 의 부담 등이었다. 철도노조는 정부가 어렵사리 철도 민영화를 철회하고 철도공사 전환 방침을 설정했다면, 공사 전환에 따른 철도 노동자들의 신분 전환에 따른 노동조건 조정(예, 공무원연금 보전 등) 및 철도의 공공성 확대를 위한 공사 운영방안까지 어느정도 시간을 두고 검토할 필요 가 있다는 의견을 밝혔다.[14]

이 없지 않았지만, 4.20 합의는 2002년 2월 연대파업을 거치면서 철도 민영화에 대한 사회적 비판 여론이 반영 된 결과로서 나름대로 의미있는 성과로 인정되고 있다. 당시 건설교통부를 비롯한 정부 관료들의 반대로 철도 청장(김세호)은 4월 20일 4시 직전에 합의하고도 정작 조인식은 9시에 체결하는 난관을 겪었다(김영훈, 2014) 이 '4.20 합의'에 대해 정부와 철도노조 모두, 철도노조의 핵심 요구사항인 철도 민영화 중단과 정부의 계산(철 도 상하 분리 관철, 공무원 인력 감축)이 결합된 '타협의 결과'로 이해하고 있었고, 당시 건설교통부 관료들은 철도청이 철도노조의 요구를 수용한데 대해 강한 불만을 표출한 것으로 알려지고 있다. 결국 이러한 관료들의 반발이 이후 6.28파업을 사실상 유도한 것으로 진단될 수 있다(김영훈 인터뷰).

14 이 국정 토론회에는 철도노조를 대리하여 민주노총 정책부장(오건호)이 참여하여 입장을 밝혔다. △고 속철도 건설부채의 국고 부담 △공익성과 독립성을 갖춘 철도특별공사(공공철도이사회 포함) 설립 △철도 유 지·보수 및 개량사업의 운영부문(철도공사) 통합 △노인·장애인 할인 등 공공서비스보상(PSO)의 국가 부담 원칙 등을 제시했다. 이에 대해 정부(건설교통부)는 △철도의 시설 및 운영의 분리(유지보수 부분 포함 시설 분리 후 철도공사 위탁) △정부투자기관관리기본법에 따른 철도공사 설립 △고속철도 건설 부채(12조원)의 철 도시설공단·철도공사 부담 등의 방안을 제시했다. 철도노조는 기왕에 정부가 민영화를 철회한 상황에서 충분 한 검토와 협의를 거쳐 공공성 확대 등의 내용을 반영한 철도공사법 등을 9월 정기국회에서 제정하자는 의견 을 제출했다. 또한 공사 전환으로 공무원연금 혜택(20년 근속 전제)이 상실될 위기에 처한 장기근속자(예, 19 년 이상 근속 20년 미만)들의 입장을 검토하여 공사 전환이 추진될 필요가 있다는 점도 밝혔다. 그러나 공공부 문노조에 대해 결코 호의적이지 않았던 정부(건설교통부) 관료들은 청와대 판단에 따라 마지못해 민영화를 철

그러나 청와대 국정 토론회 이후 정부는 이전까지 유지해온 철도노조와의 협의 흐름을 바꾸고 일방적 추진 태도를 보이기 시작했다. 민영화를 중단한 상태에서 철도노조에 끌려가지 않겠다는 태도였다. 2004년 4월 고속철도 개통을 눈앞에 두고 철도 구조개편 관련 입법(철도산업발전기본법 등)이 시급하다며 정부는 관련 법률의 국회 통과를 강행하려 했다. 또한 합의사항이었던 철도 노동자의 공무원연금 감소분 보전에 대해서도 입장을 바꿨다. 철도노조는 7~8월의 '사회적 합의'를 거쳐 정기국회에서 '철도산업발전기본법'과 '철도공사법'을 제정하자고 했으나 정부는 관련 법안의 국회 의결을 강행하려 했다.[15] 결국 철도노조는 철도개혁 관련 법안의 국회 상임위(건설교통위) 통과시 파업에 돌입하겠다고 밝혔다. 정부는 철도노조가 2002년 2월 파업과 2003년 4월 파업 준비 이후 곧바로 또다시 파업에 돌입할 수는 없을 것이라 판단하면서 철도노조 파업 돌입시 강경 대응하겠다는 입장만을 되풀이했다.

- **2003년 6.28 파업 및 정부의 탄압**

철도노조는 5월 30일 대의원대회를 통해 정부가 일방적으로 법안 처리를 강행할 경우 강력한 파업투쟁으로 이를 저지하겠다는 입장을 밝혔다. 그러나, 6월 9일 정부는 '철도산업발전기본법', '철도공사법', '철도시설공단법'을 철도노조의 반대에도 불구하고 일방적으로 국회에 상정했다. 노조는 정부의 이같은 입법 발의에 대해 4.20 합의 위반이라고 규정하고 6월 10일 전국 지부장단회의에서 파업 돌입을 결의했고, 6월 16일 국회가 날치기로 통과할 경우 파업에 돌입하겠다는 '위원장 투쟁명령'이 발표된다.

철도노조는 관련 법안에서 정부가 철도 구조 개편과 관련하여 시설 부문의 유지·보수 업무의 공단 소유(철도공사 위탁) 및 공사 전환시의 공무원연금 등의 불이익 등과 관련하여 4.20 합

회한 입장에서, 더이상 철도공사 운영의 세부적 내용까지 노조(철도노조)에 끌려다니지 않겠다는 태도를 보이면서 노정간 충돌을 예고하고 있었다(한겨레신문, 2003.7.2).

15 당시 철도노조 집행부는 4.20 합의의 성과를 바탕으로 철도노조 조합원의 공사 전환의 의견을 모으고 9월까지 공사 전환 후의 노동조건 등에 대한 합의를 이끌어냄으로써 철도 구조개편 법안 추진을 포함한 대타협을 모색했다. 그러나 정부는 철도노조에 끌려다니지 않겠다는 입장을 보이면서 법안을 일방적으로 추진하고, 고용 및 노동조건 불이익 변경에 따른 보전 조치를 구체화하지 않음으로써 철도노조의 파업을 사실상 유도한 결과를 만들었다. 대통령은 파업 돌입 직후, 철도노조가 정부의 민영화 중단 결단을 존중하지 않고 자신들의 기득권만을 지키기 위해 노정간 화해 분위기를 걷어차고 파업에 돌입했다며 강경 대응 방침을 구체화하기에 이른다.

의를 위반한 것이라고 규탄했다. 6월 18일 국회 건설교통위원회는 '철도공사법'을 제외한 양 법안을 의결했다. 철도산업발전기본법에 시설 유지·보수 업무를 철도공사 업무내용으로 명시하였으나, 철도노동자의 연금 승계 조항은 삭제되었다.

철도노조는 6월 27일 국회 법사위에서 이같은 법률 내용이 통과되자, 전국 5개 거점에서 농성투쟁에 돌입했고, 6월 28일 새벽 4시 전면 파업에 돌입했다. 철도 구조 개편 및 공무원 연금 미 적용 관련 불만 등이 폭발하면서 파업 동력은 초기에 강하게 형성되었다. 철도노조는 '4.20 합의'에 따라 공공 철도 개혁과 관련한 노정협의를 제대로 진행하라는 것과 함께, 철도 노사관계를 파탄시키기 위해 구조개편 법률을 강행 추진한 최종 책임자(최종찬 건설교통부장관)를 해임하라는 요구를 제시했다.[16] 그러나 노무현정부는 철도노조 파업에 대해 강경하게 진압했다. 파업 돌입 직후 3시간 만에 경찰은 서울 거점인 연세대 농성장에 공권력을 투입해 조합원을 강제로 해산하고 전국적으로 2,000여명의 조합원을 연행했다. 공권력 투입 이후 조합원들은 산개 파업에 들어갔다.

정부(건설교통부)는 6월 28일 대국민 담화문을 통해, 철도 구조 개편은 노동쟁의의 대상이 될 수 없기 때문에 철도노조의 노조원들이 업무복귀명령을 어길 경우 파면·해임할 것이고, 민사상 손해배상도 청구하겠다고 밝혔다. 철도노조에 대한 공권력 투입은 노무현정부 출범 후 첫 공권력을 동원한 강경 진압이었다. 이로써 노무현 정부가 전향적인 노동정책('사회 통합적 노사관계')을 통해 새로운 노정관계를 만들어 갈 것이라는 기대는 철저하게 무너지고 있었다.

6월 30일 국회에서 결국 철도공사 전환을 포함한 철도구조개편 관련 법안이 통과되자, 철도노조 집행부는 투쟁의 목표(철도공사법 일방적 의결 저지)가 사라진 상황에서 파업을 지속하기 힘들다는 판단을 내렸다. 7월 1일 각 지방본부별 찬반투표를 실시해 파업을 종료하고, 현장 복귀를 결정했다. 다만 일부 지방본부에서는 노조 집행부의 파업 철회에 대해 강한 항의를 표시

---

16 노무현정부는 철도노조의 6.28파업 과정에 대한 사후 점검을 통해 2003년 말 건교부장관(최종찬)을 교체하였다. 물론, 명목상의 교체 사유는 인척과의 뇌물 거래 협의였지만, 철도노조 파업과 관련한 정부관료들 (소위 '철피아')의 민영화 추진 및 노조 무력화 의도가 포함된 데 따른 인책성 교체였다. 그러나 철도노조 파업 이후 민주노조운동에 강경 대응으로 맞섰던 노무현정부는 6.28파업으로 인한 해고자 및 노조에 대한 손배 가압류를 계속 고집했다. 이후 2006년 3월 파업에서도 이 부분에 대해서는 크게 변함이 없었다. 이 '철피아'들은 이후 이명박정부와 박근혜정부를 거치면서 '철도 민영화'에 대한 강한 추진 의지를 계속 드러냄으로써, 노무현 정부의 한계를 결국 역사적으로 밝힌 셈이 되었다(김영훈 인터뷰).

2003.6. 노무현정부의 철도 구조개편에 맞선 철도노조의 파업

하기도 했다.

　철도노조 입장에서 불가피하게 돌입한 6.28 파업 투쟁의 희생은 컸다. 이 파업으로 노조 위원장 등 15명의 노조 간부들이 구속되었다. 철도청은 7월 11일부터 8월 1일까지 계속 징계 위원회를 열어 파면 58명, 해임 21명, 정직 40명, 감봉 14명 등 총 133명을 징계했고, 8월 2일 정부(철도청)는 노조를 상대로 97억5천여만원의 손해배상을 청구했다. 철도노조는 2006년 3월 파업까지 손해배상에 시달려야 했고, 이때 발생한 70여명의 해고자들은 15년이 지난 2018년에 비로소 노사 합의로 복직이 이뤄졌다.

　파업이 종료된 이후, 국회는 2003년 12월 18일에 '한국철도공사법'을 의결함으로써, 철도 구조 개편은 1990년 공사화 방침이 결정된 지 13년 만에 일단락되었다. 이후 철도의 상하 분리 및 운영 부문의 효율화(경쟁·외주화 확대 등) 과정이 2022년 현재에까지 이르고 있는데, 외견상 민영화는 중단되었으나 2013년 수서KTX 분할 및 계속된 경쟁체계 확대로 '우회적 민영화' 흐름은 2022년 현재까지 계속되고 있다.

　철도노조의 6.28 파업은 노무현정부의 공공부문 노동운동에 대한 입장 선회의 신호탄으로 작용했다. 그간 △철도노조와의 4.20 합의 △화물연대의 5월 투쟁 △6월 지하철노조(인천·

대구·부산) 연대파업까지 공공·운수부문 노조와의 협상 기조를 유지했던 노무현정부는 철도노조 6.28파업을 계기로 완전히 강경 대응 기조로 전환하였다. 화물연대 역시 7월 말부터 8월 초까지 이어진 파업이 공권력에 의해 짓밟혔다. 화물연대는 16일간 파업을 진행했지만 주요 지도부가 구속된 채 투쟁을 접어야 했다.

그런데 철도노조와 화물연대의 2003년 '여름 투쟁'은 비록 공권력에 의해 무너졌지만, 이후 민주노총 운수조직의 연대가 복원하는 계기로 작용했다. 민철노련의 공공연맹 통합으로 운수산별노조 건설 논의가 중단된지 6년만에, 철도노조·화물연대 투쟁을 계기로 2003년 12월에 각 운수조직들이 참여한 가운데 운수노동자학교가 부활했고, 이후 2004년 〈운수노동자연대〉의 결성으로 이어졌다.

- 철도공사 전환과 2006년 3월 파업

2003년 12월 철도공사법의 국회 의결(2005년 1월 철도공사 전환)로 철도 구조개편이 일단락되면서, 그간 철도 구조개편에 맞서 투쟁해온 철도노조는 철도공사 전환 및 이후의 운영을 둘러싼 대응으로 전환했다. 물론 2003년 6.28파업으로 인한 정부의 탄압으로 철도노조의 조직력이 위축되었고, 현장에서는 패배감과 함께 공사 전환으로 인한 신분 불안 등이 확산되었다. 이러한 상황에서 2004년 선거를 통해 민주 집행부가 다시 선출되면서 조직을 재건한 이후 철도노조(위원장 김영훈)는 2005년 철도공사 출범을 앞두고 신분 변동(공무원 → 철도공사 직원)에 따른 임금·직제 등의 전면 재정비와 함께, 2002년·2003년 파업에 따른 후속조치(해고자 복직 등) 등을 위해 특별 단체교섭을 진행했다.

2004년 10월부터 각 권역별 조합원 결의대회를 거쳐, 11월 23일 기자회견을 통해 12월 3일 파업 돌입을 선언했다. 운수연대 소속 화물연대·민주택시연맹도 연대투쟁을 결의하여 운수 3조직 공동투쟁도 예고되었다. 12월 3일 전면파업 돌입을 앞두고 철도노조는 인력 충원 및 해고자 복직 등의 '특별단체협약' 합의를 이끌어내고 파업 돌입을 유보했다.[17]

---

17 주요 합의는 인력충원과 해고자 복직 등이 핵심이었다. 인력충원에 대해서는 공사 전환 초기에 1,793명의 정원을 확보해 조속히 충원키로 하고 2005년 하반기에 830명에 대해 공사 자체적으로 충원하기로. 해고자와 관련해서는 철도 구조개편 과정에서 발생한 철도 해고자에 대해 전향적인 조치를 취하기로 했다. 이밖에 공사 전환으로 인한 연금 부족분 보전, 직급체계의 원만한 조정 등이 포함되어 있어 2003년 6.28파업 당시의 현안을 어느정도 마무리했다. 이 합의를 통해 과거 2001년 이전에 해고되었던 철도 동지들(1994년 전지협 파업,

2004년 말 합의 이후 2005년 초 철도노조는 공사 전환에 따른 임금체계 조정 및 임금인상 합의와 관련한 내부 반발로 집행부 불신임까지 제기되었다. △철도공사 전환으로 인한 직제·임금체계 개편 △교대제 개편에 따른 일부 임금 조정 △경영평가를 받게 된 철도공사의 사실상의 처우개선(경영평가 성과급의 신설) 등이 제대로 공유되지 못한 상황에서, 철도노조는 다시 교섭을 통해 내부 갈등을 조정했다.[18] 이후 2004년 말에 합의한 인력 충원과 해고자 복직 등의 합의 사항이 계속 이행되지 않음에 따라, 철도노조는 2005년 7월부터 다시 투쟁 준비에 나섰다.

2005년 1월 철도청이 공사로 전환한 이후 정부의 '경영혁신' 압박에 따라 외주화 흐름이 확대되고, 조합원들은 인력 감축의 우려와 함께, 공사측이 기 합의한 철도공사 운영의 제도적 틀을 파기할 수 있다는 불신이 확대되고 있었다. 무엇보다 2003년 6.28파업으로 인한 원상 회복(해고자 복직, 손해배상·가압류 철회 등)의 과제가 계속 지연되고 있었다. 이러한 상황에서 철도노조는 당면한 2005년 정기 단협에서 △인력 충원 △외주화 철회 △해고자 복직 △손해배상·가압류 철회 등의 4대 요구사항을 중심으로 11월 쟁의행위를 의결했다. 당시 철도노조의 쟁의행위 찬성률은 70.2%(재적 대비)로서 매우 높았다. 현장 조합원들의 불안감과 불신이 작용한 결과였다. 철도노조는 1차로 2005년 12월 파업 돌입을 의결했으나 다시 2006년 2월로 연기하였다.

민주노총이 비정규 법안의 국회 처리에 반대하여 2006년 2월 28일 총파업 돌입을 선언한 다음날인 3월 1일 철도노조는 5개 지역(서울·부산·대전·순천·영주)에서 전 직종 1만7천여 조합원이 거점 농성을 전개하면서 전면 파업에 돌입했다. △철도 상업화 중단 △구조조정 분쇄 및 고용 안정 △해고자 복직 △비정규직 차별 철폐 등을 앞세워 철도노조는 4일간 파업을 진행한 후 현장 투쟁으로 전환했다.

당시 민주노총은 국회에서 비정규법안 처리가 연기되자 3월 3일 총파업투쟁 유보를 선언했는데 정부는 이러한 민주노총의 대응을 보면서 철도노조 파업에 대해 엄정 대응하겠다는 방

2000년 직선제공투본 투쟁 등)이 이후 2005년에 복직되었다.

18 2005년 1월 철도노조 내부에서 전개된 이같은 갈등은 표면적으로는 공사 전환에 따른 교대제 개편(24시간 맞교대 → 3조2교대)에 따른 임금항목 조정과 정부 경영평가 체제 편입으로 사실상의 처우개선(타 공사에서 '전환금'으로 작용한 기본 성과급의 인정)의 내용을 정확하게 공유하지 못한 결과이기도 했지만, 기저에는 6.28파업 마무리과정에서 남아있던 내부 갈등도 작용한 것으로 풀이된다. 6.28파업 마무리 과정에서 파업 중단을 선언하는 집행부와 반대하는 활동가들간에 적지 않은 갈등이 있었고, 이 갈등은 내면에 계속 잠재하고 있던 것으로 알려졌다(필자 주).

침을 발표하였다. 철도노조 위원장은 파업 동력의 훼손을 예방하기 위해 3월 4일 파업을 중단한다는 입장을 발표했다. 그러나 정부는 3월 17일 29명의 노조간부에 대해 체포영장을 발부하고 위원장을 구속하는 등 강경한 입장으로 일관했다. 이후 철도노조 집행부는 공사와의 교섭을 마무리한 후 경찰에 출두했다.

2005년 철도공사 출범 이후 최초로 전개된 철도노조의 2006년 3월 파업은 직권중재 회부에도 불구하고 업무방해 혐의조차 적용되지 않아 큰 희생(추가 해고자)없이 마무리되었다. 공사 출범 이후 쟁점으로 남아 있었던 △인력 충원 △구조조정 중단 △노동조건 개선 등이 어느정도 이 합의를 통해 정리되었다.[19] 다만, 철도공사의 직접 고용을 요구한 KTX 승무원 문제는 합의되지 못함으로써, 이후 사회적인 쟁점으로 부각되기 시작한다. KTX승무원지부는 계속 파업을 전개하여 이후 2009년까지 투쟁을 계속 이어간다.

- 철도시설공단노조의 투쟁

철도 구조개편 과정에서 공공연맹을 탈퇴했던 고속철도건설공단노조는 철도시설공단노조로 탈바꿈하여 2005년 8월 공공연맹으로 다시 복귀했다. 2003년 철도 구조 개편 입법으로 고속철도건설공단과 철도청의 일부 시설 부문을 통합한 한국철도시설공단이 2005년 1월 출범하면서, 철도는 시설(시설공단)·운영(철도공사)의 이원 체계가 정착된 것이다. 철도시설공단의 출범과 함께 상급단체를 정하지 않았던 한국철도시설공단노조가 7월 집행부 선거 이후 상급단체 결정을 위한 조합원 투표 끝에 다시 민주노총(공공연맹)을 선택한 것이다.

이전 고속철도건설공단노조는 공공연맹이 2003년 철도노조를 가맹 조직으로 받아들이면서 철도 시설과 운영의 통합을 주장한데 대해 이의를 제기한 바 있었다. 고속철도공단노조는 고속철도 개통 이후 고속철도와 일반철도(철도청 관할)의 분할 운영을 주장했었기 때문이다. 이를 근거로 공공연맹이 철도노조의 시설·운영 통합 요구를 받아들인데 대해 문제를 제기하고 공공연맹을 탈퇴했다. 그러나 노무현정부가 고속철도와 일반철도의 운영을 통합(철도공사)하고, 시설 부문을 분리하여 철도시설공단을 발족함으로써, 고속철도·일반철도 분할 운영 주장은 별

---

19 비록 일부 파업 대오가 이탈하면서 철도노조는 현장 투쟁으로 전환했지만, 2006년 3월 파업은 그간 철도 공사 전환 이후 정부가 '공공부문 경영합리화' 방침 아래 계속 추진해온 구조조정(인력감축·외주화 등)을 완화하는데 기여했고, 2003년 파업 후유증과 2005년 초 임금 관련 내부 갈등을 딛고 철도노조의 지도력을 안정적으로 복원하는 계기로 작용했던 것으로 평가된다(필자 주).

다른 공감을 얻지 못했다.

한편 철도시설공단은 철도 구조 개편 과정에서 고속철도 건설 부채를 부담하였기 때문에 설립 초기 정부의 강도 높은 경영효율화 압박에 직면해 있었다. 이와 관련하여 철도시설공단노조(위원장 김충기)는 고속철도 건설 부채의 국고 부담과 함께 철도 구조개편에 따른 노동조건 개선을 위해 철도노조와 함께 2005년 하반기 공동투쟁에 나섰다. 철도노조의 파업이 2006년 이후로 연기된 뒤, 철도시설공단노조는 11월 1일 과천 정부청사 앞에서 노동조건 개선 및 인력 충원 요구를 앞세워 총력투쟁 결의대회를 개최한 후, 11월 22일부터 3일간 전면파업을 전개했다. 파업 투쟁의 결과 철도시설공단 전환 이후의 노조 활동을 보장하고 노동조건을 개선하는 새로운 단체협약을 체결하였다.

철도시설공단의 고속철도 건설 부채는 2013년 박근혜정부 출범 이후 철도시설공단의 '비정상적 경영'이라는 어이없는 낙인찍기의 원인으로 작용했다. 공단 건설 초기 정부 정책에 따라 떠안으면서 경영효율화 압박을 받았던 고속철도 건설 부채가 10년이 경과한 후에는 공단 측의 '비정상' 경영 요인으로 작용한 것이다. 정부의 무책임하고 '비정상적인' 공공기관 관리정책 단면을 엿볼 수 있는 대목이다.

2) 시민안전을 위한 지하철노조 연대파업

• 대구지하철 참사 및 2003년 6월 지하철노조 1차 연대파업

2003년 2월 18일 오전 대구지하철 중앙로역 화재로 승객 192명이 사망하고 147명이 부상 당하는 지하철 최악의 사고가 발생했다. 대구 지하철 화재는 △가연성 물질로 가득찬 객차 내장재 △차내 및 역구내 방화시설 미비 △긴급 피난시설 부실 △ 차내와 지하철공사 사령실과의 지휘통제 연락 부실 등이 작용하면서 대형 참사로 이어졌는데, 가장 결정적인 문제는 1인 승무 체계였다.[20] 지하철을 운행하는 승무원 1인으로서는 이러한 화재 상황에서 승객들을 안전하게 대피시키는 조치를 제대로 할 수 없기 때문이다. 지하철 1인 승무는 지하철을 운영하는 공사와

---

20 당시 1인 승무 형태에서 전동차 운전을 담당한 승무원이 전동차내 방화 사실을 인지할 수 없었기에 긴급 조치를 취할 수 없었고, 사령실과의 연락을 통한 반대편 진입 차량에 대한 통제 또한 불가능한 상황이었다(프레시안, '192명 사망 대구 참사, 승무원 1명만 더 있었어도..', 2013.2.). 결국, 화재 차량과 맞은 편 차량에 탑승한 승객 대부분이 가연성 물질로 가득찬 차내에서, 대피체계나 방화시설이 미비한 역 구내에서 빠져나오지 못한채 참사에 희생되었다.

시 당국의 안전의식 부재, 정부의 왜곡된 경영혁신(비용 감소, 경영효율화) 정책이 결합된 결과였다. 1999년 정부산하기관인 부산지하철 및 지방공기업인 서울도시철도에서 1인 승무가 도입된 이후, 인천과 대구지하철에서도 공사 설립 초기부터 1인 승무 형태가 보편화되었다. 공공부문 전반에 몰아닥친 정부의 왜곡된 경영 혁신(인력 감축) 정책의 산물이었다.

철도노조와 지하철노조들을 중심으로 〈궤도연대〉(상임의장 천환규)는 3월 19일 대구지하철 참사 희생자 애도를 위한 전국궤도노동자 추모제를 대구 중앙로역에서 개최하고, 지하철 안전 운행을 위한 투쟁을 결의하기에 이르렀다. 당시 보수 언론과 검찰·경찰은 이 참사의 구조적 원인은 외면하고 승무원 등의 과실만을 집중적으로 부각했다. 대구지하철 참사는 지하철 안전 및 시민 이용 편의를 위한 공동의 과제를 지하철노조들이 실천하는 계기로 자리잡음으로써, 2003년부터 지하철노조의 연대투쟁이 시작된다.[21]

6월 4일 서울도시철도·인천지하철·대구지하철노조가 지하철 연대투쟁을 위한 파업 찬반투표와 함께, 상급단체 변경(공공연맹 가맹) 투표를 동시에 진행했다. 이후 6월 10일 인천·대구·부산의 3개 지하철노조가 연대파업 돌입을 발표하고 대정부 직접 교섭 촉구를 위한 기자회견을 가졌다.[22] 3개 지하철노조는 △2인 승무제 환원 △차량 정비 및 역사의 외주화 철회 △전동차 내장제의 불연제 전면 교체 등 정부가 경영혁신을 앞세워 추진한 지하철의 구조조정 정책 철회를 공동으로 요구하였다.

3개 노조는 6월 23일 조합원 야간 총회와 파업 전야제를 거쳐, 6월 24일 새벽 4시에 전면 파업에 돌입했다. 6월 24일 부산지하철노조(위원장 오영환)가 일부 파업 대오의 이탈 속에 파업이 철회되었고, 대구지하철노조(위원장 이원준)는 당일 밤에 지하철 안전장치 마련 및 부족 인력 충원 등을 중심으로 합의되어 파업이 마무리되었다. 특히 대구지하철의 신속한 합의는 지하철 참사로 인해 공사·노조 모두 지하철 안전 확대에 대한 공감대가 형성된데 따른 결과였다.

---

21 5월 27일 공공연맹 운수분과는 한길리서치에 의뢰한「지하철 안전운행 관련 국민여론조사보고서」를 발표했다. 시민 대다수인 79.2%는 대구 참사 후 정부와 지자체의 사고재발 방지대책이 부족하다고 생각하고 있고 75.3%의 시민이 막대한 예산이 소요되더라도 지하철 내장재를 불연 내장재로 전면 교체해야한다고 지적했다.

22 서울도시철도노조(위원장 허인)는 조합원 투표에서 공공연맹 전환 결의는 이뤄졌지만, 쟁의행위는 부결되었다. 이에 따라 집행부는 책임을 지고 사퇴했다. 지하철노조들은 연대파업에 앞서, 6월 10일 기자회견을 통해 지하철 안전 운행을 위해 △1인 승무제 폐지 △차량 내장재의 불연재 전면 교체 △외주 용역화 철회 △지하철(철도) 안전위원회 설치를 요구하고 정부가 직접 나서서 해결하도록 촉구했다.

당시 지하철 안전 관련 인프라가 상대적으로 취약했던 인천지하철은 5일간 파업이 진행되어 6월 28일 합의 후 마무리되었다. 끝까지 완강하게 파업 투쟁을 전개한 인천지하철노조(위원장 정현목)는 △전동차의 내장재 2005년 말 전면 교체 △노사와 시민단체 추천 전문가로 이뤄진 '지하철안전자문위원회' 구성 △부족 인력 59명 충원 등 대구지하철 참사 이후 지하철 안전 운행을 위한 토대를 마련하는 성과를 내었다. 그러나 이 파업으로, 인천지하철노조는 위원장을 포함하여 3명의 노조 간부가 구속되었고 6명의 노조 간부가 해고되었다. 애당초 불구속 수사를 할 것으로 예상되었던 부산지하철노조에서도 2명의 노조 간부가 구속되었다.

지하철 참사를 겪었던 대구지하철은 파업 투쟁의 승리로 그간 참사로 인해 침체되었던 분위기가 전환되고 지하철 안전의 토대가 구축됨으로써 노조 활동의 자신감을 회복했다. 6월 연대파업에 불참한 서울도시철도노조(위원장 윤병범)는 11월 들어 뒤늦게 파업 투쟁 준비에 돌입하였다. 12월 22일 파업 전야제를 거치면서 교섭이 결렬되자 12월 23일 노조 설립 10년 만에 최초로 전면 파업에 돌입했다. 노조는 파업 돌입 8시간 만에 별다른 희생없이 임금 및 보충협약을 타결하였다.

2003년의 경우 서울도시철도·인천지하철·대구지하철노조는 궤도 부문 민주노조운동의 흐름을 확보하고, 최초로 연대파업을 전개한 뜻깊은 시기였다. 다만 당시의 핵심 의제인 인력 충원 등의 과제는 2004년으로 넘어갔다. 주5일제 도입의 흐름과 함께 지하철 인력 운영 전반의 문제를 다시 한번 연대투쟁으로 돌파하겠다는 의지들이 형성되고 있었다.

- 주5일제 시행을 앞둔 **2004년 7월 지하철노조 2차 연대파업**

주5일제 시행을 앞둔 2004년은 사상 최초로 전국 지하철노조들의 연대파업이 전개된 해였다. 주40시간제 시행과 함께 지하철의 조직 개편, 인력 충원 등이 결합된 당시의 상황은 정부의 경영혁신 방침과의 충돌이 낳은 결과였다. 이 연대파업은 2004년 3월 선거를 통해 4년 만에 민주 집행부가 출범한 서울지하철노조로부터 본격적인 논의가 이뤄졌다. 서울지하철노조(위원장 허섭)는 5월 21일 합동수련회에서 서울도시철도노조와의 공동 투쟁을 준비하였다. 공교롭게 △1989년 파업 △1994년 전지협 연대파업 △1999년 공공연맹 총파업 등 서울지하철노조는 5년간의 파업 주기가 되풀이되는 상황이었다.

6월 11일 지하철노조들은 〈궤도연대 공동투쟁본부〉(궤도공투본) 출범식을 갖고 7월 7일에는 파업 찬반투표를 거쳐 연대파업을 결의했다. 파업 돌입에 앞서 서울지하철노조와 도시철도노조는 서울시와 직접 교섭을 통해 주5일제 도입과 관련한 인력 충원 방안을 협의하려 했으나 서울시장은 이를 거절했다. 당시 서울시장은 노무현정부와도 대립각을 세우면서 기업경영에 입각한 경영효율화를 강하게 추진하던 이명박이었다. 물론 노무현정부 역시 행정안전부의 지방공기업 경영합리화 방침을 통해 이같은 서울시의 경영효율화 방침을 사실상 주도하고 있었다.

공투본은 지하철 5개 사업장에서 주5일제 시행이 7월 1일로 예정되어 있고, 각 지하철공사들이 일방적으로 이를 시행할 것에 대비하여 공동투쟁을 통해 인력 충원들을 의제화할 필요가 있다고 판단했다. 이에 따라 7월 7일 쟁의행위 결의 이후 정부(고용노동부·건설교통부·기획예산처 등)와의 대정부 교섭과 함께 5개 지하철공사를 대상으로 한 집단교섭을 추진하기로 했다. 그러나 정부는 교섭은커녕 면담조차 제대로 응하지 않았고, 각 지하철공사는 인원 충원 없이 주5일제 시행을 강행하겠다는 입장만 계속 되풀이하고 있었다.

결국 4개 시(서울·부산·대구·인천)의 5개 지하철노조 모두 사측과의 교섭이 결렬됨에 따라, 7월 21일 궤도공투본의 공동투쟁 방침 아래 일제히 새벽 4시에 연대파업에 돌입했다. 7월 21일 저녁 서울지하철 지축기지에는 서울지하철·서울도시철도·인천지하철노조의 파업 대오들이 집결하여 2002년 철도·발전·가스 연대파업 이후 2년여만에 공공부문노조의 연대파업이 다시 한번 전개되었다.

그런데 당시 지방노동위원회(지노위)는 각 지역별로 직권중재를 상이하게 회부하면서 일부 노조들의 파업에 대해서만 불법 파업으로 몰아갔다. 서울지노위는 7월 20일 서울지하철과 도시철도노조의 쟁의에 대해 직권중재를 회부하고, 인천지노위도 인천지하철노조를 직권중재에 회부한 반면, 부산지노위 및 대구지노위는 각각 부산지하철노조와 대구지하철노조에 대해서 직권중재에 회부하지 않아 합법 파업의 길을 열어주었다. 부산지하철노조에 대해서는 7월 24일에 뒤늦게 직권중재에 회부한 반면, 대구지하철노조에 대해서는 끝까지 회부하지 않았다. 직권중재 회부는 야당과 수구 언론의 공세를 모면하기 위해 지하철노조 파업을 불법으로 몰고 가려고 했던 노무현정부의 입김이 강력하게 작용한 것이었다.

2003년 연대파업을 가장 강하게 전개했던 인천지하철노조가 7월 22일 처음으로 인력 충원 등의 합의가 이뤄져 파업을 종료했다. 서울지하철노조는 일부 지부장들의 파업 철회 등의 혼란이 이어진 가운데 파업 2일차인 7월 23일 저녁 조합원 총회에서 위원장이 전격적으로 파업 철회를 선언했다. 파업 철회에 따른 혼란 속에 노조위원장이 사퇴를 하기에 이르렀고, 이후 투본 회의를 통해 직무대행(김종식)을 선임했으나 파업은 유지되지 못하고 현장 복귀가 이뤄졌다.

서울도시철도노조 역시 서울지하철 파업 철회 이후 지축기지에서 장암기지로 이동한 후 마무리 집회를 통해 파업 철회를 선언했다. 서울지하철노조의 파업 철회 상황에서 단독으로 파업 투쟁을 이어갈 분위기가 아니었기 때문이었다. 서울지하철노조와 서울도시철도노조는 별다른 성과없이 파업을 철회한 셈이었다. 직권중재가 회부된 부산지하철노조(위원장 윤택근)는 7월 24일 부산역 광장 앞에서 조합원 총회를 가진 후 교섭을 타결하며 파업을 마무리했다. 대구지하철노조는 10월 16일까지 88일간의 전면 파업이 진행되었고, 이후 부분 파업 등을 거치며 2005년 2월까지 210여일의 투쟁이 외롭게 이어졌다.

2004년 지하철노조 연대파업에서 가장 쟁점으로 남은 것은 예상외로 쉽게 무너진 서울지하철노조의 7월 연대파업 과정이다. 서울지하철노조는 지난 4년 6개월 동안 노사협조주의 성향의 집행부 체계에 있는 후 2004년 5월에 민주 집행부가 출범한 상황이기 때문에 파업 준비의 시간이 너무 짧아 파업 돌입이 무리가 아닌가 하는 의견들이 내부에서 제기된 것으로 알려지고 있다. 그러나 7월 1일 주5일제 시행을 앞두고 지하철노조들은 공사측의 구조조정(외주화)를 저지하고 인력 충원을 확보해야 하는 당면 과제를 지니고 있었다. 이를 위해 다른 지하철노조(서울도시철도·부산지하철·대구지하철)들은 연대파업을 준비해 오고 있는 상황에서 서울지하철노조 역시 내부 파업 준비 여부와 관계없이 연대파업 참여가 당위적으로 요구되는 상황이었다. 인천지하철노조는 서울지하철노조가 연대파업을 결의하면 같이 연대파업에 돌입하겠다는 의사를 궤도 공투본회의에서 밝혔다.

그러나 역사상 처음 이뤄진 5개 지하철 민주노조의 연대파업의 중심에 있었던 서울지하철노조가 주5일제 도입이라는 시기적 변수만 염두에 둔 채 제대로 준비하지 않은 채 파업에 돌입하고, 게다가 연대파업의 동력을 와해시키는 역할을 한 것은 민주노조를 어렵게 다시 세웠던 조합원들의 기대에 어긋나는 일이었다.[23] 서울지하철노조의 파업 철회로 지하철노조들이 연대

---

23 서울지하철노조 집행부의 파업 철회는 많은 아쉬움을 남길 수밖에 없었다. 7월 23일 야간 조합원 총회에서 4개 지부장들의 파업 투쟁을 힘차게 전개하자는 결의가 있은 후 대회사로 나섰던 노조위원장은 돌연 파업 철회를 선언했다. 이후 집행부 사퇴를 거쳐, 긴급 대의원대회에서 보궐 집행부를 세웠지만 다시 파업을 철회하기에 이르렀다. 당시 일부 지회장의 이탈 등 약간의 혼란스러운 상황 속에서 노조위원장 입장에서는 파업 유지 가능성에 대한 자신 부족으로 파업 철회의 필요성을 인식할 수도 있었다. 그런데 이 파업은 사상 최초의 이뤄진 전국의 지하철노조 연대파업으로서 그 중심에 있는 서울지하철노조의 선택이 전체 지하철노조에게 중대한 영향을 미칠 수밖에 없었다. 따라서 파업 철회가 필요했다면 서울지하철노조 투본회의 및 궤도 공투본회의를 거쳐 조직적으로 결정해야 했고, 파업 마무리과정에서 투쟁 역량 보존을 위한 대책이 당연히 필요했다고 본다(정경원·전누리, 2017). 4개 지부장들의 파업 투쟁 결의 이후 선언이었기 때문에 파업 철회는 노조위원장의 독단적 결정이었다. △제대로 준비하지 못하고 당위적으로 선택한 연대파업 돌입 △독단적인 노조위원장 파업

파업을 통해 쟁취하고자 했던 목표들은 이후 개별적으로 대응하는 수준으로 전환되면서 각 지하철노조의 민주 집행부에 대한 역량 불신으로 나타날 수밖에 없었다.

이후 홀로 남은 대구지하철노조(위원장 이원준)는 파업 13일 차인 8월 2일부터 교섭이 시작되었으나 공사측의 반노동자적 태도가 계속되면서 교섭은 결국 8월 31일 이후 사실상 중단되었다. 이후 장기 파업 국면으로 이어진다. 파업 기간 중 공사측은 조합원 직위 해제, 고소고발, 무노동무임금 적용 등을 통해 파업 장기화를 유도하고 심지어 노동청의 중재조차 거부하였다. 결국 노조는 9월 한나라당·열린우리당 지구당사 점거 투쟁을 거쳐, 대구시장 출근 저지 투쟁까지 전개하였다. 10월 16일 대구지하철노조는 전면 파업에 들어간 지 88일 만에 부분 파업으로 투쟁 전술을 변경했다. △2호선 조직개편안 전면 재검토 △주5일제 시행에 따른 인력충원 및 노동조건 개선 △노조탄압 중단 등을 요구하며 현장 투쟁은 계속되었다.

노조의 파업 전술 변화에도 대구시와 공사의 태도 변화가 없자, 10월 28일 다시 전면파업이 진행되었고, 이후 △11월 5일 역무본부 차량본부 5시간 부분파업 △ 11월 11일 사장 퇴진을 위한 서명운동 발대식 △11월 26일 7시간 부분파업 △12월 24일 28시간 시한부 부분파업 등이 계속 전개되었다. 8개월 투쟁 끝에 2005년 2월 4일 노조는 대구시 시민중재위원회의 3호선 개통에 따른 인력충원 중재안을 수용한 끝에 장기파업을 마감했다. 다른 노조들의 투쟁이 오래전에 종료된 상태에서 대구지하철노조는 210일간의 장기 파업 투쟁을 끝까지 완강하게 유지함으로써, 그나마 다른 지하철노조들과 달리 인력 충원의 성과를 낼 수 있었다.

아쉬움을 많이 남긴 2004년 7월의 지하철노조 연대파업은 이후 사측의 혹독한 노조 탄압으로 연결되었다. 서울지하철공사는 25명의 상집 간부 가운데 노조 위원장을 비롯 21명을 해고 조치하였다. 8월에 서울지하철노조의 위원장과 수석부위원장이, 서울도시철도노조의 위원장과 부위원장이 각각 구속되었다. 도시철도노조는 해고자 7명이 장기간 해고 상태에 놓이게 된다. 대구지하철노조는 2005년 8월 징계 최소화 합의에도 불구하고 사측은 해고 3명, 정직 9명 등의 중징계를 강행하였다.

다만 연대파업의 정신을 이어받아, 서울도시철도노조·인천지하철노조·대구지하철노조는 2004년 지방공기업 경영평가 결과에 따른 경영평가성과급의 균등 분배를 2005년 2월에 조

철회 선언 △이후 위기상황을 제대로 수습하지 못하는 집행부의 모습은 결과적으로 민주 집행부의 역량에 대한 불신으로 이어져 2006년 이후 또다시 노사협조주의 성향의 집행부가 등장하게 되는 명분이 되지 않았을까 생각된다(필자 주).

직적으로 완료함으로써, 이후 전 공공기관노조의 경영평가성과급 분배 투쟁의 모범적 선례를 남겼다. 지하철노조의 2004년 연대파업은 조직적으로도 많은 후유증을 남겼다. 사상 최초로 지하철노조 모두가 참여한 연대파업에서 제대로 된 성과를 내지 못한 상태에서 지하철노조들 상당수는 2004년 연대파업에 대한 비판적 평가를 앞세운 노사협조주의 성향의 집행부 체계로 대부분 전환되었다(부산 제외). 지하철노조들의 이같은 민주노조운동 후퇴는 이후 공공부문 노동운동의 진전에 적지않은 장애로 작용한 것으로 여겨지고 있다.[24]

- 각 지하철공사의 인력 충원 및 근무 형태 전환을 둘러싼 갈등

2004년 지하철노조의 연대파업 이후 각 지하철공사에는 노조 파업의 후유증을 틈타 각 공사측이 주5일제 도입 관련 인력 충원을 회피하는 방안으로 다양한 외주화를 추진함으로써 또다시 노사 갈등이 재연되었다.

2006년 1월부터 정부산하기관에서 지방공기업으로 전환될 예정인 부산교통공단은 3호선 개통을 앞두고 인력 충원 없이 구조조정(역무·차량 외주화)을 강행하려 했다. 정부와 공사는 이미 2002년 매표 업무의 외주화에 이어, 2006년 1월부터 전 역사의 매표 업무를 무인화하겠다는 입장을 밝혔다. 노사간 교섭에서도 사측의 외주화 강행 입장이 계속 되풀이되자 노조 집행부(위원장 윤택근)는 10월 20일부터 외주화 철회 및 노조간부 부당징계 철회를 위한 농성을 시작했고, 11월 26일에는 구조조정 분쇄를 위한 전 조합원 총력투쟁 결의대회를 개최했다. 12월 3일부터는 과천 정부청사 앞에서 노조 간부들 중심으로 노숙 투쟁이 계속되었고, 2005년 1월 4일부터 조합원들의 상경투쟁이 진행되었다. 이후 4월까지 무인 매표 철회 및 경영진 퇴진을 위한 대시민 서명운동이 계속되었다.

서울도시철도공사는 가장 앞서서 1인 승무가 제도화된 가운데, 서울도시철도의 노동자들

---

24 공교롭게 서울지하철노조는 역사상 중요한 파업이 끝나고 나면 실리주의 집행부가 등장하는 흐름을 반복했다. △1989년 파업 이후의 집행부(강진도) △1999년 파업 이후의 집행부(배일도) △2004년 파업 이후의 집행부(정연수) 모습은 우리나라 민주노조운동의 상징적 역사를 지닌 서울지하철노조의 굴곡된 단면을 보여준다(2016년 파업 이후에는 민주 집행부가 계속 이어짐). 이러한 결과는 정부의 공공부문 공격이 진행될 때 공공부문 민주노조운동이 보다 전면적인 연대를 통해 지하철노조 투쟁을 엄호하지 못했던 것도 한 원인이라고 할 수 있을 것이다. 공공부문 민주노조들의 집합체인 공공연맹이 역사적으로 공공부문 노동운동의 '기관차' 역할을 해온 서울지하철노조를 제대로 보위하지 못한 책임도 분명히 존재한다는 점을 부정하기는 힘들 것이다 (필자 주).

은 서울지하철공사에 비해 상대적으로 높은 노동강도에 놓여 있었다.[25] 따라서 주5일제 관련한 인력 충원 및 근무형태 개선에 대한 요구가 높았다. 그런데 2005년 1월에 발생한 7호선(철산역) 지하철 화재에 대해 열린우리당이 현장 조사를 통해 1인 승무의 문제점을 지적했으나 정부와 사측은 화재 원인을 근무자의 근무 태만으로 몰아가면서 사안의 본질을 은폐하려 했다.[26]

게다가 2004년 노사 합의로 한국노동연구원에 의뢰한 주5일제 시행을 위한 적정 인원 및 근무형태에 대한 연구용역에 대해 사측의 압력 제기설마저 돌기 시작했다. 결국 서울도시철도노조(위원장 윤병범)는 2005년 8월 한국노동연구원의 원장실에서 농성을 전개하기도 했다. 그러나 이러한 투쟁에도 불구하고, 2004년 파업 및 인력 충원 관련 노조의 투쟁 과정에 대한 평가를 둘러싸고 노조 내부의 분열 흐름이 나타난 가운데, 이후 8월에 실시된 노조 임원 선거에서 서울도시철도노조는 3년 만에 다시 실리주의 집행부로 넘어가게 된다.

이후 2006년 서울도시철도공사(사장 음성직)는 노사 합의없는 직제 개편을 단행함으로써 고용 불안에 대한 심각한 우려가 제기되었지만, 노조 집행부는 제대로 대응치 못하고 합의를 했다. 집행부의 이같은 합의에 대해 일부 본부(승무)가 농성으로 맞섰지만, 공사 방해와 노조 집행부의 비협조로 고립될 수밖에 없었다. 이후 4년간의 노사협조주의 성향의 집행부가 마감되고 2009년 민주 집행부(위원장 허인)가 재등장한다.

서울지하철노조(위원장 김종식)는 2004년 파업의 후유증 극복과 당면 인력 충원 과제를 관철하기 위해 2005년 임단협 투쟁에 주5일제 도입 대응을 핵심 과제로 설정하고, 2005년 7월부

25　2005년 당시 서울지하철공사와 서울도시철도공사의 경영지표(영업거리·운행수입 등)을 비교한 결과, 도시철도공사가 근소하게 앞서고 있었음에도 오히려 총 인력(정원)은 서울지하철공사에 비해 절대적으로 부족했다. 이는 1994년 서울도시철도공사 분리 과정에서 서울시가 상대적으로 경영효율성을 확대했고, 1999년 이후 구조조정 과정에서 인력 감축이 강하게 작용한 결과였다. 1999년부터 2002년까지 서울지하철은 1,621명 (11,492→9,871, 14.1%), 서울도시철도는 1,744명(7,944→6,288, 22.0%) 감축되었는데, 영업거리를 고려했을 때 서울도시철도의 인력감축 폭이 월등하게 컸던 것을 알 수 있다.

26　지하철 1인 승무는 지하철 안전 운행을 저해하는 경영효율화 방침이기도 했지만, 열차 운행 중 발생한 사고에 대해 승무원의 책임을 묻는 방식으로 지하철 노동자들을 통제하는 도구이기도 했다. 실제 1999년 기준으로 서울도시철도(1인 승무)와 부산지하철(2인 승무)의 열차 사고 비율을 비교해 보면, △사망사고발생율 △주행장애율 △열차지연율 모두 1인 승무에서 매우 안좋은 결과가 나타나고 있다(김성희, 2014). 그런데 이러한 구조적 요인을 외면하고 사고 발생시 1차 책임을 승무원으로 전가하는 관행이 이어지면서, 서울도시철도는 이후 6명의 승무원이 계속해서 목숨을 끊는 사고가 이어진다.

터 부족 인원 충원을 위한 농성 투쟁을 전개하고 있었다. 그런데 12월 주5일제 관련 한국표준협회컨설팅 연구용역 결과가 발표되었는데, 인력 충원을 최소화한 수준의 내용이 제시되었다. 노조는 연구용역 결과가 공사의 압력으로 인해 그 내용과 절차에 심각한 왜곡이 있다며 완전 폐기를 주장하고 나섰다. 사측이 이를 받아들이지 않자, 2006년 2월 쟁의행위를 결의하고 3월 1일 전면 파업을 선언했다. 파업을 앞두고 2월 28일 주5일제 도입 및 2005년 임단협과 관련한 노사간 합의가 이뤄졌으나, 이 합의는 이후 3월 10일 조합원 총투표에서 부결되었다.[27]

이후 서울지하철노조는 2006년 4월 다시 실리주의 집행부(위원장 정연수)가 들어서게 된다. 노조 집행부는 이전과는 다른 노사협조적 태도를 취했지만, 2004년 파업과 2005년 근무형태 변경과정에서 나타난 서울시와 공사측의 태도는 크게 변하질 않았다. 결국 8월부터 계속된 교섭에서 노사간 합의에 이르지 못하게 되면서 12월 이후 핵심 쟁점(임금수준 인상, 근무형태 변경)은 서울모델협의회의 조정으로 넘겨진다. 서울모델 조정 내용은 이후 서울시가 반대하고, 자율교섭을 주장한 서울메트로 사장이 사직하면서 별다른 성과를 거두지 못했다. 이명박시장 하의 서울시 산하 공기업은 집행부의 성격과 무관하게 원만한 노사관계가 유지될 수 있는 구조가 아니었다. 기본적으로 공기업 노사관계를 수직적으로 관리하고 기업 경영 원리를 공기업에 강하게 적용하려는 입장을 고수했기 때문에, 노사협조주의 성향의 집행부라 해도 원만한 노사-노정관계를 유지할 수 없었던 것이다.

2005년 초까지 장기 파업이 진행되었던 대구지하철에서도 2005년 9월 2기 지하철 확대 운영을 앞두고 역무 업무 외주화가 진행되었는데 이 외주화 과정에서 공사 간부들의 비리 사실이 확인되었다. 공사측의 비리가 드러났는데도 불구하고 공사는 교섭 과정에서 단체협약 개악 방침을 노골화하며 노조를 무력화하려는 의도까지 보이자 대구지하철노조는 또다시 농성투쟁에 돌입했다. 사측은 노조의 투쟁에 대해 4명의 노조 간부를 추가로 해고했다. 이후 노조는 12일 7일 비상총회를 통해 12시간 파업을 전개했다. 2004년부터 이어진 노조의 마지막 파업이었다. 2004~5년 파업을 주도하고 본사 앞 농성과 월배기지 집회 등으로 7건이 고소된 노조위원장(이원준)은 끝내 2006년 3월 15일 구속되었다. 노조위원장의 구속 및 2004년 장기파업으로 인해 노조 핵심간부 13명의 해고가 이어지고 조합원들 중심으로 투쟁의 피로도가 높아지면서,

---

27 서울지하철노조의 노사합의 사항은 당면한 주5일제와 관련한 인력증원 및 근무제도 개선에 대해 결론을 내지 못하고(6월까지 교섭에서 논의), 부족 인원 충원만 5월까지 하기로 했으며, 2005년 임금은 총액 2% 인상으로 결론내림으로써 매우 미흡한 것으로 평가되어 조합원 총회에서 부결된 것으로 풀이된다(필자 주).

대구지하철노조 역시 2006년에 노사협조주의 성향의 노조 집행부로 전환하게 되었다.

2기 지하철 운영을 준비중인 인천지하철 역시 2005년 6월 역무 위탁 운영과 관련한 비리가 확인되어, 노조는 시민공대위와 함께 역무 위탁 반대 투쟁을 전개했다. 그러나 2004년 연대파업 이후 다른 지역과 마찬가지로 인천지하철 역시 노선 확대 과정에서 인력 충원 대신 역무외주화가 줄줄이 확대되었다. 외주화가 확대되면서 연대파업 및 민주 집행부의 활동 성과에 대한 아쉬움이 제기되는 가운데, 공공부문 민주노조운동 기반도 갈수록 약화되었다.

2006년 당시 6개 지하철 중 부산지하철을 제외한 5개 지하철노조는 모두 노사협조주의 성향의 집행부로 전환되었다. 각 지하철노조들은 부산을 제외하고 별도의 지하철노조협의회를 구성·운영하면서 공공연맹의 투쟁 및 산별노조 건설 사업에는 분명한 거리를 두었다. 공교롭게 2004년 지하철노조 연대파업 이후의 상황인 만큼, 이러한 경향은 연대파업의 성과에 대한 논란과 무관치 않다는 것을 추론해 볼 수 있다. 당시 공공연맹이 산별노조운동을 핵심 운동 과제로 설정하여 강력히 추진하고 있었고, 민주노총은 비정규 입법과 관련한 총파업투쟁을 계속 전개하던 중요한 상황에서 지하철노조 대부분이 사실상 민주노조운동에서 '궤도 이탈'을 하고 있었던 셈이다. 한편, 지하철노조 집행부의 활동과 무관하게 지하철노조들의 활동가들은 국제연대를 계속 유지했다. 2005년 1월 브라질에서 개최되었던 '세계사회포럼' 대회 진행 중 아시아권의 궤도 노조들을 중심으로 국제노동자교류센터(International Center for Labor Solidarity)가 출범하여 이후 꾸준히 국제적 연대를 유지했다.

3. 공공기관 시장화에 맞선 지배구조 민주화 투쟁

노무현정부의 공공기관 경영혁신 추진 과정에서 공공부문 시장화 전략의 이론적 토대인 '신공공관리론'(New Public Management ; NPM)이 관변 연구자들 중심으로 제기되기 시작했다. 물론 김대중정부의 공공부문 구조조정 추진 과정에서도 이 신공공관리론은 이론적 토대로 작용한 바 있으나, 실제 이 논의가 전면적으로 확산된 것은 노무현정부의 공공기관 경영혁신 추진과정에서였다. 특히 2005년말부터 시작된 '공공기관 혁신방안 공청회' 토론과정(KDI 주최)을 거쳐, 2006년말 공공기관 운영에 관한 법률(약칭 '공운법')이 제정될 때까지 이러한 흐름은 계속 강화되었다. 공공부문 시장화 흐름에 맞서 공공부문노조들은 대항 담론(공공성 강화)을 서서히 공론화하면서 경제민주주의에 기초한 지배구조 민주화 투쟁을 전개한다.

노무현정부 출범과 동시에 철도·발전 부문의 민영화 저지, 공공기관 경영평가 등에 대한 공동 대응 및 공무원노조 탄압에 대한 공동 대응의 필요성이 공공부문에서 제기되었다. 이에 민주노총의 공공연맹·공무원노조·전교조·교수노조·보건의료노조·대학노조 등 6개 공공부문 조직은 〈대정부 교섭을 위한 공공부문노조 연대회의〉(공공연대)를 조직하고, 2003년 5월 12일 '공공부문 예산 확충과 공공 노동자 노동3권 보장을 위한 대정부 요구' 기자회견을 가졌다. 당시 철도 등 공공부문에서는 노정간 교섭 흐름이 일정하게 있었지만 공무원노조에 대해서는 이전 김대중정부와 마찬가지로 노동기본권을 인정하지 않고 탄압으로 일관하고 있었던 상황이 었다. 공공연대는 국제공공노련(PSI) 주최로 국제 심포지움을 갖기도 했다.

앞서 언급한 바와 같이, 노무현정부는 출범하면서부터 공공부문 정책을 이전 김대중정부의 소유구조 개편(민영화·매각·기능조정 등)에서 내부 경영혁신('경영효율화') 중심의 정책으로 전환하고 있었다. 자연스럽게 공공연맹 등의 공공부문노조도 당시 확산되고 있던 사회공공성 강화의 담론에 맞춰 지배구조 민주화 투쟁을 이후 공공부문의 핵심 투쟁 의제로 설정하기 시작했다. 공공연맹 등 주요 공공부문의 지배구조 민주화 투쟁은 정부산하기관관리기본법(정산법) 대응 및 뒤이어 구체화되는 공운법 제정 대응을 중심으로 전개된다.

1) 정부산하기관관리기본법(정산법) 제정 대응

김대중정부는 공공기관 경영혁신의 제도적 완결을 위해 2002년 9월 정부산하기관관리기본법(정산법) 입법을 예고했다. 이에 2002년 하반기에 민주노총의 공공연맹·사무금융연맹 및 한국노총의 공공서비스노련 중심으로 〈정부산하기관관리기본법 저지 공공부문노조 공동대책위〉(공대위)가 투쟁을 전개하면서 1차 입법이 저지되었다.

이후 노무현정부는 2003년 2월 인수위원회 발표를 통해 "노정간 협의를 거쳐 민주적으로 제정"하겠다는 입장을 발표했지만, 정작 기획예산처는 이러한 취지를 계속 무시하고 있었다. 이에 4월 17일 공대위 소속 3조직 대표자들이 국회 운영위원장을 면담하여 법안 처리 전 노정 교섭에 대한 의견 접근이 이뤄졌다. 국회 운영위원장(정균환)은 곧바로 기획예산처 장관에 대해 노정간 협의를 거친 후 국회 심의를 하겠다는 입장을 통보했다.

공대위와 기획예산처간 실무 접촉을 거쳐 교섭 의제 및 절차에 대한 의견 교환이 이루어져 5월 6일 기획예산처 차관과 3연맹 대표간의 1차 교섭이 이뤄졌다. 우리나라 공공부문 노사관계 역사상 국회 중재로 공공부문노조와 정부가 공공기관 관리 입법과 관련하여 최초의 노정교섭을 전개한 것이다. 그러나 공공기관 경영혁신에 대한 강한 입장을 견지한 기획예산처는 국회 중재에도 불구하고 입법 예고된 내용 중심으로 입법 강행의 의지를 계속 밝혔다. 정산법 내용(특히 경영평가)에 대한 의견 대립이 강하게 제기된 상황에서,[28] 6월 12일 3차 교섭까지 진행되었지만, 공대위가 요구한 사항에 대해 기획예산처가 입법 예고된 내용대로 국회 법안 심의를 계속 내세우는 바람에 결국 교섭은 별다른 성과를 내지 못하고 마감되었다. 당시 국가 재정을 운영하는 기획예산처는 국민의 대표기관인 국회의 의견조차 그리 무겁게 받아들이지 않는 분위기였다.

정산법 제정과 관련한 노정교섭이 성과없이 매듭지워진 이후 8월에 공대위는 국회 운영위원장 면담을 통해 국회 법안 처리시 공대위의 의견을 반영하겠다는 약속을 받아낸다. 이에 따라 공대위는 법안 처리시 병행 논의를 위해 3조직 조합원들의 서명을 받아 10월 16일 대체입법을 발의했다. 공공서비스 확대 및 공공부문 지배구조 민주화를 주요 내용으로 하는 공공부문 노조 조직이 발의한 최초의 입법(안)이었다.[29]

국회 운영위원장 면담을 통해 정부 법안과 대체 법안의 병합 심리를 약속받은 공대위는 이후 11월 18~19일 소관 상임위(운영위원회) 소속 의원들의 전 지구당사 점거 투쟁을 거쳐 국회 결의대회를 통해 대체 법안의 관철을 요구했다. 결국 국회는 정부 법안을 토대로 대체 입법안의 일부를 시행령에 반영하는 것으로 절충하여, 12월에 의결을 완료했다. 공공기관노조와의 역사상 최초의 노정교섭을 거쳤던 정산법은 2004년 4월 1일부터 시행되었다.[30]

---

28 노조 공대위는 노정간 합의를 통한 정산법 국회 처리 및 관리 중심이 아닌 정부산하기관의 진정한 개혁과 공공성 강화를 위한 내용 설정 등을 공식적으로 요구했다.

29 새천년민주당 전갑길의원이 대표로 발의한 대체입법(안)은 "정부산하기관의 민주적 운영과 공공서비스 증진을 위한 법률(안)'으로서, △정부산하기관운영위원회의 민주적 구성 및 노조(노동단체) 대표 참여 △정부산하기관 이사회 구성 및 임원추천위 구성시 노조 추천권 인정 △예산편성기준 및 경영평가기준 설정시 노조(노동단체)와의 사전 협의 등이 포함되었는데, 이후 공공기관 지배구조 민주화 투쟁의 기본 틀로 작용한 것이었다. 이 법안을 공공연맹이 기획하면서, 이후 공공기관 지배구조 민주화를 위한 정책적 토대가 구축되는 계기가 되었다. 또한, 1990년대 후반 공노대 활동이 마감되고, 2000년 공공연대의 공동투쟁이 무산된 이후 양 노총 공공부문 조직이 최초로 연대하여 공동으로 입법안을 도출한 의미있는 노력이었다. 이후 현재까지 진보적 연구자(사회공공연구원 포함)들이 공공기관 지배구조와 관련한 여러 연구결과를 발표했지만, 2003년 당시 대체입법(안)의 기본적 흐름이 아직도 유효하게 작용하고 있다(필자 주).

30 정산법 시행령에 포함된 대체입법(안) 내용은, 정부산하기관운영위원회 노동단체 참여 및 기관장추천위원회 구성시 노동단체 추천 등이었는데, 이를 시행령에 정부가 반영하도록 국회 운영위원회가 의결했다. 비록

2) 정산법 시행을 둘러싼 지배구조 민주화 투쟁

2003년 12월 정산법 국회 의결로 인해, 2004년 1월 정산법 공대위는 해소되고, 정산법 시행령 대응을 위해 공공연맹과 민주노총은 독자적인 대응에 나섰다. 이같은 민주노총과 공공연맹의 독자적인 대응은 공공연맹(위원장 이승원)과 한국노총 공공부문 조직과의 인식 차이로 인한 것이었다. 공공연맹은 정부가 적정한 수준에서 노정교섭의 형식으로 개입하는 '민주적 지배구조' 확보를 주요한 요구로 제기한 반면, 한국노총 공공부문 조직은 '자율 경영 확보' 차원에서 정부 개입 최소화를 요구하고 있었다. 한국노총 조직들의 이같은 주장은 과거 공공기관노조들이 내세웠던 '자율 교섭' 요구의 연장 선상에 있었던 것이다.

공공연맹은 △정부산하기관운영위원회 노조대표 참여 △경영평가 기준 설정시 사전 노정협의 △기관장추천위원회 노동계 직접 참여를 관철시키로 하고, 5월 정부종합청사 앞에서 사무금융연맹(위원장 곽태원)과 함께 총력결의대회를 진행하였다.[31] 정산법 시행 초기에 대체입법안 내용(시행령)을 무시하고 낙하산 인사가 기승을 부리자, 공공연맹·사무금융연맹·공공서비스노련 등 3연맹은 연대의 흐름을 잠시 복원하여 공공부문 지배구조 개선을 위해 공동투쟁에 나설 것이라고 밝혔다.[32] 이에 민주노총은 6월 11일 공공연맹 등이 제안한 '낙하산 인사 저지·

정산법에 바로 포함하지 못한 한계는 있었지만, 우리나라 공공기관 운영 역사상 최초로 공공기관 정책 결정 및 개별 기관 인사 추천에 노조를 참여시킨 매우 뜻깊은 결정이었다.

정산법의 시행 대상인 정부산하기관은 이미 관리법 체계가 설정된 정부투자기관 및 정부출연연구기관을 제외한 공공기관들이었다.

31 정산법 시행령에 명시된 '정부산하기관운영위원회 노동계 참여'와 관련하여, 기획예산처는 노동조합(상급단체)의 직접 참여를 배제하고 노동부문 전문가(학계) 추천으로 제한했다. 공공연맹은 민주노총의 지원(총연맹의 총리실·기획예산처 협의) 아래 노동조합의 직접 참여를 요구했으나, 당시 3조직(정투노련·공공서비스노련·공공건설노련) 통합이 진행되던 한국노총의 공공 조직은 기획예산처의 요구대로 학계 전문가를 추천했다. 민주노총은 5월 19일 위원장(이수호)과 기획예산처 장관(김병일)과의 협의 끝에 상급단체(총연맹)의 직접 참여가 결정되었고 사무총장(이석행)이 6월부터 직접 참여했다. 이후 민주노총 집행부가 2005년 10월 총사퇴하자, 재협의 끝에 2006년 3월부터 공공연맹 위원장(양경규)이 참여하였는데, 결과적으로 이러한 직접 참여로 인해 정부산하기관운영위원회 의결 이전에 자연스럽게 노정협의가 이뤄지는 계기가 되었다. 이러한 노동계 직접 참여는 공공기관운영법 시행(2007년 4월) 이후 법에서 명시적으로 배제되었다.

32 2004년 5월~6월 당시 한국전기안전공사·대한지적공사·에너지관리공단·국립청소년수련원·과학기술기획평가원 등에서는 기관장추천위원회에서 의결한 기관장 추천 후보를 정부가 계속 배척하거나, 기관장추천

민주경영 쟁취를 위한 양대노총 공동대책위 건'을 의결하며 민주노총이 앞장서기로 했다.

당시 공공연맹은 위원장 사퇴로 인해 사업 집행에 어려움을 겪고 있어서 정산법 시행령 대응은 정부산하기관노조 대표자들 중심으로 진행할 수밖에 없었다. 7월에 공공연맹은 경영평가 방법과 기준 설정 절차를 기획예산처가 일방적으로 진행하자, 사무금융연맹과 공동으로 기획예산처 규탄 결의대회를 전개했고, 결국 정부산하기관운영위원회는 노조와 사전 협의하여 진행하기로 의견을 모았다.[33]

공공연맹에서 계속 문제를 제기한 2004년 정부산하기관 경영평가 기준은 9월에 운영위원회 의결을 거쳐 확정되고, 이후 2005년 검증 절차(평가토론회 등)를 거쳐 다시 개선키로 하면서 논의를 마감했다. 2004년 하반기에 예산지침과 2005년 경영평가 기준을 놓고 공공연맹은 정부산하기관운영위원회를 매개로 사실상의 상설적 노정협의 공간을 확보했다.[34] 다만, 2005년부터 총인건비 인상율 관리 등 정부투자기관·산하기관의 임금 억제 방침은 훨씬 더 공고해지고 있었다.

3) 공영 방송 KBS에서의 지배구조 민주화 투쟁

공공부문 관리법 체계에 포함되지 않지만 주요 공공기관인 KBS에도 지배구조 민주화에 대한 요구가 나타나기 시작했다. 이 민주화 흐름을 이끈 것은 KBS노조였다. KBS노조는 1990년 전개했던 '관제사장 저지 투쟁'의 역사를 2003년도에 재연했다. 1998년 4월 정부가 임명한 박권상사장은 노조의 '방송 민주화' 개혁 열망에도 불구하고 5년여의 임기 동안 권위주의의 유

위원회 구성시 노조 추천을 배제하고 있어서, 정산법의 시행 취지를 정면으로 거스르는 흐름이 나타나고 있었다.

33 7월 30일 정부산하기관운영위원회에서 노동계 위원(민주노총 사무총장)의 강한 문제 제기에 따라, 경영평가 기준 설정을 위한 소위원회 구성을 의결하고, 노조대표(민주노총 사무총장, 공공연맹 부위원장)와 기획예산처 공공혁신본부장, 민간 운영위원(정부혁신추진위원회 소속) 등이 참여하여 사전 협의를 거치도록 했다.

34 이 당시 정부투자기관의 2005년 예산편성지침 및 경영평가기준은 노사정위 공공특위의 형식적 의견 수렴을 거쳐 정리하고 있는 상황에서, 정부산하기관 예산편성기준에 대해서는 운영위원회 내 논란(민주노총 위원 문제 제기)을 예방하기 위해 노정협의를 거치는 구조가 형성되었다. 당시 한국노총(공공노련)은 정부산하기관의 예산편성기준도 노사정위 공공특위를 통한 의견 수렴을 요구했으나, 정부산하기관 운영위원회에 참여하고 있는 민주노총(공공연맹)은 이를 인정치 않았다. 노사정위 공공특위 논의구조는 정부산하기관 운영위원회에 비해 기획예산처의 책임 면에서 비교가 안될 만큼 취약했기 때문이다.

산만 그대로 남긴 채 2003년 노무현정부 출범 직후 3월에 물러났다. KBS노조(언론노조 KBS본부)는 공정하고 투명한 사장 선임을 위한 '사장추천위원회' 구성을 KBS 이사회에 제안했고, KBS 이사회도 이같은 제안을 수용하여 '개방형 국민추천제'를 도입하겠다고 밝혔다.

그러나 KBS 이사회는 '선 내정, 후 제청'의 거수기 역할만 한 채 2003년 3월 22일 이사회에서 일치감치 내정설이 나돌던 서동구(노무현 대선후보 언론특보)를 후보로 임명 제청하기에 이르렀다. 이에 노조(위원장 김영삼)는 '서동구 임명 제청 반대를 위한 철야농성'에 돌입했고, 급기야 〈KBS 1990년 4월 방송민주화투쟁 구속동지회〉가 시국 성명서를 발표하면서 대통령의 서동구 사장 임명 제청 거부를 요구하기에 이르렀다. 서동구사장은 3월 28일 간부 직원들을 동원하여 강제로 진입했고, 노조는 집행부 삭발과 함께 곧바로 전면 파업 돌입을 준비했다.

언론노조와 민주노총이 규탄 성명서를 발표하고 노조가 4월 2일부터 파업 찬반투표에 돌입하자, 노조의 단결된 분위기 앞에 결국 서동구사장은 사의를 표명했다. 노조를 비롯한 시민사회단체의 거센 반발에다, 강제 출근에 따른 여론 악화로 출범 초기의 노무현정부에 정치적 부담으로 작용할 것이라는 분위기가 작용한 것으로 풀이된다. 노무현대통령은 KBS노조위원장, 언론노조 위원장, 민주언론운동시민연합 사무총장 등을 청와대로 초대하여, 서동구 사장 사표 수리 및 이사회의 자율적 사장 선임 등을 약속했다. 4월 23일 KBS이사회는 정연주(전 한겨레 논설주간)를 새로운 사장으로 제청하였다.[35] 1990년 4~5월의 관제 사장 임명 파동으로부터 13년 만에 비로소 공영방송 사장이 '권력의 낙하산'으로부터 독립한 것이었다. 그러나 KBS 이사회는 정권 교체(이명박정부 등장) 이후 또다시 권력에 기생하는 조직으로 전락하기에 이른다.

4) 정부산하기관의 경영평가를 둘러싼 노정간 갈등

2005년 1월 새로 들어선 공공연맹 집행부(위원장 양경규)는 그동안 연맹위원장의 사퇴 등으로 이완되었던 조직력과 투쟁력을 극복하고 본격적으로 정부의 공공부문에 대한 공세에 맞서는 투쟁을 준비한다. 2005년 3월 공공연맹은 〈정부산하기관의 민주적 경영평가 쟁취를 위한 공공연맹 대책위원회〉를 구성하여, 당면한 2004년 정부산하기관 경영평가에 대한 공동 대응을 준비하였다. 기획예산처가 2월에 '정부산하기관 2005년도 예산관리기준(안)'을 발표하자, 민주노총 사무총장(산하기관운영위원), 공공연맹 위원장 등은 이러한 예산관리기준이 정부산하기관을 과도하게 통제하는 것이라는 판단 하에 기획예산처 장관을 항의방문했다.

---

35 KBS의 정연주 사장은 5년 뒤 이명박정부가 들어선 직후 강제로 해임당하게 된다.

공공연맹은 2004년의 정부산하기관에 대한 경영평가가 잘못 진행(경영실적보고서의 허위 제출, 평가단의 사전 개입 등)된 사실이 드러나자, 6월 경영평가 결과 발표를 앞두고 기획예산처와 협의한 끝에 2004년 경영평가 관련 평가토론회를 공개적으로 실시키로 했다. 이에 따라 2004년 9월 26일 기획예산처는 '2004년도 산하기관 경영평가결과 및 개선방향' 토론회를 개최했다. 500여명이 참여한 가운데 정부, 경영평가단, 관련 전문가, 노조(민주노총) 대표 등이 쟁점 토론회를 전개하여, 공공기관 경영평가 전반의 문제점을 공유하는 계기를 만들었다.[36]

9월의 경영평가 토론회 결과에도 불구하고, 10월에 다시 기획예산처가 2005년 정부산하기관·투자기관 경영평가지표를 다시 이전 지표와 동일하게 서면 심의로 개악해 확정하였다. 이어 11월에는 2006년 정부산하기관·투자기관 경영평가지표마저 일방적으로 확정하여 통보하자, 공공연맹과 민주노총 산하 정부산하기관노조 대표들은 총력투쟁 결의대회를 통해 기획예산처를 규탄했다.[37] 특히, 2006년 경영평가지표에는 이후 이명박정부에서 악명을 떨쳤던 '노사관계 선진화'의 단초로 작용한 노사관리 지표가 처음 모습을 드러냈다. 성과관리 보수체계, 단체협약 적정성, 노조전임자 운영 등이 포함된 것이었다.[38]

---

36 민주노총 대표로 공공연맹 부위원장이 주제 발표자로 참여하여 세부평가지표, 평가방법 및 결과 전반의 문제점을 제기하며 평가제도의 근본적 개선이 필요하다는 점을 밝혔다. 지금까지 경영평가가 정부와 시장주의자들의 '놀이터'로 자리잡은 상황 속에 대안적 문제 제기가 처음 공식적으로 이뤄진 것이다. 특히 처음 실시된 산하기관 경영평가에서 지나치게 수익과 성과 중심의 평가에 집중한 나머지 공공적 투자나 사업을 중점적으로 전개한 공공기관이 평가에서 불리하게 작용하고 있는 현실이 드러났다. 당시 경영평가단 대표로 참석한 계량평가 책임자는 공공기관의 생산성 평가에서 '상업적 부가가치' 중심의 기업평가 원리가 작동된다는 점을 인정하고, 공공기관 평가에 걸맞는 '공익적 부가가치' 평가지표가 마련될 필요가 있다고 고백한 바 있다. 물론 이 평가단원의 고백은 이후 20년을 눈앞에 둔 지금까지 재정당국(현 기획재정부)에서 제대로 검토조차 하지 않고 있다.

37 10월 17일(서면심의) 및 11월 10일의 산하기관운영위원회에는 민주노총 대표(사무총장)가 민주노총 임원 총사퇴(수석부위원장 비리 관련)로 인해 참석치 못함으로써, 운영위원회의 자의적 운영을 막지 못했다. 이후 기획예산처가 노동계 운영위원의 교체를 반대하다, 2006년 3월 이후 공공연맹 위원장(양경규)이 1년간 운영위원으로 참여했다. 2007년 이후 시행된 공공기관운영법에서는 운영위원회의 노조 대표 참여를 원천적으로 봉쇄하여 이후 노동계 대표가 직접 공공기관 주요 결정기구에 참여하는 관행이 단절되었다.

38 공공연맹 지배구조 특위에서는 '정부산하기관 경영평가 연구' 보고서를 발간하여, 노동·진보진영이 경영평가 개선과 관련하여 최초의 대안적 연구 결과를 발표하였다. 공공연맹·민주노총·민주노동당 등의 정책활동가들이 참여한 연구보고서에서 '민주적 지배구조' 담론을 최초로 구체화하는 계기를 만들었다.

5) 공공기관운영법 제정 대응과 민주적 지배구조 담론 확산

공공기관에 대한 경영혁신이 정부와 제도언론에 의해 전방위적으로 제기될 즈음인 11월 25일 기획예산처가 '공공기관 지배구조 혁신 공청회'를 한국개발연구원(KDI)에서 개최하려다 한국노총과 공공연맹의 반대로 무산되었다. 2006년에 구체화된 '공공기관 운영에 관한 법률'(공운법)의 제정을 위한 첫 단추였다. 기획예산처는 9월 경영평가 토론회 이후 경영평가 제도 개선 요구를 묵살하고, 2005년과 2006년의 경영평가 지표를 일방적으로 결정한 것도 모자라, 이제는 정부산하기관과 정부투자기관을 하나의 관리체계로 묶고, 더욱더 강도 높은 시장화 체제를 완성하려는 의도를 드러내고 있었다.

2006년 들어 공공연맹은 〈사회공공성 강화와 공공부문 지배구조 민주화를 위한 특별위원회〉(지배구조 특위)를 재구성하여, 전체 정부산하·투자기관 및 정부출연기관, 지방공기업을 망라한 전체 공공기관의 지배구조 개선 투쟁을 본격화하였다. 그간 지방공기업노조들은 공공연맹 밖에서 개별적(서투노협)으로 사업하거나, 다른 조직(예, 지방공기업연맹)과 연대하는 이반 흐름이 나타나고 있었기에 정부산하기관 사업 경험을 바탕으로 아우르기로 한 것이다. 3월 기획예산처는 지배구조특위와의 간담회를 통해, 전체 공공기관에 대한 통합관리 법안(공공기관운영법)의 입법 예고와 함께 중앙정부 산하 공공기관 213개 기관에 대한 혁신평가를 제도화하겠다고 밝혔다.

공공연맹은 5월 기획예산처 앞 확대 간부 결의대회를 통해 갈수록 시장화 흐름을 확대하는 기획예산처의 정책 흐름을 바꾸기 위해 강력한 투쟁이 필요함을 공유하고 7월 총력투쟁(총파업 포함)을 선포했다. 이와 동시에, 민주노동당과 공동으로 6월 13일 공공기관 지배구조 민주화를 위한 정책토론회를 개최하여 공공기관운영법 제정에 대한 공동 대응을 준비하기 시작했다.[39] 노무현정부는 공공기관의 조직·인사·보수·노사관리 등의 각 영역에서 [표6-1]에서와 같은 시장화 체제의 운영 원리('경영 합리화')와 관련한 정책 방향을 제기했고, 이 정책방향은 정부투자·산하기관의 경영평가지표, 혁신수준 진단 등에 반영되었다.

---

39 공공연맹과 심상정의원실(민주노동당) 공동 주최로 열린 공공기관 지배구조 개선 토론회에는 공공연맹 부위원장과 민주노동당 진보정치연구소 기획국장이 공동 발제를 맡았고, 참여연대·기획예산처·공기업 관계자 등이 토론자로 참여했다. 토론과정에서 시민사회단체는 정부의 공공부문 구조조정(민영화 등)을 비판함과 동시에, 공공기관노조의 폐쇄적 노사 담합 등의 문제를 제기하며 공공부문노조의 내부 혁신 노력도 필요하다고 밝혔다.

이후 2007년 4월 공운법 시행에 따라 정부의 '공공부문 경영합리화' 방향을 주요 내용르로 하는 '공공기관경영혁신추진지침'이 2007년 7월에 구체화되는데, 이 내용은 고스란히 이명박정부의 '공공기관 선진화' 정책의 주요 과제로 발전되었다. 물론 공공기관 경영혁신을 주도한 참여정부의 기획예산처 관료들이 이명박정부의 정책을 주도하며 국정과제에 이를 반영한 탓이기도 하지만, 공공기관 개혁의 내용과 방법을 제대로 갖지 못한 노무현정부의 시장화 중심 국정운영 한계를 그대로 반영한 것으로 볼 수 있다. 특히 이 시기에 구체화된 '노사관리의 합리화'는 내용 그대로 2009년 이명박정부의 '노사관계 선진화'의 과제로 반영되었고, 이어 2013년 박근혜정부의 '공공기관 정상화'의 주요 과제로도 이어졌다.

한편, 6월 19일 기획예산처는 '2005년도 정부투자기관 경영평가' 결과를 발표했는데 공공성과 민주주의를 훼손하는 내용이 포함되었다. 14개 기관 중 1위는 전 직원 연봉제와 임금피크제를 도입한 한국토지공사가, 3위는 대규모 인력 감축(톨게이트 영업직 1,000여명의 외부위탁)을 실시한 도로공사가 차지했다. 반면, 처음으로 경영평가를 받은 한국철도공사는 3월 철도노조의

표6-1 공운법 제정 과정에서 나타난 정부의 '공공부문 경영합리화' 방향

구분	구체적인 추진 내역
조직운영의 합리화	- 비 핵심 업무의 외부위탁 활용 - 성과 중심의 팀제 추진 - 자회사 신설 억제 및 매각 추진 - 전사적 자원관리시스템(ERP) 등 민간경영 기법 도입 - 예산·성과의 균형성과관리체계(BSC) 확대
인사관리의 합리화	- 인력의 필요 최소한 운영 및 기관의 핵심업무 중심의 인력 운영 - 정원외 인력 및 노조 전임 인력의 최소화 - 다면평가 등을 통한 인사 차등 및 인센티브 활성화 - 기관장 추천 및 공모제 활성화
보수관리의 합리화	- 기본급의 축소 및 성과급 확대(호봉제 폐지 및 연봉제 도입, 차등성과급 확대) - 임금 구조 단순화(수당 신설 억제) - 복지성 임금의 축소(경조금, 개인연금, 학자금, 주택지원 등) - 성과 예산(수익 사업, 용역 등)의 일괄 집행 금지 - 퇴직연금제, 임금피크제 등의 도입
노사관리의 합리화	- 노조전임자 축소 및 직원수 대비 적정 지원 - 노조활동 보조(노조 사무인력, 사무실 및 차량 지원) 축소 - 노조간부 인사특례(평정 특례, 징계 제한 등) 철폐 - 노조 경영참여(채용·승진·징계·정리해고 등) 배제 - '노사관계 선진화' 기조 실천(예, 노사평화선언 등)도

자료: 박용석(2006)

전면파업에 대한 부정적 평가가 작용하여 꼴찌를 차지했다. 노정간 협의로 공공부문의 지배구조(경영평가, 임원 추천 등) 개선을 꾸준히 추진해왔던 공공연맹 입장에서는 이같은 정부투자기관 경영평가를 통해 노무현정부가 시장화 중심의 공공부문 운영 체계를 완전히 고착화시킨 것을 목도할 수밖에 없었다. 이로 인해 공공연맹 내부에서는 7월 총파업 및 총력투쟁으로 기획예산처를 압박할 필요가 있다는 목소리가 전반적으로 확산되었다.[40]

7월 1일부터 공공연맹은 대정부 협약을 위한 교섭 촉구와 지배구조 민주화를 요구하며 기획예산처 앞에서 집회 투쟁과 농성을 시작했고, 7월 12일 기획예산처 앞에서 최대 규모의 2006년 공공부문노조 총파업투쟁 집회를 진행하게 된다. 이 집회는 △기획예산처의 공운법의 일방 제정 저지 및 경영평가의 민주적 개선 △행정자치부의 지방공기업 경영평가 개악 저지 △노동부의 필수공익사업장 쟁의행위 제한(필수유지업무) 등 전체 공공기관의 당면 과제가 모두 망라된 것으로서, 공공부문 노동자의 참여정부에 대한 불만이 폭발된 투쟁이었다.

공공연맹은 9월 열린우리당 공기업개혁단 공청회 및 11월 국회 운영위원회 주최 토론회에서도 공운법의 제정 배경 및 주요 법안 내용의 위험성에 대해 거듭 문제를 제기했다. 정부가 계속 개선 요구를 무시하자, 11월 16일에는 민주노동당 최순영의원과 함께 기자회견을 열고 대체 법안('공공기관의 민주적 운영과 공공서비스 증진을 위한 기본법')을 발의했다. 민주노총 총파업이 진행된 11월 28일에는 "공공기관 관리기본법 저지! 대체입법 쟁취! 기획예산처 규탄 공공연맹 결의대회"를 전개했다. 이러한 투쟁에도 불구하고, 정부의 공운법 제정 강행이 본격화되면서 국회는 12월 8일 상임위원회 의결을 거쳐, 12월 22일 본회의에서 공운법(안)을 최종 의결했다.

공운법에서는 임원추천위 구성 범위를 전 임원에 확대한 반면, 정산법(시행령)에 반영되어 공공기관 지배구조 민주화의 단초를 마련했던 운영위원회의 노동계 참여를 원천 봉쇄하였다. 5월에 노사정위 공공특위에서 한국노총과 합의한 내용 또한 제대로 반영되지 않았다. 대신 공공기관의 기능조정·경영혁신 등의 내용이 대폭적으로 확대 반영되었다. 공공부문에서 소유구조 개편(민영화·매각 등)을 최소화하고 기업경영 원리에 입각한 '경영 합리화'에 주력했던 노무현정부의 공공부문 정책이 이 법으로 거의 완성되기에 이른 것이다. 이 법의 해악성은 이후 이명박·박근혜정부에서 극명하게 드러났다.

---

40 철도공사에 대한 경영평가에서 KTX승무원 등의 관리(출자회사 관리) 및 노조 파업에 따른 경영관리 시스템 미흡이 전체 평가지표의 평가 결과에 반영되어, 1차적으로는 철도공사의 경영관리에 대한 부정적 평가를 한 것이었으나, 결과적으로 노조활동(파업)에 대한 부정적 평가의 대표적 사례로 작용한 것이었다.

민주노총 공공연맹이 7월 총파업투쟁, 11월의 대체입법 발의 및 총력투쟁을 진행할 당시, 한국노총 공공노련은 민주노총 공공부문 조직과의 연대를 기피하면서 공운법 제정을 전면 반대하는 기조로 일관했다. 한국노총의 이러한 문제 의식은 11월 국회 토론회 및 노동자대회('자율경영 쟁취 공공노동자 결의대회') 등을 통해 구체화되었다. 그러나 이미 5월 말에 한국노총이 참여한 노사정위 공공특위에서는 일부 내용을 개선하는 수준에서 사실상 공운법 제정을 수용하는듯한 흐름이 나타나고 있었다.[41] 한국노총(공공노련)은 공공기관 지방이전에 대해서도 한편에서는 전면적인 반대 투쟁을 선언하면서도, 정작 먼저 정부와 교섭을 완료하는 태도를 보였다.

공공기관 지배구조 민주화 투쟁은 공공연맹이 공공기관 전체의 사업과 투쟁을 포괄하는 방침 하에 추진된 것이지만, 직접 현장 단위노조의 경제적 이해와는 연결되지 않아 총파업 투쟁으로 발전하는 데는 한계로 작용했다. 이는 1999년 공공연맹 출범 이후 각 노조들의 투쟁이 갖는 한계와 무관치 않다. 공공연맹으로 공공기관 민주노조들이 계속 집결되는 상황에서 공공기관노조들은 끊임없이 연대파업 등의 투쟁을 계속했지만, 다른 한편에서는 개별화 흐름도 나타났다. 노무현정부 하에서 소유구조 개편 대신 경영합리화 흐름으로 자리잡은 정부 정책 앞에 기업별 양보교섭이 나타나고, 경영평가 등으로 인해 연대의 약화 흐름이 이어졌기 때문이었다. 그러나 이러한 상황 하에서도 공공기관의 시장화에 맞서는 개별 노조들의 투쟁은 노무현정부 하에서도 끊임없이 이어졌다.

6) 에너지노조들의 시장화(경영합리화) 저지 및 공공성 확보를 위한 투쟁

• 전력산업 구조개편에 맞서는 발전노조의 투쟁

2002년 발전노조 파업이 마무리된 후 2003년에 출범한 노무현정부는 공기업 민영화를 신

---

[41] 9월의 열린우리당 공청회 및 11월의 국회 토론회에 공공연맹은 민주적 지배구조(△공공기관운영위 민주적 운영 △이사회 및 임원추천위원회 구성시 노동계 추천 △경영평가 및 경영지침 제정시 사전 협의 등)와 관련한 구체적 쟁점을 명확히 제시했으나, 한국노총 공공노련은 직접 참가하지 않고 대리 토론(노동사회연구소 부소장)을 통해 기획예산처의 권한 집중의 문제점과 함께 OECD 가이드라인을 앞세운 '자율경영'주장을 밝혔다. 이보다 앞서 5월 30일 노사정위 공공특위에서는 이전 정산법 제정 논의시 공론화된 운영위원회, 공공기관의 이사회 및 임원추천위원회 노조 추천 등을 공운법(안)에 반영토록 의결하여 국회에 제출하였다. 2006년 공운법 제정 대응 기조의 차이(공공기관 지배구조 민주화 ↔ 공운법 논의 반대)로 민주노총(공공연맹)과 한국노총(공공노련)의 공공부문은 연대사업을 지속하지 못했고, 9월 한국노총의 노사정 합의 이후에는 사실상 연대 활동이 중단되었다.

중하게 추진하기로 했으나, 이미 발전 분할 매각의 기존 방침에 따라 남동발전의 매각이 추진 중에 있었다. 이에 〈국가기간산업 사유화저지 2기 공동투쟁본부〉(사유화저지 2기 공투본)은 2003년 1월 28일 남동발전(주) 매각 중단을 위한 긴급 기자회견을 대통령직인수위원회 앞에서 개최하였고, 2월부터 발전노조(위원장 이호동)는 농성에 돌입했다. 2월 10일 영흥화력·분당복합화력에 예정된 실사와 2월 19일 삼천포화력의 실사단 투입이 예정되어 있었으나 발전노조 조합원들의 완강한 저항에 부딪혀 무산되었다.

4월 1일 최종입찰서 제출을 앞두고 남동발전 경영권 입찰에 참여한 4곳이 입찰 불참 의사를 전해옴에 따라 정부와 한국전력공사는 남동발전 매각을 결국 중단키로 했다.[42] 한편 2003년 10월 서울지방법원은 동서발전(주)이 노조를 상대로 제기한 손해배상 청구를 기각했다. 발전노조는 이를 계기로 노조 탄압으로 위축되었던 현장 분위기를 일신하고 다시 공세적 활동으로 전환하기 시작한다.

발전노조의 투쟁으로 정부의 전력산업 구조개편 정책이 지닌 한계가 공론화되고, 실제 발전 매각이 저지되는 성과가 가시화됨에 따라, 전력계열 노조들의 일상적 연대사업도 구체화되기 시작했다. 2003년 3월부터 시작된 전력계열 노조들의 연대사업은 7월 들어 8개 노동조합(발전·전력·한수원·한전기술·한전기공·파워콤·원전연료·KDN) 중심으로 〈전력계열 노동조합 연대회의〉(전력연대)를 구성하기에 이르렀다. 전력연대는 2004년 6월 한국전력 앞 결의대회를 통해 전력부문의 공동 요구(인력 충원, 구조조정·분할매각 철회 등) 쟁취를 위한 공동투쟁을 결의하였다.

한편 한국노총이 참여하고 있었던 노사정위원회(노사정위) 공공특위의 논의 결과 전력의 배전 분할이 중단되기에 이른다. 노사정위 공공특위는 2003년 8월 배전 분할을 의제로 설정하고 공동연구단을 통해 전력산업 구조개편 관련 타당성을 검토키로 했다. 공동연구단은 2003년 10월부터 2004년 5월까지 해외 전력사 방문 등을 거쳐 배전 분할 중단 및 독립사업부제 도입을 권고하는 연구 결과를 발표한다. 노사정위는 공공특위에서 이 연구결과를 채택했고, 본회의에서 6월 30일에 이를 의결하였다. 정부가 노사정위 의결 결과를 수용하여 배전 분할은 결국 중단되기에 이른다.

이러한 배전 분할 중단은 1차적으로 전력노조가 노사정위 공공특위 활용을 통해 전력산

---

42 남동발전의 매각 중단은 2002년 파업과 2003년의 실사 저지투쟁을 힘있게 추진한 발전노조의 노력의 산물이었다. 물론, 공공기관 구조개혁을 소유구조 개편에서 내부 운영구조 개편으로 선회한 노무현정부의 정책 방향도 일정 부분 작용했다.

업 구조개편의 부당함을 공론화한 결과로 볼 수 있지만,[43] 발전노조 등의 투쟁을 통해 민영화의 문제점을 사회적으로 공론화시킨 결과가 반영된 점은 부인하기 힘들 것이다. 2002년 발전노조의 장기 파업과 2003년의 남동발전 매각 저지 투쟁의 성과가 노무현정부의 전력산업 민영화 추진의 발목을 잡았고, 이러한 투쟁의 성과에 힘입어 배전 분할 중단에 대한 사회적 공감대가 이뤄졌다고 볼 수 있을 것이다.

2003년 남동발전 매각이 무산된 이후 정부는 민영화 추진을 중단하는 대신 공기업 운영구조 개선의 취지아래 발전회사의 '경영합리화'(인력감축·외주화 등)를 추진하기 시작했다. 그리고, 1차적 대상은 우선적으로 매각을 추진했던 남동발전에서였다. 이후 발전사는 참여정부의 공공부문 구조개편 방향 전환에 따라 철도공사와 더불어 주요한 경영혁신 대상으로 자리잡았다. 발전 산업에 다단계 위탁구조가 만연하고 비정규직이 확산되었던 것이 바로 이러한 정책의 산물이었던 것이다.

한편 남부발전에서는 구조조정의 일환으로 순환근무 시행을 통해 근무 형태를 개악하는 움직임이 '경영합리화'이름 아래 나타나고 있었다. 이에 발전노조(위원장 신종승)는 2005년 7월부터 남동발전 구조조정을 저지하고, 남부발전의 순환근무 시행 및 강제 발령 철회를 위한 본사 농성을 시작했다. 9월 이후 다른 발전사들도 구조조정 및 순환근무를 일방적으로 시행하려는 움직임을 계속했지만, 발전노조의 각 본부와 지부들의 투쟁이 계속되면서 이러한 구조조정은 더이상 시행되지는 못했다. 발전노조의 거듭된 투쟁으로 2005년 단체교섭에서는 일부 해고자 복직 및 인력 충원 등의 성과를 냈다.

2006년 2월 발전노조에는 발전5사 통합을 구조개편 대안으로 내세운 새로운 집행부(위원장 이준상)가 자리잡았다. 그러나 집행부 교체 이후에도 정부(산업자원부)의 경영효율화 및 구조조정 공세가 계속되고 있고, 발전노조의 주 요구인 인력 충원, 해고자 복직 등을 포함한 임단협 교섭 역시 난항을 겪고 있었다.

43　당시 전력노조위원장이었던 김주영의원(더불어민주당)은 필자와의 인터뷰에서 발전 분할은 이미 이뤄진 상태였고, 배전 분할은 아직 이뤄지지 않은 상황에서 전력노조의 투쟁과 노사정위 공공특위 논의를 통해 배전 분할 중단의 성과가 나타났다는 점을 강조했다. 발전노조의 투쟁이 민영화의 문제점을 사회적으로 공론화한 점은 인정하나, 배전 분할 중단이 발전노조 투쟁의 직접적인 성과로 보기는 어렵다는 의견이었다. 2000년 12월 전력산업구조개편 관련 법률이 의결된 상태에서 정부 차원에서는 노사정위 의결이라는 절차를 통해 이를 수정한 것으로 본 것이다(김주영, 2010)

이러한 가운데, 7월 12일 공공연맹 총파업투쟁에 발전노조 현장 간부들이 집회에 참가하자, 각 발전사는 근무 태만을 이유로 조합원 징계를 구체화하기 시작했다.[44] 이에 발전노조는 8월 초부터 전 지부 농성과 한국전력 본사 앞 총력결의대회를 거친 후 8월 24일 쟁의행위를 결의했다. 이후 교섭이 계속 공전되자 발전노조는 △5개 발전회사 통합 △인력충원과 교대근무자 주5일제 시행 △해고자 복직 △구조조정 계획 철회 등을 요구하며, 9월 3일 파업 전야제를 가졌다.

파업 선언을 앞두고 9월 3일 중앙노동위원회가 직권중재 회부 결정을 내리자 발전노조는 9월 4일 전면 파업에 돌입했다. 교섭 막판에 형성된 노사간 핵심 쟁점은 △2002년 파업에 따른 해고자 원직복직 △5조3교대를 통한 완전한 주5일제 시행 △4직급(과장급)의 조합 가입 의무화 등이었다. 파업 직전 사측이 교섭에 성의를 보이지 않고, 7월 12일 집회 참여에 대한 징계 방침을 내려진데다, 직권중재 결정까지 내려지면서 노조는 결국 이에 맞서 전면 파업에 돌입했다.

노조가 파업에 돌입하자 발전사들은 파업 파급을 우려하는 정부의 눈치를 보며 직권중재와 관계없이 핵심 쟁점에 대해 교섭하겠다는 의사를 밝히면서 노사간 대화 분위기가 형성되었다. 발전노조는 이에 따라 파업 돌입 15시간 만에 현장 복귀를 선언하고 파업을 마무리했다. 그러나 업무에 복귀하자마저 발전사들은 파업 참여를 이유로 10월에 노조간부 20여명을 고소·고발하고 2,000여명의 조합원을 징계하는 등 노조를 전면적으로 탄압하기에 이른다.

이러한 흐름은 2006년 하반기에 이르러 정부가 공공기관에 대한 강도 높은 경영 합리화 방침을 구체화하기 위해 공운법까지 준비하는 당시 정세 흐름과 맞물려 있었다. 정부는 경영합리화에 맞서는 발전노조의 파업에 대해 철도 등과 같이 정부 개혁을 가로막는 행위로 간주하고 강경 대응 방침을 구체화했다. 발전노조가 파업으로 내세웠던 주요한 요구들(△발전사 통합 △인력 충원 △구조조정 계획 철회 등)은 당시 노무현정부의 공공기관(경영합리화) 정책과 직접 부딪히는 의제들인 만큼, 발전노조가 단독으로, 단기간의 파업으로는 가시적 성과를 내기 어려운 것들이었다.[45]

---

44 발전5사는 발전부문 분리 이후 임원 30명, 1·2·3직급 338명, 4급 825명 등 모두 1,200여명이 증원되었지만, 정작 현장의 발전설비 담당 평직원은 늘어난 설비에 비해 인력 충원이 거의 이뤄지지 않았다. 주5일제 도입에 따른 근무형태 개선 및 인력 충원도 제대로 이뤄지지 않아 현장 조합원들의 불만이 계속 높아져갔다.

45 2006년 발전노조 파업은 준비 정도나 대외 여건에서 2002년보다 매우 불리한 여건에서 이뤄졌다. 파업 찬성률도 투표 참가자의 64%에 불과했고, 9월 4일 오후의 파업도 참가율이 40%를 넘지 못한 상황이었다. 여

• 한국전력기술노조와 도서전력노조의 투쟁

1998년부터 2002년까지 줄기차게 파업을 진행하면서 정부의 구조조정(민영화·인력감축·분사화 등)을 끝까지 저지해왔던 한국전력기술노조(위원장 이경목)는 2004년에 또다시 파업에 돌입했다. 회사가 영업이익을 내고 있는 상황에서도 노사 합의를 무시하고 임금을 체불했기 때문이다. 한국전력기술은 과거 1990년대부터 동종 엔지니어링 업계와 비교하여 임금수준 격차가 심각하여 노사간 갈등이 지속되고 있는 상황임에도, 회사는 처우개선은커녕 감사원 감사 결과를 앞세워 이미 합의된 처우 개선 내용까지 이행을 거부함으로써 노조 파업에 '기름을 붓는 행위'를 계속했다.

노조는 7월 13일 노사합의 이행과 삭감된 임금 원상회복 등을 요구하며 16일까지 순환 파업을 계속하고, 7월 21일부터 전면 파업에 돌입하였다. 7월 31일 파업 중단 후 또다시 8월 16일부터 옥쇄 파업 배수진을 친 가운데, 8월 12일에 임금 체불 및 임금협약 등을 합의하며 파업 투쟁을 마감했다. 공공기관에서 파업 횟수로만 보면, 서울대병원노조(지부·분회)·건강보험노조에 이어 세 번째로 많았던 한국전력기술노조는 정부의 전면적 구조조정 및 경영 합리화 공세 속에서도 민영화 및 구조조정을 끝까지 막아낸 흔치 않은 성과를 내었다고 볼 수 있다.

섬(도서) 지역에서 개별적으로 발전·배전을 담당해온 도서전력 노동자들이 2004년 7월 21일 위탁회사(전우실업) 앞 상경투쟁을 시작으로 전면파업에 돌입했다. 도서전력노조(위원장 박상팔)는 1999년 결성되었다. 주로 작은 섬들에 거주하는 사람들에게 전력을 공급(큰 섬들은 한국전력이 직접 전력 공급)하기 위해 처음에는 지방자치단체의 공무원(또는 상용직)들이 발전 설비를 운영하다, 1996년부터는 한국전력 퇴직자들을 중심으로 설립된 전우실업(주)이 위탁 운영하고 있었다. 여기에 종사하는 도서전력 노동자들은 발전회사 노동자들과 동일한 발전업무를 담당해 오고 있지만 고용 및 처우구조의 차별이 극심했다. 이들 노동자들은 외주업체 소속으로 1년 단위 계약직으로 임용되면서, 발전회사 노동자들에 비해 임금 및 복지에서 현격한 차별을 받고 있었다.

도서전력노조는 2004년 6월 상급단체를 공공연맹으로 전환한 이후, 7월 23일 한국전력기

기에는 당시 미합의 쟁점(△해고자 복직 △근무형태 개선 △발전5사 통합 △인사위 참여 등)이 단기간에 합의를 내기 어려운 조건인데다, 파업 돌입과 동시에 언론은 발전회사의 임금수준과 복지(대학생자녀 학자금지원 등)를 앞세워 노조를 공격하는 바람에 발전노조의 파업에 대한 사회적 공감대 확보가 쉽지 않은 상황이었다(필자 주)

술노조와 연대파업 집회를 갖는 등 10일간 파업을 진행했다. 이 파업을 통해 도서전력노조는 △임금격차 해소 △직무수당 인상 및 사내근로복지기금 출연 △파업으로 인한 조합원 징계나 불이익 금지 등을 주요 내용으로 하는 합의를 이루어내는 성과를 거두었다. 2006년 이후 도서전력 노동자들은 발전노조에 소속되어 현재에 이르고 있다. 위탁회사 역시 ㈜제이비시로 회사명이 변경되어 현재에 이르고 있다.

- 한국수력원자력(한수원)노조의 민주노총(공공연맹) 가입 추진 및 실패

발전노조의 투쟁이 계속되는 동안, 한국수력원자력(한수원)노조도 민주노총 가입을 추진하게 된다. 초대 집행부(위원장 김병기)는 대의원대회 결정에 따라 상급단체 가입 여부를 묻는 조합원 찬반투표를 2004년 2월에 실시했다. 원자력 관련 노조들의 민주노총 결정을 위한 집중적인 지원이 있었지만, 민주노총 가입을 염두에 둔 집행부의 방침에 대해 조직 내부에서는 민주노총의 원전 반대(원전수거물 센터 설립 반대) 입장이 유포되면서 상급단체 결정 투표에서 민주노총(공공연맹) 가입 건은 1차로 부결되었다.

이어 2기 집행부(위원장 조태만)가 2004년 6월 출범하는 과정에서 민주노총 가입을 공약으로 내세운 바 있어서, 또다시 한수원노조는 2005년 3월에 상급단체 가입 투표를 실시했다. 그러나, 조합원들 투표 결과는 민주노총(41.1%), 한국노총(20.7%), 상급단체 유보(38.2%)로 나뉘면서 또다시 한수원노조의 민주노총 가입이 부결되고 말았다. 이후 한수원노조는 공공연맹 소속 발전노조·전력기술노조·원전연료노조 등과 연대를 계속 이어갔다.

한수원노조(위원장 이인희)는 이후 2014년 공공기관 선진화 공세에 맞서 공공운수노조와의 공동사업을 진행하는 과정에서 다시 민주노총(공공운수노조) 가입을 위한 조합원 총투표를 실시했으나, 민주노총의 원자력 관련 입장을 사측이 곡해하는 방해 공작을 거치면서 또다시 좌절하게 된다. 2014년 이후 한수원노조의 민주노총 가입 논의는 더 이상 추진되지 않았고, 2017년 탈원전을 국정과제로 내세운 문재인정부 출범 이후에는 탈원전 반대에 앞장서며 기업 실리주의 흐름으로 돌아서며 더 이상 민주노총(공공운수노조)과도 교류하지 않게 되었다.

- 가스산업구조 개편에 맞서는 가스공사노조의 투쟁

2002년 2월 파업으로 가스 구조 개편을 저지했던 한국가스공사노조(위원장 신익수)는 2003년 7월 투쟁을 거쳐 노정간 합의로 이를 재확인했다. 정부가 가스 산업 구조개편 움직임을 전개하자 가스공사노조는 공사 사장실을 점거하고 농성에 돌입하였다. 7월 25일 주주총회가 강

행되자, 노조가 회의장을 봉쇄하여 무산시켰고, 주총은 9월로 연기되었다. 가스산업 구조 개악 저지를 위한 조합원 총회를 정부청사 앞에서 개최하고, 주총마저 무산시키는 투쟁을 전개한 끝에 가스공사노조는 2003년 8월 새로운 사장으로부터 일방적 가스산업 구조개편을 반대한다는 확약을 받기에 이르렀다. 이후 2004년 주총에서 앞서 노조가 비상임이사 선임과 관련한 경영 참여의 기반을 마련하고 정부 정책에 부하뇌동하는 자질 미달 이사들의 선임을 저지하는 등 강하게 대응하는 바람에 노무현정부는 더이상 가스산업 구조 개편을 확대하지는 못했다. 물론 정부 일각에서는 가스산업 구조 개편(경쟁도입 확대 등) 방안이 2004년 12월부터 2005년 7월까지 노사정 협의체 속에서 계속 논의되고 있었지만, 노조의 강한 반발로 더 이상 구체화되지는 못했다.

가스공사노조는 구조 개편 대응을 전개하는 과정에서 2004년 7월 주5일제 시행과 함께 교대근무 형태를 5조3교대로 전환함과 동시에 200여명의 인력을 충원하는 성과를 마련했다. 5조3교대 근무 형태는 당시까지 우리나라에서 시행된 바 없는 것으로서 가스공사노조가 최초로 확보한 제도이다. 가스공사의 근무 형태가 바람직한 모델로 떠오르자, 정부는 이후 끊임없이 이에 대해 개악을 강요해왔다.

가스 구조 개편이 계속 유보되는 동안 2005년 1월 감사원 감사결과 등 정부 압박에 못이긴 가스공사 사측은 일방적으로 근무 형태 개악(5조3교대→4조3교대)을 강행하려 했다. 노조가 다시 사장실 점거 농성을 전개하는 과정에서 공사측은 결국 근무형태 개악 시도를 철회했다. 틈만 나면 가스공사의 근무형태를 개악하려 했던 정부(산업자원부)는 2005년 3월에 사장을 전격적으로 해임 조치했다.

3월 14일 가스공사 이사회는 △가스산업 구조 개편에 대한 노사 합의 도출 실패 △가스산업 정책 반대 대규모 노조 집회 묵과 △정부지침에 어긋난 교대 근무형태 전환 운영 △국정감사시 노조 집회 방치 등의 이유를 물어 사장 해임 결의안을 의결했다. 노조와의 구조 개편 합의 도출이 실패하고, 감사원 감사 결과까지 앞세운 근무 형태 변경이 노조 반대로 막히자 정부 방침에 역행했다 하여 사장에 대한 해임 조치를 한 것이다. 에너지 전반의 구조 개편과 경영혁신 정책을 강하게 추진했던 정부(산업자원부)의 보복 조치라고 볼 수밖에 없었다. 가스공사노조는 주총이 열리는 3월31일 기자회견을 통해 정부(산업자원부)의 부당 개입을 폭로하였다. 그러나 노조의 문제 제기에도 불구하고, 결국 경찰 병력의 비호아래 주총이 강행되고 임기 7개월만에 노조에 우호적인 사장은 해임되고 말았다.

한편 참여정부는 대선을 앞두고 2007년 7월 주요 에너지 공기업(한국전력기술·한전KPS·남동발전 등)의 주식 상장(지분 매각)을 추진하겠다는 정책을 추진하였다. 해당 공기업노조들의 강한 반발 속에, 이중 한전KPS는 2007년 12월에 10%가 상장되었고, 한국전력기술은 이후 이명박정부들어 3차 공기업 선진화(2008년 10월)에 따라 주식 상장이 검토되었다. 이같은 에너지 공기업들의 주식 상장은 이명박정부 이후 '사실상의 민영화'를 단계적으로 추진하는 유력한 방안으로 확대되고 있었다. 특히 발전 부문 및 발전 정비 부문은 경쟁 체계가 계속 확대되면서 민간 자본의 발전 시장 참여 폭이 넓어지고 있기 때문에 주식 상장(지분 매각)은 '우회적 민영화' 추진의 기반을 마련하는 것으로 볼 수 있다. 노무현정부는 김대중정부가 추진한 공기업 민영화 정책을 전환하기는 했지만 공공부문 시장화 체제를 계속 확대시키는 역할을 함으로써 이후 이명박정부의 정책 추진에 징검다리 역할을 했던 것이다.

7) 사회보험기관노조들의 연대 투쟁

- 사회보험노조 투쟁

사회보험노조(위원장 박표균)는 2003년 4월 13일 전면파업을 앞두고 오랜 숙원과제이자 최대 쟁점사항이었던 5·6급의 직제(정원) 확대를 통한 근속승진제 도입에 합의했다. 사회보험노조의 근속승진은 1996년부터 매년 교섭 때마다 최대의 쟁점으로 부각되었는데, 비로소 7년만에 최종적으로 마무리되어 2004년부터 시행되었다. 그러나 2004년 하반기 들어 건강보험공단은 2003년 어렵게 체결된 근속승진 관련 단체협약을 위반하고 일방적으로 일반 승진 강행을 시도했다. 10월 18일 노조(위원장 김홍수) 간부들이 이사장실 앞에서 단협 이행을 요구하며 무기한 농성을 시작했고, 12월에는 노조위원장이 단식 농성에 돌입한 결과, 결국 단체협약에 의한 승진 절차를 연말에 마무리했다.[46]

오랜 숙원이던 근속승진제가 2004년 10월부터 시행되었는데, 사측은 대상자 선정과 관련하여 교묘하게 노조원들에 불이익을 가하는 작업을 추진하여 다시 노사 갈등이 시작되었다. 10월 26일부터 노조가 이에 맞서는 투쟁을 준비하고 있었는데, 서울 강동지부에서 민원인과의 사소한 다툼을 이유로 지부장과 부지부장이 해임되었고 이후 감사를 거부하는 조합원 26명에 대

---

46 사회보험노조 투쟁이 진행되던 2004년 2월 13일 박동진 전 사회보험노조 서울본부장이 간암으로 운명했다. 2000년의 노조 탄압 주범이었던 건강보험공단의 박태영 이사장 이임식을 저지하여 2001년 12월부터 2년 넘게 경찰의 수배 생활을 해오다 2004년 1월 간암 진단을 받은 뒤 불과 1개월 만에 생을 마감했다. 2월 17일 공공연맹장으로 박동진 열사의 장례식이 진행되었다.

해 2005년 1월 직위해제 조치를 내려졌다. 아울러 조합원들을 원격지로 전보하는 조치를 취하고 이에 반대하는 조합원에 대해서도 직위해제 조치를 내렸다. 공단은 또한 복무관리지침으로 노조활동에 일상적으로 개입하기 시작했다. 근속 승진 이행과 관련한 조합원들의 불만과 투쟁을 잠재우기 위한 것이었다. 결국 노조는 3월 16일부터 지명 파업을 시작했고, 3월 18일 경인본부가 전면 파업에 돌입했다. 4월부터 시작된 노조의 전면 파업이 6월 7일까지 44일간 계속된 끝에 원격지 전보 대상자 해고 건이 철회되면서 투쟁은 마무리되었다. 그러나 사측의 합의 이행이 지연되면서 노조 집행부는 이로 인한 책임 공방에 직면하면서 사퇴했다.

민주노총의 2006년 4월 총파업투쟁에 참여했던 사회보험노조(위원장 김동중)는 민주노총·공공연맹의 총파업 투쟁 계획에 맞춰 7월 11일부터 2일간 파업에 돌입했다. 노조는 이후 건강보험공단 이사장 교체를 둘러싸고 정부의 건강보험 제도 개악(민간의료보험 확대 등) 움직임이 나타나자, 이를 저지하고 처우개선을 확보하기 위해 7월 24일 다시 전면 파업에 돌입했다. 이 파업은 7월 28일까지 진행된 후, 다시 8월 8일에 세번째 파업이 진행되었다. 이후 사회보험노조 파업은 민주노총의 총파업 투쟁 방침에 따라 파상적으로 진행되었고, 9월에 공단의 직제규정 개정으로 4급 근속승진제 이행 등이 합의되면서 마감되었다.

이후 4대 보험 징수 업무 통합 건이 불거지면서 사회보험노조는 11월 민주노총 총파업 투쟁에 맞춰 또다시 파업을 진행했다. 11월 20일에 진행된 민주노총 4차 총파업을 앞두고 사회보험노조는 11월 10일 다시 총파업 찬반투표를 거쳤고, 11월 22일에 노조는 총파업 투쟁에 참여했다. 노조는 12월 임원 선거를 앞두고 11월 27일 총회에서 2006년 투쟁을 마무리했다. 금속노조 중심으로 2006년 민주노총이 4차례 진행한 총파업 투쟁에 사회보험노조가 3번이나 참가하여, 공공연맹 조직 중 가장 선도적인 실천 모습을 보여주었다.

· 사회연대연금(국민연금)노조 투쟁

1999년 3월 공공연맹 출범 당시 탈퇴한 국민연금노조(한국노총 공공노련 소속)가 노조 명칭을 사회연대연금노조(위원장 김명철)로 전환한 상태에서 2006년 6월 공공연맹에 다시 가맹했다. 이보다 앞서, 국민연금노조는 2000년 5월 한국노총의 총파업투쟁 방침에 따라 시한부 파업에 참여한 이후 국민연금공단의 민주적 운영을 위한 투쟁을 계속했다. 국민연금공단에서는 2003년 8월 4일 공단의 국민연금 보험료 납부 실적 경쟁에 맞서 노동자 1명(송석창열사)이 '국민에게 사랑받는 국민연금제도 개선'을 호소하는 유서를 남기로 목숨을 끊은 이후 국민연금 비판 여론('안티 사태')으로 인해 적지 않은 혼란들이 나타나고 있었다. 안티사태는 정부의 잘못된 국민연금 정책 운영으로 '기금 고갈 = 연금 파탄'이라는 부정적 여론이 형성되는 상황에서 연금 체납을 독촉받던 시민이 자살하는 일이 발생하면서 나타난 것이었다. 이같은 안티 사태에 직면하면서도 국민연금공단은 국민연금제도를 올바르게 운영하도록 촉구하는 노조의 투쟁에 강압적으로 대응했다.

사회연대연금노조는 2005년 11월 공단측의 노조 활동 억압에 맞서 파업 투쟁을 전개하며 민주노조의 기반을 복원하였다. 사회연대연금노조는 △지부장의 근무중 노조활동 보장 △평가제도 개선 △해고자 복직 등의 요구를 앞세워 10월 24일부터 11월 3일까지 지역본부별 순환파업을 전개했다. 사측이 계속 노조 요구를 거부하자 노조는 11월 8~9일 전국 집중 총회를 거쳐 11월 12일부터 전면파업에 돌입했다. 7일간 전개된 노조 파업은 평가제도 개선 및 해고자 복직 등을 합의하며 마무리되었다. 이 파업을 통해 사회연대연금노조는 1989년 파업 이후 침체되어 온 노조활동을 활성화하면서 공공연맹을 탈퇴한지 7년만에 다시 되돌아왔다. 다시 돌아온 사회연대연금노조는 이후 공공부문 민주노조로서 다른 어느 조직에 못지 않은 실천 역량을 보여주었다. 7월 11일부터 전개된 공공연맹 총파업투쟁에 적극 참여하여 3일간 파업 투쟁을 전개했다.

- **4**대 보험 징수 통합 대응 투쟁

2006년 들어 4대 보험 통합과 함께, 4대 보험의 부과징수 업무를 국세청으로 이관한다는 정부의 입장이 8월에 발표되면서, 사회연대연금노조는 사회보험노조와 연대투쟁을 진행했다. 2006년 투쟁이 계속되던 8월 16일에 4대보험 징수 기능 통합 방안이 대통령에게 보고되었다. 징수 기능 통합 방안은 건강보험공단 등의 징수 기능을 국세청에 이관하는 내용으로서 이는 필연적으로 4대 보험기관에 대한 구조조정을 전제로 하고 있었다. 해당 노조(사회보험노조·건강보험직장노조·사회연대연금노조·근로복지공단노조)들은 8월 21일 대표자회의를 거쳐 졸속적 통합 논의에 대한 공동대응을 결의했다.

정부는 청와대 정책수석 명의로 2009년 1월로 예정된 통합징수 공단 설립에도 인원 감축은 없다고 발표했으나, 통합의 부작용에 대한 우려로 인해 각 노조들은 반대 입장을 표명하고 있었다. 이 가운데, 사회보험노조는 '전면거부-총력투쟁'과 '전략적 접근'을 놓고 논의를 거듭한 끝에 고용 불안 요인을 해소하고 건강보험 제도를 내실화하는 것을 목표로 한 노정교섭 추진을 설정하고, 공대위의 활동방향을 조정했다. 9월 22일 〈4대보험 졸속통합저지 및 공공성 강화를 위한 공동대책위〉(공대위)가 출범하자, 정부는 공대위에 협상을 제안해서 10월 12일 노정

교섭이 시작되었다. 10월 28일 졸속적 통합에 반대하는 대규모 공동투쟁 집회를 전개하는 가운데 11월까지 5차례의 노정교섭이 전개된 끝에 졸속적 통합 분위기는 어느정도 해소되었다.

다만, 고용 안정에 대한 정부의 태도가 선언적 수준에 머물러 있었기 때문에 각 노조들은 노정협약에 대해 공공기관 운영의 실질적 책임자인 기획예산처 장관이 서명 주체가 되어야 한다는 점을 요구했다. 정부 협상단이 기획예산처 장관의 서명에 대해 난색을 표명하자, 이후 각 노조들의 통합에 대한 입장이 분산되면서 공동 대응의 틀도 흔들리기 시작했다. 결국 12월 4일 사회보험노조를 제외하고 각 노조들이 통합 논의를 전제로 한 공대위 존속에 대해 부정적 입장을 밝히면서 사실상 공대위의 활동은 중단되었고, 노정교섭도 혼란에 빠지게 되었다.

'조건부 통합 수용'을 내세웠던 사회보험노조 역시 고용 안정과 보장성 확대에 대해 내부 논란이 확대되었다. 이러한 논란은 집행부 선거로 이어져, 12월 19일의 노조 선거에서 통합 반대를 내세운 후보(지부장 박표균)가 당선되면서 노정 협상도 중단되기에 이른다. 이미 11월에 치러진 사회연대연금노조의 선거에서도 징수 통합에 대한 대응 방안이 쟁점으로 대두된 가운데 통합 반대를 내세운 후보(지부당 조계문)가 당선되면서 4개 노조 모두 통합 반대 입장으로 돌아섰다. 이후 공대위는 2007년 1월 통합징수공단을 전면적으로 저지하기 위한 공동투쟁본부(공투본)으로 전환되었다.

8) 연구기관노조 투쟁

2003년 들어 전국과학기술노조(과기노조)와 전국연구전문노조(연전노조)는 2001년 이후 계속된 공동사업의 흐름을 발전시켜 정부출연연구기관의 구조개편 및 경영혁신 압박에 대응하고. 정산법 대응 투쟁을 선도적으로 실천하고 있었다.

• 과기노조 투쟁 및 통일 단체협약 체결

과기노조는 2001년 이후 추진해온 집단교섭의 틀을 안정적으로 확보하기 위한 사업을 진행하면서 시설안전공단지부와 산업기술평가원지부의 장기 파업투쟁에 대한 지원에 나서고 있었다. 2003년 노조가 새로이 설립된 한국시설안전공단에서 노조(과기노조 시설안전기술공단지부)가 교섭을 요구하자 사측은 구조조정과 연봉제 실시 등 각종 근로조건 개악 및 노조간부의 인사 불이익 위협 등을 계속했다. 지부는 4월 7일 경고파업을 거쳐 4월 14일 사측의 독선적 경영과 노조 탄압에 맞서 전면파업에 돌입했다. 4월 25일 공공연맹이 시설안전공단지부(지부장 강영구)의 파업 투쟁을 지원하는 집회를 개최하였고 5월 23일에도 과기노조에서 총력결의대회를 진행했으나 공단측의 태도는 변함이 없었다.

이에 과기노조는 6월 2일 전 지부장들이 공단 철야농성에 돌입했고, 6월 9일부터 과기노조 위원장(이성우)과 지부장의 무기한 단식투쟁이 이어졌다. 공단측은 6월 12일 기습적으로 직장 폐쇄를 단행하고, 과기노조 지부장 10명을 업무방해로 고발조치했으며, 6월 21일에는 용역 깡패들이 파업 농성장에 난입하여 폭행을 자행하기까지 했다. 공공연맹의 연대 및 국회 개입 등을 거쳐 7월 16일 단체협약에 체결됨으로써 94일 동안 이어진 장기 파업을 마무리했다.

과기노조는 장기투쟁을 진행하고 있는 대구패션센터의 투쟁을 마무리하기 위해 9월부터 총력 지원에 나섰다. 사측의 노조 와해 책동에 맞서 패션센터지부(지부장 박경욱)는 9월 19일부터 전면파업에 돌입했고, 11월 27일에는 사업장 점거 농성을 시작했다. 과기노조와 대구 지역 노조들의 연대에 힘입어 12월 13일 파업 투쟁 90일 만에 지부는 임금·단체협약을 체결하고 노조활동 탄압을 물리치며 투쟁을 마무리했다. 파업은 90일을 전개했지만, 노조 투쟁은 2002년 초부터 무려 500여일 동안 완강하게 진행되었다. 시설안전공단지부와 패션센터지부의 투쟁을 마감한 과기노조는 2003년 10월부터 산업기술평가원지부의 장기 투쟁에 직면했다. 2006년까지 3년간 지속된 처절한 투쟁이었다.

2003년 10월 16일 산업자원부 국정감사에서 산업기술평가원의 국가연구개발예산의 부실 운영실태가 밝혀졌다. 이후 12월 4일 산업기술평가원지부에서 산업자원부의 비리 의혹을 제기하며 국민감사를 감사원에 청구했다. 이같은 노력으로 인해 12월 9일 산업기술평가원지부의 조합원들(김준·김태진·송주익)이 반부패국민연대에서 수여하는 투명사회기여상을 수상했다. 반부패국민연대는 산업자원부가 개입한 예산 부당 전용에 대한 내부 고발이 부패 근절에 큰 기여를 했다는 점을 밝혔다. 이후 2004년 1월 KBS가 '한국사회를 말한다'에서 주요 내용으로 산업기술평가원지부가 고발한 연구평가의 비리 문제가 이슈화되었된다.

이러한 상황에서 결국 감사원은 2004년 1월에 평가 비리와 관련된 국민감사 청구를 수용했다. 그러나 노조(지부)가 산업자원부의 기술료 부당 전용과 산업기술평가원의 평가 비리 및 학위 거래 의혹을 제기한 데 대해, 산업기술평가원은 이에 따른 보복으로 2003년 12월 이들 조합원들에 대해 해고 조치를 강행했다. 이 해고는 산업자원부가 직접 개입한 것으로서, 2004년 7월 지노위에서 부당해고로 인정되었다.

과기노조는 2003년 12월부터 진행되어온 산업자원부 산하기관 지부의 공동투쟁을 2004년에 노조 전체 투쟁으로 설정하고 전 과학기술기관의 투쟁으로 확산시켰다. 6월 산업자원부의 불법적인 노사관계 개입에 항의하며 사이버 투쟁을 전개한 후, 7월 13일 산업기술평가원지부의 '불법 노사관계 개입'을 규탄하는 집회를 거쳐, 7월 15일 73.3%의 찬성으로 과기노조는 산별노조 차원의 쟁의행위를 결의했다. 과기노조는 7월 21일 정부의 불법적 노사관계 개입 중단과 함께 비정규직 차별 철폐 및 온전한 주5일제 근무 실시 등의 8대 공동요구를 내걸고 시한부 전면 파업을 전개했다. 과기노조의 이 파업은 2000년 7월 정부의 경영혁신 공세에 맞서 전개한 전면 파업 이후 4년 만에 재연된 것이다. 파업에 참여한 조합원들은 세종문화회관 앞에서 '산업자원부 지배·개입 분쇄와 2004년도 단체협약 쟁취를 위한 결의대회'를 가진 후 연대 파업을 결의한 전국의 지하철노조들(궤도연대)과 함께 민주노총 총력투쟁 결의대회에 참여하였다.

이 투쟁에서 산업자원부 산하기관지부들의 모범적인 투쟁이 이어졌으나 안타깝게 산업기술시험원지부가 과기노조(본부) 승인 없이 사측의 단협 개악안을 수용하면서 내부 균열이 나타났다. 결국 산업기술시험원지부의 지부장과 상집위원들에 대해 과기노조는 제명을 결정했고, 지부는 이에 반발하여 과기노조를 탈퇴하기에 이른다.

과기노조의 각 지부들은 2004년 파업 이후 단체협약 개악을 대부분 저지해냈고, 이후 2005년 대정부 통일교섭 추진의 기반을 마련했으며 5개 단위의 집단교섭의 틀을 관철하는 성과를 낳았다. 한편 과학기술연구원지부(지부장 강택관)는 인력 충원 및 직종 차별 철폐, 직제 통합 등의 요구를 내걸고 12월 28일 전면파업에 돌입하여 2004년 1월 17일까지 20일간 독자적으로 파업을 전개했다. 연구원장의 노조 탄압 및 노조원 분열 책동에도 불구하고 강한 단결력을 바탕으로 지부는 지난 1988년과 1996년 연대파업 이후 전개된 전면 파업을 승리로 이끌었다.

산업기술평가원지부(지부장 안형수)의 부당해고는 2004년 10월 사측이 부당해고 및 부당노동행위 판정에 대한 재심을 취소하면서 철회되었다. 그러나 사측은 이들 해고자의 원직 복직을 계속 거부하면서, 민주노조를 와해할 목적으로 복수노조 설립을 추진하기에 이른다.[47] 사측의 계속된 탄압에 맞서 결국 산업기술평가원지부는 2006년 2월 7일부터 전면파업이 다시 재개되었다.

민주노조를 사수하고, 기관의 민주적 운영을 확보할 목적으로 이번에는 끝장을 보겠다는

---

47 2004년 9월 노조를 탈퇴했던 직원들이 기업노조로 조직을 변경하는 조치를 취했는데, 과기노조의 반대에도 불구하고 강남구청은 복수노조인 기업노조에 대해 신고필증을 교부하였다. 과기노조가 이러한 설립신고 필증 교부에 대해 취소 소송을 제기했고, 2005년 4월 서울행정법원은 강남구청의 설립신고 필증 교부를 취소하라는 판결을 내렸다. 강남구청은 이에 불복하고 항소했으나 2006년 4월에 서울고등법원은 강남구청의 항소를 기각했다.

결의로 파업에 돌입했고, 결국 장기파업으로 연결되었다. 4월 서울고등법원에서 사측의 개입으로 결성된 기업노조의 설립신고를 취소하라는 판결이 다시 내려졌음에도 사측은 여전히 지부를 인정치 않으려 했고, 6월 28일 파업 중인 여성 조합원에게 폭행까지 자행했다. 8월 KBS TV에 파업 내용과 배경에 대해 보도되었고, 파업 250일째인 10월 17일 서울행정법원은 다시 한국산업기술평가원이 부당노동행위를 했다고 인정하는 판결을 내렸다.

10월 31일 산업기술평가원 전 원장이 국회 환경노동위원회 국정감사에 참고인으로 참석해 산업자원부 담당 국장이 "노조간부 3명을 직권 해고하라는 압력을 가했다"고 폭로하면서 파문이 일었다. 12월 3일 전면파업 300일째에 MBC-TV '시사매거진 2580'에 산업기술평가원지부의 내부 고발과 이에 따른 노조 탄압 등이 반영되면서, 결국 정부와 산업기술평가원은 부당노동행를 인정할 수밖에 없었다. 12월 20일 파업 317일째에 단체협약이 체결되고 노조간부 징계 탄압 등이 원상 회복되는 등 실로 3년여의 투쟁이 끝내 결실을 거두었다.

과기노조(위원장 고영주)는 2006년 전 지부들의 공동투쟁에 힘입어 설립 이후 숙원과제였던 통일협약을 완성시켰다. 4개 교섭 단위별로 5월부터 통일교섭을 추진한 가운데 2006년 공공연맹의 7월 총파업 투쟁에 힘차게 결합했고, 이 투쟁의 성과를 바탕으로 73차례의 교섭 끝에 12월 20일 마침내 44개 출연연·산하기관 중 38개 기관의 대표들이 참여한 가운데 역사적인 통일 단체협약을 체결했다. △비정규직 채용 제한 및 정규직 채용 확대 △ 비정규직 동일노동 동일임금 원칙 적용 및 정규직화 제도 마련 △식당 중식과 부식에 우리 농산물 이용 △조합원 신분변동시 90일 전 노조 통보 및 사전 노조와의 합의 △산별 통일교섭을 위한 사용자단체 구성 △공공기관의 사회적 책무와 경영자율 확보 등이 주요 협약 내용이었다.

2006년에 과기노조가 체결한 단체협약은 산별노조운동 역사상 지부 단위 협약까지 통일한 최초의 산별협약으로서, 과기노조 결성 12년 만에 이루어진 민주노조운동의 또 하나의 이정표라 할 만한 일이었다. 과기노조 본부 및 각 지부와 사용자간의 권리 의무가 규정되었고, 올바른 과학기술 정책 추진을 위한 인사·경영참여의 틀이 확보되었다. 전 지부들의 협약 내용이 상향 평준화되었고, 신규 지부들의 노조활동 여건을 한층 더 안정시켰다. 사용자들 역시 개별적 교섭에 따른 사회적 비용을 줄인 성과라며 환영했다.

과기노조는 이 통일협약을 통해 산별노조로서의 기반을 확고히 했지만, 당시 공공연맹의 대의원대회 결정에 따른 공공 산별노조(공공노조) 전환과 관련해서는 오히려 통일협약이 이를 주저하게 만드는 요인으로 작용했다. 통일 단체협약의 체결로 산별노조운동의 기반을 확고하게 구축한 상황 속에서, 공공노조로 전환할 경우 소산별노조운동이 발전적으로 계승하지 못할 것이라는 우려에서였다. 과기노조의 통일 단체협약은 이명박정부 들어 2010년부터 단체협약 일괄 해지 조치가 취해짐에 따라 그 틀이 약해졌다.

- 연전노조 투쟁 및 집단교섭

연전노조는 2004년 1월 공공연맹내 문화예술소분과(영화진흥위·국민체육공단·독립기념관·체육산업개발 등)와 조직 통합 논의를 전개하여, 2월 문화예술소분과 노조들의 연전노조 집단가입 형식으로 통합을 완료하였다. 조직 명칭은 전국공공연구전문노조(약칭 '연전노조')로 전환되었다. 이들 문화예술소분과 노조들은 전체적으로 각 지부의 현장 활동이 취약해진 연전노조의 이후 활동에 활력소 역할을 했다. 다만, 1989년 문화예술기관노조 최초로 파업을 전개하며 문화예술의 독립성 기반을 마련했고, 1997년 출연기관노조 연대파업에 참여한 예술의전당노조가 참여치 않아 아쉬움을 남겼다.[48]

2005년 이후 연전노조(위원장 송형범)는 노조활동 여건이 척박한 조세연구원에 노조를 세우면서 이를 엄호하기 위한 투쟁을 준비했다. 조세연구원은 대외경제정책연구원(KIEP)과 함께 과거 1990년대 초까지 한국개발연구원(KDI) 소속으로서, 분리된 이후에도 정부출연연구기관 중 누적식 성과연봉제가 운영되고, 연구원간 신분 차별이 가장 심했던 KDI의 운영을 주로 본받아왔다. KDI에서 1995년 이후 노조활동이 중단되고 1999년 이후 정부의 출연연구기관 경영 혁신이 강화되면서 이런 폐해는 3개 기관 모두에게 나타나고 있었다. 조세연구원의 노조 탄압도 3개 연구기관이 지닌 후진적 단면을 대표적으로 보여주는 것이다. KIEP 역시 성과연봉제의 폐해로 인해 2000년대 초 노조 결성을 시도한 바 있었다.

2005년 7월 조세연구원에 노조(연전노조 조세연구원지부)가 결성되자, 노조 탈퇴 압력이 가해졌다. 10월에 노조 간담회 참석을 이유로 대규모 조합원이 징계당하고, 11월들어 일반 조합원에 대한 근태 점검을 강화하는 등 상식 이하의 노조 탄압을 계속했다. 11월 7일부터 노조(지부장 이정미)는 경고파업에 돌입했는데, 사측은 천막 농성장의 인터넷 및 전화선을 폐쇄하고 노조지부장과 사무국장에 대해 징계를 가했다. 2006년에도 조합원에 대한 대량 징계, 노조지부장 고소고발 등이 이어졌다. 결국 노조(지부)는 4월 10일 9개월을 끌어온 교섭과 150여 일을 버텨온 천막 농성 끝에 무기한 전면파업 돌입했다. 4월 17일에는 연전노조 지부장들과 함께 경제인문사회연구회 점거 농성에 돌입했다. 1개월여 농성 끝에 5월 18일 조정에 합의하여 경제

---

48 예술의전당노조는 이후 2010년 공공운수연맹(민주노총)을 탈퇴했다.

인문사회연구회 농성장에서 철수했으며, 6월 12일 연전노조 위원장의 합의로 파업을 마무리했다. 다만, 6월 12일 사적조정 과정에서 위원장의 직권조인 논란이 제기되면서 인해 연전노조 집행부는 결국 사퇴하기에 이르렀다. 노조 설립 이후 사측의 노조 탄압으로 인한 파국 사태를 원만히 해결하기 위해 위원장이 사적 조정에서 합의를 이뤄냈으나, 지부와 사전에 협의하지 않은 절차적 하자로 인해 직권조인 논란이 제기된 것이다.

연전노조는 7월 이후 보궐 집행부(위원장 이혜선)를 선출하고, 연구기관과 전문기관으로 나눠 집단교섭을 추진했다. 노조 결성 후 8년만에 이뤄진 이 집단교섭에서 비정규직의 정규직화와 차별 철폐 등의 주요한 사회적 의제가 합의되었다. 연전노조는 단일노조 건설 이전에는 1988년, 1993년, 1997년 3회에 걸쳐 소속 분과·협의회 단위 노조 중심으로 연대파업을 전개했지만, 정작 1997년 단일노조 건설 이후에는 중앙 조직력의 취약으로 이렇다 할 연대파업 투쟁이나 집단교섭 추진 등을 힘있게 전개하지 못했다. 과기노조가 통일교섭 및 통일협약의 틀을 갖추어가는 2006년 11월에 소산별노조로서 그간 숙원과제인 집단교섭의 틀을 늦게나마 확보할 수 있었다.

4. 전국 곳곳에서 본격화되는 공공부문 비정규직 투쟁

한국통신계약직노조의 투쟁이 2002년에 마무리되고 노조 역시 해산되었지만, 이후 공공부문 비정규직은 물론 전체 비정규직 노동자에 대한 사회적 의제화가 확산되는 계기로 작용했다. 2003년 당시 한국사회는 비정규직 문제가 심각한 사회적 이슈로 부각되었다. 2003년 6월 정부는 우리나라 비정규직 노동자수가 465만명(32.8%)라고 발표했으나, 당시 간접고용(파견, 사내하청 등)을 합할 경우 784만명(55.4%)에 이르고 있었다. 그리고, 이러한 비정규직은 정부 스스로 '모범 사용자'로서 올바른 고용정책을 선도해야 할 공공부문에서 오히려 앞다투어 양산되는 모습이었다. 결국 이러한 공공부문 비정규직 확산은 '모범 사용자' 역할과는 정반대의 효과를 낳았다. 민간 대기업을 포함한 전 산업에서 비정규직 및 다단계 하청 노동자들이 급증하는 한국 사회의 후진적 고용 현실을 야기한 것이다.

2003년 6월 공공연맹은 민주노동당 및 관련 단체(불안정노동철폐연대·사회진보연대·인권운동사랑방)과 함께 〈공공서비스부문 저임금·간접고용 조사단〉을 운영하여 공공서비스부문 비정규 노동자들의 노동조건 실태를 보고하는 공청회를 가졌다. IMF 경제위기 이후 계속되어온 공공부문 구조조정 및 경영혁신 추진은 공공기관의 정규직 일자리를 축소하는 대신 직접 또는 간접 고용 형식의 비정규직을 확대하는 계기로 자리잡고 있었다.

1) 근로복지공단 비정규 노동자 투쟁

공공기관 비정규직은 공공부문 전체에서 확산되고 있었기에 이를 둘러싼 노조의 투쟁이 곳곳에서 전개될 수밖에 없었다. 노동부 산하기관인 근로복지공단에서 '아름다운 청년'이 목숨을 내던진 가슴아픈 투쟁이 노무현정부 초기 '노동열사 정국'에서 발생했다. 근로복지공단은 1990년대 이후 정부의 계속된 업무 이관(산재보험·고용보험 등)에 따른 업무 증가에도 불구하고, 정부의 경영혁신방침에 묶여 전국 각 지사별로 비정규직을 통해 늘어난 업무를 소화하고 있었다.[49]

비정규직은 계속 증가했으나 고용 불안과 임금·복지 차별이 해결될 기미를 보이지 않자, 이같은 불합리한 차별을 극복하기 위해 2003년 3월 근로복지공단비정규직노조(위원장 정종우)가 설립되었다. 5월에 노사간 교섭 상견례가 예정되었으나 사측의 불참으로 무산되었고, 노조는 8월부터 고용안정과 정규직화 등을 요구하며 투쟁을 시작했다. 10월 18일 공공연맹에 교섭권을 위임하고, 10월 21일 임단협 교섭 결렬로 쟁의행위를 결의한 후 10월 23일~24일까지 부분파업이 진행되었다.

이후 10월 26일 전국비정규노동자대회 중 이용석 광주전남본부장이 근로복지공단의 비정규직 철폐를 외치며 분신했다. 이용석 본부장은 노조 전임이 아닌데도 불구하고 8월 12일부터 2개월간 관할 노동사무소 앞에서 1인 시위를 전개하고 각 지부 조합원들을 투쟁을 격려하는 등 모범적 노조 활동을 전개했었기 때문에 분신 소식을 접한 근로복지공단 비정규직 노동자들의 충격은 컸다. 이용석본부장은 90%의 중화상 상태에서 5일간의 사투를 벌인 끝에 10월 31일 안타깝게 생을 마감했다.

공단비정규직노조는 이용석열사 분신 직후 2003년 10월 27일부터 고용안정과 정규직화 등을 요구하며 파업에 돌입했고,[50] 11월 7일에는 근로복지공단 회의실에서 비정규직노조의 교

---

49 국가인권위원회의 실태조사(2004.3)에 따르면, 근로복지공단에는 1,041명의 계약직과 127명의 일용직 등 모두 1,187명의 비정규직이 고용되어 있었는데, 이는 전체 종사자 3,496명 중 34%에 달하고 있었다.

50 근로복지공단 비정규노조는 △57세 정년보장 △1년 단위 계약 자동갱신 △근무시간 조합 활동 보장 △비정규직 임금항목 전환(사업비→인건비) 전환 △임금 인상(계약직 15%, 일용직 20% 인상) 등을 요구했다.

섭권을 위임받은 공공연맹과 공단과의 교섭이 개최되었다. 노조 설립 9개월 만에 처음으로 이사장이 교섭에 참석했지만, 당면 과제인 비정규직의 정규직화의 방안은 별로 논의되지 못한채 교섭 역시 공전되었다. 민주노총은 2003년 10월 계속된 열사 투쟁 속에 공공부문 비정규직 문제가 근로복지공단 이용석열사의 분신으로 부각됨에 따라 근로복지공단 비정규직노조의 투쟁에 전면적으로 결합했다.

당시 민주노총은 IMF 체제 이후 노동시장의 유연화가 지속적으로 진행되면서 급속하게 늘어나고 있는 비정규직 문제를 가장 우선적인 해결 과제로 설정하고 이에 대한 대책에 집중하고 있었다. 노무현 정부 또한 비정규직의 문제가 사회적으로 심각한 문제로 대두되고 있음을 파악하고 이에 대한 대책을 서두르며 입법화를 준비하고 있었다. 노무현 대통령은 대통령 선거 과정에서 비정규직 문제의 심각성을 이해하고 있으며 대통령에 당선되면 비정규직의 눈물을 닦아줄 것임을 여러차례 공언한 바 있었다. 2003년 10월은 비정규직 문제에 대한 대책을 놓고 노동계와 정부가 힘겨루기를 하고 있는 상황이었다. 이런 상황에서 터진 근로복지공단 비정규직노조 이용석 본부장의 분신은 비정규직 문제를 둘러싼 정국에 매우 중요한 사건으로 자리잡았다.

공공연맹 소속 노조들의 연대투쟁과 민주노총 산하 각 산별연맹들의 투쟁에도 불구하고 공단과의 교섭은 여전히 공전된 채 11월이 마감되었다. 12월 1일부터 조합원 전원이 무기한 단식 농성 돌입하는 끝장 투쟁이 전개된 가운데, 12월 6일 노조 파업 40여일 만에 △비정규직 정규직화 및 고용보장 △이용석열사 장례 및 보상 △노조활동 보장 등이 합의되었다. 12월 8일에

2003.12. 비정규직 철폐 투쟁을 전면화한 근로복지공단비정규직노조 이용석열사 장례식

이용석열사 장례식이 치러졌고 유해는 광주 5·18묘역에 안장되었다. 근로복지공단 비정규직 노조의 투쟁은 제대로 준비되지 않은 가운데서 시작되었지만, 비정규직의 확대를 예방하고 단계적 정규직화 및 비정규직 제도개선의 기본 틀을 확보했다. 정부 역시 이 사건을 통해 공공부문 비정규직의 심각성에 대해 인지하기 시작했다. 결국 이러한 성과는 대학 졸업 후 야학을 통해 지역에서 '아름다운 세상'을 꿈꾸었던 이용석열사의 희생 덕이었다(김태진, 2004). 열사의 뜻을 기리기 위해 〈이용석열사정신계승기념사업회〉가 이후 발족되어 현재까지 계속 활동을 이어오고 있다.

정부는 2004년 3월 국가인권위원회 실태조사를 근거로 근로복지공단 비정규직 740명의 정규직화 방침을 발표했다. 공채 시험과 내부 경쟁시험 등을 거쳐 선별적으로 정규직화하는 것이었다. 처음에 근로복지공단 비정규직 조합원들은 선별 정규직화에 대하여 거부했지만 결국 2004년 6월부터 이같은 절차에 따라 정규직으로 전환되기 시작했다. 그러나, 2005년 12월 말에는 전환되지 못한 비정규직에 대해 사직을 강요하면서 부당한 해고가 이어졌다. 결국, 200여명의 비정규직이 정규직으로 전환되면서 이들은 정규직노조에 편입되어 이후 근로복지공단 비정규직노조의 투쟁은 역사 속으로 묻히게 되었다.

2) 공공부문 비정규대책의 사회적 공론화

이용석열사 투쟁 이후 공공부문 비정규직에 대한 문제점이 부각된 가운데, 2004년 3월 18일 국가인권위원회와 한국비정규노동센터는 '공공부문 비정규직 인권실태조사' 결과를 발표했다. 대부분의 공공기관에서 정부의 구조조정 및 경영혁신 정책에 따라 인력 감축에 따른 부족 인력을 비정규직으로 대체했고, 또한 노조 회피, 해고 용이 등의 장점을 노리고 외주 용역화에 따른 간접고용이 증가하고 있는 현실이 드러났다.

이를 근거로, 정부는 2004년 5월 19일 '공공부문 비정규직 종합대책'(1차)을 발표했다. 여기에는 △상시집배원·학교영양사·사서 등 4,600여명 공무원 채용 △환경미화원·도로보수원·직업상담원 등 민간위탁 노동자 27,000여명의 상용직화 △학교 조리·사무보조원 및 정부부처 사무보조원 등 65,000여명의 처우개선 △공공기관 용역·파견 노동자 38,000여명의 노동조건 보호 등이 포함되어 있었다.

문제는 이같이 명시된 각 업종의 △공무원 채용 △상용직화 △처우개선 등이 해당 노동자들의 투쟁에 의해 이미 매듭지워진 것을 정부가 마치 선의적으로 정책을 추진할 것인양 포장했다는 점이다. 상시위탁 집배원들은 이미 2003년에 단계적 정규직화에 합의한 바 있으며, 도로 보수원·환경미화원·근로복지공단(비정규직) 역시 해당 노동자들의 지난한 투쟁 끝에 상용직화가 추진되고 있었다. 그리고 더 큰 문제는 이같은 공공부문 비정규직 대책이 제시되는 상황에서도 공공부문에서 비정규직은 계속 확대되고 있다는 것이었다.

비단 공공부문의 비정규직 증가만이 아니라 전체 노동시장에서의 비정규직의 확대는 사회적으로 심각한 문제로 대두되고 있었다. 이는 김대중정부가 IMF 관리체제 하에서 경제위기를 극복한다는 명분으로 노동시장 유연화 정책을 밀어 붙인 결과였다. 노무현정부는 이런 상황에서 2006년 11월 30일 비정규직 보호를 위한 입법안이라면서 '기간제 및 단시간근로자 보호 등에 관한 법률(이하 기간제법)'을 제정하고 '파견근로자 보호 등에 관한 법률(이하 파견법)'을 개정했다. 그러나 노무현정부가 비정규보호법이라 우기며 제·개정한 이 법들은 실제로는 비정규직을 오히려 더 양산하는 합법적인 틀로 작용했고, 결과적으로 민주노총의 강력한 반대를 무시하고 야당인 한나라당과 야합한 것에 불과했다.

2003년 대비 2006년의 공공부문의 비정규직 증가 현황을 보면 지자체에서 상대적으로 높게 나타나고 있다. 비정규직 비율이 14.6%에서 18.8%로 증가한 것이다. 정부의 민간위탁 및 총액인건비 제도의 부정적 단면들이 지자체에서 심각하게 나타나고 있다는 반증이었다. 1998년부터 본격화된 정부의 지방행정 서비스의 민간위탁은 2003년에 총액인건비제 시범 시행으로 연결되었고, 2005년부터는 총액인건비제가 전면화되면서 직접·간접 비정규직 확산의 기반으로 작용했다.

국회에서 비정규 입법이 구체화되는 과정에서 정부는 2006년 8월 먼저 공공부문의 비정규직에 대한 2차 대책을 발표하기에 이르렀다. △반복적 근로계약 갱신으로 기간제 노동자를 사용하는 상시·지속적 업무에 대해 '기간의 정함이 없는 노동자'(무기계약직)가 담당토록 하고, △'무기계약 전환계획서'에 의거하여 무기계약 노동자로 단계적으로 전환하는 한편, △저임금 노동자의 임금수준 인상을 위한 예산편성방식(예, 단순노무 외주업무의 노임단가 계산시 직접 고용 수준으로 조정) 개선과 함께 △외주화 대상 업무 선정원칙('주변업무' 중심의 외주화, '핵심업무'의 공공기관 직접 수행)을 통해 외주화를 제한한다는 내용 등이었다.

이같은 정부의 공공부문 비정규직 대책은 나름대로 합리적인 측면을 지니고 있었지만, 정작 중앙정부·지자체 및 공공기관에 고용된 비정규직, 외주위탁된 비정규직·간접고용 노동자의 고용 및 처우개선으로 직접 연결되는 데는 한계가 있었다. 그리고, 정규직과의 임금·노동조건을 차별하는 무기계약직 제도를 공공부문에 광범위하게 도입하면서 '정규직'이라는 명칭을 붙였다. 행정기관과 교육기관에는 공무원·교사라는 특수 직군이 존재하기 때문에 불가피한 측면이 있지만, 공공기관의 경우 정규직-무기계약직을 이원적으로 운영하는 것 자체가 차별을 지속시키는 것이다.

게다가 행정기관의 총액인건비 제도 운영은 결과적으로 비용 절감을 이유로 한 비정규직 양산을 결과적으로 유도하고 있었다. 공공기관 역시 비핵심업무의 외주화를 통해 간접고용(파견·용역) 노동자들이 증가할 수밖에 없었다. 결국, 정부의 이러한 상황 속에서 비정규직 종합대책에도 불구하고, 행정기관과 공공기관의 예산 운영 및 경영혁신 방침으로 인해 비정규직은 계속 더 확대되고 있었다.

실제 정부가 정한 무기계약 전환 목표도 매우 미흡한 수준이었다. 2007년 6월 정부 관련 부처(교육부·행정자치부·고용노동부·기획예산처·중앙인사위원회) 합동으로 구성된 '공공부문 비정규직 대책 추진위원회'의 점검 결과, 공공부문 무기계약 전환율은 신청 대상자의 34.8%에 불과했다. 이러한 상황 속에서 전국적으로 진행되고 있던 공공부문 비정규직의 투쟁이 여전히 장기화되고 있고, 정부가 정한 정책방향과도 계속 엇갈리고 있었다.

표6-2 공공부문 비정규직 인원 현황   (단위: 명,%)

구 분	2003년 실태조사				2006년 실태조사			
	총인원 (A=B+C)	정규직 (B)	비정규직 (C)	비율 (C/A)	총인원 (a=b+c)	정규직 (b)	비정규직 (c)	비율 (c/a)
합 계	1,249,151	1,014,836	234,315	18.8	1,553,704	1,242,038	311,666	20.1
중앙행정기관	272,605	237,004	35,601	13.1	273,715	243,408	30,307	11.1
지자체	305,089	260,442	44,647	14.6	383,801	311,564	72,237	18.8
교육부문	476,358	377,281	99,077	20.8	527,804	415,411	112,393	21.3
공공기관	195,099	140,109	54,990	28.2	368,384	271,655	96,729	26.3

자료: 한국비정규노동센터(2007년)

표6-3 공공부문 각 영역별 무기계약 전환 현황   (단위: 명, %)

대상 기관	기간제 수(A)	전환 요청(B)	전환(C)	전환율(C/A)
중앙 행정부처(57)	21,912	14,474	6,879	31.4
지자체·지방공기업(57)	59,923	11,093	6,303	10.5
학교·교육행정기관(10,041)	89,757	73,675	51,205	57.0
공기업·산하기관(270)	35,510	13,340	7,474	21.3
계(10,714)	206,742	112,582	71,861	34.8

자료: 공공부문 비정규 대책추진위원회(2007)

3) 철도 비정규 노동자들의 투쟁(새마을호 · KTX 열차승무원)

2004년 고속철도(KTX)가 개통되고 2005년 1월 철도청이 한국철도공사로 전환되는 가운데 철도 현장의 인력 부족 문제가 계속 대두되고 있었다. 철도공사 전환으로 인해 7,600여명의 인력 충원의 필요성이 제기되었지만, 정부와 철도청은 정규직 충원보다 자체 구조조정과 외주화(외부 위탁)으로 해결하려 했다.[51] 이러는 가운데, 계약직 여승무원들이 계약 해지에 저항하거나 정규직화를 요구하는 투쟁을 전개하기 시작했다.

철도공사 전환 이전인 2004년 철도청에는 88명의 새마을호 계약직 여승무원이 근무하고 있었는데, 철도청은 3월에 근무기간이 2년 넘은 31명에 대해 12월 31일자로 계약 해지한다고 통보하였다. 이들 새마을호 계약직 노동자들은 2002년 정부의 '철도 경영 효율화' 흐름에 따라 정규직 신분에서 계약직으로 전환된 경우였다. 게다가 이들은 철도청의 직접 고용이 아닌 홍익회의 계약직 신분으로 바뀌어 있었다. 공공부문 중 가장 좋지 않은 고용 형태를 철도청은 취하고 있었던 것이다.

한편 철도 노사가 체결한 지난 2003년 4.20 합의에는 당시 새마을호 계약직 여승무원의 정규직 전환 내용을 포함하고 있었다. 철도노조가 합의 위반에 대해 강하게 항의하자 철도청장(김세호)은 강제 퇴직은 없을 것이라는 입장을 표명한 바 있지만, 결국 11월 들어 이들에 대한 계약 해지 조치가 구체화되었다. 철도노조의 강한 반발이 이어지자 철도청은 12월 13일 이들에 대해 '1년 계약 연장'조치를 발표하고, 일단 계약 해지는 철회되었다. 철도공사로 전환된 이후 공사는 4.20 합의에 따라 2005년 12월에 새마을호 계약직 여승무원을 직접고용 정규직화했다.

철도공사는 2006년 말에 새마을호 승무업무를 자회사인 KTX관광레저(주)로 위탁 운영하겠다고 발표했다. 이미 KTX 열차승무원을 위탁 운영하겠다고 2006년 3월 발표한 이후 새마을호 승무업무마저 위탁 운영하겠다고 발표한 것이다. 자회사인 KTX관광레저(주)에 위탁 운영되면 판매서비스 업무까지 추가되고, 1년마다 KTX관광레저와 철도공사가 위탁 계약을 갱신하기

---

51 2004년 9월 철도청은 공사 전환에 따라 7,630명의 인력충원 계획을 검토하여, 이중 1,980명의 정규직 충원, 2,738명의 자체 구조조정, 2,953명의 외부위탁 방안을 제시했다. 이를 근거로 정부(건설교통부)는 2004년 11월 19일 최종용역보고서를 통해, 7,630명의 필요 인력 중 2,623명의 정규직 충원, 5,077명의 구조조정 방안을 제시했다. 현재 한국철도공사의 6개 자회사의 인력 현황을 보면, 80% 이상이 비정규직으로 구성되어 있다. 자회사 대부분 철도공사 업무위탁을 받고 있는 상황인데, 철도공사는 간접고용 비정규직을 철도공사 업무에 직접 사용하는 매우 '질 나쁜 고용구조'가 아닐 수 없다.

때문에 결국 이들은 또다시 1년 계약직 수준으로 전락하는 것이다. 이에 2006년 11월 23일부터 새마을호 여승무원들은 외주위탁 철회와 2007년 전원 재계약 체결을 위해 철도노조 투쟁방침에 따라 투쟁에 돌입할 것을 선언하고 전적을 거부하였다. 철도노조(위원장 김영훈)는 12월 24일부터 열차내 방송투쟁을 시작했고, 이후 투쟁은 철도노조 투쟁방침에 따라 KTX 열차승무원들과 같이 진행되었다.

2004년 3월 KTX 개통 당시부터 KTX열차에서 근무하는 이들 승무원에 대해 채용 당시 2년 후 정규직으로 전환하겠다는 입장을 밝힌 바 있었다. 이들은 채용 당시 '지상의 스튜어디스'라는 이미지와는 달리 철도공사 자회사인 코레일유통 소속으로 저임금과 열악한 노동환경에 처해 있었다. 2006년 초 코레일유통이 위탁관리 업무를 반납하자, 이들을 또다른 자회사인 KTX관광레저로 전직하도록 유도했다. 그러나 이러한 자회사 비정규직의 간접고용 형태는 파견법의 위반 가능성이 높았고, 고용불안과 열악한 노동조건 개선을 회피하기 위한 것으로서 해당 노동자들의 반발을 불러올 수밖에 없었다.

결국 이들 승무원 399명이 철도공사의 직접고용을 요구하면서 2005년 11월 한국노총 철도산업노조를 탈퇴하고 철도노조로 가입했다. 2006년 3월 철도노조의 파업이 철회된 후 3월 5일부터 철도공사 직접고용을 요구하는 KTX열차승무지부(지부장 민세원)의 단독 파업이 시작되었다. 3월 7일 코레일유통은 지부 조합원 56명에게 직위 해제를 내렸고, 이에 맞서 3월 9일부터 350여명의 조합원들이 철도공사 서울지역본부에서 농성 투쟁에 돌입했다. 3월 14일 철도공사는 KTX승무원 재 채용을 발표하고, 파업 승무원들에 대해 사업장 출입금지 가처분 신청을 법원에 제출했다. 때를 같이하여 지부 간부 14명에 대해 고소·고발 조치가 취해졌고, 이후 노조간부 3명에 대한 체포영장이 뒤를 이었다. 또한, 파업기간 중에 KTX열차승무업무를 다시 KTX관광레저에 위탁 운영한다고 발표했다. 4월 11일 국가인권위원회의 권고에 따라 노조(지부)는 철도공사와 교섭했으나 4월 13일 파업 중인 전 조합원에게 오히려 정리해고가 통보되었다.[52]

5월 11일 국가인권위원회 농성, 한나라당 서울시장 후보 선거본부 농성, 5월 14일 열린우리당 서울시장 후보 선거대책 본부 농성을 거쳐, 5월 15일 철도노조와 함께 서울역 대합실 농

---

[52] 철도공사가 이들 KTX 열차승무원의 직접 고용을 거부하고, 파업 중인 조합원에 대해 해고 조치가 취해지는 가운데, 4월 20일 감사원장(전윤철)은 기자회견을 통해 "KTX승무원 철도공사가 직접 고용하는 것이 맞다"고 발표했다.

성이 시작되었다. 5월 19일 대다수 조합원에 대해 계약 해지가 이뤄지자, 5월 24일 단식투쟁에 돌입했다. 6월 7일 파업투쟁 100일 차에 민주노총·민주노동당·법조계·시민사회단체 등이 기자회견을 통해 조합원 전원의 철도공사 직접 고용을 촉구하였다. 이러한 투쟁이 계속되는 동안 9월 11일 국가인권위원회가 KTX 열차승무원의 불리한 고용조건에 대해 성차별이라고 밝힘과 동시에 코레일유통이 아닌 한국철도공사 사장에게 성차별적 고용구조를 개선하라고 권고했다. 당시 철도노조 역시 철도공사와 KTX 열차승무원 문제를 해결하기 위한 교섭을 전개한 바 있었으나, 서로간 입장 차이를 극복하지 못하면서 결국 이 문제는 장기화되었다.[53]

KTX 승무원들은 11월부터 동일하게 KTX관광레저에 위탁 운영되고 있었던 새마을호 여승무원과 함께 공동투쟁에 돌입했다. 12월 열차 선전전, 서울역 농성투쟁을 전개하였고, 급기야 5일간 단식투쟁도 이어졌다. KTX 승무원과 새마을호 승무원들의 투쟁에 대해 철도공사는 2007년 1월 서울역 농성장에 대해 출입금지 가처분을 내렸다. 투쟁이 장기화되면서 KTX 승무원은 80여명이, 새마을호 승무원은 16명이 남았지만, 이들은 2007년 3월부터 전국의 역을 순회하는 투쟁에 돌입한 후 7월에는 또다시 집단 단식까지 돌입했다.

9월 들어 노동부는 KTX 승무원의 파업 사태 해결을 위해 철도공사는 노사공익 3자 협의체를 구성하기도 했지만, 노사간 논의가 교착되자 철도노조(위원장 엄길용)는 11월 파업 선언을 통해 KTX 승무원의 투쟁을 지원했다. 아쉽게 철도노조 파업이 무산된 후 2007년 11월부터 시작된 교섭에 의해 12월 말 '역무계약직' 채용 논의가 타협안으로 제시되었다. 그런데, 12월 27일 서울중앙지법이 철도공사가 KTX 승무원에 대해 실질적 사용자 지위에 있다는 판결을 내림에 따라 KTX·새마을호 승무원들은 역무계약직 타협 방안을 거부하고 직접 고용 정규직화를 요구하며 다시 서울역에서 농성에 돌입했다.

---

53 철도노조는 10월에 '비정규직법안 통과에 따른 철도공사의 비정규직운영계획(안)'이라는 공사 내부 문서를 공개했는데, 공사가 KTX 열차승무원을 포함해 비정규직 6,780명을 새로운 직급을 만들어 정규직 전환을 검토하고도 결국 외부위탁을 결정한 것으로 드러났다. 철도노조가 KTX 열차승무원 문제를 해결하기 위한 교섭에서 KTX승무 업무가 도급이 사실상 불가능하다는 점을 앞세워 직접고용을 요구한 반면, 철도공사는 공사 자회사의 정규직을 제안하였다. 문제는 당시 철도공사 자회사의 임금·고용구조·노동조건이 다른 공기업(전력·가스 등)에 현저히 열악한 상황이었기 때문에, 자회사 정규직 제안은 차별을 온존시킨다는 비판을 받기에 충분했고, KTX 승무원들 역시 이 제안에 응하지 않았다. 당시 철도공사 사장은 대학 시절인 1974년 민주청년학생연맹(민청학련) 사건으로 사형선고 판결을 받았던 이철이었다. 소위 민주화운동 세력의 노동 존중에 대한 인식 부족을 단적으로 드러내는 사례가 아닐 수 없다.

2008년 4월 서울고등법원 역시 철도공사의 KTX 승무원에 대한 사용자 지위에 있다고 인정했다. 법원의 1심과 2심의 판결은 KTX 승객서비스의 업무 위탁에 대해 민법에서 정한 도급계약 관계(도급자-수급자의 업무 분리)가 불가능하다는 점을 들어 '위장 도급'(불법 파견)이라고 판단하고, 철도공사가 승무원을 직접 채용한 것과 같은 묵시적인 근로계약 관계가 성립된다는 취지였다. 1심과 2심 판결에 힘입어 KTX 승무원들은 대법원 판결을 기다리며 직접고용 정규직화의 희망을 간직하며 투쟁 대오를 유지하고 있었다.

그러나, 대법원은 2심 판결 이후 7년 동안 판결을 지체한 끝에, 2015년 2월 26일 승무원들의 묵시적 근로계약관계 및 근로자 파견 주장을 모두 부인하는 판결을 선고하고 말았다. 이로 인해 원직 복직이 무산된 것은 물론 1·2심 판결 승소를 통해 지급받았던 임금(개인당 평균 8,640만원)을 철도공사 측에 반납하도록 하는 조치가 취해졌다. 이후 이에 비관한 한 조합원이 스스로 삶을 마감하는 안타까운 사건까지 벌어졌다. KTX 승무원들은 대법원 판결 이후에도 공사가 전향적인 결정으로 고용을 승계할 것을 요구하는 투쟁을 철도노조와 함께 계속하면서, 결국 2017년 문재인정부 출범 이후 복직 논의를 마무리하기에 이른다. 12년의 기나긴 투쟁이었다.

4) 확대되는 공공부문 비정규직 투쟁

• 산업인력공단 비정규직노조

공공연맹은 근로복지공단 비정규직노조 이용석 열사의 정신을 계승하여 이후 공공부문의 비정규직 노조에 대한 적극적인 조직화 및 투쟁 지원에 나서게 된다. 이들 비정규직 노조들은 대부분 열악한 조건에서 파업과 단식투쟁과 고공농성까지 이어가며 투쟁을 벌였고 상급단체의 지원이 절대적으로 필요한 상황이었다. 공공연맹은 이러한 투쟁들에 대한 지원을 연맹의 주요한 사업으로 삼고 적극적으로 대응해 나갔다.

근로복지공단 비정규직 투쟁이 마무리된 후 같은 노동부 산하기관인 산업인력공단에서도 직업훈련교사들 및 직업상담사 중심으로 비정규직 고용구조의 문제점을 극복하기 위한 논의를 시작하여, 2004년 9월에 산업인력공단 비정규직노조(위원장 임세병)가 결성되었다. 비정규직 입법화가 논의되는 과정에서 11월과 12월에 걸쳐 산업인력공단이 비정규직 노동자들에 대해 순차적으로 계약을 해지하자, 노조는 12월에 본사 상경 투쟁을 시작했다. 상경 투쟁을 통해 12월 말에 노조는 노사간 교섭 중 계약 해지를 중지하는 협약을 체결함으로써, 일단 계약 해지는 중단시키는 성과를 거두었다.

2005년 이후 공단의 조직 개편으로 이들 비정규직 노동의 고용이 또다시 위협받자 노조는

10월 24일 비정규직의 정규직화와 공단 구조개편 과정에서 상시·지속적 업무에 종사하는 비정규직 고용승계 대책을 요구하며 전면 파업에 돌입했다. 당시 산업인력공단노조의 파업 투쟁에는 근로복지공단을 포함한 다른 비정규직노조들도 공동투쟁을 전개했다. 이들은 국회 앞에서 2004년 5월에 정부가 발표한 비정규직 종합대책의 허구성을 비판하는 성명을 발표했다. 비정규권리 입법 쟁취를 위한 전국순회투쟁단에도 참여했다.

노조가 66일간 파업을 전개한 끝에 12월 28일 산업인력공단의 조직 개편과 관련한 고용 승계가 합의되었고, 비정규직의 노동조건 개선도 동시에 이뤄졌다. 산업인력공단 비정규직 노조는 이후 2006년 7월 전국평생교육노조로 노조 명칭을 전환하였고, 기간제법 발효와 함께 2007년부터 이들 비정규직의 무기계약직 전환이 이뤄졌다. 그러나, 아쉽게도 평생교육노조는 2010년 공공운수 산별노조 전환 논의로 혼란 상황에 직면해 있던 공공운수연맹을 탈퇴하여 한국노총(현 공공연맹)으로 상급단체를 변경했다.

산업인력공단 비정규직노조의 투쟁은 여러 측면에서 아쉬움을 남겼다. 전체 공공부문에서 상시·지속업무 정규직화의 투쟁으로 확산되지 못한 것이 가장 큰 한계이다. 2003년 하반기 근로복지공단 비정규직노조의 투쟁 이후 각 공공기관 현장에서 비정규직 문제가 심각하게 제기되었으나, 정작 정규직화 투쟁을 전면적으로 전개한 것은 산업인력공단노조 뿐이었다. 결국 개별적인 파업 투쟁 끝에 고용안정을 확보하는 수준에서 마무리된 것이다. 그리고, 5년 후 민주노총(공공운수연맹)마저 탈퇴하여 공공부문 민주노조운동 흐름에서 이탈했다.[54]

• 경찰청고용직공무원노조

2005년 공무원 직제 개편이 임박하면서 중앙정부 고용직의 고용 전환 문제가 전 부처에서 불거졌는데, 정부의 총액임금제 틀 속에서 기능적 공무원으로의 전환 폭이 좁아 대부분 해고될 위험에 처해 있었다. 특히, 이중에서도 경찰청의 기능직 전환 규모가 매우 적은 상황에서 고용직공무원노조가 결국 투쟁에 돌입했다.

경찰청은 2003년 12월 소속기관 직제 개편을 통해 기능직으로 전환하는 고용직공무원의

---

54 이같은 흐름은 특정 조직의 특정 집행부 책임(지도력) 문제가 아니라 공공부문 민주노조운동의 한계를 결정적으로 반영하는 것일 수밖에 없다. 안타깝게도 문재인정부 기간에도 수많은 비정규직 노동자들의 투쟁이 있었으나 학교비정규직 및 국립대병원 노동자들을 제외하고는 대부분 개별적으로 투쟁하고 마무리되었다. 이 한계가 여전히 작용하고 있다는 반증이다(필자 주).

정원을 87명으로 제한했다. 이는 결과적으로 엄청난 규모의 경찰청 고용직의 구조조정(직권면직)을 사실상 선포한 셈이었다. 결국, 2004년 1월 1일에 경찰청은 고용직 560명 중 483명을 12월 31일까지 구조조정하겠다는 방침을 발표했다. 문제는, 대부분의 구조조정 대상이 경찰청에서 사무·비서·회계업무 등 행정 보조를 담당해온 여성노동자들이었다는 것이다. 열악한 노동조건에서 차별받고 일해온 이들은 정부의 부당한 해고 조치에 맞서기 위해, 2004년 7월 24일 7개 지방경찰청 소속 고용직공무원 40여명이 모여 전국경찰청고용직공무원노조(위원장 최혜순)를 결성했다.

노조는 이후 9월부터 직권면직 철회와 기능직 직제 전환을 위한 경찰청 규탄대회를 11월까지 끈질기게 전개했고, 12월부터 전 조합원 단식 농성까지 전개했다. 그러나, 경찰청은 12월 31일 결국 자진 퇴직하지 않은 고용직공무원 85명에 대해 직권면직 조치를 강행했다. 2005년 1부터 노조는 직권면직 공무원의 기능직 특별 임용을 요구하는 투쟁을 시작했다. 3월 21일 경찰청 앞 서대문 교통관제탑 고공 시위까지 감행했고 이후 9월까지 직권면직 철회 및 기능직 전환을 요구로 한 집회 및 경찰청 농성 등을 계속했다. 국회내 공론화를 위해 9월에는 여의도 문화마당 고공 농성을 다시 감행했다.

국회 행정자치위원회에서 2005년 1월부터 이에 대한 논의가 계속되었으나, 결국 2005년 말에 투쟁 인원(85명)의 1/3에도 못 미치는 일부 조합원의 정규직화(기능직 전환)가 이뤄졌다. 노조 역시 2006년 초에 활동이 중단되면서 사실상 해산되기에 이른다.

한편, 경찰청은 10년이 지난 2015년 계약직(영양사)들의 계약 해지 문제를 또 야기한다. 2013년부터 영양사들을 채용했으나, 최저임금 수준에 불과한 노동자들을 무기계약직 전환을 기피하기 위해 2015년 6월에 계약 해지를 단행한 것이다. 이에 비정규직들은 노조를 결성하고 6개월여의 투쟁을 거친 끝에 공개 모집 지원시 전원 재계약의 합의를 이끌어내고 투쟁을 마무리했다. 이같은 경찰청 고용직 노동자들 및 비정규직 노동자들의 해고 조치는 경찰청이 갖는 특수한 위치에서 노조들의 저항이 쉽지 않으리라는 당국의 판단이 작용한 것으로 볼 수 있다.

- 경마진흥회노조

공공기관 중 인천공항공사·한국도로공사 등과 더불어 간접고용 구조가 심각한 한국마사회에서도 과천 경마장 매표 위탁업체인 경마진흥회 노동자들의 투쟁이 시작되었다. 노조(위원장 정구영)는 2004년 6월 노동부에 불법 파견 진정을 냈고 노동부는 9월에 불법파견 판정을 내렸다. 그런데, 경마진흥회는 불법 파견에 따른 고용 개선 조치를 취하지 않고 오히려 2005년 1

월 위탁업체 노동자 전원에 대해 계약 만료를 이유로 계약 해지 조치를 취했던 것이다. 이후 노조는 1년 6개월여동안 공공부문 비정규 단위 연대조직과 더불어 투쟁을 계속했다. 이 시기 경찰청고용직 노동자들과 투쟁 시기가 겹침으로써, 두 조직은 상호 연대 투쟁을 전개했다. 공공연맹은 7월 29일 불법 파견 철폐 및 직접고용 쟁취를 위한 총력투쟁 결의대회를 진행했다.

2005년 1년 동안 진행된 투쟁은 결국 2006년 법원의 판단으로 옮겨간다. 2006년 6월 수원지방법원은 경마진흥회에 대한 한국마사회의 매표 업무 외주화가 불법 파견임을 판결했으나, 이들 계약 해지된 노동자들의 부당해고는 인정치 않았다. 당시 법원은 "합법적인 파견이 아니라 불법적 파견이기 때문에 고용 의제가 적용되지 않아 사용자의 고용 승계 의무가 없다"고 판결했다. 철도공사의 KTX 승무원의 경우처럼 워낙 간접고용이 복마전처럼 얽힌 마사회의 고용구조 속에 피해를 입은 노동자 구제에 대해 우리 법원은 여전히 보수적인 태도를 취했던 것이다. 경마진흥회의 부당 해고는 결국 2009년 3월 대법원에서 노동자들의 손을 들어줌으로써, 4년여의 법정 투쟁 끝에 마무리되었다.

경마진흥회노조의 투쟁에도 불구하고 한국마사회의 다단계 하도급 고용구조 및 이로 인한 불법 파견 문제는 해결되지 않고, 문재인정부의 공공부문 비정규직 정규직화 논의가 전면화되는 기간에도 크게 변하지 않았다.

- 강원랜드 비정규직노조

강원랜드의 정규직노조가 2000년 이후 안정된 기반을 잡아가는 동안 협력업체 노동자들의 노동조건은 계속 사각지대에 놓여있었다. 강원랜드는 석탄산업 합리화의 정부 정책 아래 사북 지역 탄광 지대를 재개발한 레저산업단지로서 정규직은 물론이고 비정규직 역시 과거 탄광 지역을 중심으로 생활해왔던 노동자들이기 때문에, 정규직노조의 사회적 책임이 다른 어느 공공기관보다 높았다. 따라서, 이들 비정규직의 노동조건 개선의 책임 역시 강하게 요구되고 있었다.

그러나 강원랜드 정규직노조의 대표가 2005년 11월 불법 카지노바를 운영한 혐의로 구속되는 등 비리행위까지 나타나면서 이러한 사회적 책임을 제대로 이행할 수 없을 거라는 실망 섞인 우려가 제기되었다. 결국 계속되는 정규직과의 고용 및 노동조건 차별을 극복하기 위해 2006년 7월 3개 하청업체의 430여명의 노동자들이 별도의 강원랜드 협력업체노조(위원장 최일수)를 결성했다. 강원랜드 비정규직 노조는 정규직 노조와 같이 서비스연맹(민주노총)에 가맹하는 것이 노동운동 연대의 취지에 부합했으나, 정규직노조가 이를 꺼려하는 분위기로 인해 공공연맹에 가맹하게 되었다.

공공연맹 강원지역본부 등 지역 연대조직의 지원아래 교섭이 시작되었으나 정규직 중심의 노사관계가 계속되는 상황 속에서 이들 비정규직의 노동조건은 쉽사리 개선될 전망을 보이지 않은채 교섭은 1년 6개월 넘게 계속 지연되었다. 결국 강원랜드 협력업체 노동자들은 2008년 1월 정규직과의 임금 격차 해소, 협력업체의 고용 및 노조활동 보장을 내걸고 계속 파업 투쟁을 전개했다.

1월 18일부터 27일까지 부분파업·순환파업·전면파업이 계속되는 가운데, 강원랜드가 지역 사회 여론에 민감한 조건 속에서 비정규직 노동자들 투쟁이 지역 사회운동단체들의 관심을 불러일으키면서 2월 4일 지역사회단체들이 중재하기 시작했다. 이들 단체의 중재에 힘입어 원만한 합의가 이뤄짐으로써, 2월 5일 노조 결성 후 1년 7개월만에 처음으로 강원랜드협력업체 노조는 임금·단체협약을 체결하고 노조활동의 토대를 마련하기에 이르렀다.

- 학교비정규직노조

현재의 전국적인 학교비정규직노조가 활성화하기 이전 2004년 8월 21일 학교에서 학교의 행정·사무보조, 영양사 등의 비정규직의 노동조건 개선을 위해 공공연맹 소속으로 학교비정규직노조가 설립된다. 학교비정규직 노동자 조직화는 상급단체가 없는 전국여성노조에서 2002년부터 시작되었는데, 관련 노조들의 상황은 서로 비슷했다. 소수의 노동자가 조직된 노조 초기에 △2년 이상의 장기 근속 노동자에 대한 해고 △외주화로 인한 고용 불안 △계약기간 1년 미만 축소 등이 나타나면서 이들 비정규직에 대한 해고가 줄을 이었던 것이다. 정부는 2004년 5월 학교 비정규직들의 처우개선을 담은 비정규직 대책을 발표했으나, 각 학교 현장에서는 이러한 대책들이 제대로 실효성있게 작용하지 못하고, 노조가 결성되면 부당 해고(계약 해지)가 계속되는 상황이었다.

학교비정규직노조의 조합원이 속해 있는 학교 역시 마찬가지였다. 2005년 2월 서울 상명여중, 3월 전북 용북중, 5월 충북 복대중 등에서 부당 해고가 계속되었지만, 당시 노조 조건에서는 해고된 노동자들의 개별적 투쟁이 외롭게 이어졌다. 이러한 개별적인 투쟁은 2006년 1월 학교비정규직노조(위원장 정해연)가 교육인적자원부 앞에서 전국의 조합원들이 결의대회를 개최하면서 전국적으로 뭉쳐지기 시작했다. 학교비정규직 노동자들은 결의대회를 통해 1년 계약제에 따른 고용불안, 직종별 근무일수 차등, 정규직과 수당 차별 등의 부당한 처우개선을 요구하며, 교육청과의 직접 교섭을 촉구했다.

학교비정규직노조는 이후 2월부터 각 교육청 앞에서 릴레이 집회 및 1인 시위 등을 계속 진행했다. 7월에는 교육부에 직접 교섭을 촉구하는 기자회견과 함께 2박 3일 노숙 농성이 이어진다. 이러한 투쟁에도 불구하고, 당시 학교비정규노조의 취약한 조건으로 인해 이러한 투쟁들은 별다른 성과를 거두지 못한다. 각 학교별로 소수의 조합원들이 지역별로 분산된 상황인 데다 조합원 수 역시 매우 적었기 때문이다. 당시 전국여성노조에도 학교 비정규직 노동자들이 일부 포함되어 있었지만 공공연맹 학교비정규직노조와의 연대는 제대로 이뤄지지 못했다.

학교비정규직 노동자들은 2007년 7월 비정규법 시행을 앞두고 해고 위협에 시달려야 했다. 특히 성신여고 행정실에 근무한 비정규직 노동자가 해고를 통보받고 6월 22일 자살을 시도한 사건은 큰 충격을 던졌다. 비정규직을 보호하는 법이 시행되는데 오히려 비정규직 노동자가 해고되는 우리 나라의 일그러진 현실이 드러났기 때문이다.

그러나 이러한 악조건 하에서 전개된 학교 비정규직 노동자들의 투쟁은 결국 2010년 교육감 선거를 통해 민주 교육감이 대거 당선된 이후 학교 비정규직의 노조들이 전국적으로 확산되는데 소중한 밑거름으로 작용한다. 당시 이들의 투쟁은 교육감이 사용자 지위에 있다는 판결이 나오지 않은 상황에서 개별 학교를 상대로 힘겹게 싸워서 학교 비정규직 노조의 초기 기반을 마련했다는데서 역사적 의미를 갖는다.

5. 문화예술·사회복지 및 지자체 상용·위탁 노동자들의 투쟁

1) 문화예술 공연 노동자들의 투쟁

• 전국문화예술노조 결성

문화예술 노동자들의 노동기본권 보장을 위해 전국적으로 힘겹게 투쟁을 전개해 온 문화예술 공연 노동자들은 2003년에 노조를 통합하여 전국 단일노조(소산별노조)를 결성한다. 3월부터 시작된 조직 통합 논의는 11월에 주요 조직들이 산별 전환 투표를 성공적으로 진행하여 12월 17일 전국문화예술노조(위원장 이용진)가 출범하게 되었다. △정부부처 직속 기구인 국립극장의 예술단 △정부산하기관인 서울예술단·코리안심포니오케스트라·국립발레단 △지방자치단체 직영의 인천시·청주시·울산시·전주시·경기도 예술단 및 부여·충주국악단 △지자체 산하기관인 세종문화회관 등 각급 공연 예술 노조들 12개 조직이 1차로 참여하였다. 문화예술노조는 "예술을 상업화하는 시장화 전략에 맞서 예술의 공공성 쟁취 및 예술 노동의 진정한 민중의 향유화를 위해 전국의 문화예술 노동자들이 단결하고 투쟁하자"는 결의를 모았다.

문화예술노조는 2004년 7월 총력 결의대회를 거쳐, 문화예술의 공공성 강화와 국공립예술기관의 민주적 운영을 위한 토론회 등을 통해 소산별노조 활동 폭을 넓혀갔다. 그러나 단일노조 건설 이후에도 문화예술노조는 세종문화회관지부와 국립국장예술단지부를 제외하고는 노조의 활동기반이 취약해서 연대사업이 활성화되기 어려웠다. 전국 각 단체에서 끊임없이 계약 해지, 노조활동 탄압이 이어지면서 단일노조로서 안정적인 사업을 진행해 나가는데 적지 않은 어려움을 겪었다. 문화예술노조 투쟁은 결국 공공연맹의 조직 담당자가 직접 주관하는 형식을 취할 수밖에 없었다. 이러한 취약한 인력 및 조직 체계는 결과적으로 2006년 공공노조 결성 이후 문화예술노조 조직체계가 개편되는 원인으로 작용한다. 문화예술노조가 공공노조의 골간 업종본부로 자리잡지 못하고, 각 지역본부가 관할하는 지역지부 체계로 전환하였다. 대신 각 지역지투 체계에 속한 문화예술노조들은 문화예술협의회를 통해 교섭 및 투쟁을 공유하게 된다.

- 문화예술노조 각 지부들의 투쟁

노동기본권의 사각지대에 놓인 문화예술 노동자들의 힘겨운 투쟁은 계속될 수밖에 없었다. 2003년에는 울산예술단·국립발레단·경기도립예술단·전주시립예술단·광주시립예술단에서, 2004년에는 대구시립예술단·국립합창단·세종문화회관에서 부당해고와 노조탄압에 맞서는 투쟁이 계속된다.

2003년 2월 울산문화예술회관이 오디션을 거부한 조합원에 대해 재계약을 거부하고 해고 통지를 하면서 울산문화회관노조(위원장 우진수)의 투쟁이 시작된다. 4월 24일 '시민의 꽃 눈물로 피어나다' 공연과 시한부 파업을 거쳐, 6월 2일 울산시청 앞에서 천막 농성을 시작하면서 전면파업에 돌입했다. 7월 29일부터 전국 문화예술노조추진위원회의 릴레이 시위가 시작되었고, 9월 23일 공공연맹 총력결의대회 및 공연 집회 등을 거쳐 4개월간 파업 투쟁이 전개되었다. 울산문화예술회관이 해고자 복직 및 오디션 개선을 약속함에 따라 10월 29일 노사간 잠정 합의에 이르렀다. 이후 12월 31일 해고자 5명이 복직됨으로써 울산문화회관노조의 투쟁은 마무리되었다.

2003년 12월 30일 광주시립예술단에서 8명이 오디션 평가를 이유로 계약 해지를 당하게 된다. 광주시립예술단노조(위원장 오승진)는 2004년 1월부터 출근투쟁을 전개했고, 2월에는 문화예술노조의 총력결의대회를 거쳐 4월에 시민문화제를 갖는 등 지역 노조들과 연대하여 투쟁을 계속했다. 공공연맹 지역본부(광주)의 연대투쟁을 거쳐 2005년 1월 광주시장이 '형식적 오디션을 통한 해고자 3명의 우선 복직'을 약속함에 따라 1차로 투쟁이 마무리되었다. 그러나 2005

년 4월 실시된 실기 전형에서 오디션제도를 악용한 사측의 농간에 의해 조합원 전원이 탈락하여 다시 복직 투쟁이 8개월 동안 이뤄졌다. 결국 12월 14일 해고 조합원에 대한 복직 면접이 이뤄졌고, 이들이 2006년 1월에 복직하면서 광주예술단 역시 2년여 기나긴 투쟁을 마무리했다. 광주예술단노조의 투쟁이 마무리된 데에는 광주전남환경위생노조의 연대파업 등 광주지역 공공부문노조의 연대투쟁이 기여했다. 2004년 5월부터 12월까지 진행된 투쟁 과정에서 광주시가 직접 교섭 과정에 참여하여 해고자 복직의 약속을 했던 것도 이같은 연대투쟁의 성과로 볼 수 있다.

이어 국립합창단에서도 오디션을 앞세운 부당해고가 이어진다. 국립합창단은 2003년 12월 오디션 점수 미달을 이유로 조합원들을 계약 해지했다. 노조(위원장 김문섭)가 농성·집회 등을 통해 강하게 저항하는 가운데, 이들 조합원에 대해 서울지노위가 2004년 3월에 부당해고 결정을 하여 복직하게 되었다. 그러나 사측은 다시 5월에 해고를 자행했고, 12월에 지노위는 또 다시 부당해고 결정을 내리게 된다. 국립합창단은 이후 2008년 합창단 폐쇄로인한 구조조정이 다시 추진된다. 이러한 지노위 결정에서 보듯 지자체 문화예술단의 계약직 노동자들의 오디션을 통한 계약 및 해고 과정은 탈법적 요소들이 즐비했던 것이다.

2004년 12월 1일에는 목포시립예술단노조(위원장 이종수)가 사측의 부당한 오디션을 거부하고 파업에 돌입했다. 목포예술단은 이전에는 특별한 하자가 없으면 대부준 재위촉을 해왔으나, 노조 결성 이후 오디션을 통해 재위촉 여부를 판단하겠다고 함으로써 노조의 투쟁을 초래했다. 20여일의 파업 끝에 12월 24일 조합원 전원이 재 위촉되면서 목포예술단노조의 투쟁은 마무리되었다.

문화예술노조의 투쟁을 주도하고 있는 세종문화회관노조의 기반을 약화시키기 위해 서울시(시장 이명박)는 2004년 3월 일본 노무라리서치의 '세종문화회관 발전전략보고서'연구 결과 발표를 통해 예술단의 개별 법인화를 추진하겠다는 계획을 구체화한다. 이에 노조(지부장 이중덕)은 2005년 예정된 각 예술단의 개별 법인화에 맞서 7월에 노동조건 저하없는 주5일제 시행 및 인사 공연발전위원회 설치 등을 내걸고 쟁의행위를 의결했다. 곧바로 중앙계단 앞 천막 농성이 시작되었고 11월에는 부분 파업이 시작되었다. 12월까지 이어진 투쟁 끝에 평가제도의 개선과 함께, 개별 법인화에 대해서는 2005년 이후 공개적 논의하여 추진하기로 하자는 합의를 이끌어내면서 투쟁을 마무리했다. 그러나 이명박이 시장으로 있던 서울시는 이러한 노사 합의를 무시했다.

2005년 1월 서울시 교향악단 법인화를 위해 비밀리에 발기인대회까지 치루고, 서울시향의 신임 지휘자(정명훈)는 3월 기자회견을 통해 4월 오디션을 강행하겠다고 발표했다. 이에 노조가 항의하고 노조 간부들이 오디션을 거부하자, 6월에 문화예술노조위원장(이용진) 및 전 세종문화회관지부장(김은주)에 대해 정리해고를 통보하였다. 세종문화회관지부는 6월 30일부터 부분파업에 돌입했고, 8월 30일에는 무기한 천막농성이 전개되면서 급기야 9월 22일 전면파업에까지 이르렀다.

노조의 파업투쟁이 진행되던 9월 27일에는 문화예술단체 및 문화예술노조를 중심으로 〈세종문화회관 예술단체 해체 철회와 예술 공공성 강화를 위한 공동대책위〉가 구성되어 서울시에 맞서 연대투쟁을 전개했다. 이 대책위는 이후 2006년 한미FTA 체결 반대 연대투쟁까지 전개했다. 노조 투쟁에도 불구하고 10월에 국악관현악단이 법인화되면서 조합원 13명이 해고(계약 해지)되기에 이르렀다. 2005년 투쟁은 2006년까지 계속되어 4월에 조합원 고용 보장을 중심으로 한 합의가 이뤄졌다. 서울시립교향악단 소속 2명의 노조 간부에 대해서는 2006년 3월 서울지방노동위원회가 부당 해고(직위해제)의 결정을 내리게 된다.

2) 사회복지기관 노조들의 투쟁

• 사회복지노조들의 업종별 단결 및 공동투쟁

2003년 들어 사회복지기관 곳곳에서 비리가 발생하고 이에 항의하는 노조에 대한 탄압이 발생하자, 전국의 사회복지노조들은 5월에 광화문 청사 앞 집회 및 과천청사앞 연대집회를 갖고 사회복지예산 현실화, 사회복지노동자 노동조건 개선 등을 요구했다. 이를 기반으로 6월 21일 〈사회복지노동자의 대정부 5대 요구 쟁취를 위한 공동투쟁본부〉가 결성되었다. 이 공동투쟁본부는 서울경인사회복지노조(위원장 장대석), 한국자활후견기관노조(위원장 김진수), 금속노조 경기북부지역지회 성람분회(분회장 장광수)가 주도했고, 그밖에 서울일반노조시각장애인연합회분회·나운재단·에바다복지관· 상애원 등 10여개 노조 1,200여명의 조합원이 참여하고 있었다.

이들 사회복지노조들은 참여정부에 대해, △사회복지예산 현실화를 위한 특별기구 설치 △처우 및 노동조건 개선 △자활후견기관 인센티브제 철회 및 자활제도 개선 △노조 탄압 사업장의 책임있는 해결 등의 요구사항을 제시했다.[55]

---

55 사회복지시설 노동자들의 처우는 공무원 평균임금의 68%, 교사 평균임금의 63% 수준에 불과한 실정이다. 각 부문별로 월 평균임금을 보면, 사회복지기관 1,253,519원, 노인복지관 1,318,542원, 장애인복지관 1,361,519원, 자활후견기관 1,238,495원, 보육시설 1,161,982원에 불과했다(황형욱, 2003).

서울경인사회복지노조는 2003년 1월 출범 당시 7개 지부 250여명으로 출발하여, 2006년 10월에 14개 지부 350여명으로 성장했지만, 아직 전반적으로 사업장 규모에서나 노조의 확장성 측면 모두 아직 열악한 상황이었다. 그러나, 이러한 열악한 환경 속에서도 사회복지노조운동을 20년 가까이 보금자리 역할을 하면서, 끊임없이 이어지는 투쟁(소아마비정립화관, 장애인콜택시 등)을 지원하고 있었다.

한국자활후견노동조합은 전국 각지의 242개 지역자활센터에 종사하는 자활 노동자 350여명이 2003년 3월 단일노조로 출범한 조직이다. 2000년 국민기초생활보장법 시행에 따라 정부의 자활 지원 정책 시행을 위해 설립된 자활후견기관은 2002년 주관부처인 보건복지부가 자활기관에 대한 성과평가를 실시하겠다는 방침을 밝힘에 따라, 노동조합을 결성하기에 이른다. 정부가 자활후견기관에 대한 지원보다는 통제만을 강화하려는데 대한 저항이었다. 자활노조는 이후 △성과평가 반대 단식농성 및 국민기초생활보장법 연석회의 농성(2003년 11월) △감사원 부당감사 철회투쟁(2004년 7~8월) △사회복지예산 확충 연대집회(2004년 8월) 등을 계속 진행했다.

전국의 28,000여개 보육시설에 종사하는 보육교사 및 사무관리 업무 담당자들을 중심으로 전국보육노조(위원장 김명선)이 2005년 1월 출범했다. 2004년 8월부터 시작된 보육노조 건설 추진은 11월에 준비위 결성 등을 거쳐 노조로 전환했다. 보육노조는 한국보육교사회 소속이었던 교사들이 중심이 되었다. 우리나라의 열악한 보육현실을 극복하기 위해 노조활동을 시작했는데, 2006년 10월까지 290여명이 참여하였다.

보육노조는 2005년 보육노동자들의 노동조건 실태조사를 거쳐 처우개선 투쟁을 전개했다. 2006년 6월 24일 '보육공공성 확보와 보육노동자 노동기본권 쟁취를 위한 투쟁본부'를 발족하고, 여성가족부 교섭 투쟁에 돌입했다. 7월부터 정부청사앞 1인 시위, 노숙투쟁 등을 전개하여 보육현장의 열악한 현실을 사회적으로 공론화했다. 이후 보육 노동자들은 △2012년 보건복지부의 보육교사 임금 동결 지침 △2013년 보육노동자 블랙리스트 등 열악한 노동환경에 맞서는 투쟁을 계속 전개해야 했다. 보육노조는 2007년 공공노조 출범 이후 보육지부로 전환된다.

• 사회복지시설 노동자들의 거듭되는 투쟁

사회복지노조들의 공동투쟁이 2003년 이후 계속되는 가운데서도, 각 사회복지시설에서의 비민주적 운영, 노조활동 탄압은 계속되고 있었다. 2002년 1월 파업을 통해 노조 간부의 부당해고를 철회시켰던 소아마비정립회관노조는 정립회관의 민주적 운영을 위해 2004년 4월부터 2년여 동안 끈질긴 투쟁을 계속해야 했다. 광진구청 산하 중증장애인 복지기관인 정립회관은 관장의 비민주적 운영이 계속 문제가 되어 노조(서울경인사회복지노조 소아마비정립회관지부)가 4월부터 투쟁을 시작했다. 이어 6월 4일 관장 연임에 맞서 파업에 돌입했고, 정립회관의 민주적 운영을 요구하며 회관 점거 농성을 시작했다. 7월 이후에는 장애인단체들과의 공동투쟁으로 전개되었다. 투쟁이 강화되는 8월에는 농성장을 침탈하는 폭력이 나타났고, 이후 9월에는 노조 대표(지부장 김재원)가 연행되었으며, 10월 공대위 대표(박경석)가 연행되는 등 탄압이 이어졌다. 이에 노조와 장애인단체는 11월부터 한국소아마비협회 이사장 집 앞 노숙·단식농성까지 이어졌다.

2005년 1월 감독 책임을 진 광진구청이 '정립회관 분규 해결을 위한 중재안'을 제시했다. △관장 퇴임 △수습대책위 운영 △해고 철회 등의 중재안이었다. 노조는 내부 조정과정을 거쳐 2월 7일에 중재안을 수용하면서 투쟁을 마무리했다. 그러나 광진구청이 6월에 퇴임한 이완수 관장을 이사장으로 다시 임명하는 결정을 내리자, 다시 8월부터 노조와 정립회관 공대위는 광진구청 농성에 돌입했다. 결국 2006년 국가인권위 권고로 이사장이 사퇴키로 하고, 2년여의 투쟁이 마감되면서 정립회관도 정상화되기에 이르렀다.

원주시 장애인 위탁 복지관인 상애원에서 노조(위원장 박은자)가 2003년 7월 21일부터 복지관의 비민주적 기관 운영에 맞서 파업을 전개하자 복지관은 노조위원장을 해고하였다. 11월부터 원주지역공대위의 연대 투쟁이 계속되면서, 2004년 1월 강원지방노동위원회가 노조위원장 부당해고 판결을 내렸다. 4월에 노조가 입소자 및 노동자 인권 침해를 제소하자 사측이 노조 간부를 대기발령하고, 이어 2명의 대기 발령자를 해고하기에 이른다. 2005년 4월에 다시 강원지노위가 이들 해고자에 대해 부당해고 결정을 내림과 동시에 그간의 노조 탄압에 대해 부당노동행위 판정을 내렸다. 이 판정을 근거로 원주노동사무소는 상애원에 대한 특별근로감독을 실시했다. 8월 중앙노동위원회는 부당노동행위·부당해고 결정을 다시 내렸고, 국가인권위원회도 상애원노조에 대한 부당노동행위가 인권 침해 소지가 있다며 시정을 촉구했다. 그러나 사측이 부당해고 2명의 복직을 거부하고 노조를 인정하지 않자 2006년 6월 다시 파업에 돌입했다.[56]

상애원의 부당노동행위 및 원주시의 부실한 감독에 맞서 상애원의 민주적 운영 촉구를 위

---

56 상애원노조는 △이사회 및 운영위원회민주화 △비정규직 제한, 분리근무 해제, 변형근로제 철폐 등의 노동조건 개선 △생활방 CCTV 철거 △ 노조 전임 인정, 해고자 원직복직 등의 노조활동 보장 요구를 주로 제시했는데, 우리의 사회복지기관에서 나타나고 있는 후진적 운영의 단면을 엿볼 수 있다.

한 투쟁은 2007년까지 계속되었다. 결국 전면 파업이 260일차에 이르고, 원주시청앞 노숙농성 111일차에 이르렀던 2007년 5월 7일 지부장은 무기한 단식 농성에 돌입하게 된다. 이후 공공노조와 지역 공무원노조의 연대투쟁 및 민주노동당의 지원에 힘입어 5월 14일 파업 돌입 266일만에 상애원노조의 투쟁은 승리하면서 끝을 맺었다. 노조가 오랫동안 요구했던 △해고자 원직 복직 △단체협약 체결 △사회복지시설 운영 민주화 △인권침해 CCTV 철거 등이 복지관측과 합의되었다. 이후 상애원노조는 그동안 투쟁을 지원했던 공무원노조에 대한 원주시의 탄압에 맞서 공동 캠페인을 전개하는 등 지역 민주노조운동의 연대 확대를 위해 노력해오고 있다.

2003년 11월 서울시시설관리공단에서 위탁 운영 중인 장애인콜택시 노동자(1년 단위 계약직)들이 노조(서울경인사복노조 장애인콜택시지부)를 결성하자, 공단측은 노조 간부 6명과 일반조합원 5명에 대해 계약 해지를 통보했다. 2004년 1월부터 노조(지부장 권재수)의 투쟁이 계속되는 가운데, 공공연맹과 시민사회단체 등을 중심으로 노동장애인이동권연대와 함께 '콜택시 운전기사의 노동자성 인정과 원직 복직 요구 투쟁을 위한 버스 타기 행사'가 이어졌고, 3월부터 7월까지 서울시청 집중 집회를 계속했다.

공공연맹은 소속 노조인 서울시설공단노조와의 연대를 통한 투쟁 지원을 모색했지만 이 시기에 시설공단노조가 공공연맹과는 거리를 두면서 서투노협을 중심으로 활동하고 있어서 연대사업이 쉽지 않은 상황이었다. 콜택시 노동자들과 사회복지노조들의 투쟁이 계속되었지만, 워낙 영세한 조직들의 투쟁으로는 문제 해결이 쉽지 않은 상황에서, 결국 장애인콜택시 노동자들의 부당 해고 문제는 법원 판결로 마무리되었다.

2005년 7월 서울행정법원은 2003년 11월에 해고당한 이들에 대해 노조 결성을 이유로 한 해고가 부당하다는 판결을 내림으로써 복직하게 되었다. 장애인콜택시 노동자들은 이후 전국공공서비스노조(공공노조)가 출범하자 2007년 4월 29일 다시 노조(지회)를 결성하였다. 이후 서울시설공단은 또다시 노조간부 13명을 계약 해지(해고)하였다. 공공노조 중심으로 철야 농성, 이사장실 농성 등의 연대투쟁을 진행한 결과 5월 말에 12명 모두 복직하기에 이르렀다. 장애인콜택시 노동자들의 투쟁은 공공기관에서 외주화된 노동자들의 노동기본권이 얼마나 취약한가를 단적으로 보여주는 사례로 볼 수 있다.

이밖에 경기도 광주장애인복지관에서도 부당 해고에 맞서는 투쟁이 전개되었다. 2003년 6월 광주장애인복지관에서 노조를 결성하자 복지관측은 노조활동을 전면 부정하고 노조원에 대해 집단 계약 해지를 추진했다. 이에 광주장애인복지관노조(위원장 송승구)는 단체협약 및 복지관 민주화 쟁취를 내걸고 7월 30일 전면파업에 돌입하였다. 사측의 사주를 받은 장애인들의 폭력이 이어지는 과정에서도 끝까지 투쟁을 전개한 결과, 12월 31일 5개월의 파업 끝에 광주시가 새 위탁사업자 선정시 고용승계를 보장하도록 조치를 취하겠다는 약속을 함에 따라 노조 투쟁은 마무리되었다.

3) 지자체 상용직 · 민간위탁 노동자들의 투쟁

- 노무현정부의 지자체 민간위탁 확대

노무현정부가 공공부문 전체의 상시적 구조개혁를 지속하고 있는 추세 속에 지자체 상용노동자에 대한 민간위탁은 갈수록 더 확대되고 있었다. 여기에는 지난 1999년 이후 행정자치부가 각 지자체에 대해 '행정권한의 위임 및 민간위탁에 관한 규정'에 따른 민간위탁을 제도화하고, 2003년 이후 지자체의 인건비와 운영비를 통합하여 '총액인건비'제로 운용하면서 갈수록 더 확산되고 있었다. 게다가 경비 절감과 연계된 지자체의 인센티브에 이러한 인력 감축과 외주화 실적이 반영되어 있었다.

'총액인건비' 제도는 예산당국이 인건비 총액만 정해주고 급여·조직은 인건비 총액 내에서 각 기관이 자율로 정하도록 한 것이다. 노무현정부가 2003년 정부혁신지방분권 로드맵 과제로 총액인건비제를 선정하고 이에 따른 후속조치를 구체화한 후, 2005년 7월부터 8개 중앙행정기관 및 23개 책임운영기관에 대해 시범 실시하였고, 2007년 1월부터 중앙정부 및 지자체를 대상으로 전면 시행하기에 이르렀다. 총액인건비제의 가장 큰 문제점 중 하나는 각 기관이 성과 극대화를 위해 인력을 탄력적으로 운영할 수 있도록 총정원 및 포괄적 정원관리 기준 범위 내에서 유연한 인력 조정이 가능하도록 권한을 부여했다는 점이다.

게다가, 2006년 12월 정부(기획예산처, 행정자치부)가 발표한 '2007년도 총액인건비제 운영지침'에는 각 행정기관이 총정원의 3% 범위 내에서 증원하도록 하면서 '계약직 우선 활용'의 내용이 포함되어 있었다. 정부가 앞장서서 비정규직 확산을 유도하고 있는 형국이었다. [57] 특히, 행정자치부는 각 지자체에 대해 2008년 1월부터 1년 이상 근무한 비정규직까지 포함해 총

---

[57] "이러한 총액인건비하에서의 인력에 대한 유연한 활용은 예산을 통해 정원을 관리하고 노동자를 통제하는 시스템을 더더욱 강화시켜 구조조정을 예산을 통해 제도화하게 된다. 또한 공공부문에서의 업무의 성격과 서비스의 질을 고려하지 않고 일단 정해진 정원 하에서 업무량이 증감에 따라 지속적인 고용감축이나 비정규직으로의 대체 또는 외주·위탁을 가능하여 전반적인 고용불안과 공공서비스 질의 악화로 이어질 것이다."(한국비정규노동센터, 2007).

액인건비제를 실시하겠다고 밝혔다. 총액인건비제가 시행되면 각 지자체의 공무원부터 비정규직까지 인건비가 모두 통합되고, 인건비 총액 안에서 정원과 개별 인건비를 자유롭게 정할 수 있게 된다. 이는 결과적으로, 각 지자체에서 필요한 인력을 공무원이 아닌 상용직, 비정규직 등으로 대체할 수 있게 하는 제도였다.

중앙정부 산하 공공기관의 '경영합리화'에 이어, 중앙정부와 지자체에까지 이어진 이러한 인력 유연화 정책은 결국 참여정부가 추진한 공공개혁의 결정적 한계였다.

- 경기도노조 투쟁

2003년에도 2001년에 이어 연초부터 경기도노조의 전 지부에서 투쟁이 시작되었다. 1월 2일 노조는 △불법 해고 즉각 철회 △예산낭비 민간위탁 철회 △근로기준법 준수 △체불임금 지급 △생활임금 보장 등을 요구하며 각 지부들의 연대파업을 추진했다. 고양·수원·안양·과천·김포·파주·평택·화성·의왕·군포·시흥·안성·용인·광명·오산 등 15개 자치단체 소속 도로보수원·환경미화원·청사관리원 1천여 명이 1차 파업에 참여했다. 2차로, 4월 24일 평택분회의 파업을 선두로 하여 각 분회의 순환파업이 또다시 5월 20일까지 진행되었다.

이어 6월 수원시와의 교섭 중 공권력이 투입되어 노조위원장(김헌정)이 구속되자, 6월 16일부터 2일간 3차 전면파업에 돌입하였고, 6월 22일부터는 분회별 순회파업을 계속했다. 7월 23일에 노조는 경기도 내 12개 지자체와 △기본급 5.5% 인상 △공무원과 동일한 토요일 격주 휴무 실시 △위험지역 안전차량 투입 △위험수당 10만원 지급 등에 잠정 합의하고, 파업을 마무리했다. 그러나, 10월에 안양에서 또다시 민간위탁에 의한 해고자가 발생하여 안양분회가 파업에 돌입했고, 12월 들어서는 고양시가 노조간부에 대해 징계를 가하자 노조위원장(홍희덕)이 단식농성으로 맞섰다.

2003년에 계속된 투쟁 끝에 경기도노조는 2003년 12월 숙원 과제인 집단교섭을 쟁취하기에 이른다. 안양·고양 등의 투쟁을 마감하면서, 2004년부터 각 지자체가 경기도노조와 임금 및 단체협약에 대해 집단교섭을 추진하기로 의견이 접근되었다. 이미 2000년에 서울상용직노조가 집단교섭을 확보한 성과가 있었지만, 경기도노조와 같이 상용직과 민간위탁(환경미화원) 노동자가 같이 조직된 광역단위 지역노조에서 이같은 집단교섭이 확보된 것은 지역노조운동에서 커다란 성과라 아니할 수 없다. 더구나, 오랜 기반을 지닌 한국노총 소속 환경미화원노조와 경쟁하면서 이룬 조직화였다.

경기도노조의 집단교섭 확보는 2004년부터 시행되는 주5일제 도입에 따른 제도 변화가 계기로 작용했다. 주5일제 시행지침에 따라 단계적으로 휴무 확대를 검토하고 이를 토대로 완전한 주5일제로 이행함에 있어서 경기도내 각 지자체는 이제 더 이상 경기도노조와 대립하지 않는 방안을 모색한 것이다. 물론, 이후에도 고양시와 안양시에서 장기투쟁이 이어지지만 2005년 말에 경기도 지역 내의 투쟁은 대부분 마무리되었다. 이같은 경기도노조의 투쟁은 이후 전국조직 건설의 희망으로 발전되었고, 이에 경기도노조는 다른 지역(경북·강원·충북 등)의 환경미화원 투쟁까지 지원 연대하는 사업을 전개하기 시작했다.

- 충남·광주·대구·경북·서울·대전지역 상용직-민간위탁 노동자들의 투쟁

경기도지역과 마찬가지로 타 지역 민간위탁 환경미화원들의 투쟁도 계속되었다. 2003년 1월에 보령환경노조가 위탁사업자 변경과정에서 해고자 복직 및 체불임금의 성과를 일궈냈고, 7월에는 부여환경관리노조가 민간위탁 철회를 내걸고 파업에 돌입하여 노조활동 보장 및 고용승계 특별협약을 쟁취했다. 2002년부터 각 지역에서 투쟁을 전개해온 충남지역 민간위탁 환경위생 노동자들이 2003년 11월 충남공공환경노조(위원장 송영신)로 통합하였다.

충남공공환경노조는 2005년 6월 27일 7개 시·군(서산·태안·당진·보령·아산·서천·부여) 환경미화원들이 임금 및 단체교섭 결렬에 따라 연대파업에 돌입했다. 6월 29일 파업 3일만에 정년 연장, 퇴직금 보장, 수당 확대 등에 대한 노조의 요구사항을 대부분 쟁취하여, 투쟁을 마무리했다. 충남공공환경노조는 이후 2005년 10월 충남서부지역일반노조와 통합하여 충남공공일반노조로 확대 개편된다.

2003년에 시작된 광주전남지역과 대구지역의 환경위생노조의 투쟁은 2004년까지 장기투쟁으로 연결되었다. 2003년 1월 광주전남환경위생노조(위원장 박동선)가 정화조의 비리 근절을 발표하자 사측이 노조를 탄압하기 시작했다. 12월에 노조활동에 열성적인 조합원들을 중심으로 정리해고가 자행되었다. 이후 2004년 4월 노조가 순환 파업을 전개한 결과 광주시와의 교섭을 통해 2005년 1월에 정리해고된 조합원들의 복직이 합의되었다. 광주시의 광산구청을 비롯한 각 구청의 비정규직노조들은 적게는 10일에서 많게는 50일 이상 파업을 전개하였다.

2003년 9월 사측의 임금 동결에 맞서 대구지역환경관리노조(위원장 김상호)가 파업을 전개하자, 대구시 서구청 관할 민간위탁 사업자는 12월에 조합원 전원을 해고하겠다는 방침을 발표했다. 민간위탁 계약 포기를 조건으로 한 사실상의 정리해고 발표였다. 노조는 사측과의 교섭이 별다른 성과를 거두지 못하자, 2004년 7월부터 정리해고 반대 투쟁을 시작하여 8월 5일 전면파업에 돌입했다. 파업 20여일만에 8월 26일 해고자 복직이 합의되면서 노조는 파업을 마무

리했다. 대구지역환경관리노조의 파업은 민주노총 대구지역본부와 공공연맹 지역본부가 총력적으로 지원한 투쟁이었다.

서울시설환경환리노조(위원장 이형원)는 2003년 12월에 사측이 계약 해지를 앞세워 노조간부들을 해고하자 2004년 2월 전면파업을 전개한 끝에 해고를 철회시켰다. 그러나, 일부 지부에서는 노조활동 탄압 등이 이어져 2005년 5월에 일부 지부(태한환경)가 파업에 돌입했다. 서울정화환경노조는 2006년 9월에 위탁업체의 임금 차별 및 장시간 노동에 맞서 파업을 전개했다. 환경미화원들의 열악한 노동조건 개선을 위한 투쟁은 2005년 11월에도 계속되었다. 옥천환경환경노조에서는 조합원들이 전원 해고되었고, 고령환경노조에서는 작업중에 조합원이 사망한 사건이 발생한다. 옥천, 고령의 투쟁은 전국 단일조직을 준비했던 경기도노조가 직접 지원하여 2006년 2월 이후 민주연합노조에 속하게 된다.

이 시기 가장 격렬하게 진행된 투쟁은 경북 칠곡군청 소속 환경미화원들로부터 전개되었다. 대구경북서비스노조 칠곡환경지회는 민간위탁 노동자들의 처우 개선을 위해 2005년 3월 노조(지회)를 결성했다. 2002년 6월 민간위탁 시행 당시 250만원에 달했던 월 평균임금이 3년만에 170만원 수준으로 삭감당한 데 대한 불만이 노조 결성으로 나타난 것이다.

그런데 노조 설립 직후인 5월 27일 민간 위탁업체는 돌연 폐업신고를 했고, 조합원 12명 전원에게 해고 통지서가 전달되었다. 하루 아침에 일자리를 잃은 노조(지회장 지윤구) 및 환경 미화원들은 6개월 넘게 칠곡군청 앞에서 해고 철회 및 고용 승계를 요구하며 농성을 진행했다. 이 기간 동안 칠곡군수는 단 한차례도 면담에 응하지 않고 노동자들 요구를 묵살했고, 일부 관변단체 들은 노조 농성 중단을 요구하는 현수막을 잇따라 부착하였다.

11월 15일 '비정규 악법 저지를 위한 전국순회투쟁단' 150여명이 연대 집회를 가진 후 이중 50여명이 조합원들과 함께 칠곡군수실 점거 농성에 돌입했다. 농성 중에 칠곡군수 면담이 이뤄졌으나 위탁업체의 책임만 언급할 뿐 별다른 해결책을 제시하지 않았다. 노동자들의 항의 점거 농성이 계속되자 11월 16일 공권력이 투입되어 조합원 12명 전원 및 농성단 50여명이 경찰에 연행되었다. 이로 인해 대구경북서비스노조(위원장 정병환) 간부 3명 및 지회장이 결국 구속되었다.

칠곡군청지회는 이후 지회장 직무대행 중심으로 칠곡군수 퇴진 투쟁을 전개하며 민주노조 사수를 위한 힘겨운 투쟁을 2006년 6월까지 전개했다. 비록 칠곡군청지회 투쟁은 이후 법적 소송으로 전환되었고 조합원들의 복직도 제대로 이뤄지지 못한 상황에서 마무리되었으나, 민간위탁업체의 노조 탄압 및 조합원 전원 해고의 상황을 맞이하여, 다수의 구속자가 발생하는 등 처절하게 전개되었다는 점에서 역사에 남을 것이다. 칠곡군청 노동자들은 △거리 문화제 및 언론 보돌을 통한 칠곡군의 왜곡된 민간위탁 행정 공론화 △칠곡군 명망가 지지 선언 △파업 투쟁 및 궁수실 점거 농성 등 △지방선거 낙선 운동 등 지역의 민간위탁 노조들이 할 수 있는 투쟁들은 모두 다 진행했다. 이러한 투쟁방식은 이후 민간위탁 직접고용 전환 투쟁의 모범 사례로 거론되었고, 지역에서 민간위탁의 폐해를 공론화하는데 크게 기여했다.

이밖에 2003년에는 지자체 상용직 노조들의 투쟁이 서울·대전·광주전남지역에서 계속되었다. 6월에 대전상용직노조(위원장 황인성)는 환경미화원과의 노동조건·임금 차별 철폐를 요구하며 17일간 파업을 전개하였다. 이후 10월에는 대전시의 도로유지 보수업무 등의 민간위탁에 맞서 또다시 파업을 전개하여 이를 백지화시켰다. 7월에는 광주전남상용직노조(위원장 오용섭)가 각 지자체와의 집단교섭을 요구하며 13일간 파업을 전개하여 11월에 집답교섭을 체결하기에 이르렀다. 청주상용직노조 역시 10월에 체불임금 해결을 요구하며 파업에 돌입하였다.

서울상용직노조(위원장 이동엽)는 2005년 10월 구조조정(민간위탁 및 인력감축)의 수단으로 작용할 서울시의 상용직 노동자에 대한 정년 단축을 막아내는 투쟁을 전개하였다. 서울시는 결국 이를 철회했는데, 서울시의 이 조치로 인해 전국의 상용직들에 대한 정년 단축 흐름도 사실상 중단되었다. 지자체 상용·위탁 노동자들에게 정년 문제는 구조조정과 민간 위탁이 걸린 핵심적 과제로서, 경기도노조 역시 이 과제로 인해 파업이 전개된 사례가 많았다. 따라서 서울상용직노조가 2005년 10월 서울시의 정년 단축을 저지한 것은 강력한 경영효율화를 추진해온 이명박시장 하에서 매우 의미있는 성과였다. 집단교섭의 틀이 가장 안정적으로 유지된 서울상용직노조의 교섭과 투쟁 성과는 곧바로 전국의 상용직노조의 활동이 집중될 가능성을 보였지만, 이후 지자체 상용직노조의 연대활동은 분리되는 경향을 보였다.

상용직 노동자의 조직화가 경기도노조(민주연합노조), 지역일반노조, 지역공공서비스노조, 개별 지역 상용직노조 등으로 분산되면서 전국적인 상용직노조 결집이 쉽지 않았기 때문이다. 이러한 흐름은 1차로 공공연맹 내부에서 통일된 방침을 설정하지 못한 데서 비롯된다. 지역공공서비스노조를 사실상 '전략조직화' 단위로 설정하면서도 관련 기존 상용직노조들과의 충분한 조정을 거치지 못했기 때문이다.

4) 민주연합노조 · 지역공공서비스노조 · 일반노조의 조직화 흐름

• 민주연합노조 결성

2002년 공공시설노조들의 전국적 단일노조 건설이 유보된 이후 전국의 지자체 상용·위탁 노동자들의 초기업 단위 조직화는 3가지 경로로 나타나고 있었다. 공공시설환경 지역노조의 대표조직인 경기도노조가 타 지역 노조와 통합하여 나타난 전국민주연합노조, 공공연맹 지도하에 각 지역별로 조직된 공공서비스노조(공공노조 건설 후 지부 전환), 그리고 각 지역의 일반노조 등이었다. 특히 공공연맹 공공시설환경분과 내에는 전국의 지자체 상용·위탁노조들 중심으로 전국 단일조직을 건설해야 한다는 입장(경기도노조 주도)과 업종 특성(상용직·환경미화)에 따라 소산별노조를 건설해야 한다는 입장(서울상용직노조 주도)이 동시에 존재했다.

경기도노조는 공공연맹내 분과 단위 논의 외에도 공공연맹 공공시설분과와 전국일반노조 대표자회의(부산·경남·경기·충북·전북 등)가 참여하는 〈전국지방자치단체노조연대회의〉를 2005년 10월부터 주도하고 있었는데, 이미 전국일반노조 대표자회의에 대해 경기도노조는 조직 통합을 제안한 상태였다.[58] 논의 끝에 전국일반노조 대표자회의는 2005년 12월 경기도노조와 경기일반노조·충북일반노조 등 가능한 조직부터 통합하도록 권고하여, 이 조직들이 주축이 되어 2006년 2월 28일 전국민주연합노조(위원장 홍희덕)가 출범한다. 경기일반노조가 먼저 경기도노조에 가입을 하고, 이후 경기도노조가 민주연합노조로 조직 전환을 한 상황에서 이후 충북·경북·강원 등의 일부 조직이 참여한 것이다.[59]

민주연합노조는 전국조직으로 전환한 이후 옥천·고령·속초·강릉 등의 전국의 민간위탁 환경미화원의 투쟁을 직접 관장했다. 2월 옥천 환경미화원의 투쟁을 지원하기 위해 전국의 민

---

58 경기도노조는 지자체 상용·위탁 및 전국의 비정규직노조가 포함된 전국조직 건설과 관련하여, △자치단체 및 상용직 노조 전국화 사업 △타노조 연합방안 △광역단위 집행단위체계 수립 △공공연맹 소속 노조의 견인 등으로 설정했다(박미경, 2013). 그러나 경기도노조 일반노조들과의 통합 제안은 이뤄지지 못했다. 경기도노조가 2005년 11월 30일 전국단일조직 추진위원회 대표단 모임에서 제안한 노조 명칭(전국지방자치단체연합일반노동조합 또는 전국자치단체노동조합)에 대해 일부 지역일반노조들이 특정 업종 중심의 전국조직 건설에 반대하는 입장을 냈기 때문이다.

59 노조 명칭을 '전국민주연합노조'로 한 것은 지자체 상용·위탁 노동자 및 비정규직노조가 포함된 지역일반노조 등과의 조직 통합을 염두에 둔 것이었다(박미경, 2013). 그러나 이러한 민주연합노조의 명칭 사용 여부에도 불구하고 조직규모가 큰 경남일반·부산일반노조·충남공공노조 등이 참여치 않았다. 민주연합노조는 2007년 2월 총회를 통해 공공노조(공공운수연맹)를 탈퇴했다. 공공노조의 조직체계가 민주연합노조의 전국조직 건설 전망과는 맞지 않았던 것이 당시 탈퇴 이유였다(박미경, 2013). 민주연합노조의 공공노조 탈퇴는 2006년 초에 이뤄내지 못한 지역일반노조와의 전국적 통합 가능성을 염두에 둔 선택이라고 봐야 할 것이다(필자 주).

주연합노조 현장 간부 및 전국일반노조 현장 간부들이 옥천에 집결하여 결국 2006년 11월 해고된 조합원 18명을 전원 복직시켰다. 이어 작업 중 사망한 고령지부, 민간위탁으로 해고된 조합원의 복직을 위한 속초·강릉지부의 투쟁도 결국 고용 및 노동조건 승계, 구조조정시 노사 합의 등의 성과를 내며 마감했다. 경기도 내 가장 오래 투쟁해온 파주지부 역시 7월에 승리로 마감했다.

민주연합노조의 전국적 투쟁이 성과있게 마감되는데 반해, 다른 지역의 환경미화원 투쟁(지역공공서비스 포함)들은 충청지역과 광주전남지역을 제외하고는 그리 위력있게 진행되지 못함으로써 대조적 흐름을 보였다. 다만 민주연합노조가 출범한 이후 오히려 경기도 지역에서는 그간 안정되게 운영되던 집단교섭의 틀이 흔들리기 시작했다. 수원시와 고양시가 집단교섭을 거부하고 개별교섭 전환을 선언한 것이다. 집단교섭이 흔들리는 상황에서 민주연합노조는 10월에 파업 결의를 한 후 11월말 민주노총 총파업투쟁에 참여하면서 각 지역별 교섭도 마무리하고 파업투쟁을 마무리했다.

• 지역일반노조 연대조직 발전

이에 앞서 민주노총 내 지역일반노조들은 2004년 1월 전국일반노조대표자회의를 통해 전국적 연대조직을 결성하였고, 경기도노조가 민주연합노조로 재편되는 과정에서 2006년 2월 12일 전국지역업종·일반노조협의회(일반노협, 의장 정의헌)로 연대조직을 발전시켰다. 이중 충남일반노조(위원장 최만정)는 이후 2009년에 민주연합노조와 같이 민주노총내 시설연맹을 모태로 민주일반연맹을 결성하기에 이른다. 민주연합노조는 2006년 말 대의원대회 의결을 통해 공공서비스노조를 가입했으나 2007년 1월 총회를 통해 다시 탈퇴를 결의하면서, 결국 민주일반연맹을 결성한 것이다.

이러한 일반노조운동의 발전은 민주노총이 2004년 이후 전개한 전략조직화 사업에 따라 각 지자체에 산재해있던 공공부문의 중소영세 상용·위탁노동자들이 각 지역본부 직할의 일반노조로 결합한 결과이기도 했다. 이러한 일반노조운동의 전국적 확대와 함께 2006년 하반기 이후 지자체 상용·위탁노동자의 조직화도 최소한 3갈래(공공연맹의 공공서비스노조 및 이후 지역지부, 민주연합노조, 지역일반노조 등)로 나누어 진행되었다.[60]

---

60 지역일반노조 조직화 사업에 한국노총도 2005년부터 본격적으로 뛰어들었다. 한국노총이 2005년 11월 중앙위원회와 2006년 2월 대의원대회 결의에 따라 '조직확대 Action-Plan 두팔로(二八路)' 슬로건으로 각

- 공공연맹 지역공공서비스노조 건설 및 투쟁

2004년 2월 공공연맹 대의원대회에서 '공공서비스노조' 사업계획이 통과되면서 연맹의 지역본부가 중심이 되어, 각 지역의 공공서비스노조 활동과 투쟁이 시작되었다. 지역공공서비스노조는 지역을 기반으로 지자체 상용위탁 및 기타 공공서비스 부문의 미조직비정규노동자를 조직한다는 점에서 전국적으로 확산되고 있는 지역일반노조운동과 맥을 같이하고 있다. 이는 이후 구체화될 공공산별노조 건설 과정에서 골간조직을 지역으로 설정하고, 그 지역 사업의 중심에 지역공공서비스노조를 배치하려는 전략적 관점이 포함된 것으로 볼 수 있다.[61]

지역공공서비스노조는 각 개별 사업장을 뛰어넘어 지자체를 상대로 한 공동 요구를 지역적으로 묶어내는 '산별적 방식'의 조직화 방안을 제시하고 있다. 이는 지역공공서비스노조가 공공 산별노조의 건설과 자신의 조직발전 과제를 일치시켜 내고, 공공연맹의 산별노조 건설 사업이 지역 중심으로 산별노조 기반을 만들어가는 지역공공서비스의 조직발전 전망을 반영해야 한다는 것이었다(박준형, 2006).

한편 2003년부터 시작된 민주노총의 1기 전략조직화 사업부문으로 지자체 공공부문 비정규직 노동자들이 포함되었고,[62] 이에 대해 각 연맹들(공공연맹·보건의료노조·여성연맹 등)이 사업을 추진하도록 했다. 다만, 공공부문 노동운동의 중심에 있었던 공공연맹이 이 사업의 책임 주체로 처음부터 자리매김되지 않은 상태에서 민주노총은 〈공공부문 비정규대책 사업단위〉 구성을 제시함으로써, 사업 계획 의도와는 무관하게 사실상 지자체 비정규직 조직화의 '경쟁시대'

지역본부가 집중적으로 지역일반노조 사업을 추진한 결과, 2006년 12월에 대구(550), 광주-전남(627), 강원(550), 충남(850), 경북(400) 등의 조직이 결성되어, 민주노총의 일반노조 조직 수준으로 발전하게 되었다. 당시 민주노총에는 민주연합노조(2,500)와 일반노협(약 3,000여명), 공공서비스노조(약 1,200여명) 등의 '광의'의 지역일반노조들이 지역에서 활동하고 있었다.

61 공공연맹의 '2004년 사업계획'에는 지역공공서비스노조가 이후 지역 중심의 공공산별노조운동과 전망과 연관되어 있다. 지역의 정규직 공공부문의 지원을 받고, 지역본부 중심의 활동가 양성 및 지원을 통해 지역운동의 기반을 강화하고, 이를 토대로 공공산별노조 건설의 전망을 구체화한다는 것이었다. 2005년 이후 제시되는 공공연맹 산별기획단의 '공공산별 건설 전망과 경로' 역시 이와 연계되어 있는데, 이로 인해 공공연맹 내 다수를 점하는 공공기관노조들 입장에서는 공공 산별노조 건설 전망(지역 골간 체계, 기업지부 불인정 등)에 대한 비판적 인식을 갖게 하는 원인으로도 작용했다(필자 주).

62 2003년에 시작된 민주노총 1기 전략조직화(2003~2008년)사업에는 △하청노동자 △서비스·유통노동자 △특수고용노동자 △지자체 공공부문 비정규노동자 △건설일용노동자 등이 포함되어 있었다.

를 여는 계기가 되었다. 공공연맹은 이같은 상황에서 이들 지역공공서비스노조들이 각 지역의 공공부문 비정규직 노동자들의 전략조직화 사업을 하도록 했다. 이들 지역공공서비스노조는 이후 공공노조 및 공공운수노조를 거치며 대부분 지역지부로 자리잡았다.

2005년 1월 광주전남공공서비스노조(위원장 전욱) 결성을 시작으로 대구경북·충북에서 지역서비스노조 결성이 이었으며 이미 지역노조로 활동해온 전북평등노조 역시 지역공공서비스 조직으로 결합했다. 시설관리노조 서울본부를 중심으로 분리된 서울경인공공서비스노조 역시 2006년 12월에 공공노조의 지역지부로 합류한다. 이후 공공노조 서울경인공공서비스지부는 대학 청소용역 등 간접고용 비정규직 노동자를 대거 조직하며, '따뜻한 밥 한끼의 권리' 운동, '청소노동자 행진'과 같은 사회운동 및 학생운동과 결합한 조직화 사업을 통해 조직을 크게 확대하였다.

공공노조도 이 사업을 전략조직화 사업으로 선정하여 꾸준히 지원하였다. 2006년 출범 당시 600여명이었던 조합원은 2016년에는 3천여명에 이른다. 이후 대학 청소노동자 조직화 사업은 공공노조 내 각 지역지부는 물론 지역일반노조까지 계속 확대된다. 이들 지역 공공서비스노조들의 사업과 투쟁을 중심으로 공공연맹은 2005년 9월 미조직전략기획단을 구성하고 공공서비스노조의 활동을 통합적으로 기획한다. 지역공공서비스 노조들도 경기도노조와 다른 상용·위탁 노동자들과 같이 계속 투쟁이 이어진다. 다만, 이 지역 공공서비스노조는 공공시설환경분과가 2001년부터 추진해온 전국조직 건설이 벽에 부딪히면서, 경기도노조를 중심으로 한 민주연합노조 건설, 지자체 상용직노조의 업종별 노조 건설 논의와 동시에 나타나면서 조직 간의 마찰과 갈등을 수반하였다.

지역별로 공공서비스노조 역시 지자체 상용·위탁 사업장 및 공공기관 위탁사업장들에서 투쟁이 계속되고 있었다. 지역별 공공서비스노조의 투쟁은 전북지역에서 먼저 시작되었다. 2004년 12월에는 전북평등노조(위원장 김연탁)가 비정규직 고용보장, 생활임금 보장, 노조 활동 보장 등을 요구하며 전면파업에 돌입하여, 21일간의 파업 끝에 △임금 인상 △고용 보장 △노조활동 보장 △쟁의시 무노동무임금 적용 배제 등의 합의를 이끌어냈다. 2005년에는 전주시의 상수도 민간위탁 저지 투쟁을 모범적으로 전개하기에 이른다. 노조와 지역내 시민사회단체가 연대하여 사회적으로 반대투쟁을 힘있게 추진한 결과 8월 시의 상수도 민간위탁에 대한 재검토 방침을 이끌어냈다.

2006년 1월 대전일반노조(위원장 장진호)에서는 충남대 기숙사 노동자들의 전원 해고에 맞서 1년간의 투쟁으로 복직이 이뤄졌다. 광주전남공공서비스노조에서는 2005년 3월 광주시청 비정규직 해고 규탄 투쟁, 7월 광주장애인복기관의 민간위탁에 맞선 파업이 있었고, 7월에는 수진환경 · 시청비정규직 · 광주장애인복지관 투쟁과 관련한 연대파업이 진행되었다. 2006년 2월에는 공공기관인 마사회 청소용역업체 조합원의 체불임금 투쟁이 진행되었다. 대구경북공공서비스노조는 2005년 4월 청암복지재단지회의 천막농성을 거쳐, 5월부터 2006년 6월까지는 1년 이상 칠곡환경 노동자들의 투쟁을 지원하는데 총력을 기울였다.

- **지자체 상용 · 위탁 · 비정규, 지역일반노조, 공공서비스노조의 조직 현황**

2005년 이후 공공산별 논의가 본격화되는 과정에서 공공연맹 내부에서는 지자체 상용 · 위탁, 지역 비정규, 공공서비스노조 조직 간 '경쟁구도'가 나타나고 있었다. 즉 지역공공서비스노조를 전략적으로 조직화하는 과정에서 상용직노조, 경기도노조, 시설관리노조들과의 원만한 조정과정이 없어 조직화를 둘러싼 경쟁이 나타난 것이다. 여기에다 공공연맹 밖 민주노총 조직 (일반노조, 여성연맹 등)간에 부딪히는 경우도 나타나고, 크게는 지역일반노조를 적극적으로 조직화한 한국노총 조직 및 상급단체 없는 조직 간에도 이러한 경쟁구조가 복잡하게 나타나고 있었다.

2006년 말 기준으로 전국의 지자체 상용 · 위탁, 지역비정규 · 일반 조직 현황을 보면, 민주노총의 제 조직(공공연맹 관련 조직, 지역일반노조, 여성연맹 등)은 66개 노조 16,842명을 포괄하고 있고, 한국노총은 73개 노조 18,991명을 포괄하고 있다. 상급단체가 없는 전국여성노조(6,260명)도 상당한 수준의 조합원을 조직하고 있었다. 특히 한국노총의 연합노련은 지자체 직영(상용직) 7,952명, 민간위탁 환경미화원 6,197명 등 모두 14,149명을 포괄하고 있는데, 이는 관련 직종을 조직하고 있는 공공연맹 제 조직과 일반노조를 합친 것보다 훨씬 많은 수준이었다. 지난 1960년대부터 한국노총 연합노련의 주요 조직으로 자리잡아온 이 지자체 상용 · 위탁노조는 노조활동의 내용이나 투쟁 여부를 떠나 오랜 역사를 기반으로 공고하게 조직을 유지하고 있었다.

공공연맹은 지역본부를 골간 체계로 하는 공공 산별노조를 건설하려 했고, 민주노총 산하 연맹들도 '전략 조직화' 사업을 통해 지역의 상용 · 위탁 노동자 및 중소영세 비정규직 노동자를 조직화하겠다는 기본방침을 갖고 있었다. 이러한 기본방침은 2000년 이후 계속 되어왔는데, [표6-4]와 같은 조직화의 통계를 보면 내부 경쟁 못지 않게 공공부문 민주노조운동의 더 큰 통합 전략이 필요하다는 것을 보여주고 있다.[63]

---

63 지자체 상용 · 위탁 · 비정규 부문의 이러한 경쟁구조가 다소 복잡한 양상을 지녔다면, 2010년 이후 등장하는 학교비정규직은 민주노총 조직의 압도적 우세(학교비정규직노조 · 교육공무직본부 등)의 양상을 보이고 있다.

표6-4 지자체 상용·위탁, 지역 비정규·일반 조직 현황(2006년)

총연맹	산별조직		유형	노조수	조합원수	비 고
민주노총	공공연맹		지자체 상용직	5	2,446	서울상용직 등 5개
			민간위탁 환경미화	12	1,095	민간위탁 환경
			지자체 비정규	3	636	기타 지역 비정규
			지역 공공서비스	6	1,215	대전일반, 전북평등 포함
			경기도(노조)	1	2,124	
			시설관리	1	1,059	
			소계	28	8,575	
	직할(지역본부)		지역일반	19	4,205	
			지자체 비정규	5	647	지역 비정규
	여성연맹		지하철청소	14	3,415	지방공기업 위탁
	소계			66	16,842	
한국노총	연합노련		지자체 직영	11	7,952	지자체 직영(상용직)
			위탁 환경미화	36	6,197	민간위탁 환경
			지역 비정규	12	610	
			소계	60	14,759	
	직할(지역본부)		지역일반	17	4,019	
			지역 비정규	6	213	
	소계			73	18,991	
무 상급단체	위탁 환경미화			21	685	
	지역비정규			9	1,277	
	지역일반노조			3	125	
	전국여성노조			1	6,260	전국 단일노조
	소계			34	8,347	
계				173	44,180	

자료: 고용노동부(2007). 재구성

6. 보건의료노조 산별협약 체결과 의료 산별노조운동 분화

1) 2003년 및 2004년 공공병원노조 투쟁

2003년 노무현정부 출범 직후 감사원은 지방공사의료원(지방의료원)의 경영혁신 추진 실태를 점검하기 시작했다. 이미 2001년과 2002년에 행정자치부의 경영혁신 압박(외주화·복지축소 등)에 맞서온 보건의료노조의 28개 지방의료원지부들은 4월부터 감사원의 감사 결과에 따른 구조조정에 맞선 총력투쟁을 준비하고 있었다. 이에 따라 서울대병원지부 등 4개 국립대병원지부들과 지방의료원지부들을 중심으로 7월 일제히 조정신청에 돌입하고, 연대파업을 준비했다. 국립대병원지부들은 보건의료노조가 추진 중인 산별교섭에 사용자들을 참여시키기 위해 연대파업을 선언했다.

지방의료원지부들은 7월 11일 연대파업을 선언하고 10일 저녁 고려대에서 파업 전야제를 진행했다. 파업 돌입을 앞두고 정부가 지방공사의료원을 지역 거점 공공병원으로 육성할 것이며 이를 위해 노정간에 협의체를 구성하겠다는 제안을 내놓으며 지방의료원지부들은 타결의 실마리를 찾았고 이어 노사 협상을 통해 지방공사의료원이 중앙 공공기관의 경영혁신 지침(성과급제 등)을 강행하지 않겠다고 약속함으로써 합의에 이르렀다. 국립대병원들의 산별교섭은 아쉽게 결론을 맺지 못한 채 2004년으로 이어졌다.

보건의료노조의 2004년은 산별노조 연대파업과 산별협약 타결로 인해 우리나라에서 최초로 산별협약이 이뤄진 해이지만, 또한 이 산별협약 체결 과정에서 보건의료노조의 산별운동의 분화가 시작된 해였다. 보건의료노조(위원장 윤영규)는 2004년에는 산별 총파업을 통해 반드시 산별협약을 관철하겠다는 결의 하에 3월 대의원대회에서 투쟁계획을 의결한 이후, 6월에 연대 파업을 전개했다. 보건의료노조의 산별교섭은 초기에 사측의 대표단이 구성되지 않고 산별교섭 진행 방식을 둘러싸고 노사간 현격한 인식 차이로 인해 계속 난항을 거듭했다.

결국 산별노조 연대 파업 투쟁의 배수진을 친 강력한 투쟁으로 마침내 산별교섭의 틀이 갖춰졌다. 5월 25일 동시 쟁의조정 신청을 거쳐 6월 10일 산별노조 파업에 돌입했고, 13일간 파업 끝에 23일 잠정 합의를 이뤘다. 더구나 이 파업이 직권중재의 악법에 의해 구속되지 않은 상태에서 산별협약까지 진행된 것은 나름대로 의미있는 성과로 볼 수 있다. 이 산별노조 파업에는 서울대병원지부를 비롯한 국립대병원 9개 지부와 지방공사의료원 27개 지부, 적십자병원 (19개) 등의 국공립병원 노동자들이 참여하였다. 이후 7월 27~29일의 전 조합원 찬반투표를 거쳐 78.6%의 찬성률로 이 산별협약은 보건의료노조 내에서 추인되었다.

보건의료노조는 14일간의 산별노조 총파업 및 산별협약 체결과 관련하여, 산별적 요구안을 앞세운 산별협약을 체결하고 직권중재를 무력화시켰다는 전제아래, 보건의료노조 역사에 남는 투쟁이라고 평가했다.[64] 그런데 보건의료노조의 2004년 산별 협약은 일부 내용과 관련하여 내부에서 문제 제기가 이어졌다. 산별노조 총파업 및 산별협약 쟁취의 성과보다, 더 큰 쟁점

---

64 보건의료노조는 2004년 산별 총파업 투쟁이 △준비된 교섭, 준비된 투쟁 전개 △산별노조운동의 모범적 선례 만드는 투쟁 전개 △직권중재를 무력화시키고 위력적인 산별 총파업투쟁 전개 △산별의식 제고 및 산별 조직력 강화 등의 의미를 담고 있다고 평가했다(보건의료노조, 2005).

으로 제기된 2004년 산별협약 논쟁 및 서울대병원지부 들의 반발·탈퇴 등에 대해 개략적으로 살펴본다.

2) 산별협약 논쟁 및 서울대병원지부 등의 독자 파업

보건의료노조 산별협약이 정리되는 과정에서, 10장(협약 효력) 2조로 인해 지부의 기존 협약이 개악될 수 있다는 문제 제기가 서울대병원·경북대병원지부 등에서 나타났다.[65] 6월 23일 보건의료노조 산별협약 잠정 합의 이후 서울대병원·경북대병원·경상병원·광명성애병원지부가 독자적으로 파업을 전개했는데, 이중 사측의 부당노동행위로 파업이 장기화한 광명성애병원지부를 제외하고는 3개 지부 모두 보건의료노조가 체결한 산별협약 효력과 관련하여 지부 파업이 전개되었다. 산별협약의 10장 2조에 언급된 산별협약 우선 적용(임금과 노동시간 등 노동조건과 관련하여 산별협약을 우선 적용한다)의 해석을 둘러싸고 지부와 지부 사용자측의 입장이 정면으로 부딪히면서 기존 지부의 단체협약이 개악될 가능성이 있다는 논란이 제기되었다.[66]

보건의료노조 집행부는 10장 2조를 통해 산별노조 내부 병원 규모에 따른 임금 격차를 해소하고 통일 기준을 마련하고자 했고, 산별체제의 공고화를 통한 안정적인 산별노조 운영을 위해 불가피하다고 밝혔다(보건의료노조, 2005). 그런데 2조에서 정한 임금·노동시간 등의 노동조건이 주5일제 도입에 따른 핵심 의제라는 점에서 산별협약의 실효성에 대한 논란이 제기되었고, 이에 반대하는 지부들은 이 산별협약이 사용자측에서 악용할 수 있다는 점도 제기했다. 병원측이 이 산별협약을 통해 번거로운 지부별 이중교섭을 회피하고 지부의 노조활동을 제어할 우려도 있다는 것이다. 이러한 우려는 산별협약 체결 이후 산별협약을 빌미로 단위 지부의 요

---

65   보건의료 산별협약 10장(협약의 효력)에는 "1조) 산별 합의 이유로 기존 지부 협약 저하 금지. 2조) 단, 임금, 노동시간단축, 연차휴가 등은 산별협약이 지부협약에 우선"한다는 내용이 포함되었다. 서울대병원지부는 2조 내용이 통일협약으로 작용하면서 기존의 지부협약에서 정한 연차·생리휴가, 노동시간 등의 핵심 노동조건을 개악할 가능성이 있다며 반발했다. 2004년 3월 보건의료노조 대의원대회에서 설정한 산별협약(안)에는 △노동조건 개악없는 주5일제 도입 △지부의 기존 협약 저하 금지의 취지 하에 10장 1조만 결의했는데, 합의 과정에서 2조가 추가되면서 지부의 기존 협약 저하 금지 및 노동조건 개악없는 주5일제 도입의 취지가 무력화되었다는 것이다(김영수·정경원, 2013).

66   8월 28일 '보건의료노조 산별합의안 10장 2조의 문제점에 대한 토론회'에서 토론회 주최측에서는 10장 2조가 '근로조건 저하없는 온전한 주5일제 쟁취'의 2004년 산별협약 목표와 달리, 단체협약 개악의 길을 열어주었고 지부 쟁의권을 원천적으로 봉쇄하였다는 의미에서 '독소조항'으로 규정했다(황현섭, 2004).

구를 무시한 서울대병원 사측의 태도에서 현실화된 것으로 알려졌다(김영수·정경원, 2013). 지부 추가 교섭 요구에 대해 산별협약만을 이야기하며 교섭을 해태하고 부당노동행위로 일관하는 사용자측의 태도로 인해 서울대병원지부를 비롯한 일부 지부는 보건의료노조 중앙에 대해 불만을 지니게 된다.

서울대병원지부는 산별협약 외에 △정규직의 차별없는 휴가 보전수당(인력 충원 포함) △비정규직의 정규직화 △의료공공성 확보를 내걸고 독자 파업을 전개하였다. 산별협약에 합의한 서울대병원 사측은 산별협약을 이유로 교섭을 계속 기피하거나 개악안을 제시했고, 지부 파업을 불법으로 규정하면서 지부장을 포함한 15명의 노조원에게 대기발령을 내면서 15억원의 손해배상 가압류까지 제기했다. 서울대병원지부는 어려운 상황에서 지부장(김애란)이 28일 삭발까지 단행하는 등 추가로 31일간(전체 44일간) 어렵게 파업 투쟁을 전개한 끝에 7월 23일 잠정 합의에 이르렀다.

이후 8월 9일 어렵사리 임금 및 단체협약 조인식을 가졌으나 병원측은 파업으로 인한 업무방해 혐의로 지도부를 고소했다. 보건의료노조가 조정신청 당시 본조와 지부의 요구를 분리하지 않았기 때문에 정부와 사측은 서울대병원지부 등의 독자 파업에 대해 절차상 하자가 있다는 주장을 계속했다. 산별협약의 정당성을 내세운 보건의료노조 역시 서울대병원지부 등의 파업에 대해 부정적 태도를 취했다.

서울대병원지부의 파업 기간 내내, 그리고 파업 이후에도 보건의료노조의 2004년 산별협약의 10장 2조에 대한 논쟁은 계속되었다. 7월 20일 보건의료노조 쟁의대책위원회에서 서울대병원지부가 산별협약을 부정하고 파업을 전개하는데 대해 지원할 수 없다고 밝힌 이후, 서울대병원지부는 7월 27일 조건부(10장 2조 폐기 조건)로 보건의료노조 탈퇴를 결의했다. 보건의료노조 서울본부는 8월 4일 서울대병원 지부장에 대한 징계를 발의했다. 이에 서울대병원·경북대병원지부는 노동단체들과 합동으로 〈보건의료노조 산별협약안 10장 2조의 문제점에 대한 전국 토론회 기획단(기획단)〉을 구성하고 8월 28일 서울대병원에서 1차 토론회를 가지면서 산별협약에 대한 문제 제기를 공론화한다. 서울대병원지부를 비롯한 일부 노동단체 및 학계에서는 "산별협약이 지부 협약의 최소한의 기준으로 작용해야 함에도 불구하고 10장 2조는 기존 협약을 저하시키는데 악용되고 있다"라며 10장 2조의 폐기를 주장했다(김영수·정경원, 2013).

보건의료노조는 이러한 주장에 대해 "1만 조합원들이 함께 한 산별 총파업과 산별협약의 전체적인 성과를 외면한 채 10장 2조의 문제로 협소하게 접근 평가하고 있다"는 문제 제기로 맞섰다(보건의료노조, 2005). 보건의료노조는 "2004년 산별협약은 주5일제 도입과정에서 근로기준법이 개악된 조건 속에 보건의료 공공성 확대, 비정규직 보호 등을 묶어 일괄적으로 체결한 협약으로서 일부 아쉬운 조항(10장 2조)도 있지만, 산별협약 전체에 대한 제대로 된 평가 없이 10장 2조로만 한정해서 문제 제기하는 것은 곤란하며 '산별협약은 최저 기준이어야 한다'는 주장도 산별협약의 구체적 현실을 간과한 관념적 주장"이라고 비판했다. 보건의료노조는 산별협약을 둘러싼 전체 노동운동진영의 논쟁에 대해서도 "산별 총파업과 산별협약을 통해 산별노조 전체 조합원의 인준 투표로 통과된 협약에 대해 외부에서 논쟁하는 것은 적절치 않다"라는 입장을 밝혔다(보건의료노조, 2005).

그런데 산별협약의 성격 논쟁 이전에 이미 서울대병원지부의 '조건부 탈퇴'와 보건의료노조의 징계 논의로 조직적 갈등이 구체화되면서 양상은 복잡하게 얽히기 시작했다. 9월 15일 보건의료노조 중앙위원회(중앙위)는 서울대병원 지부장에 대해 공식 사과와 조건부 탈퇴 철회를 요구했다. 이에 서울대병원 지부장은 중앙위 결정 직후 이를 공식적으로 거부한다고 밝히면서 대의원대회에서 10장 2조의 폐기를 안건으로 제출할 것임을 밝혔다. 9월 22일 보건의료노조 대의원대회는 10장 2조의 폐기 안건에 대해 75%의 반대로 부결시킨다.

8월 28일 서울대병원지부 등을 중심으로 진행된 토론회 이후 10장 2조를 둘러 싼 논쟁은 산별협약의 성격 논쟁으로 발전한다. 산별협약이 지부 협약의 개악을 강제해서는 안되는 기준협약의 성격을 가져야 한다는 입장과, 산별협약이 병원노동자 전체의 임금과 노동시간을 비롯한 노동조건을 통일시켜 나가는 기제로 작동하기 위해서는 통일협약으로서 인정되어야 한다는 입장이 부딪혔다.[67] 이러한 입장의 차이는 단순히 보건의료노조 내부의 논쟁에 그치지 않고 전체 노동운동의 논쟁으로 확대되어 나간다.

이러한 논쟁은 민주노총내 다른 쟁점들과 얽혀 의견그룹간 논쟁과 대결 흐름을 보였다. 당시 민주노총은 사회적 교섭에 대한 첨예하게 논쟁과 함께, IT연맹 인준 건으로 인해 산별연맹의 구획 문제 등에 대한 논란도 제기되고 있었다. 보건의료노조의 산별협약 논쟁은 이러한 쟁점들과 더불어 민주노조운동의 기본 이념과 전략, 조직화 방안 등을 두고 의견그룹들 간에

---

67 보건의료노조의 산별 협약 성격에 대해, "산별 합의가 기준 협약이 되어야 한다는 것은 기존의 노동조건을 하향시켜서는 안되는 상식적 원칙이 있는 것"이라는 입장(황현섭, 2004)과 "올해 산별 협약은 지부 요구를 최소화하면서 산별 공동 요구에 힘을 집중하는 공동협약의 성격이 강하"다(보건의료노조 쟁의대책위원회)는 입장(보건의료노조, 2005)이 부딪혔다.

또다른 논쟁 요소로 작용하게 된다.[68]

　　이러한 진영간 대립 구조는 보건의료노조에서 벌어진 산별협약의 성격 논쟁과 일부 노조의 탈퇴 문제에 대해 생산적인 논의를 어렵게 만드는 요인이 되고 있었다. 보건의료노조의 10장 2조 문제는 우리의 산별노조운동 및 산별협약에 대한 심도있는 토론의 필요성을 제기했지만, △서울대병원지부 조건부 탈퇴 △보건의료노조의 징계 논의 △민주노총 내부의 진영간 대결 구도로 인해 실효성 있는 토론의 기회가 제대로 마련되지 못했다.[69] 서울대병원지부를 비롯한 일부 지부들은 민주노총의 각종 회의 단위에서 10장 2조를 핵심으로 하는 산별협약 문제를 안건화함으로써 노동운동 내부는 이로 인해 논쟁의 과정을 거치게 된다.[70] 이 논쟁은 민주노총의 산별노조운동 발전 과정에서 한번은 정리해야 할 쟁점이었으나 당시 주체들간의 갈등, 총연맹 지도부의 조정력 한계로 인해 제대로 논의되지 못했다.

3) 서울대병원지부의 보건의료노조 탈퇴 및 공공연맹 가맹

　　산별협약 10장 2조의 논쟁은 서울대병원지부와 보건의료노조간 입장 차이가 원만하게 조

68　2004년 하반기에 민주노총에서는 △사회적 교섭 건 △IT연맹 인준 건 △보건의료노조의 산별협약 및 서울대병원지부 징계 건 등의 여러 쟁점들이 복잡하게 얽혀 있었다. 이러한 쟁점들은 2004년 9월 및 2005년 2월 민주노총 대의원대회에서 계속 논란이 되었는데, 이중 일부 쟁점(IT연맹 인준)은 총연맹 지도부가 자초한 측면도 있다(필자 주).

69　이러한 보건의료노조 산별협약 논쟁에 대해, 양 당사자(보건의료노조와 서울대병원지부 등)가 아닌 한국사회 '산별노조 조직화 및 교섭의 딜레마'로 접근하는 시각도 있다. 병원노조가 대부분 국공립노조로 조직화된 외국 사례와는 달리 우리의 보건의료노조는 국립대병원, 사립대병원, 특수목적 병원 등이 포괄되어 있었다. 병원 조직의 산별노조라 하더라도 아직 전체를 포괄하는 산별협약을 체결하는데 한계가 있다는 점이다. 아직까지 우리 사회가 산별교섭 토대가 부실하여, 정부와 사측은 물론 노조 역시 산별 중앙협약과 지부간 협약의 유기적 운영의 경험이 일천한 상황이었기 때문에, 자연히 산별 중앙협약이 전체적인 통일성을 지향할 것인가, 아니면 지부협약의 최소 기준으로 작용할 것인가의 논쟁 역시 불가피하다는 것이다(이주희, 2006).

70　서울대병원지부는 9월 21일 민주노총 대의원대회에 '보건의료노조 중앙위원회의 서울대병원지부 징계 결정과 운영규정 부결에 대한 안건'을 현장 발의로 제출했다. 이어 2005년 2월 정기대의원대회에서도 서울대병원지부를 중심으로 10장2조의 폐기를 핵심으로 하는 안건을 제출했다. 두번 모두 안건 발의에 필요한 정족수를 얻지 못해 안건으로 상정되지 못했다. 대의원대회에서 참여했던 필자 입장에서는 민주노총 집행부가 비록 쉽지 않은 조건이었지만 안건 상정 여부에 대한 표결에 앞서 보건의료노조와 최대한 의견 조정을 할 수 있도록 중재 노력을 기울이는 것이 올바른 문제 해결의 태도가 아니었나 생각된다(필자 주).

정되지 못하면서, 결국 서울대병원지부 등의 보건의료노조 탈퇴로까지 이어졌다. 서울대병원지부의 탈퇴로 산별노조운동의 발전과 산별교섭 전술에 매우 중요한 쟁점으로 자리잡은 보건의료 산별협약 10장 2조에 대한 논의는 이후 더 이상 공론화되지 못했다.[71] 3월 31일 보건의료노조 대의원대회에서 경북대병원지부 등이 제출한 산별중앙협약 관련 수정안(산별협약을 최저 기준으로 설정)이 부결되자, 4월 2일 서울대병원지부는 "건강한 문제 제기를 묵살하는 것은 노동조합 민주주의가 아니다"는 성명을 발표하고 보건의료노조를 탈퇴하였다. 이에 보건의료노조는 4월 6일 설명을 발표하고 서울대병원지부의 탈퇴 및 공공연맹 가맹 결의가 산별노조운동을 부정하는 행위라고 비판했다.[72]

이와 함께 경북대병원지부를 비롯한 6개 지부(충북대·강원대·제주대·울산대병원 등)도 역시 탈퇴했다. 서울대병원지부 등의 보건의료노조 탈퇴는 산별노조에서 기업 단위 지부의 탈퇴가 곧 조합원 전체의 탈퇴의 효과를 갖는 것인지에 대한 또 다른 논쟁을 불러일으키게 되었다. 이 논쟁은 공공연맹 가맹 과정에서 산별노조운동의 후퇴라는 입장과 자주적 단결권의 행사라는 입장으로 부딪히게 된다. 민주노총 내부에서 IT연맹 인준(KT노조 공공연맹 탈퇴) 건으로 조직 내부 논쟁이 가열되는 상황에서 4월 2일 서울대병원지부노조는 보건의료노조 탈퇴와 동시에 공

---

71 보건의료노조와 서울대병원지부간의 산별협약과 10장 2조를 둘러싼 논쟁은 1차적으로는 조직 내부의 갈등으로 작용했지만, 역설적으로 이후 산별노조운동 발전에 있어서 반드시 짚어져야 할 쟁점을 풍부하게 공론화시킨 소중한 경험일 수도 있었다. 그러나 서울대병원지부 탈퇴 및 보건의료노조 징계 논의라는 조직간 갈등으로 전환되면서 이러한 쟁점에 대한 토론 기회는 줄어들었다. 당시 보건의료노조 내부에서도 10장 2조에 대한 문제 제기가 계속 이어졌기 때문에, 서울대병원지부가 보건의료노조를 탈퇴하는 대신 내부에서 좀더 치열한 논쟁을 통해 산별협약의 한계를 극복했으면 어떠했을까 하는 '부질없는 가정'도 해본다(필자 주).

72 보건의료노조는 서울대병원지부의 탈퇴에 대해 "10장 2조에 대한 문제의식을 충분히 반영하여 2005년 산별협약 요구안에 반영했음에도, 산별협약 문제를 10장 2의 폐기냐, 유지냐 식으로 협소하게 만들고, 단지 자신들의 주장이 받아들여지지 않는다는 이유로 탈퇴를 선언한 것은 수개월동안 인내를 가지고 민주적 토론을 진행해온 4만 조합원을 무시하고 우롱하는 처사"로 규정했다. 또한 공공연맹 가맹 결의에 대해 "산별노조운동의 방향을 부정하고 민주노조운동을 교란시키는 중대한 도발행위"로 규정하며, 공공연맹이 책임있게 판단해 줄 것을 요구했다(보건의료노조, 2006). 다만 보건의료노조가 밝힌 "10장 2조에 대한 문제의식을 충분히 반영하여 2005년 산별협약 요구안에 반영"했다는 입장에 대해서는 해석의 논란이 있을 듯하다. 서울대병원지부는 보건의료노조 탈퇴 이유에 대해 2005년 산별협약에 앞서 제기한 문제의식이 반영되지 않았기 때문이라고 밝히고 있었기 때문이다.

공연맹에 가맹을 신청했다.

공공연맹은 4월 중앙집행위원회(중집위)에서 서울대병원 가맹에 대한 치열한 찬반 논쟁이 계속된다. 논쟁 끝에, 일단 보건의료노조 내부에서 원만한 해결을 통해 문제가 해결되기를 바란다는 입장에서 서울대병원지부의 가맹 신청을 유보하는 결정을 내리고 이 문제의 해결을 위해 보건의료노조와의 임원 간담회 추진 및 총연맹 중재 요청을 하기로 했다. 그러나 이미 공공연맹 집행부가 서울대병원지부 가맹을 추진하면서 이러한 중재 요청 등은 별다른 실효성이 없었다. 공공연맹 집행부는 보건의료노조와 서울대병원지부간의 갈등이 공공연맹 수준에서 조정할 단계를 넘어섰다는 판단을 앞세워 6월 8일 중집위를 통해 서울대병원지부의 가맹을 승인하게 된다.

공공연맹은 중집위 결정을 통해 "보건의료노조와 원만한 해결을 위한 대화를 시도하는 노력을 진행한다"는 단서를 설정하고, "이러한 노력이 성과를 거두지 못한다면 6월 20일부로 서울대병원지부의 연맹 가맹을 승인한다"는 조건부 승인 결정을 내렸다. 중집위는 이후 병원노조의 추가 가맹신청이 있을 경우에는 보건의료노조의 2005년 산별교섭 완료시까지 유보하되, 이후에는 심의없이 가맹 처리한다는 방침도 논란 끝에 함께 결정하였다.[73]

공공연맹에서 서울대병원지부 가맹이 사실상 확정된 뒤 민주노총 6월 중집위 회의에서 보건의료노조 위원장(윤영규)은 산별노조의 집단 탈퇴가 산별노조운동을 훼손시킨다는 이유를 들어 서울대병원지부의 가맹을 승인한 공공연맹에 대해 문제를 제기했다. 그러나 보건의료노조의 문제 제기와 민주노총 중집위의 권고에도 불구하고 민주노총에 중재를 요청했던 공공연맹 집행부는 이를 수용치 않았다. 서울대병원지부노조의 가맹이 확정된 이후 8월 24일 5개 병원지부(울산대·강원대·충북대·제주대병원·제주의료원)가 추가로 공공연맹에 가맹 신청을 했다. 보건의료노조의 2005년 산별교섭 때까지 가맹을 유보키로 한 6월 중집위의 결정으로 가맹이 유

---

73 2005년 4월 공공연맹 중집위에서는 계속된 논란 끝에, 연맹 지도부의 적극적이고 능동적인 조정 노력이 부족했다는 지적에 따라 연맹 중집위원으로 별도의 중재단을 구성해 조금 더 시간을 갖고 화해 방안을 모색하기로 했다. 중재단이 6월 20일까지 보건의료노조, 서울대병원지부노조의 간담회를 개최하는 등 최대한 노력하고 이 기간 동안 조정이 이루어지지 않을 경우에는 최종적으로 6월 20일에 가맹 승인된 것으로 처리하기로 했다. 공공연맹은 중집위 결의를 통해 "서울대병원지부노조 가맹 승인을 처리함에 있어 최선의 방안은 서울대병원지부와 보건의료노조가 그동안의 갈등을 서로 치유하고 함께하는 것이라는데 의견을 같이"한다고 밝혔으나, 보건의료노조와 서울대병원지부간 갈등은 쉽사리 해결될 가능성이 없었다. 이러한 상황에서 가맹을 승인한 공공연맹 집행부는 연맹 내부적으로나, 대외적으로 적지 않은 비판에 직면한다.

보되었지만, 결국 2006년 1월 중집위에서 2개 병원지부(동국대·제주한라병원)까지 포함하여 7개 병원지부가 논란 끝에 공공연맹 가맹이 인준되었다.

이 7개 조직의 공공연맹 가맹을 둘러싸고 보건의료노조는 1월 16일 성명을 통해 "공공연맹이 분열과 불신을 조장하는 지부의 가입 승인을 철회하고 보건의료노조 조합원에게 사과하라"고 항의했다. 국공립병원을 넘어 민간 부문 병원까지 공공연맹에 가맹하면서, 보건의료노조와 공공연맹 간에도 산별노조운동의 구획과 관련한 갈등의 골이 더 깊어졌다.[74] 산별노조의 집단 탈퇴에 대한 논쟁은 '당위론'과 '현실론'이 부딪히는 논쟁이 이어지는 가운데,[75] 민주노총은 2월 중집위를 통해 "서울대병원지부 등의 보건의료노조 집단 탈퇴는 무효"라는 결정을 내리기에 이르렀다.

4) 의료연대 출범 및 보건의료노조 산별교섭의 진전

보건의료노조를 탈퇴한 7개 병원노조지부는 2005년 10월 합동간부수련회를 통해 전국병원노조협의회 준비위를 발족시켰고, 공공연맹 가맹이 인준된 이후 2006년 2월 '병원노동조합협의회'를 발족했다. 협의회는 이후 6월 대의원대회를 거쳐 7월 21일 산별노조 전환을 결의한 후, 9월 1일 공공연맹내 병원 산별노조인 '의료연대노조'를 출범시켰다.[76] 공공노조 출범 이후 의료연대노조는 의료연대본부로 자리잡았다. 의료연대노조의 산하 공공병원지부들의 투쟁도 계속되었다.

---

74 공공연맹 소속으로 '의료연대노조'가 결성되고 민간 병원까지 가입하게 되면서, 민주노총-보건의료노조-공공연맹-의료연대(이후) 조직간의 절충·조정 노력의 여지가 없게 되었다. 서울대병원의 공공연맹 가입은 결과적으로 KT노조의 공공연맹 탈퇴 및 총연맹 중집위의 IT연맹 승인 등과 함께 민주노총내 산별조직 질서와 관련한 논란 요소로 작용했다. 당시 민주노총은 조직혁신위원회를 통해 산별조직의 재편을 논의하고 있었는데, 보건의료노조는 민주노총 집행부가 제출한 공공 대산별노조 전망에 긍정적 입장을 취하면서도 서울대병원지부의 가맹을 승인한 공공연맹과 공공대산별 논의를 같이할 수 없다는 입장을 냈다.

75 당시 노동진영 뿐 아니라 학계 등에서도 '당위론'(산별노조의 기업 지부가 집단으로 탈퇴하는 것은 아직 기반이 취약한 산별노조운동을 부정하는 것으로 규제해야 한다)과 '현실론'(현재 한국의 산별노조가 완전한 산별노조 형태가 아닌 기업별지부의 연합체 수준에 있는 만큼 기업 복수노조를 법으로 금지하는 상황 속에 기업지부의 집단 탈퇴를 규제하는 것은 무리이다)이 맞붙고 있었다.

76 의료연대노조에는 앞서 병원협의회를 구성한 8개 지부 이외 7개 지부(전체 15개)가 참여하였고, 조합원은 6,500여명에 달했다.

경북대병원지부(지부장 이정현)는 병원측이 인력 충원 없이 응급병동의 개원을 추진하자 이에 맞서 2005년 9월부터 농성에 돌입했다. 이후 10월 25일 쟁의행위 결의를 거쳐 11월 1일 2일간 파업을 전개한 끝에 인력 충원 합의를 이끌어냈다. 서울대병원지부(지부장 김진경) 역시 병원 측의 외주화 추진 등의 구조조정 시도에 맞서 비정규직 정규직화, 인력 충원의 요구 등을 내걸고 11월 15일 쟁의행의를 결의하였고, 12월에 잠정 합의에 이르렀다. 그러나 병원측이 합의 사항의 이행을 거부하는 바람에 2007년에 또다시 파업 투쟁을 전개하기에 이른다.

의료연대노조는 이후 공공연맹의 산별 전환 방침을 실천하는 과정에서 기업지부를 해소하는 노력과 함께 비정규직의 정규직화 노력을 선도적으로 전개함으로써, 공공연맹 공공기관 노조들에게 새로운 실천 전망을 보여주기도 했다.

서울대병원지부 등 의료연대 조직들이 탈퇴한 이후 보건의료노조(위원장 홍명옥)는 2005년 교섭에서 그간 어렵사리 구축한 산별교섭의 틀이 흔들리게 된다. 2005년 교섭에서 사용자들이 개악(안)을 제출하면서 교섭은 공전되었고, 결국 7월 6일 중앙노동위원회는 직권중재에 따른 조정 결정을 내리기에 이르렀다. 보건의료노조는 일부 조직들이 공공연맹에 잇따라 가맹을 신청하는 과정에서 2005년도 산별교섭을 마무리하지 못하고 2006년으로 넘겨야 했다.

2006년도 산별교섭에서도 사용자들은 직권중재라는 악법 틀 속에 그간 실무교섭에 의견 접근된 안조차 후퇴시키면서 교섭을 결렬시켰다. 병원 사용자측은 산별교섭을 무력화시키기 위한 여러 가지 시도(교섭권 노무사 위임 등)를 계속하면서 이러한 반노동자적 기도를 드러냈다. 보건의료노조는 이러한 사측의 산별교섭 무력화에 맞서 7월 21일부터 3일간 산별 파업을 진행했다. 결국 중앙노동위원회가 7월 23일 중재 결정을 내리면서 보건의료노조의 2006년 임단협 투쟁도 일단락되었다. 2006과 2007년에도 계속적으로 파업 투쟁을 준비하면서 산별교섭 체제를 구축하기 위해 노력해온 보건의료노조는 2007년 7월 비정규직의 정규직화 및 처우개선·차별시정 등을 중심으로 하는 산별중앙협약을 다시 체결하기에 이른다.

7. 공무원노조 · 전교조의 공공부문 민주노조운동 확대

1) 기만적 공무원노조법 제정에 맞선 공무원노조의 투쟁

노무현정부 출범 이후 공무원노조를 인정하는 내용을 중심으로 하여 노정간 대화 분위기를 만들었지만, 노동부는 전교조 수준(단체행동권 불인정)의 법률안을 재출하는 바람에 공무원노조 내부에서는 압도적 반대 흐름이 나타나고 있었다. 공무원노조는 2003년 5월 23일까지 쟁의행위 찬반투표를 실시했으나 정부의 방해로 파업 찬성 비율이 과반수를 차지하지 못하여 결국 부결되었고, 공무원노조 1기 집행부는 사퇴하게 된다. 이어 정부는 6월 '공무원의 노동조합 설립 및 운영에 관한 법률'(공무원노조특별법)을 입법 예고하였다. 공무원의 단결권·단체교섭권·단체행동권 모두 제한된 수준으로 입법 안은 구성되었다.

공무원노조가 6월 25일 총력결의대회를 개최하고 8월부터 10월까지 시민사회단체 서명운동, 노조의 전국 릴레이대행진, 10월 18일 간부 결의대회를 가지는 등 반발 분위기가 확산되었다. 결국, 노무현정부는 10월 말에 공무원노조특별법 입법 추진을 보류한다고 밝혔다. 공무원노조는 2004년 2월 전체 조합원 87,232명(전체 조합원 101,793명)이 참여한 선거를 통해 2기 집행부(위원장 김영길)을 선출하면서 공무원노조특별법 저지 투쟁을 본격화했다.

이후 공무원노조특별법은 다시 2004년 10월 28일 국회에 제출되었고, 노동3권(단결권, 단체교섭권, 단체행동권) 모두 제한된 내용으로 법안이 구성되어 있었기 때문에 공무원노조의 불만이 확대된다. 이에 공무원노조(위원장 김영길)는 11월 10일 파업 찬반투표를 진행하려 했으나 경찰이 전국의 주요 지부 사무실을 봉쇄하자 파업 찬반 투표를 중단하고 파업 돌입을 선언하였다. 11월 15일 9시부터 한양대에 집결하여 파업에 돌입하여 77개 지부 44,309명이 파업에 참여하였다. 파업 돌입 이후 울산광역시 등에서 노조 탄압이 본격화되자 16일에 노조위원장은 현장 투쟁 전환 방침을 내림으로써 18일에 조합원들의 현장 복귀가 이뤄졌다. 공무원노조의 파업은 당시 사회적으로 큰 반향을 일으켰으나 파업 동력이 예상보다 취약한데다 노조 핵심간부 140여명이 곧바로 해고되는 바람에 큰 위력을 주지 못했다. 공무원노조는 2004년 11월의 파업 투쟁으로 500여명의 해직자를 포함한 2,600여명이 징계에 처해졌다. 사상 최대의 해고자가 발생했다. 이중 130여명에 대해서는 17년이 지난 2021년에 가서야 비로소 복직의 길이 열렸다. 공무원노조특별법은 2004년 12월 31일 국회에서 제정 통과되어 2006년 1월 1일부터 시행되기에 이른다.

2006년 1월 공무원노조는 3기 집행부(위원장 권승복)를 선출함과 동시에 70.4%의 찬성율로 민주노총을 상급단체로 선택했다. 참고로, 이 당시 공무원노조의 조합원수는 가장 많은 111,163명으로 집계되고 있는데(김영수·박재범, 2013), 정부는 75,000명 수준으로 추정하고 있었다. 당시 5만여명이 대한공노련 등을 포함하여 공무원노조에 참여치 않고 있어서, 공무원노조는 초기의 치열한 투쟁에도 불구하고 공무원노조 전체를 포괄하지는 못했다. 전체 교사 노동자의 80% 이상을 점하고 있으면서 교원 노조운동을 실질적으로 대표하고 있는 전교조의 조직

현황과는 다른 추이를 보였다.[77]

공무원노조특별법의 2006년 1월 시행을 앞두고 공무원노조는 법률에 정한 절차에 따라 설립신고를 할 것인가를 놓고 논의한 끝에 2005년 8월 27일 대의원대회를 통해 법외노조로 남는다는 결정을 했다. 그러나 법외노조로 남는 데 대해 조직 내부의 반대 여론이 2006년 9월 이후부터 나타나기 시작했다. 9월 대의원대회에서 2005년 8월 결정을 수정하자는 안건이 발의되면서 10월 들어 조직 내부의 논쟁이 본격화되었다. 때를 같이하여 일부 본부(경남)에서 지부 단위 별도 설립신고 결의를 하면서 조직 갈등이 시작되었다. 11월 대의원대회에서는 집행부(위원장 권승복)가 제출한 "공익사업장에 적용되는 일반법에 의한 노동3권 쟁취투쟁을 전개하고, 정부와의 직접적인 교섭을 통해 합의안이 마련되고 조합원이 이를 승인할 때까지 법외노조의 원칙을 지켜나간다"는 안이 표결 끝에 52.5%의 찬성으로 가결되었다. 그러나 이 결의에도 불구하고 공무원노조는 이후 4년간 분열의 흐름이 이어지고 다시 통합의 길을 찾게 된다.

2) 교원 성과급 및 NEIS 반대를 위한 전교조의 투쟁

1999년 7월 마침내 합법화된 전교조는 조합원들의 대거 가입으로 운동의 영역이 한층더 확장되어가고 있었다. 그러나 전교조 역시 정부가 추진해온 공공부문의 시장화 흐름으로부터 자유롭지는 못했다. 김대중정부는 연공 서열 위주의 공직 사회 인사·보수체계의 개편이 필요하다는 전제아래 2000년부터 중상위직 공무원에 대해 성과급 제도를 도입한 후 교사에게도 성과급 제도를 도입했다. 교원 성과급 제도는 앞서 김영삼정부 시절 1996년, 1997년에 시행한 바 있으니 논란이 많아 일단 폐기된 상황이었다.

교원 성과급제 도입에 대해서는 전교조 뿐 아니라 한국교직원노조(한국노총) 및 교원단체총연합회(교총)에서조차 강하게 반대했다.[78] 노조 및 교원 단체의 반대에도 불구하고 김대중정부는 2001년 단위학교별로 성과상여금 10%을 차등하는 성과급제를 도입했다. 전교조는 이에 항의하는 의미에서 2002년 8월 1차로 성과급 반납 투쟁을 실천했다. 교원 성과급은 2005년까

---

77 2005년 7월 기준으로 민주노총 공무원노조는 75,000여명(추정)이고, 상급단체가 없는 공무원노총은 51,250명으로 나타나 있다(행정자치부 내부자료).

78 당시 교총은 교원 성과급제에 대해, △비용 투입 및 성과 산출의 비교가 어려운 교직의 특수성 무시 △장기간에 걸쳐 나타나는 교육 성과의 단기간 평가에 따른 교육 평가의 왜곡 초래 △교사의 능력과 교육 성과를 객관적으로 평가할 방법이 없는 현실 속에서의 교원 사기 저하 등 문제점이 있다며 반대했다.

지 10% 차등을 유지한 후 2006년부터 20% 차등으로 확대되었고, 이후 계속 확대되어 이명박 정부 시기인 2011년에는 학교(100%)와 교원 개인(50~100%) 차등 성과급제가 동시에 시행되기에 이르렀다.

정부의 성과급제 폐지를 계속 주장해온 전교조(위원장 장혜옥)는 2006년 성과급제 반대 투쟁을 전면화했다. 성과급 반납을 통한 투쟁 방식이었다. 8월 12일까지 전국의 교사 79,700여명으로부터 754억6천여만원의 성과급이 전교조 결의에 따라 반납되었다. 교사 1인당 평균 90만원에 달하는 성과급은 비록 교사들 입장에서는 적지 않은 금액이지만, 교사의 성과급제 도입이 공교육을 파괴하는 것으로 판단한 전교조 조합원들의 결단이 모아진 것이었다. 물론 정부는 반납된 성과급 수령을 거부하였다.

한편 정부는 2002년 9월 '전국단위 교육행정정보시스템'(NEIS)을 학교 현장에 도입한다는 입장을 발표하였다. 당시 공공기관 일각에서 검토 중이던 전사적자원관리시스템(ERP)의 모델을 근거로 하여, 정부는 학교 내부의 교무·학사·보건 영역 등을 통합 관리하여 교육청이 교원과 학생들 개인들에 대한 정보를 관리토록 한다는 방침이었다. 전교조는 인간으로서의 존엄성과 사생활 침해를 초래한다는 이유로 즉각 반발했다.

전교조 소속 교사들이 조직적 결의 하에 NEIS 시스템에 개인 인증을 거부하자 정부로서도 마땅히 강제할 방안을 찾지 못하였고, 이후 정부와 전교조와 교섭이 시작되면서, 정부(교육부)는 2003년 이후로 시행을 연기하였다. 그러나 정부와 전교조의 교섭은 근본적인 입장 차이만을 확인한 채 2002년 말 결렬되었고, 노무현정부 출범 초기인 2003년 3월 정부(교육인적자원부)는 교무·학사 등 5개 영역을 중심으로 NEIS 시행을 발표하기 이르렀다. 전교조는 이에 앞서 2월에 국가인권위원회에 진정서를 제출하는 한편, 3월 27일부터 학교 단위의 분회장들을 시작으로 연가투쟁에 돌입했다.

4월 9일 대의원대회 결의에 따라 5월 12일까지 진행된 전 조합원 찬반투표에 따라 70% 이상의 조합원이 찬성하여 전 조합원 연가투쟁이 결의되었다. 한편, 국가인권위원회는 전교조가 제출한 진정서를 받아들여 교무·학사, 입학 및 보건 영역의 행정시스템 강제가 인권 침해 소지가 있다는 이유로 이들을 입력 대상에서 제외하도록 권고를 내린다.

그러나 노무현정부는 국가인권위원회의 권고를 무시하고 NEIS 시행을 강행하려 했다. 이에 전교조 위원장(원영만)은 5월 16일부터 단식 농성에 돌입했고 뒤이어 지부장들도 동참하면서 5월 28일 연가투쟁을 준비했다. 정부와 전교조는 연가투쟁을 앞두고 정부·정치권·전교조 간의 교섭을 거쳐 5월 25일 합의에 이르렀다. 고2 이하에 대해서는 NEIS 시행 이전처럼 관리하고 고3의 경우 2003년 한해 한시적으로 시험적으로 운영한다는 것이었다.

전교조는 투쟁을 유보했지만, 이같은 노정간 합의에 반발하여 수구세력(한나라당·교총·교장단·교육감 등)들은 교육부 장관 퇴진을 요구하며 NEIS의 전면적 시행을 촉구했다. 당시 이 수구세력의 공동 행동에 한국노총에 잠시 몸담았던 한국교원노조도 참여했다. 이들은 이전 전교조의 경험을 흉내내며 6월 7일 연가 집회를 하겠다고 선언했다. 결국 노무현정부는 수구세력에게 무릎을 꿇고 말았다. 6월 1일 국무총리(고건)는 정책조정회의를 거쳐 고2 이하에 대해서도 곧바로 시행하겠다고 밝히면서 전교조와의 합의를 백지화했다. 노무현정부의 한계가 드러난 것이다.

이에 전교조는 6월 21일 집단 연가투쟁을 재 추진하였고, 인권 활동가들은 명동성당에서 노숙 단식투쟁을 전개하면서 NEIS 반대투쟁은 전교조를 넘어 시민사회단체의 연대로 발전했다. 7월 8일 43개 인권-교육-시민단체와 진보정당이 망라된 〈NEIS 반대와 정보인권 수호를 위한 공동대책위원회〉를 발족했다. 정부는 연가투쟁의 책임을 물어 7월 17일 전교조 위원장을 구속하였다. 이후 10월 1일부터 전교조와 시민사회단체는 100만인 서명운동에 돌입했고, 10월 19일 전국교사대회를 통해 NEIS 폐기를 위한 투쟁을 확산키로 했다. 한편, 전교조가 법원에 제기한 정보입력 CD롬 가처분 신청이 받아들여지면서 고3 대입 전형자료의 제출을 금지하라는 판결이 내려진다. 투쟁이 계속되면서 결국 정부와 전교조는 다시 교섭을 시작했고, 12월 15일 교육행정정보화위원회 결정에 따라 국가인권위원회가 권고한 3개 영역의 분리가 이뤄짐으로써 전교조의 NEIS 반대투쟁은 승리하기에 이르렀다.

NEIS와 성과급제를 둘러싼 전교조와 노무현정부와의 갈등은 결과적으로 공공부문 전체 영역에 대해 '공공 개혁'의 이름아래 공공부문 시장화를 확산시켜온 '참여정부'의 한계를 반영하는 것이었다. 전교조에 대해 강요한 이 시장화 흐름은 앞에서 언급했던 노무현정부 하의 공공기관 시장화 흐름과 유사한 맥락을 지니고 있다.

8. 사회공공성 강화와 연관된 공공기관 지방이전

1) 노정교섭 추진 및 노정협약 체결

행정수도 이전 및 국가 균형발전을 주요 공약으로 제시한 노무현정부는 2003년 출범과 동시에 행정수도 이전을 추진하지만 벽에 부딪히자 공공기관 지방이전 및 행정복합도시 추진으로 방향을 선회한다. 이에 2004년 4월 1일 공공기관의 지방이전과 혁신도시 건설이 포함된 '국가균형발전특별법'(균특법)을 시행하기에 이른다. 이후 8월 31일 국가균형발전위원회는 180여 개 공공기관 지방이전 등이 포함된 '혁신도시 건설 및 공공기관 지방이전 방안'을 발표했다. 이에 대해 한국노총 공공노련은 2004년 4월 이후 '공공기관 지방이전 결사 반대' 성명을 발표하고, 11월에는 '지방이전 반대'를 위한 대규모 결의대회를 개최했다. 이러한 한국노총 공공노련의 지방이전 반대는 2005년 6월까지 계속되었다.

민주노총 공공연맹은 지방이전 대상으로 검토되고 있었던 공공기관노조의 대표자회의를 통해 상황 점검을 공유하고 지방이전에 대한 기본 입장 정리를 위한 토론을 시작했다. 공공연맹은 공공기관의 지방이전이 내세운 국토의 균형발전이라는 가치가 공공연맹이 그동안 공공부문 노동운동의 기본방향으로 설정해 온 사회공공성 강화와 상충되지 않는 가치라는 점, 공공기관 종사자의 복지와 근로조건이라는 틀에서만 판단할 수 있는 것은 아니라는 점을 공공부문노조 대표들과 공유하게 된다. 공공연맹은 이러한 관점에서 사회공공성과 조합원의 경제적 요구를 조율하되 사회공공성 운동이 갖는 기본적 가치가 훼손되지 않는 방향에서 수동적인 방어가 아닌 적극적인 개입 전략이 필요하다는 입장을 설정하게 된다.

2005년 들어 3월 2일 정부가 '행정중심복합도시건설특별법'을 제정하고, 이어 3월 8일 구체적인 공공기관의 지방이전계획 및 각 시·도별 배치 원칙에 대해 국무회의에서 논의하자 공공연맹도 조직 내부의 의견을 모으기 위해 4월 7일 지방이전 대상 공공기관노조 대표자회의를 개최했다. 35개 기관의 노조 대표들이 모여 토론한 끝에 공공기관 지방이전과 관련한 노정교섭 추진을 결의하고 연맹 교섭단을 구성했다. 공공연맹의 노정교섭 추진이 공공연맹이 추구한 '사회공공성 강화'가 공공기관의 지방이전을 통한 지역사회의 공공적 토대 확장과 연결될 필요가 있다는 전략적 판단 하에서였다. 주요 공공기관이 지역으로 이전하며 지역사회에서 공공부문 운동의 중심으로 자리잡으면서 민주노조운동의 지역적 토대를 강화함과 동시에 '노동운동의 정치세력화' 토대로 자리잡을 수도 있기 때문이었다.

4월 15일 공공연맹의 교섭단(양경규위원장 이하 4명)은 국가균형발전위원회(균발위) 위원장을 면담하고 공공기관 지방이전 추진과 관련한 공공연맹의 입장을 전달했다. 국가균형발전의 대의는 인정하되, 공공기관 종사자의 생활환경 및 노동조건 변경을 수반하는 만큼 노정간 교섭을 통해 지방이전 추진이 필요하고, 이전 과정에서 공공기관 종사자에 대한 불이익 예방을 위한 제도적 장치가 필요하다는 입장이었다. 지방이전 추진의 국정과제를 구체화해야 하는 균발위는 공공연맹과의 노정교섭을 즉각 수용했다. 이날 노정 간담회 장소 옆에서 한국노총 공공노련은 지방이전 반대 간부 결의대회를 진행함으로써 공공부문 노동운동의 기본방향에 대해 양 조직의 운동적 지향 차이를 드러냈다.

균발위와 공공연맹은 각각 실무교섭단을 구성하고 구체적인 협의에 들어갔다. 공공연맹은 실무교섭단과 정부 실무교섭단은 5월 11일부터 6월 20일까지 7차례의 노정 실무교섭을 진행했다.[79] 공공연맹과 실무교섭이 진행되는 동안, '지방이전 반대'를 주장해온 한국노총 공공노련도 그동안의 입장을 바꾸며 공공기관 종사자의 노동조건 등에 관해 균발위와 논의를 진행하게 된다.

지방이전 교섭이 진행 중이던 5월 25일 정부는 지방이전 대상 공공기관 177개를 발표했다. 그런데 정부가 지방이전 제외 대상으로 선정한 공공기관의 기준이 명확하지 않다는 점이 문제가 되면서 지방이전 대상이 된 노조들은 공공기관 지방이전에 대해 공공연맹이 근본적으로 재검토할 필요가 있는 것이 아니냐는 의견들이 나오기 시작했다. 이런 상황은 정부가 명확한 기준 없이 지방정부나 지역단체, 그리고 중앙정부 부처의 반발을 고려하여 대상을 선정함으로써 빚어진 문제였다.

공공기관의 지방이전은 지역발전에 매우 중요한 요소가 된다는 점에서 지방정부와 지역단체들은 지방정부에 이익이 되는 공공기관을 유치하기 위해 치열한 경쟁을 벌이고 있었다. 이러한 상황은 단지 지방정부에 국한된 문제가 아니라 진보정당의 지역조직이나 진보적인 시민단체에게도 예외가 아니었다. 6월 9일 공공연맹은 민주노동당 국회의원 및 광역 시도당 위원장 간담회를 갖고 지방이전 관련 노정교섭 경과 보고와 함께, 지방이전에 대한 진보정당의 책임있는 방침이 필요하다는 점을 밝혔다.

공공연맹은 6월 13일까지 이어진 정부와의 교섭에서 이전 대상 기관의 조정을 요구했지만 정부의 반대로 난항이 계속되었다. 또한 지속적인 노정협의를 명문화하는 노정협약(안) 문안과 관련해서도 정부에서 난색을 표명함으로써 교섭은 교착 국면에 빠졌다. 공공연맹은 6월 16일 교섭에서 정부가 이전 대상기관을 재검토하고 노정협의회를 상설화하는 방안을 명문화하지 않으면 교섭을 중단하겠다고 선언하기에 이르렀다. 이런 상황에서 그동안 표면적으로 반대하면서 내부적으로는 정부와 물밑 교섭을 진행해온 한국노총 공공노련과 금융노조가 전격적으로 정부와 공공기관 지방이전에 대한 합의를 발표했다. 정작 교섭의 틀은 공공연맹이 마련한

---

79 지방이전 관련 정부 실무교섭단으로는 총리실 시민사회비서관(홍영표)을 대표로, 국가균형발전위 정책국장, 건설교통부 지방이전기획국장, 기획예산처 혁신총괄팀장이 각각 선임되었다.

상태에서 미흡한 내용으로. 한국노총 조직에서 먼저 노정 합의를 추진한 것이다. 한국노총은 6월 21일 노정협약을 체결했다.

6월 20일 공공연맹은 긴급 지방이전 대상 노조 대표자 회의를 통해, 격론 끝에 이전기관 선정이나 노정협약의 내용에서 미진한 점이 있으나 지방이전 관련 노정협약의 체결은 필요하다는 점에 공감하고 다시 한번 교섭을 통해 미진한 부분에 대해 최대한 노력하여 협약을 체결하는 것으로 결정했다. 6월 23일 오전 공공연맹 중집위는 지방이전 협약 체결을 승인하였고, 당일 오후 공공연맹 최초로 연맹 위원장과 정부 대표(추경직 건설교통부장관)가 서명한 노정협약을 체결했다.

노정협약은 지방이전과 관련해 △구조조정 등으로 인한 고용 불안 및 경영평가 불이익 예방 △경영환경 변화에 따른 공공기관 경영평가 제도 및 불필요한 규제에 대한 합리적인 개선책 강구 △지방이전 부족 재원의 지원 △노정협의회 상설화를 담은 것으로서, 이보다 앞서 6월 21일 한국노총 공공노련·금융노조와 체결한 노정협약과 달리 어느정도 구체적이었다. 물론 이 협약은 법적으로 이행 강제성이 확보된 것이 아닌 사실상의 양해각서(MOU)수준이었으나, 사상 최초로 민주노총 조직 대표가 정부와 체결한 협약으로 역사에 남았다.

공공연맹과 노정협약을 체결한 다음날(6월 24일) 정부는 '공공기관 지방이전 종합대책'을 발표했다. 지방이전과 관련한 정부의 지원방안과 함께, 관심이 집중된 각 공공기관의 지역 배치가 포함된 것이었다. 공공기관의 지역 배치는 그동안 공공연맹이 노정교섭에서 계속 우려했던 내용들이 현실로 드러났다. 공공기관의 지역 배치에 따른 '기능군' 설정이 자의적인데다, 주요 공공기관이 '기타이전기관'으로 분류되어 각 지자체간에 나눠먹기했다는 사실이 드러났기 때문이다. 공공연맹은 공공기관노조 대표자들과의 회의를 통해 이후 실행과정에서 확인해야 할 과제들을 정리하고 대책을 마련하는 것에 집중해 나가기로 했다. 혁신도시 지역 배치는 2005년 하반기 내내 공공기관 지방이전 실행 과정에서 계속 문제로 남게 된다.[80]

---

80 지역 배치와 관련하여, 제주도에 배치된 공무원연금관리공단과 함께, 행정복합도시(세종)에 배치되지 못한 출연연구기관 노조들(에너지경제연구원·농촌경제연구원·해양수산개발원·정보통신정책연구원 등)의 반발이 거세었다. 공공기관의 지역 배치는 정부와 각 시·도 지자체간 협의를 거쳐 이뤄졌는데, 이전기관의 규모(종사자 수 및 재정 규모)를 중심으로 조정하다 보니, 각 시·도별 특성이나 배치 원칙이 거의 나타나 있지 않았다.

표6-5 공공기관 지방이전 노정협약(건설교통부–공공연맹)

공공기관 지방이전 노정협약

정부와 전국민주노동조합총연맹 전국공공운수사회서비스노동조합연맹(공공연맹)은 국가균형발전특별법에 근거하여 추진하는 공공기관 지방이전의 원활한 추진과 이전 대상 노동자의 권리 보호를 위하여 다음 사항에 합의하고, 상호 신뢰를 바탕으로 성실히 이행할 것을 확약한다.

1. 정부는 공공기관을 혁신도시(지구)내로 이전하고 정착하는 과정에서 노동기본권을 제한하거나, 근로조건이 저하되지 않도록 보장한다. 또한, 지방이전과 관련하여 구조조정·통폐합 등으로 인한 고용불안이 발생하지 않도록 한다.

2. 정부는 이전 공공기관 종사자들이 안정적으로 정착할 수 있도록 주거, 배우자의 직장문제 해결에 적극 노력한다. 또한, 교육·보건·행정·문화 등의 정주여건을 마련하여 이전에 착수토록 한다.

3. 공공기관의 이전 재원은 원칙적으로 기관의 자산 매각 등 자체 조달을 원칙으로 하되, 부족한 재원은 관련 법령에 의해 정부가 지원한다. 또한, 이전에 따라 기관의 운영이나 영업 환경의 변화 등으로 발생할 수 있는 문제점들을 극복할 수 있도록 각 기관과 충분히 협의하여 대처한다.

4. 정부는 공공기관이 지방이전으로 인하여 경영평가에서 불이익을 받지 않도록 조치한다. 또한, 정부는 경영환경 변화에 따른 경영평가 제도 및 불필요한 규제에 대해 합리적인 개선책을 적극 강구한다.

5. 정부는 이전 이행협약(주무부처-이전공공기관-지방자치단체)시 공공기관과 해당 노동조합과 충분히 협의하여 노동조합의 의사가 반영될 수 있도록 한다. 지방이전 이행과 관련하여 발생할 사안에 대해 정부(건설교통부·기획예산처 등 관계부처)와 공공연맹은 협의체를 구성하여 지속적으로 대화하고 협의한다.

2005. 6. 23.
정부 대표 노동조합 대표
건설교통부 장관 (추경직) 민주노총 공공연맹 위원장 (양경규)

2) 노정협의회 운영 및 혁신도시 건설 추진

노정협약에 따라 7월 23일 1차 노정협의회가 개최되어, △지방이전 관련 기본협약 체결 △각 혁신도시별 입지선정위원회 구성 △각 지역별 이전추진협의회 구성 등이 논의되었다. 이 자리에서 6월 24일 정부가 발표한 공공기관의 이전 지역 배치에 대한 강한 문제 제기가 있었고, 이후 공공기관 지방이전 추진 과정에서 이전 공공기관노조의 확실한 참여 방안이 주요 쟁점으로 대두되었다.

노정협의회에는 공공연맹, 한국노총 공공노련, 금융노조 대표가 참여했지만, 한국노총 두 조직의 대정부 협약 내용이 다소 미흡하여 결국 공공연맹의 협약 내용에 따라 노정협의회가 이뤄졌다.[81] 실제로 분명한 요구와 정책방안을 제시하고 정부와 제대로 된 교섭 절차를 거친 조직은 공공연맹으로서 협약 내용이 상대적으로 구체적이었기 때문이다.[82] 7월 27일 1차 노정실무협의회를 통해 11개 각 혁신도시(지구)의 입지선정위원회와 이전추진협의회에 각각 노조대표 2인이 참가하기로 했다.

8월부터 각 시·도의 이전추진협의회 구성과 함께 입지선정위원회 구성이 본격화되었다. 그러나, 10개 혁신도시(광주·전남 통합 운영)별로 혁신도시 선정과 관련한 갈등이 불거지고 이전추진협의회 구성에 노조 대표 참여를 불허하는 지역이 계속 나타나면서, 노정간 갈등도 증폭되었다. 혁신도시 선정을 둘러싼 난항이 거듭되었고, 12월까지 지방이전을 둘러싼 노조와 정부, 노조와 지자체, 정부와 지자체간 대립이 계속 이어지는 가운데, 가장 갈등이 심했던 부산혁신지구를 마지막으로 10개 혁신도시 입지 선정이 2005년 12월 31일에 마무리되었다. 이후 2006년 3월 20일 건설교통부는 10개 혁신도시 입지 선정 결과를 최종 확정하였다. 이에 앞서 2월

81　공공연맹 노정협약 체결에 앞서 체결된 한국노총 공공노련의 노정협약 내용은 다음과 같다. "정부와 한국노총 전국공공노동조합연맹은 공공기관 지방이전 정책이 국가의 경쟁력을 제고하고, 국토의 균형적인 발전을 위해 추진되고 있다는데 인식을 같이하면서, 아래와 같이 합의하고 공동으로 노력해 간다".

1. 정부는 이전에 따라 기관의 운영이나 영업환경의 변화 등으로 발생할 수 있는 문제점들에 대해서는 각 기관과 충분히 협의하여 지원한다.
2. 정부는 각 기관의 종사자들이 이전지역에서 안정적으로 정착하여 생활할 수 있도록 주거 문제, 자녀교육 문제, 배우자의 직장문제 해결에 적극 노력하고, 의료·문화·여가활동 등 일상활동에 있어 불편함이 없도록 지원한다.
3. 정부는 각 기관이 이전을 추진하는 과정에서 노사간 성실한 협의로 근로조건 저하 및 고용불안정 행위가 발생하지 않도록 지도·감독한다.
4. 정부는 공공기관 지방이전을 계기로 자율·책임경영을 저해하는 불필요한 규제를 합리적으로 개선한다. 아울러 이전과 관련하여 추가로 발생하는 인원·조직·예산에 대한 추가 소요가 있을 경우 직무분석을 통해 소관부처와 협의하여 반영한다.
5. 정부와 한국노총 전국공공노동조합연맹은 공공기관 지방이전의 성공적인 추진을 위해, 상기사항과 관련된 세부내용에 대하여 정부(건설교통부, 기획예산처 등 관계부처)와 협의체를 구성하여 지속적으로 대화하고 협의한다.

82　노정협의회에는 정부측에서 건설교통부장관, 국가균형발전위원장, 총리실 민정수석비서관, 기획예산처 기금관리국장, 산업자원부 산업지원국장 등이 참여했고, 노조측에서 3조직 위원장(공공연맹·공공노련·금융노조) 및 공공연맹 부위원장이 참여했다.

25일에는 대통령(노무현)이 참여한 가운데 '지방이전 국정보고대회'가 개최됨으로써, 노무현정부가 추진한 국토균형발전 전략 하의 공공기관 지방이전이 1단계 마감되었다.[83]

2005년 노정협의 시작 당시 정부는 애당초 이행실시협약을 통해 정부·지자체·이전기관·노조간의 원만한 논의구조를 형성하려 했다. 그러나, 혁신도시 입지선정 과정에서 전국적으로 혼란이 지속되자, 정부는 '혁신도시특별법' 제정을 준비하고 2006년 3월 16일 이를 입법예고하게 된다. 이에 2006년 4월 17일 특별법 제정과 관련 내용을 중심으로 2차 노정협의회가 개최되었다. 정부가 제시한 지원방안도 특별법과 시행령에서 원론적 수준을 넘지 못하면서 4월부터 8월부터 노정간에 지리한 공방이 이어진다. 국토균형발전을 둘러싸고 각 지방자치단체의 임의적 행동을 노무현정부가 제대로 규제하지 못하는 국정 운영 한계에 따른 결과였다.

결국 12월 6일 지방이전 기관 노조 대표자 간담회, 지자체 관계자 연석 좌담회 등을 통해 지방이전을 둘러싼 정부-지자체-노조간 네트워크를 구성하면서 1년 가까이 진행된 노정간 지루한 대결은 1차 매듭을 지었고, 이러한 논의를 바탕으로 2006년 12월 22일 국회에서 혁신도시특별법도 제정되었다. 지방이전과 관련한 정부 지원, 혁신도시 운영, 노조의 지방이전 정책 참가 등에 대한 대강의 틀이 정리된 것이다.

2007년 1월부터 시행된 혁신도시특별법에 따라, 최고 정책결정기구인 '혁신도시위원회'에 노동계 대표(공공노련 위원장, 공공운수연맹 사무처장)가 참여하면서 2007년 말까지 △각 혁신도시의 개발계획 △정부의 공공인프라 지원 △이전 공공기관 지원방안 등이 혁신도시위원회에 정리되기에 이른다.[84] 공공기관 지방이전 정책 추진 및 혁신도시특별법 제정 과정에서 공공부문의 '사회적 가치'가 공유되면서, 노무현정부가 추진한 공공기관 경영효율화 정책 방향도 일시 조정되는 듯한 분위기였다. 그러나 혁신도시특별법과 동시에 국회에서 제정된 공공기관운영법은 이러한 기대를 일거에 무산시키는 효과를 가져왔다. 그 폐해는 이후 이명박정부에서 고

---

83 혁신도시 선정과 관련하여, 제주·부산·충북·울산·강원 지역에서 노조와 지자체의 충돌이 있었고, 특히 부산시는 혁신지구 분산 움직임에 맞서 노조대표들이 부산시청에서 농성을 전개한 끝에 12월 31일 노조(공공연맹·사무금융연맹·금융노조), 정부(건설교통부), 부산시와 합의로 선정이 마무리된다. 이러한 갈등이 밑거름이 된 듯 부산시 이전 공공기관에게는 상대적으로 양호한 주거단지 선정이 이뤄졌다. 혁신도시 선정 이후 경남과 충북 지역에서는 정부 결정과 달리 혁신도시 분산배치 움직임이 나타나기도 했다.

84 2007년 혁신도시특별법에 따라 건설교통부 지방이전추진단이 노정실무협의의 공식 파트너가 되었지만, 2007년까지(참여정부)는 이전 정부측 노정실무협의회 위원들을 중심으로 노정협의가 이뤄졌다.

스란히 드러났다.

　2007년 혁신도시특별법 시행에 따라, 혁신도시위원회에 노동계 위원이 참여하면서 3월부터 4월까지 혁신도시위원회는 10개 혁신도시(지구)의 개발계획 및 이전추진계획을 심의하였다.[85] 다만, 2005년 혁신도시 선정 당시부터 논란이 되어온 지역들의 혁신도시 기반 조성이 계속 문제가 되었고, 5월 이후 정부의 혁신도시 건설 관련 지원과제 용역과제 결과가 미흡한 내용으로 발표되면서 노정간 줄다리가 계속되었다. 2007년 하반기에 들어서면서, 이미 경제관료들은 정권 교체 가능성이 높은 상황에서 국토균형발전과 공공기관 지방이전 정책의 안정적 추진이 어려울 것이라는 진단을 내리고 있었다. 이에 따라, 혁신도시 건설과 공공기관 지방이전에 대한 정부 지원 역시 제대로 정리되지 못했다.

　노무현 정부는 이런 상황을 극복하기 위해 9월부터 제주도를 시작으로 대통령이 참여하는 각 지역별 혁신도시 시공 사업을 본격적으로 시작했지만, 결과적으로 이전 공공기관 및 이전 종사자에 대한 지원방안은 참여정부에서 명확한 결론을 맺지 못한 채 이명박정부로 이관되었다. 2008년 이후 이명박정부가 국토균형발전의 기본 구상을 흔들고 공공기관만 이전을 강행함으로써, 2010년 이후 노정간에 지방이전을 둘러싼 갈등이 재연되기에 이른다. 노무현정부의 미지근한 지원 방침과 각 지자체의 노조 기피 흐름을 제어하지 못한 한계는 이명박정부의 정책 전환으로 더욱더 공공기관 지방이전 사업을 둘러싼 노정 갈등을 증폭시켰다. 2007년 12월 노정실무협의회가 참여정부 하에서 마지막으로 진행된 후 2011년 11월까지 4년 동안 노정협의는 사실상 중단된다.

　공공연맹이 2005년부터 공공기관 지방이전 정책에 대한 적극적 참여를 통해 확보하고자 한 사회공공성 강화 과제는 비록 노무현정부 후반기의 정책 왜곡으로 인해 애당초의 취지에서 어긋나게 되었다. 현실적 지방이전 정책 추진 및 혁신도시 건설이 지닌 지역 정치(지역 정치세력)와 사회공공성 운동(공공부문 민주노조운동)과의 불일치에서 나타난 결과이기도 하다. 그러나 이

---

[85]　2007년 3월부터 운영된 혁신도시위원회(위원장 건교부 장관)는 5개 경제부처 차관과 15개 시·도의 부기관장이 참여하여 공공기관 지방이전 정책을 심의하는 명실상부한 최고 의결기구였다. 노동계 대표로는 한국노총 공공노련 위원장(장대익)과 민주노총 공공운수연맹 사무처장(박용석)이 참여했다. 그러나 이명박정부 출범 이후 이 기구는 더 이상 가동되지 못했고, 2008년 국토균형발전특별법 개정으로 사라졌다. 2017년 문재인 정부 출범 이후 혁신도시위원회 부활이 검토된 바 있으나, 문재인정부의 고위 책임자들에게 혁신도시의 정착 및 중장기 발전 의제는 이미 관심의 대상이 아니었다.

러한 한계에도 불구하고, 사회공공적 의제와 관련한 정책 선도 및 최초의 노정협약 체결 과정을 거쳤던 공공기관 지방이전은 공공부문 민주노조운동이 정부 정책 참여에서 경험할 수 있는 다양한 상황 및 대응 체계를 사전에 학습시켜준 소중한 경험으로 남을 것이다.[86]

9. 공공 산별노조 건설 논의 및 공공·운수노조 건설

1) 2005년 이전 공공산별노조 건설 논의

공공연맹은 1999년 통합 출범과 동시에 산별노조 건설을 목표로 설정하여 이에 대한 준비사업을 추진한 결과, 2기 집행부(위원장 김연환) 임기 말인 2000년 하반기에 '연맹발전특별위원회 활동보고서'를 통해 산별노조 건설의 기본계획을 제시했다. 정부의 구조조정에 힘있게 대응하기 위해서는 교섭과 투쟁을 집중하여 대정부 교섭구조를 확보하는 것이 필요하며 이를 위해서는 산별노조 건설이 필요하다는 것이었다. 산별노조 건설은 민주노총이 1995년 11월 건설 당시부터 제시한 조직적 목표이기도 했다. 금속노조·보건의료노조 등 각 산하 조직들은 이미 산별노조 건설을 실천하고 있었다.

2000년에 산별노조 전환에 대한 기본 입장을 정리한 공공연맹은 3기 집행부(위원장 양경규)가 출범하면서 구체적인 실행계획에 대한 논의를 시작했다. 공공연맹 산별 전환의 최대 문제는 공공부문(public sector) 관리체계가 아닌 공공서비스(public service) 업종을 중심으로 구성된 조직 구성의 문제를 산별노조 체제에서 어떻게 담아낼 것인가였다.

공공연맹 3기 집행부는 출범과 함께 산별노조건설특별위원회를 구성하면서 산별노조 건설에 대한 강한 의지를 드러냈다. 산별노조건설특별위원회(특위장 양한웅)는 이전 연맹발전특위의 내용을 구체화하여 1차(2002년 2월)와 2차(2003년 2월)에 걸쳐 산별특위 보고서를 제출하고 산별노조 건설에 대한 구체적인 논의를 시작했다. 산별특위는 1차로 2002년 10월 유럽의 공공부문 산별노조를 방문하여 앞선 산별노조운동의 사례를 공유했고, 뒤를 이은 4기 집행부(위원장 이승원)에서도 2003년 2월에는 2차로 호주·뉴질랜드 공공부문노조에 연수단을 파견했다.

---

86 2005년부터 2007년까지 노무현정부 시기 공공기관 지방이전 노정교섭, 이후 혁신도시 선정 및 개발 계획 단계에까지 공공기관노조를 대표하여 정책 추진을 총괄했던 필자는 이후에도 공공기관 지방이전 정책이 왜곡되거나 제 자리를 잡지 못하고 있는 현실 속에서 여전히 자유롭지 못한 위치에 있다.

공공부문 산별노조의 역사를 모범적으로 개척한 독일에서는 2001년 세계 최대의 통합서비스노조(Ver.di)가 발족한 상태였기 때문에, 자연스럽게 이후 독일 공공 산별노조의 운영체계가 공공연맹에서 벤치마킹되는 계기로 작용했다.[87] 산별특위는 공공부문 민주노조운동의 확대 및 질적 발전을 위해 교섭과 투쟁의 통일이 당면 최대의 과제임을 제시하고, 공공연맹의 각 업종별 공동사업과 발전 전망을 담은 단계적인 산별노조 건설의 전망을 제시했다. 소산별노조의 발전과 확대를 통해 공공산별노조의 지평을 확대하는 방안과 함께, 업종본부 중심의 골간체계를 전제로 한 공공산별노조의 조직체계도 제시했다.

2002년 4월 발전파업에 대한 책임을 지고 3기 집행부가 사퇴하면서 산별노조 건설 논의는 진전을 이루지 못했다. 2003년 공공연맹 집행부(위원장 이승원)가 2월 대의원대회를 통해 공공산별노조 건설을 위한 사업계획을 설정했지만, 철도노조·근로복지공단비정규노조 등의 당면 투쟁에 집중하면서 산별노조 건설을 위한 사업은 또 다시 중단되었다. 2004년 7월 이후 보궐 집행부(위원장 이호동)에서 주요 현장 간부와 사무처 중심으로 산별기획팀이 꾸려져 11월 중앙위원회에 산별건설 검토 보고서가 체출되었다. 그 내용은 2006년 말에 공공연맹을 일시에 산별노조로 전환하되, 골간체계는 업종본부 중심으로 하자는 것이었다.

그리고 이러한 산별노조 건설계획은 2005년 1월 새롭게 출범한 6기 집행부(위원장 양경규)의 사업으로 이관되게 된다. 공공연맹 6기 집행부는 그 이전에 산별 전환을 위해 제출되었던 보고서를 종합하여 '계급적 산별노조 건설'이라는 산별노조에 대한 새로운 방침을 내놓게 된다. 이전까지 논의된 산별노조 건설의 상과는 사뭇 다른 것으로서, 이후 공공연맹은 산별노조 건

---

87 독일의 통합서비스노조(Vereinte Dienstleistungs-gewerkschaft)는 1946년 독일노총(DGB) 출범 이후 공공부문의 대표적으로 활동해온 공공운수노조(OeTV, 1,644천명)와 금융노조(488천명), 체신노조(488천명), 미디어노조(192천명)와 DGB 밖에 있던 사무직노조(501천명)가 2001년 3월에 통합 발족한 조합원 331만명의 세계 최대 산별노조였다(2009년 이후 조합원 축소로 현재 독일 금속노조가 최대). 이는 전통적인 공공부문(public sector)을 넘어 민영화된 공공서비스부문을 포괄하는 확대된 공공서비스노조이다. 공공부문노조 중 세계에서 가장 큰 독일 공공운수노조 입장에서도 1992년 파업 이후 갈수록 조직률이 낮아지고 산업구조 조정에 따라 대표성이 떨어지는 현실을 극복해야 한다는 절실함을 바탕으로 1998년 이후 통합을 추진했다. 통합서비스노조의 약칭 Ver.di는 마치 이태리 작곡가 베르디(Verdi)와 디지털(di)이 만난듯한 독일 특유의 낭만적 느낌을 준다. 실제 독일 공공운수노조가 추진한 통합 작업인 'Ver.di Project'에서 이러한 흐름이 반영되었다(안봉술, 2013). 이후 공공연맹 산별기획단은 2006년 공공노조 조직 설계과정에서 Ver.di의 조직체계, 즉 지역체계와 업종체계의 매트릭스 구조를 반영하였다.

설을 둘러싼 치열한 논쟁과 토론을 이어가게 된다.

당시 산별노조 건설 논의는 공공연맹을 넘어 전체 민주노총의 조직적 과제였다. 출범 당시 산별노조운동을 전략적 목표로 설정한 민주노총은 2003년 정기대의원대회를 통해 △전 조합원의 80% 산별 전환 △2004년 집단교섭의 틀 구축 △2005년 산별전환 완료 △2006년 산별협약 쟁취를 위한 전면총파업 돌입 △2007년 대산별노조 재편 등의 로드맵을 제출했다. 2005년 정기대의원대회에서는 '산별노조 건설계획'을 통해 2005년 산별교섭 쟁취를 위한 산별 공동투쟁 강화, 2006년 산별협약 쟁취를 위한 총력투쟁, 2007년 이후 대산별노조 건설 본격화 및 복수노조 시대 대응 1국1노총 추진 등의 방안을 구체화했다. 바야흐로 2005년 당시 민주노조운동에서 산별노조전환은 가장 핵심적 과제로 자리매김되고 있었다.[88] 다만 공공연맹의 경우 공공부문과 공공서비스 부문이 혼재되어 있고, 다산업·업종이 포괄되어 있는 대규모 산별연맹으로서 조직발전의 전망이 복잡할 수밖에 없는 속성을 지니고 있었다.

2) 2005년 공공산별노조 건설 및 조직 전환 논의

2005년 1월에 출범한 공공연맹 집행부는 공공부문에서 계급적 전망을 구체화하기 위한 산별노조 건설 방안을 구체화하기 시작했다. 연맹 집행부는 2005년 2월부터 산별기획단(단장 허인)을 구성하여 공공산별 건설 기본계획안을 2005년 5월 11일 연맹 중집위 회의에 토론자료로 제출하였다. △한국사회 빈부 격차 심화 및 사회적 양극화 △노동시장의 분단 및 비정규직 증가 △조직률 하락과 대표성 위기 △2007년 복수노조 허용 및 노조 전임자 임금 미지급 △공공부문에 대한 통제 강화라는 당면 정세를 근거로 2006년에 공공연맹을 한 번에 산별노조로 전환한다(소위 '일시론')는 것이 기본 방침이었다. 공공산별노조의 골간체계는 지역본부 중심으로 한다는 내용이 중심이었다. 이러한 방침은 2002년 이후 계속 제출된 공공산별노조 방침을 종합하는 방안이었다.

그러나 산별노조운동을 대중적 이행의 관점 보다는 계급적·변혁적 관점 중심으로 접근하고 있었기 때문에 운동 노선을 둘러싼 논쟁으로 연결되면서 만만찮은 반론에 부딪히게 된다.[89]

---

88 공공연맹을 하나의 공공산별로 전환하자는 방안이 제출된 것도 이같은 민주노총의 산별노조운동 흐름과 무관치 않다.

89 공공연맹 위원장(양경규)은 공공연맹의 산별노조 건설 방침과 관련한 '계급적 산별노조운동'의 근거로서, "당시 한국의 민주노조운동이 변화된 정세(비정규직 증가 등)를 제대로 반영치 못하면서 변혁운동의 중심축을

중집위 토론 이전에 연맹 임원 내부에서 이같은 산별노조 건설방안과 운동노선에 대한 이견이 제출되어, 중집위에는 임원 소수안이 별도로 제출되었다. 물론, 산별노조운동의 배경 및 목적 측면에서는 공공연맹 집행부의 공공 산별노조 건설 방침이 당시 민주노총 내에 논의되던 산별노조운동의 흐름에서 보면 타당한 측면도 있었지만,[90] 공공연맹이 갖는 다산업·다업종구조 및 지난 시기의 소산별노조운동 등이 제대로 잡지 않은 현실로 인해 논쟁이 제기될 수밖에 없는 구조였다.

산별기획단의 방침과 반대 입장의 핵심적인 차이는 공공산별 건설의 경로 및 골간구조에 있었다. 즉, 공공연맹을 일시에 하나의 산별노조로 전환하고 지역 중심의 골간체계를 설정할 것인가(산별기획단 안), 아니면 소산별노조 건설을 통해 단계적으로 공공운수노조를 건설하고 업종 중심의 골간체계를 설정할 것인가(반대 입장)로 나뉘어진 것이다.[91]

2005년 공공연맹 산별기획단의 산별 방침은 2002년과 2003년의 산별특위 보고서에서 제출한 '단계론'을 뛰어넘어 일시에 11만 조직을 하나로 통합하는 방안이었고, '단계론'을 주장하는 입장과의 대립이 이어질 수밖에 없었다. 또한 2004년 말에 제출된 업종본부 골간체계 역시 이번에는 지역본부 중심으로 변경되어 있었다. 이러한 '일시론'은 공공산별노조 건설에 있어서 '소산별 업종노조'의 효용성에 대한 문제의식에서 출발한 것이었다.[92]

상실했다"는 점을 제시했다. 따라서, "노동운동이 변혁운동의 근본 목표를 가져야 할 것"이라며, "조직·투쟁·노선에 대한 전략적 판단으로 기업별 조합주의를 극복할 필요가 있다"는 전제하에 이러한 산별노조운동 방향을 제시한 것이라고 밝혔다(양경규 인터뷰).

90　공공부문 산별노조운동은 △관련 산업내 노동자의 계급적 단결 △교섭·투쟁·사업의 중앙 집중화 등의 산별노조운동 목표 및 공공부문 특성(대정부 교섭·투쟁)이 동시에 작용할 수밖에 없기 때문에, 통큰 대단결을 위해 부문·업종 단위의 소산별노조보다는 보다 완성된 형태의 공공 대산별 노조 건설이 더 타당할 수 있다. 그러나 당시의 산별노조운동에서는 '현실론'(일단 기업별 체계를 극복하는 것이 시급하다)도 만만치 않게 제기됨으로써 논쟁이 나타난 것이다(필자 주).

91　반대 입장(소위 '단계론')에서도 공공부문의 현실에서 대정부 교섭의 집중 필요성, 비정규직의 조직화를 위한 조직체계, 궁극적인 발전 목표로서의 지역 중심의 골간체계를 부정한 것은 물론 아니었다. 공공부문 산별노조 건설을 일시에 추진할 수 있을 만큼 공공부문 노동운동의 조건이 성숙치 못했다는 현실론이 반대 근거로 자리잡고 있었다. 이러한 '단계론'에 대해 지난 1994년 전노협의 조직발전 논쟁과 이후 1996년의 금속산업연맹내 조직발전 논쟁과 연결지어 기업별·업종별 실리주의로 규정하는 입장(예, 박준형, 2005)도 있었는데, 이 역시 운동노선에 따른 관점으로 이해된다(필자 주).

92　'일시론'에서 제기된 소산별노조에 대한 문제의식은, 산별노조 건설의 어려움이 대산별이든 소산별이든

5월 20일 1,000여명이 참가하여 2박 3일로 진행한 공공연맹 현장간부 합동수련회에서 공공산별노조 건설 원칙과 경로를 중심으로 열띤 토론이 전개되었다. 산별 건설과 관련한 토론은 현장에서 소위 '반대 입장'이 함께 제출되면서 자연스럽게 양 입장을 놓고 비교 토론이 이뤄졌다.[93] 산별건설 방침의 대립은 이후 공공부문 민주노조운동의 전략과 전망과 관련한 입장 차이를 반영한 것이었다. 한편, 공공산별노조 건설은 공공연맹 내부의 문제로만 머물지 않았다. 2003년 철도노조 파업 이후 연맹내의 운수관련 노조들이 연맹 밖의 운수3조직(화물·택시·버스)과의 공동사업을 추진해오면서 이들 조직 역시 운수산별노조 건설의 전망을 서서히 구체화하고 있었기 때문에, 이는 결과적으로 공공연맹의 산별방침 논의에 영향을 미칠 수밖에 없었다.

표6-6 공공연맹 산별건설 관련 주요 쟁점(2005년 5월)

주요 쟁점	산별기획단(안)	반대 입장
공공운수노조 건설 시기 및 경로	2006년 하반기에 공공과 운수를 포괄하는 하나의 공공운수사회서비스노조 건설	업종별 노조를 거쳐 단계적으로 공공운수노조 건설: 1단계(2006년초 10여개 소산별노조) → 2단계(2007년말 7개 중산별노조) → 3단계(2010년 공공운수 대산별노조 건설)
노조의 골간체계	공공부문의 업종별 장벽 극복과 비정규직 조직화를 위해, 지역본부 골간체계로 하되, 교섭 및 정책을 위한 업종협의회 인정	공공연맹내 다양한 업종들의 단결기조 유지와 단계적 산별 집중을 위해 업종본부 골간체계 유지
지부체계	기업지부는 인정하지 않고, 지역 및 업종 단위의 지부 인정	한시적 기업지부 인정, 이후 단계적으로 기업지부의 해소
공공운수노조 산별 추진 단위	연맹 차원의 산별노조 건설 우선, 이후 확대된 공공운수노조의 강화	1차로 운수3조직과의 공동 논의를 통한 산별 추진, 2차로 보건의료, 전교조 등과의 공동 논의를 통한 공공운수 대산별 노조 건설

자료: 박용석(2009)

발생할 수밖에 없는 상황이라면 대산별노조가 더 적합할 수 있고, '소산별 단계론'에서 제시하는 공동교섭과 공동투쟁은 대산별노조 내에서 다양한 교섭단위를 운영함으로써 산별노조내 통일성과 소산별의 독자성을 동시에 유지하고 상호 보완할 수 있다는 것이었다(유병홍, 2005). 또한 소산별노조의 운동사적 의미와 활동은 충분히 평가할 부분이 있으나 결국 이 또한 공공부문 내의 또 하나의 규모가 큰 기업별 노조 이상의 의미로 발전하지 못하고 있으며 산별노조가 가져야 할 기본활동과 교섭구조를 갖고 있지 못하다는 한계가 지적되었다.

93　현장간부수련회 도중 철도노조 활동가들이 집행부 산별방침 중심의 토론에 이의를 제기하며, 5월 11일 중집위에 제출된 '반대입장'(소위 '박용석안')을 현장에서 유포하며 동시 토론 개최를 요구함으로써, 자연스럽게 두 개의 대립되는 방침이 수련회에서 논의되고 쟁점화되었다.

7월까지 주요 노조 간담회를 거쳐 산별기획단이 8월 31일 중집위에 일부 내용을 보완한 상태에서 '(가)공공산별노조' 건설 토론안을 제출했지만, 지난 5월에 제출된 안의 기본적 틀을 그대로 유지한 상태에 있었다. 9월과 11월에 걸쳐 산별노조 건설 토론회가 진행되면서 산별건설 관련 공공연맹 내부의 논란은 좁혀지지 않은 채 12월 중앙위원회까지 이어졌다.

그런데, 연맹 내부의 논란이 계속되는 가운데 이후 산별 건설 경로를 결정한 것은 운수 3조직과의 연대의 중심에 있었던 철도노조의 판단이었다. 왜냐하면 공공연맹 내 가장 큰 조직이었던 철도노조의 판단은 공공연맹의 산별 전환에 있어서 매우 중요한 요소였기 때문이다. 철도노조는 공공연맹 내 운수노조의 우선 건설을 주장하고 나섰다. 이로써 연맹의 산별건설 논의는 공공연맹과 운수3조직을 묶어 일시에 공공운수노조로 전환할 것인가, 아니면 운수 산별의 경로를 거쳐 공공운수노조로 이행할 것인가라는 논쟁으로 전환되기 시작한다. 소위 '단계론'의 흐름이 변화하게 된 것이다.

3) 운수노조 조직의 조직발전 논의

운수산별노조와 공공산별노조간의 조직 발전 전망이 엇갈렸던 민철노련이 1999년 공공산별노조운동으로 발전 전망을 선택하며 공공연맹으로 통합된 이후, 운수 부문의 버스·화물·택시 조직들은 각개 약진을 계속했다. 특히, 이 가운데서 화물노동자들(화물운송노련)의 조직화가 두드러졌다. 1999년 운송하역노동조합이 결성되고 2000년 신선대·우암부두 파업을 통해 조합원들이 확대되어 2002년에는 도로운송 분야의 지입제 확대에 맞서 〈화물연대〉가 출범했다. 이후 2003년 6월의 철도노조와 8월 화물연대의 파업을 통해 운수 노동자들은 공동투쟁의 필요성을 공유하기 시작했다. 특히, 철도노조의 민주노총(공공연맹) 가입은 그동안 수면 이하에서 논의되던 운수산별노조의 전망을 다시 공론화하는 계기로 작용했다.

2003년 12월 운수노동자 현장간부 수련회가 개최되어 운수조직의 연대의 필요성이 공유되었고 2004년 2월 〈전국운수산업노동조합연대회의〉(운수연대)가 출범했다. 운수연대는 2004년 11월 철도노조·민주택시연맹·화물통준위를 중심으로 공동투쟁을 준비했다. 이에 앞서 2004년 3월 화물통준위(운송하역노조와 화물연대의 통합)가 출범하면서 운수조직들의 통합 및 산별 건설 논의도 본격화되기 시작했다.

2004년 12월 철도노조의 특별 단협이 마무리된 후 2005에는 조종사노조의 연대파업이 완강하게 전개되었고, 2006년 3월에 철도노조가, 4월에 화물연대가 다시 파업을 진행하면서 운수 산별노조의 조직적 구심이 형성되기 시작했다. 결국, 철도노조가 공공·운수부문 민주노조운동의 중심에 자리잡으면서 운수산별노조의 조직 발전 논의도 한층 더 구체화되었다. 이 시기에 지하철노조들은 대부분 실리주의 집행부가 들어서면서 산별노조운동에서 한발 멀리 있었다.

2005년 3월 17~19일에 제4기 운수노동자학교에서 '운수산별노조 전망과 과제'의 토론자료가 제출되었고, 3월 19일 운수연대(공공연맹 운수분과 + 운수3조직, 의장 김연환) 대표자회의에서는 2006년에 운수산별노조와 공공운수노조 건설을 동시에 추진하기로 의견을 모았다. 이는 철도·지하철 등의 궤도조직들이 공공연맹을 탈퇴하여 운수산별노조로 결합하는 것이 쉽지 않고, 운수3조직(화물운송·택시·버스)이 철도·지하철·항공을 제외하고 운수산별노조를 추진한다는 것도 바람직하지 않다는 판단 하에 모아진 합의였다.

다만, 운수조직들은 산별노조 건설 이전에 연대의 구심이 아직 강하게 구축되지 못한 상황이어서 운수산별노조 건설 논의는 철도노조를 제외하고는 다소 편차가 존재했다. 그런 상황에서 2005년 공공연맹의 산별노조 전환계획이 본격적으로 추진되자 운수 산별노조를 추진해왔던 단위들은 운수조직의 통합 및 산별 전환에 대한 논의를 본격화하기 시작했다.

공공연맹 내부에서 공공산별을 놓고 쟁점 토론이 계속되던 2005년 6월 24일 운수연대는 대표자회의를 열고 공공연맹이 추진하는 산별노조 전환 방침에 대해 4개 연맹(공공·버스·택시·화물)의 공동 논의가 필요하다는 의견을 제기하였다. 이에 따라, 7월 5일 4연맹 대표자들이 운수노동자들의 단결과 산별 건설을 위해 공공운수 산별 추진을 공동으로 논의한다는 대원칙을 설정하였다.

한편 궤도연대는 7월에 산별노조 토론회 및 상집간부 합동수련회를 통해 산별노조 건설을 논의하게 된다. 이 자리에서 각 노조들은 운수 산별노조 건설에 대한 기본 입장에 대해 토론을 벌였지만, 부산지하철노조를 제외한 지하철노조들은 산별노조에 대한 준비가 부족한 상태임이 확인되었다. 실제 부산지하철노조를 제외하고 서울지하철·서울도시철도·인천지하철·대구지하철노조 등이 모두 실리주의 집행부로 전환한 상태에서 산별노조 전환 논의 자체가 난망했다. 지하철노조의 활동가들 상당수는 철도노조의 운수산별노조 건설 전망과는 달리 지하철 단일노조 전망을 더 강하게 제시하고 있었지만, 이러한 전망을 실천할 토대를 거의 갖추지 못했다.

이어 8월 19일 논의를 확대하여 운수연대 차원에서 다시 한번 운수조직의 산별건설 토론회를 진행하게 되는데, 철도노조와 지하철노조 활동가들간의 산별 전망에 대한 차이를 다시 확인하게 된다. 결국, 운수산별노조 건설 논의는 이후 지하철노조를 제외한 채 철도노조를 중심으로 진행된다. 운수산별노조 건설의 책임을 맡게 된 철도노조는 내부적으로 산별노조 방침을 정하고, 공공연맹 집행부가 추진하고 있던 공공대산별로의 일시 전환 방침에 대해 수정을 요구하게 된다.

철도노조의 요구에 따라, 2005년 9월부터 산별 건설과 조직 통합을 위한 공공운수 4조직 (공공연맹·화물통준위·민주택시연맹·민주버스노조)의 논의가 시작되었다. 이후 지도부 연석회의를 통해 4조직의 통합과 산별노조 건설 동시 추진에 대한 협의가 지속되었지만 운수산별노조 건설에 대한 입장 차이가 드러나며 완전한 합의에 이르지 못하고 논의는 난항을 거듭하게 된다. 공공운수 대산별노조 건설 추진과 이를 위한 과도기 조직으로서 통합연맹 재편까지는 의견이 일치했지만, 공공운수산별노조의 로드맵과 완성 시기를 둘러싼 의견이 대립하고 있었다. 2005년 11월로 들어서며 각 조직이 민주노총의 총력투쟁에 집중하게 되고 12월 홍콩 WTO 각료회의 투쟁에 민주노총의 투쟁단장으로 갔다가 현지에서 공공연맹 양경규 위원장이 구속되면서 논의는 잠시 중단되게 된다.

2006년 1월 운수 3조직은 4조직의 통합 논의와 산별노조 건설 논의에 대해 수정안을 제출한다. 2006년 1월 23일 통합과 산별추진을 위한 추진기구(준) 4차 회의에서 운수조직들은 △공공·화물·택시·버스 4조직은 공공-운수를 포함한 대산별 건설 추진 △2006년 말까지 운수산업노조를 포함 2~6개 정도의 산별(업종)노조 재편 △4조직(연맹) 해산 및 산별노조 건설을 위한 한시적-과도적 역할을 하는 2년 이내의 (가)통합산별준비위(통합연맹) 재편 △조직 재편 및 확대 강화, 공동사업과 공동투쟁을 책임지는 4조직 통합추진위 운영 등을 제안했다. 운수 3조직의 제안은 공공연맹 집행부의 공공 대산별노조로의 일시 전환 방침에 대해, 공공연맹 내부에서 나타나고 있던 철도노조를 중심으로 한 단계적 산별노조 건설 방안과 운수3조직의 선 운수산별 건설 방안을 묶어 낸 절충안이었다.

공공연맹 위원장이 홍콩에서 석방된 이후 공공연맹은 2월 10일 6차 4조직 대표자회의에서 4조직 통합과 산별노조 건설 로드맵에 대한 수정 방침을 다시 제안한다.[94] 공공연맹 집행부의 수정안 역시 공공연맹 내부에서 일부 반론이 제기되었지만 대체로 그 필요성에는 공감했다. 공공연맹의 수정안은 가장 큰 가맹노조인 철도노조의 반발이 거센 상황 속에서 조직 내부의 이

---

94 공공연맹 수정안은 △4조직은 운수와 공공을 포괄하는 하나의 공공-운수 산별노조를 2007년 6월까지 건설 △현재의 4조직을 2006년 6월까지 하나의 조직(연맹)으로 통합 △4조직의 통합 및 공동투쟁을 위한 추진위를 2006년 2월 중 구성 △통합된 연맹은 2007년 6월까지 공공운수 대산별 건설을 원칙으로 하되 그 이전까지 통합연맹 내 운수분야 동지들의 조직 발전에 대한 자체 결정 존중 △통합 산별노조 건설을 위한 통합 이후 2006년 9월까지 통합연맹의 '공공운수산별추진위' 전환 등의 내용을 담고 있다.

표6-7 공공연맹-운수 4조직 대표자 합의문(2006.2)

2005년 7월 5일부터 시작된 〈4조직 통합과 산별노조 건설을 위한 추진기구(준)〉는 2006년 2월 13일 (제7차 회의) 여섯개 항의 결정사항을 채택했고, 3월 22일부터는 [통합연맹추진위원회]를 설치하였다.

1. 4조직은 운수와 공공을 포괄하는 하나의 공공운수 산별노조를 2007년 말 이전까지 건설하는 것을 목표로 한다.

2. 이를 위해 4조직은 현재의 분리된 조직이 하나로 통합되어야 한다는데 인식을 같이하고 현재의 4조직을 2006년 9월까지 하나의 조직(연맹)으로 통합하고, 통합연맹은 산별추진위로서의 역할을 수행한다.

3. 4조직은 운수산업 노동자들의 산별건설 전망에 대한 자체 결정을 존중한다.

4. 4조직은 현 정세의 긴박성을 고려하고, 운수와 공공 분야 노동자들의 생존권 사수를 위해 가능한 하나의 조직구조(통합연맹추진위)를 확보하여 총력투쟁을 수행할 수 있도록 노력한다.

5. 4조직은 통합 및 공동투쟁을 위한 추진위를 2006년 3월 중으로 구성하되 통추위 구성과 운영방안은 통추위(준)에서 2월 중 확정한다.

6. 통합추진위는 연맹 통합과 산별 재편을 위한 사업과 함께 당면 과제인 1) 철도·화물·서울지하철·택시의 2월 공동투쟁 집중 지원 2) 사회공공성 강화와 구조조정 저지 3) 비정규 - 특수고용노동자 조직화와 권리 입법 쟁취 등의 공동투쟁·공동사업을 추진한다.

견을 조정하고 통합과 공공 대산별노조 건설을 추진하자는 것이었다. 공공연맹의 수정안을 토대로 2월 13일 7차 회의에서 공공 대산별노조 건설 시기를 2007년 말로 조정하는 등 4조직간의 논의를 통해 합의에 이르렀고, 공공연맹은 당일 대의원대회를 통해 이같은 공공-운수산별 추진 방침을 의결하기에 이르렀다.[95] 이 대의원대회 결정으로 공공연맹 내부의 '1차 산별 논쟁'은 마감되었다.

그러나, 이 합의는 공공-운수산별노조운동과 관련한 논란에 종지부를 찍는 것이라기보다는 각 조직의 처한 현실을 감안한 타협책이었다. 4조직 대표자 합의 및 공공연맹 대의원대회의 의결을 바탕으로 3월 7일 4조직 통합과 산별 건설을 위한 추진위가 구성되었고, 이와 함께 집

---

95 2006년 2월 공공연맹 대의원대회에서는 운수를 제외한 공공 조직의 단일 산별 건설 방침이 과도하다는 문제 제기는 있었으나, 운수조직 이외 업종 조직들의 경우 그간 '단계론'에 근거하여 제시되어왔던 업종(소산별)노조 건설 방침을 주체적으로 제안하지는 못했다. 실제 사회복지·에너지·공공시설 등에 대해 단기간내 업종노조 건설할 수 있는 가능성 역시 높지 않았다. 그런데 당일 대의원대회는 다른 문제 제기로 인해 정작 중요한 쟁점을 논의하지 못한채 난항을 계속했다. 일부 대의원들이 산별노조 건설의 원칙(투쟁을 통한 계급적 산별노조 건설!)이 미흡하다는 근본 문제를 제기하며 안건 심의가 지연되면서, 2005년 한해 강하게 대립했던 산별건설 로드맵과 관련한 주요 쟁점에 대해서는 정작 제대로 된 논의가 이뤄지지 못했다.

행위원회도 구성되어 이후 통합 논의는 집행위원회 중심으로 추진되었다.

4) 공공노조의 조직체계 논의 및 공공연맹 산별방침 의결

공공부문의 통합연맹 결성은 공공연맹과 운수 3조직이 2007년 말에 공공운수 대산별노조를 건설하기까지는 운수 산별노조를 인정하는 것을 합의함으로써 진통을 거듭했던 공공과 운수를 하나로 묶는 통합연맹 건설은 성사되었다. 공공연맹은 이 합의를 바탕으로 한편으로 통합연맹 건설을 위한 실무작업에 들어가는 한편, 운수를 제외한 공공연맹의 가맹 노조들을 하나의 산별노조인 공공서비스노조로 전환하는 사업에 박차를 가하기 시작했다. 운수 3조직과 공공연맹 내의 운수관련 노조들도 운수산별노조 건설을 추진하기 시작했다. 공공서비스노조와 운수산업노조라는 두 개의 산별노조를 포괄하는 통합 연맹체를 한시적으로 운영하고 2007년 말에 통합연맹을 하나의 공공운수 대산별노조로 전환하자는 로드맵에 따른 것이었다.

그러나 산별노조 건설 사업은 많은 난관에 직면했다. 공공서비스노조의 건설은 이미 2005년 5월에 공공연맹이 공공서비스노조 건설(안)을 제출되었을 때 나타났던 이견이 여전히 풀리지 않고 있었다. 공공연맹이 다양한 업종의 단위노조를 포괄하고 있다는 점과 공공서비스를 그 정체성으로 하고 있는 연맹의 성격상 공공부문과 민간부문 노조들이 혼재되어 있다는 점 등은 산별노조 건설에서 적지 않은 어려움을 주는 요인이었다.[96] 가장 큰 쟁점이 되었던 업종별 소산별노조를 거쳐 공공운수대산별로 나아가자는 '단계론'은 그동안의 연맹 내부의 토론과 4조직과 합의를 통해 통합연맹 결성, 2007년말까지의 공공운수 대산별노조 건설로 가닥을 잡았다. 그러나 공공서비스노조의 조직체계 및 운영에 대해서는 단계론이 갖고 있던 문제 의식이 여전히 풀리지 않고 있었다. 한편 운수3조직과 공공연맹 내 운수관련 노조들의 운수노조 추진도 쉽지 않은 도전이었다. 전국의 지하철노조들에서 대부분 노사협조주의 성향의 집행부가 들어서면서 산별노조운동에서 사실상 이탈했기 때문에 공공연맹내 운수부문을 망라하는 운수산별노

---

96 2005년말, 2006년초 당시 공공연맹내 각 현장에서는 주요 업종(에너지·사회복지·연구개발·공공시설 환경 등)에서의 '소산(중산)별 단계론' 전망이 폭넓게 공유되어 있었다. 물론 운수 내에서도 '궤도 단일노조' 전망이 여전히 살아있었다. 그러나 각 업종 주체들의 독자적인 산별 조직화 전략이나 토대가 미흡한 결과, 운수 조직을 제외하고는 대부분 공공산별노조로 이어졌다. 이러한 2006년 2월 대의원대회 방침 역시 공공연맹 내부의 논란이 민주적으로 정리된 결과가 아닌 공공-운수 4조직간 합의에 따른 불가피한 타협이었다. 소산별 조직에 대한 논의 역시 연구기관(과기노조·연전노조)을 제외하고는 대부분 활동가들의 논의 수준에서 벗어나지 못하고, 현장 단위에서는 제대로 논의가 되질 않았다.

조 건설의 동력은 약화될 수밖에 없었다. 운수노조 건설은 철도노조와 운수3조직을 중심으로 진행되기 시작했다.

공공연맹은 2006년 5월 중앙위원회를 통해 △2006년 11월까지 산별노조 전환투표 완료 △운수부문(철도·지하철·항공) 이외의 공공부문 조직의 (가칭)'공공노조'로의 전환 △ (가칭)'공공노조'의 조직체계·운영·재정 등의 기초적 설계를 위한 산별기획단 구성 등을 의결했다. 산별기획단은 7월에 '공공산별노조(안)의 조직체계 및 운영방안 등에 대한 초안을 제출하였다. 이 초안은 2005년 5월에 제출되었던 산별노조의 체계 및 운영방안과 마찬가지로 지역을 골간으로 하는 조직체계, 기업지부 불인정 등의 내용을 담고 있었다. 이로 인해, 산별노조의 골간체계와 조직운영, 재정문제를 둘러 싼 2차 논쟁이 다시 시작되었다. △공공 산별노조의 골간구조(지역↔업종) △기업지부 인정 여부 △재정 집중(50% 이상) 등을 높고 팽팽한 의견 대립이 이어졌다.

중집위 토론을 거쳐 8월 집중적인 공개토론회를 가졌지만 의견 대립은 2005년의 '1차 논쟁'의 연장 선상에서 계속되었다.[97] 산별기획단이 제출한 공공산별노조 건설(안)에 대한 이견과 반론을 조정하는 작업이 진행되었다. 계속된 토론 끝에, 당초 지역 중심의 골간체계를 업종·지역의 이중 골간구조로, 기업지부의 한시적 인정 등이 포함된 수정안이 다시 제출되었다. 이러한 내용을 중심으로 9월 20일 중집위의 집중 토론을 거쳐, 9월 27일 대의원대회 표결까지 치러진 끝에 공공산별 건설 방침이 최종적으로 정리되기에 이르렀다.[98]

한편, 공공연맹 의결 단위 및 상층의 논쟁은 치열했는데, 현장의 준비 정도는 충분하지 못한 상태였다. 실제 1년 반 넘게 조직발전 논쟁이 진행되면서, 공공연맹은 산별노조 전환을 위한 사업을 다양하게 전개했지만 현장의 상태는 2005년에 비해 큰 변화를 보이지 않고 있었다.

---

97 2006년 9월 8일 개최된 연맹 상집간부 합동수련회에서의 '공공노조 건설'과 관련한 패널 토론에서, 산별기획단(단장 허인)은 공공노조의 조직 설계와 관련하여, 지역본부 골간 중심 및 기업지부 배제 등의 복수안을 제출했다. 그러나 각 토론자들은 업종과 지역의 이중 고려, 기업지부의 인정 등의 현실적(대중적) 수준의 방침이 필요함을 내세웠고, 다수 현장 간부들의 입장도 이와 유사했다. 특히 공공 산별노조의 현장 조직화에 앞장선 노조(사회보험·가스공사 등)에서는 지역본부 골간 중심 및 기업지부 배제에 대해 강하게 문제를 제기했다.

98 대의원대회에서 정리된 공공 산별노조 방침의 주요 내용은 △공공노조와 운수노조의 2006년 건설 △ 공공운수노조의 2007년 건설 △ 공공노조의 골간체계는 업종과 지역 이중구조(메트릭스) △공공노조의 기업지부는 한시적으로 인정하되 단계적으로 소멸 △재정의 단계적 집중 등으로서, 공공노조를 둘러싼 '2차 산별 논쟁'을 절충한 내용이었다. 공공연맹 산별 전환 방침은 격론 끝에 참석 대의원 212명 중 156명의 찬성으로 통과되었고, 운수 3조직과의 통합도 189명이 찬성하여 통과되었다.

표6-8 공공연맹 산별노조 건설 최종 방침(2006.9. 임시대의원대회)

1. 공공연맹 소속 노조는 2006년 11월 말까지 〈(가)운수산업노조〉, 〈(가)공공서비스노조〉로 가입할 수 있도록 산별 전환 총회를 10월 23일부터 11월 18일까지 실시한다.
2. 공공연맹은 2006년 말까지 화물, 택시, 버스노조와 통합을 완료하고 2007년 말까지 (가)운수산업노조와 (가)공공서비스노조를 통합하여 (가)공공운수사회서비스노조를 건설한다.
3. (가)공공서비스노조의 조직체계는 노조중앙-지역·업종본부-지부로 한다.
4. (가)공공서비스노조는 전국조직의 특성, 지역사회에서의 사회공공성 실현, 미조직 비정규직 조직화, 정치세력화 등을 효과적으로 수행하기 위해 지역본부에 인력·재정·의결권 등을 가중 배정 한다.
5. (가)공공서비스노조의 조직체계로서 업종본부는 업종별 교섭의 집중 정도, 노조의 인력과 재정의 집중 정도에 따라 3년 내 단계적으로 지역본부로 전환하는 로드맵(이행계획)을 설정하되, (가)공공서비스노조의 의결 단위에서 최종 결정한다.
6. (가)공공서비스노조의 단체교섭권 체결권은 노조 중앙에 있다.
7. (가)공공서비스노조는 11월 30일 출범을 위한 발기인대회를 개최한다.
8. 운수본부의 경우 (가)운수노조로 전환한다.

대의원대회의 결정과 함께 공공연맹은 산별노조 건설을 위한 집중적인 조직화에 나섰지만 공공연맹의 조직력이 가장 좋았던 시기였음에도 불구하고 기업별노조를 산별로 전환하는 것은 쉽지 않은 일이었다. 특히 공공기관노조들 중 일부 조직(사회보험·국민연금·가스공사·전기안전공사 등)은 산별노조 전환을 위한 교육·토론·간담회 등을 집중적으로 배치하고 산별 전환 투표를 치밀하게 준비했지만, 그 외 다수의 공공기관노조들은 공공연맹 중앙에서 산별방침 토론이 진행되는 동안 조직 내부의 준비 작업에 그다지 적극적 태도를 보이지 않았다. 이러한 상이한 흐름은 결국 2006년 11월 공공노조의 건설과정에서 분명히 나타났다.

이렇게 공공노조의 건설이 일정의 차질을 빚고 운수노조 건설 또한 일정대로 진행되지 못하면서 애당초 9월 말로 예정된 4조직 통합(공공운수연맹)은 12월말로 연기되었다. 그러나, 산별노조 건설 방침이 그렇게 강하게 공유되지는 않았다는게 머지않아 확인되었다. 지역을 강화하고, 기업의 역할을 축소하며, 비정규직 조직화를 위한 공공산별노조 건설에 주요 상당수 공공기관노조의 현장간부들은 그다지 강한 공감대를 보이지 않았던 것이다.

5) 공공 산별노조 전환과 공공서비스(공공)노조 결성

2006년 9월 대의원대회 결정에 따라 공공연맹의 운수 조직을 제외한 공공부문 조직은 10월 23일부터 11월18일까지 가칭 〈전국공공서비스노조〉(공공노조)로의 전환을 위한 투표를 실시한다. 사회보험·사회연대연금·가스공사·가스기술공사·전기안전공사·서울상용직·의료연대·문화예술노조 등을 비롯한 44개 노조 29,971명이 공공 산별노조 전환에 성공한다. 아쉽게 산별노조운동을 앞서 개척한 과기노조·연전노조·발전노조 및 공공부문 노동운동 중심에 있던 상당수 공공기관노조(지적공사·전력기술·지역난방공사·공항공사·조폐공사·철도시설공단·가스안전공사 등)들이 공공노조로 합류하지 못했다. 운수부문을 제외한 전체 노조를 대상으로 했던 공공산별노조 건설은 일부 조직의 참여로 출발할 수밖에 없었다.

이처럼 산별 전환이 부진했던 이유는 △운동노선(계급적 산별노조운동)에 갇혀 대중사업에 대한 치밀한 접근이 부족했던 집행부의 한계 △뿌리 깊은 기업별노조 관행을 극복하지 못한 단위노조의 의지 부족 △산별전환 방침 논의 과정의 장기화 및 대중사업 진행에 필요한 충분한 시간 부족 △소산별노조 운동 세력들의 공공노조에 대한 비판적인 문제의식 등이 복합적으로 작용했다고 볼 수 있다. 특히, 초기 공공산별노조의 운영 수준을 높게 설정하려 했던 집행부의 의욕(기업지부 불인정, 지역본부 골간 등)과 현장 간부들간의 눈높이 차이, 그리고 이를 조정하기 위한 논의 과정의 장기화로 인해 산별노조운동 실천 동력을 조기에 구축하지 못한 점 등이 주요

2006.11. 전국공공서비스노조 창립 발기인대회

한 한계로 작용했다고 봐야 할 것이다.[99]

그러나 상당수의 노조가 2007년 7월까지는 산별노조 전환을 약속했고 4자 통합의 과정에서 합의한 2007년 말까지의 공공운수대산별 건설 일정에 맞추어 전환하겠다는 노조들도 다수였다. 이러한 기대를 안고 공공 산별노조는 아쉬움 속에서 출발했다. 상당수 미전환노조의 산별 전환 과제는 이후 통합 공공운수연맹 집행부의 역할로 넘어갔다. 그러나 이러한 상황에서 공공노조 전환에 책임있게 참여한 공공기관노조들(사회보험·국민연금·가스공사·전기안전공사·가스기술공사 등)의 노력은 역사적으로 높게 평가할 만하다.

공공노조로 전환을 결의한 노조들은 11월 24일 〈공공노조준비위원회〉를 발족하고 공공연맹 산별기획단에서 준비해 온 공공노조의 규약, 기본사업계획 등을 정리하고 임원진 구성 등에 대한 협의를 마친 후에 11월 30일 전국공공서비스노조(공공노조, 위원장 황민호)를 결성하였다.

공공노조는 결성선언문에서 "공공서비스 확충을 통한 민중의 권익 옹호"를 언급함으로써 사회공공성 운동을 중심에 둔 공공노조 건설의 의의를 분명하게 천명한다.[100] 또한 공공노조는 2007년 2월 28일까지를 본격적 사업을 위한 준비기로 설정하고 이 기간 동안 산별노조로서의 조직체계 및 운영방안, 세부사업계획 등을 수립하기로 하였다. 공공노조는 이런 준비와 함께 산별노조의 위상에 맞게 전 조합원 직선 집행부(위원장 이영원)를 선출하고 2007년 3월 1일부터 본격적인 산별노조 활동을 전개해 나가기로 한다.

---

[99] '첫단추가 잘못 끼어진' 주요 공공기관노조의 공공노조 참여 부족 및 이후 공공운수노조 전환 과정에서 되풀이되는 이러한 흐름은 좀더 면밀하고 심층적인 원인 진단이 필요하다고 본다. 이는 17년이 지난 2022년 현재까지도 그 흐름이 이어지고 있고, 현재도 최대의 당면 과제로 자리잡고 있기 때문이다. 필자 역시 2005~6년에 지도부의 산별노조운동 방침(△일시 전환 △지역본부 중심 △기업지부 불인정 등)에 대한 문제 제기를 주도함으로써 산별방침 논의 장기화 및 대중 실천 부족의 원인을 제공한데 대해 깊은 책임감을 느낀다. 그런데 2006년 당시 공공연맹 집행부를 구성했던 임원들 중 단 2명(위원장, 부위원장 1명)을 제외하고, 다른 임원들(5명) 모두 자신의 소속 노조가 공공·운수노조로 전환하지 못했다. 집행부 스스로 실천을 선도하지 못하는 공공 산별노조운동의 취약한 단면이 드러난 것이다(필자 주).

[100] "공공서비스 확충을 통한 민중의 권익 옹호를 위해 투쟁해온 우리 공공서비스 노동자들은 노동열사들의 피어린 투쟁을 통해 발전해온 민주노조운동을 계승하고 나뉘어졌던 힘을 합쳐 새로운 도약을 이룩하기 위해 전국공공서비스노동조합을 결성한다."(공공노조 결성선언문).

6) 운수조직의 통합과 운수산별노조 출범

2006년 2월 13일 공공연맹 대의원대회에서 4연맹 통합과 운수노조 건설 방침이 의결된 이후 운수연대는 2월 24일 운수연대 2차 연대회의에서 〈(가칭) 전국운수산업노동조합추진위원회〉(운노추) 전환을 결의하고, 4월 20일 운노추(위원장 김연환)를 발족시켰다. 5월 11일 제5기 운수노동자학교를 통해 2006년 운수산별 건설 기본계획'이 제출되어, 10월까지 운수노조준비위 전환과 함께 11월 민주노총 총파업투쟁 준비에 들어가기로 의견을 모았다.

운노추는 7월 운영위원회를 통해 지난 2월의 4조직 대표자 합의 및 공공연맹 대의원대회 결정에 따라 통합연맹과 운수노조 건설을 동시에 추진해야 한다는 전제 아래, 9월까지 운수노조를 건설하고 통합 연맹 산하에 속하는 것으로 한다는 방침을 구체화했다. 이는 공공연맹 대의원대회에서 9월까지 통합 연맹을 결성한다는 결의에 바탕을 둔 것이다. 그러나, 운수조직의 건설 또한 단위노조들의 조직적 결의가 충분하지 못한 상태에서 운수조직의 결성은 11월로 연기되었다. 운노추는 11월 12일 전국노동자대회에 앞서 1997년 이후 9년 만에 운수노동자를 한 자리에 모아 '운수노조 건설과 하반기 투쟁 승리를 위한 결의대회'를 개최하고 운수산별노조 건설을 위한 대중적 결의를 높여 나갔다.

운수 각 조직들은 11월 15일까지 운수노조 조직 전환을 위한 투표를 마쳤다. 철도노조(위원장 김영훈, 24,822명)의 68.4%, 화물통준위(의장 김종인, 12,000명)의 83.6%, 민주택시연맹(위원장 구수영, 7,140명)의 87.5%, 민주버스노조(위원장 이종민, 1,175명)의 87.9%가 찬성하였다. 11월 17일 운노추는 〈운수노조 창립준비위원회〉(위원장 김영훈)로 전환하였고, 운수노조 창립일을 12월 16일로 정했다가 민주노총이 12월 15일 노사관계법('노사관계로드맵')의 국회 통과에 따른 총파업을 선언함에 따라 창립일을 12월 26일로 연기했다. 아시아나항공노조(위원장 이재우)도 12월에 들어 70%의 찬성으로 운수노조 전환을 결의했다.

12월 26일 서울도시개발공사 강당에서 '전국운수산업노동조합(위원장 김영훈)이 창립되었다. 1994년 전지협 결성 이후 운수 노동자의 숙원과제인 운수노조가 공공연맹의 통합 출범과 산별노조 전환의 긴 '우회 기간'을 거쳐 48,500명의 조합원을 포괄하는 운수노조가 탄생했다.[101] 그러나 그동안 공공부문 민주노조운동의 '기관차' 역할을 했던 서울지하철노조를 비롯

---

[101] "우리는 운수노동자를 하나로 묶어 세우며 공공 노동자와 함께 전국적 통합 산별조직을 건설함으로써 공공운수노동자의 정치·경제·문화적 지위를 향상하며 이 땅의 모든 민중들과 함께 사회개혁투쟁을 힘차게 전개하여 자주적이고 평등한 민주사회를 건설하고 더 나아가 전 세계 노동자의 단결을 위하여 앞장서 투쟁할 것

2006.12. 전국운수산업노조 창립대회

한 전국의 지하철노조들, 그리고 2001년과 2005년 파업의 위력을 떨쳤던 대한항공조종사노조 등이 참여치 않았던 것은 운수노조가 이후 극복해야 할 또 하나의 숙제였다.

7) 공공·운수노조의 상급조직, 공공운수연맹 출범

운수노조가 출범한 12월 26일 당일 통합 공공운수연맹도 발족할 예정이었으나, 통합연맹 의 운영방침(가칭 '공공운수연맹의 기본 방침') 논의 중 이견 절충에 난항을 겪는 과정에서 성원 부족으로 유예가 되는 상황이 발생했다. 이로 인해 철도노조·아시아나항공노조가 참여한 운수노 조의 상급단체인 공공운수연맹이 출범치 못한 '돌발 상황'이 발생했다. 이런 상황에 따라 형식 적으로는 6기 집행부의 임기가 12월 31일로 만료되는 공공연맹은 즉각 공공연맹 비상대책위원 회(위원장 양경규) 체제로 전환했고, 나머지 운수 3조직은 운수노조 출범을 선언하고도 통합 공 공운수연맹의 출범까지 해산을 미루게 되었다. 공공운수연맹 출발부터 어처구니 없는 돌발 상 황이 발생한 것이다.

———

이다. 운수노동자의 참된 벗 운수노조여 영원하라!"(운수노조 선언문).

이러한 돌발 상황은 12월 26일 공공운수연맹 창립대회에 상정된 '공공운수연맹의 기본 방침'과 '공공운수연맹 규약(안)'에 공공노조 또는 운수노조로 전환치 못한 조직(소위 '미전환조직')에 대한 관장 방침이 명확치 않은 데서 비롯되었다. 물론 이것은 공공운수연맹의 출범과 관련한 기본 전제 때문이었다. 공공연맹의 2006년 9월 대의원대회 결정에 따라 공공연맹 소속 조직들은 운수노조 또는 공공노조로 조직 전환을 하도록 방침이 정해져 있었기 때문에, 처음부터 '미 전환'을 전제로 공공운수연맹의 조직 방침을 정할 수는 없었다. 공공운수연맹의 조직 운영 방침은 '당위론'(모든 조직들은 조만간 산업노조로 전환해야 한다)을 중심으로 12월 20일 공공연맹 중집위 회의와 공공·운수 4조직 대표자회의에서 최종적으로 의결되었다.

문제는 이러한 '미전환 노조'의 관장 등에 대한 조직 방침이 12월 26일 창립대의원대회에서 단위노조 현장 간부들 수준에서 사전에 공유되지 못했다는 점이다. 공공연맹의 9월 정기대의원대회 결정과 함께, 이후 12월까지 각급 회의에서 정리된 산별노조 전환 및 통합 공공운수연맹의 조직 운영에 대한 논의가 정작 '미전환 노조'의 현장 간부들들에게 제대로 공유가 되지 않았던 것이다. 이에 대한 공유가 충분히 이뤄지지 못한 상태에서 미전환 조직의 방침이 분명치 않다는 대의원들의 문제 제기가 계속되면서 이러한 '돌발 상황'을 야기했다.[102] 물론 당시 대의원대회를 진행한 주최측의 준비나 대응도 철저하지 못했다. 당시 공공노조나 운수노조로 전환을 결의한 노조들 입장에서는 미전환 조직 대의원들의 거듭된 문제 제기와 창립 대의원대회 무산을 지켜보면서 시작부터 이후 공공산별노조 운동에 대한 어두운 전망을 체험한 셈이다.

당시에 공공연맹 내부에서 이들 '미전환노조'에 대한 조직 방침 논란에 대한 우려도 있었지만, 운수조직 중에서는 통합 공공운수연맹의 조직운영방침(연맹 명칭, 상근자 처우 조정, 통합연맹의 위상 및 통합 공공운수노조 건설 로드맵 등)에 대한 논란이 제기되기도 했다. 그러나 공공운수연맹을 초기에 2~3개월간 과도기체제로 운영하면서 이를 해결하자는 합의에 따라 이 문제는 공공

102　공공연맹 임원진 및 상집위의 사전 논의에서도 '미전환 노조'가 불가피하게 존재하는 상황 속에서 이 조직들을 관장할 조직(예, 직할협의회) 설치가 필요하다는 입장이 제기되었으나, 12월 20일 공공연맹 중집위 회의에서 이 입장은 산별 전환을 결의한 조직들의 문제 제기에 따라 철회되었다. 처음부터 미전환을 전제로 공식적 조직체계를 설정하는 것은 산별노조운동을 추진하는 책임있는 집행부의 태도가 아니라는 것이 주요 이유였다. 이러한 주장에 대해 '미전환'노조 대표들 역시 중집위에서 이에 반론을 제기할 수 있는 상황이 아니었다. 12월 26일 창립 대의원대회가 무산된 돌발 상황은 이후 공공운수연맹에서 이 문제가 계속 주요한 쟁점으로 제기될 수 있다는 것을 사실상 예고한 것이었다.

2007.1. 공공연맹과 운수 3조직(버스 · 택시 · 화물)이 통합 출범한 공공운수연맹 창립대회

운수연맹 설립 초기에는 크게 문제되지 않았다.

결국 공공연맹 비대위(중집위)와 운수 3조직은 조직 방침을 다시 설정하는 등의 우여곡절을 거쳐야 했다. 이를 통해 연맹 통합과 관련된 몇 가지 현안들(△연맹 명칭 △상근자 처우 조정 △통합연맹의 위상 및 통합 공공운수노조 건설 로드맵 △미전환노조 방침 등)이 정리되었고, 2007년 1월 19일에 어렵게 4조직 통합연맹인 전국공공운수노동조합연맹(위원장 임성규, 공공운수연맹)이 창립되었다.

공공운수연맹은 공공운수 대산별을 건설하기까지 과도적인 연맹 체제로서의 위상을 가지면서 공공운수 대산별노조를 2007년말까지 완성해야 하는 책임을 맡게 되었다. 공공운수연맹은 이러한 과도기적인 역할에 걸맞게 공공노조와 운수노조의 임원들이 연맹 임원으로 겸직하는 조직체계를 수립하고 핵심 사업으로 2007년 공공 · 운수노동조합의 총력투쟁, 미전환노조에 대한 산별전환 사업 등을 채택하였다. 이와 함께 지난 8년간 김대중정부의 구조조정과 노무현정부의 경영효율화 등 공공부문 시장화 공세에 맞서 투쟁하면서 공공부문 민주노조운동의 중심 역할을 자부해온 공공연맹도 역사에 묻히게 되었다.

10.기타 공공부문 노동운동 흐름

1) KT노조의 IT연맹 결성 및 민주노조운동 '이탈'

2002년 8월 한국통신이 민영화된 이후 KT가 출범하면서 한국통신노조도 환경 변화를 맞게 된다. 2003년 1월 선거를 통해 새로이 집행부(위원장 지재식)를 선출한 이후 2003년 3월 대의원대회를 통해 노조 명칭을 KT노조로 전환하였다. 민영화된 KT가 외형상 정부 지분이 없어 정부로부터 임금·고용·노사관계 등에 대해 구속받지 않아도 된다는 점을 이유로, 노조는 이 시기부터 공공부문노조 연대운동에 대해 거리를 두게 되었다. 자연스럽게 공공연맹 중심의 공공부문 민주노조운동과도 거리를 두게 된다. 이 상황은 2004년 초까지 계속된다. KT노조는 1994년 민주 집행부 출범 이후 처음으로 2003년 8월 투쟁 없이 임금·단체협약을 체결했다. 그러나 당시 KT는 조직 내부에 적지 않은 문제들이 있었음에도 노조가 투쟁 없이 임금·단체교섭을 마무리하는 것이 의아한 상황이었다. 민영화된 KT는 2003년에도 5,712명을 감축하여 전체 KT 종사자는 계속 축소되고 있었다. 특히, 2003년 10월에 추진한 특별 명예퇴직에서 이를 거부한 480명에 대해 '상품판매전담팀'으로 발령낸 후 온갖 차별과 따돌림 등의 반인권적 조치를 취하게 되어, 사회적으로 문제가 되고 있었다. 물론 무분규로 임단협을 타결한 노조 집행부는 이러한 명예퇴직에 대해 문제 제기는 했지만, 이를 막아내기 위한 투쟁은 전개하지 못했다.

그런데 더 큰 문제는 민영화 이후 KT가 국가기간 통신 사업자로서 공공적 위치가 축소되는 상황에서도 KT노조는 이러한 상황을 공론화하지 않았다는 점이다. 이로 인해 KT노조의 정체성에 대한 논란이 공공연맹 내에서 계속되어 왔다. 이미 KT의 외국인 지분은 1999년 12.2%에서 민영화가 완료된 2002년 5월에는 49%로 확대되어 있었다. 이에 따라, 주주 배당이 확대된 반면, 투자 규모 및 직원 고용 규모는 축소했고, 직원들의 인건비는 줄어드는데 임원들의 보수는 급격히 확대되어가고 있었다.[103]

---

103 KT의 경우 2002년까지 평균 14.7% 수준이던 배당성향(당기순이익 대비 배당총액)은 2003년 이후 평균 51.4%로 치솟았고, 이에 따라 2000년부터 2010년까지 KT의 배당총액 4조4000억 가운데 외국인 배당액이 2조3983억원에 달했다. 2000년 당시 매출액 대비 설비투자비는 33%에 이르렀으나, 민영화 직후 2002년에는 18.3%로 축소되었고, 이후 2010년에는 14.1%로까지 축소되었다. 직원의 인건비 총액은 2002년에 비해 2010년에 변화가 없지만(임금인상과 인력감축 동시 진행), 임원 보수총액은 무려 4배 이상 증액되었다. KT노조의 노사협조주의 흐름(이후 회사의 노조활동 개입)이 계속되는 동안 통신시장은 공공적 토대가 무너지고, 국민들

이러한 가운데 KT노조는 공공부문 민주노조운동과 거리를 두면서 민주노총내 정보통신 산별연맹을 추진하기에 이른다. 2004년 1월 민주노총 임원 선거가 끝난 이후 KT노조는 3월 정기대의원대회를 통해 민주노총 내 통신 부문의 새로운 산별연맹을 결성한다는 전제아래 공공연맹을 탈퇴하기로 의결하였다. 탈퇴 시기는 위원장에게 위임토록 했다.[104]

KT노조는 공공연맹 보궐 집행부(위원장 이호동)가 들어선 이후 IT연맹을 결성하면서 동시에 공공연맹을 탈퇴했다. IT연맹은 곧바로 민주노총에 가맹 신청을 하여 2004년 8월에 민주노총의 새로운 산별연맹으로 자리잡았다. 외견상 KT노조의 IT연맹 결성 노력은 통신산업노조들의 자주적 결집이라는 긍정적 의미가 있었으나, 그동안 KT노조가 공공연맹의 주요한 사업에 거의 결합치 않으면서 공공부문 민주노조운동과 거리를 두고 있었다는 점 때문에 이러한 긍정적 의미가 별로 부각되지 못했다. 이러한 가운데 9월 민주노총 대의원대회에서 8월 민주노총 중앙집행위의 IT연맹 가맹 승인이 논란이 제기되었다.[105] 당시 민주노총 내에서 사회적 교섭 건, 보건의료노조의 서울대병원지부 징계 건과 함께 IT연맹 가맹 승인 건 등은 민주노총의 운동방향이나 노선을 둘러싸고 운동 진영간에 치열한 논쟁이 되고 있었다. 이후 2006년까지 IT연맹과 KT노조의 문제는 계속적으로 민주노총내 갈등의 중심에 자리했고, 이후 2009년 민주노총(IT연맹)을 탈퇴할 때까지 KT노조의 정체성에 대해서는 논란이 지속되었다.

KT노조가 다시 논란이 된 건 2005년 9월 노조 임원 선거에서 집행부(지재식)의 당선과정에 사측의 선거 개입 논란이 제기되면서이다. 11월 민주노총 전국노동자대회에서 KT노조 선거 결과를 비판하는 현수막이 부착되면서 문제가 제기되었고, 이후 2006년 2월 민주노총 보궐 선거에서 KT노조의 민주노총 대의원 자격 시비로 이어졌다. 2월 10일 대의원대회에서 '어용 KT노조의 선거 참여 차단' 취지를 앞세워 대의원 88명이 'KT노조 제명 건'을 발의했고, 일부 후보 진영의 조합원들이 KT노조의 대의원대회 입장을 가로막으면서 민주노총 대의원대회는 혼란에 빠지게 된다. 아울러 민주노총 혁신 취지아래 구성된 규율위원회에는 'KT노조의 노사 담합 의

은 비싼 통신비를 부담해야 했다(조태욱, 2011).

104 당시 KT노조의 대의원대회에서 공공연맹 탈퇴는 별다른 저항없이 압도적으로 결의되었다. 당시 노조 내부에도 민주적 활동을 지향하는 그룹(민주동우회)이 존재했지만, KT노조가 민주노총은 탈퇴하지 않는다는 입장을 밝혔기 때문에 강하게 반대하지는 않았다.

105 2004년 8월 당시 공공연맹 집행부는 중집위를 통해 KT노조의 탈퇴를 승인했지만, 2004년 9월 민주노총 대의원대회에서 공공연맹 대의원들은 총연맹의 IT연맹 가맹 승인에 대해 강하게 문제 제기했다.

혹 건'이 제소되었다.

민주노총은 곧바로 대의원대회를 소집하여 보궐 집행부(위원장 조준호)를 선출하지만, KT노조에서는 3월 23일 대의원대회를 통해 유덕상·이해관에 대해 반노조적 행위를 문제삼아 제명 및 구제기금 중단 결정을 내렸다. 민주노총 대의원대회 당시 KT노조에 대해 명예를 훼손시켰다는 것이 주된 이유였다. 이같은 결정에 맞서 KT노조 내에서는 〈KT해고자 제명철회 투쟁위원회〉가 구성되었고, 당사자 유덕상·이해관은 곧바로 민주노총 앞에서 단식 농성을 전개하게 되었다.

민주노총은 4월 중앙집행위원회에서 원만한 해결 노력 권고의 결정을 내렸지만 별다른 효과가 없었다. 민주노총 집행부의 중재 노력을 KT노조가 사실상 거부하고 있었기 때문이다. 이후 5월 23일 중앙집행위에서 'KT해고자 제명 철회 권고안'이 상정되었지만 논란 끝에 부결되고 말았다. 그런데 바로 하루 전인 5월 22일에 '민주화운동 관련자 명예회복 및 보상심의위원회'에서 1995년 한국통신노조 투쟁으로 해고된 노조 간부들이 민주화운동 관련자로 인정되었다. 이들 민주화운동으로 인정된 활동가들 중에는 KT노조가 제명한 두 사람이 포함되어 있었다.

민주노총 중집위의 결정은 단위노조 내부의 갈등에 총연합단체가 개입하는 것이 적절치 않다는 것이 그 배경이었다. 그러나 1995년 한국통신노조의 투쟁이 민주화운동으로 인정되는 상황을 고려해 볼 때, KT노조가 취한 제명 조치는 민주노조의 원칙에는 맞지 않는 일이었다.[106] KT는 보상심의위의 결정에 따른 복직을 계속 미루다가 2010년 7월에 가서야 남은 1995년 해고자 모두를 복직시키기에 이른다. 이러한 가운데 2008년 1,050명이, 2009년에는 5,900여명이 명예퇴직이 계속되는 등 민영화된 KT는 끊임없이 구조조정으로 2014년도에는 전체 정원이 2만3천명으로 축소되기에 이른다. 게다가 명예퇴직을 거부하는 직원들에 대해 '비밀퇴출프로그램'이 가동되고 있었고, 2009년부터 5년간 KT에서 자살한 전·현직 직원들이 188명에 이르는 등 KT 현실은 매우 어두웠다. 한편 KT의 외국인 지분은 계속 확대되어 2013년에는 67.8%에 이르고 있었다. 결국 노동자들의 희생을 바탕으로 외국계 주주들의 이익을 챙겨주고 있었던 것이다. KT에 대한 부정적 평가가 확산되는 상황 속에서도 당시 KT노조는 이같은 상황에 대해

106　KT노조를 둘러싼 민주노총내 진영 대결이 존재했지만, 민주화운동 관련자로 역사적인 평가를 받은 상황을 고려했다면, 민주노총 중집위에서 집행부 등 각 중집위원들은 좀 더 신중했어야 했다. 진영 대결을 넘어 이러한 시대 상황을 고려하여, 최대한 조정 노력을 기울이고 제명 철회 노력에 좀 더 적극적 태도를 보였어야 했다(필자 주).

제대로 대응치 못했다.

　　1994년 5월 민주 집행부가 들어서고, 1995년 공공부문 투쟁의 중심에 섰던 한국통신노조는 1998년 7월 총파업투쟁, 2000년 12월 전면파업을 통해 공공부문 민주노조운동의 큰 물줄기를 이루어왔지만, 결국 민영화 완료와 함께 그 자랑스런 역사마저 과거로 묻어두게 되었다. 민영화 이후 사측의 현장 통제가 강화된 상황에서 이명박정부 등장 이후 KT노조는 2009년 결국 민주노총마저 탈퇴하게 된다. 7월 17일 KT노조(위원장 김구현)는 조합원 총투표를 통해 94.9%의 찬성으로 민주노총을 탈퇴하기에 이른다.[107]

　　그런데 2008년 KT노조의 선거 및 2009년 민주노총 탈퇴 과정에서 국가정보원(국)정원이 개입했다는 사실이 드러났다. 2021년 1월 KT노동인권센터(집행위원장 조태욱)가 국정원에 대해 정보공개를 청구한 결과 2021년 1월 이러한 사실들이 드러난 것이다. 2008년 10월 국정원은 '조태욱 KT노조위원장 출마예상자 동향' 보고서를 통해 회사측 후보가 승리하도록 개입하겠다는 뜻을 밝혔다. 국정원은 보고서를 통해 IMF 이후 한국통신(KT)의 경우 민영화·구조조정을 거치며 노조가 회사의 영향력 아래에서 자주성을 잃었다고 판단하여 회사에서 선호하는 후보가 결정될 경우 내부 정서상 이에 반대하는 민주 후보는 당선 가능성이 없다는 판단을 내리고 있었다(박다솔, 2021). 국정원은 이후 2009년 7월 'KT노조 민노총 탈퇴 추진 일정 및 조치 필요사항' 보고서를 통해 반집행부 및 민노총 탈퇴 방해 활동을 차단할 수 있는 후속 조치가 필요하다고 밝힌 것으로 드러났다.

　　한편, KT노조는 이후 2011년 노조위원장 선거에서 상대방 후보를 매수하기도 했다. 이러한 사실들은 KT의 전·현직 노동자들로 구성된 〈KT민주동지회〉, 〈KT노동인권센터〉 등이 2016년 3월에 기자회견에서 드러났다. 당시 상대방 후보가 노조위원장 선거 중지 가처분신청을 취하하는 대가로 편익을 제공키로 한 합의서를 통해 밝혀진 것이다. KT 노동자들의 구조조정과

107　홍미로운 사실은 2008년 12월 3일에 실시된 KT노조의 위원장 선거에서 1차에서 김구현후보가 48.8%, 조태욱후보가 42.8%를 기록했고, 2차 결선에서 가서 결국 김구현 후보가 68.0%로 당선되었다는 사실이다. 노조 선거 후 불과 7개월만에 치러진 민주노총 탈퇴 찬성률이 앞도적으로 높게 나타난 것은 (이전 선거에서와 같이) 결국 KT 사측이 개입한 것으로밖에 이해되지 않는다. 노조 집행부는 2009년 상반기에 민주노총이 성폭력으로 인해 집행부가 사퇴하는 상황 등을 지적하며 민주노총의 활동이나 투쟁방식이 대중의 신뢰를 잃었기 때문이라고 입장을 밝혔지만, '95% 투표, 95% 찬성'의 결과는 분명 의심스러운 결과이다(한겨레21, 'KT노조 민주노총 탈퇴 95% 찬성의 진실', 2009.7.29).

이를 외면한 노조의 선거 부정 의혹 등이 결국 우리나라 최대 통신회사, 그것도 오랫동안 공기업으로 자리매김했던 조직에서 가시화되고 있다.

한편 KT노조의 반노동자적 흐름에 반발한 민주 활동가들 일부는 2011년 7월에 〈KT새노조〉(위원장 이해관)를 결성하여, 불법적인 노동 기본권 침해에 맞서 투쟁하고, KT의 사회책임 경영 및 통신 공공성 보장을 위해 투쟁하겠다는 결의를 밝혔다. 특히 KT 사측의 탄압 속에서도 2011년 '세계 7대 자연경관 선정 사업' 비리에 대한 내부 고발로 기업의 사회적 책임을 높이는 투쟁을 계속해 나갔다. KT새노조 위원장은 이 사실에 대해 공익 제보한 혐의로 내부에서 계속 징계(정직 처분 → 무연고지 전보 → 무단결근 해고)를 당해야 했다. 이에 대해 국민권익위원회는 KT의 징계에 대해 공익 제보에 대한 보복 조치로 인정하여 부당 징계 취소 결정을 내렸고, KT 사측이 이에 불복하여 소송을 제기했으나, 2015년 4월 대법원은 최종적으로 징계 조치가 부당하다는 판결을 내렸다.

KT는 2016년에 이르러 ICT 계열 15개사, 미디어/콘텐츠 계열 7개사, 금융계열 4개사, 부동산 계열 5개 회사를 거느린 재벌 대기업군으로 성장하여, 매출액 22조7천억원, 당기순이익 7,111억원을 기록하고 있지만, 여전히 KT 노동자들에게 경영합리화를 앞세운 구조조정 압박을 강요하고 있다.

2) 한국노총 공공부문 조직의 변화 흐름

2000년도 공공연대 투쟁 이후 한국노총의 공공부문 3조직(정투노련·공공서비스노련·공공건설노련)은 따로 활동하던 중 2004년 통합을 추진한다. 이에 앞서 공공서비스노련은 2002년부터 2003년까지 민주노총 공공연맹과 정산법 대응 공동투쟁을 추진했지만, 정산법 시행 이후 다른 노선을 걷게 되었다. 정산법 대응과정에서 공공서비스노련은 노사정위 공공특위 대신 민주노총 조직들과 연대하지만, 정투노련은 정부투자기관 사업과 관련하여 노사정위 공공특위 중심으로 활동해왔다.

2003년 5월 3조직은 '공공연합'을 구성하여 연대를 강화하는데, 이 과정을 통해 공공서비스노련은 같은 한국노총 조직으로 정부투자기관의 예산편성지침·경영평가와 관련하여 노사정 논의를 주도해온 정투노련과 연대를 하게 된다. 한국노총 집행부(위원장 이용득) 역시 2004년 들어 유사 산별연맹의 통합을 계속 권고하는 상황이었다. 공공부문 사업을 공동으로 추진하면서 정투노련(위원장 장대익)과 공공서비스노련(위원장 김종훈)은 공공건설노련(위원장 오현수)과 함께 2004년 7월 3조직의 통합을 선언하였고, 9월 23일 전국공공노동조합연맹(공공노련)으로 통합되기에 이른다. 공공노련 통합으로 노사정위 공공특위는 이제 자연스럽게 공공노련이 주도하게 되었다.

그러나 공공노련은 이후 지방이전과 공운법 대응과정에서 공공연맹(민주노총)과 엇갈린 행보를 보이게 된다. 공공노련은 2004년 4월부터 2005년 5월까지 1년여동안 공공기관 지방이전을 반대했고, 2005년 11월부터 2006년 7월까지 '자율경영 쟁취'의 구호 아래 공운법 제정을 반대하는 입장을 취했다. 이는 사회공공성 강화 차원에서 공공기관의 지방이전이 지닌 대의(국가균형발전)와 공운법 제정과정에서의 민주적 지배구조 확보의 담론을 제기한 공공연맹과 어느정도 차이가 있는 것이었다. 이 차이는 이명박정부 이후 공공기관에 대한 국가 권력의 역주행 국면('선진화', '정상화')에서 좁혀지게 된다.

공공연맹이 산별노조 전환과 운수조직과의 통합으로 공공운수연맹으로 조직 명칭을 변경하자, 한국노총 공공노련은 2008년 이후 조직의 약칭을 '공공연맹'으로 변경하였다. 한국노총 공공연맹은 2009년도에 일부 공기업노조들이 탈퇴하여 공기업연맹으로 독립하면서 한국노총 내부는 공기업연맹의 가맹과 관련하여 일시 갈등 국면에 처하게 되었다. 공공연맹은 2009년 이후 민주노총 공공운수연맹과 연대하여 2012년까지 사안별 연대를 통해 공동사업을 유지했다.

공공연맹에서 탈퇴한 공기업연맹은 전력노조가 결합하여 2012년 9월 〈전국공공산업노동조합연맹〉(공공노련)으로 발전하였다. 한국노총의 공공연맹과 공공노련은 2014년 4월 박근혜정부의 '공공기관 정상화' 대응 투쟁과정에서 조직 통합을 선언했지만, 2015년 9월 한국노총의 '9.15 노사정 합의'를 놓고 양 조직이 입장 차이를 보이면서 통합 추진이 보류된 상태에서 현재에 이르고 있다. 통합 보류 이후 2022년 현재까지 공공노련은 공기업노조들을 중심으로 연대를 형성하고 있고, 공공연맹은 준정부기관노조들과 기타공공기관의 노조들 중심으로 연대를 형성하고 있다.

3) 지방공기업연맹 결성 및 제3노총 흐름

서울지하철노조의 배일도 집행부가 중심이 되어 지난 2001년 8월 30일 전국지방공기업노조협의회(전공노협)를 통해 다른 길을 걸어왔던 공공연맹내 서울시 산하 지방공기업노조는 2005년 6월 10일 전국지방공기업노조연맹(전공노련, 위원장 이선호)을 창립하였다. 2007년 이후 SH공사노조는 공공연맹을 탈퇴하게 되는데, 당시 서울지하철노조는 민주 집행부(위원장 김종식)가 활동하고 있었기 때문에 여기에 참여치 않았다. 한편 전공노련은 11월 공무원노총·한국교직원노조와 같이 〈제3노총〉(새로운 노총) 설립을 선언했다. 이후 제3노총 흐름은 답보상태를 거듭하다 2011년 11월 국민노총(위원장 정연수)으로 구체화된다.

공공연맹은 2006년부터 지배구조 특위 사업에 지방공기업의 경영평가 및 예산편성기준 개선을 포함하는 등 지방공기업 사업을 강화하고, 서울시 투자기관노조협의회와 관계 개선을 시도했다. 그러나 2006년 4월 이후 서울지하철노조 집행부(위원장 정연수)가 서울모델협의회와 지방공기업연맹을 중심으로 사업을 전개하면서 여전히 관계 개선이 쉽지 않았다. 서울지하철 노조·서울도시철도노조 등은 서울모델협의회·전국지방공기업노조연맹·공무원노총·한교조 등의 '제3노총' 추진세력, 한국노총 등과 조직적 연대와 정책연합의 형태를 반복하면서, 민주 노조운동과는 분명한 거리를 두고 있었다.

부산지하철을 제외한 5개 지하철노조들이 노사협조주의 성향의 집행부로 대체되는 바람 에 노동조합들의 연대도 민주적 활동가 수준의 연대에서 벗어나지 못했고, 산별노조 건설 사업 도 요원한 상태로 남게 되었다. 지하철노조의 이같은 '엇갈린 행보'는 이후 공공 산별운동의 진 전 및 공공부문 투쟁 집중에도 적지 않은 장애로 작용하였다.

서울지하철노조는 서울모델 등을 통해 서울시와 원만한 노정관계를 유지하고 있었지만, 행정자치부와 서울시의 반노동자적 발상을 넘지는 못했다. 2006년 12월 서울모델협의회의 조 정안을 서울시가 거부하고, 서울메트로 사장이 사직한 후 서울시가 퇴직공무원을 사장으로 내 정하자 1월 28일에는 지하철공사 사장실 점거 농성까지 전개했다. 노조 집행부의 노사협조주 의 노선과 관계없이 지방공기업들이 처한 노사관계와 지배구조 단면들이 여전히 후진적인 단 계에 머물러 있기 때문이었다.

서울지하철노조는 2년 후인 2008년 민주 집행부(위원장 김영후)가 잠시 자리를 자리잡지만, 또다시 2009년부터 2012년까지 노사협조주의 집행부(정연수)를 중심으로 활동하게 된다. 2011 년 3월에는 정연수 집행부가 국민노총 건설을 위해 민주노총 공공운수연맹 탈퇴 투표까지 진 행한다. 물론 탈퇴 투표는 부결된다. 2013년 이후 결국 서울지하철노조는 다시 민주 집행부를 구성하지만, 정연수 집행부의 활동가들을 중심으로 복수노조(서울메트로노조)가 결성되어 결국 민주노총을 탈퇴하기에 이른다.

참고문헌

공공부문 비정규 대책추진위원회(2007), 「공공부문 비정규 종합대책 추진 참고 자료」

공공운수연맹 산별기획단(2008), "공공노조·운수노조 건설과 4조직 통합 과정", 전국공공운수노동조합연맹

김성희(2014),"현행 철도안전법의 문제점과 개선방안", 철도안전법·도시철도법 개정안 공청회, 사회공공연구
　　　　원

김영수·박재범(2013), 「공무원 노동운동사」, 한내

김영수·정경원(2013), 「서울대병원노조 20년사 신새벽」, 한내

김영훈(2014), 「빅라이 - 철도노조 23일의 기억」, 매일노동뉴스

김주영(2010), 「전기는 인권이다」, 전국전력노동조합

김태진(2004), '이용석 동지의 희생으로 따낸 승리', 「노동사회」, 한국노동사회연구소

박다솔(2021), "국정원의 KT노조 파괴 문건, 추가로 드러나", 참세상(인터넷)

박미경(2013), 「민주연합노조 열사 평전, 나의 형제 김헌정」, 매일노동뉴스

박용석(2006), "올바른 공공개혁과 지배구조 혁신을 위한 방안", 공공기관운영법 대응 토론회, 전국공공운수노
　　　　동조합연맹·심상정의원실(민주노동당)

_____(2009), "공공운수산별노조운동의 경과 및 과제", 산별노조운동 평가 토론회, 전국공공운수노동조합연
　　　　맹

박준형(2005), "산별노조, 노동자운동의 혁신에 기여할 것인가?", 「사회운동」, 사회진보연대

_____(2006), "지역공공서비스노조 운동의 의미와 전망", 지역공공서비스노조 평가토론 워크숍, 전국공공운
　　　　수노동조합연맹 '

안봉술(2013), 「독일 공공부문 노조에 관한 연구」, 레포트샵

유병홍(2005), "공공노조 건설 거대한 첫걸음을 위하여", 「노동사회」, 한국노동사회연구소

이근원(2013), 「아빠의 현대사」, 레디앙

이주희(2004), 「보건의료산업 교섭 실태와 개선방안」, 한국노동연구원

_____(2006), "산별노조 조직화의 딜레마: 보건의료노조의 사례", 「노동사회」, 한국노동사회연구소

전국보건의료산업노동조합(2005), 「2004년 사업 보고 및 평가」

_____(2006), 「2005년 사업 보고 및 평가」

정경원·전누리(2017), 「서울지하철노동조합 30년사」, 한내

조태욱(2011), "통신비 못내리는 진짜 이유", KT 민영화 폐해와 대안 토론회, KT민주동우회·이정희의원실

한국비정규노동센터(2007), 「공공부문 비정규직 현황과 정규직 전환을 위한 개선방안」, 국회 환경노동위원회

황현섭(2004), "보건의료노조 산별합의안 10장 2조는 폐기되어야 합니다", 보건의료노조 산별합의안 10장2조
　　　　의 문제점에 대한 전국토론회 기획단

황형욱(2003), "참된 민중복지를 실현하기 위한 사회복지노조", 「월간 복지동향」, 참여연대

제7장

이명박정부 '공공기관 선진화' 대응 및 공공운수노조 건설

2006년 9월 민주노총 공공연맹 대의원대회의 결정 및 운수 3조직의 통합에 따라 공공서비스노조(공공노조)와 운수산업노조(운수노조)가 각각 출범하고, 이를 포괄하는 공공운수연맹이 2007년 1월 어렵게 과도기 조직으로 출범한다. 공공연맹의 공공부문 및 운수부문 조직들이 50%를 갓 넘은 수준에서 공공노조와 운수노조로 전환함으로써 양 산업노조는 초기부터 조직 토대가 불안했고, 이러한 취약한 산업노조를 기반으로 출발한 공공운수연맹 역시 양 노조의 강화·발전을 통해 통합 공공운수노조 건설을 조직적 과제로 설정했지만, 출발부터 이러한 조직적 과제는 난관에 직면했다.

공공노조와 운수노조는 2007년 직선 집행부를 앞세워 산별노조 강화 사업에 전력을 기울이지만, 공공노조는 주요 공공기관 노조들의 산별노조 전환 지연으로 대표성 부족을 극복하지 못했고, 운수노조는 출범 당시 의욕적으로 준비했던 철도본부(노조)와 화물연대본부의 공동투쟁이 2007년 11월에 이뤄졌으나 기대에 미치지 못했다. 철도본부·화물연대본부의 공동 투쟁 실패로 인해 운수노조는 산업노조의 취약한 토대를 드러냈고, 운수노조 설립 당시의 기대감 역시 약화되기 시작했다. 주요 공공기관노조들의 산별 전환 지연 및 공공노조·운수노조의 취약한 토대로 인해, 공공운수연맹은 애당초 설정한 공공노조·운수노조 강화를 통한 공공운수노조(통합산별노조) 건설 방침을 조정하여, 미전환노조들과 공공노조·운수노조가 일시에 통합하는 통합 공공운수노조를 2009년 초에 출범하기로 조직적 결의를 모아갔다.

2008년 '기업하기 좋은(business friendly) 나라'를 앞세운 이명박정부가 출범하면서 공공부문에 대한 강도 높은 구조조정이 기획되고, 한편에서는 교육·의료·언론 등에서 전반적인 역주행도 가시화되었다. 그러나 임기 초기 미국산 쇠고기 수입 개방으로부터 폭발한 '촛불투쟁'은 이명박정부의 역주행에 대한 광범위한 공분을 자아냈고, 그 과정에서 공공부문의 민영화에 대한 반대 여론도 확산되었다. 촛불투쟁 당시 공공운수연맹은 운수노조의 미국산 쇠고기 운송 거부 및 화물연대본부 파업, 주요 공기업 민영화 대응 공동투쟁 등을 앞세워 '촛불투쟁'을 앞서서 실천했다.

촛불투쟁이 마감될 무렵 이명박정부는 '공공기관 선진화' 작업을 구체화했다. 주요 목표는 앞서 김대중정부가 추진했던 주요 공기업의 민영화 정책을 부활시키고, 공공기관의 경영 효율화를 전면화하는 것이었다. 2008년 8월부터 2009년 4월까지 6차례에 걸쳐 공공기관 민영화·경쟁체제·통폐합·경영효율화를 중심으로 한 '1차 선진화' 방침이 발표되고, 2009년 하반기부터는 조직·임금·노사관계 등에 대한 시장화 체제를 공고히 하는 '2기 선진화' 방침이 강행되기 시작했다. 게다가 이명박정부는 한미FTA 최종 체결을 통해 공공서비스 민영화·개방체제의 역진을 방진하고, 이후에도 민영화·경쟁체제 확대를 위한 제도적 조치를 취하는 등 공공기관 선진화 정책의 완성을 도모했다.

공공기관 선진화 정책이 구체화되는 2008년 하반기에 공공운수연맹은 이명박정부와의 투쟁을 통해 통합 공공운수노조 건설의 전망을 구체화하기 위해 노력했지만, '촛불투쟁' 당시의 공동투쟁 흐름이 공공기관 선진화 대응 과정으로 연결되지는 못했다. 또한 공공운수노조 건설의 가장 중요한 단위인 미전환 노조들의 공공운수노조 전환 사업도 부진한 상황에서 결국 공공운수연맹의 조직적 결의를 통한 공공운수노조 추진이 한계에 직면했다. 공공노조는 2008년 10월 운수노조와의 통합을 결의했으나, 운수노조는 공공노조와의 통합 결의를 위한 11월 대의원대회가 무산되었다. 공공운수노조 건설이 유보된 채 공공운수연맹 1기 집행부가 임기를 마감했다. 이어 통합 공공운수노조 건설을 재추진하겠다는 공약아래 공공운수연맹의 2기 집행부가 출범했다.

2기 집행부 출범 이후 공공운수연맹은 공공기관 선진화에 맞서 철도·가스·발전·지하철·국민연금·사회보험 등의 노조를 중심으로 2009년 하반기에 연대파업을 전개했고, 이중 철도본부(노조)는 9일간 독자적으로 파업을 전개한다. 이 과정에서 사측의 노조 탄압에 맞서 노동연구원지부(공공연구노조)도 104일의 장기파업을 진행한다. 공공기관 주요 조직들의 강력한 투쟁에도 불구하고, 대다수 공공기관들은 이명박정부가 경영평가를 앞세워 강행했던 '선진화' 방침에 개별적으로 대응하면서, 양보교섭 등의 수세 국면을 벗어나지 못했다.

다만 공공기관노조들의 공동투쟁에 힘입어 철도·가스 등의 공기업 민영화 정책 추진은 이명박정부 기간에는 더 진행되지 못했다. 공공기관 주요 조직들의 투쟁과 함께 공공부문 비정규직의 투쟁도 전국 각지에서 구체화된다. 철도 KTX승무원 투쟁, 국민체육공단·광주전남공공서비스·인천공항·학교비정규직지부 등에서 구체화된 투쟁은 산별노조운동에서 비정규직 사업의 전략적 중요성을 공유하는 계기로 작용한다.

2009년 하반기 공기관 선진화에 맞선 주요 공공기관노조(지부)들의 공동투쟁이 마감되면서, 2010년 초부터 공공운수노조 준비위 구성을 위한 논의가 본격화되지만, 운수노조 내부의 입장 정리가 미흡한 상태에서 통합 공공운수노조 건설의 조기 추진에 반대하는 입장들까지 결합되어 2월 공공운수연맹 대의원대회는 1차 무산된다. 이후 운수노조 내부의 의견 조정을 거치면서 공공운수연맹은 2010년 3월 다시 대의원대회를 통해 '공공운수노조 준비위'로 전환되었다. 공공운수노조준비위는 통합 공공운수노조 건설 추진을 위한 사업에 매진하지만 운수노조 내부의 조직적 이견이 해소되지 못하고 미전환노조의 산별 전환 사업이 지체되면서 장애에 부딪힌다. 운수노조는 내부에서 운수노조 강화와 공공운수노조 건설이 첨예하게 대립되는 과정에서 차기 임원 선거마저 제대로 치루지 못하고 결국 비상대책위 체제로 전환할 수밖에 없었다.

이후 운수노조는 비대위 체계에서 공공운수노조 건설에 대한 결의를 모아내지 못하고, 각 업종본부들이 개별적으로 공공운수노조에 참여키로 의견을 모았다. 사실상 운수노조의 해체를 결의한 셈이다. 공공노조의 명칭을 공공운수노조로 전환하고, 운수노조의 화물연대본부·민주버스본부가 공공운수노조로의 조직 전환을 결의한 결과, 2011년 6월 24일 사실상 '1기' 성격의 '공공운수노조'가 출범한다. 그러나 운수노조의 주요 조직(철도)이 결합하지 못하고, 상당수 공공기관 노조들이 전환하지 못함으로써, 또다시 공공운수연맹 체제를 유지하는 과도기적 성격의 '공공운수노조·연맹'이 이어진다.

반노동자적인 '노사관계 선진화' 및 기업 복수노조를 앞세운 이명박정부의 공세 앞에 공공기관노조들은 어려운 상황에 직면한다. 노골적으로 민주노총 탈퇴, 노사평화선언, 단체협약 개악을 유도하는 이명박정부로 인해 공공기관 노조들은 단체협약 해지, 민주노조 분열(복수노조 지원)등의 공세에 시달려야 했다. 공공운수노조·연맹 소속 공공기관노조에 대해서 뿐 아니라, 이명박정부는 공무원노조와 전교조를 무력화시키기 위해 노조의 설립신고 내용마저 문제삼으며 법외노조화려는 움직임을 드러냈다. 심지어 '국민노총'을 기획하면서 공공부문노조들의 민주적 토대를 흔들었다. 그러나 발전노조 분열, 도시철도노조의 복수노조 기획 등의 민주노조 탄압의 흐름 속에서도 인천지하철·서울지하철·서울도시철도 등에 민주노조운동이 되살아나고, 건강보험노조들(사회보험·직장) 공동투쟁도 가시화되면서, 이명박정부의 '공공기관 선진화'를 극복하기 위한 공공기관노조들의 저항도 조직화되었다.

1. 과도기 체계 하의 공공운수연맹 및 공공 · 운수노조

1) 과도기적 산별노조를 전제로 한 공공운수연맹 출발

오랜 기간 공공부문 노동운동의 과제였던 공공부문 민주노조의 총단결과 산별노조 건설은 공공운수연맹 결성과 공공서비스노조(공공노조) · 운수산업노조(운수노조) 건설을 계기로 중요한 전환점을 이루게 되었다. 2007년은 바로 이러한 공공부문 운동 역사에서 매우 의미 있는 출발이 어떤 성과로 이어질 것인지를 가늠하는 중요한 시기였다.

공공운수연맹(위원장 임성규)은 공공부문노조 총단결의 구심체로서, 그리고 2007년말까지 공공운수 산별노조운동의 마침표를 찍어야 하는 역사적 과제를 부여받고 출발했다. 공공운수연맹은 창립대의원대회에서 "공공운수연맹은 운수와 공공을 포괄하는 하나의 산별노조를 추진하는 〈공공-운수 산별추진위원회〉의 위상을 가지고, 산업노조의 강화와 확대, 하나의 산별노조 추진 사업을 주요 임무로 하여, 공공운수 산별노조를 2007년 말 이전까지 건설하는 것을 목표로 한다"는 기본 방침을 채택함으로써 이러한 역할을 분명히 밝혔다.

공공부문과 운수부문, 그리고 사회서비스 부문을 망라하며 전체 노동운동에서 공공부문을 대표하게 되는 공공운수연맹은 공공부문 노동자의 총단결을 확보하고 산별노조 건설을 완수해야 하는 책임을 부여받은 것이다. 또한, 공공부문에 대한 시장화 공세가 전면화되는 시기에 공공부문 민주노조운동의 전략을 정립해야 할 책무도 함께 부여받았다. 그러나 공공운수연맹은 출범 초기부터 이러한 역사적 과제나 운동 전략을 실천하는데 있어서 적지 않은 어려움을 겪게 된다.

이러한 어려움은 공공운수연맹의 중심 토대가 되어야 할 양 산업노조가 아직은 취약한 조직 기반을 극복하지 못하고 있었고[1] 서로 상이한 조직발전의 경로를 밟아 온 4개의 산별조직(공공 · 화물 · 택시 · 버스)이 하나의 연맹으로 통합한데 따른 것이었다. 또한 안정적인 연맹 조직 운영과 산별노조 전환의 조직 사업을 전개하는데 따른 장애 요인도 있었다. 이명박정부 출범과 함께 공공부문에 닥친 구조조정 공세였다. 공공운수연맹은 이러한 정세를 돌파하기 위한 투쟁

---

1   2007년 1월 공공운수연맹 출범 당시 조직체계에 따르면, 공공노조(공공서비스노조)와 운수노조(운수산업노조)는 공공운수연맹의 골간 '산업노조'로 규정했다. 이러한 산업노조 명칭 사용은 당시 다양한 수준의 산별노조(대산별 · 소산별 등)가 존재하는 상황에서 공공노조 · 운수노조가 지닌 산별노조의 위상(공공운수연맹내 공공부문은 모두 공공노조, 운수부문은 모두 운수노조로 전환하도록 규정)을 반영한 것이었다.

사업을 우선적으로 배치할 수밖에 없었다.

통합 이후 공공운수연맹이 빠른 시간 내 공공부문 민주노조 총단결의 토대를 구축하고 이를 통해 공공 대산별노조 체제로의 전환을 이뤄내지 못한 데는 공공운수연맹 집행부의 지도력과 사업 집행력의 부족 또한 주요한 원인으로 작용했다고 볼 수 있다. 공공부문노조 총단결의 구심체로서의 운동 전략을 정립하고 조직발전의 전망을 분명하게 하면서 공공대산별노조로의 전환을 위한 전면적인 사업 집행을 책임져야 할 공공운수연맹의 초대 집행부는 단순히 양 산업노조를 형식적으로 관장하는 조직적 한계에 머물렀고, 스스로도 이를 극복하기 위한 주체적 의지를 보여주는데 실패했다.

한국사회가 급속하게 신자유주의 체제로 재편되고 이 속에서 공공부문 노동운동의 주체적 역할에 대한 분명한 운동적 방향을 수립하는 것이 통합 공공운수연맹의 과제였음에도 불구하고 연맹 집행부는 통합 연맹의 지향점에 대한 분명한 방향을 제시하지 못했다. 또한 그동안 민주노조운동의 투쟁의 중심체로서의 역할을 담당해 왔던 공공연맹의 역할을 확대 강화해 나가기보다는 개별노조의 투쟁을 지원하는 수준 이상으로 나아가지 못했다. 통합연맹의 가장 중요한 사업이었던 미전환노조의 산별 전환과 2007년말까지의 공공대산별 전환을 위한 전면적인 조직화 사업은 이러한 조건으로 인해 거의 제대로 이뤄지지 못했다.

실제 2007년 공공운수연맹 출범 이후 주요 공공기관노조들의 공공노조로의 전환은 거의 이루어지지 않았다. 이러한 상황이 계속되면서 공공운수연맹은 공공부문 민주노조 총단결의 구심체이자 공공운수 대산별노조 건설의 실질적 책임주체로서의 역할을 수행하기보다는 조금 더 커진 상급단체인 대산별연맹으로서의 역할에 머무르기 시작했다.

2) 공공노조의 산별노조 기반 구축

공공노조는 과도기의 1기 집행부를 마무리하고 2007년 2월 23일 조합원의 직접선거를 통해 명실상부한 2기 집행부(위원장 이영원)를 선출하게 된다. 이 과정에서 당초 2기까지 당연하게 집행 책임을 맡기로 예정되어 있었던 1기 집행부가 성폭력 사건으로 조기에 사퇴하면서 2기 집행부 선출에 어려움을 겪게 되었고 이는 산별노조의 초기 사업 집행에 장애 요소가 된다. 공공노조는 3월 대의원대회를 통해 △비정규직 철폐 △사회공공성 쟁취 △공공부문 노동기본권 확보, 고용안정 쟁취, 산별교섭 쟁취 및 임금·단체협약 승리 등의 2007년 투쟁 목표를 설정했다.

아울러 대정부 교섭 요구안으로 △공공서비스부문 비정규직 노동기본권 확보 △공공부문 노동3권 보장 △정부의 예산편성지침·경영평가 철폐와 민주적 지배구조 확보 △공공서비스부문 산별교섭 요구 △공공서비스 시장화 반대화 공공성 강화를 내세웠다. 또한 미전환노조의 산별 전환을 위한 조직화 추진을 가장 우선적인 사업으로 채택했다. 산별노조 첫해의 조직 안정·강화의 전망아래 채택한 사업들이었다. 이를 토대로 공공노조는 3월 7일 한미FTA 저지를 위한 민주노총 총력투쟁 결의대회와 공공운수연맹 총력투쟁 결의대회를 거쳐 5월 1일 2007년 투쟁 출정식을 갖고, 9월 쟁의행의를 집중할 것을 결의했다. 이러한 공공노조의 투쟁을 통해 아직 산별노조로 전환하지 못한 공공기관노조들이 공공노조로 전환할 수 있는 계기를 마련하고자 하였다.

그러나 공공노조의 2007년 1년차 투쟁과 조직화 사업은 계획대로 집행되지 못하였다. 투쟁은 산별노조 중앙으로 집중화되지 못하고, 지부 단위의 개별적 투쟁 중심으로 진행되었다. 사회보험지부와 사회연대연금지부의 4대보험 통합 징수 공단 저지와 국민연금 개악 저지 투쟁 등이 사회적 의제로 부각되었지만 전체 공공부문노조의 공동투쟁으로 확산시키지는 못하였다. 공공노조 각 지역 지부들의 투쟁도 계속되었지만, 아직 산업노조 중앙의 기획에 의한 투쟁은 자리를 잡지 못했다. 미전환노조의 산별 전환도 뚜렷한 성과를 나타내지 못한 채 산별 건설 당시 조직 규모 이상으로 발전하지 못했다. 공공노조가 미전환노조의 산별노조 전환사업을 제대로 진행되지 못하고 운수노조 또한 산별노조로서 분명한 조직적 체계를 갖추지 못하면서 2007년말 공공 대산별노조를 건설하기로 했던 공공운수연맹 창립대의원대회 방침은 시작부터 수정이 불가피한 상황으로 흐르고 있었다.

산별노조 첫해 공공노조는 △주요 공공부문 조직의 참여 부진으로 인한 업종본부 운영 및 산별 활동역량 부족 △영세비정규투쟁 사업장 지원으로 인한 조직 내부의 초기 부담 △대기업지부(사회보험·사회연대연금 등)의 투쟁으로 인한 일상활동 제약 등에 직면했다(공공노조 청산위원회, 2014). 또한 사실상 상급단체로서의 역할을 맡게 된 공공운수연맹과의 역할 혼재 등도 공공노조가 산별노조로서 성장하는데 어려운 요소로 작용했다. 결과적으로 산별노조 첫해 조직 기반 강화가 장애에 직면하면서 산별노조 소속 조직(지부)들의 공동투쟁이 제대로 수행되지 못해 공공노조 내부의 공공기관지부들 뿐 아니라 미전환 노조들도 산별노조에 대한 기대감이 약화되었다.

그러나 이런 한계에도 불구하고 공공노조는 초기 1년 동안 그동안 전혀 가보지 않았던 산별노조의 길을 열기 위해 지역과 업종을 아우르는 조직 운영 시스템을 정비하고 산별노조에 걸맞는 재정 운영 방안을 마련하는 등 초기 조직 운영의 토대를 확보하기 위한 사업들을 전개해 나갔다. 이런 조직체계의 정비는 이후 공공노조가 이후 공공운수노조의 조직 기반을 준비하는

데 있어서 소중한 밑거름으로 작용하게 된다. 특히 공공노조 출범과 함께 연구원 설립을 위한 특별기금을 적립하여 2008년 사회공공연구소를 설립한 것은 공공노조의 매우 소중한 자산으로 남았고, 이후 민주노총 조직들에게 정책연구원 설립·운영의 모범적 모델로 자리잡았다.[2]

3) 운수노조의 산별노조 기반 강화 및 투쟁

운수노조 1기 집행부는 2007년 4월까지 운수노조의 조직체계를 정비하고 안정적인 지도부 선출을 위한 사업을 진행했다. 과거 2004년 이후 운수연대의 틀 속에 공동사업·공동투쟁을 전개해왔던 버스노조·민주택시연맹·화물통준위와 공공연맹의 운수 관련 노조들은 그동안의 연대사업의 성과를 이어 운수산별노조의 기반을 구축하는 사업을 우선적으로 진행해 나갔다. 운수노조는 철도·버스·화물연대·민주택시·공항항만운송·항공 등 6개 업종본부의 골간 구조를 정리하여 산별노조 중앙의 조직 체계를 1차로 구축했다. 이후 2007년 3월 전국 9개 권역에 대한 지역 간담회를 통해 운수 노동자들을 한 자리로 모아 운수노조의 조직 운영과 사업 방향에 대한 공감대를 모아내기 시작했다.

이러한 산별노조 조직사업이 진행되는 과정에서 민주택시본부 소속 허세욱 조합원이 노무현정부의 한미FTA 체결에 반대하며 4월 1일 분신하였고, 4월 15일에 생을 마감하는 사건이 발생했다. 운수노조는 산별노조 조직 강화 사업과 함께 열사의 뜻을 계승하기 위한 투쟁을 확산시켰다. 운수노조는 허세욱열사 49제를 맞아 〈열사추모사업회〉 발족 등의 후속 사업을 전개했다.[3]

운수노조는 6월 2차 중앙위원회를 통해 산별노조로서의 위상을 분명히 하기 위해 2기 집행부를 직선제로 선출키로 했다. 각 업종본부별 논의를 통해 통합 집행부를 추대하기로 하고

---

2 민주노총은 2004년부터 정책연구원을 설립·운영해왔으나 연구원의 물적 토대(인력·재정 운영)가 취약하고 독립적 연구 사업이 제한되면서 이후 기대감이 약화되었는데 사회공공연구소 설립·운영은 민주노총에게도 자극제로 작용했다. 민주노총은 2019년 이후 정책연구원의 독립 운영(사무총국 분리) 및 인적·물적 토대 확충을 통해 최소한의 정책연구사업의 활성화 토대를 구축하게 된다. 민주노총 정책연구원의 활성화 추진 당시에 사회공공연구원 운영이 주요한 참고 모델로 작용했다(필자 주).

3 2008년 4월 열사 추모 1주기를 기해 운수노조는 '민족민주노동열사 허세욱 정신계승사업회'를 정식 출범시킨다. 서울 봉천동 달동네에서 꽃배달·택시기사로 고단한 삶을 살면서도 진보정당(민주노동당) 지역 사업에 앞장섰고, 2002년 미선이 효선이 촛불집회, 2005년 평택미군기지 반대 집회에 모범적으로 참여한 허세욱열사의 소중한 삶은 묘비 글에 새겨져 현재에 이르고 있다.

2007년 8월 24일 2기 집행부(위원장 김종인)를 선출했다. 2기 집행부는 그동안 업종본부 연합체의 성격에 머무르던 운수노조의 조직체계와 운영체계를 산별노조에 맞는 시스템으로 정비하면서 동시에 운수 부문의 미조직·비정규 노동자의 조직화 및 어용 운수 조직(버스·항만운송 등)의 민주화를 통해 조직을 확대하기 위한 사업을 전개했다. 실질적인 운수산별노조운동의 전망을 실천하기 위함이었다.

그러나 이러한 노력에도 불구하고 운수노조 또한 공공노조와 마찬가지로 산별노조로서의 분명한 위상과 지도력을 갖추지 못했다. 공공연맹 내 운수관련 조직들 중 항공사 노조를 비롯한 상당수의 노조(특히, 지하철노조들)가 운수산별노조로의 전환이 지체되고 있었고 사업 집행 또한 단일한 산별노조로서의 집행보다는 업종본부 연대 차원에서 이루어지는 일이 많았다. 또한 운수노조의 조직적 구조 또한 불안정한 상황이었다. 비교적 안정적 토대를 지닌 철도본부(노조)가 조직의 '기관차'라고 작용하고,[4] 운송하역·버스·민주택시·화물연대본부 등은 조직의 '성장 엔진'으로 작동될 필요가 있었는데, 현실은 그러하지 못했다.

철도본부(노조)를 제외한 운수 제조직들은 조직률이 전체 대상 노동자들의 10% 이하였다. 따라서 운수노조의 성공적 안착을 위해서는 이들 부문에 대한 대대적인 조직 확대가 필요한 상황이었지만 이 또한 쉽게 이루어지지 않았다. 운수노조의 이러한 상황들은 공공노조의 상황과 맞물리며 2007년 말까지로 예정된 공공운수노조 건설에 대한 방침이 변경될 수밖에 없는 배경으로 작용했다. 공공노조 및 운수노조를 강화하여 공공운수노조로 발전시키겠다는 것이 애당초 공공운수연맹의 설립 목표였기 때문이다.

2. 공공운수연맹 초기의 주요 투쟁

1) 운수 산별운동의 토대 구축을 위한 철도-화물 공동투쟁

2007년 하반기 운수노조 2기 집행부 앞에는 철도본부와 화물연대본부의 공동투쟁이 놓여 있었다. 2003년 노무현정부 시기 파업 투쟁 전개 과정에서 유사하게 정권의 탄압을 경험했던 철도본부와 화물연대본부는 양 조직의 연대파업을 통해 운수 산별노조운동의 전망을 구축해보

---

4 당시 운수노조의 조직 체계에 따라 철도본부가 구성·운영되었지만, 당시 철도 내부 규약 정비가 이뤄지지 않아 철도노조 명칭을 사용하고 있었다. 따라서 여기에서는 철도본부(노조)라는 표현을 불가피하게 사용했다.

자는 결의를 오래전부터 다져왔다. 철도본부(본부장 엄길용)는 10월 4일 교섭에서 사측의 불성실한 교섭 태도에 맞서 결렬을 선언하고 10월 10일 대의원대회를 통해 쟁의발생을 결의했다. 10월 20일 철도본부와 화물연대본부(본부장 김달식) 소속 7천여 노동자들이 모여 △철도 공공성 강화 △물류제도 개혁 △생존권 쟁취를 위한 〈철도·화물 공동투쟁본부〉를 발족했다.

철도본부(노조)는 △철도 공공성 강화 △KTX·새마을호 여승무원 직접 고용 및 비정규직 철폐 △해고자 원직 복직 등을 내걸었고, 화물연대본부는 △물류제도 개혁과 생존권 사수 △운임제도 개선 및 직접비용 인하 △노동기본권 쟁취 등을 요구하며 공동투쟁을 선언했다. 이 파업은 운수노조 출범 후 최초의 공동투쟁이자, 사회적으로 주목받는 투쟁이었다. 실제 철도와 화물은 화물 운송에서 대체적 관계를 지니고 있다. 철도노조가 파업을 하면 화물운송으로 대체되고, 화물연대가 파업을 하면 철도가 이를 대체하면서 각자 파업이 실질적인 효과를 내기 어려운 조건에 있었다. 바로 이러한 철도와 화물의 대체 구조를 극복하고, 전체 운수 노동자들의 단결력을 높이는 것이 운수산업노조 건설의 주요한 계기였다. 또한 철도노조 같은 거대 정규직 조직과, 노동자성조차 인정받지 못하는 화물연대 같은 대규모 특수고용 비정규 조직이 함께 투쟁하는 역사적으로도 뜻깊은 공동투쟁이 아닐 수 없었다.

철도본부(노조)는 10월 31일 53.3%의 찬성으로, 화물연대본부는 11월 4일 71.5%의 찬성으로 각각 쟁의행위를 의결했다. 10월 31일 중앙노동위원회(중노위)가 철도 쟁의조정 건을 전격적으로 직권중재에 회부함에 따라, 11월 16일에 철도본부·화물연대본부가 연대파업에 돌입한다고 선언했다. 중노위는 2008년 이후 사라질 직권중재를 철도본부(노조)에 대해 회부했다. 2007년 당시 필수공익사업장인 서울대병원과 부산지하철에 대해 각 지방노동위원회(지노위)가 회부 보류 결정을 내렸던 것과는 대조를 보였다. 파업 돌입 전날인 11월 15일 전국의 5대 거점에서 철도본부·화물연대본부의 연대파업 전야제가 진행되었다.

파업 돌입을 앞두고 막바지 정부와의 교섭이 진행되었는데, 화물연대는 어느정도 의견 접근이 이뤄지고 있었으나 철도는 계속 난항을 거듭하고 있었다. 그러나 애당초 파업 찬성률이 높지 않은 철도본부(노조)는 파업 동력이 애당초의 기대에 못 미친다고 판단하고, 어느정도 의견 접근이 이뤄진 화물연대본부와의 연대파업 또한 어렵다고 판단했다. 이에 철도본부(노조) 집행부는 16일 새벽 파업 돌입을 유보하고 현장 투쟁으로 전환한다고 선언하기에 이르렀다.

철도본부(노조) 파업 유보와 함께 화물연대본부 또한 투쟁을 제대로 마무리하지 못했다. 화물연대본부는 정부와의 교섭을 통해 잠정 합의를 이끌어냈지만 합의안이 부결되었다. 철도본부(노조)는 파업 동력을 제대로 조직하지 못하고 파업 유보 이후의 조직적 퇴각을 이뤄내지 못한 한계를 드러내면서(박재범, 2013), 결국 철도본부(노조) 집행부는 파업 유보 선언 이후 사퇴했다. 철도본부(노조) 집행부 입장에서는 파업 동력의 한계 속에 합의를 통해 투쟁을 마무리하려 했으나 중요 쟁점(KTX 승무원 복직)에 대한 합의가 이뤄지지 않자, 결국 교섭을 마무리하지 못한 상태에서 사퇴하게 되었다.

운수 산별노조운동의 안정적 토대 구축의 기대를 안고 실행된 철도본부·화물연대본부의 공동투쟁은 애당초의 기대에 못 미치는 수준에서 마무리되었다. 철도본부·화물연대본부의 공동투쟁의 실패는 산별노조의 교섭과 연대 파업에 대한 체계적인 기획 및 조직화가 한층더 강화될 필요가 있다는 숙제를 남겼다. 공동투쟁 실패는 결과적으로 운수산별노조운동의 토대를 강화할 수 있는 기회를 잃게 되면서, 이후 운수노조 발전 전망에도 어두운 그림자를 드리우게 했다.

이후 2008년 운수노조는 촛불투쟁에 힘입어 철도 민영화를 저지하고, 이명박정부의 '4대강 사업' 저지를 위한 화물연대 투쟁을 앞세운 운수노조의 철도-화물 공동 투쟁계획이 준비되었으나 11월 철도본부(노조) 파업 유보로 다시 무산된다. 그리고 2009년 11월 이명박정부의 '공공기관 선진화'에 맞선 철도본부(노조)의 파업이 진행되었지만, 운수노조의 지도력과 기획에 의한 철도본부·화물연대본부의 공동투쟁까지는 연결되지 못했다. 운수노조 초기의 조직 기반 안정의 상징적 매개 역할을 할 것으로 기대된 철도본부·화물연대본부의 공동투쟁은 이후 운수노조에서 끝내 이뤄지지 못했다.

2) 공공기관운영법 시행 및 경영평가 대응

2006년 12월 국회를 통과한 '공공기관 운영에 관한 법률'(공운법)이 2007년 4월 1일부터 시행되었다. 이 공운법은 IMF 체제 이후 지속적으로 강화되었던 신자유주의 체제의 공공기관 시장화 전략이 사실상 완성되는 제도적 근간으로 작용했다. 공공기관 소유 측면에서 민간·시장을 우선으로 하고(민영화·경쟁체제·외주화·민자확대 등), 공공기관 운영 측면에서 민간기업 중심의 경영효율화를 기본 원리로 설정한 공운법 및 이 법에 근거한 각종 예산·경영지침 및 경영평가 등은 이후 이명박정부·박근혜정부 시기에 그 위력을 강하게 발휘했다. 문재인정부 5년간 이에 대한 지속적인 개선 논의가 제기되었지만, 이 공운법을 제정했던 노무현정부의 적폐 유산에 대해 문재인정부는 제대로 된 해결책을 거의 제시하지 않은채 2022년 임기를 마치고 말았다.

2006년 7월 이후 공운법 대응 과정에서 공공연맹이 총파업 투쟁까지 앞세우면서 공공기관의 민주적 운영 체제를 반영하려고 노력했지만, 결국 시장화 전략으로 무장한 노무현정부의 법 제정을 막아내지 못한 상태에서 2007년 2월 법 시행령이 예고되었다.[5] 당시 입법 예고된 법 시행령에는 △공공기관운영위 노동계 참여 배제 △임원추천위 구성시 노조 추천 장치 제외 △ 비상임이사의 과도한 공공기관 경영 개입 등의 문제를 안고 있었다.[6] 공공기관운영위원의 현직 노동계 참여를 배제한 것도 모자라, 공공기관 임원 전체로 확대한 임원추천위원회에 대해서는 '직원의 의견을 대변하는 자'로 시행령에 규정했다. 이러한 미흡한 시행령은 곧바로 「공기업·준정부기관 인사운영지침」에 복잡한 선발 절차(직원대표자회의)를 거치게 함으로써 노조의 참여를 가능한 배제하도록 했다. 참여정부를 표방한 노무현정부가 공공기관의 정책 결정 및 임원 추천 과정에 노조를 배제토록 한 것은 스스로의 국정방향과 맞지 않은 모순적 조치일 뿐 아니라, 공공기관 시장화 전략에 노조 배제가 포함되어 있다는 것을 공인한 것이다. 이명박정부·박근혜정부 시기 공공기관노조에 대한 철저한 배제 흐름은 결국 노무현정부가 완성한 공운법의 틀에서 제도화된 셈이다.

3월 8일 민주노총 위원장(이석행)이 기획예산처장관 면담을 통해 공공기관운영위원회 노동계 참여 배제 등 법 시행령의 부당성을 지적했으나 기획예산처는 특별한 개선 노력 없이 3월 중순 시행령 확정을 거쳐 4월 1일에 시행하기에 이르렀다. 공운법 시행령 중 가장 큰 문제는 공공기관운영위원회 구성·운영 및 각 기관 임원추천위원회 구성·운영 등이었다. [7] 특히 부실한

---

5 한국노총 공공부문 조직(당시 공공노련 등)은 한편에서는 자율경영 쟁취 목표 아래 공운법 제정을 반대했는데(이 지점에서 민주노총 공공연맹은 공운법 제정 반대가 아닌 '민주적 지배구조 관철'의 상이한 대응 기조를 지님), 다른 한편에서는 노사정위 공공특위 논의를 통해 일부 개선 논의(공공기관운영위원회 및 각 기관 이사회·임원추천위 노동계 참여 등)가 이뤄졌으나, 법안 내용에는 과거 정부산하기관관리기본법(정산법) 수준에 훨씬 못 미치는 수준으로 반영되었다.

6 공운법 제9조1항에 의하면, 공공기관운영위원회에 참여할 민간위원으로 학계·경영계·노동계 등을 열거하면서도 '중립적 인사'라는 단서를 달아 사실상 해당 종사자(특히 노동계)의 직접 참여를 제한했다. 이는 앞서 정부산하기관운영위원회에 민주노총 대표(이석행·양경규)를 참여시킴으로써 정부의 일방 통행에 장애를 겪었던 '학습효과'를 반영한 것이었다. 참여정부 기간(2007년)에 진보적 시민단체 소속 3명이 민간 운영위원으로 참여했으나, 이들 민간위원들이 공공기관의 복잡한 운영원리(기능조정·인사운영·경영평가·예산지침 등)에 대한 이해가 깊지 않은 상황에서 공공연맹과의 유기적 협조관계가 이뤄지지 못했다(이들 외 민간위원들은 대부분 전직 기획재정 관료, 경영평가 경험 있는 학계 전문가, 언론인들로서 정부와 교감을 지니고 있었음). 이러한 진보적 단체 소속 민간위원들은 2008년 이명박정부들어 계속 사퇴를 강요받으면서 7월에 모두 물러나게 된다.

7 민주노총 위원장(이석행)은 이전에 정부산하기관운영위원회에 참여(2004~5년)한 경험이 있었기 때문에

임원 추천 제도는 2008년 이명박정부 등장 이후 낙하산인사가 전면화되는 계기로 작용했다.

기획예산처의 일방 동행은 여기서 멈추질 않았다. 곧이어 경영평가 제도를 전면적으로 개악하고, 임금을 강하게 억제하는 예산편성지침을 구체화한 것이다. 공운법 시행 이후 15여년 동안 공공기관에 대한 강력한 통제 체계로 작용했던 경영평가제도·예산편성지침은 2007년 말에 그 기본적 틀을 완성시켰다.

공운법 시행에 따라 공기업·준정부기관의 경영평가 제도 역시 정부가 대대적 개편 조치를 취했다. 기획예산처는 경영평가 제도 개선에 대한 외부 용역 결과를 2007년 7월에 발표하는데, 철저한 기업경영 중심의 경영 효율화 원리와 함께, 임금 억제 및 노조활동 규제('노사관계 선진화') 중심의 내용들로 가득 차 있었다. 기획예산처는 미국의 말콤-볼드리지(MB)모델을 기초로 하여 철저히 수익·성과·경쟁원리와 함께 예산·인력·조직 축소를 전제로 하고, 임금 및 복지에 대한 중층적 통제를 중심으로 한 경영평가 기준안을 제출했다.

공공운수연맹 소속 공공기관노조 대표자들 중심으로 7월부터 기획예산처 항의 농성 등이 계속되었고, 국회와 공공기관운영위원회(민간위원 중심)에서조차도 잇따라 문제가 제기되었다. 그러나 대선 국면이 눈앞에 다가오면서 이 경영평가제도의 문제점은 크게 부각되지 못하고, 공공부문노조 역시 강하게 대응하지 못한 상황에서 11월에 용역 결과에서 제안한 대부분의 내용이 경영평가 기준으로 확정되기에 이르렀다.[8]

이러한 잘못된 경영평가제도는 이후 이명박정부가 '공공기관 선진화' 정책을 추진하도록 밥상을 차려준 꼴이 되었다. 시장화 전략에 사로잡힌 참여정부의 공공개혁 한계와 정부 재정관료들의 보수주의적 관점(시장주의와 관료주의의 결합)이 작용한 결과였다.

이후 2007년 10월 발표된 「2008년 공공기관 예산편성지침」은 △2008년 임금 동결 △정부지침 미준수기관의 예산 삭감 △회계년도 중간의 임금인상 관련 규정 개정 금지 △연차수당 삭감 등 강한 임금 억제를 구체화하고 있었다. 이는 결국 공공기관운영법의 제정 취지를 반영

공공기관운영위원회 참여를 정부에 강하게 요구했다.

8 당시 공공운수연맹은 과도기 체계의 지도력 한계로 강한 대응을 조직하지 못했고, 한국노총 공공부문 조직은 당장의 경제적 불이익이 가시화되지 않은 상황이라 이 제도의 심각성을 강하게 인지하지 못했던 것으로 보인다. 물론 당시 양 노총 공공부문 노조간 연대는 2004년 이후 사실상 중단되어 있었고, 공공기관 개혁 방향에 대한 기조 차이도 나타나고 있었다. 공공운수연맹은 2007년 10월 경영평가제도 토론회(기획예산처 주관)에서 경영평가 제도에 대한 문제점을 강하게 제기했다.

한 결과이다. 공공개혁 미명아래 공공기관 노동자자의 임금 및 노동조건 억제에 초점이 맞춰져 있었기 때문이다.

또한 기획예산처는 경영평가 지표 선정과 예산편성지침 운영 과정에서 사실상 2008년 이후 들어설 차기 정부(권위주의 정권)의 정책 방향에 코드를 맞추는 분위기였다. 이미 2007년 10월 대선이 본격화되기도 전에 이미 정권 교체는 기정사실화되는 분위기였다. 가을로 들어서면서 공공운수연맹은 11월 6일 기획예산처 앞에서 규탄 기자회견과 간부결의대회를 가졌지만, 그다지 위력적인 투쟁으로 전개되지는 못했다. 이후 2008년부터 시작된 공공기관의 임금 동결은 '공공기관 선진화'의 흐름에 편승하여 2010년까지 3년간 계속되었다.

3) 주요 공공기관노조들의 투쟁

- 사회보험 징수 통합 저지 및 국민연금 개악 저지 투쟁

2007년 1월 〈통합 징수공단 저지를 위한 공동투쟁본부〉(공투본)가 발족되었다. 이로 인해 2006년 하반기에 드러난 4대보험 통합 징수 관련 사회보험지부와 사회연대연금지부간 입장 차이는 해소되고 두 지부 모두 통합 징수공단 설립 저지라는 공동의 투쟁 목표가 설정되었다. 사회보험지부 입장에서는 통합 징수공단이 국세청 소속으로 정리될 가능성이 있다고 판단하고 이에 대한 반대 입장을 표명했다. 공투본은 2006년 11월 정부가 국회에 제출한 '사회보험료의 부과등에 관한 법률'의 임시국회 의결 저지를 위해 투쟁을 전개했고, 이에 힘입어 2월 국회에서 관련 법률의 통과를 저지했다. 다만 4개 노조(한국노총 소속 근로복지공단·건강보험직장노조 포함)는 '노무현정권 하에서의 통합징수공단 설립 저지'라는 단순한 목표만으로 공동 대응에 나섰고, 이후의 대책에 대해서는 입장 통일을 이뤄내지 못했다. 사회보험 통합 징수에 대한 향후 전망에 대한 고민이 다른 상태에서 각 기관별 이해 중심으로 이에 접근했기 때문이었다. 당시 공공부문 노동운동에서 어느덧 관성화된 방어적 투쟁(정부의 공공부문 공세 저지)의 한계가 징수 통합 대응에서도 드러난 것이다.

한편 2007년말 대선을 앞두고 열린우리당 내부의 분열 움직임으로 인해 국회에서 징수 통합 관련 입법화 추진은 표류하고 있었다. 국회 상임위원장(새누리당 정의화)도 정권 말 조속 처리에 대해 부정적 입장을 밝히고 있었다. 이러한 교착 국면 속에서, 먼저 사회연대연금지부(지부장 조계문)가 11월 15일 지부 단독 결의대회를 거쳐 11월 19일부터 23일까지 5일간 전면 파업을 진행했고, 11월 21일 사회보험지부(지부장 박표균)·사회연대연금지부·건강보험직장노조가 연대파업을 전개했다.

이후 12월 6일부터 28일까지 공투본을 중심으로 공동투쟁이 계속되면서, 법안은 2008년 2월 임시국회로 이관되었다. 그리고 정권 교체 후 2008년 5월 17대 국회 회기 만료로 통합징수공단 설치 법안은 폐기되었다. 이후 2011년에 다시 징수 통합 관련 노정교섭(보건복지부 참여)이 해당 노조들을 중심으로 재개되면서 결국 노정간 합의로 매듭지워졌다. 징수 기능을 통합하고 그 기능을 건강보험공단에 위탁한다는 것이었다.

2007년에는 국민연금 개악 문제가 불거졌다. 소위 '더 내고 덜 받는' 식의 개악이었다. 2007년 국민연금 재정에 대한 추계 결과 연금 고갈 시기가 당겨질 것이라는 판단아래 노무현정부는 국민연금 지급의 기준이 되는 소득대체율을 60%에서 40%로 낮췄다. 노무현정부는 국민연금 재정 운영과 관련한 공적 연금 체계 강화에 대해서는 소극적 태도를 보이면서 재정 건전화에만 관심을 기울였다. 이러한 사고는 자본과 기득권세력의 이해를 대변하는 것일 수밖에 없었다.

민주노총은 2007년 3월 국민연금·사학연금·산재보험 개악 저지를 위한 결의대회를 진행하면서 공동의 대응을 모색했다. 민주노총과 시민사회단체의 반대에도 불구하고 2007년 6월 29일 국민연금 개악 법안이 국회 상임위를 통과했고, 7월 3일 사학법과 함께 연동하여 국회 본회의를 통과했다.

이러한 국회 일정에 따라 사회연대연금지부는 7월 1일부터 3일간 국회 앞에서 전면 파업을 전개했다. 이 파업은 국민연금 개악이 갖는 전국민적 관심사를 반영하듯 민주노총과 공공운수연맹이 전 사회적인 총력투쟁으로 확산시키겠다는 뜻을 밝혔으나, 실제로는 사회연대연금지부에 대한 연대에 머물렀다.[9] 다만 이 국민연금 개악과 함께 그 보완책으로 기초노령연금법 제정이 공론화되면서 사회연대연금지부가 전개한 파업은 나름대로 역사적인 성과를 남기게 되었다.

- **외주화에 맞선 지하철노조 투쟁**

공공운수연맹 초기에 지하철노조들의 투쟁이 계속되었는데, 이들 투쟁 대부분은 정부와

---

9 당시 사회연대연금지부(국민연금노조)의 국민연금 개악 반대 파업이 사회적으로 크게 주목받지 못한 것은 국민연금의 복잡한 체계에 대해 국민 대다수의 이해가 깊지 못한 탓이었다. 소득대체율의 감소(60→40%)는 고령자들의 노후 생활 여건에 적잖은 충격을 줄 수 있는 조치였지만, 국민 대다수의 관심이 부각되지 못한 상태에서, 민주노총이나 공공운수연맹의 대다수 조직된 노동자들 역시 이러한 국민연금 개악의 심각성이 제대로 공유되지 못했다(필자 주).

지자제가 지방공기업의 외주화를 전면적으로 추진하는 과정에서 해당 노조들이 강하게 저항하면서 나타났다.

2006년 지방공기업으로의 전환 이후 역무 업무 외주화가 계속되어온 부산교통공사에서 외주화 저지 투쟁을 전개했던 부산지하철노조는 2007년에 3호선 개통을 앞두고 외주 위탁이 아닌 직접 고용에 의한 인력 확충을 쟁취하기 위해 파업을 준비하게 된다. 전국의 지하철공사에서 계속되는 이러한 필수 업무의 외주화 흐름은 지하철 노동자의 고용을 위협할 뿐 아니라 지하철 안전을 위협하는 발상으로서 지난 2004년 지하철노조의 연대파업 이후 지하철 현장에서 계속 갈등의 원인으로 작용했다.

부산지하철노조(위원장 오영환)는 이전부터 지하철노조들이 계속 요구해온 외주화 반대 및 현장 인력충원의 과제를 안고 2007년 4월 3년 만에 다시 쟁의행위를 결의했다. 부산지하철공사는 노조의 요구를 무시하고, 3호선 개통에 따른 인력 760명을 충원치 않고 외주용역에 의존하면서 구조조정 관련 노사 합의를 파기했다. 이에 노조는 5월 16일부터 전면파업에 돌입했다.

2007년 당시 영업거리(km)당 운영 인원이 부산의 경우 37.6명으로서 서울(75.6명), 인천(52.1명)에 비해 인력이 턱없이 부족했지만 부산시와 부산교통공단은 기존 인력의 배치 전환을 통해 오히려 인력 감축을 강행하고 있었다. 결국 노조의 파업은 시민단체의 지지 속에 3일 만에 공사측이 구조조정(외주화) 추진을 중단하기로 약속함에 따라 마무리되었다. 이러한 구조조정(외주화) 저지 성과는 2008년 이후 이명박정부의 '공공기관 선진화' 공세 속에서도 부산지하철노조가 민주노조운동의 중심에 자리잡게 하는데 밑거름으로 작용했다.

부산지하철노조는 2008년에도 임금 인상 및 기관사 노동조건 개선을 걸고 11월 파업을 선언한 후 임금인상, 노동조건 개선, 교통약자 이동권 증진 등의 합의를 이끌어내고 파업을 철회했다. 2009년에는 부산교통공단이 신설되는 반송선에 대해 무인시스템을 강행하고 인력충원 규모를 최소화하겠다고 밝힘에 따라 노조(위원장 김태진)는 다시 2009년 6월 26일부터 파업에 돌입했다. 노조 파업은 7일 만에 마감되면서, 부산지하철 노사는 이후 인력충원에 대한 노사간 협상 국면으로 진입했다. 부산지하철노조가 시민 안전 및 인력 충원 등의 공공적 의제를 중심으로 계속 투쟁하고 내부 조직 역량을 강화하면서 지하철 민주노조의 흐름을 계속 지켜냈다.

2011년 이후 서울지하철노조를 비롯한 대부분의 지하철노조들이 노사협조주의 및 복수노조 등의 흐름으로 적지않은 혼란을 겪고 있던 상황에서 부산지하철노조는 이와는 다른 민주노조운동의 흐름을 유지하고 있었던 것이다. 부산지하철노조는 2009년 8월 파업에 따른 조합원 임금 재분배 사업을 완료함으로써, 파업 돌입에 따른 조합원들의 불이익을 최소화하는 노력을 기울였다. 한편, 2009년 10월에는 부산지하철 청소용역 노동자가 중심이었던 공공노조 부산공공서비스지부가 부산지하철노조에 가입했다. 이는 지하철 현장에서 간접고용 노동자를 직접 원청의 노조에 가입시킨 최초의 사례로서, 공공부문 민주노조운동의 역사에서 매우 의미있는 사건이었다.

2006년 노사협조를 앞세워 등장했던 서울지하철노조의 정연수 집행부도 결국 서울시와 공사의 외주화 흐름으로부터 비켜가지 못했고, 노조협조 중심 노조활동에 대해 조합원들도 외면하기 시작했다. 서울시(시장 오세훈)의 노조 배제 흐름 속에서 노사협조주의 흐름은 결국 벽에 부딪히게 된 것이다. 이같은 상황을 반영하듯, 2008년 3월 집행부 선거에서 외주화에 맞선 강력한 투쟁을 희망하는 조합원들의 뜻에 따라 민주 집행부(위원장 김영후)가 출범했다. 출범 직후 4월부터 집회·농성·단식 등을 이어가던 노조는 지하철에서 계속 확산되고 있는 외주화·감원 및 비정규직 확대에 맞서 2008년 9월 쟁의행위를 결의한다.

서울지하철공사는 서울시의 방침에 따라 외주화와 분사 등을 시작하여 이미 8개 역사 및 경정비 차량 검수에 대해 외주화를 실시했고, 더 나아가 위해 2010년까지 2,088명(20.3%)의 인력을 감축하겠다는 입장을 발표했다. 노조는 11월 20일 파업 돌입을 선언하고 철도와 함께 연대투쟁을 선언했으나, 파업 돌입 직전에 합의가 이뤄졌다.

이 합의는 계속되는 외주화 흐름에 제동을 거는 의미있는 조치였으나, 전체적으로 외주화를 사실상 인정하는 합의라는 논란이 제기되면서 12월 5일 조합원 총회에서 부결되었다. 2008년 정국을 뒤흔들었던 미국산 소고기 수입반대 '촛불투쟁'이 약해지면서 전체적으로 공공부문 민주노조운동이 혼란에 직면한 가운데, 채 1년을 넘지 못한 서울지하철노조 민주 집행부는 결국 무너지고 서울지하철노조는 이후 4년간 또다시 노사협조주의 집행부 체계로 넘어가게 된다.

4) 공공노조 각 지역지부 투쟁

김대중·노무현정부를 거치면서 공공부문에서 고용 유연화가 선도적으로 시행되는 과정에서 공공부문 비정규직은 계속 확대되는 추세를 보이고 있고, 이들 비정규직은 대부분 고용불안 및 임금 차별 문제에 직면하고 있었다. 공공노조에는 공공부문 비정규직(기간제·간접고용)들이 정규직 노조(지부·지회 등)에 직접 가입하거나 별도 비정규직 조직 형태로 대부분 참여를 하였고, 공공노조는 이들 비정규직 투쟁 승리가 초기 산별노조운동 토대 구축에 매우 중요한 목표라는 전제아래 이들 투쟁을 지원했다. 이중 공공노조 초기에 전개되었던 비정규직 투쟁들을 개략적으로 살펴본다.

의료연대본부 서울대병원분회(분회장 김진경)는 2007년 5월부터 서울대병원의 공공성 확대를 위해 선택진료비 폐지, 비정규직의 정규직화의 요구를 내걸고 10월 3일 83.2%의 찬성으로 쟁의를 결의하고, 10월 10일 파업에 돌입했다. 서울대병원분회의 파업의 중심에는 국공립병원에서 계속 확산 추세에 있는 간접고용(파견·용역) 문제가 주된 과제로 자리잡고 있었다. 파업 기간 중인 11~12일 의료기관 서비스평가를 실시하는 과정에서 공공노조 감시단이 활동하고, 공공운수연맹 공공기관노조들이 파업투쟁에 연대하면서 우리나라 중앙병원으로 인정받고 있는 서울대병원의'돈벌이 경영' 문제가 언론에 크게 부각되었다. IMF체제 이후 서울대병원이 선도적으로 추진한 '돈벌이 경영'은 이후 전 국공립병원에 확산되고 있었고, 이로 인해 비정규직·간접고용 역시 확산되는 계기로도 작용했다.

서울대병원분회의 파업은 6일 차인 10월 15일 비정규직의 정규직 전환과 인력 충원 등의 합의를 이끌어내고 마무리되었다. 이에 따라 서울대병원에서는 2007년 12월 31일 2년 이상 비정규직 285명 전원이 정규직으로 전환되었다. 당시 보건의료노조에서도 2007년 8월 비정규직 정규직화를 중심으로 한 산별협약이 체결되는 등 국립대병원노조들은 2007년에 비정규직의 정규직화를 가장 중요한 투쟁과제로 설정했다. 이는 2006년 비정규 입법이 국회에서 의결된 이후 국립대병원의 비정규직 문제가 그만큼 심각했다는 결과이기도 하다. 결국, 우리나라의 중앙병원격인 서울대병원에서 이같은 정규직화 흐름이 상징적으로 정리된 셈이 되었다.

한편 서울대병원 위탁업체인 성원개발에서 노조가 조직변경을 하여 2007년 4월 의료연대 서울지부의 분회로 재편되었다. 성원개발분회(분회장 김태인)는 6월부터 시작된 교섭이 결렬되자 10월 2일 파업 찬반투표를 거쳐 10월 4일 파업에 돌입했다. 파업 5일 만에 처우개선(임금 12만원 인상)의 성과를 거두면서 파업을 마무리했다. 이 투쟁에는 원청 노조였던 서울대병원분회가 연대투쟁으로 지원하면서 정규직·비정규직 연대를 통한 모범적인 투쟁 모델이 구체화되었다.

이후 성원개발분회는 2009년 6월 임금·단협교섭을 진행하던 중, 원청인 서울대병원이 하청 업체와의 계약과정에서 하청 노동자들의 노동조건 개선을 외면하자 9월 15일부터 전면파업에 돌입했다. 14일 간의 파업 끝에 추석 위로금 및 노조 발전기금에 합의하고 파업을 마무리했다. 서울대병원분회는 2009년 5월에 보라매병원의 비정규 노동자 해고에 맞서 병원 앞 1인 시위 등의 투쟁을 계속한 끝에 9월 분회 협약 체결시 서울대병원이 해고 노동자들을 신규 채용하는 것으로 합의를 이끌어냈다. 서울대병원의 또따른 외주용역업체 노동자들이 조직한 민들레분회(분회장 이영분)에서도 최소한의 노동조건(휴가·휴게시간 등)조차 제공되지 않은 열악한 노동조건에 맞서 2009년 11월 파업에 돌입했다. 12월까지 3차례의 파업을 전개한 끝에 하청업체가 변경되고 노동조건 개선을 약속하면서 12월 말 파업이 마무리되었다.

광주지역에서는 광주시청을 비롯하여 비정규직 투쟁이 계속되었다. 광주시에서 간접고용으로 종사하던 노동자들은 2004년 7월에 공공노조 광주전남지역공공서비스지부(지부장 전욱)를 결성하여 광주시의 외주용역 개선을 요구하였다. 2005년 2월 용역업체는 1년 계약 만료를 이유로 전체 조합원에게 집단해고를 통보하였으나 2005년 3월 용역업체와 단체협약을 체결하여 고용보장 등 노동기본권을 보장받았다. 그러나 매년 되풀이되는 계약 해지 등의 외주 용역제도에 대한 근본적인 개선은 반드시 해결해야 할 숙원과제였다.

이에 광주전남지역공공서비스지부는 2007년 3월 8일 계약만료를 앞두고 광주시장 면담을 요구하며 시장실 앞 농성에 돌입했다. 광주시는 농성장에 공무원을 투입하여 농성 대오를 해산하고, 3월 9일 조합원 24명에 대한 집단 해고와 함께, 공공노조 지역간부 및 조합원 전원에 대해 고발 조치했다. 이에 노조(지부)는 3월말부터 7월까지 출근 투쟁, 시청앞 농성, 촛불문화제를 계속했다. 6월 29일 민주노총 광주본부 총력투쟁 결의대회에 3천여명의 연대대오가 참석한 가운데 진행되었다.

2007년 10월 5일 민주노총 광주본부가 광주시를 압박한 결과, 광주시의 비정규직 정책 방향에 대해서는 합의했으나 정작 당면한 광주시청 비정규직 문제에 대해서는 합의를 이뤄내지 못했다. 노조가 농성·촛불문화제를 계속 진행하자, 광주시청은 2008년 1월 4일 업무방해금지 가처분 신청을 통해 해고 노동자들의 광주시 청사 접근을 봉쇄했다. 광주시청 앞 농성과 집회 투쟁이 계속되면서, 2008년 5월 공공노조와 민주노총 광주본부는 광주시와 다시 교섭을 전개한 끝에, 시청사 및 유관기관에 종사하는 이들 비정규직의 고용을 승계하기로 합의했다.

2002년 광주 서구청 산하 폐기물 및 재활용쓰레기 수거 민간위탁업체인 수진환경에서 결성된 수진환경노조(지부장 박명환)는 2005년에 광주전남공공서비스의 지부로 조직을 변경한 뒤 2006년 12월 위수탁 변경시 고용·단체협약 승계 및 임금 계약 준수제 도입과 관련한 합의를 이끌어냈다. 그러나 2007년 7월 노조(지회)가 임금·단체교섭을 요구하자 계속 교섭을 거부하고 11월부터 2008년 8월에 걸쳐 조합원들을 계약 만료의 이유로 차례로 계약 해지했다. 이중 11월에 해지된 조합원이 지방노동위원회(지노위)에서 승소하였음에도 불구하고 다시 계약 해지했다. 이로 인해 노조는 2009년 12월까지 2년 반 가까이 투쟁을 계속했다.

공공노조는 2009년 4월 민간위탁 철회 등 제도개선 요구안을 광주 서구청에 전달했고, 민주노총 지역본부와 공동 투쟁을 전개하는 등 지역내 제도개선 여론을 확산시켰다. 2009년 12월 서구청앞 집중 집회를 계속하면서 결국 광주 서구청이 대형폐기물 및 재활용쓰레기 업무 관련 위수탁 업체를 변경했고, 위수탁업체와 고용 승계에 대한 합의를 이끌어내면서 마무리되었다.

전북도청에서 청소업무를 담당하는 용역 노동자들이 2006년 1월에 결성한 공공노조 전북평등지부(지부장 김연탁)가 교섭을 요구하자, 전북도청은 조합원 10여명에 대해 2006년 4월에 계약 만료를 이유로 정리해고를 단행했다. 10월에 지노위에서 부당해고·부당노동행위 결정을 내렸으나 전북도청은 이에 불복하고, 용역업체 계약 만료를 통보했다. 노조는 2006년 12월 말까지 용역회사에 대해 해고기간 임금 지급을 요구하고, 전북도가 새로운 용업업체를 선정해주기를 요구하면서 농성·집회투쟁을 계속했다.

2007년 2월 전북도청 주관 아래 용역업체의 계약 해지 예방을 조건으로 기존 용역업체와 교섭을 전개하여 계약 해지된 노동자들의 원직 복직 및 고용안정 합의를 이끌어냈다. 계약 해지 275일 만에 원직 복직이 이뤄진 셈이다. 이후 전북도청이 2007년 12월에도 용역업체 계약 만료에 따른 계약 해지 분위기가 구체화하자, 노조는 다시 순환 파업에 돌입하였다. 2008년 1월 새로운 용역업체와 고용 승계에 대한 합의가 이뤄짐으로써 1년 7개월간 진행된 투쟁이 마무리되었다.

2007년 7월 비정규법이 시행되면서 송파구청에서 비정규직 노동자들이 집단적으로 해고를 당했다. 공공노조 서울환경관리지부(지부장 이형원)는 민주노동당 서울시당과 공공노조, 공무원노조 등과 연대하여 투쟁을 전개했고 2007년 12월 3일 송파구민회관 무기계약직으로 복직이 합의되면서 투쟁을 마무리하였다. 그러나 송파구청과 송파구시설공단은 곧바로 재활용 수집업무를 민간 청소대행업체에 위탁하면서 해당 노동자들을 다시 계약 해지했다. 이후 노조의 파업투쟁이 계속되면서 2008년 2월에 위탁업체가 전원 재고용 등을 합의했으나 다시 이행치 않았다. 이에 7월부터 다시 파업 투쟁이 전개된 끝에 8월부터 9월에 걸쳐 단계적으로 복직하기로 함으로써 1년 이상 합의와 합의 번복을 이어져오던 고용보장 투쟁이 매듭지워졌다.

공공노조의 각 현장에서 전개된 비정규직 투쟁들은 대부분 파견·용역 형태의 간접고용 노동자들에 대해 원청 사용자들이 위탁업체를 해지하고 이들 노동자들을 정리해고하는 과정에서 발생했다. 이들 조직의 투쟁 과정에서, 해당 주체들의 불굴의 투쟁과 함께, 공공노조 중앙 및 각 지역·업종 단위들의 연대투쟁이 같이 전개된 소중한 것들이 아닐 수 없다.

3. 공공운수연맹 산별방침 조정 및 공공부문노조 변화 흐름

1) 공공운수연맹 초기의 통합 산별 추진 로드맵의 조정

공공운수연맹은 초기 과도기(2007.1~4월)를 거쳐 공공운수연맹의 세부 조직운영방침을 정한 후 4월 30일 대의원대회에서 다시 1기 집행부(위원장 임성규)를 선출하였다.[10] 공공운수연맹은 대의원대회에서 의결된 통합 산별 추진 사업의 체계적인 준비를 위해 연맹과 양 산업노조 중심으로 산별기획단을 가동했다. 그러나 연맹 집행부는 '미전환노조'의 산업노조 전환 흐름을 계속적으로 이어나가지 못하고 중소 규모의 3개 노조만을 전환시키는 등 산별노조 확대 사업은 거의 벽에 부딪히고 있었다. 지하철노조 역시 부산지하철을 제외하고 노사협조주의 성향의 집행부가 대부분 들어서면서 운수노조 전환 움직임이 중단되었다. 물론 서울을 비롯한 지하철노조들은 부산을 제외하고는 궤도 단일노조 이상의 논의를 진행한 바가 없어서 운수노조는 물론이고, 통합 산별노조에 대한 논의조차 쉽지 않았다.

과거 공공연맹 소속 조직들(공공부문·운수부문) 중심으로 미전환노조들의 연대를 위해 결성된 직할협의회(의장 이혜선)는 이후의 공공운수 산별노조운동에 대한 다양한 관점들이 섞여 있었지만 소속 노조들 대부분이 공공운수연맹 지도부의 산별 전환 방침에 대해 비판적 관점을 지니고 있었다. 한편 소산별노조 운동을 일찍이 시작했던 과기노조와 연전노조가 통합되어 공공연구노조가 발족(2007년 3월)하면서 공공노조 전환은 유보되었고, 공공부문 초기업 조직 중 대표적인 발전노조와 정보통신노조에서도 산업노조 전환 움직임이 사실상 중단되었다. 결국 통합 공공운수연맹이 조직적 목표로 세웠던 '산업노조의 확대 강화'의 흐름도 벽에 부딪히게 되었다.

이러한 상황은 여전히 기업별 노조에 안주하고 있었던 공공기관 정규직 현장 간부들의 인식과 함께, 공공노조의 조직 운영에 대한 노조 내 일부 지부들의 문제 제기도 일정한 역할을 했다고 볼 수 있지만,[11] 주요 노조(특히 소산별노조들) 집행부에서 공공운수 산별노조운동에 대한 명확하고 책임있는 사업 집행 노력이 다소 부족했던 것이 주요 원인으로 작용했다고 볼 수 있다.

---

10 공공운수연맹은 2007년 1월 출범 대의원대회에서 임시 집행부를 선임한 후 4월 대의원대회에서 정상적으로 1기 집행부를 선출하였다.

11 당시 공공노조의 공공기관지부들은 미전환 상태의 다른 공공기관노조들에 비해 공공노조 지부들의 부담(특히, 조합비)이 큰 상황에서 공공노조의 조직 확대가 제대로 이뤄지지 않은데 대해 문제 제기가 계속되었다.

산별기획단은 2007년 8월말 1차 논의 결과를 보고하면서 통합 공공운수노조 추진 절차 및 일정에 대한 보완 방안을 제출한다.[12] 산업노조(공공노조·운수노조)의 확대 강화를 전제로 한 공공운수연맹 출범 당시의 통합 산별노조운동 방침을 수정하여, "양 산업노조가 통합산별노조 건설의 핵심 주체임을 확인하되, 미전환노조의 동등한 참여를 보장한다"는 내용으로 조정하였다. 2007년 말에 예정된 통합 산별노조의 건설 일정 역시 2008년 9월로 연기했다.[13] 연맹 집행부와 양 산업노조 집행부는 협의 끝에 9월 17일 임시대의원대회를 소집하여 통합 산별노조 추진 일정을 연기하는 방안을 제출했다.

대의원대회 결정에 따라 통합산별추진위원회를 구성하고 이후 추진 일정을 논의하였지만, 각 조직들은 당면 투쟁과 선거 등으로 인한 일상 사업의 진행을 우선 배치하면서 충분한 현장

표7-1　2007년 9월 공공운수연맹 대의원대회 의결사항

1. "운수와 공공을 포괄하는 하나의 공공운수산별노조를 2007년 말 이전까지 건설하는 것을 목표로 한다" 중 "2007년말 이전까지"라는 시기적 목표를 일정 기간 순연한다.
2. 시기적 목표의 일정 기간 순연에도 불구하고 통합산별추진기획단의 보고를 기초로 「통합산별건설 추진위원회」(이하 '통합산별추진위')를 설치한다. 통합산별추진위는 「통합산별건설 추진기획단 보고서」를 바탕으로 구성한다.
3. 통합산별추진위는 통합산별추진기획단 보고서를 바탕으로 통합산별노조 건설에 관한 세부 이행계획을 수립하고 통합산별노조 건설을 위한 토대 구축사업을 집행한다.
4. 통합산별노조 건설 시기에 대해서는 통합산별추진위가 세부 이행계획을 제출하고 2008년 정기대의원대회에서 확정한다.

12　공공운수연맹 위원장(임성규)은 2007년 7월 연맹·공공노조 합동 사무처 수련회 및 8월 연맹·산업노조 임원 연석회의에서 통합 산별노조 건설 방침의 변경이 불가피함을 제기했다. 현재의 조건 속에서 미전환노조의 공공노조·운수노조 전환은 사실상 어려울 듯하고, 공공노조·운수노조의 강화를 통한 통합 산별노조의 전망 역시 불투명하다는 전제에서였다. 공공노조·운수노조가 각각의 조직 안정·강화 과정을 도모하기보다 통합 공공운수노조 전망 하에 미전환 조직의 '이중적 전환 과정'(공공노조·운수노조로의 전환 → 이후 통합노조 전환)을 생략하고 통합 노조로 곧바로 전환하는 것이 적합하다는 의견이었다. 이 의견은 미전환 조직을 배려한다는 취지에서 제시했지만 미전환 조직은 별다른 반응을 보이지 않았고, 운수노조 내부에서 논란이 발생했다(필자 주).

13　산별기획단은 '통합산별노조 건설 추진위 설치(2007년 9월) → 준비위원(발기인) 선출(2007년 12월) → 통합산별노조 건설 준비위 구성(2008년 2월) → 통합산별노조 창립(2008년 5월) → 임원(대의원) 선출 및 사업계획 확정(2008년 9월)' 등 통합산별노조 추진 일정을 공공운수연맹 중앙집행위원회에 보고하였다.

논의를 진행하지 못했다. 운수노조가 '투쟁을 통한 운수산별노조 강화'의 목표 아래 의욕적으로 준비한 2007년 11월 철도·화물의 공동투쟁이 별다른 성과없이 마무리되면서, 철도본부(노조)는 집행부가 사퇴하고 새 집행부가 선출되었다.

공공노조는 대표적인 2개 지부(사회보험·사회연대연금)가 4대보험 징수 통합 반대 투쟁을 2008년 초까지 전개하고 있었다. 직할협의회의 주요 조직들인 공공연구노조와 발전노조 역시 2007년 하반기부터 2008년 초까지 집행부 선거를 치루고 있었다. 주요 노조 및 지부들이 공공운수 통합 산별노조 건설 논의를 전개하기 어려운 상황이었다는 의미이다.

이런 상황에서 공공운수연맹의 지도하에 공공노조·운수노조·직할협의회는 각 단위별로 2007년 12월 현장간부 수련회를 통해 통합 산별노조운동에 대한 논의 절차를 진행했다. 이후 산별기획단 토론회와 중앙위원회 논의를 거쳐 수정된 '통합 산별 추진 로드맵'을 2008년 2월 정기대의원대회에 제출하기에 이른다. 그 내용은 공공운수연맹 2기 집행부의 임기가 끝나는 2009년 4월 30일까지 통합 공공운수노조를 출범하자는 것이었다. 그러나 이러한 통합 산별 추진 로드맵은 당위적 목표로만 남게 되고 각각의 세부내용 실천은 제대로 이뤄지지 못했다. 공공노조·운수노조·직할협의회 등 모두 이러한 실천을 추진하기에는 한계가 많았고, 이를 포괄해야 하는 공공운수연맹의 지도력은 역시 취약한 상태였다.

표7-2 정기대의원대회의 통합산별노조 추진 로드맵(2008.2)

통합 산별노조 건설의 시기 및 이행경로
  1) 통합 산별노조 건설의 시기
   ① 2008년 11월 8일까지 '공공운수노조준비위원회' 발족
      - 2008년 10월말까지 양 산업노조는 합병 결의 및 준비위원 선출 완료
      - 미전환노조는 9월말까지 산별 전환 및 준비위원 선출 완료
      - 11월8일경 연맹 대의원대회에서 '공공운수노조준비위원회' 발족
   ② 2009년 4월30일까지 통합산별 창립대의원대회 완료, 5월1일 출범 선포
      - 2009년 4월30일경 가칭 '공공운수노조준비위원회' 대의원대회에서 '공공운수노조' 창립 및 공공운수연맹 해산 결의.
      - 5월1일 "2009년 투쟁 및 공공운수노조 출범" 선포 결의대회 개최
   ③ 2009년 11월 '공공운수노조' 직선 지도부 선출 및 과도체계 마감
      - 2009년 10월 전 조합원의 직선으로 주요 임원(예, 위원장-수석부위원장-사무처장) 선출
      - 11월 '공공운수노조 대의원대회'에서 잔여 임원(부위원장, 회계감사) 선출 및 2기 집행부 출범
  2) 통합산별노조 건설의 이행경로
   ① 통합산별 시기 및 이행경로의 조직적 결의
      - 양 산업노조는 연맹의 통합산별추진방침(시기 및 이행경로)이 정기대의원대회에서 확정된 이

후 최단 시일내에 의결단위에서 확인한다.
- 직할협의회 소속 노조 역시 2008년 사업계획 수립 단계에서 연맹의 통합산별추진방침 반영을 원칙으로 한다.
② 2008년 공동투쟁, 공동사업을 통한 추진 토대 구축
- 공공노조와 운수노조는 2008년 산별 교섭과 투쟁을 진행하되, 6~7월 시기 집중의 공동투쟁의 목표를 결의한다.
- 연맹은 미전환노조의 교섭권 위임 및 양 노조의 공동투쟁을 묶어 공공운수부문의 총력투쟁을 조직화한다.
- 연맹과 산업노조 중앙 사무처는 1단계(~7월), 2단계(~11월)에 걸쳐 정책과 교육선전 업무, 대외협력과 조직업무, 총무업무 등을 단계적으로 통합한다.
- 양 산업노조는 2008년 하반기부터 통합 산별노조의 발전 방향과 2009년 주요 사업방향에 대해 긴밀히 협의하되, 미전환노조의 참여 기회를 최대한 부여한다.
③ 미전환노조의 산별 전환 및 산업노조간의 공동사업 토대 강화
- 미전환노조는 1차(5~6월), 2차(8~9월)에 걸쳐 집중적으로 산별 전환을 결의한다.
- 산별 전환 방식은, 1안(가칭 '공공운수노조' 건설을 조건으로 한 산업노조로의 전환 결의)을 원칙으로 하되, 2안(가칭 '공공운수노조'로의 전환 결의)도 병행할 수 있다.
- 산별 전환을 위해, 연맹 산별기획단과 교육위원회는 노조 현장 교육을 직할협의회와 협의하에 3~4월에 집중 배치한다.
- 공공노조와 공공부문 3개 분과(공공서비스·환경에너지·사회서비스분과), 운수노조와 운수분과는 3월부터 통합산별노조의 조직구조, 교섭구조, 2008년 연맹 사업과 투쟁에 대한 공동논의를 제도화하기 위한 틀을 모색하여, 미전환노조의 산별 전환 동기 부여 및 이후 산업노조 활동에 대한 공감대 구축을 도모한다.
④ 산별기획단의 활성화 및 조직설계의 추진
- 산별기획단은 가칭 '공공운수노조'의 조직구조, 교섭구조, 재정방침(조합비, 단위별 배분, 특별기금 등), 중앙-본부-지부간 권한 배분 등을 포함한 통합산별노조의 조직설계를 논의하여, 관련 보고서를 통합산별추진위원회에 6월까지 상정한다.
- 산별기획단내에서 양 산업노조간, 산업노조와 각 분과(공공 3분과 및 운수분과)간 협의의 틀을 별도로 마련할 수 있다.
⑤ 가칭 '공공운수노조준비위원회'의 구성
- '공공운수노조준비위원회'는 합병을 결의한 산업노조, 산별 전환을 결의한 미전환노조로 구성(공동대표 체계 검토)한다.
- 준비위원은 산업노조의 경우 대의원, 산별 전환을 결의한 노조의 200인당 1인으로 구성하되, 준비위원의 조합원 직접 선출 방안은 별도 검토하여 확정한다.
- '공공운수노조준비위원회'는 현 연맹의 인사권과 예산집행권을 승계하여, 내용상 연맹 지도부로서의 위상을 갖는다. 다만 '공공운수노조' 출범 시까지 현재의 연맹 지도부는 형식적인 지위를 갖고 제한적인 업무(연맹 청산 준비 등)를 수행한다.
- '공공운수노조준비위원회'의 조직체계 및 이후 구체적인 역할에 대해서는 6월까지 통합산별추진위원회에서 정한다.

2) 공공운수연맹 내 주요 공공부문노조의 지형 변화

- 공공연구노조 결성

소산별노조운동에 앞장서온 전국과학기술노조(과기노조)와 전국공공연구전문노조(연전노조)는 2002년 이후 공동사업과 공동투쟁을 계속하면서 과거 1990년대 이후의 숙원 과제였던 정부출연기관 단일노조 논의를 전개했다. 두 노조는 공공연맹이 2006년 하반기에 공공부문 조직의 공공산별노조 전환을 논의하고 준비하는 과정에서 노조 통합을 논의하기 시작했다. 먼저 연전노조(비대위원장 이혜선)가 8월 중앙위원회 결의를 통해 양 노조 통합계획안을 과기노조에 제안했고, 과기노조(위원장 고영주)가 내부 논의 끝에 11월 중앙위원회에서 연전노조의 제안을 수용하며 통합노조 추진을 결의했다.

당시 과기노조는 산별노조 건설 12년만에 각 지부의 협약을 통일한 통일협약을 체결하면서 산별노조의 전성기를 구가하고 있었다. 2006년에 과기노조가 체결한 통일협약은 이전까지의 집단교섭을 뛰어넘어 전 지부들의 협약을 통일적으로 체결한 것으로서 공공부문 노동운동 역사상 전무후무한 쾌거로 볼 수 있다.[14] 따라서 과기노조 내부에서는 이러한 성과를 확대하여 전체 정부출연기관노조에 확대할 필요가 있다는 전제 아래 공공노조 전환보다는 양 노조 통합의 필요성이 우선적으로 제기된 것이다. 양 노조는 2007년 1월부터 통합 추진을 위한 실무 점검과 공동사업을 검토했고, 3월 양 노조의 조합원 찬반투표를 거쳐 노조 통합 추진을 의결했다.

양 노조는 먼저 각 소산별노조를 통합하여 산별노조 운동의 기반을 강화한 뒤 공공노조로 전환하겠다는 입장을 내부에서 정리하고,[15] 이후 2007년 3월 27일 통합대의원대회를 통해 전국공공연구노조를 결성했다. 지난 2002년 하반기에 1차로 통합 논의를 거친 뒤, 5년만에 통합이 이뤄진 셈이다. 공공연구노조는 이 통합 대의원대회를 통해 임시 집행부(상임위원장 조한육)를 발족시키고 7월 이후 조합원 직접선거로 1기 집행부를 정식으로 출범하기로 했다. 연구노조는

---

14 과기노조의 통일협약은 이명박정부의 단체협약 해지 공세로 인해 2010년부터 대부분 해지되기에 이르렀다.

15 소산별 체계의 양 노조는 각각의 조직이 공공노조에 곧바로 참여할 때 산별노조운동의 성과와 이후 전망에 대한 의견 차이가 해소될 수 없다는 판단 하에, 먼저 노조 통합을 추진하고 이후 공공산별노조로 참여한다는 입장을 공유했다(전국공공과학기술연구노조 통합추진위원회, 2006). 공공연맹의 공공노조 건설이 본격화되는 상황에서 공공연구노조의 출범은 공공연맹이 설정한 기본 방침과는 배치된다는 논란이 제기될 수밖에 없었다. 아울러 공공연구노조의 '독자 행보'로 인해 다른 공공기관노조들의 산별노조운동 실천에도 부정적인 영향을 미친 것으로 알려졌다(필자 주).

9월 임원 선거를 통해 1기 집행부(위원장 조한육)를 다시 선출하였지만, 임원 선거 과정에서의 내부 의견 조정 미흡으로 통합 조직의 사업이나 투쟁이 불안정해진다.

2008년 3월 공공연구노조는 위원장의 법인카드 부정 사용 논란이 제기되어 대의원대회를 통해 위원장 불신임을 결의하고 비상대책위원회(비대위, 위원장 정원호) 체계로 전환했다. 비대위의 조사 결과, 연구노조 위원장은 노조 불법카드 부당사용 뿐 아니라 각 지부의 활동에 개입하여 민주적 활동을 억압하는 등 부적절한 행위도 한 것으로 드러났다. 비대위 체계로 넘어가면서 공공연구노조는 안정되는 듯 했으나, 2008년 6월 위원장 불신임 및 비상대책위 체계에 불만을 지닌 10여개 지부들이 탈퇴하여 별도 노조(전국과학기술연구전문노조)를 발족하게 된다. 약 2,000명 가까운 조직의 이탈로 공공연구노조는 초기에 조직적 어려움을 겪게 된다.[16] 그러나 비상대책위(위원장 정원호) 체계 하에서 당시 이명박정부 출범 이후 정부출연연구기관에 대한 구조조정 위협을 조직적으로 대응하면서 조직의 안정성을 찾게 된다. 비대위 체계를 거쳐 공공연구노조는 2008년 10월 임원 선거를 거쳐 새로운 집행부(위원장 이운복)를 출범시켰다.

• 민주연합노조의 탈퇴

민주연합노조(위원장 홍희덕)는 2006년 12월 22일 임시대의원대회를 통해 공공노조로의 조직 전환을 의결하여 11월 30일 출범한 공공노조에 참여했다. 그러나 공공노조의 지역공공서비스지부의 조직화와 민주연합노조의 조직화 방침이 충돌하고 이로 인해 민주연합노조의 조직 전망과 관련된 문제들이 내부에서 제기되기 시작했다. 이 문제는 갑자기 나타난 문제가 아니라 이전부터 공공연맹이 지역 공공서비스 중심의 전략 조직화를 추진하고, 민주연합노조 역시 이전의 경기도노조 시절부터 공공시설·환경위생 업종 조직의 전국적 연대를 추진해오는 과정에서 쌓여왔던 문제였다. 2006년 초 민주연합노조를 결성할 당시 지역의 일반노조를 통합하여

---

16 2008년 3월부터 이어진 집행부 불신임 및 비대위 체계 과정에서, 과기노조 소속 원자력연구원·생산기술연구원·전자부품연구원·지질자원연구원·에너지기술연구원·기계연구원 등의 지부 및 연전노조 소속 노동교육원·장애인고용공단·세종연구소·해양수산개발원 등의 지부가 차례로 탈퇴를 하였다. 이중 과기노조 소속 지부들과 연전노조 소속 해양수산연구원지부가 별도의 노조(과학기술연구전문노조)를 결성했다. 이들 조직의 탈퇴는 명목상 위원장 불신임에 따른 항의였으나, 당시 이명박정부의 '공공기관 선진화'가 본격화되는 상황에서 공공부문 민주노조운동의 이탈로 나타났다. 노동교육원·장애인고용공단지부 등은 탈퇴 후 한국노총 공공연맹에 가입하게 된다. 이들 탈퇴한 노조(지부)들은 이후 기계연구원지부 등을 제외하고는 복귀하지 않았다.

전국 조직 건설을 제안했던 것도, 공공연맹 내의 흐름과 충돌할 수밖에 없었다.

결국 민주연합노조는 2007년 2월 15일 조합원 총회를 통해 이전 대의원대회가 의결한 공공노조로의 조직 전환을 철회하고 공공노조를 탈퇴했다. 공공운수연맹이 산업노조를 골간으로 하고 있기 때문에 공공노조 탈퇴는 자연스럽게 공공운수연맹 탈퇴로 연결되었다. 공공노조는 3월 27일 민주연합노조(지부)에 대해 산별노조 탈퇴를 인정했다.[17]

민주연합노조는 공공노조 탈퇴 직후 민주노총에 직 가입을 요청했으나 민주연합노조의 산별노조 탈퇴 과정에 문제가 있다고 본 공공운수연맹의 반대로 벽에 부딪혔다. 결국 민주연합노조는 2008년 1월 사실상 휴면노조였던 시설연맹의 조직 명칭을 개정하여 충남공공산업노조(위원장 최만정) 등과 함께 전국민주환경시설일반노조연맹(민주일반연맹)에 가입했다. 민주연합노조의 공공노조(공공운수연맹) 탈퇴로 인해 지자체 상용·위탁 노동자의 조직화를 둘러싸고, 공공노조의 지역지부와 민주연합노조가 지역에서 조직화 경쟁을 하는 흐름또한 확대되었다.

노조 중앙의 지도력과 집행력이 상대적으로 강했던 민주연합노조는 2008년 민주노동당 분당 과정에서 1,500여명의 조합원들이 민주노동당에 대한 집단 가입을 추진하는 등 정치세력화의 강한 의지를 드러냈다. 이러한 민주노동당 집단 가입을 토대로 민주노동당 비례대표 후보로 노조위원장(홍희덕)을 등록시켰고, 당원들의 조직적 투표를 거쳐 4월 총선에서 최초의 환경미화원 국회의원이 탄생하게 되었다. 2008년 촛불투쟁이 전국적으로 확산될 당시 민주연합노조는 6월 27일부터 선도적으로 파업에 돌입하고, 파업 중인 조합원들이 기흥 등에서 전개된 미국산 쇠고기 운송 저지 투쟁에도 참여하였다.

민주연합노조가 전국 조직으로 활동범위를 확장하는 것과는 달리 경기지역의 임금·단체교섭은 과거 집단교섭이 진행되었던 2004~5년과는 달리 2007년 이후 일부 지자체의 비협조로 공동교섭 체계가 흔들리고 있었다. 일부 지자체는 집단교섭을 이용하여 역으로 노조활동을 제한하려는 의도까지 드러냄으로써 2007년 6월 조정절차가 중지되었고, 9월 이후 교섭에서는 노

---

17 공공노조는 민주연합노조(지부)의 2월 총회 의결(공공노조 전환 부결)에 대해 이미 2006년 12월에 대의원회를 통해 산업노조에 가입한 상황이므로 총회를 통해 다시 부결하는 절차에 대해 산별노조 탈퇴로 간주했다. 실제 대의원대회의 결정으로 공공노조에 참여한 민주연합노조는 탈퇴 이전 각종 의결기구에 정식으로 참여하고 있었다. 이같은 상황으로 인해, 민주연합노조의 탈퇴 의결 절차(대의원회 통해 산별 가입 → 총회 통해 산별 가입 철회)에 문제가 있는 것은 외견상 분명하다. 이를 근거로 2007년 공공운수연맹은 민주연합노조의 총연맹 직가입을 반대했다.

조활동 개악안을 수용치 않을 경우 집단교섭을 거부하겠다는 입장마저 드러냈다.

민주연합노조는 2007년 12월 민중총궐기 시기에 맞춰 안양시·고양시 등에 대한 집중 타격투쟁과 함께 각 지역별 규탄 투쟁(경기권·강원권·충청권)을 거쳐 행정자치부 앞 규탄 집회 등을 통한 순환파업을 계속했다. 2007년 이후 민주연합노조는 서울시 각 구청 산하 위탁사업장도 지부(종로·영등포·양천 등)를 조직하여 사업 범위를 확대하였는데, 종로구는 2008년에 직장 폐쇄 조치까지 이어지는 등 노사 갈등이 장기화되었다. 이후 집단교섭이 어렵게 이뤄진 2008년 교섭에서는 핵심 의제인 인력 충원에 대해 지자체들이 소극적인 태도를 보임으로써, 또다시 교섭은 공전되고 있었다. 이에 민주연합노조는 6월에 전면 파업을 전개하면서 각 지자체들을 압박했다.

2008년 이명박정부 출범 이후 중앙정부 및 지자체에서 공무원의 인력 감축 분위기가 확산되고 있었는데, 경기도의 각 지자체 역시 이같은 분위기가 이어졌다. 지자체의 인력 감축은 정규직 충원 억제 대신 비정규직 및 민간위탁 확산 결과로 나타날 수밖에 없었다. 이러한 상황 속에서 2008년에 공전된 임금교섭은 2009년에 이르러 뒤늦게 합의가 이뤄졌다. 이 시기 수원시가 환경미화원의 민주노총(민주연합노조) 신규 가입에 문제를 삼는 등 민주연합노조에 대한 고립 공세 및 집단교섭 와해 흐름으로 인해 교섭이 계속 난항을 거듭했다.

민주연합노조는 2009년 국회 내에서 민간위탁의 부당성을 공론화하면서, 11월에는 안양시청 앞 총력 결의대회를 통해 민간위탁으로 인한 부당해고 철회 및 고용승계 투쟁을 전개하였다. 2010년 6월 지방선거를 앞두고 4월에 민주연합노조(위원장 이광희)는 '생활폐기물 수집·운반업무 민간위탁 금지에 관한 조례(안)'을 만들어 전국의 지자체장 후보들에게 공약을 발표하도록 촉구했다. 이 조례(안) 제정 움직임은 지자체장 후보들이 곧바로 수용하지는 않았지만 선거 기간 중 관련 노조들의 투쟁 및 대시민 선전전 등을 통해 계속 공론화되었다.

2010년 지방선거에서 경기도내 각 기초 단체장들이 야당(민주당) 소속으로 바뀌면서 민주연합노조는 민간위탁 중단을 교섭의 핵심 의제로 설정했다. 집단교섭에 참여하고 있는 17개 지자체 중 14개의 장이 민주당 소속이었기 때문이었다. 그러나 경기도 지역의 민주당 소속 지자체장들은 민간위탁 금지, 정원 확대 등이 교섭 의제가 아니라며 논의 자체를 거부하였다. 이러한 경향들은 이후에도 계속되어, 급기야 2012년 11월에는 △민간위탁 청소용역 중단 △정년차별 금지 △해고 미화원 복직 등의 요구를 앞세워 만주연합노조는 경기도 전 지자체를 상대로 파업 투쟁에 돌입했다. 지자체는 2007년 이후 계속된 관행처럼 임금에 대해서만 교섭 의제로 삼고, 인력 충원 및 민간위탁 중단 등의 핵심 의제들은 경영권 대상이라는 이유로 교섭을 계속 거부했다.

경기지역의 집단교섭이 정체되는 상황에서도 민주연합노조는 전국적으로 조직을 확대하여, 2012년에는 3,700여명, 2014년에는 4,000여명으로 조직 규모가 증가한다. 이러한 조직 확대 흐름은 당시 공공노조의 지역지부들의 조직 확대가 다소 주춤하고 있었던 흐름과는 대조를 보이고 있었다. 민주연합노조는 과거 경기도노조의 흐름(노조간부에 대한 집중적인 교육을 통한 단결 유도)을 유지함으로써, 여전히 이들 각 공공부문 비정규직 조직들 중 가장 안정된 토대를 유지하고 있었다. 민주일반연맹 체제가 어느 정도 안정된 후 민주연합노조는 이후 공공비정규직노조(위원장 이성일)와 공공부문 비정규직과 간접고용 노동자의 조직 확대를 놓고 갈등에 처하게 된다.

한편 경기도노조의 초대 위원장으로서 경기지역 상용·위탁노동자의 조직화를 통해 지역 일반노조운동의 역사적 지평을 여는데 앞장섰던 민주연합노조의 김헌정 부위원장이 2010년 5월 4일 지병으로 삶을 마감했다. 김헌정은 2006년 11월 민주노총 총파업투쟁 당시 민주연합노조의 파업 집회에서 선도적인 삭발투쟁을 통해 민주연합노조 조합원들의 투쟁 열기를 높였고, 2008년 3월에는 병마에 시달리면서도 민주노동당 집단 입당을 위해 전 조합원 교육을 마다하지 않았다. 몸 상태가 더욱 악화된 2009년도에도 그는 영국·베트남·태국 등을 방문하여 민주연합노조의 활동사례를 소개하는 등 국제적 연대의 기반도 넓혔다.

민주연합노조가 민주일반연맹 중심 조직으로 전국적인 조직화를 추진하고, 공공노조 역시 지역에서 전략 조직화를 통해 비정규직 조직화를 추진하는 과정에서 2007년 이후 민주노총 내에서는 4개 단위가 조직화 경쟁을 하고 있고 있다. 민주연합노조·지역일반노조·공공노조(지역지부)·여성연맹 등이 조직화 사업을 각자 진행하고 있고, 게다가 2012년 이후 공공비정규노조가 비록 민주노총 조직으로 인정받지는 못하지만 상당 규모의 조직화를 추진하면서 민주노총에서는 5개 단위가 공공부문 비정규직 조직화 사업을 추진하게 되었다.

민주일반연맹에 민주연합노조와 공공연대노조가 가입하여 조직화사업을 전개하면서, 민주일반연맹은 민주노총 내에서 공공부문 비정규노조 운동의 또다른 축으로 자리잡게 되었다.[18]

---

[18] 민주연합노조는 이후 민주일반연맹의 틀 속에서 지자체 공공부문 비정규직 조직화의 주요 단위로 자리잡고, 2022년 현재 지자체 비정규직 조직 상당수를 포괄하게 되었다. 이와 관련하여, 과거 공공연맹이 민주연합노조를 포함하여 지자체 공공부문 비정규직 조직사업을 전국적으로 포괄하지 못한 점은 아쉬운 점으로 남아 있다(필자 주).

공공운수노조 입장에서는 공공부문 비정규직 노동운동의 중심 위치에 자리잡고 있었지만, 학교비정규직노조(서비스연맹 소속)와 함께 민주일반연맹 활동이 민주노총 내에서 자리잡으면서 오히려 공공부문 비정규 노동운동의 확고한 대표 조직으로 자리잡지 못하는 모습을 계속 보이고 있다.

3) 공무원노조운동의 분열 및 재통합

공무원노조는 공무원노조법에 대응한 법외노조 원칙과 관련하여 2006년부터 4년 가까이 조직 내부가 분열되는 진통을 겪는다. 공무원노조는 2006년 11월 대의원대회를 통해 법외노조 원칙을 계속 지킨다는 원칙을 세웠으나, 이같은 대의원대회 결정에 대해 현장에서는 계속 논란이 확산되면서 조합원 총투표를 통해 조직 방침을 재결정하자는 의견이 다시 제기되었다. 결국, 2월 24일 대의원대회에서 '조직 진로를 묻는 총투표 실시 건'이 안건으로 상정되었으나, 이 대의원대회는 무산되었다. 대의원대회 무산 배경과 책임을 놓고, '총투표 실시' 그룹(소위 '법내파')과 집행부 그룹(소위 '법외파')간 공방이 계속되었다.[19]

'법내파' 그룹의 대의원들이 3월에 대의원대회 소집을 요구했으나, 집행부는 3월 23일 공무원노조 결성 5주년 기념사를 통해 '공무원노조특별법 거부방침'을 조건부로 철회하겠다고 제안했다. 집행부는 파업권을 제외한 공무원노조특별법의 독소조항 개정 및 해고자 복직 문제 해결을 그 조건으로 제시했다. 이 제안을 '법내파'가 거부하고 3월 27일 〈(가칭)공무원노조 정상화와 통합을 위한 추진위원회 준비위원회〉(통추위)를 구성하면서 결국 공무원노조 조직 분열이 구체화되기에 이르렀다. 통추위가 공무원노조의 정상화와 대통합을 위한 제안을 하며 노조 의사결정과정에 불참하자 집행부는 5월 19일 직권으로 대의원대회 소집을 공고했고, 대의원대회는 어렵사리 당면 진로를 결정했다. 정부에 법개정을 요구하는 5~6월 투쟁을 적극적으로 전개하고 그 결과에 대한 조합원 찬반투표를 거쳐 집행부 총사퇴 등을 포함한 조직 진로를 결정한다는 것이었다.

이에 반해, 통추위는 5월 21일 〈전국공무원노조 비상대책위원회〉(비대위)를 구성하고 5월 30일 전국지부장비상회의를 개최하여, △비상대책위원회 승인 △5월 19일 대의원대회 원천 무효 선언 △권승복위원장 탄핵 및 설립신고를 위한 6월 23일 전국대의원대회 개최 요구 등을 결

---

19 공무원노조법에 의한 설립신고를 둘러싼 이같은 '법내파'와 '법외파'의 구분은 「공무원노동운동사」의 서술에 따른 것이다(김영수·박재범, 2013)

정했다.

공무원노조가 이같은 내부 갈등에 빠져 있는 동안 공무원 조직에는 공무원연금 개악, 성과평가제(퇴출제), 국립대 법인화 등의 굵직한 현안들이 제기되고 있었다. 공무원노조 집행부는 5월 29일부터 세종로공원에서 4대 요구 쟁취(△노동기본권 쟁취 △해고자 원직복직 쟁취 △공무원연금법 개악 저지 및 퇴출제 저지 △국립대 법인화 저지)를 목표로 무기한 단식투쟁에 돌입했다.

6월 2일에는 국립대 법인화 저지를 위한 전 간부 결의대회 및 투쟁선포식이 개최되었다. 6월 16일부터 공무원노조 해복투 동지들의 동조 단식에 이어 6월 23일 2,000명의 조합원이 참여한 가운데 총궐기 투쟁을 전개했다. 공무원 노동자의 고용 및 연금 개악의 위기국면 속에 10만이 넘는 조합원 중 2천여명이 투쟁에 참여하는 낮은 수준의 조직력, 그리고 반대 그룹들의 독자적인 조직 결성 등으로 인해 공무원노조의 앞날은 평탄치 않았다.

국립대 법인화는 국립대를 중앙정부 직속기관 위치에서 산하기관(공공기관)으로 전환하는 것으로서, 공공부문 시장화(경영효율성 강화) 흐름과 관련되어 있다. 해당 노동자들의 신분 변동(공무직 → 공공기관 종사자)이 뒤따르는 구조 개편인 만큼, 이로 인해 노조 반발이 드세었고 노무현정부에서도 시행 여부에 대한 논란은 계속되어 왔다. 2007년 3월 관련 법의 입법 예고를 거쳐 국회에 제출되었으나 국립대 노조들의 반발로 17대 국회 회기 만료로 중단되었고 이후 2010년 이명박정부에서 '국립대 선진화 방안'으로 결국 구체화되었다.[20]

---

20 국립대를 중앙정부 직속기관에서 산하기관(공공기관)으로 전환하는 '법인화'는 1995년 5월 처음 논의된 이래 2002년 김대중정부에서 검토를 거쳤다가 노무현정부에서 법제화가 추진되기 시작했다. 정부(교육부)가 20006년 2월 '국립대학 운영체제에 관한 특별법' 제정을 통해 2010년까지 울산국립대(신설), 서울대 등 5개 국립대를 특수법인화하겠다는 입장을 표명했다. 이에 따라, 2007년 3월 '국립대학법인의 설립·운영에 관한 특별법(안)'을 입법 예고했고, 6월 국무회의 심의를 거쳐 국회에 제출되었다. 그러나 공무원노조 등의 반발로 인해 17대 국회에서는 처리되지 못하고 자동 폐기되었다. 이명박정부는 2010년 9월 '국립대 선진화방안'을 통해 국립대 법인화를 본격화하고 서울대·인천대에 대해 먼저 추진키로 하고, 12월 말 국회에서 '서울대법인화법'을 강행 처리했다. 이명박정부는 더 나아가 2011년 8월 '2단계 국립 선진화방안'을 발표하고, △총장 직선제 폐지 △총장의 대학운영 성과목표제 △학장 및 학과장 공모제 등을 통해 국립대병원의 경영효율화 및 구조조정까지 구체화했다. 이명박정부는 국립대 법인화를 통해 국립대의 자율책임경영을 통한 경영효율화를 추진한다고 밝혔으나, 오히려 국립대의 민주적 운영 기반(총장 직선제 등)을 약화시키고, 구조조정을 강화하기 위한 방안으로 이 법인화를 악용했다. 이 외에도 국립대들은 법인화 조치가 △사립대 수준의 등록금 인상 △지방 국립대 고사로 인한 불균형 심화 △상업화로 인한 기초 학문 위축 등의 결과를 초래할 것이라고 우려했다(김영수·

한편 6월 23일 비대위는 88체육관에서 〈전국민주공무원노조〉(위원장 정헌재)의 출범식을 진행했다. 이 자리에서 비대위는 5월 19일에 개최된 대의원대회가 원천 무효라고 선언하고 공무원노조 위원장(권승복)에 대한 탄핵, 공무원노조특별법에 의한 설립신고를 위한 규약변경 등을 결의하고 신임 위원장(정헌재)을 선출했다. 민주공무원노조 출범 이후 양 조직은 갈등 관계를 형성하며 서로에게 적지 않은 상처를 안겼다.

공무원노조는 규약에 따라 민주공무원노조 지도부를 제명하고, 민주공무원노조는 공무원노조 지도부를 민주노조운동의 의사 결정을 무시한 세력이라도 비판했다(김영수·박재범, 2013). 그러나 민주공무원노조가 합법적인 노조로 등록하고 공무원노조특별법에 대한 투쟁이 한계에 부딪히면서 공무원노조 3기 집행부는 7월 21일 대의원대회에서 법내 노조로 설립신고를 하기로 함과 동시에 총사퇴를 선언하게 된다. 공무원노조는 9월 경선 끝에 4기 집행부(위원장 손영태)를 선출했다. 10월에 설립신고를 했지만 해고자의 조합원 자격을 이유로 노동부는 설립신고를 반려하였다.

결국 공무원노조 지도부는 해고자 문제, 노동기본권(공무원노조법 개정) 등의 과제를 뒤로한 채 설립신고를 다시 제출하여 11월 7일 설립신고증을 교부받게 된다. 노조 설립 5년 8개월만에 공무원노조는 법내 조직이 된 것이다. 이명박정부 출범 이후 공무원노조는 조직 분열의 어려운 상황 속에서 공무원연금 개악과 구조 조정(농촌진흥청 폐지, 농수산연구기관의 민영화 등)의 당면 과제를 안게 된다. 2008년 1월 공무원노조는 총력결의대회와 농민운동 조직과의 연대투쟁을 통해 정부의 공무원 인력 감축 규모를 축소시키는 성과를 내었고, 이와 함께 농촌진흥청·국립수산과학원·산림과학원의 공공기관 전환을 유보하게 하는 결정을 이끌어냈다.

한편 민주공무원노조는 공무원노조 3기 집행부 사퇴와 법내 노조 추진과 때를 같이하여 독자적으로 공무원노조에 대한 조직 확대 사업을 전개했다. 6월 출범 대의원대회 당사 4만여 조합원으로 출발한 후 2007년 12월에는 6만5천여명으로 조직 규모가 확대됨으로써 공무원노조 중 최대 조직으로 변모해 있었다. 특히 12월에 중앙행정기관공무원노조와 통합대의원대회를 치루면서 이후 〈통합공무원노조 설립준비위원회〉로 전환되었다. 한편 공무원노조와 민주공무원노조 등은 조직 분열 상황에서도 공무원 연금 개악 뿐 아니라 공무원의 노동조건 개선을 위한 투쟁들을 계속했다. 이러한 투쟁의 결과, 2007년 12월에는 6급 이하 공무원들의 정년 연장의 단초를 마련하여, 상위직급과의 정년 차별을 철폐하게 되었다. 공무원노조와 민주공무원

박재범, 2013.).

노조는 2008년 9월 정부에 단체교섭을 요구하면서 다시 만났다.

공무원노조 위원장을 교섭대표로 정하면서 자연스럽게 공동교섭의 틀을 만들었고, 전교조와 함께 〈올바른 공무원연금 개혁 공동투쟁본부〉(연금공투본)를 구성하면서 연대사업의 폭도 넓혀갔다. 정부가 연금발전위를 구성하여 사회적 합의를 유도하였으나 공무원노조는 탈퇴하고, 11월 22일 공무원·교원노동자 총궐기투쟁을 전개하기에 이르렀다. 당면한 이명박정부의 공무원 연금 개악 움직임으로 인해, 계속 대립 구도를 취했던 공무원노조와 민주공무원노조는 다시 손을 잡을 수밖에 없었다. 정부는 2008년 10월 6일 공무원연금법 개정안을 입법 예고하였고, 11월 7일 국회에 제출하였다. 이에 11월 22일 연금공투본 주최의 공무원 총궐기투쟁에서 이들 두 조직은 다시 공동투쟁을 결의하게 된다. 그리고 이러한 계속적인 연대투쟁은 양 조직의 통합 논의로 이어지게 된다.

공무원연금 개악안이 12월 30일 국회에서 통과한 이후 2009년 3월 공무원연금 개악 저지 및 대정부 단체교섭 승리를 위한 전국 대행진까지 양 조직은 공동투쟁과 함께 통합 논의를 본격적으로 진행했다. 1월 통합추진기구가 구성되었고 법원노조까지 이 기구에 참여함으로써 공무원노조의 통합은 힘을 받으며 추진되었다. 마침내 2009년 5월 20일 3조직 대표가 통합 추진을 선언하고, 6월 3일 조직 명칭을 〈전국통합공무원노조〉로 정했다. 9월 21일 3조직의 조합원 투표 결과 조직 통합과 함께, 민주노총 가입까지 결의되었다.[21] 9월 26일 통합 공무원노조 제1차 대의원대회가 개최되면서 2년여의 갈등 끝에 마침내 공무원노조의 민주 조직들이 하나로 다시 합쳐졌다.

통합 공무원노조는 2009년 11월 5기 임원 선거를 통해 통합 집행부(위원장 양성윤)를 출범시켰다. 그러나 통합 공무원노조가 민주노총 가입을 결의하자 이명박정부는 노조 설립신고를 반려하고 노조 위원장에 대한 해고 조치를 취하는 등 곧바로 노조 탄압을 본격화한다. 공무원노조에 대해 정부가 계속 탄압을 가하는 상황에서도 공무원노조는 줄기차게 투쟁을 계속 전개했다. 2009년 12월 국회·공무원노조·사회단체간 합의를 통해 공무원연금법 개악 중단을 국회에서 이끌어내는 성과를 거두었고, 2011년 6월에는 기능직 10급이 폐지되어 근속 승진의 단초를 마련하는 등 공무원의 노동조건 개선은 계속되었다.

민주노총 가맹조직으로 〈통합공무원노조〉가 어렵게 들어섰지만, 전국의 각급 공무원노조

---

21 공무원노조(48,055명)·민주공무원노조(53,399명)·법원공무원노조(7,979명) 등 3개 조직이 합쳐 109,433명의 가장 큰 공공부문 단일노조가 민주노총 틀내에서 출범하게 된 것이다.

는 그 외에도 통일된 조직을 갖지 못한 채 개별적으로 연합조직을 구성한 경우가 많았다. 공무원노조총연맹을 비롯하여 8개의 공무원노조 연합조직이 활동하고 있었는데, 이들 조합원수는 2010년 기준으로 75,000여명에 달했다.[22] 통합 공무원노조가 이명박정부와 맞서 투쟁을 하고 있는 상황에서, 이들 조직은 공무원연금 개악 저지 외에는 뚜렷한 활동을 보이지 못하고 있었다. 이러한 상황을 극복하기 위해 2012년 6월에 대한민국공무원노조총연맹(대한공노총)으로 통합하였지만, 권력에 저항하면서 계속 탄압받고 있는 민주노총 소속 공무원노조와는 분명히 다른 지향을 유지하고 있었다.

4. 이명박정부 출범과 공공기관 선진화

1) 이명박정부 출범과 역주행

2007년 12월 19일 17대 대선에서 '747 경제성장' 공약(7% 성장 - 4만$ 소득 - 7대 강국)을 제시한 새누리당의 이명박후보가 당선되면서 민주당의 10년 집권은 끝이 나고 보수적 정책을 전면화하는 정권이 등장한다. 이명박정부는 출범하자마자 기업활동의 규제 완화, 공공부문의 시장 개입 축소 등을 통한 '기업 중심의 경제살리기' 기조를 전면화했다. 이러한 정책기조 실현을 위해, 공공부문과 관련하여 △공공부문 세출예산 축소(10%) 및 예산 낭비 근절 △공기업 민영화 △주요 국책과제의 민자 확대 등을 기초로 한 정책 공약을 발표했고, 2008년 1월 25일 기획예산처의 인수위 업무 보고에서 305개 공공기관에 대한 전면적 구조조정 계획을 구체화했다.

이명박정부는 공공기관 구조조정 추진에 앞서 사전 기반 조성 작업에 착수했다. △3~4월의 공공기관 기관장에 대한 불법적 물갈이 △3~5월의 공공기관 '도덕적 해이' 및 방만경영 부각시키기 위한 감사원 특별 감사 △4월의 공공기관 경영정보 왜곡 등이 계속되었다. 공공기관이 방만과 비효율의 온상인 듯한 여론 몰이를 계속한 것이다. 한편, 2007년 4월부터 공운법 시

---

22 2010년 노동조합 조직현황(고용노동부)에 따르면, 이들 공무원 조직들은 공무원노조총연맹(33,011명)·시도교육청공무원노조(16,149명)·전북공무원노조연맹(6,278명)·전남공무원노조연맹(3,560명)·서울공무원노조연맹(1,831명)·대전공무원노조연맹(1,950명)·광역자치단체공무원노조연맹(10,550명)·한국공무원연맹(2,248명) 등으로 구성되어 있었다. 이중 한국공무원연맹만 한국노총 소속이고, 나머지는 모두 상급단체가 없는 조직이었다.

행으로 공공기관의 기관장은 임기를 보장받고 있음에도 불구하고, 이명박정부는 이전 정부가 임명한 기관장들을 강압적으로 사퇴시키기 시작했다. 사퇴 거부한 기관장에 대해서는 '특별감사' 및 검찰 수사를 동원했다. 공공 기관장 사퇴의 절정에는 공운법에 따른 공공기관으로 지정되지 않았던 한국방송공사(KBS)의 사장(정연주)가 있었다. 이렇게 강압적으로 물갈이한 기관장에는 이명박의 대선 공신들이 대거 임명되었다.[23]

3월 24일부터 4월 10일까지 31개 공기업에 대해, 4월 24일부터 5월 10일까지 70개 준정부기관에 대해 특별감사를 실시한 결과, 감사원은 3월 31일 1차 중간보고에 이어, 5월 22일 공기업 2차 종합발표 등을 계속하면서 공기업의 경영방만 사례('신이 내린 직장')를 집중적으로 부각했다. 감사원 감사는 과거 감사내용을 중복 발표하거나, 구조조정 방안을 제시하는 월권을 행사하는가 하면, 사퇴 거부 기관장에 대한 특별감사까지 진행하는 등 스스로 공기업 감사를 '정치적 감사' 도구로, 감사원을 '정권의 시녀'로 전락시켰다. 게다가, 새로이 출범한 기획재정부는 4월 30일 노무현정부 5년간의 공공기관 인력 및 부채현황 증가와 관련한 경영정보를 통해 공공기관의 구조조정 공세의 명분을 축적해갔다.[24]

이명박정부는 4월 10일 1차로 금융공기업 민영화 조치를 발표하였다. 산업은행의 단계적 민영화 및 공적자금 투입기금(대우조선해양 등 14개 기업)의 매각 추진 발표에 이어, 기업은행·우리은행 등의 정부 잔여 지분을 완전 매각하겠다는 것이었다. 이명박 대통령은 4월 청와대 직속의 '공공기관개혁자문회의'(의장 오연천)를 구성했고, 이 자문회의는 에너지·SOC·금융·사회복지·문화체육·산업진흥 부문 등 6개 부문의 공공부문 구조조정 검토에 착수하여 그 결과를 5월 16일 대통령에 보고했다.

자문회의에 앞서 국정기획수석(곽승준)은 언론 인터뷰(4.25. 동아일보)를 통해 305개 공공기관에 대해 △민간과의 경쟁여건이 조성된 공기업의 민영화 및 매각(20~30여개) △공기업의 유사기능 통폐합 및 불필요한 기능의 조정(50~60개) △기타 공공기관의 강도 높은 구조조정 방

---

23 참여연대의 보고서에 따르면, 2008년 상반기에 새로이 임명한 공공기관장의 40% 이상이 이러한 이명박정부의 보은인사였다(참여연대, 2011).

24 이후 확인되었지만, 공공기관 부채는 오히려 이명박정부 기간에 훨씬 더 큰 규모로 증가했다. 기획재정부가 발표(2018.4)한 노무현정부 5년간의 공공기관 부채 증가는 152조 정도 수준이었으나, 이후 이명박정부 5년간 증가한 부채는 거의 300조원에 달했다. 물론, 이 부채 증가의 원인에 대해 이후 박근혜정부는 공공기관 종사자의 '방만경영' 탓으로 돌렸다(8장. '공공기관 정상화' 참고).

안 추진을 시사했다. 지난 5년간 참여정부가 추진한 공공기관 구조개편 정책이 공공기관의 방만을 확대시킨 것이라는 진단아래 김대중정부에서 검토했던 공공기관 구조조정(특히, 민영화)을 전면적으로 부활시키겠다는 발상이었다. 이명박정부는 이러한 사전 작업을 통해 5월 말 1차로 공공기관 구조조정 기본계획을 발표하고, 6월 중순 세부계획을 발표하겠다는 입장을 밝혔다.

이 과정에서 초기 이명박정부를 위기에 빠뜨리는 결정적 사건이 터진다. 미국산 쇠고기 수입 개방을 둘러싼 전국민의 반발이 '촛불투쟁'으로 폭발한 것이다. 미국산 쇠고기 수입 개방에 대한 저항으로 시작된 전 국민 '촛불투쟁'은 당시 이명박정부의 대선공약인 '한반도 대운하' 구상과 이를 우회한 '4대강 개발'에 대한 국민적 반발, 그리고 공공기관장 강제 사퇴 및 보은 '낙하산 인사' 등이 결합되어 한꺼번에 이명박정부 퇴진(MB OUT!)까지 이어졌다. 이 '촛불투쟁'은 공기업 민영화까지 포함하여 이명박정부가 내세운 정책들이 국민들의 권리와 권익을 외면하고 있다는 인식을 들불처럼 확산시키는 계기로 작동하게 된다.

2) 2008년 촛불투쟁

2008월 4월 11일 이명박정부는 미국산 쇠고기 수입 협상 개시를 발표 한 후 1주일만에 4월 17일 전격적으로 '전면 개방' 협상을 타결했다. 이전 노후현정부 시절 미국에서 광우병 소가 발견된 직후 수입과 중단을 반복하다 2007년 10월 이후 검역이 전면 중단된 상황이었는데, 이를 무시하고 미국산 쇠고기 전면 개방을 수용한 것이었다. 협상 타결 직후 4월 29일 MBC〈PD수첩〉에서 "긴급 취재 – 미국산 쇠고기 광우병 위험에서 안전한가" 프로를 통해 미국의 불완전한 광우병 통제 시스템과 정부의 미국산 쇠고기 협상 타결의 문제점을 짚었다.

이〈PD수첩〉취재 내용은 이후 미국산 소입 쇠고기에 대한 불신으로 이어지면서 전 국민을 분노하게 만들었다. 5월 2일 인터넷 카페 〈이명박정부 탄핵을 위한 범국민운동본부〉 주최로 첫 촛불집회가 열렸는데 1만여명의 시민, 학생 등이 참여했다. 이후 날이 갈수록 촛불집회의 참여 숫자는 급증했고, 언론에서도 연일 광우병의 위험을 지적하는 등 정부의 잘못된 협상에 대한 국민적 반발이 확산되었다.[25]

---

25 MBC〈PD수첩〉의 보도와 같이 실제 '인간 광우병' 발생률은 그다지 높지 않은 것이었음에도, 이같은 불만이 폭발한 것은 이명박정부의 광우병 통제 능력과 신뢰성에 대한 불신이 크게 작용했다. 이명박정부는 한미 FTA 선결 요건으로 미국산 쇠고기 전면 개방을 허용했는데, 합의 내용을 처음에 제대로 공개하지 않았다. 그러나 이후 쇠고기의 연령과 부위, 검역주권에 대한 사항을 모두 미국의 결정에 따라야 하는 내용이 드러나면서 협

2008.5. 이명박정부에 맞선 촛불투쟁

미국산 쇠고기 협상에 대한 반발로 시작된 촛불투쟁은 '한반도 대운하' 사업 반대, 의료 민영화 반대 등으로 확산되기 시작했다. 헌법 제1조(대한민국은 민주공화국이다) 및 21조(모든 국민은 언론출판의 자유와 집회결사의 자유를 가진다)를 앞세워 이명박정부의 역주행에 대한 국민들의 저항이 확산되었다.

이전까지의 집회가 정당·노동조합·시민사회단체가 주도하고 시민이 참여하는 것이었다면, 이 촛불투쟁은 먼저 시민이 자발적으로 주도하고 노조나 시민사회단체가 결합하는 양상이었다. 민주주의 후퇴에 저항하는 국민들의 역동성이 돋보인 것이다. 5월 6일 진보정당·시민사회단체·민주노총 등을 중심으로 〈광우병 위험 미국산 쇠고기 전면 수입을 반대하는 국민대책위〉가 발족되어 이 촛불투쟁에 진보 진영도 조직적으로 참여하기 시작했다.

국민대책위 참가단체였던 민주노총(위원장 이석행)은 5월 13일 기자회견을 통해 "부실·졸속 쇠고기 협상은 전면 무효다"는 입장을 발표하면서, △광우병 위험 쇠고기 수입 무효화 및 재

상에 대한 불신이 극에 달했다. 이명박정부가 경제성장(747공약)을 내세워 당선되었음에도 글로벌 경기 침체로 경기 후퇴가 가시화되자 한미FTA를 조기에 발효시킬 목적으로 졸속 협상을 추진한 것으로 알려지고 있다.

협상 △협상 책임자 파면 △이명박대통령의 대국민 공개 사과 △광우병 예방을 위한 특별법 제정 등의 4대 공동 요구사항을 발표했다. 민주노총 각 산하 조직 역시 미국산 쇠고기 수입 무효화를 위한 실천사업을 제시했는데, △운수노조(공공운수연맹)의 쇠고기 입항 저지 및 수송 거부 △전교조의 학교 급식 및 보건의료노조의 병원 급식의 미국산 쇠고기 반대 운동 등이 대표적이었다. 특히, 운수노조의 미국산 쇠고기 수송 거부는 광범위한 국민적 공감을 불러일으켰다.

이명박 대통령은 5월 22일 미국산 쇠고기 파동에 대한 유감을 표시하면서 한미FTA의 국회 비준을 촉구했고, 곧이어 정부는 국민 저항에도 불구하고 5월 말 미국산 쇠고기 검역 고시를 발표하였다. 이에 성난 시민들은 5월 24일 서울 태평로 거리로 진출했으며, 급기야 5월 31일에는 세종로 일대를 완전 장악하기에 이르렀다. 경찰도 5월 24일부터 집회 강제 해산 및 참가자 연행을 시작했다. 촛불투쟁은 이명박정부에 맞서는 전국민적 항쟁으로 발전하면서 7월 초까지 계속 확대되었다. 6월 10일 1987년 민주항쟁 21주년을 맞아 70만명(전국적으로 100만명 집결)이 참여한 대규모 촛불집회가 개최되었다. 광화문에서 열린 집회에서 시위대는 행진 대오를 가로막는 경찰 차벽(소위 '명박산성')을 넘어 청와대 진격을 시도했고, 이 상황에서 '이명박 퇴진' 등의 구호까지 나왔다.

정부는 MBC 〈PD수첩〉 제작진을 고소하고 KBS·YTN 등의 언론노조 대표들을 징계하는가 하면 KBS사장(정연주)을 강제로 해임시키는 등 언론 탄압에 나섰고, 민주노총을 비롯한 국민대책위 대표에게도 체포 영장을 발부하였다. 촛불집회 연행자 900여명에 대한 사법 처리 입장도 발표하였다. 이에 국민대책위는 6월 20일까지 재협상의 결단을 내리지 않는다면 대통령 퇴진을 위한 전국민적 항쟁에 돌입하겠다고 선언했다. 6월 30일부터 7월 6일까지 〈천주교정의구현전국사제단〉 주최로 시국 미사가 열렸다. 7월 5일 '100만 촛불대행진'을 통해 전국 각지에서 반MB투쟁이 절정에 달했다. 이후 촛불투쟁은 대규모 집회가 아닌 게릴라성 집회로 변모해갔다. 공기업 민영화 반대를 내걸고 참여했던 공공부문노조도 촛불투쟁 당시의 국민적 열기와 관심을 제대로 투쟁으로 담아내지 못한채 촛불투쟁이 약화 이후 투쟁 동력이 서서히 약화되기 시작했다.

3) 촛불투쟁에 적극 참여한 공공운수연맹

• 미국산 쇠고기 운송 저지 투쟁

초기 촛불투쟁의 열기를 확산시킨 조직은 단연 운수노조였다. 이미 운수노조는 2008년 3월 20일 민주노총 회의실에서 이명박정부의 '대운하 건설 계획 중단'을 요구하는 기자회견을 가졌다. '한반도 대운하' 사업은 물류산업의 공동화를 초래하고, 국민혈세를 낭비하며, 환경을 파괴하는 것이라는 이유에서였다. 4월 11일 운수노조는 국토해양부에 교섭을 요구하고, 운수산업의 공공성 강화, 교통물류 수송용 연료 유가인하 등 4개 항의 제도 개선 요구를 제시했다. 이후 5월 2일 운수노조는 미국산 쇠고기 운송 거부 투쟁을 결의하면서, 미국산 쇠고기의 입항 저지 및 수송 거부 입장을 발표했다. 이에 5월 6일까지 2,400여개의 지지 댓글이 달리면서 한때 운수노조의 홈페이지가 마비되기도 했다.

이러한 운수노조에 대한 시민들의 강한 지지 속에 5월 10일 부산역 광장에서 6천여명의 화물 노동자들이 참여한 가운데 화물운송노동자 총력결의대회가 개최되었고, 화물연대본부는 화물 노동자의 생존권 보장을 위한 경유가 인하, 표준요율제 이행 등을 촉구했다. 공공운수연맹은 미국산 쇠고기 수입조치 효력이 발생하는 6월 2일부터 경기·인천·부산 등 냉동창고 앞에서 촛불문화제·철야농성 등을 하기로 결의했고, 실제 부산과 경기지역의 냉동창고의 수입 쇠고기 반출을 저지하기도 했다. 화물 노동자의 투쟁에 맞춰 운수노조도 5월 13일부터 철도의 수송 거부 등 미국산 쇠고기 운송 거부에 대한 조합원 행동지침을 발표했다.

5월 미국산 쇠고기 운송 거부 투쟁을 주도했던 화물연대본부는 6월 9일 전면파업을 선언했다. 10일부터 지부별 총회와 촛불집회 참석, 11~12일 간부 파업이 진행되었고, 13일 전국의 35만여대의 화물차 중 28만여대가 일제히 운송을 멈춰 화물 노동자의 80% 이상이 파업에 돌입했다. 화물연대본부 조합원이 당시 13,500여명임을 감안해 볼 때 조합원의 20배 이상이 파업에 돌입한 것이었다. 수많은 비조합원들이 운송을 중단한 것은 '촛불 민심'으로 인한 국민들의 지지와 성원의 결과인 셈이었다. 화물연대본부 파업 역사에서 가장 국민들에게 광범위한 지지를 받았던 파업이었다. 화물연대본부는 이 파업을 통해 숙원과제였던 '표준운임제' 시행을 정부로부터 약속받았다. 이후 정부의 약속 미 이행에 막혀 제대로 시행되지 못했지만, 당시에는 역사적으로 가장 큰 성과를 남겼던 투쟁이었다.

운수노조를 중심으로 진행된 미국산 쇠고기 운송 거부 투쟁을 지원하기 위해 공공운수연맹은 6월 26일부터 기흥 강동냉장에 집결하여 5일간 운송을 저지하였다. 이 투쟁은 산하 조직의 주요 간부들과 지역본부까지 결합한 투쟁으로 민주노총 투쟁 지침에 따라 이뤄졌다. 6월 30일 공권력 투입으로 연맹·운수노조의 주요 간부들이 연행되면서 강동냉장 운송 저지 투쟁은 마감되었다. 당시 공권력의 출동으로 공공운수연맹의 임원, 사무처 및 운수노조 간부들과 함께, 경기지역 노동자들이 대규모로 연행되었으나 2년 후 재판에서 무죄가 선고됨으로써 이 투쟁의 정당성이 확인되었다.

• 공공기관노조들의 투쟁 및 철도본부·서울지하철노조의 파업 유보

촛불투쟁 기간 동안 철도·가스·공항·의료 등의 민영화에 대한 국민들의 비판 여론이 확산되는 가운데, 공공운수연맹은 6월 공공기관노조 대표자회의를 통해 국가기간산업의 구조조정과 사유화(민영화)에 맞선 총력투쟁을 준비했다. 이미 공공운수연맹은 5월 24일 1만여명이 참여한 가운데 1차 공공부문 총력결의대회를 진행했고, 6월 10일 공공노조 이병렬열사 장례에 맞춘 1차 '촛불 총회', 6월 27일 2차 '촛불 총회'를 계속 개최했다. 당시 6월 민주노총이 주최한 촛불투쟁 집회는 거의 절반 이상이 공공운수연맹 조직 대오로서 공공운수연맹의 촛불투쟁 참여 열기는 높았다.

촛불투쟁으로 공공부문 민영화에 대한 국민들의 반대 여론이 확산되자, 6월 19일 대통령(이명박)은 특별기자회견을 통해 물·전기·가스·건강보험은 민영화하지 않겠다는 대국민 선언을 하기에 이르렀다. 특히 이 중에서 전기 민영화 추진 중단은 2009년 말까지로 예정된 전력산업 구조개편을 사실상 중단한다는 의미에서 매우 의미있는 선언이었다. 공공부문 민영화에 대한 국민적 반발이 확대되자, 공공운수연맹은 7월 5일 2차 공공부문 총력결의대회를 통해 〈철도·가스·전기·공항·지하철 공공투쟁본부〉(공투본)를 발족했다. 이 공투본을 통해 이명박정부의 공공부문 구조조정 정책의 허구성을 폭로하고 총력투쟁에 돌입하겠다는 계획을 발표하고 7월 25일 3차 총력결의대회를 진행했다.

민영화 정책에 직접 맞서왔던 철도노조(철도본부)·발전노조·가스공사지부·공항공사노조 등은 각 조직별로 대규모 결의대회와 대국민 선전활동을 통해 민영화의 부당성을 사회적으로 확산시켰다. 6월과 7월에 공공운수연맹은 촛불투쟁에 올인했지만, 7월 초 촛불투쟁의 양상이 정부의 강한 탄압 속에 소규모 게릴라식으로 변모함으로써 이들 국가기간산업의 구조조정 문제는 이후 크게 이슈화되지 못했다. 더구나 갑자기 폭발한 촛불투쟁 국면에서 각 노조들이 당면 상황을 전략적으로 반전시킬 연대파업 등의 투쟁계획을 미처 준비하지 못한 채 7~8월 〈국회 공기업특위〉가 가동되자 국회 사업에 집중하는 한계를 보이게 되었다. 공기업 민영화를 중심으로 한 '공공기관 선진화' 정책이 본격화되면서, 10월에 공투본은 연대파업을 통해 이를 돌파하고 의제화하려 했으나, 실제 파업을 결의한 조직은 서울지하철노조(위원장 김영후)·철도본부(위원장 황정우)·가스공사지부(지부장 황재도)였다.

서울지하철노조는 9월 17일 쟁의행위 찬반투표를 거쳐 9월 26일 파업 돌입을 예고했으나 시민 불편 최소화를 위해 집중교섭을 전개하였다. 11월 20일 철도본부(노조)와 함께 연대파업 돌입을 선언했으나, 당면한 외주화 문제에 대한 해결 방안이 합의되면서 파업이 유보되었다.

서울지하철노조의 잠정 합의(안)은 조합원 총회에서 부결되어, 집행부는 다시 사퇴하였다. 서울지하철노조는 또다시 노사협조주의 집행부(위원장 정연수)로 전환되었다.

철도본부(노조)는 2008년 촛불투쟁 당시 철도 민영화의 문제점을 사회적으로 공론화하는 데 앞장섰고, 이러한 열기와 동력을 임금 및 단체협약에서 반영하기 위해 11월 20일 파업 돌입을 선언했다. 이미 이명박정부가 8월 이후 공공기관 선진화 정책을 잇따라 발표하고 있는 상황에서 철도본부(노조)의 파업 돌입 선언은 운수노조 및 공공운수연맹 뿐 아니라 민주노총에게도 비상한 관심사였다. 파업 돌입 전날 철도본부(노조)는 철도공사와 해고자 복직 및 인력 충원 등에 대한 잠정 합의를 이끌어내고 파업 돌입을 유보했다. 그러나 철도본부(노조)의 잠정 합의(안) 중 전문과 관련한 논란이 제기되면서 철도본부(노조) 쟁의대책위원회 단위에서 잠정 합의(안)이 부결되어 집행부는 사퇴했다.[26] 철도본부(노조)의 파업이 유보된 후 정부는 철도공사에 대해 12월 5,119명의 인력감축 계획을 발표하기에 이른다. 촛불투쟁이 사그라진 정국에서 철도본부(노조)·서울지하철노조의 연대파업이 유보되면서 '공공기관 선진화'에 대한 초기 대응 동력은 현저히 약화되었다.[27]

촛불투쟁에서 나름대로 성과를 거둔 사업은 이명박정부의 의료 민영화에 대한 투쟁이었다. 이명박정부는 △건강보험 당연지정제 폐지 △민간의료보험 활성화 △영리병원 허용 등 건강보험의 공공성 약화, 의료민영화 추진을 위한 기반 강화를 노골화했다. 공공노조 사회보험지부(지부장 김동중)와 의료연대본부는 민주노총(보건의료노조 등)과 연대하여 의료 민영화에 맞서는 투쟁을 사회적으로 확대시켰다.

---

26 당시 철도본부(노조) 잠정 합의(안) 전문에는 이명박정부의 철도 구조조정에 노사가 공동 대응하자는 차원에서 과거 노무현정부의 구상(10.4. 남북 공동선언)을 반영하여 남북철도 연결 및 대륙철도 건설 등의 사업을 통한 'Great Korea' 구상이 포함되어 있는데, 이를 위해 노사가 협력하자는 내용들이 포함되어 있었다. 이내용에 대해 각 본부별 쟁의대책위원회에서 문제 제기가 이어지면서 부결된 것으로 알려졌다(필자 주).

27 철도본부(노조)·지하철노조의 투쟁은 촛불투쟁을 이끌었던 〈촛불자동차연합〉이 지지 성명서를 내는 등 이전과는 달리 여론의 지지를 받고 있었다. 공공부문에 일반화된 민영화·정리해고·외주화 등에 대해 국민들의 여론도 촛불투쟁을 거치면서 이전과 달리 비판적 분위기로 바뀌었다. 철도와 지하철의 비용 절감보다 시민안전이 중요하다는 인식이 확산된 결과이다. 이러한 상황에서 통합 산별노조 추진의 동력으로 자리매김될 것으로 기대되었던 2008년 하반기 철도본부(노조)와 서울지하철노조의 파업이 유보된 것은 아쉬운 대목이다. 물론 철도본부(노조)와 서울지하철노조의 파업이 유보되었다 해서 전체 공공기관노조 투쟁이 약화된 것 역시 공공운수연맹의 취약한 단면을 드러낸 것으로 볼 수 있다(필자 주).

촛불투쟁에 힘입어 '의료 민영화'에 대한 국민적 반감이 확산되어 정부는 결국 건강보험 공공성 후퇴 정책을 유보하기에 이르렀다. 제주영리병원 도입 역시 노조와 지역도민들의 연대 속에 무산되었다. 이후에도 이명박정부 내내 의료민영화 추진을 위한 시도가 계속되었지만, 강력한 연대투쟁으로 이러한 시도는 성공하지 못하게 된다. 이명박정부에서 노조와 사회단체 등의 반발로 인해 정책 방향이 후퇴된 흔치 않는 사례로 '의료 민영화'는 기록되고 있다.

촛불투쟁이 진행되는 과정에서 공공노조 전북평등지부 조합원(이병렬)이 5월 23일 분신하여 이에 대응하는 지역별 규탄 투쟁이 줄을 이었고, 공공연구노조에서는 건설기술연구원의 김이태 박사(대운하 관련 양심선언)의 징계에 맞선 투쟁이 전개되고 있었다. 〈이명박 탄핵 투쟁 연대〉라는 카페의 회원이기도 했던 이병렬 조합원은 사투 끝에 6월 9일 생을 마감했다.

이러한 투쟁 모두 운수노조의 운송거부 투쟁, 화물연대본부 파업, 국가기간산업노조의 공투본 구성과 맞물려 초기 조직 통합에 어려움을 겪고 있던 공공운수연맹과 양 산업노조 입장에서는 전략적으로 활용할 수 있는 의제였지만, 결과적으로 그러하지 못했다. 공공운수연맹의 취약한 지도력이 여기서 작용한 것이다. 사실상 '촛불투쟁의 가장 큰 수혜자'였지만 이러한 고양된 열기를 공공·운수부문의 총력투쟁으로 연결시킬 지도력과 공공부문 투쟁을 전국민적 관심사로 확산시켜낼 전략 또한 제대로 준비되지 못하였다. 촛불투쟁이 소강 상태로 접어든 뒤, 정부는 8월부터 본격적으로 '공공기관 선진화' 정책을 본격화하고 있었지만, 공공운수연맹은 이에 맞서는 총력투쟁을 준비하는 대신, 통합 공공운수노조 건설 논의로 조직적 분열과 내홍을 겪는 과정으로 빠져들게 된다.[28]

---

28 촛불투쟁이 민주노조운동이 주도적으로 기획한 것이 아닌 "국민들의 조직화되지 못한 자연발생적 투쟁"이라는 특징을 지닌 점도 있었지만, 결과적으로 이러한 공간을 제대로 활용하여 연맹 사업의 통합 및 통합산별 추진의 유효적절한 계기로 활용치 못한 것은 공공운수연맹의 한계를 반영하는 것이었다. 2008년 하반기의 공공운수연맹 내부의 급속한 이완 흐름 역시 단순한 통합 산별 추진에 대한 내부의 이견 표출과 함께, '촛불투쟁의 감동'이 공공-운수부문의 총력투쟁으로 발전되지 못한 데 대한 실망감도 적지 않게 작용한 것으로 볼 수 있었다. 촛불투쟁 이후 진행된 각종 토론 공간에서 나타난 통합 산별 추진에 대한 반대 목소리는 대부분 이러한 현실을 바탕으로 한 것이었다(박용석, 2009).

4) '공공기관 선진화' 정책 추진

• 공공기관 선진화 정책 발표

촛불투쟁 국면 속에서 공기업 민영화에 대한 강한 반발이 구체화되자, 이명박정부는 공기업 개혁 추진의 시기와 내용을 조정하게 된다. 정부(기획재정부)는 5월 22일 기자간담회를 통해 공기업 구조조정 발표의 시기를 6월 이후로 연기함과 아울러, 구조조정 내용도 조정하여 전기·가스·물 등의 민영화 정책을 유보하겠다고 했다. 6월 22일 기획재정부 장관은 '공공기관 선진화' 정책 발표를 7월 이후로 연기하겠다고 했고, 공식적으로 전기·가스·물·건강보험 민영화 유보를 재확인했다.

그러나 김대중정부의 공기업 구조개혁 방안 중 중단된 사항(전력·가스·철도·지역난방·공항 등)에 대해서 정부는 재추진을 검토하였고, 이를 위해 여당(한나라당)은 국회내에 〈공기업대책특위〉를 구성하게 된다. 공기업대책특위를 통해 정부·여당은 7월 22일 4가지 원칙(△경쟁여건이 성숙된 공기업의 민영화 및 매각 △유사기능의 통폐합 △기능 조정 △기타 공기업의 경영효율화 추진)에 의한 '공기업 선진화' 정책 방향을 발표했다.

기획재정부는 7월 22일 공공기관운영위원회 산하 소위로 〈공기업선진화추진위원회〉를 구성하여 각 부처 단위로 추진되는 공기업 구조조정의 조정 역할을 부여했다. 이러한 과정을 거쳐 "민간의 창의력 발휘를 위한 활력있는 시장경제 구현"이라는 국정 목표 아래 2008년 8월부터 2009년 6월까지 6차례에 걸쳐 '공공기관 선진화' 정책이 발표되기에 이른다. 1차~3차는 공공기관의 기능 조정(민영화·통폐합·매각·폐지 등) 내용으로 구성되었고, 4~6차는 경영효율화(인력감축 및 자산매각) 내용으로 이뤄졌다. 소위 이명박정부의 소위 '1기 선진화' 정책이 구체화된 것이다.

표7-3 이명박정부 공공기관 선진화 정책 추진 현황

구분	발표 시기	주요 내용
1차	2008. 8.11	• 27개 기관 민영화, 2개 기관 통폐합, 12개 기관 기능 조정 추진 - 인천공항공사 지분 매각(49%, 외국 항공운영사 전략적 제휴 15% 포함) - 관광공사 면세점, 골프장 등 민간 이양, 자회사(경북관광개발공사) 매각 - 토지신탁, 문화진흥, 투자신탁, 국민체육공단 스포츠시설 등 매각 - 전기안전공사 일부 검사업무 민간 이양 - 4대 사회보험의 징수 통합(국민연금공단, 건강보험공단, 근로복지공단) - 산업은행 민영화에 따른 공적자금 투입 기업(대우조선 등 14개) 매각 - 토공-주공 통합

구분	발표 시기	주요 내용
2차	2008.8.26	• 29개 기관의 13개 통합, 3개 기관 폐지, 7개 기관 기능조정 추진 　- 한국공항공사 소속 3개 공항 매각 검토 　- 기초 과학기술분야 통합(한국과학재단, 한국학술진흥재단 등) 　- R&D지원 6개 기관 3개로 통합(산업기술평가, 부품산업진흥, 정보통신연구진흥원 등) 　- 정보통신기술부문(10개)의 4개(정보통신산업진흥, 방송통신진흥, 콘텐츠진흥, 정보사회문화진흥)통합 　- 환경관리부문(환경관리공단 + 환경자원재생공사 → 한국환경공단) 및 환경진흥 통합 　- 산재의료관리원 근로복지공단으로의 통합 　- 청소년 부문(청소년수련원+청소년진흥센타 → 청소년진흥원)의 통합 　- 노동교육원, 정리금융공사, 코레일에드컴 3개 폐지
3차	2008.10.10	• 30개 기관: 민영화(10개), 통합(7 → 3개), 폐지(2개), 기능조정(1개), 경영효율화(8개) 　- 철도공사 기능 조정 및 일부 자회사 매각 　- 신용보증기금 부문 통합 　- 대한주택보증, 한전기술, 한전KPS 민영화 　- 가스공사 도입-판매부문 민간 경쟁 허용 　- 전력공사의 판매부문의 발전부문 통합 및 민간 경쟁 허용 　- 지역난방공사의 지분 매각 및 자회사 매각 　- 한국공항공사, 한국방송광고공사의 기능 조정
4차	2008.12.22	• 69개 기관의 경영효율화를 통해 정원 1만9천명 감축, 1.1조원 예산 절감 　- 305개 공공기관 중 폐지(5개) 및 즉시 민영화(33개) 대상 기관을 제외한 공공기관(278개)중 협의가 완료된 69개 기관 대상 　- 1단계로 철도공사 등 69개 공공기관에 대해, 인력 감축 19,000여명, 예산 절감 1.7조원, 자산 매각 8.5조원 추진 　　* 철도공사 5,115명, 한국전력 2,420명, 수력원자력 1,067명, 농촌공사 844명, 중소기업은행 740명 등 인력 감축 　- 민간과 경합하거나 민간이 효율적으로 수행가능한 기능은 폐지·축소 또는 위탁 추진 　- 여건 변화로 업무량이 줄어든 기능, 고유 설립목적과 관련이 적은 비핵심기능 폐지·축소
5차	2009.1.29.	• 공기업 출자회사 273개 중 131개 매각 등 정리(3.1조원) 　- 불요불급한 출자지분 정리 통해 공공기관(모기업)의 경영효율성 제고 및 민간영역 확대 도모 　- 대한생명, LG파워콤, 부산신항만 등 111개 기관 지분 매각 및 설립목적 달성이 부실한 산업기술인터넷방송국, 중앙PMC 등 청산 　- 142개 출자회사의 투자 성과 제고 및 매각 유도
6차	2009.3.31	• 4차 선진화 계획에서 제외된 기관 중 협의가 완료 60개 기관의 인력 2,981명(11.6%) 감축, 인건비 1,277억원 감축 및1,800여억원의 재정 건전화 　- 철도시설공단, KOTRA 등 조직(인력) 효율화 　- 통합 공시 항목 확대(27→33개)

자료: 기획재정부(2008~2009), 재구성

표7-4 공공기관 선진화 추진 실적(2010년)

구 분	기 관 명
• 민영화 (24개)	- 금융공기업 (7개): 산은·자회사(캐피탈,자산운용), 기은·자회사(캐피탈,신용정보, IBK시스템) - 대한주택보증, 88관광개발(88골프장) - 자회사(10개): 한국문화진흥(뉴서울CC)·한국자산신탁·한국토지신탁·경북관광개발·한국건설관리공사·안산도시개발·인천종합에너지·그랜드코리아레저·농지개량·기업데이타
지분매각(5개)	인천국제공항공사·한국공항공사·지역난방공사·한전기술·한전KPS
• 통합 (36→16개)	- 주공+토공 → LH - R&D관리기관: 9 → 4개(지경부 6 → 3개, 교과부 3 → 1개) - 정보통신진흥기관: 10 → 4개(지경부 2→1개, 문화부 3→1개, 방통위 3→1개, 행안부 2 → 1개) - 환경자원공사+환경관리공단, 환경기술진흥원+친환경상품진흥원 - 한국산재의료원+근로복지공단 - 저작권심의위+컴퓨터프로그램보호위 - 청소년수련원+청소년진흥센터 - 코레일 트랙+전기+엔지니어링, 코레일 개발+네트웍스
• 폐지 (5개)	정리금융공사·노동교육원·코레일애드컴·부산항부두관리공사·인천항부두관리공사
• 경쟁도입 (2개)	한국가스공사·한국방송광고공사
• 기능조정(20개)	- KOTRA·중소기업진흥공단·정보통신국제협력진흥원(중소기업 해외마케팅지원 일원화) - 국민연금공단·건강보험공단·근로복지공단(4대보험 징수통합) - 생산기술연구원·디자인진흥원·에너지관리공단·한국전력(R&D관리 이관) - 관광공사·석유공사·광물자원공사·국민체육진흥공단·전기안전공사·산업기술시험원·예금보험공사·자산관리공사·한국감정원·가스기술공사
• 정원 감축	132개 공공기관 (△2.3만명, △12.1%): 30% 이상(4개), 20~30%(9개), 15~20%(15개), 10~15%(90개), 10% 미만(14개)
• 출자회사 정리	273개 중 131개 정리계획(매각·청산 등). 74개 정리(지분매각 67개, 폐지·청산 5개, 통폐합 2개)

자료: 기획재정부(2011a). 일부 재구성

특히 1~3차 선진화를 통해 공공기관의 소유구조 개편을 통한 기능 조정을 강화했는데, 이는 이전 노무현정부와는 다른 '공공기관 선진화' 정책의 단면을 엿볼 수 있었다. 319개 공공기관 중 108개 기관에 대해, 민영화(38개), 경쟁도입(2개), 통합(38→17개), 폐지(5개), 기능조정(20개), 경영효율화(8개)를 추진하겠다는 것이 그 내용이었다.

철도·전력·가스·공항·지역난방 등 주요 기간산업에 대해서는 명시적인 경영권 매각(민영화) 방침이 유보되었으나, △경쟁체제 확대(철도·전력·가스 등) △지분 매각(공항 등) 등을 통해 사실상 우회적 민영화를 추진하겠다는 방침이 구체화된다. 노무현정부에서 유보했던 철도 분할 민영화 및 전력 소매 경쟁(배전 분할 등) 확대 등이 이 당시 구체화되면서 이후 박근혜정부에까지 이어진다. 이명박정부가 '공공기관 선진화' 차원에서 추진한 민영화·경쟁체제·통합·폐지·기능조정 추진은 대부분 2010년 초까지 매듭지워진다.

특히 이명박정부의 공공기관 선진화에서 주목되는 것은 철도 경쟁체계 확대이다. 수서 KTX신설은 2007년부터 논의되기 시작했는데, 초기 수서KTX 신설 논의는 별도 사업자 선정을 통한 분할 운영 목적이 아닌 수도권 철도 구간(서울~시흥)의 병목 해소를 위한 것이었다. 당연히 철도공사의 통합 운영이라는 전제에서 출발한 것이다. 이러한 수서KTX 운영 정책은 이명박정부에서 전환되었다. 이명박정부는 2008년 촛불투쟁 등을 통해 철도 민영화가 장애에 부딪히자, 2015년 말 개통 예정인 수서발 KTX에 대해 철도공사가 아닌 신규 철도 운영 사업자를 선정함으로써 고속철도 경쟁(분할 민영화) 체계를 확대한다는 계획을 구체화했다. 철도공사의 장기간 독점에 따른 경영 효율성 저하를 경쟁을 통해 개선시킨다는 전제 하에서이다.[29] 2013년 1월 국토해양부는 인수위 업무보고를 통해 '수서발 KTX 사업자 공모' 계획을 포함시키면서 고속철도 분할 추진을 사실상 박근혜정부의 국정과제에 포함시켰다. 결국 이명박정부 후반기에 검토한 고속철도 분할 경쟁 체계는 2013년 12월 박근혜정부의 수서KTX 분할로 구체화된다.

이러한 흐름은 전력 부문에서도 예외없이 나타나고 있다. 한국개발연구원(KDI)은 2010년 7월 '전력산업 구조개편 연구 결과' 발표를 통해 전력산업의 효율성 강화를 위해 △발전 부문의 경쟁 강화 △소매시장 개방 및 한전의 판매조직 분리 등이 필요하다고 주장했다. 이미 전력의 배전 분할을 2004년에 중단키로 정부가 정책을 결정했는데, 전기 민영화를 초기 국정과제로 내세웠던 이명박정부는 이것을 뒤집으려는 것이었다. KDI의 연구 결과는 결국 정부(산업자원부)의 입장을 그대로 반영한 것이다.

---

29 2010년 12월 교통연구원은 수도권 고속철도(수서발 KTX) 분할(민영화) 보고서를 제출했다. 수서발 KTX를 민간 사업자에게 임대할 경우 높은 수익이 보장된다는 내용이었다. 이후 정부(국토교통부)는 철도공사의 경영 비효율(부채 증가, 선로 사용료 부담 저조) 및 서비스 저하(철도 지연·탈선 등) 문제를 제기하며, 고속철도 분할 경쟁 체계가 타당하다는 결론을 이미 도출하면서 수서KTX 분할을 준비하고 있었다(고용석, 2012).

- 경영평가제도를 악용한 공공기관 선진화 추진

이명박정부의 공공기관 선진화 정책은 추진 과정에서도 문제가 나타났다. 먼저 2009년 3월에 경영평가(특히, 기관장평가)를 앞두고 기획재정부는 '경영효율화 과제'(대졸초임 삭감, 청년인턴 채용, 인력감축 규정 반영, 단체협약 등)를 경영평가 지표로 포함시켜 4월 말까지의 이행실적을 기관장평가에 반영시켰다. 원래 경영평가는 전년도 경영실적을 평가하는 제도인데, 평가년도 시기 사업을 평가에 반영하는 것은 제도 취지를 정면으로 부정하는 것이다. 그러나 이명박정부는 이러한 제도 취지나 상식조차 인정하지 않았다. 4월 18일 대통령은 '공공기관 선진화 워크숍'을 통해 이같은 조치를 재차 밝히면서 강압적 분위기를 연출했다. 그런데 경영평가를 눈앞에 두고 기관장평가 지표를 변경한 것은 이명박정부가 또 다른 의도를 갖고 있었기 때문이었다. 이는 이전 정부에서 임명한 기관장을 해임하기 위한 것으로서, 6월 경영평가 결과 산재의료원 이사장(심일선) 등을 포함한 5명의 기관장에게 해임이 권고되었다.

기획재정부는 2009년 5월 19일 70개 기관장이 참여한 가운데 워크숍을 개최하고 공공기관 선진화 추진 실적이 저조한 기관에 대한 경영진 해임 요구권을 행사할 것이라고 밝혔다. 6월의 기관장평가 결과에 따른 기관장 해임은 여기서 비롯된 것이었다. 아울러, 지속적인 선진화(소위 '2기 선진화')를 위해, '3대 거품 빼기'(임금·조직·사업구조)와 함께, 국가경쟁력 강화와 경제위기 타개를 위해 공공 노사가 모범을 보이는 '노사관계 선진화' 방침을 선진화 정책에 추가하여 발표했다. 이 '노사관계 선진화' 추진의 세부 내용은 이후 감사원이 감사 결과를 발표하면서 구체적으로 나타났다. 감사원(원장 김황식)은 정부 역점과제인 공공기관 선진화 계획의 실효성 확보를 내세워 2010년 1월 27일부터 3월 31일까지 132개 공공기관을 대상으로 특별감사를 실시하고, 그 결과를 8월에 발표했다. 핵심적 내용에 '노사관계 선진화' 방침이 포함되어 있었는데, 공공기관노조와 공공기관 노동자를 '공공의 적'으로 규정하려는 의도가 깔려 있었던 것이다.

기획재정부는 공공기관 선진화('경영효율화' 및 '노사관계 선진화') 실적을 2009년 이후 경영평가(기관장평가)에서 계속 반영하겠다고 발표했다. 그런데, [표7-5]와 같이 '공공기관 선진화' 지표는 경영평가 전체 성적의 40%를 점하고 있었다. 이명박정부의 공공기관 선진화 정책은 노동 적대 정책으로 발전하고 있었다.

이러한 정부의 발상은, 2010년 타임오프제 시행 및 2011년 복수노조 허용 등의 시행에 앞서 공공기관의 노사관계 및 단체협약에 대한 전반적인 '손질'을 하겠다는 의도였다. 2010년과 2011년의 경영평가에서는 이같은 '노사관계 선진화' 내용이 공공기관노조들의 거센 반대에도

표7-5 '공공기관 선진화' 평가지표(기관장평가) 및 세부평가내용

평가지표	세부평가내용	가중치
경영 효율화	(1) 인력관리 효율화를 위한 기관장의 노력 및 성과는 적절한가? (2) 보수체계 합리화를 위한 기관장의 노력 및 성과는 적절한가? (3) 기능조정 효율화를 위한 기관장의 노력 및 성과는 적절한가? (4) 기타 자체적인 경영효율화를 위한 기관장의 노력 및 성과는 적절한가?	20
노사관계 선진화	(1) 노사관계 및 노사협력이 합리적이고 적법하게 이루어지고 있는가? (2) 노사간 공감대 형성을 위한 커뮤니케이션이 적절히 이루어지고 있는가? (3) 노사관계 관리 역량 강화를 위한 노력이 적절히 수행되고 있는가? (4) 단체협약 내용이 합리적이고 개선노력이 적절히 이루어지고 있는가? * 노조가 없는 기관은 노사협의회 운영의 합리성 평가	20
계		40

자료: 기획재정부(2009)

불구하고 핵심 평가지표로 설정되었고, '노사관계 선진화' 이행 실적이 미흡한 공공기관은 다른 사업이나 경영에서 아무리 우수한 실적이 있어도 미흡·부진한 기관으로 설정되는게 다반사였다.[30]

이러한 역주행은 사회적으로 논란을 가속화시켰다. 2010년 실시된 경영평가(기관장) 결과 이러한 역주행의 단면이 드러나면서, 경영평가 제도 자체에 대한 불신이 사회적으로 확대되었다.[31] 경영평가 등을 통해 '노사관계 선진화'가 강요되면서 가장 중요한 쟁점으로 작용한 소위 '불합리한 단체협약 개선' 노력은 2011년에 정부 입장에서는 어느 정도 '성과'를 거둔 것으로 나타났다. 물론 이후 박근혜정부가 들어선 이후 이 '성과'는 또다시 '비정상'으로 둔갑하고 말았다.

한편 이명박정부는 2011년부터 발효되는 ISO26000 표준화지침을 악용하여, 공공부문노

---

30 감사원의 감사 결과와 기획재정부의 경영평가지표에서 나타난 '노사관계 선진화' 내용은 주로 공공기관의 임금체계, 복지 및 단체협약 등이었다. △성과 임금체계(성과연봉제 도입, 경영평가성과급의 차등) △복지(휴가·학자금·단체보험·사내복지기금 등) △단체협약(노조 지원, 노조간부 인사상 우대, 노조의 인사경영 참여, 고용조정 개입 등) 개악 및 노사평화 등으로서, 사실상 공공기관이 1987년 이후 쌓아온 임금, 복지, 단체협약의 전반적 개악을 포함하고 있다. 2013년말 14년초 박근혜정부가 추진한 '공공기관 정상화' 방안은 여기서 대부분 출발하고 있다.

31 2009년 경영평가(기관장평가 결과)에 따르면, 4대강 사업에 참여한 기관(수자원공사), 성과연봉제 우수기관(철도시설공단)이 우수사례로 선정되는가 하면, 2009년말 노조 파업에 대해 강경하게 대응한 기관(철도공사)가 우수사례로 포함되는 등 경영평가를 통한 정부 정책의 악용은 도를 넘고 있었다.

조를 직접 공격하였다. ISO26000 표준화전략은 국제표준화기구(ISO)가 △지배구조 △인권 △노동관행 △환경 △공정운영 △소비자 이슈 △지역사회 발전 등의 기업의 사회적 책임(CSR)을 확대하기 위해 권고한 내용으로서, 한국 정부는 이를 받아들여 공공기관의 사회적 책임 정책으로 구체화했다. 이에 따라 정부(기획재정부)는 2011년 4월 공공기관의 △사회공헌활동 확대 △성과중심 임금체계(성과연봉제) 강화 △공공기관노조의 사회적 책임 강화(방만경영 예방) 등의 과제를 제시하였는데, 결국 이는 공공기관의 사회적 책임에 '노사관계 선진화' 정책을 억지로 꿰맞춘 것에 불과했다.

- 성과연봉제 도입 강행

2010년 6월 정부가 공공기관의 간부직원들에 대한 '성과연봉제 권고 기준'을 발표하면서 이후 성과연봉제에 대한 강경 드라이브를 구사했다. 기획재정부가 발표한 '공공기관 성과연봉제 권고' 기준에 따르면, 간부직원 대상(약 7% 추정)으로, △임금총액의 20% 이상 성과연봉 반영 △각 차등등급·비율(5단계) 및 차등액(최고-최저 성과연봉 2배) △임금인상율의 누적식 차등 방안의 성과연봉제를 2011년부터 의무적으로 실시토록 했다. 이를 이행치 않을 경우 경영평가에서 불이익을 주겠다는 뜻도 밝혔다.

이명박정부는 2008년 이후 출범 이후 3년간 임금을 계속 동결한 상태에서 2011년 임금 인상이 4년만에 이뤄지자 이러한 임금인상을 성과연봉제 시행과 연계하여 추진하였다. 애당초 2009년 하반기부터 기획재정부는 공공기관의 전 직원을 대상으로 성과연봉제를 실시하려고 했으나, 2010년 들어 노조의 반발이 드세어지고 6월의 지방선거 패배에 따른 '선진화 역풍'을 우려하여 한발 물러섰다. 간부 직원에 대해서는 명확한 권고기준을 제시하여 경영평가에서 그 실적을 반영토록 하고, 중하위직 직원들에 대해서는 성과연봉제의 자율적 실시 결과를 경영평가에서 인센티브로 반영하는 것이었다.

그러나 경영평가를 받는 공공기관의 경우 전직원 성과연봉제가 평가 결과에 유리하다는 점을 의식하여 상당수 기관에서 이를 반영했다. 마치 '죄수의 딜레마'가 나타나는 것인데, 결국 공공기관 경영평가의 강한 구속력이 낳은 현상이었다. 2012년 6월 기준으로 공기업·준정부기관 중 1/4에 가까운 38개가 전직원 성과연봉제를 실시한다고 발표(기획재정부)했고, 이중에는 노사 담합을 통한 실적 과장 사례(한국동서발전)도 있었다. 물론 사회보험지부·건강보험직장노조처럼 2011년 11월 공동투쟁을 통해 성과연봉제의 확산을 저지하는 성과를 내는 등 일부 조직적 저항도 있었지만, 공공기관 상당수 조직에서 성과연봉제가 공공기관노조들의 공동 대응으로 연결되지는 못했다.

- 공공부문 민영화 · 시장화 역진 방지를 위한 한미FTA 최종 협정 체결

공공기관 선진화 정책을 강행해온 이명박정부는 한미FTA 체결을 통해 제도적으로 기 추진된 민영화 및 경쟁 체제의 역진을 방진하고, 주요 공공서비스 부문의 민영화 · 경쟁을 확대하는 조치를 취했다.

2005년부터 7년간 논의되어왔던 한미FTA가 2011년 11월 22일 국회 비준안 통과를 거쳐, 2012년 3월 15일 발효되었다. 2007년 4월 노무현정부에서 1차 타결되었던 한미FTA는 국회 비준이 미뤄지다 이명박정부의 추가 협상을 거쳐 결국 타결 · 발효되었다. 이중에서 가장 논란이 집중되었던 영역이 핵심 공공서비스 부문으로서, 특히 투자자-정부 강제중재제도(Investor-State Dispute)를 통한 협약 강제 및 역진방지(Ratchet) 조항으로 인해 시장 개방 및 민영화에 대해 역진 방치 조치가 취해지고 있기 때문이다.

정부는 이같은 논란을 회피하기 위해, 교육 · 의료 · 에너지 · 철도 등의 공공서비스부문(public service sector)에 대해 포괄적으로 개방 · 역진방지를 유보하는 조항을 포함시켰다고 밝혔으나, 한미FTA에 포함된 미래유보 리스트(Reservation list of Non-conforming measures)를 보면 이 주장의 허구성이 드러난다. 미래유보 내용 중 내국민대우 · 이행요건 · 고위경영진 · 현지주재에 대해서는 대부분 미래에도 유보되도록 조치했으나, 최혜국대우에 대해서는 철도 · 의료 · 방송 등을 제외하고는 대부분 미래유보를 배제하여 이후에도 추가로 민영화 · 개방의 가능성을 열어 놨다.

특히 공적수용(국유화) · 보상 · 송금 등의 핵심 서비스 내용에 대해서는 대부분의 공공서비스 부문에서 미래유보 자체를 거의 인정치 않았다. 앞서 역진방지 조항과 미래유보 조항의 협약 내용대로라면, 이후 우리나라는 핵심 공공서비스부문에서 개방 · 민간경쟁 영역의 공적 수용(예, 민영화 철회 등)은 불가능하고, 미국에 대한 시장 개방 및 민간경쟁 영역은 앞으로 증가하도록만 되어 있다. 불균등 조약이라 아니할 수 없다.[32] 각 부문별 미래유보 내용을 보면 [표7-6] 과 같다.

---

32 우리의 지난 한미관계 역사를 되돌아볼 때, 이같은 한미FTA의 불균등 조약 내용은 결과적으로 선진 각국이 공공부문을 통해 국가 발전 전략을 구체화해온 경험을 지닌 상황에서 후발 국가들의 발전을 가로막는 일종의 '사다리 걷어차기'(kick away the ladder)로 볼 수 있다(필자 주).

문제는 철도·전력·가스·상수도·의료·통신 부문에서 이같은 미래유보 내용에 대해서조차 별도로 예외 조항을 두고 있다는 점이다. 바꿔 말하면, 이는 미래유보 예외 범위 내에서도 개방 및 민간경쟁이 가능하다는 것이다. 철도의 경우, 2015년 7월 1일 이후 건설되는 철도 노선의 경우 철도공사 독점을 해제했고, 전력·가스·통신 등에는 외국인 최대 지분을 명시하고 이를 축소하지 못하도록 했다. 특히 5개로 분할된 발전 부문의 경우 5개사 전체에 대해 30%(발전 외국인 한도 제한) 미만의 외국인 소유 한도를 설정하고 있기 때문에, 언제라도 개별 발전사를 외국인 인수가 가능하도록 되어 있다.

표7-6 주요 공공부문의 한미FTA 미래유보 현황

구분	철도	전력	가스	상수도	보건의료	통신	방송
내국민대우	○	○	○	○	○	○	○
최혜국대우	○	×	×	×	○	×	○
최소기준대우	×	×	×	×	×	×	×
수용 및 보상	×	×	×	○	×	×	×
송금	×	×	×	×	×	×	×
이행요건	○	○	○	○	○	○	○
고위경영진	○	○	○	×	○	○	○
현지주재	○	○	○	○	○	○	○

자료: 산업통상자원부(2020)

표7-7 주요 공공부문의 한미FTA 미래유보 예외 사항

구분	미래유보 예외 사항
철도	2005.6.30. 이전 건설된 철도노선, 철도공사 독점 서비스 공급 2005.7.1. 이후 건설된 철도노선 운송서비스 국토부장관이 타 법인 면허 부여 가능 철도건설서비스, 철도시설공단(현 철도공단)이 독점·공급 유지. 단, SOC 민간투자법 충족 기업의 서비스 공급 가능
전력	한국전력의 지분 외국인 소유 40/100 미만 지역난방용 열병합 발전 설비가 포함된 발전 설비에 대한 외국인 소유지분 30/100 초과 금지 송전·배전·전력판매사업 외국인 소유지분 50/100 미만 각 설비 부문의 외국인 소유지분 감소 금지
가스	가스공사의 지분 외국인 소유 30/100 초과 금지 가스산업(천연가스 도입·도매·인수기지·주배관망운영 등)의 외국인 소유지분 감소 금지
보건의료	경제자유구역특별법, 제주특별자치도법 적용하는 의료기관에 대해, 미 적용
상수도	사적 공급이 허용되는 한도에서 민간 당사자(수자원공사 포함)간 계약에 따른 서비스 공급 미 적용
통신	기간통신사업 허가 외국인의 소유 지분(의결권 있는 주식) 49/100 초과 금지

자료: 산업통상자원부(2020)

상수도 부문에서는 사적 공급 허용 분야를 미래유보를 제외하고 있고, 의료 부문에서는 특별법 적용 지역(경제자유구역·제주특별자치도)에 대해 미래유보 예외를 허용하고 있다. 거의 공공서비스 부문 전체에 대한 개방·민영화를 광범위하게 인정하고 있는 셈이다. 이후 언급되는 철도·에너지 경쟁체제는 대부분 이 한미FTA 미래유보 예외 사항으로부터 비롯되고 있다.

5. 초기 공공기관 선진화 대응 투쟁

1) 공공운수연맹의 대정부 투쟁

• 공공운수연맹의 연대파업

공공운수연맹은 이명박정부 출범 직후 공공부문에 대해 선도적인 구조조정 공세가 예상됨에 따라 민주노총과 함께 이에 대한 투쟁을 준비하였다. 민주노총은 2008년 2월 이명박정부의 공공부부문 구조조정 저지를 위한 공동투쟁본부 구성 계획 하에 공공부문 조직(공공운수노조·전교조·공무원노조·보건의료노조·사무금융연맹 등) 확대간부 수련회를 3월에 개최하였다. 5월 1일 노동자대회를 통해 공공부문의 대정부 요구를 선포하면서 공동투쟁본부를 발족키로 결의를 모았으나, '촛불투쟁'이 전격적으로 확산되는 바람에 이 논의는 유보되고, 민주노총은 '공기업민영화'를 중점 의제로 하여 반MB투쟁을 전면화하기 이르렀다.

공공운수연맹은 각 공공기관에서 전개되는 이명박정부의 역주행에 맞서 양 산업노조와 직할협의회를 망라하여 〈공공기관노조대표자회의〉를 가동하면서 연맹 중앙의 투쟁 흐름을 형성하려 했다. 1차로 국가 기간산업에서의 구조조정과 사유화(민영화)에 대한 전략적 공동 대응을 준비했는데, '촛불투쟁'이 확산되는 7월 공공운수연맹은 철도·가스·발전·의료 등을 중심으로 〈민영화 저지를 위한 공동투쟁본부〉를 발족하여 투쟁의 중심 대오를 형성한다. 이와 함께, 전 공공기관에 대한 강압적 경영효율화 조치 및 이를 위한 경영평가제도 악용, 각 기관 낙하산 인사와 관련하여 공동 대응 방침을 설정했다. 필수공익사업장의 필수유지업무 제도와 관련한 체계적인 법 대응도 추진했다.

다만, 공공기관 선진화가 전면화되는 2008년 하반기부터 2009년 상반기까지 공공운수연맹은 통합 산별노조 건설을 둘러싼 내부 논쟁으로 인해 2009년 5월 신임 집행부가 출범할 때까지 이에 대한 대응은 제대로 하지 못했다. 2008년 봄·여름을 달구었던 '촛불투쟁'에도 불구하고 2008년 하반기에 철도본부·가스공사지부·발전노조 등의 투쟁이 유보되면서 정부의 선진화 공세가 강화된 데다, 산별노조운동마저 벽에 부딪힌게 결정적이었다.

2009년 2월 말 이명박정부 취임 1주년을 맞아 정부의 선진화 추진 공세에 맞서는 총력투쟁을 결의하고, 3월 말부터 4월 초까지 신입직원 임금 삭감 및 단체협약 개악이 본격화되면서 현장 간부들을 중심으로 건강보험공단·국민연금공단·가스공사 등 주요 공공기관의 경영효율화 조치를 의결하는 이사회를 저지하였다. 또한, 1월 29일부터 3월 5일까지 일자리 창출·공공성 확대·구조조정 중단을 내걸고 광화문에서 촛불문화제를 진행하는 등 나름대로 정부의 선진화 관련 역주행을 막으려 노력했지만, 각 공공기관노조들의 교섭과 투쟁이 공공운수연맹 중앙으로 집중되는데 한계를 드러냈다. 실제 2009년 4월 공공운수연맹 2기 집행부 선거가 공공운수노조 건설을 둘러싼 조직내 입장을 둘러싸고 치열한 경선 국면을 빚고 있어서, 각 공공기관 현장에서 정부 강압적 분위기 하에 진행되는 '양보교섭'의 현황 파악조차 쉽지 않았다.

공공운수연맹의 2기 집행부(위원장 김도환)가 5월 이후 출범했으나 선거 과정에서 제기된 조직 내부 이견으로 인해 지도력 불안이 여전했다. 운수노조 투쟁(박종태열사투쟁)이 이어지면서 정작 6월부터 몰아닥치는 소위 '2기 선진화'의 공세 속에 공공기관노조들의 원심력은 제어되지 못했다. 박종태열사 투쟁 기간 동안 연맹 위원장이 개인 사정으로 잠시 유고 상태를 보임으로써 공공기관노조 투쟁을 공공운수연맹 중앙으로 모아내는 지도력 역시 한계를 보였다.

그러나 이러한 한계들은 2009년 하반기들어 공공운수연맹 집행부가 제대로 자리잡고 공공기관노조들의 연대 투쟁 흐름이 형성되면서 변화하기 시작했다. 9월부터 철도노조·발전노조·가스공사지부·사회보험지부·국민연금지부 등 대형 조직들을 중심으로 '공공기관 선진화' 대응에 대한 공공기관노조들의 조직적인 저항이 시작했다. 2009년 10월 10일 공공운수연맹은 공공기관의 선진화 공세를 저지하기 위해 공공부문 전국노동자대회를 개최한 후, 11월 4일 〈공공기관 선진화 분쇄를 위한 공동투쟁본부〉 발족 기자회견을 거쳐 11월 6일 연대파업 출정식을 진행했다.

11월 6일 1차 연대파업에는 철도노조(본부)·발전노조·가스공사지부·가스기술공사지부·사회보험지부·사회연대연금지부·경북대병원분회·노동연구원지부 등 8개 조직이 참여했다. 철도본부(노조) 파업이 임박한 11월 21일부터 공공기관 선진화 규탄을 위해 전국의 공공기관노조 현장 간부들이 상경투쟁을 가졌고, 철도본부·가스공사지부·발전노조·사회보험지부·사회연대연금지부 등의 조직을 중심으로 선진화 분쇄를 위한 연쇄적인 파업투쟁이 계속되었다.

다만, 대형 공공기관 조직들이 자기 조직의 당면 현안을 중심으로 파업투쟁을 힘차게 조직한 반면, 한편에서는 대부분의 공공기관 조직에서 정부의 선진화 공세에 따른 △단체협약 개

2009.11. 정부종합청사 앞에서 진행된 공공기관 선진화 반대 연대파업 집회

악 △임금체계 개악 △복지 후퇴 등과 관련한 '양보교섭' 역시 진행되고 있었다. 2009년 하반기에 공공운수연맹이 공공기관노조 투쟁을 주도하면서 공공노조와 운수노조의 역할은 축소되어 있었다. 공공노조의 경우 위원장이 8월에 사퇴하면서 지도력의 공백이 발생했고, 운수노조는 이미 통합 공공운수노조 건설에 대한 조직 내부 이견이 해소되지 못하면서 노조 중앙 지도력이 현저하게 약화된 상태에 있었기 때문이다.

2009년 철도·발전·가스·병원 등의 파업투쟁은 2008년 도입된 '필수유지업무' 제도에 따라 합법적 범위 내에서 전개되었다. 물론, 그 이전의 파업도 '불법'이 아니었지만, 정부가 직권 중재에 회부하여 이들 파업을 대부분 '불법'으로 간주해왔다. 그런데, 합법적으로 전개된 2009년도 철도본부(노조) 파업에 대해서도 이명박정부는 '정부 정책에 도전하는 불법 파업'으로 몰아 노조 간부들을 모두 구속하고 해고했다. 철도본부(노조)가 각 철도 역사에 'MB OUT!' 현수막을 내걸자, 이명박정부는 이를 보고 철도본부(노조) 파업을 불법으로 몰아간 것이다.

• 한국노총 공공부문 조직과의 연대

한편 '공공기관 선진화' 공세로 인해 한국노총 공공부문 조직과의 공동투쟁이 6년만에 복원되었다. 양 노총 공공부문 공동투쟁은 2002~3년에 진행된 정산법 공동대응 투쟁 이후 오랫동안 실종되어 왔으나, 이명박정부의 일방적이고 강압적인 선진화 공세가 이같은 공동투쟁 복원을 유도한 것이다. 2009년 9월 공공운수연맹(위원장 김도환)과 공공노련(위원장 배정근)은 공공기관 선진화에 맞서는 공동투쟁을 준비했다.

정부가 공공기관의 '선진화' 과제(초임 삭감, 단체협약 개악 등)의 강행 처리를 위한 이사회를 강요하는 동안, 공공운수연맹이 이사회 저지 투쟁을 전개하고 하반기들어 연대파업이 확산되는 상황에서, 한국노총 공공노련도 공공기관노조들을 중심으로 정부의 일방적인 정책 추진에 대한 불만이 확대되어 갔다. 양 노총 공공기관노조들의 공동투쟁 분위기에 힘입어, 2009년 11월 8일에는 양 노총 주최 공동 전국노동자대회가 치러졌다. 양 노총이 사안별로 전국노동자대회를 공동으로 개최한 사례는 있지만, 전태일열사 정신을 계승하는 11월 전국노동자대회를 양 노총이 공동으로 진행한 것은 사상 처음이었다.

철도노조 파업 3일 차인 11월 28일 대통령 주재 하에 '공공기관 선진화 워크숍'이 진행되는 가운데 3만여명의 노동자가 과천 정부청사 앞에 집결하여 이명박정부에 맞서는 공공부문 노동자들의 총력투쟁이 전개되었다. 그러나 철도본부(노조) 파업이 마무리된 12월 이후 양 노총 공공부문 조직은 이명박정부의 '공공기관 2기 선진화'에 맞서는 별다른 공동투쟁의 후속사업을 남기지 못했다. 양 노총 공공부문의 투쟁은 2011년 이후 다시 구체화된다. 양 노총 공공부문 공동투쟁 퇴조 흐름은 공공운수연맹 소속 공공기관노조들의 투쟁 동력이 약화된 것과 무관치 않다.

2) 공공노조 중앙의 투쟁

공공노조(위원장 이영원)는 2008년 사업방향으로 '산별 투쟁, 조직 강화, 조직발전'을 통한 '공공노조의 공공부문 대표노조 확립'을 내세웠다. 2008년 통합 공공운수노조 건설 논의가 본격화되면서, 조직발전 사업과 관련하여 공공노조는 △공공-운수노조 통합 적극 추진 및 통합 과정을 통한 미전환노조의 산업노조 전환 계기 마련 △산별 통합 과정에서 공공노조 조직적 성과의 계승 발전 △비정규직 운동주체 형성을 위한 활동가 교육 및 조직 강화 △산별교섭을 위한 중장기 교섭전략 수립 △공공부문 노동자의 사회적 대표성 확보 등을 설정했다. 공공노조는 2008년에 산별교섭의 기반을 구축하기 위해 집단교섭 추진을 주요 사업계획으로 준비하고 대정부(대지자체) 요구와 함께 사업장 단위별 필수 요구 방침을 설정했다.[33] 특히, 공공부문의 대

---

33 공공노조는 집단교섭의 중점 추진을 위해, 2008년에 '교섭방식 및 교섭단위 편제의 기본 원칙'을 설정

정부 요구와 관련하여 '2008년 기획재정부 교섭 요구 → 2009년 교섭을 위한 협의틀 마련 → 2010년 대정부 교섭틀 구축 → 2011년 대정부 교섭' 등의 로드맵도 구체화했다.

그러나 공공노조의 2008년 집단교섭은 전략적 목표를 설정했던 중앙 공공기관에 대해서는 제대로 추진을 못하고, 서울상용직·서울시설환경·인천공공기관 등의 지자체 단위 업종지부에서 진행되었다. 사회보험·사회연대연금·가스공사·전기안전공사·가스기술공사 등 공운법 적용 대상 10개 공공기관지부(16,520명, 국립대병원 제외)는 공공노조의 절반에 달할 정도의 비중을 차지했다. 공공노조는 이들 지부들을 묶어 세우기 위해 집단교섭을 추진하려 했지만 쉽지 않았다. 공공노조는 각 공공기관 사용자들을 대상으로 4월 3일 1차 집단교섭 설명회를 가진 후 4월 8일 2차 설명회를 가졌으나 5개 기관 사용자들이 불참하여 결국 무산되었다. 공공노조는 5월 8일 중집위 논의를 통해 집단교섭 추진을 2009년 사업으로 연기하고, 2008년에는 각 기관별 교섭에 교섭위원을 교차로 파견하는 대각선교섭 형태로 진행하기에 이르렀다. 2008년의 경우 중앙 및 지자체 산하 공공기관에 대해 예산지침으로 이미 임금 동결이 적용된 상황이고, 당시 촛불투쟁으로 인한 공공부문 민영화 반대 요구가 정치적으로 부각되고 있었기 때문에, 각 기관별 교섭 역시 큰 의미를 지니지 못했다. 다만 2009년도 공운법 대상 공공기관의 집단교섭 성사를 위한 각 지부별 준비내용과 투쟁전략 등을 공유할 수 있는 계기는 마련했다.[34]

2009년 공공노조는 공공부문 전체의 요구를 집약하여, 공공노조 전체의 △대정부 정책 요구 △기획재정부와의 교섭 요구 △공운법 적용 공공기관 대사용자 집단교섭 요구를 각각 제시했다. 대정부 정책 요구로는 △공공서비스부문 비정규직 차별철폐와 정규직화 △의료와 건강보험 공공성 강화 △국민연금 및 기초연금 제도개선 방향 등 8개를 제시했다. 정부(기획재정부)에 대해서는 △공공기관의 예산지침·경영혁신지침 중 조합원의 임금·노동조건 등에 관한 사항 △공공기관운영위 노조 참여 등에 관한 사항 △공공기관 민영화·분할·통폐합·구조조정 등

하여, △집단교섭 등 공동교섭으로 진행하며 기업별 개별 교섭 지양 △교섭단위는 지역-업종·의제의 유사성, 2008년 산별투쟁 과제와의 관련성 고려 편성 △각 본부의 교섭방식, 공동교섭단 구성의 3월 대의원대회 제출 등을 의결했다.

34 공공노조는, 2009년에도 산별교섭을 계속 추진하는게 필요하다는 점, 사용자를 집단적으로 모으기 전에 사업장별 산업교섭 참가를 사전에 합의할 필요가 있다는 점, 정부지침 분쇄를 위한 실질적인 대정부(기획재정부) 투쟁이 필요하다는 점, 산별교섭 쟁취 투쟁을 위해 지부에서 충분한 자기 결의가 필요하다는 점을 공유했다(공공노조 청산위원회, 2014).

에 관한 사항을 교섭 의제로 설정할 것을 요구했고, 각 사용자에 대해서는 이러한 정부의 공공기관 정책과 관련된 구조조정·고용·임금·성과관리 등에 관한 집단교섭을 요구했다.

이러한 요구 내용들은 공공부문 산별노조로서 '공공부문 대표노조'를 지향하는 공공노조 입장에서는 원론적으로는 타당했지만, 요구사항 대부분이 전체 공공부문노조를 넘어선 수준이었기 때문에 다분히 당위적 요구 수준에 머무른 측면이 없지 않았다. 더구나 공공노조의 공공부문 조직 대표성은 2009년에도 그다지 높지 않았다. [표7-8]에 나타난 중앙 공공부문(최근 '공공기관 선진화' 공세의 주요 대상)에서 철도를 제외하고도 연맹 소속 공공기관 조직의 45.4%만을 포괄하고 있었다. **35** 특히 공공부문 산별운동을 주도했던 공공연구노조·발전산업노조가 계속 공공노조에 참여치 않아 결과적으로 공공노조의 경우 공공기관의 집단교섭 추진과 관련한 공공부분 산별조직의 대표성을 갖기에는 미흡했다.

공공노조는 전략적 과제인 사회공공성 강화 투쟁을 위해 관련 단위와의 공동사업에 주력하였다. △가스산업 사유화 저지 △국민연금 개악 저지 △건강보험과 의료의 사회공공성 강화를 위해 공공노조는 2008년 촛불투쟁 기간 동안 노조 중앙과 각 지역본부는 중점적으로 이 사

표7-8　공공기관(중앙) 조직 분포 및 공공노조 점유 현황(2009.3) (단위: 명)

구분	공공노조		직할협의회		철도노조	계
	조합원	비율(%)	조합원	비율(%)		
공기업(*)	3,518	8.4	13,416	31.9	25,148	42,082
준정부기관	13,493	62.4	8,116	37.6	-	21,609
기타공공기관	5,200	50.1	5,175	49.9	-	10,375
계	22,211	30.0	26,707	36.1	25,148	74,066

* 공기업에는 자회사 포함 ** '비율'은 각 공공부문에서 공공노조의 점유 비율.
자료: 박용석(2009)

35　2008년 6월에 제출된 공공노조 진단(연구용역)에서도 "대규모 사업장을 포함하여 다수의 조직이 산별전환에 성공치 못함으로써 3만여명의 조합원을 가진 소수 산별노조로 출범"했다고 밝히고 있다. 이러한 산별노조의 대표적 부족은 근본적으로 산별 전환 부진에서 오는 문제였다. 당시 통합산별노조 관련 입장 발표시 공공노조 위원장(이영원)은 "어떤 때는 왜 우리만 고생해야 하는지 한탄스럽기도 했습니다. 다들 산별노조로 전환하기로 했었는데, 그게 연맹 산하 모든 조직의 약속이고 결의였는데, 지켜지지 않아 공공노조만 무주공산에서 달밤에 체조하는 꼴이 되어 버렸고, 결국 지쳐서 하늘만 쳐다보고 있는 겪이 되고 말았습니다."라며, 공공기관노조들의 공공노조의 참여 부족을 아쉬워했다('공공·운수노조 통합산별 관련 공공노조 위원장 담화문', 2008.10).

업들을 진행했다. 특히 이명박정부가 △건강보험 당연지정제도 폐지 △민간의료보험 활성화 △의료 영리화 정책을 강하게 추진하자, 공공노조의 사회보험지부와 의료연대본부는 보건의료노조 등과 연대하여 사회적으로 공론화한 결과, 이에 대한 국민적 저항이 확산되었다.[36]

공공노조는 2009년 2월 정기대의원대회를 통해 경제위기 및 공공부문 구조조정에 대응하는 민주노총 차원의 총력투쟁 결합을 전제로, △공공부문 일자리 확대, 총고용 유지, 공공부문 구조조정(선진화) 저지 △비정규·저임금·실업노동자 생존권 사수 △공공부문 노동기본권 쟁취(복수노조-전임자, 필수유지업무, 정부지침) 등의 투쟁 기조를 설정했다. 이어 3월 공공기관운영법 대상 공공기관 조직을 중심으로 한 '공공부문 구조조정 저지 총력투쟁', 4월 공공노조 전 조합원 총력투쟁, 6월 민주노총의 투쟁계획에 따른 총파업을 포함한 총력투쟁 등의 투쟁일정도 구체화되었다.

특히 2008년도에 미완의 과제로 머문 공운법 적용 공공기관 단위의 교섭은 산별교섭 참가와 구조조정 저지, 정부지침 분쇄를 중심으로 한 공동요구안을 대각선교섭 방식으로 진행하는 것으로 설정했다. 공운법 교섭 단위 재구축을 위해 공공운수연맹은 공공기관 조직의 교섭권과 투쟁을 집중토록 하는 방안을 제시했다. 2009년도의 공공노조의 대정부 요구 내용 역시 2008년의 내용을 승계하는 수준에서 공공노조가 중심이 되어 공공운수연맹의 공공부문 투쟁을 주도하도록 기획되었다.

그러나 공공기관 조직들의 공공기관 선진화에 대한 초등 대응 투쟁이 제대로 이뤄지지 못한 가운데, 공공노조 역시 3년간의 산별교섭, 대정부교섭 등에서 대표성 부족과 함께 가시적 성과가 불투명해지면서 조직 내부에서 중대형 공공기관 조직의 원심력이 확대되고 있었다. 또한, 2009년 하반기에 철도·가스·발전 등의 대형 공공기관노조를 중심으로 '공공기관 선진화'에 맞서는 총력투쟁이 구체화되면서 애당초 설정한 공공노조의 2009년 투쟁계획은 이들 주요 조직들의 투쟁에 묻혀 기획한 방향대로 추진되지 못했다.

즉 2009년 하반기의 공공부문 투쟁은 공공운수연맹 차원의 〈공공기관 선진화 분쇄 공동투쟁본부〉 중심으로 진행하고, 공공노조의 공공기관 조직들이 여기에 참여하면서 공공노조의 독자적 투쟁 방침은 후퇴하고 있었다. 물론, 이는 2009년 4월 선거를 통해 등장한 집행부(위원장 김도환)의 통합 산별 추진의 공약 이행과도 무관치 않은 것이었다. 공공기관노조들의 투쟁을

---

36 2008년 5월 촛불투쟁 당시 미국의 보건의료 현실을 폭로한 영화 식코(Sicko)가 전국적으로 상영되면서 의료민영화의 폐해가 국민적 관심사로 대두되었다.

연맹 사업에 집중함으로써 공공운수연맹 주도의 통합 산별노조 건설의 토대로 삼겠다는 것이 당시 연맹 집행부의 공약이었기 때문이다. 이 과정에서 공공노조 위원장이 8월에 사퇴하면서 공공노조는 차기 선거를 앞두고 비상대책위원회(위원장 김동중) 체계로 운영되면서, 2009년 하반기 공동 투쟁 과정에서 공공노조의 역할이 축소될 수밖에 없었다.

3) 주요 공공기관노조들의 선진화에 맞선 투쟁

• 사회보험(사회보험 · 사회연대연금) 지부들 투쟁

공공운수연맹의 공공기관 선진화 대응 투쟁이 2009년 하반기에 본격화되는 상황에서 사회보험지부(지부장 김동중) 역시 임금 · 단체협약 투쟁으로 선진화에 맞섰다. 공공기관 인력 감축, 경영효율화를 앞세운 공공기관 선진화 정책이 구체화되자, 건강보험공단은 3급 연봉제 도입, 임금 동결, 신규직원 초임 삭감 등 선진화 정책의 핵심 요구를 관철하기 위해 노조를 압박했다. 노조는 2009년 3월부터 철도본부(노조) · 가스공사지부 · 발전노조 · 국민연금지부 등과 함께 투쟁을 준비하면서 9월에 출범한 〈공공부문 선진화 분쇄와 사회공공성 강화를 위한 공동투쟁본부〉에도 앞장섰다.

공공운수연맹이 11월 6일 연대파업 출정식을 진행한 후 사회보험지부는 11월 16일 경고 파업에 돌입했다. 철도노조 파업이 임박한 가운데 11월 24일 다시 순환 파업을 전개한 뒤 사회보험지부는 11월 26일 잠정 합의를 이끌어냈다. 비록 단기간의 파업 투쟁으로 끝났지만, 사회보험지부는 이명박정부가 공공기관 선진화 2단계 작업으로 구체화해온 성과연봉제와 하위직 퇴출제를 저지하는 성과를 냈다. 근무평가 하위 3% 대상 직권 면직 및 3급 연봉제 도입을 저지하고, 경영평가 성과급의 강제 차등 지급 역시 막아냈다.[37]

2008년 5월 통합 징수공단 설립은 유보되었으나, 국민연금 · 산재보험 · 고용보험의 징수업무가 건강보험공단으로 위탁되는 것과 관련하여 논란이 다시 대두되었다. 사회연대연금지부는 대국회 활동 및 광화문 촛불집회를 통해 징수업무 위탁의 부당성을 여론화하려 했다. 당시 양 지부는 어렵게 공동투쟁으로 통합 징수공단 섭립을 저지했지만, 징수업무의 건강보험공단 위탁과 관련해서는 개별 기관별 이해에 따른 입장 차이를 드러내고 있었다. 사회연대연금지부는 7월 쟁의행위 찬반투표를 거쳐 관련 법안이 국회 상정될 경우 전면 파업에 돌입하겠다고 선

---

[37] 물론 당시 사회보험지부의 현안 사항인 해고자 복직, 4급 근속승진제 완전 이행 등의 과제는 남았지만, 당시 공공기관을 둘러싼 정세를 볼 때 사실 쉽지 않은 과제였다(필자 주).

언했다. 이후 12월부터 4월까지 국회 직권 상정 저지를 위한 1인 시위 등을 통해 국회를 압박한 후, 2009년 2월 국회에서 법개정 논의가 본격화되자 2월 25일부터 전면 파업에 돌입하여 2일간 파업이 진행되었다. 이 파업으로 지부 간부 15명에 대한 고소·고발 조치가 취해졌다.

징수업무 위탁 관련 투쟁이 마무리된 후 지부(지부장 홍성대)는 다시 공공기관 선진화 과정에서 맞서 2009년 투쟁을 준비했다. 7월 13일 쟁의행위 결의를 통해 9월 3일 〈공공부문 선진화분쇄와 사회공공성 강화를 위한 공동투쟁본부〉 발족에 앞장섰고, 11월 6일에는 파업 출정식을 전개했다. 11월 6일부터 18일까지 지회별 현장간부 결의대회를 거쳐, 11월 23일부터 12월 24일까지 노숙 농성을 전개하였다. 한편 사회연대연금지부는 △2007년의 국민연금 개악 저지 △2007~9년의 통합 징수공단 저지 및 징수업무 위탁 저지 △2009년의 공공기관 선진화 저지의 투쟁이 계속 이어지면서 조직 내부의 피로도가 점점 높아져갔다.

이러한 투쟁들이 이어지는 가운데, 사회연대연금지부는 2009년 12월 23일 공단 이사장이 잠정 합의안을 번복하여 단협 체결에 실패했다. 사측의 교섭 파행은 3급 연봉제 시행 건이었다. 지부는 연봉제 도입 반대 및 임단협 체결을 내걸고 2010년 7월 전면파업을 시행하였으나, 끝내 2010년 9월 공단측은 단협 효력 만료를 이유로 단협 해지 조치를 취했다. 이와 함께, 전임자 파견 해제, 조합비 원천공제 거부 등의 조치와 건강보험공단으로의 직원 전직 조치도 강압적으로 이뤄졌다. 이후 지부의 임단협 투쟁은 2011년까지 이어지면서 순환파업 등을 거친 끝에 2011년 12월 14일에 임단협이 체결되기에 이르렀다. 노조가 임단협을 새로 체결하는데 3년 가까운 시간이 경과한 것이다.

- 에너지노조·지부들의 투쟁

이명박정부의 선진화 추진에 따라 가스산업 구조 개편이 본격화되는 가운데 가스공사지부는 2008년부터 2009년까지 2년에 걸쳐 가스 공공성 확보를 위한 완강한 투쟁에 돌입했다. 이명박정부 등장 이후 가스산업 사유화 정책이 강화될 것이라는 전망아래 공공노조와 가스공사지부는 촛불투쟁 시기에 가스 민영화 반대 여론을 전국적으로 확대시켰다. 철도노조·발전노조·전력기술노조·지하철노조 등과 함께 공동투쟁기구인 〈국가기간산업 공동투쟁본부〉(공투본)을 구성하여 정부의 구조조정에 맞섰다.

2008년 10월 '3차 공공기관 선진화' 정책 발표에 따라 가스공사의 기능 조정과 함께 사적 자본의 도매시장 참여를 허용하는 방안이 포함되었다. 이후 가스공사지부(지부장 황재도)는 2009년 5월부터 11월까지 도시가스사업법 개정 법률안의 입법 저지를 위해 국회 앞 투쟁을 전개하였다. 11월에는 철도본부·사회보험지부·사회연대연금지부 등과 함께 연대파업을 진행하기도 했다.

　가스공사 기능조정과 때를 같이하여 가스공사에는 이명박 측근 인사(주광수)가 낙하산 사장으로 임명되었다. 2008년 10월 임원추천위 심의절차에서 서류 심의에서 탈락한 인사를 2차 공모를 통해 다시 선임케 하는 등 변칙을 거듭했다. 임시 주총 역시 변칙으로 운영하여 일반 주주들의 참석을 방해한 가운데 제대로 된 토론절차 없이 정부의 요구에 따라 꼭두각시 절차를 밟은 끝에 낙하산 인사를 임명한 것이다. 가스공사지부는 11월 6일 〈가스 선진화 및 주강수 낙하산 저지 쟁의대책위원회〉를 출범시키고, 곧바로 낙하산 사장 임명 반대를 위한 출근 저지 투쟁을 2009년 3월까지 150일간 진행하기에 이른다. 이 투쟁을 통해 이명박이 임명한 가스공사 사장과 가스산업 구조개편 저지 및 노사관계 정상화 등과 관련한 합의를 이끌어냈다.

　그러나 공공기관의 경영효율화를 앞세운 선진화 공세로 인해 가스공사 근무형태(교대근무제) 변경, 소방·청경업무 외주화 등이 다시 추진되기 시작했다. 지부는 10월 파업 찬반투표를 통해 국회의 도시가스사업법 입법 저지, 공공기관 선진화 저지 등의 당면과제를 돌파하기 위해 11월 6일 1차 전면파업을 전개했다. 이 과정에서 공사측은 11월 12일 단체협약을 해지했다. 이에 지부는 다시 11월 19일부터 필수유지 업무를 제외한 조합원들과 함께 2차 파업에 돌입했고, 11월 23일부터는 지회별 순환파업을 계속하였다. 임금협약은 12월 30일 어렵게 합의했지만, '노사관계 선진화'와 관련 단체협약 개악안이 계속 걸려 있어 2010년까지 이 투쟁은 계속되었다.

　다행히 2010년 11월 법원 판결에 따라 가스공사지부의 2009년 11월 파업은 적법한 절차에 따라 이뤄진 것으로 결론남에 따라, 지부에 가해졌던 노조활동에 대한 억압 조치들은 모두 원상 회복되기에 이르렀다. 2010년 11월 수원지법은 가스공사지부가 제기한 2009년 파업의 적법성 여부에 대해, 정부의 선진화 정책에 맞선 파업이 필수유지업무 종사자를 제외한 상태에서 이뤄졌기 때문에 파업이 목적·절차·수단에서 모두 하자가 없다고 판결을 내렸다. 이는 당시 이명박정부의 선진화에 맞서 함께 연대파업을 전개한 철도본부(노조)·발전노조·노동연구원지부의 투쟁 역시 정당했음을 반증하는 것이었다.

　2009년 3월 정부의 강압적인 선진화 정책 추진에 따라 인력 감축과 경영 효율화 논의가 본격화되면서 가스기술공사에도 강제 인력감축이 추진되었다. 더구나 감사원 감사 결과에 따라 노조 단체협약 개악(노조 경비 지원, 노조 가입범위, 노조의 경영참여 등의 개악)이 구체화되면서 노조(지부)의 반발은 확대되었다. 가스기술공사지부(지부장 현지형)는 4월부터 임단협 교섭에 돌입하여 10월 20일 쟁의행위 결의를 거쳐 파업을 준비했다. 사측의 선진화를 앞세운 단체협약 개악 공세가 계속되자 11월 6일 시한부 경고파업에 돌입하였다. 지부는 11월 23일 공공노조의 지역 순환 파업에 계속 참가한 가운데, 12월 24일 사측과 임금협약 잠정합의를 이뤄냈다. 다만, 가스기술공사지부 역시 2009년 임금협약 합의에도 불구하고 선진화 공세에 따른 단체협약 개악 흐름은 계속되었다.

'2차 선진화'에 따라 기관 통합이 예정되어 있던 환경관리공단에서도 통합(환경재생공사)에 따른 임금·노동조건 개악을 저지하기 위해 노조(지부장 최종두)가 9월 1일부터 무기한 철야 농성에 돌입했다. 당시 정부는 임금수준이 낮은 환경재생공사와의 하향 평준화 방향으로 통합 공단의 임금을 설정하려는 의도를 드러냈다. 9월부터 노조 간부들이 통합을 반대하는 투쟁을 시작하자 조합원들이 폭넓게 참여하면서 노조의 투쟁은 확대되었다. 3개월여의 완강한 투쟁 끝에, 12월에 통합에 따른 임금·노동조건 저하를 상당 수준 저지하는 성과를 거두면서 투쟁이 마감되기에 이르렀다.

서울시 지방공기업 산하 위탁기관으로 자리잡은 SH에너지사업단에서 서울시 산하기관 기능 재편에 따른 구조조정이 구체화되자, SH에너지사업단지부(지부장 조창우)도 10월 한달간 철야 농성을 통해 고용 안정과 노동조건 개선을 이뤄냈다. 공공기관노조들 상당수의 정부의 선진화 공세에 제대로 대응치 못하고 양보교섭이 부분적으로 자리잡고 있는 상황에서 이들 노조들의 투쟁은 공공운수연맹 소속 공공기관노조들의 저항 분위기를 일깨우는데 나름대로 기여를 한 셈이다.

- 공공연구노조 및 노동연구원지부 투쟁

2008년 촛불투쟁이 본격화될 즈음 한국건설연구원의 김이태 연구위원은 이명박정부의 '4대강 사업'의 실체에 대한 양심선언을 함으로써, 사회적 파장이 확대되었다. 5월에 다음(daum) 아고라 게시판에 "4대강 정비계획의 실체는 한반도 대운하계획"이라 발표한 것이다. 정부와 연구원은 처음에는 촛불투쟁에 대한 국민적 지지를 연두에 둔 듯 징계 언급을 하지 않았다. 그러나 9월 건설기술연구원의 신임 원장 부임 이후 상황이 급변했다. 김이태 연구위원에 대해 12월에 명예훼손의 책임을 물어 '3개월 정직'의 중징계가 가해졌다. 이로 인해 김이태 연구위원의 연구과제 참여 실적이 이후 현저히 줄어들면서 사실상 왕따 신세가 되고 말았다.[38] 건설기술연

---

[38] 김이태 연구위원은 2009년 9월 자신의 트위터에, "연구원이 정부에 찍히면 아무리 아이디어가 좋아도 정부 연구개발사업이나 공공연구개발사업을 못따와요. 아니 시도조차 못해요. 그래서, 상당수, 아니 대부분의 학

구원은 연구위원에 대한 징계를 넘어 노조(공공연구노조 건설기술연구원지부)활동도 탄압하여 지부장·부지부장에 대해 해임 조치를 취하였고, 2009년 12월에는 단체협약 해지마저 통보하기에 이르렀다.[39] 김이태 연구위원의 징계는 10년이 지난 2018년 8월에 해제되기에 이른다.

2008년 6월 들어 이명박정부가 정부출연연구기관 구조개편 움직임을 본격화하자, 공공연구노조는 비대위(위원장 정원호) 체계 하에서 이에 맞서는 투쟁을 전개하게 된다. 정부가 경제연구인문사회계의 연구회를 해체하고 연구기관의 부처별 환원 및 통폐합을 추진함에 따라, 공공연구노조는 1인 시위, 농성, 공청회 등을 통해 이러한 구조개편의 부당성을 여론화시켰다. 연구노조와 각 지부들의 투쟁과 공론화를 거치면서 정부가 추진했던 경제인문사회계 출연연구기관의 구조 개편은 유보되었다. 다만, 과학기술계의 경우 정부 조직 개편에 따른 소관부처 개편(과학기술부·지식경제부)으로 일부 기능 재편이 이뤄졌지만, 역시 기관 구조조정에까지 연결되지는 않았다.

2008년 4월 한국과학기술원과 생명공학연구원의 통폐합 움직임이 구체화되자 양 노조(지부)는 10월까지 출근 선전전, 농성 등을 통해 이를 결국 저지시켰다. 이후 2010년 〈과학기술계 출연연구기관 발전위원회〉가 구성되어 국가과학기술위원회의 재편과 전체 출연연구기관 단일 법인화를 추진했으나, 이 역시 공공연구노조의 강한 반발로 인해 무산되었다. 2010년 공공연구노조 조직 중 준정부기관에 대해서는 정부가 경영평가(기관장평가)를 통해 노조활동을 압박하는 조치를 취하게 된다. 2009년 6월 정부의 선진화(경영효율화) 과제를 제대로 이행하지 않았다는 이유로 공공연구노조 소속 3개 기관(소비자원·영화진흥위원회·청소년활동진흥원)의 기관장이 해임되기도 했다.[40]

자가 정부 정책의 부당성에 침묵하지요."라고 밝혔다. 실제 김이태 연구위원은 2008년 기점으로 연구과제 참여 실적이 현저히 줄었고, 2009~2010년 정부 연구과제에는 한 건도 참여치 못했다(장일호. 2010).

39 공공연구노조가 2009년 3월 밝힌 바에 의하면, 이명박정부 출범 1년만에 정부의 왜곡된 정책 추진을 위해 정부출연연구기관이 잘못된 연구 결과를 발표하도록 유도한 사례가 곳곳에서 확인되고 있었다. 건설기술연구원 김이태 연구위원의 사례는 빙산의 일각인 셈이었다.

40 1996년 노조 결성 이후 공공 문화예술기관 노조 운동을 주도해왔던 영화진흥위원회지부(공공연구노조)는 2009년 기관장 해임 이후 정부의 단체협약 개악 및 노조활동 억압 분위기 속에 2010년 2월 공공연구노조(민주노총)를 탈퇴하게 된다. 영화진흥위원회지부가 1997년 연대파업에 참여하고 2003년 공공연맹 문화예술소분과가 연전노조에 참여하는데 앞장섰던 이력을 고려하면 비록 소규모노조지만 아까운 손실이 아닐 수 없다. 당시 때를 같이하여 독립기념관지부(공공연구노조)와 예술의전당노조(공공운수연맹)도 탈퇴하면서, 문화

공공기관 선진화가 본격화되는 2009년 공공연구노조의 파업 투쟁은 한국노동연구원지부(지부장 이상호)가 중심이 되어 전개되었는데, 이명박정부 기간 동안 공공기관노조로서는 최장기간 파업이 진행되기에 이른다. 노동연구원지부는 2009년 2월 사측(원장 박기성)으로부터 단체협약 해지를 통보받았다. 연구노조의 단체협약이 '경영권 및 인사권의 침해' 조항을 담고 있다는 이유였다. 앞서 2009년 하반기부터 본격화되는 '노사관계 선진화' 공세가 노동정책 전문기관인 노동연구원에서 구체화된 것이었다. 당시 단체협약 해지 통보는 경제인문계 연구기관 지부들 중 여성정책연구원·직업능력개발원 등에서도 이뤄졌다. 이에 공공연구노조(위원장 이운복)는 경제인문계 11개 연구기관에 대해 집단교섭을 요구했다. 노동연구원은 이를 거부하고 교섭권을 노무법인에 위임하였을 뿐 아니라, 공공연구노조의 건물내 출입을 금지하고 시설물 사용을 금지한다고 통보했다.

노동연구원지부는 2월 12일부터 투쟁위원회 체계로 전환했지만, 이후 노동연구원 교섭은 원장의 교섭 거부로 계속 공전되기에 이른다. 원장의 전횡이 노사관계를 넘어 연구원 전체 운영에로까지 확대되자, 5월 14일 연구위원들이 별도로 노조 결성 준비모임을 만들었다. 7월 8일 쟁의행위 찬반투표를 거쳐 7월 13일부터 22일까지 부분파업을 전개하며 사측의 성실교섭을 촉구했지만 상황 변화가 없었고, 8월 6일 단체협약 해지가 발효되자 노동연구원지부는 전면 파업에 돌입하였다.

지부의 파업은 12월 14일까지 101일간 계속되었다. 파업 기간 동안 노동연구원은 조합원 37명을 업무방해 혐의로 고소·고발 조치했고, 연구원 감독기구인 경제인문사회연구회는 조합원 51명 전원과 공공연구노조 위원장(이운복)까지 고발하였다. 파업 기간 동안 국회 국정감사에서 노동연구원의 전횡이 공론화되면서 원장의 자질 문제까지 불거지는 가운데, 12월 1일에는 노동연구원이 직장폐쇄 조치를 취하면서 노조(지부)의 파업 투쟁을 억압하려 했다. 그러나 이미 80여일 이상 파업투쟁을 전개해 온 노동연구원지부의 완강함 앞에 결국 박기성원장은 12월 14일 자진 사퇴하였고 이에 노조도 파업을 마무리하였다. 당시 비노조원이었던 연구위원들도 원장의 전횡에 저항하면서 노조 파업을 사실상 지원했다. 101일의 파업은 연구기관노조 사상 최장기 파업이었다. 이 완강한 장기파업에서 공공연구노조와 노동연구원지부는 한국노동연구원을 공공기관 선진화의 모범 사례를 만들려고 했던 이명박정부의 의도를 사실상 좌절시켰다.

———

예술 지원기관 노조활동을 이끌어온 대표적인 조직들이 민주노조운동으로부터 이탈하게 되었다. 영화진흥위원회노조(지부)는 정부의 성과연봉제 압박이 몰아치던 2016년에 공공운수노조로 다시 복귀했다.

과학기술계 정부출연연구기관지부들은 2009년 1월에 공공기관 선진화 공세에도 불구하고 27개 기관에서 통일 단체협약을 갱신하는데 성공했다. 그러나 노동연구원지부 파업이 장기화되는 상황에서 경제인문계 정부출연연구기관들의 단체협약 해지 흐름이 이어진데 이어, 과학기술계도 단체협약 갱신을 눈앞에 두고 2010년 말부터 2011년 초에 건설기술연구원을 비롯한 11개 연구기관에서 단체협약 해지를 통보했다.[41]

이명박정부의 공공기관 기능조정 흐름 속에서 2008년 10월 정부(지식경제부)는 화학연구원 부설 안전성평가연구소의 매각(민영화) 계획을 발표했다. 이후 2009년 민영화 타당성 연구용역을 거쳐 3월 산업기술연구회가 민영화 추진 계획을 확정했다. 공공연구노조는 5월부터 〈안전성평가연구소 민영화 저지와 공공성 강화를 위한 투쟁위〉를 구성하여, 2년여 동안 투쟁을 전개했다. 노조의 투쟁이 계속되는 동안 연구소의 매각이 계속 지연되었고, 급기야 2011년 10월 국정감사를 통해 매각 절차가 사실상 중단되기에 이르렀다. 무리한 민영화(매각) 논란으로 인해 연구 현장의 혼란과 함께 연구기관의 공공성이 후퇴한다는 논란이 확대되면서, 결국 정부가 뒤늦게 이를 철회했던 것이다. 이는 공공연구노조의 끈질긴 투쟁에 따른 결과였다.

한편 공공연구노조 산하에 간접고용 시설관리 노동자를 중심으로 한 과학기술정보원(KIS-TI)분회가 2009년 10월 결성되었는데, 노조 결성 이후 과학기술정보원은 2010년 2월 시설 위탁계약 변경을 앞세워 시설 위탁 계약직 조합원 13명 중 5명만 고용승계하고 8명을 해고 조치하였다. 공공연구노조, 민주노총 대전본부, 과학기술원 학생 등의 연대를 통해 투쟁을 지원한 결과, 곧바로 원직 복직에 대한 합의를 이끌어냈다. 특히 공공연구노조는 이 투쟁을 당시 정부출연연구기관 단체협약 해지, 안전성평가연구소 민영화와 함께 산별노조의 투쟁으로 설정하여 이를 지원하였다. 이 투쟁을 통해 공공연구노조는 비정규직 정규직화 사업이 본격화되는 계기를 마련하게 된다.[42] 공공연구노조 입장에서는 연구기관에 종사하는 간접고용 노동자들의 고용 승계 투쟁을 주도함으로써 산별노조 운동의 기반을 강화하기 위해 과학기술정보원 비정규

41　연구노조 소속 지부들은 과거 소산별노조(과기노조·연전노조)에서부터 공동교섭, 공동투쟁을 통해 단체협약 내용을 모범적으로 체결해왔다. 연구노조 지부들의 단체협약에는 타 공공기관에 흔치 않은 인사·경영 참여 및 고용안정 내용들이 많이 명시되어 있었다. 결국 이러한 모범적인 단체협약을 파괴하기 위해 정부와 각 연구원 사용자들은 연구노조 단체협약에 대한 릴레이식 해지를 계속한 것이다.

42　공공연구노조 과학기술정보원분회의 고용승계 투쟁은 그간 공공부문의 간접고용 노동자의 투쟁이 통상적으로 지역 조직(지역공공서비스) 중심으로 이뤄지는 데 대해, 소산별(업종) 중심으로 안정된 지원체계 하에서 성과있게 투쟁이 이뤄질 수 있음을 보여준 사례가 아닐 수 없다고 볼 수 있다(필자 주).

직 투쟁을 직접 관장했다.

- **'공공기관 선진화' 저지 투쟁의 정점에 선 철도본부(노조) 파업투쟁**

이명박정부의 공공기관 선진화 정책에 따라 철도공사는 이후 5,000여명의 인력 감축 및 외주화 등의 구조조정을 계속 진행하고 있었다. 이러한 상황에서 철도본부(노조)는 2009년 1월 새 집행부(위원장 김기태)가 출범했다. 철도본부(노조)는 정부 정책에 강하게 반발하며 2009년 파업 투쟁을 전개하기에 이르렀다. 2009년 하반기에 정부의 공공기관 선진화에 맞서 가장 완강한 파업투쟁이 한국노동연구원지부에서 이뤄졌다면, 2009년 투쟁의 정점은 공기업 중 최대 노조인 철도본부(노조)가 찍었다.

이명박정부는 한국철도공사에 대해 주요 업무의 외주화를 추진하면서, 다른 한편으로 4차 선진화정책에 입각하여 5,119명의 인력감축을 추진하면서 철도공사의 민영화를 위한 기반 조성에 나섰다. 2008년 10월 파업 돌입 직전에 철도 공공성 강화에 대한 노사간 합의가 있었지만 이명박정부는 이를 무시하였고, 게다가 2009년 3월 철도공사 사장의 전격 경질 이후 경찰청장 출신 허준영이 사장으로 부임하면서 철도 노사관계에도 먹구름이 짙게 드리우기 시작했다.

2009년 11월 6일 공공운수연맹의 총파업 방침에 맞춰 철도본부(노조)도 8개 노조(지부)와 함께 경고파업을 진행했다. 이후 11월 12일부터 원만한 사태 해결을 위한 집중교섭이 추진되었지만 철도공사는 오히려 11월 24일 단체협약 해지를 통보하였다. 결국 철도본부(노조)는 11월 26일부터 무기한 파업에 돌입하였다. 필수유지제도 도입에 따라 합법적으로 이뤄진 파업임에도 정부와 철도공사는 파업 돌입 다음날 본조 및 지방본부 간부 182명에 대해 고소·고발조치를 취했고, 12월 1일에는 철도본부(노조) 본부와 서울지방본부 사무실을 전격적으로 압수 수색하기에 이르렀다. 당시 이명박정부에 대한 국민적 반감이 확산되는 가운데 철도본부(노조) 파업을 '정치적 목적'에 의한 것으로 몰고 가고자 한 의도였다. 정부의 전방위적 압박이 계속되는 가운데, 파업이 8일 차에 이르자 철도노조 집행부는 12월 3일 원만한 교섭을 촉구하며 파업을 철회하기에 이르렀다.

12월 4일 검찰은 파업 중단에도 불구하고 고소·고발에 따른 수사를 계속하겠다고 밝혔고, 법무부 역시 12월 23일 청와대 업무보고를 통해 '정치적 목적에 따른 불법 집단행동'에 대해 엄중하게 처벌한다는 방침을 구체화했다.[43] 철도본부(노조) 뿐 아니라 당시 이명박정부에 맞서 전

---

43 2009년 철도본부(노조) 파업은 이명박정부로부터 '사전에 유도된 파업'의 성격이 강했다. 12월 16일 철도

국적으로 전개되는 노조 투쟁에 대한 정부의 방침을 본격화한 것이었다. 철도본부(노조) 위원장은 필수유지업무제도에 따른 합법적 파업투쟁을 하고도 2010년 1월 6일 구속 기소되었다. 이명박정부의 공공기관 선진화에 대한 저항이 '정치적 성격'의 파업이라는 이유에서였다. 2009년의 철도본부(노조) 파업은 불법 파업(업무방해 적용)이라는 판결(서울지법, 2010.12)과 '정당한 파업'이라는 판결(대전지법, 2011.1) 등 엇갈린 판결이 이어지다, 2014년 9월 대법원 판결을 통해 '불법 파업'으로 결론지워졌다.[44]

철도본부(노조)의 파업이 진행되는 동안 민주노총은 11월 27일 단위노조 대표자회의를 통해 12월 8~9일 양대노총 공동투쟁, 12월 12일 양대노총 공동집회 등을 추진하겠다고 발표했다. 그러나 12월 3일 철도본부(노조) 파업이 마무리된 후 이 같은 공동투쟁은 이어지질 못했다. 사실상 철도본부(노조)의 파업은 이명박정부의 공공기관 선진화에 맞선 마지막 정점을 찍은 셈이 되었다. 노동연구원지부가 12월 14일 파업을 마무리하면서, 이후 공공기관 선진화에 맞선 투쟁은 상당 기간 수면 이하에서 머물렀다.

4) 공공기관 비정규 노동자들의 투쟁

• 철도 비정규 노동자 투쟁

2007년 11월로 예정된 철도본부(노조) 파업을 앞두고 노무현정부는 KTX 여승무원을 포함하여 철도비정규 노동자들의 문제를 해결하기 위해 노사정대표자회의 개최 및 노사공익 3자협

본부(노조)가 밝힌 바에 따르면, 철도공사는 11월 24일 교섭 종료된 후 2시간에 단체협약 해지를 통보했는데, 이 해지 통보로 노조를 압박하여 파업을 유도했고, 파업 완료 후 '물류 대란' 등을 앞세워 노조간부 중징계 및 조합원 노조 탈퇴 강요를 노골화했다는 것이다. 2009년 경영평가(기관장평가)에서 철도공사는 '노사관리' 평가 결과에서 우수 사례로 선정되었는데, 이전까지 노조가 파업에 돌입한 공공기관의 노사관계 경영평가 결과가 좋게 나온 적이 없다는 점을 상기해보면, 이 철도공사의 '파업 유도설'은 신빙성이 있어 보인다. 당시 이명박정부의 공공기관에 대한 '노사관계 선진화' 내용에는 공공부문 민주노조 활동을 제한하는 내용들이 포함되어 있었다(필자 주).

44 철도노조 파업 목적이 인력감축과 노동조건 개악 저지를 위한 정당한 목적이 분명이 있었음이 1심(대전지법)에서 인정되었지만, 대법원은 "철도공사가 '부당한 목적'을 위해 파업을 실제로 강행하리라고 예측할 수 없었다"고 평가되었다고 했다. 2009년의 파업은 충분히 예측 가능한 파업이었음에도 대법원 판결은 이를 부정했다. 이는 결국 뒤이어 2013년 12월에 전개된 철도노조의 '수서KTX 분리'에 따른 파업을 불법으로 몰아가기 위한 정치적 판단이 작용한 것으로 추측되고 있다(김영훈, 「참여와혁신」 인터뷰, 2014.10)

의체 구성 등의 계획을 밝혔다. 이후 3자협의체는 KTX 여승무원에 대한 단계적 정규직화(역내 비정규직 계약 후 정규직 전환) 방안을 검토하는 것으로 가닥을 잡았지만 이명박정부가 들어선 이후 철도공사 사장(이철)이 교체되면서 이 방안은 폐기되었다.

이명박정부의 '공공기관 선진화' 논의가 본격화되는 과정에서 KTX승무지부의 투쟁이 언론에 가려지자, 2008년 8월 KTX 승무원 3명이 서울역 고공농성에 돌입했으며, 9월에는 20여 명이 서울역에서 쇠사슬로 몸을 묶은 채 연좌 시위를 벌였다. 2년 반이 넘는 기간 동안 온갖 투쟁을 다 전개했던 KTX 해고 승무원들은 2008년 11월 철도공사의 해고가 부당하다며 법적 구제 절차에 착수했다. 2010년 9월 1일 서울중앙지법은 KTX 승무원들과 철도공사는 직접 근로관계가 인정된다는 판결을 내렸다. 철도공사가 계약기간이 만료된 경우 근로계약 체결 의무가 있는데도, KTX관광레져로 이적하지 않았다는 이유로 계약 갱신을 거부한 것은 사실상 부당해고에 해당한다며 KTX 해고 승무원들의 손을 들어주었다.

한편 KTX 해고 승무원들은 소송 진행과 함께 임금 지급 가처분신청을 한 결과 2008년 12월 법원의 가처분 신청 인용에 따라 철도공사는 이 판결에 따라 그간 지급치 않았던 8,600여만 원의 임금을 지급하였다. 이어 2011년 8월 2심(서울고등법원)에서도 KTX 승무원들과 철도공사와의 KTX 승무서비스에 대해 위탁 계약을 한 코레일유통이 사업 독립성을 갖추지 못한 조직으로 철도공사와 승무원들 간에 직접 근로계약관계가 성립된다고 판결하였다. 그러나 이 판결은 2015년 2월 대법원에서 파기 환송되기에 이른다.

• 국민체육공단지부 등 문화예술·체육 노동자들의 투쟁

1988년 서울올림픽대회 기념 및 이에 따른 기금 조성(국민체육 진흥)을 위해 1989년 설립한 국민체육공단은 다양한 체육진흥사업 및 기금 마련 수익사업을 위한 사업을 다각적으로 전개했고, 사업 확장에 따라 비정규직과 간접고용을 확대했다.[45] 국민체육진흥공단에서 경륜·경정 부문에서 발매 업무를 담당하는 간접고용 노동자 220여명이 공단측의 외주화 시도에 맞서 국민체육진흥공단 비정규직노조를 결성하면서 2007년 12월 26일 공공노조의 지부로 가입했다.

당시 공단에는 기간제 중심의 별도 일반노조가 있었으나, 이 노조 체계에서는 자신들의

---

[45] 국민체육공단은 2017년 현재에 이르러서도 왜곡된 고용구조를 지니고 있는데, 공단 정규직이 813명이 반면, 무기계약직과 기간제는 각각 1,067명, 263명이고, 간접고용(소속외) 노동자도 933명에 달하고 있다. 고용구조의 시정이 요구되는 대표적인 공공기관 중 하나이다.

고용과 처우 차별의 개선 전망이 어렵다는 것을 확인하고 별도 노조를 설립한 것이다. 공단측에서 이들 노동자들에 대한 시급제 전환이 추진됨에 따라 2007년 1월 공단 기간제 노동자들의 '일반노조'에 가입했지만, 일반노조에서 이들 노동자들이 주도한 '인사거부운동'에 대해 제대로 보호하지 않고, 노조 총회를 소집한 계약직 조합원 7명을 제명함에 따라 일반노조를 떠나 공공노조로 전환하게 되었다. 이후 12월 30일 공단측은 12월 30일 지부간부 등 7명을 해고하고, 240여명에 대해 타 지점으로 부당 전보를 단행하는 등 노조를 탄압하기 시작했다. 공단 정규직 노조의 외면 속에 2008년 1월 초부터 부당해고·부당전보 규탄 투쟁을 시작하였다. 항의집회·출근선전전 등을 진행하면서 법적 구제 절차를 병행한 결과, 부당해고·부당전보의 취소 및 원직 발령과 함께, 단체협약 이행청구 소송에서 승리하기에 이르렀다. 국체육공단 비정규직 노동자들의 투쟁은 2008년 9월 중앙노동위원회가 해고된 조합원 6명에 대해 부당해고 판정을 내림으로써 사실상 승리로 마감하기에 이르렀다.

그런데 공단 측에서는 2009년 1월 무기계약직 전환을 앞둔 비정규직 8명에 대해 저성과·징계 등의 이유를 앞세워 해고를 단행했다. 비정규직 노조활동을 억압하기 위한 해고 조치에 대해 노조(지부)는 7월 26일부터 전면파업에 돌입했다. 이후 12월까지 부분파업·전면파업이 계속되었는데, 공단은 오히려 노조 간부 3명을 무기계약 전환 대상에서 제외(해고 조치)하는 등의 탄압을 계속했다. 공단 측은 2010년 들어서도 무기계약직 전환과정에서 등급 평가를 통해 모두 6명의 비정규 노동자를 다시 해고했다.

지부는 2월부터 계속 촛불집회를 갖고 세차례에 걸친 집중 결의대회를 통해 부당해고를 규탄하는 투쟁을 계속했다. 법적 구제절차가 별도로 진행되는 상황에서, 공공노조를 중심으로 한 연대투쟁에 힘입어 지부는 2010년 12월부터 2011년 4월까지 천막농성 등을 계속 진행했지만, 부당해고된 조합원들의 복직은 제대로 이뤄내지 못했다.

국립오페라단은 부설기관인 합창단에 대해 2008년 12월에 해체하고 외주화하겠다고 발표했다. 이에 합창단에 속한 노동자 15명이 공공노조에 가입했다. 2009년 2월 합창단은 해고예고 통보를 하였고, 합창단지부는 곧이어 투쟁에 돌입했다. 문화예술노동자와 시민 1만인 선언 등의 연대 등으로 부당 해고 여론이 확산된 가운데, 2009년 6월 합의를 통해 조합원 전원의 고용보장과 함께 국립합창단 연수단원으로 재취업하기에 이르렀다. 그러나 2010년 정식합창단 재창설 약속을 받고 임시로 '나라오페라합창단'으로 복직했음에도, 2011년 4월 문화관광부는 '단체행동 금지'의 각서를 강요했고, 이 각서를 거부한 조합원들(3명)은 모두 해고 조치를 당했다. 해고된 조합원 들은 이후 완강한 투쟁을 전개하며 투쟁 사업장 연대를 계속하다 이중 2

명이 2019년 12월에 가서야 10여년의 기나긴 투쟁 끝에 사무직으로 재임용되기에 이른다.

- **코스콤 비정규 노동자 투쟁**

코스콤(한국증권전산)의 비정규직노조는 민주노총 사무금융연맹 소속이었다. 한국증권거래소의 전산 지원 업무를 담당하는 코스콤의 간접고용 노동자들로서 2000년 이후 입사했다. 당시 코스콤 정규직에도 노조가 조직되어 있었는데(사무금융연맹 소속), 이들 비정규직 노동자들은 정규직에 비해 1/3 수준에도 못 미치는 저임금 수준에 있었다. 그러나 2006년 비정규 입법이 제정된 후 정규직 전환의 필요성이 임박하자, 사측은 협력업체의 통폐합을 통해 위장 도급을 은폐하기 시작했다.

결국 2007년 5월 이들 비정규직 노동자들은 노조(증권노조 코스콤비정규직지부)를 설립했고, 7월 1차 파업을 통해 고용보장을 위한 합의서를 체결했다. 그러나 사측이 합의서 이행을 회피하자 9월 12일부터 노조(지부장 황영수)는 2차 파업에 돌입했다. 10월 1차 망루에서 단식 농성이 시작되는 등 투쟁은 장기화되었고, 2008년 3월 코스콤은 비정규직 농성장을 철거하였다. 코스콤 비정규직 문제는 2008년 7월 법원(서울남부지법)이 이들 코스콤 비정규직 노동자들이 코스콤과의 직접 고용 관계가 인정된다고 판결함에 따라 해결의 가닥이 잡히기 시작했다. 이에 7월 이후 비정규직노조는 마포대교에서 고공 농성을 진행하기 시작했고, 12월 23일에는 사무금융연맹 증권노조 산하 전 지부장들이 집단 단식 투쟁에 돌입했다.

결국 12월 28일 '직접 고용 무기계약직 전환'이 합의되면서, 475일간 진행된 파업도 마무리되었다. 끝까지 투쟁한 노조 조합원 76명 중 65명이 직접고용으로 전환되었다. 이후 11명에 대해서도 직접고용을 단계적으로 진행키로 했으나, 이후 사측은 이 합의서를 끝내 이행치 않았다. 코스콤 비정규직노조의 장기 파업 투쟁은 코스콤 정규직노조가 코스콤의 직접 고용에 대해 부정적으로 대응한 것도 주요한 원인으로 작용했다. 원래 11월 16일 코스콤 사측, 정규직 노조, 비정규직 노조 간 3자 합의로 이들 비정규직에 대해 별도 직군을 부여하는 전제로 직접고용을 인정하기로 했으나 정규직노조는 이 경우 자신들의 고용이 불안할 수 있다는 우려를 제기했다.

비정규직의 직접고용 정규직화를 계속 외면한 코스콤 정규직노조는 이미 2007년 11월 사무금융연맹이 제명을 결정하자, 한국노총(공공연맹)으로 전환했다. 코스콤의 투쟁은 공공부문 간접고용 노동자들의 열악한 노동조건과 위장 도급으로 인한 고용 불안, 비정규직의 장기파업 및 정규직노조의 외면 등 이후 공공부문에서 간간히 나타나는 비정규직 문제의 대표적 사례의 하나로 거론되고 있다.

6. 공공노조 투쟁 · 조직화 및 운수노조 · 언론노조의 주요 투쟁

1) 지자체 민간위탁 · 상용직(공무직) 노동자들 투쟁

· 지자체 민간위탁 노동자들 투쟁

수원지역 청소대행업체인 수원환경은 임금 체불 및 중간 착취, 유령노조 앞세운 노조활동 방해, 고용 위협 등의 악덕 행태를 계속해 왔다. 이에 맞서 수원환경의 노동자들은 2008년 8월 노조를 설립하고 공공노조 경기지역지부에 가입했다. 노조 설립 후 노조 탈퇴 협박과 함께 조합원의 경우 계약 만료시 재계약 제외 등의 탄압을 계속하여 공공노조가 직접 교섭과 투쟁을 진행하였다. 11월에 지노위에서 계약해지된 조합원의 복직 판결 조치가 내려졌지만 여전히 위탁업체는 계약 만료를 앞세워 이를 이행치 않고 있다. 한편, 성남지역 생활폐기물 처리업체인 대성기업에서 민주노총 조합원이라는 이유로 노동자들을 2010년 11월, 2011년 8월에 계속해서 해고하는 사태가 발생했다. 노조(경기지부)는 해고 조합원의 복직을 넘어 악덕 사용자의 퇴출을 요구하며 투쟁을 전개한 결과, 2011년 대성기업이 퇴출되고 부당해고된 조합원은 복직하기에 이르렀다.

노인전문병원인 중원실버빌리지는 2007년 2월 공공노조 분회로 가입한 후 2007년 5월 단체협약을 체결했다. 2007년 12월 새 원장이 부임한 이후 노조원들에 대한 징계 등으로 노사간 갈등이 격화된 상태에서 2008년 7월에 시설 폐지를 통보하였다. 병원측은 임금 50% 삭감과 구조조정을 요구한 데 노조가 반발하자 이같은 시설 폐지 통보를 취한 것이다. 이후 8월에 폐업과 함께 조합원 15명 전원이 해고되었다. 국가인권위원회가 시설 폐업 과정에 대해 조사가 시작된 가운데, 공공노조는 충북도청과 충주시청 앞 결의대회를 통해 공공 요양병원인 실버빌리지의 무단 폐업 및 노동자 전원 해고 조치의 부당성을 확산시켰다. 10월부터 출입금지 가처분 결정이 내려지고 민주노총 충북지역본부가 집중투쟁을 전개하는 과정에서 물리적 충돌까지 발생했다.

전국 최초의 노인전문병원의 폐쇄에 맞서 50대 여성 조합원들이 10개월간 투쟁을 전개한 끝에 2009년 4월 복지재단과 해고 노동자들간의 합의로 해고 조합원을 고용하기로 하고 투쟁을 마무리했다. 다만 노조 탈퇴가 명시적 합의 사항은 아니었지만 합의의 전제로 작용하는 바람에 투쟁 끝에 고용이 승계되었음에도 불구하고 공공노조의 노조활동 기반은 사라지게 되었다. 2008년 11월에 발생한 물리적 충돌로 인해 공공노조의 지역 조직국장과 조합원들 일부는 구속되고 실형을 선고받았다.

대구 소재 애활복지재단의 시설내 아동학대 및 재정 비리에 대한 의혹이 제기되면서 재단 직업훈련학교의 기능강사와 생활교사 등을 중심으로 2008년 3월에 노조(공공노조 지역지부)가 결성되었다. 2008년 4월 시설재단의 공금 횡령과 아동 성추행 사실이 공익 제보에 의해 폭로되면서 노조(분회장 박상완)는 대구지역 시민사회단체와 함께 〈애활복지재단 아동학대 및 시설비리 척결과 재단 민주화를 위한 공동대책위〉를 발족하며 복지재단의 비리를 사회적으로 의제화하기 시작했다. 이에 재단 측에서는 5월 31일 직업훈련학교를 폐쇄하고 3명의 내부 고발자를 해고했다. 노조와 시민단체 중심으로 투쟁이 계속되어 10월 국정감사에서 릴레이 단식이 진행되었고, 11월에 대구시가 특별감사를 진행하기에 이르렀다. 대구시가 특별감사를 통해 재단의 이사진을 해임했고, 이사장은 결국 2009년 7월 횡령 혐의로 구속되었다. 이후 지역 시민단체와의 재단 정상화 투쟁이 계속되면서 2009년 10월 해고된 조합원들은 청암재단 산하 시설도 옮겨 근무하게 되었다. 노조(지부)의 투쟁은 마무리되었으나 공익 제보자 보호 문제는 여전히 남아 있다.

생활쓰레기 위탁업체인 과천산업에서 노동자들에게 백지 근로계약서 작성을 요구하자 고용 불안을 우려한 노동자들이 2009년 4월 노조(분회장 정희면)를 결성하여 공공노조에 가입했다. 교섭기간 중에 분회장을 징계하고, 조합원을 계약 해지하는 등 노조 활동을 탄압하였다. 8월에 지노위로부터 부당노동행위 판정을 받았으나 사용자는 이행을 거부하였다. 공공노조와 지부가 2009년 12월 감독기관인 과천시를 압박한 결과, 과천시는 2010년 3월까지 부당해고, 부당노동행위의 원상회복 조치를 취하지 않으면 해당 업체와 재계약하지 않겠다는 통보를 하게 된다. 과천공공지역지부의 투쟁은 이후 2011년에 이르러 계약업체가 변경되면서 부당해고, 부당노동행위의 원상회복 조치가 이뤄지게 되었다.

- 여미지식물원분회 투쟁

제주의 대표적인 관광명소 여미지식물원은 1989년 삼풍백화점 소속으로 개원한 후 1995년 삼풍백화점 붕괴 사고 이후 서울시설공단이 인수·운영하다가 2005년 4월 부국개발에 매각되었다. 1995년 서울시설공단 인수 과정에서도 고용 승계와 단체협약 체결을 둘러싸고 1997년 여미지식물원노조(위원장 김동도)는 100여일간 전면파업을 진행한 바 있었다. 이 투쟁을 통해 조합원들의 고용 승계가 이뤄졌으나, 이후 2005년 서울시설공단은 이 업무를 매각하기에 이르렀다. 매각 과정에서 인수업체인 부국개발은 114명에 대한 고용 승계 및 이전 노조와 체결한 단체협약의 승계를 약속하고 노사합의서에 서명한 바 있었다.

그러나 2005년 여미지식물원을 인수한 부국개발은 애당초의 고용 보장 및 노사 상생의 약속을 뒤집고 2007년부터 지속적인 구조조정을 추진하게 된다. 2008년 1월 경영 악화를 이유로 조합원 15명에 대해 정리해고 예고를 통보하고, 10명을 먼저 정리해고하였다. 노조가 계속 투쟁하자 순환 휴직자들의 복귀에 맞춰 다시 5명을 정리해고하였다.

공공노조의 제주지역지부 분회로 재편된 여미지식물원분회(분회장 김동도) 조합원 32명은 곧바로 민주노총 지역조직들과 연대투쟁에 돌입했다. 그 결과, 이중 1명은 명예퇴직에 합의했으나 나머지는 정리해고를 강행한 결과 7월에 중앙노동위원회까지 부당해고가 인정되었다. 그러나 사측은 노동위원회 결과를 인정하지 않고 오히려 2009년도에도 정리해고를 계속 이어갔다. 결국 법원에서도 부당 해고가 인정되었지만, 계속되는 구조조정으로 인수 당시 120명이었던 노동자는 2009년 말에 50명으로 감소했다. 2년 6개월간의 정리해고 철회 투쟁 끝에 2010년 8월 해고자 14명 전원이 복직하였다.

그러나 해고자 복직 이후 사측은 원직이 아닌 부서에 배치하면서 인사상 불이익 조치를 취했다. 노조(분회)는 다시 9월부터 파업에 돌입하였다. 2011년 1월 파업을 중단하고 업무에 복귀하자, 업무 거부와 인사명령 불이행 등의 이유로 또다시 7명 정직, 2명 해고 조치를 취했다. 이때 불법 파업을 주도했다는 이유로 초대 노조위원장(김동도)은 또다시 해고되었다. 김동도는 2014년 11월 고등법원 판결로 복직하기에 이르지만, 이미 위암 판정을 받은 상태였다. 10년간 이어진 여미지식물원 노동자들의 투쟁은 결국 문재인정부 출범 이후 2017년 5월 25일에 노사 합의로 마무리되었다. 노조 분회(분회장 김연자)와 사측은 노조활동 보장 및 조합원 승급 등과 함께 해고된 조합원들이 대부분 복직될 수 있도록 하는 합의에 이르렀다. 2008년 정리해고 이후 10년 투쟁 끝에 이뤄낸 노사 합의이다.

다만 안타깝게도, 합의 이후 투쟁을 이끌어왔던 김동도 전 분회장(민주노총 제주본부장)은 2017년 6월 병세가 악화되어 생을 마감하기에 이른다. 공공부문의 사업이 민간으로 매각되면서 발생한 여미지식물원의 이같은 부당해고, 노조 탄압의 사례는 공공부문의 민간 매각('민영화')이 어떤 결과로 나타나는지를 생생히 보여준다.

- 서울지역상용직(공무직) 지부 투쟁

2000년 이후 집단교섭을 계속 추진해왔던 서울상용직지부는 서울시의 단체협약 해지에 직면한다. 이미 서울상용직지부와 서울시는 2008년 9월에 잠정 합의를 이뤄냈으나 12월에 서울시가 일방적으로 사용자 분리를 통보하고 2009년 3월에는 새로운 단체협약(안)을 제시한다.

서울시의 단체협약(안)에는 노조활동 관련 개악과 함께, 외주·하도급시 노사 합의 조항의 삭제 등이 포함되었다. 이후 교섭이 진행되었으나, 서울시는 5월 13일에 단체협약 해지를 통보했다. 이와 함께, 현장에서 비정규직 노동자의 일상적 노조활동도 억압하기 시작했다. 당시 서울시장(오세훈)은 서울 지역에서 노조활동 기반이 안정적이고 집단교섭의 틀을 유지하고 있는 서울상용직지부의 근간을 무너뜨리기 위해, 단체협약 해지 등의 노조 탄압을 전면적으로 전개하기 시작한 것이다.

이에 지부(지부장 국승종)는 2009년 6월 10일부터 순환·부분파업에 돌입했고, 9월 17일까지 무려 100일간의 장기 파업투쟁을 끈질기게 전개했다. 이후 시청앞 집회·시민선전전 등이 계속되고, 공공노조 조직들의 연대투쟁과 함께 오세훈 시장의 노동 억압 행정에 대한 시민·노동운동 진영의 반발 여론이 확산되면서 결국 10월 14일 잠정 합의를 이끌어냈다. 이 파업 투쟁은 이명박정부 들어 갈수록 강화되는 공공부문 노조활동에 대한 탄압을 막아내는 선도적 효과를 냈을 뿐 아니라, 이후 민간위탁·구조조정으로 이어질 수 있는 가능성을 차단하는데 큰 기여를 하였다. 이후 이들 비정규 노동자에 대한 노조활동 탄압을 서울상용직지부가 파업으로 막아내는 과정에서 이후 서울시청 소속 비정규 노동자에 대한 고용보장 및 처우개선 논의가 본격화되기에 이르렀다. 박원순시장이 취임한 이후 서울시의 비정규직 정규직화 방침에 힘입어 비정규직 노동자들은 대부분 정규직(공무직)으로 전환되기에 이른다. 서울상용직지부는 이들 정규직 전환 노동자들의 처우 및 노동조건 차별화를 예방하기 위해 이후 선도적인 노력을 기울인다. 이러한 노력은 전국의 상용직노조(지부)들의 활동에도 적지 않은 영향을 미치게 된다.

2) 화물연대본부 열사 투쟁

2009년 5월 3일 화물연대본부 광주지부 1지회장(박종태)이 자결한 상태로 발견되었다. 당시 금호아시아나그룹에 속한 대한통운에서 운송료 삭감과 일방적 계약 해지 등 노조 탄압이 계속된데 따른 항의의 표시였다. 박종태지회장의 자살은 당시 2009년 1분기에만 5,410억원의 영업이익을 기록한 유통업계 1위인 대한통운의 노조 탄압이 초래한 결과였다. 대한통운은 1950년대 이후 우리나라의 대표적인 물류 공기업으로 자리잡은 상태에서 지난 1960년대 말 민영화되어 동아그룹으로 인수되었고, IMF 체제 하에서 동아그룹 부도로 인해 법정관리로 운영되다 2002년 이후 금호아시아나그룹이 인수했다.

대한통운은 노사 합의에 따라 택배 운송료를 인상키로 했음에도 이를 이행치 않았고, 이에 조합원들이 항의하자 3월 17일 택배 노동자 76명에 대해 계약을 해지했다. 이에 지회 파업이 장기화되고 지회장에 대해서도 체포 영장이 발부된 상황에서 박종태 지회장은 4월 29일 "끝까지 싸워서 반드시 이기자"는 글을 남기고 잠적한 후 시신으로 발견되었다. 이에 화물연대본부(본부장 김달식)는 5월 3일부터 곧바로 총력투쟁 체계로 전환하고, 5월 9일 △노동기본권 보장 △비정규직 철폐 △노동운동 탄압 중단 △운송료 삭감 중단 △해고자 원직 복직을 내걸고 정부와 대한통운을 상대로 파업을 포함한 투쟁을 선포했다.

민주노총(위원장 임성규)도 대한통운의 노조 탄압에 대한 전국적 규탄 투쟁을 전개하자는 의미에서 5월 16일 대전에서 전국노동자대회를 개최하였다. 화물연대는 6월 10일 앞서 제시한 5대 요구안이 해결되지 않을 경우 6월 11일을 기해 총파업에 돌입할 것을 선언했고, 이에 앞서 대한통운이 속한 금호아시아나그룹의 노조들(아시아나항공지부·아시아나조종사노조·아시아나공항서비스지부·금호타이어노조)이 공동투쟁을 선언했다. 화물연대의 전면파업 선언과 민주노총 및 금호아시아나그룹 노조들의 연대투쟁에 힘입어 박종태열사는 6월 20일에 사망 52일만에 장례가 치러지게 되었다.

그러나 박종태 열사 투쟁 이후에도 아시아나항공 등 금호아시아나 그룹의 노조 탄압 흐름은 근본적으로 개선되지는 못했다. 대한통운은 금호아시아나그룹의 경영 위기로 인해 2011년 이후 CJ그룹으로 매각되었다(CJ대한통운). 대한통운 택배 노동자들은 2017년에 화물연대본부를 개별 탈퇴하고 택배연대노조에 참여함으로써 민주노총내 또 하나의 조직 갈등이 이어진다.

3) 공공노조의 전략조직화 사업
• 공공노조의 전략조직화 사업 흐름

공공노조는 공공연맹이 2006년도부터 추진한 '미조직 비정규노동자 전략조직화' 사업을 이어받아 2008년에는 전략조직화 사업의 기본 원칙을 정했다. 6월 중앙집행위원위(중집위)를 통해 간병요양 조직화 및 서울지역 중소병의원노동자 조직화 사업을 채택했다. 이밖에 공공노조는 △인천공항지역 조직화사업 △서울지역 대학비정규조직화사업 △광주전남지역 지자체 전략조직화사업 등을 별도로 준비했다. 이들 사업은 2009년도에 공공노조가 채택하기에 이른다. 2009년 들어 〈서울지역 대학비정규직 전략조직화사업단〉, 〈인천공항 비정규직 전략조직화사업단〉, 〈광주전남지역 지자체 비정규직 전략조직화사업단〉이 차례로 구성되었다.

2008년도부터 계속된 이 5개 전략조직화사업단에 공공노조는 127,606천원의 예산을 배정했고, 84,952천원의 예산을 집행하는 등 공공노조 설립 당시의 조직 목표로 제시한 비정규직 조직화를 중점적으로 실천했다. 공공노조의 전략조직화 사업은 각 단위별로 나름의 조직적 성과를 일궈냈는데, 특히 기형적 고용구조를 지닌 인천공항의 지역노조 조직화가 대표적이었다.

간병요양조직화 사업은 요양보호사협회와 같이 노조 이전에 직종 조직을 우선 건설하고 조직을 확대한 이후 의료연대본부 돌봄지부로 조직이 전환되었다. 의료연대서울지부가 주관한 서울지역중소영세병원 조직화 사업은 은평구 등 지역을 중심으로 꾸준하게 사업을 전개했다.

오히려 의료연대서울지부가 서울대병원(보라매병원 포함)의 정규직은 물론 직접(간호사 등), 간접(청소·시설관리·식당 등), 특수(간병인)고용 비정규직 노동자를 모두 조직대상으로 하고 이들을 노조에 가입시켜 조직화의 성공 모델을 만들기에 이른다. 하나의 사업장에서 고용형태를 넘어 모든 노동자를 조직한 사례다. 이러한 조직화 사업은 의료연대본부 산하 각 경북대·충북대·강원대병원 등 각 지역으로 확산된다. 의료연대본부는 각 지역지부 조직체계를 운영하면서 이러한 주요 국립대병원분회를 중심으로 지역 조직화 사업을 전개했다.

- 인천공항 '성공한 전략조직화' 및 인천공항지역지부 투쟁

인천공항은 공공운수연맹과 공공노조 결성 이전에 공공연맹, 민주노총 지역본부, 운수조직들이 일찍이 전략조직화 대상으로 설정하려던 곳이었다. 인천공항은 소수의 관리 기능만 지닌 인천공항공사를 제외하고는 인천공항의 유지·보수·관리인력은 인천공항공사 정규직의 6배에 달하는 협력업체 간접고용 노동자들로 구성된 공기업이었다. 게다가 공항이라는 국가기간산업의 특성으로 인해 민주노총이 직접 2010년 하반기의 2기 '전략조직화' 사업으로 설정하였고, 공공노조가 앞장서서 이 사업을 실천하게 되었다.

인천공항지역지부는 2008년 이전에 민주노총 인천본부에 직접 가입했던 기업별노조를 공공노조가 전략조직화 사업으로 설정하며 공공노조 지역지부로 전환했다. 2008년 공공노조가 인천공항지역지부를 결성할 당시 700명 규모의 조합원은 2013년에 1,900여명까지 확대되기에 이른다.

2008년까지 계속된 공공노조의 전략조직화사업에 따라 인천공항의 간접고용 노동자들로 조직화된 인천공항지역지부(지부장 조성덕)는 간접고용이 70%가 넘는 불안정한 고용구조 속에서 노동자들 대부분이 용역업체 변경에 따라 고용이 승계되지 않고 해고가 빈발하고 있었다. 이명박정부 '공공기관 선진화'의 흐름 속에서 2009년 인천공항공사는 용역업체 소속 노동자들에 대한 예산을 10% 삭감하기에 이르렀다. 이를 계기로 열악한 환경에 있는 간접고용 노동자들의 노동조건의 하락 및 비정규직 노동자의 추가 해고가 서서히 구체화되기 시작했다.

이러한 상황을 극복하고자 인천공항지역지부의 전 조합원들이 참여한 가운데 2009년 7월

부터 9월까지 공사 앞 집회투쟁을 계속했다. 이러한 투쟁에 힘입어, 고용 승계에서 제외된 해고 노동자들 상당수가 복직되었다. 이후 2011년 말에 계약 해지가 또다시 이뤄지자, 노조(지부)는 공사를 상대로 해고 철회 투쟁을 계속하면서 인천공항에 종사하는 간접고용 노동자들의 조직화 사업을 전개했다. 노조의 단결 및 교섭 기반 강화를 통해 간접고용 노동자에 대한 저임금 및 해고 위협에 대응하기 위해서였다.

인천공항에 대한 전략조직화 사업은 공항전략조직화사업단을 중심으로 진행되었는데, 이 조직화사업단은 조직화 사업 외에도 정책사업을 병행하여 인천공항의 왜곡된 고용구조를 사회적으로 공론화했다. 2012년 5월 공항 현장의 노동자들이 참여하는 '직접고용 전환 방안 마련을 위한 정책워크숍'을 통해 조직 내부에서 공유하고, 6월 국회에서 '인천공항 간접고용 비정규직의 정규직화 방안을 위한 공개토론회'개최를 통해 사회적 공론화를 시작했다. 이를 계기로 조직화사업단은 그동안 일각에서 제기된 간접고용 노동자들의 공단 전환 방식을 폐기하고, 인천공항공사 직접 고용 전환 방식을 이후 전략적 의제로 설정한다. 이는 인천공항의 간접고용 노동자들 대부분이 공항의 안전과 직결된 업무에 종사하는 핵심 인력인 만큼, 공사가 직접 고용해야 한다는 취지였다. 당시 인천공항공사는 본사 정규직이 사업을 관리하고, 실제 서비스 제공 업무는 대부분 간접고용으로 이뤄짐으로써 공기업으로서 매우 왜곡된 고용구조를 취하고 있었다.

인천공항지역지부(지부장 조성덕)는 2011년부터 협력업체 대상으로 집단교섭을 추진하면서, 2013년 11월에는 전면파업까지 이르게 된다. 이 전면파업은 원청 사용자인 인천공항공사와의 직접 교섭을 염두에 둔 투쟁이었다. 협력업체의 계약 및 고용승계를 인천공항공사가 책임지고 간접고용 노동자의 고용안정 및 처우개선을 확보하기 위한 것이었다. 실제 연구결과에 따르면, 인천공항공사의 고용구조는 협력업체를 통한 간접고용보다 공사의 직접 고용이 예산 운영 측면에서 더 효율적임이 드러났다. 2013년 인천공항지역지부의 투쟁은 이후(8장) 별도로 서술한다.

인천공항지역지부는 공공노조와 노사관계 전문가들의 노력이 집중되어 인천공항의 취약한 고용구조 현실을 사회적으로 공론화시켜 이후 공공기관 비정규직 정규직화가 정책으로 반영되는 상징적 모델(2017년 대통령 방문)이 되었다. 또한 공공노조와 민주노총 지역본부의 공동 노력 아래 조직화 사업을 전개하여 민주노총의 '2기 전략조직화' 사업(2010년)으로 설정되었고, 또한 공공부문 비정규직 투쟁의 중심에 자리하고 있다는 점에서 '성공한 전략조직화'의 모델로 볼 수 있다.

4) 이명박정부에 맞서 가장 치열한 투쟁을 전개한 언론노조

이명박정부는 촛불투쟁이 본격화되던 2008년 6월 KBS사장을 강압적으로 교체하고, 정권 친위대 인사를 YTN 사장에 임명하는 등 공영방송 장악에 나서기 시작했다. 이러한 이명박정부의 언론 장악에 맞서 언론노조(위원장 최상재)는 7월 23일 경고 파업을 전개했다. 2008년 하반기 '공공기관 선진화' 공세가 본격화되는 가운데, 재벌과 정권의 언론의 재벌 장악을 위한 미디어법 개정안이 발의되었고,[46] 이에 언론노조는 12월 24일 언론 관련법 개정 철회를 요구하며 연대파업을 선언했다. MBC·SBS·YTN·CBS·EBS 등의 주요 방송사 노조와 12개 신문사가 12월 26일부터 연대파업에 돌입했. 1월 7일까지 13일간 진행된 언론노조 파업에 힘입어 국회에서는 야당의 반대로 'MB 언론 악법' 통과가 저지되었다.

언론노조는 이후 언론 악법이 국회에서 논의되자 또다시 2009년 2월 26일부터 2차 연대 파업에 돌입하였다. 파업 중인 MBC·CBS노조를 중심으로 EBS·아리랑TV(국제방송교류재단)·YTN지부 등 공공 언론기관노조 간부들이 참여하여 2009년 2월 28일 이명박정부의 언론 악법 강행을 저지하기 위한 언론노동자 총력결의대회를 가졌다. 국회 문화관광위원장의 언론 악법 직권 상정으로 촉발되었던 언론노조의 2차 파업은 3월 3일까지 6일간 진행되었다. 당시 용산 철거 현장에 경찰력이 투입되어 강제 해산 과정에서 농성중이던 철거민 6명이 사망하는 대형 참사가 발생했다. 민주노총은 이에 따라 용산 참사 진상 규명 및 책임자 처벌을 위한 노동자 총력투쟁을 전개중에 있었고, 언론노조도 파업투쟁의 열기를 모아 이 투쟁에 참여했다.

2009년 3월 들어 그간 침묵을 지키던 KBS본부가 쟁의행위를 의결하면서 언론 악법 저지를 위한 언론노조 투쟁의 분위기는 달아올랐다. 이미 KBS PD들은 KBS 본부의 파업 찬반투표 이전에 제작거부에 동참하고 있었다. 이러는 가운데 YTN에서는 2009년 7월 '관제 사장' 임명 저지에 나섰던 노조위원장(노종면) 이하 6명의 노조간부들이 해고되는 등 정권의 탄압도 기승을 부리기 시작했다. 2009년 3월 YTN지부가 파업에 돌입한 가운데, 경찰은 파업 돌입 전 노조

---

46 한나라당 〈미디어발전산업발전특위〉가 발의한 언론관계법 개정안에는 이명박정부가 2만여명의 일자리 창출의 미명아래 △재벌과 조중동의 지상파 방송 및 보도·종합편성PP 경영 및 교차소유 전면 확대 △신문·방송 겸영금지 전면 삭제 △복수 소유 전면 삭제 △외국인의 종합편성PP 소유 허용 △독임제 한국언론진흥재단 설립 △사이버모욕죄 신설 등이 포함되어, 정권과 재벌의 언론 장악을 전면화하는 '언론악법'의 입법화가 강행되고 있었다.

위원장을 긴급 체포하기에 이르렀다. 조합원들의 강한 단결력으로 파업은 계속되었고, 2009년 8월 YTN사장(구본홍)은 사퇴했다. 11월에 6명의 해고자에 대해서도 법원에서 부당해고 판결이 내려졌다. MBC에 대해서도 2008년 광우병 보도의 책임을 물어 2009년 3월 담당 PD 및 관련 작가들을 긴급 체포하기에 이르렀다.

2009년 7월 국회를 앞두고 언론노조는 MBC · SBS · CBS · EBS 등의 방송사 노조가 대부분 참여한 가운데 7월 21일부터 4일간 3차 연대파업을 전개했다. 그러나 2월 임시국회에서 '언론악법' 처리를 약속한 민주당의 오락가락 처신 속에 끝내 7월 22일 한나라당이 국회에서 날치기로 언론 악법을 강행하기에 이르렀다. 이 과정에서 언론노조운동을 앞서 실천해온 KBS본부가 언론노조의 지침을 이행치 않아 본부 임원이 징계를 받자 결국 언론노조를 탈퇴하고 기업별 노조인 KBS노조(구 노조)로 회귀했다.

이후 7월 27일 언론노조 위원장이 강제 연행되면서 언론노조는 언론 악법 무효화를 위한 전국적인 서명운동과 언론문화제 등을 개최했다. 10월에는 대구에서 언론 악법 원천 무효 비상시국대회가 열렸고, 언론노조는 미디어 악법의 국회 재논의를 촉구하는 단식 농성과 시민단체 공동행동을 12월까지 전개했고, 급기야 헌법재판소에 권한쟁의 소송을 제기하였다. 그러나 2010년 11월 헌법재판소는 끝내 언론노조의 소송을 기각하고, 언론 악법에 대한 위헌 여부에 대해 눈을 감았다. 파업에 앞장섰던 언론노조 위원장, MBC본부장 등은 모두 해고되기에 이르렀다.

한편 언론노조의 파업투쟁 국면에서 언론노조를 탈퇴(기업노조 회귀)한 KBS노조가 제대로 방향을 잡지 못한 가운데 2008년 정연주사장 강제 해임 이후 취임한 이병순사장의 독단적 경영 논란이 제기되었다. 2009년 9월 'KBS의 공영방송 사수'를 위해 전년도에 투쟁했던 〈공영방송 사수를 위한 사원행동〉(사원행동) 직원들을 강제로 전출시키고, 비판적 시사 프로를 폐지하였으며, 정연주 사장 퇴진을 주도했던 간부직원들을 대거 발탁하는 등 소위 'MB독재'에 앞장서고 있었다. 2009년 11월 이명박 대선특보 출신 김인규 사장이 취임하면서 KBS에 대한 장악 흐름이 구체화되자, 12월에 기자 · PD 등 600여명이 KBS노조를 탈퇴하고 〈언론노조 KBS본부〉(새노조)를 발족하기에 이른다.

2010년 KBS의 편파방송(예, 천안함)이 계속되면서 공정 방송에 대한 요구가 드세어지는 가운데 새노조는 2010년 7월 1일 단체협약 체결과 공정 방송 쟁취의 요구를 내걸고 전면파업에 돌입했다. 29일간의 파업 끝에 7월 29일 단협 체결에 대한 합의가 이뤄졌고, 이후 지루한 공방 끝에 12월에 새노조와 공사측간의 단체협약이 체결되었다. 그러나 KBS 사장이 '추적60분' 등의 개편을 통해 방송 통제를 강행하고 2010년 파업에 앞장섰던 60여명의 노조 간부 및 조합원들에 대해 부당 징계를 가하자, KBS 새노조는 2012년 3월 6일부터 전면파업에 돌입했다. 새노조의 파업은 90일 넘게 장기간 지속되었다.

당시 MBC본부 역시 1월 30일부터 7월17일까지 공정 보도를 앞세워 파업을 전개하여 무려 170일간 장기 파업을 진행하여, 언론 노동자들은 2009년 이어 2012년 또다시 이명박 독재에 맞서는 파업을 전개해야 했다. MBC 역시 이명박정부가 언론 장악을 위해 내정한 사장(김재철)의 노조 탄압 및 분열 획책으로 오랜기간 후유증에 시달렸다. 2012년 KBS·MBC의 공정방송을 위한 장기 파업투쟁은 비록 끝났으나, 12월에 치러진 대선에서 박근혜가 당선되면서 여전히 언론 장악 흐름이 계속되고 있다. 특히 MBC는 파업 기간 중 계약직을 채용하여 이들을 정규직으로 전환시켰고, 파업 마무리 이후 경력직의 추가 채용을 통해 파업에 참여했던 노조원들의 자리를 대신하는 방식으로 노조활동의 기반을 무력화하려 했다. 그 결과, MBC에는 과거 87년 이전 군사정권 시기를 방불케 하는 비민주적 조직 문화가 다시 나타나게 되었다.[47]

7. 4년의 논의 및 진통 끝에 공공운수노조 건설

1) 2008년 통합산별노조운동의 토대

2008년은 이명박정부 출범 이후 공공부문을 비롯한 사회 각 영역에서 '잃어버린 10년의 회복'을 앞세우며 역주행이 본격화되던 해였다. 공공부문에도 역시 이러한 역주행이 본격화되면서 통합 산별 추진의 대중적 실천은 장애에 직면한다. 물론 2008년 공공-운수-미전환 조직 모두의 총력투쟁을 통해 통합 공공운수노조를 건설한다는 기본 방침을 깔고 있었지만, 2008년도에 '촛불투쟁'과 '공공기관 선진화' 대응 과정에서 공공운수연맹 전체가 하나로 된 총력투쟁을 실천하기에는 연맹의 토대 자체가 취약했다. 어찌보면 양 산업노조의 토대가 불안정하고 그

---

47 MBC의 이같은 비민주적 조직 문화에 대해서는 파업에 참여한 기자의 논문에서 최근 구체화되었다. 2012년 파업 이후 2016년까지 부당징계는 110여명 수준에 달하고 있고, 파업 전후 소송건수는 83건에 달했다. 또한 파업에 참여한 200여명의 조합원의 일자리는 파업 과정 및 이후에 충원된 경력직이 차지했다. 또한, 파업 참여 조합원들에 대한 '교육프로그램'을 통한 비인격적 인사관리로 모멸감을 안겨줌으로써, 결국 노조원들도 노조를 탈퇴하도록 유도하였다(임명헌, 2017).

불안정한 토대 위에 세워진 공공운수연맹의 위치에서 보면 불가피한 상황이었으나, 연맹 집행부의 지도역 역시 매우 제한적으로 작동되다 보니 통합적인 조정력을 발휘하기 힘들었다.

공공운수연맹의 취약한 조직적 토대는 1차적으로는 골간체계인 공공노조와 운수노조의 양 산업노조의 취약한 조건에서 출발한다.[48] 2008년 12월까지 이전 공공연맹 소속 조직 중 산업노조에 전환치 않은 소위 '미전환노조'의 조합원수는 54,000여명으로서 공공운수연맹 전체

표7-9 공공연맹 소속 조직의 산업노조 전환 실적(2008.12 기준) (단위: 명)

부문	분과	업종	조합원수	산별 전환	미 전환	전환율(%)
운수	운수	철도	25,010	25,010	–	100.0
		지하철(*)	19,968	–	19,968	0
		항공 (*)	3,070	1,510	1,560	49.2
		계	48,048	26,520	21,528	55.2
공공	공공서비스	공공서비스(*)	18,504	8,517	9,987	46.0
		공공연구(*)	6,089	–	6,089	0
		문화예술(*)	1,396	912	484	65.3
		경제사회복지(*)	3,975	2,659	1,316	66.9
		기 타	947	462	485	48.8
		소 계	30,911	12,550	18,361	40.6
	환경에너지	환경에너지(*)	12,491	7,730	4,761	61.9
		발전	6,807	–	6,807	0
		소 계	19,298	7,730	11,568	40.1
	사회서비스	정보통신	1,937	298	1,639	15.4
		공공시설환경(*)	7,018	6,195	823	88.3
		의료연대	7,141	6,971	170	97.6
		건설ENG	960	392	568	40.8
		기 타	158	120	38	76.0
		소 계	17,214	13,976	3,238	81.2
		계	67,423	34,256	33,167	50.8
총 계			115,471	60,776	54,695	52.6

* 주1) 공공서비스, 경제사회복지, 환경에너지, 공공시설환경 업종은 2006.5 이전 (구)공공연맹의 분과체계
  주2) 항공은 기존의 '항공연대'에서 공항공사노조(2) 제외(공공서비스분과로 편재)
  주3) 공공연구는 참관노조 포함. 문화예술은 문화예술소분과 포함
  주4) 지하철 중 부산지하철(2,891명)은 산별 전환 결의(2008.10) 상태
자료: 박용석(2009)

---

48   앞서 산별노조로 전환한 금속노조·보건의료노조 등에 비해서도 공공노조와 운수노조의 대표성은 상대

조합원수의 48.4%에 달하고 있었다. 2008년말까지 (구)공공연맹내 운수부문은 대상 조합원의 55.2%, 공공부문은 대상 조합원의 50.8%만이 '산업노조'로 전환했으며, 이것도 대부분 2006년 12월 이전에 이뤄진 것이고, 2007년 이후에는 공공부문에서만 1,200여명 전환하고 운수부문 전환은 없었다.[49] 공공부문 조직들의 공공노조 전환, 운수부문 조직들의 운수노조 전환이 어려운 상황 속에서 한단계 높은 공공운수노조로의 조직 전환 역시 쉽지 않은 상황이었다.

이러한 부진한 산업노조 전환 실적은 결국 공공노조에게는 공공부문 산별노조로의 대표성의 문제가, 운수노조에는 산업노조 자체의 존립 전망 문제가 각각 나타나게 되었다. 공공노조는 창립 당시에 비해 3,000여명의 조직 확대가 있었고, 이중 상당 부분이 비정규직 조직화의 실적으로 연결되는 조직적 성과를 낳았다. 그러나 주요 공공기관노조의 불참으로 인한 공공기관 산별노조로서의 대표성 부족, 업종별 공동투쟁 토대 불안, 대정부 교섭력의 미흡, 산별운동의 경험 미계승 등의 문제는 계속되었다.

앞서 [표7-8]에서 나타난 것처럼 연맹 전체를 놓고 보면 공공노조가 공공기관노조를 대표한다고 보기에는 여전히 부족함이 드러난다. 중앙 공공부문(최근 '공공기관 선진화' 공세의 주요 대상)은 철도를 제외하고도 연맹 소속 공공기관 조직의 45.4%만을 포괄하고 있었다.[50] 특히 공공부문 산별운동의 초기 지평 역할을 했던 과학기술노조(현 공공연구노조 승계)와 공공부문 투쟁의 '대명사'격으로 거론되던 발전산업노조의 불참은 공공노조의 초기 산별 토대 구축에 적지 않은 '빈 구석'으로 작용했다.

물론 '미전환 조직' 중에는 앞서 산별노조운동을 실천해왔던 공공연구노조 · 발전노조 · 정보통신노조 등 소산별 또는 초기업조직들이 있었기 때문에, 이들을 모두 산별 '미전환' 조직으로 분류하는데 대한 논란도 제기되었다. 이들 조직 입장에서는 2006년 2월 공공연맹 대의원대회가 운수조직과의 통합이라는 당면 과제를 해결하는데 집중한 나머지 소산별 조직들의 발전

적으로 낮은 수준이었다. 금속노조의 경우 2007년 1월 기준으로 금속연맹 조합원 153,163명 중 141,336명 (92.3%)이, 보건의료노조의 경우 2006년 1월 기준으로 38,315명 중 35,867명(93.6%)이 각각 산별노조로 전환하여, (구)공공연맹 조직들의 산별 전환 실적과는 큰 대조를 보이고 있다.

49 부산지하철노조는 공공운수연맹의 통합산별 추진 방침에 따라 2008년 9월에 운수노조 전환을 결의했으나, 2011년 5월에 이뤄진 통합 공공운수노조 전환 투표는 부결되었다.

50 조합원 1000명이 넘는 주요 공공기관노조(지적공사 · 조폐공사 · 전력기술 · 공항공사 · 가스안전공사 · 철도시설공단 등)까지 참여치 않다보니 결과적으로 공공노조의 정체성에 대한 논란도 커질 수밖에 없었다.

과제가 간과되었다는 아쉬움이 계속 남아 있었다. 게다가 공공연구노조는 통합의 효과가 제대로 나타나지 않은 상황에서 또다시 통합 공공운수노조로 전환하는데 따른 조직 내부의 이견도 존재했다.[51]

물론 공공기관노조들 상당수가 공공노조로 전환하지 않은 이유에 대해서는 단지 공공노조의 조직 형식의 문제만이 아닌, 경제주의 중심의 노조운동 및 기업별 체계 극복을 통한 산별노조운동에 대한 전략적 목표에 대해 각 노조들이 충분히 공유하거나 대중적으로 확산시키기 위한 노력이 소홀했던 것도 역시 간과해서는 아니될 듯하다. 상당수 미전환노조의 전환 지연은 공공노조의 대표성 부족 및 이후 공공운수노조의 산별노조운동 전략에도 적지 않은 문제를 야기했다.

한편 당시 통합 공공운수노조 논의과정에서 중요한 역할이 요구되던 운수노조의 경우에도 철도본부(노조)에 대한 의존 비율이 높았기에, 철도본부(노조) 내부의 판단(정확히는 철도 내 각 세력의 판단)이 공공운수노조 전환에서 중요한 변수로 작용하고 있었다. 더구나 철도본부(노조)의 숙원 과제로서 운수노조 건설의 직접적 동기 부여로 작용했던 화물연대본부와의 공동투쟁이 2007년 운수노조 틀 속에서 가시적인 성과를 내지 못한 것도 운수노조 강화와 관련한 논란이 제기될 수밖에 없었다. 운수노조의 각 업종본부를 보면, 철도와 항공을 제외한 각 업종본부는 대부분 비정규직, 영세사업장으로서 산업노조의 지원과 '투자'가 절대적으로 필요한 영역임에도, 나름대로 물적 토대가 안정된 지하철·항공부문(조종사)의 참여율이 높지 않아 초기 운수노조 재정 및 사업 전반에 걸쳐 철도본부의 부담이 크게 작용하고 있었다.

특히 공공부문 민주노조운동을 주도해왔던 지하철노조들이 모두 불참하여 운수 산별노조의 중요한 축이 빠져 있는 것도 간과할 수 없는 문제이다. 철도본부(노조)에 과부하가 걸리는 재정 운영구조로 인해, 운수노조가 산별노조로의 정상적으로 작동하는데 장애로 작용하고, 거꾸

---

51 이들 소산별·초기업 조직들은 공공운수연맹이 규약과 조직운영방침을 형식적으로 앞세워 '미전환 노조'로 지칭하는데 대해 반론을 제기하기도 했다. 분명 기업별 노조들과는 다른 산별노조운동의 역사를 밟아온 이들 조직에 대해 '산업노조 전환'이라는 조직 목표와 관련하여 불가피하게 이들 조직을 기업별노조와 같이 '미전환 노조'로 분류한 것은 이같은 조직 목표를 태생적으로 안고 출발한 공공운수연맹의 고민일 수밖에 없었다. 그러나 당시 이들 조직 외에도 지하철노조들이 단일노조 건설의 전망을 꾸준히 공유하고 있었던 상황임을 고려해 볼 때 공공 대산별노조 전망만을 채택하고 유지하려 했던 공공연맹·공공운수연맹의 산별운동 방침은 의도와는 무관하게 일부 업종에서 나타난 현장 눈높이의 자주적인 산별노조운동과는 대립적인 것으로 비춰질 수 있었다(필자 주).

로 이러한 조건이 운수산별노조운동에 대한 철도 조합원들의 비판적 인식의 원인으로도 작용했다. 2008년 기준으로 철도본부(노조)의 운수노조 조합원 구성 비율과 조합비 분담 비율은 격차를 드러내고 있었다. 2009년 들어 철도본부(노조)의 운수노조 조합비 50% 감축은 결과적으로 허약한 운수노조의 토대를 더욱 어렵게 만들고 있었다.[52]

2) 2008년 통합 공공운수노조 건설 논의 난항

이러한 공공노조·운수노조 등 양 산업노조의 토대 부족은 결과적으로 양 산업노조의 강화를 통한 통합 공공운수노조 건설(소위 '2단계 전략')이 아닌, 공공노조·운수노조·미전환노조 등이 통합하는 공공운수노조 건설('원샷 전략')이 필요한 것으로 논의가 모아지고 있었다. 두 산업노조 모두 조직 강화 전망이 불안하고, 추가적인 산업노조 전환 가능성이 높지 않았기 때문에 곧바로 통합 공공운수노조 전환 절차가 더 용이할 것이라는 판단을 공공운수연맹과 양 산업노조 집행부가 공유하였기 때문이다. 즉, 산업노조 강화(미전환 조직의 산업노조 전환 전제)를 통한 통합 공공운수노조 건설 전망보다, 미전환조직과 함께 공유하고 결의하여 한번에 통합 공공운수노조 전환하는 조직 목표를 실천하는게 더 적절할 것이라는 판단이었다.

공공운수연맹의 기본 방침인 '산업노조 확대 강화' 및 '통합 산별 추진'은 앞서 제시한 '동시 추진, 상호 추동'이라는 실천 원칙하에 설정되었다. 그러나 이후 추진 과정에서 무엇이 우선인가 하는 논란이 나타났고, 각 조직별, 의견그룹간에도 입장이 계속 부딪히면서, '2단계 전략'보다 '원샷 전략'이 더 힘을 키워가고 있었다. 2007년 9월 대의원대회의 통합 공공운수노조 일정 조정 및 2008년 2월 정기대의원대회의 통합 산별 추진 로드맵 역시 외견상으로는 산업노조의 강화와 통합 공공운수노조 건설의 이중 조직화 전략을 취하고 있었으나, 내용적으로는 공공운수연맹 집행부가 후자 중심의 사업 방향을 구체하고 있었다고 봐야 할 것이다.[53]

---

52 2007년의 경우 운수노조 전 조합원(44,785명) 대비 철도본부(노조) 조합원(24,809명)은 55.4%이고, 운수노조 조합비 비율은 57%에 머무르지만, 2008년에 이르러서는 운수노조내 전체 조합비 비중이 69.2%로 매우 높아지게 된다. 철도본부(노조)의 운수노조 재정 부담이 커졌다는 반증이다. 따라서 철도본부와 관련하여 제기되는 문제, 즉 조직 체계의 전환(철도노조 → 운수노조 철도본부) 유보 및 2009년 파업투쟁 이후 조합비 50% 납부 유보 등은 단지 철도 해고자 및 손해배상 가압류 등으로 인한 재정 압박도 있었지만, 철도본부(노조) 조합원의 운수노조의 활동에 대한 인식 수준을 반영하는 문제이기도 했다.

53 공공운수연맹 집행부는 이미 2007년 후반기부터 양 산업노조 전환을 통한 통합 공공운수노조 건설 전망에 대해 회의적이었다. 미전환노조의 산별 전환의 동기 부여 측면에서 공공운수노조 건설이 더 적합하다는 인

2008년 촛불투쟁이 진행되는 가운데 연맹 산별기획단은 통합 산별 추진과 관련한 여러 쟁점을 검토한 후 통합 공공운수노조의 조직설계(안)을 제출키로 했으나, 운송본부 및 화물연대 파업으로 일정이 지연되었다. 물론, 주요 철도본부(노조)·가스공사지부·공항공사노조·의료연대본부 역시 촛불투쟁 공간 속에 각 부문의 '민영화 반대' 투쟁을 전개하느라 현장 단위의 논의가 지연되고 있었다. 산별기획단은 7월 21일 수련회에서 공공운수노조의 조직 설계(안)을 검토했으나, 직할(미전환) 조직의 참여가 저조한 가운데 운수 조직 내부에서 통합 공공운수노조에 대한 '신중론'이 제기되었다. 이러한 '신중론'은 8월 19일 개최된 '통합산별 건설 관련 서울지역 토론회'에서 더욱 확대되었다. 서울지역 토론회에서는 운수노조를 넘어 주요 공공기관 미전환 조직들도 통합 산별노조 건설의 조기 추진에 대해 우려를 나타냈다.[54] 이후 통합산별 추진 관련 지역 토론회(대전 9.2. 부산 9.18)가 계속되고, 미전환노조의 산별 전환 집중 및 노조 교육, 연맹 및 산업노조 지역 간담회(9~10월)를 계속 가졌으나 여전히 이러한 상황은 개선되지 않았다. '신중론'이 제기된 배경은 2008년 공공운수연맹 차원의 총력투쟁 성과가 부족했고, 미전환 조직의 산별 전환 실적이 부진하다는 것이었다. 이 기간 중 부산지하철·관세무역개발원·안산도시개발노조 정도만 전환을 결의한 상태였다.[55]

3) 2008년 하반기 통합산별 추진 유보 및 공공운수연맹 집행부 교체

한편 이 시기에 양 산업노조간에도 집행부의 의지와는 별도로 현장의 분위기는 상이하게 전개되고 있었다. 공공노조는 통합 산별노조의 조기 추진을 통해 미전환 조직의 합류 및 철도

식이 자리잡고 있었기 때문이다. 그런데 이러한 인식은 미전환 노조의 현실을 간과한 희망 수준에 불과했다. 실제 공공운수연맹의 1기 위원장·수석부위원장·사무처장이 속한 조직 모두 공공운수노조 전환에 소극적이었다(필자 주).

54 이 토론회에서 공공노조 토론자는 비정규직 조직화의 성과를 바탕으로 공공노조의 산별운동을 공공운수노조로 확장할 필요가 있다는 전제아래 통합 산별노조 건설이 예정대로 진행되어야 한다는 의견을 제출했지만, 운수노조를 제외하고도 토론회에 참여한 직할협의회·서울지하철·발전노조 등 주요 조직 토론자들이 공공운수연맹 산별기획단의 통합산별 추진 방침 제안에 대해 문제를 제기했다.

55 통합산별 추진 지역토론회(서울, 부산지역)에서 '통합산별 추진 신중론'을 제기한 토론자들은 현재 연맹이 통합산별 추진이 '시기'(11월 준비위, 4월 출범)만 앞세우고 있고, 선행조건, 즉 △양 산업노조의 공동사업 및 현장 조합원의 통합 공감대 △연맹의 통합 산별을 위한 실천사업 △ 미전환노조의 산업노조 전환을 통한 산업노조 확대 강화 등이 부진한 점을 간과하고 있다고 문제 제기했다.

노조와의 통합을 통한 시너지 효과를 기대한 반면, 운수노조는 통합 공공운수노조 건설 이전에 산업(운수)노조 강화가 우선이라는 판단들이 작용하고 있었다. 양 노조 의결단위에서 나타난 통합 산별노조 건설 결의의 엇갈린 흐름은 이같은 판단 차이를 반영하고 있었다.

10월까지 공공노조와 운수노조가 우선적으로 통합을 추진하기로 의결하고, 공공운수연맹은 이같은 결의를 토대로 공공운수노조 준비위원회로 전환한다는 방침아래 양 노조는 의결단위 논의 절차에 착수했다. 공공노조는 9월 25일 임시대의원대회에서 통합산별노조 추진 방침을 의결한 후 10월 21~23일 대의원 찬반투표에서 산업노조간 조직 합병을 의결했다. 반면 운수노조는 내부에서 통합산별노조 건설에 대한 찬반 양론이 부딪히는 가운데, 10월 27일 임시대의원대회에서 논란 끝에 성원 부족 상황이 발생하여 산업노조의 합병 결의가 무산되었다. 운수노조는 내부 토론을 계속한 끝에, 11월 25일 위원장 담화문을 통해 운수노조의 산별노조 위상을 재정립하고 조직 혁신을 추진할 것을 약속하면서 사실상 통합 공공운수노조 결의를 중단하겠다는 입장을 발표했다.[56]

공공운수연맹은 11월 8일로 예정된 〈통합공공운수노조 준비위원회〉 발족을 위한 연맹 임시대의원대회 개최 계획을 취소하고,[57] 공공운수연맹의 창립 '기본 방침'과 2008년 2월 정기대의원대회에서 의결한 통합산별노조 추진 경로가 사실상 실패했다고 인정하며, 이후 새로운 〈통합산별노조준비위〉 건설 방안을 다시 제시할 것을 약속했다.

이후 3조직 사무처 합동회의를 거쳐, 산업노조의 합병 결의 및 미전환 조직의 전환 결의가 제대로 수반되지 않는 '낮은 단계'의 〈통합산별준비위원회〉(통준위안)'이 제시되었으나, 2009년 2월 운수노조 대의원대회가 또다시 유회되면서 연맹 집행부의 수정 방침이 또다시 채택되지 못했다. 이후 3월 연맹 중앙위원회의 정기대의원대회 상정 안건 심의 과정에서, 연맹 집행부의

---

56 이러한 입장의 배경에는 운수노조의 현 상태에 대한 진단이 자리잡고 있었다. 명목상 산별노조지만 실제로는 업종연합체 수준을 넘지 못하고 조합비 중앙 직접 납부조차 미뤄지고 있으며 산별교섭과 투쟁을 추진하지도 못했다는 것이다(박재범, 2013).

57 2008년 하반기 운수노조 내부에서 제기된 '통합 산별 추진의 신중론'은 책임있는 대안 제시없이 단지 "현재의 통합산별 추진 방침(2008년 11월 준비위, 2009년 4월 연맹 해산 및 전환)의 반대"라는 수준을 넘지 못한 한계가 있었다. 10월 27일 운수노조 대의원대회에서 위원장(김종인)은 "먼저 11월 8일 (가)공공운수노조준비위를 출범시키고 조직 합병은 4월 운수노조 대대를 열어 결정하기로 하며, 합병 시기는 7월로 연기한다"는 수정안을 제시했으나, 회의 성원 부족으로 논의되지 못했다.

'통준위(안)'과 '4월 3기 임원 선거 방안'을 놓고 표결에 부친 결과 근소한 차이로 임원 선거를 치루는 것으로 결정되었다. 공공운수연맹의 창립 기본방침이 사실상 무력화된 것이자, 공공운수연맹 집행부에 대한 불신임을 보여준 것이다.[58]

차기 연맹 임원 선거가 결정되면서 이후의 '통합산별 추진 방침'과 연맹의 기본 운영 방침을 재정립해야 하는 과제가 차기 집행부로 이월되었다. 한편 당시 민주노총 집행부(이석행)가 성폭력 사건에 책임을 지고 사퇴하였는데, 비상대책위원장으로 공공운수연맹 위원장(임성규)이 선임되면서 연맹은 3월 이후 직무대행(수석부위원장) 체계 하에서 사업이 추진되고 대의원대회가 치러지는 등 또다른 혼란이 나타났다. 당시 이명박정부의 공공기관 선진화 방침 강요에 따라 각 공공기관이 이사회를 강행하고 있고, 용산 재개발 현장 참사 발생으로 민주노총이 총력 대응을 추진하는 상황에서 이미 지도력이 바닥난 공공운수연맹 집행부는 말 그대로 오락가락 사업을 추진하기에 바빴다. 이후 공공운수연맹 미래를 결정하는 공공운수노조 2기 집행부 선거가 4월 정기대의원대회에서 치러졌다. 통합 공공운수노조 건설을 예정대로 추진해야 한다는 입장과, 통합 산별 방침을 전면 재조정해야 한다는 입장이 맞붙은 결과, 통합 산별 추진을 공약으로 내세운 집행부(위원장 김도환)가 출범했다.

운수노조는 2009년 3월 20일 정기대의대회를 통해 "통합산별노조 건설을 계속 추진하고 기존 통합산별 건설의 시기와 이행경로에 대한 수정된 조직방침은 업종본부 골간조직 토론를 거친 후 임시대대를 소집하여 확정한다"는 내용의 방침을 의결했다. 이와 함께 일부 업종본부의 조직체계를 운수노조의 체계에 맞춰 재정리하는 조직 혁신안을 의결했다. 운수노조 조직 혁신안에서 철도본부(노조)의 조직체계 변경이 주요한 과제로 대두되었다. 명칭(철도노조 사용) 개정 뿐 아니라 본부-지부-지회의 조직체계 통일을 추진하기로 한다는 것이었으나, 철도본부(노조)에서는 명칭 변경과 지부 개편 이전에, 지방본부 체계의 조정마저 난관에 직면하여 이같은 운수노조의 혁신방안은 실현되지 못했다.[59] 이같은 현실은 운수노조 강화가 단기간에 어렵다

---

58 공공운수연맹 집행부는 규약상으로는 임기 2년의 역할이 부여되었지만, 공공운수연맹 출범 취지에 따라 공공운수노조를 완성할 책임이 부여되었기에 규약과 무관하게 차기 임원 선거가 실제로는 가능하지 않은 상황이었다. 따라서 2009년 3월 연맹 중앙위원회에서 차기 임원 선거를 결정한 것은 연맹 1기 집행부의 통합 산별노조 추진과 관련하여 사실상 불신임을 결정한 것으로 볼 수 있다(필자 주).

59 철도본부(노조)의 조직 개편(운수노조 체계에 따른 조정)을 위한 공청회가 2008년 8월 20일에 개최되었다. 그간 철도본부(노조) 현장활동의 중심에 있었던 지방본부 체계에 대해, 철도노조 각 지부와 지구 사업간의

는 것을 반영하였는데, 이에 대한 대응은 공공운수노조 건설과 관련한 입장 차이에 따라 상이하게 나타났다. 운수노조 강화가 단기간에 어려우니 공공운수노조로 전환할 필요가 있다는 입장과, 운수노조를 제대로 강화시켜야 이후 공공운수노조의 산별노조운동 기반도 강화될 수 있다는 입장이 운수노조 현실을 앞에 두고 다르게 나타난 것이다.

4) 공공운수노준비위 구성 및 공공부문 민주노조 사수 투쟁

공공운수연맹 2기 집행부(위원장 김도환) 출범 이후 2009년 8월 대의원대회에서 11월 말까지 공공운수 통합산별 추진 방침을 제출하고, 2010년 정기대의원대회에서 이를 의결키로 결의하였다. 공공운수연맹은 2009년 10월 통합산별운동의 진행과정에 대한 공개적인 평가토론회를 거친 후, 2010년 3월 10일 〈(가)공공운수산업노조 건설 준비위원회〉를 발족시킨다는 방침을 양 산업노조와 집행부가 설정하고 이에 따른 의결 절차에 착수했다.

그러나 공공운수연맹과 운수노조 내부에서는 아직도 통합 산별노조 추진에 대한 조직적 반론이 존재하고 있었다. 공공운수연맹에는 대다수 미전환노조가, 운수노조에서는 철도본부(노조)가 이에 문제를 제기하고 있었다. 특히 철도본부(위원장 김기태)는 이명박정부의 '공공기관 선진화'에 맞서 11월 6일 경고 파업, 11월 26일부터 12월 3일까지의 전면 파업을 전개하고 있었기 때문에 의결 단위에서 이를 제대로 논의할 수 있는 상황이 못되었다. 철도본부(노조)의 조직 발전 전망에 대한 조직적 입장을 정리하지 못하는 것은 전체 공공운수연맹에 큰 영향을 미칠 수밖에 없었다.

운수노조 집행부는 2009년 하반기부터 운수노조에 대한 조직 진단 및 통합산별운동 추진 전망을 놓고 내부 논쟁이 계속되었다. 당시 운수노조는 철도본부(노조)의 가압류로 인한 조합비 납부 규모의 축소로 인해 재정 운영의 어려움까지 직면하면서 이에 대한 대응책의 일환으로 통합 공공운수노조의 필요성까지 제기되고 있었다. 물론 이에 따른 반론도 만만치 않게 제기되고 있었다.[60] 운수노조는 토론을 거쳐 2010년 1월 21일 중앙위원회에서 4~5월 운수 총력투쟁을

역할 재조정이 필요하다는 의견들이 제출되었으나, 당시 이명박정부의 공기업 선진화 추진 등과 관련한 투쟁 국면 속에서 철도본부(노조) 조직개편이 적절치 않다는 의견들이 제기되었다. 철도본부(노조)는 운수노조 체계에 맞는 내부 조직개편(철도본부-지역지부)을 뒤로 미룰 수밖에 없었고, 이는 운수노조의 강화가 단기간에 이뤄지기 어려운 현실임을 보여주었다.

60 운수노조 중앙에서도 운수노조가 △단일산별연맹 없이 업종연합조직으로 산별전환 투표를 전개한 건설

결의하면서 '공공운수노조 추진방침 건'은 대의원대회에 앞서 단일 건을 마련치 못하고 토론을 종결했다. 대의원대회 안건 상정을 위원장이 결정하기로 한 것이다.[61]

운수노조 위원장은 "운수노조는 3월 1일부터 공공운수연맹이 전환하여 출범하는 〈(가)공공운수산업노조 건설 준비위원회〉에 참여한다"는 내용과 함께, 공공운수노조 준비위 구성과 운영은 공공운수연맹 정기대의원대회 결정에 따른다는 내용을 대의원대회 안건으로 상정했다. 그러나 철도본부(노조)가 2009년 파업 투쟁 이후 이에 대한 입장을 정리하지 못한 상태에서 운수노조에서 나타난 의견 대립은 곧바로 2월 9일 공공운수연맹 정기대의원대회 논란으로 이어졌다.

공공운수연맹 대의원대회에서 2기 집행부가 제안안 '(가)공공운수노조 건설 방침안'은 논의 과정에서 찬반 토론이 계속되었고, 논의를 조정할 수 없는 수준의 진통이 계속되면서 결국 공공운수연맹 2기 집행부가 제안한 공공운수노조 건설을 위한 조직 방침 결정은 성원 부족으로 보류되었다. 당시 공공운수연맹 집행부는 정부의 기만적인 '공공기관 선진화'에 맞서 민주노조를 사수하는 투쟁과, 공공·운수 산별노조운동이 분리된 과제가 아니라는 전제 아래 통합산별노조 건설을 재추진하기 시작했다.

그러나 이같은 연맹 집행부의 판단에도 불구하고 상당수 노조들의 공공운수 산별노조운

과정의 한계 △업종본부의 골간구조로 인한 산별노조의 사업 및 재정 집중의 한계 △산별교섭투쟁 발전의 조직범위 한계(지하철 등 미결합) △공공운수연맹의 옥상옥 운영구조의 한계 등 운수노조가 처한 한계를 극복하기 위해 통합 산별노조 건설 논의가 필요하다는 입장(조상수, 2009)이 한편에서 제출되고 있고, 아직 운수노조 운동에 대한 현장의 기대가 있는 만큼 조직 확대에 총력을 다할 필요가 있다는 입장(정호희, 2009)이 다른 한편에서 제기되는 등 입장 차이가 계속되고 있었다. 당시 철도노조가 투쟁으로 인한 조합비 가압류로 인해 2009년 9월부터 조합비 납부 규모가 축소(12,000명 분 의무금 감소)됨에 따라 운수노조는 재정적 한계까지 대두되면서 집행부에서는 통합 산별 추진으로 조직발전 전망을 구체화하고 있었다.

61 당시 운수노조 내부에는 △통합산별노조 건설의 재추진(통합산별노조 건설 자체를 유력한 조직혁신 방안으로 설정하여 빠른 시일내에 통합산별노조를 출범시키는 것이 현실적 대안) △기업별노조 회귀(통합산별노조 건설이 실패했으니, 공공노조와 운수노조 모두 해체하고 연맹을 강화) △산업노조 독자적 생존(공공운수연맹 탈퇴 민주노총 직가입) △업종(소산별) 중심 재편 및 업종노조의 연합체로 연맹 재구성(조급한 통합산별노조 건설 추진계획을 지양하고, 양 산업노조를 포함해서 업종노조로 재편) 등의 입장이 복잡하게 제기되고 있었다(박재범, 2013). 이러한 입장 대립은 운수노조 집행부가 조정할 수 있는 수준을 넘어선 것들이었다.

동에 대한 입장은 다르게 움직이고 있었기에 2010년 2월 대의원대회가 유회된 것이다.[62] 당시 산별노조운동의 실천보다 민주노조운동 보전 (민주노총 활동 유지, '선진화' 공세 대항 등)이 우선시 되어야 한다는 입장도 어느정도 형성되어 있었다. 이명박정부는 공공기관의 고용, 임금체계 및 노조활동 조건까지 '선진화'를 앞세워 개악을 추진하고 있었고, 복수노조 교섭창구 단일화 등을 앞세워 민주노총 활동 자체를 공격하고 있었던 상황이었기 때문이다.

공공운수연맹 대의원대회의 유회로 인해 결국 통합 산별 추진은 다시 운수노조와 공공노조 몫으로 넘어왔다. 2월 19일 운수노조는 대의원대회에서 수정안이 제출되는 진통을 거쳐 가까스로 '(가)공공운수노조 건설 추진 방침안'을 다시 의결했다. 뒤어어 공공노조도 2월 24일 대의원대회에서 이 방침을 의결했다. 이에 따라 공공운수연맹은 3월 19일 대의원대회를 속개하여 큰 논란 없이 '(가)공공운수노조 건설 추진 방침안'을 만장일치로 의결했다.[63] 공공운수연맹은 2010년 4월 1일부터 〈공공운수노조준비위원회〉로 전환되었다. 공공운수연맹 위원장과 양노조 위원장이 준비위원회의 공동 위원장을 맡게 되었다.

공공운수노조준비위는 4월 17일 공공운수노조 총력 결의대회를 통해 2010년 투쟁을 선포하면서, 2010년의 당면 과제인 공공기관 선진화 저지 투쟁 및 통합 공공운수노조 건설을 힘있게 추진하자고 결의를 모았다.

한편, 2010년은 7월 1일부터 타임오프제가 도입되고, 뒤이어 2011년 7월 1일부터 기업단위 복수노조가 허용되고 교섭창구 단일화 제도가 시행되는 민주노조운동의 전환기였다. 이에 따라 민주노총을 중심으로 노동법 재개정 투쟁의 필요성이 제기되고 있었다. 이러한 정세에 대응하면서 공공운수 산별노조 건설의 로드맵을 다시 구체화하기 위해, 공공운수노조준비위는 2010년 6월 30일 중앙위원회를 통해 〈전임자 임금지급 금지 및 복수노조 시행 대응을 위한 공

---

62 공공운수연맹 대의원대회(2010.2)에서는 현단계 공공기관 선진화에 맞서는 공공부문과 운수부문의 총력투쟁이 우선적이라는 점을 앞세워 조직 내부의 역량을 분산시키는 조직발전 논의가 적절치 않다는 의견들이 계속 제기되었다. 이로 인해 결국 대의원대회가 유회하기에 이르렀다.

63 2월 9일 유회된 후 3월 19일에 속개된 공공운수연맹 대의원대회에서 공공운수노조 건설 방침이 이견없이 만장일치로 의결되었지만, 이것은 어디까지나 회의 단위에서의 당위적인 의결 수준이었다. 공공노조와 운수노조의 의결이 완료된 상황 속에서 다시 공공운수연맹 대의원대회에서 문제를 제기하기 힘든 상황이었기 때문이다. 물론 앞선 대의원대회에서 과도한 반론이 제기되었다는 비판도 어느정도 작용했다. 그러나 조직발전 방침은 강한 논쟁이 오히려 실천 동력으로 작용할 수 있고, 토론없는 당위적인 지지가 거꾸로 실천 전망을 어둡게 할 수 있다(필자 주).

공운수 산별운동 혁신과 (가)공공운수노조 건설 경로 수립을 위한 특별위원회〉(산별특위)를 구성하여 2010년 10월 대의원대회까지 운영하였다.

운수노조에서 3기 임원 선거가 본격화되는 가운데, 9월 30일 산별특위 주최로 공공운수노조 건설과 관련하여 '산별운동 혁신과 (가)공공운수노조 건설 경로 수립을 위한 토론회'가 개최되었다. 그간의 산별노조 운동의 오류와 한계를 극복하자는 의견을 모은 뒤, 공공운수노조 건설 시기 및 방법에 대한 토론이 이어졌다. 당시 공공운수노조(준) 내부에서는 공공운수노조의 조기 건설에 반대하는 입장들이 있었는데, △현 체계(현재의 공공운수노조준비위·공공노조·운수노조·직할노조의 체계) 일정 기간 유지 △강화된 공공운수연맹 복귀 △공공운수노조(준) 해산 및 공공노조·운수노조의 민주노총 직가입 등으로 나타났다.[64]

결국 토론회를 통해 다양한 의견이 표출된 가운데 공공운수노조(준) 집행부는 조직발전

표7-10   2010년 10월 공공운수노조(준) 대의원대회 의결사항

1. 공공운수연맹에 (가)공공운수노동조합을 설립한다.
2. 공공운수연맹 소속 노조는 총회 또는 대의원대회에서 2011년 4월 30일까지 (가)공공운수노동조합에 가입 또는 조직 전환을 의결하고, 그 직후 (가)공공운수노조는 임원을 선출한다.
3. 공공운수연맹은 (가)공공운수노동조합과 함께 일정 기간 존속하되, 그 관리 운영은 위 노조가 담당한다.
4. (가)공공운수노동조합은 규약, 관리운영, 사업추진에 있어서, 기본조직으로 지부와 본부를, 사업조직으로 지역본부와 특성협의회를 두며, 조합비는 월평균 보수월액에 정률제를 원칙으로 하고 노조 중앙에 직접 납부하는 방침을 반영한다.
5. 본 안건 의결 직후 위원장은 중앙집행위원회의 심의를 거쳐 (가)공공운수노동조합의 규약(안), 운영 방안, 사업계획(안) 등을 제정 수립할 기구를 설치하며, 2011년 정기대의원대회까지 관련 공동 사업 계획을 수립한다.

---

64   ① '현재의 공공운수노조준비위·공공노조·운수노조·직할협의회의 상태를 일정기간 유지'하자는 주장은, 그간 산별노조운동이 상층에서 조직형태 변경 중심으로 이뤄지다 보니, 현장의 무관심과 편차가 드러나고 있는 만큼, 공동사업과 공동투쟁을 강화하고 그 성과를 토대로 새로운 산별노조운동의 방안을 마련할 필요가 있다는 것이었다. ② '강화된 공공운수연맹으로의 복귀'하자는 주장은, 지금은 제대로 된 통합산별노조 건설이 불가능한 만큼, 공공부문 민주노조들이 지리멸렬하여 공중 분해되지 않기 위해 공공노조·운수노조를 해산하고 직할노조를 포함하여 최대 다수의 소산별노조 체제로 재편하여, 공공운수연맹을 재구성할 필요가 있다는 것이었다. ③ '현 공공운수노조(준) 해산하고, 공공노조와 운수노조가 각각 민주노총에 직가입'하자는 주장은, 모두가 한번에 공공운수노조로 전환할 수 없는 상황에서 공공운수연맹·공공운수노조·직할노조가 섞여 조직

전망에 대한 내부 혼란을 극복하기 위해 조기 공공운수노조 건설이 필요하다는 입장을 밝혔다.[65] 이러한 토론회를 바탕으로 10월 13일 공공운수노조(준) 중앙위와 10월 29일 임시대의원대회에서 '(가)공공운수노조 건설 기본계획'이 의결되었다. 2011년 2월까지 (가)공공운수노조를 설립하고, 4월 말 출범식을 한다는 계획이었다.[66] 다만 당시 운수노조에서는 차기 임원 선거가 진행되고 있었는데, '운수노조 강화'공약을 내건 후보가 등록하고 선거운동이 구체화되면서, 이러한 대의원대회의 의결과는 다소 상반된 흐름이 나타나고 있었다.

5) 공공노조와 운수노조의 통합 준비 사업
- 공공노조의 공공운수노조로의 전환 준비

공공노조는 2010년에도 2009년도의 공공기관 선진화 저지 투쟁의 흐름을 이어받아 공공기관지부들 중심으로 공동 투쟁을 준비했다. 공운법 대상 공공기관지부들의 공동교섭 노력도 지속되어, 2009년 하반기부터 공공운수연맹에서 활동을 시작한 '공공특위' 활동에 공공노조가 앞장서 참여하여 미전환 조직까지 포함한 공동교섭 논의를 확대했다. 공공기관 선진화에 따른 단체협약 개악 등을 저지하기 위해 공공기관 공동교섭이 필요하다는 전제아래, 공공운수연맹에 교섭권을 위임하는 방식으로 공공기관 기업노조 조직들과 공동교섭을 준비했다. 그러나 정작 공공운수연맹에 가맹한 다른 공공기관(미전환) 조직들은 이같은 공공노조와의 공동교섭 사업에 대해 제대로 결합하지 못했다. 교섭권 위임 역시 일부 노조에서만 이뤄졌다.

공공노조는 비록 공공부문 산별조직으로서의 대표성은 미흡했지만, 산별노조로서 지향하고 실천해야 할 사업은 나름대로 모범적으로 추진하기 위해 노력을 기울였다. 각 부문·업종

중복에 따른 비효율을 해소할 필요가 있다는 것이었다(박재범, 2013).

65 이어 진행된 토론회 2부에서 '(가)공공운수노조 건설 기본계획: 시기와 방식, 기본구조'를 주제로 한 발제(운수노조 집행위원장)가 이어졌는데, 토론 끝에 공공운수노조(준) 집행부는 공공운수노조 건설을 2011년 4월 30일 이전까지 완료하자고 제안했다.

66 10월 29일 대의원대회는 재적 대의원 468명중 과반수를 약간 상회한 250명이 참석하여, 218명의 찬성으로 '(가)공공운수노조 건설 기본계획'이 의결되었다. 4년여에 걸친 논란 끝에 공공운수연맹 대의원대회에서 (가)공공운수노조 건설이 의결된 것이다. 2011년에 4월까지 공공운수노조 건설을 위한 준비를 완료한다는 것이 주요 내용이다. 다만 조직 발전의 중요한 안건이 상정되는 대의원대회의 참석률이 낮은 것은 이후 실천 전망에 대한 어두운 그림자를 보여준 것으로 볼 수 있다.

별로 집단교섭을 추진했고, 2007년부터 단체협약위원회를 통해 각 지부의 교섭 진행 및 내용을 통일적으로 조율하는 등 산별노조의 교섭구조 발전을 지속적으로 추진했다. 지역별·업종별 비정규직 전략조직화 사업에도 2007년부터 많은 예산과 자원을 투자하여 인천공항지역노조 등 공공부문 비정규 조직화의 성과도 낳았다. 그러나 운수노조 소속 철도본부(노조), 전환되지 않은 공공부문노조(공공연구·발전·지하철 및 주요 공기업 등)와의 연대 없이는 공공부문 산별노조로서의 취약한 전망을 극복하기 어려웠다. 공공노조는 2009년 9월 3기 임원 선거를 통해 통합 산별노조 건설의 전망아래 새 집행부(위원장 이상무)를 출범시켰다.

2010년 3월 공공운수연맹이 대의원대회 개최를 통해 '공공운수노조준비위'로 전환하기로 하자, 공공노조는 공공운수노조 건설을 준비하기 위해 중앙 조합비의 조정 작업 및 규약 재정비 등에 착수했다.

한편 공공운수노조 건설 논쟁이 2010년 상반기에 가열되면서 정작 2010년의 당면 정세를 돌파하기 위한 공공부문의 투쟁은 사실 주춤했다. 2009년 말까지 계속되었던 이명박정부에 맞선 공공기관 선진화 대응 투쟁도 2010년도에는 이어지지 못했다. 2010년에는 공공기관에 대해 비록 간부 직원 대상으로 한정되었지만 성과연봉제가 도입되기 시작했고, '노사관계 선진화'압박 공세가 강화되면서 각 개별 공공기관노조(지부)의 양보교섭도 부분적으로 나타나기 시작했다.

• 공공운수노조 건설 논의를 둘러싼 운수노조의 혼란

2010년 6월 30일 운수노조 중앙위원회에서는 공공운수연맹의 공공운수산별노조 건설 논의가 진행되는 상황에서 2기 임원 임기 만료(8월)에 따라 3기 임원선거 방침을 논의했다. 그 결과 대의원대회를 통해 선거방침을 결정하기로 하였다. 운수노조는 공공운수노조 건설과 관련한 조직 내부의 이견이 아직 남아 있는데다, 택시본부의 조합비 미납에 따른 선거권과 피선거권 논란이 남아 있었다. 게다가 운수노조 임원 변경신고시 정부의 자격 시비 등의 우려 등도 있었다. 그런데 이러한 쟁점을 해결하기 위해 7월 23일 개최 예정이던 운수노조 임시 대의원대회가 성원 부족으로 유회되었다. 철도공사가 철도본부의 대의원들에 대해 근무 협조를 내주지 않아 대부분 불참하였기 때문이다.

운수노조는 8월 18일 다시 중앙위원회를 개최하여, 3기 임원선거 대책을 수립함과 아울러 2기 임원 임기 만료에 따른 비상대책위원회를 구성하였다. 철도본부의 미납 조합비 납부 유예에 대해서는 대의원대회를 소집하여 의결키로 했다. 휴대폰 ARS 전자투표로 대의원대회가 9월 10일 진행되어 철도본부(노조)의 미납 조합비에 대한 납부 유예 건이 통과되어 철도본부(노조)

의 선거권 문제가 해결되었다. 이에 따라 10월 13일 중앙위원회를 통해 운수노조 3기 선거 일정이 의결되었다.

"운수노조, 제대로 합시다!"라는 슬로건 하에 단독으로 차기 집행부 후보가 입후보한 상태에서 선거운동을 거쳐 11월 28일까지 찬반 투표가 진행되었다. 조합원 38,860명 중 17,595명이 투표에 참여하여 46%의 투표율로 인해 투표 성원 부족으로 선거가 제대로 치러지지 못했다. 선거 개표 과정에서 무효 선거구 논란이 발생하여, 후보 측에서 '무효 선거구 지정 요청'을 제기하며 민주노총 법률원에 질의하는 절차를 진행하기도 했지만, 운수노조 내부의 혼란스러운 상황이 이어진 끝에 출마 후보가 12월 1일 사퇴하면서 결국 선거는 무산되었다.[67]

이 선거 무산은 결과적으로 운수노조의 산별노조운동 '실험'이 막을 내리게 하는 결과로 작용했다. 운수노조는 12월 2일 비상대책위원회에서 위원장(김종인)이 사퇴하고 6개 업종본부장 중심의 비대위를 운영키로 했다. 이후 운수노조는 2011년 6월에 출범 예정인 공공운수노조에 참여하는 절차만 남겨놓은채 모든 활동은 산하 업종본부들이 독자적으로 추진하는 것으로 전환되었다.

운수노조는 한동안 해산을 결의하지 못한채 '사고노조'로 남아 있었다. 운수노조의 의결기구 작동이 어려운 상황 속에서 운수노조 해산 결의를 하지 못했기 때문이다. 운수의 각 업종본부 역시 일부는 이탈(택시본부)한 가운데, 철도를 제외한 조직(화물연대·민주버스·운송항만)들은 공공운수노조 내에서 업종본부를 구성하여 활동하고 있지만, 운수조직들의 연대사업은 협의회 수준에 머물러 있다. 운수노조 선거 실패 및 각 업종본부의 독자적인 사업 흐름 등이 이어지면서 운수산별노조운동에 대한 평가 역시 제대로 내려지지 못한채 현재에 이르고 있다.[68]

---

67 당시 운수노조 3기 임원 선거는 공공운수노조준비위가 발족된 이후에 치러진 선거로서 운수노조의 강화에 대한 논란이 다른 한편에서 계속 제기되는 상황에서 진행되었다. 결국 저조한 투표율은 운수노조 집행부 선출에 대한 조직적 반대(공공운수노조 전환) 여론이 작용한 결과로 풀이된다. '무표 선거구' 논란 역시 이같은 배경과 무관치 않았기 때문에 운수노조 내부의 깊은 상처로 자리잡게 되었다. 후보들이 사퇴한 배경 역시 선거 과정에서 운수노조가 더 이상 하나의 산별노조로 단결하기 쉽지 않다는 판단이 작용한 것으로 풀이된다(편집자 주).

68 운수노조를 지켜본 필자 입장에서 '운수산별노조운동의 실패' 원인을 거칠게 진단해본다면, 조직적 토대와 지도력 모두 취약한 것이 공통으로 작용한 것으로 볼 수 있다. 즉, 성장·발전과정이 다른 각 운수 조직들이 하나의 산별노조로 (연합 조작을 거치지 않고) 일시에 전환하는데 따른 연대 수준이 취약했고, 이러한 취약한 토대에서 운수산별노조운동 강화·진로를 둘러싼 논쟁이 '진영간 대결'로 이어지면서 이러한 논쟁을 조정할 수

6) 공공운수노조의 출범

운수노조 차기 임원 선거가 무산되고 운수노조 집행부가 비대위로 전환한 상태에서, 2011년 2월 10일 공공운수노조(준)는 중앙위원회를 통해 공공운수노조(준)과 양 산업노조가 2월 18일 각자 대의원대회를 통해 '공공운수노조 설립 방침'을 의결하기로 했다. 공공운수노조(준)은 2011년 이명박정부의 선진화 공세에 맞서 "무력화냐 재도약이냐"를 선택해야 하는 상황에서 산별노조운동의 발전과 노동자 정치세력화의 통합을 통한 조직 혁신이 필요하다는 전제하에 공공운수노조 건설을 힘차게 추진하겠다는 입장을 밝혔다.

먼저 공공노조(전국공공서비스노조)의 명칭을 공공운수노조(전국공공운수사회서비스노조)로 변경하고, 운수노조와 연맹의 각 산하노조가 여기에 합류하는 방식으로 통합 추진의 경로가 구체화되었다. 2월 18일 공공운수노조(준)과 공공노조는 대의원대회를 개최하여 이 방침을 각각 의결하였다. 공공노조는 공공운수노조로 조직 명칭을 변경한 후 3월 15일 설립신고를 했다. 그러나 2010년 11월 임원 선거가 무산되고 비대위로 전환된 운수노조는 2월 18일 공공운수노조 전환을 위한 대의원대회가 또다시 유회되어, 운수노조가 공공운수노조로 전환할 가능성이 약화되었다.

운수노조는 4월 13일에 중앙위원회를 개최하여 각 업종본부별로 공공운수노조로 전환하기로 수정 방침을 정하고 4월 21일 ARS전자투표로 대의원들의 추인을 받았다. 5월 27일에 민주버스본부가 제일 먼저 공공운수노조 전환을 의결했고, 이어 6월 18일 화물연대본부가 전환을 의결했다. 공항항만운송본부는 6월 3일 중앙위를 통해 9월 대의원대회에서 전환을 의결키로 했고, 철도본부(노조)는 6월 22일 중앙위원회에서 공공운수노조 조직 전환 총회를 연내에 결정키로 하고 구체적 시기는 위원장에게 위임했다. 철도노조의 공공운수노조 전환 투표는 11월에 실시되지만 부결된다. 민주택시본부는 6월 21일부터 진행된 공공운수노조 전환 투표 결과 부결되었고, 이에 따라 과거 운수노조 이전인 민주택시연맹으로 회귀(공공운수노조 탈퇴)하기로 결정했다.

2011년 6월 24일 공공운수연맹 산하 공공운수노조 준비위는 공공운수노조로 새롭게 출발했다. 다만 아직 공공운수노조로 전환치 못한 조직이 많아 공공운수연맹이 유지될 필요가 있다는 전제아래, 조직의 명칭을 '공공운수노조·연맹'으로 설정했다. 공공운수노조 위원장이 노

있는 지도력 역시 취약했다고 본다. 이후 '운수노조운동의 실패'에 대한 제대로 된 평가가 이뤄질 필요가 있을 것이다(필자 주).

조·연맹 위원장을 겸직하는 형태였다. 2010년 3월 공공운수연맹이 공공운수노조준비위로 전환되고, 공공운수노조 준비위가 공공운수노조로 전환 뒤 공공운수연맹은 다시 남아 있는 다소 기형적인 모습이 2011년 당시의 공공운수 산별노조운동의 현실이었다. 공공운수노조는 1단계로 2011년 6월 24일 공공노조에 운수노조 업종본부들(화물연대·버스 등)이 가입한 상황에서 최초 5만3천여명으로 출발했다.

그러나 당시 143,000여명에 달하는 공공운수노조(준) 조직의 1/3 수준에 불과한 공공운수노조의 조직 규모는 애당초 공공노조와 운수노조와의 단순 통합 수준에도 미치지 못했고, 소위 '미전환 조직'의 참여도 매우 제한적인 상태에 머물렀다. 공공운수연맹을 해산하고 단일 공공운수 산별노조로 통합하여 출범하겠다는 계획은 연기되고, 결국 공공운수노조 출범과 함께 이전의 공공운수연맹이 다시 형식적인 상급조직으로 자리잡을 수밖에 없었다. 공공운수노조는 창립 당시 결의를 통해 2012년 말까지 공공운수노조를 완성하고, 공공운수연맹을 해산하겠다는 '미완의 결정'으로 공공운수 대산별노조의 활동을 시작하게 된다.

> "공공·운수·사회서비스 노동자들은 노동기본권 쟁취를 위하여 가열차게 투쟁하고 공공성 강화를 위해 모든 힘을 다했다. 우리는 노동열사들의 피어린 투쟁을 통해 발전해온 민주노동운동을 계승하고 힘을 모아 새로운 도약을 이룩하기 위해 전국공공운수사회버서비스노동조합을 결성한다"(공공운수노조 선언)

기대를 모았던 철도본부(노조)는 2011년 11월 13~15일에 치러진 공공운수노조 전환 투표에서 50.4%의 찬성률로 인해 의결 정족수인 2/3를 넘지 못해 부결되었다. 공공운수노조 결성 이전부터 소산별노조운동 역사를 지녀온 공공연구노조는 6월 13일~17일 공공운수노조 전환 조합원 투표를 실시했지만, 의결 정족수에 못 미쳐 부결되었다. 2008년 통합 공공운수노조 건설 논의 과정에서 운수노조 전환을 결의했던 부산지하철노조는 6월 22일 대의원대회에서 공공운수노조 전환이 부결되었다.

운수노조 건설에 앞장섰던 철도본부(노조)는 2012년 11월 공공운수노조 전환 의결에 실패한 이후 공공운수 산별노조 전환의 기회나 노력이 약화된 상태에서 이후 철도공사 자회사을 묶는 초기업 단위 체계를 지향하면서 2022년 현재는 철도 소산별 체계로 전환되어 있다. 공공부문과 운수부문을 묶어 하나로 묶어 출발한 공공운수노조에서 핵심적 매개 역할을 맡아야 하는 위치에 있고, 우리나라 단일 공공기관노조 중 최대 규모를 지닌 철도노조의 공공운수노조 미

2011.6. 공공운수노조 창립 대의원대회

참여는 결국 공공운수 산별노조운동의 중대한 한계로 남게 되었다.

공공운수노조 전환이 유력시되었던 발전노조는 2011년 이후 복수노조 상황에서 민주노조 파괴 및 기업노조의 대거 이탈에 따른 조직 충격으로 인해 공공운수노조 전환 논의가 이뤄지지 못했다. 공공부문의 주요 노조들이 이렇듯 공공운수노조로 전환하지 못하면서, 상당수 공공부문노조들의 공공운수노조 전환 논의가 사실상 중단되었다. 소규모 조직들만이 이후 공공운수노조에 합류했다. 공공기관노조 중에는 사학연금공단노조 등이 공공운수노조로 전환했고, 공공연구노조 소비자원지부는 공공연구노조의 공공운수노조 전환 투표에서 부결된 이후 개별적으로 공공연구노조 동의 아래 공공운수노조로 전환했다. 소비자원지부 뒤를 이어 콘텐츠진흥원·연구재단·청소년활동원지부 등이 공공연구노조에서 공공운수노조로 전환했다.

2007년 공공운수연맹 출범 이후 공공운수노조로의 조직 발전이 이뤄지고 있었지만, 과거 공공연맹 소속 공공기관노조들 상당수가 오히려 민주노조운동(민주노총) 진영으로부터 이탈하고 있었다. 2008~9년에 인천공항공사·인천지하철·예술의전당노조가 공공운수연맹을 탈퇴했고, 공공연구노조 지부들(원자력연구원 등)이 노조 내부 갈등 상황에서 이탈했으며, 복수노조로 인한 조직 이탈(발전노조·지하철노조들) 및 상용직(대전·광주전남 등)들의 탈퇴가 나타났다.

2010년 이후에는 공공운수노조 소속 공공기관지부들(광해관리공단·환경관리공단·SH사업단·전기안전공사 등)과 연맹 소속 일부 노조들의 이탈이 계속되었다. 정부의 공공기관 선진화 공세 속에 이에 맞서 투쟁하는 노조, 개별적으로 양보교섭이 진행 중인 노조가 혼재하는 상황에서 정부에 맞서는 총단결이 이뤄지지 못하는 상황에서였다. 이중 일부 조직(인천교통공사·영화진흥위원회 등)은 이후 공공운수노조에 복귀했다.

8. 이명박정부의 공공부문 민주노조운동 무력화 공세

이명박정부는 제도 운영('노사관계 선진화' 평가 및 단체협약 해지) 및 실제 노사관계 개입(복수노조를 통한 민주노조 파괴 등) 등을 통해 공공부문 민주노조운동에 대한 무력화 공세를 취한다. 그리고 이러한 공공부문에서의 적대적 노동정책은 단지 공공부문을 넘어 전체 민간부문에까지 큰 영향을 미친다. 금속노조 등 전국 곳곳에서 벌어지는 민주노조 파괴 흐름은 이러한 이명박정부 시기 한국 사회의 후진적 자본주의 단면을 보여준다.[69] 이미 이명박정부는 2009년 쌍용자동차지부의 파업 투쟁을 공권력을 앞세워 진압했고, 2011년 이후 금속노조의 각 사업장에 복수노조를 동원하여 민주노조(금속노조 지부)를 파괴하는 시도들이 계속되고 있었다. 이명박정부의 반노동자적 발상은 국가 권력의 하부 토대로 인식되어온 공공부문에 대해서는 더 직접적이고 강도 높은 형태로 구체화될 수밖에 없었다.

1) 반노동자적 정책의 중심, '노사관계 선진화'

이명박정부의 후반부에 들어선 2011년 이후 '공공기관 선진화'는 거의 막장 수준으로 치닫고 있었다. 먼저, 감사원이 2010년 1월부터 3월까지 132개 공공기관을 대상으로 실시한 감사 결과를 2010년 8월에 발표하면서 공공기관을 압박했다. 감사원은 공공기관의 방만 경영이 경영진의 도덕적 해이와 노사합의를 빙자한 탈법적 노사관계, 감독관청의 방관적인 태도 등에서 비롯된다고 지적하며 전방위적 감사를 진행했다. △공공기관 지배구조 △공공기관 선진화

---

69 학계 원로인 최장집교수는 매일노동뉴스와의 인터뷰(2012.10.27.)를 통해 "이명박정부처럼 노동자에게 적대적 노동정책을 취한 나쁜 정부는 없었다"며 "노동정책에 관한 한 권위주의 정부 때보다 더 나쁜 최악의 정권"이라고 혹평했다.

계획 이행 △노사관계 선진화 이행 △인건비, 급여성 경비 및 복리후생 분야 등에 걸쳐 진행된 감사원 감사 중 특히 논란이 집중된 것은 노사관계 선진화 이행 실적이었다. 단체협약 내용, 노동조건 결정 과정의 노조 참여 문제, 심지어는 노동조합에 가입할 수 있는 단결권의 영역까지, 감사원 감사는 공공기관 노사관계 및 노동조건 전반을 망라하고 있었다.

　　이러한 감사원 감사는 기획재정부가 2009년부터 추진했던 '노사관계 선진화' 사업으로부터 출발했다. 한편 기획재정부는 2011년 11월 공공기관 '노사관계 선진화' 정책이 상당한 성과를 거두고 있다고 발표했다. 즉, 2007년 대비 2011년의 경우 '노사관계 선진화' 지표 중 '인사권 확립'은 5.8%p(84.2→90.0%), '경영권 확립'은 7.0%p(73.6→80.6%), '불합리한 노조활동 개선'은 9.2%p(72.4→81.6%)로 각각 개선되었다는 것이다. 이와 함께, 정부(기획재정부)가 '노사관계 선진화' 점검 지표로 설정한 세부 점검지표를 발표했다. [표7-11]에서와 같은 노사관계 세부 점검 지표는 단체협약 내용 전반을 망라하고 있어, 사실상 정부가 공공기관의 노조 활동을 부정하겠다는 것과 다를 바 없었다.

　　이명박정부의 '노사관계 선진화' 방침은 단체협약 해지와 노조 탈퇴 압박과 함께, 때마침 2011년부터 허용된 기업 단위 복수노조 설립과 맞물리면서 공공부문의 민주노조 운동에 대한 공세 도구로 작동했다. '노사관계 선진화' 관련 평가지표는 2010년 이후 공공기관 경영평가(특히, 기관장평가) 지표로 자리잡으면서 공공기관 노사관계를 갈등과 대립으로 몰아갔다. 이러한 강압적인 선진화 공세는 공공기관 노조들로 하여금 결국 대정부 투쟁으로 내몰았고, 2011년 들어 공공기관 노조들은 마침내 공동투쟁으로 그 돌파구를 찾기 위한 노력을 전면화하기 시작했다. 이명박정부의 공공기관 선진화 정책에 대해 더 이상 물러설 수 없는 상황에까지 이르렀

표7-11　공공기관 '노사관계 선진화' 주요 점검 · 평가지표

노사관계 개혁 과제(지표)	세부 지표
공공기관의 인사권 확립	△인사위원회 · 고용안정위원회 운영 △전보/전출 등 인사권 행사 △승진/승급 등 인사권 행사 △평가방법 · 절차 · 기준 관련 의사결정 △교육 · 연수 등에 대한 의사결정 △징계권 행사 △징계해고권 행사 △비정규직 채용시 의사결정 △노조간부에 대한 인사권 행사
공공기관 경영권 확립	△취업규칙 제정 △용역/도급 결정 △휴업/폐업/분할/양도 결정 △정리해고/구조조정 결정 △경영합리화 결정
불합리한 노조활동 관행 개선	△과도한 전임자수 △상급단체 전임자 파견 △노조 사무원 지원 △노조 전임자 평가/승진 우대 △노조간부 노조활동 겸업 △노조활동 운영비 지원 △노조활동 운영비 지원 △노조간부 금융지원

자료: 기획재정부(2011b), 보도자료.

다는 판단하에서였다.

2) 복수노조 허용에 편승한 공공부문 민주노조 파괴

2010년 이후 이명박정부는 기업 단위 복수노조 도입이라는 자주적 단결권을 민주노조 파괴의 수단으로 사용하기 시작했다. 연구 결과에 따르면, 2011년 7월 이후 설립된 노조의 68.8%가 기존 노조에서 분리된 복수노조였다(구도희, 2015). 공공부문의 경우에도 기업 복수노조 입법 시행 직후 40여개의 신규 복수노조가 설립되었다. 발전노조의 사례에서 보듯 공공부문의 경우 정부의 임금정책(경영평가 성과급) 및 '노사관계 선진화' 기획이 '민주노조 파괴' 흐름을 유도했다. 상당수 신규 복수노조가 친사용자(황색)노조'로 활동하면서 기존의 민주노총 공공부문 민주노조(지하철·발전 등)를 무력화시키는데 활용되었다. 이명박정부의 '선진화' 역주행이 복수노조와 결합되어 나타난 것이다.[70] 실제 이명박정부 하에서 실시된 복수노조 및 창구 단일화는 노조에게는 경쟁과 갈등이 확산되게 한 반면, 사용자측에게는 노사관계에서 우위를 점하는 역학구조의 변화로 작동하고 있었다.[71]

공공운수노조(준)은 이러한 '노사관계 선진화'를 앞세운 민주노조 파괴 흐름에 맞서기 위해 2010년 6월 15일 광화문 기자회견을 시작으로 거리 농성에 돌입했다. △가스·의료·전기 등 공공부문 사유화·상업화 중단 △기만적 공공기관 선진화 정책 추진 중단 △'노조 죽이기' 일방적 단체협약 파기 중단 등을 내세운 공공운수노조(준)의 투쟁은 공공부문의 투쟁을 집중하기 위한 노력이자 통합 산별노조 건설의 동력을 확보하기 위한 것이기도 하였다. 이 시기에 공공운수노조(준)은 6월 30일 중앙위원회를 통해 각 지역조직 운영 및 (가)공공운수노조 건설 경

---

70 이명박정부 시기 악용된 기업 복수노조를 보면 마치 권력과 자본이 민주노조에 복수(復讐)하기 위해 활용된 측면이 있다. 지난 1980년대 후반 민주노조운동이 성장하면서 복수노조 허용은 중요한 과제였는데, 이 복수노조가 민주노조를 혼란스럽게 하는 기반으로 활용되는 역설적 현실을 목도하게 된 것이다(필자 주).

71 한국노동연구원이 2012년 4월 발표한 연구 결과(이성희·노용진·조용만·진숙경, 2012)'복수노조 시대 노사관계 쟁점과 정책제도 개선방안 연구')에 따르면, 노-노관계가 악화되었다는 응답이 기존노조에서 35.9%, 신규노조에서 57.4%로 나타남으로써, 복수노조 도입으로 결국 사용자가 유리한 결과를 얻고 있음이 드러났다. 실제 2011년 이후 신설된 복수노조의 경우 기존 민주노총 소속 사업장에서 70%, 한국노총 소속 사업장에서 28.4%가 나타난 것으로 조사된 결과(김호정, 2013)에서 보듯, 결국 기업 복수노조는 민주노총 소속 사업장에서 갈등이 상대적으로 많았음이 드러났다. 이명박정부의 복수노조 도입 및 창구단일화 제도가 초래한 왜곡된 노조활동 지형 변화가 아닐 수 없다.

로 수립을 위한 특별위원회도 구성하였다.

공공운수노조(준)은 △타임오프제 폐지 △노조법 재개정 등을 촉구하며 이미 단식농성 중인 민주노총 위원장(김영훈)과 함께 7월 20일부터 상임위원장(김도환)이 광화문에서 단식 농성에 돌입했다. 또한, 공공노조와 운수노조의 주요 조직들이 참여하는 촛불집회도 계속되었다. 그러나 이명박정부는 복수노조 허용 분위기를 앞세워 민주노총 소속 공공부문노조의 이탈 및 조직 갈등을 노골적으로 부추기고 있었기 때문에, 2011년 이전의 정세는 그다지 밝지 못했다. 특히 공공기관의 경우 △타임오프제를 통한 전임자 축소 △창구 단일화를 앞세운 교섭 해태 △ '노사관계 선진화'를 앞세운 단체협약 개악 흐름 등이 전반적으로 확산되는 추세를 보이고 있었다.

이미 발전노조·서울도시철도노조 등에서 복수노조 움직임이 본격화되면서 민주노조의 기반을 흔들고 있고, 공공연구노조의 주요 지부들에서는 단체협약 해지가 조직적으로 행해지고 있었다. 이에 발전노조(위원장 박종옥)가 8월 30일부터 농성을 시작한 가운데, 공공운수노조(준)는 9월 1일 기자회견을 갖고 "공공부문 노조 말살을 막기 위해 공동투쟁에 돌입한다"고 선언하며, 공공노조 위원장(이상무), 가스공사지부장(황재도), 사회연대연금지부장(홍성대) 등이 단식 농성에 돌입했다. 발전노조·공공연구노조·서울도시철도노조·철도노조(본부)·가스공사지부·사회연대연금지부 등 6개 조직은 〈민주노조 사수를 위한 공동대책위원회〉를 통해 공동투쟁을 선언했다.

이명박정부 통치 기간에 나타난 주요 공공기관노조들의 공공운수연맹(공공노조 포함) 탈퇴 흐름은 정부의 선진화에 따른 공세가 가장 큰 요인이었다고 할 수 있다. 실제 경영평가(기관장평가)의 '노사관계 선진화' 등과 관련하여 이명박정부는 민주노총 공공부문(공공운수연맹 소속 주요 조직)의 무력화를 직접 노리고 있었다. 특히 과거 연대파업으로 정부에 맞섰던 철도·발전·가스·지하철노조 등이 주요 공격 대상이었다. 그리고 이러한 흐름이 가장 광범위하게 나타난 곳이 5개 발전회사노조가 단일한 소산별노조로 자리잡고 있던 발전노조였다.

3) 발전 민주노조 와해 기도 및 기업 복수노조 설립

2012년 10월 8일 발전노조가 발표한 「발전노조 노동탄압 백서」는 이미 이명박정부가 복수노조가 허용되기 훨씬 이전부터 공공부문 민주노조를 공격하기 위한 준비를 구체화하고 있었음이 드러났다.[72] 2009년 9월 17일 전 국무조정실 차장(박영준) 주재로 열린 정부의 '노사관계 회의'에서 정부는 철도노조·가스공사노조·발전노조 등 공공부문 민주노조 핵심 조직들에 대한 노조 무력화 방안을 검토하기 시작했다. 이러한 정부의 입장에 따라 2009년 10월 발전 5개 사는 '노사관계 환경 변화와 선진노사관계 연구'용역을 공동 발주한다. 때를 같이하여, 영흥화력지부장(남성화)를 사소한 근무 태만을 이유로 해고 조치하더니, 11월에는 동서발전에서 발전노조와 맺은 단체협약을 일방적으로 해지했다. 더구나 발전회사의 모기업인 한국전력공사는 자회사에 대한 경영평가 지표에 '합리적 후보 발굴' 및 '노조 사무실 회수 노력' 등을 계량평가 지표로 설정하여 거의 노골적으로 민주노총 조직(발전노조) 흔들기를 기도하고 있었다.

발전 5사는 2009년 11월 발전노조에 일괄적으로 단체협약 해지를 통보하고, 2010년 발전노조 선거에서 민주노총 탈퇴 공약을 내세운 후보를 노골적으로 지원하였다. 2010년 2월 발전노조 5대 임원 선거에서 민주노총 탈퇴 공약을 제시한 후보에 대해 발전노조의 각 본부별 선거 결과 등이 포함된 노무관리 평가가 [표7-12]와 같이 한국전력공사의 2010년 발전회사 경영평가에 직접 반영되었다. 이 후보의 득표율이 높은 순서대로 동서발전→남동발전→서부발전→중부발전→남부발전 순으로 노무 관리 평가 결과가 나타난 것이다.

발전노조 선거 결과 민주노총 탈퇴를 내세운 후보가 낙선하자, 발전회사들은 2010년 11월부터 발전노조 와해를 위해 노골적으로 개입하기 시작한다. 발전회사 사측은 '합리적 성향의 노조집행부 구성'이라는 노무관리 방침을 설정하고, '5대 집행부 민주노총 탈퇴 후보 지지율 제고' → '합리적 성향의 지부장 대거 선출' → '총회 투표를 통한 민주노총 탈퇴 시도' → '법외노조 결성을 통한 민주노총 탈퇴' 등의 시나리오까지 구체화하기에 이르렀다. 이러한 상황은 결국 국회에서까지 공론화되었다.[73]

---

72 정부가 발전산업노조를 무력화('강성형' 노조 → '노사화합형' 노조, 산별노조 → 기업노조)하기 위한 작업은 이미 2002년 발전노조 파업 직후부터 구체화되기 시작했다고 당시 노조위원장이 밝혔다. 2002년 5월 남동발전에서 기업노조 전환 시도가 있었던 것 역시 이러한 정황을 반영한 것으로 알려졌다(이호동 인터뷰). 이후 2003년 남동발전 실사 저지 및 발전 민영화 중단 등으로 노조 내부가 단결되자 이러한 작업은 수면 이하로 사라졌으나, 2006년 발전노조 파업 이후 현장의 단결력 이완 등이 계속되면서 결국 이명박정부에 와서 이러한 작업이 전면화된 것으로 풀이된다.

73 민주통합당 홍영표의원은 2012년 10월 고용노동부 국감을 통해, "민간 기업들이 창조컨설팅과 같은 노조 파괴 전문 노무법인을 동원하여 노조 파괴에 나섰다면, 공공부문은 청와대와 정부 부처가 직접 개입하여 전 방위적으로 노조 파괴에 나섰음이 발전노조 백서 발간을 통해 드러났다"고 밝혔다(한겨레신문 보도

표7-12 5개 발전사 2010년 노무관리 평가 결과

구 분	동서벌전	남동발전	서부발전	중부발전	남부발전
계량 평가	98.0	70.2	84.3	44.5	29.7
비계량 평가	97.5	92.5	77.5	67.5	72.5
종합 평균	97.8	81.4	80.9	56.0	51.1
평가 순위 1위	2위	3위	4위	5위

자료: 한국발전산업노조(2012)

발전노조 와해 시도는 당시 노조 단결력이 약한 것으로 평가되던 동서발전에서 시작되었다. 2010년 10월 발전노조 동서발전본부 울산지부장 등 6명은 "민주노총을 탈퇴하고, 소속 본부장의 결정권한이 아무 것도 없는 '소산별노조' 형태에서 자주적 결정권한을 갖는 '기업별노조'로 전환"하자는 유인물을 배포하였다.

이어 동서발전 조합원 1,352명 중 704명의 총회 소집 요구서가 발전노조 동서발전본부장에 전달되었다. 11월 동서발전본부장은 '발전노조 탈퇴 및 기업별 노조 설립'에 대한 찬반투표를 공고했다. 이 과정에서 민주노총(발전노조) 탈퇴 가결을 위한 회사의 개입이 본격화되었다. 동서발전 일산화력은 지부 조합원 135명에 대해 '토마토', '배', '사과' 등으로 개인별 투표 성향을 분석하고, 투표율 97%(131명 투표), 찬성률 73%(96명)의 예측 결과를 발표했다.[74] 그러나 11월 23일 동서발전본부 총회에서 1,366명 중 1,329명이 참가(97.7%)한 투표 결과, 찬성 40.8%(542명), 반대 57.6%(766명)로 민주노총(발전노조) 탈퇴는 부결되었다.[75]

동서발전 총회 다음 날 동서발전 사장(이길구)은 '긴급 사업소장단 회의'를 소집하여, 발전

(2012.10.9), 프레시안(2012.10.8)). 실제 2009년부터 정부 및 청와대에 포진한 이명박 측근을 중심으로 '공공부문 노사관계'에 대한 조직적 개입 의혹이 구체화되고 있었다.

74 '토마토'는 겉도 빨갛고 속도 빨간 과일로서 "민주노총 탈퇴 투표에서 반대표를 행사할 조합원"이고, '배'는 겉도 희고 속도 흰 과일로서 "민주노총 탈퇴 투표에서 찬성표를 행사할 조합원"이며, '사과'는 겉은 붉지만 속은 흰 과일로서 "민주노총 탈퇴 투표에서 찬·반을 예측하기 힘든 조합원"이었다. 일산복합화력은 이같은 분석을 통해 배 96명, 사과 9명, 토마토 26명으로 민주노총 탈퇴 투표 결과를 예측한 것이다(발전산업노조, 2012).

75 동서발전본부 투표 결과를 보면 민주노총 탈퇴 찬성이 542명으로서 총회 소집 요청자 704명에 현저히 미달했는데, 조합원들의 총회 소집 찬성 서명 과정에서 발전노조(민주노총) 탈퇴에 동의하지 않은 조합원들이 상당수였음이 드러난 것이다.

노조 탈퇴를 위한 '플랜B'를 구체화하였다. 소수 조합원이 발전노조를 탈퇴하고 '복수노조 형태의 기업별 노조' 설립을 추진하도록 각 사업소가 모든 관리력을 집중하도록 지시를 내린 것이다. 이후 12월 17일 동서발전 기업노조 추진위원장 등 22명이 발전노조 탈퇴 후 12월 18일 기업노조를 설립하였다.

동서발전 사측은 12월 31일 '4직급 직원 드래프트제 시행'을 공고하여, 2011년 1월 정기인사시 조합원 147명에 대해 사업소 전보 조치를 취하고, 노무관리 역량이 부진하다고 평가된 간부직원 14명의 보직을 해임했다. 147명의 전보 발령은 대상 선정의 원칙과 기준이 없는 상태에서 기업노조 추진위원은 모두 제외된 반면, 발전노조 전·현직 간부가 다수 포함되었다. 이러한 동서발전의 발전노조 파괴 움직임은 2011년 1월 20일 민주노총 기자회견에서 밝혀졌고, '플랜B' 문건도 1월 17일자 한겨레신문 보도를 통해 확인되었다.

동서발전을 선두로 하여 남부발전·서부발전·중부발전에서 2011년 6~7월에 계속 기업노조가 들어섰고, 남동발전에서도 10월에 기업노조가 들어섰다. 남부발전은 2010년 11월 '노사관계 선진화 구축을 위한 노사합동워크숍'를 개최하고, 사장 지시하에 기업노조 설립이 본격화되었다. 2011년 5월 발전노조 조합원 찬반투표 결과 41.9%의 찬성으로 퇴직연금제 도입이 부결되자, 하동화력지부장을 포함한 5개 지부장이 발전노조 탈퇴 및 기업노조 설립 추진을 위한 안내 메일을 전 조합원에게 발송하였고, 6월 기업노조가 설립되었다. 남부발전 기업노조 설립 신고는 복수노조 시행을 앞두고 반려되어 9월 6일에야 교부되었다.

서부발전에서도 2011년 6월 27~28일에 노사 합동 워크숍이 개최되어, 기업노조 추진이 본격화되었다. 7월 1일 서부본부 집행간부에 대해 발전노조 탈퇴 및 기업노조 전환 압력이 가해진 결과, 본부장을 제외하고 전 집행간부들이 참여하여 기업노조를 설립하였다. 이에 서부본부장은 7월 서부본부의 조직형태 변경을 위한 총회를 공고했고, 투표 결과 조합원 1,060명 중 65.6%의 조합원이 투표에 참여하였는데, 반대 77.3%로 기업노조 전환은 부결되었다. 부결 직후 서부발전(사측)이 대규모 인사이동 계획을 공지하고 조합원에 대한 개별적 면담 절차에 착수하는 등 발전노조 탈퇴 압력을 계속하는 가운데 서부발전(기업) 노조위원장 및 각 지부장 선거가 서부발전노조 위원장 명의로 공고되었다.

중부발전에서도 2011년 6월 중부본부 중앙위원회에서 보령화력지부장 등이 기업노조 전환을 주장하였고, 기업노조 설립계획과 관련한 메일을 각 지부장에게 발송하였다. 일부 지부장들의 반대로 기업노조 전환이 벽에 부딪히자, 7월 기업노조 추진위원들이 기업노조 설립 총회를 개최하였다. 회사는 관리 라인을 동원하여 발전노조 탈퇴 작업에 돌입했고, 중부발전노조는

8월 임시총회를 소집하여 기업노조의 신규 집행부를 선출했다.

동서발전을 포함한 4개 본부의 경우 일부 지부장들이 발전노조를 탈퇴하고 기업노조 설립을 주도한 반면, 남동발전본부는 본부장이 직접 전환 투표를 실시하고 기업노조까지 결성하였다. 애당초 남동발전 본부장은 2011년 8월까지 발전노조의 지침에 따라 회사노조 설립을 저지하기 위한 활동을 계속하면서, 이미 5대 임원 선거에서 민주노총 탈퇴를 공약으로 내세웠던 남동발전 소속 후보의 기업노조 설립 움직임에도 크게 흔들리지 않았다. 그런데 다른 본부들에서 기업노조 설립이 계속되자, 9월 본부장 직권으로 발전노조 탈퇴를 위한 조직 전환 투표 총회를 공고하면서 양상이 바뀌었다. 10월에 실시된 투표 총회 결과, 찬성 56.7%로 조직 전환에 필요한 2/3를 넘지 못해 부결되었다. 결국 총회 직후 본부장을 비롯한 남동발전본부 집행 간부가 사퇴하고 이들 중심으로 기업노조를 설립하기에 이르렀고, 곧이어 조합원들의 발전노조 개별 탈퇴서를 받으면서 기업노조의 틀을 확대했다.

발전노조(위원장 박종옥)는 2011년 8월 2일 수의계약 뇌물 청탁, 노조 파괴를 이유로 동서발전 사장(이길구)의 해임을 촉구하는 기자회견을 진행했고, 동서발전은 곧바로 발전노조에 대해 명예훼손금지 가처분 신청을 제기했다. 발전노조는 8월 11일부터 10월 11일까지 과천 정부청사 앞에서 동서발전 사장 해임 촉구를 위한 농성에 돌입했고, 2012년 10월 국회 환경노동위원회에는 발전노조 위원장이 국정감사 증인으로 나선 가운데 동서발전의 부당노동행위가 집중적으로 다뤄졌다.

5개 발전회사의 발전노조 파괴 공작에 청와대·지식경제부·경찰청·한국전력 등이 모두 직접적으로 개입했다는 의혹이 제기되기에 이르렀다. 발전회사의 노조 개입은 곧바로 지방노동위원회(지노위)의 부당노동행위 결정으로 확인되었다. 2012년 11월 서울지노위는 발전노조가 발전 5사를 상대로 제기한 부당노동행위 구제신청에 대해 발전회사 등이 발전노조를 약화시키기 위해 협조적인 기업노조를 만드는데 개입했다면서 발전노조의 부당노동행위 구제신청을 받아들였다.[76] 이같은 발전노조의 파괴 움직임으로 인해 2010년 말 6,500여명에 달하던 발전노조의 조합원은 2012년 초 1,200명으로 급감하기에 이르렀다.

발전노조 탄압 백서가 국회에서 공론화되는 과정에서도 한국전력과 동서발전은 이같은

---

[76] 서울지방노동위원회는 한국동서발전이 작성한 '발전노조 탈퇴 투표 결과에 대한 원인과 대책'(2010년 11월), '발전노조 탈퇴를 통한 기업노조 설립(plan B)'(2011년 11월) 및 한국전력의 발전노조 노사관계 관련 경영실적보고서(2011년 3월)의 실체를 인정하며, 이러한 사측의 행위를 부당노동행위로 규정했다.

부당노동행위에 대해 시정 조치를 거부했다. 결국 2016년 5월 31일 대법원이 기업노조 설립과 정에서 취한 동서발전의 노조 개입을 부당노동행위로 인정함으로써 역사적 단죄를 받게 된다. 발전노조는 2011년 8월 동서발전 사장 해임 촉구 기자회견을 통해 동서발전 뿐 아니라 서부·남부·중부발전에서도 이같은 노조 탈퇴 및 기업 복수노조 설립이 기획되고 있었음을 밝혔다. 정부와 사측이 노골적으로 전개한 발전노조의 무력화 작업으로 인해 발전노조 조합원들 상당수가 5개의 기업노조로 옮겼지만, 2022년 현재까지 1,500여명의 조합원들이 아직 발전노조를 지키면서 민주노조운동의 뿌리를 계속 유지하고 있는 것으로 볼 수 있다.

4) 노사관계 선진화를 앞세운 민주노조 무력화 기도

• 공공연구노조의 단체협약 해지

2009년 1월 통일협약을 갱신했던 공공연구노조 소속 27개 출연연구기관의 사측은 단체협약 갱신을 앞두고 2010년 말부터 단체협약을 해지하기 시작했다. 경제인문계 출연연구기관이 2009년 말에 취했던 조치를 과학기술계 출연연구기관들도 앞다투어 취하기 시작했다. 과학기술계 연구기관에 대한 이같은 단협 해지 조치는 2006년 과기노조가 체결한 통일 단체협약을 개별적으로 교섭하여 개악하기도 어려운 조건인데다, 2010년 하반기부터 이명박정부가 성과연봉제를 강행하기 위해 강행된 사전 조치였다.

이명박정부는 정부출연연구기관에 대해 성과연봉제의 확대 추진과 함께 3년 연속 최하위 평가등급에 대해 퇴출시키는 소위 '3진 아웃제'를 강요하고 있었다. 2011년 초 기초기술연구회 산하 7개 기관 모두 단협 해지 통보를 하였으며, 5월에는 산업기술연구회 산하 5개 기관에서 단협 해지 통보를 했다. 이와 함께, 연구기관 사측들은 2010년 하반기 교섭에서 이전 통일협약 체결 당시와 같은 집단교섭 요구를 거부하였고, 이중 19개 기관이 2011년 1월까지 교섭권을 노무법인에 위임하였다.

정부의 공공기관 선진화 추진을 강행하기 위해 단체협약이 해지되고, 교섭권이 위임되면서 지난 2006년에 과기노조가 체결한 통일협약은 결국 4년 만에 그 틀이 무너지게 되었다. 이러한 단체협약 해지 통보는 계속 확대되어 2011년 12월에는 20여개가 넘는 연구기관들이 이같은 조치를 취했다. 공공연구노조의 계속된 투쟁 끝에 2012년 들어 기초기술연구회 산하 7개, 산업기술연구회 산하 6개 지부 등 13개 지부만 공동 임금·단체협약을 체결했고, 나머지는 개별 교섭으로 분리되기에 이르렀다.

이미 준정부기관에 대해 정원 감축 및 성과연봉제 도입을 압박한 정부는 단체협약 해지와 집단교섭 해체를 앞세워 정부출연연구기관에 대해서도 2011년부터 성과연봉제를 강요했다. 감사원 감사 결과 및 주무 부처의 압박이 작용했음은 물론이다. 2011년 10월에 산업기술연구회 및 기초기술연구회 산하 출연연구기관들이 이사회를 통해 성과연봉제를 강행 의결했다.

단체협약 해지 및 성과연봉제 강행에 대한 노조의 반발이 확대되어갈 즈음인 2011년 12월에는 국가과학기술위원회가 과학기술계 출연연구기관의 통폐합 방안을 발표하였다. 2개 연구회로 분리하여 관장되던 기관을 국가과학기술위원회 소속 '국가연구개발원(가칭)' 산하로 이관하도록 한 것이다. 이는 각 연구회를 통한 각 연구기관 관리체계를 변화시켜 정부에 의한 직접적 통제를 강화하기 위한 발상으로 볼 수 있다.

- 서울도시철도노조의 복수노조 기획

이미 이명박정부 초기부터 민주노총(공공운수연맹) 탈퇴를 암묵적으로 지원해오던 서울도시철도공사는 2010년 4월 30일 단체협약 만료를 앞두고 철도공사 등의 사례(2009년 10월 단협 해지)를 본받아 단체협약 해지를 통보했다. 사측은 이와 함께 구조조정을 앞세워 민주노조 활동 기반을 약화시키는 의도를 드러냈다. 2010년 2월 도시철도공사는 조직 개편과 함께 1,600명 가량의 현장 인력을 퇴출하는 방안을 서울시에 보고하였다.

때를 같이하여, 2010년 6월 전임 노조위원장을 대표로 하는 〈도시철도 정상화를 위한 비상대책위원회〉(비대위)가 발족되었다. 비대위는 관리자들을 동원하여 도시철도노조의 조합원들의 비대위 가입을 유도했고, 이같은 활동을 바탕으로 10월에 복수노조가 설립되었다. 당시 기업 복수노조 허용과 관련한 노사관계법 개정이 아직 시행되기 전이라서 복수노조 설립신고가 반려당하자, 곧바로 〈전국도시철도산업노조〉(도산노)라는 산업별노조를 통해 설립을 인정받았다.

복수노조가 들어서자 도시철도노조에는 집단적인 탈퇴 움직임이 가속화되었다. 그 과정에서 제3의 노조(우리노조)가 2011년 7월에 설립되었고, 곧이어 4노조가 들어섰다. 이 과정에서 도시철도 조합원에 대해서는 노조와 협의없이 일방적 전출이 계속 이어졌다. 이러한 일방적 전출 조치에 맞서 전출 관련 직무재교육을 거부하고 지명파업에 참여한 30명의 도시철도노조 조합원에 대해서는 교육 거부의 책임을 물어 직권면직 조치했다. 이후 노조 간부 30여명에 대해서도 직위해제 조치를 내렸으며, 이후 항의하는 노조위원장(허인) 등 노조 임원 4인에 대해서도 직위해제 조치를 추가하는 등 편파적인 노조 탄압을 계속했다.

2011년 11월 도시철도산업노조(도산노)와 도시철도우리노조가 공동교섭 및 통합을 추진한 이후, 2012년 6월 기존 도시철도노조를 제외한 3개 복수노조가 통합하여 〈서울도시철도통합노조〉(5678도시철도노조)로 재편되었다. 그런데 5678도시철도노조가 복수노조 하의 '교섭창구 단일화'시 우위를 점하기 위해 관리자들을 노조에 가입시키자 도시철도노조(위원장 정주남)는 사측이 복수노조를 지원하는 부당노동행위를 중단하라며 농성에 돌입했다. 도시철도노조는 농성 돌입과 함께, 제2노조에 대해 통합을 제안하면서 사측과 공동교섭을 제안했지만 별다른 효과를 거두지 못했고, 5678도시철도노조가 국민노총에 합류하겠다고 선언함으로써 노조 통합 논의는 중단되었다. 한편 2013년 도시철도공사의 임금·단체협약(퇴직금누진제 폐지, 근무형태 변경 등)과 관련하여, 교섭에 참여한 양 노조를 비판하며 〈도시철도단일노조〉라는 제3노조가 2014년 2월에 다시 결성되면서 도시철도는 또다시 3개의 복수노조 시대가 되었다.

- 공항공사·철도시설공단 등의 민주노조 탄압 움직임

2009년 12월에 정부의 '공공기관 선진화' 조치에 따라 15명의 조합원을 정리해고했던 한국공항공사에서도 민주노총 탈퇴 움직임이 나타나기 시작했다. 2010년 5월 2회에 걸쳐 노조(위원장 이대경) 대의원회에 개입하여 민주노총 탈퇴 분위기를 조성하고, 이에 항의하는 대의원들에게는 폭행까지 가했다. 공사측의 대의원대회 개입에도 불구하고, 6월에 개최된 노조 총회에서 일부 대의원들이 발의한 민주노총(공공운수연맹) 탈퇴 건은 부결되었다.

당시 인천공항공사노조가 민주노총(공공운수연맹)을 탈퇴한 상황이고, 공항공사가 영업실적이 향상되면서 경영평가에서 우수 결과가 예상되자, 사장을 비롯한 간부 직원들이 정부에 '충성'하기 위해 이러한 부당노동행위가 자행된 것이다. 공항공사노조가 그간 공공부문 연대투쟁의 경험이 많지 않은 조건 속에서 이명박정부의 압박을 이겨내고 굳건히 민주노조를 지킨 것은 사실 쉽지 않은 결단으로 볼 수 있다. 이후 고용노동부 조사 결과, 사장을 비롯한 4명의 공사 간부가 직접 부당노동행위를 자행한 것으로 드러났고, 2010년 국정감사(환경노동위원회)에서 민주노총 탈퇴 관련 부당노동행위가 집중적으로 공론화되었다.

철도공사와 더불어 철도산업 구조개편의 압력에 시달리는 한국철도시설공단에서도 민주노조 탄압이 시작되었다. 2011년 8월 공단에 취임한 신임 이사장(김광재)은 인사권을 남용하고, 임금삭감 및 근속승진제 개악 조치를 취했다. 다분히 노조활동을 무력화하려는 의도에서였다. 이에 노조(위원장 박일)는 10월부터 이사장 퇴진을 내걸고 천막농성에 돌입하였다. 공단은 이에 대한 보복으로 2011년 임금 인상 조치 없이 인건비 예산을 이월 처리했고, 2012년 들어 사측의 '철도 민영화 찬성'에 대한 인터넷 댓글 지시를 폭로한 노조 사무국장을 해고했다. 사측은 더 나아가 철도 민영화에 반대하는 민주노총(공공운수노조) 입장을 왜곡하면서 철도시설공단노조를 이러한 흐름으로부터 분리하려는 작업도 곁들였다.

　　노조활동 억압과 공단내 권위주의적 운영이 계속되면서 2012년 6월부터 시작된 교섭은 결국 9월에 결렬되었다. 노조는 11월 8일 파업 찬반투표를 거쳐 11월 12일부터 부분파업이 시작되었다. 사측의 태도 변화가 없자는 노조는 결국 11월 21일 전면파업에 돌입했고, 이후 상경투쟁을 계속했다. 파업·상경투쟁을 통해 조합원의 강력한 결의를 모아낸 결과, 12월 3일 잠정합의로 길었던 2011년과 2012년의 임단협을 마무리했다. 핵심 쟁점이었던 △2011년 임금 체불 △신입직원 임금 원상회복 △근속승진제 개선 등이 합의되면서 노조의 파업 투쟁 역시 마무리되었다. 노조의 파업 투쟁으로 철도시설공단의 민주노조를 와해시키려는 공단 경영진의 의도는 결국 좌절되었다.

5) 공무원노조 · 전교조에 대한 정부의 탄압

　　이미 정부(행정안전부)는 국민연금 개악 저지 등과 관련한 공무원노조들간의 공동사업이 구체화되던 2008년 6월 1차로 '공무원단체 불법관행 해소 추진계획'을 통해 공무원노조의 집회 참여 등을 제지하려 했고, 노조 통합이 구체화되던 2009년 3월에는 또다시 '공무원노조 불법관행 해소 추진계획'을 통해 노조의 일상활동 자체를 규제하려는 시도를 계속했다. 2009년 공무원노조가 통합된 이후에는 통합 공무원노조(위원장 양성윤)에 대해 이명박정부가 전방위적 탄압을 가하기에 이른다. 2009년 6월에는 공무원노조가 전교조와 공동으로 추진했던 시국선언을 불법 활동으로 몰아 참여 조합원에 대한 징계 조치를 취하려 했고, 8월에는 민주공무원노조가 발표한 시국선언("정권이 아닌 국민의 공무원이 되고 싶습니다") 참여자에 대해 실제 징계 조치가 발표되었다. 이후 정부는 징계 조치가 소홀했던 기관에 대해 경고 조치(2010.4)까지 취했다.

　　정부가 통합노조의 설립 신고를 반려한 뒤 11월 노조위원장이 속해 있던 양천구청은 인사위원회를 열어 노조 위원장을 해임했고, 이어 정부는 노조가 광고를 내고 범국민대회에 참가했다는 이유로 18명의 노조 간부를 해임하는가 하면, 12월 1일 공무원노조 사무실에 대해 압수수색을 감행했다. 이어 12월 4일에는 전국의 55개 공무원노조 지부 사무실에 대해 폐쇄 조치를 단행했다. 2010년 1월에는 통합공무원노조의 규약 재정을 위한 총투표가 구체화되자 복무관리 강화 조치(근무시간중 투표 활동 제한)가 취해졌고, 근무시간 중 총투표에 참여한 조합원들에게 징계 조치가 또다시 내려졌다.

　　이러한 거듭되는 정부의 탄압에 대하여 공무원노조는 2010년 2월 24일 조합원 총투표로 해직자의 조합원 자격을 유보하는 규약 개정안을 의결하고 합법적인 노조로서의 활동공간을 확보하기 위한 우회 전략을 채택하기도 했으나 정부는 이러한 노조 규약 개정마저 거부하고 설립신고필증 교부를 거부하였다. 게다가 정부는 3월 20일 88체육관에서 갖기로 했던 통합 공무원노조 출범식을 방해하기 위하여 대관 계약을 자기 멋대로 취소하기도 했다.

정부의 이러한 온갖 탄압에도 불구하고 공무원노조는 민주노조로서의 활동을 이어가면서 합법성 쟁취를 위한 노력을 기울였지만 정부는 공무원노조에 대한 설립신고를 끝까지 반려하였다. 결국 공무원노조는 2011년 9월 17일 대의원대회를 통해 규약을 원래대로 돌리고 법외노조로서 활동하겠다는 결단을 내리게 된다. 이후 공무원노조는 전교조와 함께 법외노조로서 험난한 탄압에 직면하면서도 민주노조의 역할을 포기하지 않고 지속적인 활동을 이어 나가게 된다. 공무원노조의 법외 문제는 2018년에 해결의 가닥을 잡는다.

공무원노조에 대한 정부의 노골적 탄압은 공무원노조의 민주노조 기반을 무너뜨리겠다는 의도와 함께, 특히 공무원노조의 정치활동을 근본적으로 봉쇄하겠다는 의도에서 비롯되었다. 민주노동당을 통한 노동자 정치운동이 확장되고 이 과정에서 영향력이 넓은 공무원·교사들의 정치활동이 폭 넓게 이루어지면서 보수정권인 이명박 정부는 위기의식을 느끼고 있었던 것이다.

공무원노조와 전교조에 대한 탄압이 2009년도 12월 전교조·공무원노조의 시국선언 발표 이후 전면화된 것은 이를 반증하고 있다고 볼 수 있다. 정부는 이를 빌미로 두 노조에 대한 압수수색을 실시하고 이어 2010년 들어 두 노조의 정치활동을 빌미로 전면적인 탄압에 들어가게 된다. 2010년 6월 지방선거를 앞두고 민주노동당에 가입하거나 후원금을 낸 노조원들에 대해 '정치적 학살'이 시작된다. 이미 2010년 2월 정부(교육과학기술부, 행정안전부)는 민주노동당 당원으로 활동하는 전교조·공무원노조 소속 조합원 293명에 대해 정치활동금지 위반 혐의로 소환장을 발부했다. 민주노동당에 대해서도 전교조·공무원노조 조합원을 찾기 위해 당 누리집 서버에 대해 압수 수색을 실시했다.

정부의 전교조 탄압이 본격화되면서 보수 언론은 마치 전교조가 와해될 것처럼 '전교조 흠집 내기'를 노골화했다.[77] 이후 2010년 5월에는 교사 134명과 공무원 89명에 대해 파면·해임 조치가 발표되었고, 사립학교 교원 35명에 대해서도 학교재단에 파면을 요구했다. 공무원노조에 대한 설립신고증 교부를 거부한 정부는 전교조에 대해서도 2010년 4월 해고자를 조합원

---

77 조선일보는 전교조의 조합원이 대폭 축소(2006년 8만5천명 → 2009년 6만9천여명)되는 상황을 소개하면서, 전교조가 '설립 이후 최대 위기'라며 곧 와해될 것처럼 부채질(2010.3.1. 보도)했지만, 이후 2022년 현재까지 일부 조합원 축소에도 불구하고 전교조는 굳건하게 민주노조의 토대를 지켜가고 있다.

으로 인정하는 전교조 규약에 대한 시정명령을 내렸다.[78]

전교조와 공무원노조에 대한 정치활동 탄압은 이후에 갈수록 강화되었다. 2011년 6월에 검찰은 전교조와 공무원노조의 조합원들의 시국선언 참여 등에 대해 문제를 삼으면서, 전교조 조합원 1,100여명과 공무원노조 조합원 400여명에 대해 공무원 인사기록카드까지 요구하였다. 이미 정부는 전교조와 공무원노조 사무실에 대한 압수 수색을 실시한 이후 시국선언과 무관한 노조간부들의 계좌 및 개인메일 등을 계속 압수·수색하면서 저인망식 수사를 계속해오고 있었다.

전교조 위원장(정진후)은 6월부터 무기한 단식농성에 돌입하며 정부의 탄압에 저항했지만 정부는 전교조에 대한 탄압을 중단하지 않았다. 이러한 정부의 탄압 기조는 박근혜 정부로 이어졌다. 통합 공무원노조에 대해 설립신고를 계속 거부하던 정부는 결국 2013년 8월 공무원노조 대의원대회에서 개정된 규약("해고자의 조합원 적격 해석은 중앙집행위원회 결정에 따른다")을 이유로 4번째 설립신고를 반려했다. 9월 24일 정부는 해고 조합원의 조합원 자격을 금지하도록 전교조에 대해 규약을 개정하도록 요구했고, 전교조가 대의원대회와 조합원 총투표를 거쳐 규약 시정 명령을 거부하자 결국 10월 24일 전교조에 대해서도 '노조 아님'을 통보하기에 이르렀다. 결국 박근혜정부 5년 기간 동안 공무원노조 및 전교조는 법외노조 상태가 계속되었다.

6) 이명박정부의 '기획' 산물, 국민노총 결성

공공부문에서의 이같은 노조 파괴 움직임과 때를 같이하여 이명박정부의 국민노총 기획 논란도 확산되고 있었다. 2011년 7월 기업별 복수노조 허용을 앞두고 4월 29일 서울지하철노조(위원장 정연수)는 조합원 총투표 결과 53%의 찬성으로 민주노총 탈퇴 및 새노총(가칭 '국민노총') 가입을 선언했다. 이미 이명박정부의 역주행이 본격화되었던 2010년 3월부터 KT노조·현대중공업노조·전국지방공기업노조연맹·교육청공무원노조 등을 중심으로 '새로운 노총'을 표방하는 〈새희망노동연대〉가 발족되면서 결국 우려했던 국민노총이 가시권에 떠올랐다. 이중 서울지하철노조가 가장 먼저 국민노총 가입을 결의했다. 뒤이어 2011년 10월 31일 지방공기업노조연맹·도시철도산업노조·자유교원노조 등을 중심으로 '국민 섬김 노동운동'의 캐치프레이즈를 내걸고 국민노총(위원장 정연수)이 출범하게 된다.

---

78 전교조는 규약시정명령에 대해 법원에 취소 소송을 제기하였으나 2012년 1월 대법원에서 패소하기에 이르렀다. 그러나 이명박정부는 정치적 부담으로 인해 곧바로 전교조에 대한 법외노조('노조 아님') 통보 조치를 취하지는 않았다. 결국 이 조치는 2013년 박근혜정부에서 현실화되기에 이른다.

그러나 서울지하철노조의 민주노총 탈퇴 결의에 대해 법원이 무효임을 판결하게 되고,[79] 이들과 같이 준비했던 KT노조·현대중공업노조 등이 불참하면서 국민노총은 전국 조직으로서의 위상을 제대로 갖추질 못했다. 더구나 이 국민노총 결성에는 민주노총을 무력화하려는 이명박정부의 핵심 관계자들이 개입되었다는 논란이 처음부터 제기되었다.[80] 당시 공공부문 조직 대다수가 '공공기관 선진화'에 맞서 크고 작은 투쟁을 계속하고 있었고, 정치권과 시민사회단체에서 공공부문 노동운동과 연대를 확장하는 정세가 전개되었기 때문에 이같은 정체성 논란은 당연히 국민노총 조직 확대의 부정적 요소로 작용할 수밖에 없었다.

결국 국민노총은 이명박정부의 임기 내내 정체성 논란이 거듭되면서 조직 확대가 정체된 채, 3년 후인 2014년 12월 3일 한국노총과 통합을 선언하고 결국 한국노총에 흡수되기에 이르렀다. 박근혜정부가 국민노총에 대해 재정 지원을 중단한 후 불과 2만여명의 조합원으로 노총 조직을 운영할 수 없는 한계 상황에 이르자, 조직 확대에 목말랐던 한국노총이 통합을 제안한 것으로 알려지고 있다. 이명박정부에서 민주노총을 무력화하기 위해 결성을 기획했던 조직에 대해 한국노총이 이를 흡수 통합한 것은 결국 한국노총이 과거 '어두운 역사의 그림자'를 여전히 극복하고 있지 못한 것으로 볼 수 있다.[81]

---

79 서울동부지법 판결에 이어, 서울고등법원은 2012년 7월 서울지하철노조 54명의 조합원이 노조를 상대로 낸 '총회의결 무효 가처분소송'에, 지하철노조 집행부가 국민노총 가입을 위해 추진한 민주노총 탈퇴가 절차적으로 적법성을 지니지 못해 무효라는 판결을 내렸다.

80 민주노총의 전 사무금융연맹 위원장(정용건)은 한나라당 전 의원(배일도)과 이명박정부의 고용노동부 장관 보좌관(이동걸) 등이 개입하여 정연수(서울지하철노조)·김구현(KT노조)·현대중공업노조(오종쇄) 등을 중심으로 국민노총이 정부 비호아래 준비되고 있다는 점을 밝혔다(정용건, 2011). 이후 한겨레21은 이 국민노총에 국가정보원·고용노동부 등이 깊숙이 개입되었다는 '원세훈 전 국가정보원장 등의 국고손실 혐의 재판기록'을 공개했다(박태우, 2020). 이에 따르면, 국가정보원은 민주노총에 반대 성향을 지녔던 서울지하철노조·KT노조 등이 2010년 3월에 만든 '새희망노동연대'를 "민주노총 견제세력으로 육성"하겠다고 청와대에 보고했고, 이후 국가정보원이 국민노총 결성을 위해 자금을 지원했다고 한다. 이로 인해 2011년 당시 국가정보원 2차장(민병환), 고용노동부 차관(이채필), 고용노동부장관 보좌관(이동걸)에게 국민노총 지원을 위한 국고 손실 혐의와 관련하여 모두 유죄가 선고되었다는 것이다.

81 한국노총은 국민노총과의 통합을 선언하면서 "노동계 분열을 종식시키고 1국1노총 체제를 열기 위한 시작"이라는 의미와 함께, "100만 시대를 눈앞에 두게 됐다"고 밝혔다. △'노동계 분열'의 표현 △논란(이명박정부 기획)있는 조직과의 통합을 통한 조직 확대(15,000명 추산) 등의 문제점을 한국노총은 여전히 간과하고 있

국민노총이 한국노총 흡수됨에 따라, 복수노조 상태의 서울지하철노조는 조합원 다수를 포괄하는 조직(서울지하철노조)이 공공운수노조(민주노총)에 남게 되고, 일부 복수노조(서울메트로노조)가 한국노총(공공연맹)으로 전환하게 되었다. 현대중공업노조는 이후 민주집행부가 복원되면서 다시 민주노총(금속노조) 소속으로 복귀하기에 이른다. 민주노조운동의 궤도를 계속 이탈하면서 국민노총을 준비했던 KT노조 역시 한국노총 조직으로 자리잡게 되었다.[82]

는 것이다(필자 주).

82   이후 KT노조의 활동에 대해서는 더 이상 언급할 필요가 없으나, 민영화가 완료된 2002년 이후 2020년의 KT의 경영상태를 통해 노조활동을 간접적으로 진단해볼 수 있다. 2002년 대비 2020년 매출액은 2배 증가했으나 연구개발비는 절반으로 축소되었고, 주주에 대한 현금배당은 일정수준 계속 유지되는 가운데, 정규직은 43,659명에서 22,123명으로 반토막이 났다(금융감독원 전자공시시스템). 민영화 이후 국가 기간 통신사업자로서의 위상이 계속 약화되고 있는 KT 위상 및 '노동없는 성장'의 상징적 단면을 볼 수 있다.

참고문헌

고용노동부(2010), 「전국 노동조합 조직현황」

고용석(2012), "지금부터는 철도도 경쟁이다", 「KDI 경제정보센터」, 한국개발연구원

공공노조 청산위원회(2014), 「전국공공서비스노조 활동 백서」, 한내

구도희(2015), 「복수노조 시행 후 노사관계 변화」, 한국노동사회연구소

기획재정부(2008~9), 「1~6차 공공기관 선진화 추진 계획」

_____(2009), 「2009 공기업 준정부기관 기관장 경영계획서 이행실적 평가」

_____(2011a), 「공공기관 선진화 백서」

_____(2011b), "공공기관 '노사관계 선진화'주요 평가지표", 보도자료(2011.11)

김영수·박재범(2013), 「공무원 노동운동사」, 한내

김호정(2013), "복수노조 시행 2년째 노노 갈등의 현주소", 주간조선(2013.6)

박용석(2009), "공공운수산별노조운동의 경과 및 과제", 산별노조운동 평가 토론회, 전국공공운수노동조합연맹

박재범(2013), 「전국운수산업노동조합 운동사」, 한내

박태우(2020), "MB청와대국정원고용부, 민주노총 힘빼려 '제3노총' 출범 합작", 한겨레21(2020.5)

산업통상자원부(2020), 「한미FTA 협정문, 부속서 II」

이성희·노용진·조용만·진숙경(2012), 「복수노조 시대 노사관계 쟁점과 정책제도 개선방안 연구」, 한국노동연구원

임명헌(2017), 「2012년 파업 이후 공영방송 기자들의 주체성 재구성에 관한 연구 – MBC 사례를 중심으로」, 성공회대학교(석사논문).

장일호(2010), "4대강 양심선언 김이태 연구원 2년 만에 왕따", 시사인(2010.9)

전국과학기술연구노조 통합추진위원회(2006), 「통합을 위한 조합원 교육자료」

정용건(2011), "국민노총 이명박 기획 논란", 주간경향(2011.5).

정호희(2009), "운수노조 조직·교섭·투쟁 진단을 위한 논의", 전국운수산업노동조합(홈페이지)

조상수(2009), "운수노조 조직 혁신 및 통합산별 추진 방안", 전국운수산업노동조합(홈페이지)

참여연대(2011), 「이명박정부 고위 공직자 인사 모니터 보고서」

한국발전산업노조(2012), 「이명박정권에 의해 자행된 발전노조 노동탄압 백서」

제8장
박근혜정부 '비정상화'에 맞서는 공공부문 노동자 투쟁

2011년 6월 공공운수노조의 출범과 함께 과도기 체제(연맹 성격 포함)의 공공운수노조·연맹이 시작되었다. 내부의 숱한 논쟁과 난관을 극복하고 공공운수노조가 출범했지만, 공공기관 주요 노조들이 산별 전환에 참여치 않은 공공운수노조는 시작부터 조직발전과 관련한 어려운 과제를 안게 되었다. 그러나 이러한 어려운 상황에도 불구하고, 공공운수노조가 출범한 이후 공공기관노조들의 이명박정부의 '선진화'에 맞서는 역공이 2010년 지방선거 이후 구체화된다.

2011년 신입직원 임금 삭감에 맞서 양 노총 공공부문 조직들의 공동사업이 복원되면서, 정부의 신입직원 임금회복 조치가 발표되었고, 이후 예산지침·경영평가·지방이전 등과 관련한 공동사업과 함께 공동 노정협의도 진행되었다. 공공운수노조·연맹은 공공부문 조직과의 공동사업과 함께 별도의 〈의정포럼〉을 통해 공공기관노조와 정치권, 시민사회단체가 연대하여 실질적 공공 개혁을 추진하기 위한 정책사업도 구체화한다. 이같은 공공기관 사업 활성화에도 불구하고, 공공기관 조직들의 공공운수노조 참여(산별 전환) 분위기는 확산되지 못한 채, 공공운수노조는 2012년 말까지 예정된 '공공운수연맹 해산' 과제를 이행치 못하고 계속 과도기 체제를 유지한다.

2013년 박근혜정부 초기에 '공공기관 합리화' 정책 흐름 등 이전 이명박정부와는 다른 정책 흐름이 조성되는 듯 했으나, 박근혜정부의 역주행 본색은 출범 1년도 못되어 드러났다. 공기업의 부채를 공공기관의 '방만경영'으로 연결하며 공공기관 노조활동 억압을 주요 내용으로 하는 '1기 공공기관 정상화' 공세가 시작되었다. 1기 정상화가 본격화되는 동안 철도노조는 23일간 파업을 전개하며 수서KTX 민영화에 맞섰다. 가스공사지부·국민연금지부도 파업 투쟁을 통해 정부의 구조조정 및 정상화 공세에 맞섰다. 2014년 초까지 부채·방만경영 '중점관리기관' 노조들을 중심으로 강력한 연대투쟁이 결의되었으나, 정상화 조기 이행과 관련한 정부의 인센티브 공세에 6월경부터 연대전선이 무너지기 시작했다. 일부 조직들의 저항에도 불구하고, 전체적으로 정부의 '1기 정상화' 방침은 관철되었다. 다만, 이 과정에서 보건의료노조·의료연대본부 소속 국립대병원지부(분회)를 중심으로 의료 민영화 저지 및 '가짜 정상화' 지지를 앞세운 연대파업이 전개되었다. 2015년 정부의 '2기 정상화' 공세에 따라 임금피크제·성과연봉제·저성과자퇴출제 등이 본격화되기 시작했다. 그런데 정부가 2015년에 임금피크제에 집중하면서 또다시 정년 연장 문제와 결합된 내부 혼란으로 공공기관노조들은 2014년도와 같이 조기에 연대전선이 흔들렸다. 물론 보건의료노조·의료연대본부·금융노조 등과 함께 일부 공공기관노조들이 이에 대한 저항을 계속했다. 2013년부터 2015년까지 공공기관노조들이 '정상화'에 맞서 투쟁하는 동안 공공부문 비정규직들도 정부 정책을 바꿔내기 위한 투쟁을 계속했다. 학교비정규직 노조들의 연대파업이 계속 되었고, 인천공항지역지부의 파업과 함께, 문화예술·지자체 노동자들의 투쟁이 줄을 이었다. 한편, 2014년 '1기 정상화' 대응 투쟁이 마무리될 즈음 공공운수노조·연맹은 7월 대의원대회를 통해 공공운수노조를 완성키로 결의하고, 2014년 말에는 민주노총 집행부 직선에 맞춰 공공운수 통합노조의 초대 집행부를 조합원 직선으로 선출했다.

2016년 성과연봉제 공세가 본격화되는 가운데 박근혜정부의 공공기관 압박이 또다시 가시화된다. 6월까지 이행 시한을 못박으며 4월까지 이행시 인센티브를 제공하겠다고 발표했고 4월에 전력노조 등이 성과연봉제를 합의하자 또다시 '정상화' 대응 전선이 무너질 위기에 처했다. 그러나 박근혜정부의 노동시장 구조 개악이 전면화되고 공공기관에 성과연봉제 강제로 도입되는 과정에서 2014~2015년의 연대투쟁 실패를 경험한 공공기관노조들은 2016년에는 결코 무너지지 않겠다는 결의를 다지면서 공동 대응을 모색했다. 공공운수노조가 7월 총파업 투쟁으로 배수진을 치고, 4월 말부터 7월까지 기획재정부 앞에서 공기업노조 대표자들이 노숙 농성을 전개하는 과정에서 공기업노조의 성과연봉제 연쇄 도입 흐름은 1차 차단되었다.

결국 정부는 이들의 연대 투쟁으로 예년처럼 노조들이 무너질 것이라는 기대가 빗나간 것으로 판단하고 5월 중순부터 노조 동의없이 성과연봉제 도입을 강행하기 시작했다. 6월 8일까지 대부분의 공기업·준정부기관에서 이사회 의결로 성과연봉제 도입을 강행했는데, 이중 51개 기관에서 노조 동의를 거치지 않았다. 이같은 흐름은 지방공기업에서도 계속되어 8월 중순까지 6개를 제외한 137개 공기업에서 노조 동의없이 이사회를 강행했다.

공공기관노조들은 6월 18일 10만 여명이 참여한 가운데 성과연봉제 저지를 위한 공공·금융 노동자 총력결의대회를 개최했고, 공공운수노조는 7월 6일부터 지역별 순환 파업을 전개한 데 이어 9월 말에는 공공부문 노동운동 역사상 최대 규모의 공동 총파업 투쟁을 성사시켰다. 9월 27일 공공운수노조 15개 노조(지부·분회 포함)의 6만5천여명의 조합원이 파업에 직접 참가한 가운데 공공기관노조 공동 총파업이 구체화되었다. 이 과정에서 서울시 산하 지방공기업노조들 및 서울대병원노조(분회) 등은 성과연봉제 일방 시행 저지의 성과를 내었는가 하면, 철도노조는 사상 최대인 74일간의 장기 파업을 진행했다. 이 과정에서 한국노총 공공부문 조직(금융노조·공공연맹)도 연대파업에 나서는 등 가장 위력적인 공공부문 투쟁이 전개되었다. 다만, 이러한 공공기관노조 공동 총파업 투쟁 및 이후의 정세 변화 상황에서 공공운수노조 소속 공공기관노조들은 기업별 체계 극복 등의 조직 발전을 위한 논의를 제대로 전개하지 않음으로써, 이후 변화된 정세 속에서 공공기관 민주노조운동 전략의 한계를 드러내게 된다.

박근혜정부는 기만적인 '공공기관 정상화' 외에도, △의료 민영화 및 공공 의료기관 구조조정(진주의료원 등) △고속철도 분할 등 경쟁체제 도입 확대 △에너지 경쟁체제 도입 및 민영화 기반 구축 등의 방침을 계속 관철하면서 공공부문의 공공적 기반을 송두리째 위협했다. 공공기관의 인력 확충 열망에도 불구하고 공공기관 비정규직은 개선되지 않고, 2대 악법 지침 등을 통해 한국사회의 노사관계를 후진적으로 되돌리려는 시대착오적 흐름을 계속했다.

이러한 박근혜정부의 비정상적 국정 운영은 결국 2016년 11월 이후 거대한 '촛불혁명'으로 폭발했다. 10월 29일부터 4개월 가까이 진행된 촛불항쟁은 전국민적 민주항쟁으로 발전했고, 이러한 흐름에 따라 국회는 12월 9일 국회의원 234명의 찬성으로 박근혜 대통령에 대한 탄핵소추를 의결했다. 이어 국정 농단 수사를 위한 특검이 진행되고 헌법재판소 심리가 진행되면서, 수구·반동세력의 저항에도 불구하고 헌법재판소가 2017년 3월 9일 재판관 만장일치의 판결로 박근혜를 파면함으로써, 비정상을 질주하던 박근혜정권은 마침내 끝을 맺었다. '국정농단의 주범' 박근혜는 3월 31일 결국 구속되었다. 공공기관의 비정상적 구조 개편을 '공공기관 정상화'로 몰아갔던 박근혜정부의 공공정책은 사실상 막을 내리고, 이제 촛불항쟁을 거치면 공공기관의 '사회적 가치 실현'을 국정방향으로 제시한 문재인정부의 공공 정책이 새롭게 자리매김되기 시작했다.

1. 공공운수노조 출범과 '공공기관 선진화'에 대한 역공 시작

2011년 6월 공공운수노조·연맹의 출범은 통합 공공운수노조에 상당수의 공공기관 조직들이 참여치 않은 가운데, 공공부문 산별노조운동에 대한 많은 아쉬움을 남겼다. 다만, 공공운수노조·연맹의 공공기관노조들은 조직 발전 논의와 관계없이 이명박정부가 추진하고 있었던 막장 수준의 '공공기관 선진화'에 맞서 서서히 역공을 준비하고 있었다. 이러한 역공은 공공운수 산별노조운동과 이명박정부의 선진화 대응 투쟁을 묶어내려는 공공운수노조·연맹 집행부의 전략적 판단에서 1차 출발했다. 그리고 2010년 지방선거에서 집권 여당이 참패하면서 이명박정부로부터 민심 이반이 확실시되는 상황을 활용한 것이도 하다.

이명박정부의 막장 수준 '공공기관 선진화' 흐름은 2010년 6월 지방선거에서 집권 여당(새누리당)이 패배함에 따라 변화의 흐름에 직면한다. 특히, 공공기관에 대한 '노사관계 선진화' 추진이 공공부문 단체협약을 휴지 조각으로 만들면서 노조 또한 무력화될 수 있다는 위기감이 전체 공공기관노조들에게서 서서히 확산되고 있었다. 이같은 이명박정부의 역주행에 대한 문제의식은 공공부문노조를 넘어 시민사회단체와 야당·진보정치권에서도 서서히 공유되고 있었다. 2010년 지방선거는 이러한 분위기가 확산되는 정치적 반전의 계기를 마련하고 있었던 셈이다.

1) 신입직원 임금삭감 회복을 위한 한국노총과의 공동투쟁

2009년 철도본부(노조) 파업 및 주요 공공기관노조의 연대파업을 통해 이명박정부의 공공기관 정책에 대해 반대했던 민주노총(위원장 김영훈)은 2010년 이후 타임오프제 및 복수노조 창구 단일화 시행을 앞두고도 계속 대립적 관계를 유지했다. 한편, 이명박정부와 협조 분위기를 가져오던 한국노총에서 2011년 1월 집행부 선거에서 이명박정부와 분명한 대립각을 세운 후보(위원장 이용득)가 당선되면서 변화가 나타나기 시작했다.

한국노총 중앙과 각 공공기관노조들에게서 이명박정부의 '공공기관 선진화' 정책 전반에 대한 비판 목소리가 높아짐에 따라, 양 노총 공공부문 조직들이 6월에 공동투쟁본부를 발족하기에 이르렀다.[1] 2009년에 공공운수연맹과 한국노총 공공노련(현 공공연맹)이 공동 투쟁을 일시

---

[1] 한국노총의 공공연맹에서 이탈한 공기업노조들을 중심으로 결성된 공기업노조연맹도 2010년 6월 '공공기관 선진화정책 진단과 과제' 토론회를 통해 이명박정부의 공공기관 정책을 전면 재검토할 필요가 있다고 밝힌

전개한 후 한국노총 집행부 교체 및 지방선거 이후의 변화된 정세 흐름에 따라 본격적으로 공동투쟁을 준비하기에 이르렀다. 2011년 6월에 발족된 공동투쟁본부(공공운수연맹·공공연맹·금융노조·사무금융연맹)는 이후 2014년 두 조직(보건의료노조·공공노련)이 추가로 참여하고 사무금융연맹이 제외된 가운데 5개 조직 중심으로 〈양대 노총 공공부문 공동대책위원회〉(공공 공대위)로 전환된 이후 2022년 현재에까지 그 흐름이 이어지고 있다.

먼저 한국노총의 공공연맹(이전 공공노련)과 금융노조는 '공공기관 선진화'에 대한 공동 대응 논의를 통해 이명박정부가 추진했던 대졸 신입직원 임금 삭감의 부당성을 공론화하기 시작했다. 민주노총 공공운수노조·연맹(위원장 이상무) 역시 2011년 7월 기업 단위 복수노조 허용을 틈타 이명박정부가 공공부문 민주노조를 무력화하기 위한 공세를 노골화하자, 이에 맞서는 저항을 조직함과 동시에 각 공공기관노조 현장에서 자연발생적으로 분출되는 신입직원 임금 삭감 반대 흐름을 중심으로 대응을 준비하기 시작했다. 임금 삭감 대응은 가스공사지부·한국전력기술노조·에너지관리공단노조 등 에너지 공공기관노조들을 중심으로 선도적으로 시작되었고, 2011년 하반기에는 전 공공기관노조(지부)들에게 확산되었다. 2011년 이후 10년 이상 지속적으로 유지되어온 양 노총 공공부문노조 공공투쟁이 신입직원 임금 삭감 대응으로부터 시작된 셈이다. 공공운수노조·연맹 역시 경영평가 대응 및 신입직원 임금 삭감 대응을 계기로 조직 내부에서 투쟁 전선이 형성되고 있었다.

공공운수노조·연맹은 2011년 통합 공공운수노조 건설 과정에서 공공기관노조의 참여를 통한 공공기관의 교섭·투쟁 등을 체계적으로 관장하기 위해 〈공공기관노조협의회〉를 구성하였다. 공공기관노조 현장간부 워크샵을 통해 1차적으로 경영평가에 대한 공동 대응을 주요 사업으로 설정했다. 이명박정부가 '공공기관 선진화' 강제 수단으로 경영평가를 활용하면서 상당수 공공기관노조들이 경영평가 앞에 개별화되는 경향을 보이고 있었다. 이 과정에서 일부 공공기관노조들이 공공운수노조·연맹을 탈퇴하기도 했다. 물론, 철도본부(노조)·사회보험지부·가스공사지부 등 등은 여전히 정부에 강하게 반발하는 흐름을 유지하고 있었다.

다만 경영평가를 물리적으로 저지하거나 전면적으로 반대하기 어려운 조건이었기 때문에, 차선책으로 공공기관노조협의회에서는 경영평가성과급 균등 배분을 주요 사업 내용으로 설정했다. 성과급으로 인한 노조 내부의 단결력 저하를 예방하기 위함이었다. 공공운수노조·연맹

바 있다. 한국노총이 2011년 집행부 선거를 통해 노정관계 흐름이 전환되는 상황에서 공공기관 선진화에 대한 불만이 높아지고 있던 공공부문노조들도 서서히 이명박정부에 대한 반대 흐름을 강화하기 시작했다.

소속 공공기관노조로는 당시 철도본부(노조)·사회보험지부(건강보험공단)·지적공사노조·조폐공사노조·철도시설공단노조·산업기술평가원지부·시설안전공단지부·부산지하철노조 등 7개 조직에서 내부 성과급 균등 분배를 선도적으로 시행하였다. 이후 2011에는 공항공사노조·사회연대연금지부(국민연금공단) 등 5개 조직이 시행하였고, 2012년에 이르러서는 공공운수노조·연맹 소속 14개 공공기관노조에서 성과급 균등 분배 사업을 통해 경영평가제도에 저항을 하기에 이르렀다.

공공운수노조·연맹은 이와 함께, 2011년 5월 산하 42개 공공기관노조들이 신입 직원 임금 차별에 대해 집단적으로 고소·고발을 진행하였고, 7월 16일에는 에너지협의회(가스공사·전력기술·에너지관리공단 등) 등을 중심으로 신입 직원이 참여하는 문화제를 개최하였다. 공공기관 노조들의 공공운수노조 전환이 더딘 가운데서도, 공공운수노조·연맹은 △신입직원 임금삭감 원상 회복 △노정 협의를 통한 예산지침 개선 △지방이전 관련 노정협의 등의 사업을 구체화하고, 의정포럼을 통한 공공부문 주요 정책 공론화의 토대를 마련하면서 공공기관 사업을 집중적으로 지원했다. 공공기관 노조들은 2011년부터 이명박정부가 강제로 추진한 신입 직원들의 임금 삭감을 원상 회복해야 한다는 필요성에 공감하기 시작했다. 신입 직원 차별이 이후 노조 내부의 단결력을 위태롭게 할 수도 있기 때문이다. 이 사안은 모든 공공기관에서, 조직별 편차 없이 정부에 대해 공동으로 요구할 수 있는 의제로 작용했다.

이후 공공기관노조들의 신입직원 초임 삭감 대응은 이명박정부 후반기부터 양 노총의 공공부문 노조간 연대 사업으로 발전했다. 한국노총의 공공노련·금융노조, 민주노총의 공공운수연맹·사무금융연맹이 참가하는 〈양대노총 공공부문노동조합공동대책위원회〉(공공부문 공대위)가 구성되었고, 8월 17일 공공부문 공대위 발족 기자회견을 통해 신입 직원 초임 삭감의 원상회복을 전면적으로 요구했다. 특히 금융노조(위원장 김문호)는 원상 회복이 이뤄지지 않을 경우 9월에 전면 파업에 돌입하겠다고 선언했다. 공공부문 공대위는 정치권과 연대를 통해 신입직원 임금 삭감 원상 회복 의제를 공론화했다. 양 노총 공공부문 조직의 연대투쟁이 강화되자 정부(기획재정부)는 9월 예산집행지침 개정을 통해 신입 직원의 임금 삭감에 대해 원상 회복 조치를 취하기에 이르렀다. 2009년 이후 입사한 신입 직원의 임금을 2011년 7월 1일부터 소급하여 원상 회복키로 했다.[2] 이명박정부 들어 최초로 '공공기관 선진화' 정책의 일부가 철회되는 성과

---

2 정부가 당시 신입 직원의 임금 삭감에 대한 원상 회복 조치를 취한 것은 정부 스스로의 '정책 실패'를 인정한 것으로서 대단히 의미있는 성과였다. 그러나 정부는 각 공공기관의 '총인건비 인상율' 범위 내에서 이를 해

가 나타난 것이다. 양 노총 공공부문노조들의 공동 투쟁 결과였다.

2) 공공부문 경영평가 및 예산지침 개입

이후 양 노총 공공부문의 연대는 신입 직원의 초임 삭감 대응을 넘어 '공공기관 선진화' 강행을 제도화하고 있는 예산편성지침과 경영평가제도에 대한 공동 대응으로 발전했다. 10월 야당 의원들과 공대위 공동 주최로 '공공기관 예산지침 개선 정책토론회'를 개최하였고, 이를 계기로 기획재정부와 노정 협의도 진행하였다. 이 노정 협의를 통해 2012년 공공기관의 임금인상률이 상향 조정되고, 저임금 공공기관에 대해 추가적인 인상률이 인정되었다. 2011년 하반기 양 노총 공대위를 중심으로 한 노정간 협의는 이명박정부 후반기 들어 비록 미흡하나마 최소한의 틀을 갖추게 되었다.[3]

공공운수노조·연맹은 양 노총 공공부문 노정 협의와는 별도로 공공기관 임금 및 공운법에 대한 정책 개선 논의를 선도적으로 추진했다. 사회공공연구원을 중심으로 공공부문 임금제도 개선 연구를 추진하여, 9월 국회 토론회에서 이를 공론화한 후 공공기관의 '2012년 예산편성지침' 대응 과정에 반영하였다. 2012년 5~6월에는 국회에서 공운법 개정 논의를 공동으로 추진하여, 9월 야당과 공동으로 법 개정안을 발의했다. 10월에는 정부의 경영평가 제도 개선 논의에도 직접 결합했다. 경영평가단 및 공공기관운영위원이 공동 주최한 연석회의에 참여하여, 공공운수노조·연맹의 공공기관 경영평가제도 개선에 대한 입장을 발표하기도 했다.

2011년에 이어 2012년에는 양 노총 공공부문 공동사업의 영역이 더 넓어졌다. 1월 '2012년 공기업·준정부기관 예산집행지침' 관련 노정 협의(기획재정부)가 진행되었고, 이와는 별도로 공공기관 지방이전 관련 노정협의회(국토교통부)가 개최되었다. 2012년 하반기에도 양 노총 공

결국록 지침을 내림으로써, 각 공공기관들은 기존 직원들의 임금인상율 일부를 원상 회복에 사용할 수밖에 없었다. 이러한 정부의 무책임한 지침으로 인해 신입 직원 채용 비율이 높았던 공공기관들의 경우 해당 노조 내부에서 적지 않은 내부 갈등(기존·신입직원 갈등)에 직면하게 되었다.

3 공공기관 예산지침 관련 대정부 협의와 관련하여 공대위 조직 내부에도 이견은 존재했다. 대체로 공공운수연맹이 '정부와의 협의(교섭)을 통한 예산지침 제정 및 공공기관 임금 격차 해소' 기조를 선도하고 있었고 한국노총 공공노련(위원장 이인상)은 이같은 기조에 대체로 동의한 반면, 금융노조는 '자율·책임경영 확보' 및 '정부 지침 폐지' 등의 기조를 지니고 있었다. 이같은 기조 차이는 저임금 기관의 추가 인상율(고임금 기관의 인상율 조정) 등과 관련하여 나타났는데, 상대적으로 임금 수준이 높은 금융기관·공기업노조들이 이견을 보였다(필자 주).

공기관노조들은 예산지침·경영평가 및 공공기관 지방이전 등을 중심으로 공동투쟁을 이어갔다. 10월 10일 공공부문 공대위 조직 간부결의대회를 가진 후 10월 31일에는 2만여명의 공공부문 노동자들이 공운법 개정 및 공공기관 경영평가제·예산지침 개선을 요구하며 총력투쟁 결의대회를 전개했다.

이를 계기로 △비정규직 철폐 및 좋은 일자리 창출 △예산지침 대정부 교섭을 통한 실질임금 쟁취 및 임금격차 해소 △경영평가성과급 차등 축소 △공공기관 운영 민주화 및 대정부교섭을 위한 공운법·노조법 개정 △노동조건 저하 없는 지방이전 예산 확보 등 양노총 공공부문 조직들의 공동 요구들이 공론화되었다. 이날 공공부문 결의대회에는 대선 정국의 정세를 반영하듯 민주당의 대선후보(문재인)가 참석하여 공공기관 선진화 정책에 대해 전면적 반대 입장을 발표하기에 이르렀다.[4] 양 노총 공공부문노조의 공동투쟁 속에 사회보험지부와 건강보험직장노조는 2007년 12월에 이어 또다시 2012년 10월 31일에 연대파업을 전개하기에 이르렀다. 이러한 공동동쟁은 이후 2014년 양 노조 통합(현재의 건강보험노조)의 기반으로 작용하게 된다.

이같은 공동투쟁에 힘입어 10월에 개최된 '2013년 예산편성지침' 관련 노정 협의 결과, 2013년에도 저임금 기관의 추가 인상율이 반영되고, 비정규직의 처우개선이 일부 이뤄지는 성과가 있었다. 다만, 공공부문노조가 요구한 핵심 요구안, 즉 △경영평가성과급 격차 축소 및 일부 처우개선 반영 △전 공공기관에 대한 사내복지기금 인정 및 출연 제한 폐지 △임금피크제 도입 관련 총인건비 인상율 규제 철폐 등의 요구는 제대로 반영되지 않았다. 기획재정부와 노정협의가 진행되면서, 행정안전부도 지방공기업에 대해 저임금 기관의 추가 인상율 인정 등의 조치를 2012년에 취하게 된다.

2012년에는 당시 국제노동기구(ILO)의 권고도 작용하면서 이명박정부는 비록 제한적이나마 공공기관 예산편성지침과 관련한 노정 협의에 나름대로 노력을 기울였다.[5] 어찌보면 2011

---

4 문재인후보는 이날 △공공기관의 민주적 운영과 노동계 실질적 참여 보장 △공공기관 민영화 재검토 △공공부문 비정규직의 정규직 전환 △공공기관 정원 규정의 합리적 재조정과 청년고용 의무할당제 및 정규직 신규채용 추진 등을 대선 공약에 포함하겠다고 밝혔다. 문재인후보의 대선 공약은 2017년 이후 집권을 계기로 일부 현실화되었다.

5 ILO는 2012년 11월 15일 이사회에서 이명박정부의 '공공기관 선진화'가 기승을 부리던 시기의 '2010년 공공기관 예산편성지침'에 대해, "공공기관에 대한 예산가이드라인 제시와 성과관리평가보고서, 회계감사 또는 점검을 통한 재정상황의 건전성 평가와 같은 조치를 도입하기 이전에 노동조합과의 협의를 거칠 것을 한국정

년 하반기부터 2013년상반기까지는 이명박·박근혜정부 하에서 흔치 않게 노정간 대화가 이뤄진 시기였다. 이명박정부가 들어선 이후 2008년부터 2011년 상반기까지는 '공공기관 선진화' 정책 강행으로 인해, 그리고 박근혜정부가 들어선 2013년 이후에는 '공공기관 정상화' 정책 강행으로 인해 노정 협의가 무의미했다.

2012년 공공기관노조들의 공동사업·투쟁에는 경영평가 제도 개선이 가장 중요한 의제로 자리잡았다. 공기업·준정부기관 중심으로 시행되었던 공공기관 경영평가는 제도 자체의 한계(△상대 평가 중심의 서열화 강요 △미세한 성과 차이를 뛰어넘는 과도한 성과급 격차 △극단적인 경영효율화 중심의 평가지표 등)에다, 이명박정부가 공공기관 선진화에 대한 이행 실적을 경영평가에 반영하면서 정치적으로 활용하는 문제까지 나타나고 있었다. 이러한 흐름은 박근혜정부 들어 최고조에 달하는데, 공공부문 노동운동 진영은 물론이고 진보 정치권 및 야당(민주당)에서도 경영평가 제도의 문제점이 계속 제기되기에 이른다.

2008년 이후 공공기관노조들의 의견 발표 기회를 차단해온 기획재정부 역시 2012년 들어 경영평가제도 개선 사업에 공공부문노조의 입장을 공개적으로 표명하게 하는 기회를 제공했다. 정부는 2010년부터 공공기관 경영평가와 관련한 내외적 비판에 직면했다. 제도 자체로 불합리(특히, 기관장평가)한 측면이 있고 극단적인 경영효율화를 추구한다는 이유였다. 특히, 2011년 6월 경영평가에서 '공공기관 선진화' 실적이 평가 결과 반영되면서 각 공공기관에서 △'노사관계 선진화'로 인한 단체협약 개악 강요 △비정규직 확대 △주요 국책과제(4대강 사업, 해외자원개발, 보금자리 주택사업 등) 강요 등의 문제점이 집중적으로 드러났다. 이러한 경영평가제도 개선의 공론화에 공공운수연맹이 앞장섰다.

공공운수노조·연맹 산하 사회공공연구소는 2009년 하반기부터 2010년 상반기까지 조직 안팎의 전문 역량들을 집결하고 외부 전문가들까지 참여하는 정책네트워크를 통해 2010년 6월 이후 공공기관 경영평가 개선에 대한 공감대를 확산시켰다.[6] 이같은 흐름 속에 경영평가제도에

부에 요청"하고, "공공기관 및 사업에서의 자유롭고 자발적인 선의의 단체교섭과 공공부문에서의 조화로운 노사관계를 촉진하기 위해 정부가 사전적 조치를 취해줄 것을 요청"한다고 밝혔다(김인재, 2014). 이같은 ILO 권고는 1978년 체결된 ILO협약 제151호(공공부문 교섭구조) 내용이 한국정부에서 비준은커녕 최소한의 논의조차 이뤄지지 않은 현실 속에 이명박정부의 극단적인 노조 배제 흐름까지 나타남에 따라 취해진 것이었다.

6　사회공공연구소의 연구 결과(공공기관 경영평가 실태 진단 및 대안 연구」)를 발표하는 공개토론회가 2010년 6월에 개최되었다(오건호·박용석·김철·김주일·노광표·권순원·이상훈, 2010). 이 자리를 통해 정부 관계

대한 개선 논의가 2010년도 하반기부터 시작되었다. 양 노총 공대위가 경영평가 제도의 전면 개선을 요구한 결과, 2012년 경영평가제도 운영시 정부의 정치적 활용 논란이 제기된 기관장 평가를 간소화하고, 비정규직 처우개선 관련 평가지표가 일부 개선되었다.

한편 이명박정부는 2010년부터 공공기관 성과연봉제 도입을 강요했다. 정부는 2010년 6월 '공공기관 성과연봉제 권고 기준'을 통해 2010년 말까지 간부직에 대해 정부가 설정한 기준에 따라 성과연봉제 도입을 강요하고 있었고, 2011년에는 전 직원에 대해서도 적용하도록 경영평가를 통해 유도하고 있었다. 물론 2009년 공공운수노조·연맹 주요 공공기관노조들의 연대파업과 한국노총 공공부문 조직과의 공동 투쟁을 거치면서, 애당초 정부가 설정한 성과연봉제의 도입 목표는 일부 수정되었다. 전 직원 대상 성과연봉제의 도입이 간부 직원 대상으로 축소된 것이다. 그러나 공공기관의 성과연봉제 도입을 저지하기 위한 공공기관노조들의 공동투쟁이 진행되는 가운데서도 각 공공기관 현장에서는 상이한 흐름들이 나타나고 있었다. 실제 2011년 3월 기준으로 100개의 공기업·준정부기관 중 98개 기관이 간부직 대상으로 성과연봉제를 실시하고 있었고, 이중 15개 기관은 전직원 성과연봉제를 실시하고 있었다. 이명박정부가 경영평가와 연계한 불이익 또는 인센티브 조치를 계속 취하면서 공공기관의 성과연봉제는 확대되고 있었던 것이다.[7]

양 노총 공대위 역시 대정부 교섭 의제로 '성과연봉제 중단'을 계속 요구했지만, 정작 각 공공기관노조들은 경영평가와 연계되어 확산되는 성과연봉제를 제대로 대응하지 못했다. 우선 간부직 대상으로 실시하는 흐름이기 때문에 노조가 무조건 반대하기도 쉽지 않은 상황이었다. 사회보험지부와 건강보험직장노조가 2011년과 2012년의 하반기 공동투쟁의 핵심 의제로 성과연봉제 저지를 전면에 내걸고 연대파업을 전개한 것이 그나마 공공부문노조가 이명박정부 후

자, 외부 전문가 등이 참여한 가운데 이명박정부의 공공기관 경영평가 폐해가 광범위하게 공론화되는 계기를 마련했고, 이는 정부에도 개선 압박 효과로 작용했다. 이후 기획재정부는 공공기관 경영평가단을 통해 2010년 10월 공개토론회를 개최했고, 이후 12월에 경영평가 제도 개선을 검토하기에 이르렀고, 2012년 이후에는 공공기관노조를 정책 개선 논의틀에 참여하도록 했다. 물론 이러한 흐름에도 불구하고, 경영평가의 핵심 문제점(상대적 서열화, 과도한 성과급 격차 등)은 여전히 해결되지 않았다. 공공기관들의 문제 제기를 받아 평가지표 및 가중치 조정을 하다보니 경영평가의 근본 문제는 해결되지 않고, 마치

7   정부의 강요 및 경영평가 반영 등을 통해 성과연봉제는 이명박정부에서 계속 확대되었다. 2012년 4월 기획재정부 발표에 따르면, 110개 공기업·준정부기관 모두 간부직에 대해 성과연봉제가 도입되었으며, 전직원 대상으로 실시되는 기관도 28개에 달하고 있었다(2012.4.17. 보도자료).

반기에 기록한 성과연봉제 저지와 관련한 보기 드문 파업 투쟁이었다.

3) 공공기관 지방이전 노정협의 재가동

한편 이명박정부 들어 주춤했던 공공기관 지방이전이 2010년부터 서서히 본격화되고 있고, 공공기관노조들도 2012년부터 이에 적극적으로 대응하기 시작했다. 공공기관 지방이전은 2008년 이명박정부 출범 이후 국토균형발전 후퇴와 행정복합도시(세종시) 수정 방안이 나타나면서 잠시 소강 상태에 접어드는 듯 했지만, 2009년 하반기부터 정부가 다시 추진을 본격화했다. 물론 1년 반 이상의 공백으로 이전 준비도 제대로 되지 않았다. 정부는 각 공공기관에 대해 2009년 6월 말까지 이전계획을 제출토록 강요하면서도, 이전 노무현정부 시절 구체화했던 공공기관에 대한 정부의 지원책은 대부분 축소하는 등 이명박정부 특유의 역주행 흐름이 나타나고 있었다.

공공운수연맹은 2008년 이명박정부 출범 이후 공공기관지방이전대책위원회(위원장 이혜선)를 구성하고 정부에 대해 지방이전 관련 노정협약 이행 및 제도개선을 요구했지만 당시 이명박정부는 노무현정부의 국토균형발전 정책을 뒤엎으려는데 몰두했기 때문에 노정 협의가 제대로 되지를 못했다. 이러한 흐름은 2010년까지 이어졌다. 지방이전 공공기관노조들 역시 정부 정책의 문제점을 언론에 공론화했지만 2011년까지는 별다른 조직적 대응 움직임을 구체화하지 못했다.

이명박정부 들어 요식적 논의 수준에 머물던 노정 협의는 공공부문 공동투쟁이 본격화되는 2011년 하반기부터 안정된 틀을 갖추기 시작했다. 정부 역시 2011년 4월 19일 국무총리(김황식)가 국무회의를 통해 공공기관 지방이전 추진을 본격화하는 조치를 취하도록 각 부처에 지시를 내리면서, 이전기관 노조들의 반발을 의식할 수밖에 없었다. 공공운수노조·연맹은 이전기관의 현황 및 문제점에 대한 조사 결과를 토대로 11월 29일 3조직(공공운수노조연맹·공공연맹·금융노조) 공동 요구안을 정부에 제출하였다.

이명박정부는 초기의 정책 혼선에도 불구하고 지방이전 관련 정부 지원을 2012년 말까지만 시행하겠다고 발표하면서 이전기관 노조들의 반발에 직면했다. 정부 스스로 2년간 정책을 공전시킨 상황에서 물리적으로 2012년 말까지 공공기관의 지방이전이 불가능함에도, 모든 지원책을 2012년말까지 이전하는 경우로 한정하였기 때문이다. 정부의 예산편성지침에도 지방이전 지원이 포함되어 있었으나, 2005년 6월에 정부가 발표한 지원책 상당 부분이 제외되었다. '2012년 예산편성지침'에 지방이전수당 등의 지원방안이 여전히 미흡하자, 결국 공공기관노조들은 2012년 2월 공대위 결의로 '이명박정부가 추진하는 공공기관 지방이전 반대'를 선언하게 되었다. 공공운수노조·연맹은 2011년 12월 이전기관노조 대표자회의를 통해 지방이전 공동행동을 결의하고, 3연맹 공동 논의를 거쳐 2012년 2월 22일 반대 선언을 주도했다.

이같은 흐름에 따라 공공운수노조·연맹 역시 3월에 개최된 2012년 총력투쟁 결의대회에서 '지방이전 반대'를 공식적으로 천명했고, 실제 가스공사(3월)·전력기술(10월) 등을 중심으로 일방적 착공에 반대하는 공동행동이 나타나기도 했다. 공공운수노조·연맹을 비롯한 공공기관노조의 저항이 높아지자, 국토해양부 장관이 10월 12일 3조직 위원장과 노정협의회를 가지게 되었다. 장관 참여 하의 노정협의회에서도 지방이전의 핵심 의제가 해결되지 않자 11월 7일 '지방이전 전면 재검토'를 요구하는 3조직 결의대회가 진행되었다. 이같은 분위기 속에서 정부는 2012년 6월 단신 이주자 사택 지원 및 통근버스 운영 등의 일부 복지 개선 조치를 추가적으로 인정하게 되었다.

2011년부터 2년간 이같은 예산지침·경영평가·지방이전 등의 의제를 중심으로 공공기관노조들은 내부적으로 공공기관협의회를 통해 대정부 투쟁을 집중하고, 대외적으로 양 노총 공동투쟁을 병행하는 흐름을 지속했다. 그러나 이같은 공공운수노조·연맹의 노력에도 불구하고, 공공기관의 전체적인 사업 의제가 각 공공기관노조에서 통일적으로 진행되지는 못했다. 이명박정부의 '공공기관 선진화'에 맞선 공공부문노조의 역공이라는 목표 하에 공공운수노조·연맹은 공공기관 사업을 집중했지만, 각 공공기관 노조들은 공공운수노조·연맹이 기획한 대정부 투쟁에 사안별로(신입직원 임금삭감·지방이전·경영평가 대응 등) 결합하고 있었기 때문이다. 이후 공공운수노조·연맹의 조직발전 논의과정에서도 공공기관노조들은 통일적 움직임을 보이지 못했다.

4) 공공운수노조·연맹의 새로운 정책협의 실험, 〈의정포럼〉

공공운수노조·연맹은 '공공기관 선진화'에 맞서서 공공부문노조를 넘어 정치권과 진보적 시민사회단체간의 연대를 통한 대안적 투쟁을 모색하게 된다. '공공기관을 서민의 벗으로'라는 캐치프레이즈 아래 야당 의원들을 참여시켜 정기적인 공공개혁 토론을 준비하고, 관련 노동·시민사회단체가 대안 담론 모색을 위한 논의틀을 준비하게 된다. 그간 사회공공성 및 사회 대개혁을 위한 공공부문노조의 투쟁이 계속되었음에도 불구하고, 공공기관의 운영에 대해 아직도 국민들에게 부정적으로 인식되는 단면들이 있기 때문에 공공기관노조 주체적인 개혁 의지를 대외적으로 표방하기 위해서였다. 이명박정부와의 계속된 투쟁 속에 공공부문노조 역시 사회 대개혁을 공론화하기 위해 사회적 연대를 강화하고 있었다.

2011년 3월 29일 공공운수노조준비위와 민주당·민주노동당 등 소속의 진보·개혁 성향의 의원 18명과, 새로운사회를여는연구원 등 6개 진보적 연구소 및 야 4당 정책연구소 등이 참여한 가운데, '공공기관을 서민의 벗으로'를 앞세워 〈1기 의정포럼〉의 정책협의틀이 발족했다. 의정포럼을 통해 공공기관이 복지와 공공성을 구현하는 시민의 벗으로 재탄생할 수 있도록 공공서비스 이용자인 시민사회, 공공서비스 생산자인 공공부문노조, 그리고 국회가 공동으로 공공기관 혁신을 주도하자는 취지였다. 〈의정포럼〉 토론을 통해, 우리나라 국민경제에서 차지하는 경제적 비중이 높고 국가의 고용정책을 선도하는 공공기관이 올바르게 혁신하기 위해서는 △지배구조 민주화('권력형'→'참여형') △ 내부 운영 개선(서비스·효율성 병행) △공공성 강화를 위한 공공기관 체제 개편('경제개발형'→'사회정책형') 등이 필요하다는 공감대가 형성되었다(공공운수노조준비위, 2011). 이날 〈의정포럼〉에 앞서 공공운수노조(준) 소속 공공기관노조 간부 400여명이 참여한 가운데 2011년 공공기관 공동행동 결의를 밝히면서, △임단협 시기 집중 △성과급 균등 분배 △권력형 낙하산 인사 공동 대응 △의정포럼 국민행동 제안 등을 결의했다.

이같은 '새로운 실험'에 대해 운동 진영 일각에서는 민주당이 주도하는 야권 연대에 공공부문노조가 원칙없이 결합한 것이라는 비판도 제기되었다.[8] 그럼에도 당시 이명박정부의 '공공기관 선진화'에 맞서 광범위한 연대가 필요하고 또한 국회에서 공공부문 개혁을 공론화하는 노력들이 이후 공공기관 노조운동의 발전에 긍정적이라는 평가가 공공기관노조들에서는 공유되고 있었다. 의정포럼은 다양한 논의 구조를 통해 '공공부문의 민주적 지배구조' 및 '공공기관의 체제 전환' 관련 정책토론회를 개최하고, 국정감사 및 대정부 질의를 통해 공운법 개정 필요성을 공론화했다. 주요 정책 현안(철도·가스·연금·건강보험·공공연구·비정규 등)에 대해서도 국회 상임위별로 협의체를 구성·운영하였다.

---

8 인터넷 언론 '참세상'은 2011년 3월 30일 〈의정포럼〉 발족식이 사실상 공공부문에서 민주당이 주도하는 야권연대의 인상을 심어주기에 충분했다는 비평을 발표했고, 사회진보연대 역시 4월 발행 소식지 「사회화와 노동」에서 "야권연대가 만병통치약인가"라는 제목으로 〈의정포럼〉을 비판했다. 아울러 "노조의 기층 조직력을 침식하면서, 조합원 운동보다는 상층 조직의 대응을 통한 정치적 해결을 추구하게 되어 노조라기보다는 일종의 로비조직으로 변모하게 된다"는 비판도 제기되었다(박준도, 2011). 이같은 비판에 대해 동의하지는 않지만, 이러한 정책 네트워크가 정작 문재인정부 출범 이후 별다른 실효성을 지니지 못했다는 점은 인정해야 할 듯하다. 공공부문의 민주적 지배구조 및 공공기관의 체제 전환에 대해 문재인정부는 전혀 책임있는 정부 모습을 보여주지 못했기 때문이다(필자 주).

이러한 정책네트워크는 정치권과 공공부문노조가 이명박정부의 역주행 저지와 공공성 강화라는 공동의 목표 아래 공공 개혁과 관련한 연대의 수준을 높히는데 기여했다. 이를 통해 이명박정부의 공공기관 경영평가에 대한 비판적 문제 의식이 공유되었다. 공공기관 지침·평가 등이 권위주의적 통제와 시장화 중심의 역주행 흐름으로 치닫으면서 공공성 후퇴 및 노사관계 역주행으로 흘렀다는 문제 의식이 공공부문노조 뿐 아니라 시민사회단체, 진보 정치권까지 공유되기에 이른 것이다. 그 이전까지 시민사회단체는 공공기관노조의 제도 개선 요구에 대해 흔쾌히 동의하지는 않았다. 정부가 추진하는 공공기관 개혁이 필요했다고 인식했기 때문이다.

1기 의정포럼은 공공기관의 기능과 체제를 근본적으로 재편하고, 공공개혁을 뒷받침하기 위한 평가체계 개선의 필요성을 제기했다. 자연스럽게, 2011년과 12년에 걸쳐 당시 진보정치권(민주노동당) 뿐 아니라 야권(민주통합당)의 상당수 의원들이 경영평가제도 개선을 주요한 의정활동 과제로 제출하고 있었다. 실제 민주통합당의 상당수 의원들은 과거 10년간 집권했을 당시 자신들이 추진했던 시장화 중심의 공공기관 개혁, 지배구조 개편, 경영평가제도의 한계를 인정하기 시작했다. 한편 국회 입법조사처에서도 경영평가제도 전반에 대한 문제점을 공개적으로 지적하고 있었기 때문에,[9] 정부(기획재정부)는 경영평가에 대한 광범위한 문제 제기에 귀를 기울이지 않을 수 없었다. 2012년 대선이 임박하면서 공공기관의 정책 의제가 대선 의제로 부각되고, 공공기관노조 총력결의대회에 대선 후보(문재인)가 참여하는 가운데, 2012년 11월 20일에는 야당 의원 21명, 5개 연구소 및 공공운수노조·연맹의 대표 중심으로 〈2기 의정포럼〉이 발족된다.

2기 의정포럼은 2012년 12월 대선 이후 2013년 박근혜정부 출범 초기까지 계속되었지만, 각 상임위별로 현안에 대한 야당 의원들과 해당 노조간의 협의 창구로 활용되는 수준에 머물면서 애당초 의정포럼 출범 당시 기대했던 공공기관의 실질적 개혁으로는 연결되지 못했다.[10] 물

9　국회입법조사처는 공공기관의 경영평가제도에 대해, △평가단의 전문성 부족 △비계량지표(인사, 재무, 보수, 노사, 성과관리 등) 평가의 신뢰도 부족 △일률적, 서열화 평가로 인한 비효율 및 지표간 연계성 부족 △경영평가제도의 컨설팅 기능 부족 등의 문제점을 지적하며 전면적 개선을 요구했고, 이에 대한 대안으로 △비계량지표의 평가방식 개선 △공공기관 평가 유형의 개선 △공공기관 경영평가 주기 개선(2~3년 확대)를 통한 컨설팅기능 강화 등을 제시하였다(박미정, 2010). 비록, 제한적이기는 하나, 국회입법조사처의 경영평가 개선 요구는 이명박정부의 공공기관 평가제도에 대한 광범위한 문제 제기를 바탕으로 한 것이었다.

10　2013년에 이르러 〈의정포럼〉은 종합적으로 작동되지는 못하고 5개 상임위별 현안 과제 중심으로 운영되

론 이러한 흐름은 폭력적으로 비정상화를 질주하는 박근혜정부에 맞서 투쟁하는 것이 당면 과
제로 제기된 상황에서 불가피한 것일 수 있었다. 문제는 박근혜정부 이후에도 이러한 공공기관
실질적 개혁 흐름이 제대로 이뤄지지 못했다는 점이다. 2017년 문재인정부 출범 이후 11월에
는 〈3기 의정포럼〉이 다시 재개된다.

5) 공공기관노조의 통합 등 민주노조운동 분위기 확산

- 인천교통공사 출범과 인천지하철노조 통합

이명박정부의 '공공기관 선진화'가 기승을 부리는 상황에서 2010년 지방선거 후 야권 지
자체장이 들어서면서 지방공기업의 민주적 기반이 서서히 확대되기 시작했다. 가장 대표적인
사례가 인천교통공사와 서울시 산하 지방공기업이다.

인천지하철노조가 2009년 9월 민주노총(공공운수연맹)을 탈퇴한 뒤 2011년 7월에는 복수
노조까지 결성되었다. 한편 인천시에는 공영버스와 종합터미널 등을 관할하는 인천교통공사가
설립되어 있었고, 여기에서도 복수노조가 결성되어 있었다. 이들 4개의 복수노조가 2012년 통
합을 추진하였는데, 그 배경은 인천시가 추진한 〈통합 인천교통공사〉의 출범이었다. 인천광역
시에서 민주당 소속 시장이 취임하면서, 이명박정부의 역주행과는 상이하게 노정간 대화 흐름
이 진행되었고, 그러한 노정간 대화의 결실이 인천에서 통합 공사 설립 및 통합 노조 출범으로
나타났다.

2011년 8월 인천시장(송영길)은 인천시 공기업의 경영혁신을 위해 4개 공기업을 2개로 통
합하는 방안을 제시했으며, 9월 시민공청회를 거쳐 11월에 통합 추진을 완료하게 된다. 인천도
시철도 1호선을 운영하던 〈인천메트로〉와 인천종합터미널·공영버스·장애인콜택시를 운영하
던 〈인천교통공사〉가 〈통합인천교통공사〉로 12월 28일에 출범하였다. 공사의 통합 논의는 자
연스럽게 4개의 노조 통합 논의로 발전하여 먼저 2012년 1월 인천메트로 제2노조와 인천교통
공사 제1노조가 통합하여 〈통합인천교통공사노조〉로 출범하였다.

었다. 국토교통위(철도발전 소위 운영), 환경노동위(철도노조 탄압 및 노동권 침해 문제 전면화), 기획재정위
(공공기관 부채, 방만경영 등 정상화 대응), 국방위(군마트 민영화), 산업자원위(도시가스사업법 개정안) 등의
사례가 있는데, 당시 공공기관 전체의 현안으로는 미흡한 점이 많았다. 물론, 이외에도 진보정당 의원들을 중
심으로 민영화저지특위 등이 구성되었으나, 〈의정포럼〉의 틀 속에서 이러한 움직임이 반영되지는 못했다(필자
주).

이후 통합 공사의 임금체계 조정 등을 거쳐 6월 29일에 인천지하철노조와 인천교통공사 제2노조까지 통합한 〈인천교통공사노조〉가 출범하게 된다. 조합원은 1,300명 수준으로 확대되어 과거 인천지하철노조를 훨씬 뛰어넘는 규모이다. 이후 인천교통공사노조는 12월 27일 임금협약 및 노사협의서를 체결하여 완전히 하나로 통합되었다. 인천교통공사노조는 2016년 1월 공공운수노조(민주노총)에 복귀했다. 인천지하철노조가 공공운수연맹을 탈퇴한 지 7년만에 조직 규모를 확대하여 다시 민주노총 조직으로 복귀한 셈이다.

- 건강보험노조의 통합 및 민주노총 복귀

2008년 8월 '1차 공공기관 선진화계획'에 따라 4대 보험의 건강보험공단으로의 징수 업무 통합이 발표된 이후 2009년 6월 노사정 합의에 의해[11] 추진되었던 사회보험의 징수 통합은 2011년 1월부터 시행되었다. 4대 보험료의 고지·수납·체납관리가 건강보험공단에 일원화됨에 따라 4대 보험을 관리한 기관(국민연금공단·근로복지공단)의 인력 조정이 불가피해졌고, 건강보험공단 내부에서도 전직에 따른 보수체계 조정 등의 과정이 뒤따랐다. 이 과정에서 건강보험공단의 두 노조(공공노조 사회보험지부, 건강보험직장노조)는 과거 2000년 이후 건강보험 조직 및 재정 통합 과정에서 계속 대립을 빚었던 과거를 뒤로 하고 교섭력을 높이기 위해 2010년부터 임금교섭을 공동으로 진행하기 시작했다. 실제 노-노 대립의 환경 속에서 2000년 건강보험공단 출범 이후 신입 직원의 노조 가입률은 계속 줄어들고 있었다. 2012년에는 6.2% 수준에까지 이르면서 양 노조 모두 이를 심각한 상황으로 인식하기 시작했다.

두 노조는 2008년 4대보험 징수 기능 통합 저지를 위한 공동투쟁을 거쳐, 2012년 10월 임금 공동투쟁을 전개하면서 〈노조통합추진위원회〉를 출범시켰다. 2012년 10월 31일 양 노조 연대파업 이후 양 조직간 통합을 위한 기본방안이 마련되었고 이후 조합원 총투표가 진행되어 2013년 10월 7일 양 노조 통합이 의결되었다. 물론 이러한 결과는 민주노조의 기반 확대를 위한 사회보험지부(지부장 황병래)의 지속적인 노력의 결과였다.[12] 이후 노조 통합을 위한 다양한

---

11 2009년 6월 정부(보건사회부장관·노동부장관), 3개 공단 이사장, 3개 노조(국민연금지부 제외)가 참여하여, '사회보험 발전과 건강보험공단 징수 통합을 위한 노사정 합의서'를 체결했다.

12 양 노조는 통합 과정에서 상급 단체를 동시에 탈퇴하고, 초대 집행부 출범 6개월내에 상급단체 결정 투표를 진행하기로 합의하였다. 상급단체 결정 의결정족수는 사회보험지부(민주노총) 조합원수가 상대적으로 많은 것을 감안하여 60%로 정해졌다.

실천사업이 계속된 끝에 2014년 10월 1일 양 노조가 통합한 국민건강보험노조(공동위원장 유재길·성광)가 출범했다.

이어 선거를 통해 초대 통합 집행부(위원장 박표균)가 선출되었고, 2015년 1월부터 통합 노조가 본격적으로 활동하기에 이르렀다. 통합 이전인 9월에 사회보험지부는 상급단체 탈퇴 후 통합을 추진하자는 두 조직간 약속에 따라 공공운수노조를 탈퇴하였다.[13] 이로써 지난 2000년 국민건강보험공단 출범 이후 15년간 '한지붕 두가족'으로 살아왔던 두 노조가 마침내 통합되었다. 또한 두 노조 대립 속에 그간 가입률이 낮았던 신입 직원들이 대거 노조에 가입하면서, 10,500여명에 달하는 우리나라 세번째 규모의 대형 공공기관노조가 등장하게 되었다.

국민건강보험노조는 2015년 7월 15일 조합원 총투표를 통해 63%의 찬성으로 민주노총을 상급단체로 선택했다. 건강보험노조 위원장은 상급 단체 총투표 이후 우선 민주노총 직가입을 추진하려고 했다.[14] 이는 박근혜정부의 '공공기관 정상화'에 맞서 공공기관노조의 총력투쟁이 필요하다는 점을 인정하면서도, 과거 산별노조운동(공공노조 등)에 대한 비판적 평가로 인해 공공운수노조 가입에 대한 신중한 태도가 반영된 것이었다. 그러나 2015년 공공기관 임금피크제가 강요되고, 또다시 2016년 '성과연봉제' 강행 추진이 본격화되자 이에 맞서기 위한 주요 공공기관노조들(철도·가스·국민연금·지하철 등)과의 공동투쟁을 준비하는 과정에서 건강보험노조는 기업 노조 형태로 공공운수노조에 2016년 1월 가입하게 된다.

• 지하철노조(서울지하철·서울도시철도)의 민주노조운동 복원

2012년 7월 서울고등법원의 판결에 따라 서울지하철노조의 민주노총(공공운수연맹) 탈퇴가 무효화된 뒤, 서울지하철노조 집행부(위원장 정연수)는 2012년 임금·단체협약을 체결하였지만 12월 조합원 총회에서 합의안이 부결되었다. 정연수 집행부는 사퇴하면서 2013년 1월 '서울메트로노조'라는 복수노조를 결성하며 서울지하철노조에서 이탈했다. 그러나 이같은 기업노조의 분리는 그간 오랫동안 노사협조주의 흐름에 갇혀있던 서울지하철노조의 민주노조 기반이 오히려 복원되는 계기로도 작용했다. 복수노조(서울메트로노조)의 조합원이 1/3 미만에 머무

---

13 사회보험지부의 탈퇴에 따른 공공운수노조의 지부 승계 문제가 발생했지만 전체적으로 통합의 대의 속에 크게 논란이 되지는 않았다. 통합노조 출범과 동시에 사회보험지부의 숙원과제였던 해고자 복직도 부분적으로 해결되어, 10년 넘는 해고자들이 마침내 복직하기에 이르렀다.

14 매일노동뉴스 인터뷰, 2015.7.24.

르면서 서울지하철노조의 대표성이 나름대로 확보된데 따른 것이다. 더구나 2011년 노조와 시민단체의 지지를 받는 박원순 서울시장 등장 이후 서울시 산하 공기업들의 운영 방향에도 이전과는 다른 변화의 계기가 나타나고 있었다. 서울지하철노조와 서울시와의 노정간 협력 흐름 속에 그간 노사협조주의에 갇혀 있었던 지하철노조의 조합원들도 이러한 변화된 흐름에 관심을 가질 수밖에 없었고, 이는 자연스럽게 민주노조의 활동 기반이 확대될 가능성을 시사하고 있었다.

2013년 2월 서울지하철노조는 3년 만에 민주노조 흐름을 되찾으면서 18대 집행부(위원장 박정규)를 선출하였다. 1999년 파업 이후 오랜기간 노사협조주의 집행부가 자리잡으면서 현장의 구조조정 압박 및 통제가 강화되고 있었기에, 민주 집행부의 등장은 서울지하철노조의 신선한 변화 흐름을 예고하고 있었다. 그런데 서울지하철노조에 민주 집행부가 복귀한 이후 서울시 산하 공기업에게는 어려운 과제가 놓여 있었다. 지난 2001년 김대중정부 당시 전 공공기관에 몰아닥친 퇴직금누진제 폐지의 소용돌이 속에 서울시 산하 공기업은 나름대로 '합리적 보전책'을 지니고 있었는데, 이에 대해 행정자치부는 2013년 하반기부터 서서히 누진제 폐지의 압박을 가하고 있었다. 박근혜정부의 '공공기관 정상화' 정책의 영향이었다. 이미 10월에 발표된 '2014년 지방공기업 경영평가'에서도 이에 대한 압박 조치(경영평가 감점)가 포함되어 있었다. 서울모델(서울투자기관노사정협의회) 중심으로 서울시와 각 공기업의 노·사가 의견 조정을 벌였지만 여의치 않았고, 결국 서울지하철노조는 2013년 12월 철도노조 파업 기간 중 연대파업을 선언하기에 이르렀다. 파업 돌입 직전인 12월 18일 박원순 서울시장의 중재아래 서울지하철 노·사는 △퇴직금누진제 삭감에 따른 보상 △정연 연장의 합의 이행 △승진적체 해소 등을 주요 내용으로 하는 합의에 이르렀다. 물론 서울지하철노조의 합의에는 당시 철도노조 파업 기간 중 연대파업이 확산될 것을 우려한 정부의 전향적 태도도 어느 정도 작용했다.

서울지하철노조의 민주 집행부 회복 이후 복수노조 형태로 분리된 서울메트로노조(제2노조)는 서울시가 서울지하철노조만 교섭 파트너로 인정하며 배타적 편익을 제공하고 있다고 비난을 가하기 시작했다. 때를 같이하여, 2013년 10월 서울시 국정감사에서 이완영의원(새누리당)이 서울시와 서울메트로가 편파적으로 서울노사정협의회(서울모델)를 운영하고, 노조활동을 지원했다고 문제를 제기했다. 이어 11월 3일 서울메트로노조 조합원 총회(결의대회)에서 한국노총 위원장(김동만)은 서울메트로노조의 교섭권을 확보하겠다고 선언했다. 서울메트로노조의 분리 이후 국민노총이 2013년 10월 한국노총과 통합했기 때문에 서울메트로노조는 한국노총 소속(공공연맹)으로 전환되어 있었다. 이 노조 총회에는 도시철도통합노조·인천도시철도통합노조·대구도시철도노조 등 노사협조주의 성향의 지하철 복수노조들도 같이 연대하면서, 민주노총 중심의 지하철노조운동에 대한 대립 지형을 보여주었다. 그러나 이후 도시철도·인천도시철도 노조 등이 내부 통합을 거쳐 민주노총 조직(공공운수노조)으로 복귀하면서 자연스럽게 서울메트로노조는 지하철노조 연대 흐름에서 고립될 수밖에 없었다.

서울도시철도공사 역시 복수노조로 인한 노조 분열 흐름을 극복하고 민주노조운동이 확산되는 계기를 만들었다. 사측의 도시철도 민주노조 흔들기 및 복수노조에 대한 노골적인 지원에도 불구하고 2011년 10월 박원순 서울시장 취임 이후 서울도시철도노조는 이같은 서울시의 환경 변화에 힘입어 나름대로 민주노조 기반을 회복하고 있었다. 노조는 복수노조 시대의 노-노 갈등을 예방하기 위해 단일노조 결성을 위한 조합원 서명 작업을 시작하였고, 조합원들 또한 이에 적극적으로 참여했다. 서울시의 정치 상황이 변화하고, 박근혜정부의 '공공기관 정상화'에 대한 현장 조합원들의 반발이 높아지는 가운데, 2014년 11월 3개의 노조(도시철도노조·도시철도통합노조·도시철도단일노조)가 통합 추진을 결의하기에 이르렀다. 이후 2015년 6월 10일 도시철도노조와 통합노조가 먼저 통합을 결의하고 단일노조와 합병하는 형식으로 통합 작업이 완료되었다. 노조 통합에 따라 서울도시철도노조는 상급단체(공공운수노조)를 탈퇴한 후, 이후 다시 상급단체를 선택하는 조합원 총투표를 거치기로 하였다.

〈통합 도시철도노조〉(5678도시철도노조)는 7월 11일까지 실시한 위원장 선거 끝에 도시철도노조 출신 후보(명순필)를 통합 위원장으로 선출하였다. 위원장과 함께 4개 본부장 역시 도시철도노조 출신 조합원들이 당선됨으로써, 사실상 통합 도시철도노조는 2010년 분리 이전의 민주노조 모습으로 되돌아간 셈이다. 집행부 선출 후 1년 이내 상급단체를 결정하기로 한 합의에 따라 2016년 2월 서울도시철도노조는 조합원 투표를 거쳐 다시 민주노총(공공운수노조)으로 복귀하기에 이른다. 복수노조 상황에서 사측의 민주노조 약화 기도가 계속되었지만, 조합원의 단결된 힘으로 서울도시철도노조는 6년 만에 다시 민주노조운동으로 복귀한 것이다.[15] 서울도시철도노조의 공공운수노조 복귀와 함께 서울지하철노조와 공동으로 서울시 산하 공기업노조의 연대가 활성화되고, 이후 9월 양 지하철노조가 12년 만에 연대파업을 성사시킴으로써 지하철 민주노조운동의 기반이 복원되는 계기가 되었다. 이전 2004년 지하철노조 연대파업의 실패로

---

15 복수노조 상황에서 사측은 △실리주의 성향의 노조 가입 독려 및 해당 노조간부들에 대한 인사상 특혜(승진 등) △노조 소속에 따른 개인 성과급 차등 및 노조 직무재교육 차별 등의 부당한 조치를 계속했다. 이러한 상황에도 불구하고 도시철도노조 조합원들의 단결된 흐름으로 민주노조운동의 토대가 지켜진 것으로 노조 역사에서는 평가되고 있다(서울도시철도노동조합, 2019).

서울도시철도노조의 민주적 기반이 흔들렸던 과거의 경험이 12년 후 연대파업을 통해 민주노조 기반이 강화된 것이다.

2. 공공부문 비정규직 투쟁의 전면화

1) 공공부문 비정규직의 실태

잘못된 공공 정책으로 인해 공공부문 비정규직 확산을 선도하고 있다는 비판을 야당과 시민단체들로부터 계속 받아오던 이명박정부(노동부)는 2011년 11월 '공공부문 비정규직 실태조사' 결과를 발표했다. 환경위생 노동자를 비롯한 공공부문 간접고용 노동자의 임금 차별 실태와 함께 우편집배원, 공공기관 행정사무원 등 비정규직의 노동조건 조사 결과를 통해, 우리 공공부문 비정규직 노동자의 임금 및 노동조건이 여전히 열악하다는 것을 보여주었다. [표8-1]에서와 같이 2011년 9월 정부(노동부) 통계 기준으로 134,608명의 비정규직이 무기계약직으로 전환되고도 우리나라 공공부문의 비정규직은 339,531명에 달하고 있었다. 공공부문 인력 수요 증가가 요구되는 상황에서 정규직 규모는 별로 증가하지 않은 채 비정규직이 계속 증가하고 있다는 점을 알 수 있다.[16]

표8-1 **공공부문 기관 유형별 비정규직 현황(2011.9)**

기관유형	비정규직					무기계약	정규직
	단시간	기간제	기타	외주용역	소계		
중앙행정기관	2,096	15,882	597	7,774	26,349	12,133	255,314
자치단체	4,379	39,802	3,335	10,259	57,775	45,783	282,059
공공기관	13,172	34,503	2,230	59,594	109,499	16,752	276,394
초중고	23,508	84,420	3,303	17,740	128,971	58,194	378,926
국립학교	10,523	3,079	255	3,080	16,937	1,746	28,481
합계	53,678	177,686	9,720	98,447	339,531	134,608	1,221,174

자료: 고용노동부(2011)

---

[16] [표8-1]에서 나타난 공공부문의 비정규직 현황은 실제 결과를 축소한 것이라는 발표도 있다. 지자체 상용직, 공공기관의 간접고용 비정규직 등은 이 통계에서 제외되고 있는데, 이러한 심층사례조사를 결과를 반영한 공공부문 비정규직 비중은 전체 공공부문 인력의 30% 가량 추정된다고 보고 있다(김성희·손정순·박종식, 2012).

이같은 실태조사를 근거로, 정부는 2012년 1월 16일 「상시지속적 업무 담당자의 무기계약직 전환기준」등의 '공공부문 비정규직 고용개선 추진지침'을 발표하였다. 그러나, 무기계약직 전환 기준이 미흡하다고 판단한 민주노총(위원장 김영훈)은 2012년 2월 14일 성명을 발표하고 정부가 공공부문 비정규직에 대해 실효성있는 대책을 수립하라고 촉구하였다. 단시간 노동자를 제외한 공공부문 비정규직(기간제·간접고용) 노동자 28만여명(무기계약직 제외)을 정규직화하고, 이들에 대해 정규직의 80% 수준의 처우개선 조치를 취하도록 요구한 것이다.[17]

민주노총이 공공부문 비정규직 노동자의 고용 및 처우개선을 강력하게 요구하고 나선 2012년에는 학교 비정규직 노조들이 대규모로 조직되면서 공공부문 비정규직 노조의 대정부 투쟁이 본격화되고 있었다. 국회 환경노동위원회에서도 2012년 12월 공공부문 비정규직 대책에 대한 연구 발표를 통해 비정규직 문제가 제기되었다. 공공부문의 인력이 증가하는 상황에서도 오히려 정규직이 감소하고 비정규직이 증가하는데 대한 문제 제기였다. 좁은 의미의 공공부문인 공공행정·국방의 경우 산업내 취업자수는 증가했는데 정규직은 감소하고 파트타임과 비정규직이 증가하고 있었다. 결국 이는 이명박정부가 추진해온 '공공부문 선진화 정책'추진 과정에서 공공부문 고용이 악화되어 왔음이 드러난 것이다.

공공기관의 상시 지속적 업무에 종사하는 비정규직의 정규직화를 대선 공약으로 밝힌 박근혜정부의 인수위 활동이 구체화되면서 공공부문 비정규직 대책도 널뛰기를 계속하였다. 2013년 1월 8일 정부(노동부)는 2013년 6월까지 공공기관에서 상시 지속적 업무를 수행하는 비정규직 노동자들의 실태를 파악하여 2015년까지 전원 무기계약직으로 전환하겠다고 밝혔다. 이에 따라 노동부는 6월까지 799개 중앙정부·지자체 산하 전 공공기간의 비정규직 현황을 조사하였다. 그러나 박근혜정부의 고용정책은 8월 이후 '70%의 고용율' 등의 정책 목표가 구체화되면서 시간제 일자리 확대 등으로 변질되기 시작했다. 그리고 11월 이후 '공공기관 정상화' 대책이 구체화되면서 비정규직 대책은 사라졌다. 공공기관의 비정규직은 여전히 줄어들지 않고 있으며, 간접고용도 확대되고 있다. 이미 2013년 임기 초부터 박근혜정부의 공공부문 비정규직 정책은 최악의 수준으로 달려가고 있었던 것이다.

---

17 정규직의 80% 수준의 처우개선 조치를 취할 경우 연간 4,383억원의 예산이 소요되는데, 민주노총의 이 같은 예산 추계는 노동부의 발표자료를 근거로 추정한 것이다. 노동부는 2011년 보고서를 통해 공공부문의 기간제 및 외주용역 노동자 187,239명에 대해 정규직의 80% 수준의 처우를 전제로 한 정규직 전환시 2,792억원이 소요된다고 밝힌 바 있다.

국가인권위원회는 11월 25일 '공공부문 비정규직 근로자의 고용안정 및 처우개선을 위한 권고'를 발표했다. 공공부문 상시·지속 근로에 대한 기준 완화 및 전환 예외 사유 축소 등을 중심으로 공공부문 무기계약직 전환 지침을 개정하고, 상시·지속 업무에 종사하는 간접고용 노동자도 정규직 전환 대상에 포함되어야 한다는 것이다. 국가인권위의 권고는 2012년 이후 정부가 발표한 대책들이 아직 실효성있게 시행되지 못한 현실을 지적한 것이었다. 이 권고를 토대로 정부는 2016년 2월에 공공기관 비정규직 1만5천명을 2017년까지 정규직으로 전환하겠다는 입장을 밝혔다.

그러나 2016년 2월에 발표된 정부의 정규직 전환 방침은 여전히 실효성 논란이 제기되고 있었다. 이미 정규직 전환 방침이 결정된 내용이나, 앞서 이러한 방침을 앞서서 선언한 지자체(서울, 인천 등)나 교육청의 입장을 되풀이하는 수준에 머물렀기 때문이다. 결국 박근혜정부의 공공기관 정책이 이명박정부를 계승하고 있는 상황 속에서 비정규직 정책 역시 그 제한적 틀에 갇힐 수밖에 없었다. 정규직과 비정규직간의 임금 격차를 해소하는 것을 '정상화'라고 내세우면서, 정작 비정규직의 고용 안정과 처우 개선을 외면했다.

2011년 비정규직 대책 발표 이후 정부는 또다시 2013년에 비정규직 대책을 발표했다. 2004년, 2006년, 2008년, 2011년 등에 이어 모두 여섯 차례에 걸쳐 정부가 비정규직 대책을 발표하면서, 비정규직 남용 제한 및 차별 완화를 위한 각종 정책을 추진하였으나 별다른 실효적 효과를 거두지 못했다. 이 시기 공공부문 비정규 대책이 실효성이 없었던 것은, 정부가 '공공개혁' 미명아래 공공부문의 인력 감축 및 비정규직 고용 확대를 선도해왔고, 행정기관·공공기관 모두 간접고용(민간위탁·외주화)을 확대하고 있었기 때문이었다. 경기 침체가 계속되고 실업률이 높아지는 상황에서 공공부문이 '모범적 사용자'(model employer)로서 '양질의 일자리'를 확대하지 않고 오히려 역주행을 거듭해왔던 우리나라 공공 개혁의 어두운 모습이 아닐 수 없다.

2) 공공부문 정규직화 투쟁을 선도하는 학교 비정규직 노동자들

전국의 11,000여개의 국·공·사립의 초·중·고교에서는 IMF 경제위기 이후 청년 실업을 해소하고, 방과후 학교 교육 및 초등교육을 강화하는 정부 교육 정책에 따라 이를 뒷받침하는 비정규직들이 증가하고 있었다. 이들은 학교행정·교육지원·급식업무 등을 담당하고 있었는데 2012년 기준으로 152천여명에 달하고 있고, 직종도 매우 복잡하다.[18] 이들은 학교 회계단위로

---

18 학교 비정규직은 급식 담당(영양사·조리사·급식조리원), 돌봄강사, 방과후 보육강사, 사회복지사, 교

운영되고 있어 얼핏 학교장과 근로관계가 있는 것으로 보이지만, 실제로 대부분의 직종은 시·도 교육청과 근로관계가 형성되어 있었다.

교육청의 지침에 따라 노동조건이 결정되는 이들 학교 비정규직은 교육기관에 종사하는 교사나 공무원에 비해 매우 열악한 상태에 있었다. 이들의 임금은 2012년 당시 월 100만원을 간신히 넘는 수준이었다.

한편 정부의 공공부문 비정규직 대책이 계속되면서, 2011년까지 공공부문의 직접고용 비정규직 비중은 점점 감소하는 대신, 파견·용역 비중은 증가하는 경향을 보이고 있었다. 그런데 교육기관은 직접고용 비정규직 비중도 증가하고 있었기 때문에, 학교 현장의 비정규직 문제가 사회적으로 대두될 수 밖에 없었다.

이러한 열악한 현실에 놓인 학교의 비정규직들은 2010년 이전까지 공공노조의 지역지부 중심으로 소규모 노조 활동을 계속 이어가고 있었다. 1천명 남짓한 소규모 조직에서 학교 비정규직 노조가 전국적으로 성장·발전하게 된 것은 2010년 지방선거에서 진보적 성향의 교육감

표8-2 2011년 부문별 공공부문 비정규직 현황 (단위: 명, %)

구분	2006년			2011년		
	직접고용		파견·용역	직접고용		파견·용역
	정규직	기간제 등		정규직	기간제 등	
합계 (%)	1,242,038	246,844 (15.9)	64,822 (4.2)	1,350,220	240,993 (14.3)	99,643 (5.9)
중앙행정	243,408	22,813 (8.3)	7,494 (2.7)	266,262	18,575 (6.3)	7,811 (2.7)
자치단체	311,564	67,595 (17.6)	4,642 (1.2)	327,842	47,516 (12.3)	10,259 (2.7)
공공기관	271,655	54,614 (14.8)	42,115 (11.4)	293,085	49,815 (12.4)	59,438 (14.8)
교육기관	415,411	101,822 (19.3)	10,517 (2.0)	463,031	125,087 (20.5)	22,135 (3.6)

자료: 김성희·손정순·박종식(2012)

무–행정보조원, 과학실험보조원, 특수교육보조원, 사서, 학부모회직원, 기간제 교사 및 시간강사 등 60여개 직종으로 구성되어 있다. 이들 임금은 각 시·도 교육청의 예산을 통해 운영되는게 아니라 단위 학교별 회계에 의존하여 운영되고 있어서 '회계직'이라는 명칭이 부여되고 있었다. 이들 회계직은 2010년 3월 기준으로 전국에서 118,052명으로 집계되고 있다(이상훈, 2014).

이 대거 당선된데 따른 정치적 환경 변화 때문이다.

이에 앞서 2009년 2월 〈전국교육기관회계직연합(전회련) 준비위〉가 결성되어 학교 회계직의 △맞춤형복지 전면 실시 △직무명칭·호칭변경 △교직원공제회 가입 등의 요구를 앞세운 서명운동을 시작했고, 경기도 교육감 보궐 선거를 지원했다. 2009년 6월 경기도 교육감(김상곤)의 지원 아래 학교 회계직에 대해 공무원과 동일한 복지후생 조례가 최초로 시행되었고, 이러한 전회련의 성과에 힘입어 학교 비정규직 노조의 기반도 확대되는 흐름을 보였다. 이어 2010년 6개 지역(서울·경기·강원·광주·전남·전북)에서 진보 교육감이 당선되면서 본격적인 학교 비정규노조 시대를 열렸다. 학교 비정규노조는 전남지역에서 선도적으로 결성되었다. 전남도에서 교육감 당선 직후 전남지역 학교비정규직 노동자 2,300여명이 2010년 10월 17일 전남학교비정규직노조(위원장 박금자)를 결성했다.

전남지역의 노조 결성은 전국적으로 학교 비정규직노조의 결성을 촉진하는 계기로 작용하여 민주노총(위원장 김영훈)은 학교 비정규직을 전략조직화사업의 중심에 두고 노조를 준비하는 각 단위별 간담회를 12월 7일에 개최하기에 이른다. 이날 공공노조 학교비정규직분과·전남학교비정규직노조·전국교육기관회계직연합·전국회계직조리사회 등이 참여하여 〈학교비정규직 단일노조 건설 추진위원회〉를 구성하였다. 전국 단일노조의 틀로 각 시·도 별 학교 비정규직 노조를 통합할 필요가 있다는 민주노총의 전략적 판단이 작용한데 따른 것이다.

2011년 초 전국 단일노조를 지향하던 각 단위들의 의견이 통합되지 못한 채 2011년 4월 2일 7개 지역(서울·경기·전남·광주·대전·충북·충남) 조합원 대표 300여명이 모여 전국학교비정규직노조(위원장 박금자)를 먼저 결성했다. 이들은 2011년 6월말까지 전국의 7,000여 학교의 15만여명 대상으로 노조를 확대하겠다고 선언했다. 이러한 학교비정규직노조의 전국적 결성 흐름에 따라 본격적으로 학교 비정규직들의 차별 철폐 및 임금체계 개선을 위한 조직화·투쟁이 전국적으로 확산되기에 이른다.

그간 노조 형태가 아닌 직종 연대조직으로 활동해온 전회련도 호봉제·직고용·정규직화 쟁취를 위한 전국학교비정규노동자대회를 거쳐 2011년 9월 20일 노조(위원장 이태의)로 전환했고, 12월 공공운수노조의 〈전회련학교비정규직본부〉로 조직을 변경했다. 앞서 2002년부터 학교 비정규직을 조합원으로 조직했던 전국여성노조(위원장 나지현)도 조직 기반이 강화되면서, 전국적으로 3개의 학교 비정규직노조가 각각 활동하게 되었다.

학교 비정규직 노조들의 전국 단일 조직 건설이 논의될 당시 공공운수노조에는 학교비정규직분과가 활동하면서 이러한 전국 조직 건설 논의에 참여했고, 이후 10월까지 학교비정규직

협의회(준)가 학교 비정규직의 처우개선을 위한 활동을 계속하였다. 전회련이 공공운수노조에 참여하면서 이전 공공노조 학교비정규직노조(지부)는 여기에 합류하였다. 2011년 결성 당시 비록 조직간 이견으로 인해 통합 조직으로 출범하지는 못했지만, 이들 학교 비정규직 조직들은 정부를 상대로 2012년부터 공동투쟁을 계속해오면서 2014년 2월에는 전체적으로 6만여명 규모로 성장한다. 불과 4년만에 우리나라 공공부문 비정규직노조의 최대 조직으로 학교 비정규직노조가 성장한 것은 학교 현장에서 이들 노동자들의 차별이 그만큼 심각했다는 것을 반영하고 있다.

전국학교비정규직노조는 2011년 하반기에 민주노총에 가입을 신청하였지만, 민주노총은 공공운수노조의 전회련본부 등과 함께 노조를 통합하여 교육산별노조를 추진하도록 권고했다. 이후 전국학교비정규직노조는 2013년에 뒤늦게 민주노총에 직가입 형태로 자리하게 된다.[19] 전국학교비정규직노조는 초기 상급 조직(민주노총 가맹조직)이 없는 상태에서 교육감과의 직접 교섭을 통해 교육청 직접 고용, 호봉제 쟁취 등의 요구를 담아 학교 비정규직 노동자의 노동조건 개선을 위한 투쟁을 준비했다. 2011년 11월 3일 학교 비정규직 노동자들의 대규모 상경투쟁에 이어 11월 9일 시한부 경고 파업을 전개했다.

전회련의 노조 전환에 따라, 2012년 들어 3개 학교 비정규직노조들은 교육청의 직접 고용, 호봉제 쟁취 등을 위한 공동투쟁을 준비했다. 2012년에는 복수노조 교섭창구 단일화가 전면적으로 시행되는 상황이기 때문에 이들은 〈학교비정규직노조 연대회의〉(학비연대회의)를 구성하여,[20] 교섭창구 단일화 및 공동 요구안 중심의 공동교섭·공동투쟁을 추진하기로 했다. 2012년 4월 교육부와 각 교육청과의 직접 교섭을 요구하는 기자회견을 계기로 공동행동에 돌입했고, 6월 23일 학교 비정규직 노동자대회를 개최했다. 이후 진보 교육감이 당선된 6개 시·도(서울·경기·전북·전남·광주·강원 등)에서 8월부터 교육청과의 단체교섭이 시작되었다. 나머지 11개 시·도는 학비연대회의에 대해 노조법상의 교섭 지위를 거부하며 교섭을 기피하다 중앙노동위회의 결정에 따라 결국 2013년 2월부터 집단교섭에 나왔다. 이후 학비연대회의는 이후 2013년

---

19   민주노총 가입의 길이 쉽지 않았던 전국학교비정규직노조는 2013년 말에 민주노총에 직가입했고, 2014년 말 민주노총 집행부 선거를 거쳐, 2015년 서비스연맹(위원장 강규혁)에 가맹했다.

20   전회련이 먼저 제안하여 이뤄진 학비연대회의에는 학교비정규직노조, 전회련(이후 교육공무직본부)와 함께 전국여성노조(총연합단체 없음) 등 3개의 학교 비정규직노조가 참여했다(이후 서울일반노조 결합). 이 연대회의는 2022년 현재까지 계속 유지되고 있다.

7월 공동투쟁 선언 및 10월 연대파업을 추진하였다.

학교 비정규직노조들의 교육청과의 교섭은 결국 정부와의 직접 교섭으로 연결될 수밖에 없었다. 각 시·도 교육청의 교육예산 편성기준(총액인건비·사업비 등)이 교육부의 지침에 따라 설정되고, 공공부문 비정규직의 고용안정·처우개선 대책의 기준이 되기 때문이다. 물론 정부는 직접 교섭에 응하지는 않고 있으나, 진보 교육감들의 호응으로 교육청과의 직접교섭의 길이 열렸다. 이를 계기로 학교 비정규직노조들의 대정부 투쟁이 발전되었고, 조합원수도 크게 증가했다. 정부(교육부)는 학교 비정규직들의 투쟁이 시작되자, 2012년 7월 30일 '학교비정규직 대책'을 통해, 1년 이상 근무한 비정규 노동자의 무기계약직 전환과 장기근무 가산금 연간 1만원 인상안을 발표했지만, 그동안 만성적 저임금으로 차별을 당해온 학교 비정규직 노동자들의 여망에는 크게 미치지 못했다.

한편 공공운수노조 전회련본부(본부장 이태희)는 2012년 4월 전국 시·도교육청에 임금·단체교섭을 요구했다. 이후 8월 교육공무직법 신설을 위한 국회 토론회를 거쳐 11월 9일 사상 최초로 학교 비정규직 노동자들이 '내 생에 가장 찬란한 날'이라는 구호를 앞세워 전면파업에 돌입했다. 호봉제·교육공무직 쟁취를 내세운 이 파업은 2012년 12월 대선을 앞두고 각 정당들이 학교 비정규직에 대한 개선 공약을 준비하도록 유도했고, 정부(교육부) 역시 10월 학교 비정규직의 고용 안정 및 저임금 개선을 위한 본격적인 논의를 시작했다.

2013년 박근혜정부 출범 이후 4월 국가인권위원회가 학교 비정규직의 처우개선 권고를 한데 이어 강원교육청에서 최초의 단체협약이 체결되기도 했다. 호봉제 및 교육공무직 쟁취를 위한 투쟁은 6월부터 본격화되었다. 전회련본부는 6월 3일부터 30일까지 조합원 6,022명이 참여한 가운데 여의도에서 농성과 릴레이 단식을 진행하며 학교 비정규직 처우개선 대책(호봉제 전환)을 요구했다. 결국 이같은 투쟁에 힘입어 10월 국회 기획재정부 국정감사에서 학교 비정규직의 열악한 처우가 쟁점화되기도 했다. 이에 앞서 당·정·청은 7월 30일 '학교 회계직원 처우개선 및 고용안정 대책'을 발표하지만, 턱없이 낮은 월 기본급 및 장기근무가산금으로 인해 노동자들의 투쟁은 오히려 더 강화되었다.

전회련본부의 선도적 투쟁을 계기로 학비연대회의 주관아래 2013년 11월 29일 전국의 1,000여개 학교에서 3,000여명의 노동자들이 학교 비정규직 처우개선 대책을 요구하며 2차로 1일 시한부 연대파업을 전개했다. 이들은 파업을 통해 △호봉제 도입 △정액급식비 인상 △상여금 100% 지급 △명절휴가비 지급 등 최소한의 노동조건 개선을 요구했다. 학비연대회의가 요구한 내용은 이미 타 공공부문 비정규직 등에서 일반적으로 시행되는 것들이었다.

2013.4. 비정규직 차별 철폐를 요구하는 학교비정규직 노동자들

2014년 정부(기획재정부)가 고용안정대책을 발표한 후에도 학교 비정규직 노동자의 처우개선에 대해 소극적 태도를 보이자, 학비연대회의는 또다시 11월 20일부터 21일까지 학교 비정규직의 처우개선 예산 보장 및 교육재정 확충, 가칭 '교육공무직법' 제정을 요구하며 연대파업을 전개했다. 그런데 이 시기 박근혜정부는 대선 공약에서 공공부문 정규직의 단계적 정규직화 및 차별 철폐를 제시하고도 2014년까지 계속 공공부문 비정규직의 고용·처우 개선을 외면했다. 또한 '공공기관 정상화'를 앞세워 재정 긴축을 강화하고 있었기 때문에 학교 비정규직 노동자들의 요구 또한 계속 벽에 부딪혔다. 한편 2013년 1월 서울행정법원이 학교 비정규직의 교섭 당사자가 각 시·도 교육감이라는 판결을 내렸고 2014년 대법원이 이를 최종적으로 인정했다.[21] 때를 같이하여 강원도를 시작으로 울산시·경북도·인천시·세종시에서 '교육공무직 채용·관리조례' 등이 제정되어 학교 비정규직 노동자들의 고용 안정 기반이 구축되기 시작했다.

2015년 4월 민주노총 총파업 투쟁 시기에 맞춰 공공운수노조 교육공무직본부를 중심으로 교육공무직법 제정을 요구하는 연대파업이 선도적으로 전개되었다. 이후 학비연대회의 공

---

21 이전까지 정부는 학교비정규직의 교섭 당사자를 각 단위 학교장으로 설정해왔다. 이로 인해 학교비정규직노조들의 교섭은 매우 어렵게 진행되었다.

동으로 학교 비정규직 차별 해소를 위한 국회 앞 노숙 농성을 10월부터 전개한 끝에 2015년 12월 4일 교육부와 임금협약을 체결했다.

2016년 학비연대회의는 또다시 연대파업을 전개하였다. 3월 22일 학교 비정규직 노동자의 차별 철폐 및 교육공무직법 제정을 요구하는 대정부 기자회견을 거친 후, 4월 1일 교육공무직본부(이전 전회련본부)의 선도적인 파업이 시작되었다. 이어 전북교육공무직지부와 여성노조의 파업이 4월 8일에 전개되었고, 이어 6월에는 서울과 부산에서도 지역별로 학비연대회의 주최로 학교비정규직 단위의 연대파업이 전개되었다. 특히 6월 23일에는 서울부터 제주에 이르기까지 학교 비정규직 노조들은 전체 조합원들이 참여하는 연대파업에 돌입했다.

학교 비정규직노조들은 교육청과의 교섭 및 국회에서의 법 제정 투쟁을 병행했다. 각 교육청과의 교섭에서는 처우개선(정기상여금 제도 도입, 급식비 차별 철폐 등)를 요구하고, 국회에 대해서는 학교비정규직의 고용 및 처우개선을 제도화한 교육공무직법 제정을 요구했다. 학교비정규직노조들의 투쟁이 계속되는 동안 교육기관의 직접고용 비정규직은 2012년 20.5%에서 2016년 13.9%로 비중이 축소하는 등 교육기관의 고용구조가 점차적으로 안정(무기계약직 2012년 75.9%→2016년 82.4%)되는 경향이 나타났다.

'교육공무직원의 채용 및 처우에 관한 법률'(교육공무직법)은 학교비정규직 조직들의 연대투쟁이 시작되던 2013년 10월 처음으로 발의되면서 논의가 시작되었다.[22] 정부·여당의 계속된 반대 속에 이 법안은 2015년까지 계속 지연되다 노조들의 국회 집중 투쟁이 계속되던 2015년 12월 정부 법안들과 병합하여 심리가 진행되었다. 그러나 19대 국회에서는 입법 추진이 무산되었다. 20대 국회 개원 이후 학교 비정규직노조들이 6월 연대파업 등을 거치며 계속 국회를 압박하는 가운데, 대통령 탄핵 국면이 본격화되던 11월 28일에 더불어민주당이 다시 발의(대표 유은혜의원)했다. 학교 비정규직 노동자들은 박근혜 퇴진 촛불항쟁이 본격화되는 11월 12일 △박근혜 퇴진 △비정규직 철폐 △교육공무직법 쟁취 등의 요구를 앞세워 학교 비정규직 노동자 대회를 개최했다.

---

22 2012년 10월에 발의한 교육공무직법(안)은 조리원·영양사·교무보조·사무보조 등 학교에서 일하는 계약직 노동자들의 고용 안정 및 처우개선의 내용을 담고 있다. 이들 학교 비정규직은 전반적으로 처우가 열악한 데다, 공공부문에 일반화된 호봉제·상여금·복지 등에서도 차별을 당하고 있었다. 정부가 예산을 이유로 노동조건 개선을 계속 거부하였기 때문에, 이 법안을 통해 교사들과의 차별 완화 및 처우 개선을 도모하려 했던 것이다.

야당이 주도하던 국회에서 법안 처리가 가시화되자, 먼저 한국교총에서 12월 16일 부칙 조항("교사 자격을 갖춘 직원을 교사로 채용하도록 노력해야 한다")이 교직의 근간을 흔들고 공정한 교사 임용을 바라는 예비교사와 계약직 교원에 대한 역차별이 발생한다며 문제를 제기했다. 때를 같이하여, 해당 의원실 블로그에 항의가 빗발치면서 결국 유은혜의원은 12월 17일 '교육공무직법' 제정 발의를 철회하겠다고 선언했다. 학교 비정규직노조들이 이 법안만으로는 교사로 신분 전환이 이뤄질 수 없다는 입장을 밝혔지만 법안 철회는 막지 못했다. 이러한 교육공무직법 논란 및 철회 과정은 비정규직 고용·처우개선 논의의 한계를 보여준 단적인 사례이다.[23] 결과적으로 정규직화를 요구하는 비정규직을 오히려 기득권 세력 또는 공정을 저해하는'특혜 집단'으로 간주하고 공격한 셈이 되었다. 학교 비정규직의 정규직화 논의에서 시작된 공공부문 정규직화와 관련한 '공정' 논쟁은 이후 서울교통공사·인천공항공사 등을 거쳐 전 공공부문에 파급되기에 이르렀다.

교육공무직법 제정 논의는 이후 간헐적으로 제기되다, 문재인정부들어 공공부문 비정규직 연대파업 이후 발족한 공무직위원회(국무총리 훈령)에서 공공부문 공무직법 논의로 발전되었다. 그러나 2022년 12월 현재까지 별다른 결론을 맺지 못하고 있다. 아울러 2019년 진보정당 의원들이 발의한 관련 법 개정 논의 또한 2020년 이후 실종된 상태이다.

3) 서울시·인천시·광주시의 비정규직 대책 및 현장에서의 투쟁

- 서울시 비정규직 대책 및 다산콜센터재단 설립

2011년 10월 보궐선거에서 당선된 박원순 서울시장은 공공부문 비정규직 대책을 발표하면서 중앙정부(이명박정부)와는 차별화된 행보를 취하기 시작했다. 2012년 3월 22일 1차로 서울시가 직접 고용하고 있는 비정규직에 대한 고용개선(무기계약 전환 등) 대책을 발표했다. 이에 따라, 2012년 5월까지 서울시 본청·직속기관·사업소·투자출연기관 소속 비정규직 1,133명이

---

23 유은혜의원은 자신의 블로그에 "공공부문 비정규직의 정규직화 의제는 사회적 합의가 선행되어야 함에도 다양한 구성원들의 의견을 적극적으로 수렴하지 못했던 한계도 분명히 있었다"고 밝혔지만, 이는 결과적으로 정부 당국이 뒷짐지고 책임있게 조정하지 못한 직무 유기도 같이 작용한 것으로 볼 수 있다. 또한 학교비정규직·기간제교사·예비교사 등의 사회적 약자들간 인식의 격차를 줄여내지 못한 '약자들의 치킨게임' 느낌이 강하게 나타나고 있다(구태우, 2016). 유은혜의원은 이후 문재인정부에서 2019년부터 교육부장관으로 재직하고 있었으나 과거 본인이 추진했던 교육공무직법 제정(안) 발의에 대해 이후 책임있는 입장을 밝히지 않았다.

정규직으로 전환되었고, 12월에 234명이 추가되는 등 1,367명의 정규직 전환이 이뤄졌다. 이어 12월 5일에는 2차로 간접고용 노동자의 고용개선 대책이 발표되었다.

2013년부터 청소업무, 시설·경비업무, 기타 업무에 종사하는 간접고용 노동자 6,231명(본청·직속기관·사업소 1,052명, 투자출연기관 5,172명)에 대해 5년간 단계적으로 직접고용으로 전환시키겠다고 발표했다. 특히, 간접고용 노동자의 절대 다수가 청소업무(4,172명)에 종사하고 있고, 이들 중 75% 정도가 지하철(서울메트로·서울도시철도) 청소 업무를 담당하고 있었다. 이들 청소 업무에 종사하는 노동자들은 고령(평균 58세)·여성(81%)·저임금(월 131만원) 상태에 있었기 때문에, 이들에 대한 고용개선은 처우 개선 대한 희망까지 불러일으켰다.

다만, 간접고용 노동자들이 고령인 탓에 직접고용으로 전환될 경우 곧바로 정년에 걸려 실질적인 고용 개선이 미흡할 수 있다는 문제가 제기되었다. 이러한 문제는 2013년 서울시립대 청소 노동자들의 집단 계약 해지로 나타났다. 서울시립대에서 종사하는 간접고용 청소노동자에 대해 고령(65세)이라는 이유로 정규직 전환을 앞두고 2013년말 집단적으로 계약 해지가 이뤄졌다. 해당 노조(서울경인공공서비스지부 서울시립대분회)의 노동자들이 농성 투쟁에 돌입하고 공공운수노조 서울본부 등이 참여한 가운데 시민 공동대책위가 활동하면서 서울시 의회에서 이러한 문제점이 공론화되었고, 국가인권위 진정 등이 이어졌다. 노조의 투쟁 끝에 5월 말 대학교와 고용보장 합의가 이뤄졌고, 서울시와 직접고용을 위한 협의가 이뤄졌다. 2014년 5월 27일 해고자들의 복직 합의에 따라 5개월간 이어진 천막 농성이 마감되었다.

서울시 다산콜센터 비정규직 노동자들은 2012년 9월 노조(희망연대노조 다산콜센터지부)를 결성하였다. 2007년에 설립된 다산콜센터는 서울시 민간위탁 하에서 상담사 비정규직 노동자들 중심으로 운영되었는데, 당시 상담사들은 월 1회 업무테스트로 인해 적지 않은 스트레스를 겪고 있었다. 서울시의 노동친화 정책에 따라 상담사들은 노동 친화적 환경을 만들기 위해 노조를 결성하고 노동자들의 참여를 확대시켰다.

2013년부터 희망연대노조 다산콜센터지부(지부장 김영아)는 콜센터 노동자들의 직접고용 정규직화를 위한 사업을 전개했다. 3월부터 시청 앞 집회(월 1회)를 계속한 후 8월 26일 경고파업에 돌입했고, 이 투쟁에 힘입어 9월 2일 기본 단체협약 체결과 함께, 일부 처우개선 조치를 이뤄냈다. 이 협약 체결을 통해 직접고용 정규직화의 토대를 구축한 노조는 서울시를 압박한 결과, 2014년 2월 서울시 인권위원회가 상담사 노동자들의 감정노동 문제(욕설·성희롱 등) 해결에 대한 권고안을 제출했다.

직접 고용을 계속 요구해온 노조는 2014년 9월 18일 1차 파업에 돌입했고, 다음 날 서울시청 로비 투쟁을 전개했다. 이에 서울시는 11월 연구용역 발표를 거쳐 12월 시장(박원순)이 정규직화를 선언하기에 이르렀다. 당시 396명에 달하는 콜센터 상담사들에 대해 직접고용대책을 발표함으로써, 박원순 서울시장의 '모범적인 사용자' 모습이 부각되었고, 공공부문 고용 개선이 공공서비스의 질을 높힐 수 있다는 여론도 조성되기 시작했다. 그러나 2015년 들어 서울시가 예산 문제를 앞세워 직접고용 불가(서울시설공단 편입 등) 방안을 계속 고수하자, 노조는 11월 17일부터 31일간 서울시청 앞 노숙 농성을 전개했다.

서울시는 2016년 2월 연구용역 결과를 통해 재단(출연기관) 설립을 통한 정규직화 방안을 발표했다. 당시 집권 여당인 새누리당이 서울시가 입법 예고한 '120서비스재단 설립·운영에 관한 조례안'에 대해 강하게 반대했으나, 2016년 9월 29일 서울시의회에서 조례안이 의결되었다. 이러한 조례에 따라, 2017년 4월 서울시 출연기관 '120다산콜재단'이 출범하게 된 것이다.

비록 노동자들이 반대했던 재단(지방 공공기관) 설립을 통한 정규직화라는 한계가 있었지만, 다산콜센터 노동자들의 정규직화 사례는 민간위탁 비정규직 노동자의 공공기관 정규직화의 전망을 열었다는 점에서 시사적이다. 조례안 의결 이후 서울시는 당시 사망 사고가 발생한 서울지하철(메트로)의 간접고용 대책을 포함하여 공공부문 비정규직 전환과 관련한 2단계 개선 대책을 발표했다. 서울시의 간접고용 문제는 2016년 6월 9일 서울메트로 위탁업체인 은성PSD 소속 젊은 노동자가 구의역에서 작업중 역내에 진입 중이던 전동차에 끼여 끔찍하게 사망한 사고를 계기로 공론화되었다. 구의역 노동자 사망 사고는 서울시가 이후 서울교통공사의 통합 발족(2017년)을 계기로 대부분 직접고용 정규직화를 추진하게 하는 직접적인 계기로 작용했다.

- 인천시 비정규직 대책

서울시에 이어 인천시(시장 송영길)도 2012년 12월 12일 '2013년 공공부문 비정규직 근로자의 고용안정 및 처우개선 대책'을 발표하면서, 인천교통공사 등 인천시 산하 7개 투자·출연기관에서 위탁용역업체에 종사하는 비정규직 1,211명에 대해 2014년까지 기간제(직접고용)로 채용하고, 2년 후 무기계약으로 전환한다고 발표했다. 인천시는 이후 2013년 1월에 본청(직속기관·사업소 포함)의 민간위탁 노동자 47명을 기간제로 전환 조치했다. 기간제법에 따라, 기간제(직접고용 비정규직)는 2년 후 고용의제로 무기계약직 전환이 이뤄지는 만큼, 이 정책에 따르면 인천시는 2018년 이후 비정규직이 없는 최초의 지자체가 될 전망이다. 또한 인천시는 간접고용 노동자들을 모두 산하기관(공공기관) 정규직으로 전환할 계획이라고 밝혔다.

그러나 인천시의 비정규직 대책에 대해서는 이후 실효성 논란이 제기되었다. 인천시가 55

세 이상의 노동자들에 대해 무기계약 전환에서 제외하고, 무기계약직 정년을 60세로 제한함에 따라 실제 무기계약직 전환이 가능한 노동자 비율이 높지 않았기 때문이다. 이후 인천시는 60세 이상 노동자에 대해서는 65세까지 기간제(직접고용)으로 고용한다고 밝혔다.[24] 이러한 간접고용 노동자들의 직접고용 전환의 실효성 논란으로 인해 간접고용 노동자들 상당수가 오히려 정년 제한이 없는 간접고용을 선호하는 기현상마저 나타났다.

실제 공공운수노조 인천시설공단지회에서는 인천시 민간위탁 청소 노동자들이 시설공단에 기간제로 고용되어 2014년 1월로 무기계약직으로 전환되었으나 정규직과 정년을 차별하여 60세까지의 정년도 보장되지 못했다. 공공운수노조 인천지부가 인천시와 직접 교섭을 통해 60세까지의 정년 보장 및 서울시 평균임금의 80% 보장 등의 합의에 이름으로써 인천시설공단 무기계약직 정년 문제는 마무리되었다. 그러나 논란의 불씨는 여전히 남아있었다.

인천시는 2014년 지방선거에서 시장이 교체(유정복)되는 과정에서 전임 시장 시절 발표한 비정규직 대책을 시행치 않았다. 2015년 1월 인천시의회에서 의결한 '인천시 비정규직 근로자 권리 보호 및 지원에 관한 조례'에 따라 시는 비정규직 노동자의 권리 보호와 지위 향상을 위해 정규직 전환을 적극 유도해야 함에도 실제 각 현장에서는 이와는 상이한 흐름들이 계속되고 있었다. 심지어 인천시 수도사업본부에서 수도검침원으로 있는 간접고용 비정규직은 1년마다 용역업체가 변경되면서 10년간 동일 업무에 종사한 노동자들이 매년 고용 계약을 체결해야 하는 문제도 나타났다.

공공운수노조 인천본부는 2015년 12월 시민사회단체와의 연대를 통해 전임 시장이 발표한 대책이 제대로 시행되지 않는데 대해 강하게 규탄했다. 인천시의 취약한 공공부문 비정규직 대책은 결국 2018년 지방선거에서 민주당 후보(송영길)가 당선되고 전국 각 지역에서 노동 존중 정책 방향이 구체화되면서 해결의 계기를 찾게 된다.

---

24 민주노총 인천본부와 공공운수노조 인천본부는 2013년 1월 성명을 발표하면서, 직접고용으로 전환된 인천시 본청 소속 노동자를 대상으로 모니터링한 결과, 실제 무기계약 전환 가능성은 15% 수준에 머물고, 일부 업종은 대상자가 전혀 없다면서 인천시의 대책에 대한 실효성 논란을 제기했다. 서울시와 마찬가지로 인천시 역시 간접고용 비정규 노동자의 상당수가 저렴한 인건비를 염두에 두고 고령의 노동자를 주로 고용함으로써 이러한 결과가 빚어진 것이다.

• 광주광역시의 사회공공협약 체결

한편 공공운수노조(위원장 조상수)는 민주노총 광주본부의 지원하에 2015년 2월 6일 광주광역시(시장 윤장현)와 '공공운수노조–광주광역시 사회공공협약'을 체결했다. △차별없는 평등한 인권도시 만들기 △따뜻한 복지 공동체 만들기 △안전하고 편리한 공공서비스 제공 △창조적인 문화예술 토대 마련 △빛가람 공동혁신도시 성공을 위한 노정협력 강화 등의 내용이었다. 이 공공협약은 5개 분야의 사회공공정책(비정규직·사회복지·대중교통·문화예술·나주혁신도시)에 대해 각 분야의 노정간 정책 협의를 추진하기 위한 협약이었다.

특히 관심을 모았던 비정규직 정규직화와 관련하여, 공공운수노조와 광주광역시는 '광주광역시 공공부문 간접고용 근절과 비정규직 고용·처우개선을 위한 사회공공협약'을 별도로 체결했다. 광주시가 공공부문 간접고용 비정규직의 직접고용 정규직화의 모범 사례로 정착될 수 있도록 노력한다는 것이 주된 내용이었다. 이에 따라, 광주광역시 산하 공공기관의 모든 간접고용을 직접고용 무기계약직으로 전환하는 방안이 이후 실행되었다.

공공운수노조와 광주광역시는 2015년 12월 24일 '사회공공협약 이행을 위한 합의'를 별도로 체결하여, 광주시의 △공공부문 비정규직 고용개선 대책 △광주시립예술단의 각 예술단체 예술감독 위촉시 단원 참여 청빙위원회 구성 △사회복지기관의 민주적 운영 및 공공성 강화 등에 대한 정책을 추진하기로 했다.

공공운수노조가 광주광역시와 2015년 2월 및 12월에 체결한 사회공공협약 및 이행 합의서는 그동안 광주시의 환경위생업체·복지관·예술단 등에서 노사간 갈등이 빈번했던 점을 감안하면 매우 시사적이다. 이러한 사회공공협약을 통해 △예술단의 예술감독 선임 절차 개선 △사회복지 비리 개선 △노동인권조례 △생활임금 확대 등이 검토되면서, 서울시에 이어 또하나의 노동존중 지역 정치가 결실을 맺고 있는 것이다. 이러한 공공운수노조의 광주시와의 협약 체결은 지역 사회공공성 강화의 선도적 역할을 했다는 점에서 매우 시사적이었으나, 안타깝게도 이후 다른 지역에 더 이상 확대되지는 못했다. 더구나 광주광역시는 2018년 이후 선출된 시장들이 민주노총(지역본부)와 계속 대립되는 관계에 있기 때문에, 이후 공공운수노조와 추가적인 협약 체결 논의도 실종된 상태이다.

4) 공공기관 '간접고용의 상징', 인천공항 비정규직 노동자들의 파업 투쟁

2013년 당시 8년 연속 세계 공항서비스 평가 1위를 달리고 있던 인천국제공항에서 비정규직 노동자들의 파업이 인천공항 개항 13년만에 전개되었다. 인천공항 비정규직 노동자들의 파업에는 전체 구성원의 86% 정도가 외주 업체(간접고용) 노동자로 구성된 가장 열악한 고용구조가 주요한 원인으로 자립잡고 있었다.[25] 이들 간접고용 노동자들은 40여개 용역업체로 채용되어 환경미화·시설유지보수·기계장비운영·경비보안 등 인천공항의 일상적 관리 업무에 종사하고 있었다. 용역업체 변경시마다 고용은 불안하고, 처우는 정규직의 1/3 수준에도 못미치고 있었다.[26]

이같은 간접고용 노동자의 고용 및 처우개선을 위해 과거 공공노조가 전략적으로 조직한 인천공항지역지부(지부장 조성덕)는 인천공항공사를 상대로 △고용안정 보장 △임금인상과 착취구조 개선 △교대제 개편과 인력충원 △노조활동 보장 등을 요구하며 파업에 돌입했다. 10월 31일 1차로 부분파업을 전개한 이후 인천공항공사의 교섭 회피가 계속되자 12월 7일 전면파업에 돌입한 것이다. 전면파업 돌입 이전 민주당 '을지로위원회' 소속 의원들이 11월 6일 인천공항을 방문하여 인천공항 간접고용 실태를 조사하기도 했다. 인천공항의 심각한 고용구조에 대해 정치권 역시 문제의 심각성을 인지하기 시작한 것이다.

그러나 인천공항공사는 각 용역업체에 고용된 노동자들의 고용·처우에 대해 관여할 수 없다는 무책임한 태도를 취하면서, 파업으로 인한 시설 점유에 대해서는 엄정한 법적 조치를 취하겠다는 입장을 드러냈다. 이로 인해 인천공항지부의 파업 또한 장기화될 조짐을 보이기 시작했다. 파업 10일이 경과한 후 인천공항경찰대가 노조 간부 8명에 대해 체포영장을 신청했고, 3명에 대해 12월 18일 체포영장이 발부되었다. 공공운수노조와 민주노총 인천본부가 연대하면서 지부 투쟁이 지역 단위로 확대되었고 결국 인천공항공사는 협력업체를 통해 처우개선 약속과 함께, 노조원에 대한 고소·고발 철회를 약속하며 노조와 합의에 이르렀다. 이에 따라 인천공항지역지부는 19일간 전개한 파업을 마무리하고 12월 26일에 업무에 복귀하였다. 당시 철도

---

25 2014년 국정감사에서 밝혀진 인천공항공사의 정규직 노동자는 1,041명으로 14.1%에 불과한 반면, 외주업체 노동자는 6,318명으로 85.9%에 이르고 있었다. 인천공항의 이러한 열악한 고용구조는 한국마사회 등과 더불어 매우 안좋은 모델로 작용하고 있었다.

26 인천공항의 이같은 기형적 고용구조에 대해 간접고용 노동자들을 공항공사에 정규직화하는 것이 오히려 중장기적으로 인천공항공사에 효율적이라는 보고서가 제출된 바 있었다(정흥준, 2012, 김성희, 2012). 그런데 이들 보고서는 공통적으로 인천공항 비정규직의 정규직화와 관련한 예산 추계를 너무 낮게 설정한 상태에서 정규직 전환의 효율성을 언급했는데, 2017년 이후 인천공항 비정규직의 정규직화 논의 과정에서 이러한 접근은 결과적으로 이후 이들 비정규직 처우개선 논의의 한계로 작용한 측면도 있다(필자 주).

2013.12. 최초로 인천공항에서 진행된 인천공항 비정규노동자 파업

노조가 수서KTX 분할 민영화 반대를 앞세워 파업에 돌입했기 때문에 인천공항 비정규직의 파업투쟁은 사회적으로 주목받지 못했지만, 조합원들의 강한 단결 및 공공운수노조(연맹)의 연대에 힘입어 단체협약 체결에까지 이르렀다.

비록 공사와의 직접 교섭은 이뤄지지 못했으나, 인천공항공사가 사실상 협력업체의 협약 이행을 보증하는 단체협약을 체결함으로써, 인천공항공사의 사용자 책임이 반영되었다. 그동안 계속되었던 노조 탄압이나 손해배상 등의 문제도 모두 해결되어, 노조 설립 이후 비로소 자유로운 노조활동이 보장되었다. 2013년 12월 파업 이후 인천공항 간접고용 노동자들의 노조 가입이 이어지면서 2014년 6월에 이르러서는 인천공항지역지부 조합원이 2,500명을 넘어서기에 이르렀다. 나름대로 성공한 지역 전략조직화 사업의 모범 모델이 어느정도 구체화된 것이다.

다만, 파업 이후에도 인천공항 간접고용 노동자들의 고용은 그다지 안정되지 못했고, 오히려 용역업체가 분산되어 새로운 고용계약 체결하는 과정에서 돌발적인 해고 위협이 계속되었다. 인천공항공사는 파업 이후 간전고용 노동자들의 고용안정을 위한 별도 조치(공항공사 자회사 설치 등)를 검토하겠다는 입장을 드러냈지만, 오히려 인천공항 비정규 노동자들은 계속 고용위협에 계속 직면했다.

더구나 2014년 들어 정부가 '공공기관 정상화'를 앞세워 공기업의 부채 감축을 위한 조치를 취하자, 그동안 부채 수준이 심각치 않았던 인천공항공사마저 2014년 3월 부채 감축 계획(2017년까지 1,700여억원 감축)을 발표하면서 이들 노동자들의 고용이 더욱 불안해질 위험이 커진 것이다. 인천공항공사는 공항 인력 운영의 효율화를 통해 위탁용역 비용의 절감을 통한 부채 감축 계획을 제출한 것으로 알려졌다.[27]

인천공항 비정규직 노동자들은 2016년 5월 국제민간항공기구(ICAO) 컨퍼런스가 열리는 회의장 앞에서 집회를 개최하면서 ICAO가 우수 공항으로 지정해온 인천공항공사의 왜곡된 고용구조를 밝혔다. 87%에 달하는 간접고용 중심의 왜곡된 고용구조를 지니고 있는 인천공항공사가 세계 공항서비스 평가에서 최우수 평가를 받는 데 대한 문제 제기였다. 이명박정부 당시 추진한 인천공항의 민영화가 잘못된 것이라고 진단하여 수정했다면, 그러한 민영화를 전제로 고용구조를 왜곡시킨 과거의 잘못된 결정도 바뀌어야 하는데, 정부나 공사측은 이를 철저히 외면했다.

2016년까지 세계 공항서비스 평가에서 12년 연속 최우수 공항으로 선정된 인천공항이었지만, 간접고용 중심의 왜곡된 고용구조는 여전히 계속되고 있었다. 2017년 제2 여객터미널 개항을 앞두고도 정부가 계속 이러한 비정상적인 고용구조를 개선할 계획을 제시하지 못한 가운데, 2016년까지 인천공항지역지부(지부장 박대성)의 투쟁은 계속되었다. 또한 다른 한편 인천공항 간접고용 노동자들의 자주적 조직 확대를 위한 '전략조직화' 사업도 계속 이어졌다. 인천공항 제2 여객터미널이 개항될 경우 3,000명 가까운 간접고용 노동자들이 증가될 것이 확실시되기 때문이다.

이미 공공노조 중심으로 2009년부터 시작된 1차 전략조직화 사업의 결과로 인천공항지역지부는 조합원이 2,000명 수준으로 확대된 상황에서, 공공운수노조는 민주노총 지역본부와 함께 2016년 11월 핵심 전략조직화 사업 영역으로 인천공항을 다시 선정했다. 인천공항 비정규직 문제는 2017년 5월 문재인대통령이 당선되고 취임 3일 만에 인천공항을 방문하여 '공공부문 비정규직 제로(0)화'를 선언하면서 이후 공공기관 비정규직 정규직화와 관련한 '태풍의 눈'으로 자리잡는다.

---

27 인천공항은 제2 여객터미널 개항을 앞두고 공항 건설에 따른 부채 감축을 위해 공항 운영비용의 70%에 달하는 인력운영 비용을 대폭 감축(1,400억원 절감)키로 하면서, 이들 외주업체 노동자들의 고용안정과 처우 개선을 철저히 외면하고 있었다(윤자은, 2016)

5) 고용 불안의 위협에 시달리는 지자체 문화예술 노동자들의 투쟁

2010년 지방선거 이후 각 지자체의 정치지형이 변화하면서 그간 지자체 비정규직 노동자들 중 고용 불안 및 노조활동 억압이 강하게 나타났던 문화예술 부문도 민주노조의 기반이 안정되고 있었다. 그러나 여전히 일부 지자체에서는 객관성 없는 평가 결과를 토대로 노조 활동을 억압하는 사례들이 계속되고 있었다. 지자체 문화예술기관의 노조활동 억압 사례는 이미 2004년 이후 인천·울산·전주 등을 시작으로 전국 각 지역에서 일반화되고 있었다.

세종문화회관을 제외하고는 대부분의 문화예술기관이 지자체 직속기관으로 자리잡고 있는 상태에서, 문화예술 노동자들에 대한 재계약 임용 절차는 이후 대부분 노조 활동 억압의 수단으로 악용되어 왔다. 노조를 결성하면 어김없이 오디션 평가를 명목으로 노조에 가입한 노동자들에 대해 계약 해지 조치를 취하는 이러한 관행은 지자체 문화예술기관 뿐 아니라 중앙정부 산하 문화예술기관(국립오페라합창단 등)에서도 이미 문제가 되고 있었다. 심지어 목포예술단에서는 교향악단 비리 문제를 노조가 제기하자 정리 해고를 통보하여 논란이 되었다.

공공운수노조는 2015년 2월 광주광역시와 사회공공협약 이행을 위한 노정 합의를 이뤄냈는데 광주시립예술단 등의 민주적 평가절차 도입 등도 선도적으로 포함되어 있었다. 그러나 다른 지자체에서는 이러한 움직임이 거의 없는 상황이다. 예술단의 민주적 운영 전망이 아직도 취약한 상황 속에서 박근혜정부 기간 동안 전국 곳곳에서 문화예술 노동자들의 투쟁이 계속되고 있었다. 여기서는 성남·천안·창원·목포예술단 사례를 대표적으로 짚어보고자 한다.

• 성남시립예술단

성남시립예술단은 노조(공공운수노조 성남예술단지부)가 지휘자에 대한 설문조사 및 실기 평정 연기 서명을 주도한다는 이유로 2012년 12월 20일 노조간부(부지부장 김태일)를 업무방해 책임을 물어 해고 조치하였다. 이어 2013년 3월에는 평가 결과(성적 미달)을 이유로 조합원들에 대한 계약 해지를 통보하였다. 노조 간부에 대한 표적 징계와 더불어 조합원들에 대한 계약 해지 조치를 취한 것은 결국 노조 활동 약화를 노린 것이었다. 공공운수노조 문화예술협의회와 공동으로 투쟁이 진행되면서 6월 중앙노동위원회(중노위)에서 부당해고 결정이 내려졌다. 이후 계속된 노조(지부)의 투쟁 끝에 2명의 해고자가 복직하였지만, 또다시 이 2명에 대해 8월 징계(정직)가 이뤄졌다.

이러한 가운데 성남시는 다시 오디션을 강행하여 12월에 7명의 조합원에 대해 계약 해지 조치를 취하였다. 2014년 1월부터 성남시청 앞에서 노조 투쟁이 시작되었고, 2월에 공공운수노조와 성남시장(이재명)의 면담이 이뤄졌다. 성남시는 적정 절차에 의한 계약 해지를 앞세워 지노위 승소시 복직시키겠다는 입장을 밝혔다. 그러나 일부 조합원에게만 부당해고 판정이 내려지고 나머지는 부당 해고로 인정받지 못한 상황에서 노조는 법적 구제 절차에 착수했다. 개혁적 시장이 자리잡고 있다는 성남시 소속 기관에서 발생한 부당 해고 문제는 결국 법원 판결에 의해 정리되었다.

2015년 11월 수원지법은 성남시립예술단의 노조 간부 해고가 부당하는 판결을 내렸고, 조합원들의 계약 해지에 대해서도 무효라고 판결을 내렸다. 지자체가 직접 운영하는 예술단의 기간제 단원을 2년 단위로 재계약해왔다면 이는 기간제법에 따라 무기계약직으로 전환해야 한다는 것이 법원의 판결 내용이었다. 성남시립예술단의 노조 간부 해고는 2016년 8월 서울고등법원 판결에 따라 최종적으로 마무리되었다. 성남시가 대법원 상고를 포기하고 고등법원의 판결을 수용한데 따른 것이다.

법적 구제절차까지 장기간으로 이어진 성남예술단의 계약 해지 문제는 개혁을 표방하는 기초 단체장의 한계를 보여준 것으로 볼 수 있다. 2022년 대선 후보로서 노동 존중의 국정방향을 내세웠지만, 정작 사용자로 있었던 성남시에서는 어두운 과거를 남겼다.

• 천안시립예술단

천안시에서도 이러한 평정을 둘러싼 갈등이 같은 시기에 발생했다. 2013년 11월 천안시립예술단의 노조(공공운수노조 충남지부 천안예술단지회)는 2012년 6월 노조 결성 이래 17개월간 평가제도 개선을 둘러싼 단체협약을 체결하지 못함에 따라 11월 26일 부분파업에 돌입했다. 예술단측이 근무시간을 자의적으로 운영함에 따라 평가를 위한 준비조차 하기 힘든 상황에서 평정을 강행하였기 때문이다. 노조(지회장 김규현)가 파업을 전개하는 과정에서 예술단은 평정을 강행했으나 노조원들의 강한 단결로 평정은 제대로 이뤄지지 못했다. 이후 파업 24일째인 12월 18일에 객관적이고 공정한 평정을 위한 합의가 이뤄지면서 노조 파업은 마감되었다.

그러나 천안예술단의 평정 논란은 2014년 말에 다시 재연되었다. 노조 활동에 열심히 참여한 조합원 3명에 대해 '평정점수 미달'이라는 이유로 계약을 해지했다. 1년 전 노조가 파업까지 전개하면서 우려했던 상황이 재연된 것이다. 노조가 2015년 1월부터 계속 출근 투쟁을 전개하고 시민사회와 연대를 지속하면서 충남지노위에 부당해고 구제신청을 제기한 결과, 2015년 4월에 부당해고 결정이 내려졌다. 이어 8월에 중노위에서도 부당해고 결정이 내려지자, 결국 8월 23일에 해고된 노동자들은 복직하기에 이르렀다. 천안시는 가칭 '예술단 발전위원회'를 구성하여 단원 평정방법 제도개선 등 예술단 운영 전반에 걸쳐 다양한 발전방안을 제출하겠다고 밝혔다.

- 창원시립예술단

민주노총 경남일반노조에 속한 창원예술단지회(지회장 이현자)는 2012년 5월에 창원시의 상용·위탁 노동자(환경미화, 도로보수, 부차단속원 등)들과 함께 시립예술단의 평정제도 개선을 위해 투쟁을 전개했다. 경남일반노조는 창원지역 무기계약 노동자들의 처우개선을 위해 8월 29일 파업 돌입을 선언했다. 파업 돌입을 앞두고 예술단의 5년간 고용 보장, 무기계약 노동자들의 호봉제 적용 등을 확보하면서 투쟁이 마감되었다. 창원예술단의 고용 안정(5년) 조치는 당시 실기 평정으로 고용불안에 시달리는 지자체 비정규직 노동자들에게는 매우 고무적인 소식이었으나, 불과 1년 후 평가 주기를 단축함으로써 노사간 갈등이 재연되었다.

창원예술단은 2013년에 실기 평가를 하지 않고, 2014년 말에 두번 시행하겠다고 함에 따라 노조는 부당 평가라며 이를 거부하였다. 이에 대해 예술단은 2014년 4월 노조간부 6명에게는 2~3개월의 출연 정지 조치를, 55명의 조합원에 대해서는 감봉 등의 징계 조치를 내렸다. 예술단의 대량 징계 조치는 8월 경남지노위에서 부당 징계로 결론났다.

그러나 예술단은 지노위 결정에 따라 징계를 철회하고 나서, 또다시 노조 간부와 조합원들에 대해 징계 조치를 취했다. 게다가 이에 항의하는 노조 지회장이 창원시 공무원에게 폭행을 당하고도 공무집행방해죄로 수사받자, 지회장을 해고했다. 2014년 창원예술단 조합원들의 실기 평정 거부는 노조 활동 억압에 대한 저항 차원에서 이뤄졌다. 통합 창원시 발족에 따른 예술단 통합과 함께 예술단아 예술단원의 부당한 배치 전환을 통해 노조 활동을 억압하려 했기 때문이다. 창원예술단은 노조 결속력이 강한 교향악단의 해체를 위해 노조가 반대하는 배치 전환과 함께 부당한 실기 평정을 강행한 것이었다.[28]

---

28 창원시립예술단의 부당한 배치 전환 및 실기 평정은 과거 문화예술노조들의 초기 활동 시기(2000년대 전반)에 일반화되었던 노조 탄압 방식이었는데, 창원예술단이 2010년 이후 이러한 방식을 재연해낸 것이다. 이는 당시 진주의료원 폐업 이후 갈수록 반노동자적 태도를 노골화하고 있었던 경남도정(홍준표 지사)의 흐름과도 무관치 않다(필자 주).

• 목포시립예술단

지휘자 교체 문제로 파행을 겪었던 목포시립예술단에 대해 목포시가 2013년 10월부터 교향악단원에 대해 정리해고를 추진하자, 노조(공공운수노조 광주전남지부 목포시립예술단지회)는 사실상 교향악단을 해체하는 조치라며 투쟁에 돌입했다. 목포시는 교향악단 2014년 운영 예산을 40% 삭감하고 1월부로 27명에 대한 정리해고를 통보했다. 그런데 이러한 정리해고가 교향악단 내 비리 문제를 은폐하기 위한 조치로 이해되면서 논란이 되고 있는 것이다. 시립교향악단에는 폭언, 성희롱 지휘자에 대한 부당한 임기 연장, 관리자의 외부 개런티 횡령 문제 등 문제가 계속되었고, 노조(지회장 함인호)는 이에 대해 문제를 계속 제기해왔기 때문이다. 목포시립예술단에서는 이미 지난 2004년에도 노조활동을 탄압하기 위해 노조에 가입한 예술단원을 평가 명목으로 계약 해지함으로써 1차 논란이 나타났던 곳이었다.

노조(지회)가 2월 27일부터 파업 투쟁에 돌입하면서 강하게 반발하자 목포시는 4월 14일까지 해고 조치를 연기하기로 했다. 1개월여에 걸쳐 노조와 목포시의 협의가 진행되었지만 정리해고 철회가 이뤄지지 않은 가운데, 목포시는 3월 29일 단원들에게 정리 해고를 다시 통보했고, 결국 4월 22일 정리해고를 강행하기에 이르렀다. 공공운수노조 지역지부의 투쟁 및 지역 진보정당·시민사회단체의 연대투쟁으로 목포시를 압박한 결과, 5월 14일 목포시와 공공운수노조 광주전남지부는 목포시립 교향악단의 정상화에 합의하고 정리해고도 철회하기로 했다. 8개월간 진행된 노조(지회)의 투쟁도 마침내 마무리되었다.

6) 기타 지자체 상용·위탁(비정규·간접고용) 노동자들의 투쟁 및 조직화

2010년 이후 각 지역별로 비정규직 조직화 및 정규직화를 둘러싼 투쟁이 계속되는데, 2007년 민주연합노조의 공공노조 탈퇴 및 이후 민주일반연맹(시설연맹의 재구성) 발족으로 인해 전 지역에 걸쳐 민주노총 조직별로 공공부문 비정규직 조직화 경쟁 흐름이 조성되기 시작했다. 공공운수노조·연맹 입장에서는 공공부문 노동운동 조직으로서의 대표성이 도전받기 시작한 것이지만, 민주노총 입장에서는 조직화 경쟁과 관련한 일상적 갈등 흐름에 직면하게 된다. 공공노조를 탈퇴했던 민주연합노조 또한 뒤이어 비정규직 조직화를 전국적으로 추진하고 있던 공공비정규노조(현 공공연대노조)와의 갈등에 직면한다. 민주노총 내부의 이러한 공공부문 비정규직 조직화를 둘러싼 갈등은 2017년부터 본격화된 문재인정부의 공공부문 비정규직 정규직화 정책에 따라 계속 이어진다.

- 공공노조 지역지부들의 투쟁

민주연합노조가 2007년 2월 공공노조를 탈퇴한 이후 경기지역 위탁 노동자들의 투쟁은 과거 경기도노조와 통합했던 경기일반노조의 활동을 계승한 경기지역지부가 주로 주관해왔다. 경기지역지부는 민주연합노조가 공공노조(공공운수연맹)를 틸퇴할 당시 공공노조에 남아 별도의 지역지부 체계로 조직을 정비한 뒤 공공운수노조 전환 이후에도 계속 활동하고 있었다. 다만 지역지부를 운영하는 활동가들 간에 이견과 갈등이 노출되고, 지역본부와 지역지부 간에도 지역지부 발전을 둘러싼 일체감이 부족한 상황에서, 2013년 6월에는 지역지부장이 공공운수노조로부터 징계를 당하는 등 한동안 혼란이 나타나기도 했다.

지역지부의 이러한 상황과 무관하게 각 분회 단위에서는 2012년에 노조활동 탄압 대응 및 고용 승계 등을 위한 투쟁들이 계속되었다. 성남시환경분회에서 4월에 노조활동에 앞장선 노조 간부에 대해 해고 조치가 취해졌고, 4월에 남양주시방문보건분회에서도 계약직 노동자의 무기계약 전환이 거부되고 민간위탁에 의한 계약 해지가 이뤄졌다. 한편 여주시청분회에서는 사측의 부당업무 지시를 거부한 노조간부(부분회장)에 대한 징계조치가 이어졌다. 화성시보건소에서도 2013년 1월 계약직 간호사가 해고들 당했고, 이후 1년 가까이 1인 시위 등을 진행했다. 이 시기 경기지역지부 중 양평환경분회의 투쟁이 강하게 전개되었다.

2012년 양평군 환경미화 위탁업체인 양평환경에 노조(분회)가 설립되어 경기지역지부(지부장 김학균)에 가입했다. 노조(분회장 한동희)는 3월부터 미지급 수당 등의 지급 요구를 앞세워 교섭을 진행한 후 4월 30일 경기지노위에 조정을 신청하고 5월 1일에는 지방노동청에 수당 미지급(체불) 건을 신고했다. 그런데 사측(양평환경)은 5월 4일 양평군에 사업 반납을 신청하였고, 이에 노조(분회)는 양평군수 면담을 통해 위탁 사업자 변경시 고용을 승계하기로 약속받았다. 이후 노조(분회)는 군수의 약속 이행을 촉구하며 5월 18일부터 전면파업에 돌입했고, 6월 15일에 양평군청 앞에서 경기지역지부 주최로 결의대회를 개최했다. 7월 9일 양평군수와의 면담이 이뤄진 뒤 잠시 투쟁을 중단했으나 여전히 고용 승계에 대한 확약이 이뤄지지 않아 7월 16일 투쟁을 전개했고, 8월 18일에는 공공운수노조 지역본부 주최로 결의대회를 진행했다. 결의대회 이후 경기지역지부와 양평군간에 고용 승계에 대한 합의가 이뤄져 이 투쟁은 마무리되기에 이른다. 경기지역지부는 2014년 3월 새로운 집행부(지부장 최석원)를 선출하하였고, 화성시보건소 부당 해고 및 여주시청의 부당 징계에 맞선 투쟁을 계속 전개했다.

공공노조 지역지부들 중 집단교섭을 추진하고 있는 서울경인공공서비스지부(지부장 장성기)가 주목되고 있다. 지부는 2010년 10월부터 용역 재계약 시기가 일치하는 고려대·연세대·

이화여대 등 9개 분회와 관련한 용역업체 대상으로 집단교섭을 추진했다. 이 용역업체를 집단교섭으로 참여시키면서 원청(대학교)의 책임을 부각시키려는 취지도 여기에 반영되었다. 특히 2011년 1월 홍익대에서 전개된 청소용역 노동자들의 부당해고 철회 투쟁은 원청의 사용자 책임을 공론화함으로써 집단교섭을 안정적으로 구축하는데 기여했다. 이러한 집단교섭 투쟁은 이후 계속 발전되어 2018년에는 13개 대학 및 대학 부설기관에서 집단교섭에 의한 협약의 적용을 받게 되었다. 이들 대학 청소용역 노조(분회)들은 비록 공공부문은 아니지만, 지역노조(지부)의 지도 하에 집단교섭을 10년 이상 유지·발전시켜오고 있다는 점에서 의미가 있다.

한편 지자체의 공공부문 비정규직 대책과 연결된 조직화 사업이 2012년 지자체 선거 이후 활성화되었다. 과거 서울상용직지부에서 명칭이 변경된 〈서울지역공무직지부〉는 서울시의 지자체 비정규직 정규직화 정책에 따라 무기계약직으로 전환된 비정규직 노동자들을 활발하게 조직하면서 조직 규모가 두배 이상 증가하게 된다. 지부는 서울시와 임금·단체협약을 체결하면서 무기계약직 전환 노동자들의 노동기준을 만드는데 노력한다.

한편 서울경인공공서비스지부가 수도검침원 등 지자체 산하 비정규직 노동자를 조직하였고, 서울시시설관리공단노조도 무기계약직으로 전환된 시설관리노동자들을 모두 조직하며 약간의 갈등도 있었다. 광주전남지역지부에서도 광주지하철 비정규직을 대거 조직하고 이들을 무기계약직으로 전환시켰다. 이들 간접고용 노동자 조직화와 직접고용 전환 과정에서 기존 정규직 노조와 복수노조 상황에 처하게 되면서 조직을 통합하거나 교섭권을 조정하는 것이 중요한 과제로 떠오르게 되었다.

- 민주연합노조 투쟁·조직화 및 공공비정규직 조직간 갈등

2010년 이후 경기지역의 집단교섭이 정체되는 상황에서도 민주연합노조는 전국적인 조직 확대를 계속하여, 2012년에는 3,700명, 2014년에는 4,700여명 등으로 확대되어 갔다. 민주연합노조는 민주일반연맹의 중심 조직으로서 전국적인 공공부문 비정규직과 환경·위탁부문의 조직을 계속 확대하고 있었다. 민주연합노조는 계속되는 민간위탁의 흐름을 중단시키기 위해 2012년 11월 8일부터 경기도 지역 15개 지부를 중심으로 순환 파업을 전개했다.

한편 이 시기에 전략조직화를 지속적으로 추진한 공공운수노조 소속 지역지부들도 조직이 확대되어가는 추세이지만, 인천공항지역지부를 제외하고 대구경북·광주전남·대전지역 등에서 민주노총 조직(민주연합노조·지역일반노조 등)과 경쟁 국면에 놓여 있었다.[29] 각 지역에서 전

---

29 2013년 7월 기준으로 공공운수노조에는 제주(295명), 전북평등(214명), 대구경북(587명), 부산(214),

개된 공공부문 비정규직 노동자의 조직화는 공공운수노조가 공공부문의 대표 조직으로서 책임 있게 자리잡으려는 노력이었으나, 다른 한편으로 조직 경쟁의 상황에 직면하게 된다. 한편, 공공운수노조 각 지부에서도 경기지역 등을 중심으로 민간 위탁 또는 용역계약 해지 등으로 인한 해고 위협이 도사리고 있었다.

민주연합노조(위원장 전순영)가 속한 민주일반연맹(위원장 이미숙)은 2013년 3월 대의원대회를 통해 충북 지역을 중심으로 공공부문 비정규 조직화를 추진하던 공공비정규노조(위원장 이성일)를 제명하는 조치를 취했다. 공공비정규노조가 '민주노총내 1사 1노조 원칙'을 위배하고 민주연합노조가 이미 노조를 결성한 사업장에 또다른 노조를 결성했다는 이유였다. 2012년 구례군을 비롯하여 주로 전남지역에서 민주연합노조 조직과 충돌한 경우가 대표적이었다. 이에 대해 공공비정규노조는 징계 원인으로 설정한 각 행위들에 대해 사실과 다르다고 항변했으나 민주일반연맹은 이를 받아들이지 않았다.

공공비정규노조는 제명 조치 직후 곧바로 민주노총 전남지역본부에 가입(2013.4)하였지만, 이러한 민주노총 가맹조직에서의 제명된 노조가 지역본부로 가입하는데 따른 논란이 제기되어 가입이 보류되었다. 2017년 2월 서비스연맹이 공공비정규노조 가맹을 승인하자 민주일반연맹이 문제를 제시하여 민주노총 중앙집행위위원회(중집위)에서 또다시 논란이 제기되었다. 결국 민주노총은 8월 중집위에서 서비스연맹 가맹 승인을 무효화하고, 서비스연맹 및 민주일반연맹 간 조직 갈등을 예방하는 조치를 취하도록 결정을 내렸다. 이후 민주일반연맹과 공공비정규노조의 협의를 거쳐 공공비정규노조는 2018년에 다시 민주일반연맹에 재 가입하기에 이른다.

이명박정부 후반기들어 지방자치단체에서 여전히 민간위탁이 확대되고, 지방공기업에서의 외주 위탁이 확대됨으로써, 민주연합노조 등 민주노총 소속 지역 비정규직 노조들의 조직화도 확대되어 갔다. 그러나 노조법 개정에 따른 창구단일화로 복수노조의 교섭단위가 분리되는 흐름과 함께, 각 지역, 지부별로 체불임금, 정리해고, 노조 탄압의 흐름이 계속되는 가운데, 여전히 민주노총 소속 비정규 조직들간의 조직 경쟁 흐름도 계속 이어졌다.

지자체 상용 위탁 노동자들의 투쟁이 계속되는 상황에서도 2014년을 기준으로 지자체에는 무기계약직 52,850명(13.6%), 기간제 등 47,000명(12.1%), 파견·용역 11,000명(2.8%) 등 공무원 아닌 상용·위탁 노동자들이 28.1%를 점하고 있었다. 이들 기간제 등의 비정규직 노동자

서울경인(2,090명), 광주전남(418명), 충북평등(179명), 대전(514명), 경기(551명), 인천공항(1,716명), 울산(165) 등 11개 지역지부에서 6,943명의 조합원이 포함되어 있다.

들은 물론이고 무기계약직 노동자들도 임금수준이 훨씬 열악할 뿐 아니라 배정된 예산마저 집행하지 않는 등 이중의 차별을 겪고 있었다.[30] 또한 자치단체 무기계약직 노동자의 최저임금 위반 사례도 95건에 달하고 있고, 기간제 노동자의 최저임금 위반도 54건이 발생하고 있다는 지적도 제기되었다. 이러한 지적에 따라, 고용노동부는 2015년 10월 32개 지자체에 대한 자체 점검 결과 9개 지자체에서 위반사례가 확인되었다고 밝혔다.

민주연합노조·충남공공산업노조 등이 속한 민주일반연맹과 지역일반노조들의 전국적 연대조직인 전국일반노조협의회는 공공부문 비정규직 노조들이 통합 필요성을 공유하고 2016년 6월 25일 통합 선언 결의대회를 가졌다.[31] 지자체 상용·위탁 노동자들과 지역내 영세·미조직 노동자들의 조직화를 위해 15년 이상 투쟁해온 이들 조직들은 지난 2005년 말 경기도노조와 지역일반노조들의 통합 논의가 중단된 후 11년만에 다시 조직 통합의 결의를 이뤄냈다. 전국일반노조협의회가 2017년 3월까지 민주일반연맹에 가맹을 하는 형태의 조직 통합이다. 이 두 조직이 통합함으로써, 민주일반연맹이 지자체 비정규직 노동운동의 중심에 서서히 자리를 잡게 된다. 민주일반연맹에 속한 지역 일반노조는 2021년 12월 현재 15,000여명에 달하고 있다.

7) 기타 중앙 공공부문 비정규(간접고용) 노동자들의 투쟁

• 한국원자력연구원

과학기술계 출연연구기관인 한국원자력연구원은 이명박정부의 공공기관 선진화 정책으로 비정규직이 증가하는 상황에서 연구보조 업무를 맡고 있는 노동자들에 대해 용역업체를 통해 간접적으로 고용하고 있었다. 이러한 고용구조는 비단 원자력연구원만의 문제는 아니지만, 원자로 개발의 국책 과제를 수행하는 연구기관에서 핵심 업무를 담당하는 직원들에 대해 간접고용의 형태를 취하는 것은 문제였다. 그런데 2년이 지난 이들 노동자들에 대해 연구원측이 직

---

30 2014년 기준으로 지자체 무기계약직 노동자의 월 임금평균은 2,956,334원으로서 공무원(4,178,777원)의 52.4% 수준에 불과했고, 공무원의 경우 배정된 인건비가 97.2% 집행되는 반면, 무기계약직은 74.1%만 집행되고 있었다(주훈, 2015).

31 경기도노조와 부산일반노조 등을 선도적 사례로 출발한 지역일반노조는 공공부문 여부를 떠나 지역에 산재한 비정규직·간접고용·중소영세 노동자들을 조직화하겠다는 취지아래 발족되었지만, 실제 민간 비정규직 조직화가 쉽지 않은 상황(노조 결성 후 대부분 휴폐업 등이 일반화)에서 공공부문 비정규직 중심으로 조직화 사업이 진행될 수밖에 없는 특성을 지니고 있었다.

접고용을 거부하는 가운데, 용역업체에서 2013년 2월 계약 해지 조치를 취했다. 노조(대전일반지부)가 이에 항의하며 천막농성, 지구당 사무실 점거 농성 등에 돌입하자, 용역업체는 4월에 조합원 11명에 대해 추가로 해고했다.

노조(지부장 김호경) 투쟁이 계속되는 동안 지노위에서 이미 계약 해지된 2명에 대해 불법 파견이 인정되었고, 이를 토대로 대전지방노동청은 연구원측에 대해 불법 파견 시정명령(직접고용)을 내렸다. 이후 10월 중노위에서 추가 해고된 11명에 대해서도 부당해고 결정이 내려지고 불법파견이 인정되었지만, 연구원측은 용역업체 계약 만료를 이유로 전 조합원을 계약 해지하였다. 이에 노조는 연구원 앞에서 무기한 노숙 농성에 돌입했고, 공공운수노조 대전지역 조직들과 민주노총 지역본부의 연대투쟁이 계속되면서 12월부터 대전노동청장 중재하여 교섭이 진행되었다. 결국 2014년 1월 노사정 합의를 통해 불법파견에 따른 고용 의제 노동자 및 고용 의무자 전원에 대해 연구원측이 직접 계약직으로 고용하고 이후 무기계약직으로 전환하는 조치가 이뤄지게 되었다.

다만, 이들은 직접고용으로 전환되기는 했으나, '연구운영직'이라는 새로운 직제 신설을 통해 고용이 이뤄졌다. 원자력연구원의 직제 신설을 통한 직접고용 정규직화는 이후 문재인정부 하에서 공공기관 간접고용 노동자의 직접고용(자회사 아닌) 정규직화의 일반적 모델로 작용했다. 정규직화 투쟁이 마무리된 후 노조는 2015년 공공연구노조 원자력연구원비정규직지부로 전환되었다.

- 한국수자원공사

이명박정부 시절 '4대강 사업'을 위탁받음으로써 업무 영역이 확장되었던 한국수자원공사의 경우에도 비정규직이 급증하였다. 2010년에 비해 2014년에 정규직이 2.1% 증가한 반면, 비정규직은 50.3% 증가하였다. 물론 외부에서 쉽게 파악하기 힘든 간접고용 노동자들도 별도로 증가했다. 수자원공사의 비정규직 투쟁은 간접고용 노동자들로부터 시작되었다. 공사는 용역업체에서 청소 및 시설관리에 종사하는 간접고용 노동자들에 대해 2013년 12월 계약을 해지했다. 이후 2014년 5월 고객상담사 조합원들이 모두 해고되어, 노조(대전일반지부 수자원공사지회)는 원청인 수자원공사를 상대로 12월까지 집회투쟁을 전개했다.

일부 조합원들은 지노위의 부당해고 판정에 따라 복직하기도 했지만, 이후 2015년 1월 용역업체 변경에 따라 고용 불안의 위협에 처한 노조 투쟁이 장기화되었다. 수자원공사는 이들 간접고용 노동자들의 계약 해지에 대해 위탁업체의 책임만을 내세울 뿐 별다른 해결 의지도 보지이 않고, 공사의 정규직노조 역시 이들 노동자들의 투쟁을 외면하는 모습을 보여주고 있다. 결국 수자원공사 간접고용 문제 역시 정권 교체 이후 문재인정부의 공공부문 비정규직 정규직화 대책(2017.7)을 계기로 해결의 가능성을 찾게 되었다.

- 국가수리과학연구소

비정규직 비율이 높은 과학기술계 정부출연연구기관인 기초과학지원연구원 산하 국가수리과학연구소에서 상시적으로 나타나는 해고 위협을 막고자 비정규직 중심으로 2013년 8월 노조(공공연구노조 지부)가 결성되었다. 당시 수리과학연구소는 비정규직 비율이 71%가 넘는 불안정 고용구조를 안고 있었고, 대부분 계약기간 만료에 따른 해고 위협에 직면하고 있었는데, 30여 명의 비정규직에 대해 해고 조치가 이뤄졌다.[32] 이에 노조는 2013년 10월 교섭 결렬에 따라 파업에 돌입했고, 결국 12월에 계약기간 만료에 따른 해고를 예방하기 위한 고용안정협약을 체결했다.

그런데 2014년 들어 연구소는 이 협약에 아랑곳하지 않고 계약기간 만료를 이유로 또다시 노조활동에 앞장선 6명의 조합원을 해고하였다. 이에 공공연구노조(위원장 이성우)가 농성투쟁에 돌입하였고, 노조의 각 지부들이 순차적으로 연대하며 투쟁을 이어갔다. 이러한 투쟁 끝에 2014년 10월 중앙노동위원회에서는 이들 연구원들의 계약 해지에 대해 부당해고 판정을 내리기에 이르렀다. 그러나 중노위 결정에도 불구하고 연구소는 행정소송을 제기하며 복직을 계속 거부했고, 결국 2015년 8월 법원(대전지법)에서 부당해고 판결을 내림에 따라 마무리되었다.

- 한국수력원자력

한국수력원자력(한수원) 소속 영광 한빛원전에서 방사성안전관리업무에 10년간 종사해온 간접고용 노동자들은 2013년 10월 한수원을 대상으로 근로자지위확인소송을 제기했다. 사실상의 불법 파견 형태로 한수원이 직접 고용을 해야 한다는 취지에서였다. 2014년 1월 공공운수노조에 가입(광주전남본부)한 이후 7월 1일에 근로자지위확인소송을 진행해온 6명의 조합원에 대해 용역업체 변경을 이유로 계약 해지 조치가 취해졌다. 이에 6월말부터 부당해고 철회를 위한 투쟁이 시작되었다. 8월에 한수원 본사 앞 집중 집회, 10월 한수원 국정감사장 집회를 거쳐

---

[32] 공공연구기관의 계약직의 계약 만료에 따른 해고 문제는 과거 정규직 연구원의 계약직화 조치(김대중정부) 및 삼진아웃제 시행(이명박정부)이 결합된 것으로서, 고용 불안 및 해고권 남용의 문제를 안고 있었다.

국정감사 증인으로 채택되기에 이르렀다.

원자력발전 설비 확대에 따라 한수원의 경우 2010년 이후 4년 동안 정규직은 24.9% 증가한 반면, 비정규직은 95.7% 증가하여 최근 비정규직 비율이 가장 높게 증가한 공공기관 중 하나였다. 화력발전을 담당한 다른 발전회사들과는 달리 한수원의 경우 국가가 직접 공적 영역으로 관장하기로 한 만큼, 모범적인 고용정책이 이뤄져야 했으나 현실은 이와는 정반대였다. 더구나 한수원의 비정규직들은 상시·지속적 경상 업무에 종사하고 있기 때문에 간접고용으로 운영하는 것도 문제였다. 한수원 사장은 10월 국정감사에서 이러한 한수원의 고용구조에 대한 문제점을 인정하고, 부당 해고된 조합원들의 문제를 해결하겠다고 했으나 12월까지 별다른 해결 조치가 없었다.

이후 한수원에는 공공비정규노조가 조직화 사업을 전개하면서 2015년 5월부터 다시 비정규직 노동자의 투쟁이 재연된다. 이후 2016년 3월에 공공비정규노조(현 공공연대노조)는 4개 원자력발전소에 근무하며 계약업체 변경에 따른 고용 불안과 저임금에 시달리는 간접고용 비정규직 1,300여명의 노동조건 개선 요구를 앞세워 경주 한수원 본사 앞에서 천막 농성에 돌입했다. 이들은 특히 2005년 12월 한수원이 제정한 '방호인력지휘체계 일원화지침'이 4개 원전의 특수경비업무를 위장 도급으로 인정한 것이라며 이들 4개 원전에 종사하는 특수경비원을 근로자파견법에 따라 직접고용 정규직으로 전환할 것을 요구했다.

• 우체국 집배원

우정사업본부의 구조조정이 광범위하게 진행되는 가운데 살인적 노동환경 속에 일하고 있는 집배원 노동자들도 최근 노동조합들간의 연대를 통해 노동조건 개선을 위한 투쟁을 본격화하고 있다. 2016년 10월 19일 공공운수노조의 전국별정우체국지부·전국우편지부·전국집배원노조는 국회에서 '공공기관 비정규직 밥값 쟁취 10만 서명운동'을 선언했다. 공공부문 정규직에 비해 열악한 노동환경 속에 일하면서도 최소한의 인간다운 복지 수준조차 확보되지 못하는 이들의 현실이 '밥값 쟁취운동'으로 표출된 것이다.

이들 집배원 노동자들 뿐 아니라 공공부문의 비정규직 노동자들에게 급식비 차별은 보편화되어 있었다. 결국 집배원 노동자들의 투쟁은 공공부문 비정규직 전체의 처우·복지개선의 필요성을 선도적으로 공론화한 것으로 볼 수 있다. 한편, IMF 경제위기 이후 우정사업본부 구조조정으로 정규직이 축소된 자리에 배치된 집배원 비정규직 노동자들의 노동조건은 계속 열악한 상태에 놓여 있었다. 또한 주60시간의 장시간 노동(하루 11시간 노동, 주당 5시간 초과노동)으로 인한 뇌심혈관계 질환으로 2016년 한해만 5명의 노동자가 사망하는 사고가 발생하고 있고, 그 이전에도 사망사고(2011~13년, 19명)도 계속되었다. 이같은 장시간 노동은 정부(우정사업본부) 가 집배원의 적정 인력을 확보하지 못한 채 이들에게 초과근무를 강요한데 따른 결과였다. 특히, 2014년에 어렵게 폐지했던 '토요택배제'가 한국노총 우정노조와 정부(우정사업본부)의 합의로 부활됨으로써, 이러한 장시간 노동을 부채질했다.

물론 정부는 우정노조와 합의 당시 인력 충원, 토요근무 휴일수당 등을 합의했지만, 이 합의는 이후 제대로 지켜지지 않았다. 우체국 택배 노동자의 장시간 노동 및 과로사 문제는 계속 해결의 실마리를 찾지 못하고 공전되었고(유하라, 2017), 결국 2021년 택배 관련 사회적 합의를 통해 뒤늦게야 해결책을 찾고 제도적 개선 방안이 강구되고 있는 상황이다.

한편, 이들 공공부문 비정규직 노동자은 각 기관별로 계약 해지가 이뤄지는 상황에서 고용 개선과 관련한 대책이 마련되지 않자, 2016년 11월 21일부터 국회 농성에 돌입했다. 국회 차원의 비정규직 문제 해결 및 처우개선 예산 확보를 직접 요구하기 위함이었다. 한편 이들 비정규직들은 12월 21일 국가인권위원회 앞 기자회견을 통해 '감정노동의 사각지대'에 놓여 있는 이들 비정규직에 대한 인권 개선이 시급하다는 점을 밝혔다.

장시간 노동으로 인한 심혈관계 질환 및 산재 사망 사고에다, 각종 민원인들의 폭언 등을 견디어야 하는 감정노동의 사각지대가 공공부문에 존재하고 있다는 점을 밝힌 것이다. 공공부문 노동운동이 정규직을 넘어, 이들 비정규직들의 투쟁을 담아내는 조직적 틀이 시급함을 집배원 노동자들의 사례에서 분명히 요구되고 있는 것이다.

2016년 현재 공공부문의 비정규직은 과거에 비해 다소 비중이 줄어들고는 있으나 여전히 적지않은 비중을 차지하고 있다. 비정규직의 경우 공공부문 전체적으로는 2006년에 비해 5%p가 감소하였으나, 파견·용역 노동자들은 계속 증가추세에 있다. 특히, 공공기관의 외주위탁 증

표8-3 공공부문 각 부문별 고용 형태 비교

구분	2006년			2011년			2016년		
	직접고용		파견용역	직접고용		파견용역	직접고용		파견용역
	정규직	비정규직		정규직	비정규직		정규직	비정규직	
전체	79.9	15.9	4.2	79.8	14.3	5.9	82.8	10.9	6.3
중앙행정	89.0	8.3	2.7	91.0	6.3	2.7	93.4	4.4	2.2
자치단체	81.2	17.6	1.2	85.0	12.3	2.7	85.6	12.0	2.4
공공기관	73.8	14.8	11.4	72.8	12.4	14.8	74.1	10.3	15.6
교육기관	78.7	19.3	2.0	75.9	20.5	3.6	82.4	13.9	3.7

자료: 김성희손정순박종식(2012), 노광표(2017)

가로 인해 파견·용역 비중은 여전히 높게 나타나고 있는데, 2006년 11.4%에서 2016년에는 15.6%로 비중이 높아졌다. 이명박·박근혜정부의 공공부문 정책 역주행 분위기 속에 공공부문의 고용구조 역시 왜곡되는 흐름을 보이고 있었다.

3. 공공운수노조 조직발전 논의 지속 및 산별노조운동의 새로운 실험

1) 2012년 조직발전을 둘러싼 내부 논란

2011년 6월 공공운수노조 출범 이후 공공운수노조로 전환하지 않은 조직들이 상당수에 달하면서 공공운수연맹은 해산되지 않은 채 공공운수노조·연맹 형식으로 2012년 말까지 유지되었다. 2012년 12월에 연맹을 해산하여 공공운수노조를 완성한다는 목표 아래, 2012년 2월 10일 공공운수노조·연맹(위원장 이상무)은 대의원대회를 통해 미전환 조직들이 2012년 10월까지 각기 자신들의 의결기구를 통해 공공운수노조 전환을 결의하도록 조직 운영 방침을 설정했다. 그러나 공공운수노조 소속 미전환 노조들, 특히 공공기관노조들의 경우 이러한 대의원대회 의결 사항은 제대로 집행되지 않고 있었다.

2011년 6월 이후 1년여동안 공공운수노조로의 전환 조직은 크게 증가하지 않았다.[33] 공공운수노조의 신규 조합원이 15,396명이 증가했는데, 신규 가입 조직의 조합원수는 11,664명이고, 이중 공공운수노조 자체 소속 조직의 조합원수 증가는 3,732명이었다. 신규 가입 조직은 전회련학교비정규직(6,596), 민주인삼공사(241), 부산문화회관(209) 등이었다. 공공운수노조 가입 조직 중 민주버스본부에서 2,300여명 증가했고, 각 지역 공공서비스노조에서 꾸준히 증가하는 등 조합원수 증가는 공공부문 비정규직 및 운수·사회서비스부문에서 주로 이뤄졌다. 문제는 공공기관의 정규직 조직에서는 이같은 흐름이 거의 나타나지 않고 있었고, 오히려 산별노조운동으로부터 이탈하려는 움직임마저 계속되고 있었다는 점이다.[34] 공공운수 산별노조운동은 공

---

[33] 2009년 3월 당시 공공부문노조의 산별 전환은 27,884명이었고, 이중 공공기관노조의 전환은 23,436명 (철도노조의 운수노조 전환 25,010명 제외)이고, 미전환노조는 47,911명으로서, 철도를 제외하고 공공기관노조의 산업노조(공공노조, 운수노조) 전환 실적은 32.8%(71,347 중 23,436명)에 불과했다. 이러한 상황은 3년이 지난 2012년에도 크게 변하지 않았다(박용석, 2012).

[34] 기획재정부 경영공시(2011~12년)에 따르면, 우리나라 전체 공공기관노조는 2011년 3월 220개(172.1천

공기관 주요 노조들에게는 이미 확산 동력이 멈춰진 상태였다. 공공부문 역주행이 가속화되었던 이명박정부 시기에 공공기관노조들은 산별노조운동 진전 못지 않게 복수노조를 앞세운 민주노조 파괴 공세 앞에서 공공부문 민주노조 조직 보전도 쉽지 않은 상황에 직면해 있었다. 따라서 공공기관노조 현장에서는 산별노조운동의 공감대가 갈수록 약화되고 있었다.

공공기관노조 산별 전환 실적이 여전히 부진한 상태에서, 1,000인 이상의 대규모 공공기관노조의 전환은 대부분 유보되고 있었고, 한국과학기술원(이후 공공연구노조 복귀)·한국소비자원·사학연금공단·한국콘텐츠진흥원 등 중소규모 공공기관노조만이 공공운수노조 지부로 전환했다. 더구나 공공부문·운수부문을 사실상 매개하는 철도노조(운수노조 철도본부)의 공공운수노조 전환은 2012년 9월 결국 실패했다. 공공기관 주요 노조들의 산별운동 전환 부진 흐름이 계속되고, 산업노조에 속한 조직들의 '피로도'가 높아지면서 공공운수노조·연맹에서는 2012년 말에 공공운수 산별운동에 대한 '출구전략'이 필요하다는 의견이 제기되고 있었다.[35] 이러한 상황에서 2012년 7월부터 조직체계의 정리(공공운수노조 완성)를 위한 논의를 시작하면서, 노조·연맹위원장이 직접 관장하는 조직발전특위가 운영되었다.

공공운수노조·연맹의 집행부는 특위 활동과 더불어 다양한 조직발전 방안을 놓고 토론을 전개했다. 주요 쟁점은 2012년 말 해산키로 한 공공운수연맹을 유지할 것이지의 여부, 그리고 공공기관노조들의 사업을 집중할 〈공공기관사업본부〉를 설치할지 여부였다. 조직 진로별로는 '공공운수노조 완성' 방안과 '공공운수연맹 유지(소산별+연맹체제)' 방안 등이 제시되고 있었다.

공공기관사업본부 설치와 관련하여, 일각에서는 공공운수노조 완성을 전제로 한 것이 아닌, 공공기관노조로의 조직 변경을 별도로 인정하자는 취지에 이를 검토할 필요가 있다는 의견까지 제시되는 등 2012년 하반기 공공운수노조 조직발전을 둘러싼 논쟁은 다양하게 전개되

명)에서 2012년 3월 246개(조합원수 165.8천명)로 26개가 증가하였고, 이중 상급단체(노총, 민노총) 가입은 175개에서 188개로 13개 증가했다. 그러나 이 시기에 공공운수노조의 경우 신규 노조는 2개(석탄공사, 가축방역위생본부)만 증가하였고, 공공운수연맹의 경우에도 신규 공공기관노조 가입이 없었고, 상당수는 한국노총 가입 또는 상급단체 유보 수준의 조직화로 연결되고 있다(박용석, 2012).

35 공공운수노조·연맹 조직발전특위 논의과정에서 공공운수노조운동의 '출구 전략'(현실론)이 필요하다는 의견이 제기되었는데, 대표적으로 △노조·연맹 내 공공기관노조의 조직을 별도로 관장하는 독립기구(예, '공공기관사업본부')를 인정하거나 한시적으로 '공공기관노조'를 인정하는 방안, △공공운수연맹내에서 '소산별노조'를 인정하여 독자적인 조직화(미전환조직 참여 + 산별노조 조직의 참여)를 인정해야 한다는 방안 등이었다.

었다. 그러나 가장 핵심적인 관건은 2011년 6월 공공운수노조 출범 당시 밝힌 로드맵에 따라 2012년 말 공공운수노조를 완성(공공운수연맹 해산)시킬 것인가, 아니면 공공운수노조의 단일한 전망이 아닌 현장 단위 조직들의 다양한 선택을 반영하는 산별노조운동의 '출구 전략'을 인정할 것인가였다.

공공기관 조직들의 산별운동 참여를 둘러싼 '출구 전략' 논의가 계속되는 동안 노조·연맹 집행부는 〈(가칭)공공기관사업본부〉의 발족을 통해 공공기관 조직들의 교섭과 투쟁 집중을 중심으로 하는 조직발전 방안을 기본 입장으로 설정했다. 아울러 공공운수노조·연맹은 2013년 말까지 과도기적 조직체계를 또다시 연장하는 방안을 제안하였다. 조직발전특위 회의가 7월부터 9월까지 계속 논의되었으나 집행부가 제안한 방안에 대한 이견이 계속되었다. 집행부 안으로 2012년 10월 17일 대의원대회가 소집되었으나 안건 심의 중 유예되었고, 12월 5일에도 또다시 대의원대회가 유예되는 등 조직발전 관련한 혼란은 정리되지 못했다.

결국 공공운수노조·연맹 의결기구에서 공공운수노조 조직발전 전망은 정리되지 못하고, 공공운수노조의 임원 선거를 통해 이후 집행부(위원장 이상무)가 선출된 상태에서 계속 연맹 조직을 관장하기로 함에 따라 공공운수노조·연맹체제는 정리되지 않은채 연장되었다. 2012년 12월 대의원대회에서 논의키로 한 조직발전방침은 뒤늦게 2013년 2월 정기대의원대회를 통해 결론을 맺게 되었다. 2014년 말까지 노조·연맹 체제를 연장하되, 공공기관노조들의 조직발전 의견을 반영하여 노조·연맹의 조직운영방침을 보완하고, 공공기관 조직강화방안('공공기관사업 본부' 설치)을 별도로 설정하는 것이었다.

표8-4 공공운수노조 · 연맹 조직 진로와 발전방향(2013.2. 정기대의원대회)

〈조직발전 방침 의결 주문〉
공공운수노조·연맹의 조직 진로와 발전 방향에 대한 방침을 아래와 같이 결정한다. 구체적인 사항은 첨부한 세부방침에 따른다.
    1. 공공·운수·사회서비스부문의 대산별노조 건설을 위해 공공운수노조 강화·발전을 지향하되, 현실적인 보완 방안을 마련한다.
      - 공공운수노조와 연맹 통합 운영 지속(2012년말 연맹 해산하지 않음)
      - 미전환노조에서 자생적으로 조직되는 '소산별노조' 설립 인정 및 필요시 지원
      - 연맹 외부 노조가 신규가입 신청시, 공공운수노조 가입이 아닌 별도의 가맹 신청을 인정할 특별한 사정이 있는 경우, 연맹 산별방침 준수를 전제로 연맹 가입 결정
      - 산별 전환 조직과 미전환 조직의 권리·의무 격차 축소 추진

2. 공공기관 관련 사업을 강화하고 이를 위한 조직 강화 방안을 수립한다.
   - (가칭) '공공기관사업본부'를 설치하여 대정부 교섭 추진과 투쟁, 공공기관 제도개선 등 공공
     기관 관련 사업을 집중적으로 전개[36]
3. 지역본부는 공공운수노조·연맹의 통합 지역조직 운영 및 공공기관 지역·현장 조직화와 미조직
   비 정규직 (전략)조직사업 지원 등의 역할을 수행한다. 지역지부에는 (전략)조직화사업과 지역
   운동 선도 역할을 중심으로 조직적 대안을 마련한다.
4. 위 방침에 따라 2014년 상반기(7월)까지 조직을 운영한 후 2014년 하반기에 조직발전 및 진로
   를 의결 단위에서 다시 정한다.

2) 공공기관사업본부의 발족과 공공운수노조·연맹의 통합

공공운수노조·연맹 집행부는 이같은 조직발전방침에 따라 그간 산별노조운동의 진전이
더딘 공공기관노조들의 사업과 투쟁을 연맹 지도하에 집중시키기 위한 방안으로 별도의 〈공공
기관사업본부〉를 2013년 7월에 발족시켰다. 공공기관사업본부(본부장 박용석)는 발족 직후부터
공공기관노조들의 대정부 공동투쟁을 주도하고, 조직발전 전망을 묶어내기 위한 논의를 시작
했다. 반면, 공공운수노조·연맹은 2013년 2월 대의원대회 이후 3월부터 조직발전특위(특위장
김종인)를 다시 구성하여 미완의 조직발전 전망을 구체화하기 위한 논의를 별도로 전개하고 있
었다.

2013년 하반기 들어 전교조·공무원노조에 대한 법외노조 움직임이 가시화되고, 박근혜정
부의 공공기관 정책이 '정상화' 정책으로 급선회하는 상황에서 공공기관노조를 방만 경영의 주
범으로 간주하여 직접 공격하는 양상이 나타나기 시작했다. 박근혜정부는 임기 초기 '공공기관
합리화'정책을 통해 이전 이명박정부와 차별화 흐름이 나타나는 듯 했으나, 공공기관 부채 문

---

36 〈공공기관사업본부〉는 △현장 임단투 공동투쟁 및 대정부투쟁을 결합한 연간 사업-투쟁 △ 대정부교섭
(협의)의 추진 △공공기관 관련 법·제도 등 개혁과 이와 연관된 정책·조직사업 등을 진행하여 공공기관노조
의 산별노조 전환 토대를 구축한다는 것을 주된 목적으로 하고 있다. 또한 〈공공기관사업본부〉 세부 사업은
"관련 조직의 의견수렴과 각급 단위 현장토론 등 조직적 논의를 거쳐 이후 의결기구에서 결정하고, 공공운수노
조·연맹은 이러한 현장의 논의를 최대한 존중하여 조직운영과 사업을 지원한다"는 내용도 포함되었다. 공공기
관사업본부는 6월 주요 노조 대표자 간담회에서 1차례 조직발전 전망 관련 의견 교환을 하고, 7월 미전환노조
대표자 간담회를 가졌다. 그러나 2013년 말부터 2014년 중반기까지 박근혜정부의 '공공기관 정상화' 압박에
대한 대응에 집중한 나머지 공공기관 산별노조 전환 토대 구축을 위한 사업을 체계적으로 추진할 조건을 갖지
못했다.

제가 제기되자 공공기관 방만 경영을 정상화한다는 취지아래 단체협약 전면 개악 등의 조치를 취했다. 이러한 정세 변화의 상황에서 공공기관사업본부는 공공운수노조·연맹 집행부와 함께 박근혜정부의 공세를 막아내는 당면 투쟁에 집중할 수밖에 없었다.

관심이 집중된 주요 공공기관 조직(철도노조·공공연구노조·발전노조, 서울·부산지하철노조 등)들의 공공운수노조 결합 전망 역시 여전히 불투명했다. 오히려 산별노조(공공운수노조) 소속 공공기관지부들의 불만 또는 '산별노조운동에 대한 피로도' 문제가 계속 제기되면서 환경관리공단·전기안전공사 등 중대형 공공기관지부들이 공공운수노조를 계속 탈퇴하는 분위기가 나타났다.

2013년 말 철도노조 파업이 마무리되고, 2014년 초 양 노총 공공부문 조직들이 공동투쟁 결의 하에 진행한 1차'공공기관 정상화' 대응이 5월 이후 개별적으로 이완되는 흐름이 나타났다. 공교롭게 이 시기에 공공운수노조·연맹은 다시 조직발전 논의를 재개하기에 이르렀다. 2012년 말에 정리하지 못했던 공공운수노조 산별운동의 진로를 2014년 말에 마감해야 한다는 대의원대회(2013.2) 의결 사항이 있었기 때문이다. 이 논의는 7월 임시대의원대회를 거쳐 공공운수노조와 연맹의 통합으로 실질적인 〈공공운수노조〉로 전환하고 12월에 공공운수노조 위원장을 직선으로 선출하는 방안을 의결함으로써 정리되었다.

2014년 7월 23일 대의원대회에서는 △공공·운수 노동자의 계급적 단결의 구심으로서 공공부문 단일 산별노조 건설과 강화 △공공부문 민주노조운동의 대표적 조직체로서의 위상 강화 △초기업적 연대, 전략조직화, 지역운동 등 공공부문 산별노조운동의 성과 계승 등을 통한 2기 공공부문 산별노조운동(공공운수노조) 완성의 목표 아래, 공공운수연맹과 공공운수노조의 통합 조직(공공운수노조) 출범을 주요 내용으로 한 '통합과 재도약을 위한 조직발전방안'이 의결되었다.

구체적으로, △하나의 산별노조로 단결을 강화해간다는 지향 확인 △공공운수노조와 연맹의 완전한 통합 운영 △산별전환 조직과 미전환 조직의 권리·의무 격차 해소 △업종·지역·특성별 분권적 사업조직 강화 등을 통해 단계적으로 산별적 교섭·투쟁을 발전시킨다는 것이었다.

이 조직 방안에서 가장 주목되는 내용은 공공운수연맹의 해체에 따른 미전환노조의 산별조직 가입 절차 및 공공운수노조의 단위노조 전환(행정관청 신고)이었다. 즉 공공운수연맹은 공공운수노조로 통합하되, 미전환노조들은 의결 단위에서 대의원대회 결정을 추인(조직발전방안 수용)하는 절차를 거쳐 공공운수노조의 산하조직으로 재편하고, 이후 조직형태 전환을 거쳐 산별조직의 지부로 편제토록 하는 방안을 제시했다. 정체·답보 상태의 공공운수 산별노조운동을 한단계 발전시키기 위한 '새로운 실험'을 한 것이다.

　그리고 공공운수노조는 이러한 미전환 노조들의 추인 조치가 충분하게 이뤄지면 전체 미전환 노조들의 조직형태 변경 이전에 공공운수노조를 연합체(연맹조직)이 아닌 단위노조로 변경하여 행정관청에 신고한다는 것이었다. 이는 다소 기형적인 조직체계이지만, 다른 한편으로는 공공운수연맹의 해산에 따른 기업노조 탈퇴를 예방할 수 있다는 점에서 과도기 체제를 지향하고 있었다.

　이러한 대의원대회의 결정사항에도 불구하고 미전환 조직의 중심에 있는 소산별노조 및

표8-5　통합과 재도약을 위한 조직발전 방안(2014.7. 공공운수노조·연맹 대의원대회)

통합과 재도약을 위한 조직발전방안

1. (단일 조직체계) 공공운수노조 소속 조직과 미전환노조 간 권리·의무 차이를 해소하고, 상급조직을 하나로 통합한다.

2. (조직형태와 명칭) 공공운수연맹은 조직형태와 명칭을 하나의 노조인 '통합 공공운수노조'로 변경하며, 현재의 공공운수노조는 통합 공공운수노조로 통합한다.

3. (조직체계) 통합 공공운수노조는 기본체계와 사업체계로 구성되며, 조합비 납부와 대의원 배정의 기준으로서 기본 체계는 업종본부와 지부, (산하)노조로 하고, 사업체계는 사업본부와 업종본부·지역본부로 한다.

4. (재정 통일) 통합 공공운수노조의 중앙 조합비는 통일된 기준을 적용하며, 임금 수준과 고용 형태를 감안하여 구간별 정액을 차등 부과한다.

5. (이행기간과 임원 구성) 2014년 7월 대의원회부터 위 조치를 개시하며, 세부 운영방안 논의를 거쳐 2015년 정기대의원회에서 규약과 규정 정비를 완료한다.

　① 2014년 7월 대의원회 결정과 함께 공공운수연맹은 통합 공공운수노조로 명칭을 변경하며, 2015년 정기대의원회에서 조직형태 변경에 따른 통합 공공운수노조의 규약과 규정을 정비한다.

　② 현 공공운수노조는 2015년 정기대의원회에서 통합 공공운수노조와 통합을 결정한다.

　③ 현 미전환노조는 2015년 말까지 대의원회 등 의결 단위에서 공공운수노조·연맹 대의원회 결정을 추인하고 통합 공공운수노조의 산하조직으로 변경한다. 미전환노조는 별도의 조직적 결정이 있을 때까지 현상(명칭·교섭권·설립신고)을 유지할 수 있다.

　④ 현 공공운수노조와 연맹이 통합한 단일노조로서 통합 공공운수노조의 조직형태 변경은 (1) 2015년 정기대의원회의 조직 통합 결정, (2) 미전환 노조의 조직형태 변경 승인을 거쳐, 통합 공공운수노조의 의결기구에서 확인을 통해 법적 효력을 발생한다.

　⑤ 공공운수노조의 조합비와 미전환노조의 의무금 기준의 통일은 2015년 정기대의원회 이후부터 1단계 조정 시행, 2016년 1월부터 2단계 조정 시행으로 완료한다.

　⑥ 2014년 말 진행되는 연맹의 임원 보궐선거는 노조와 연맹의 규약과 규정 일부 개정을 거쳐 통합 공공운수노조의 임원 선거로 진행한다.

중대형 공공기관노조 등은 지난 10년 가까이 진행되어온 산별노조운동의 변화 전략이 필요하다는 의견이 계속되고 있었고, 일부에서는 산별노조운동의 실패를 공식적으로 인정해야 한다는 의견도 만만치 않게 제기되고 있었다(공공운수노조·연맹, 2014). 공공기관사업본부 내에서도 2014년 상반기에 민간 운수 조직을 포함한 공공운수노조 산별노조운동을 예정대로 진행하는 것이 적절한가 하는 반론들이 강하게 제기되었다. 대의원대회 결정 사항을 각 미전환 노조가 의결 단위에서 추진하는 절차 역시 산별노조운동의 전망에 대한 이견이 존재하는 조직에서는 제대로 이뤄지기 어려웠다. 더 큰 문제는, 의결 단위(대의원대회)에서의 당위적인 산별노조운동 방침 의결 절차였다. 공공운수노조의 산별노조운동 완성이 상급 의결단위(대의원대회)에서는 당위적으로 정리되면서도, 현장에서는 아직 제대로 논의조차 되지 않는 상황이 2010년 이후 크게 변화되고 않고 있었던 것이다.

2015년에도 공공기관노조들이 정부의 '2기 정상화'에 맞서 투쟁을 계속해야 했기 때문에 공공운수노조 산별노조운동은 아직 조직적 결론은 내지 못했다. 이런 상황에서 공공운수노조 집행부(위원장 조상수)가 취한 과도기 체제는 한편으로 산별노조운동을 둘러싼 내부 이견을 잠재울 수 있는 절충 방안이기도 했다. 이러한 현실을 반영하듯 2015년까지 미전환노조에서 대의원대회 결정 사항을 추인한 노조들이 부분적으로 나타났고(대구지하철·공항공사노조 등), 2018년도에도 부분적으로 확대(철도시설공단·발전산업노조)되었다. 그러나 공공부문 민주노조운동을 주도해온 철도노조·서울지하철노조·건강보험노조 등 대형 공공기관노조, 그리고 산별노조운동을 초기에 주도했던 공공연구노조 등에서는 이러한 추인 절차가 뒤따르지 못했다.

다만, 2016년 들어 공공운수노조는 박근혜정부의 성과연봉제 강행에 대한 저항 투쟁의 동력들이 서서히 구체화되면서, 이전과는 다른 산별노조 운동의 기반이 형성되기 시작했다. 기존의 산별노조운동이 조직 형식 논쟁으로 계속 지체되어온 측면이 있었다면, 2016년은 '공동투쟁을 통한 산별노조 강화'라는 운동 방향 속에 산별노조운동의 토대 강화가 현실화될 수 있는 기반들이 서서히 구축되기 시작했다(박준형, 2016).

3) 공공부문 총파업으로 산별노조운동의 새로운 전기를 마련

공공운수노조는 2016년 1월에 통합 건강보험노조가 가입하고, 4월에는 통합 5678도시철도노조가 다시 복귀하면서 조직 규모가 17만명에 이르는 등 민주노총 최대 조직으로 자리잡게 되었다. 또한 박근혜정부의 '공공기관 정상화'의 마지막이자 핵심 과제인 성과연봉제에 대한 공동투쟁 흐름이 연초부터 구체화되기 시작했다. 이러한 상황에서 공공운수노조는 산별노조운동의 '새로운 실험'을 구체화했는데, 바로 6월 10일~11일에 중집위원·중앙위원·대의원 및 기본조직·사업조직의 대표자가 함께 참석한 '정책대의원대회'였다.

이 정책대의원대회를 통해 공공운수노조 집행부는 공공운수노조 전체를 하나의 완성된 산별조직으로 강화하기는 쉽지 않은 조건이라고 진단하면서, 공공부문 산별노조의 운동적 토대를 강화하는 방향으로 설정하였다. 산별노조의 형식적 완성보다 실질적인 공동투쟁과 유사업종, 특성 조직간 초기업 공동사업 강화를 통해 산별노조의 토대를 강화하는 것이 더중요하다는 판단을 내린 것이다. 이를 위해 업종본부·협의회, 공공기관사업본부, 지역본부 등의 '사업조직'을 강화하는 한편, 공공운수노조 중앙은 전략조직·간부양성·대정부투쟁 등에 중점을 두는 방안을 제시하였다.

이러한 운동 전략이 구체화되면서 2016년의 경우 공공운수노조 내부에서는 산별노조운동의 방향성에 대한 대립적 논쟁은 수면 이하로 묻히고, 박근혜정부에 맞선 전면적 공동투쟁을 통해 산별노조운동의 토대를 강화하자는 사업 목표가 공유되기에 이르렀다. 이 시기 조직 통합을 위해 탈퇴했던 대형 공공기관노조(건강보험·서울도시철도노조 등)의 재가입은 공동투쟁의 동력 형성에 큰 기대를 불러일으켰다.

6월 정책대의원대회는 공공운수노조의 정체성과 주요 활동 방향 등이 현장간부 토론을 거쳐 자리를 잡는 계기가 되었다. 먼저 공공운수노조를 '한국 공공부문의 대표 노동조합'으로 규정하고, 이를 실천하기 위한 공공운수노조의 주 슬로건으로 "늘리자 공공서비스! 만들자 좋은 일자리! 끝내자 비정규직"의 운동 과제를 채택했다. 또한 '공공기관 차별연봉제 분쇄를 위한 전면파업 결의'를 중심으로 공공운수노조의 총파업 투쟁과 조직 강화를 위한 2016년 하반기 투쟁이 결의됨으로써, 공동투쟁을 통한 산별노조운동의 완성 전략을 재확인했다. 다만 산별노조 전환이 지체되는 공공기관노조에 대한 특별한 추진 전략은 제대로 논의되지 못했다.

이러한 결의를 바탕으로 성과연봉제에 맞서는 공공부문의 연대파업이 준비되었고, 9월 27일 우리 공공부문 노동운동 30년 역사상 가장 위력적인 연대파업이 구체화되기에 이른다. 2014년 7월 대의원대회를 통해 〈공공운수노조〉로의 단일한 산별노조 통합이 결의된 상황 속에, 산별노조로의 조직적 통합은 2017년 이후의 과제로 남게 되었다. 17만 조직으로서 외형상 민주노총의 최대 산별조직으로 자리잡았지만, 아직 산별조직으로서의 조직적 과제는 해결하지 못한 셈이다.

2016년 당시 박근혜정부의 '공공기관 정상화' 광풍이 몰아치는 상황에서 산별노조운동 발전에 대한 논의는 공공기관노조에서 제대로 이뤄질 수 있는 조건들이 형성되지 못했다. 논의

자체가 논쟁으로 연결될 가능성이 많았고, 이를 체계적으로 모아낼 수 있는 정세도 되지 못했기 때문이다. 2016년 하반기 공공기관노조 공동 총파업 투쟁 등이 위력적으로 전개되었지만, 이러한 투쟁들이 공공운수노조 산별노조운동 활성화 논의의 중요한 계기로 작용하지 못했다. 당시 총파업 투쟁 이후 공공운수노조 및 공공기관사업본부는 총파업 투쟁의 승리 열기를 모아 공공기관노조의 조직 발전 운동으로 모아낼 수 있는 논의 및 실천 준비를 제대로 하지 못했다.

4. 박근혜정부의 공공정책 역주행 및 반동 흐름의 강화

1) 박근혜정부의 등장과 공공기관 역주행 가속화

2012년 대통령 선거가 임박하면서, 민주통합당 후보(문재인)는 물론 새누리당 후보(박근혜)조차 이전 이명박정부의 '공공기관 선진화'에 대해 비판적 입장을 드러내고 있었다. 국민적 합의나 동의없이 공공기관의 시장화 전략만을 고집하고, 일률적인 성과주의를 지향하는 선진화 정책에 대해 각 당 대선 후보들 모두 문제점을 대외적으로는 인정하고 있었다. 새누리당은 18대 대선 공약 중 공공기관 운영과 관련하여 △공공기관 경영평가제도 개선 및 기관장 임명 방식 개선 △공공기관 운영위원회 노동계 추천인사 선임 등을 제시하는 등 이전 이명박정부의 공공정책과는 약간 결이 다른 흐름을 지니고 있었다.

공공부문의 고용에 대해서도 일자리 늘(늘리고)·지(지키고)·오(올리는) 정책을 중심으로 공공부문에서 △노동시간 단축을 통한 일자리 창출 △상시·지속적인 업무에 대한 정규직 전환 등이 공약으로 제출되었다(새누리당, 2012). 박근혜정부의 고용정책은 '경제민주화' 공약의 주 내용으로서 70% 고용률 달성으로 집약되었는데, 이는 지난 5년간 이명박정부가 추진한 '경제활성화'와는 분명 다른 정책을 추진할 것이라는 예측과 기대감도 잠시나마 있었다.

박근혜후보는 이같은 공공부문 관련 공약을 2012년 12월 17일 〈공기업정책연대〉의 질의에 대한 답변을 통해 재확인하였다. 철도노조의 민영화에 대한 질의에 대해서도 "철도·가스·공항·항만 등의 국가 기간망에 대해 국민적 협의나 동의없이 효율성만을 고려하여 일률적으로 민영화를 추진하는데 반대"한다고 약속하는 등 적어도 대선 국면에서 박근혜정부는 공공부문에 대해 이전 이명박정부의 정책을 전환할 것 같은 흐름을 보였다.

그러나 이미 기획재정부가 대선 직전에 공공기관의 기능조정 관련 연구용역을 추진한 바 있고, 이에 근거하여 공공기관에 대한 민간 경쟁체제 도입과 기능조정에 대해 각 부문별 검토

방안을 준비하고 있는 것으로 밝혀지면서 의구심은 다른 한편에서 확산되고 있었다. 특히, 국토해양부의 인수위 업무보고에서 논란이 되어왔던 철도공사의 구조개편 추진이 이미 추진되고 있다는 점도 확인되었다.[37] 무엇보다 박근혜정부는 '고용률 70% 달성'의 공약을 내고서도 임기 초기 노동정책에 대한 구체적인 정책을 거의 밝히지 않았고, 출범 3개월 후에 고용 확대를 위한 방안으로 시간제 일자리 확대 등을 제시하는 등 공약 이행에 대한 의지가 분명치 않았다.

박근혜정부의 임기 초 공공 정책은 4월 3일 2013년 기획재정부의 대통령 업무보고에서 구체화되었다. 인수위 국정과제에 포함된 공공기관 책임경영 강화 등과 함께 △공공기관의 일자리 창출 △공공기관의 정보공개·공유 확대 △공공기관의 협업 활성화, △공공기관 관리운영 체계 개선 등을 종합한 '공공기관 합리화 계획'을 TF 및 의견수렴 등을 통해 올해 5월까지 마련하여 추진하겠다고 밝혔다.

한편 기초노령연금 공약이 후퇴하는 등 박근혜정부의 정체성에 대한 의구심이 확대되는 과정에서 이미 박근혜정부는 경제 민주화 공약을 입안했던 국민행복추진위원장(김종인)을 출범 직후 교체하면서 경제 민주화 공약을 후퇴시키고 6월 박근혜정부의 대선 공약의 핵심인 '경제 민주화'가 '경제 활성화'로 변모되었다. 이로 인해 이전 이명박정부와의 차별성을 보일 것 같은 대선 공약(公約)도 결국 공약(空約)으로 바뀔 것이라는 예측이 제기되는 상황에서, 7월 8일 박근혜정부는 향후 5년간 추진할 '공공기관 합리화' 정책 방향을 발표했다.

'공공기관 합리화' 정책에서는 효율성·책임성·투명성을 공공기관 정책의 3대 원칙으로 하여 △상시적 기능점검 및 시장화 테스트 체계 구축 △공공기관 부채관리 강화 △협업 활성화로 국민 맞춤형 서비스 제공 △실질적인 자율경영 기반 구축 △책임경영을 위한 제도적 기반 강화 △일자리 창출 등 창조경제 지원 △공공기관의 공공데이터 공개·활용 △국민 직접 감시 체제 구축 등 8대 주요 과제를 제시하고 있다.

이러한 '공공기관 합리화' 정책은 일자리 및 복지정책 개선, '노사관계 선진화' 삭제 등을 통해 외견상 과거 이명박정부의 '공공기관 선진화'와는 차별화된 내용으로 나타났다. 그러나

---

37 2012년 12월 일부 언론(내일신문 등)에서는 기획재정부가 한국조세연구원(공공정책연구센터)에 대해 「공공기관 기능조정 분석보고서」에 대한 연구용역을 7월에 의뢰한 바 있고, 조세연구원은 연구 결과를 통해 에너지, 금융, 환경, 문화·국민생활, 연구·교육, 산업진흥, 정보화 등의 기능조정 방안을 제시했다. 가장 주목받고 있던 철도공사의 구조개편에 대해 이미 국토해양부는 인수위 업무보고를 통해 '수서발 KTX 사업자 공모' 계획을 포함하고 있는 것으로 나타났다(한겨레신문, 2013.1.16).

'상시적 기능 점검 체계'를 앞세우며 여전히 공공기관 시장화전략을 지속하는 정책 흐름 속이 이후 어떻게 구체화될 것인지에 대한 우려는 여전히 남아 있었다. 이명박정부가 민영화를 포함한 기능조정 방안을 2008년에 일시에 발표하여 전격적으로 추진한데 반해, 박근혜정부는 임기 내내 상시적으로 이를 추진하겠다고 밝혔기 때문이다. 이러한 우려는 철도 구조 개편에 이어 에너지 부분의 기능조정이 계속되면서 구체적인 현실로 드러났다.

2) '비정상적'인 '공공기관 정상화' 및 이에 맞서는 공공기관노조 투쟁

• 박근혜정부의 '공공기관 정상화' 강행

박근혜정부의 대선 공약이 곳곳에서 파기되는 흐름이 이어지면서 '공공기관 합리화' 정책 역시 머지않아 기만적 제스처임이 밝혀졌다. 공공기관 정책 전환 이전에 경제 민주화 공약이 후퇴되고 있었고, 7월 이후 노동정책 및 사회복지 정책 역시 거듭 수정하는 흐름을 보였다. 2013년 10월 이후 공공기관 정책의 전환은 박근혜정부의 반동적 정책 전환이 집약된 것이었다.

10월 16일 기획재정부 국정감사에서 일부 여당 의원들이 부채 공기업의 성과급 지급, 고용세습 등을 지적한 후, 돌연 기획재정부는 10월 18일 전 공공기관에 대해 '불합리한 단체협약'을 조사하겠다는 계획을 발표하였다. 이후 11월 14일 20개 중점 공공기관 기관장 회의를 거쳐 기획재정부 장관(현오석)은 "공공기관의 파티는 끝났다"라는 기자회견을 통해 '공공기관 정상화' 조치를 취하겠다고 발표했다. 대통령의 시정 연설(11.18) 및 국무회의 발언(11.25)을 거쳐 정부는 12월 11일 '공공기관 정상화 대책'을 발표했다. 이 '정상화' 대책은 이전의 공공부문 개혁과는 다른 양상을 지니고 있었다. 즉, 공공기관의 부채를 앞세워 공공 개혁의 분위기를 조성했고, 그 방향 역시 민영화, 복지 축소 등을 넘어 노조활동 기반 축소 등의 목표를 구체적으로 드러냈다.

물론 앞서 이명박정부에서도 '신의 직장', '강성 노조' 등의 표현을 통해 '노사관계 선진화' 정책 추진의 계기로 활용했지만, 박근혜정부에서는 공공기관 부채 및 방만경영의 가장 직접적 원인으로 공공기관의 노조 활동을 문제삼았다. '정상화' 대책 발표 초기에는 공공기관의 부채 문제 및 낙하산 인사 방지 등을 내세우더니, 2014년부터 공공기관에 대한 '방만경영의 주범'으로 공공기관노조를 지목하고, '불합리한 단체협약의 시정'을 앞세워 복지 축소, 노조 경영참여 배제 등을 노골적으로 강요했다. 박근혜정부 입장에서는 공공기관노조의 무력화가 곧 '공공기관 정상화'였던 것이다. 2015년 이후의 임금체계 개악 기도(임금피크제·성과연봉제 등) 역시 공공기관노조 무력화의 흐름 속에서 구체화되었다.

박근혜정부는 토지주택공사(LH)·전력공사·가스공사·철도시설공단 등 부채 증가를 주도한 12개 기관을 중점관리대상으로 지정하여 부채 감축을 위한 특단의 조치를 취하고,'방만경영'의 소지가 상대적으로 높다는 이유로 기관 20개를 추가로 중점관리대상으로 지정하여 집중관리할 계획이라고 밝혔다. 특히 '방만경영 정상화 계획'의 제출을 강요하면서 중점관리기관은 2014년 1월 말까지, 기타 다른 기관은 3월 말까지로 시한을 정하고, 중점관리기관에 대해서는 2014년 3분기 말에 중간평가를 실시하겠다고 했다. 그런데 박근혜정부가 제기한 공공기관 부채 문제는 공공기관이 본연 업무로 수행해야 할 국책 과제나 보편적 공공서비스 확대를 위해 공공기관이 부담해야 할 정책사업 등에서 대부분 기인한 것이었다.[38]

주요 공기업의 부채가 공기업의 설비 투자 및 정부 정책에서 비롯된 것임에도 공공기관 노동자들에게 책임을 전가하고 있을 뿐 아니라, 공공기관 부채를 빌미로 전 공공기관의 복지 및 단체협약을 개악하겠다고 밝혔다. 당연히 공공기관노조들의 정상화 방안에 대한 강한 반발이 조직적으로 제기될 수밖에 없었다. '공공기관 정상화대책'은 12월 9일 철도노조가 KTX 분할 민영화에 맞서 파업에 돌입한 지 3일 만에 발표되었는데, 마침 파업 중인 철도공사에 대해서도 정부와 보수언론은 영업 적자 및 근로조건과 관련한 갖은 악성 비방을 퍼부어댔다.

박근혜정부가 추진한 소위 1기 '공공기관 정상화'의 출발은 결국 공공기관 종사자의 정당한 노동조건과 노조활동 권리를 '방만 경영'의 주 요인으로 낙인찍는 것이었다. [표8-6]에서와 같이 소위 '8대 방만경영 유형'은 민간 부문의 유사 업종 노동자에게 일반적으로 보장된 복지 혜택과 최소한 보장된 노조활동 내용마저 모두 비정상적 내용으로 간주하고 있었다. 후술하지만, 박근혜정부의 '공공기관 정상화'는 이후 결국 허구로 드러났다. 스스로 비정상의 극치(국정농단)를 달렸던 대통령이 되레 '정상화'를 요구한 '비정상적 국정 운영'이 2016년 하반기에 밝혀지기 때문이다.

---

38 이들 부채 과다 기관의 부채 성격을 보면, 정책 실패(해외 에너지 개발 등)에서 비롯된 것도 있지만, 대부분은 SOC 공기업의 설비 투자 성격 및 정부의 공공적 정책 수행(산업용전기료 안정, 공공임대주택 확대, 철도 요금 억제 등)에 따른 결과도 있기 때문에 이를 방만경영의 결과로 보기는 어렵다. 더구나 정책 실패에 따른 부채 역시 해당 공기업은 정부 정책을 시행한 결과이기 때문에 그 부채 증가의 책임은 결국 정부(산업자원부 등)에 있다고 볼 수 있다. 그런데 이러한 부채를 앞세워 공공기관이 마치 비정상인 집단인 것처럼 간주하여 '정상화'하겠다고 밝힌 박근혜정부의 정책은 일말의 타당성조차 없다고 볼 수 있다. 실제 2011~12년을 거치면서 국회에서는 야당(민주당)에서 공기업 부채 문제를 언급했을 때 정부(기획재정부)는 앞서 제시했던 부채 성격을 근거로 공기업 부채의 심각성을 부정한 바 있었다.

표8-6 공공기관의 8대 방만경영 유형·사례

분 야	사 례
교육비 과다 지원	- 대학생 자녀에 대하여 반기 150만원 이내 지급 - 입학 축하금 100만원 지급 - 자사고·특목고 자녀에 대한 수업료 전액 지원
의료비 과다 지원	- 조합원과 직계존비속·배우자와 그 부모 건강검진 지원 - 조합원과 직계존비속·배우자와 그 부모가 병원 이용시 본인부담금 60% 감면 - 본인·가족 의료비 연간 500만원 한도 지원
경조금 지원	- 산재보험상의 유족보상금 이외에 유족 보상금(1.5억원) 추가 지급 - 창립기념일/근로자의날 70만원 지급
과다한 특별휴가	- 본인·배우자 부모의 형제자매와 그 형제자매의 배우자 사망 3일, 탈상 1일 - 본인·배우자의 부모 회갑 3일, 칠순 2일
과다한 퇴직금	- 업무상 부상(퇴직금 50%)·순직(퇴직금 100%)시 퇴직금 추가 지급 - 공상퇴직·순직 직원 유가족에게 10년간 매년 120만원 및 장학금 지원
느슨한 복무 행태	- 연구직 아닌 일반직에 대한 유급(연봉 30%) 안식년 제도 운영 - 비전임 조합간부에 대하여 1주일에 8시간의 유급 조합 활동시간 부여
고용세습	- 직무외 사망, 정년 퇴직시 특별 채용 - 순직·공상자의 부양가족 특별 채용
경영·인사권 침해	- 쟁의기간 중 임금 전액 지급 - 불법쟁의행위에 대한 민·형사상 책임 면제 - 조합간부 인사·징계시 조합의 사전 동의

자료: 기획재정부(2013)

'방만경영 정상화'와 관련하여 기획재정부는 방만경영 8대 유형 및 58개 점검 체크리스트를 설정하고 '정상화 이행계획'을 2014년 1월에 제출하도록 한 후 이행실적을 공공기관 경영평가에 연계하겠다고 밝혔다. 이러한 방만경영 정상화 내용들은 대부분 공공기관 단체협약과 관련되어 있었다. 한편 일부 부처의 경우 '정상화 이행계획' 점검을 노무사에게 위임했는데, 이들은 과거 금속노조 사업장의'노조 파괴'혐의로 기소되었던 '악덕 노무사'경험을 지니고 있었다. 결과적으로, '공공기관 정상화 대책'은 공기업 부채 → 공공기관 방만경영 → 공공기관 단체협약 및 노조 무력화 등으로 발전되고 있었다.

이러한 양상은 과거 이명박정부가 노무현정부를 비방하며 2009~2010년에 강행했던 '공공기관 선진화'정책과 유사한 것이었다. 아이러니한 것은 이명박정부가 공공기관 선진화 정책에 따라 방만경영이 해소되는 등 가시적 성과를 내었다고 발표(2011년 6월 경영평가 결과)한 게 불과 2년 전이었다. 그럼에도 불구하고, 박근혜정부의 기획재정부는 공공기관이 방만경영의 대명사인양 또다시 공격을 했다.

'공공기관 정상화'의 직접 발단이 되었던 공공기관의 부채 수준 역시 이전 이명박정부(기획재정부)에서는 심각한 상황이 아니라고 진단했을 뿐 아니라, 부채 증가와 연관된 상당수가 이명박정부의 주요 국책과제(예, 4대강사업·해외자원개발·공공주택확대 등)와 연결되어 있었다. 즉 부채 증가로부터 시작된 '공공기관 정상화'는 원인 진단 및 처방 모두 박근혜정부의 비정상적 국정 운영으로 볼 수밖에 없었다.

- 공공기관노조의 '공공기관 정상화' 대응

이명박정부 말기부터 2년여동안 지속되어왔던 〈양대 노총 공공부문노조 공동대책위〉(양노총 공대위)는 정부가 '공공기관 정상화대책'을 발표하자 공동투쟁을 전면화했다.[39] 2013년 12월 양 노총 공대위는 전 공공기관노조 비상대표자회의를 통해 '공공기관 정상화대책'에 대한 '불복종운동'을 결의했고, 이후 공대위 사업을 내실있게 추진하기 위해 〈기만적인 공공기관 정상화 대책 분쇄를 위한 특별대책위원회〉를 구성하였다. 특별대책위는 공대위 소속 조직 대표(임원, 주요 노조 대표) 및 공대위 미소속 노조 일부(한국수력원자력·예탁결제원노조 등)로 구성되어 당면 공동투쟁 세부계획을 논의했다.

1월 23일 38개 중점관리기관 노조 대표자들은 '박근혜식 불통 개혁 거부, 국민을 위한 소통개혁 실현을 위한 공동선언'을 발표했다. △불통 정책 주도 현오석장관 퇴진 △낙하산 인사 근절 및 민주적 임명절차 도입 △공공기관제도(경영평가 등) 및 합리적 복리후생 조정을 위한 노정교섭 등을 요구했고, 기만적인 '정상화 대책' 추진을 막기 위해 각 공공기관 단위의 개별 교섭 거부를 결의했다. 중점관리기관 노조들 중심으로 진행된 '정상화' 대응 투쟁은 2월 27일 양 노총 산하 전 공공기관노조 비상대표자회의를 통해 전 공공기관으로 확대되기 시작했다. 2014년 2월부터 본격화된 양 노총 공공부문 공대위는 이후 2022년 현재까지 활동이 이어지고 있다.

그러나 '1기 정상화' 대응 투쟁은 4월 이후 중점기관노조 일부에서 정상화 방안을 수용하는 노사 합의가 계속되면서, 공동투쟁의 흐름이 흔들리고 있었다. 기획재정부가 정상화 대책의

---

39 2013년 12월 이후 양 노총 공대위에는 한국노총의 전국공공산업노동조합연맹(공공노련)이 참여하기 시작했다. 이전 공공노련의 전신이었던 공기업노조연맹이 과거 공공노련(2013년 당시 공공연맹)을 탈퇴하여 구성한 조직인만큼, 공공연맹(위원장 이인상)과 공공노련(위원장 김주영)은 연대를 기피해왔으나, 박근혜정부의 '공공기관 정상화'에 맞선 공공기관노조의 단결 흐름 속에 공대위 사업에 참여하게 되었다.

조기 이행에 대한 인센티브 방침을 발표하면서 그간 전통적으로 경영평가 성과급에 민감한 반응을 보였던 공기업노조들 일부가 이탈하였고, 6월말 경에는 중점관리기관노조의 절반 가량이 무너졌다. 더구나 언론의 '정상화' 관련 보도 내용이 공공기관의 과도한 복지에 집중되었고, 정작 핵심 쟁점(노조 경영참여, 구조조정 개입의 차단 등)은 뒤에 가려지면서 공공기관노조의 투쟁이 사회적으로 주목받지 못했다.

양 노총 공대위는 대정부 직접교섭 요구를 내걸고 6월 말 1차 총파업 투쟁을 준비했지만 간부 결의대회 수준에 머무르면서 제대로 이행되지 못했고, 8월말 양 노총 공공부문노조 총파업 진군대회를 개최했지만 별다른 위력을 지니지 못했다. 공공운수연맹 조직 중 파업에 돌입한 조직은 일부 노조들(강원랜드노조·서울대병원분회·경북대병원분회 등)에 불과했다. 당시 정치적 정세도 공공부문의 대정부투쟁을 어렵게 하는 상황이었다.

박근혜정부는 2014년 4월 16일 304명의 생명들이 희생된 세월호 참사로 인해 정치적 위기에 몰렸지만, 곧이어 6월에 치러진 지방선거에서 예상 외로 집권 여당(새누리당)이 '선전'(善戰)하면서 위기에서 벗어났다. 박근혜정부는 지방선거 선전 이후, 공공기관 개혁 성과(?)를 정치적으로 포장하여 '공공기관 정상화'의 국정 방향을 계속 강화하겠다는 입장을 밝혔다. 바로 이러한 정세 조건 하에서 공공부문노조의 투쟁은 정치적 공감을 얻지 못한채 '사실상 패배'로 마무리되었다.

오히려 '1기 정상화'에 대해 맞서 파업으로 맞선 조직은 공공부문의 주력 대오가 아닌 금융·병원 등의 노조들이었다. 금융노조는 산별 중앙교섭을 추진하면서 '관치금융 분쇄'의 요구 하에 9월 3일 6만5천여명이 참여한 시한부 전면파업을 전개했다. 금융노조 전면파업은 2000년 이후 13년 만에 재연된 것이다. '의료민영화 반대'를 내건 보건의료노조 역시 6월 24일 연대파업을 전개하였다. 특히 보건의료노조 소속 국립대병원지부들(부산대·전남대·전북대·충남대·원자력의학원·적십자사병원 등)이 연대 파업에 돌입했다. 보건의료노조(위원장 유지현)는 6월 24일 1차 경고파업을 거쳐, 7월 22일부터 2차(~7.26), 8월 28일부터 3차(~8.30)에 걸쳐, 의료 민영화 반대 및 '가짜 정상화' 반대를 앞세운 순환 파업을 계속 전개했다.

공공운수노조 의료연대본부에서도 서울대병원분회(분회장 현정희)와 경북대병원분회(분회장 김영희) 등이 의료 민영화(영리병원·성과급제 등) 및 '가짜 정상화'에 맞서 6월부터 12월까지 파상적으로 파업을 계속했고, 특히 경북대병원분회는 11월 말부터 35일간 파업을 진행하기도 했다.

비록 파업투쟁까지는 가지 못했지만 공공연구노조가 노사합의를 완강히 거부하면서 '정상화 대응 투쟁' 흐름을 그나마 계속 유지하였다. 이들 금융노조·보건의료노조·의료연대본부 등의 투쟁에도 불구하고, 철도노조·가스공사지부·사회보험지부 등 공공기관노조의 주요 조직들이 9월 말에 노사합의에 이르면서 2014년의 '1기 정상화 대응' 투쟁은 사실상 마감되기에 이르렀다. 보건의료노조와 공공운수노조 소속 국립대병원 노조(지부·분회)들은 2014년 말까지 '1기 정상화' 이행을 거부한 결과, 2015년 임금인상율이 삭감되는 불이익 조치를 당했다.

2014년 투쟁에서 민주노총 공공운수노조 소속 주요 공공기관노조의 공동투쟁이 제대로 이뤄지지 못한 배경에는 공공운수노조(공공기관사업본부)의 지도력 한계가 있었다. 공공운수노조(공공기관사업본부)가 양 노총 공대위와 공동투쟁을 진행하면서, 단지 노사 합의 거부 수준의 소극적 대응 중심으로 사업을 추진했고, 주요 공공기관노조들의 연쇄적 이탈을 예방할만한 독자적인 투쟁계획을 별도로 수립하지 못했기 때문이다. 이러한 한계는 공공운수노조가 2015년 이후 '2기 정상화 대책'을 구체화하면서 개선되기 시작했다.

다만 '공공기관 1기 정상화' 대응 투쟁 과정에서 공공부문의 민주노조운동 지평이 넓어진 것은 작은 성과로 기록될 수 있다. 우선 지난 2010년 민주노총(서비스연맹)을 탈퇴했던 강원랜드노조(위원장 조용일)가 2014년 4월 다시 민주노총(공공운수연맹)에 가맹 신청을 했다. 다만 강원랜드노조가 과거 민주노총 탈퇴 이전에 서비스연맹 소속인 관계로 서비스연맹은 민주노총 집행부에 대해 공공운수노조·연맹의 강원랜드노조 가맹 결정을 철회하도록 문제를 제기했다. 이로 인해 강원랜드노조는 민주노총 차원에서 공공운수노조·연맹의 가맹조직으로 인정받지 못했다.[40] 강원랜드노조는 8월에 2일간 시한부 전면파업에 돌입하는 등 공공부문 민주노조로서 모범적으로 실천하는 모습을 보여주었다.

한편 공공기관 정상화 대응 투쟁 국면에서 기대를 모았던 한국수력원자력(한수원)노조의 민주노총 가입 무산은 아쉬움으로 남는다. 한국수력원자력노조(한수원, 위원장 이인희)는 2014년 1기 정상화 대응 투쟁과정에서 '방만경영 중점기관' 조직으로 공공운수노조·연맹 투쟁에 참관하고, 공공운수노조·연맹은 한수원노조 지원(교육 등)을 통해 연대의 폭을 넓혀 갔다. 이러한 노력들을 바탕으로 한수원노조는 2014년 5월에 민주노총(공공운수노조) 가입을 위한 찬반투표를 실시하였다. 2004년, 2005년에 이은 세번째 도전이었다.

---

40 강원랜드노조는 공공운수노조·연맹 가맹 신청 이후 2014년 8월 최초로 정부의 공공기관 정상화에 맞서서 전면 파업을 전개했다. 강원랜드노조 파업에 대해 공공운수노조·연맹 소속 공공기관노조들이 지지와 연대를 보였음은 물론이다. 이후 공공운수노조의 공공기관노조들과의 연대투쟁을 계속 전개했고, 2016년 9월에는 공공기관노조 공동 총파업 투쟁에 2일간 전면파업 형태로 참여했다(필자 주).

원자력 설비 확대 등으로 인해 한수원노조는 조합원은 6천명 이상의 대기업 노조로 변모되어 있었기에 한수원노조의 민주노총 가입은 공공부문 민주노조운동의 지형 변화에 기여할 것으로 기대를 모았다. 또한 2011년 이후 계속된 발전노조 분열 등의 상황을 반전시킬 수 있는 계기로 작용할 수도 있었다. 그러나 이번에도 민주노총(공공운수노조) 가입은 45.2%의 찬성으로 부결되고 말았다. '공공기관 정상화'에 대한 불만이 높아지면서 조합원들의 민주노총 가입 열망이 과거보다 한층 높아지자 한수원 사측이 조직적으로 민주노총을 비방하는 작업을 자행했기 때문이었다.[41] 이러한 비방 과정이 구체적 현실로 드러나자, 민주노총(위원장 신승철)은 6월 22일 한수원 사장(조석)을 명예훼손으로 고소하기에 이르렀다.

3) 국민의 지지를 얻은 철도노조 파업 투쟁

박근혜정부의 공공부문 투쟁의 중심에는 2013년에 전개한 23일간의 철도노조 파업투쟁이 자리하고 있다. 이 투쟁은 과거 4차례에 걸쳐 진행된 철도노조의 파업을 훨씬 뛰어넘는 장기 파업인데다 '철도 민영화'에 대한 비판적 여론을 확산시킨 결정적 계기로 자리잡았다. 박근혜정부 기간 철도노조의 투쟁은 2016년 성과연봉제에 맞서 74일간의 장기파업으로 또다시 구체화되기에 이른다. 2013년 철도노조의 파업은 박근혜정부의 KTX출자회사(수서KTX) 분할에 맞선 투쟁이었다. 수서KTX 분할은 2011년 11월 이명박정부의 대통령 업무보고에서부터 시작되었다. 이명박정부는 2008년 11월 '3차 공공기관 선진화 계획'을 통해 철도공사의 경쟁체계를 도모하기 시작했고, 그 구체적인 정책 수단으로 철도공사 운송 수익의 절대적 비중을 차지하는 고속철도(KTX)의 분할 운영을 검토했다.[42]

그러나 2012년 대선 국면에 진입하면서 '철도 민영화'에 대한 국민적 비판 여론으로 인해

---

41 한수원 노무처장이 2015년 3월 회사 간부들을 대상으로 교육한 내용에는, 원전 반대의 수준을 넘어 △상급단체에 대한 과도한 조합비 납부(65%) △철도파업 주도하고 뒤로 빠지는 민주노총 △민주노총 가입시 이념교육 △회사간부 탄압 등의 악의적인 비난이 포함되었다('민주노총, 한국수력원자력 사장 고소', 시사위크, 2015.6.22).

42 수서발 KTX의 분할 민영화 방안은 2010년 12월 한국교통연구원의 보고서에서 비롯되었다. 수서KTX를 민간사업자에게 30년간 임대하는 방안이었다. 그러나 이 보고서는 2011년까지 공개되지 않았다. 2011년 6월 수서KTX 기공식을 거쳐 본격적인 건설사업이 시작된 후 2011년 12월 27일 국토부장관(권도엽)의 대통령 업무보고에서 비로소 구체화되었다(김영훈, 2014).

이 KTX 분할은 수면 이하로 자리잡았고, 박근혜 대선 후보도 철도·전력·가스 등에 대해 일방적으로 민영화를 추진하지 않을 것을 약속하였다.[43] 대선 당시 제시한 어떤 공약도 제대로 지키지 않는 무책임한 박근혜정부는 철도 민영화 신중 추진에 대한 약속 역시 내팽개쳤다. 이미 2013년 1월 인수위 단계에서 수서KTX 독자 사업 방침이 보고되었고, 이후 4월에는 철도개혁위원회를 통해 수서KTX 분할이 검토되었다. 6월 26일 관계부처가 참여한 가운데 '철도산업 발전방안'이 발표되었고, 여기에 이명박정부에서 준비해왔던 KTX 분할(민영화) 방안이 그대로 반영되었다.

철도노조는 2013년 5월 새 집행부(위원장 김명환) 취임 후 수서KTX 분할에 반대하는 투쟁 계획에 따라, 6월 27일 89.7%의 결의로 파업 투쟁을 결의했다. 철도공사 사장 임명과정에서 정부(국토교통부)의 개입 의혹으로 추천 절차가 다시 진행된 결과, 과거 철도공사 부사장 출신으로 민영화에 대해 회의적 입장을 밝혔던 인사(최연혜)가 10월에 사장으로 임명되었다.[44] 그러나 박근혜정부의 철도공사 사장은 본인의 평소 소신과 관계없이 정부 압박에 굴복하면서 철도 민영화 추진의 '충실한 도구'로 나서기 시작했다.

철도노조와 가진 11월의 교섭 자리에서 철도공사 사장은 객관적 근거 없이 정부 입장을 앵무새처럼 대변하듯 철도산업의 경쟁체계 도입 및 수서KTX 분할이 불가피하다는 점만을 주장했다. 이러한 불성실한 교섭 태도로 인해 철도노조는 파업 투쟁에 돌입할 수밖에 없었다. 기획재정부가 공공기관노조들의 거센 반발에도 불구하고 12월 4일 '공공기관 정상화' 정책을 발

---

43 박근혜 후보는 2012년 12월 17일 철도 민영화 추진계획을 묻는 철도노조에 대해 "철도산업의 발전을 위해서는 장래 남북 대륙 철도 연결, 해외시장 진출, 철도의 공공 기여 등을 종합적으로 고려하여 중장기 청사진이 먼저 결정되어야 하고, 이것을 바탕으로 철도산업 발전산업 발전방안이 추진되어야 할 것"이라고 밝혔다. 앞서, 철도·가스·공항·항만 등의 국가 기간망에 대해 "국민적 협의나 동의없이 효율성만을 고려하여 일률적으로 민영화를 추진해서는 안된"다는 발언들을 종합해 볼 때, 박근혜정부가 철도 민영화를 강행 추진할 것이라고 당시에는 별로 의심치 않았다.

44 최연혜사장은 2012년 19대 총선에 출마(대전, 새누리당 후보)할 당시 이명박정부의 '수서KTX 민영화' 정책을 강하게 비판했던 인사로서, 한국 철도에 대해서도 분할할 정도의 규모가 아니며 규모를 키워 국제 경쟁력을 강화해야 한다고 주장했다. 이러한 과거 태도로 인해 '철도 민영화 저지'를 당면 목표로 한 철도노조 입장에서는 최연혜에 대해 일말의 기대도 가졌었다(김영훈, 2014). 물론 이러한 최연혜의 태도는 이명박정부 초기 정부 정책에 대해 비판적 흐름을 주도했던 집단(예, 친박 그룹)의 정치적 비토 수준의 것에 불과했고, 이후 박근혜정부가 철도 분할-민영화를 추진하자 철도공사 사장으로 이러한 정부 방침에 적극 앞장서게 된다.

2013.12. 수서KTX 분할에 맞서 파업에 돌입한 철도노조

표하며 철도공사에 대해서도 구조조정을 강행할 움직임을 보이자, 12월 9일 철도노조는 파업에 돌입했다. 철도공사 사장은 12월 8일 교섭에 나타나지도 않음으로써 시살상 철도노조 파업을 부채질했다.

철도노조가 파업에 돌입하자 철도공사는 12월 9일 당일 곧바로 노조집행부 및 지부장 등 194명에 대해 고소고발 조치했다. 이어 다음날에는 조합원 1,585명에 대해 직위해제 조치를 내리는 등 전체적으로 8,000명에 달하는 조합원에 대해 직위해제 조치를 내렸다. 또한 노조 간부 490여명에 대해 파면·해임 등 중징계 조치를 내렸고, 116억원의 손해배상 가압류도 청구했다. 12월 10일 철도공사는 이사회를 통해 수서KTX(주) 설립을 의결했고, 정부(국토부)는 12월 27일 수서KTX(주)의 철도운송 면허를 발급했다. 파업 기간 중 정부는 철도노조의 집행부를 체포하기 위해 12월 22일 철도노조 집행부가 농성하고 있던 민주노총 사무실에 공권력을 투입했지만, 집행부 체포에 실패하고 공권력의 폭력성만 드러내었다. 철도노조의 파업투쟁 기간 동안 민주노총(위원장 신승철)은 세차례 총력투쟁 결의대회를 통해 철도노조의 파업 투쟁을 엄호하였고, 공권력 투입 이후 민주노총은 총파업투쟁본부로 전환했다.

정부와 언론은 철도 파업 기간 중 철도노조를 비방하는 악성 루머를 유포하는 등 상식 이하의 태도를 보였다. 철도공사의 고용세습제, 일부 철도역의 과잉 인력 등을 문제삼은 정부와 언론의 보도가 계속되었다.[45] 파업이 장기화되는 상황에서 철도노조는 12월 30일 국회 국토교통위원회에서 〈철도소위원회〉를 구성하여 철도산업 발전을 위한 국회 논의를 진행한다는 약속을 여야 의원(김무성·박기춘)으로부터 받은 후 23일만에 파업을 중단했다. 노조의 파업 복귀 이후 철도공사의 노조 탄압이 가속화되자 민주노총은 철도노조를 엄호하겠다는 입장을 밝히고 2014년 2월 25일 '민중 총파업'을 전개하였다. 철도노조와 주요 공공기관노조(가스·건강보험·국민연금·서울지하철 등)가 참여한 이 총파업투쟁 집회를 끝으로 철도노조의 수서KTX 분할에 맞선 파업 투쟁도 사실상 매듭지워졌다.

철도노조 파업 기간 중 정부가 철도노조 및 조합원들에 대한 비방 여론을 확산시키는 상황에서도, 오히려 철도노조 파업은 국민 여론으로부터 지지를 받고 있었다.[46] 각 대학교에서 "안녕들 하십니까" 대자보가 이어지고, 사회 각계 각층의 지지 연대가 확산되면서 공공부문노조들의 파업 투쟁에 항상 뒤따랐던 '국민 불편' 여론은 잠재워졌다. 12월 28일 민주노총이 주최한 '철도파업 승리를 위한 총파업 결의대회'에는 추운 날씨에도 10만여명의 노동자·시민·학생이 참여를 했으며, 한국노총 지도부까지 합세하여 연대를 확산시켰다.

철도노조 파업을 통해 그간 활동 흐름이 다소 정체되었던 민주노총은 조합원들과 국민 여론 속에 그 위상을 높이는 계기를 마련했다. 이러한 상황들로 인해 2013년 철도노조의 23일 파업은 2002년 발전노조 파업('발전소 민영화 저지'를 앞세운 38일 파업), 2016년 공공기관노조 총파업 투쟁(성과연봉제 저지) 등과 함께 공공부문노조 역사상 '성공한 파업'으로 기록되고 있다. 다만 철

---

45 철도 파업이 장기화될 기미를 보이자 정부와 언론의 악성 비방은 루머는 극에 달했다. 12월 24일 경제부총리(현오석)는 '공공기관 정상화 워크샵' 및 이후 26일 기자회견을 통해 철도공사 직원들의 보수가 유사 업종에 비해 2배 이상 높고 입사하면 평생 고용이 보장되고 자녀에까지 고용이 세습된다고 밝혔다. 당일 동아일보는 정부(국토부) 자료에 근거하여 '하루 승객 15명, 역무원 17명'이라는 보도를 통해 철도공사의 비효율을 질타했다. 철도공사 임금수준이 공기업 중 하위 그룹에 속하고 있고, 년간 수십명의 산재로 목숨을 잃는 상황에서 그들 순직자 중 일부 자녀를 특채한 것을 '고용 세습'이라고 규정한 정부의 발상 자체가 상식 이하의 궤변이 아닐 수 없다. 일부 역의 비효율성 문제 또한 네트워크산업인 철도의 특성상 열차 운전 및 여객·화물 수송에 최소의 필수 인원이 필요하다는 상식을 정부와 언론은 간과하고 있다.

46 12월 18일 여론조사기관 〈리서치뷰〉 발표에 따르면, 철도 민영화에 대한 국민 여론조사 결과, 찬성 32.5%, 반대 61%로 나타남으로써, 철도노조 파업을 계기로 철도 민영화에 대한 국민의 비판 여론이 확산되어 있음을 알 수 있다.

도노조의 파업은 국회에서의 철도산업 발전 논의를 통한 사실상의 중재 절차를 거치며 마무리되면서 철도 민영화 중단은 이후 지난한 과제로 남게 되었다. 민주노총의 투쟁 역시 대외적으로는 '민중 총파업'을 내세웠지만 실제로는 철도노조 파업투쟁을 단순히 지지·엄호하는 수준을 벗어나지 못했다(박태주, 2014).

철도노조의 파업 기간 중 정부와 철도공사가 엄청난 규모의 중징계 및 고소고발 조치 등을 취하는 등 철도 현장의 탄압은 계속되었지만, 철도노조는 5번의 파업 중 유일하게 "함께 갔다, 함께 온다"는 약속을 지키면서 조직적으로 현장에 복귀함으로서 민주노조의 토대는 확고히 유지되었다. 철도노조 간부에 내려진 중징계 역시 노조 임원 및 본부장을 제외하고는 중앙노동위원회 부당해고 심의과정에서 거의 대부분 구제되었고, 철도노조 지도부에게 적용된 업무방해 혐의도 2015년 1월 법원(1심)에서 무죄가 선고되었다. 2017년 2월 대법원도 철도노조 위원장 등 4명에 대해 무죄를 선고한 원심을 확정하기에 이르렀다.

철도노조 파업을 막기 위해 취해진 정부와 철도공사의 강경 대응 조치가 결국 법적으로도 정당성을 받지 못하면서, 철도노조 파업은 실정법으로도 정당성을 인정받은 결과가 되었다. 이러한 철도노조 간부들에 대한 법원의 판결 역시 민영화 반대를 내세운 철도 파업에 대해 국민들의 광범위한 지지가 작용한 결과로 이해될 수 있다.

철도노조의 파업이 마무리되고 철도 구조개편이 본격적으로 진행되던 2015년 2월 대법원은 KTX 승무원들이 제기한 철도공사의 사용자성 관련 원심을 파기하고 서울고법으로 환송했다. 대법원은 철도공사 소속 열차팀장 업무와 철도유통 소속 KTX 승무 업무가 구분되어 있고, 철도유통이 승객서비스업을 위탁 운영하면서 승무원을 직접 관리하고 인사권을 행사했다는 이유로, 철도공사와 KTX 승무원들간에 직접 근로관계가 성립된다고 단정할 수 없다는 판결을 내렸다.[47]

결국 KTX 승무원들의 철도공사 직접고용 책임 판결을 내렸던 서울고법은 대법원 판결에 따라 2015년 11월 파기 환송된 사건에 대해 재심 판결을 취소하고 소송비용을 원고(KTX 해고 여승무원들)에게 부담토록 판결했다. 또한 1심 판결에 따라 지급한 임금을 철도공사가 다시 환

---

47 대법원의 판결은, KTX열차 내에서 철도공사 열차팀장과 KTX승무원 간에 역할이 구분될 수 없는 현실을 간과하고 지극히 형식적인 역할 차이만을 인정했다. KTX열차에 탑승하는 순간부터 KTX승무원들은 이용자의 안전 및 비상시의 조치 등과 관련하여, 철도공사 열차승무원과의 역할이 전혀 구분되지 않는다. KTX를 이용하는 승객 중 상당수가 이들 여승무원을 철도공사가 아닌 자회사 소속이라는 것을 모르고 있을 것이다(필자 주).

수 조치하겠다고 밝힘으로써, 법정투쟁을 포함하여 10년간 직접고용 투쟁을 전개해왔던 KTX 승무원들은 막대한 부채까지 떠앉게 되었다.

대법원 판결 직후 한국철도공사는 2016년 12월에 KTX 승무원 33명에 대해 4년간의 생계비와 이자를 포함한 부당이득 지급명령을 청구했고, 이에 절망한 해고 여승무원 중 1명이 안타깝게 생을 마감하는 일까지 나타났다. 2006년 3월 철도노조 파업과 함께 340명에서 출발한 KTX 승무원들의 투쟁은 10년이 지난 2016년 12월 1/10 수준의 조합원으로 줄어들었지만, 끊임없이 1인 시위를 거듭하는 등 완강한 투쟁이 이어지고 있었다. 2017년에는 KTX 승무원들이 속한 코레일관광개발노조가 철도노조의 지부로 조직화된 상황에서 철도노조 역시 KTX 승무업무의 철도공사 직접고용을 요구하며 투쟁하였다. KTX 여승무원들의 직접 고용 전환 문제는 문재인정부 들어 2018년에 해결책을 모색하기에 이르렀다.

4) 의료민영화에 맞선 국립대병원과 보건의료 노동자들의 투쟁

박근혜대통령은 19대 국회 내내 '일자리 창출'을 앞세워 '서비스산업발전기본법(안)'의 국회 의결을 요구했다. 새누리당 의원들은 2014년 11월 이 법(안)을 국회 상임위에 상정했다. 서비스산업발전기본법(안)은 독소 조항으로 인해 초기부터 반발이 집중되었다. 기획재정부가 주관하는 〈서비스산업선진화위원회〉에 전권을 부여하다보니 공공적 영역(의료 등)의 규제 완화 및 민영화 추진의 도구로 이용될 수 있는 데다, 위원회 구성에서 기획재정부 장관이 민간위원을 추천하도록 되어 있어 결국 정부의 의도대로 악용될 수 있는 근거가 자리잡고 있기 때문이었다. 그러나 박근혜 대통령은 국회가 이러한 문제점을 제기하면서 심의를 거부하자 국회(야당)가 직무를 유기하고 있다며 2015년 내내 공개적으로 국회를 비방했다.

더구나 정부는 2014년 11월 경제자유구역내 영리병원 허용기준을 완화하는 '경제자유구역내 외국의료기관의 개설허가절차 등에 관한 시행규칙' 개정안을 입법 예고하여 영리병원 확대를 추진했다. 더 나아가 박근혜정부는 2014년 '의사와 환자간 원격 의료' 사업을 포함한 의료법 개정안을 발의했다. 이 개정안은 계속된 논란 끝에 국회 상임위를 통과하지 못한채 19대 국회에서 폐기되기에 이르렀다. 2016년 4월 총선 이후 여소야대의 상황 속에서 다시 6월 7일 이 같은 내용의 '의료법' 개정안을 국무회의에서 또다시 의결하고 국회에 송부하였다. 영리병원 확대, 규제 완화 등에 대해서는 보수적 흐름을 지양하고 있는 의사협회도 반대할 만큼 반대여론이 비등했다. 그러나 박근혜정부는 특유의 불통 정치를 앞세워 계속 강행했다.

사실상의 '의료 시장화(민영화)' 정책에 맞서 보건의료 노동자들의 투쟁도 2013년 이후 계속되었다. 2013년 진주의료원 폐업 사태를 계기로 박근혜정부의 의료 공공성 파괴에 맞서 투쟁해온 보건의료노조(위원장 유지현)는 '공공기관 1기 정상화'로 인해 주요 공공기관노조들의 대응이 무기력해지는 2014년 6월에 '의료 민영화 반대'및 '가짜 정상화 저지'를 앞세워 6월 24일 경고파업에 돌입했고, 27일까지 2일간 1차 파업을 전개했다. 이어 보건의료노조는 7월 22일 2차 파업에 돌입하여 27일까지 각 지역별 순환파업을 전개했다.

보건의료노조의 2014년 파업에는 당시 정부의 '공공기관 정상화'에 따라 단체협약 개악 및 취업규칙 개악을 강요받고 있는 대다수 국립대병원지부들(부산대·전남대·전북대·충남대·원자력의학원·적십자사병원 등)이 참여했다. 특히, '공공기관 정상화'와 관련하여 '방만경영 중점관리' 기관으로 지정되었던 부산대병원노조(지부)는 2013년말 노조를 새롭게 재결성한 상태에서 8월 28일 병원 설립 후 58년 만에 최초로 파업에 돌입했다. 보건의료노조는 부산대병원지부 파업을 지원연대하기 위해 8월 28일부터 3일간 연대파업을 전개했다. 이러한 투쟁에 힘입어 자연스럽게 이들 국립대병원 조직(보건의료노조·의료연대본부)들은 연대사업을 복원하기에 이르렀다.

공공운수노조 소속 국립대병원노조(분회)들 역시 '의료민영화 저지' 투쟁에 앞장섰다. 먼저 서울대병원분회(분회장 현정희)는 병원측의 기만적인 '비상 경영' 추진에 맞서 2013년 10월 24일 △선택진료비 폐지 △비정규직의 정규직화 △적정의료시간 보장 △의료인력 확충 등의 요구를 내걸고 파업에 돌입했다. 2013년 박근혜정부 들어 최초의 공공기관노조 파업으로 주목을 받았던 서울대병원분회의 파업은 13일 만에 마무리되었다. 이 파업으로 어린이병원 환자급식의 직영 전환, 환자 진료시간 적정 유지, 비정규직의 정규직 정원 확보 등의 합의를 이끌어냈다.

서울대병원분회는 2014년도에도 6월 27일 의료 민영화에 맞선 1차 시한부 파업을 전개한 이후 7월 21일부터 2일간 파업을 진행했고, 8월 27일부터 5일간 파업을 진행하는 등 국립대병원노조의 중심 조직으로서 의료공공성 강화를 위한 투쟁을 계속했다. 이러한 투쟁은 공공운수노조 의료연대본부(본부장 이정현) 소속 국립대병원 분회들이 정부와 병원측의 단체협약 개악 기도에 맞서 연대투쟁을 준비해온 결과이기도 하다. 서울대병원분회의 투쟁이 계속되는 동안 병원측은 취업규칙(공공기관 정상화 관련) 일방적 변경(조합원 개별 동의 작업)을 추진했고, 노조(분회)에 대해서는 단체협약 해지까지 통보했다.

2014년 국립대병원노조의 투쟁은 경북대병원분회(분회장 김영희)의 투쟁에서 절정에 달하게 된다. '공공기관 정상화'에 맞서 서울대병원분회 등과 연대투쟁을 진행해온 경북대병원분회는 병원측의 임상실습동(칠곡병원) 건립 철회, 방만경영 개선지침 이행 반대 등을 앞세워 2014년 11월 27일부터 전면 파업에 돌입했다. 서울대병원과 마찬가지로 경북대병원에서도 취업규칙 일방 동의 절차를 진행하면서, 노조 파업에 대해 강경하게 대응하였다. 경북대병원분회는 35일간의 파업을 마감하고 2015년 1월 1일 지명 파업으로 전환했다. 사측의 태도 변화가 없자, 2015년 1월에 시한부 파업을 다시 전개하였다. 경북대병원분회 등의 투쟁은 보건의료노조와 공공운수노조 소속 국립대병원노조(지부, 분회)들이 '방만경영 개선'을 앞세운 '1기 정상화'에 끝까지 저항하게 하는 연대투쟁의 밑거름으로 작용했다.[48]

정부는 모든 공공기관들이 '방만경영 정상화' 조치를 2014년 12월 말까지 이행치 않을 경우 2015년 인건비에 대해 불이익 조치를 취한다고 선언했으나 이들 국립대병원에 대해서는 결국 2015년 6월까지 이행 시한을 연장하는 조치를 취할 수밖에 없었다. 충북대병원분회(분회장 이윤경) 역시 2014년 11월 4일 파업 돌입을 앞두고 병원측의 단체협약 개악안 철회, 비정규직 처우개선 및 선택진료비 감면 등의 성과를 내며 정부의 '정상화 방안'의 이행을 저지했다.

2015년에도 투쟁은 이어졌다. 서울대병원 분회(분회장 박경득)는 병원측의 성과급제 도입 및 취업규칙 개악 강행에 맞서 4월 29일부터 전면파업에 돌입했다. 박근혜정부가 들어선 이후 3년 내리 전개한 파업이자 5번째 파업이었다. 정부가 '공공기관 1기 정상화' 이행과 관련하여 서울대병원과 경북대병원이 노조 동의 없이 일방적으로 강행한 데 대해 노조(분회)들이 강하게 저항하여 결국 시행되지 못했다. 정부는 2015년 6월까지 이행 기간을 연장했지만, 이 과정에서 서울대병원측은 단체협약 개악과 성과급제 도입을 동시에 요구하고 나섰다. 서울대병원 경영진의 '돈벌이 경영'에 대한 강한 반감이 확산된 가운데, 분회의 파업은 결국 5월 10일까지 14일간 지속되었다. 결국 병원측은 성과급제 도입 및 단체협약 개악을 포기하기에 이르렀다. 우리나라의 대표 국립대병원이자 중앙병원 위치에 있는 서울대병원에서의 이같은 투쟁은 공공병원 노조들의 박근혜정부에 맞선 투쟁이 확산될 수 있는 계기를 마련해주었다.

5) 에너지 · 국민연금 · 지하철노조들의 투쟁

• 가스공사지부

2002년 철도노조, 발전노조와의 연대파업을 통해 가스산업 구조개편을 저지하면서 10여

---

48 경북대병원 분회의 파업에 대해 보건의료노조는 12월 15일 지지 성명을 통해 경북대병원분회가 내세우는 상시업무의 정규직화, 부족인력 충원 요구 및 '제3병원 건립 중단 요구'도 정당하다는 입장을 발표했다. 지난 2005년 서울대병원지부의 공공연맹 가입 이후 계속 소원해진 보건의료노조와 의료연대본부는 박근혜정부의 '의료 민영화'와 '가짜 정상화'에 맞서 같이 투쟁하면서 지난 2004년 이후 벌어진 간극을 좁히게 되었다.

년간 가스 민영화 저지를 위해 투쟁해온 가스공사지부(지부장 이종훈)은 2013년 6월 가스 민영화의 핵심 법안인 도시가스사업법 개정안이 국회에 상정되면서 또다시 파업투쟁에 나서게 되었다. 노조(지부)는 6월에 4회에 걸쳐 국회앞에 총력결의대회를 거친 후 10월 16일 파업을 결의했다. 이후 12월 2일 수도권 경고파업을 거쳐 12월 11일부터 2일간 국회 앞에서 파업투쟁을 전개했다. 노조 파업으로 가스 민영화 반대에 대한 공론화가 확산되면서, 국회 산업자원위원회에서 야당의원들의 반대로 결국 도시가스사업법 개정안은 의결되지 못했다.[49] 철도노조의 파업투쟁 국면 속에 필수 공공서비스의 민영화에 대한 국민들의 반대 여론이 높아진 덕분이었다.

- 가스기술공사지부

가스공사의 자회사 노동자들로 구성된 한국가스기술공사지부(지부장 현지형)는 그간 상대적으로 동종 공기업(한국전력)의 자회사들에 비해 낮게 유지되어왔던 처우를 개선하기 위해 투쟁해왔다.[50] 이전에 한국노총 공공노련 소속이었던 가스기술공사노조는 지난 2006년 공공연맹으로 조직을 전환한 상태에서 공공노조 전환도 앞장서서 실천했다. 지부는 공사측의 무성의한 교섭 태도를 규탄하면서 2012년 11월 6일 쟁의행위를 결의하였다. 12월 11일 부분파업에 돌입한 후 공사 경영진과의 집중 교섭 및 가스공사 경영진과의 면담에도 상황이 개선되지 않자 12월 24일 전면파업에 돌입했다. 노조(지부) 파업은 해를 넘겨 18일간 이어졌고, 2013년 1월 10일에 잠정합의에 이르면서 가스기술공사지부의 파업은 마감되었다.

당시 정부가 추진중인 공기업 자회사에 대한 경영평가제도 시행에 따라, 한국전력 자회사에 지급되고 있었던 성과급(경영평가성과급)을 가스기술공사도 시행하는 것으로 노사 합의가 이뤄짐으로써 파업이 마감된 것이다. 그러나 가스기술공사의 이 합의는 2013년 내내 지켜지지 않았고, 게다가 2014년에는 '공공기관 정상화'에 따른 '방만경영 중점점검기관'에 가스기술

---

49 김한표의원(새누리당) 등이 발의한 도시사업법 개정(안)은, SK·GS 같은 직수입자(에너지 대기업)들이 자가 소비를 넘어 국내에서도 천연가스를 판매토록 함으로써, 가스공사가 독점하는 천연가스 도입·도매체계를 와해시켜 천연가스산업을 단계적으로 민간 에너지 대기업이 운영하도록 한 전형적인 '가스산업 민영화' 법안이었다.

50 한국전력 산하 자회사들에 대해서는 별도의 경영평가를 통해 성과급이 지급되는데 반해, 가스공사 자회사인 가스기술공사에 대해서는 이같은 성과급이 없었다. 이는, 결과적으로 동종 유관기관에 비해 가스기술공사의 처우가 낮게 형성되는 원인으로 작용하고 있었다.

공사가 포함되면서 또다른 노동조건 개악에 시달리게 되었다. 정부는 공공기관 정상화에 따라 '기타공공기관'에 대해서도 2014년부터 경영평가를 실시하겠다고 했으나, 가스기술공사 등과 같은 일부 공기업 자회사에 대해서는 경영평가에 따른 인센티브성과급을 제대로 인정치 않고 있었다.

- 국민연금지부

박근혜정부 초기 기초노령연금 개악에 맞서 투쟁해온 국민연금지부(지부장 박준우)는 당면한 임금·단체협약 갱신(정년연장 합의이행, 해고자복직, 성과평가제 개선 등)을 위해 2013년 11월 6일 쟁의행위를 결의하였다. 11월 21일 파업 출정식을 거쳐 11월 28일부터 12월 5일까지 지회별 순환 파업을 계속했고, 철도노조 파업이 절정에 달한 12월 23일 잠정 합의에 이르게 된다. 노조의 주요한 요구인 해고자 복직이 합의되었고, 성과평가제 폐지 등의 성과를 낸 반면, 관심을 모았던 정년 연장 합의 이행은 결실을 맺지 못했다. 보건복지부 산하 대표적 공공기관인 건강보험공단 등의 정년 연장 문제와 연계되어 1개 공공기관이 독자적으로 해결할 수 없는 것이었기 때문이다.

이후 2015년 국민연금공단 이사장으로 전 복지부 장관이었던 문형표가 낙하산으로 취임하자, 노조(지부)는 강하게 항의하며 출근을 저지했다. 박근혜정부의 기초노령연금 개악을 주도했을 뿐 아니라, 2015년 메르스(MERS) 사태의 책임을 지고 물러난 문형표를 박근혜정부는 상식을 뒤엎고 기관장으로 임명했다. 문형표는 2016년 삼성물산과 제일모직의 합병 과정에서 삼성그룹 총수(이재용)의 경영권 세습을 국민연금이 뒷받침해주는 '정치적 적폐 행위'에 앞장섰고, 이후 2017년 2월 박근혜대통령 탄핵 과정에서 이재용 등과 함께 구속되었다.

- 대구지하철노조

서울지하철·인천지하철·부산지하철·서울도시철도 등 지하철노조에서는 2010년 지방선거 이후 지난 2004년 연대파업으로 해고되었던 노조 간부들이 속속 복직되고 있었지만, 보수정치의 아성인 대구시에서 이러한 흐름이 전혀 없었다. 2004년 지하철노조 연대파업도 대구지하철에서는 장기간 이어졌고, 외주화가 계속 이어지면서 2005년 말에 투쟁이 마감된 바 있었기 때문에 대구시의 반노동자적 행정은 더욱 주목되었다. 더구나 대구지하철노조에는 2011년 민주 집행부 출범과 함께 별도의 복수노조가 들어서면서, 민주노조의 활동 기반이 후퇴되어 있었다.

이러한 상황에서 대구지하철노조(위원장 이승용)는 13명의 해고자에 대한 복직을 위해 2013년 9월부터 천막농성을 전개하면서 대구시청앞 규탄투쟁을 계속 전개했다. 노조는 이와 함께 당시 역무 외주화 및 무인 승무가 예정된 대구지하철 3호선의 안전 확보를 위한 시민사회 와의 연대사업도 전개했다. 대구지하철노조의 해고자 복직을 위한 끈질긴 투쟁은 결국 2014년 4월에 결실을 거두게 되었다. 비록 정부의 '공공기관 정상화' 방안 일부를 양보하는 데 따른 대가이긴 하지만 2004~5년 파업 투쟁으로 해고된 10여명의 동지들이 무려 10년만에 복직하게 된 것이다.

- 한국전력기술노조

2013년 한국수력원자력과 한국전력기술 등 원자력발전 기관에서 원자력 설계와 관련된 비리로 인해 검찰 수사가 진행되는 중, 한국전력기술에 소위 '원자력 마피아'로 분류되는 인사 가 주주총회에서 사장으로 임명되었다. 이에 전력기술노조(위원장 김성도)는 신임 사장이 원자 력발전 분야의 비리 구조에 대한 근본적 개선 없이 전력기술 노동자에 대해 책임을 전가할 것 이라는 우려가 제기되어, 2013년 10월 15일부터 사장 출근 저지 투쟁에 돌입하였다. 실제 신임 사장은 임명 과정에서 회사 운영과 관련한 노조의 현안 질의도 묵살하는 등 일방통행식 경영을 강행하겠다는 태도를 보였다.

출근 저지 투쟁 4일만에 사측이 물리력을 동원하여 취임식을 강행하자, 노조는 이후 11월 8일까지 공공운수노조 환경에너지협의회와 경기지역본부의 연대하에 집회·농성들을 계속했 다. 결국, 신임 사장이 회사 운영 전반에 대해 노조와의 원만한 협의를 약속하면서, 노조의 출 근 저지 투쟁도 마감되었다. 비록 짧은 기간 노조가 투쟁했지만, 한국전력기술의 인사 갈등은 우리 사회에 존재하는 '원자력 마피아'의 실체를 보여주었다는 의미에서 매우 상징적인 사건이 었다.

6) 지역 공공의료원 및 사회서비스 공공성 사수 투쟁
- 진주의료원 폐업 조치와 보건의료 노동자들의 투쟁

18대 박근혜 대통령 취임식 다음 날인 2013년 2월 26일 홍준표 경남지사는 진주의료원의 재정 적자를 이유로 폐업을 발표했다. 2개월전 대통령 선거와 같이 치러진 경남지사 보궐선거 에 당선된 홍준표는 "경남도의 공공의료를 살리기 위해" 진주지역 거점 공공병원인 진주의료원 을 폐쇄한다고 발표한 것이다. 진주의료원의 누적 적자를 이유로 한 발표로서, 홍준표는 진주의료원 노동자의 인건비를 의료원 적자의 주범으로 몰았다. 이후 3월 7일 경남도는 '진주의료원 해산 조례안'을 입법 예고하면서 3월 18일~30일 휴업 예고를 통해 환자들을 내몰기 시작했고, 급기야 5월 29일 폐업을 발표하기에 이른다. 6월 11일 경남도 의회는 '진주의료원 해산 조례안'을 날치기로 의결하였고, 7월 24일에는 진주의료원 간판마저 철거하는 등 사실상 폐쇄조치를 완료했다. 보건복지부는 6월 13일 경남도지사에세 조례안 재의를 요구했으나 경남지사는 이를 거절했다. 공공의료 확대를 대선 공약으로 내세운 박근혜정부는 경남도의 폭거에 대해 별다른 조치를 취하지 않았다.

열악한 처우에도 불구하고 지역의 공공거점병원에서 종사하던 진주의료원 노동자들은 졸지에 '해고 폭탄'을 맞게 되었다. 3월 12일 보건의료노조 진주의료원지부는 경남도청 앞 농성을 전개하기 시작했고, 휴업조치와 함께 폐업이 임박하면서 3월 27일부터 조합원들이 단식 농성에 돌입했다. 4월 9일 진주의료원 환자들이 휴업처분 무효 확인 소송을 제기했고, 4월 11일에는 경남도의회 소속 야당 의원 11명이 의회 본회의장 점거 농성에 돌입했다.

민주노총이 4월 13일 창원(경남도청)에서 전국노동자대회를 개최하는 등 노동자·시민들의 투쟁이 가열되며 진주의료원 폐쇄에 대한 비판 여론이 확산되자, 4월 23일 경남도는 폐업 조치를 유보하고 보건의료노조와 협상을 하겠다고 약속했다. 경남도는 휴업 조치를 5월 31일까지 연장한다고 발표했으나 경남도의 일방적 태도로 인해 협상은 계속 공전되었고, 경남도의회는 5월 23일 조례안을 본회의에 상정했다. 5월 24일부터 보건의료노조위원장(유지현)의 단식이 시작되었으나 결국 경남도는 폐업을 강행하기에 이르렀다.

진주의료원 폐업 사태는 단순히 경남 지역 공공병원 1개의 폐업 문제가 아닌 여러 요인들이 잠복하고 있었다. 먼저 진주의료원의 부채는 2012년말 기준으로 279억원인데 이 부채의 80% 가량은 2008년 진주의료원 신축 이전 당시 경남도가 지원해야 할 비용을 병원 측에 떠맡긴 것이었다. 경영상 적자라고 보기 힘들었던 것이다. 더구나 다른 지방의료원 역시 진주의료원처럼 300 병상 이상일 경우 부채가 평균 260억원 수준에 있었기 때문에 진주의료원의 부채가 특별히 심각하다고 볼 수 있는 상황도 아니었다. 이는 지역거점병원이 열악한 조건 하에서 공공의료 서비스를 제공하는 한계로 인해 적자가 불가피하고 이를 공공 예산으로 지원하는 것이 공공의료체계의 기본적 운영 흐름임을 보여주고 있다.[51]

---

51 진주의료원은 전국의 39개 지역거점 공공병원의 하나로서, △의료안전망 필수진료과 운영 △필수응급시설 △장애인전문 산부인과·치과 △호스피스병동 △보호자없는 병실 운영 △ 공공의료보건사업(저소득층·노

더구나 진주의료원은 2008년 이후 누적 적자로 인해 4년간 임금 돌결 조치가 계속되고 있었기 때문에 인건비 부담이 크다고 할 수도 없었다. 결국 진주의료원 폐업 조치는 지방정부의 재정을 핑계로 한 공공의료 포기의 상징적 사건이다. 당시 경남도지사가 적자 운영의 책임을 노조에 전가시켰던 것은 결과적으로 당시 박근혜정부의 '공공기관 정상화' 흐름과도 맥을 같이 한 반노동자적 발상이었다.

국민행복 실현을 통치 공약으로 내세운 박근혜정부의 출범 당해 연도에서 발생한 경남도지사의 폭거는 결국 박근혜정부의 공공의료 및 복지 후퇴 정책의 취약한 단면을 보여주었다. 박근혜정부가 2013년에 보여준 잇따른 복지 공약 파기는 이같은 흐름을 반영하고 있다. 이후 속초에서도 의료원 폐업이 거론되었으나, 진주의료원 폐업 저지 및 재개원 투쟁을 통한 공공병원의 사회적 가치가 공론화됨에 따라 이후 타 지역의료원의 폐원 문제는 수면 이하로 가라앉게 된다.

진주의료원 폐업 문제는 결국 법적으로 결론지워졌다. 이후 2016년 8월 30일 대법원은 진주의료원 폐업 처분의 취소를 청구하는 소송에 대해 기각 판결을 내림으로써 진주의료원 폐업은 법적으로 정리되기에 이르렀다. 대법원은 경남도지사(홍준표)의 폭력적 공공병원 폐쇄를 용인함으로써, 우리나라 법원이 지닌 공공병원의 존립 가치에 대한 후진적 인식 수준을 드러냈다.

이후 홍준표 경남지사는 박근혜 대통령 탄핵 이후 치러진 2017년 5월 대통령선거에 자유한국당(새누리당 후신) 후보로 출마하면서, "일 안하는 강성노조"의 상징으로 진주의료원을 지목했고, 여기서 더 나아가 '강성 귀족노조의 대명사'인 민주노총을 해체하겠다는 폭언도 서슴지 않았다. 결국 이는 진주의료원의 폐업이 노조를 부정하는 정치적 폭력에 의해 진행되었음을 인정하는 상황이었다. 이러한 반민주적 폭거를 제지할 만한 최소한의 토대마저 박근혜정부에는 존재하지 않았다.

진주의료원은 이후 2020년에 재개원 결정을 내리기에 이른다. 2019년 11월 정부(보건복부)가 경남 서남권 공공 의료기관 확충 방침을 밝힘에 따라, 2020년 1월부터 경남도는 〈진주권 공공의료 확충 공론화위원회〉를 구성하여 각계 전문가들이 참여한 가운데 논의를 거쳐 2020년 8월에 재개원 결정을 내리게 된다.

인 인공관절 무료 수술, 거동불편 독거노인 무료 방문치료, 지역사회 보건교육과 의료지원 등) 등 당시 매년 7억원 이상의 공공의료사업을 수행하고 있었다. 따라서 진주의료원의 적자는 공익성 사업으로 인한'착한 적자' 성격을 지니고 있었다(참여연대사회복지위원회, 2013).

- 노조 탄압 및 병원 폐업에 맞선 청주노인병원 노동자들의 투쟁

한편, IMF체제 이후 확산되어오던 사회서비스의 민간 위탁 및 사회서비스 노동자들의 고용 위기는 청주노인병원 투쟁에서 그 단면이 드러난다. 청주시는 2009년 6월 개원한 청주노인병원을 민간 위탁 체계로 운영 중이었는데, 2011년 11월 위탁업체 변경 이후 노동강도가 강화되면서 갈등이 계속되어 왔다. 이후 2013년 1월 조합원에 대한 부당해고가 발생하자 노조(의료연대 청주노인병원분회)는 이에 반발하며 3월 29일 파업에 돌입했다. 4월 15일 청주시청앞 집회과정에서 경찰의 폭력 진압으로 시청 농성이 시작되었다. 청주시의 중재로 노조 농성은 중단되었으나, 파업 종료 이후 5월 초 11명에 대해 집단해고 조치가 이뤄졌다. 게다가 6월에는 일방적 근무형태 변경까지 이뤄졌다. 노조(분회장 권옥자)의 청주시장 면담 이후 해고된 조합원의 일부 복귀가 이뤄졌으나 병원장의 교섭 불참으로 교섭은 결렬되었고, 결국 10월 다시 파업에 돌입하렸고 분회장은 노숙·단식농성에 돌입하였다.

청주시 개입 하에 11월에 해고 조합원들이 현장에 복귀했으나 병원측은 또다시 분회장을 포함하여 10명의 조합원을 해고 조치하였다. 2014년 초 청주시의 중재 아래 노조분회장 등이 복직되어 노사간 원만한 관계가 한동안 이어졌지만, 2015년 1월 병원측은 간병인의 근무형태 개악을 추진하였고, 노조(분회)는 이에 맞서 3월부터 파업에 돌입했다. 파업 돌입 직후 병원 위탁 운영자는 병원 운영 포기를 선언하면서 5월에 소속 노동자 60여명 전원을 해고했고, 6월에 병원은 결국 폐업했다. 끊임없는 부당해고 및 복직 절차의 반복이 이어진 끝에 결국 위탁 사업자가 병원 운영을 포기한 것이다.

병원장은 병원 폐업 조치에 대해 '노조의 무리한 요구와 투쟁의 결과'라고 책임을 전가했지만, 이는 사실상 진주의료원과 같은 병원노조 무력화 및 공공의료 행위의 포기를 염두에 둔 것이었다. 노조(분회)는 이후 2016년 5월까지 400여일 넘게 전면파업과 농성투쟁을 계속했고, 청주시는 2016년 5월 4차에 걸친 위탁 선정 절차를 진행한 끝에 새로운 운영자를 선정했다. 청주노인전문병원은 7월 25일 새 운영자와 합의 끝에 노조 분회장을 포함한 조합원 전원에 대해 복직 조치를 내리기로 함으로써 2013년 1월부터 시작된 노조의 장기 투쟁은 사실상 마감되었다. 6월 25일 청주시와 노인전문병원 위탁계약을 한 인수자(청주병원)와 조합원 전원의 고용 승계가 합의되고 7월 중순 병원이 재개원됨에 따라, 7월 4일 노조(분회)는 청주시청 앞에서 천막농성 해단식을 가지면서 455일 만에 투쟁을 정리했다.

청주노인병원의 투쟁은 사회서비스 노동자들의 끈질긴 투쟁으로 병원 폐업 및 부당해고를 막아낸 성과로 볼 수 있으나, 한편으로는 취약한 사회서비스시설 민간 위탁 체계의 단면을

명확하게 보여주었다. 사회서비스 공급체계에서 영리 사업자에 대한 민간위탁이 계속되면서, 사업자의 영리 확대를 위한 노동자들 노동조건 악화, 부당해고 및 노조활동 억압과 함께, 노조 투쟁이 이어지면 폐업 조치를 하는 사회서비스시설 운영 체계의 취약한 현실을 제대로 보여준 것이다.

7) 중앙정부와 차별화를 시도하는 서울시의 노동존중 실험

- 지하철공사 통합

2014년 박근혜정부의 공공기관 정상화 및 철도 KTX 분리 운영 등이 본격화되는 과정에서 서울시는 이와는 다른 '공공기관 경영효율화' 방안을 모색한다. 2014년 12월 서울시는 2016년 말 완전 통합을 목표로 서울메트로(1~4호선)와 서울도시철도(5~8호선)의 통합 추진을 공식 발표했다. 지하철공사의 통합은 운영비용을 감축하고 부대사업 공동 추진으로 인한 경영 효율성을 높이는 장점과 함께, 노조 역시 통합의 필요성을 주장해왔다는 점에서 박원순시장의 통합 구상은 공공부문 구조개혁과 관련하여 철도 운영 분리를 추진해온 박근혜정부와는 차별화된 정책으로서 사회적으로 관심이 집중되었다(이영수, 2014).

이미 박원순시장은 2011년 취임 이후 비정규직 정규직화 등 친노동 정책을 구체화하고 있었고, 이러한 중앙정부와는 차별화된 노동정책으로 인해 서울시 산하 투자·출연기관에서는 노사정 협의 흐름이 가동되고 있었다. 이에 따라, 서울시·지하철공사·지하철노조가 참여하는 양 공사 통합추진기구가 운영되고, 이와는 별도로 서울시 노사정협의회를 병행하면서 통합 준비에 박차를 가했다. 이같은 논의가 구체화되어 2014년 말 서울시는 양 공사의 통합 방안을 발표하기에 이르렀다.

이 통합 방안은 초기에는 양 공사 통합에 따르는 구조조정 가능성이 제기됨에 따라 노조들이 쉽게 수용하지 못했으나, 2015년 4월 박원순 서울시장이 노사정협의회에 참석하여 "어떤 경우에도 인력감축과 같은 구조조정은 없다"고 약속함에 따라 통합 논의가 시작되었다. 이에 따라, △참여형 노사관계 모델 △근무형태(4조2교대 시범 운영) △임금 불이익 예방 △중복인력 조정을 통한 효율화, 안전업무 강화 등을 중심으로 한 노사정합의서가 2016년 3월 15일 발표되기에 이르렀다. 논란이 되었던 인력 감축에 대해서는 인위적으로 추진하지 않고 자연 감원(정년 도래시)으로 대체하겠다고 함으로써 구조조정에 대한 불안을 예방하도록 했다. 이제 남은 것은 노조의 동의 절차였다.

당시 서울도시철도공사는 하나의 노조로 통합(5678도시철도노조)되어 있었지만, 서울지하철공사(메트로)는 총연합단체가 상이한 두 개의 복수노조가 활동하고 있었다. 그런데 양 공사 통합에 따른 직종(승무·기술 등)간 이해 교차, 미래 구조조정 가능성 등이 작용하면서 서울지하철노조(위원장 김현상) 내에서는 반론도 만만치 않았다. 일부 지부에서는 반대 입장까지 발표했다. 일각의 우려가 사실로 확인된 듯, 2016년 3월 29일 치러진 노조 조합원 총회에서 서울지하철노조와 서울메트로노조(2노조)에서 각각 51.9%, 52.7%의 반대로 인해 통합 방안은 부결되었다. 서울도시철도노조(위원장 명순필)만이 통합에 찬성(71.4%)하였다. 서울지하철노조는 통합 투표 부결 이후 극심한 내홍에 직면했다. 대의원대회를 통한 노조 정상화(집행부 사퇴 및 보궐 선거 등)를 논의했으나 결론없이 회의가 공전되자 노조위원장은 사퇴를 선언했다. 애당초 노사정 합의에 따라 모든 노조의 동의를 전제로 한 통합 추진이었던 만큼 두 노조의 반대로 인해 2016년에 추진되었던 서울의 지하철공사 통합은 실패했다.[52] 박원순시장 역시 4월 21일 노조의 통합 결의 실패를 받아들임으로써, 노사정 협력 체계를 통해 서울시가 추진한 '실험'은 1차적으로 벽에 부딪히게 된다.

박원순시장이 서울시 산하 공기업의 노사정 협력 및 민주적 지배구조의 실험을 하는 동안에도 여전히 서울메트로와 도시철도공사는 구시대적 유산 속에 지하철 노동자들은 인권과 지하철 안전 문제가 사각지대에 있었다. 1인 승무를 하고 있는 서울도시철도의 경우 2003년 이후 9명의 기관사가 목숨을 끊는 '죽음의 행렬'이 계속되었다. 계속되는 기관사의 자살로 인해 서울시는 이미 2012년 3월에 박원순시장 지시로 지하철 최적근무위원회를 구성하였고, 2014년 4월에는 힐링센터를 설치 운영했으나, 이같은 노력에도 불구하고 2014년 9월에 또 1명이, 그리고 2016년 4월에 또다시 1명이 생을 마감했다.

2인 승무 체제인 서울메트로와 달리 1999년부터 일찍이 1인 승무를 선도했던 도시철도공사는 운행거리가 훨씬 더 높게 나타나고 있다.[53] 이러한 현실은 노동강도와 스트레스가 도시철도공사 승무원들에게서 더 높이 나타날 수 있다는 점을 시사한다. 그러나 도시철도공사의 권위

---

52 서울지하철노조의 공사 통합 부결에 따른 노조위원장 사퇴로 2016년 5월에 새롭게 선출된 서울지하철노조의 위원장(최병윤)은 △상대적으로 고령층이 많은 서울메트로의 특성으로 인한 직종별·직급간 이해 편차 △일부 지부의 근무형태 차이 △통합 부결 후 재협상을 통해 유리한 방안이 도출될 것이라는 기대감 등이 부결 원인으로 작용한 것으로 진단했다(〈참여와 혁신〉 인터뷰, 2016.7.11).

53 2016년 당시 서울메트로의 전체 영업연장 길이는 137.9km인데 반해, 서울도시철도공사의 전체 영업연장 길이는 162.2km로서 훨씬 높게 나타나고 있다.

적 조직 운영, 지방공기업에 대한 경영평가에서 안전성보다 운행 효율성이 중시되는 구조적 요인이 복합적으로 작용하면서 도시철도공사에서는 이에 대한 예방 조치를 제대로 기울이지 않았다.

2008년 이후 외주화가 본격화되었던 서울메트로 역시 안전업무의 외주화 논란이 계속되는 상황에서 2016년 5월 28일에 구의역에서 스크린도어 안전검사를 하던 19살의 외주(은성 PSD) 노동자가 역에 진입 중이던 전동차에 치여 참혹하게 사망한 사건이 발생했다. 스크린도어 안전검사 담당 외주 노동자의 죽음은 2014년 성수역과 2015년 강남역에 이어 매년 발생하고 있었다.

박원순 서울시장은 이후 즉각 지하철공사의 외주위탁 업무에 대해 직영으로 전환하겠다고 발표했으나, 외주 위탁과 안전 불감증 속에 생을 마감한 젊은 노동자의 억울한 죽음 앞에 우리 사회는 또한번 효율성 중심의 공공기관 운영이라는 일그러진 단면을 보여주었다. 또한 공공기관 운영과 관련하여 외주 위탁 등의 재무적 효율성이 강조된 결과 공공기관 노동자의 안전이 어떻게 간과되었는가를 보여준 사례이다.

앞서 박원순시장이 '노동 존중'의 기치 아래 2012년에 발표했던 공공기관 간접고용 비정규직의 직접고용으로의 전환이 더디게 진행되는 과정에서 발생한 참사라서 더욱 안타까운 상황이었다. 사건 직후, 노조(공공운수노조 및 서울지하철·5678도시철도노조)와 시민사회단체는 〈구의역사고시민대책위원회〉를 구성하여, 서울시와는 별도로 진상조사단을 운영하면서 사고 원인을 진단하고 대안도 제시했다. 이 사고와 관련하여, 서울시는 공공기관의 상시·안전업무 종사자에 대한 정규직 전환 및 스크린도어 교체 등의 안전대책을 구체화했고, 노조는 이에 대해 비정규직·외주화 폐지와 노동자·시민 안전을 위한 조치들을 적극적으로 구체화하기 시작했다.

한편 진상조사단은 2016년 9월 지하철 공공성 강화의 일환으로 △양 공사 통합 필요 △안전시설 유지관리 직영화 △심야 연장 운행 폐지 △안전업무직 노동자 정규직화 등을 제안했다. 이러한 노동조합 활동 및 진상조사단 제안 등이 결합되면서, 자연스럽게 2015년 3월에 노조 반대로 무산되었던 양 지하철 공사 통합 필요성이 다시 제기되기 시작했다. 양 공사 통합 논의의 필요성 제기에는 2016년 하반기 서울시의 친노동 정책 흐름도 한 몫을 했다

△서울메트로 구의역 사고 대책 △서울시 투자·출연기관 노동이사제 제도화 △서울시 투지기관의 집단교섭을 통한 성과연봉제 저지 등의 변화된 환경 속에서 2016년 10월 10일 서울지하철노조와 5678도시철도노조는 7개월 전에 서울지하철노조 반대로 부결되었던 공사 재통합 논의에 참여하겠다는 입장을 밝힌다. 앞서 서울 구의역 외주노동자 사망사건 진상조사 결과

와 함께, 서울시의회 민생실천위원회 역시 공사 통합을 제안한 점도 재통합 논의의 배경으로 작용했다. 물론, 직접적인 계기는 9월 공공기관노조 연대총파업 및 집단교섭 합의였다고 볼 수 있다.

노조들의 입장 발표에 따라 1개월의 재논의 끝에 노사정합의서 등의 잠정 합의안이 마련되었고, 11월 9일 노조 찬반 투표 결과, 서울지하철노조 68.2%, 서울메트로노조 74.4%, 도시철도노조 81.4%가 각각 찬성하여 잠정 합의안이 통과되기에 이르렀다.[54] 2017년 3월 「서울교통공사 설립 및 운영에 관한 조례」가 제정되었고, 5월 31일 서울교통공사가 출범하게 되었다. 서울지하철노조의 역량 분산을 목표로 서울시가 1994년 서울도시철도공사를 분리 설립된 지 23년 만에 드디어 서울지하철(1~4호선)과 서울도시철도(5~8호선)가 통합되기에 이르렀다. 이제 남은 것은 통합 논의를 주도했던 서울지하철노조와 서울도시철도노조의 통합이었다. 노조 통합은 2017년 5월 구체화되기에 이른다.

• 공공부문 비정규직 대책

2012년부터 중앙정부와 차별화된 비정규직 대책을 추진해왔던 서울시는 2016년 들어 또다시 한발 앞선 비정규직 대책을 구체화하기에 이른다. 5월 1일 박원순 서울시장은 비정규직 정규직화 정책 4주년 간담회에 직접 참여하여 비정규직 대책 추진의 실효성을 점검하였다. 아직도 간접고용이 계속 남아 있고, 비정규직에 대한 임금 및 노동조건 차별이 존재한다는 점이 이 간담회를 통해 공유되었다.

이후 서울시는 8월 11일 '서울시 노동혁신대책'을 발표하면서, 2018년까지 비정규직 비율을 3% 이하로 축소하고, 민간위탁 비율도 10%로 낮추겠다고 발표했다. 이에 따라 그간 계속 논란이 되어 왔던 지하철 핵심 업무와 다산콜센터의 직영화 논의도 구체화되었다. 정규직 전환 비정규직의 임금 차별도 단계적으로 해소하여 2018년까지 70%까지 끌어올리기로 했고, 노동 현장의 안전대책을 통해 산업재해 발생 우려가 있는 작업장에 전문가로 구성된 '노동현장종합 점검반'이 현장 점검을 하여 안전장비의 교체 및 유해환경 노출이 많은 노동자들에 대한 특수

---

54 잠정합의안에는 △4년간 1,029명 인력 감축(자연 감원, 유사·중복업무 인력 재배치 등) △4조2교대 근무형태 운영(노동자 건강권) △근로자이사제 도입 △도시철도 승강장 안전문(PSD) 관리 인력 증원 △서울메트로 구내운전 직영화 등이 포함되어 있다. 이전 2016년 3월 잠정합의에 비해, 근무형태 및 지하철 안전 대책이 좀더 구체화된 셈이다.

건강진단도 실시한다는 구체적인 계획을 발표했다.

　서울시의 '노동혁신대책'에 대해 공공운수노조는 8월 12일 논평을 통해 "지금까지 나온 정부와 지장자치단체의 비정규직 정책 중 가장 전향적이고 근본적인 해결에 접근한 정책이다"라면서 환영의 뜻을 표했다. 적어도 박근혜정부의 '비정상적 공공기관 정상화'가 지배적이었던 2016년에 서울시는 이와는 분명히 다른 '노동존중'의 실험이 구체화되고 있었다.

　서울시의 공공부문 비정규직 정규직화 대책은 이후 문재인정부의 정책으로 상당수 계승되었는데, 5년간의 정책을 되돌아 볼 때 문재인정부의 정규직화 정책은 서울시에 비해서도 분명히 미흡한 측면이 있다. 공공기관의 간접고용(외주화) 노동자들의 정규직화 방안을 보면 문재인정부가 자회사 중심의 정책을 추진한 반면, 서울시는 직접고용 중심의 정책을 추진했다는 점이다. 이는 서울교통공사와 세종문화회관 등 서울시 산하 지방공기업과 출연기관을 대표하는 기관에서 확인되고 있다. 또한 지자체 간접고용(민간위탁)의 경우 문재인정부는 정규직화를 사실상 포기한 반면, 서울시의 경우 비록 직접고용은 아니더라도 공공기관을 통한 정규직화 방안을 추진했다는 점이다. 대표적으로 다산콜센터재단이 여기에 해당된다.

- 노동이사제 선도적 도입

　2016년 1차 지하철공사 통합 무산 이후 서울시는 2016년 4월 27일 '노동존중 특별시 서울 2016' 내용과 관련하여 산하 15개 투자·출연기관에 대해 노동이사제 도입을 구체화하겠다고 선언하고 이를 위한 조례 제정 작업에 착수했다. 노조 대표를 경영진의 일원으로 설정하여 공사 경영에 직접 참여시키겠다는 구성은 유럽(독일·프랑스 등)의 선진화된 노조 경영참여 모델이다. 2016년 9월 서울시는 「투자·출연기관 근로자이사제 도입에 관한 조례」를 발표하였고, 이에 따라 서울교통공사를 비롯한 5개의 투자기관 및 세종문화화관을 비롯한 11개 출자출연기관에 대해 2017년부터 노동이사제가 사행되기 시작했다. 서울시의 선도적 시행을 계기로 2021년 12월까지 전국의 10개 광역 자치단체 산하 투자·출연기관에서도 노동이사제가 확대 시행되고 있다.

　다만 노동이사제 시행이 노조의 요구가 아닌 지자체장의 선도적 의지에 따라 시행되었고, 노동이사제 운영의 한계(노조와의 관계, 노동이사제 지위 등)로 인해 시행 초기에 상당수 지자체 투자·출연기관의 노동이사제가 노동조합과의 온전한 유기적 협력관계를 맺지 못한 것으로 알려지고 있다. 이는 노동이사제 제도 측면에서 비롯된 것이기도 하지만, 오히려 서울시 산하 투

자·출연기관 노동조합들이 노동이사제에 대한 충분한 준비를 못한 데서도 비롯되었다.[55]

이같은 한계와 우려는 중앙정부 산하 공공기관에 2022년 8월부터 전면적으로 시행됨에 따라 이후 공공기관노조들 전체 대응 역량으로 극복할 수밖에 없다. 제도적 한계와는 무관하게, 공공기관노조를 '방만 경영의 공범'으로 인식했던 박근혜정부 시기에 서울시가 이러한 '참여형 노사관계 모델'을 선도적으로 구축했다는 점에서 매우 시사적 사건이 아닐 수 없다.

- 성과연봉제 도입 관련 집단교섭 추진

한편 2016년 9월 중앙정부 산하 공공기관노조들과 공공기관 성과연봉제를 반대하는 연대 총파업에 참여했던 서울지하철노조 및 5678도시철도노조는 서울시가 마련한 투자기관 노사간 집단교섭에서 합의('서울시 투자기과 성과연봉제 관련 집단교섭 노사합의안')에 이르면서 투쟁을 마무리했다. 2016년 9월부터 진행된 공공기관노조 총파업 투쟁 과정에서도, 서울시 산하 5개 지방공기업 노사는 성과연봉제에 대한 집단교섭을 진행하였다.

교섭권을 위임받은 공공운수노조의 4개 노조(SH공사 제외), 지방공기업연맹(SH공사노조 소속)과 5개 지방공기업 사용자들은 집단교섭, 서울모델협의회 공익위원을 중심으로 한 사적 조정 등을 거쳐 9월 29일 "성과연봉제는 노사합의사항"임을 확인하는 내용을 중심으로 한 합의를 도출하였다.[56]

이 합의는 지방공기업 사상 최초의 집단교섭이 구체화되었다는 점, 성과연봉제 강행을 추진하는 중앙정부와 분명한 차별화된 정책 흐름을 보였다는 점에서 매우 시사적인 의미를 지니고 있고, 이러한 합의가 가능했던 것 역시 박원순 서울시장의 친노동 정책과 무관치 않다. 합의 직후 중앙정부(기획재정부·행정안전부·고용노동부)는 9월 30일 공동 성명을 통해 서울시 투자기

---

55 서울시 산하 투자·출연기관에 도입된 노동이사제는 노조들의 요구로부터 비롯된 것이 아니라, 노동 친화적 행정을 내세운 박원순 서울시장이 진보·개혁 진영 연구자들을 정책에 참여시킨 데 따른 것이다. 이로 인해 서울시 산하 투자·출연기관의 노동이사제 운영과 관련하여 관련 노조들의 대응을 하나로 묶는 것들이 초기에는 쉽지 않았다. 서울시의 선도적 사례를 원용한 다른 광역 지자체 산하 지방공기업의 경우에도 이런 흐름이 유사하게 나타났다(필자 주).

56 '서울시 투자기관 성과연봉제 관련 집단교섭 노사 합의안'의 주요 내용은 이렇다. 1. 성과연봉제 도입 여부는 노사 합의로 정한다. 2. 저성과자 퇴출제 등 성과와 고용을 연계하는 제도는 시행하지 않는다. 3. 지방공기업의 자율경영 확대 및 중앙정부 공공기관과의 처우 격차 해소를 위해 노력한다. 4. 상기 항목의 이행을 위해, 서울시, 노사정협의회(서울모델)에 적극적인 지원을 요청한다.

관의 집단교섭 합의를 공기업 개혁의 후퇴라고 규정하며 강한 항의의 뜻을 나타냈다. 이후 서울시 노사정협의회는 대표자회의(10.10)를 통해 후속 조치로서 공공기관에 적합한 임금제도 공동연구, 지방공기업 평가제도 혁신 등을 추진해가기로 약속하였지만, 이후의 정책 개선 흐름과 무관하게 집단교섭의 흐름은 유지하지 못한 한계를 드러내었다. 2016년 9월 29일 집단교섭 합의 이후 서울시와 서울시 산하 투자·출연기관노조들은 노사정협의회(서울모델)를 통해 △노동이사제 도입 및 시행 △경영협의회 도입 검토 등의 사업을 추진했으나, 정작 집단교섭을 지속하지는 못했다.[57]

8) 노조 대표자를 죽음으로 내모는 후진적 경제단체에 대한 투쟁

우리나라 대표적인 경제단체 무역협회의 자회사인 COEX(코엑스; 한국종합전시장)에서 사측의 구조조정 압박 및 노조 탄압으로 인해 노조 위원장(서명석)이 심근경색으로 사망하는 사건이 2017년 3월 21일 발생했다. 국정농단의 주범인 박근혜가 헌법재판소에 의해 파면이 결정된 후 발생한 안타까운 사망 사건이다. 그러나, 무역협회·코엑스가 저지른 구조조정 압박 및 이에 맞서는 노조 대표를 직접 공격하여 사실상 사망케 이르게 했다는 점에서 매우 충격적인 일이 아닐 수 없다.

과거 IMF 경제위기의 직접 책임이 있었던 인사(1997년 당시 김인호 대통령 경제수석)가 회장으로 있는 무역협회에서 2016년 5월 자회사 구조조정 방침이 발표되자, 자회사인 코엑스 사장(변보경)은 곧바로 구조조정 계획(30% 인력 감축)을 구체화했다. 6월에 일방적으로 명예퇴직이 공고된 상황에서 코엑스노조는 10월 10일 임시총회를 통해 구조조정 철회 및 코엑스 경영진 퇴진 촉구 투쟁에 돌입했고, 뒤이어 11월에는 임금 및 단체협약 교섭권을 상급조직인 공공운수노조에게 위임했다. 12월에는 32명의 구조조정 대상이 확정되었다.

노조가 강하게 사측의 구조조정에 맞서는 가운데, 코엑스는 2017년 2월 10일 상급조직 교섭권 위임에 대해 문제를 제기하면서 "민노총을 신성한 우리 삶의 터전으로 끌어들이는 것"이라는 비방을 계속했다. 2월 20일에는 팀장들 명의로 노조위원장을 상대로 명예훼손 성명서가

---

57 이러한 한계는 우선 서울시 산하 투자·출연기관의 주요 노동 의제(고용·임금 등)이 중앙정부(행정안전부)의 예산지침에 구속되어 있었기 때문에 서울시 산하 투자·출연기관 노사간 노력만으로 실효성을 거두기 힘든 측면에서 비롯되었다. 그러나 초기업단위 교섭구조를 정착시키려는 노조들의 노력 부족도 분명히 존재했다고 볼 수 있다(필자 주).

발표되었고, 3월 9일에는 "회사냐, 노조위원장이냐 선택하라"며 사측의 팀장 및 관리자들을 압박했다(강진구, 2017).

3월 16일 코엑스 임금 및 단체교섭이 공공운수노조가 참여한 가운데 개최되었고, 여전히 사측은 구조조정 및 노조 사무실 강제 이전에 대해 노조의 문제 제기를 명예 훼손으로 몰아붙이는 행태를 거듭했다. 9개월에 걸친 사측의 구조조정 및 노조 탄압 공세에 맞서 투쟁했던 노조위원장은 3월 18일 심정지 상태에 이르렀고, 3일 후 끝내 삶을 마감했다. 그가 페이스북에 남긴 마지막 말이 우리 사회의 후진적 단면을 일깨워주고 있다. "노조위원장은 회사의 대변인이 아니라 조합원의 대변인이고 조합원을 위해 싸웁니다."

공공운수노조는 3월 22일 코엑스 노조 탄압 분쇄 및 경영진 퇴진 등을 앞세워 총력 결의대회를 개최했고, 코엑스의 노조 탄압에 대해 끝까지 책임을 묻는 투쟁을 계속하겠다고 밝혔다. 코엑스노조는 노조위원장 사망 이후에도 사측의 노조 탄압 공세를 계속 막아내면서 민주노조운동의 틀을 지켜가고 있다. 서명석 노조위원장에 대한 업무상 재해(노조 활동으로 인한 사망) 건은 결국 소송을 거쳐 1심과 2심이 2022년 10월까지 진행되었다. 1심(2021.7)에서 서울행정법원은 노조위원장의 사망을 업무상 재해로 인정했고, 2심인 서울고등법원(2022.10)도 원심을 유지했다. 5년여에 걸쳐 노조위원장의 유지를 받들어온 코엑스노조와 유가족들의 투쟁에 힘입은 결과이다.

9) 정부의 '화물운송시장 발전방안'에 반대한 화물연대본부의 투쟁

2016년 9월 공공기관노조의 연대 총파업이 진행되는 기간 화물연대본부(본부장 박원호)가 10월 10일부터 파업에 돌입했다. 화물연대본부의 파업은 정부가 발표한 '화물운송시장 발전방안'에 반대하여 10일간 진행되었다. 이전과는 달리 직접적인 운임을 넘어 화물운송시장 및 산업구조에 대해 전면적으로 문제 제기하며 정부의 예상을 넘어 1주일 이상 강력한 집중 파업을 전개했다는 점에서 조직적으로는 중요한 의미가 있었다. 다만, 노조의 요구안을 관철시키는 못했다는 아쉬움은 남았지만, 산업구조에 대한 문제를 전면적으로 제기한 투쟁이었기 때문에 그 성과는 이후에도 지속적으로 관철할 수 있다는 여지가 남아 있다.

한편 화물연대의 파업은 과거 운수노조 건설 및 강화의 핵심 과제였던 철도노조와의 공동투쟁 형태로 이뤄지지는 못했지만 시기를 집중하여 동시 파업을 전개했다는 데 나름 의미가 있었다. 물론 철도와 화물은 동시에 파업을 추진하기 힘든 조건들이 있었고, 결국 이러한 조건들이 기대를 모았던 과거 운수산별노조운동의 실패 원인으로 작용했다. 그러나, 2016년 철도노조와 화물연대의 동시 파업투쟁은 시기 조정의 체계적인 준비가 이뤄질 경우 이후 전략적으로 연대파업이 가능할 수도 있다는 점을 확인시켜준 것으로 보인다(박준형, 2016).

5. 공공부문의 반동과 폭압이 계속되는 박근혜정부와의 투쟁

1) '2기 공공기관 정상화' 대응 투쟁

2014년 7월 통합 공공운수노조 출범 이후, 2015년 1월 새로운 집행부(위원장 조상수) 출범과 공공기관사업본부(본부장 최준식) 재편 이후 공공운수노조는 박근혜정부의 '2기 공공기관 정상화'에 대한 강력한 대응 준비에 나섰다. 2015년 2월 전 공공기관노조 간부 합동수련회를 거쳐 6월 합동대의원대회에 이르기까지 6월 파업 투쟁의 배수진을 치면서 2014년과 같은 '무기력한 결과'를 되풀이하지 않겠다는 결의를 다졌다. 박근혜정부는 2014년 '1기 정상화'의 성과를 앞세워 2015년에도 공공·노동·금융·교육 등의 4대 부문의 '중단없는 개혁'을 강력히 추진하겠다고 밝혔고, 이러한 개혁 공세의 중심에 공공기관의 '2기 정상화'가 자리잡고 있었다.

그런데 임금피크제·성과연봉제·저성과자퇴출제로 구성된 박근혜정부의 '2기 정상화' 방안은 4월 이후 정부(기획재정부)가 임금피크제만 단독으로 2015년에 완료하겠다고 발표하고, 정부가 5월 7일 '권고안'을 발표하면서 또다시 공공기관노조들 내부에서 혼선이 발생하기 시작했다. 임금피크제는 일부 공기업에서 시행되고 있었던 데다,[58] 정부가 공기업과 준정부기관에 대해 9월까지 임금피크제가 도입치 않을 경우 경영평가를 넘어 2015년도 임금인상율마저 삭감하겠다고 밝히면서, 또다시 7월 이후 주요 공기업노조들이 줄지어 무너지기 시작했다. 더구나, 이번에는 가장 앞서서 정부의 압박을 받던 '공기업노조 1군'(경영평가 유형 기준)이 7월초 공동 대응을 결의한 후 채 10일도 안되어 상당수가 합의에 이르게 되었다. 공기업과 준정부기관 상당수가 정년을 2년 연장(58→60세)하는 상황에서 임금피크제를 도입했다. 이로 인해 상당수 공공기

---

[58] 공공기관 임금피크제는 이명박정부의 공공기관 경영평가에 반영되면서 이미 2009년 6월 27개 공기업·준정부기관(26.7%)에 임금피크제가 실시되는 등 이후에도 지속적으로 실시 기관이 확대되고 있었다. 이명박정부는 공공기관 운영 방식 개혁이라는 취지아래 공공기관에 대해 성과연봉제·임금피크제 도입을 강요했다. 물론, 이명박정부의 임금피크제는 2016년 정년 60세 시행을 앞두고 2015년 5월 7일에 발표된 박근혜정부의 '임금피크제 권고안'과는 달리 공공기관이 자율적으로 시행하도록 한 것이라는 점에서 차이가 있다.

관노조들이 이에 저항할 수 있는 명분을 노조 내부적으로나, 대외적으로 만들기 어려웠다.

출연연구기관·국립대병원 등의 기타공공기관에 대해서도 10월 말까지 임금피크제 도입을 강요했다. 이에 대해 공공연구노조 등 출연연구기관노조(지부)들이 강하게 저항했다. 이들 조직은 대부분 정년이 60세인데도, 정부가 '고용유지형 임금피크제' 도입을 통해 마지막 1년에 대해 피크제 도입(임금 삭감)을 강요하다 보니 노조의 저항이 클 수밖에 없었다.[59] 물론 이들 조직은 대형 공공기관 조직처럼 파업투쟁으로 나설 수 있는 조직 역량이 미흡한 관계로 지부장들과 핵심간부 중심으로 농성·집회 등으로 저항했다.

10월 말까지 각 정부출연연구기관에서 임금피크제 노사 합의가 이뤄지지 않자, 각 연구기관 사측은 11월초 노조 동의없이 규정을 개정하여 임금피크제 시행을 강행하기에 이르렀다. 이같은 상황은 국립대병원에서도 마찬가지였다. 14개 국립대병원 중 6개만 노사 합의 또는 노조 동의를 거쳤을 뿐 직원 찬반투표 부결 2개 병원(서울대·경북대) 등 8개 병원은 노조 동의 없이 임금피크제를 이사회에서 강행 의결했다. 이같은 임금피크제 강행은 법적 판단이 작용한 결과로 볼 수 있다. 정년 연장으로 인한 편익으로 인해 임금피크제 도입이 근로조건 불이익 변경이 아니기 때문에 노조 동의를 반드시 거칠 필요는 없다는 것이었다.

정부(기획재정부)는 12월 3일 전 공공기관(313개)에 임금피크제 도입이 완료되었다고 밝힘으로써, 사실상 '2기 정상화'의 핵심과제인 임금피크제는 연초 공공부문노조의 야심찬 대응에도 불구하고 또다시 무기력하게 마무리되기에 이르렀다. 정부가 임금피크제만 분리하여, 임금인상율과 경영평가와 연계하여 강행 추진한 것이 결과적으로 주효한 셈이 된 것이다. 이제 2016년에는 성과연봉제 도입 추진이 최종적으로 남게 되었다.

2015년도에 공공기관 임금피크제는 공공기관노조들의 별다른 저항없이 마감되었지만, 서울대병원분회의 성과급제 저지 투쟁은 그나마 공공기관노조가 이 시기에 전개한 정부 정책에 대한 최후의 저항으로 남게 되었다. 서울대병원분회(분회장 박경득)는 2014년 말부터 병원측이

---

59 박근혜정부가 추진한 2015년 공공기관 임금피크제는 정년 연장(60세)가 적용되는 기관 및 이미 정년 60세가 시행중인 기관 모두에게 일괄적으로 적용되었다. 전자는 '정년연장형 임금피크제'로서 정년이 연장되는 직원의 임금을 삭감하여 신규 직원 충원 인건비에 활용하는 정책을 추진한 반면, 후자는 '정년유지형 임금피크제'로서 특별한 사유없이 정년 당해(60세) 년도 임금을 10% 이상 삭감하는 정책을 추진했다. 당연히 후자 유형에 속한 공공기관노조들의 경우 애당초 정년 연장과 임금피크제를 연계했던 정책의 범위를 벗어난 임금 삭감이 추진되었기에 반발이 클 수밖에 없었다.

추진한 취업규칙 변경 동의 강요 및 전직원 성과급제 도입에 반대하며 4월 23일 파업에 돌입하였다. 5월 12일까지 20일간 파업투쟁을 전개한 결과, 병원 측이 추진하려던 전직원 성과급제 도입은 저지되었다. 물론 이전부터 계속되어온 서울대병원의 외주화 및 영리사업 확대 등은 노조(분회)가 계속 투쟁해서 극복해야 할 과제로 남아있다.

2) 노동시장 구조 개악과 양 노총의 교차된 행보

박근혜정부의 폭압이 전면화되는 2015년 1월 민주노총은 직선 1기 집행부(위원장 한상균)가 출범했다. 이미 △철도 분할 등 공공부문에 대한 비정상적인 정상화 조치 △에너지·의료 등 필수 공공서비스에 대한 시장화 강행 △국민연금 제도 개편 사회적 합의 파기 △공공기관을 넘어 전 산업에 걸친 단체협약 개악 등의 박근혜정부 폭압에 맞서 민주노총 집행부는 총파업으로 이를 돌파하기로 사업 방침을 정했다.

민주노총은 집행부 출범 이후 전국 단위노조 대표자 회의를 개최하는 등 총파업 투쟁 계획 실행을 본격화했고, 2015년 4월 및 7월 두차례에 걸쳐 총파업 투쟁을 전개했다. 1차로 4월 24일 노동시장 구조 개악 저지 및 공적 연금 강화를 앞세워 금속노조·공공운수노조 등 20여만 명이 총파업을 전개했고, 2차로 7월 15일 '더 쉬운 해고, 더 낮은 임금'을 규탄하는 총파업 투쟁이 2만여명 참가한 가운데 이뤄졌다. 이어 노동시장 구조 개악이 본격화되는 11월 14일 민주노총은 '박근혜 퇴진 100만 민중 총궐기'투쟁을 전개한 후 12월 28일에는 수도권을 중심으로 총파업 결의대회를 전개했다. 2015년 민주노총의 총파업 투쟁에 직면하여 정부는 '2기 정상 대책' 과제 중 노동자들의 저항이 클 것으로 예상되었던 성과연봉제 도입을 2016년으로 연기했다. 민주노총 위원장은 민중총궐기 투쟁 등을 주도한 데 따른 책임으로 2015년 12월 구속되어 3년 징역형을 선고받고 복역 중 2018년 5월에 가석방되었다. 2015년 11월 민중 총궐기 집회 중 경찰의 살인적 진압으로 중태에 빠졌던 백남기열사는 사경을 헤매다 2016년 9월 끝내 삶을 마감했다.

민주노총의 총파업 및 박근혜 퇴진 투쟁이 이어지는 동안 한국노총(위원장 김동만)은 2015년 박근혜정부와 노동시장 구조 개악 관련 노사정 합의를 추진함으로써 조직 안팎의 비판에 직면했다. 2013년 박근혜정부가 공공기관 정상화 방침을 발표한 이후 노사정위원회를 탈퇴한 한국노총은 2014년 7월 노사정위원회에 다시 복귀했다. 2015년 '2기 공공기관 정상화'에 대한 대응 투쟁이 제대로 이뤄지지 못하자, 정부는 한국노총을 끌어들여 9월 15일 노동시장 구조개선을 위한 노사정 합의 결과를 발표했다. 비정규직 제도 개선 및 근기법 적용 확장 등과 연계한 노동시장 유연화(임금체계·구조조정 관련) 등을 중심으로 한 합의로서 민주노총의 항의는 물론이고, 한국노총 내에서 격렬한 저항이 뒤따랐다. 이 상황에서 2015년 노조 통합을 준비해왔던 한국노총 공공연맹과 공공노련은 노사정 합의에 대한 찬·반 입장이 나눠지면서 이로 인해 조직 간 불협화음이 나타남으로써 통합 논의를 유보했다.[60] 한국노총 공공연맹은 당시 금속노련 등과 함께 노사정 합의 파기 요구를 앞세워 한국노총에서 농성을 전개했다.

그런데 조직 안팎에 논란에도 불구하고 노사정 합의를 추진한 한국노총 집행부 역시 박근혜정부로부터 제대로 뒤통수를 맞고 말았다. 박근혜정부는 2015년 12월 노사정 합의 내용을 뛰어넘는 '2대 악법 지침'('공정인사지침'및'취업규칙해석·운영지침')을 시행한다고 발표했고, 집권여당(새누리당)은 이와 관련한 법안 개정(안)을 국회에 상정했다. 공정인사지침은 정확히 '저성과자 해고지침'이고, 취업규칙해석·운영지침은 '취업규칙불이익변경요건완화지침'이었다. 두 지침 모두 현재의 근로기준법에서 정한 노동자 보호 조치를 행정지침으로 완화시키는 악법 지침이었다.

한국노총은 이같은 정부 움직임에 반발하여 노사정위원회 불참을 선언하고 정부에 악법 지침 등을 철회토록 했으나 박근혜정부는 강행 처리의 뜻을 굽히지 않았다. 정부(고용노동부)의 2대 악법 지침 발표를 앞둔 2016년 1월 19일 한국노총은 '9.15 노사정 합의' 파기를 선언했고, 정부여당의 노동시장 구조 개악에 맞서 전면적인 투쟁체계로 전환하겠다고 밝혔다. 정부는 이에 아랑곳하지 않고 1월 22일 2대 악법 지침을 강행하기에 이른다. 이 악법 지침은 문재인정부 출범 이후 2017년 9월 정부(고용노동부)가 공식적으로 폐기하였다.

3) 불법으로 얼룩진 성과연봉제 강요 및 노조의 대응 투쟁

공공기관 2기 정상화의 핵심 과제는 결국 '성과·퇴출제'(성과 중심 임금체계와 '저성과자' 해고)

---

60 박근혜정부의 '2단계 공공기관 정상화' 흐름이 본격화되자 한국노총 내에서 공동사업을 추진해오던 공공연맹과 공공노련은 2016년 상반기 통합 대의원대회를 목표로 2015년 4월부터 양 조직 통합 논의를 시작했다. 2015년 7월 양조직 통합추진 회의에서는 8월 연대파업을 결의하며 통합 기반을 공고히 하려 했으나, 8월 연대파업은 임금피크제 대응 전선이 무너지면서 양 노총 공공부문 모두 불발되었다. 게다가 한국노총의 9.15 노사정 합의로 인해 양 조직의 통합 논의는 벽에 부딪히게 된다. 당시 공공연맹은 금속노련·금융노조 등과 함께 노사정 합의 반대 입장을 표명했으나, 공공노련이 찬성 입장으로 흐르자 공공연맹은 2015년 10월 통합 논의를 유보한다는 발표를 하기에 이른다. 이후 7년간 양 조직 통합 필요성은 간헐적으로 제기되었으나, 구체적인 통합 논의는 가시화되지 않은채 현재에 이르고 있다.

였다. 19대 국회에서 관련 노동관계법 개정이 공전되고 정부(고용노동부)의 '2대 악법 지침' 발표 및 한국노총 노사정 합의 파기 선언이 뒤따르면서, 정부는 곧바로 '3단계 공공기관 정상화'를 앞세워 공공기관을 압박하기 시작했다. 이미 중앙정부 및 지장자치단체 산하 공공기관에 대해 2015년도에 '공공기관 2기 정상화'를 앞세운 정부가 노조의 강력한 반발에 부딪혀 임금피크제만 정리하고 성과연봉제와 저성과자퇴출제를 2016년 주요 과제로 설정했다. 정부(기획재정부)는 1월 28일 공공기관 성과연봉제 강제 도입을 위한 '성과연봉제의 비간부직 확대' 방침을 발표했다.

[표8-7]에서와 같이, 기존 7% 수준의 간부직 대상에서 70% 수준의 일반 직원까지 성과연봉제를 확대하는 것을 주요 내용으로 하는 성과연봉제를 공기업에 대해서는 6월말까지, 준정부기관에 대해서는 12월 말까지 도입 완료토록 했다. 2010년 이명박정부가 추진했던 성과연봉제의 폭과 대상을 확대한 것으로서, 당연히 정부 지침에 의한 성과연봉제 이행 실적이 경영평가 대상에 포함되어 있다.[61] 정부는 공공기관 노동자의 반발을 우려한 나머지, 공공기관 노동자 뿐 아니라 공무원에게도 2016년 5급까지 성과연봉제를 확대 적용하겠다고 했으나, 공무원의 경우 성과연봉제 적용 대상인 5급 이상이 15.4% 수준으로서 70% 이상이 적용 대상이 되는 공공기관과는 비교가 되질 않았다. 공공기관노조 입장에서 공무원과의 차별 문제를 제기하는 것이 공공부문노조와의 연대 차원에 볼 때 적절한 것인지에 대해서는 논란이 제기될 수 있

표8-7   공공기관 성과연봉제의 비교(2010년 vs 2016년)

구 분		2010년	2016년
적용 대상		- 간부직급(2급 이상, 7%)	- 4급 이상(70%)
기본연봉 차등		- 2%(±1%)	- 1~3급 평균 3%(±1.5%) (예, 1급 4%, 2급 3%, 3급 2%) - 4급: 미적용
성과연봉	비중	- 공기업: 30% - 준정부기관: 20%	- 1~3급: 20%(준정부), 30%(공기업) - 4급: 15%(준정부), 20%(공기업)
	차등	- 2배	- 2배(1~4급)

자료: 기획재정부(2016)

---

61   2016년 1월 정부가 공공기관 성과연봉제 확대 방침을 발표할 당시, 이미 상당수의 공공기관에서 전직원 성과연봉제는 확대되고 있었다. 공기업 30개 중 15개, 준정부기관 90개 중 41개, 기타공공기관 183개 중 111개 기관에서 이미 전직원 성과연봉제가 시행되고 있었다. 정부는 이같은 상황과 관계없이 성과연봉제 세부기준을 다시 설정함과 동시에 강행 처리를 추진하며, 2016년 성과연봉제를 둘러싼 폭정이 시작되었다.

다. 그러나 2014년(복지 축소)과 2015년(임금피크제)에 이어 2016년까지 공공기관을 '희생양'으로 삼는 관행에 대해 공공기관 노동자 입장에서 보면 문제가 될 수 있었다.

정부(기획재정부)는 2월 11일 주요 부처의 기획조정실장 및 주요 공기업 부사장을 통해 공공기관 성과연봉제 추진 점검을 시작했고, 2월 25일 공기업·준정부기관의 기관장이 참석한 공공기관 워크숍을 통해 성과연봉제 추진을 압박했다. 공공기관 성과연봉제 도입 촉진을 위한 '경영평가 가점 부여 및 추가 성과급 지급방안'도 동시에 발표되었다. 공공운수노조를 비롯한 공공기관노조들은 2월부터 본격적인 공동 대응에 돌입하면서, 성과연봉제에 대해서만큼은 2014년과 2015년의 '무기력한 패배'를 딛고 반드시 저지하겠다는 결의를 보이고 있었기 때문에 노정간 충돌이 불가피했다.

정부의 강압적인 성과연봉제 강행 흐름 속에 4월 말 경 한국전력·농어촌공사·한국감정원·마사회·장학재단노조 등이 성과연봉제 도입 합의에 이르면서 또다시 공공기관노조들이 이전과 같이 도미노식으로 무너지는 것이 아닌가 하는 우려가 제기되었다. 4월 29일 기획재정부가 성과연봉제 점검 회의를 진행할 당시만 해도 그 우려는 현실화되는 듯했다.

그런데 한국전력노조의 합의 이후 LH·도로공사·수자원공사·지역난방공사·석유공사·공항공사·인천공항공사·조폐공사·관광공사 등의 공기업노조 대표들이 양 노총을 넘어 〈공기업정책연대〉(의장 박해철)의 결의 아래 4월 25일부터 기획재정부 앞에서 노숙 농성에 돌입했다. 이들 공기업노조 대표들은 철도·가스·발전 등 그동안 끈질기게 투쟁해온 노조조직들에 비해 투쟁 역량은 못 미치지만, 정부의 성과연봉제 강제 도입 공세 앞에서 이전처럼 무기력하게 무너지지는 않겠다는 결의아래 일종의 '불복종운동'을 전개했다. 이들 공기업노조 대표자들의 노숙 투쟁은 5월 25일부터 삭발 투쟁이 이어지는 등 예상을 뛰어넘어 7월 4일까지 68일간 계속되었다. 정부 입장에서는 과거처럼 한국전력 노사 합의 이후 연쇄적으로 노조들의 연대가 무너지는 '도미노 효과'를 기대했으나 생각지 않은 암초에 부딪힌 것이다.[62]

이같은 공기업노조들의 집단적인 결의 및 노숙 농성은 4월 총선에서 새누리당이 참패하고 박근혜정부의 국정 실패가 국민으로부터 심판받았던 정세 변화도 어느 정도 작용했다. 박근혜정부에 맞서 승리할 수 있다는 '정치적 자신감'도 작용했기 때문이다. 정부 입장에서는 철도·가

---

62 이들은 이후 평가토론회를 통해, "공공기관간 불신, 이간질, 경쟁으로 얼룩진 기존 공공부문 투쟁방식의 한계를 극복하고, 공공성 강화와 공공 노동자들의 신뢰, 단결심 고취 등 공공부문의 새로운 투쟁방식을 보여주었다"고 의미를 부여했다(박해철, 2016).

스·건강보험·국민연금·지하철·국립대병원 등 공공운수노조의 핵심 노조들이 연대파업에 돌입한다 하더라도 이들 공기업노조들이 모두 무너지면 공공운수노조 소속 주요 공공기관노조들이 고립되면서 결과적으로 성과연봉제 도입은 대세로 작용할 것이라고 초기에 예상했을 것으로 보인다. 결국 예상치 않은 이들 공기업노조의 '불복종운동'은 결국 정부의 불법적인 이사회 강행의 '자충수'를 이끌어내고 공공기관노조들의 투쟁동력을 발전시키는데 적지않은 기여를 한 셈이다.[63]

게다가 자산관리공사·철도시설공단·중부발전·산업은행·기업은행 등의 공공기관에서 드러난 이사회 강행 처리 등이 사회적으로 공론화되고, 야당(더민주당)도 5월 14일부터 진상조사에 나서면서 성과연봉제 시행에 대한 반감이 높아지고 있었다. 그러나 정부는 이에 아랑곳하지 않고 공공기관 경영진을 압박하여 결국 공기업과 준정부기관에서 노조 동의를 얻지 않은 불법적인 이사회 강행 처리가 계속 이어졌다. 이같은 조치들은 2016년 1월 정부(고용노동부)가 발표한 취업규칙해석·운영지침에 따라 노조 동의 절차가 필요없다는 판단 하에서 이뤄졌다.

6월 14일 대통령이 주재하는 공공기관 워크숍을 앞두고 30개 공기업과 90개 준정부기관 모두 성과연봉제가 이사회를 통과했는데, 이중 51개 공공기관에서 노조 동의없이 이사회에서 성과연봉제 도입 및 관련 규정 일체를 일방적으로 통과시켰다. 대통령은 이사회 일방 의결로 인한 불법 논란이 국회 등에서 가시화되자,[64] 노사 합의 없이 일방적으로 이사회에서 강행 처리한 공공기관에 대해 추후 노조와의 합의를 주문함으로써, 이사회 강행 절차가 법적 하자가 있음을 사실상 인정했다. 2016년 하반기 대부분의 공공기관(공기업·준정부기관)에서는 사측이 일방적으로 이사회에서 강행 처리한 성과연봉제 도입에 대해 노조의 사후 동의를 얻기 위한 전방위적 작업이 파업 만류와 함께 이뤄졌다.

---

63 한국노총 공공부문노조(공공연맹·금융노조 등)는 야권(더불어민주당) 후보를 집중 지원했고, 공공운수노조는 민주노총 정치방침의 혼선으로 독자적인 총선 사업을 집중하지는 못했지만 △새누리당 낙선운동 참여 △민주노총(공공운수노조) 후보 투표 △비례대표 진보정당 투표 △지역구 진보정당 혹은 야당 투표 등의 현실적 총선방침을 구체화했다. 물론 야권(민주당·국민의당)의 승리에도 불구하고, 진보정치세력은 민주노총 후보 2명 및 정의당 후보 6명의 당선에 그치고, 개별적인 각 진보정당 지지율이 낮게 형성되는 등 전체적으로 후퇴하는 경향을 보였다.

64 당시 국회는 환경노동위원회(민주당 중심) 주도로 이사회에서 노조 동의없이 일방적으로 성과연봉제 시행을 결의한 공공기관에 대한 진상조사를 실시하여, 불법적인 노동조건 개악 추진에 대하 정치 쟁점화하기에 이르렀다.

양 노총 공대위는 공기업과 준정부기관에 대해 공공기관 성과연봉제 강행이 완료될 즈음 6월 7일 51개 공공기관장에 대한 고발 및 이사회 투쟁을 선언하였고, 6월 18일에는 공공·금융 노동자 10만명이 여의도에 집결하여 정부의 성과연봉제 강행을 규탄하고 7월과 9월에 걸쳐 총파업에 돌입하겠다고 선언했다. 금융노동자와 함께이긴 하지만 공공부문 노동자들이 이렇듯 대규모로 집결한 것은 2002년 철도·발전·가스노조 연대파업 이후 14년만의 일이다. 공공운수노조는 건강보험노조(위원장 박표균)를 비롯하여 7월 6일부터 20일까지 전국 각 지역에서 순환파업을 전개했다. 7월 20일에는 민주노총 조직(금속노조·건설노조 등)과 함께 연대파업이 전개되었다.

한편 지방공기업에서도 성과연봉제 강행 추진이 본격화되었다. 8월 2일 행정안전부는 지방공기업 143개 중 137개 기관에서 성과연봉제가 이사회에서 의결되었다고 발표하였다. 서울시 산하 공기업 5개와 대전도시공사만 아직 시행되지 않았다. 양 노총 공대위가 8월 2일 발표한 결과에 따르면, 당시 이사회에서 의결한 지방공기업 67개 중 41개 기관에서 노조 동의없이 이사회를 강행 처리되었다. 중앙 공공기관에 이어 지방공기업에까지 폭력과 불법이 이어지고 있는 것이다. 다행히 서울시 산하 5개 공기업에 대해서는 서울시가 노사정협의회의 권고에 따라 노조 동의없이 강행하지 않겠다는 입장을 발표함으로써 각 기관별로 이사회가 강행되지 못했다.

4) 박근혜정부의 계속되는 공공서비스 후퇴

• 에너지 경쟁체계 확대 및 기능(구조)조정

박근혜정부는 2013년 철도 민영화 기반 구축(수서KTX 분할) 뿐 아니라 에너지 부문에 대해서도 경쟁체계를 확대하면서 사실상의 민영화 추진 절차를 구체화했다. 2014년 5월부터 2016년 6월까지 4차례에 걸쳐 박근혜정부는 공공기관의 기능 조정(통폐합·경쟁체제·민간참여 등)을 추진하였는데, 이중 2015년 5월에 발표한 'SOC·농림수산·문화예술기관의 기능 조정' 및 2016년 6월에 발표한 '에너지·환경·교육 분야의 기능 조정'이 주목을 끌고 있다.

SOC·농림수산·문화예술기관 기능 조정에는 △LH의 중대형 주택 분양 폐지 및 임대주택 관리 민간 개방 △철도공사·철도시설공단의 철도차량정비·시설유지보수 아웃소싱 확대 △농어촌공사의 농촌개발 사업 민간 개방이 포함되어 있고, 에너지·환경·교육 분야 기능 조정에는 △한국전력의 전력 판매 분야 단계적 민간 개방 △가스공사의 가스 도입·도매분야의 민간 개방 △발전5사 한전KPS의 정비 독점 폐지 및 화력발전 정비시장 민간개방 확대 등이 포함되었다. 이 당시 제시된 철도·전력·가스 관련 기능 조정 계획은 현재 추진 중에 있거나, 윤석열정부의 국정과제에서 한층 더 강화된 수준으로 준비되고 있다.

정부(기획재정부)는 2016년 6월 14일 공공기관장 워크숍을 통해 '에너지·환경·교육 분야 기능조정 방안'을 발표했다. 석탄공사와 광물자원공사를 단계적으로 구조조정하고 공기업의 해외자원 개발 기능을 효율화함과 함께, △전력 판매 △가스 도입·도매 △화력발전 정비 등의 분야에서 민간 개방(경쟁)을 확대하고 8개 에너지 공공기관의 주식을 상장한다는 것이었다.

에너지 부문 구조조정의 가장 문제가 되는 것은 공공부문 독과점 분야의 민간 개방을 확대하는 것이었다. △한전이 독점하는 전력 판매(소매) 분야의 민간 개방 △가스공사가 독점하고 있는 천연가스 도입·도매의 민간 허용 △한전KPS가 독점하고 있는 발전5사의 신규 발전설비에 대한 정비 분야의 민간 개방 확대 등은 이미 김대중정부가 추진했던 민영화 추진 방안의 주요 내용이었다. 남동발전·한국수력원자력 등 8개 공기업의 지분 매각 및 상장(20~30%) 역시 '우회적 민영화' 추진을 시사하고 있다.

- 철도 민영화 및 기능조정의 재추진

정부(국토교통부)는 2016년 7월 6일 정부 재정전략협의회를 통해 '민자 철도사업 활성화 방안'을 보고했다. 철도공사 독점 체계를 해체하여 철도 경쟁체계를 전면적으로 확대하는 것으로서, 사실상 철도공사의 영업 적자 확대 및 공공 철도의 기능 약화를 염두에 둔 정책이었다. 지난 6월 27일 국토교통부가 고시한 '제3차 국가철도망 구축계획'에 따라 추가로 검토된 14개 철도노선의 건설 및 운영을 민간이 수행하도록 함으로써, 수도권 일부 철도에 한정되었던 민자 철도사업을 전국으로 확대했다. 경부고속철도 복선 구간 등을 비롯한 이들 14개 노선을 민간이 건설·운영할 경우 결과적으로 민영 철도가 본격화될 수 있다는 우려가 제기되고 있다.

전국철도노조(위원장 김영훈)는 7월 7일 성명을 발표하고 역대 어떤 정권에서도 시도하지 않았전 '전면적 민영화'로 이를 규정했다. 열차 운행과정에서 민간 사업자와 연계할 경우 네트워크 특성인 철도산업의 상호 호환성이 무너지고 철도공사의 운영 간선망도 수익 우선의 구조로 변화될 수밖에 없다는 것이다. 이는 지난 2013년 12월 철도노조의 파업과 대다수 국민들의 반대에도 불구하고 강행했던 수서KTX 분할(민영화)과 유사한 민간 철도 운영의 기반을 다지는 것이다. 결국 이러한 정책 흐름은 민영 철도 등장 및 수익 보장 → 철도공사 수익 약화 → 철도공사 일부 노선 매각 → 민영화에 따른 요금 폭등으로 연결될 수밖에 없는 것으로 인정되고 있다(박세열, 2016).

한편 2016년 9월 이후 철도노조의 파업이 진행되는 동안 정부(국토부)는 11월 15일 "7,000 여명의 인력이 파업하고 있는데도 열차가 큰 차질없이 운행되고 있다는 것은 코레일 운영의 비효율성이 얼마나 큰지 여실히 보여주는 대목"이라며, 철도 구조조정의 필요성을 언급했다. 이미 정부(기획재정부)는 2015년 5월 공공기관운영위원회를 통해 2017년부터 물류(화물), 차량 정비, 유지·보수 등 3개 분야를 자회사로 전환하는 기능조정 방안을 발표한 바 있었다.

이후 국토해양부는 철도 파업이 종료된지 사흘 후인 12월 12일에 또다시 구조조정 방침을 발표했다. 파업 장기화에도 불구하고 철도 열차 운행이 크게 지장받지 않은 사실을 근거로 들었다. 그런데 철도공사는 철도노조 파업기간 동안 주 수익원이었던 KTX 운행률은 거의 정상 (83%)으로 유지하면서, '서민의 발'인 무궁화호 등을 1/3 수준으로 축소 운행해왔다.

대통령의 탄핵이라는 초유의 사태에도 불구하고 정부는 여전히 국민들의 편익 증진은 외면하고 있었다. 서민의 교통수단으로서 적자가 불가피한 무궁화호는 경영 합리화 명목아래 노조 파업시 뿐 아니라 이후 지속적으로 감소 추세를 보였다. 2013년 철도노조의 파업에도 불구하고 정부가 강행한 수서KTX 분할은 결국 2016년 12월 9일 철도공사의 자회사인 SRT가 개통되면서 '경쟁 아닌 철도 경쟁' 시대가 시작되었다. 2016년 ㈜SR 영업 개시 이후 2022년 현재까지 철도공사의 영업 적자 및 단기 순손실은 누적적으로 확대되어, 이후 공공 철도의 보루인 철도공사의 지속 가능성에 심각한 의문을 던지게 하고 있다.

5) 박근혜정부의 반동·폭력과 맞서는 전교조·공무원노조 투쟁

이명박정부에 이어 박근혜정부 역시 전교조와 공무원노조에 대한 탄압은 계속되었고, 결국 2013년 들어 공무원노조와 전교조에 대해 노조 설립신고가 취소('노조 아님' 통보)되는 초유의 반노동자적 조치가 취해졌다. 2013년 8월 공무원노조(위원장 김중남)는 2011년 9월 이후 법외노조 활동을 정리하고 노동부의 요청대로 규약을 개정하여 설립신고서를 제출했다. 그러나 고용노동부는 해직자의 노조 가입을 허용하는 방향으로 운영될 소지가 크다는 이유를 들어 설립신고서를 반려했다. 4번째 설립신고서 반려로서 이번에는 거의 억지 수준이었다.

공무원노조에 대한 정부의 탄압이 계속되는 동안 공무원노조의 조합원은 계속 증가하여 2014년 말에는 정부 통계 기준으로 184,260명에 달하고 있다.[65] 그러나 정부 탄압에 직면한 공

---

[65]　정부 발표 통계에 따른 2014년 말 공무원노조 조직현황(184,260명)에는 법내 조직으로 민주공무원노조 (54,394명)가 포함되어 있다. 통합 공무원노조의 설립신고가 계속 거부되면서 2009년 통합 이전의 민주공무원

무원노조를 제외한 다른 공무원노조 조직들은 조직 규모에 관계없이 별다른 존재감을 거의 보이지 못했다. 정부가 공무원연금 개악 및 성과퇴출제를 강화하고 있는 상황에서 결국 정부에 맞설 수 있는 공무원조직은 공무원노조 밖에 없다는 것을 반증하고 있다.

공무원노조의 설립신고서 반려 이후 전교조에 대해서도 정부는 해고자의 조합원 자격을 인정하는 규약을 개정하지 않았다는 이유로 10월 24일 전교조에 대해 '노조 아님'을 통보했다. 1999년 7월에 합법화된 전교조가 다시 14년 만에 법외노조로 변경된 것이다. 이미 공무원노조의 계속된 설립신고 반려에 따른 정부의 부당한 조치에 맞서기로 결의한 전교조는 조합원 총회를 통해 68.6%의 조합원들이 정부의 규약 시정 명령을 거부하였다.[66] 전교조는 서울행정법원에 법외노조 통보 효력 정지 가처분신청을 제기한 결과 법원은 1차로 이를 받아들였다. 그러나 서울행정법원은 끝내 2014년 6월 19일 전교조에 대한 노동부의 '노조 아님' 통보가 적법했다는 전제 아래, 전교조가 제기한 법외노조 통보처분 취소 소송에 대해 패소 판결을 내리고 말았다.

전교조에 대한 노동부의 통보 조치 이전에 이미 전교조는 9월 26일부터 노조위원장(김정훈)을 비롯한 간부들이 무기한 단식 농성에 돌입했고, 11월 19일에는 5,000여 조합원들이 참여한 가운데 전국교사대회가 개최되었다. 공무원노조는 정부의 설립신고서 반려를 항의함과 아울러 공무원에 대한 성과연봉제 도입 등의 노동조건 개악에 맞서 11월 26일 총력결의대회를 개최하였다. 정부(교육부)는 이같은 상황에서 전교조에 대한 법외노조 통보 후 후속 조치에 착수했다. △노조사무실 및 지원금 회수 △노조 전임자 83명에 대한 전임휴직 취소와 복귀 △단체협약 취소 및 단체협약 효력 상실 통보(조합비 원천징수 금지 등) △각종 위원회의 전교조 위원 배제 등을 통해 전교조의 활동 기반을 무력화하려 했다. 이같은 노조 탄압 흐름 속에 전교조 조합원은 2014년말 기준으로 53,470명으로 축소되었다. 그러나 8년 이상의 끈질긴 탄압에도 이 정도 조합원을 유지하고 있다는 것 자체가 결국 전교조의 강한 토대를 반영하는 것이다.

정부의 전교조에 대한 탄압은 2013년 이후 국제노동기구(ILO)에서도 계속 문제를 제기하였다. 3월과 10월에 걸쳐 해직교사의 노조 가입 권리 박탈에 대해 단결권 침해 요소가 있다고

노조가 민주노총 내 공무원노조로 자리잡고 있는 셈이다.

66 고용노동부가 전교조에 대해 '노조 아님'을 통보한 근거는 현직 교사만 조합원의 자격을 갖도록 규정한 교원노조법(2조)과 노조법 시행령(9조2항)이었다. 이후 2014년 6월 서울행정법원은 교원노조법 2조가 헌법에 위배되지 않고, 노조법 시행령 9조2항도 위임 입법의 한계를 일탈하지 않았다는 이유로 노동부의 통보 조치가 적법했다고 판결했다.

입장을 밝힌 ILO는 2014년 3월 결사의자유위원회 371차 보고서(3.26)를 통해 결사의 자유 원칙이 정부기관의 개입 없이 이뤄져야 하고, 교육 부문의 노동조합이 소수의 해고 노동자 가입을 이유로 법적 지위가 부정되어서는 아니될 것이라고 공식적으로 밝히기에 이르렀다. 이러한 ILO의 결의에도 불구하고 한국정부와 법원은 전교조의 단결권을 부정하는 조치를 계속 취했다.

전교조에 대한 법외노조 판결 이후 교육부는 2015년부터 각 교육청에 대해 학교로 복귀하지 않은 전교조 소속 전임자 35명에 대해 직권면직 조치하도록 압력을 가하기 시작했다. 2015년 12월까지 10개 지역 교육청이 이를 이행치 않자, 교육부는 2016년 1월 이들 교육감들이 직무이행명령 시한을 넘겼다는 이유로 5월 20일까지 이행치 않으면 직무유기로 고발한다는 방침을 직권으로 발표했다. 교육부는 이와 함께, 전교조 사무실 지원금을 회수하거나 퇴거 명령을 내리게 하고, 전교조와 체결한 단체협약의 효력이 상실되었다는 것을 통보하도록 각 교육청에 강요했다. 이에 따라, 2016년 6월 이후 전교조 출신의 교육감이 재임하고 있는 교육청에서도 전교조 전임자에 대한 직권면직 조치가 구체화되기 시작했다. 박근혜정부의 불법과 폭력의 대표적 사례가 아닐 수 없다. 공무원노조 및 전교조에 대한 노조 불인정 조치는 결국 문재인정부 들어 2018년과 2019년에 각각 해결의 실마리를 찾게 된다.

한편 전교조에 대한 법외노조 통보 조치가 시행된 이후 2015년 11월 9일 한국교원단체총연합회(한국교총)과 정부(교육부)는 교원 성과급제를 변경하는 합의에 이르렀다. 그동안 학교 단위 성과급과 개인 단위 성과급으로 이원화되었던 교원 성과급제를 개인 성과급으로 단일화했고, 2016년 이후 성과급 차등 폭도 70~100%로 확대했다. 교원 성과급은 2018년 이후 차등 폭이 50%로 조정되었다.

6) 공무원연금 개악에 맞선 공무원노조 투쟁 및 '사회적 합의' 실패

공무원노조 등에 대한 정권의 집요한 탄압 국면 속에서, 2014년부터 박근혜정부가 공무원연금 개편을 본격적으로 추진하면서 이를 둘러싼 공무원노조들의 반발과 정책 협상이 2015년 5월까지 진행되었다. 이번 정책 협상에서 특기할 점으로는 공무원연금의 노정 협상을 둘러싸고 공무원들의 집단행동이 표출되었을 뿐 아니라 공적 연금의 강화 등과 같은 확장된 사회적 논의로 공론화되었다는 점이다. 또한 '법외노조'였던 전국공무원노조(약칭 전공노)를 포함하여 다른 공무원노조 단체들과 교총 등 공무원·교원단체대표와 정부간의 협상이 공개된 방식으로 진행되었다. 공무원노조들의 공동투쟁과 시민단체의 연대 결합, 국회 차원의 사회적 합의를 통한 여·야와 정부·공무원노조의 대 타협이 성사되었지만, 합의된 내용에 대해 대통령(박근혜)이 거부·반대하여 사후적으로 공무원연금 개혁 이외의 합의 내용이 제대로 이행되지 못한 상태에서 마무리되었다.

박근혜정부는 공무원연금의 재정 안정성과 타 공적 연금(국민연금)과의 형평성 제고를 위해 재직 공무원에 대해서는 기여율 인상(7% → 10%) 및 연금지급율 감축(1.9% → 1.25~1.5%)을 추진하고, 신규 공무원에 대해 국민연금 수급 수준에 맞추는 공무원 연금 개악을 추진했다. 아울러 정부·여당 개혁안에는 공무원 퇴직수당의 상향 조정(민간부문의 퇴직금 수준) 및 퇴직연금 전환 방안이 포함되어 있었다.[67] 공무원단체들은 2009년 공무원연금 개혁을 통해 충분히 재정 안정화의 효과를 거두어 추가적인 개혁 조치가 불필요하다는 점을 내세우며, 재직자와 신규자를 분리하는 구조 개편과 퇴직수당의 퇴직연금 전환에 대해 강한 반대 의사를 표명하였다. 또한 신규 공무원의 연금 수준을 국민연금에 맞추는 것에 대해 공무원연금의 특수성을 무시한 '하향 평준화'로 간주하고 거세게 반발했다.

정부의 연금 개혁 방침에 대해 공무원노조 및 교원단체들은 거센 반발을 보이며 이에 맞서기 위해 전례없이 광범한 공동투쟁을 전개하였다. 2014년 5월 50여개 공무원·교원노동단체의 대표자들이 모여 〈공적연금개악저지 공동투쟁본부〉(약칭 공투본)'를 공식 출범시켰다. 공투본은 전국공무원노조·공무원노총·사학연금공대위·한국교총·민주노총 공대위·한국노총 공대위·전교조 등 7개 노조·단체가 앞장섰다. 공투본은 정부가 일방적으로 추진하는 연금개혁 저지 투쟁과 함께, 연금 개혁에 대한 사회적 합의를 촉구하는 교섭전략을 병행하였다.

공투본은 11월 공무원·교원 12만여명이 참여한 총궐기투쟁을 전개했다. 11월 총궐기를 기점으로 정부의 복지 축소 정책에 반대하는 시민사회와의 연대를 확보하기 위해 '국민연금과의 공동투쟁을 통한 공적연금 강화'로 그 대응목표를 전환하고, 〈공적연금 강화를 위한 공동투쟁본부〉로 명칭을 바꿨다.[68] 아울러, 정부의 일방적인 개혁 추진을 막기 위해 이해당사자들이

---

67 정부는 2014년 4월부터 기획재정부를 중심으로 사적연금활성화 TF를 운영하면서 8월 '사적연금활성화대책'을 발표하였는데, 노후소득 보장에 충분치 않은 공적연금을 보완하기 위해 퇴직연금 등 사적연금의 역할을 확대할 필요가 있다고 취지를 밝혔다. 퇴직연금을 활성화하기 위한 구체적인 방안은 ① 2016년부터 300인 이상 기업은 퇴직연금 가입 의무화, 2022년엔 모든 사업장에 의무화(미도입시 과태료) ② 현행 퇴직연금 수익률이 낮으므로 위험성이 높은 자산에도 투자할 수 있도록 허용(DC형: 위험자산투자비중 40%→70%), ③ 퇴직연금, 개인연금의 세액공제를 700만원까지 확대하고, ④ DB형 사외적립비율 100%까지 상향조정 등의 내용이 포함되어 있다.

68 '공적연금 강화'가 공투본의 주된 구호가 채택되었던 것은 공무원단체의 반성과 전략이 복합적으로 반영

참여하는 사회적 대화기구를 공개적으로 제안했고, 새누리당이 전격적으로 받아들여 국회에서 2014년 12월 23일 공무원연금 관련 여야 합의에 이르게 되었다. 2014년 12월 29일 국회 본회의에서 의결된 '공무원연금개혁을 위한 국민대타협기구 구성 및 운영에 관한 규칙안'에는 국회에 〈공무원연금 개혁을 위한 국민대타협기구〉를 구성함과 동시에 〈국회공무원연금개혁특별위원회〉를 운영함으로써, 대타협 기구에서 합의한 내용을 중심으로 국회 특위에서 법안을 만들어 통과시키기는 것으로 규정하였다로 했다.

국민대타협기구의 최종 합의와 여야 정치권의 수용에 따라 추가 협상을 담당하게 된 실무기구는 공투본이 이에 참여키로 결의함에 따라 공무원·교원단체 대표 3인과 정부측 대표 2인, 그리고 전문가 2인 및 국회 2인으로 구성되어 2015년 4월 13일부터 20일 동안 8차례 회의를 개최하였고, 5월 3일 실무기구 합의안을 발표했다. 실무기구의 5.2 합의에 따라 그 내용을 담은 공무원연금법의 개정안이 2015년 5월 28일 국회에서 입법 처리되었으며, '공적연금 강화와 노후빈곤 해소를 위한 특별위원회 구성 결의안'과 '공적연금강화와 노후빈곤해소를 위한 사회적 기구 구성 및 운영에 관한 국회 규칙안' 역시 본회의에서 의결되었다.

그러나 실무기구의 합의문에 명문화된 국민연금 소득대체율 50% 인상에 대해 박근혜 대통령이 "국민들의 부담이 크게 늘어나는 때문에 반드시 먼저 국민들의 동의를 구해야 하는 문제"라 규정하며 그 합의 내용을 문제 삼음으로써 공무원단체와 야당의 반발을 불러일으키며 상당한 진통을 초래하였다.

공투본을 주도하여 정책 협상을 이끌어온 공무원노조 집행부의 실무기구 합의는 공무원노조 내에서도 반발이 제기되었다. 노조 집행부는 교섭·투쟁의 병행전략으로 국민대타협기구에 공투본의 협상대표로 참가함과 동시에 2015년 3월 28일 8만여명이 참석한 공무원연금개악 저지 총력투쟁결의대회, 4월 25일 공적연금강화 국민대회, 그리고 5월초 특위 야합 분쇄 국회 노숙 농성투쟁 등을 계속 전개했다. 실무기구 차원의 막판 협상에서 공투본 협상 대표인 공무원노조 사무처장이 위원장과 중집위의 사전 협의를 거치지 않고 최종 합의문에 서명함으로써

되었다고 볼 수 있다. 그동안 특수직역(공무원·군인·사학)연금과 국민연금은 지속적으로 축소개혁이 이루어졌지만 연금제도 간의 차별성으로 별다른 연대를 형성하지 못한 게 사실이다. 그런데 정부 주도의 공무원연금 개편이 재정문제를 이유로 연금 수준을 낮추는 반복적으로 진행되자 '연금을 연금답게' 하는 것이 중요하다는 인식이 공무원단체들 사이에도 널리 확산되어, 국민연금을 포함한 전체 공적연금을 하나로 보고 대응해야 한다는 사회연대 전략의 필요성이 제기된 것이다(이병훈, 2015).

집행부의 직권 조인 논란과 함께 거센 반발이 표출되었다. 사무처장 사퇴와 노조위원장에 의한 공무원연금 개혁 반대의 공개적 입장 표명이 이뤄졌음에도 각 지역본부장 등이 노조위원장 사퇴를 요구하는 심각한 내홍이 공무원노조에서 발생하였다. 공무원노조 위원장(이충재)은 연이어 중앙집행위원회와 임시대의원대회를 통해 5.2 합의에 대한 조직 내부 반발을 수습하려 시도하였으나, 사태 수습이 여의치 않자 6월 3일 위원장직 사퇴와 동시에 공무원노조 탈퇴를 선언하였다.[69]

이후 공무원노조는 실무기구의 5.2 합의를 둘러싼 조직 내부의 분열과 이탈로 인해 상당한 혼란을 겪었고, 7월 18일 대의원대회를 통해 비상대책위원회(위원장 김중남)가 구성됨으로써 조직 혼란은 수습 국면에 들어가게 되었다. 실무기구의 5.2 합의는 노조 내부의 논란과 진통 뿐 아니라 공투본과 민주노총, 그리고 시민사회의 연대 흐름에서 적잖은 균열을 만들어내기도 하였다. 공노총 등의 공무원노동조합들과 참여연대를 비롯한 시민사회단체들은 5.2 합의에 대해 공무원단체들이 자신의 연금 감축에도 불구하고 국민연금 소득대체율 50%의 큰 성과를 거둔 것으로 높게 평가하였던 반면, 전교조를 포함한 반대 진영들은 이번 합의가 정부·여당 주도의 연금 개악에 대해 무기력하게 양보했다는 비판을 강하게 제기했다. 공무원노조의 비대위 체계는 10월 26일 노조 집행부(위원장 김주업)의 선출로 마감되었다.

한편 5.2 합의는 국민연금 소득대체율 조정에 대해 대통령이 거부함으로써 공무원연금법의 개정만이 예정대로 처리되었다. 반면 공무원노조 내부의 논란과 시민사회 연대 흐름의 중단과 함께 공적연금 강화와 공무원의 인사정책적 방안에 대한 정책협의 이행은 벽에 부딪힐 가능성이 높아졌다. 인사혁신처는 5.2합의 후속 조치로 7월 초에 협의체를 구성하였으나, 공무원·교원단체 합법노조(공노총·교총·우정노조) 대표 3명으로 제한하고 국민대타협기구 및 실무기구에서 주도적인 역할을 담당하였던 공무원노조를 법외노조라는 이유로 배제했다.

인사혁신처는 2015년 12월까지 운영하기로 한 이 협의체에서 △정년 연장 △하위직 보

---

69 이충재는 공무원노조 위원장 사퇴 직후 공무원노조에서 이탈한 지부들 중심으로 별도의 공무원노조(통합공무원노조)를 결성하고, 이후 2016년 12월에 과거 '국민노총'(2011년)에 참여했던 지방공기업노조연맹, 전교조를 탈퇴한 교사노동조합연맹과 함께 '국민과 함께하는 사회공동체 운동'을 표방하며 전국공공서비스노총(공공노총)을 만들었다. 이 공공노총은 문재인정부 기간내에 민주노총에 대한 비판 흐름(특히, 코로나19 상황에서의 경사노위 불참 관련)을 보이다가, 결국 2021년 3월 한국노총과 통합을 선언하면서 사실상 한국노총에 흡수되었다.

수인상 △6급 근속승진 △노조 설립신고 등을 포함한 공무원·교원의 인사정책 개선방안에 대해 형식적인 논의로 일관했다. 협의체 논의도 4차례의 회의로 일방적으로 제한했다. 게다가 공무원 성과연봉제 및 퇴출제 도입을 골자로 하는 '국가공무원법 일부 개정법률(안)'을 12월 말에 입법 예고하는 등 5.2 합의와는 동떨어지거나 공무원단체들이 반대하는 의제를 협의하도록 요구하면서 사회적 합의를 사실상 무력화하려 했다. 공무원 성과연봉제 및 퇴출제 도입을 골자로 하는 '국가공무원법 개정(안)'은 2016년 9월 공공기관노조의 공동 총파업과 함께 뒤이어 터진 전국적인 촛불항쟁 등이 이어지면서 결국 입법화가 무산되었다.

7) 공공부문 노동운동 사상 최대 공동 총파업 전개

박근혜정부의 공공기관에 대한 불법적 이사회 강행을 통한 성과연봉제 추진은 공공기관노조의 전면적 저항으로 연결되었다. 2016년 9월 23일 금융노조가 7만5천여명이 참여한 가운데 앞서서 시한부 전면 파업을 전개했고, 공공운수노조의 15개 조직이 9월 27일부터 공동 총파업에 돌입했다. 철도노조(위원장 김영훈)·건강보험노조(위원장 박표균)·국민연금지부(지부장 변희영)·가스공사지부(지부장 황재도)·서울대병원분회(분회장 박경득)·경북대병원분회(분회장 김영희)·서울지하철노조(위원장 최병윤)·5678도시철도노조(위원장 명순필)·부산지하철노조(위원장 이의용)·국토정보공사노조(위원장 차진철)·철도시설공단노조(위원장 윤정일)·강원랜드노조(위원장 홍명수)·소비자원지부(지부장 이상근) 및 공공연구노조의 교육학술정보원지부(지부장 서영주)·청소년활동진흥원지부(지부장 강민석)가 참여한 공공운수노조의 9월 공동 총파업은 공공부문 파업투쟁의 새로운 역사를 만들어냈다.

철도노조와 서울지하철·부산지하철노조는 1994년 6월 연대파업 이후 22년만에 연대파업을 일궈냈고, 서울지하철·서울도시철도·부산지하철노조는 2004년 연대파업 이후 12년만에 연대파업을 일궈냈으며, 철도·국민건강보험·국민연금·가스공사지부(노조)는 2009년 11월 이후 7년만에 연대파업을 일궈낸 셈이다. 공공운수노조 파업기간 중인 9월 28일에는 보건의료노조가 연대파업을, 9월 29일에는 사상 처음으로 한국노총 공공연맹 소속 노조들(근로복지공단노조 등)이 연대파업을 전개했다. 2016년에 민주노총 공공운수노조와 한국노총 공공부문 조직이 참여한 진정한 공공부문노조 총파업 투쟁이 구체화된 것이다.

9월 27일 시작된 공공운수노조의 공공기관 공동 총파업에는 15개 공공기관노조 6만2천여명이 참가했다. 1996년말 노동법 개정 총파업 투쟁 이후 공공부문 노동운동 역사상 최대 규모가 결합한 파업투쟁이었다. 연대 총파업 기간도 역시 사상 최대였다. 12월 9일까지 74일간의

2016.9. 여의도광장을 가득 메운 공공기관노조 공동 총파업 참여 조합원들

파업을 진행한 철도노조 외, 서울대병원분회 18일, 국민연금지부 14일, 건강보험노조 13일, 부산지하철노조 8일, 서울지하철노조·5678도시철도노조·가스공사지부 각 3일, 국토정보공사 2일, 강원랜드는 하루 전면파업을 각각 실시했고, 나머지 조직은 부분파업 등으로 참여했다.

한편 부산지하철노조는 9월 27일부터 4일간 1차, 10월 21일부터 4일간 2차 파업을 단행했고, 12월 20일에는 부산 다대선 신규 개통에 따른 인력 충원 및 통상임금 관련 임금체계 개선과 관련하여 3차 전면파업에 돌입하였다. 부산지하철노조의 3차 파업은 12월 26일까지 진행되었다. 부산지하철노조는 계속된 파업에도 불구하고 인력 충원과 임금체계 개편에 대한 합의가 이뤄지지 않자, 사장 퇴진 운동으로 전환하고 파업을 종료했다. 이밖에, 가스공사지부는 11월 23일 2차 연대파업을 전개하기도 했다.

9월 29일 공공운수노조 연대파업 3일 차에 서울시 산하 지방공기업 집단교섭에서 성과연봉제의 노사합의 추진 및 퇴출제 유보 등이 합의되었고, 서울시장(박원순)은 이 합의 직후 공공기관 성과연봉제의 일방적 추진에 반대하는 입장을 발표했다. 서울시는 정부의 성과연봉제 강제 추진에 대해 각 공기업들이 자율적으로 판단하도록 조치하였고, 서울시 산하 공기업노조들은 행정자치부의 경영평가 불이익에 관계없이 성과연봉제를 받아들이지 않겠다고 합의를 했다.

더불어민주당 대표(추미애)는 국회에서 성과연봉제 추진 관련 사회적 합의기구를 제안함으로써, 공공부문의 공동 총파업은 일단 9월 말에 사회적으로 의제화되었다. 또한, 서울대병원분회 역시 파업 18일 만에 10월 14일 2017년까지 성과연봉제 미 도입 및 의료공공성 강화를 위한 합의를 체결하였다.[70] 중앙 공공기관인 서울대병원의 성과연봉제 미 도입 합의는 다른 국립대병원 조직들의 성과연봉제 강제 시행을 사전에 차단했다는 점에서 매우 뜻있는 성과였다. 공공기관에 대해 그동안 '도덕적 질타'('신의 직장', '철밥통' 등)를 계속해온 제도 언론도 2016년 9월 총파업 시기에는 그러한 보도 경향이 줄어들었다. 물론 서울시 산하 지방공기업의 성과연봉제 자율적 추진 합의에 대해 행정자치부는 10월 21일 경영평가 불이익을 앞세워 또다시 성과연봉제 추진을 압박했다.

74일간 파업을 전개한 철도노조를 제외하고도, 2016년 공공운수노조 소속 공공기관노조의 공동파업은 공공부문 노동운동 역사상 길이 남을 기록으로 자리잡을 듯하다. 공공기관에 대한 기능 조정, 노동조건 개악이 지난 1998년 IMF 이후 상시적으로 지속되어 왔음에도, 공공부문노조의 투쟁은 단발적인 투쟁(예, 1998년, 1999년, 2001년 총파업 투쟁 등)에 머물렀거나, 2002년 철도·발전·가스노조 연대파업, 2004년 지하철노조 연대파업, 2009년 '공공기관 선진화' 대응 공공기관노조 연대파업 등 일부 조직들의 한시적 연대수준을 넘지 못했다.

2016년 공공기관노조들의 연대파업은 이러한 한계를 넘어 각 유형의 주요 조직들이 참여했고, 파업에 참여치 못한 조직들도 기업별 편익(경영평가 우대조치)을 염두에 둔 '이탈' 움직임이 거의 나타나지 않았다는 점에서 공공기관노조의 강한 단결력을 보여준 역사적으로도 흔치 않은 '성공한 총파업'으로 볼 수 있다. 그리고, 공공기관노조 중 최대 조직인 철도노조의 파업은 장기화되는 과정에서 11월과 12월에 몰아닥친 '촛불혁명'의 정세 전개에 맞물리게 되었다. '의도하지 않은 혁명적 정세 변화'였지만, 2016년 하반기의 공공기관노조의 연대파업이 이러한 정세 전개에 불을 담긴 건 분명하였다.

공공운수노조의 2016년 공공기관 연대파업은 참여 규모 및 지속성의 측면에서 뿐 아니라, 사전 준비 측면에서도 이전 투쟁의 한계를 뛰어넘은 것으로 평가된다(공공운수노조, 2017). 공공기관사업본부 중심으로 4월 이전부터 '시기 집중 공동 파업'과 교섭권 집중, 대정부 교섭·투쟁을 결정하고, 성과퇴출제 관련 사항의 교섭권 위임을 집중하였다. 이런 준비 상황 속에서 이후 총파업에서 중심 역할을 했던 7개 조직이 일찍이 〈공동투쟁위원회〉를 통해 연대파업의 결의를

---

70   의료연대본부 서울대병원분회는 공공기관 연대파업의 과정 속에서도 2015년 공권력에 의해 타살된 백남기 농민의 정부 책임을 요구하는 '백남기 투쟁본부'의 투쟁을 지원하고, 병원측의 왜곡 사망진단서 진상규명에 앞장섬으로써, 노동운동의 사회적 책임을 최선을 다하는 모범적인 사례를 남겼다.

다졌고, 나머지 공공기관노조들도 굳건한 연대의 결의를 다졌다.

공공기관의 공동 총파업이 10일 경과한 10월 5일 국정감사가 진행중인 상황에서 국회의 각 상임위는 공공기관 성과연봉제 일방 시행 및 파업 적법성 논란이 계속되었다. 국토해양부와 고용노동부가 공공기관 파업을 불법으로 규정하고 있었지만, 정작 중앙노동위원회는 적법 파업으로 규정했고, 국토정보공사의 전주지법 판결 및 철도노조 위원장의 10월 27일 경찰 조사 결과를 통해 공공기관노조의 연대파업은 정부 불법 주장이 허구임이 드러나고 있었다.

이러한 가운데, 10월 국회 기획재정위원회 국정감사에서 상임위원장의 노사 대화 권고가 이어졌고, 10월 6일에는 양 노총 공공부문 공대위가 더불어민주당 원내대표(우상호)와 간담회를 갖고 '성과연봉제 관련 사회적 합의를 위한 국회 중재요청서'가 전달되었다. 10월 중순 이후 철도노조 단독 파업으로 양상이 전개되는 가운데, 10월 18일에는 노동·종교·시민단체 인사 1,456명이 정부의 성과연봉제 일방 시행 중단과 노정 대화를 촉구하는 시국선언을 발표했다.

'박근혜-최순실 게이트' 관련 국정농단이 전국민의 '촛불혁명'으로 발전했던 11월 29일 공공운수노조는 광화문광장에서 조합원 결의대회와 기자회견을 통해 △공공기관 성과퇴출제, 민영화, 연금 개악 등 재벌 청부 박근혜 정책 중단 △'박근혜-최순실 게이트'에 부역한 공공기관 임원 퇴진 및 낙하산 근절 등을 포함한 공공기관 운영의 전면 개혁을 요구했다. 철도노조 파업이 광범위한 지지를 얻어가고 있고, 삼성 재벌의 들러리로 전락한 국민연금 운영 등에 대한 국민적 반감이 확산되는 상황에서 공공기관의 운영 개선을 국민적 요구로 담아내기 위한 것이었다.

다만, 공공운수노조의 2016년 공공기관노조 공동 총파업 투쟁은 그 규모나 사회적 공론화 등에서 역대 최대 수준이라고 자평할 수 있으나, 투쟁이 공공기관노조의 연대 및 조직 발전 논의에까지 이르지 못한 것은 매우 아쉽다. 결국 이후 혁명적 분위기 속에서 파업 투쟁의 성과가 제도 개선(성과연봉제 폐기)으로 연결되었는데, 결과적으로는 기업별 체계의 공공기관노조가 당면 현안에 대해 공동투쟁을 전개한 수준에서 사실상 마무리되었기 때문이다. 이러한 흐름은 앞서 2016년 6월 공공운수노조가 정책대의원대회를 통해 밝혔던 공동 투쟁을 통한 산별노조운동 강화 전략과도 어긋난 것이었다. 공공운수노조 입장에서는 두 번 다시 오기 힘든 천재일우(千載一遇)의 기회를 놓친 셈이다.

이 총파업 투쟁을 사실상 주관했던 공공기관사업본부(본부장 최준식) 역시 애당초 2013년 이 조직을 출범시킨 취지를 투쟁 과정에서 제대로 반영하지 못했다. 공공기관사업본부는 단순히 공공기관노조의 공동 투쟁을 모아내는 조직만이 아니라 공공기관노조의 운동을 발전시켜

내기 위한 논의를 체계적으로 전개하자는 취지에서 2013년부터 별도로 구성·운영되었다. 그런데 역사적인 총파업 투쟁을 성공적으로 실천하고도 이에 대한 논의가 제대로 이뤄지지 않았다는 것은 스스로의 운동 전략 한계를 드러낸 것으로 볼 수밖에 없다.[71]

　　물론 총파업 투쟁 이후 각 단위노조·지부·분회에서 △노조 탄압 대응 △별도의 2차, 3차 파업 진행 및 파업 장기화(철도) △성과연봉제 소송(가처분) 등이 복잡하고 다양하게 전개되고 있었기 때문에, 한 자리에 모여 조직발전 논의를 전개하기 어려웠을 줄 안다. 그러나 이러한 복잡하고 다양한 상황에도 불구하고, 총파업 투쟁 이후 촛불항쟁이 이어지면서 시대 상황이 변화될 수밖에 없기 때문에 공공기관노조로서는 이러한 변화된 시대 상황에 맞는 과제 및 노동운동 전략에 대한 논의가 준비될 필요가 있었다. 산별노조운동 전략도 필수적으로 논의가 되었어야 할 과제였다.[72] 이러한 노동운동 전략 논의 준비 및 산별노조운동에 대한 논의가 미흡함으로써, 이후 문재인정부 하에서 공공기관 노동운동은 변화된 정세에 맞는 투쟁을 준비하는데서 한계를 드러냈다. 물론 공공운수노조 산별노조운동의 이후 전망에도 '어두운 그림자'를 남긴 셈이다.

　　공동 총파업 투쟁에 참여한 공공운수노조의 15개 공공기관노조(지부·분회)들은 법원에 성과연봉제 도입과 관련한 이사회 결의 무효 소송을 제기하고, 성과연봉제 시행 정지 가처분신청을 제기하는 등 법적 조치도 병행했다. 한국노총 공공부문 조직들도 이러한 법적 투쟁에 가세

71　당시 공공운수노조 위원장(조상수)은 이같은 문제 제기에 대해 두가지 아쉬운 점이 있었다고 밝혔다. 실수로 5만명 이상이 참여한 9월 27일 총파업 집회에서 조합원들에게 정부와 제대로 싸우기 위해 조직(노조)을 통합하자는 결의를 이끌어내지 못한 아쉬움과 함께, 총파업 투쟁 이후 촛불항쟁 및 문재인정부가 이어지는 동안에 총파업 투쟁의 승리를 운동 발전으로 연결시키는 논의를 전개하지 못한 아쉬움이 있었다는 것이다(조상수 인터뷰). 당시 공공기관사업본부장(최준식, 이후 공공운수노조위원장)은 이러한 논의가 전개되지 못한 이유에 대해, 급박한 정세 변화를 노동운동 발전의 계기로 활용하지 못한 결과 각 공공기관노조들이 자기 조직의 현안에 관심을 갖게 되고, 이후 공공기관 비정규직 정규직화 논의가 이어지면서 노동운동이 개별화되는 흐름으로 전개되었기 때문인 것으로 진단했다(최준식 인터뷰).

72　정부 권력과의 교섭과 투쟁이 불가피한 공공기관 노조 입장에서는 IMF체제 이후 20년만에 전개되는 이러한 변화된 상황에 맞는 전략적 과제들을 실천하기 위해 우선 기업별 체계 중심의 운동을 전환할 수 있는 준비가 필요했다. 집중적인 논의 및 현장간부들과의 공유를 통해 공공운수노조 산별노조운동에 적극적으로 참여하는 결의를 모아내던지, 아니면 다른 전망을 책임있게 제출하기 위한 논의를 준비했어야 했다. 이후 공공기관노조들은 상당수가 기업(기관) 단위 현안 해결에 대부분 묶이면서 문재인정부의 역주행에 맞서는 공동투쟁이나, 비정규직 투쟁과의 연대를 제대로 실천하지 못하는 한계를 드러냈다(필자 주).

하는 등 2016년은 전체적으로 공공부문 조직들이 투쟁에서나, 연대의 흐름에서 과거 30년 동안 일찍이 보지 못했던 강한 단결력을 보여주고 있다.

한편 2016년 공공기관노조의 공동 파업에 대해 일부 공공기관에서 시대에 역행하는 노조 탄압 흐름들이 나타났다. 가장 대표적으로 노조를 탄압했던 공공기관은, 철도공사·철도시설공단·국토정보공사 등이었다. 이중에서 철도시설공단과 국토정보공사를 살펴본다.

철도시설공단은 성과연봉제 교섭 관련 상급단체 교섭권 위임 결의를 막기 위해 대의원 선거에 개입(3.25)하고, 노조 대의원들에게 상급단체 위임 반대를 호소(4.20)하는가 하면, 성과연봉제 일방 도입을 위한 이사회 무산(4.22) 이후, 조합원들의 성과연봉제 거부 서명을 막기 위해 협박(4.25)했다. 근무시간 중 서명작업을 실시할 경우 징계하겠다는 것이다. 이후 조합원들에 대한 강제 전보 인사(5.19)가 실시되었고, 성과연봉제 도입에 대해 합의 내용 수정을 노조가 거부하자 단체협약 해지(5.29)를 통보하고 결국 이사회에서 성과연봉제 일방 도입을 의결(5.23)하기에 이르렀다. 더불어민주당의 진상조사단의 현장 조사(6.2) 결과 노·노갈등 유도 및 통화 검열 등의 부당노동행위까지 드러나기도 했다. 노조가 일방적으로 지급된 성과연봉제 조기 도입 인센티브에 대해 반납 운동을 전개하자(8월) 이를 또 방해했다.

9월 공동 총파업 이후 11월 19일에 결국 단체협약은 해지되었다. 이에 노조가 부분파업을 준비하자 노조 위원장 든 간부 3인에 대해 고소했다. 조합원들에 대해 '5분 단위 무노동 무임금' 적용 등을 통해 노조 파업도 방해했다. 이러한 노조 탄압에도 불구하고 대전지법은 2017년 1월 31일 노조가 제기한 성과연봉제 도입 중지 가처분을 인용했다. 근로조건 불이익 가능성이 있으므로 노조의 동의를 받았어야 한다는 취지였다. 철도시설공단에 대한 단체협약 해지는 문재인정부 출범 때까지도 해결되지 못했다.

국토정보공사는 노동조합의 쟁의행위에 대해 효력정지 가처분 신청을 제기하여, 관할 법원으로 기각당하는 일까지 발생했다. 공사는 파업을 전후하여 대의원의 근무시간중 활동을 불인정하고, 파업 기간중 사내 시설 운영을 불허하며 조합원의 파업 불참을 노골적으로 종용하는 부당노동행위를 자행했다. 공사측의 탄압에도 불구하고 노조는 9월 28~29일 연대파업을 성공리에 치러냈고, 공사측은 조합원들이 파업 참여를 많이 한 부서의 관리자들을 징계하는 또다른 상식 이하의 행태를 보였다. 이후 국토정보공사노조가 경영평가 성과급 균등 분배를 실시하자, 공사측은 12월 9일 노조위원장을 파면하는 만행을 또다시 저질렀다. 공사노조는 2007년 이후부터 균등 분배를 추진해왔고, 공무원이 아닌 공공기관의 경우 성과급 균등 분배는 법적으로 큰 문제가 없는 성황임에도 이러한 상식 이하의 폭거를 자행한 것이다. 결국 성과연봉제 저지

연대 파업에 대한 보복성 징계라고 볼 수밖에 없다.

노조는 이후 노조 간부·대의원들을 중심으로 부분파업을 확대해갔고, 공공운수노조는 12월 21일 공사 앞에서 결의대회를 개최하기에 이르렀다. 12월 23일 노조는 시한부 전면파업을 다시 전개하였다. 국토정보공사의 노조위원장 해고는 2017년 3월 전북지방노동위원회의 부당해고로 결론지워졌다.

공공기관노조들이 제기한 성과연봉제의 이사회 강행 처리 무효 소송과 관련하여, 2017년 1월의 성과연봉제 시행 중지 가처분 신청은 2017년 들어 대전지역 공공기관(철도공사·철도시설공단·수자원공사 등)에서 승소한 반면, 다른 지역에서 잇따라 기각되었다. 노조가 제기한 성과연봉제 시행 중지 가처분 신청이 성과연봉제 시행의 긴급성을 반영하지 못하고 있다는 것이 법원의 판단이었다. 성과연봉제 일방 시행과 관련한 노조의 단체교섭권 침해 역시 법원은 철도공사 등을 제외하고는 대체로 소극적으로 인정하고 있다.

6. 30년만에 전개된 극적인 정세 전환 – 촛불항쟁

1) 정세 변화를 주도한 철도노조 최장기 파업 투쟁

철도노조의 성과연봉제 파업이 30여일을 경과할 즈음에 '박근혜-최순실의 국정 농단 게이트'가 터졌고, 이에 강하게 반대하는 대다수 국민의 촛불항쟁이 들불처럼 확산되면서 정국 흐름은 급기야 '박근혜 하야'를 외치는 '혁명적 정세'로 발전되었다. 그러나 이러한 혁명적 상황에서도 철도공사는 철도노조의 파업을 탄압하기 위한 갖은 방안을 구체화하고 있었다.

철도공사는 10월 19일 징계위원회를 통해 파업에 참여한 '핵심 주동자 및 선동자(?)' 182명에 대해 징계 절차를 진행하겠다고 했고, 10월 17일부터는 급여명세서를 파업 참가자의 주소로 등기우편을 발송했다. 파업 참가에 따른 무노동무임금으로 급여가 '0원'으로 기재된 명세서를 통해 가족들의 불안감을 조성하고 파업 철회를 압박하기 위함이었다. 그러나 10월 27일 경찰의 잇따른 출석 요구에 따라 용산경찰서에 철도노조 위원장이 조사를 받고 무혐의로 석방되었고, 이에 따라 철도노조 파업을 불법으로 매도하던 정부(국토교통부·고용노동부)의 입장은 결국 허구적 주장으로 밝혀지면서 철도노조의 파업 대오는 국민적 지지 흐름 속에 더욱더 완강해져 갔다.

철도 파업이 40여일이 경과하고 있던 11월 7일 철도노조와 공사는 파업 이후 처음으로 교섭을 전개했다. 이미 국회에서 야 3당 중심으로 철도 노사간 대화와 국회내 '사회적 합의기구' 구성이 논의되고 있고, 40여일의 파업에도 복귀자가 480여명에 그치는 등 철도노조 파업도 굳건하게 유지되고 있었던 상황이었다. 그러나 3일간의 집중 교섭에도 불구하고, 철도공사는 성과연봉제 일방 시행을 계속 주장함으로써 모처럼 국회에서 이뤄진 교섭은 별다른 성과를 내지 못했다. 정부의 성과연봉제 강행 방침에 대해 무기력한 철도공사 사장의 모습이 그대로 드러났기 때문이다.

3일 후인 11월 9일 민주노총의 전국노동자대회에는 사상 처음으로 15만명의 조합원이 참가하여 박근혜 퇴진 투쟁의 깃발을 들었고, 노동자대회 이후 그 자리에서 시민 100만명이 참여하는 사상 최대 규모의 촛불집회가 진행되었다. 철도노조는 이 기간 중 매일 각 지역의 촛불집회를 주도하면서, '촛불항쟁'의 불씨를 확산시켜갔다. 철도 파업이 불법이라고 억지 주장을 한 후 별다른 효과가 없자, 정부는 관계부처(국토교통부·기획재정부·고용노동부·국무조정실) 합동으로 철도 파업에 대한 대체인력 투입, 인력운영 효율화(구조조정) 방침 등을 내세워 압박하기 시작했다.

철도노조 및 공공기관노조의 연대파업 초기에는 국민들 뿐 아니라 야당들도 공공부문 성과연봉제에 대해 그다지 강한 공감대를 드러내지는 않았다. 그러나 철도노조의 파업이 장기화되면서, 공공부문 성과연봉제 또한 박근혜정부의 '비정상의 산물'이라는 인식이 확산되기 시작했다. 철도노조 파업이 장기화되는 가운데, 국회 야 3당은 11월 22일 공동성명을 통해 정부의 성과연봉제 추진 중단과 철도노조 파업 철회 등을 제안하기에 이르렀다. 한편, 야3당은 철도노조의 파업을 불법으로 규정한 고용노동부에 대해서도 책임을 묻겠다는 방침도 발표했다. 그러나 이같은 야 3당의 주장에 대해 철도공사와 새누리당은 국회 소위원회 구성에 대해서조차 반대했다.

국회는 철도노조 파업을 원만하게 매듭짓기 위한 노력을 4차례에 걸쳐 추진했지만, 정부와 철도공사의 무책임으로 별다른 성과를 거두지 못했다. 다만, 이 과정에서 야3당의 철도노조에 대한 제안(철도노조 파업 중단과 성과연봉제의 국회 재논의 입장)도 있었으나, 철도노조 조합원들은 파업을 계속 강행하기로 함에 따라 철도노조 파업은 70일을 넘기게 되었다. 결국 12월 7일 당면 성과연봉제는 미합의(쟁의권 존치) 상태로 남겨둔 채 철도노조와 철도공사는 2016년 임금협약을 체결했고,[73] 철도노조는 각 지방본부별 논의를 거쳐 12월 9일 부로 74일간 전개한 파업을

---

[73] 철도 노사 합의에서 파업의 직접적 배경으로 작용했던 성과연봉제가 합의되지 않은 상태에서, 철도노조는 "보충교섭 결렬에 따른 쟁의권을 해소하지 않은 것을 노사가 인정했기 때문에 쟁의권은 유지되고 현장투쟁

중단하기에 이르렀다. 철도노조는 이후 12월 16일까지 임금협약 잠정합의안에 대해 조합원 찬반투표를 전개한 결과 85%의 찬성으로 이를 가결시켰다. 비록 파업 마무리 과정에서 일부 지방본부에서 반발이 제기되기도 했지만, 70여일 파업을 전개한 조합원들의 자부심이 작용한 상황에서 이전에 비해 매우 높은 찬성율이 나타났다.

1987년 6월 민주 항쟁 이후 거의 30년 만에 전개된 이 '혁명적 정세' 속에 철도노조의 파업은 촛불항쟁 기간에도 2개월 가까이 더 진행되었다. 파업에 참여한 철도노조 조합원들은 박근혜정부의 불법적인 성과연봉제 강행을 전국적으로 의제화함과 동시에 공공기관의 최고 경영자로서 더 이상 자격이 없는 박근혜 대통령의 퇴진(하야)투쟁에 전국적으로 앞장섰다. 어쩌면 철도노조 파업은 한편에서 이 '혁명적 정세'를 만든 '작은 불씨'를 만들었지만, 다른 한편에서는 이 정세를 계속 유지하는데 가장 큰 원동력으로 작용했다.[74]

철도노조는 10월 말 채권 사업을 통해 조합원 1인당 100만원의 급여를 지급하였고, 또다시 11월 말에 100만원 지급을 위해 채권사업을 추진하고 있는데, 급여 100만원을 받고도 파업에 참여한 조합원들은 끄떡없이 파업투쟁 대오를 유지하고 있었다. 우리나라 최대 공기업노조에서 74일간 전개된 2016년 하반기 철도노조 파업은 '박근혜 퇴진'의 국민적 염원이 국회에서 탄핵소추 의결로 결실을 맺었던 12월 9일에 비로소 마무리되었다.

철도노조 파업은 지난 2002년 발전노조의 38일 파업과 더불어 정부의 일방적인 공공부문 정책의 허구성을 폭로한 영웅적 투쟁으로서, 성과연봉제에 대한 문제점을 강하게 부각시켰다. 철도노조 파업은 50일을 경과하면서 '박근혜 퇴진'을 위한 대규모 '촛불항쟁'과 결합되기 시작했다. 물론 철도노조 파업이 직접적으로 촛불항쟁의 불을 당긴건 아닌지만, 철도노조 파업이 이 항쟁을 지속·확산시킨 것 만큼은 분명하다.

철도공사의 일방적 이사회 의결(성과연봉제 시행)과 관련하여 철도노조가 제기한 효력 정지 가처분 신청에 대해서는 2017년 2월 대전지법이 이를 인용하였다. 철도노조의 장기 파업의 정당성 역시 법원에서 인정된 것이다.[75] 그러나 철도공사는 3월에 파업의 책임을 물어 철도노조

으로 전술을 바꾸는 것"이라고 입장을 밝혔다.

74   민주시민사회단체가 총망라된 〈박근혜정권퇴진비상국민행동〉에서도 2016년에 시급히 해결되어야 할 6대 과제로서 '공공기관 성과연봉제'를 선정하는 등 철도노조의 파업 투쟁이 정세 변화의 주요한 계기로 작용했음을 보여주고 있다.

75   철도공사 등이 포함된 대전지법의 성과연봉제 시행 중지 가처분 신청 인용은 철도노조가 제기한 '단체교

의 간부들에 대한 대규모 징계에 착수했고, 문재인정부로 정권이 교체된 상황에서 5월에 열린 징계위원회 재심 절차에서도 30명을 해고 조치하는 시대착오적인 징계를 남발했다.

한편 탄핵 정국의 혼란한 틈을 타고 정부(국토교통부)는 2017년 2월 '제3차 철도산업발전 기본계획'(2017~2021년)을 확정·고시하고 우회적인 철도 민영화 정책의 지속적 추진 계획을 발표했다. 철도 민자사업 활성화 정책 목표 아래, 2018년에는 철도시설·유지보수 업무와 물류·차량 업무를 자회사로 분리하고 2019년에는 철도관제 업무를 철도시설공단으로 이관한다는 계획을 밝혔다. 특히 고속철도 구간 중 주요 병목구간, 미 연결 구간과 흑자가 예상되는 일반선의 신규 구간은 민자사업으로 진행한다는 계획이다. 반면 영업 적자가 예상되는 구간에 대해서는 가뜩이나 적자가 누적되고 있는 철도공사가 운영하도록 방침을 정했다.

아울러 74일간 진행된 철도노조 파업에 대한 대응책으로 조직 내부의 순환 전보, 통합 직렬 신설·외부 위탁업무 확대를 추진한다고 밝혔다. 이미 열차 안전의 핵심인 분당선 중정비 및 KTX정비 업무의 외주화는 철도공사가 추진하고 있는 상황이었다. 박근혜정부의 철도 민영화 적폐 흐름이 촛불항쟁 국면에서도 여전히 위력을 발휘하고 있는 현실을 보여주고 있는 것이다. 이후 철도 민영화 및 분할 경쟁의 적폐는 문재인정부에게로 넘어갔다.

2) 국정농단·비정상의 주범으로 퇴진하는 박근혜대통령과 '촛불혁명'

2013년 취임 이후 노동 개악, 복지 후퇴, 세월호 참사 책임 방기, 국정교과서 파동, 위안부 합의, 사드 배치 등 끊임없이 역주행과 비정상을 질주해온 박근혜정부가 결국 2016년 10월부터 퇴진 위기에 직면했다. 그동안 '비선 실세' 얘기만 나오면 유언비어 운운했던 박근혜대통령은, 10월 24일 JTBC 방송이 최순실 PC에서의 대통령 연설문 의혹 확인을 보도하자 결국 다음날 1차 대국민 사과를 발표하기에 이르렀다. 결국 국정농단의 주범 박근혜에 대한 국민들의 불만이 폭발하면서 이후 급속하게 대통령 하야·퇴진을 외치는 '혁명적 정세'로 이어졌다.

섭권 침해' 주장이 주효한 것으로 풀이된다(김영훈 인터뷰). 철도노조와 성과연봉제 시행 관련 교섭이 진행되던 2016년 5월말에 철도공사가 돌연(물론 정부 압박에 의해서) 이사회 의결을 통해 성과연봉제를 시행키로 한데 대해, 철도노조는 '단체교섭권의 침해'를 주로 제기했다. 반면, 다른 공공기관노조들은 '노조 동의없는 취업규칙 불이익 변경'을 이유로 취업규칙 변경 관련 시행 중지 가처분을 제기했는데, 법원은 본안 소송 결과 성과연봉제 시행과 관련한 효력 논란을 사후에 조정할 수 있다는 취지아래 취업규칙 효력 중지의 시급성을 인정치 않은 것이다.

2016.11. 박근혜 퇴진 촛불항쟁

　10월 29일부터 전국적으로 시작된 촛불집회는 11월 12일 100만 시민과 노동자들이 서울시 중심가(시청, 광화문 등)에 집결했고, 11월 19일에도 전국적으로 90만여명의 시민들이 촛불을 들었다. 대통령은 11월 7일 2차 대국민 사과를 했고, 중립내각과 특검, 그리고 대통령의 검찰 수사까지 약속했지만, 국민들은 더 이상 박근혜대통령의 사과와 약속에 대해 신뢰하지 않고 있다. 실제 대통령의 이 약속들은 이후 모두 지켜지지 않았다. 10월말부터 11월 중순까지 3주 연속 대통령의 국정 지지도는 5%로서 역대 최저를 기록했다.

　한편, 11월 19일 4차 촛불투쟁 이후 박근혜 대통령은 하야(퇴진)을 바라는 국민들의 여망에 정면으로 맞서기 시작했다. 그간 검찰 수사와 계속된 언론의 폭로 속에서 박근혜 대통령은 비선 실세의 국정 농단을 구속된 측근들과 공동 범죄를 저지른 것으로 나타났다. 야권 일각에서 '질서있는 퇴진'을 제기하고 대통령이 약속한 국회 추천 '책임총리' 움직임을 구체화하자 이마저도 거부했고, 자신은 어떤 잘못도 한 적이 없다는 오만한 모습을 계속 드러냈다. 4년 가까운 임기 동안 '국민행복 실현'의 공약은 온데간데 없고, 국정을 망가뜨린 통치권자의 마지막 몸부림이었다.

　이에 앞서 공공운수노조는 11월 2일 현장대표자회의를 통해 '노동개악·성과퇴출제 분쇄 총파업투쟁 승리'를 위해 11월 12일 민중총궐기 투쟁에 최대한의 조직적 참여를 결의했고, 실제 3만여명이 참여한 역대 최고의 성과를 냈다. 박근혜정권 퇴진을 요구하는 국민들의 요구가 높아짐에 따라 1,500여개 민중·노동·시민사회단체는 〈박근혜정권퇴진비상국민행동〉을 구성하고, 이후 계속된 촛불집회를 주도하는 등 국민들의 촛불투쟁에 걸맞는 진보운동세력의 결집도 구체화되었다.

이후 12월 24일까지 9차에 걸친 촛불집회가 계속되고, 박근혜대통령은 3차에 걸친 대국민 담화를 통해서도 자신의 국정 농단과 민주주의 훼손에 대한 일말의 반성을 보이지 않았다. 결국 12월 2일에 전국적으로 230만명이 참여하는 촛불집회를 통해 국회에서는 대통령 탄핵소추가 본격적으로 논의되기 시작했다. 그간 새누리당 내부에서 박근혜대통령에 대한 비판적 시각을 계속 드러냈던 그룹을 중심으로 탄핵 찬성 기류가 확대되면서, 역사적인 12월9일 오후 4시경 국회에서는 박근혜대통령에 대한 탄핵소추가 상정되어 234명(76%)의 예상을 넘는 압도적인 찬성으로 탄핵소추가 의결되었다.

그동안 거듭된 대통령의 국정 농단, 그리고 2014년 세월호 참사에서의 직무유기(소위 '대통령의 사라진 7시간') 등까지 드러나면서, 국민들의 '박근혜 퇴진' 열망은 결국 '혁명적 정세'로까지 발전했다. 대통령은 검찰의 수사 결과에 대해서도 '사상누각'이라며 비아냥거렸고, 애당초 협조하겠다던 특별검사의 수사에도 불응하고 국회의 탄핵소추에 따른 헌법재판소의 심리마저 부정하는 등 헌법과 법률 위반 사실을 부정하며 끝까지 버티는 상식 이하의 태도를 계속 드러냈다.

한편에서 4개월에 걸쳐 국정농단에 따른 대통령 탄핵·구속을 외쳤던 국민 다수의 촛불항쟁이 계속되고, 다른 한편에서 탄핵 기각을 외치는 수구·반동세력의 준동이 계속되는 가운데 2017년 3월 9일 헌법재판소는 재판관 전원 일치의 의견으로 박근혜 대통령의 파면을 결정했다. 4개월여에 걸쳐 진행되던 촛불집회는 3월 11일 스무번째에 이르러 마침내 박근혜정권의 적폐와 비정상을 끝장내는 민주 시민혁명의 승리를 확인하고 마무리되었다. 그리고, 마침내 3월 31일 전직 대통령 신분인 박근혜는 '국정 농단의 주범'으로 간주되어 구속되기에 이르렀다.

3) 촛불항쟁 이후 공공 대개혁 논의 및 현실 정치의 한계

공공기관노조들은 촛불항쟁의 마중물 역할에 그치지 않고 4개월 가까이 이어진 촛불투쟁에도 모범적으로 참여했다. 특히 철도노조가 74일간의 파업 기간 동안 전국 각지에서 평일 촛불집회 및 주말 대규모 조직화의 노력을 보여주고 이를 계기로 각 지역별로 민주노총 각 현장 조합원들이 조직적으로 참여를 계속함으로써, 민주노총은 2016년 11~12월의 '혁명적 상황'에서 최소한의 존재감을 확인했다.

공공운수노조(위원장 조상수)는 박근혜정권이 무너지고 대선이 임박한 촛불혁명의 상황에 공공부문의 대개혁 과제를 공론화시키는 논의를 전개하고 이를 차기 정부에 반영하는 노력을 선도적으로 기울였다. 2017년 1월 24일 공공운수노조 공공기관노조 중심으로 공공부문 대개혁 과제를 모아내는 내부 토론회를 거쳐, 3월 14일에는 국회에서 민주당 의원들 상당수가 참여한 가운데 △국민 참여 확대 △공공서비스 증진 △'좋은 일자리'확대 등을 주요 내용으로 한 차기 정부의 공공부문 대개혁 과제를 공론화하는 토론회를 개최했다(조상수, 2017). 한편 민주노총내 주요 공공부문노조들인 공공운수노조·공무원노조·전교조·보건의료노조는 4월 11일 대선에서 공공성 강화, 공공부문 국민 참여 확대를 위한 공공부문 대개혁 과제가 구체화되어야 한다는 요구를 제시했다. 공공부문 민주노조운동의 역할과 과제 역시 이같은 공공부문 대개혁 요구에 반영되어 있었다. 2016년 9월 공공기관노조 공동 총파업 투쟁 당시 공공기관노조들과 같이 연대했던 〈공공성 강화와 공공부문 성과·퇴출제 저지 시민사회 공동행동〉도 박근혜정권의 적폐 청산을 위한 공공부문 대개혁을 요구했다.

공공운수노조를 비롯한 민주노총 공공부문노조들의 공공 대개혁 요구에도 불구하고, 당시 대선에서는 진보정치 진영이 통합되지 못한 상황이었기 때문에 당선이 유력한 문재인후보(더불어민주당)에게 요구가 집중되는 흐름이 나타나고 있었다. 물론 3월 14일 공공부문 대개혁토론회에 이후 문재인정부의 정책을 주도할 주요 인사들이 많이 참여했고, 이전 〈의정포럼〉 등을 통해 민주당 개혁 진영과의 정책 네트워크 등이 확산되었기 때문에 문재인후보를 중심으로 공공부문 대개혁 요구가 집중된 것은 불가피할 수 있었다. 그러나 공공부문 시장화 적폐를 제대로 청산할 수 있는 진보정치세력이 분열·약화되어 있는 현실은 공공부문 노동운동 주체들에게는 아쉬운 상황이 아닐 수 없다.

민주노총은 11월 12일 민중 총궐기를 통해 촛불항쟁을 전국적으로 확산시켰고, 촛불항쟁이 절정에 달했던 11월 30일 총파업을 선언하면서, 촛불항쟁을 주도하였다. 박근혜정부의 노동 개악에 맞서 계속 저항했던 민주노총으로서 이러한 혁명적 정세는 매우 고무적일 수밖에 없었다. 다만, 과거 정치적 격동기에 민중운동 진영에서 가장 조직적 토대가 강했던 민주노총은 4개월 가까이 진행되던 촛불항쟁의 공간에서 광범위한 민중연대를 주도했지만, 진보-민중운동의 중심 조직으로서 이러한 촛불혁명의 열기를 이후 진보-개혁정부의 토대로 발전시켜 나가는데 한계를 보였다. 2016년 정책대의원대회를 통해 책임있는 정치방침이 필요하다는 인식을 공유하고 이에 대한 사업을 준비했으나 2017년 2월 정기대의원대회에서 정치방침 합의를 이끌어내지 못했다. 이로 인해 대통령 탄핵과 조기 대선을 앞둔 상황에서 민주노총은 진보정치의 통합 및 박근혜 탄핵 이후의 적폐 청산을 위한 주동적 위치를 확보하기 위한 확고한 자리매김을 하지 못했다.

민주노총은 2017년 5월 치러진 대통령선거에서 정의당 후보(심상정)와 민중연합당 후보 (김선동)를 지지 후보로 결정했으나, 대선 이후의 진보정치세력의 통합 전망 등은 결국 제시하지 못한 수동적 위치에 머무르게 되었다. 이에 따라 촛불항쟁의 정치적 성과는 문재인정부 및 더불어민주당에게 돌아갈 수밖에 없었다. 또한 문재인정부의 성패에 따라 촛불항쟁의 정치적 성과가 좌우되는 한계를 고스란히 지니게 된 것이다.

참고문헌

강진구(2017), "파업 부른 코엑스의 부당노동행위", 경향신문(2017.3).

고용노동부(2011), 「공공부문 비정규직 고용개선 대책」

구태우(2016), "'약자들의 치킨 게임'교육공무직법 논란", 매일노동뉴스(2016.12)

기획재정부(2013), 「공공기관 정상화 대책」

_____(2016), 「공공기관 성과연봉제 확대 방안」

김성희(2012), "인천공항공사 민간위탁 노동자 실태와 간접고용 정규직화방안", 인천공항 간접고용 비정규직
　　　　정규직화 방안 마련 공개토론회, 민주통합당·통합진보당·공공운수노조연맹 등

김성희·손정순·박종식(2012), 「공공부문 비정규대책의 평가와 대안에 관한 연구」, 국회 환경노동위원회

김영훈(2014), 「빅라이 - 철도노조 23일의 기억」, 매일노동뉴스

김인재(2014), "공공기관 노동조합의 노동권", 「노동법 연구」, 서울대 노동법연구회

노광표(2017), "공공부문 노동개혁 10대 과제", 한국노동사회연구소

박미정(2010), 「공공기관 경영실적평가제도의 현황과 과제」, 국회입법조사처

박세열(2016), "박근혜정부, 철도 민영화 빗장 열다", 프레시안(2016.7)

박용석(2012), "공공운수노조·연맹의 조직 진단 및 산별운동 평가", 전국공공운수노조·연맹

박준도(2011), "공공운수노조 건설 의미와 과제", 「사회화와 노동」, 사회진보연대

박준형(2016), "전환점 마련한 공공운수노조의 2016년", 「노동사회」, 한국노동사회연구소

박태주(2014), "철도노조 파업, 미완의 승리, 그리고 커다란 성과", 「노동사회」, 한국노동사회연구소

박해철(2016), "공기업정책연대 투쟁본부 68일 노숙투쟁 평가 및 향후 과제", 「공공부문 정책이슈 보고서」, 전
　　　　국공공산업노동조합연맹

서울도시철도노동조합(2019), 「서울도시철도노동조합 25년사」

새누리당(2012), 「세상을 바꾸는 약속, 책임있는 변화를 위한 '국민행복 10대 공약'」

오건호·박용석·김철·김주일·노광표·권순원·이상훈(2010), 「공공기관 혁신을 위한 대안 평가틀 연구」, 사회
　　　　공공연구소

유하라(2017), "오늘도 살아 남았다 - 설 명절 앞둔 집배노동자의 현실", 레디앙(2017.1)

윤자은(2016), "비정규직 인건비 줄여 공항건설비용 충당한 인천공항공사", 매일노동뉴스(2016.7)

이병훈(2015), "공무원 연금개혁과 공무원 노사관계", 「2015년 노사관계 실태 분석 및 평가」, 한국노동연구원

이상훈(2014), 「공공운수노조·연맹 초기업 교섭 실태」, 사회공공연구원

이영수(2014), "서울지하철 통합 이유가.. 박근혜, 제대로 한방 먹었다", 오마이뉴스(2014.12)

전국공공운수노동조합(2017), 「2016 전국공공운수노조 사업 보고」

전국공공운수노조·연맹(2012), 「2011 전국공공운수노조·연맹 사업 보고」

_____(2014), 「2014 전국공공운수노조·연맹 정기대의원대회 자료」

전국공공운수노조준비위원회(2011), 「대한민국 공공기관 들여다보기」

정흥준(2012), "인천공항공사의 상시업무 간접고용 개선방안", 「비정규노동」, 한국비정규노동센터

조상수(2017), "공공서비스 증진, '좋은 일자리' 확대를 위한 공공부문 대개혁 제안", 차기정부 공공부문 정책 전환을 위한 국민토론회, 전국공공운수노동조합

주훈(2015), "자치단체 무기계약 및 기간제 노동자 최저임금 관련 실태와 개선방안", 정부의 최저임금 위반 문제점 및 개선방안 모색 토론회, 정청래의원실·민주연합노조·전국일반노조협의회

참여연대 사회복지위원회(2013), "진주의료원에 대한 오해와 진실 Q&A", 「복지 동향」, 참여연대 사회복지위원회

제9장

문재인정부 탈시장화 실험 실패 및 공공부문 노동운동 변화

박근혜정권의 국정 농단에 맞서 5개월여 동안 진행된 촛불항쟁에 힘입어 박근혜 대통령이 파면되고, 이어 2017년 5월 대통령선거에서 촛불정신 계승을 앞세운 문재인정부가 출범했다. △소득주도 성장 △노동 존중 등 이전 정부와는 차별화된 국정 방향을 제시한 문재인정부는 공공부문 국정과제에서 신선한 기대를 불러있으켰다.

2017년 7월 「국정운영 5개년 계획」 등을 통해 밝힌 △공공기관의 사회적 가치 실현 △공공부문 일자리 81만개 확충 △공공부문 비정규직 정규직화 △공공기관 노동이사제 도입 등은 이명박·박근혜정부을 넘어 IMF 체제 이후 20년간 지속적으로 강화된 공공부문 시장화전략을 전환하는 탈시장화의 상징적 국정과제로 볼 수 있다. 특히, 공공부문 일자리 81만개 확충 및 비정규직 정규직화는 공공부문 정책 전환의 대표적 사례로서, 공공부문 민주노조운동 또한 이에 대한 적극적 개입 및 대응 노력을 가시화하는 계기가 되었다.

문재인정부 초기 성과연봉제 강제 도입 중단 및 일자리 확충 등과 관련한 가시적 조치(예, 경영평가 편람 개정)와 함께, 이전 정부의 적폐들도 일부(철도 KTX승무원 해고 및 공무원노조 법외 조치 등) 해결되는 흐름을 보이고 있었고, 각 공공부문에서는 인력 확충 및 비정규직 정규직화의 흐름들이 가시화되기 시작했다. 문재인대통령이 취임 3일 차에 인천공항을 방문하여 공공부문 비정규직 제로(0)화를 선언하고, 뒤이어 공공부문 비정규직 정규직화 정책이 구체화되었고, 각 행정기관 및 공공기관에서는 기간제의 정규직화 및 간접고용 정규직화 논의가 본격적으로 이뤄졌다.

변화된 정세에 맞게 문재인정부 초기 공공부문 민주노조들의 적극적 실천이 뒤따랐다. 서울의 지하철노조들은 공사 통합 및 노조 통합(서울교통공사노조)을 이뤄냈고, 철도노조는 숙원과 제인 KTX 승무원 복직 및 해고자 복직과 함께, 다수 궤도노조와의 연대파업을 선도에서 이끌었다. 공공운수노조는 문재인정부 초기에 발생한 마사회 및 서부발전 노동자의 죽음을 사회적으로 공론화하고 재발 방지 대책을 마련했다.

그러나 기대가 높았던 문재인정부의 공공부문 정책 전환은 기대 만큼이나 더 큰 실망('희망고문')을 안겨주게 되었다. 먼저, 공공기관의 사회적 가치 실현 국정과제는 이전 정부의 필수 공공서비스(철도·에너지·의료 등) 부문의 민영화·시장화의 적폐 청산으로 연결되지 못하면서, 민영화·시장화 적폐는 오히려 더 심화되었다. 공공부문 81만개 일자리 확충 국정과제는 공무원과 일부 공공기관의 인력 충원에서는 어느 정도 성과를 내었으나, 사회서비스부문 및 비정규직 정규직화와 관련해서는 한계를 드러내고 말았다. 특히 비정규직의 정규직화는 △공공기관 간접고용의 '묻지마 자회사' 전환 △저임금 차별 임금구조(표준임금체계) 지속 △민간위탁 비정규직의 정규직화 논의 중단 등의 문제를 드러내며 말 그대로 '희망고문'만을 안겨주었다. 2020년 이후 코로나 위기 국면에서 시장·자본과의 타협(혁신성장)을 중심으로 한 '한국판 뉴딜' 정책이 제시되면서 정작 뉴딜에 걸맞는 공공서비스 인프라 확충 등의 과제는 실종되었고, 세계적인 재정 확장 국면에서도 여전히 '작은 정부'틀을 유지함으로써, 임기 초 기대를 모았던 공공부문 탈시장화 실험(?)은 사실상 실패한 것으로 나타났다.

　　문재인정부의 개혁 후퇴 및 공공부문 역주행 상황 속에 민주노총은 여전히 총파업투쟁을 전개해야 했고, 15년 만에 되살아난 사회적 대화 전략 논의는 경사노위 참여 실패 및 코로나 위기 원포인트 노사정 합의 부결로 사실상 실패로 귀결되었다. 다만, 2019년에 전개한 사상 최초의 공공부문 비정규직 공동 총파업투쟁은 많은 조직의 참여 속에 비정규직 투쟁의 새로운 전망을 열었고, 공무직위원회의 작은 성과도 일궈냈다. 전교조·공무원노조의 법내 노조 전환에 따른 공공부문 운동 지평 확대 속에 공공부문 민주노조운동은 문재인정부 기간 조합원 증가 추세가 둔화되는 가운데, 조직 경쟁·갈등의 한계를 동시에 직면하고 있다.

　　문재인정부의 탈시장화 및 비정규직 정규직화의 정책 실패 상황에서 민주노총의 2019년 공공부문 비정규직 총파업 투쟁을 전개했지만, 고용·처우 차별에 맞서는 공공부문 비정규직 노동자들의 끊임없는 투쟁들이 문재인정부 기간 내내 지속되었다. 학교비정규직 노동자들은 2017년부터 2021년까지 5년 내 파업·단식·점거 등의 극한 투쟁을 전개해야 했고, 공공기관 간접고용 노동자(인천공항·잡월드·가스공사·도로공사·건강보험 등)들은 '답정녀'식의 자회사를 거부하고 직접고용 쟁취를 위한 끈질긴 투쟁을 계속해야 했다. '묻지마 자회사'의 흐름 속에서도 국립대병원 노조(지부·분회)들은 2019년 연대파업 등을 통해 직접고용 정규직화의 선도 모델을 실현시켰다. 직접고용 정규직화의 길이 막힌 지자체 민간위탁 노동자들의 투쟁 및 공공기관 자회사노조들의 투쟁이 전국 곳곳에서 계속되었다.

　　공공부문 민주노조운동의 지평은 이 시기에 다양한 영역으로 확대되었다. 다단계 민간위탁에 맞서는 궤도 노동자들의 투쟁이 계속되었고, 우정사업본부의 왜곡된 집배·택배 고용구조를 개선하려는 노동자들의 투쟁들이 전개되었으며, 중앙행정기관 공무직들의 집단교섭 투쟁도 가시적 성과를 이뤄냈다. 지자체 공무직 노동자들은 하나의 조직으로 통합을 이뤄내면서 공무직에 대한 법제도 개선을 주도하고 있고, 보건의료노조 및 의료연대본부의 공공의료 체계 확보를 위한 노정 합의 및 파업 투쟁들이 전개되었다. 다만 문화예술 노동자들은 '노동 존중' 국정 방향이 제시되는 상황에서도 계약 해지와 맞서 싸워야 하는 슬픈 현실에 직면하고 있고, 사회서비스 공공적 체계 전환의 대안으로 구체화된 사회서비스원은 지속가능성에 대한 우려와 함께 복수노조 경쟁의 상황에 놓여 있다.

공공부문 비정규직 노동자들의 투쟁이 거듭되는 동안 상대적으로 공공부문 정규직 노동자들의 투쟁은 제한적 수준에서 전개되었다. 특히 공공기관 정규직노조는 공공기관의 비정규직의 정규직화 논의 과정에서 기업별 대응·연대체계를 넘지 못했고, 일부는 비정규직 투쟁을 방관하기도 했다. 문재인정부의 탈시장화 중단 및 시장화 적폐를 공세적으로 돌파하기 위한 투쟁들은 제대로 전개되지 못했다. 민주노총의 사회적 대화 운동전략이 한계에 부딪히는 가운데, 지난 30년 가까운 기간 동안 공공부문 노동운동을 주도했던 공공기관노조들 또한 정세를 주도할 만한 역량을 결집하지 못했다. 산별노조운동 발전 및 비정규직과의 계급적 연대 역시 정체 상황에 머무르는 가운데 공공기관 현장에서는 MZ세대들의 공정 요구까지 가세하면서 기존의 운동전략과 노선에 대한 성찰의 목소리도 있지만 이에 대한 준비를 제대로 하지 못하고 있다.

공공부문 비정규직 노동자들의 투쟁이 개별화되고, 공공기관노조들의 정세를 주도할 만한 역량이 제대로 준비되지 못한 가운데 '공공부문 대표노조'로 자리매김하고자 했던 공공운수노조 또한 한계 상황에 직면하고 있다. 조직 규모는 25만명을 돌파(2022년)하여 민주노총 내 최대 연합(산별)조직의 위치에 있지만, 최근 조합원수가 정체되는 경향이고 이전부터 일관되게 추진해온 공공운수 대산별노조운동의 발전 전망은 여전히 안개 속에 있다. 여전히 10만 가까운 대산별노조 미전환 조직이 포함되어 있고, 공공부문 노동자 확대 측면에서 '공공부문 대표노조' 위상 역시 확고하게 구축하지 못한 상황에 있다.

이러한 공공부문 노동운동의 한계 상황 속에서 2022년 5월 이후 공공부문은 또다시 시장근본주의를 앞세운 윤석열정부의 공세에 직면하게 되었다. 공공부문 시장화를 넘어 노조를 적대시하는 정책까지 더불어 가시화되는 상황에 이르게 된 것이다.

1. 문재인정부의 출범 및 공공기관 환경 변화

1) 문재인정부 출범과 공공정책 전환 흐름

박근혜정권의 국정 농단에 반발하여 2016년 10월부터 시작된 촛불항쟁은 2017년 3월 9일 헌법재판소가 박근혜 파면을 결정하기까지 연인원 16,562,290명이 참여한 가운데 혁명적 열기 속에 마감되었다. 이 촛불항쟁의 성과에 힘입어 2017년 5월 9일 '촛불정신'을 내세운 문재인정부가 출범했다. 2016년 11월부터 본격화된 촛불항쟁 기간 동안 더불어민주당은 거국내각 등의 타협안을 제시하며 박근혜대통령의 하야·퇴진을 일관되게 요구해온 촛불항쟁 주체(대다수 국민들)들의 요구와 어긋나는 움직임을 보임으로써 여전히 우유부단한 태도를 보여왔다.

박근혜퇴진 투쟁을 주도해왔던 〈박근혜퇴진비상국민행동〉은 2017년 3월 10일 〈한국사회 대개혁을 위한 '10대 촛불정신'〉을 발표하고,[1] 이후 한국사회의 진보-시민-노동운동진영이 이러한 촛불정신을 관철하자는 결의를 모았다. 한국사회에서 진보정당운동이 확고한 기반을 구축하지 못한 상태에서 촛불항쟁의 성과가 제도권 야당에게 귀속되면서 촛불정신이 후퇴할 수도 있을 것이라는 우려아래, 제 진보정당·사회단체·민중운동진영이 촛불혁명 주체로서 연대운동 복원을 통해 이러한 촛불정신을 지속적으로 발전시키겠다는 의지의 표현인 것으로 보인다. 그러나 이후 촛불항쟁의 주체들이 정치적으로 집결되지 못한 상황에서 결국 촛불정신의 실천은 문재인정부의 국정방향에 의지해야 하는 상황으로 이어진다.

촛불정신 계승을 표방한 문재인정부는 대기업 이윤 중심의 성장 전략(낙수효과)을 성장·분배·복지가 유기적으로 결합되는 소득주도 성장 전략으로 전환하는 국정방향을 제시했다. 「국정운영 5개년 계획」을 통해 주요 내용을 구체화했다(국정기획자문위원회, 2017). 이에 따라, 최저임금 1만원 인상, 비정규직 정규직화 등을 중심으로 한 노동존중 사회 실현 등의 국정방향을

---

[1] 〈박근혜퇴진비상국민행동〉이 발표한 '10대 촛불정신'은 ① 국민에게 군림하는 대의정치 개혁 및 직접민주주의 전진 주권자행동 ② 특권세력을 위해 남용된 공권력을 용납지 않은 주권자의 직접행동 ③ 부패와 특권을 만드는 일체의 차별과 불평등에 대한 정당한 항의 ④ 양심과 표현의 자유를 억누르는 언론 통제 권력과 이에 협력한 언론에 대한 심판 ⑤ 재벌이 누려온 특권과 부당한 부의 대물림을 용납지 않겠다는 시민 행동선언 ⑥ 노동자의 권리 회복하고 불행한 노동을 없애고자 하는 시민들의 절규 ⑦ 생존권을 보장받으며 건강하고 행복하게 살 권리선언 ⑧ 불평등 교육, 서열화·획일화된 훈육체제에 대한 저항 ⑨ 평화로운 공존의 권리와, 외교·국방·통일정책을 민주적으로 결정하기 위한 외침 ⑩ 모든 생명이 자기 터전에서 조화롭고 안전하게 살아가기 위한 행진 등이다.

제시하는 등 이전 이명박·박근혜정부와의 차별성을 드러냈다.[2] 특히 정치권력의 하부토대로 작용하는 공공부문 국정방향에서도 이전 정부의 공공기관 선진화·정상화 정책과는 다른 흐름을 분명하게 제시했다.

2017년 대선 공약 및 「국정운영 5개년 계획」등을 통해 밝힌 △공공기관의 사회적 가치 실현 △공공부문 일자리 81만개 확충 △공공부문 비정규직 정규직화 △공공기관 노동이사제 도입 등은 이명박·박근혜정부을 넘어 1998년 IMF 체제 이후 지속적으로 강화된 공공부문 시장화전략의 전환을 시사하는 상징적 국정과제로 볼 수 있다.

경영 효율화 중심의 공공기관 정책을 공공기관의 사회적 가치 실현(=공공성 강화) 중심으로 전환하고, 공공부문 정규직 인력 억제 중심의 정책을 전면적으로 전환하여 81만개 일자리 확충 및 공공부문의 비정규직을 선도적으로 정규직화하는 정책들은 분명히 이전 정부와는 차별화된 국정과제들이다. 공공기관노조를 방만경영의 주범으로 간주하고 노조의 경영참여 억제를 '정상화'로 규정했던 정책을 전환하여 공공기관 노동자 대표를 경영진의 일원(노동이사)으로 참여시키는 정책 역시 돋보였다.

문재인정부의 공공 정책 전환은 사실 이전 이명박·박근혜정부 시절 공공부문노조들과 연대를 지속했던 흐름과 맥을 같이한다. 이미 2011년 이후 공공운수노조·연맹과 공동으로 〈의정포럼〉를 구성하여 정부의 국가기간산업(철도·발전·가스 등) 민영화 정책, 의료·교육 시장화 정책, 공공기관 경영효율화 정책(경영평가 등)에 대한 반대 흐름을 분명하게 제시하였다. 2013년 12월 철도노조의 수서KTX 분할 저지 파업투쟁 기간중에는 직접 정부에 맞서는 행동을 전개하였고,[3] 공공기관 시장화 전략의 토대인 공운법 개정 및 공공기관 지배구조 민주화와 관련하여 공공기관 노조조직들과 적극적인 정책 공조 흐름을 유지해왔다.[4]

2　노동존중 국정방향은 서울시의 박원순시장 체제 하에서 구체화된 △공공부문 비정규직 정규직화 △생활임금제 도입 △ 노동정책기본계획 시행 △공공기관(시 투자·출연기관) 노동이사제 도입 등의 '노동존중 특별시' 시정 방향을 상당수 원용했다.

3　2013년 12월 철도노조 파업 당시 언론 토론(KBS 심야토론)에도 민주당 의원(김현미, 전 국토교통부 장관)이 참여하여 박근혜정부의 정책을 비판했고, 철도노조 지도부 검거를 위해 정부가 민주노총에 공권력을 투입(12.22)했을 당시 다수의 민주당 의원들(설훈 등)이 박근혜정부에 항의하기도 했다.

4　2014년 9월 〈공공기관을 서민의 벗으로 의정포럼〉 및 양 노총 공공부문 공대위 공동 주최로 개최된 「공공기관 개혁과제와 공공부문 노정관계의 재정립방안」 정책토론회에 참여했던 윤호중의원(2022년 더불어민주당

무엇보다, 2017년 대선 당시 문재인후보 측은 공공기관노조들의 요구를 대선 공약에 담기 위한 노력을 기울였고, 그러한 노력들이 공공부문 정책의 전환에 영향을 미친 것으로 알려지고 있다. 문재인정부의 초기 공공부문 정책은 크게 공공기관의 사회적 가치 실현 국정방향 및 공공부문 81만개 일자리 확충 등에서 이전과는 차별화되어 큰 기대와 주목을 받게 되었다.

공공 정책과 불가분의 연관을 맺는 노동정책 역시 과거 정부와는 차별화된 국정방향 및 국정과제를 제시했다. 촛불정신의 계승을 표방하는 노동 존중의 국정 방향을 제시하고, △비정 규직의 정규직화 △공공부문 81만개 일자리 창출 △최저임금 1만원 도입 △노동시간 단축 △ 노동권 제한 정부지침 철폐(고용노동부 양대 지침 및 공공기관 성과연봉제 지침 등) △새로운 사회적 대화 체제 등에 대한 국정과제들이 구체화되었다.

2) 문재인정부의 초기 주요 공공부문 정책 추진 흐름

- 공공기관 사회적 가치 실현 국정 방향

먼저 공공기관의 사회적 가치 실현 국정방향 채택의 배경 및 주요 내용에 대해 살펴보자. 문재인정부가 제시한 '사회적 가치 실현'은 공공기관노조들이 IMF 구조조정 이후 일관되게 주 장해온 공공성 담론과 맥을 같이했다. 이러한 공공기관의 사회적 가치 실현 국정방향은 이미 2014년 4월 세월호 참사에서부터 논의가 시작되었다. 당시 국회의원이었던 문재인 대통령은 2014년 8월 세월호 참사에 대해 공공기관이 경영 효율화에 치우친 나머지 사회적 책임을 소홀 히 한 것도 주요한 원인으로 작용했다는 전제아래, 「공공기관의 사회적가치 실현 기본법안」(소 위 '문재인법')을 발의했다. 국민의 생명·안전·복지 등의 공공서비스 확대를 목적으로 설립된 공 공기관들이 경제적 가치(경영효율성) 중심으로만 운영되어서는 아니되고 사회적 가치(공공성)가 균형 있게 실현되어야 한다는 목표 아래 공공기관이 책임져야 할 사회적 가치 실현 분야의 13 개 범주를 설정했다.

2017년 5월 대선 공약을 통해 공공부문의 사회적 가치 실현 국정방향이 반영되었고, 이후

공동비상대책위원장)은 당시 박근혜정부의 주요 공공서비스의 시장화 및 공공기관 정상화 흐름에 반대한다는 입장을 밝히면서, 공공기관노조들이 지속적으로 주장해온 시장화 반대 및 공공성 강화 중심 정책을 지지하는 흐름을 보였다. 이후 민주당 의원들과 공공기관노조의 연대사업은 지속적으로 전개되었고, 민주당 의원들(김 종민·김현미·박광온·윤호중·최인호)은 박근혜 탄핵 이후 2017년 3월 양노총 공공부문 공대위와 연대하여 공운법 개정(안)을 발의했다. 2017년 11월에는 〈3기 의정포럼〉도 발족했다.

「국정운영 5개년 계획」에서 구체화되었다. 사회적 가치 실현 국정방향은 1차로 법안 발의 형태로 추진되었지만,[5] 법안 추진이 벽에 부딪히자 문재인정부는 정책기획위원회 산하에 2019년부터 「공공부문 사회적 가치 실현 TF」 운영을 통해 각 공공부문(행정기관·교육기관·공공기관·지방공기업 등)의 사회적 가치 관련 국정과제를 수립하고, 이에 따른 구체적 추진 계획을 논의했다. 2014년 문재인의원이 발의한 법안에서 설정한 공공기관의 사회적 가치 실현 의제는 각각의 공공부문을 관장하고 있는 기획재정부(중앙행정기관, 공공기관), 행정안전부(지방행정기관, 지방공기업), 교육부(교육기관)가 해당 영역의 구체적 추진계획을 이후 3년간에 걸쳐 준비하도록 했다.

문재인정부가 공공기관 사회적 가치 실현 국정방향을 제시함에 따라, 이전 정부가 추진했던 공공기관 시장화 적폐, 특히, 철도·에너지 등의 민영화 및 경쟁체제, 의료 시장화 체제 및 공공기관의 각종 경영 효율화 추진체계(예산지침·경영평가제도 등) 등이 변화될 것으로 많은 기대가 모아졌다. 이들 의제들은 문재인정부의 핵심 인사들이 야당 시절 공공기관노조들과 같이 연대하면서 국회 의정활동 및 정부정책 비판 흐름에 동참하면서 구체화되었던 것들인만큼, 이러한 시장화 적폐들이 자연스럽게 해결될 수 있을 것이라는 기대들이 있었다. 이러한 흐름들은 이후 공공기관 비정규직 정규직화 및 경영평가제도 개선 과정에서 1차로 반영되었다.

특히 2017년 7월에 발표된 「공공부문 정규직 전환 가이드라인」에서는 공공부문의 비정규직 확산 원인이 공공부문의 관리정책의 한계(경제적 가치 중심 운영)에서 비롯된 것으로 진단하고, 공공부문이 사회적 가치(공공성) 실현을 선도하는 의미에서 비정규직의 정규직화 정책을 추진하겠다고 밝혔다.

공공기관의 사회적 가치 실현 국정방향은 1차로 공공기관에 대한 최고의 통제 기제로 작용하는 경영평가제도에 반영되었다. 그동안 극단적인 경영 효율화 중심의 평가 지표에서 사회적 가치 실현(=공공성 강화) 지표가 부분적으로 추가되기에 이르렀다. 1차적으로 2017년 하반

---

5 「공공기관의 사회적 가치 기본법(안)」은 문재인의원이 1차 발의한 이후 19대 국회 만료에 따라 폐기되고, 이후 20대 국회 시기인 2016년 8월에 김경수의원이 재발의했으며, 내용을 일부 보완하여 2017년 9월에 박광온의원이 3차로 발의했다. 그러나, 20대 국회에서도 야당의 반대 및 법안 내용의 구체성 논란이 계속되면서, 법안 처리는 결국 벽에 부딪히고 2020년 이후 사실상 실종되었다. 당시 야당의 반대에는 당시 같이 상정되었던 사회적경제 법안 등과 함께 이념적 문제(시장경제 침해)가 배경으로 작용했고, 법안 내용과 관련해서는 사회적 가치 13대 범주가 헌법적 가치와 유사하여 개별 법령으로서의 구체적 요건들이 미흡하다는 문제 제기가 있었다.

기 공공부문 일자리 창출 등의 평가지표가 추가되어 2018년부터 평가에 반영되기 시작되었고, 2017년 12월 공공기관의 사회적 가치 평가범주가 설정되는 등 평가지표 전반의 개선 조치가 뒤따랐다.

이에 따라 2018년 경영실적 평가 공기업·준정부기관 및 지방공기업의 경영평가지표에 △일자리 창출 △균등한 기회와 사회통합 △안전과 환경 △상생협력 및 지역발전 지표 등을 포함한 '사회적 가치' 평가지표가 별도로 설정되었고, 각 공공기관의 사업 실적 평가에서 그동안 경영 효율화(예산 절감, 수익 및 성과 확대 등) 일변도로 설정되었던 평가 내용을 변화시키는 계기로 작용했다.

- **공공부문 81만개 일자리 확충**

문재인정부의 정책 중 가장 큰 기대를 모았던 것이 공공부문 81만개 일자리 확충이다. 비록 한계는 많았지만, 아마 공공부문 일자리 확대를 주요 국정과제로 제시한 흔치 않은 정부로서 역사에 기록될 수 있을 것으로 보인다. 이는 최근 출범한 윤석열정부의 일자리정책(기업 중심의 일자리)에서 극명하게 비교가 되고 있다. 김영삼정부의 신자유주의 정책 및 이후 IMF 체제를 거치면서, 우리 정부의 일자리 정책은 철저하게 시장·기업 중심의 낙수효과에 의존하고 있었다. 공공부문은 끊임없이 경영 효율화 정책 아래 정규 인력이 감축되거나 충원이 억제되었고, 비정규직 및 간접고용(민간위탁·외주화) 인력이 확산되면서 오히려 공공부문이 사회 전반의 고용 유연화 및 불안정 고용을 선도했다.

공공부문 일자리 확대 정책은 2017년 대선에서 중요한 쟁점으로 작용했고, 문재인대통령은 주요 정당 후보들과 토론하면서 우리의 공공부문 고용 비중의 취약함을 강하게 문제 제기했다. 당시 대선에서 제기되었던 공공부문 국제 비교자료는 2015년 것으로서 우리의 전체 공공부문 고용 비중은 [표9-1]에서와 같이 전체 취업자의 8.2%로서, OECD 국가 평균(20.1%)의 1/3수준에 불과했다. 이는 당시 신자유주의를 선도했던 영국(16.9%) 및 미국(15.6%)에도 현저히 미달한 것으로서 충격이 아닐 수 없었다.

그동안 계속된 공공부문 시장화 전략으로 인해 핵심 공공서비스부문(운수·에너지·의료·사회서비스 등)에서 민영화가 확산되었거나, 민간 중심 운영체계가 확고히 자리잡은 한국경제의 후진적 단면이 결과적으로 공공부문 고용 비중에서 적나라하게 드러난 것이었다. 문재인정부 기간 중 공공부문 일자리 확충 국정과제가 제시되었지만, [표9-1]에서와 같이 크게 개선되지는 않았다.

표9-1 OECD 주요 국가의 전체 취업자 대비 공공부문 고용 비중(2015년) (단위: %)

국가명	2015년			2019년
	일반정부 비중	공기업 비중	전체 비중	일반정부 비중
노르웨이	30.0	8.4	38.4	30.7
스웨덴	28.6	2.4	31.0	28.7
프랑스	21.4	2.8	24.2	21.2
이스라엘	20.0	1.5	21.5	19.9
캐나다	18.2	0.4	18.6	19.6
그리스	18.0	0.9	18.9	16.7
영국(GBR)	16.4	0.5	16.9	16.0
스페인	15.7	0.4	16.1	15.6
미국(USA)	15.3	0.3	15.6	14.9
이탈리아	13.6	2.0	15.6	13.2
터키	12.4	1.5	13.9	13.1
독일	10.6	0.9	11.5	10.6
한국(*)	7.6	0.6	8.2	8.1
일본	5.9	0.4	6.3	5.9
OECD 평균	18.1	1.9	20.1	17.9

* 정부(통계청) 공공부문 일자리통계(2018.2)에서는 2015년 공기업 고용 및 공공부문 고용 비중 조정(8.9%)
자료: 서울대 산학협동단(2017), OECD(2017, 2021)

문재인정부의 공공부문 81만개 일자리 확충 국정과제는 이같은 현실을 바탕으로 출발했다. 공공부문에 대해 정부가 직접 모범 사용자(model employer)로서 양질의 일자리를 창출하고 이를 통해 전산업에서의 일자리 확대 및 일자리 질 개선을 선도하겠다는 전형적인 복지국가 모델에 근거한 것이었다. 또한 공공부문 일자리 정책은 문재인정부가 또하나의 국정방향으로 제시한 공공부문의 사회적 가치 실현의 핵심 의제였다.

'사회적 가치 실현을 선도하는 공공기관'(12대 국정과제)의 국정 방향은 지난 IMF 외환위기 이후 공공부문을 지배했던 시장화전략이 전환(경제적 가치 → 사회적 가치)되는 상징적 의미를 지니고 있다. 1998년 IMF 관리체제 이후 공공부문 시장화전략 일변도 하에 공공부문 일자리 억제만을 일관되게 추진해왔던 정책의 근본적인 전환을 알리는 청신호로 볼 수 있었다.

2017년 10월 「일자리정책 5년 로드맵」에서 밝힌 공공부문 일자리 81만개 확충 정책의 세부 내용은 [표9-2]와 같다. 국민 요구에 부합하는 질 좋은 공공서비스를 제공하면서, '모범 고용주'로서 일은 제대로 하기 위해, △현장 민생공무원 일자리 17.4만명 충원 △보육·요양 등 사회서비스 일자리 34만명 충원 △간접고용의 직접고용 전환 등 30만명 충원(공공기관 정규직 충

표9-2   공공부문 81만개 일자리 창출 계획 주요 내용

구분	주요 정책과제	세부 과제
현장 민생공무원 충원(14만명)	국가직(10만명)	△강력범죄·취약계층범죄 예방 경찰 충원(2.3만명) △부사관 충원(2.6만명) △국공립 유치원 확충 및 특수·비교과교사 인력 충원(2만명) △근로감독관·집배원·감염병대응 등 생활안전 인력 충원(3.1만명) 등
	지방직(7.4만명)	△긴급구조역량 강화 소방인력 충원(2만명) △복지 사각지대 해소 사회복지·방문건강관리 인력 충원(1.9만명) △재난안전예방 생활안전인력 충원(3.5만명) 등
사회서비스 일자리 충원(34만명)	1단계: 보육·요양·보건 (17만명)	국공립보육시설(6.4만명)·요양(4.1만명)·장애인활동(2.4만명)·간호간병(3.5만명)·환경·문화(0.6만명) 등 사회서비스 일자리17만명 충원
	2단계: 사회서비스공단 운영 및 문화·체육·환경 등 일자리 확충(17만명)	△'사회서비스관리와진흥에관한법률(가칭)' 제정 △사회서비스공단 설립 추진 △'국민체감형 사회서비스 일자리' 충원 등
간접고용 직접고용 전환 등(30만명)	직접고용 전환: 상시·지속 업무 종사자 3단계에 걸친 정규직 전환(20만명 수준)	△(파견 용역) 조직규모·특성 등 고려 직접고용·자회사 결정 △(기간제) 기간제 사용기준 엄격 적용 정규직 전환 추진 △(무기계약직) 체계적 인사관리 및 처우개선 추진
	공공기관 서비스 제고 및 산업경쟁력 강화 위해 6~8만명 확충	△국민생활 밀접 공공서비스(보건의료·생활안전·재난방지·검역) △4차 산업혁명 대비(신산업·신재생에너지 출연연 등) △중소기업 육성(해외진출 지원 등) 중심 충원, 근무시간 단축 통한 일자리 창출

자료: 일자리위원회(2017), 재구성(박용석, 2021a)

원 6~8만명 포함) 등의 일자리 확충 방안이 제시되었다.[6]

- **공공부문 비정규직 정규직화**

문재인정부의 주요한 국정과제 중의 하나가 공공부문 비정규직 정규직화이다. 문재인대통령은 취임 3일 만인 5월 12일 당시 비정규직(간접고용)이 심각한 인천공항공사를 방문하여 '공공부문 비정규직 제로(0)화'를 선언했고, 국정 최우선적 과제로 공공부문 비정규직 문제를 해결하겠다는 야심찬 의지를 밝혔다.

---

6   6) 여기서 간접고용의 직접고용 전환 등 30만명 확충은 계획상으로도 2만명이 모자랐고(공공기관 8만명 확충), 실제 결과에서도 신규 충원과 직접고용 전환(자회사 전환 포함)이 중복적으로 반영되어 있었다. 즉, 81만개 일자리 창출은 실제 결과와 무관하게 최초 계획 수립에서도 명확하지 못했다는 의미이다.

2017.5. 취임 직후 인천공항을 방문하여 비정규 노동자들과 대화하는 문재인대통령

비정규직의 정규직화 정책은 크게는 공공부문 81만개 일자리 확충 과제(2017.10) 속에 포함되어 있으나, 정부는 이러한 대통령의 의지를 반영하여 2017년 7월 「공공부문 비정규직 근로자 정규직화 가이드라인」발표를 통해 선도적으로 추진하였다. 공공부문 비정규직 문제는 공공부문 사장화 정책의 산물로서 사회 전반의 불안정 노동을 선도한 측면이 있었다. 대통령의 인천공항 방문 역시 이러한 과거 정부 정책을 전환하겠다는 '선한 의지'의 표현으로 볼 수 있다.

2000년 한국통신 및 2003년 근로복지공단의 비정규직 투쟁으로 공공부문 비정규직 문제가 사회적으로 공론화되면서 정부는 2004년부터 공공부문 비정규직 대책을 검토하기 시작했다. 2007년부터 기간제법 시행에 따라 직접고용 비정규직의 정규직 전환(대부분 무기예약직)이 단계적으로 이뤄져왔다. 그러나 공공부문에서는 한편에서는 정규직화가 진행되면서도, 다른 한편에서는 [표9-3]에서와 같이 비정규직이 2016년까지 지속적으로 확대되어 왔다.

2017년 7월 1단계 정규직 전환 가이드라인이 발표됨에 따라, 정부 발표 자료([표9-4]) 기준으로 전체 공공부문(행정기관·교육기관·공공기관)에서 199,538명의 비정규직이 정규직 전환 대상(상시·지속업무 종사자로 규정)으로 결정되었고, 이들 중 192,698명에 대해2020년말까지 정규직 전환이 완료되었다. 2018년 5월 정부는 지방공공기관(공기업·출자출연기관)의 비정규직 전환

표9-3　역대정부 공공부문 비정규직 통계(2003~2016년)　(단위: 명, %)

연도	구분	인력 현황					
		정규직	무기계약직	비정규직			계
				기간제	파견용역	소계	
2003년	중앙행정기관	237,004	-	35,601	-	35,601	272,605
	지자체	260,442	-	44,647	-	44,647	305,089
	교육기관	377,281	-	99,077	-	99,077	476,358
	공공기관	140,109	-	54,990	-	54,990	195,099
	계	1,014,836	-	234,315	-	234,315	1,249,151
2006년	중앙행정기관	243,408	-	30,307	-	30,307	273,715
	지자체	311,564	-	72,237	-	72,237	383,801
	교육기관	415,411	-	112,393	-	112,393	527,804
	공공기관	271,655	-	96,729	-	96,729	368,384
	계	1,242,038	-	311,666	-	311,666	1,553,704
2011년	중앙행정기관	255,314	12,133	18,575	7,774	26,349	293,796
	지자체	282,059	45,783	47,516	10,259	57,775	385,617
	교육기관	407,407	59,940	125,088	20,820	145,908	613,255
	공공기관	276,394	16,752	49,905	59,594	109,499	402,645
	계	1,221,174	134,608	241,484	98,447	339,931	1,695,713
2016년	중앙행정기관	269,512	20,582	13,295	7,593	20,888	310,982
	지자체	298,598	52,939	40,424	10,586	51,010	410,647
	교육기관	417,645	104,287	88,621	23,556	112,177	634,109
	공공기관	339,590	34,412	48,713	78,920	127,813	501,815
	계	1,324,715	211,950	191,233	120,655	311,888	1,843,553
증가율(2003년 대비 2016년)		30.5	-	-	-	33.1	47.6

자료: 한국비정규노동센터(2007), 고용노동부(2011), 관계부처 합동(2017)

가이드라인을 발표하면서, 전환 결정 인원을 6,380명으로 정했고 이중 5,860명이 2020년말까지 정규직으로 전환되었다.

　1·2단계를 합해서 205,918명의 전환 대상자가 결정되었고, 이중 198,550명(96.4%)이 2020년 말까지 전환된 셈이다. 특히 그동안 공공부문 외 인력으로 분류되었던 121,590명의 간접고용 노동자들에 대한 정규직 전환 계획은 나름대로 큰 변화가 아닐 수 없었다.

표9-4 공공부문 비정규직 정규직화 계획 및 실적   (단위: 명, %)

구분		기관(개소)			전환 인원(목표 대비 비율)		
		대상기관	전환결정 기관		전환결정 인원	전환완료 인원	
1단계	계	846	846	(100%)	199,538	192,698	(94.0%)
	기간제	835	835	(100%)	73,442	72,599	(98.8%)
	파견용역	656	581	(88.6%)	126,096	120,099	(95.2%)
2단계	계	481	442	(91.9%)	6,380	5,860	(91.8%)
	기간제	469	433	(92.3%)	4,755	4,369	(91.9%)
	파견용역	213	144	(67.6%)	1,625	1,491	(91.8%)
전체	계	1,327	1,288	(97.1%)	205,918	198,558	(96.4%)
	기간제	1,304	1,268	(97.2%)	78,197	76,958	(98.4%)
	파견용역	869	725	(83.4%)	127,721	121,590	(95.2%)

자료: 공공일자리전문위원회(2021), 재구성

- 무기계약직 표준임금체계

　　한편 정부(고용노동부)는 2017년 문재인정부 출범 이후 정규직(무기계약직)으로 전환되는 노동자들 대상으로 표준 임금체계를 적용하겠다고 밝혔다. 이에 따라 2018년 1월 「공공부문 무기계약직 표준임금체계」(안)이 2018년 1월 발표되었다. 공공부문 비정규직이 주로 집중되었던 청소·경비·조리·시설관리·사무보조 등 5개 업종에 대해 5개의 직무등급으로 설정한 상태에서 각 등급별 6개의 직무단계를 반영한 직무 중심 표준 임금체계(안)을 정부가 각 행정기관·교육기관·공공기관에 적용토록 권고했다.

　　그런데 이 표준임금체계(안)은 최저임금을 기초로 한 저임금 수준에다 근속에 따른 처우 개선을 최소화시키는 것으로서, 결국 기존에 전환된 무기계약직과의 차별을 제도화할 뿐 아니라, 이후 전체 공공부문 노동자(정규직 포함)의 임금 수준 억제 및 직무 중심 체계로의 전환을 유도한다는 비판에 직면하게 된다(박주영, 2018).

　　이 직무 표준임금체계는 독일의 공공부문 통일 직무급체계와 외견상 유사하지만 내용적으로는 상당 부분 왜곡된 체계였다. 독일 직무급제의 경우 초임이 최저임금에 비해 높게 형성되고 근속에 따른 임금 인상율이 우리의 표준임금체계(안)에 비해 훨씬 높게 나타나고 있기 때문이다. 이러한 두 나라의 임금체계는 결정 과정에서 차이를 드러낸다. 노정간 교섭에 의한 임금체계 전환(독일)인가, 아니면 정부의 일방적 결정에 의한 임금체계 설정(우리나라)인가의 문제였다.

　　특히 공공기관 무기계약직 임금이 정규직 임금과 통합해서 관리토록 하여 별도의 추가 처우개선을 제한하는 예산편성지침이 작동되는 상황에서,[7] 이러한 직무급 표준임금체계는 저임금 고착화의 논란을 유발했다. 그리고 이 표준임금체계는 공정 원리를 반영한 임금체계(직무급)라는 전제 하에 공공기관 무기계약직 임금정책의 가이드라인으로 설정되어 왔다.[8] 민주노총에서는 2018년 보건의료노조의 공공병원 정규직화 논의과정에서 도입된 표준임금체계 논란이 2018년 하반기에 제기된다.

- **공공기관 임금체계 개편 및 노동이사제 시행**

2016년 9월부터 전국적으로 불타올랐던 공공기관노조 공동 총파업에 힘따라 문재인정부에서 성과연봉제 강제 도입이 폐기되었다. 정부(기획재정부)는 2017년 6월 공공기관운영위원회 의결로 공공기관 성과연봉제 강제 도입 정책을 공식 폐기하고, 각 기관별 자율적 시행 방침으로 전환키로 했다. 이후 2017년 7월 「국정운영 5개년 계획」을 통해 박근혜정부 당시 노정간 직접 충돌의 원인으로 작용했던 전직원 성과연봉제 시행을 유보(간부직 대상 시행)하는 대신 대안적 임금체계 개편(공정 임금체계)을 추진하기로 했고, 서울시 산하 공공기관(투자·출연기관)에서 2016년부터 시행중에 있었던 공공기관 노동이사제를 중앙정부 산하 공공기관에 시행키로 하는 계획을 발표했다.

성과연봉제 시행 유보의 대안으로 제시된 공정 임금체계는 직무급 체계로 구체화되면서 논란이 가속화되었다. 정부(기획재정부)는 2018년 상반기까지는 공공기관 임금체계에서 주요한 쟁점으로 제기되는 공공기관간 임금 격차 문제를 임금체계 개편 논의에 포함시켜 검토하였으

---

7 공기업·준정부기관의 예산편성지침(2022년 이후 예산운용지침)에 따르면, 공공기관의 경우 정규직과 무기계약직을 포괄하여 총인건비 인상율 관리를 하도록 조치하고 있기 때문에, 일단 무기계약직(정부는 '정규직'으로 표현)으로 전환될 경우 아무리 무기계약직 노동자들의 임금이 낮다 하더라도 정규직 노동자의 양해(임금인상 제한)가 없으면 처우개선이 불가능하도록 되어 있다. 문재인정부 기간 공공운수노조 등을 비롯한 공공부문노조들은 이에 대한 정부 차원의 책임있는 대책(예, 무기계약직 총인건비 인상율 관리 특례 등)을 요구했으나 제대로 반영되지 않았다.

8 임금체계는 연공급 체계이든 직무급 체계이든 어떻게 운영하느냐에 따라 동일노동 동일임금 원칙에 기초한 공정 임금체계가 설계될 수 있음에도, 문재인정부 기간 동안 정부 및 정부 주변의 전문가들은 '직무급=공정한 임금체계'라는 전제 하에 외국(예, 독일 등)의 직무급 체계 도입 및 운영 등에 대한 적정성 검토없이 2019년부터 전 공공기관에 이를 도입하도록 사실상 강요(경영평가 지표 반영)해왔다. 윤석열정부가 공공기관 혁신의 이름아래 직무·성과 중심 임금체계를 강화 추진하는 것도 이러한 흐름을 사실상 계승한 것이었다.

나,[9] 2018년 하반기부터 각 기관별 시행으로 전환하고 시행을 강제하기 위한 수단으로 경영평가제도를 활용했다. 이에 따라 2019년 경영실적 평가에서부터 보수관리 평가지표에 '직무중심 임금체계로의 전환 성과 및 노력'의 세부평가내용에 반영되었다. 경영평가 지표에 직무중심 임금체계 전환 성과 및 노력이 반영되어 있었지만, 공공기관노조들의 반발이 계속되자, 결국 정부는 경제사회노동위원회(공공기관위원회) 논의를 통해 직무중심 임금체계 개편과 공공기관 노동이사제 도입을 동시에 추진할 것을 주요 내용으로 하는 노사정 합의(2020.11)를 추진하기에 이른다.

주요 국정과제에 포함된 공공기관 노동이사제는 기획재정부가 2018년 상반기부터 전문가 좌담회를 통해 시행 여부에 대한 의견을 수렴했으나 결론을 맺지 못한 채 입법화는 계속 지연되었다. 기획재정부는 과거 공공기관 선진화·정상화 정책 추진 당시 이를 지지했던 전문가그룹의 의견을 중심으로 시행 추진에 신중한 태도를 계속 유지하다, 결국 2020년 하반기 경제사회노동위원회 합의가 이뤄지는 단계에까지 이르렀다.

정부의 법안 개정 추진 지연으로 노사정간 논의가 진행되는 동안 2020년부터 더불어민주당 의원들 중심으로 노동이사제 시행 내용이 반영된 공운법 개정(안)이 발의되기에 이르렀고,[10] 2022년 1월 국회에서 김주영의원 발의 개정안을 토대로 한 공운법 개정(안)이 의결되었다. 이에 따라, 공운법 개정(안)을 근거로 한 시행령(2022.6)에 따라, 2022년 8월 4일부터 공기업·준정부기관 대상으로 단계적 시행 중에 있다. 문재인정부에서 추진해왔지만 시행은 윤석열정부로 넘어간 것이다. 이 법안 처리도 현 윤석열대통령이 이전 국민의힘 대선 후보로서 한국노총

---

9 정부(기획재정부)는 2018년 상반기에 전 공공기관을 통계청 표준산업분류 기준에 따라 구분하고, 해당 산업·업종별로 공공기관의 임금수준 및 민간부문 관련 산업·업종과의 임금수준 비교 작업을 외부에 의뢰하여 추진한바 있고, 이를 통한 전 공공기관의 통합 임금체계 개편의 논의를 1차로 전개했다. 이는 공공기관노조들이 제기한 공공기관간 임금 격차 문제에 대해 정부 차원에서 민간의 산업·업종별 임금 비교를 통해 해결책을 모색하려는 문재인정부 초기 '선한 의지'로 풀이된다. 한국조세재정연구원이 주최한 「공공기관 임금 현황과 쟁점 공개토론회」(2018.8.27.)에서는 '공공기관-민간부문간 임금수준 격차조사'(문창오) 결과가 발표되었는데, 여기에는 △전기·가스·증기·수도사업 △운수업 △금융·보험업 △전문·과학기술서비스업 △보건·사회서비스업을 중심으로 해당 공공기관과 민간 대기업의 연령별·근속연수별 임근 비교가 포함되어 있었다.

10 노동이사제 도입을 위한 공운법 개정(안)은 △김경협의원(2020.6) △박주민의원(2020.8) △김주영의원(2020.11)이 각각 발의했고, 이수진의원(비례)은 이보다 포괄적인 「근로자대표 및 경영참가에 관한 법률 개정(안)」(2021.4)을 발의했다.

을 방문한 자리에서 시행을 약속(2021.12)함에 따라 국회에서 의결될 수 있었다.

2. 문재인정부 초기 변화된 공공부문 노동운동 흐름

1) 공공기관 정규직 노조운동의 주요 흐름 및 투쟁

• 양 노총 공공부문 연대 활동

촛불항쟁이 막바지에 이르렀던 2017년 3월 6일 공공운수노조·보건의료노조·공공노련·공공연맹·금융노조가 참여하고 있는 〈양대노총 공공부문 공동대책위원회〉(공공 공대위)는 국회에서 공공기관 운영법 전면 개정을 국회 토론을 통해 과거 공공기관 시장화 적폐의 청산을 위한 공동 사업의 틀을 재구축했다. 이와는 별도로 공공운수노조는 박근혜 탄핵이 확정된 직후인 3월 14일 국회에서 다수의 국회의원(더불어민주당·정의당)들이 참여한 가운데 '좋은 일자리와 공공성 강화를 위한 공공부문 대개혁 방안' 주제를 중심으로 토론회를 개최했다. 공공운수노조가 제안했던 공공부문 대개혁 방안은 이후 자연스럽게 5월 대선의 주요 의제로 부각되기 시작했다.

문재인정부가 출범한 이후 공공 공대위는 가장 시급한 과제로 제기된 성과연봉제 폐기에 대해 정부(기획재정부)와 폐기를 위한 노정협의를 2017년 6월 5일 개최했고, 곧이어 6월 15일에는 기자회견을 통해 정부의 공공기관 성과연봉제 폐기 조치를 촉구하는 기자회견을 열었다. 공공 공대위는 성과연봉제 폐기 기자회견을 통해, 정부가 2016년에 성과연봉제 도입 정착을 위해 지급한 추가 성과급 1,600억원을 전액 환수하여 공공부문 비정규직 처우개선 및 추가 인력 확충 등 공익 목적으로 활용할 것을 정부에 공식 제안하였다.[11]

정부(기획재정부)는 그 다음 날인 6월 16일 공공기관운영위원회 의결을 통해 2016년 1월에 발표했던 공공기관 성과연봉제 강제 도입 정책을 폐기하는 입장을 구체화했고, 기 지급된 추가 성과급의 반환 여부는 공공기관별 노사 자율로 결정토록 했다. 행정안전부도 6월 18일 지방공

---

11 공공기관노조 측에서 공공부문 비정규직 처우개선 및 인력 확충을 위한 사회적 기금 제안이 이뤄진 것은 공공기관 경영평가 성과급 격차 축소로부터 비롯된 것이다. 즉, 공공기관 통제 목적으로 활용되고 있는 경영평가제도 개선을 위해서는 획일적 서열화 폐지 및 성과급 격차 축소가 필요하다는 정책 방향 아래 축소된 성과급의 공익적 활용 차원에서 제기되었다(오건호·박용석·김철·김주일·노광표·권순원·이상훈, 2010).

기업에 대해 이같은 성과연봉제 강제 도입을 폐기하는 방침을 결정했다.[12]

앞서, 공대위가 제안한 추가 성과급 공익 활용에 대해 정부는 2017년 8월 지속적인 공익 목적 달성과 사회적 연대 차원에서 공익재단 설립이 바람직하다는 입장을 개진했고, 동시에 개최된 공대위 대표자회의에서는 공익재단 설립을 추진하는 것으로 의견을 모았다. 공익재단 설립 기금을 위해 각 기관별 노사간 협의 또는 노조 단독으로 추가 성과급 재원을 출연하기 시작하여, 2017년 11월 7일 재단법인 형태의 〈공공상생연대기금〉 설립 발기인대회가 열렸고,[13] 고용노동부는 12월 8일 재단에 대해 비영리법인(이사장 이병훈) 설립을 등록하기에 이르렀다.

2022년 현재 〈공공상생연대기금〉에는 43개 공공기관 노사 및 3개 공공기관노조 등이 출연한 638.7억원의 기금이 적립되어 있다. 한편 12월 11일 문재인대통령이 청와대에서 개최한 〈공공상생연대기금〉 및 보건의료·금융노조의 사회적 연대사업 주체들의 참여에 대해 공공운수노조 내부에서 논란이 제기되었으나, 각 공공기관노조들의 성과급 반납 흐름을 촉진하는 계기로 판단하여 크게 쟁점화되지는 않았다.[14]

공공상생연대기금은 '상생' 명칭이 주는 약간의 부정적 측면에도 불구하고,[15] 노동조합이

---

12 당시 상당수 공공기관들은 성과연봉제를 폐지하지 않고 계속 유지하는 흐름을 보였는데, 이후 정부의 직무급제 추진 과정에서 이들 성과연봉제 유지 기관이 상대적으로 유리한 위치를 점할 수 있었다. 정부(기획재정부)가 직무급 도입의 단계적 조치로 호봉제 축소 내지 폐지를 경영평가 내용에 반영시켰기 때문이다.

13 〈공공상생연대기금〉 발기인대회에서는, "공공부문 정규직-비정규직간 연대로 우리 안의 사회적 차별부터 해소해 나가고, 취약 소외계층과의 사회적 연대로 한국사회의 경쟁지상주의를 허물어 나가며, 최종적으로는 사회공공성을 획기적으로 강화함으로써, 한국사회가 모두 함께 공존·공생하는 사회로 발전할 수 있도록" 노력할 것을 선언했다('공공상생연대기금 발기인 선언문').

14 12월 21일 청와대 초청 행사에는 사회적 연대기금 사업을 추진중인 공공상생연대기금 관계자 및 보건·금융노조의 노사가 참여하였는데, 양노총 공대위는 대통령의 초청 행사가 성과급 반납의 흐름을 촉진하는 계기로 판단하고 이를 지지했다. 다만 공공운수노조에서는 당시 민주노총 지도부(사무총장)의 집권여당 농성, 공공부문 비정규직 정규직화 정책 관련 노정간 대립 상황에서 청와대 행사 참여가 적절하지 않다는 논란이 제기된 바 있으나, 대통령의 환영 인사말에서 재단 설립 취지(일자리 확충 및 비정규직의 고용·처우개선)에 대해 언급함으로써 크게 문제가 되지는 않았다(필자 주).

15 문재인정부 하에서 '상생' 정책은 노동자와 사용자간 타협 또는 노동운동 진영과 자본의 타협의 상징으로 추진되어 왔다. 대표적인 예가 2019년부터 본격화된 상생형 지역 일자리 정책으로서, 문재인정부의 노동정책이 역주행 흐름을 보이던 시기에 노동과 자본의 타협을 통한 일자리 확대를 추진했다는 점에서 논란이 제기되

상당 규모의 기금을 적립하여 사회적 연대를 위해 사용키로 했다는 점에서 사회적으로 주목을 받았다. 공공상생연대기금 재단은 2018년 이후부터 공공기관에 대한 올바른 정책 방향 및 공공기관노조의 사회적 가치 실현 등의 과제를 중심으로 의욕적인 활동을 전개하고 있다.

- 서울교통공사노조 통합 및 바람직한 정규직화 모델 구축

2017년 들어서서 서울교통공사의 출범 및 노조 통합의 흐름이 본격화되기 시작했다. 2016년 11월 서울지하철노조 및 서울도시철도노조가 서울메트로(지하철공사) 및 서울도시철도공사의 통합 방안에 대해 찬성 의사를 표시했고, 이에 따라 2017년 5월 31일 양 공사가 통합된 서울교통공사가 출범하기에 이르렀다.

그러나 교통공사 출범 이후에도 3개의 노조가 존재하고 있었는데, 과반수를 확보한 교섭대표 노조가 없어서 단체교섭이 난항을 겪고 있었고, 각종 노사공동위원회의 운영 공백이 장기화되는 상황이 이어졌다. 이는 '참여형 노사관계 모델'을 표방한 통합 서울교통공사의 초기 운영에도 적지 않은 장애로 나타났다. 공사 통합에 따른 노조 통합 논의 필요성이 제기될 수밖에 없었다.

이러한 가운데, 서울도시철도노조(위원장 명순필)는 서울교통공사 출범 직전인 2017년 5월 17일 3개 노조 통합을 제안했고, 이후 5월 22일 3개 노조 명의의 노동조합 추진 선언문 발표에 이어 〈노동조합 공동추진위원회〉가 발족되기에 이른다. 3개월의 통합 논의 끝에 8월말 3개 노조는 각각 대의원대회를 통해 통합 추진 안건이 의결되었고, 통합 노조 명칭, 통합 방식 및 통합 집행부 출범에 대한 논의가 구체화되기 시작했다. 이후 11월 통합추진위원회를 통해, 새로운 노동조합을 설립하는 '신설 합병' 방식의 통합과 함께, '서울교통공사노동조합'의 명칭도 결정되었다.

이 과정에서, 한국노총 소속인 서울메트로노조는 업무직 정규직화, 상급단체 문제 등과 관련한 갈등으로 인해 노조 통합 과정에서 이탈했다. 서울지하철노조와 서울도시철도노조는 2017년 12월 8일 '노동조합 통합 합의서'를 채택하기에 이르렀다. 곧바로 진행된 상급단체 투표에서도 민주노총 공공운수노조 가입이 승인되었다.

그러나 노조 통합은 한차례 위기에 직면하면서 어렵게 진행되었다. 노조 통합 논의와 함께, 2017년 8월부터 진행된 △통합공사 단일 기본급표 △노동시간 단축 및 인력 충원 △4조2

었다(필자 주).

교대제(2018.1. 시행) △직급체계 개편 및 근속승진(4급까지) 등 공사 통합 이후 노사간, 노조간 공동 임단협에 대한 입장 차이들이 드러났기 때문이다. 11월 말까지 합의가 이뤄지지 않자 3개 노조는 12월 5~8일 공동 쟁의행위를 결의했고, 이후 12월 31일 최종적인 노사 잠정 합의에 이르렀다. 그런데 이 잠정 합의안은 공동교섭단 회의에서 동의되지 못한 상태에서 서울지하철노조·서울메트로노조의 위원장들이 서명하고, 이견을 제시했던 서울도시철도노조 위원장(권오훈)은 서명을 거부했다. 서울지하철노조와 서울도시철도노조간의 입장 차이로 인해 서울도시철도노조는 2018년 1월 9일 대의원대회를 통해 '원칙있는 통합' 입장을 내세우며 노조 통합 추진을 중단하는 선언을 했다.

이후 1월 18일에 진행된 임금·단체교섭의 추가 실무합의를 포함한 전체 임금·단체협약 잠정 합의안에 대한 조합원 인준 투표 결과 서울지하철노조·서울메트로노조는 과반수 찬성이 나타났고, 서울도시철도노조는 과반수 미달 결과가 각각 나타났지만, 3노조 합산 결과 과반수 찬성으로 임금·단체협약 잠정 합의(안)은 승인되었다. 서울도시철도노조 위원장이 투표 결과에 책임을 지고 사퇴를 선언했지만 노조 통합 추진의 대의를 인정함에 따라 2018년 2월 21일 통합 서울교통공사노조 발기인대회가 치러졌다.

통합 서울교통공사 노조의 2017년 임금·단체협약협의 중요한 쟁점 중 하나가 업무직(무기계약직)의 정규직 전환 문제였다. 당시 문재인정부의 비정규직 정규직화 흐름에 앞서 서울시는 2017년 7월 '노동존중 특별시 2단계 실행계획'에 따라 서울시 투자·출연기관에서 종사하는 무기계약직 2,442명을 정규직으로 전환하겠다는 계획을 발표한다. 서울교통공사에는 업무직 노동자 1,445명(정원 기준)이 종사하고 있었는데, 교섭기간 중인 2017년 11월 16일 군자차량사업소에 근무하는 안전업무직(이전 서울도시철도ENG 계약직 입사 후 본사 업무직 전환) 노동자가 정규직과의 차별에 항의하며 목숨을 끊는 사건이 발생했다. 결국 앞서 언급한 2017년 임단협 잠정 합의 과정에서의 서울도시철도노조 내부의 논란이 정리되면서, 2018년 1월 4일 업무직 정규직 전환 합의안에 서명함으로써 2018년 3월 1일자로 일괄 정규직으로 전환되었다.

이 정규직화 논의 과정에서 2010년 전후로 입사한 20~30대 조합원(소위 'MZ세대')들이 공정성 논란을 앞세우며 조직적으로 반발했고,[16] 사측도 이에 동조하는 듯한 자세를 드러내기도

---

16 업무직(무기계약직) 직원을 정규직으로 전환하고 기존 공채 직원들과 동일한 임금체계에 편입시키는 것이 "최소한의 선별 절차 없는 평등권 침해"라는 이유로 서울교통공사의 20~30대(소위 'MZ세대') 직원 400여 명이 2018년 1월 헌법소원을 제기했다. 이러한 MZ세대의 정규직화에 대한 반대 흐름은 2021년 6월 공정연대

했다. 문재인정부의 공공부문 비정규직화의 흐름이 서서히 왜곡되는 상황에서 인천공항공사와 함께 서울교통공사에서 비정규직 정규직화와 관련한 공정 논란이 점차 사회적으로 확대되는 계기가 된 셈이다.

- 철도 민영화 적폐 청산에 앞장선 철도노조의 파업 투쟁

문재인정부 출범과 함께 가장 많은 기대가 집중된 것은 철도였다. 과거 이명박·박근혜정부 시기 철도 민영화 정책에 대해 반대 입장을 드러냈던 정치세력이 집권을 했기 때문이다. 먼저 철도노조는 오랜 해고 생활에 직면해 있는 KTX 승무원들의 복직과 함께 해고자들의 복직 문제 해결에 나섰다. KTX 승무원들의 복직 문제는 이후 별도로 다루고, 여기서는 먼저 철도노조 해고자 복직 문제를 언급하고자 한다. 2003년 당시 노무현정부의 일방적 철도 구조 개편에 맞서 파업을 전개했던 철도노조 지도부 및 각 본부·지부장들은 15년이 넘도록 해고자 신분을 유지하고 있었다. 또한 이후 계속된 철도노조 파업 등으로 해고된 조합원들도 상당수에 달했다. 2004년 이후 철도노조 파업 선언 때마다 해고자 복직의 요구를 내세웠지만 해결이 요원한 상태에서 마침내 2018년에 들어 해고자 복직 문제가 해결되기에 이르렀다. 2018년 2월 철도공사와 철도노조(위원장 강철)는 2003년 이후 해고된 98명의 조합원에 대해 복직하도록 합의했다.

양승태 전 대법원장을 중심으로 한 청와대의 법원 재판 거래가 사회적 논란으로 제기된 가운데, 철도공사와 관련한 의제가 포함된 것으로 알려져 충격을 주었다. 2018년 6월 대법원 특별조사단의 '사법행정권 남용의혹 조사보고서'자료에 따르면, "국가적·사회적 파급력이 큰 사건이나 민감한 정치적 사건 등에서 BH와 사전 교감을 통해 비공식적으로 물밑에서 예측불허의 돌출 판결이 선고되지 않도록 조율하는 역할을 수행"했다는 법원 관계자의 고백을 밝혔다. 그 대표적 사례로 2013년 대전지법이 철도공사 자회사(현 SR) 법인 설립 등기를 인가한 것

결성으로 이어졌고, 이후 7월에 '서울교통공사 올(ALL)바른 노조' 발족으로 이러졌다. 올바른노조는 건강보험공단 콜센터의 직접고용에 반대하는 성명을 서울 지하철내 부착하는 등 정규직화 반대운동에 앞장섰고, 윤석열정부를 지지하는 흐름도 보였다. 2021년 12월 서울교통공사 '올(ALL)바른노조' 위원장은 윤석열 후보와의 간담회('MZ세대와 함께 공정과 공존의 일터를 말하다')에 참여하였고, 이 자리에서 윤석열 후보는 문재인정부의 정규직화 정책에 대해 '노동시장 공정성을 망치는 행위'로 규정하면서, 이들 노조의 활동에 적극 지지를 표명했다. 서울교통공사의 올바른노조는 이후 한국가스공사의 더코가스(The KOGAS)노조와 함께 공공기관 MZ 노조 활동에 앞장서고 있다.

과 정부(국토교통부)가 면허를 발급한 건이 포함되어 있었다. 당시 법원의 법인 설립 등기 인가 결정 이후 2일 만에 정부가 SR 면허를 발급함으로써, 사전에 정부와 법원이 충분히 조율하여 법원 결정이 이뤄진 것으로 볼 수 있었다.

한편 철도노조는 양승태 대법원장 시절 △2009년 철도노조 파업에 대한 2014년 대법원 판결(업무방해죄 적용) △2015년 KTX승무원 해고 대법원 판결 등이 이뤄진데 대해, 이 사건 들역시 정부와 대법원의 재판 거래가 있을 것이라는 의혹을 제기했다. 2014년 대법원 판결의 경우 기존 파업 관련 업무방해죄 적용의 판례를 뒤엎은 점, 2015년 KTX승무원 해고 건은 고법 판결을 파기 환송한 점에서 각각 재판 거래 가능성이 있다고 보았다.

문재인정부 초기, 철도 노동자 사망 사건에 대해 철도노조와 철도공사가 모처럼 공동 노력하는 상황이 전개되었다. 과거 철도노조 시설국장 등을 역임한 노동자가 2017년 6월 선로 유지·보수 점검 중 참변을 당한 사고였는데, 이례적으로 철도공사가 작업중지명령을 내리고 관련 책임자를 문책하였다. 철도 현장에는 지금까지 수백여건의 사망 사건이 계속되었으나 철도 공사는 형식적인 조치만 취했을 뿐 사고 재발 방지 및 관계자 문책 등은 거의 이뤄지지 않았다. 장례식에는 철도공사 사장이 참석하지는 않았으나, 공사 측 관계자가 참석하였다. 물론, 이러한 철도 사망 사고에 대한 철도공사 측의 성의있는 노력은 문재인정부 초기에 잠시 나타났을뿐, 임기 후반부로 가면 다시 이전과 유사한 흐름이 재연되었다. 철도 민영화 적폐 청산 및 인력 충원 등이 문재인정부 후반기로 갈수록 사실상 실종되었던 흐름과 맥을 같이하는 것으로 볼수 있다.

철도노조 해고자 복직 이후 남은 과제는 철도 민영화의 적폐를 청산하는 것이었다. 문재인정부는 대선 당시 철도 통합 운영을 약속(2017.3)했고, 이후 이를 위한 국토교통부의 연구 용역 착수에 따라, 고속철도(2016년 이후 경쟁 체제)의 통합을 위한 노조-시민운동 연대사업이 본격화되었다. 2018년 3월 29일 철도노조는 민주노총·공공운수노조·시민사회단체들과 〈고속철도 하나로운동본부〉(하나로운동본부)를 발족하고, 기자회견과 함께 '코레일(철도공사)과 SR의 통합'을 위한 대국민서명운동을 시작했다. 하나로운동본부에는 민주노총·공공운수노조·KTX민영화저지범대위·한국진보연대 등이 1차로 참여하여, 철도 민영화 논란의 완전한 종식을 위한 코레일과 SR의 통합 운영을 촉구했다.

하나로운동본부는 이후 참여 단체가 확대된 상황에서 2019년 4월 10일 〈돈보다 안전, 민영화 안돼! 대륙철도시대 공공성 강화를 위한 철도 하나로 범국민운동본부〉(철도하나로운동본부)로 발전되었다. 민주노총·진보연대·공공운수노조 등 95개 단체가 참여한 철도하나로 운동본부는 "국민들과 함께 지난 20년간의 철도민영화 정책을 완전히 종결하고, 새로운 100년을 열어갈 대륙철도시대 철도의 공공적 발전에 앞장설 것"과 "통합을 통해 한국철도가 모든 국민에게 안전하고·값싸고·편리한 공공서비스를 제공할 수 있도록 할 것'이라고 밝혔다.

문재인정부는 출범 이후 △철도 안전 및 공공성 강화 △수서고속철도 통합 △남북철도 연결 등을 포함한 동아시아철도공동체 건설의 미래비전을 제시했지만, 출범 3년차가 되어서도 박근혜정부의 철도 분할 민영화 정책을 뼈대로 한 '제3차 철도산업 발전계획'은 수정조차 되지 않았다. 고속철도 통합(KTX와 SRT) 논의를 전제로 추진되었던 '철도산업구조개혁 평가 용역' 역시 국토교통부의 방해로 제대로 추진되지 않았다.

이에 철도하나로운동본부는 △철피아 관료와 토건자본·투기자본의 돈벌이 수단으로 진행된 철도 분할 민영화 정책 중단, △분리된(상하분리, 고속철도분리) 한국 철도의 재 통합, △철도 네트워크 통합을 통한 철도 안전 강화 △KTX 요금인하, 접근성 확대, 교통약자 지원 등 국민에게 직접적 혜택이 가는 공공 서비스 확대 △남북·대륙철도 연결을 통한 동아시아철도공동체 등 평화와 남북 공동번영의 시대를 주도적으로 실현하겠다고 밝혔다.

그러나 이러한 철도하나로운동에도 불구하고 문재인정부 하에서 철도 경쟁체제는 오히려 더욱더 고착화되었다. 이미 국토교통부는 2019년 11월에 그동안 1년 이상 지체되어오던 '철도산업구조개혁 평가 용역'을 사실상 중단하기에 이르렀다. 이와 함께, 2020년 2월 ㈜SR은 독자적인 발전 계획을 전제로 공기업(준시장형)으로 지정되었다. 결국, 문재인정부가 임기 초 내세운 철도 통합 과제는 제대로 추진되지 못했고, 이후 2년 여동안 문재인정부는 결국 철도 민영화를 유도하는 고속철도 경쟁체계를 결국 해소하지 못한 채 임기를 마쳤다. 더구나, 2021년 하반기에 국토교통부는 전라선 SRT 확대 및 철도 관제권 회수 등의 철도 경쟁체제 확대를 주요 정책으로 제시하였는데, 결국 이는 윤석열정부의 철도 구조개편 정책으로 대부분 연결되고 있다.

철도 민영화 적폐에 대한 청산 논의가 본격화되던 문재인정부 초기에 철도노조는 과거 인력 감축 및 이에 따른 인건비 구조 왜곡 등의 문제를 해결하기 위해 노력했다. 그 결과, 2018년 11월 △감축 정원 회복을 통한 인력충원 △인건비 구조 정상화 등의 요구를 앞세워 파업 투쟁을 준비하는 과정에서 인력 충원에 대한 합의를 이끌어냈다. 철도 노사는 공공기관 1위의 산업재해 발생율을 감소시키기 위해, 청년 일자리 창출을 위해 장시간 노동을 구조화한 근무체계를 바꾸기 위한 노력의 일환으로 이같은 인력 충원 합의를 이끌어 낸 것이다. 이로써 3조 2교대 근무제 시행 15년만에 4조 2교대로의 전환(2020.1.1. 시행)과 구체적인 시행방안이 합의된 셈이다.

2018년 노사합의 이후 철 도노사는 근무체계 변경을 위한 시범 운영을 진행하고, 철도 현장의 직무 진단에 대한 연구 용역을 진행했다. 1년 여에 걸친 연구 용역 결과 근무체계 변경을 위해 4,188명의 인력 충원이 필요하다는 결론에 이르렀다. 이에 대해 철도공사는 2,323명을 내부 효율화를 통해 충당하고, 1,865명의 신규 증원이 필요하다는 결과를 제출했다. 그러나 정부(국토교통부)는 이러한 인력 증원 연구 결과마저 외면함으로써, 2019년 이후 철도노조는 인력 충원의 요구를 앞세운 파업 투쟁을 전개하기에 이르렀다.

한편에서 고속철도 통합 논의가 계속 지연되고, 2018년 합의 이행을 위한 정부의 무책임한 태도가 계속되자, 철도노조(위원장 조상수)는 2019년 10월 11일부터 3일간 경고 파업에 돌입했다. 철도노조는 △2018년 총인건비 정상화 △노동시간 단축과 철도 안전 관련 4조 2교대 근무형태 변경을 위한 안전 인력 충원 △생명안전업무 정규직화와 자회사 처우개선 등 노사전문가협의체 합의 이행 △철도 공공성 강화를 위한 철도 통합(KTX-SRT 통합)을 요구해왔다. 이를 위해 5월부터 교섭을 전개했으나 정부와 사측의 성의있는 노력 및 태도 부족으로 인해 10월에 파업에 이른 것이다.

철도노조 파업은 철도공사 노동자들의 처우개선 외 자회사·비정규직 노동자의 고용·처우개선 및 철도 통합 등의 사회적 의제를 담고 있기 때문에 사회적으로 주목되었다. 문제는 이러한 사회적 의제들이 대부분 정부(기획재정부·국토교통부)의 퇴행적 태도로 인해 해결이 막히고 있었다는 점이다. 문재인 대통령의 공약 및 현 정부 정책에 따라 이루어진 노사합의에 대해 교섭과 협의를 통해 이행할 생각은 하지 않고 파업에 들어가도록 방치했다. 공공기관 안전 및 정규직화 정책에 따른 노사합의가 원만히 이행될 수 있도록 제대로 조치를 취하지 않은 정부의 무책임과 무능을 보여주는 것이다.

철도노조의 경고 파업에도 불구하고, 국토교통부와 기획재정부는 이러한 사회적 의제에 대한 책임있는 노정협의를 거부하고 철도공사 책임으로 떠넘김으로써, 결국 철도노조는 11월 20일 무기한 전면파업을 선언하기에 이르렀다. 철도노조 파업은 11월 25일 노사 합의가 이뤄짐에 따라 5일 만에 종료되었다. 주요 합의 사항으로는 △교대제 근무체계 개편을 위한 소요인력 협의(철도 노사, 국토교통부 등) 개시 △직접고용 정규직화를 위한 노사전문가협의회 합의 사항 이행(원하철 노사협의체 운영, 자회사 저임금 개선 등) △KTX-SRT 고속철도 통합 노사 공동 대정부 건의 등이었다.

특히 2019년 철도노조 파업은 자회사(코레일관광개발·코레일네트웍스 등) 노조(지부) 파업과 함께 진행되었다. 철도노조는 자회사 노조를 포함하여 철도노조의 조직 체계(초기업 단위)를 구성하면서 자회사 노동자의 요구를 철도노조의 요구로 설정하는 등 모범적인 조직 운영의 선례를 보여주었다. 자회사 노동자들은 철도노조의 지부로 편제되었다. 철도노조는 이같은 조직 체계를 통해 자회사 노동자의 고용·처우개선을 철도노조의 주요한 요구로 제시하고 공동투쟁을 전개함으로써, 원-하청노조 공동 파업의 모범적 사례를 만들어낸 것으로 평가되고 있다.

2019년 철도노조 파업은 사상 처음으로 철도공사가 합법적인 파업으로 인정하여, 과거와 같은 노조 탄압(노조 집행부 징계 및 고소, 손해배상 가압류 조치 등)를 취하지 않았다는데서 또 하나의 변화된 현실을 보여주었다. 철도노조 파업에 대해 정부와 철도공사가 불법 파업으로 규정하지 않았던 것은 아마 2019년이 유일할 것이다.

한편 철도노조의 2019년 파업 이후 1년이 지나도록 국토교통부와 철도공사 경영진은 노동시간 단축 및 야간 노동 축소 교대제 개편 등에 대한 책임있는 조치를 취하지 않았다. 2020년 코로나19 확산으로 철도공사의 경영 악화가 지속되는 상황에서, 철도노조는 파업 투쟁 등을 자제해왔다. 코로나19 감염 확산을 방지하기 위해 앞서 2월에 예정되어 있던 결의대회를 전격 취소하는 등 시민의 안전을 위해 이후에도 집회 투쟁 등 집단적 움직임을 계속 유보해온 것이다. 그러나 이러한 철도노조의 전향적인 자세에도 불구하고 정부의 태도는 변하지 않았다. 이에 철도노조는 2020년 11월 20일부터 전국 역사별로 준법투쟁에 돌입하기에 이르렀다.

코로나 등 국가 재난 위기 상황에서 우리 정부의 태도는 다른 선진 각국들이 취한 철도 관련 정책 흐름과 분명 차이가 있었다. 코로나19 위기 과정에서 유럽의 프랑스와 독일 등 철도 선진국들은 철도산업의 공적 재편(통합) 및 철도 재정 지원 등을 본격화하고 있었다. 그러나 우리 정부(국토교통부)는 재정 지원은커녕 인력 확충(4조2교대 시행 및 안전 관련 확충 등) 노사 합의를 이행치 않고 철도공사는 신규 사업에 인력 충원을 기피(기존 인력 재배치)하는데다, 코로나19로 인한 영업 손실을 이유로 임금 반납까지 요구하였다.

불가항력의 국가 재난 상황(코로나19) 앞에서도 정부와 철도공사 경영진의 책임 회피로 합의 사항 이행이 계속 지체되자, 철도노조는 주요 역사 농성 투쟁을 거쳐 전국적으로 안전운행 실천 준법투쟁을 전개하기에 이르렀다. 2019년 11월 노사 합의 당시 4조 2교대 시행을 위해 1,865명 증원에 대한 공감대가 이뤄졌으나, 2020년 및 2021년 125명 증원 수준에 그치고 말았다. 철도 공공성 확대를 위한 철도공사의 인력 충원 문제가 이렇듯 초라한 수준에 머문 것은 다분히 문재인정부의 의지 부족에서 비롯되었다. 철도 민영화 적폐의 요구가 강하게 제기되었고, 정부 스스로도 그 필요성을 인정했지만, 실제 정책 추진의 한계가 완연히 드러난 것이다. 결국 문재인정부에서 제대로 해결하지 못한 철도공사의 인력 충원 문제는 2022년 5월 윤석열정부가 들어선 이후 역주행의 흐름으로 전환되었다. 윤석열정부는 철도공사 적자 원인은 아랑곳하

지 않고 단지 적자가 심각하다는 이유로 인력 충원은커녕 기능조정과 인력 감축을 강행하고 있다.[17]

한편 철도공사와 철도노조는 건강한 조직 문화를 이뤄내기 위한 노력을 기울임으로써 공기업 조직 운영의 모범적 선례를 남겼다. 2020년 6월 철도공사 노·사는 〈조직문화혁신위원회〉 구성 및 운영을 통해, △직장내 갑질 △부정부패 △성비위 등 과거의 잘못된 관행을 뿌리뽑고 올바른 조직문화가 자리잡을 수 있는 기반을 마련했다.

이러한 조직문화 개선 논의는 먼저 철도노조가 '철도리뉴얼프로젝트팀'을 발족하여 조합원 간담회 및 설문조사를 시행한 결과를 바탕으로, 2020년 4월 철도공사에 '조직문화 개선을 위한 노사 공동 TF'구성을 제안하여 이뤄졌다. 당시 철도노조는 공공기관에서 제기되고 있는 '성' 및 '세대' 문제를 적극적으로 대응하기 위해 자체적으로 규약·규정을 정비하면서, 잘못된 조직 문화를 개선하기 위한 노력을 적극적으로 추진하고 있었다. 철도공사 역시 고객만족도 설문조사 논란으로 인해 공사의 윤리성·청렴성에 대한 반성 필요성이 제기된 상황이었기에, 철도노조 제안을 수용하여 이같은 공동 사업이 추진되었던 것이다.

2020년 12월까지 전문가들의 조사연구 및 철도 노·사간 협의를 바탕으로 「조직문화혁신백서」가 발간되었고, 조직문화 혁신 논의 결과를 바탕으로 철도노조와 철도공사는 2020년 4/4분기 노사협의회에서 △공통사항 △운수분야 △시설분야 등에서 개선이 필요한 27개 과제에 대한 합의를 도출했다. 특히, 운수분야의 성별 업무분장 고착 해소, 감정노동자 보호 관련 내용이나, 시설분야의 성차별 없는 업무 수행 등의 내용은 다수의 공공기관에서 개선 논의가 제기되었던 의제들이었다. 철도노조 및 철도공사의 이러한 조직문화 혁신 노력은 공공기관에서 최근 논란이 되고 있는 성 차별 및 세대간 갈등 문제를 선제적으로 개선하기 위한 모범적인 사례로 볼 수 있다.

이후 철도노조는 2021년 7월 2박 3일간 정책포럼(krwu-platform) 형식의 대의원대회를 통해 기존의 하향식 의사결정구조를 상향식으로 전환하는 또하나의 선도적인 실천을 추진했다. 철도노조(위원장 박인호)는 정책 포럼을 통해 철도노조의 주요 현안 및 민주노조운동의 당면 과

---

17 윤석열정부는 '110대 국정과제'(2022.5)를 통해 철도공사의 차량정비 외주화 및 관제권 환수 등의 기능 종정 방안을 제시했고, 윤석열정부의 '공공기관 혁신' 방침에 따라 철도공사는 722명의 인력 감축(844명 재배치 포함 1,566명의 구조조정)을 발표했다(기획재정부, 2022). 철도공사 뿐 아니라, 철도공사 자회사에 대한 인력도 약 700여명의 감축이 별도로 추진되고 있다.

제에 대해 대의원들이 의견을 발의하고 이를 플랫폼에서 토론케 하여 노조의 향후 사업으로 반영하는 노조 민주주의의 실천 모델을 만들어냈다. 이러한 철도노조의 노력은 노조 현장간부 충원이 쉽지 않고 내부의 MZ세대 중심의 노조가 분리되는 상황에서 '실질적 민주주의의 구현' 및 '폭넓은 의사 결정 참여'에 대한 현장 조합원들의 요구를 반영한 것이었다. 다른 공공기관노조에서도 현장 간부 충원의 어려움 및 MZ세대의 활동 분화 가능성이 나타나고 있는 것을 고려해 볼 때, 철도노조의 노조 운영 혁신 및 민주주의 확대 실험은 다른 공공기관노조들이 주목할 만하다.

• 공공기관노조의 사회적 책임에 앞장선 부산지하철노조의 '이상한 파업' 투쟁

과거 간접고용 노동자들이 속한 노조(공공노조 부산공공서비스지부)를 본사 정규직 노조에 통합(2009년)하는 선도적 모범사례를 보였던 부산지하철노조(위원장 최주덕)가 2019년 7월에 전개한 파업투쟁 및 이후 노사 합의는 공공부문 노조운동의 사회적 책임 실천과 관련한 또 하나의 흔치 않은 모범 사례를 보여주었다.

부산지하철노조는 인력 충원 및 통상임금 승소에 따른 추가 지급분과 관련한 노사간 교섭을 4월 1일부터 6월 4일까지 전개했으나 의견이 좁혀지지 않자 6월 13일 쟁의행위를 결의했다. 당시 노조 내 서비스지부(간접고용 노동자들)는 2차례의 전조합원 결의대회를 진행하며 정규직화 및 처우개선을 요구하고 있었다. 이후 계속된 교섭에서도 의견 차이가 좁혀지지 않자, 7월 8일 파업 돌입을 선언했다. 서비스지부 또한 쟁의행위를 결의했다.

통상임금 승소에 따른 추가 지급분(약 370억원)과 관련하여 노조는 시민 안전과 청년 일자리 확대를 위한 인력 충원 재원 등 공적으로 활용할 것을 제안했으나, 사측(부산교통공사)이 이를 거부하자 결국 노조는 결국 7월 10일 파업에 돌입했다. 그런데 부산시는 이같은 부산지하철노조의 공익적 성격의 파업을 선언하기도 전에 '긴급재난문자'를 보내 시민들의 불안감을 조성하고, 부산교통공사는 노조의 요구 사항 및 노사간 결렬 내용에 대해서는 일절 언급하지 않은 채 "파업을 단호히 막아냅시다. 적폐를 들어내고 정상적으로 돌려놓겠습니다"라며 파업에 들어간 노조를 비방하는 등 상식 이하의 태도를 보였다. 공공기관노조의 사회적 책임을 제대로 실천하기 위한 투쟁마저 왜곡하는 우리 노동 현실이 여기서도 드러난 것이다. 당시 부산시장(오거돈)은 노동 존중을 표방한 문재인정부의 집권 여당 출신임에도, 노동 존중에 대한 기본적 마인드조차 갖추지 못했다.

공사의 비방에도 불구하고, 부산지하철노조의 사회적 책임 실천에 대한 지역내 시민사회

운동 및 시민들의 광범위한 지지와 호응에 힘입어 파업 2일만에 △안전 인력 540명 증원 △기관사 휴일 110일 확보 △4조2교대 도입 △임금 0.9% 인상에 대한 합의가 이뤄졌다. 여기서 임금 0.9% 인상은 매우 시사적인 의미를 지니고 있다. 2019년 지방공기업 예산편성기준에 의하면 부산지하철은 1.8% 임금 인상이 가능한데도, 노조는 0.9% 인상 재원을 안전 인력 추가 채용을 위한 재원으로 활용토록 공사측에 요구하여 0.9%만의 인상을 반영한 것이다.

시민 안전과 청년 일자리 확대를 위해 노조원들의 임금 인상분 일부를 기꺼이 양보한 부산지하철노조의 '이상한 투쟁'은 2019년 11월 '전태일노동상' 수상까지 이어졌다. 2019년 11월 10일 전태일노동상 심사위원회는 "부산지하철노조는 자신의 몫을 나누는 방식으로 고용 연대를 이뤘다"고 전제하고 이같은 노조의 공익적 투쟁 및 신규 일자리 창출이 전태일정신을 실현시키는 것이라고 평가했다. 물론, 당시 부산지하철노조 사례를 확대 해석하여 '상생 담론'으로 연결짓는 일단의 흐름도 분명 있었지만,[18] 이러한 공공기관노조의 사회적 책임이 구체화된 사례는 흔았다.

특히, 당시 인천공항·도로공사 등에서 전개된 정규직화 투쟁에 저항했던 공공기관노조들이 존재하는 상황에서, 부산지하철노조의 이러한 '이상한 파업' 투쟁은 공공부문 민주노조운동의 정신을 앞서 실천한 모범적 사례로 평가받을 수 있다.

2) 문재인정부 초기 공공부문 비정규직 투쟁
- **KTX승무원들의 복직 및 철도 비정규직 노동자 투쟁**

문재인정부의 공공부문 비정규직 정규직화 논의가 진행되는 과정에서 한국철도공사의 KTX 승무업무를 위탁받은 코레일관광개발지부(철도노조 소속)가 비정규직 차별 철폐투쟁을 전개하게 되었고, 이와 함께 지난 2006년에 계약 해지되었던 KTX 승무원들의 투쟁이 다시 시작되었다. 2017년 9월 코레일관광개발지부의 경고 파업과 함께, KTX 승무원들의 서울역 농성투쟁

---

18 부산지하철노조의 사회적 책임을 다한 투쟁 및 인력 충원 사례는 그 자체로 매우 모범적인 것으로 평가될 수 있으나, 이와는 무관하게 '정규직 노조 양보론'이 확대된 것은 비판적으로 살펴볼 필요가 있다. 문재인정부 2년 차 이후 노동존중 국정방향이 후퇴하는 상황 속에서 정규직노조(특히, 공공부문 및 대기업)의 운동전략으로 정규직 노조 양보를 전제로 한 상생(相生) 담론이 지나치게 확대된 측면이 있다는 점이다. 실제 민주노총의 사회적 대화기구 참여, 지역 상생형 일자리, 임금체계 개선 등에서 이 담론은 민주노총 정규직 노조를 비판하는 근거로 활용되었다(필자 주).

이 재개된 가운데, 〈KTX 해고 승무원 문제 해결을 위한 대책위원회〉가 UN인권위원회 및 ILO에 진정서을 제출하겠다는 입장을 밝혔다.

철도노조(위원장 강철)가 2018년 6월 KTX 해고 승무원 문제 등을 포함한 파업 입장을 밝히자 철도공사 사장은 〈KTX 해고 승무원 문제 해결을 위한 대책위원회〉에 참여하고 있는 4개 종단에 KTX 해고 승무원 문제와 관련한 중재를 요청하기에 이르렀다. 철도노조와 철도공사는 7월 21일 해고 승무원 문제 해결을 위한 노사합의를 이뤄냈다. 철도공사에 근로자 지위 확인 소송을 제기하고 있는 승무원 180여명에 대해 철도공사의 사무영업(역무) 분야 정규직으로 채용하되, 향후 KTX 승무업무의 철도공사 직접 수행시 전환 배치하기로 합의했다. KTX 승무원들이 해고된 지 4,526일 만에 복직 문제가 해결된 것이다.

이후 해고된 KTX 승무원들은 2018년 11월부터 2019년 12월에 걸쳐 철도공사로 복귀했다. 다만 KTX 승무업무가 아직 자회사(코레일관광개발)에 속해 있기 때문에 이들 해고자들은 철도공사 직원 신분으로서 주로 역무 업무에 종사하게 되었다. 철도공사 간접고용 정규직화를 논의하는 '노사전문가협의회'는 2018년 9월 28일에 KTX 등 열차 승무원의 직접고용 전환 권고안을 제시했지만, 이 권고안은 이후 제대로 이행되지 않고 있다.

전국적으로 공공부문 비정규직의 정규직화 논의가 진행되는 동안 철도공사 자회사인 코레일관광개발 소속 4백여명의 KTX승무원들은 2017년 9월 29~30일 시한부 경고파업을 전개했다. 철도공사 자회사들의 낮은 임금 수준 문제가 계속 제기되는 과정에서 철도공사의 60% 수준에도 미달하는 코레일관광개발 임금 인상과 관련하여 철도공사 및 코레일관광개발은 기획재정부의 저임금 기관 추가 차등 인상율(1.5%)를 무시하고, 2017년도 공공기관 평균 임금 인상율(3.5%)만을 고집했다. 더구나 사측은 기본급 3.5% 인상율(안)과 총액 수준 2.5%에 불과한 임금 인상을 고집함으로써, 2017년 하반기 파업이 흔치 않았던 공공기관노조 중에서 코레일관광개발 소속 KTX 승무원 노동자들의 파업 투쟁이 전개되었다. 게다가 철도공사와 코레일관광개발은 파업 기간 중 대체 승무원을 투입함으로써 부당노동행위까지 자행했다.

전국철도노조는 2018년부터 정규직 노조가 앞장서서 자회사 비정규직의 직접고용 정규직화를 위한 투쟁을 전개함으로써, 공공부문 민주노조운동의 또다른 모범 사례를 창출하였다. 철도노조는 자회사 비정규직 노동자를 철도노조 지부로 편제한 상태에서, 2018년 6월 27일 철도공사와 '노사 및 전문가 중앙협의기구 구성 합의서'를 체결했다. 여기에는 △자회사 비정규직 중 직접고용 관련하여 의견이 일치하는 업무(예, 열차승무)에 대한 전문가 조정 △철도공사 및 자회사의 노-사 모두가 참여하는 '원하청 노사협의회'를 통해 자회사 노동자의 처우 개선 매년 논의 △자회사 노동자 위탁 인건비에 대해 유사업무 종사중인 자회사 직원의 80% 수준으로 단계적 개선 등의 내용이 포함되었다. 9월 28일 노사 및 전문가 중앙협의기구 전문가 조정 결정서'를 통해, 코레일관광개발㈜에 위탁 중인 553명 열차 승무원에 대해 국민 생명·안전 강화를 위해 철도공사가 규정 개정 등을 통해 직접고용으로 전환토록 권고했다.

한편, 2019년 철도노조와 철도공사 임금협약 체결시 '노사 및 전문가 중앙협의기구 노사합의서'를 통해 자회사외 철도공사가 별도로 외주 위탁 운영 중인 역업무·승차권발매·차량정비·도장세척 등에 대해서는 2020년 위탁비 설계시 시중노임단가 100%를 반영키로 했다. 그동안 대부분의 공공기관의 외주위탁시 위탁비를 시중노임단가에 미달하도록 설계해온 현실을 고려해볼 때 이는 매우 상징적 조치로 볼 수 있다. 한편, 2019년 12월 말에 용역계약 업무가 종료되는 1,029명에 대해 용역계약 종료 시점부터 각각 자회사(코레일테크 등)로 전환키로 했고, 이는 대부분 실현되기에 이르렀다. 다만, 철도공사 자회사 운영에 대한 문제는 여전히 남아 있다.[19]

- **다단계 하도급 구조 속에 죽음의 행렬이 계속되는 마사회 투쟁**

문재인정부가 출범한 직후인 2017년 5월 27일 한국마사회 부산경남 경마장에서 일하고 있던 박경근 마필관리사가 자결한 상태로 발견되었고, 뒤어어 8월 1일 또다시 부산경마장에서 이현준 마필관리사가 자결한 상태로 발견되었다. 한국마사회는 마주-조교사-마필관리사 등으로 이어지는 다단계 하청구조로 인해 고용구조가 매우 복잡하고, 불안정한 상태에 있었다. 2017년 당시 한국마사회의 간접 고용 비율은 81%에 달했다.

이들은 모두 부산경마공원노조(공공운수노조) 소속 조합원으로서 한국마사회가 지닌 이러한 불안정한 고용구조와 이를 빌미로 한 직장내 괴롭힘 등 열악한 노동환경에 반발하여 결국 귀중한 목숨을 내던진 공통점을 안고 있었다. 부산경마공원의 경우 2005년에 개장했으나, 2019년까지 14년 동안 7명의 경마기수·마필관리사가 못숨을 끊는 열악한 노동환경이 계속되었다. 2008년에 이미 노조가 결성되어 있었으나, 다단계 하청구조로 인한 열악한 노동환경은

---

19 공기업 자회사 중 철도공사 자회사는 기관의 독립 경영이 쉽지 않은 용역회사 수준을 지니고 있는데다, 공사와의 고용·임금 차별구조가 여전히 작동(2022년 5월 현재까지도)하고 있어서 철도공사 직고용 전환 등의 조치가 시급하다. 이는 기관의 독립 경영이 보장되고, 고용·임금 차별구조가 거의 작동하지 않은 한국전력 자회사들과는 분명한 대조를 이루고 있다.

여전히 지속되어 왔고, 2015년 민주노총(공공운수노조) 가입 이후 노조활동 탄압까지 나타나고 있었다.

공공운수노조(위원장 조상수)는 부산본부 중심으로 대책위를 구성하여 이후 △6월 10일 공공운수노조 영남권 결의대회 △7월 22일 민주노총 결의대회(광화문) △7월 27일 공공운수노조 부산본부 및 경마공원노조 대표자 중심의 단식 농성 △7월 31일 부산경마공원노조 청와대 상경투쟁 등을 거쳐, 8월 1일부터 11일까지 공공운수노조 현장간부 중심의 1박 2일 릴레이 단식 농성이 이어졌다. 8월 10일부터 민주당 을지로위원회 측의 개입으로 공공운수노조와 마사회측과 교섭이 시작되었고 8월 16일 △말관리사 직접고용 협의체 구성 △고용구조 개선 완료 이전 우선조치사항(고용안정·노조활동보장·인력충원·재발방지 대책 등) 관련 합의서가 체결되기에 이르렀다.

교섭 합의에 따라 8월 19일 '노동열사 박경근·이현준 동지 전국민주노동자장'이 민주노총과 공공운수노조 주관으로 치러졌다. 공공운수노조는 박경근·이현준 열사의 죽음은 한국마사회의 다단계 하청 착취구조가 몰고온 사회적 타살로 규정하고, 원청 사용자인 한국마사회의 실질적 운영 책임 및 정부의 관리 감독 책임을 촉구하는 투쟁을 전개했다. 또한 민주노총·국회·공공연맹(한국노총) 등의 공조를 통해 사회적 공론화를 추진했다.

그런데 열사투쟁 합의로 도출한 말관리사 직접고용 제도개선 협의체 구성 및 운영은 이후 한국마사회 측의 책임 회피로 제대로 이뤄지지 못한 상황이 계속되었고, 2019년 말 또다시 한국마사회 소속 간접고용 노동자인 문중원 경마기수가 목숨을 끊는 참사가 이어졌다.

지난 2017년 자살 사고가 발생했던 부산경마공원에서 또다시 경마기수에 대한 비리·불법적 행위가 계속된 것이 참사의 이유였다. 민주노총과 공공운수노조가 마사회에 대한 강한 투쟁을 전개한 끝에, 2020년 3월 6일 마사회 사망 사고 재발 방지를 위한 합의가 이뤄지고 3월 9일 장례가 치러짐으로써 마사회 투쟁은 마무리되기에 이른다. 죽음의 행렬이 계속되었던 한국마사회는 이후 정규직 전환을 둘러싼 비정규직 노동자들의 투쟁이 계속된다.

- 서부발전 청년 비정규직 노동자의 참사를 규탄하는 투쟁

2018년 12월 10일 한국서부발전 태안화력발전소에서 하도급업체인 ㈜한국발전기술 소속으로 '연료환경설비운전'업무에 종사하는 비정규(간접고용) 청년 노동자 김용균(당시 24세)이 심야 근무중 석탄이송 컨베이어벨트에 끼여 온 몸이 찢기는 끔찍한 사망 사고가 발생했다. 이 참사는 민영화 추진을 위해 경쟁체제가 심화된 발전 공기업에서 필수업무이자 위험업무에서조차

비용 감소를 위해 간접고용 비정규직을 남용하고, 제대로 된 작업수칙조차 지키지 않은데서 발생한 예견된 사고였다.

사고 당시 2인 1조 업무 수칙만 지켰더라도 충분히 막을 수 있는 참사라는 점에서 더 심각했다. 이미 2년전 서울지하철 구의역에서 간접고용 비정규직 노동자의 끔찍한 사망사고가 발생한 상태에서, 공공부문의 사회적 가치 실현 국정방향과 비정규직 정규직화 국정과제를 내세운 문재인정부에서 이런 참사가 발생했다는 점이 문제였다. 고 김용균 노동자는 죽기 직전 마지막 사진을 남겼는데, 여기에는 "문재인 대통령, 비정규직 노동자와 만납시다"라는 인증샷이 남아 있었다.

그런데 이러한 참사가 발생되기 4개월 전에 각 발전사들의 "발전설비운전업무·발전설비기술지원업무·발전설비점검및정비업무·안전관리업무가 국민의 생명·안전업무와 직결되므로 평상시에도 100% 유지·운영되어야 한다"는 인천지방노동위원회의 결정이 있었다. 이는 당시 한국남동발전에서 관련 업무의 직접고용 정규직 전환은 반대하면서 이 업무가 노사관계법 상의 필수유지업무라는 점을 주장한 데 대해, 지방노동위원회가 특별조정을 거친 결과였다. 공공운수노조 소속 〈발전비정규연대회의〉는 필수유지업무를 주장하는 고용노동부가 이들에 대해 즉각적으로 직접고용 정규직화 조치를 취할 것을 요구했다. 결국 청년 비정규직 노동자 참사는 이같은 현실을 외면한 발전사 및 정부로부터 비롯된 것으로 볼 수 있다. 더구나 연료환경설비 운전 업무는 연속공정(연료 하역·저장 → 상탄 혼합·이송 → 전기 생산 → 환경 처리)을 필요로 하는 만큼 발전사의 직접 고용이 필요한 영역으로 볼 수 있다.

공공운수노조(위원장 최준식)는 민주노총 및 시민사회단체 등과 함께 〈고 김용균 사망사고 진상규명 및 책임자 처벌 시민대책위원회〉(시민대책위)를 구성하고 전조직적인 투쟁 체계로 전환했다. 민주노총·공공운수노조 중심으로 12월 17일부터 태안화력발전소 규탄 투쟁이 시작되었으나, 한국서부발전 측은 제대로 된 사망사고 원인 규명조차 회피하였다. 2019년 1월 21일까지 태안화력발전소 중심으로 전개된 투쟁에 정부와 한국서부발전의 책임있는 태도가 나타나지 않자, 1월 21일부터 서울 상경투쟁과 함께, 민주노총·공공운수노조 지도부 및 시민사회단체 대표자 중심의 집단 단식 농성이 이어졌다.

정부-여당과의 협의 및 대통령의 유족(열사 어머님 김미숙씨) 면담 등이 이어지면서, 2월 5일 유가족·시민대책위(공공운수노조 대표)와 한국서부발전·한국발전기술이 발전사 고용구조 개선(정규직 전환) 등 재발 방지를 위한 후속 대책 합의가 이뤄졌다. 2월 9일 고 김용균 노동자의 장례가 시민대책위장으로 치러졌다. 정부(산업자원부 등)는 2월 5일 △석탄화력발전 특별안전조

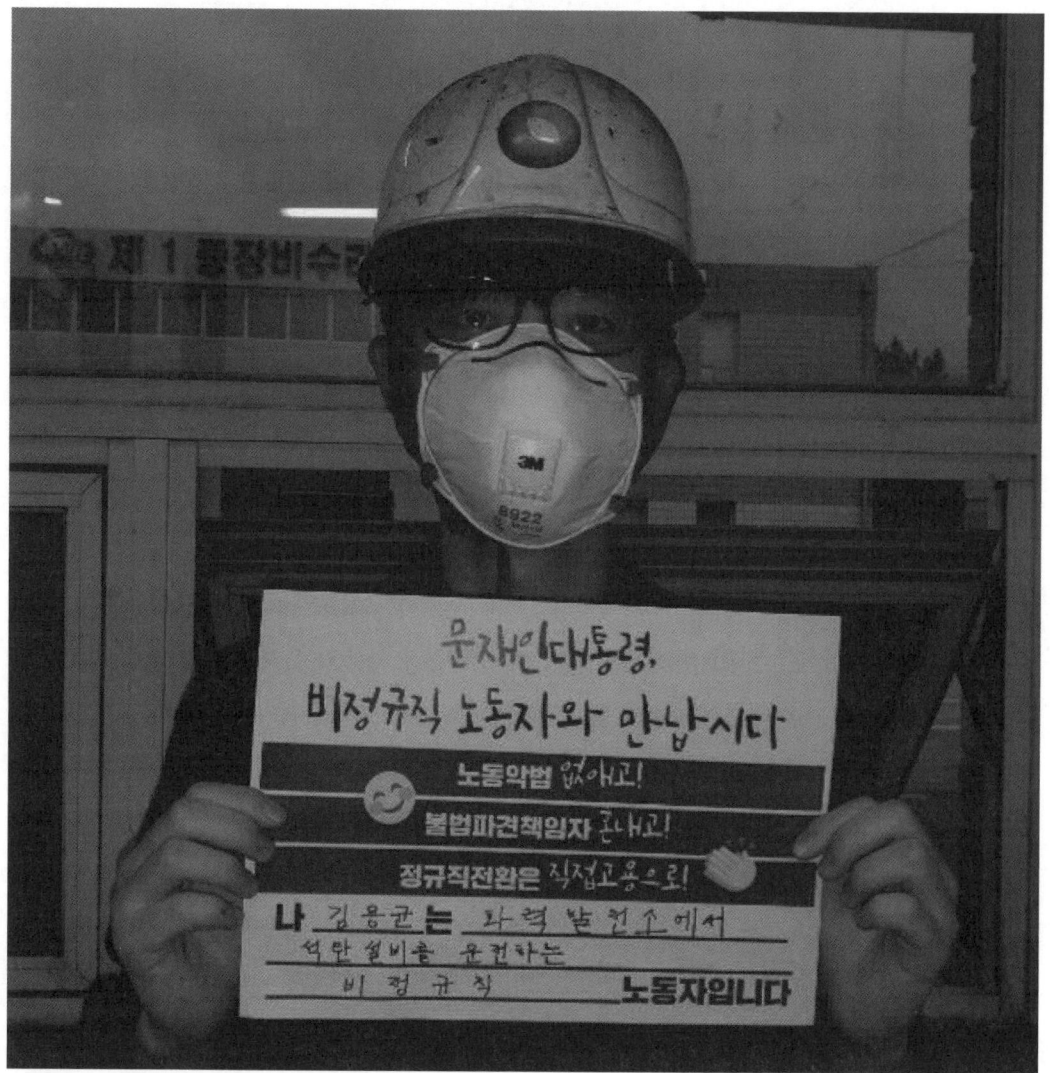

2018.11. 대통령과 만남을 요구하는 생전의 김용균 청년 비정규직 노동자

사위원회 구성·운영 △사고가 발생한 연료·환경설비 운전 분야에 대해 공공기관으로의 정규직 전환 조속히 매듭 △경상정비 분야 노사전 통합협의체 구성 △(가칭)'발전산업 안전 강화 및 고용안정 TF'구성·운영 등의 '고 김용균 노동자 사망 후속대책'을 발표했다.

  정부–여당의 협의아래 국무총리 훈령(제737호)으로 2019년 4월 3일부터 〈석탄화력발전 특별안전조사위원회〉(특조위)가 활동을 개시하였다. 발전사측의 방해로 한때 조사가 중단되기도 했으나, 특조위는 2019년 8월 19일 △발전사 연료·환경 설비운전 분야 외주화 철회 △발전 외주사 노무비 착복 금지 및 안전인력 충원, 안전관리 시스템 구축 △산업안전보건법 재개정 및 중대재해기업처벌법 제정 등의 22개 개선 권고안을 발표했다. 이어 발전사가 일방적으로 민간위탁으로 규정하고 노사전협의체를 구성하지 않은 경상경비 노사전협의회가 구성·운영되었다.

연료·환경 설비운전 업무와 관련해서는 당정 발표에 따른 별도의 공공기관 설립을 통한 직접고용 전환과 관련하여 여전히 발전사측과 노조측이 대립하면서 결론을 맺지 못했다. 사측은 발전사 비용 증가 등 경영상 부담을 이유로 원·하청구조를 유지해야 한다고 맞섰고, 하청업체들은 해당 업무의 발전사 이관에 따른 일감 상실을 이유로 직접고용을 강하게 반대했다. 결국 이들 연료·환경 설비운전 업무의 직접고용 전환은 문재인정부 임기 내내 결론을 맺지 못했다.[20]

경상정비 업무에서는 정규직 전환 논의는 계속 진행하면서 고용안정, 노무비 착복 근절에 대한 방안이 2019년 9월까지 의견 접근에 이르렀다. 경상정비업무의 한전KPS로서의 정규직 전환은 결국 마무리되지 못하고, 2021년 2월 노사전협의체에서 고용안전 및 처우개선과 관련한 제한적 수준에서 마무리되었다. 한편 발전 5사는 정부의 시정명령에 따라 작업환경 조도 개선, 방호울타리(안전펜스) 설치 등에 대한 안전 설비 확충을 서둘렀고, 서부발전의 경우에도 안전관리자 52명의 정원을 추가 확보하는 등 안전보건 조치 등이 취해졌다.

한국서부발전·한국발전기술과의 교섭을 통해 고 김용균 노동자를 추모하고 안전하고 차별없는 세상을 만들자는 취지아래 별도의 출연이 이뤄져 이를 기반으로 2019년 10월에는 〈김용균 재단〉이 구성되었다. 김용균 어머님 김미숙씨가 재단 이사장을 맡고 있다. 김미숙이사장은 김용균 노동자의 정신을 계승하는 사업을 이후에도 활발하게 전개하고 있다. 대표적으로 2020년 말 민주노총 등과 함께 중대재해기업처벌법 제정을 위해 국회 앞에서 30여일을 단식농성까지 전개함으로써, 비록 미흡한 내용이지만 국회에서 관련 법이 제정되는데 매우 큰 기여를 했다.

- 무기계약직 표준임금체계 불신이 낳은 공공병원 표준임금체계 논란

정부가 2018년 1월 발표한 '공공부문 무기계약직 표준임금체계'(안) 대한 논란이 계속되

---

20 2021년 2월 국가인권위원회는 필수유지업무에 종사하는 하청 노동자를 직접고용하도록 정부(기획재정부산업자원부) 및 발전5개사에 권고를 내렸다. 그러나, 정부 및 발전사는 연료 환경 설비운전 분야는 자회사 정규직으로 전환하고, 경상정비 분야는 현행과 같이 민간위탁을 유지하되 계약기간 연장 및 고용승계를 하겠다는 이행계획을 제시했다. 결국, 2019년 8월 특조위의 권고는 문재인정부 임기 내 이행되지 못했다.

는 가운데, 보건의료노조(위원장 나순자)가 9월 10일 국공립병원과 합의한 '공공병원 파견·용역직 정규직 전환 표준임금체계 가이드라인'(이하 '공공병원 표준임금 가이드라인')과 관련하여 민주노총 내부에서 논란이 발생했다. 보건의료노조가 8월 22일 보건의료산업 노사정위원회 제안을 거쳐 5차례의 회의를 거친 결과 9월 10일 공공병원 노사정TF에서 공공병원 표준임금체계 가이드라인이 정리되었다고 알려졌기 때문이다. 이미 공공운수노조는 이전 민주노총 중앙집행위원회(중집위)에 보건의료 노사정위원회 추진에 대해 문제를 제기한 바 있었다.

이후 공공운수노조(위원장 최준식)와 민주일반연맹(위원장 이양진)은 9월 20일 민주노총 중집위에 보건의료노조의 공공병원 표준임금 가이드라인이 직무 중심 차별적 임금체계로 저임금을 고착시킬 수 있다는 문제를 제기했고, 9월 28일에는 민주노총이 가이드라인 폐기 조치를 취해 줄 것을 요구했다.

보건의료노조는 표준임금체계 가이드라인이 직무급 체계라는 오해의 소지가 있고, 다른 조직의 공공병원에 영향을 미칠 수 있지만, 공공병원 파견·용역직 노동자를 자회사가 아닌 직접고용 정규직으로 전환한 성과가 있으므로 민주노총 차원에서 폐기하는 것이 적절치 않다고 항변했다. 결국 민주노총은 10월 10일 중집위를 통해, 보건의료노조의 공공병원 표준임금 가이드라인이 정부 표준임금체계의 문제점을 내포하고 있는지의 여부에 대해 관련 3조직(공공운수·민주일반·보건의료)의 정책담당자와 3조직이 추천한 임금정책 전문가들이 진행하는 워크숍 진행후 판단한다는 결정을 내리기에 이르렀다. 물론, 정부 표준임금체계에 대해 민주노총이 책임있는 대안을 마련치 못한 점, 보건의료노조의 공공병원 파견·용역직 노동자의 직접고용 정규직으로 전환한 성과 등은 인정한다는 전제 하에서이다.

민주노총 정책연구원장이 주관한 워크숍(11.16)을 통해, 3가지 쟁점에 대한 토론 결과를 정리하여 다시 민주노총 중집위에 보고를 함으로써, 보건의료노조의 공공병원 표준임금 가이드라인 논란은 2018년 12월에 매듭지워졌다.[21] 이 논란은 1차적으로는 보건의료노조가 소속

---

21 워크숍(11.16)에서 정책담당자(3인) 및 전문가(2인)와의 토론 끝에 정리된 내용은 크게 세가지 쟁점이었다. 첫째, 별도 직군(무기계약직)으로 설정한 임금체계 가이드라인이 정규직과의 차별을 해소할 수 있는 임금체계로 볼수 있는가? 둘째로, 표준임금체계의 초임수준을 법정 최저임금으로 설정한 것이 저임금 구조로 연결될 가능성은 없는가? 셋째, 연공 중심이 아닌, 직무요소 중심으로 임금체계를 설계한 것이 적정한가? 토론 결과를 토대로, 보건의료노조 표준임금체계가 간접고용(파견·용역) 노동자의 직접고용 정규직화 논의를 촉진한 긍정적 측면이 있지만, 이를 전체 공공부문에 확대 적용하기에는 한계가 있다는 결론이 도출되었다.

공공병원 간접고용 노동자의 정규직화를 추진하면서, 보건의료노조 소속 외 공공병원에 영향을 곧바로 미치고 공공부문 전체로 확산될 가능성을 깊이 고려치 못했다는 데서 시작되었다. 이는 문재인정부의 무기계약직 표준임금체계가 공공부문 비정규직 정규직화의 취지(고용·임금 차별구조 극복)를 제대로 고려치 않고 저임금 하향평준화 정책을 추진함으로써 노동운동 진영으로부터 강한 불신을 받고 있는 현실을 반영한 것이었다. 이미 2018년 들어 문재인정부는 전 공공부문에 걸쳐 직무급 체계를 확산시키면서 '가장 약한 고리'라 할 수 있는 간접고용 정규직 전환 노동자에 대해 이를 선도적으로 적용하려 했다.

문제는 이후에도 민주노총이 대안적 임금체계 논의가 제대로 진행되지 않아 보건의료노조의 가이드라인이 주는 실천적 교훈을 사업에 거의 반영치 못했다는 점이다. 비판 중심의 정책이 갖는 한계가 여전히 극복되지 못한 민주노총의 현실을 반영하고 있다는 의미이다.

3. 문재인정부의 공공 정책 왜곡 – 시장화로의 역주행

1) 공공기관 사회적 가치 실현 국정 방향의 형해화

공공기관의 사회적 가치 실현과 관련하여, 정부(기획재정부)는 각계 전문가 및 공공기관노조가 참여하는 공청회를 추진하면서 사회적 가치 실현과 관련한 공공기관 정책 개선 논의를 전개했다. 그러나 공공기관 관리체계 개선 중심으로만 논의를 전개하고, 정작 그동안 공공기관노조들이 공공성 강화의 취지아래 계속 공론화를 요구했던 철도·에너지 등의 민영화 및 경쟁체제, 의료 시장화 체제 등에 대해서는 논의를 회피하는 분위기가 이어졌다.

2019년부터 운영되었던 정책기획위원회 산하 「공공부문 사회적 가치 실현 TF」에서도 이러한 논의는 계속 기피되었다.[22] 오히려, 이 TF에서는 공공부문의 사회적 가치 의제와 사회적 경제 기업 활성화 의제를 같이 검토하면서, 정작 문재인정부가 추진하는 공공부문의 사회적 가

---

22 이 TF에는 필자(박용석)가 민주노총 추천으로 참여하고 있었는데, 시장화 적폐 청산 의제에 대한 논의 필요성이 계속 제기되었지만, 사회적 가치 실현 관련 향후 국정과제를 중심으로 논의하자는 참석자들(대부분 정부 추천)의 의견으로 인해 제대로 논의되지 못했다. 이러한 흐름을 보듯, 문재인정부는 임기 5년 내내 시장화 적폐 청산과 관련한 논의를 계속 회피했다. 게다가, 문재인정부 5년간 철도·에너지 등의 시장화 적폐가 갈수록 누적되어 결국 필수 공공서비스의 기반을 심각하게 위협하는 상황에 이르렀다.

치 국정방향이 구체적으로 무엇을 지향하는지조차 애매한 흐름을 보이고 있었다. 자연스럽게 철도·에너지 등의 민영화 및 경쟁체제, 의료 시장화 체제 등과 관련한 논의는 제대로 이뤄지지 않았고, 각 관련 부처 역시 이에 대한 논의가 벽에 부딪혔다. 어찌보면, 문재인대통령이 과거 2014년 '공공부문 사회적 가치 실현 기본법안' 발의의 배경으로 작용했던 세월호 참사 역시 문재인정부 기간 내 결국 제대로 된 원인 규명없이 마무리되기에 이르렀던 것과도 무관치 않다.[23]

　무엇보다 정부는 공공기관 사회적 가치 실현의 국정방향을 제시하고도 과거 이명박·박근혜정부의 시장화 적폐를 거의 청산하지 못하고 시장화 적폐 흐름을 계속 확대하고 있었다. 고속철도의 통합을 위한 논의는 2018년 내내 공전된 후 결국 2019년 들어 정부(국토교통부)가 논의를 중단했다. 고속철도의 분할 운영이 철도공사의 경영 위기를 초래하여 결국 국가 기간 철도사업자 지위를 후퇴시키면서 민영화의 이행 기반을 촉진할 수 있다는 우려는 과거 문재인정부 이전에 민주당 핵심 인사들은 누구보다 잘 알고 있었다. 고속철도 수익으로 공익성 적자 부문(수도권전철·광역·화물철도)을 보전하고 있는 철도공사는 2016년 ㈜SR 영업 개시 이후 2021년까지 누적 당기순손실이 3조7천여억원에 이르는 등 운영 적자가 누적되고 있고(동기간 ㈜SR의 매출 총액 2조9천여억원), 서민 교통 수단인 무궁화호 감축이 이뤄지고 있었다.[24]

　발전·가스 경쟁체제(민간참여 포함)가 계속되는 가운데, 발전 설비용량 기준으로 공공 발전(한수원 및 5개 화력)을 제외한 기타(민간) 발전 비중은 2016년 26.9%에서 2021년 38.6%로 증가했고, 천연가스의 민간 직도입 비중은 2016년 6.3%에서 2020년 22.4%로 증가하여, 문재인정부 기간에 발전·가스 시장화가 매우 가파르게 진행되고 있었다. 이러한 발전·가스의 민감 참여 확대는 2022년 국제적 에너지 공급 불안 속에서도 민간 기업들이 초과이윤을 얻는 바탕으로 작용하고 있다.

　2016년에 전체 의료기관 대비 우리의 공공병원 비중은 5.5%로서 OECD 국가 평균(65.5%)

23　2018년 12월 세월호 참사 피해자·유가족의 염원을 반영하여 구성한 '사회적 참사 특별조사위원회'는 3년 6개월의 활동에 불구하고, 결국 세월호 침몰의 원인조차 밝히지 못하고 2022년 6월 9일 활동을 종료하고 말았다.

24　2018년 대비 2021년 기준으로 철도공사의 KTX는 경쟁체제 속에서도 열차편이 증가(주중 14개, 주말 24개)하는 반면, 무궁화는 절대적으로 축소(주중 44편, 주말 50편) 운영되고 있다. 철도 경쟁체제 및 시장화 중심 운영구조 속에서 수익성이 좋은 KTX는 계속 확대되는 반면, 서민 이용 중심의 공익성은 좋으나 수익성이 취약한 무궁화는 계속 축소되는 현실, 즉 공공철도의 후퇴 현실을 반영한다.

의 1/10에 불과했는데, 2019년 우리의 공공병원 비중은 5.4%로서 거의 개선되지 않았다. 2019년 건강보험공단 부산 침례병원 인수 논의가 있었으나 그것마저 제대로 실현되지 못하면서 문재인정부 하에서 공공병원 확충은 전혀 이뤄지지 못했다. 특히 코로나 위기 상황에서 공공 의료 확충의 필요성이 제기되었으나, 공공 병원 전환 및 인프라 확충 등의 조치에 소극적이었다. 사회서비스 공급·전달체계를 개선하기 위해 사회서비스 공공 인력 17만명의 인력 충원과 사회서비스공단(이후 사회서비원) 설립을 내세웠으나, 2021년 기준으로 전국의 11개 사회서비스원 인력은 3,000명 수준에 불과하고, 보육·요양 관련 공공인프라 확충은 매우 더디었다.

공공기관의 시장화를 강제하는 정책수단인 경영평가제도 역시 2017년에 사회적 가치 평가범주가 신설되어, 기존의 경영효율화 중심의 평가체계가 전환된 것은 당시에는 매우 의미있는 시도로 볼 수 있었다. 그러나 이후 2017년~18년에 걸쳐 수많은 경영평가제도 개선 논의(토론회 등)가 이뤄졌지만, 과거 공공기관 경영효율화를 강제하기 위한 평가체계(△상대적 서열화·상대평가 △과도한 성과급 격차 △평가주기 등)는 거의 개선되지 못했고, 공공기관 맞춤형 평가제도는 여전히 구두선에 머무른 채 구체적인 정책으로 가시화되지 못했다.[25] 게다가, 2020년 평가 기준에 '직무·성과중심의 보수체계 개편 노력과 성과'의 세부평가내용이 비중있게 자리잡는 바람에 2017년에 이뤄진 평가지표 개선(사회적 가치 비중 확대) 의미 역시 반감되었다. 과거 공공기관에 대한 전방위적 통제 역할을 했던 예산·경영·혁신지침을 대폭 통폐합(32개→15개, 2018.3)한 것은 의미있는 조치였으나, 공공기관 시장화의 핵심 관리체계로 자리잡은 경영·혁신지침의 주요 내용(기능조정·위탁, 인력·예산 효율화 등)은 대부분 존치되는 한계를 보임으로서, 공공기관의 사회적 가치 실현의 국정과제가 실질적으로 반영되지 못했다.

과거 이명박·박근혜정부 시절 계속 논란의 중심에 있었던 공공기관운영위원회의 구성·운영은 제대로 개선 논의조차 이뤄지지 못했다. 지난 2014년 이후 국회에서 공운법 개정 논의가 전개될 때마다 가장 핵심적 개선 의제로 자리잡았던 공공기관운영위원회의 민주적 구성·운영 및 노동계 대표 참여 건은 문재인정부 출범 이후 단한번도 정부(기획재정부) 차원에서 논의하

---

25 2010년 이후 경영평가제도의 개선 논의 때마다 평가제도의 핵심 쟁점(△상대적 서열화 △평가 주기 △성과급격차)는 계속 제기되었으나(박용석, 2017), 경제관료 및 주변 전문가들은 평가제도의 실효성 문제("대야의 물이 더럽다고 아이까지 버릴 수 없다")를 제기하며 이에 반대해왔다. 그러면서 구두선(口頭禪)에 불과한 '맞춤형 평가' 필요성을 또 내세운다. 문재인정부에서 2017~18년에 3차례 공개토론회를 개최했을 때도 마찬가지였는데, 정부(기획재정부) 역시 이에 대한 개선 논의를 계속 외면했다.

지 않았다. 2017년 이후 양대노총 공대위에서 공공기관운영위원 추천을 시도했으나 정부는 이에 아랑곳하지 않고 임명했다. 결국 공공기관운영위원회의 민주적 구성·운영이 사라진 자리에는 공공기관 개혁 논의가 자리잡을 여지가 없었고, 정부(기획재정부)의 들러리 역할을 벗어나지 못했다.[26] 마치 노무현정부의 한계 이후 이명박정부의 폭주에 들러리 역할을 한 것과 마찬가지로 문재인정부의 공공정책 한계 이후 윤석열정부에서 또다시 방만경영 낙인찍기 및 시장화 정책 추진의 들러리 기구로 굳혀지고 있는 것이 공공기관운영위원회이다.

2) 공공부문 일자리 창출 및 정규직 정책의 한계 노출

- **공공부문 81만개 일자리 창출**

문재인정부는 2018년부터 2020년까지 3개년에 걸쳐 공공부문 일자리 확충 사업을 지속적으로 전개했다. 앞서 언급한 「일자리정책 5개년 로드맵」에 따라 정부는 공공부문 81만개 일자리 확충 계획의 72.5%를 2020년까지 실천했다고 발표했지만, 공무원 및 공공기관 인력 확충을 제외하고는 여러 측면에서 미흡한 결과를 드러냈다. 현장 민생공무원의 경우 중앙과 지방을 합쳐 978백명을 확충했고, 공공기관의 경우 52천명의 인력 충원이 이뤄진 것으로 나타나 있다. 그러나 사회서비스 인력 충원 실적으로 제시한 239천명에 대해서는 각 지자체별 확충 실적이 구체적으로 제시되지 않아 구체적 성과에 대한 논란이 거듭되었다.[27] 실제 사회서비스 공공 인프라 확충이 매우 부진했기 때문에 이러한 실적에 대한 의구심이 제시될 수밖에 없는데, 정부는 2022년 초까지 이에 대한 구체적 근거를 결국 제시하지 못했다.

실제 사회서비스 노동자의 공공적 전환 사업으로 추진된 전국의 10개 사회서비스원의 직

---

26 공공기관운영위원회(공운위)에는 정부가 일방적으로 결정했지만 일부 개혁적 인사들이 2017년 이후 공운위원으로 참여했었다. 그러나 공공기관노조와의 정책네트워크 없이 개별적으로 참여한 상황에서는 공운위가 가진 정책 결정의 무게를 감당하기에는 역부족일 것으로 본다. 매우 미시적으로 작동되는 공공기관의 정책을 외부 관찰자 입장에서 전문적으로 분석·진단하는 것은 한계가 있고, 기획재정부 관료 및 주변 전문가들의 카르텔을 넘기 어렵기 때문이다. 문재인정부 기간에 공공기관 정책이 왜곡되거나 제대로 개선되지 않았는데, 그 중 상당수는 이러한 공운위의 구성·운영 한계에서 비롯된 예견된 결과라고 볼 수 있다(필자 주).

27 통계청 발표(공공일자리, 2023.1)에 따르면 보건 및 사회서비스업 공공부문 일자리는 2017년 8.3만명에서 2021년 10.8만명으로 2.5만명이 증가한 것으로 나타나 있다. 알리오(공공기관 경영정보시스템) 공시내용을 분석해보면 2017년 대비 2021년 국공립병원의 인력이 1.5만명 증가한 것으로 나타나 있다. 이 두 통계를 결합시켜 봤을 때, 사회서비스 공공부문 일자리 증가는 최대 1만명에도 미치지 못한 것을 알 수 있다.

표9-5 공공부문 81만개 일자리 추진 실적(2020년 기준) (단위: 천명, %)

구 분		계획	실적	실적 달성율
현장민생 공무원	국가직 충원	100	56.3	56.3
	지방직 충원	74	41.5	56.1
사회서비스	보육·요양·보건 등 확충	170	239(*)	70.3
	사회서비스공단 운영 및 문화·체육·환경 등	170		
직접고용 전환 등	직접고용 전환 등	200	198.6	99.3
	공공기관 인력 충원	80	52(**)	65.0
계		810	587.4	72.5

* 사회서비스 신규 인력 확충 실적은 구체적인 근거 미 제시(실제 확충 여부 불투명)
** 공공기관의 경우 중앙 공공기관 4.1만명, 지방 공공기관 1.1만명 증가
자료: 공공일자리전문위원회(2021)

접고용 인력은 2020년까지 채 3,000명에도 미달되었고, 정부가 보육·요양의 공공 인프라 확충 실적은 극히 부진했다. 오히려 문재인정부에서 공공 인력 확충 사업과 관련하여 적극적 노력을 기울인 분야는 81만개 양질의 일자리 확충과는 무관한 단기 계약직의 공공 직접일자리로서 2020년 한해에 104.8만개가 제공되었다. 이중 노인 일자리 76.4만개가 제공되어 통계청의 2020년 60대 이상 고용율은 4% 이상 증가된 것으로 나타났다.

통계청의 자료에 따르면, 전체 공공부문 일자리는 2016년 238.4만명에서 2021년 276.6만명으로 38.2만명이 증가했다. 2020년까지 공공부문 일자리 확충은 [표9-5]에서와 같이 587천명이 확충 또는 고용 전환된 것으로 나타나 있다. 공공부문 비정규직의 경우 198.6만명이 2020년까지 정규직으로 전환되었다고 발표했으나, 고용 수준 및 임금 차별 논란이 계속되었다.

• 비정규직 정규직화

공공부문 비정규직 정규직화는 앞서 [표9-5]에서와 같이 205,918명에 대해 정규직화 대상 결정 인원이 설정되었고, 이중 198,558명이 2020년 말까지 전환을 완료함으로써, 전환 결정 대상 공공부문 비정규직의 96.4%가 정규직으로 전환된 것으로 나타났다. 그러나 문재인정부의 공공부문 비정규직 정규직화는 정책적으로도 많은 한계를 드러냈고, 그 한계로 인해 정책 전반의 실효성 및 민간 파급 효과 등에 적지 않은 문제가 표출되었다. 주요한 정책 한계를 살펴본다.

첫째, 전환 예외 사유를 광범위하에 인정하여 정규직화 결정 대상 인원이 예상외로 너무 적었다. 2016년 12월 기준으로 정부(고용노동부)가 집계한 공공부문 비정규직은 모두 415,602명으로서 이중 전환 결정 인원은 205,918명으로서 전체 대상자의 49.5%에 불과하다. 정부가

다양한 전환 예외 사유를 정하면서 정규직 전환 대상으로 배제된 비정규직이 50%를 넘는다는 의미이다. 게다가, 정부가 설정한 전환 예외 사유 중 일부는 매우 포괄적이고 추상적으로 규정되어 있기 때문에, 다분히 논란을 가중시킬 수밖에 없었다.[28]

그런데 정부 발표와 달리 공공운수노조가 별도로 조사한 바에 따르면, [표9-6]에서와 같이 2020년까지 실제 공공부문 전체 비정규직의 전환율은 33.0%에 불과하다. 기간제 비정규직은 257,218명 중 전환 결정 인원은 78,197명으로서 정규직 전환율은 30.4%에 불과하고, 간접고용(파견·용역) 비정규직은 370,094명 중 전환 결정 인원은 129,076명으로서 34.9%에 불과하다. 특히, 3단계 민간위탁 노동자 195,736명 중 2020년까지 불과 1,355명만이 전환 결정됨으로써 그 비율은 0.7%에 불과하다. 정부는 2019년 2월 「공공부문 민간위탁 정책추진방향」 및 2019년 6월 「공공부문 민간위탁 근로조건 보호 가이드라인」 발표를 통해 3단계 민간위탁 노동자의 직접고용 정규직화 정책을 사실상 중단하고, 민간위탁 상태에서 노동조건의 부분적 개선 중심으로 정책을 선회하기에 이른다.

2019년 2월 관계부처 합동으로 발표된 「민간위탁 정책추진방향」은 3단계 정규직 전환 대상인 민간위탁 노동자들에 대해서는 1, 2단계 전환과는 달리 정규직 전환을 위한 구속력 있는 지침을 발표하지 않았다. 이후 문재인정부는 3단계(민간위탁) 노동자들의 정규직 전환 계획을 내 발표하지 않고, 각 개별기관의 자율적 심의로 전환시킴으로써, 사실상 민간위탁 노동자의 정규직화 실적은 1%에도 못 미치고 있다(공공운수노조, 2021). 이로 인해 각 지자체에서 간접고용 노동자의 정규직화 관련 갈등이 계속되었다.

둘째, 공공기관의 자회사 전환율이 63.9%에 달할 정도로 공공기관의 간접고용(파견·용역) 노동자들 상당수는 공공기관 본사 직고용이 아닌 자회사로 전환했다. 정부는 공공부문 간접고용 노동자의 정규직화의 대안으로 자회사를 선택할 경우 자회사가 모회사의 용역업체 수준을

---

28 정부는 정규직 전환 예외 사유로서 인적 속성에 따른 두가지 사유(△60세 이상 고령자 △선수 등 통상 한정된 기간 특기 활용)외에, 기간제의 정규직 전환 예외 5가지 사유(△휴직 대체 등 보충적 근로 △실업·복지대책 차원 경과적 일자리 △고도의 전문적 직무 △타 법령에서 기간을 달리하는 교사·강사 중 특성상 전환 곤란 △준하는 사유로 심의위원회 정한 경우) 및 파견·용역 정규직 전환 예외 5가지 사유(△민간의 고도의 전문성 및 시설·장비 활용 불가피 △법령·정책 등에 의한 중소기업 진흥 장려 △산업수요·정책에 따른 기능조정 예상 △타 공공기관에 위탁·용역사업 제공 △근로자 전환 거부 등 비전환의 합리성 인정) 등 12가지를 인정하고 있다(관계부처 합동, 2017).

표9-6 공공부문 비정규직의 정규직 전환 실적2(2017~2020년) (단위: 명, %)

구분	기간제			파견·용역·위탁		
	전환이전	전환결정	전환율(%)	전환이전	전환결정	전환율(%)
1단계	245,826	73,442	29.9	169,776	126,096	74.3
2단계	11,392	4,755	41.7	4,582	1,625	35.5
3단계	-	-	-	195,736	1,355	0.7
계	257,218	78,197	30.4	370,094	129,076	34.9

자료: 공공운수노조(2021)

극복하고 독립된 전문조직으로 자리잡도록 하기 위한 운영 모델을 제시한 바 있다. [29] 그러나 2018년 이후 간접고용 정규직화의 대안으로 설립된 공공기관 자회사들은 이러한 운영 모델과는 무관하게 사실상 모회사의 용역업체 수준을 벗어나지 못했고, 모회사 정규직과의 임금 차별 또한 심각했다.

2018년 이후 2021년까지 설립된 '정규직 전환형' 공공기관 자회사는 86개(지방공기업 7개 포함)로 집계되고 있는데, 이중 주요 공공기관 자회사의 임금수준을 보면 [표9-7]과 같이 모회사 정규직과의 격차가 크게 나타나고 있다. 공공기관 자회사가 계속 확대되고 자회사에 대한 차별이 계속되어 정규직화의 취지에 어긋나고 있다는 비판과 함께 관련 노조들의 투쟁이 계속되자, 고용노동부는 '공공기관 자회사 운영 개선 대책'을 발표(2020.5)했다. △자회사의 안정성·공공성 확보 △독립성·책임성 조화 및 전문성 강화 △자회사 운영 인프라 조성 등의 자회사 모델(2018.12. 발표) 이행 대책 및 자회사 계약 부당·불공정 개선 관련 구체적 대책을 제시했으나, 실제 공공기관 현장에서는 실효성 없었다. 전환 방식에 대한 일관된 절차가 없어서 전환 방식을 둘러싼 혼선이 나타났고, 노사전협의체는 대부분 노·노 갈등을 유발했다. 또한 예산 운영에 대한 보완 조치가 없어서 자회사 운영이 이전 용역회사 수준에서 크게 개선되지 않았고, 오히려 자회사 전환으로 임금이 하락하는 경우마저 나타났다.

---

29 정부는 바람직한 자회사의 운영 모델과 관련하여, △원청 모기관의 100% 출자를 통한 공공성 확보 △수의계약을 통한 안정정 확보 △자회사 경영의 독립성 보장 △모회사와의 연계 강화와 협력체계 구축을 통한 모회사 책임 강화 △교육훈련 및 임금·승진체계 설계 등을 통한 자회사 전문성 강화 등을 제시하였다(관계부처 합동, 2018). 그러나, 이후 '정규직 전환형 자회사'운영에서 이같은 모델은 말그대로 '그림의 떡'이 되고 말았다.

표9-7　주요 공공기관 자회사 임금 수준 비교(2020년 기준) (단위: 천원/월, %)

주요 자회사명	모회사	모회사 평균보수(*)	자회사 평균보수	모회사 대비(%)
KDB비즈(주)	한국산업은행	5,579	2,003	35.9
LX파트너스(주)	한국국토정보공사	5,651	2,090	37.0
인천국제공항보안(주)	인천국제공항공사	5,645	1,850	32.8
인천공항시설관리(주)	인천국제공항공사	5,645	1,960	34.7
중진공파트너스(주)	중소벤처기업진흥공단	5,369	2,365	44.1
지역난방플러스(주)	한국지역난방공사	4,831	2,340	48.4
코바코파트너스(주)	한국방송광고진흥공사	5,374	1,822	33.9
코스포서비스(주)	한국남부발전(주)	5,642	2,169	38.4
코웨포서비스(주)	한국서부발전(주)	5,581	2,399	43.0
콤스코투게더(주)	한국조폐공사	4,359	1,905	43.7
티피에스(주)	사립학교교직원연금공단	4,509	2,256	50.0
한국도로공사서비스(주)	한국도로공사	4,853	2,257	50.0
한국마사회시설관리(주)	한국마사회	5,695	1,979	34.8
한국잡월드파트너스(주)	한국잡월드	3,590	1,930	53.8
한국체육산업개발(주)	국민체육진흥공단	5,075	1,875	37.0

* 보수기준: 기본급+고정수당

자료: 엄진령·유상철·김유경·박경환(2021)

3) 코로나 위기 국면에서 시장화 전략 질주('뉴딜없는 한국판 뉴딜')

2020년 초부터 전세계적으로 코로나19가 확산되었고, 우리나라도 이후 2022년 9월 26일 실외마스크가 해제될 때까지, 사회경제 전반에 걸쳐 2년 반 이상 코로나 상황에 직면했다. 2020년 코로나 확산 초기에 많은 국가들은 과거 1930년대 미국 뉴딜(New Deal) 같은 국가 역할을 소환하고 있었다. 미국·영국·독일·프랑스·일본 등을 비롯한 선진 각국들은 △재정 확장 △금융·시장 규제 확대 △복지 확대 △노동 보호 △기후위기 공동 대응 등의 새로운 탈시장화 국가 운영 모델을 서서히 구체화하고 있었다.

먼저 철도 분할 민영화의 본산인 영국 정부(노동당)가 철도 민영화 중단 및 통합을 선언(2020.5)하고, 시설-운영-관리를 통합 운영하는 독일 국영 통합철도공사(Deutche Bahn)을 모델로 한 통합 논의에 착수했다(2021.5. Williams-Shapps plan). 또한 코로나 위기가 확산되는 상황에서 가장 타격이 심한 항공사들의 경영 위기가 계속되는데,[30] 이탈리아가 주력 항공사(Alitalia)

30　2020년 9월까지 전세계 항공사 중 43개가 코로나 위기 국면에서 부도·감자·파산 등에 직면해 있었고, 이들 대부분의 항공사들은 국영화 체계로 대부분 전환되었다. 항공사 퇴출(이스타 등) 및 경쟁사의 적대적 인

를 국영화한데(2020.4) 이어, 독일 역시 주력 항공사(Lufthansa)의 민간 지분 환수를 통한 국영화 (2020.5)가 이뤄짐으로써, 세계 항공산업의 지각 변동(재벌 운영 → 공적 관리)이 나타나고 있었다. 이러한 각국들의 노력은 국가 위기 국면에서 사회·경제체제 안정 및 국민들의 삶의 질 개선을 위해 공공부문의 역량과 역할을 강화한 국정 운영의 전략이었다.[31]

우리나라는 어떤가? 2020년 5월 문재인정부는 「한국판 뉴딜」정책을 발표하면서 디지털뉴딜·그린뉴딜·휴먼뉴딜 등의 정책을 통해 이후 5년간 일자리를 100여만개 확충하겠다는 입장을 발표했지만, 이는 시장·기업 중심 일자리 정책으로 선회한다는 것을 의미했다. 정작 뉴딜을 표방하면서도, 정작 뉴딜에 담아야 할 △재정 확충 △공공 일자리 확대 △사회복지 확대 △참여적 노사관계 등은 매우 빈약한, 말 그대로 '뉴딜없는 한국판 뉴딜'을 내세웠다. 임기 초 소득주도성장·공정경제·혁신성장으로 이뤄진 경제정책방향은 2020년에 '혁신성장'만이 남아 있었다. 2022년 현재 윤석열정부가 표방하는 '민간 중심 혁신성장' 국정방향은 사실상 2020년 코로나 위기 국면에서 문재인정부가 표방한 혁신성장 정책 방향(구체적으로 '한국판 뉴딜')을 확장시킨 것으로 볼 수 있다.

문재인정부는 애당초 철도 통합 체계를 대선 공약으로 제기하고도 2019년 하반기에 고속철도 통합 논의를 중단시켰고, 경영 위기에 직면한 아시아나항공에 대해 2020년 11월 대한항공에 특혜성 합병을 추진하겠다고 밝힘으로서, 선진 각국이 표방한 필수 공공서비스 부문의 탈시장화 국정운영 전략과는 다른 방향으로 정책을 추진했다. 이러한 상황에서 국가 기간사업자인 철도는 고속철도 분할 경쟁으로 인한 영업적자가 누적되고 있고, 에너지산업에서 민간 부문의 시장 점유율은 계속 확대되고 있다. 시장화 흐름이 중단되지 않은 상황에서 철도·에너지 등 필수 공공서비스의 공공 중심 체계가 위협받고 있는 상황이다. 국가 위기 상황에서 공공부문이 선제적으로 사회경제적 위기를 극복하고 국민들의 삶을 안정시키는 역할을 제대로 할 수 있도

수 합병(아시아나항공) 흐름을 유지하고 있는 우리나라와는 매우 상이한 흐름이 아닐 수 없다.

31　코로나 위기 상황에서 과거 공공부문 시장화 흐름(신공공기관론)이 민영화(privatization), 외주화(out-sourcing) 및 정태적 효율성(static efficiency)에 집중한 나머지 국가 위기에서 선택할 수 있는 옵션과 역량이 제한될 수밖에 현실을 비판하며, 공공부문의 △위기 적응 및 학습 역량 △위기시 공공서비스와 시민 요구를 일치시키는 역량 △탄력적인 샌산관리시스템 관리 역량 △주요 데이터 및 플랫폼 관리 역량이 필요하다는 입장이 제기되었다(Mazzucato·Kattel, 2020). 미국·영국 등 신자유주의(시장화) 원조 국가들이 코로나 위기 국면에서 재정 확장 및 공공서비스 기반 확대를 추진한 것은 이같은 입장을 국정에 반영한 결과라고 볼 수 있다.

록 탈시장화 기반을 구축해야 했는데, 너무나 소극적이었다. 오히려 임기 초 야심차게 제시했던 공공부문 사회적 가치 실현 국정 방향은 바로 이 코로나 위기에서 절실히 요청되었고, '한국판 뉴딜'에 반드시 이러한 국정방향이 담겨 있었어야 했다.

문재인정부의 탈시장화 국정 운영의 한계를 가장 적나라하게 보여주는 것은 국가 재정 운영이었다. IMF체제 이후 20여년간 발전되어온 공공부문 신자유주의 전략이 문재인정부에서도 공고하게 유지되고 있다는 것을 결국 재확인한 셈이었다.[32] 소득주도성장 등 포용적 성장 전략을 제시하며 '더불어 잘사는' 국가 책임을 강조한 문재인정부의 집권 기간(2018~2021년) 4년간 GDP 대비 정부재정 지출 비중은 평균 35.4%로서, 동일 기간 OECD 국가 평균 44.0%에 비해 매우 저조하게 나타나고 있다. 특히 코로나 위기 대응 기간(2020~2021년) 재정 지출 비중은 38.2%로서, 동일 기간 OECD 국가 평균 47.6%에 현저히 미달하고 있었다. 국제 기구(OECD·IMF)에서마저 한국 정부의 확장적 재정정책을 권고할 정도였다.[33]

이러한 재정 건전화 흐름은 결국 2020년 10월 국가채무 상한 기준을 법제화하는 재정준칙을 제도화하는 작업에 돌입(국가재정법 개정안 발의)했는데, 이러한 정부(특히, 기재부) 재정 정책에 대해 비판적 견해가 다양하게 제기되어 왔고, 2022년 대선에서도 확장 재정 필요성이 공론화(이재명, 2022.1)되기에 이르렀다. 2020년 10월 정부(기획재정부)가 발의한 재정준칙은 윤석열 정부 출범 이후 훨씬 강화되어[34] 국가재정운용전략(2023~2026년)에 반영되어 있다.

---

32 1980년대 이후 세계적으로 확산된 신자유주의 흐름은 가장 우선적인 목표가 국가 재정 축소였다. 재정 축소는 △시장 개입 축소(규제 완화 + 정부기구 축소) △공공서비스 민영화(국가 재정 확충 + 고용 감축)를 위한 가장 강력한 제도적 조치였다. 우리나라 IMF 양허안(1997.12)에서도, 가장 핵심 과제가 정부 재정 감축이었다. 문재인정부가 코로나 위기 국면에서 취한 재정 정책은 이러한 흐름을 충실하게 반영한 것이라 볼 수 있다. 2022년 현재 윤석열정부가 재정준칙 제도화 등 재정 지출 효율화를 국정방향으로 제시한 것은 세계적인 흐름과 배치되는 시대착오적인 것이지만, 냉정하게 진단해보면 이는 문재인정부에서 기반을 충실히 구축했다고 볼 수 있다.

33 2020년 코로나 위기 대응 관련하여 OECD는 「한국경제보고서 진단」(2021.8)에서 OECD는 한국의 소득이 높은 수준의 복지로 이어지지 못했다는 진단아래, 코로나19 사태가 노동시장에서 취약한 계층(비정규직)에게 더 많은 악영향을 주고 있기 때문에 불평등 악화가 우려될 것이라고 표명했고, 낮은 연금소득으로 인해 고령층 빈곤이 확대될 우려가 있다고 지적했다. 이보다 앞서, IMF는 2019년 5월 이사회 결과 보고를 통해, 한국 등의 재정 여력이 있는 국가들의 경우 경제성장 및 일자리 창출 등을 위해 확장적 재정정책이 필요하다고 권고한 바 있다.

34 2020년 10월에 발의된 국가재정법 개정안(재정준칙 제도화)에는 통합재정수지를 GDP 3% 이내로 설정

표9-8 OECD 주요국의 최근 4년 GDP 대비 일반정부 총지출 (단위: %)

국가 구분	2018년	2019년	2020년	2021년	4년 평균
한국	31.2	34.0	38.5	37.9	35.4
독일	44.4	45.1	52.1	50.4	48.0
미국(USA)	42.2	42.2	46.2	45.1	43.9
스웨덴	52.2	52.1	61.8	57.1	55.8
스페인	32.5	32.7	37.4	35.8	34.6
영국(GBR)	39.3	39.0	44.6	44.6	41.9
이탈리아	48.4	48.7	58.5	54.9	52.6
일본	38.5	38.7	46.7	41.5	41.4
캐나다	41.0	41.2	56.6	52.0	47.7
프랑스	55.6	55.5	63.3	59.6	58.5
호주	35.4	35.6	47.4	40.2	39.7
OECD 평균	40.3	40.6	49.0	46.2	44.0

자료: 국회 예산정책처(2021)

4. 운동전략 변화를 모색하는 민주노총과 주요 공공부문 조직

민주노총은 비록 한시적지만, 2018년 및 2019년 고용노동부가 실시한 전국 노동조합 조직현황 조사 결과 한국노총을 제치고 우리나라 제1노총 지위에 오른다. 민주노총이 제1노총 지위에 오른 것은 촛불항쟁 이후 변화된 정세 속에 민주노총의 사회적 책임에 대한 기대가 그만큼 높아졌다는 의미이다. 2016년 대비하여 과거 5년간 전체 조합원은 965,791명이 증가했는데, 이중 민주노총에서 588,551명이 증가하여, 전체 증가수 대비 60.9%를 점하고 있다. 그런데 2019년까지 증가한 조합원 572,751명 중 민주노총 조합원이 395,583명으로 69.1%를 점한 것

표9-9 양 노총 노조 조직 현황 변화(2016~2021년) (단위: 명)

구분	2016년	2017년	2018년	2019년	2020년	2021년	증가
민주노총	649,327	711,143	968,035	1,044,910	1,134,863	1,237,878	588,551
한국노총	841,717	872,923	932,991	1,027,229	1,153,863	1,212,539	370,822
미 가맹	442,318	446,612	373,844	386,138	416,663	476,986	34,668
전체	1,966,881	2,088,540	2,331,632	2,539,632	2,804,633	2,932,672	965,791

자료: 고용노동부(2017~2022)

(2025년 목표)하는 내용을 담고 있었으나, 윤석열정부의 국가재정운용전략(2022.7)에는 관리재정수지 3% 이내(2022.9. 2023년 예산안 제출시 −2.6% 목표)로 강화되어 있다.

과 비교해 보면, 2020년 이후 증가세는 둔화되고 있다. 2019년 이후의 민주노총의 운동 전략 및 사업 추진 전반에 대한 검토가 필요하다는 의미일 것이다.

문재인정부 기간 민주노총은 변화된 정세에 걸맞는 운동전략 변화를 모색하게 된다. 앞서, 공공부문 정규직 및 비정규직 노동운동 변화 흐름과 함께, 민주노총은 사회적 대화 운동전략 실험(?)을 다시 추진하게 되고, 문재인정부의 노동정책 역주행 및 코로나 위기 국면에서 자본 주도 전략 전환 등에 맞서 총파업투쟁을 다시 전개한다. 전국적으로 전개되는 공공부문 비정규 직 투쟁을 민주노총이 책임있게 관장하기 위해 공공부문 비정규직 공동 총파업 투쟁을 이끌어 내고, 그 성과로 공무직위원회가 발족·운영된다.

이전 이명박·박근혜정부 기간 법외 노조로 탄압을 받았던 공무원노조·전교조가 적폐 청 산 투쟁 속에 법내노조로 전환되고, 민주노총 내 공공부문 조직 규모가 증가한다. 한편 공공부 문 비정규직 투쟁 확산 속에 공공부문의 조직 역시 확대되었으나, 거꾸로 이로 인한 조직적 갈 등 역시 상존해 있다. 무엇보다, 이러한 변화된 정세 속에 과연 민주노총이 사회적 책임에 걸맞 는 운동전략 변화가 이뤄졌는지는 아직 확인되고 있지 않다.

1) 민주노총의 거듭된 총파업투쟁

총파업 투쟁은 지난 1996년 이후 민주노총의 일상적 사업이자 당면 최고의 운동 전략으로 설정되어 왔다. 2021년 10월까지 약 30회에 걸쳐 진행된 총파업 투쟁은 우리나라의 당면한 경 제·사회·노동체제의 후진성에 비롯된 정세적 측면과, 가장 조직화된 집단으로서 한국 사회의 개혁을 선도해야 할 당위적 측면이 반영된 것이었다. 그러나 남발되는 총파업으로 인해 참여 도 저하 및 피로도 증가가 계속되고 있고, 총파업투쟁이 당면 정세를 돌파하기 위한 전술적 배 치가 아닌 전략적 목표가 되어가는 현실 또한 민주노총의 과제로 남아 있다(박용석, 2021). 냉정 하게 보면, 일부 총파업 투쟁은 민주노총이 다른 실천사업을 전개하기 어려운 조건에서 마지막 대체 수단으로 사용한 경우도 있었다.

촛불정신에 따른 노동존중의 국정방향을 내세운 문재인정부 하에서도 민주노총은 모두 6 차례에 걸쳐 총파업투쟁을 전개했다. 2019년 7월 공공부문 비정규직 공동 총파업을 제외하고 민주노총 전체가 참여하는 총파업투쟁은 5회 전개되었다. 2019년 7월 총파업 투쟁은 비록 참 가 단위는 제한적이었으나, 참가 규모만 놓고 보면 과거 총파업투쟁 수준에 이르고 있다.

그러나 이 6차례의 총파업 투쟁 중 그나마 대외적으로 총파업 투쟁이라고 내세울 만한 것 은 2018년 11월, 2019년 7월, 2021년 10월 정도이고 그 외는 총파업 투쟁이라고 규정하기조차 초라한 수준이었다. 이중 2018년 11월 총파업은 거의 일부 산별조직(금속노조)가 주도한 투쟁이고, 2019년 7월 총파업은 공공부문 비정규직 중심의 투쟁이었기 때문에, 실제 외형상 민주노총 전체가 참여했던 총파업 투쟁은 문재인정부 기간 중 2021년 10월 한번에 불과하다.

문재인정부 출범 이후 최초의 총파업투쟁은 △최저임금 1만원 △비정규직 철폐 △노조할 권리 쟁취 등을 앞세운 사회적 총파업으로서 2017년 6월 30일에 전개되었다. 냉정히 말하면 총파업투쟁이라기 보다는 당면한 노동 의제를 공론화하기 위한 총력투쟁 성격이 강했다. 2018년 1월 사회적 대화와 병행하는 총파업투쟁을 전략적 과제로 내세운 집행부(위원장 김명환)가 출범했는데, 이 집행부 임기에서도 4차례 총파업 투쟁이 전개되었다. 이 시기에 진행된 총파업은 2019년 7월을 제외하고는 대부분 정부의 노동법-제도 개악 공세에 맞선 저항 수준의 것이었다. 어찌 보면 노동 존중의 국정 방향을 내세운 문재인정부 하에서 이같은 저항적 수준의 총파업투쟁이 전개되었던 것 자체가 아이러니한 것으로 볼 수 있다. 그러나 이는 거꾸로 촛불정신을 외면하고 경제·사회·노동정책의 역주행 폐달을 밟은 문재인정부의 한계를 반영하는 것이기도 하다.

2018년 1차 총파업 투쟁은 국회에서 최저임금 산입범위를 개악하는 최저임금법 개정에 맞선 것이었다. 5월 24일 국회에서 최저임금법 개악 추진이 본격화되자 민주노총은 긴급 중앙집행위원회(중집위)를 통해 총파업 투쟁을 선언했다. 당시 진행중이던 노사정 대표자회의 참여도 중단하는 방안이 포함된 것이었다. 1일 총파업 집회가 진행되었으나 국회는 최저임금법 개악을 강행 처리했다.

2018년 2차 총파업투쟁은 정부가 탄력근로제 기간 확대를 검토하는 시기에 이뤄졌다. 민주노총은 △ILO협약을 반영하는 노동법 개정 △개악된 최저임금의 원상 회복 등을 앞세워 11월 21일 선제적으로 총파업투쟁을 전개했다. 민주노총은 정책대의원대회에서 사회적 대화기구 참여를 결정치 못한 상황에서 총파업 투쟁을 전개하였는데, 이에 대해 정부-집권여당의 주요 인사들이 노골적으로 민주노총을 비방했다.[35]

---

35 민주노총이 정책대의원대회에서 경사노위 참여 결정을 내리지 못하고 정부의 노동법(탄력근로 기간 확대 등) 개악에 맞서 11월 총파업투쟁을 선언하자 여권 핵심 인사들이 민주노총을 정면으로 공격했다. 먼저 임종석 청와대 비서실장은 11월 6일 국회 운영위원회 국정감사에서 "민주노총과 전교조는 더 이상 사회적 약자가 아니라고 생각한다"면서 민주노총의 활동방향에 대해 문제 제기했고, 뒤이어 11월 12일에는 더불어민주당의 홍영표 원내대표가 기자간담회를 통해, "민주노총과는 대화로 뭐가 되지 않는다. 항상 폭력적인 방식을 쓴

2019년에는 3월 및 7월 두차례 총파업 투쟁이 전개되었다. 이중 7월은 사상 최초의 공공부문 비정규직 공동 총파업이 전개되었는데, 구체적인 내용은 이후 별도로 서술한다. 3월 총파업 투쟁은 앞서 1월 정기대의원대회에서 사회적 대화기구(경제사회노동위원회) 참여 결정에 실패한 후 전개된 것으로서, 정부의 근로기준법 개악(탄력근로 기간 확대 등) 흐름에 직면한 민주노총 집행부 입장에서는 사실상 고육책(苦肉策)에 가까운 것이었다. 국회 앞에서 2,000명 정도 조합원이 참여하여 항의 집회(국회 진입 등) 수준에서 전개된 것으로서 도저히 총파업 투쟁이라고 규정할 수 없는 수준의 투쟁이었다. 민주노총 위원장은 앞선 2018년 5월 총파업 투쟁과와 2019년 3월 집회로 인해 6월에 잠시 구속되기에 이른다.

2021년 10월 총파업 투쟁은 새로이 출범한 민주노총 신임 집행부(위원장 양경수)가 전략적 사업 방향에 기초하여 나름대로 치밀하게 준비한 것이었다. 이는 앞선 집행부의 사회적 대화 전략 실패에 따른 대안적 운동 전략이 반영된 것이라 볼 수 있다. 민주노총 집행부는 불평등 사회를 대전환하고 민주노총의 노선적 혼란 및 무기력을 극복하겠다는 취지아래 임기 초부터 총파업 투쟁을 통한 조직 내부의 단결력 강화를 주요 사업 방향으로 내세웠다. 그러나 정부가 코로나19 방역조치를 앞세워 민주노총의 집회 등을 계속 억압하자 민주노총은 7월 3일 기습적으로 서울 도심에서 전국노동자대회를 개최했고, 이로 인해 민주노총 위원장은 9월에 구속되기에 이른다. 민주노총 위원장 구속은 사무실에 대한 공권력 투입을 통해 이뤄짐으로써, 민주노총 뿐 아니라 전체 운동 진영의 강한 반발을 불러일으켰다.

위원장 구속 이후 직무대행(윤택근) 체제에서 민주노총은 10월 20일 △일하는 모든 사람의 노동기본권 보장 △정의로운 산업 전환과 일자리 국가 책임 △주택·의료·돌봄·교육·교통 공공성 확대를 내걸로 하루 총파업투쟁에 돌입했다. 총파업 요구가 거시적 수준의 경제·사회·노동정책과 관련된 것으로서 조합원들의 일상적 요구와 다소 거리가 있었고 국민들에게 충분히 전달될 수 없는 한계가 있었지만, 21만7천여명이 참여하는 총파업투쟁이 전개되었다. 코로나 위기의 한계 속에서도 2015년 7월 총파업투쟁 이후 나름대로의 틀이 갖춰진 나른대로 의미있는 투쟁으로 볼 수 있다.

다만 총파업 투쟁이 높은 수준의 전략적 과제로 설정되다 보니 총파업 투쟁 이후 민주노총의 역할이 애매해지고, 민주노총의 모든 사업계획이 총파업 투쟁 중심으로 기획·구성하는

다"면서 민주노총을 비방했다. 특히 홍영표는 과거 1985년 대우자동차노조의 파업 투쟁을 주도하였고, 민주노총 건설 과정에도 참여한 경험이 있기 때문에 더욱 공분을 자아냈다.

2021.10. 코로나 봉쇄 속에 치러진 민주노총 총파업대회

흐름은 계속되었다. 민주노총의 정체성이 민주노조의 전국적 공동투쟁체 수준으로 고착될 가능성에 대한 우려도 제기되고 있다.[36] 총파업투쟁이 계속 추진되다 보니 역대 민주노총 대의원대회의 사업계획 심의에서도 가장 뜨거운 쟁점은 민주노총의 총파업 전술 채택 여부가 아니라, 총파업 투쟁을 언제 배치할 것인가였다.

2) 민주노총의 사회적 대화 추진 및 실패

촛불정신을 계승한 것으로 표방한 문재인정부의 국정방향은 그동안 자본에 편향된 정부의 동원 전략으로 자리잡은 사회적 대화 체제에 대한 변화된 정세를 반영하고 있었다. 이러한

---

36 2021년 12월 14일에 개최된 노동법 개정 총파업투쟁 25주년 기념토론회에서 토론 참석자 다수는 10월 20일 총파업에 대해 긍정적으로 평가하면서도 민주노총 사업이 총파업 투쟁을 매개로 다양한 실천사업이 전개될 필요가 있다고 판단했다. 특히 박석운 대표(전국민중행동)는 "노·정 교섭의 틀을 확보하고 이를 매개로 노동자들의 노동조건과 사회적·경제적·정치적 환경을 실질적으로 개선하기 위한, 다양한 층위의 실효성 있는 사회적 교섭이 모색되고 실험될 필요"가 있음을 제기했다.

변화된 정세 속에서 민주노총은 2005년 이후 실종된 사회적 대화 운동전략을 논의하는 계기를 마련한다. 물론 2017년 5월 이후 당시 민주노총 집행부(위원장 직무대행 최종진)는 문재인정부와의 노정교섭 중심의 교섭방침을 일관되게 견지하고 있었다. 이후 일자리위원회 구성과 관련하여 민주노총 참여가 제안되자 민주노총은 6월 중앙집행위원회(중집위)의 표결 처리를 통해 일자리위원회 참여와 함께, 민주노총 교섭방침을 일부 조정하게 된다.[37] 일자리위원회 참여를 통해 민주노총은 문재인정부의 고용정책 전반을 협의할 수 있는 실무 협의틀을 운영함과 동시에 2017년 8월 이후 고용노동부와의 노정교섭(협의)를 운영하게 된다. 일자리위원회를 통해 △공공 일자리 확충 △일자리 질 개선 △각 산업·업종 참여 등이 논의되고, 노동부와의 노정교섭(협의)을 통해 △노정교섭 정례화 △산업·업종 노정교섭(협의) △노동 적폐 청산 등이 논의되었다. 이러한 민주노총의 교섭방침은 2017년 12월에 치러진 민주노총 2기 직선제 임원 선거 이후 변화 흐름을 갖게 된다.

- 민주노총의 새로운 사회적 대화 운동전략 실험(?)

　　문재인정부 초기 노동 존중의 국정 방향이 구체화되고 국정 지지율이 70~80%를 넘나드는 상황에서 민주노총 2기 직선에서 사회적 대화 공약을 내세운 집행부(위원장 김명환)가 당선된다. 민주노총 신임 집행부는 2018년 1월 25일 중앙집행위원회 회의(중집위)를 통해 '사회적 대화 기구 재편을 위한 노사정대표자회의' 참여 결정을 했고, 곧이어 기자회견을 통해 문재인정부에 대해 새로운 사회적 대화 기구 마련을 위한 노정간 대화를 요구했고, 2월 정기대의원대회 및 4월 중집위 회의를 거쳐 이에 대한 기본 방침(노사정 대화 등)을 준비했다.

　　물론, 정기대의원대회 및 중집위에서는 민주노총 집행부의 사회적 대화 운동 전략에 대한 반론도 만만치 않았지만, 당시 문재인정부의 국정방향에 대한 기대감 및 높은 지지를 받은 새로운 집행부의 공약 실천이라는 대의로 인해 새로운 사회적 대화 기구에 대한 논의가 본격화된다.[38] 2005년 3월 사회적 교섭 추진이 중단된 이후 13년 만의 반전이었다.

37　2017년 6월 8일 민주노총 중집위를 통해 결정된 당시 교섭방침은, △노사(산별)-노정-노사정교섭 등의 중층적 교섭구조 실현 목표 △노정교섭 성사 등 정부 태도에 대한 입장 고려하여 일자리위원회 포함 대정부 관계 설정 △일자리위원회 참여 여부는 구성·의결구조 등 노사 당사자의 실질적 참여 보장, 정부위원 개혁성 등 파악 후 종합적으로 판단 등이 포함되어 있다.

38　2018년 2월 민주노총 정기대의원대회에서 '사회적 대화 추진 사업 삭제' 수정(안)이 발의되었으나 찬성

2018년 상반기에 민주노총 집행부가 새로운 사회적 대화 체제를 준비할 당시 우리나라의 사회적 대화 기구(노사정위원회)는 애당초 ILO가 설정한 사회적 대화(social dialogue) 모델을 담지 못하는 기형적인 체계였다. IMF 경제위기 체제 하에서 출발한 우리의 사회적 대화는 취약한 경제민주주의 토대 하에서 지난 20여년동안 끊임없이 왜곡되어 왔고, 사회적 대화를 통해 이루고자 했던 △노동 존중 및 좋은 일자리 확대 △사회적 불평등 해소 등은 온데간데 없고 자본의 소원 수리 기구로 전락했다. 이러한 현실은 사회적 대화 체제에 대한 불신으로 계속 작용해왔다. 민주노총 집행부는 이러한 왜곡되고 기형적인 체제를 극복하기 위해 '새로운 사회적 대화 기구'가 필요하다는 점을 대내외에 천명했다.

그러나 민주노총이 제안한 새로운 사회적 대화 기구 구성 논의는 5월 국회에서 최저임금 산입 범위 확대(개악)가 의결(5.22)되면서 1차 벽에 부딪힌다. 최저임금 산입 범위 확대에 대해 민주노총은 조직 내부에서 다양한 의견들이 제기된 상태이나, 정부가 추진하는 개악안을 수용할 수 없는 조직 내부의 조건으로 인해 반대할 수밖에 없었고, 문재인정부는 국회에서 곧바로 강행 처리한 것이다. 이에 민주노총은 곧바로 노사정대표자회의 탈퇴를 선언했고 이후 이에 대한 원상 회복 논의가 노정간에 진행되었으나 별다른 실효성이 없었다. 민주노총 집행부는 이러한 혼란스러운 상황을 극복하기 위해 8월 중집위를 통해 노사정대표자회의 참가의 결단을 내린다.

민주노총이 참여한 가운데 새로운 사회적 대화 기구(경제사회노동위원회) 구성·운영에 대한 노사정 협의가 진행되었다. 지난 20년간 노사정위를 독점한 한국노총의 새로운 대화기구 구성에 대한 거부감 및 과거 정부 주도의 동원 체제를 선호하는 정부 측의 비협조 등이 교차한 가운데 경제사회노동위원회(경사노위) 구성 및 운영에 관한 노사정 협의가 이뤄졌다. 경사노위가 ILO가 설정한 실질적인 대화기구로서의 역할을 할 수 있을지에 대해서는 반신반의(半信半疑)의 수준이었다. 민주노총은 이러한 노사정 협의의 결과를 바탕으로, 10월 정책대의원대회에서 경사노위 참여와 관련한 교섭방침을 의결하려 했으나 조직 내부의 이견들이 표출되는 가운데 정책대의원대회는 성원 부족으로 무산되었다.[39]

율이 낮아 부결되었고, 4월 중집위에서 새로운 사회적 대화기구 구성 및 참여 건에 대해 표결 끝에 참여하기로 했다.

39 2018년 10월 대의원대회의 무산에는 △격지(강원 영월) 개최로 인한 참여 불편 문제 △정책대의원대회 결합에 대한 조직내 공감대 부족 등이 작용했지만, 가장 중요하게는 경사노위 참여에 대한 필요성이 2018년

민주노총의 대의원대회 무산과 때를 같이하여 문재인정부의 주요 인사들은 민주노총 비방에 몰두했고, 이어 11월에는 정부 주도로 노사정대표자회의에서 근로기준법 개악(탄력근로제 대상 기간 확대) 논의가 이뤄지는 가운데, 급기야 11월 22일 민주노총 참여없이 경사노위(위원장 문성현)가 발족한다. 민주노총에 대해서는 뒤에 참여할 수 있으면 하라는 일종의 개문발차(開門發車)식이었다. 게다가 2018년 하반기에 문재인정부의 경제정책 상당수가 왜곡(재벌·세제 개혁 후퇴, 규제 완화 확대 등)되는 흐름이 나타나면서 경제·노동정책 역주행 논란이 나타나기 시작한다.

정부의 민주노총 패싱 및 경제·노동정책 역주행 논란이 계속되는 가운데, 2019년 1월 정기대의원대회에서 경사노위 참여를 안건으로 상정하고 준비하는 과정에서 고 김용균 청년노동자 정부 대책 지연 및 노사관계제도개선위원회(경사노위 산하)의 노조법 개악 논란까지 겹쳐 경사노위 참여 반대 여론이 확대되었다. 노사관계제도개선위원회 논의는 ILO협약 중 가장 핵심적인 결사의 자유 협약(제87호·98호) 비준안 마련을 위해 준비되었으나, 사용자 요구안(단체협약 유효기간 연장, 사업장내 쟁의행위 금지 등)이 반영되며 한국노총의 경사노위 불참 선언(?)까지 나타나는 등 반발이 심했다.

결국 2019년 1월 28일 개최된 민주노총 정기대의원대회에서 일부 대의원들이 수정하여 발의한 경사노위 참여 건은 44.1% 찬성에 그치면서 대의원 과반수를 얻지 못했다.[40] 정작 집행부가 발의한 원안은 표결에 부치지도 못했다. 민주노총의 경사노위 참여 실패는 아직까지 공식

초에 비해 현저히 줄었다는 점을 간과할 수 없다. 문재인정부의 경제·노동정책의 후퇴에서부터 당시 노사정위의 행정편의적 발상(공공비정규특위·구조조정특위 등 주요 조직의 관심 의제 외면) 등이 결합되면서, 과연 문재인정부가 사회적 대화의 공정한 조정자 역할을 할 수 있을 것인가에 대한 회의감이 나타나고 있었다(필자 주).

40 당시 민주노총 대의원대회에서 발의한 수정안건은 모두 3개였다. 첫째, 노동자들에게 양보를 압박하는 수단이 경사노위 불참을 선언하고 △최저임금 개악 철회 △탄력근로제 확대 저지 △ILO핵심협약 비준을 위해 투쟁하자는 것이었다. 둘째, 정부가 △탄력근로시간제 개악 철회 △최저임금제도 개악 철회 △노조법 개악 철회 및 ILO 핵심협약 비준 △노정교섭 정례화 요구를 받아들이는 결단 및 선행 조치가 없는 한 경사노위 참여할 수 없음을 확인하자는 것이었다. 셋째, △사회양극화 및 불평등 구조 극복 △온전한 노동기본권 및 사회안전망 확대 △재벌체제 극복과 경제 민주화 실현을 위해 경사노위에 참여하여 논의를 주도하고, 탄력근로제·최저임금제·노동법 개악 국회 강행 처리시 경사노위 탈퇴 및 즉각 총파업 돌입하자는 것이었다. 3개 안건은 각각 35.2%, 38.7%, 44.1%로 부결되었다. 부결 직후 민주노총 위원장은 중집위 회의를 거쳐 원안을 상정하지 않겠다고 선언했다.

의결 단위 평가 절차가 제대로 이뤄지지 않은 상태에 있기 때문에 쉽게 평가하긴 힘들다. 그렇지만 대의원들의 얘기를 개괄적으로 종합해보면, 결정적인 반대 사유는 문재인정부의 사회적 대화 기구 운영의 조정 역할에 대한 불신이었다.[41] 이미 경제·노동정책에서 촛불정신으로부터 이탈하고 있는 문재인정부에 대한 불신은 결과적으로 민주노총의 변화된 전략을 실천하는데 장애요소로 작용한 셈이다.

민주노총은 이후 4월 임시대의원대회를 앞두고 집행부 내부에서 경사노위 참여 안건의 상정 여부에 대해 논의했지만 시기상조 여론이 높아 결국 재추진을 유보했다. 한편 경사노위에서는 탄력근로 기간 확대와 관련한 본회의 의결이 계속 부결되자, 2019년 8월에 경사노위 위원 교체라는 강수(?)가 동원되는 상식 이하의 조치들이 취해졌다. 이러한 상식 이하의 조치로 인해 경사노위는 '새로운 사회적 대화기구' 역할을 사실상 걷어차고, 과거 노사정위의 모습으로 환원되었다. 정부 정책에 노동운동 진영을 동원하는 과거 노사정위 모습에 길들여진 참여 주체들의 한계를 반영한 것이다. 결국 우리의 취약한 경제민주주의 토대 하에서 지난 20여년동안 끊임없이 왜곡되어 왔던 사회적 대화 체제는 경사노위에서도 변하지 않고 유지되고 있었다. 따라서 민주노총의 경사노위 참여 여론 역시 이러한 상황 속에서 현저히 약화될 수 밖에 없었다.

• 위기 국면의 정부 한계 및 운동 전략 한계를 동시에 드러낸 **2020 원포인트 노사정 교섭**

민주노총 집행부의 사회적 대화 실험은 2020년 코로나 위기 국면에서 다시 시도되었다. 전세계적인 경제 위기로 인해 취약계층의 삶이 위태로운 상황에서 민주노총의 사회적 책임을 다하기 위한 결단이었다. 그러나 코로나 위기 국면에서 작은정부 및 시장 활성화를 앞세운 문

---

41 2019년 1월 민주노총의 경사노위 참여 실패는 민주노총 지도부의 준비 미흡(특히, 2018년 10월 정책대의원대회)과 민주노총내 의견그룹의 조직적 반대 등이 1차 원인이었지만, 집권세력의 민주노총 비방 및 경사노위 관계계자들의 민주노총 패싱 논란도 적지않은 원인으로 작용했다. 특히 민주노총 패싱 논란은 단지 11월 22일 개문발차만이 아니라, 공공운수·금속노조 핵심 요구(공공비정규특위·구조조정대책특위) 무시 및 민주노총 정기대대 직전의 민감한 의제 논의(노사관계제도개선위 노조법 개악안 발표) 등에서도 확인된다. 1998년 2월 노사정 합의 부결 및 2005년 사회적교섭 방침 무산 등 '사회적 대화의 아픈 경험'을 지닌 민주노총이 15년 만에 사회적 대화 기구 참여의 문을 어렵게 두드렸는데, 정부나 경사노위 관계자들은 자신들 편의대로 사업을 진행하면서 민주노총에 대해서는 (주35)에서와 같이 사회적 책임이 부족한 집단으로 낙인찍는데 바빴다. 결국 사회적 대화기구의 틀은 전환되었으나, 사회적 대화기구에 대한 인식은 과거 노사정위 시절에 비해 변하지 않았다고 볼 수 있다(필자 주).

재인정부, 그리고 노사정 교섭 추진의 조직적 준비가 취약했던 민주노총의 한계가 복합적으로 작용하면서 결국 실패로 끝났다.

민주노총은 2020년 4월 중집위를 통해 △해고금지·총고용보장을 중심으로 한 경제위기 대응 △사회안전망 전면 확대 등의 요구를 중심으로 경사노위 밖 사회적 대화 추진이 필요하다는 점을 공유했다. 이러한 취지에 따라, 민주노총 위원장(김명환)은 4월 17일 기자회견을 통해 경사노위가 아닌 별도의 공간에서 코로나19 위기 극복을 위한 원포인트 노사정 비상 대표자회의를 제안했다. 민주노총은 코로나19 위기 극복을 위해 △모든 국민의 해고 금지 방안 마련 △법·제도 사각지대의 취약계층 포함 '전국민고용보험제' 방안 마련을 주요 요구로 내세웠다.

경사노위의 틀을 고수하던 한국노총의 반대 속에서 정부와의 실무 협의(총리 면담 등)를 거쳐 5월 20일 원포인트 노사정회의가 시작되었다. 당시 한국노총은 경사노위 틀 속에서 '코로나19 위기 극복을 위한 노사정 합의 선언'을 이미 발표(3.6)한 바 있기 때문에, 민주노총의 경사노위 밖 노사정 대표자회의 추진에 대해 반대했다. 2018년에 이어, 2019년에도 「전국 노동조합 조직 현황」결과에서 민주노총이 제1노총 지위로 올라선 상황에서 민주노총 주도의 새로운 사회적 대화 실험에 대한 거부감이 자리잡은 탓이다.

국무총리 및 노조(민주노총·한국노총) 대표, 경영계(경총·대한상의) 대표, 정부 대표(기획재정부·고용노동부) 등 6인으로 구성된 노사정 대표자회의는 1개월여 실무 협의를 거친 끝에 6월 29일 노사정 잠정 합의안을 도출했다. 노사정 교섭이 진행되는 동안 민주노총 내에서는 △교섭의 목표 △핵심 요구안 설정 △ 노사정 합의 결과 처리(의결 단위) 등에 대한 다양한 문제 제기가 있었고, 전국 각 사업장에서는 해고 위험에 직면한 노동자들의 투쟁이 전개되고 있었다.

한편 이 시기 문재인정부는 코로나 위기 극복을 위한 대책들을 계속 발표하지만, 정작 핵심적 과제인 △재정 추가 확대 △공공 인프라 확충(특히, 의료·사회서비스 등) △공공부문 인력 확충 등에는 소극적 태도를 취했다. 뉴딜을 내세우면서 시장·기업 활성화(한국판 뉴딜 등) 중심의 '뉴딜없는 한국판 뉴딜'을 내세웠다. 이미 선진 각국은 해고 예방·사회안전망 확충을 위한 확대 재정 및 국가기간산업(철도·항공 등)의 국영 재편 등의 획기적 대책을 구체화하고 있었다. 문재인정부가 임기 초 제시한 소득주도 성장 정책이 필요한 상황에서 자본 주도 성장(혁신성장) 정책이 자리하고 있었다. 이러한 문재인정부의 태도는 코로나 위기 극복을 위한 민주노총의 노사정 합의 추진에도 적지 않은 불신 요인으로 작용하고 있었다. 앞서 경사노위 참여 실패 상황과 유사하게, 민주노총의 원포인트 사회적 대화 추진 과정에서도 사회적 대화 조정자로서의 책임있는 태도가 담보되지 못했던 것이다.

6월 29일 잠정 합의안에 대한 논의 과정에서 중집위의 교섭 요구안과 교섭 결과의 상이함 (△해고금지 후퇴 △전국민고용보험 후퇴 △경사노위 합의사항 이행 점검 등)에 대한 논란이 거듭되면서 결국 중집위 차원의 노사정 합의안 의결은 거부되었다. 이후 7월 1일 일부 언론의 노사정 합의 보도 소식과 함께 합의 반대를 주장하는 활동가 50여명이 중집위 회의장을 점거하는 바람에 중집위는 무산되었고, 이후 거듭된 중집위 내부의 논쟁을 거쳐 민주노총 위원장은 7월 9일 다수 중집위원들의 반대를 무릅쓰고 대의원대회에서 노사정 합의안 수용 여부를 결정하겠다고 발표했다.

이후 △다수 중집위원들의 반대 성명 발표(7.13)[42] △민주노총 위원장의 정면 돌파 의지 피력(7.20)[43] △민주노총 내부의 찬반 토론(7.21. 반대 토론 불참) △대의원들의 반대 서명 운동 등이 교차하는 가운데 7월 23일 온라인 대의원대회에서 노사정 합의 건은 찬성 38.3%, 반대 61.7%로 부결되었다. 노사정 합의 부결 이후 민주노총 집행부는 사퇴했다.[44] 노사정 합의 찬성

---

[42]　민주노총 중집위원 31명(부위원장 6명, 가맹조직 대표 9명, 지역본부 대표 16명)은 민주노총 위원장이 소집한 대의원대회에 반대하는 근거로 노사정 합의 내용 및 절차적 문제점을 언급했다. 내용적으로, 노사정 합의 최종안이 민주노총 조합원 뿐 아니라 전체 노동자의 재난적 위기 상황을 극복하기에 매우 부족했고 합의사항 이행 점검 체계(경사노위)가 집행부의 약속과 배치되었으며, 절차적으로 중집위 다수가 반대하여 사실상 부결된 합의안을 대의원대회에 직권 상정했다는 것이었다(민주노총 중앙집행위원, 2020).

[43]　민주노총 위원장(김명환)은 대의원대회를 앞둔 7월 20일 민주노총 홈페이지에 올린 영상 연설에서 "정파 상층부가 민주노총 위에 군림하고 다수 의견과 물리적 압력, 동원식 줄 세우기에 걸려 사회적 교섭을 끝내는 것은 100만 민주노총 대중 조직을 망치는 길"이라고 전제하고, 대의원들이 노사정 합의안에 대해 "민주노총의 사회적 책임을 다하겠다는 결의인지, 자본에 항복하는 문서인지"(매일노동뉴스 7.20. 인터뷰)에 대해 현명하게 판단을 내려주길 바란다는 뜻도 아울러 밝혔다.

[44]　2020년 민주노총의 5~6월 노사정 교섭 및 합의 추진 당시 정책연구원장 위치에 있었던 필자는 이같은 부결 파동의 원인에 대해 세가지 한계를 조심스럽게 짚고자 한다. 첫째, 문재인정부의 노동정책이 역주행을 거듭하면서 2020년 코로나 위기 상황에서도 책임있는 정책 전환(해고 예방, 취약계층 보호를 위한 확장적 재정정책 등)이 미흡했고, 오히려 '한국판 뉴딜' 등 시장 활성화(혁신성장)가 우선시된 흐름으로 인해 사회적 대화 책임 주체(정부)에 대한 불신이 강하게 자리잡고 있었다는 점이다. 둘째, 이러한 시대 상황을 앞세워 사회적 대화에 대한 비판적 운동 노선이 서서히 확대되는데도, 합의 내용에 '경사노위 합의사항 이행 점검'이 포함됨으로써 반대 진영의 결집을 유도한 결과('울고 싶은데 뺨 때려준' 격)가 되었다는 점이다. 셋째, 교섭을 제안했던 민주노총 집행부가 교섭 주도권을 제대로 확보하지 못하고(핵심 요구 중심이 아닌 백화점식 요구 나열), 교섭 마무리 절차에 대한 책임있는 사전 준비를 못했다(중집위 부결 후 대의원대회 직권 상정)는 점이다(필자 주).

비율(38.3%)은 2019년 1월 정기대의원대회의 경사노위 참여 찬성율(44.1%)에도 못 미침으로써, 노사정 합의에 대한 비판적 분위기가 조직 내 적지 않았음을 보여주었다.

민주노총의 노사정 합의 부결 이후 민주노총 내·외부의 다양한 토론이 이어지면서 이후 민주노총의 사회적 대화 운동 전략이 지속될 수 있는지에 대한 관심이 이어지는 가운데, 민주노총은 비상대책위원회(위원장 김재하)를 구성한 후 8월 중집위를 통해 원포인트 노사정 교섭 추진과정 전반에 대한 평가 논의에 착수했다. 이에 따라 평가TF를 구성하고 3개월간 논의를 통해 평가 보고서가 11월 중집위에 제출되었다. 사회적 대화 추진에 대한 문제점 및 향후 전망 등을 중심으로 한 평가보고서로서 이는 이후 2021년 민주노총 정기대의원대회의 2020년 사업평가 내용으로 자리잡았다. 이후의 사회적 대화 추진 전망에 대해, 당분간 민주노총이 참여하는 사회적 대화가 쉽지는 않지만 코로나19의 장기화 및 경제위기 심화에 따른 정세적 측면에서 자본에 대한 사회적 책임 확대를 위한 적극적 교섭투쟁이 필요하다는 의견도 포함되었다.

평가TF 논의 및 중집위 보고 과정에서 2020 코로나 노사정 합의 부결과 관련하여 집행부의 사회적 대화 운용 전략 및 추진과정에 대한 문제점은 공유되었지만, 원포인트 사회적 대화는 민주노총의 요구 실현을 위해 당시 정세에서는 필요했던 사업이라는 평가가 다수였다.

3기 지도부 선거 결과, '불평등 사회 전환을 위한 총파업'공약을 앞세운 집행부(위원장 양경수)가 출범하게 되었다. 이러한 흐름을 반영하듯, 2021년 이후 민주노총에서 사회적 대화에 대한 논의가 사실상 중단되고, 과거 20년간 민주노총의 주된 교섭방침인 노정교섭이 또다시 자리잡았다. 물론 이 노정교섭 방침은 민주노총이 내부적 논란을 예방하기 위해 정한 일방적 교섭 방침이었을 뿐, 실제 정부가 교섭 당사자로 참여하는 교섭구조가 아닌 사실상의 노정간 협의구조의 성격을 지니고 있다. 다만, 민주노총의 사화적 대화 방침에 대한 지속적 논란이 제기되어 온 현실 속에서 노정교섭 방침은 조직 내부의 이견 해소를 위한 불가피한 선택으로 자리잡기도 한다.

한편 사회적 대화 체제를 초기업 단위 교섭구조의 대체 수단으로 활용하는 정부 정책으로 인해 노정교섭 가능성이 높지 않은게 현실이다. 우리 정부는 제도화(공공기관 대정부 교섭 포함)는 철저히 외면하면서 정부 방침에 노동운동을 동원하는 사회적 대화기구(노사정위-경사노위)만을 주요 협의틀로 일관되게 유지하고 있다.[45] 이러한 척박한 환경으로 인해 총연맹 중앙의 추진하

---

45 우리 정부는 사회적 대화는 일관되게 주장하면서 사회적 대화의 핵심 원리인 초기업 단위 교섭구조 구축에 대해서는 계속 침묵하는데, 이러한 태도는 국제노동기구(ILO)의 논의 흐름과도 맞지 않다(필자 주). ILO는

는 노정교섭 방침은 교섭 제도적 측면에서 여전히 불안정한 구조를 지니고 있다.[46]

3) 민주노총 공공부문 비정규직 공동총파업 투쟁

• 사상 최초의 공공부문 비정규직 공동 파업

2017년부터 시작된 문재인정부의 공공부문 비정규직 정규직화 정책은 곳곳에서 파열음을 내면서 애당초의 국정과제에서 궤도 이탈하고 있었다. 민주노총은 2017년 6월부터 4년에 걸쳐

2019.7. 공공부문 비정규직 총파업대회에 참여한 민주노총 비정규직 노동자들

110차 총회(2022.5.)를 맞아 「2022 사회적 대화: 포용적이고 지속 가능하며 탄력 있는 회복을 위한 단체교섭 보고서」(Social Dialogue Report 2022: Collective bargaining for an inclusive, sustainable and resilient recovery) 를 통해, "결사의 자유와 단체교섭권의 실질적 인정을 사회적 대화를 뒷받침하는 일의 기본 원칙과 권리(fundamental principles and rights at work)"로 내세우고 있다(윤효원, 2022).

46 　노정교섭과 관련하여, 지방정부 단위에서는 공공운수노조와 광주광역시가 1차 추진(2015년)한 가운데, 이후 민주노총 지역본부 중심으로 경기도(2019~2020) 및 충남도(2021년) 등에서 추진된 바 있다. 중앙정부와 각 산별조직간에는 2021년 보건의료노조(공공의료 확충 노정협약) 및 2005년 공공연맹(공공기관 지방이전 노정협약)에서 추진한 적이 있다. 민주노총과 중앙정부간 노정교섭은 거의 이뤄지지 않고 정책협의 수준에 머물러 있다(2017년 일자리위원회 구성 당시 일부 추진). 민주노총의 노정교섭 방침은 한국사회 노사정교섭에 대한 불신·기피에 따른 대안적 성격이 강하지만, 중앙정부와의 포괄적으로 교섭을 추진한다는 것 자체가 제도적으로는 가능하지 않다는 점은 부인하기 힘들다. 따라서 노정교섭 방침을 민주노총이 계속 견지하기 위해서는 이에 대한 추진 전략 및 세부 추진 내용에 대한 별도의 논의가 필요할 것이다(필자 주).

매년 6~7월이면 공공부문 비정규직의 올바른 정규직화 투쟁을 선포해왔고, 공공운수노조·민주일반연맹·서비스연맹 등 주요 공공부문 비정규직 단위 산별조직들도 문재인정부 5년 동안 공동파업 등을 포함한 끊임없는 투쟁을 전개해오고 있다. 그러나 △상시·지속업무의 광범위한 정규직 전환 제외 △자회사 중심의 간접고용(파견·용역) 노동자 정규직화 △민간위탁(3차 정규직화 예정) 정규직 전환 중단 △고용(무기계약직 전환) 및 임금(저임금·근속제한)의 차별구조 지속 등으로 인해 문재인정부의 정규직화 정책은 애당초의 국정방향에서 상당 부분 궤도 이탈했다. 문재인정부의 공공부문 비정규직 제로(0)화 정책 역시 '희망고문' 수준으로 전락하면서, 정부 정책에 맞서는 비정규직 노동자들의 처절하고 지난한 투쟁 역시 계속되었다.

2017년 이후 공공부문 비정규직 정규직화와 관련한 정부 정책에 맞서 민주노총은 관련 조직 중심으로 공동대책위원회(공공운수노조·민주일반연맹·보건의료노조·서비스연맹 등)을 구성하여 공동사업·공동투쟁을 전개했다. 2018년 6월 30일 문재인정부의 정규직화를 규탄하는 총력 결의대회를 개최하며, 민주노총 중심의 공공부문 비정규직 정규직화의 투쟁 흐름이 구축되었고, 이러한 흐름은 2019년 공공부문 비정규직 단위 공동 파업으로 연결되었다.

2019년은 민주노총(위원장 김명환)에 속한 20여만명의 공공부문 비정규직 노동자들이 사상 처음으로 공동파업을 추진한 역사적인 한해였다. 1999년 경기도노조·서울상용직노조 투쟁, 2000년 한국통신 비정규직 노동자 투쟁 이후 공공부문 비정규직 노동자들은 끊임없는 투쟁을 계속했지만, 대부분 산발적 투쟁으로 이어지면서 이중 상당수가 극한-장기투쟁으로 이어졌다. 특히, 공공부문 최대 비정규직을 포괄하고 있는 학교비정규직 노조들은 2012년 이후 연대파업을 계속 진행해오면서 공공부문 비정규직 조직 중 가장 크고 강력한 조직 역량을 구축해왔으나, 어디까지나 일부 업종 단위 투쟁 수준에 머물렀다. 이러한 개별적 투쟁의 일대 전환 흐름이 2019년에 민주노총 차원에서 구체화된 것이다.

문재인정부 들어 민주노총내 공공부문 비정규직 조직은 계속 확대되어 △공공운수노조(7만여명) △서비스연맹(5만8천여명) △민주일반연맹(4만2천여명) △보건의료노조(5,000여명) △여성연맹(3,000여명) △건설노조(4,000여명) △대학노조(1,500여명) △정보경제연맹(1,000여명) △사무금융연맹(500여명) △ 언론노조(300여명) 등 10개 산별조직에 20만여명이 소속되어 있었다. 문재인정부의 공공부문 비정규직 정규직화가 '희망고문' 수준으로 고착되는 현실 속에 비로소 민주노총내 전 공공부문 비정규직 노동자들이 통일된 요구를 중심으로 정부의 잘못된 정책에 맞서는 공공파업을 추진하게 된 것이다.

공공부문 비정규직 주요 산별조직 대표들은 다각도의 준비를 거쳐 4월 18일 민주노총과 공동 기자회견을 통해, △공공부문 비정규직 제로화 실현 △비정규직 사용 제한 법제도화 △공공부문 비정규직 차별 철폐 △공공부문 좋은 일자리 창출 △무기계약직의 온전한 정규직화 △원청 사용자 책임 강화와 노조법 2조 개정 △공공부문 비정규직 노정교섭 보장을 중심으로 한 대정부 공동 요구안을 발표했다. 이 기간 중 5월 26일에는 공공부문 비정규직 전환 쟁점 사업장 대표자회의가 민주노총 주최로 개최되기도 했다. 앞서, 민주노총은 4월 10일 문재인정부의 비정규직 정규직 전환 중간평가 토론회를 통해 궤도 이탈하는 정규직화 정책의 문제점을 공론화하고 정부의 정책 개선을 촉구한 바 있다. 이미 학교비정규직(서비스연맹·공공운수), 인천공항(공공운수노조), 국립대병원(보건의료·공공운수), 톨게이트(민주일반연맹), 철도·가스공사(공공운수), 지자체 민간위탁(민주일반·공공운수) 등에 공공부문 정규직화를 둘러싼 노사, 노정간 대결이 구체화되고 있었다.

6월 27일 3개 산별조직(공공운수노조·서비스연맹·민주일반연맹) 소속 105,517명(공공운수노조 38,944명, 서비스연맹 52,260명, 민주일반연맹 14,313명)의 비정규직들은 파업 찬반투표를 거쳐 찬성율 70.3%로서 파업을 결의했다. 쟁의행위 결의 발표 기자회견을 통해 민주노총과 3개 산별조직은 정부에 대해 공공부문 비정규직의 정규직 전환 및 차별 해소 관련 노정협의틀 구축을 요구했다. 구체적으로, 2019년 7월 중으로 〈(가)공공부문 비정규직 차별 철폐 노정위원회〉 구성하자는 것이었다. 전체 공공부문을 총괄하는 중앙 협의와 중앙행정기관·지방자치단체·공공기관·지방공기업·교육기관 등 유형별 노정협의를 동시에 추진하자는 취지에서이다.

이에 앞서, 공공운수노조는 '공공부문 노조의 대표 조직'을 표방하는 조직으로서 공공부문 정규직화 추진 정책의 문제점을 사회적으로 공론화하는 투쟁을 2018년부터 선도적으로 전개했다. 2018년 3월 3일 '제대로 된 정규직화'를 위한 공공운수노조의 결의대회, 5월 12일 문재인대통령의 인천공항 방문을 통해 구체화된 '공공부문 비정규직 제로(0)화 1년'을 맞이 1개월간의 농성 투쟁('응답하라 청와대 촛불문화제') 등을 치루면서, 각 공공기관(인천공항·철도·가스·국립대병원 등)의 투쟁을 계속 전개하고 있었다. 이미 도로공사 톨게이트 비정규직 노동자들에 대해 집단 계약 해지조치가 취해지면서 민주일반연맹에서도 고속도로 캐노피 농성 노동자들과 별도로 청와대 앞에서 연대 농성을 계속하고 있었다. 특히 공공운수노조·보건의료노조·민주일반연맹은 국립대병원의 직접고용 정규직화를 위해 이미 1차로 5월 21일, 2차로 6월 26일 연대파업을 전개하면서, 민주노총 7월 총파업 투쟁의 징검다리 역할을 하고 있었다.

각급 단위의 투쟁 흐름과 공동파업의 결의를 모아, 7월 3일 학교비정규직 9만명, 중앙행정기관·공공기관 비정규직 1만여명을 중심으로 공공부문 비정규직 공동 총파업에 돌입했다.

전국의 6천여개 초·중·고의 업무가 중단된 가운데 학교비정규직(교육공무직본부·학교비정규직노조)은 3일간 연대파업을 전개했다. 파업 기간에 맞춰 학교비정규직 조합원을 일부 포괄하고 있는 전국여성노조도 7월 4~5일 총궐기대회를 진행했다.

10만 비정규직 조합원들이 참여한 2019년 7월 공동파업은 비록 참여 조직이 3개 산별조직으로 국한되었고, 학교비정규직이 중심에 자리한 파업투쟁의 한계에도 불구하고, 민주노총의 공공부문 비정규직들이 전 영역(중앙행정·지자체·공공기관·교육기관)에 걸쳐 공동파업을 성사시켰다는데서 큰 의미를 부여할 수 있었다. 또한 그동안 연대가 소홀했던 공공부문 정규직 노조와의 연대가 확장되는 계기를 만들었고, 파업 이후 계속된 고속도로 톨게이트 노동자들의 투쟁에 민주노총 전체가 지원·엄호하는 흐름을 형성하기도 했다. 민주노총은 2019년 공동파업의 흐름을 지속하기 위해 2020년 이후에도 〈공공부문 비정규직 파업위원회〉(공파위)를 계속 운영하기로 했다.

2019년 7월 총파업은 민주노총 중심으로 전체 공공부문 비정규직 조직들이 총단결하는 투쟁의 흐름을 형성하는 계기가 되었을 뿐 아니라, 2019년 계속 전개된 △학교 비정규직노조의 연대파업 △국립대병원 정규직화를 위한 연대파업 △궤도(철도·지하철) 노동자 연대파업 △공공기관 간접고용 노동자(도로공사·가스공사 등)들의 직접 고용 투쟁을 매개하는 교두보 역할을 했다.

- **교섭구조에 못 미친 정책협의 수준의 '공무직위원회' 대응**

7월 공동파업에 따른 성과로 공공부문 공무직의 고용 및 처우개선 협의를 위한 〈공공부문 공무직위원회〉 설치를 놓고 민주노총과 고용노동부간 협의가 10월부터 시작되었다. 이에 따라, 11월 11일 '공공부문 공무직위원회 설치 및 운영에 관한 규정'(국무총리 훈령)이 행정 예고되었고, 2020년 3월 27일 3년 운영 시한을 담은 총리령(훈령)이 공포되었다.

제1차 공무직위원회는 2020년 4월 28일 개최되었다. 고용노동부장관이 의장으로, 기획재정부·교육부·행정안전부·인사혁신처·국무조정실 등 등 공무직 관련 관계부처가 위원으로 참여하는 범정부 정책 심의기구였다. "정부, 노동계, 전문가 간 소통과 협의를 통해 공공부문 공무직 인사·노무관리 및 처우에 대한 합리적 기준을 정립하기 위해 설치"된 것이다.

다만, 공무직위원회는 처음부터 △공무직위원회의 목적과 방향 △정부와의 교섭구조의 확보 △분야별 협의기구 설치 △논의 의제(정부의 비정규직 대책 전반 포함 여부) △대상 노동자 범위(특히, 파견용역 및 민간위탁 등의 간접고용 포함 여부) 등에 대한 쟁점을 안고 출발했다. 또한 공무직위원회에 노조 대표 참여가 보장되지 않은 단순한 정부위원회 형태로 출발했고,[47] 공공부문 예산·인력 운영 등을 책임지는 부처가 아닌 고용노동부가 주관했다. 물론, 정부의 공공부문 정규직화 대책이 갖는 한계 속에 최소한의 노정간 협의기구를 도출해야 하는 불가피한 상황도 있었지만, 이러한 부실한 출발은 이후 3년 내내 공무직위원회의 위상과 관련한 논란의 원인으로 작용했다.

공무직위원회는 1차 회의에서 '공무직위원회 운영계획(안)'이 확정됨에 따라 정부, 노동계, 전문가가 각각 6명씩 동수로 참여하는 협의체인 〈발전협의회〉를 통해 본격적인 실무 논의가 진행되기 시작했다. 발전협의회는 4대 부문별(중앙행정기관·지방자치단체·교육기관·공공기관 등)로 구성되어 5월 29일 첫 회의를 가진 이후, 2021년 6월 16일까지 16차례에 걸쳐 회의를 진행했다.

발전협의회는 공정하고 합리적인 공무직 보상 및 처우기준 정립, 투명하고 체계적인 공무직 인사관리 기준 정립 등의 2개 기본 의제 중심으로 1년여 동안 논의했다. 그러나 노조 요구를 대부분 거부하는 정부 측 태도로 인해 구체적 협의 과정에서는 여전히 난항이 계속되었다. 특히 2021년도 공무직 인건비 예산 편성과 관련한 공무직위원회 전문가의 일방적 건의 및 정부 결정에 따라 노동운동 진영(민주·한국노총)의 반발이 계속되는 가운데 발전협의회는 2020년 9월부터 4개월간 공전 상태에 이르렀다.

한편, 공무직 발전협의회가 파행으로 치닫는 동안 공무직위원회 및 발전협의회 1차 논의 결과에 따라 공무직 실태조사가 추진되었다. 정규직 전환 1,381개 기관을 대상으로 실시된 실태조사는 1,059개 기관이 응답(76.7% 응답률)하여, △임금수준 △임금체계 △수당제도 △복리후생 등을 중심으로 7개 영역에 걸쳐 조사가 진행되어, 2021년 1월 13일에 결과 보고서가 제출되었다. 때를 같이하며, 공무직위원회 기획단은 1월 13일 복리후생 3종 세트(명절상여금·식비·복지포인트) 이행실태 분석 결과를 제출했다.

노동운동 진영은 2020년 9월 공무직위원회 및 정부의 일방 결정에 따라 발전협의회 참여를 중단한 후 2021년 1월 임금 수당 및 격차 해소, 임금체계 등의 논의를 위한 〈임금의제협의회〉를 구성·운영키로 함에 발전협의회 참여를 재개했다. 공무직 실태조사를 토대로 공무직 임금 개선 논의를 위한 임금의제협의회가 2021년 4월 28일부터 7월 14일까지 8차례에 걸쳐 진행

---

47 당시 공무직위원회의 운영 모델과 관련하여 공무원노조가 참여하는 공무원보수위원회(2019년 구성)가 검토된 바 있었으나, 공무직위원회는 이를 외면하고 정부 관계자 및 민간 전문가 중심으로 구성했다. 당시 공무원보수위원회는 정부·노동·공익위원이 1/3(5명)씩 참여하는 최소한의 협의구조 틀을 지니고 있었다.

되었다.

8차 회의 결과 2022년 공무직 임금인상율 관련 건의서를 공무직위원회에 제출하는 것으로 결론이 모아졌고, 공무직위원회는 8월 전문가 중심으로 '공무직 임금 및 수당 기준 마련 계획'을 검토하여 고용노동부장관 및 기획재정부장관에 권고하는 것으로 일이 매듭지워졌다. 권고 내용은 △동일노동-동일임금원칙에 맞는 합리적인 공무직 기준 마련 및 재원 확보 노력 △합리적인 복리후생비 지급기준 마련을 위한 재원 확보 노력이었다.

이에 앞서 임금의제협의회에서 노정간 실무 협의(7.21)를 통해 양 노총은 △수당 차별 해소 △임금격차 해소를 위한 임금인상분 예산 편성 △인건비 제도개선 논의 진행 △불평등과 격차 해소 임금기준 마련 등을 구체적으로 요구했으나, 공무직위원회의 한계를 넘지 못했다. 정부측은 일관되게 공무직 임금 및 복리후생비 인상 논의에 앞서 임금체계 논의가 선행되어야 한다는 이유로 노동 진영의 요구를 거부했다. 한편, 이 과정에서 중앙행정기관 무기계약직 합리적인 임금 기준 및 복리후생비 기준 마련과 관련한 국가인권위원회의 개선 권고(3.2)가 있었으나, 정부(고용노동부·기획재정부)는 임금체계 개편 없는 수당 인상이 기관간 격차를 확대할 우려가 있다면서 이를 거절했다(7.14). 무기계약직 표준임금체계(2018.1) 및 직무급 임금체계를 중심으로 임금정책을 고수하는 문재인정부의 한계가 여기서도 적나라하게 드러난 것이다.

한편, 공무직위원회는 2021년 8월 18차 발전협의회 논의를 거쳐 2차 본회의를 개최하여 동일 기관내 불합리한 차별 해소(정규직-공무직간) 및 투명하고 공정한 인사관리를 통한 공공서비스 질 개선 취지 아래 '공무직 인사가이드라인'을 의결했다. 그러나 인사가이드라인이 행정기관·교육기관·공공기관에서 제대로 지켜지지 않고 있다는 불만들이 계속 제기되었고, 공공기관의 경우 차별·경쟁을 중심으로 설정된 각종 경영지침과 충돌할 가능성이 높았다.

공무직위원회는 2022년 9월까지 29차례의 발전협의회, 19차례의 임금의제협의회, 교육분야협의회(중앙행정·지자체·공공기관 분야 구성 지연) 회의 등을 거치며 2023년 3월 3년 운영시한을 눈앞에 두고 있다. 2022년 윤석열정부 출범 이후 한동안 운영이 중단되었던 공무직위원회는 7월 이후 운영을 재개하였으나 핵심적 의제(예, 공무직 법제화 등)에 대한 논의는 여전히 공전 중이다. 2019년 7월 공동파업 당시 민주노총이 요구한 대정부 교섭구조가 아닌 정책 협의 수준의 공무직위원회는 차별 구조에 갇힌 공무직(무기계약직)의 지위 및 처우 개선에는 많은 한계를 드러냈다. 결정적으로 두가지 문제가 있다고 볼 수 있다.

첫째, 공무직 본 위원회에 노조 대표가 참여하지 않는 실무형 협의구조가 갖는 한계이고, 둘째는 공공부문의 인력·재정을 총괄하는 주무부처(기획재정부·행정안전부) 중심의 위원회가 아닌 고용노동부 중심의 위원회가 갖는 한계일 것이다. 이는 결국 공무직위원회가 교섭구조를 지향하지 않고 정책협의 수준으로 운영하겠다는 정부의 의도가 반영된 것이다. 특히 공공부문 예산을 총괄하는 기획재정부는 단지 회의 참여 성원으로서 의견만 제출하고, 실질적 처우개선 등에 대한 책임이 부과되어 있지 않았다. 무엇보다 문재인정부 공공부문 비정규직 정책 실패의 가장 정점에 있는 책임 부처인데, 정작 책임있게 정책을 준비해야 할 의사결정기구에서 한발 뒤로 물러나 있는 셈이다. 사실상 공무원 노조가 직접 참여하여 임금 결정을 협의하는 공무원 보수위원회마저도 한계를 드러내고 있는 상황에서, 이보다 더 취약한 공무직위원회의 한계는 이미 예견된 일이었다.

비록 한계가 많은 공무직위원회이기는 하나, 정부와의 별도 교섭구조나 협의절차가 없는 공무직 입장에서는 공무직위원회가 상설적 협의기구로 자리잡으면서 2023년 3월 이후에도 지속되기를 희망하고 있는 듯하다(권오성, 2022). 실제 공공부문 중 정규직 전환 이후에도 처우개선이 이뤄지지 않은 영역(예, 공공기관 자회사 등)에서는 복지 3종 세트(명절상여금·식대·복지포인트)가 적용된 것은 공무직위원회의 활용 결과로 볼 수 있다. 그러나, 공공기관 인력 확충 및 정규직화를 철저히 무시하는 윤석열정부 하에서 이 공무직위원회는 2023년 3월 31일 결국 활동을 종료하고 말았다.

민주노총은 공무직위원회가 가동되는 기간 동안 공파위 운영을 통해 공무직위원회 대응 및 이후 공공부문 비정규직 투쟁 논의를 계속했다. 2020년 2월 공파위 집행위원회가 총연맹 및 3개 가맹조직(공공운수·민주일반·서비스) 중심으로 2020년말까지 진행되었고, 2021년 2월에는 6개 가맹조직(공공운수·대학·민주일반·보건의료·서비스·정보경제) 집행책임자가 참여하는 공파위가 재구성되어 2021년부터 2022년까지 이어져오고 있다. 공공부문 비정규직 투쟁이 6개 가맹조직 곳곳에서 전개되는 상황을 고려하여, 민주노총이 정규직화 및 고용-임금 차별 개선 투쟁을 주도하기 위해 파업위원회를 상시적으로 작동하고 있는 것이다.

다만 2019년 공동파업의 성과로 구성·운영중인 공무직위원회와 관련한 민주노총의 한계는 짚지 않을 수 없다. 앞서 언급한 바와 같이 공무직위원회 및 산하 발전협의회·임금의제협의회·분야별협의회는 적지 않은 한계를 지니고 있다. 이러한 한계는 1차로 문재인정부의 공공부문 비정규직 정책의 근본적 한계('희망고문')를 반영하는 것이지만, 2차적으로는 이 한계를 분명히 인식하면서 보다 더 실효성있는 교섭기구를 관철하지 못한 민주노총 운동 역량의 현주소를 반영하는 것이다. 2019년 하반기 공무직위원회 구성 논의 당시부터 공무직위원회 위상 강화와 각 조직의 비정규직 투쟁이 유기적으로 결합되지 못한 한계를 극복하지 못했다. 공무직위원회는 총연맹과 산별조직 중앙의 정책과제로 인식되고, 각 비정규노조들은 자신들의 의제를 관철하려는 투쟁들을 계속 전개하다 보니 결국 공무직위원회의 위상 강화와 공공부문 비정규직 투쟁들이 분리되는 흐름이 나타났다. 정부는 이러한 상황 속에서 끊임없이 공무직위원회의 위상을 약화시키면서 단순한 정책협의기구로 운영하려는 의도를 계속 드러냈다. 어렵게 확보한 공공부문 비정규직의 교섭·협의기구를 민주노총과 공공부문 산별조직들이 전략적 차원에서 강화할 수 있도록 역량을 집중하는 것이 현 단계에서 필요한 과제일 것이다.

4) 공무원노조 및 전교조의 법내 노조 전환
- 공직 사회 개혁의 주체로 다시 자리매김한 공무원노조

문재인정부 5년간 공공부문 노동운동에서 또하나의 성과와 변화를 일궈낸 조직이 공무원노조이다. 법외노조 복귀와 함께, 18년간의 숙원과제인 해직자 원직 복직까지 이뤄냈기 때문이다.

2017년 촛불항쟁으로 새정부가 출범함과 동시에 공무원노조는 법관 블랙리스트로 촉발된 사법적폐 청산투쟁을 적극적으로 전개했다. 전국 184개의 인권·시민·노동·사회단체와의 연대사업을 통해 6월부터 8월까지 매주 거리강연과 시민발언대를 개최하는 등 민주적 사법개혁의 당위성을 공유하고, 우호적 상황에 조응하여 노조의 모든 역량을 집중하여 과거 이명박·박근혜정부기 박탈한 공무원노조의 단결권 문제를 공론화했다. 아울러, 새 정부의 공공기관 성과연봉제 폐지(2017.6) 발표에 맞춰 공직 사회의 성과급(연봉제) 즉각 폐지를 요구했다.

이러한 투쟁에 힘입어, 2018년 3월 29일 다시 설립신고를 완료하여 10년 만에 공무원노조는 법내노조로 전환하기에 이르렀다. 설립신고 다음날 해직자 원직복직·노동3권 쟁취·정치기본권 쟁취 투쟁을 선포하고, 전 조직적인 공동행동(노숙·단식·삭발투쟁 포함)을 통해 당·정·노조간 협의체를 이끌어 냈으며, 해고자 복직 특별법 제정을 위한 다각도의 사업(국회의원 동의 서명 등)을 전개했다. 2008년 이후 중단되었던 대정부교섭을 재개하여 정부와의 단체교섭 구조를 안정화시켰으며, 그동안 왜곡 운영되었던 〈공무원보수민관심위원회〉와는 별도로 노정 동수의 협의기구(공무원보수위원회)를 구성했다. 아울러, 성과급(연봉제)에 대한 운영 개선책도 마련하여, 5급 이하의 연봉제 확산을 저지했다.

특히, 공무원노조 숙원사업으로 자리잡은 해직자 복직 투쟁은 이후 3년여간의 기나긴 노력 끝에 마침내 결실을 맺기에 이르렀다. 2018년 3월부터 8개월에 걸친 완강한 투쟁을 거쳐 11월 9일 전조합원 연가투쟁 및 노조 위원장(김주업)의 단식투쟁까지 이어지면서 당·정·청-노조간 협의기구를 만들었다. 이와는 별도로 해직자원직복직특별법에 대한 국회의원 동의 서명도

꾸준히 진행하여 2020년 6월 180명이 동의하여 20대 국회에서 발의되었고, 민주노총 등 지역 노동·시민사회단체와 함께 '원직복직 쟁취 전국대장정'을 전개한 끝에, 2020년 12월 9일 '해직자복직특별법'이 국회를 통과하여 마침내 2021년 4월 13일 시행되기에 이르렀다. 이에 따라, 2019년 6월까지 길게는 18년간 해직 생활을 지속했던 해직자들이 대부분 복직하게 되었다. 노조는 복직추진단을 구성하고 시행령 제정과 관련한 후속조치로 복직심의기구, 복직 시기, 세금 문제, 희생자구제 등에 대해 대정부 협의 및 당사자간 협의를 진행하여 현장 복귀에 따른 불이익을 최소화하는데 노력했다. 다만, 2명이 결격사유에 묶여 복직하지 못했고, 48명은 입법 논의기간 중 정년에 도달하에 이들을 구제하지 못하는 등 과제를 남기게 되었다.

법내노조 전환과 함께, 공무원노조는 〈공무원보수위원회〉 구성 및 대정부 교섭도 2019년부터 본격적으로 전개하였다. 2019년 1월 대정부 교섭을 거쳐 노조·정부·공익위원이 1/3씩 참여하는 공무원보수위원회(15인)를 3월 5일 구성하게 되었다(인사혁신처 훈령 제79호). 공무원보수위원회는 이후 5개월간의 논의 끝에 2020년도 공무원 임금 인상안(2.8~3.3%)을 결정하기에 이르렀다. 공무원노조는 2019년 10월 대정부 교섭을 요구하여 11월4일 인사혁신처가 교섭 노동조합 및 교섭위원 선임 공고를 했다. 애당초 공무원노조 조직 6개가 논의에 참여했으나, 2020년 1월 4개 노조(공무원노조·공노총·통공노·교육청연맹)가 교섭에 참여하여 창구 단일화를 이뤘다. 공무원노조는 이와는 별도로 공무원 복무규정 개정 등의 논의를 위한 대정부(행정안전부) 정책협의회를 2022년 12월 현재까지 운영하고 있다.

공무원노조는 이밖에 공무원 정치기본권 실현을 위한 10만 입법 청원 성사를 위해 2019년 10월부터 전교조·공노총 등과 입법청원운동을 전개했다. 현재 우리나라는 정당법·정치자금법·국가공무원법·지방공무원법 등에 공무원의 정치활동을 금지하는 내용들이 규정되어 있다. 11월에 10만 입법 청원이 성사되어 국회에 이를 제출하기에 이르렀다. 다만, 이후 입법 논의는 계속 지체되고 있다.

한편, 2020년 6월부터 소방·경찰공무원도 직장협의회 설립이 가능함에 따라, 공무원노조(위원장 전호일)는 조직 확대의 전망 하에 소방·경찰 직장협의회 건설 관련 주체 형성을 위한 지원 사업을 전개했다. 이같은 노력에 힘입어 2020년 6월부터 노조 설립이 허용된 소방공무원 조직사업을 통해 12개 지부의 1만 3천명에 달하는 소방본부를 건설하기에 이르렀다. 소방본부는 이후 2021년 말까지 5개 지역지부 등을 신규로 조직하여 2만여 명으로 조직이 확대되었다. 공무원노조는 2021년 12월 기준으로 조합원이 15만명을 넘어서는 안정된 조직으로 자리잡고 있다.

공무원노조는 2021년 10월 사상 처음으로 민주노총 총파업에 조직적으로 참여하였다. 그동안 공무원노조는 2002년 결성 이후 수많은 투쟁을 전개했으나, 대부분 공무원 단결권 등의 노동기본권 확보, 연금 개혁 등 자신들의 의제에 집중한 측면이 있었다. 그런데, 2021년 10월 20일 공무원노조는 비록 단체행동권이 제한된 상황에서도 '1020 12시 멈춤! 투쟁'을 통해 공무원 노동자의 현안 문제(정치기본권 등)를 사회적으로 제기하고 여론화하는 투쟁을 전개했다, '1020 12시 멈춤! 투쟁'에는 147개 지부(64.5%)가 참여했다.

- 참교육의 역사와 희망을 공고히 재구축하는 전교조

우리 공공부문 노동운동 역사에서 가장 지난하고 처절하게 투쟁해온 전교조의 참교육 실현 열망이 또다시 구체화되기에 이른다. 2013년 9월 박근혜정부에게 '노조 아님' 통보를 받았던 전교조는 문재인정부 출범 직후부터 법외노조 철회를 위한 투쟁을 전개한다. 전교조·공무원노조의 법외 노조 철회는 문재인정부가 대선 시기 약속을 한 바 있고, 정부 출범 직후 정책실장(장하성) 및 고용노동부장관(김영주) 등이 이에 대한 해결방안을 언급하기도 했다. 전교조(위원장 조창익) 는 박근혜 탄핵 결정(2017년 3월) 직후부터 법외노조 철회-노동기본권쟁취 전교조 집중행동과 함께 교육혁명 실현을 위한 교육주체결의대회를 전개했고, 9월에는 법외노조 즉각 철회와 ILO협약 즉각 비준을 요구하는 48시간(9.4~9.6) 집중 투쟁을 전개했다. 10월부터 법외노조 철회 및 성과급·교원평가 폐지를 위한 총력투쟁을 전개하여 △위원장·지부장·해고자 단식농성 △전국 지부별 교사결의대회 △조합원 총투표 진행 △조합원 연가(조퇴) 투쟁이 12월까지 계속되었다.

전교조의 법외노조 철회 투쟁은 2018년도에도 계속되어, △전국교사대회(6월) △법외노조 취소 농성투쟁(8~12월) △해고자 무기한 단식농성(8~9월) △전교조 총력결의대회(10월) 등이 이어졌고, 2019년도에도 △법외노조 취소 희망 버스(4월) △전국교사대회(5~6월) 등이 계속되었다. 전교조의 성과급·교원평가 폐지 투쟁도 이 시기에 병행하여 진행되었다. 전교조는 2017년 10월 전국 17개 시도 유·초·중·고등학교의 교사(16,229명 참여)에 대한 교원평가 의견조사를 진행한 결과, 90.4%가 교원평가 폐지에 답했다고 밝혔다. '2018년 교육부 업무계획'에 교원평가·성과급 폐지 관련 내용이 누락되고 일부 변형된 내용(성과급 차등 70—50% 완화)이 포함되자, 전교조는 이에 대한 항의 표시로 성과급 균등분배투쟁을 선언했고(2018.1), 4월부터 6월초까지 전교조 조합원의 2배 가까운 95,575명의 교사들이 참여했고, 교육부에 교원성과급 폐지 서명에도 104,370명의 교사가 참여했다. 이후 전교조 위원장과 교육부 장관 면담(10월)을 통해 교원평가, 성과급 관련 개선 논의를 위한 실무협의를 갖도록 했고, 이를 계기로 각 지부별로 교육청

상대로 한 교섭·정책협의가 경기도를 포함하여 9개 광역단위에서 실시되기에 이르렀다.

　전교조(위원장 권정오)는 창립 30주년, 합법화 20주년을 맞는 2019년 법외노조 취소를 통한 전교조 합법성 쟁취 및 교육 적폐 청산을 위한 총력 투쟁을 전개하기로 대의원대회(2월)에서 결의했다. 이에 따라 △1만 학교, 10만 릴레이 청와대 민원접수 투쟁(4월) △1박2일 노숙 투쟁 및 중앙집행위원 광화문 농성(5월) △창립 30주년 기념 교사대회(5월) △문재인정부 규탄 교사대회(6월) 등의 총력투쟁이 이어졌다. 이에 정부는 핵심협약 비준(안)을 국회에 제출하겠다고 발표했고, 2019년 9월 국무회의에서 △강제노동 협약(29호) △결사의 자유 및 단결권 보호 협약(ILO협약 87호) △단결권 및 단체교섭 협약(98호) 등의 비준(안)이 의결되었다. 결사의 자유 협약(87·98호) 내용에 전교조 관련 내용이 포함되었다.

　전교조는 10월, 11월에 잇따라 전국교사대회를 개최하였고, 17개 더불어민주당 시·도당사 농성투쟁을 전개하며 문재인정부를 압박했다. 아울러 3년째 전교조 법외노조 취소 소송을 진행 중인 대법원에 대해 사법 정의에 입각한 재판 진행을 촉구했다. 전교조 법외노조 사건이 과거 대법원의 사법 농단 사례 중 하나임을 밝히며 전교조와 민주사회를위한변호사모임(민변)이 대법원을 압박하는 가운데, 대법원은 12월 9일 전교조 법외노조 취소 소송을 전원합의체로 회부하고 2020년 5월 20일을 공개 변론 기일로 확정하기에 이르렀다.

　2020년 5월 20일 공개 변론을 거쳐 마침내 대법원은 9월 3일 전원합의체 판결로 전교조에 대한 정부의 법외노조 통보가 잘못되었다는 전제하에 사건을 서울고법에 환송한다고 최종 판결했다.[48] 판결 다음날 고용노동부는 노조 아님 통보를 취소하는 공문을 시행했고, 교육부 역시 노조 전임자 복직과 후속 조치 이행 관련 공문을 시행(9.11)하였다. 이에 따라 전북을 시작으로 전국적으로 노조 전임자 복직 조치가 취해졌고, 전교조 위원장-교육부장관 간담회(9.16)에서 전교조 법외노조 조치에 대한 교육부 장관의 유감 표명과 함께, 법외노조 통보 취소에 따른 후속조치 합의가 이루어졌으며, 10월 29일에는 7년만에 단체교섭이 재개되었다. 전교조는 교섭 과정에서 △34명 해직교사 원직복직과 원상회복 및 노조전임 직위해제·징계 취소 △전교

---

48 대법원은 전교조 법외노조 사건에 대해 3가지 쟁점을 검토한 후 판결(2016두32992, 2020.9.3.)했는데, 대법원의 판례가 이후 사법적 판단의 근거가 된다는 점에서 간단히 요약하면 다음과 같다. 첫째, 고용노동부의 전교조에 대한 법외노조 통보가 법적 근거가 없이 이뤄졌기 때문에 무효이다. 둘째, 해고자의 노조 가입을 허용한 것이 법외노조 통보의 사유가 될 수 없다. 셋째, 해고자 9명의 노조 가입을 이유로 노조의 지위 자체를 박탈하는 것이 비례의 원칙에 부합하지 않는다.

조 사무실 지원금 회수로 인한 피해 회복 △법외노조 7년 기간에 발생한 피해회복 △해지된 단체협약의 효력 회복과 중단된 단체교섭의 재개 선언 △조합비의 급여에서 원천징수 재개 △각종 위원회에 전교조 위원 참여 재개 등을 요구했다.

7년간 전개된 전교조의 법외노조 취소 투쟁은 6만 조합원들이 정권의 탄압에도 굴하지 않고 민주노조운동 및 전교조의 자주성을 지켜냈다는데서, 또한 ILO 협약 비준을 선도하고 노동기본권을 확장시킨 선도적 투쟁을 실천했다는데서 역사적 의미를 남겼다.[49]

전교조의 법외노조 철회 투쟁과 함께, 해직 민주화 운동 교사에 들에 대한 명예 회복 사업도 별도로 전개되었다. '전국민주화교사운동관련교사명예회복추진연대'(이하 '추진연대')는 2019년 2월부터 해직교사의 해직 기간(1989년 이후)과 임용제외 교사의 임용제외 기간의 보상을 위해 공무원보수규정 개정을 추진해 왔고, 이를 포함하는 해직교사 원상회복을 위한 특별법 제정 추진 및 '민주화운동관련자명예회복및보상에관한법률'(이하 '민주화보상법') 개정 추진도 아울러 병행했다.

그 결과 2020년 9월 강득구의원을 대표로 '해직교원 및 임용제외교원의 지위 원상회복에 관한 특별법안'이 113명 의원 서명으로 발의되었다. 이 법안은 2021년 2월 국회 교육위원회에 안건 상정되고 법안심사소위에서 본격 논의될 예정이었으나 민주당 지도부의 의지부족 등으로 유예되기에 이르렀다. 대신 전교조는 2021년 2월 제2기 〈진실·화해를 위한 과거사정리위원회〉(이하 '과거사위원회')에 전교조 명의로 1989년 대량 해직 사태가 국가에 의한 중대한 인권침해로 결정되도록 진실규명 신청서를 제출하였다.

전교조는 법외노조 취소 및 교원평가·성과급 폐지 등의 당면 투쟁 기간에도 정치기본권 및 교원기본권 확보 투쟁을 계속했다. 2018년 2월 전국 14개 교육단체와 1,053명의 교사들이 '교사의 정치기본권을 제약하는 모든 법률은 위헌이다.'라고 주장하며 헌법재판소에 위헌소송을 제기했다. 때를 같이하여 국내외 성원 흐름도 계속되었다. ILO 전문가위원회는 2019년 2월

---

49 9명의 해고자를 안고 민주노조운동(총투표를 통한 시정명령 거부)을 끝까지 지켜낸 6만 조합원들의 투쟁은 전교조의 전 역사가 자주성을 지키기 위한 험난한 가시밭길이었다는 것을 재확인시켰다는데서 우선 큰 의미를 부여할 수 있다. 또한 1989년 전교조 투쟁이 교원·공무원의 단결된 권리를 얻기 위한 선도적 투쟁이라면, 2020년 전교조 법외노조 취소 투쟁 승리는 한국 사회에 남아있는 전근대적인 노동 억압의 사슬을 끊어내는 위대한 투쟁으로 볼 수 있다. 7년 법외노조 취소 투쟁을 통해 ILO 협약 비준을 선도하고, △노조법 및 노조법 시행령 개정을 통한 노동기본권 확장(해고자 포함) △교원노조법·공무원노조법 개정을 통한 노동조합 가입 범위 확대(소방공무원 노조 가입 등) 등의 성과를 이뤄냈기 때문이다(필자 주).

"교실 밖에서 혹은 가르치는 일과 관계없이 이루어지는 정치적 활동들은 보장 받아야 한다"는 권고를 제출했고, 국가인권위원회는 2019년 4월 "공무원·교원의 전면적 정치적 자유 제한은 인권 침해"라는 판단 하에 공무원·교원의 시민으로서의 정치적 자유를 과도하게 제한하지 않도록 관련 소관 법률 조항 및 하위 법령을 개정할 것을 권고했다. 2020년 6월 이후 21대 국회에서는 교원노조법 개정 방안 논의가 국회 토론을 통해 제기되기에 이르렀다.

전교조의 법외노조 취소, 정치·기본권 투쟁이 계속되는 2019년 5월, 전교조는 창립 30주년을 맞이했다. 민족·민주·인간화 교육을 내세우며 우리 진보·노동운동역사에서 가장 처절하게 투쟁했던 전교조는 비합법 시절(1989~1999년), 법외노조 시절(2013~2019년)을 거치면서도 굳건하고 당당하게 참교육 깃발을 세워온 30년의 역사를 기념하며, 향후 전교조 운동의 방향을 새롭게 정립해 나가는 계기로 삼겠다는 결의를 다졌다. 전교조 결성 당시 1,500여 명의 해직교사뿐 아니라, 전교조 깃발을 세우는 과정에서 함께 했던 노동자, 학생, 시민들의 연대 정신을 확인하고 그 과정에서 고통을 당하거나 피해를 본 분들께 감사의 마음을 나누겠다는 취지이다.

전교조는 이같은 전교조 30주년의 역사적 의미를 되살리는 취지 하에 △대학입학제도 개편(3월) △아동.청소년 건강권(5월) △학령인구 감소(6월) △민족·민주·인간화 교육(7월) △'교육이 가능한 학교 만들기'(11~12월) 토론회를 연속으로 진행했다. 2022년 대선을 앞두고 전교조는 1만분회 1만의제 제안사업으로 △'학교를 학교답게' 교육이 가능한 학교 △'경쟁에서 협력으로' 입시경쟁교육 해소, '유치원부터 대학까지' 교육공공성 강화 △'교사를 교육의 주체로' 등의 사업을 추진했다. 교육 현장과 함께 실천하는 지속 가능한 참교육 사업의 기반을 마련하겠다는 취지이다.

다만, 이러한 30여년간 불굴의 투쟁이 계속됨에도 불구하고 최근 전교조의 활동기반은 계속 약화되고 있다. 전교조에 대한 수구세력의 끝없는 정치적 공격이 거듭되면서, 2017년 12월 5만1천명, 2019년 12월 4만7천명, 2022년 5월 4만4천여명 등으로 조합원들은 계속 감소 추세에 있다. 전교조 미가입 또는 탈퇴 교사를 중심으로 법외노조로서 정부에 저항하고 있는 전교조 활동을 빌미삼아 별도 조직 결성이 추진되어 교사노동조합연맹이 2017년 12월에 결성되었다. 2020년 12월 기준으로 3만여명으로 추산되고 있는데, 2021년 6월 당시 공공서비스노총 등과 함께 한국노총에 가입하기에 이르렀다.[50]

---

50   고용노동부 통계(전국 노동조합 조직현황)에 따르면 2021년 12월 현재 한국노총 교사노조가 전교조에 비해 근소한 우위를 보이고 있다.

현재 전교조 활동 중 또하나의 쟁점이 제기되고 있는데, 비정규직(특히, 기간제교사)과의 연대사업이다. 2007년 1만7천명 수준이었던 기간제 교사는 2016년 4만6천여명으로 급증해 왔는데, 선택형교육과정과 집중이수제 등의 교육과정을 도입한 후 필요한 교사를 정규 교원으로 배치하지 않고 기간제 교원으로 배치하였으며, 사립학교의 경우 휴직 대체 등 일시적인 사유를 넘어 상시 지속적인 일자리에 기간제 교원을 무분별하게 배치한 데 따른 정부의 무책임한 정책의 결과이다.

이러한 상황에 대응하기 위해 〈전국학교비정규직연대회의〉(교육공무직본부-학교비정규직노조-전국여성노조)와 전교조·민주노총은 2017년 8월 학교비정규직 노동자들의 고용보장-처우개선 방안과 올바른 교육정책 방향을 함께 논의하고 공동 입장을 표명했다. 학교내 비정규직의 양산으로 인한 공교육의 불안정성, 비정규직 고용의 남용과 불안한 교육현장을 만든 정부의 책임을 밝히기 위함이다. 다만, 전교조는 조직 내부의 충분한 의견 수렴 및 정책 대안 검토를 위해, 2017년 이후 공공부문 비정규직 정규직화 논의를 위한 교육 당국의 기간제교사 TF에는 참여하지 않고 있어서 논란의 여지를 남기고 있다. 대신 전교조는 교육부와의 협의체 구성(2017.12)을 통해 기간제 교사 문제의 해결을 위한 협의를 지속하고, 2018년 2월 이후 기간제교사특위, 비정규직없는학교만들기TF 구성 등을 통해 연대사업의 틀을 마련했다. 2018년 5월에는 기간제교사 권리실태 설문조사 결과 발표(5월)를 거쳐, 기간제교사 호봉승급 차별 해소 신청서를 국가인권위에 제출(9월)하기도 했다.

5) 공공부문노조 조직의 확대 및 조직 갈등
- 공공부문노조 조직 확대 및 민주노총 조직의 증가 추세 둔화

2021년 12월 현재 민주노총내 공공부문노조의 조합원 총수는 [표9-10]과 같이 565,027명으로 추정되고 있다. 공공운수노조가 205,778명(민간 부문 제외)으로 가장 많고, 주요 공공부문 조직(공공운수노조·공무원노조·전교조·민주일반연맹)에 443,362명의 조합원이 있다. 이 외에 9개 산별조직에 121,665명의 공공부문노조의 조합원이 있다. 공공부문 조합원 기준으로 공공운수노조는 민주노총 조합원의 36.4%를 차지하고 있다.

2021년 12월 기준으로(고용노동부 통계), 민주노총의 공공부문 관련 조직(보건의료노조·서비스연맹·언론노조·정보경제연맹·교수노조 등 포함)의 조합원은 모두 701,948명(사무금융연맹·대학노조 제외)으로 확인되고 있다(고용노동부, 2022). 2000년(258,304명)과 비교하여 20년만에 443,644명이 증가했고, 2016년(438,490명)과 비교하여 263,458명이 증가했다. 2016년에 공무원노조·

표9-10　민주노총 공공부문 관련 조직 현황(2021.12. 기준)　(단위: 명)

조직명	조합원수	주요 노조(본부·지부 등)
공공운수노조	205,778	공공기관(정규직·공무직·비정규직), 행정·교육기관(공무직·비정규직·민간위탁 등)
공무원노조	150,667	공무원(정규직 중심)
전교조	43,756	국공립·사립학교 교사(정규직 중심)
민주일반연맹	43,161	공공·행정기관 공무직·비정규직(민간위탁 포함)
보건의료노조	31,646	국공립병원 정규직·공무직·비정규직 등
서비스연맹	58,254	학교비정규직(공무직 등), 공공기관 정규·비정규, 민간위탁(택배·사회서비스 등)
언론노조	9,221	공영방송(정규직·비정규직), 언론 공공기관 정규직·비정규직
사무금융연맹	7,686	금융 공공기관 정규직·비정규직
정보경제연맹	6,356	공공기관 정규직·비정규직 등
대학노조	3,709	국공립 대학 정규직·비정규직 등
민주여성노조	1,742	철도·지하철 외주(간접고용) 노동자
교수노조	1,251	대학 교수(정규직 중심)
비정규교수노조	1,800	대학 교수(비정규직 중심)
계	565,027	

* 민간부문 제외 ** 공공부문 별도(민주노총 내부자료, 2022)
자료: 고용노동부(2022). 재구성

전교조는 법외 노조 상태에 있었기 때문에 조직 내부자료를 참고했다. 한국노총은 2000년 224,677명에 비해 2016년에는 222,601명으로 오히려 소폭 감소했다. 2021년 468,872명으로서 2016년 대비 246,271명이 증가했다.

　　문재인정부 기간에 양 노총 공공부문 조직의 조합원은 모두 괄목할 수준의 증가 추세를 보였다. 특히 비정규직 증가가 정도의 차이는 있지만 공무원노조·전교조를 제외하고 전 조직에서 이뤄졌다. 공공부문 비정규직 정규직화 논의 과정에서 비정규직 노동자들이 제대로 된 정규직화를 모색하고 자신들의 고용·처우개선을 주체적으로 해결하기 위한 노력들이 집중된 것이 그 1차적인 이유로 추정될 수 있다. 문재인정부의 노동정책 변화 및 촛불항쟁 이후 변화된 사회 분위기(노조할 권리 자각 등)도 반영된 결과라고 볼 수 있다(정경은·남우근·장귀연·곽이경, 2020).

　　그런데 [표9-11]의 조합원수 증가를 보면 2016년 이후 민주노총 조합원수 증가가 상대적으로 둔화되는 흐름을 보이고 있다. 한국노총 공공부문 조합원은 2000년부터 2016년까지 거의 증가하지 않았고 문재인정부 기간(2017~21년) 민주노총과 거의 비슷한 수준으로 증가한 것으로

표9-11 양 노총 주요 공공부문 관련 조직 증가 현황 (단위: 명)

구분		2000년	2005년	2010년	2016년	2021년	증가(*4)
민주노총	공공운수노조(*2)	99,173	111,476	144,734	156,217	236,218	80,001
	공무원노조(*1)	-	111,163(*3)	109,438(*3)	86,300(*3)	150,667	64,367
	전교조	81,800	90,983	65,861	52,634(*3)	43,756	-8,878
	보건의료노조	40,088	37,537	40,171	49,057	79,792	30,735
	서비스연맹(*1)	13,888	13,938	14,413	73,045	118,433	45,388
	민주일반연맹(*2)	732	617	2,396	4,808	43,161	38,353
	언론노조	21,557	19,379	18,338	11,900	16,426	4,526
	정보경제연맹(*2)	-	33,910	1,332	5,739	8,662	2,923
	민주여성노조	1,066	3,831	3,218	3,342	1,742	-1,600
	교수·비정규교수노조	-	-	2,006	1,714(*3)	3,051	1,377
	소계	258,304	422,834	401,907	438,490	701,948	263,458
한국노총	공공노련(*1)	23,664	16,853	32,679	41,257	91,074	49,817
	공공연맹(*1)	37,884	47,839	33,781	41,679	82,999	41,320
	금융노조	80,407	84,303	93,244	101,900	95,035	-6,865
	우정노조(*2)	23,323	24,806	25,132	27,989	29,677	1,688
	공무원노조(*1)	-	-	2,248	1,488	80,639	79,151
	교사노조(*1)	25,060	15,200	-	-	45,098	45,098
	철도노조	25,612	-	-	-	-	-
	공공사회산업노조(*2)	-	2,456	4,500	5,150	44,350	39,200
	지방공기업연맹(*1)	8,727	-	-	3,138	-	-3,138
	소계	224,677	191,457	191,584	222,601	468,872	246,271
계		482,981	614,291	593,491	661,091	1,170,820	509,729

* 1 관련 조직 포괄 * 2 명칭 변경 * 3 조직 내부 자료 * 4 증가(2016년 대비 2021년 기준)
자료: 고용노동부(2001, 2006, 2011, 2017, 2022), 재구성

나타났다. 민주노총은 2000년부터 2016년까지 법외노조(공무원노조·전교조)를 제외하고도 12만 여 명의 조합원이 증가(한국노총 정체)한 반면, 2017~21년의 증가 추세는 한국노총과 비슷한 상황이다.[51] 이는 결과적으로 지난 5년간 민주노총 소속 공공부문 산별조직의 조합원수가 한국노총 조직에 비해 증가 추세가 둔화된 것으로 볼 수 있다.

---

51 고용노동부 통계(전국 노동조합 조직현황)에 따르면, [표9-9]에서와 같이 2017~2021년 민주노총 전체 조합원수 증가 추세(588,551명)는 한국노총 전체 조합원수 증가 추세(370,822명)를 압도하고 있다. 이는 상대적으로 공공부문 조합원수 증가 추세가 상대적으로 둔화되고 있다는 점을 엿볼 수 있다.

- 공공운수노조 공공부문 조합원 증가 추세 둔화

앞서 [표9-10]에서와 같이 민주노총내 공공운수노조의 공공부문 조합원 비율은 36.4%를 차지하고 있다. 물론, 공무원노조의 비중이 적지 않은 상황에서 공공운수노조의 비중은 2000년(38.4%) 이후 2016년(35.6%)까지 비교할 경우에도 40%를 넘지 못했으니 크게 문제될 것은 아니다. 그런데 공무원노조·전교조를 제외하고 20여만명의 공공부문 비정규직 정규직화가 논의되는 상황에서 공공운수노조 조합원 증가가 정체되는 것은 간과하기 어려운 문제이다.

2016년 이후 2021년까지 공공운수노조 조합원은 8만명 증가했는데, 공무원노조·전교조를 제외한 민주노총 내 다른 공공부문 조직(보건의료노조·서비스연맹·민주일반연맹)의 증가 추세(114천여명 증가)에 비교했을 때 적지 않은 차이를 보이고 있다. 한국노총의 공공부문 조직(공공노련·공공연맹·공공사회산업노조)의 13만여명 증가에는 현저하게 못 미친다.

한편 공공부문 노동운동에서 가장 주도적인 역할을 했던 공공기관노조에서도 이러한 둔화 현상이 확인되고 있다. 지난 5년간의 중앙 공공기관노조의 조합원 현황을 보면 [표9-12]에서와 같이 공공운수노조 조직의 증가 추세가 둔화된 모습을 엿볼 수 있다. 지난 5년간 공공운수노조의 공공기관노조의 조합원은 26,271명이 증가하여 37.3%의 증가 추세를 보이고 있는데, 이는 전체 공공기관노조 조합원 증가 추세(43.6%)에 못 미치고 있을 뿐 아니라 민주노총 소속 조합원 증가 추세(48.8%)에도 못 미치고 있다. 공공기관 민주노조운동을 주도해 온 조직으로서

표9-12 중앙 공공기관 조합원 증가 현황(2016년 → 2021년)   (단위: 명. %)

총연맹	산별조직	2016.12.	2021.12.	증가	증가율
민주노총	공공운수노조	70,521	96,792	26,271	37.3
	보건의료노조	16,242	25,983	9,741	60.0
	정보경제연맹	3,003	6,131	3,128	104.2
	기타(*)	986	5,605	4,619	468.5
	소계	90,722	134,511	43,789	48.3
한국노총	공공노련	43,269	76,578	33,309	77.0
	공공연맹	24,591	27,706	3,115	12.7
	금융노조	17,492	19,676	2,184	12.5
	기타(**)	8,088	6,217	-1,871	-23.1
	소계	92,990	130,177	37,187	40.0
상급조직 없음		25,326	35,493	10,167	40.1
계		209,038	300,181	91,143	43.6

* 기타: 서비스연맹·사무금융연맹·언론노조·민주일반연맹·대학노조 ** 기타: 공공사회산업노조·자동차노련·연합노련·광산노조·의료산업노련
자료: 공공기관 경영정보공개시스템(알리오, 2017, 2022), 재구성

조직 증가 둔화 추세에 대한 원인 진단이 필요할 듯하다.

　지난 30여년간 △공공기관 정규직 △전 공공부문(행정기관·교육기관·공공기관)의 비정규직 및 공무직 △운수·사회서비스·문화예술·항공 등의 공공서비스 노동자를 중심으로 공공부문 민주노조운동에서 중심 역할을 해온 공공운수노조(공공연맹 포함)의 이같은 둔화 현상은 공공부문 대표조직으로서의 위상을 제대로 갖지 못하는 현실을 반영한다. 게다가 민주노총 내 공공부문 조직들과의 경쟁·갈등의 중심에 마치 공공운수노조가 자리하고 있는 것으로 인식되고 있다.

・ 민주노총내 공공부문 조직 경쟁

　문재인정부 기간(2017~2021년) 민주노총 공공부문 조직 증가 추세가 둔화되고 공공운수노조의 증가 추세 또한 둔화되고 있는 상황에서 민주노총내 공공부문노조의 조직화를 둘러싼 경쟁 및 갈등 문제가 계속 나타나고 있다. 공공운수노조(이전 공공연맹 포함) 역시 과거에 KT노조(IT연맹)·민주연합노조(민주일반연맹)·에너지노조(정보경제연맹) 등 주요 조직이 이탈한 경험을 지니고 있고, 이중 일부는 총연맹 책임 논란(예, IT연맹)도 있기 때문에 민주노총 내 조직 갈등의 책임이 공공운수노조에게만 귀속되는 것은 적절치 않다. 그러나 의료연대본부·강원랜드노조 등의 가맹으로 인해 민주노총의 조직질서를 혼란케 한 책임이 계속 제기되는 가운데 공공운수노조는 '공공부문 대표 조직'으로서 지위를 점하지 못한 상태에서, 공공부문(비정규직)·사회서비스·운수 등 각 부문에서 민주노총 내 산별조직들과 경쟁·갈등구조에 직면하고 있다. 그리고, 이러한 경쟁·갈등구조 속에 민주노총내 소위 '정파'적 대결 구조도 자리잡고 있다.

　이미 2003년 민주노총 1기 전략조직화 사업 계획 추진 과정에서 지자체 비정규직 조직화와 관련하여 '사실상의 경쟁 시대'가 열려 있고, 학교비정규직노조의 전국 단일노조 건설 논의 실패(2011년)에 이어, 사회서비스원 복수노조와 택배부문의 조직 갈등(화물연대→택배노조) 문제 역시 아직 '휴화산'으로 남아 있다.[52] 사회서비스원의 경우 3천여명에 불과한 조직 대상을 두고

52　2018년 한해 계속 문제가 되어 민주노총 중집위마저 파행 운영 원인으로 자리잡았던 화물연대본부-택배노조간 갈등은 2022년 현재까지도 해결되지 않은 채 수면 이하에 잠복해 있다. 화물연대본부에 소속되어 있던 CJ대한통운 택배 노동자들이 별도의 노조(2017.1. 전국택배연대노조)를 설립하는 과정에서 갈등이 시작되었는데, 이 대한통운이 과거 2009년 화물연대본부에게 적지않은 희생을 안겨준 박종태열사 투쟁 사업장이라는 역사성으로 인해 화물연대본부의 반발이 거셌다. 민주노총 주관 하에 2017년 5월까지 화물연대본부-택배연대노조간 조정 회의가 개최되었으나 원만한 해결책이 도출되지 못했고, 이후 2018년에 서비스연맹이 가맹 승인

민주노총내 5개 산별조직이 경쟁하고 있고, 일부 지역에서는 복수노조간 교섭을 둘러싸고 불협화음이 지속되고 있다.

이러한 조직 경쟁 구조는 공공부문 민주노조 운동의 중심에 자리잡아왔고 '공공부문 대표조직'인 공공운수노조가 통큰 대단결의 자세로 포괄하지 못한 책임도 있지만, 총연맹(민주노총)이 이러한 조정 역할을 거의 하지 않는 책임도 간과할 수 없다. 가장 대표적인 사례로 행정기관·교육기관 비정규직 정규직화 사업은 당사자 조직인 공무원노조·전교조는 불참하고 있고, 공공운수노조·서비스연맹·민주일반연맹이 경쟁 구조를 취하고 있다. 이러한 불참과 경쟁의 모순된 현실은 해당 산별조직이 자체적으로 해결하기 어려운 문제로 볼 수 있다.

유럽의 선진 각국들 역시 공공부문노조들이 다산업·다업종을 포괄하고 있는데다, 기능조정이 계속되고 있기 때문에 공공부문노조들의 조직 경계가 애매한 경우가 많다. 이런 상황들을 극복하기 위해 유럽 주요 국가들에게서 공공부문·공공서비부문노조들이 산업을 넘어 통합체계를 지향하는 경우가 나타나고 있다. 그리고 공공부문·공공서비부문노조들의 연대 및 조직통합과 관련하여 전국중앙조직(총연합단체)의 조정 역할이 어느정도 자리잡고 있다. 대통합 체계를 취하고 있는 조직(독일·영국·스웨덴 등)들 역시 관련 주체들의 통합 노력과 총연합단체의 조정 노력이 동시에 작용하고 있는 것으로 알려져 있다.

민주노총은 산별조직간 경쟁·갈등을 조정할 수 있는 위상이 매우 취약한 데다, 조직간 경쟁을 조정·통합할 수 있는 노력을 거의 기울이지 않고 있다. 산별노조운동 발전전략과 관련한 논의는 오랫동안 이뤄지지 않고, 조직 갈등 문제에 대해 사후 대책 정도 논의되고 있을 뿐이다. 물론 민주노총내 공공부문 노동자들이 각 영역에서 조직화를 위한 선도적 노력을 기울임으로써 긍정적 효과(plus sum)가 나타나는 영역이 있다. 노조간 조직화 경쟁에도 불구하고 공동교섭·공동투쟁의 틀이 확실하게 구축되어 있는 학교비정규직이 있고, 경쟁·갈등 구조 속에 비정규직 정규직화 투쟁을 모범적으로 전개하고 있는 국공립 병원이 있으며, 복잡한 고용구조 속에서 조직화의 성과가 나타나고 있는 우정(집배·택배) 영역도 있다. 그러나 일부 영역(예, 공공·행정기관의 간접고용, 사회서비스 등)에서는 조직화 성과보다 오히려 조직 갈등이 확대되는 경향(zero sum)도 분명 나타나고 있다.

앞서 언급한 바와 같이 민주노총내 공공부문 조직의 증가 추세가 한국노총에 비해 둔화되고 있는 현실은 이러한 경쟁·갈등구조가 제대로 조정되지 못한 것과도 무관치 않을 것이다. 한

을 결정하자 2018년 내내 갈등이 표출되었다.

국 사회의 불평등 구조를 전환·변혁시키는 운동을 태생적으로 주도하고 있고, 총연맹 위원장을 직선으로 선출하고 있는 민주노총에서 이러한 조직 경쟁·갈등이 조정되지 못한 현실은 간과할 수 없는 문제이다.

5. 문재인정부 역주행에 맞선 공공부문 비정규직 투쟁

1) 공공부문 비정규직 투쟁을 선도하는 학교 비정규직 노동자 투쟁
- 집단교섭의 기반을 구축한 2017∼2018년 투쟁

2012년 〈학교비정규직연대회의〉(학비연대회의)를 구성하며 공공부문 비정규직 투쟁을 주도해왔던 학교 비정규직 노동자들은 문재인정부가 들어선 이후에도 제대로 된 정규직화를 위한 투쟁을 선도적으로 추진했다. 학비연대회의는 교육부 및 각 교육청과의 교섭이 계속 공전되자, 2017년 5월 22일부터 6월 23일까지 쟁의행위 찬반투표를 진행한 결과 참가자의 89%가 쟁의에 찬성하였다고 발표했다. 2017년 진행된 임금교섭에서 모든 교육청은 기본급 3.5% 인상안 외에 노동조합의 요구를 한 가지도 수용하지 않고 있고, 정부의 '공공부문 비정규직 제로화 정책'에 발맞춰 공공부문 각 영역에서 비정규직 대책을 수립하는 상황에서도 공공부문 비정규직의 절반을 차지하고 있는 학교에 대해 교육부와 교육청은 아무런 논의를 진행하지 않고 있었다. 평생 차별의 굴레를 벗어날 수 없는 학교비정규직의 제대로 된 정규직 전환을 위한 로드맵을 문재인정부가 선도적으로 마련해야 한다는 강한 정치적 메시지가 담긴 쟁의행위 의결이었다.[53]

학교비정규직 노동자들은 6월 30일 민주노총의 비정규직 노동자대회에 맞춰, △근속수당 인상 등 2017년 임단협 승리 △학교비정규직의 정규직화 요구를 내걸고 연대파업에 돌입했다. 6월 30일 파업 집회에는 수많은 공공부문 비정규직 단위들이 연대했다. 학교비정규직노조는 6월 29일부터 2일간 파업을 진행했는데, 29일 지역별로 각 지역 교육청 앞에서 파업 집회를 진

---

[53] 6월 19일 학교비정규직노조(위원장 박금자)가 밝힌 바에 따르면, 공공부문 비정규직의 35%에 달하는 학교비정규직의 평균임금은 정규직의 60%, 방학중 비근무자는 월급여 150여만원으로 상시적 저임금 굴레를 벗어나지 못하고 있는데, 보건복지부가 고시한 4인가구 최저생계비가 268만원인 것을 감안해 볼 때 학교비정규직은 생계유지가 힘든 현실인 셈이다.

행한 후, 30일은 서울 광화문 광장에 전체 조합원이 집결하여 비정규직 완전 철폐를 요구했다. 한편, 이언주의원(국민의당)이 2017년 7월 9일 SBS와의 인터뷰에서 학교비정규직노동자들의 파업에 폭언과 비방을 가함으로써 큰 충격을 주었다.[54] 촛불항쟁 및 문재인정부 출범 이후 수구세력화 되어가는 국민의당 및 소속 의원들의 단면을 드러낸 것으로 볼 수 있다.

8월 18일 교육부 및 15개 시·도 교육감과의 역사적인 첫 집단교섭이 개시되었다. 그러나 근속수당 인상 및 정규직과의 차별 해소를 위한 교육부·교육감과의 교섭은 난항을 겪었고, 이에 따라 학교비정규직 노동자들의 투쟁이 시작되었다. 9월 18일 학비연대회의의 기자회견을 거쳐 9월 19일에는 학교비정규직노조 중집위 대표자들이 집단 삭발을 감행했고, 급기야 9월 27일에는 학비연대회의 소속 대표자들이 단식 농성에 돌입했다. 단식농성 11일차에 총파업 결의(10.25~26)가 이어졌고, 10.9~10일에 교육부 장관, 서울시장, 민주당 의원들, 교육감들이 방문하여 면담이 이뤄지면서 10월 20일 15일간의 단식 농성이 종료되었다.

이후 5일간의 집중교섭이 이뤄진 결과, 10월 27일에 근속수당 현실화 등을 주요 내용으로 하는 2017년 임금교섭이 잠정합의에 이르렀다. 학교비정규직 노동자들은 2017년 단식 농성 및 연대파업 등의 투쟁을 통해 그동안의 숙원 과제였던 근속수당 현실화와 함께, 교육부·교육청과의 집단교섭을 확보하는 적지 않은 성과를 거뒀다.

「공공부문 비정규직 정규직 전환 가이드라인」이 발표된 후 1년이 지난 2018년 7월 기준으로 학교비정규직의 정규직 전환 비율이 11%에 머무르면서, 문재인정부의 정규직화 정책에 대한 학교비정규직 노동자들의 불만은 확대되어갔다. 정부(고용노동부)는 이미 학교비정규직의 기간제 노동자 상당수가 이전 정부 시기 전환(무기계약직)되었기 때문에 정규직화의 실적이 낮다고 밝혔지만, 학교 현장에는 당시에도 엄청난 비정규직이 존재하고 있었다.[55] 정부는 이후에도 학교 비정규직의 추가 정규직화 논의는 소극적으로 일관한 채 오히려 정규직화 논의에서 기존

---

54 이언주의원은 "미친놈들이야 완전히..학교비정규직노동자들은 생산성이 높아지는 직종이 아니다. 5년 내지 10년짜리 계약직을 도입하는 것이 합리적이다. 단순 기술직·노무직이므로 직무급제를 도입해야 한다. 솔직히 조리사라는게 별게 아니다. 그 아줌마들 그냥 동네 아줌마들이다. 옛날 같으면 그냥 조금만 교육시켜서 시키면 되는 거다. 밥하는 아줌마가 왜 정규직화가 돼야 하는 거냐?"는 발언을 한 것으로 알려졌다(학교비정규직노조 성명, 2017.7.9.).

55 학교비정규직노조에 따르면, 학교의 비정규직은 2017년 7월 기준으로 기간제 교원(35,458명)을 포함해서 84,132명이 근무하고 있으나 이중 9,507명(11.3%)만이 1년간 정규직으로 전환되었다고 했다(2018.7).

비정규직들을 계약 해지하는 조치마저 취하면서 정규직전환 심의위원회가 마치 '해고심의위원회' 역할로 자리잡는 분위기이다.

학교 비정규직의 정규직화 지연, 최저임금 관련 법제도 개악으로 인한 임금 손실 등을 앞세워 학교 비정규직 노동자들은 6월 30일 △최저임금 개악법 폐기 △정규직임금 80% 이행 △비정규직 완전철폐 등의 요구를 내걸고 비정규직 노동자들과 연대하여 2018년 총력투쟁을 결의하기에 이르렀다.[56] 학교비정규직 노동자 총궐기대회에 이어 민주노총 주최 비정규직 철폐 전국노동자대회가 개최되었다.

2018년 임금교섭 역시 순조롭게 전개되지 못했다. 9월 17일 집단교섭은 개회했지만, 10월 21일 교섭이 결렬되었다. 교육감들의 책임있는 태도 부족으로 교섭이 결렬되자, 11월 10일 학교 비정규직 노동자들은 총궐기대회를 거쳐, 교섭 책임을 맡은 부산 교육감(김석준)과의 직접 교섭을 촉구하며 무기한 농성에 돌입했다. 11월 15일 중앙노동위원회(중노위) 조정 끝에 근속수당 인상 및 정기상여금 개선 등을 주요 내용으로 한 잠정 합의에 이르렀고, 11월 27일 집단교섭 형식으로 임금협약이 체결되었다.[57]

- '노동존중' 정부 시기 계속되는 학교 비정규직 노동자의 극한 투쟁(2019년~2021년)

민주노총 공공부문 비정규직 공동파업이 실행된 2019년의 경우 학교 비정규직 노동자들은 파업투쟁을 선도적으로 실천했을 뿐 아니라, 가장 완강하게 투쟁을 전개하여 교섭을 전개했다. 학교 비정규직 노동자들은 4월 13일 민주노총 총파업 선포 기자회견에 따라 5월 13일부터 6월 14일까지 파업 찬반투표를 거쳐 7월 공동파업을 이끌었다. 2019년 교섭은 3월부터 시작되었으나 2개월이 경과해도 제대로 된 교섭은 진행되지 않았다. 이에 학교비정규직노조는 6월 17

---

56 학교 비정규직은 정부 주장과 달리 연봉 2,500만원 이하(최저임금 산입개편 제외)임에도 불구하고 학교 비정규직노동자 약 17만명이 년 74만원(2019년) ~ 228만원(2024년)의 손해를 보고 있는 것으로 노조들은 주장(2018.7)하였다.

57 2017년에 이어 2018년에 체결된 노조(학비연대회의)와 17개 시·도교육청과의 임금협약 체결은 형식은 집단교섭이었으나 협약 체결을 실무자(교육청 총무과장 등)에 위임한 것이었다. 2018년 당시 소위 진보 교육감이 전체 2/3 이상을 점하고 있었지만, 여전히 협약의 최종 책임자(교육감)는 서명하지 않은 매우 불완전한 집단적 협약 체결이었다. 이러한 불완전한 교섭구조 문제는 2020년도에 노조가 개선을 요구했으나 또다시 벽에 부딪혔다. 우리나라 초기업 단위 교섭구조의 현실을 단적으로 보여주는 사례가 아닐 수 없다.

일 쟁의행위 찬반투표 직후 100인 집단 삭발을 통해 대통령의 정규직화 이행 약속을 촉구했다. 7월 3일 민주노총 공공부문 비정규직 공동파업에 참여한 학교 비정규직 노동자들은 7월 5일까지 파업을 진행하며, 7월 4일에는 학교비정규직노조(위원장 박금자)와 교육공무직본부(본부장 안명자)가 제대로 된 정규직화 및 노정(재정당국) 직접교섭을 요구하며 총파업 결의대회를 진행했다. 2019년 민주노총 공공부문 비정규직 공동파업을 가장 책임있게 진행한 학교 비정규직 노동자들이었다.

공동파업 이후 7월 9일 교육부·교육청과의 교섭이 재개되었으나 교육부의 교섭 기피로 교섭은 파행으로 끝났고, 8월 8일 열린 실무교섭에서는 2020년 기본급이 최저임금에도 미달하는 사측 안 제시로 역시 교섭은 공전되었다. 학비연대회의는 교섭 책임을 맡은 광주교육감(교육감협의회 의장)의 책임있는 교섭을 촉구하기 위해 8월 29일 면담을 추진했으나 계속 거부되자, 9월 16일 광주교육청 캐노피에서 고공 농성에 돌입했다. 이에 앞서, 9월 17일에는 교육공무직을 일반 교직원의 범주에 포함시키는 내용(노동조건 통일, 법적 신분 보장 등)을 담은 '초·중등교육법' 개정(안)이 진보정당 의원(김종훈·여영국) 주도로 발의되었다.

10월 1일 청와대 앞에서 공정임금제 쟁취를 위한 단식 농성이 시작되었고, 이와 함께 10월 17~18일의 2차 연대파업 계획이 발표되었다. 100인의 집단 삭발 및 단식 농성이 계속되는 가운데, 10월 15일 교육부장관(유은혜)이 범정부 차원의 공무직 관련 협의체 구성을 약속하며 공정임금제(임금체계 관련) 내용이 포함된 임금협약에 대한 잠정 합의가 이뤄졌고, 10월 21일 노조(학비연대회의)와 전국 시·도 교육청간의 임금협약이 체결되었다.

한편, 강사직(영화회화·스포츠·운동부지도자) 및 특수운영직(미화·시설관리 등) 노동자 처우 개선을 위한 보충협약 체결이 공전되자, 학교 비정규직 노동자들은 11월 27일 또다시 총력 결의대회를 개최한 끝에, 12월 3일 보충협약이 체결되기에 이르렀다.

코로나 위기가 학교 현장에 전면화한 2020년에는 7월 29일 집단교섭이 개시되었으나, 대표교섭단 구성 및 코로나 특별교섭 요구에서부터 노조는 사측과 부딪혔다. 실무교섭 수준을 격상시켜 대표 교섭단을 구성하자는 것, 코로나 원격 수업에도 계속 운영되며 그 중요성이 커진 초등돌봄노동자들의 단시간 노동을 폐지하자는 것이 노조 요구였다. 교섭단 구성은 노조법 체계에서 당연히 요구할 수 있는 권리이고, 코로나 특별교섭 요구 또한 결코 무리한 것이 아니었으나, 교육부·교육청측은 이를 거부했고 이로 인해 교섭은 2개월간 공전되었다. 학교 비정규직 노동자들은 8월 26일 경남교육청 앞에서 코로나 특별교섭 촉구 및 집단교섭구조 개선 요구를 앞세워 총력투쟁을 결의했다.

이 상황에서 학교비정규직노조 및 교육공무직본부 소속 초등돌봄교사들은 9월 8일 국회 앞에서 농성투쟁을 선포했고, 급기야 11월 6일에는 파업투쟁을 전개했다. 이들은 이에 앞서 6월 27일 여의도에서 전국돌봄노동자대회를 개최한 후 민주당 면접을 요구했으나 거절당하자, 9월부터 국회 앞에서 21일간 노숙 농성을 전개했고, 10월에는 집단 삭발까지 전개했다. 민주당은 파업 직전에서야 〈학교돌봄이해관계자협의체〉를 구성하겠다고 입장을 밝혔으나, 초등돌봄교사들의 파업을 막지는 못했다.

교육부·교육청과의 학비연대회의 교섭은 우여곡절 끝에 9월 28일 미흡한 수준에서 교섭 절차(교섭단 구성)에 대한 합의가 이뤄지고 10월 8일부터 본 교섭(임금교섭)이 속개되었지만, 여전히 교섭 진행은 난항을 거듭했다. 학비연대회의는 10월 24일 △학교 비정규직 법제화 △복지차별·시간제 폐지 △집단교섭 승리를 위한 총력 결의대회를 진행했고, 12월 24일에는 파업을 다시 선언하기에 이르렀다. 급기야 2021년 1월 12일 경남·세종교육감실 점거 농성에 돌입했고, 농성 4일차인 1월 15일에 기본급·명절상여금·복지비 등 일부 처우개선 내용을 중심으로 잠정 합의에 이르렀다.

2021년에는 민주노총 총파업 투쟁에 학교비정규직노조(위원장 박미향)가 앞장섰다. 8월 21일 집단교섭 개회 이후 9월 24일 교섭 결렬을 거쳐 10월 12일 압도적 찬성(83.7%)으로 파업을 결의했고, 10월 20일 민주노총 총파업투쟁에 선도적으로 참여했다. 민주노총 총파업투쟁에는 교육공무직본부 역시 참여함으로써 공공부문 정규직 투쟁을 선도적으로 이끌고 있는 학교 비정규직 노동자들의 책임있는 모습을 보여주었다.

10월 총파업 이후 학비연대회의의 교섭이 또다시 공전되자 11월 9일 전남교육청 앞에서 학교비정규직노조가 전남도 교육청에서 단식 농성에 돌입했고 교육공무직본부의 연대투쟁이 전개되는 가운데, 2022년 2월 14일에 노조(학비연대회의)와 교육청간 2021년 집단 임금협약이 체결되었다.

공공부문 비정규직 노동자들 중 최대 조직을 구성하고 있는 학교 비정규직 노동자들이 5년간 끊임없이 파업 투쟁, 총력 결의대회, 집단 삭발·단식 등의 극한 투쟁을 연례 행사처럼 전개한 것은, 우리나라 비정규직 노동자들이 처한 현실과 함께, 공공부문 비정규직 정규직화 및 노동존중을 국정방향으로 표방한 문재인정부의 한계를 단적으로 드러낸 사례라고 볼 수 있다. 이미 2020년부터 정부 차원에서 공무직위원회가 가동되고 있었으나, 가장 조직력이 강했다고 평가되는 학교 비정규직 노동자들조차 공무직 차별 극복은 너무나 높은 벽이었다.

제대로 된 초기업 단위 교섭구조를 마련하기 위해, 최소한의 차별 극복을 위한 소폭의 처우개선을 확보하기 위해 이렇듯 모든 수단을 동원한 극한적인 투쟁이 필요한 대한민국의 현실, 그것도 노동존중을 표방한 정부 하에서 진행되었다는 현실을 학교 비정규직 노동자들의 지난 5년간의 투쟁은 보여주고 있다. 한편 학교 비정규직 노동자들의 계속된 투쟁은 결과적으로 교육공무직 노사·노정관계에서 교섭구조 및 임금체계 결정을 노조가 주도해왔다는 역사적 사실을 반증함으로써, 공공부문 비정규직 노동운동의 전망을 실천적으로 보여주고 있다.

그러나 학교 비정규직 노동자들이 앞으로 극복해야 할 현실도 만만치 않다. 2020년까지 학교 현장에는 96,148명의 비정규직 노동자(이중 56,446명이 상시·지속 근무)가 있었으나, 이 중 12,654명(13.2%)에 대해서만 전환 결정이 이뤄진 것도, 이러한 현실과 무관치 않다. 학교비정규직 노동자들의 지난한 투쟁의 결과, 2000년대 9급 공무원의 절반 수준에 불과했던 임금도 2020년에 70% 수준으로 인상되었다. 그러나 호봉 승급분이 높은 비중을 차지하는 공무원 임금구조 및 하위직 근속승진제도로 인해, 근속년수가 높아질수록 임금 격차가 더 확대되는 것이 학교의 현실이다. 문재인정부는 이러한 현실 속에서도 직무급 체계를 앞세워 비정규직 단위 내 표준 임금체계만을 여전히 주장(공무직위원회)해 왔다. 물론 윤석열정부 등장 이후 이러한 논의조차 다시 벽에 부딪히고 있는 상황이다.

학교 비정규직 노동운동 현실 또한 진지한 점검이 필요한 상황이다. 공공부문 비정규직 조직 중 가장 많은 노동자들을 포괄하고 있고 10년의 연대투쟁으로 가장 강한 조직 기반을 보유하고 있지만, 학교 구성원간(특히, 정규직 교사 등) 견해 차이 및 갈등을 넘어, 학교 비정규직 노동자의 지위·처우개선 및 법제화 과정에서 제기된 경쟁-능력주의 여론은 교육당국이 노조 요구에 수동적이고 미온적 태도를 보이는 바탕으로 작용하고 있다. 따라서 학교 비정규직 노조들이 학교 운영 및 교육 개혁을 위한 거시적 운동 방향을 구체화하여 정규직 노동자(전교조 포함)들과의 연대를 이끌어낼수 있는 계기를 마련할 필요가 있다. 그리고 민주노총 내 양 조직(학교비정규직노조-교육공무직본부)간의 경쟁과 연대를 통해 지난 10여년간 이어진 활동 또한 언젠가는 변화될 필요가 있다.

2) '희망고문' 자회사에 맞선 공공기관 비정규직의 투쟁

2017년 7월 1단계 공공부문 비정규직의 정규직화 가이드라인 발표 당시 문재인정부의 공공기관 간접고용(파견·용역) 노동자에 대해 직접고용, 자회사, 사회적기업 등으로 전환할 수 있도록 함으로써, 공공기관 간접고용 노동자들의 자회사로의 전환이 확산되도록 유도했다. 이토록 자회사 전환을 광범위하게 인정하다 보니, 해당 업무가 해당 기관(모회사)의 핵심사업인 경우, 생명·안전 관련한 업무인 경우, 불법 파견 가능성이 있는 경우 모두 자회사로 전환하는 마치 '묻지마 자회사'가 공공기관 곳곳에서 확산된다. 결국 공공기관의 간접고용 노동자들은 '희망고문' 수준의 자회사에 반대하는 투쟁을 전개하게 된다.

- 공공부문 비정규직 제로(0)화 허상이 드러난 인천공항 노동자 투쟁

인천국제공항공사는 세계 최고의 서비스를 제공하는 공항사로 10여년 이상 선정되었고, 2019년 코로나 이전까지 당기순이익이 매년 1조원을 넘나드는 우수한 실적을 지닌 공기업이었다. 그런데 이러한 화려한 인천공항의 이면에 간접고용 비율이 80%를 넘는[58] 불안정한 고용구조를 지닌 그림자가 자리하고 있다는 것은 이미 앞서 언급한 바 있다. 이러한 불안정한 인천공항의 고용구조 문제가 우리 사회 전면에 등장한 것이 2017년 5월 12일이었다. 문재인대통령은 당선 3일째에 인천공항을 방문하여, 비정규직 노동자 50여명과 함께한 자리에서 인천공항공사 사장에게 "오늘 좋은 소식을 가져온 것으로 안다"고 언급했다. 인천공항공사 사장은 "그동안 인천공항을 세계 1위 공항으로 만드는데 노력해온 우리 공항 가족들이 협력사 소속으로 있다 보니 사기 저하되고 애로점이 많았다"며 "올해 안에 비정규직 노동자들 1만명을 정규직화 하겠다"고 발표했다. 이 자리에서 문재인 대통령은 '공공부문 비정규직 제로(0)화'를 실현시키는 국정과제 추진을 발표하면서, 인천공항을 넘어 공공부문 전체의 불안정 고용구조를 개선하겠다는 야심찬 선언을 했다.

대통령 방문 1주일 후인 5월 19일 인천공항공사는 협력사 직원 정규직화를 추진하는 〈좋은일자리창출 태스크포스(TF)〉(팀장 정일영 사장)을 구성하고, 인천공항공사 노조위원장과 만나 정규직화 관련 논의를 추진할 계획이라고 밝혔다. 그런데 당일 5월 19일 공공운수노조 인천공항지역지부(이하 '지부') 승강설비지회가 6월 1일부터 새롭게 업무를 시작하는 업체(태성에스컬레이터) 관계자 면담을 진행했는데, 그 자리에서 노조에 50%의 노동자를 해고한다는 통보를 했다. 인천공항공사 측은 협력업체의 태도에 대해 그다지 책임있는 조치를 취하지 않고 방관하는 듯한 태도로 일관하여, 정규직화 논의 이전부터 신뢰 문제가 대두되었다.

이러한 상황에서, 5월 26일 인천공항지역지부(이하 '지부', 지부장 박대성)의 지부장·지회장들이 인천공항공사 '좋은 일자리 창출' TF를 관장하는 경영진(사장, 본부장 등)를 만났다. 2008년

---

[58] 2017년 12월 기준으로 인천공항공사의 정규직은 1,263명이고, 간접고용(하청용역)은 9,219명으로서 간접고용 비율이 88%에 달하고 있다.

지부 설립 이후 공사가 직접적 노사관계 불성립을 이유로 대화 자체를 거부해온지 9년만의 일이었다. 이 자리에서 지회는 노사정협의체 구성, 협력업체 고용 안정, 셔틀버스 사고(5.20. 발생) 진상조사 등을 제안했다. 5월 30일에는 인천공항 정규직 전환 과정에서 각계각층 의견 수렴을 위해 구성한 자문단이 공사 사장 및 관계자를 만나 자문단 회의를 가졌다. 15명으로 구성된 자문단에는 공공부문노조(공공운수노조·공공노련) 관계자도 참여했다. 자문단은 자문단 논의가 요식행위에 그치지 않고 실질적인 논의와 자문을 할 수 있도록 회사 측의 협조과 함께, 문재인대통령 약속(제대로 된 정규직 전환) 이행을 위해 당사자인 노사간 협의틀 마련도 필요함을 밝혔다.

그러나 채 한달도 안되어 인천공항공사의 태도는 이같은 자문단의 요청과는 어긋나고 있었다. 6월 13일 공사는 이전 지부와의 면담(5.26)에서 요청받은 공동 연구를 무시하고, '좋은 일자리 창출 전략 및 실행방안 수립 용역' 입찰을 일방적으로 공고했다. 제대로 된 정규직 전환을 위해서는 당사자인 비정규직 대표의 참여가 보장된 노사간 대화가 필수적임에도, 당사자를 배제한 정규직화 논의가 시작된 것이다. 지부의 정규직화 사업을 지원해온 공공운수노조 역시 7월 10일 기자회견을 통해 인천공항공사 측의 일방 통행을 규탄하고 비정규직 당사자의 참여를 촉구했다. 지부는 연말까지의 정규직화 완료를 위해 '정규직 전환 방안 발표 및 빠른 논의'를 촉구했다. 자문단이 요청한 노사전문가위원회 구성 논의(7.27)를 위해 조합원의 절대 다수를 지닌 구조(지부 3,300명 ↔ 나머지 600명)에도 불구하고 5:5 구성에 협조했다. 공사측은 상급단체의 불참을 요구하며 일방적으로 노사전문가위원회를 진행하려 하다, 지부측의 항의에 따라 상급단체 위원까지 포함하여 8월 31일부터 정규직화 논의를 시작했다.

노사전문가 중심으로 직접고용 정규직화 논의가 진행되는 동안 정규직 조합원들의 반발이 나타나기 시작했다. 11월 10일 공사 정규직노조는 비정규직 노동자를 경쟁 채용이 아닌 정규직으로 고용 전환하는 방식이 인천공항에 취업하려고 준비하는 사람들을 역차별한다는 전제 아래, 인천공항공사로 직접 고용 시에는 취업 준비생과 함께 경쟁하는 방식으로 채용이 이뤄져야 한다며 직접고용 정규직화를 반대하고 나섰다. 물론 성명 내용에는 비정규직의 직접고용시 임금 인상으로 인한 인천공항공사의 수익성 저하 및 정규직의 복리후생 축소가 포함되어 있고, 단체교섭의 비정규직 주도 흐름 등에 대한 우려도 언급되었다.

이같은 상황에서 인천공항 정규직 전환을 위한 공청회가 11월 23일 진행됐다. 국민적 주목을 받는 상황에서 비정규직 및 정규직들이 다수 참여한 공청회는 800명의 직접고용을 제시한 한국능률협회(안)과 3천명~9천명의 직접고용을 제시한 한국노동사회연구소-고려대노동문제연구소(안)이 복수로 제시되었다. 이날 공청회에 참여한 토론자들은 정도의 차이는 있었으나,

인천공항 정규직 전환이 비정규직 제로 정책의 상징으로서 반드시 성공해야 하며, KMAC의 직접고용 범위와 기준이 최소 정규직화를 위한 작위적이고 편협한 안(생명안전업무의 직접고용 취지 왜곡)이라는 의견들이 다수였다.

그런데 이러한 토론이 진행되는 동안 일부 정규직들이 본인들의 의견과 다른 토론자, 발제자의 발언 시 고함과 야유가 쏟아져 공청회를 혼란스럽게 만들었다. 때를 같이하며, 인천공항 정규직들의 반발에 대해 일부 언론들은 공정 채용 논리로 이를 포장했다. 당시 서울교통공사 정규직화 과정에서 채용 비리 논란까지 근거없이 제기되는 바람에 공공부문 비정규직 논의가 마치 불공정한 정책인 것처럼 언론에서 공론화되기도 했다. 이후 2019년 6월 경에는 인천공항공사 정규직 중 한명이 언론에 채용 비리 문제를 언급하기도 했다.

이러한 상황들이 교차하는 가운데 12월 26일 노사전문가위원회 합의 형태로 인천공항 정규직화 논의가 1차 매듭지워졌다. 이날 합의 내용은 △소방대·보안검색·보안경비 등 상주직원색 2,940명 공사 직고용 및 공항 운영·시설관리 등의 2개 별도법인(자회사) 설립 △공사 직고용 노동자의 적격심사 및 경쟁채용(탈락시 자회사 채용), 자회사 고용 전환 채용 △별도회사(자회사)의 공사 전액 출자 설립 및 안정적 관리(공공기관 지정 등) △공사 직고용시 별도 직제 △용역업체의 일반관리비·이윤 등의 전환자 처우개선 활용 △용역회사와의 조속한 계약해제·해지 △인천공항 발전, 정규직 전환자의 근로조건 등을 논의하기 위한 공사·자회사의 노·사 포함한 (가칭) '인천국제공항 노사공동운영협의회' 구성 △합의 사항 이행을 위한 세부사항 노사전문가협의회 논의 등이었다. 이러한 노사전문가위원회 합의 내용은 2020년 3월 28일 인천공항공사 노·사간 교섭을 거쳐 재확인되었다.

인천공항은 대통령이 취임 후 방문했던 상징성으로 인해 정규직화 관련 합의 사항이 이후 공공기관의 간접고용 정규직화의 가이드라인으로 작용했다. △직접고용 정규직화 최소화 △직접고용시 경쟁 채용 방식 △전환시 처우개선 최소화 등의 문제가 다른 공공기관에서 계속 이어졌기 때문이다. 인천공항 비정규직 노동자들 입장에서는 이후 처우개선 논의를 신속하게 전개하기 위해 미흡한 수준에서 정규직화 논의를 완료하겠다는 판단이 있었지만, 문재인정부의 정규직화 정책이 왜곡되는 상황에서 더 나쁜 사례들이 계속 나타났다.

정규직 전환 합의 이전에 인천공항시설관리(주) 자회사가 설립(2017.9)되었고, 전환 합의 이후 인천공항운영서비스(주) 및 인천공항보안(주) 자회사가 2019년 1월, 2020년 3월에 각각 설립되어 인천공항공사는 과거 57개 용역업체에서 3개 자회사로 운영되는 체제로 전환했다. 그런데 자회사 분할 운영은 결국 노조(지부) 분할 체계를 지향하는 것으로서, 이는 결국 노조의 단결력을 약화시키기 위한 것으로 풀이될 수밖에 없다. 자회사 설립 및 고용구조 전환 논의 과정에서 정규직 전환 합의에 역행하는 인천공항공사 측의 태도도 계속되었다.

정규직화 논의와 관련하여 △자회사 분할 운영 △채용과정(기존 노동자가 탈락할 수 있는 채용절차) △(경력 산정)전환시 근속 반영 거부 △(처우개선) 이윤·관리비의 전액 사용 거부 등의 문제가 계속 되었고, 주52시간 노동시간 단축에 편승하여 노동강도 개악 등까지 계속되자, 지부는 6월 19일 전 조합원들 참여 하에 '제대로 된 정규직 전환 쟁취를 위한 결의대회'를 진행하기에 이르렀다. 지부의 강한 요구에도 불구하고 공사측의 합의 위반 움직임이 시정되지 않자 지부는 또다시 11월 21일 총력 결의대회를 진행했다. 2017년 8월 3,300명이었던 지부 조합원은 이제 4,500명으로 확대되어 있었다.

지부의 강한 항의 및 반발에도 불구하고, 12월 26일 공사측은 △자회사 확대(2개→3개) △경쟁채용 도입 △용역업체의 일반관리비·이윤 중 절감되는 비용 내 처우개선 등의 내용을 중심으로, 지부를 배제한 채, 최종적인 정규직화 추진 계획을 확정하기에 이르렀다. 지부는 즉각 항의하면서 12월 27일부터 천막 농성에 돌입했다. 2018년 한해에도 1조원 이상의 당기순이익을 기록한 인천공항공사는 9,000여명이 넘는 정규직 전환 사업을 위해 고작 69억원 정도 투입하는 수준의 처우개선으로 끝을 맺고자 했다.

2019년 5월 인천공항공사 사장이 교체되자 인천지역의 노동·시민사회단체는 공동으로 성명을 발표하고 공사측의 정규직화 방안 수정을 요구했다. 2019년에 3기 노사전문가협의회를 운영하면서 이러한 공사측의 정규직화에 대한 왜곡된 방침의 수정 필요성이 제기되었으나, 상황은 크게 변화하지 않았다. 2020년 7월 1일자로 자회사의 경우 정규직 전환이 완료되었으나, 직접고용 정규직화 논의는 경쟁채용 문제로 계속 노사간 갈등이 이어졌다. 애당초 2,940명이 직접고용 정규직화가 예정되어 있으나, 2021년 4월 현재 직접고용으로 전환된 정규직수는 240명에 불과했다.

이 과정에서 인천공항 정규직노조는 인천공항의 비정규직 노동자 직접고용 발표에 대해 2020년 6월 25일 기자회견을 통해 "대한민국의 평등·공정·정의 가치가 훼손됐다"며 극단적 대결 양상을 보였다.[59] "인천공항은 보안검색원은 자회사 정규직으로 전환한다는 노사간 합의

---

59 6월 25일 인천공항공사노조의 성명에는 한국도로공사노조·한국마사회노조·농수산유통공사노조 등의 정규직 노조와 함께, 더코가스(The KOGAS)노조·서울교통공사 불공정정규직화 반대모임 등의 MZ노조도 참여했다.

를 일방적으로 어겼다"고 비판했는데, 바로 240명의 정규직 전환을 말하는 것이었다. 애당초 직접고용 정규직 전환 계획의 1/10에도 못미치는 정규직 전환의 실적이 평등·공정·정의 가치 훼손의 문제로 제기되고 있는 것이다.

인천공항 정규직 노동자들의 반발은 IMF체제 이후 공공기관의 입직 경쟁이 갈수록 치열해지는 상황에서 어렵게 입사한 젊은 노동자들이 갖는 인식의 한계를 1차로 보여준다. 갈수록 경쟁-능력이 중시되는 사회경제구조 하에서, 노동자들의 단결을 통해 공공기관이 처한 구조적 한계를 돌파해야 하는 공공기관 노동조합의 과제를 제대로 인식하지 못한 결과로 풀이되기 때문이다. 그러나 더 큰 문제는 이들이 반발할 수 있는 여지를 처음부터 제공한 정부와 인천공항 공사측의 태도였다는 점이다.

인천공항 비정규직 노동자들의 현실은 2년이 지난 2022년 10월 28일 노조(인천공항지역지부)의 파업 출정식 자료에 명확하게 나타나 있다. 2022년 최저임금의 월 환산 임금은 1,914,440원이지만, 3개 자회사 노동자들의 기본급은 1,914,400원(인천국제공항보안)에서 1,950,000원(인천공항시설관리)에 불과했다. 인천공항이 설계한 용역계약 인건비를 88%만 지급하는 어처구니 없는 현실이 계속되면서, 고용구조만 자회사로 변경되었을 뿐, 과거 협력업체(용역회사) 수준의 처우 수준이 유지되고 있는 것이다.[60] 직접고용으로 어렵게 전환(무기계약직)된 240명의 임금도 2021년 기준(1.5년 근무)으로 총액 4천2백만원 수준이다.[61] 2020년 6월 당시 청와대 국민청원 20만명이 돌파한 가운데, 일부 취업 준비생들이 인천공항 정규직화에 대해 "알바하다 연봉 5000만원의 정규직 전환"이라는 주장을 했었는데, 결국 이는 '가짜뉴스'였던 셈이다.

대통령이 취임 직후 방문하여 '공공기관 비정규직 제로(0)화'를 선언했던 인천공항의 이같은 현실은 전체 공공부문 비정규직 정규직화 정책을 혼란과 '희망고문'으로 몰아가기에 충분했다. 이러한 현실은 노조(지부) 역량의 한계라기보다, 워낙 뿌리깊게 자리잡은 비정규직·간접고용의 차별 구조 및 이를 선도적으로 해결하지 못한 문재인정부 정규직화 정책의 한계가 결정적

---

60 2022년 10월 17일 인천국제공항공사 국정감사에서 심상정의원(정의당)이 인천공항공사 자회사의 신입 채용과 관련하여 453명의 모집광고에도 불구하고 실제 261명만 채용한 이유를 묻자, 공사 사장(김경욱)은 "자회사의 임금이 낮아 기피한다"며 저임금 현실을 인정했다. 인천공항공사 정규직화의 허구성을 단적으로 표현해주는 장면이 아닐 수 없다.

61 2021년 기준으로 인천공항공사 정규직 임금은 12년 근속 기준으로 8천6백여만원이고, 신입 직원 초임도 4천6백여만원에 달하고 있다(알리오 공시 내용).

이었다. 예를 들어, 처우개선만 하더라도, 2017년 인천공항의 당기순이익이 1조원이 넘었고,[62] 그 수익 상당 부분이 관리비용(인건비 등) 축소로부터 비롯되었다는 점을 고려해볼 때, 용역업체의 일반관리비·이윤 등의 전환자 처우개선 활용은 너무나 미흡한 것이 아닐 수 없었다. 문재인정부 시기 극복되지 못한 이러한 한계는 2022년 5월 윤석열정부 교체 이후 공공기관 전반에 걸친 구조조정까지 구체화됨으로써 갈수록 해결의 전망을 어둡게 하고 있다.

물론, 인천공항공사의 정규직화 논의가 문재인정부의 공공부문 정규직화의 신호탄이라는 점을 감안했을 때, 전 공공부문노조 조직, 그리고 민주노총이 총력을 다해 인천공항을 지원하지 못한 것 또한 분명한 한계로 남아있다. 이러한 한계는 2019년 도로공사 톨게이트노동자들의 투쟁에서와 같이 문재인정부 내내 민주노총 내 공공부문 노동운동에서 극복되지 못했다. 더 큰 문제는, 인천공항 비정규직 정규직화 논의 과정에서 제기된 공정성 논란, 그리고 이를 기반으로 한 공공기관 정규직노조 운동의 분열 및 운동 전망 혼란이다. 이미 서울교통공사·가스공사노조 등에서 이같은 노조 분열(소위 MZ노조 결성 등)과 함께, 인천공항·도로공사 등에서의 정규직-비정규직(특히,간접고용)노조간 대립·갈등 문제는 공공기관 노조운동의 전망을 혼란스럽게 하고 있다.

- ● 노동부 산하기관의 반노동 실체를 드러낸 잡월드 노동자 투쟁

2018년 하반기 공공운수노조 비정규직 투쟁은 경기지역지부 잡월드분회에서 절정을 이루었다. 비록 80여명에 불과한 소규모 노조이지만, 동원 가능한 모든 투쟁 수단을 통해 직접고용의 필요성을 사회적으로 공론화하고 결국 노사정 교섭의 공간까지 마련한 투쟁이었다. 자회사에 반대하는 275명의 전시체험강사직을 대변하여 노조(분회)는 '묻지마 자회사'로 일관하는 정부와 잡월드측에 맞서 2018년 하반기 가장 가열찬 투쟁을 전개하였다.

2018년 4월 초에 노조를 설립했던 잡월드분회(분회장 박영희)는 한국잡월드 노사전문가협의회가 자회사 전환을 전제로 정규직화 방침을 논의하자 7월 초 신인 이사장 면담을 통해 문제를 제기했고, 이사장이 자회사를 고수하자 7월 18일부터 규탄 농성(천막농성)에 돌입했다. 실제 고용노동부 산하기관인 한국잡월드는 독립적인 자회사 운영의 필요성이 없는 공공기관이기 때

---

62 2017년 인천공항공사의 매출액은 2조4991억원이고, 당기순이익은 1조1168억원(순이익률 44.7%)에 달하고 있음. 2017년 전체 공기업의 매출액이 169조9066억원이고, 당기순이익이 4조1954억원(순이익율 2.5%)인 것을 비교해보면, 인천공항공사의 당기순이익은 매우 높은 것으로 나타나 있다.

문에, 만약 자회사를 설립할 경우 이전과 같은 인력용역회사 성격으로 운영될 가능성이 높았다. 잡월드분회의 투쟁은 정부와 공공기관이 간접고용 정규직화 방안으 '묻지마 자회사'를 강요하는데 대한 문제의식에서 출발한 것으로, 인천공항에 이은 두 번째 투쟁 사례로 기록되고 있다.

8월 23일 잡월드분회는 서울랜드와의 교섭이 최종 결렬되자 쟁의행위 찬반투표를 실시했고, 10월초부터 순환 파업에 돌입했다. 10월 10일 분회장 삭발을 거쳐 1일 파업을 거친 후 전혀 사측의 태도 변화가 없자, 10월 19일에는 무기한 전면 파업에 돌입했다. 10월 24일 분회장 단식농성 돌입과 함께 전 조합원 청와대 노숙 농성이 시작되었고, 11월 20일에는 급기야 전 조합원 단식 농성에 돌입했다. 11월 30일 42명 전 조합원의 집단 단식 농성 10일이 경과한 상태에서 노사정 교섭 결과 정규직화 전환 등과 관련한 노사정 합의가 이뤄졌다. 당시 민주노총 요구에 따라 사회적 대화 체제 개편 논의를 진행하던 노사정위원회(위원장 문성현)의 중재 하에, 정부(고용노동부) 및 공공운수노조와 한국잡월드가 합의를 일궈낸 것이다. 신규로 설립되는 자회사에 조합원들을 전원 채용하는 대신, 2년내 직접고용 정규직화의 목표 아래 2020년 12월까지 노사정 상생발전협의회를 구성·운영하기로 합의를 이뤄낸 것이다. 잡월드분회의 합의는 잡월드 노동자들의 끈질긴 투쟁의 결과이기도 하지만, 공공운수노조와 민주노총이 지원한 결과이기도 하다.

한국잡월드는 노사정 합의 직후 한국잡월드피트너즈라는 자회사를 설립하였고, 한국잡월드와 함께 상생발전협의회를 구성하기로 했으나, 2020년 6월까지 상생발전협의회 참여 성원 문제로 계속 논란을 빚기만 했다. 이로 인해 잡월드 노동자들의 정규직화 논의는 계속 공전되어 갔다. 이같은 공전의 원인에는 2018년 잡월드분회의 투쟁 당시 직접고용 정규직화를 반대했던 원청 노조의 참여 문제와 관련한 논란, 이를 이용하여 자회사 노동자들의 고용·처우개선에 대한 어떠한 노력도 취하지 않은 한국잡월드 본사 및 자회사의 책임 회피, 그리고 이러한 상황을 계속 방치해온 정부 책임이 복합적으로 작용한 결과였다. 2018년 12월 노사정 합의 당시 "공공운수노조와 한국잡월드는 상기 사항의 원활한 추진을 위하여 정부가 적극 지원하도록 함께 요청한다"라는 내용이 포함되어 있었으나, 주무부처인 고용노동부는 이같은 상생발전협의회 공전에 대해 어떠한 책임있는 조치도 취하지 않았다.

2019년 3월 한국잡월드 자회사와 노조(분회)가 상생발전협의회 구성·운영을 알리자, 자회사의 제2노조가 문제를 제기했고 자회사측은 이를 핑계로 1년 가까이 협의회 구성을 지연시켰다. 2020년 2월 어렵사리 제2노조 동의 하에 협의회가 시작되는 듯 했으나, 갑자기 제3노조가 결성되어 또다시 협의회 구성에 문제를 제기하면서 또다시 자회사측은 노조간 위원 구성 문제를 이유로 협의회 구성을 지연시켰다. 2018년 11월 한국잡월드 자회사 노동자의 고용 개선에 대한 노조 측 합의 주체가 분명히 존재함에도, 한국잡월드 및 자회사는 합의 주체 및 내용을 무시한채 복수노조를 앞세워 협의회 구성을 계속 지연시킨 것이다.

이러한 협의회 구성 지연 과정에서 코로나 위기가 확산되자, 한국잡월드는 노조(분회)와 협의없이 일방적인 휴업 조치를 두차례(3.1~5.19, 5.28이후 무기한) 내렸고, 결국 2020년 12월 약속된 기한이 이르자 한국잡월드는 애당초의 노사정 합의 취지를 전혀 반영하지 못한채 상생발전협의회를 종료해버렸다. 자회사(한국잡월드파트너즈)는 노조(분회)에 대해 2021년 1월 9일 상생발전협의회를 일방적으로 종료한다고 통보했다. 노조(분회)의 강한 항의가 이어지자 고용노동부는 새로운 협의기구를 만들어 대화 창구를 유지하도록 협조하겠다는 방침을 전달했다. 이후 노조(분회)가 2021년 2일 공동 합의(안) 도출을 위한 원하청공동협의회 개최를 요구하는 공문을 한국잡월드(원청)에 보냈으나, 2021년 7월 한국잡월드는 노사 당사자가 아니라는 이유로 노조(분회)의 원하청공동협의회 구성에 대해 거부했다.

이러한 한국잡월드의 상생발전협의회 일방 종료 및 원하청공동협의회 구성 거부 등의 과정을 거치면서 이후 잡월드분회는 한국잡월드 측과 힘겨운 교섭을 진행했다. 2019년 자회사 설립 직후 복수노조(2노조, 3노조)가 구성된 상태에서 복수노조의 조합원 구성에 대한 논란으로 창구 단일화가 계속 지연되면서 2019년 한해 임금 및 단체교섭은 거의 진행되지 않았다. 2020년 6월 어렵사리 잡월드분회의 교섭권이 확보되어 어렵사리 노조활동 보장 및 휴가·복지 개선 등의 조치가 이뤄졌다. 복지 개선은 당시 공무직위원회에서 논의중인 복지 3종세트(식대·상여금·복지포인트)의 최저 수준이었다. 여전히 자회사 전환 이후에도 이전 용역회사 수준의 저임금이 지속되고 있고, 게다가 인사평가제 도입을 서두르면서도 필수 인력 충원은 외면하고 있다.

2018년 하반기 공공기관 간접고용 노동자의 자회사 전환을 앞서서 투쟁했던 잡월드분회의 지난 4년 역시 정규직화의 '희망고문'의 시간이었다. 정규직 전환과 관련한 상생발전 논의가 계속 공전되다 자회사측이 일방적으로 종료하고, 원·하청 공동노사협의회는 거부하면서 저임금 및 최소한의 복지 개선 정도에 머무르는 정규직화는 결국 문재인정부에서 확산된 자회사 중심의 정규직 전환 한계를 분명하게 보여주고 있다. 인천공항·도로공사·가스공사·건강보험공단 등에서 연속해서 나타난 흐름 역시 이와 크게 다르지 않다. 어쩌면 이런 결과를 예견하고 정부가 일관되게 자회사를 강요했다고 보는 것이 더 정확할 것이다.

- 도로공사 직고용을 위한 고속도로 톨게이트 노동자들의 극한 투쟁

문재인정부 공공부문 비정규직의 정규직화 투쟁의 가장 절정은 한국도로공사 톨게이트 노동자들의 직접고용 투쟁이었다. 다른 직접고용 투쟁과 달리, 한국도로공사의 톨게이트 노동자들의 투쟁은 이미 법원에서 톨게이트 노동자들에 대해 한국도로공사의 직접 고용관계가 인정된다는 판결이 내려진 상황에서 이뤄졌다. 그런데 법원 판결까지 난 사안에 대해 도로공사 톨게이트 노동자들의 투쟁이 2019년 하반기 우리 사회에 큰 파장을 일으킬만큼 치열하게 전개되었다는 것은, 문재인정부 하에서 매우 심각한 문제가 아닐 수 없다.

2019년 톨게이트 직접고용 투쟁을 주도한 민주연합노조 톨게이트지부(지부장 도명화)는 2015년 10월 서산, 매송 톨게이트 노동자 중심으로 결성되었다. 도명화 지부장은 그 이전 서산 톨게이트노조의 82일간 파업으로 인해 2015년 3월 해고된 상태였다. 이후 2019년 4월 기나긴 투쟁 끝에 복직을 하게 된다. 같은 민주일반연맹 소속이었던 공공연대노조에서도 2018년 5월 영업소지회가 설립되었다.

2017년 11월 정부의 공공부문 비정규직 정규직화 추진 방침에 따라 한국도로공사에서도 노사전문가협의회(협의회)가 구성되어, 2018년 9월까지 논의가 진행되고 있었다. 협의회가 진행된 동안 톨게이트 노동자들이 원청인 도로공사를 상대로 진행하던 근로자지위 확인 소송에서 고등법원에서도 승소 판결이 이미 내려졌고 대법원 판결이 임박했다. 이 상황에서 도로공사 직접 고용을 주장하던 전문가 및 톨게이트지부 소속 노동자위원들은 자회사 전환 논의 등이 포함된 협의회 논의가 더이상 불필요하다는 이유로 2018년 9월 5일 협의회에서 퇴장했다. 협의회 논의 과정에서 전문가들은 직접 고용, 자회사 전환, 분리 선택 등 3가지 복수안을 제시했으나, 도로공사는 무조건 자회사 전환 만을 내세우고 있었다.

이 협의회에서는 도로공사의 주장대로 다른 노동자 위원(도로공사 정규직, 한국노총 도로공사 영업사노조 소속)들 5명이 동의함에 따라 자회사 전환 입장이 결정되었다. 톨게이트지부 소속 노동자위원은 곧바로 민주당사 점거 농성에 돌입했고, 9월 말에는 8일간 단식투쟁을 하기에 이르렀다. 자회사 전환에 찬성했던 한국노총 소속 영업소노조의 대표는 탄핵되었지만, 탄핵당한 노조 대표의 서명 효력을 고용노동부가 유권 해석으로 인정했다. 한국노총 도로공사영업소노조에서 분리되어 별도로 톨게이트노조가 새로 결성되었고, 한국노총 톨게이트노조는 2019년 4월 도로공사의 반강제적인 자회사 근로계약 신청서 작성을 규탄하는 성명서를 발표하기에 이르렀다.

법원의 도로공사 근로자지위 확인 소송 결과가 계속 이어지면서, 이미 법적으로 직접고용 요구의 정당성이 확인되었고, 해당 노동자들의 강한 항의가 계속되었지만, 자회사(한국도로공사

서비스)는 2019년 7월 출범을 목표로 설립이 준비되고 있었다. 자회사 공식 출범을 앞두고 먼저 44개 영업소를 시범 영업소(6월 1일 31개 영업소, 6월 16일 13개 영업소)로 지정하며 해당 영업소 노동자들에게 집단해고가 통보되었다. 약 1,500명에 달하는 대규모 해고 조치였다. 자회사 설립을 눈앞에 둔 상황에서 6월 26일 청와대 관계자들과 도로공사 사장 등이 참여한 관계자 협의를 거쳐 문재인정부는 2018년 9월 5일 노사전문가협의회 결과에 따라 자회사 전환을 도로공사 톨게이트 노동자 정규직화 방침으로 최종적으로 확인하기에 이르렀다(이용덕, 2020). 도로공사 정규직노조를 중심으로 한 〈고속도로 노동조합 연대회의〉는 6월 20일 자회사 전환을 지지하는 성명을 발표했다.

이후 톨게이트 노동자들의 직접고용을 위한 처절한 투쟁이 6월 30일 캐노피 점거 농성을 시작으로 전개되었다. 처음 투쟁은 민주노총 4개 조직과 한국노총 소속 노조들이 공동으로 투쟁을 전개했다. 민주노총 4개 조직은 △민주연합노조 톨게이트지부(지부장 도명화) △공공연대노조 영업소지회(지회장 유창근) △경남지역일반노조 칠서톨게이트지회(지회장 진서정) △인천지역일반노조 톨게이트지부(지부장 구경숙)이 참여했고, 투쟁에 참여한 조합원은 약 530명이었다. 한국노총 톨게이트노조(위원장 박선복)는 800여명의 조합원이 참여했다.

6월 30일 새벽 민주연합노조 조합원(11명), 공공연대노조 조합원(11명), 한국노총 톨게이트노조 조합원(19명) 등 41명이 서울영업소 캐노피에 올라 고공 농성을 시작했다. 7월 3일에는 민주노총이 사상 최초로 공공부문 비정규직 총파업을 선언하여, 조합원들은 모두 이 파업대회에 참석했고, 일부 조합원들은 캐노피 농성을 계속했다. 일부 조합원들은 청와대 주변에서도 농성을 별도로 진행했다. 민주노총과 한국노총은 도로공사에 공동교섭을 요청하여 8월 1일 교섭이 이뤄졌으나, 대법원 선고일이 눈앞에 다가온 상황에서 도로공사는 어떻게 해서든 투쟁하는 노동자들을 회유·고립시키는데 혈안이 되어 있었다.

8월 29일 마침내 대법원의 선고가 이뤄졌고, 소송에 참여한 304명이 결국 승소하기에 이르렀다. 대법원은 톨게이트 노동자들이 도로공사의 직접적인 지휘-명령을 받으며 근로를 제공했기 때문에 도로공사의 직접고용 의무가 발생한다고 판단했다. 그러나 도로공사는 대법원 판결이후 자회사로 입사한 노동자들에 대해 승소 판결을 하더라도 자회사 전환의 효력은 인정된다는 내용의 근로계약을 다시 강요하기에 이르렀다.

대법원 판결 이후 한국노총 톨게이트노조 집행부는 도로공사 사장을 별도로 면담하면서 투쟁 대오가 흔들리기 시작했고, 9월 7일 역대급 태풍(제13호 '링링')이 한반도 전역을 강타한 가운데, 캐노피 농성장 역시 태풍 피해로 인해 아수라장이 되었다. 이 상황에서 9월 9일 도로공사 사장이 대법원 승소자 304명만 직접고용할 것이라는 소문이 돌자 해고 조합원들은 김천 도로공사 본사로 이동하여 사장 면담을 진행하기에 이르렀다. 본관에 조합원들이 들어가자 도로공사 측의 물리적 저지 등이 이뤄지면서 면담 요청 조합원들은 결국 도로공사 본사 점거 농성을 할 수밖에 없었다. 다음날 경찰이 진입하자 농성중인 여성 노동자들은 상의 탈의로 저항을 했다. 정부는 도로공사에 공권력 투입을 하지 못했다. 이 상황에서 자회사로 취업한 노동자들이 새로 노조를 결성하여 이들도 근로자지위확인소송을 제기했고, 도로공사 정규직노조는 "도로공사 무법천지 불법점거 중단하라"는 항의 집회를 가지는 등 도로공사를 둘러싼 상황은 혼란스러웠다. 당시 도로공사 정규직노조는 인천공항공사·한국마사회노조 등과 함께, 인천공항공사 간접고용 노동자의 직접고용 정규직화에 반대하는 공동 성명을 이미 발표했다.

민주노총(위원장 김명환)은 톨게이트 투쟁 엄호를 위한 결의대회를 가진데 이어, 9월 23일에는 사상 처음으로 투쟁 현장에서 대의원대회를 개최했다. 민주노총은 대의원대회 특별 결의를 통해 도로공사에 대한 공권력 투입시 민주노총의 총파업 투쟁에 돌입하겠다고 밝혔다. 다만 민주노총은 7월 공공부문 비정규직 총파업 이후 전국적으로 전개되는 공공부문 비정규직 투쟁

2019.9. 도로공사 톨게이트 노동자들의 투쟁에 연대하기 위해 민주노총 임시대의원대회를 도로공사 본사(김천)에서 개최

을 제대로 묶어 문재인정부의 공공부문 비정규직 정책을 전환시키는 단계에까지는 이르지 못했다. 개별적으로 투쟁하는 비정규직 노조의 지원·엄호 수준에 머물렀는데, 이는 민주노총 뿐 아니라 관련 산별조직도 예외는 아니었다.

10월 5일 톨게이트 노동자 투쟁에 대한 사회적 연대를 확대하기 위해 민주노총 등 144개 시민사회단체 중심으로 희망버스가 출발했고, 서울영업소 캐노피에서 98일동안 농성하던 노동자들이 지상으로 내려와 도로공사 본사에서 농성하던 대오와 결합했다. 10월 6일 대법원에서 승소한 노동자들이 교육 소집에 참여하도록 예정된 가운데, 민주당 을지로위원회 중재안이 제출되었다. 을지로위원회 중재안은 농성 조합원들의 요구에는 못미치는 것으로 판단되어 민주노총 소속 조직들은 이를 반대했으나, 한국노총 톨게이트노조는 10월 9일 이 중재안을 수용하면서 투쟁 대열에서 이탈했다. 사태 해결에 매우 무책임한 도로공사는 10월 22일 본사 점거 노동자들에 대해 손배해상 청구 소송마저 제기했다.

10월 대법원 승소자 교육 소집 참여가 이뤄지고 한국노총 노조가 이탈한 가운데 이후 도로공사(본사) 농성은 점점 장기화되는 분위기로 흘러갔다. 12월 초에 이르러 도로공사 농성 대오는 민주연합노조와 공공연대노조 소속 70여명으로 줄어들었다. 문재인정부의 무책임한 태도를 공론화하기 위해, 민주일반연맹과 민주연합노조·공공연대노조 등은 11월 말부터 민주당 소속 중진 의원들 사무실에서 농성을 시작했고, 12월 중순에는 11명의 의원실에서도 추가적으로 농성이 시작되었다. 이들 의원실 농성은 해를 넘겨 2020년 1월 말까지 계속되었다. 해당 조직들의 농성과 민주노총 등 시민사회단체의 압박 속에 12월 16일 교섭이 준비되었으나, 여전히 도로공사의 태도는 변함이 없었고 사장이 총선 출마로 자리를 비우기에 이른다. 민주연합노조·공공연대노조의 톨게이트 지부장·지회장은 급기야 1월 17일 청와대 앞에서 단식 농성에 돌입했고, 이후 민주일반연맹 사무처장이 아사(餓死) 단식에 돌입했다. 문재인정부와 민주당은 어떠한 책임있는 화답도 없었고, 민주일반연맹과 민주연합노조·공공연대노조 대표들은 1월 31일 민주당 의원실 점거 농성을 중단했다. 2월 1일 민주일반연맹 결의대회를 끝으로 7개월 넘게 지속된 농성 투쟁을 마무리하기로 의견을 모았다.

7개월의 농성 투쟁이 이어지면서 공사·정부·여당의 공공부문 비정규직 대책을 전환시키지는 못했지만, 도로공사 톨게이트 노동자들의 투쟁은 문재인정부 기간 동안 가장 치열하고 처절하게 이뤄진 투쟁이었다. 법원 판결에 따라 당연히 이뤄졌어야 할 직접 고용을 회피하고 자회사 전환만을 계속 추진한 도로공사의 톨게이트 노동자 정규직화 방침은 결국 공공부문 간접고용 노동자의 자회사 전환을 가장 우선적인 정책으로 설정하고 추진했던 문재인정부의 한계를 반영하는 것이었다.

투쟁을 주도했던 노동조합(민주일반연맹 및 민주연합·공공연대·인천일반·경남일반노조)들은 생소하기만 했던 고공·점거·단식 등의 극한 투쟁을 전개하면서도, 해고 앞에서 두려워하지 않은 단결력 및 이후 투쟁의 희망을 확인한 것으로 의미를 부여했다. 이들은 민주노총의 소극적 투쟁에 대한 문제의식도 가졌지만 민주노총의 연대가 투쟁의 큰 힘이 되었다는 것을 부정하지 않았다.[63]

투쟁 이후 문재인정부의 태도 또한 가벼이 간과할 수 없다. 정부는 도로공사 자회사(도로공사서비스)의 노동자들에 대해 본사 노동자와 차별하지 않겠다고 했지만, 실제 확인된 도로공사와 자회사의 임금 수준 격차는 크게 나타나고 있다.[64] 법원 판결에 따라 도로공사 본사에 직고용된 노동자들은 2020년 5월에 가서야 현장 지원직(공무직)으로 업무를 시작했다. 톨게이트 영업 업무가 아닌, 고속도로 주변과 졸음쉼터의 환경미화 업무가 맡겨졌고, 임금 또한 자회사와 유사한 수준의 차별구조가 지속되었다. 공사 내에서도 현장지원직 외에는 민주노총 소속 노조들의 가입이 사실상 제한되면서, 고립을 유도하는 분위기가 계속되고 있다.[65] 법원 판결에 따라 당연히 직접고용 정규직화가 이뤄진 이들 노동자에 대해 문재인정부는 자회사 전환 방침에 맞섰다는 이유로 철저히 외면했다.

2022년에 들어서는 한국도로공사에 직접 고용 전환된 노동자에 대해서 윤석열정부는 또 다시 구조조정의 칼을 들이대고 있다. 불완전한 직접 고용 및 이들에 대한 선도적 구조조정이 오늘의 현실인 것이다.[66] 실제 도로공사는 현장지원직의 충원을 중단하였기 때문에, 갈수록 인

63　투쟁을 주도했던 민주일반연맹 도명화 부위원장은 인터뷰를 통해 "분노가 우리의 투쟁에 불씨가 되었다면, 이후 민주노총과 동지들의 연대가 우리 싸움에 원동력이 되었음을 부인할 수 없다"면서 "민주노총 조직이 아니었으면 절대 싸울 수 없는 투쟁"이었다고 평가를 하고 있다.

64　도로공사서비스(주) 정규직 년 평균 임금은 37,925천원(2.2년 근속)으로서, 도로공사 평균 임금(85,091천원, 17.5년 근속)과의 격차가 크게 나타나고 있고, 도로공사 정규직 신입 초임(38,665천원)에도 못 미치고 있다.

65　도로공사에 직고용(무기계약직)된 현장지원직은 4개의 노조(민주연합·공공연대·인천일반·경남일반노조)에 가입(모두 564명)되어 있는데, 이들에 대해 온라인에서는 '민노 좀비'라는 비방도 나타나고 있다.

66　윤석열정부 '공공기관 혁신' 방침에 따라, 한국도로공사 무기계약직(2021년 기준 3,533명) 417명에 대한 감축 방안이 발표되었는데, 이는 도로공사 전체 인력감축 임원(424명)의 98.3%에 달하는 수준이다. 한편, 도로공사 자회사인 한국도로공서비스(주)의 경우 1,392명의 인력 감축(351명 재배치 포함) 방안이 발표

원이 감소될 수밖에 없는 상황에서, 도로공사 구조조정의 희생양으로 이들 노동자들이 내몰리고 있다.

- **4년간 끈질기게 이어진 가스공사 비정규직 노동자 투쟁**

가스공사 비정규직 문제도 결국 자회사 방침에서 비롯되었다. 가스공사에서 청소·시설·특수경비·전산·소방·홍보 등 분야에서 오랫동안 비정규직으로 일해왔던 가스공사 비정규직 노동자 문제도 문재인정부 기간 내내 해결의 실마리를 찾지 못하고, 2022년 4월까지 끝내 정규직화 실적 제로(0)라는 참담한 실적으로 남게 되었다. 이들 가스공사 비정규직들은 IMF 이전까지 가스공사 정규직이었으나 가스공사 민영화 추진과 함께 이들 업무가 자회사로 전환된 후 또다시 외부 위탁 형태로 전환 운영되어왔다. 따라서 이들 비정규직 문제의 역사적 흐름을 공유하고 있던 가스공사 정규직(가스공사지부)도 정규직화의 필요성을 공감하고 지원하고 있었다.

2017년 11월 21일 1,146명에 달하는 파견용역(간접고용) 노동자의 직접고용 정규직화를 위한 노사전문가협의회 논의를 진행한 이후 2018년 10월까지 13차례까지 이어졌지만, 사측은 일관되게 '묻지마 자회사'를 주장하는 바람에 정규직화 논의는 계속 공전되었다. 이에 가스공사비정규직지부(지부장 홍종표)는 2018년 10월 18일부터 2주간에 걸쳐 직접고용 전환을 촉구하며 1차 시한부 경고파업을 전개했다. 그러나, 2018년 말 가스공사 사장이 정규직화 문제를 매듭짓지 않고 돌연 퇴임(산자부 차관 부임)하면서, 가스공사는 사장 공백으로 결정권이 없다는 이유를 들어 2019년 7월까지 정규직화 교섭을 기피했다.

2019년 7월 민주노총 공공부문 비정규직 공동파업에 맞춰 공동투쟁을 전개(이에 앞서 6월 청와대 앞 농성 전개)했으나, 여전히 사측의 태도가 변하지 않자 2019년 10월 쟁의행위 찬반투표를 거쳐 2020년 1월 2일 또다시 가스공사 비정규직 노동자들은 가스공가 본사 앞에서 파업에 돌입했다. 가스공사는 처음에는 소방직종만 직접고용 대상이라고 고수하다, 전 직종 직접고용을 제시하며 그 조건으로 공개경쟁 채용 및 정년 60세를 제안했다. 이는 앞서 인천공항의 사례가 또다시 반복되는 것이었다. 전환 채용이 원칙이고 전문직 등 청년 선호 일자리 등에 한하여 공개경쟁 채용을 허용하는 정부 가이드라인(2017.7)과도 맞지 않는 제안인 것이었다.

(2022.12.26.)되어, 전 공공기관 감축 인원(17,230명)의 8.1%에 이르고 있고, 현 인원(2021년)의 25.7%가 감축될 예정이다. 2019년 한해 공공부문 투쟁의 중심으로 자리잡은 이들 톨게이트 노동자들의 현주소를 잘 말해주고 있다.

비정규직 노동자의 파업에 가스공사는 원청에서 파업 집회를 하는 것이 불법인지 여부를 확인하며, 로비 사용 허가 및 출입제한 공문으로 투쟁을 압박했지만, 노조의 강한 투쟁 및 공공운수노조의 연대로 인해 신임 사장이 노조와의 대화를 요청해왔다. 이에 2월 7일 교섭을 통해 사측은 집중 교섭을 요구해온 노조의 제안을 수용했고, 노조는 잠정적으로 파업을 중단했다. 그러나, 2월 하순 두 차례 진행한 협의는 사측이 그간 논의된 직접고용 부분마저 번복하는 억지 태도로 교섭이 교착되면서 또다시 노조는 무기한 전면파업을 선언하기에 이르렀다.

2020년 1월 가스공사 비정규직 노동자들은 파업에 돌입하면서 가스공사 정규직 노동자들에게 호소했다. 정규직 전환을 둘러싸고 노조 내부의 이견 대립이 확대되면서 노조활동의 기반조차 흔들리는 정규직노조(가스공사지부)의 노동자들에 대한 간절한 절규라고 볼 수 있다.[67] 가스공사 정규직 노동자들은 2002년 이후 정부의 가스산업 구조개편에 앞장서서 지난한 투쟁을 거듭해왔고, 중대형 공공기관노조들이 산별노조운동에 적극적이지 않은 상황 속에서 공공노조-공공운수노조 활동에 모범적으로 참여했던 조직이었다. 가스공사지부(정규직) 노동자들이 비정규직 정규직화를 둘러싸고 보인 이같은 이견 대립 및 노조활동 기반 약화의 문제는 결국 문재인정부 기간 동안 공공기관 노동운동이 가졌던 한계를 반영하는 것으로 볼 수 있다.

가스공사에는 2019년 1월 2일 MZ노조인 더코가스(The KOGAS)노조가 가스공사지부의 정규직화 지원에 반발하여 별도로 설립되었다. 이들은 기존 노조(가스공사지부)에 대해 △정치활동 피로도 증가(노조 정치세력화, 회사 경영 불필요한 간선) △기존 노조의 일방 통행(비정규직 문제 소통 부재) △특정 근무자 우선시 복리후생 등의 문제를 제기했다. 더코가스노조의 설립의 핵심 변수는 비정규직의 정규직화 정책이었던 것으로 볼 수 있다. 이들은 비정규직 팩트 첵크(1·2차)를

---

[67] 가스공사 비정규직지부 노동자들의 정규직화에 대한 반대 의견을 지닌 가스공사 정규직들에게 다음과 같이 호소했다. "현재의 용역·파견 업무는 1997년 IMF 이전까지, 생산기지 소방대는 불과 몇년 전까지 가스공사 정규직원 업무였다. IMF 이후 가스공사의 여러 업무는 외주화됐고 간접고용 비정규직으로 내몰렸다. 정규직 전환은 공공부분을 사유화·민영화해오던 과거를 바로잡고 공공성을 강화하는 시작이다. 정규직 전환에 대해 '무임승차다', '시험을 쳐라' 얘기한다. 똑같은 시험을 거쳐야만 정규직이 될 수 있다는 주장은 그간 비정규직으로 일해 온 노동자들의 노동을 무의미하게 만드는 것이다. 정규직이라는 세글자 앞에 '비'자를 달고 있는 우리의 노동은 나와 내 가족의 삶이 달려있다. 우리 노동의 가치에 대해 가볍게 얘기하지 말아달라. 노동의 가치를 무시하는 비정한 세상에서 비정규직으로 살아온 우리의 삶이 더 치열했음을 인정하라. 능력주의·전문주의에서 벗어나 모든 노동의 가치가 인정받는 사회를 위해 함께하자!"(가스공사비정규직지부 기자회견, 2020.1.28.).

통해 비정규직의 직접고용 정규직화를 계속 반대해왔고, 최근에는(2022년 9월) 자회사 설립에 대해서도 전면 재검토를 요구하고 있다. 더코가스노조는 앞서 서울교통공사의 올바른노조와도 연대하면서 MZ노조의 활동 방향을 구체화하고 있다.

가스공사 비정규직 노동자들은 이후 3년간 끊임없는 투쟁에도 공사의 태도가 변하지 않자, 급기야 2021년 12월 21일간의 조합원 집단 단식 투쟁을 거친 끝에, △비정규 노동자 전원 고용 전환 △수의계약 낙찰률 미적용에 따른 계약금액 인상 및 처우개선 우선 사용 등을 주요 내용으로 하는 자회사 전환에 합의하면서, 4년여에 걸친 지난한 직접 고용 정규직화 투쟁을 마무리했다. △소방 포함 6개 직종 1400명 전원 자회사 전환 △소방 임금하락 원상회복 △자회사 처우개선 △모·자회사 공동협의회 합의사항 차기계약 반영 등의 합의사항이 반영되었다.

한국가스공사는 1,200여명의 비정규직에 대해 2023년 초에 자회사를 설립하겠다고 밝혔다. 그러나 가스공사의 MZ노조(더코가스노조)가 2022년 말까지 계속 반대하고 있다. 게다가 윤석열정부 들어서 가스공사가 재무 고위험 관리 기관으로 지정(2022.6)되면서, 계약금액 인상(낙찰률 미적용)이 불가능하다는 입장을 밝히고 있어 자회사 설립 이후 또다시 갈등이 재연될 조짐을 보이고 있다.

- 마사회 간접고용 노동자들의 투쟁

앞서 언급한 바와 같이, 마사회의 계속된 사망 사고가 다단계 하도급 구조를 통한 불안정한 고용에 근본적인 문제가 있다는 지적에도 불구하고, 한국마사회는 이러한 근본 문제 해결을 위한 노력을 여전히 제대로 하지 않고 있다. 이미 2017년 12월 28일 첫 노사전문가협의회를 시작으로 5개월여에 걸쳐 11차례 회의를 거친 끝에 1,566명의 정규직 전환 대상자가 선정되었다.[68]

당시 마사회의 업무 수행구조는 마사회가 하청업체가 아닌 직접 업무 지시를 하고 있었기 때문에, 불법 파견 논란마저 제기되고 있었고, 간접고용 노동자들의 업무 또한 마사회의 핵심 사업과 무관치 않았기 때문에 직접고용 필요성이 제기되고 있었다. 공공운수노조 경기지역지

---

68 한국마사회는 2017년 기준으로 정규직 904명(무기계약직 170명 별도) 외 기간제 노동자 2,202명, 간접고용(파견용역) 노동자 1,645명이 근무하는 복잡하고 불안정한 고용구조(정규직 18.4%, 비정규직 78.2%)를 지니고 있었다. 이에 따라, 정규직전환협의회(기간제) 및 노사전협의회(간접고용)가 동시에 진행되고 있었는데, 노사전협의회의 직접고용 정규직 전환이 당시 쟁점이었다.

부는 2016년 11월에 마사회 분회(분회장 김현준)을 설립하고 간접고용 노동자들의 고용안정 및 처우개선을 위한 투쟁을 전개하기 시작했다. 그러나 2017년 문재인정부 출범 이후 진행되었던 마사회의 간접고용 노동자들의 정규직화 논의 과정에서 노사전문가협의회는 당사자인 간접고용 노동자들의 참여는 배제한 채 직접고용 노동자들 중심으로 논의를 시작했다. 이후 6차례(실무 포함 31차례)에 걸쳐 노사전협의회가 진행되었으나, 마사회 측은 직접고용과 자회사에 대한 타당성 검토없이 무조건 자회사만을 강요하고 있었다. 이에 마사회지부는 6월 30일 시한부 파업을 통해 자회사 전환 방침만 고수하는 한국마사회의에 항의했으나, 마사회측은 해당 노동자들의 의견은 무시한 채 2018년 8월 23일 노사전협의회에서 정부가 추천한 전문가들 중심으로 자회사 전환 방식이 제기되었다.

이후 지부는 9월 2일부터 11월 21일까지 다섯 차례에 걸쳐 파업을 전개하면서 직접고용 정규직화를 요구했다. 이후 2019년 4월 19일에 자회사 전환 방식이 노사전문가협의회(실무회의)에서 사실상 정리되었고, 이후 9월 5일까지 세부 협의를 거쳐 자회사 전환과 관련한 세부 내용이 합의되기에 이르렀다.

한국마사회는 2019년 11월 자회사(마사회시설관리)를 설립했고, 기존의 간접고용 노동자들을 2019년 1월 1일부터 자회사 근무로 전환시켰다. 한국마사회는 2018년 지부가 파업 투쟁을 전개할 당시 파업에 참여하는 노조원들에 대해 고용 불이익을 가하겠다고 위협하는 등 여전히 노조활동을 억압하는 흐름을 계속했다. 이러한 흐름 속에서 지부는 자회사 전환 이후 2020년 5월부터 단체교섭을 시작했으나 1년 9개월이 경과한 2022년 2월에 어렵게 단체협약을 체결했다.

자회사 전환 후 임금체계를 설정하는 과정에서 정부의 표준임금체계(2018년 모델 발표)를 그대로 적용함써 임금 수준이 시중노임단가에 미달하는 상황이 나타났다. 마사회측은 임금 하락분에 대해 보전수당을 지급했지만, 자회사로 전환한 노동자들은 기존 용역회사 수준(간접고용)의 임금·노동조건에 직면해야 했다. 더구나 마사회 정규직들은 평균 9,000만원이 넘는 고임금을 지급받고 있는데도 마사회측은 이들 자회사 노동자들의 처우개선을 외면했다. 자회사 노동자들 모두를 단순노무직으로 간주하는 저임금 수준에서 임금체계를 설계하고 있고 시중노임단가에 못 미치는 인건비를 자회사 예산에 계속 반영하고 있다.

이에 마사회지부(지부장 한현각)는 시중노인단가 예산 100% 반영하는 임금체계 설계를 요구하며 5월 27일부터 2일간 다른 공공부문 비정규노조들과 함께 연대파업을 전개했다. 연대파업에도 마사회측의 태도 변화가 없자 지부는 다시 6월 10일부터 집회·농성 등을 진행하고 있고, 공공부문 비정규직·자회사 노동자들과 공동 투쟁을 계속했다.

- 문재인정부에서 정리되지 못한 건강보험 콜센터 노동자 투쟁

2006년 이후 15년간 국민건강보험공단 12개 고객센터에서 11개 외주업체 노동자로 일하던 콜센터 노동자들 900여명이 2021년 2월 1일 1차 전면파업에 돌입했다. 외주업체 노동자로 최저임금 수준의 임금에 머물렀고, 1,060여 상담 업무 과정에서 일상적인 인권 침해에 직면했던 노동자들이었다. 이들 노동자들은 정부의 정규직화 방침대로라면 원래 2017년 1차 공공기관 비정규직 정규직화 논의 대상이었으나, 정부와 건강보험공단의 자의적 판단으로 정규직화 논의가 계속 지체되어 왔다. 이미 보건복지부 산하 국민연금공단 및 건강보험심사평가원의 경우 1차 정규직화 논의를 통해 간접고용 노동자들의 직접고용 정규직화가 2018년에 이뤄진 바 있었다.

이후 도로공사 등을 비롯한 상당수 공공기관에서 간접고용 노동자의 정규직화가 자회사 체제로 일반화된 가운데, 건강보험공단의 직접고용 정규직화 논의 역시 벽에 부딪히고 있었다. 더구나 용역업체는 노동자들의 처우개선에 대해 공단 책임으로 전가하자 결국 노동자들의 건강보험공단을 상대로 파업에 돌입하게 된 것이다. 콜센터 노동자들은 건강보험공단 고객센터의 외주화가 공공성을 충분히 누려야 할 국민에 대한 책임을 방기했고, 고객센터 노동자들에 마른 수건 쥐어짜는 경쟁을 유도하고 있다고 비판하면서, 공단의 직접 고용이 공공성을 강화하는 기본 과제라는 점을 천명했다.

2월 24일까지 1차 전면파업을 전개한 이후에도 공단의 책임있는 태도 변화가 없자 지부(지부장 김숙영)는 3월에서 5월까지 부분 파상파업을 전개한 이후 다시 6월 10일에 2차 파업에 돌입했다. 지부의 2차 파업은 건강보험공단 본사 농성으로 시작되었다. 파업 기간 중 공공운수노조가 총력 결의대회를 진행했고, 건강보험공단과 정규직화 논의를 위한 테이블을 구성키로 했으나 계속 지체되자 지부는 7월 1일 또다시 3차 파업에 돌입했다.

민주노총(위원장 양경수)은 건강보험 콜센터지부의 투쟁 승리를 지원하기 위해 7월 30일 공단 본사 앞에서 총력 결의대회를 개최했다. 3차 파업은 8월 10일까지 40일간 진행되었고, 마지막 1주일간 지부는 청와대 행진 및 단식 투쟁까지 전개했다. 본사 앞 파업 투쟁이 진행되는 동안 건강보험공단은 정규직 직원들을 동원하여 파업 대오의 공단 본사 진입을 막기도 했다.

공공운수노조는 공단 콜센터 뿐 아니라 가스공사·마사회·인천공항 등의 비정규직 문제 또한 계속 책임있는 조치가 미뤄짐에 따라 9월 4일에는 서울시내 6곳에서 공공 비정규 총파업 궐기대회를 갖고 청와대로 행진하는 투쟁을 전개했다. 공공운수노조는 민주노총의 10월 20일 총파업투쟁에 맞춰 계속 '희망고문' 수준에 머무르고 있는 공공부문 정규직화 문제를 공론화했다.

콜센터지부의 파업투쟁이 계속되는 가운데, 2021년 10월 21일 건강보험공단 콜센터 노동자들에 대해 소속기관(부설기관) 전환 방식의 정규직화가 결정되었다. 2019년 12월에 구성된 〈민간위탁사무논의협의회〉는 오랜 논의를 거쳤지만, 콜센터 노동자들의 직접고용 정규직 전환 요구를 반영하지 못한채 소속기관 전환 수준에서 정규직화 방침을 결정했다. 노동자들의 처우 개선도 권고했다.

그러나 2022년 5월 문재인정부가 임기 만료될 때까지 건강보험공단 콜센터는 소속기관 전환만 결정되었을 뿐, 구체적인 전환 추진계획 및 전환 이후의 처우 등에 대한 합의가 아직 이뤄지지 못하고 있다. 7월 12일 9개월만에 개최된 노사전문가협의회에서는 구체적인 소속기관 전환 논의가 이뤄지자 못한채 연구용역(한국능률협회) 결과를 통해 구체적인 추진계획을 논의하는 수준에서 마무리되었다. 그런데 2022년 10월 발표된 연구용역 중간보고에 따르면 상담업무 수행자 1,696명 중 477명 감축 방안이 포함된 것으로 확인되고 있다. 1차로 윤석열정부의 공공기관 구조조정 계획이 파급되어 반영된 결과로 풀이되고 있으나, 더 크게는 구조조정에 직면한 건강보험공단이 이들에 대한 고용 책임을 회피한데서 기인한 것으로 추정해 볼 수 있다.

이에 따라 콜센터지부는 공공기관 비정규직노조들이 연대파업에 돌입한 11월 11일 '해고 없는 정규직 전환'을 앞세워 하루 파업을 전개했고, 구조조정 계획이 철회되지 않을 경우 11월 21일 무기한 파업에 돌입하겠다고 선언했다. 지부의 강한 항의로 인해 구조조정 계획이 최소화되는 수준에서 연구용역보고서 조정이 논의됨에 따라, 지부는 파업을 유보했다. 건강보험공단 콜센터 문제는 문재인정부에서 해결하지 못한 숙제이기도 하지만, 공공부문 민주노조 입장에서도 간과할 수 없는 숙제가 될 수밖에 없다.[69]

- 직접고용 노동자와 함께하는 울산항만공사 간접고용 노동자 투쟁

울산항만공사에는 특수경비를 담당하는 청원경찰 노동자들이 정규직화에 대한 기대를 품

---

[69] 공공기관의 상담(콜)센터의 경우 대부분 설립 초기에는 공공기관의 정규 부서(정규직)로 자리잡은 후 외주화(out-sourcing)된 경우이다. 건강보험공단의 전신인 의료보험 공단·조합 역시 예외가 아니다. 이 상담(콜)센터의 경우 과거 감정노동자 보호에 대한 사회적 공감대가 낮았던 시절 대다수 정규직 노동자들의 전보기피 영역인데다, 1998년 IMF 구조조정 이후 정부의 구조조정(인력감축·외주화 등)에 따라 대부분 현재와 같은 외부 위탁 운영구조를 취하게 된 것이다. 공공부문 민주노조운동에서 이들의 고용·처우개선은 비록 쉽지 않은 과제이나, 그렇다고 기피·외면해서는 더욱 아니될 과제일 수밖에 없다(필자 주).

고 있었는데, 노사전문가협의회가 열리기도 전에 공사측은 자회사 전환을 정하고 노조 분열을 시도하기 시작했다. 당시 울산항만공사 지회장(김원창)은 2018년 10월 19일 청와대 앞에서 자회사 반대 릴레이인 단식 농성을 전개하고 귀향하는 도중에 심정지로 사망했다. 노조(지회)는 열사 정신 계승을 앞세워 투쟁에 돌입했다.

노조(지회)는 김원창열사 추모결의대회를 마치고 11월 2일부터 부지회장(김정현) 주도 아래 천막 농성에 돌입했다. 천막농성 기간에 공사측의 노조 분열 획책으로 인해 조합원이 다수 탈퇴하는 악조건(43명→11명)에서도 남은 노조원들의 강한 단결력으로 공사측에 맞섰다. 지역 노조들 및 시민사회단체의 연대에 힘입어 공사 로비 점거 농성 등을 계속한 끝에 2019년 2월 8일 비록 자회사이지만 본사 정규직과의 차별을 최소화하는 수준에서 자회사 정규직화 방침을 이뤄냈다.

노조(지회)의 천막농성이 108일간 진행되는 동안 이미 공사에 직접고용(무기계약직 전환)된 또다른 청원경찰 노동자들이 공공연대노조(울산항만공사지회)에 가입하였다. 정규직화를 염원하던 지회장의 죽음 앞에 공사측의 회유·협박을 굳건히 견뎌낸 노동자들의 투쟁을 지켜보면서, 이미 무기계약직으로 전환했으나 여전히 임금 등 노동조건 차별이 해소되지 않은 노동자들이 연대의 힘을 보여준 것이다.

3) 정규직노조의 연대로 진행된 국립대병원 직접고용 정규직화 투쟁

국립대병원의 경우 IMF 체제 이후 정규 인력 억제 및 외주화 확산에 따라 간접고용(파견·용역) 노동자들이 급속히 확산되고 있었고, 서울대·부산대·경북대 등 국립대병원노조(지부)들 역시 2018년부터 정규직화 투쟁을 전개하고 있었다. 2018년에 먼저 공공운수노조 의료연대본부 중심으로 국립대병원 간접고용 노동자의 정규직화 쟁취를 위한 연대파업투쟁이 11월 13일에 전개되었다. 특히 의료연대본부는 IMF 이후 정부의 신자유주의 구조조정 정책에 저항하는 투쟁을 지속적으로 전개하면서 간접고용 노동자의 조직화 사업도 병행왔다. 2003년 간병 노동자 조직화를 계기로 2005년 이후 병원내 간접고용 노동자들을 조직화하여 이들을 중심으로 민들레분회를 구성했다.[70] 이러한 간접고용 노동자 조직화 사업과 함께 정규직-비정규직과의 연

---

70 의료연대의 각 병원조직에는 시설·청소 등 간접고용 노동자들을 중심으로 민들레분회들이 각각 구성되어 있는데, 이들 조직에 '민들레'라는 명칭을 붙인 것은 "밟혀도 죽지 않고 끝내 꽃을 피우며 홀씨를 날리는 꽃"의 의미에 따라 어떤 역경에도 굴하지 않은 비정규직 노동자들의 강인한 삶과 투쟁을 상징하고 있다(현정희 인

대투쟁을 2007년 이후 지속적으로 전개해왔다.

　서울대병원분회는 서울대병원민들레분회·보라매병원민들레분회와 같이 11월 9일 및 13일 파업을 거쳐 20일부터 1주일간 연대파업을 전개했다. 서울대병원은 2018년 1/4분기 이내에 간접고용 노동자의 직접고용 정규직화를 논의하기 위한 노사전문가협의체를 구성키로 했으나, 2018년 말까지 구성을 지연하는 등 정규직화 논의에 소극적이었다. 이미 2018년까지 중앙정부 산하 국공립병원(국립중앙의료원·국립암센터·근로복지공단병원·보훈병원 등)에서는 직접고용 정규직화가 이뤄진 상황이었다. 서울대병원을 상대로 투쟁하고 있는 서울대병원분회·서울대병원민들레분회·보라매병원민들레분회는 2018년 연대파업을 거쳐 2019년에도 연대파업을 준비하고 있었다. 보건의료노조의 부산대병원·전남대병원지부 등 역시 기간제 노동자들의 정규직화는 합의가 이뤄졌으나, 간접고용 노동자들의 정규직화가 이뤄지지 않아 파업 투쟁을 준비하고 있었다.

　2019년 민주노총의 공공부문 비정규직 공동 총파업 투쟁이 준비되는 상황에서, 먼저 공공운수노조(위원장 최준식)·보건의료노조(위원장 나순자)·민주일반연맹(위원장 이양진) 등 3개 산별조직이 참여하는 공동 파업투쟁이 진행되었고, 이러한 공동 파업투쟁에 힘입어 대부분의 국립대병원에서 간접고용 노동자의 직접고용 정규직화가 본격화되기에 이르렀다. 공공운수노조와 보건의료노조에는 국립대병원 정규직-비정규직이 대부분 조직되어 있었고, 민주일반연맹에는 간접고용 비정규직노조들이 국립대병원(전북대·분당서울대 등)에 다수 존재했기 때문에 이같은 공동투쟁의 조건이 형성되어 있었다.

　2019년 4월 3개 산별조직은 교육부장관 면담 및 청와대앞 공동투쟁 결의대회를 거쳐 5월 21일 1차 공동 파업을 진행했다. 이 공동 파업에는 서울대·부산대·경북대·전남대 소속 비정규직(파견·용역) 노동자들이 참여했다. 강원대·제주대·전북대·충남대·충북대·분당서울대 병원 비정규직 노동자들도 부분적으로 이 파업 투쟁에 참여했다. 1차 경고파업에도 각 병원들의 정규직화 논의가 지체되자 6월 26일 2차 경고 파업이 이뤄졌고, 7월 3~5일 민주노총 공공부문 비정규직 노동자들과 공동 총파업 투쟁을 전개했다. 국립대병원 조직들의 계속된 공동 파업 및 민주노총 비정규직 노동자 투쟁에 힘입어 7월 29일 교육부가 국립대병원 비정규직(간접고용) 전환과 관련한 통합 집단협의회를 제안하여 8월 12일 1차 통합 노사협의회가 개최되었다.

　그러나 통합 노사협의회에서 국립대병원들이 무조건 자회사 전환만 주장하자, 3개 산별

터뷰).

조직은 8월 22일 3차 연대 파업에 돌입했다. 공공운수노조(의료연대본부) 소속 서울대병원(분회장 김태엽)·경북대병원(분회장 김영희)·강원대병원분회(분회장 오종원)는 무기한 연대파업을 전개했고, 보건의료노조 소속 부산대병원·전남대병원 비정규직들과 함께, 민주일반연맹 소속 비정규직 조직(전북대·경상대병원 등)도 파업에 참여했다. 8월 28일부터 서울대병원에 대한 집중투쟁이 전개되는 가운데, 서울대병원분회·서울대병원민들레분회(분회장 이연순)·보라매병원민들레분회(분회장 임영심)가 연대파업을 진행해왔던 서울대병원에서 9월 3일 파업 14일 만에 직접고용 노동자의 직접 고용 정규직 전환과 관련한 노사 합의가 이뤄졌다. 이 합의는 국립대병원에서 선도적으로 이뤄진 직접고용 정규직화 합의로서, 때를 같이하여 강릉원주대 치과병원 등에서도 정규직화 합의가 이뤄졌다.

9월 30일 정규직화 논의가 계속 지연되던 국립대병원 조직들을 중심으로 국립대병원 총력투쟁결의대회가 전개되는 가운데, 2개월여의 파업 투쟁이 전개된 끝에 10월 22일 경북대병원에서 정규직 전환 노사 합의가 이뤄졌고, 이어 강원대병원·충북대병원을 거쳐 12월 16일 제주대병원에서 노사 합의가 이뤄지면서 공공운수노조(의료연대본부) 소속 국립대병원 노조(분회)들의 정규직화 투쟁이 대부분 마무리되었다. 서울대병원이 위탁 운영 중인 보라매병원에서만 서울시 핑계를 대며 아직 마무리되지 않았다.

민주일반연맹(공공연대노조) 소속 분당서울대병원지부(지부장 윤병일) 역시 정규직화 논의가 계속 지연되자, 9월 12일부터 본관 로비 농성을 시작으로 11월 7일부터 전면파업에 돌입했다. 11월 30일부터 병원장실 로비 점거 농성을 이어간 끝에 12월 9일 파업 33일차에 직접고용 정규직화 관련 합의가 이뤄졌다. 분당서울대병원의 경우 비정규직(간접고용) 노동자가 정규직의 2배를 넘을 정도로 다수(1,400여명)를 이루고 있었기 때문에,[71] 정규직화가 쉽지 않았고 병원측도 완강하게 저항했지만 국립대병원 조직들의 공동투쟁 분위기에 힘입어 이같은 성과가 마련되었다.

2019년 13개 국립대병원에서 전개된 정규직화 투쟁은 8개 국립대병원에서 마무리되었고, 5개(부산대·전남대·전북대·경상대·경북대치과병원)만이 남게 되었다. 이중 보건의료노조 소속 3개 국립대병원(부산대·전남대·전북대) 지부들은 12월 10일부터 또다시 무기한 파업이 2000년 초까

---

[71] IMF체제 이후 이후 별도로 신설되는 국공립병원의 경우 정규직 고용은 최소화하면서 대부분 외주(간접고용) 중심으로 인력을 운영해오면서, 이윤 극대화 및 의료 시장화의 기반을 선도해왔다. 이로 인해 국립대병원 노조들은 이같은 기형적 인력 운영을 하는 병원 추가 설립에 대해 강하게 저항하기도 했다(예, 경북대병원의 칠곡분원 설립 등).

지 진행되었다. 2020년 코로나 상황에서 정규직화 논의는 잠시 소강 상태를 맞이했다. 국립대병원이 지닌 사회적 책임으로 인해 노조(지부) 역시 투쟁을 계속 전개하기 힘들었기 때문이다. 이중 전북대병원은 2020년 11월에 가서야 정규직화가 이뤄졌고, 경상대병원은 2021년 5월에 정규직화 합의가 이뤄졌으나, 부산대병원의 경우 2022년까지 정규직화 합의가 이뤄지지 못했다. 서울대병원이 위탁 운영 중인 보라매병원 역시 2020년 9월에 뒤늦게 합의가 이뤄졌다.

경상대병원의 경우 공공연대노조(민주일반연맹 소속) 지부가 별도로 투쟁하여 1년 가까운 투쟁 끝에 정규직화가 이뤄졌다. 2020년 10월에 노조(공공연대노조) 분회를 설립한 이후 11월·12월 부분파업을 통해 직접고용 정규직화의 요구를 내세운 병원 비정규직 노동자들은 직접고용 전환을 거부하는 병원측에 맞서 2021년 5월 3일 전면파업에 돌입했다. 사측의 태도 변화가 이뤄지지 않자 파업 15일 차인 5월 17일에 노조간부들이 무기한 단식농성에 돌입했고, 파업 30일 차(단식농성 15일 차)인 6월 1일 직접고용 정규직화의 합의를 이끌어냈다.

보건의료노조 소속 부산대병원지부의 경우 이미 2019년 5월 21일 파업 돌입 이후 6월에는 노조 간부 단식 농성을 전개하며 정규직화를 촉구했고, 이어 8월·9월의 연대파업을 거쳐 12월 10일에는 무기한 파업에 돌입했다. 12월 26일부터는 비정규직지부장(허경순)·시설분회장(손상량)을 비롯하여 조합원들의 집단 단식 및 삭발 투쟁이 시작되었다. 병원측은 거듭된 노조(지부)의 투쟁 및 다른 국립대병원의 정규직화 합의에도 아랑곳하지 않고 노조와 대립 상황을 이어갔다. 지부는 정규직화 논의가 장기화될 것에 대비하여, 2020년 1월 8일 파업을 일단 접었다. 2020년 코로나 상황에서 병원측의 성의있는 조치를 기대했으나 여전히 무성의한 태도를 보이자 2021년 5월 경상대병원이 정규직화에 합의한 뒤, 2021년 4월부터 교육부 앞에서 무기한 농성을 진행 중에 있고, 9월 보건의료노조는 집권 여당에 대해 사태 해결을 촉구하기에 이르렀다. 결국 문재인정부 기간 내에 부산대병원의 정규직화 합의는 끝내 이뤄지지 못했다.

국립대병원 직접고용 정규직화 투쟁에서는 이를 선두에서 이끈 서울대병원분회의 노력이 돋보이고 있다. 서울대병원분회의 경우 차별화된 무기계약직, 차별화된 임금이 아닌 제대로 된 직접고용 정규직화의 전환을 비로소 이뤄냄으로써, 다른 국립대병원노조(지부)들의 정규직화 합의의 모범 모델로 작용했다. 정규직과 동일한 직무는 정규직의 직군으로 편제하고, 그렇지 못한 경우는 별도 직군을 신설하되 승진·승급체계에서 정규직과 차별하지 못하도록 했다. 이러한 서울대병원분회의 투쟁은 지난 20여년 비정규직 투쟁을 사실상 결산했다고 볼 수 있다. 1999년 소아급식 외주화 저지 투쟁을 시작으로, 2007년 연대파업을 거쳐 2018~19년에 걸친

진행된 파업투쟁이 드디어 결실을 본 것이기 때문이다.[72]

공공운수노조 의료연대본부의 2년간 파업투쟁 및 2019년 사상 최초 3개 산별조직 공동파업에 이은 계속된 국립대병원 노조(지부)들의 연대파업 등 치열한 투쟁이 전개된 결과, 비록 일부 병원(전남대·전북대·경상대)의 교섭 지연과 미 합의(부산대병원)에도 불구하고 직접고용 정규직화의 선도적 모델이 실현되었다. '묻지마 자회사'가 난무하는 상황이고 직접고용 정규직화가 전무했던 국립대병원에서 마침내 직접고용 정규직화가 이뤄진 것으로서, 문재인정부 기간 내에 한계에 부딪힌 공공기관의 직접고용 정규직화의 모범적 선례가 마련된 셈이다.

특히 국립대병원 노조들의 비정규직 정규직화 투쟁을 주도했던 의료연대본부의 경우 비정규직 조직화 및 공동투쟁을 계속 전개해왔던 역사적 경험들이 2019년에 비로소 결실을 거둔 것으로 보고 있다. 2005년 공공연맹에 가입한 후 지역 중심의 산별노조 운동을 선도적으로 실천하고 비정규직 조직화(민들레분회 결성 등)를 모범적으로 실천했던 결과로 볼 수 있다. 비정규직과의 연대를 기피하고, 간접고용 노동자의 직접 고용 정규직화에 부정적 태도를 보여온 상당수 공공기관노조들의 현실과 비교해보면, 의료연대본부 조직들의 2018~19년 투쟁 및 정규직화 사례는 매우 시사적이다.

4) 기타 공공기관 자회사 노조들의 투쟁

문재인정부는 공공기관의 간접고용(하청·용역) 노동자의 정규직화의 방안으로 직접고용보다는 자회사 중심의 전환(전체 인원 대비 65.6%)을 선호했다. 이에 따라 지난 5년간 86개의 '정규직 전환형 자회사'가 설립되었다. 이중 15개는 기존 자회사를 활용했기 때문에 신규로 설립된 자회사는 71개(지방공기업 산하 7개 포함)이다. 이들 자회사 대부분이 공공기관으로서의 안정된 독립 운영 기반이 확보되지 않은 용역회사 수준을 크게 넘지 못하고 있었다. 공공기관 정규직과의 차별 해소를 위해 정규직화를 추진했고, 정부가 2020년 3월 '공공기관 자회사 운영 개선 대책'을 발표하면서 최소한 용역근로자보호지침을 적용하도록 했지만, 차별 해소는 결국 '희망고문' 수준에 머물렀다.

---

[72] 다만 서울시 산하 보라매병원의 경우 정규직화 합의를 2020년 3월까지 이행하겠다고 밝혔으나 이를 이행치 않았다. 이에 보라매병원분회는 코로나 위기라는 어려운 상황에서도 2020년 5월부터 농성을 시작했고 7월 28일에는 또다시 파업에 돌입했다. 파업 11일차인 8월 7일 서울대병원장이 직접 교섭하겠다고 약속함에 따라 파업이 마무리되었다.

특히 2022년 4월 고용노동부 자료에 따르면, 이들 '정규직 전환형 자회사' 중 노동자 임금을 시중노임단가를 적용한 경우가 절반에도 못 미치는 것으로 나타났다. 절반 이상이 아직 최저임금 수준 언저리에 있다는 의미이다. 정부가 2018년 1월 무기계약직 표준임금체계(안)을 발표한 이후 각 공공기관에서는 자회사 노동자들의 처우개선은 외면하고 용역회사 시절의 임금을 직무급 체계에 맞춰 재구성하도록 사실상 유도한 결과라고 볼 수 있다.

중앙 공공기관 산하에 신규로 설립된 자회사 64개 중 고작 3개만이 2022년 5월 현재 공공기관(기타공공기관)으로 지정되어 있다. 자회사 노조들 경우 제도적으로 원청 모기업과의 교섭은 대부분 차단되어 있다. 이로 인해 모회사와의 인건비 계약 예산은 시간이 경과함에 따라 대부분 감축되고 있는 것이 이들 자회사의 운영 현실이다. 더구나 윤석열정부에서 각 공공기관의 경비를 일괄 감축토록 조치하는 바람에 자회사의 운영비 역시 축소될 수밖에 없다.

공공기관 자회사노조들은 앞서 직접고용 정규직화 투쟁을 지난하게 전개한 경우(인천공항공사·한국잡월드·한국도로공사·한국가스공사 등) 및 철도공사 자회사(코레일네트워크 등) 투쟁 외에도 곳곳에서 고용·처우개선을 위한 투쟁을 전개하고 있다. 공공운수노조는 2022년 10월 자회사노조(지부)의 공동파업을 선포하고 대통령실 앞에서 농성을 거쳐 11월 25일 공공기관 비정규직 결의대회 등을 거치면서 공공기관 자회사(노조)들의 연대파업을 지원했다. 여기에서는 철도공사 자회사(코레일네트워크 등), 지역난방공사 자회사(지역난방안전)노조들과 함께, 공공연대노조(민주일반연맹)에 속한 한국수력원자력 자회사 노조(지부)들의 투쟁을 대표적으로 소개한다.

- 철도공사 자회사 노동자 투쟁

철도노조와 같이 2019년에 파업을 전개했던 철도공사 자회사 노조들은 정부 예산지침 및 철도공사의 무책임으로 인해 1년 만에 다시 파업에 돌입했다. 이들 자회사 노조들은 철도노조의 지부로 자리잡고 있기 때문에, 이들 노동자의 투쟁은 철도노조의 투쟁과 연결되었다. 물론 2020년 이후 철도공사 자회사 파업은 해당 지부들 중심으로 이뤄졌고, 철도노조 중앙은 철도공사와의 교섭 및 원하청 노사협의체 운영 등을 통해 지원하는 형식이었다. 그러나, 이들 지부가 철도노조에 편제되어 있는 만큼, 과거 KTX 승무원들의 투쟁과 같이 철도노조는 최대한의 지원·연대를 실천하고 있다.

철도 구조 개혁 및 자회사 고용·임금 차별과 관련한 문재인정부의 한계에도 불구하고, 철도노조가 보인 비정규직 투쟁 연대는 의미있는 실천 사례로 기록될 수 있다. 철도노조의 조직 형태를 자회사 비정규직까지 포함하여 초기업 단위 노조로 전환하였고, 자회사(코레일네트워크 등)노조의 투쟁에 맞춰 연대파업까지 돌입한 철도노조의 사례는 공공기관에서 흔치 않은 사례였다. 이러한 철도노조의 비정규직 연대는 과거 2005년 이후 새마을호·KTX 승무원 직접고용 투쟁을 직접 이끈 역사적 경험과 함께, 과거 오랜 노조 민주화 투쟁 속에 형성된 민주노조운동 기반이 밑바탕에 자리하고 있던 데서 비롯된 것으로 볼 수 있다.

철도노조 코레일네트웍스지부(지부장 서재유)와 철도고객센터지부(조지현)는 2020년 7월부터 임금교섭을 계속했으나 철도공사의 무책임 및 정부 예산지침 벽에 막혀 왔다. 이에 해당 지부들은 11월 11일부터 전면 파업에 돌입했다. 2019년 파업으로 자회사 노동자에 대해 2020년 시중노임단가 100%를 반영키로 합의했지만, 이마저도 휴지조각으로 변함으로써, 저임금 개선을 기대했던 철도공사 자회사 노동자들의 분노가 폭발한 것이다. 임금 수준이 매우 낮은 코레일 자회사에 대한 처우개선 논의는 결국 정부(기획재정부)의 예산지침에 막혀 계속 공전되어 왔다. 특히 코레일네트웍스 노동자들은 철도공사 정규직과 동일한 업무를 수행하고 있었지만, 임금은 44.7% 수준에 머무는 등 자회사 차별이 매우 극심했다. 처우개선을 위한 예산은 존재하고 있었으나 정부의 총인건비 인상율 관리 지침에 따라 이들의 차별은 개선될 가망이 없었다.

문재인정부 들어 공기업 자회사와 관련하여 용역회사 형태를 지양하면서 차별은 최소화하겠다고 밝힌 바 있으나, 철도공사 자회사는 용역회사 형태를 극복하지 못하고 있었고, 철도공사 정규직과의 차별은 계속 심화되고 있었다.[73] 자회사 노동자들은 기획재정부 앞 집회를 거쳐 파업과 함께 무기한 천막 농성에 돌입했다.

코레일네트웍스지부와 철도고객센터지부의 파업은 2020년을 넘어 장기화되는 양상으로 흘렀다. 정부와 철도공사는 결국 자회사 임금수준 개선에 대한 어떠한 책임있는 조치도 취하지 못한채 파업이 장기화되도록 방치했다. 2020년 12월 23일 141개 시민사회단체들이 코레일네트웍스의 파업에 대해 정부(청와대)가 해결하도록 촉구했지만 정부는 묵묵부답이었다. 이후 파업 58일차인 2021년 1월 7일 두 지부의 지부장과 철도노조 위원장 등이 단식에 돌입했고, 결국 파업 66일 차인 1월 15일 전면파업을 마무리하고 현장 투쟁으로 전환했다. 지부 간부들은 서울

---

73 코레일네트웍스의 경우 전국 140개 역(철도·지하철)에 대한 위탁을 철도공사와 매년 계약하는 체계로 운영되고 있고, 역 시설 자산 운영은 철도공사가 직접 수행하기 때문에, 독립된 자회사가 아닌 사실상의 용역회사이다. 이러한 운영 체계는 다른 자회사(코레일관광개발·코레일테크 등) 역시 크게 다르지 않다. 한편, 철도공사는 147개 역을 운영하고 있는데, 직영 역은 8인(정규직) 배치로 운영하면서 위탁 역은 6인(무기계약직) 배치로 운영하고 있다.

역 농성을 계속 이어갔고, 이 농성은 2021년 상반기 내내 이어졌다. 2020년 11월 이후 코레일네트웍스 노동자들은 용역 계약 만료를 이유로 200여명이 계약 해지를 당했다. 물론, 문재인정부와 철도공사는 끝까지 책임있는 태도를 보여주지 못하고, 결국 정권 교체로 인해 이들의 투쟁은 또다시 기약없는 나락으로 떨어지고 있다.

2019년부터 2021년까지 전개되었던 철도노조 투쟁 및 철도공사 자회사노조(지부)의 투쟁은 결국 문재인정부의 한계를 그대로 드러낸 셈이었다. 문재인정부는 고속철도 통합을 끝내 포기했고, 철도공사의 근무형태 변경 및 안전 관련 인력 충원 문제도 결국 해결되지 않은채 임기를 마쳤다. 용역회사 수준의 철도공사 자회사 노동자들의 고용·처우개선 또한 끝내 문재인정부는 외면했다.

2022년 들어서도 코레일네트웍스지부 및 철도고객센터지부는 △임금 중간 착취 근절 △시중노임단가 100% 지급 △원하청 협의 정례화 △안전인력 충원 등의 요구를 앞세워 5월부터 11월까지 계속 투쟁을 전개했다. 5월 27일부터 2일간 경고파업을 거친 두 지부는 10월 20일 다른 철도공사 자회사노조(지부)들과 같이 총력결의대회를 전개했다. 이후 11월 21일부터 간부파업을 전개한 후 11월 28일 두 지부 전조합원 총회투쟁에 돌입하여 철도고객센터지부는 당일, 코레일네트웍스지부는 12월 1일 현안 관련 합의를 도출했다.

비록 파업투쟁을 전개하지는 않았지만 코레일관광지부 역시 직급별 승무수당 균등 지급 및 근무패턴 도입 등의 요구를 내걸고 2022년 8월부터 5개월 여동안 투쟁복을 착용한 채 근무를 하고 있다. 애당초 11월 말 파업 돌입을 준비하던 철도노조가 철도공사와 합의에 이른 상태에서, 12월 2일 철도(공사·자회사 포함) 노-사는 원하청협의체 정례화 합의를 도출했고, 코레일네트웍스지부의 파업 투쟁 역시 마무리되었다.

- 지역난방안전지부 노동자들 투쟁

문재인정부의 정규직 전환 방침에 따라 한국지역난방공사에 집단에너지사업법을 근거로 한 지역난방안전(주) 및 지역난방플러스(주) 자회사가 각각 설립되었다. 이중 지역난방안전(주)는 지역난방공사와의 용역계약을 통해 열수송 시설 안전 진단 및 열수송 감시시스템 점검·유지보수 등의 업무를 제공하기 위해 2018년 12월 설립되었다. 자회사 설립 당시 경기도 고양시 백석역 부근에서 발생한 열수송관 폭발 사고는 지역난방공사의 열에너지 공급과 관련한 대형안전 사고의 위험성을 드러냈다. 열수송 시설 안전 업무가 지역난방공사의 핵심 기능이자, 문재인정부가 밝힌 생명·안전업무의 직접고용 정규직화 방침과도 직결되는 것으로서, 자회사가 아닌 지역난방공사 본연의 업무(직접고용) 범위에 속한다고 볼 수 있으나, 결국 자회사라는 한계에서 출발하였다.

지역난방안전(주)는 정규직 전환 이후 임금이 하락하는 구조를 지니고 있었다. 전환시 영역근로자보호지침에 따른 임금을 적용하도록 한 정부 자회사 전환 지침에도 불구하고, 상담직·감시시스템 유지보수 및 열수송관 점검진단 업무에 종사하는 노동자들에 대해 최저낙찰률의 90% 미만이 적용되고 있었다. 이러다 보니 평균임금의 경우 전환 이전에 비해 30% 정도가 삭감되어 있었다. 모회사인 지역난방공사 정규직에 비해 50% 수준에 머물러 있었다.

이러한 저임금 구조 극복 등을 위해 지역난방안전지부(지부장 방두봉)는 2022년 6월 초부터 단체교섭을 시작했으나, 교섭 개시 이후 6월 24일 사측은 '회사 경영의 정상화' 미명아래 단체협약을 해지했다. 게다가 윤석열정부 출범 이후 그나마 부족한 안전인력을 축소하는 방침까지 구체화되기 시작했다. 노조(지부)는 △임금 인상 △교대제 개편 △인력 충원 등의 요구를 내걸로 10월 20일부터 11월 18일까지 부분 파업을 진행했고, 10월 28일 공공운수노조 자회사노조(지부) 연대파업에 맞춰 전면파업 투쟁을 전개했다. 이후 11월 25일 민주노총 비정규단위 연대파업을 거쳐 11월 28일부터 전면파업에 돌입했다. 파업 5일 차인 △단체협약 해지 철회 △강제전보 철회 △인력 현실화를 위한 모·자회사 합동TF 구성 등의 내용으로 노사 합의에 이르렀다.

- 한국수력원자력 자회사 노동자들 투쟁

정부의 '묻지마 자회사' 전환 방침에 따라 어쩔수 없이 자회사로 전환하는 노동자들의 투쟁도 계속되었다. 공공기관 중 간접고용 비중이 상대적으로 매우 높은 한국수력원자력(한수원)은 2019년 말 자회사(퍼스트키퍼스·시큐텍) 전환 당시 수의계약 낙찰율을 94% 이상으로 설정함과 동시에 시중노임단가 변경분을 임금에 반영키로 했다. 그러나 전환 당시 이러한 약속은 제대로 지켜지지 않았고 이전 용역회사 수준의 임금이 계속될 것으로 보이자, 공공연대노조 발전분과(분과장 김성기)는 2020년 7월 쟁의조정 신청을 했고, 전남지노위는 조정중지 결정을 내렸다. 당시 자회사 교섭은 한수원이 직접 조정하면서 실질 사용자 역할을 계속했다.

9월 공공연대노조 발전분과위원회는 쟁의대책본부로 전환하였고, 10월 12일부터 한수원본사 천막농성이 시작되었다. 이어 10월 21일 시한부 경고파업을 거쳐 11월 16일 2차 파업에 돌입했다. 한수원 본사 로비 점거 농성이 계속되는 동안 한수원측의 고소·고발이 난무했고 민주일반연맹(위원장 김유진)은 1박3일 총력 투쟁에 돌입했다. 이 투쟁이 전개되는 기간 동안 12월 28일에 한수원 측에서 자회사 자립 경영 및 수의계약 낙찰율 개선을 약속함에 따라 파업 투쟁 및 점거 농성을 마감했다. 시중노임단가 변경분 역시 2021년 예산에 반영함에 따라 한수원 자회사 노동자들의 투쟁은 자회사 소속이라는 제한된 여건 하에서 원청(한수원)과 직접 교섭할 수 있는 토대를 마련했다.

5) 지자체 민간위탁 노동자들의 직접고용 정규직화 투쟁

문재인정부가 3단계 정규직화 계획으로 설정한 민간위탁 노동자의 정규직화가 2019년 6월 이후 사실상 중단된 가운데,[74] 각 지자체 소속 민간위탁 노동자들의 정규직 전환 투쟁이 2019년 이후 전국 곳곳에서 이뤄졌다. 이는 2018년 지방선거 이후 서울시·경기도 등을 비롯하여 광역 지방정부별로 노동존중 정책 흐름이 확산되면서 각 지자체별로 정규직화에 대한 기대 가능성이 높아진 현실을 반영한 것이다. 그러나 IMF 체제 이후 20여년간 공고화된 지자체 민간위탁 체계는 쉽사리 개선되기 어려운 조건에 있고, 중앙정부의 노동정책 궤도 이탈 흐름도 작용하고 있었기 때문에 해당 노동자들의 투쟁도 어려운 여건 하에서 진행될 수밖에 없었다.

정부는 2019년 2월 3단계 민간위탁 노동자의 정규직화 가이드라인을 통해, 민간위탁사무의 직접 수행 여부는 민간의 전문성 활용, 공공서비스 수요 대응 및 질적 향상 등 상당한 필요성을 검토하고 결정토록 함으로써 사실상 민간위탁을 지속하도록 유도했다. 다만 고용노동부는 제3차 정규직화 논의의 중단에도 불구하고, 2019년 7월 지자체에서 민간위탁이 상당수 이뤄진 생활폐기물 수집·운반 업무에 대해서는 '심층 논의 필요 사무'로 규정하고 직접고용 정규직화의 가능성을 열어두었다. 전국 각 지자체 단위로 개별적으로 이뤄진 민간위탁 노동자들의 직접고용 투쟁은 공공운수노조 지역지부 및 민주연합노조(민주일반연맹) 등을 중심으로 대부분 이뤄졌다.

공공운수노조 조직 중에는 2019년부터 △청주환경지회(충북평등지부) △광주 서구청지회(광주전남지부) △경산환경지부(대구지역지부) △전주시 시설분회·미화분회(전북평등지부) 등에서 민간위탁 노동자들의 정규직화 투쟁이 시작되었다. 민주연합노조 역시 전주시(생활폐기물)·음성군(생활폐기물)·고양시(콜센터)·강릉시(수도검침)·목포시(음식물나라)·안산시(생활폐기물)·속초시(소각장)·삼척시(수도검침)·강동구(음식물재활용)·용인시(콜센터 등)에서 투쟁이 이뤄졌다. 특히 민주연합노조는 음성군·삼척시·강동구 등에서 직접고용 전환의 성과가 나타났고, 속초시 등은

---

[74] 문재인정부는 2019년 2월 「공공부문 민간위탁 정책추진방향」 및 2019년 6월 「공공부문 민간위탁 근로조건 보호 가이드라인」 발표를 통해 사실상 3단계(민간위탁) 노동자의 정규직화 추진을 중단했다.

시설공단으로 전환되었다. 공공운수노조의 경우 광주 서구청이 시설공단으로 전환되었고, 나머지는 아직 투쟁 중이다. 전주시의 경우 공공운수노조와 민주연합노조가 공동으로 투쟁을 전개하였다. 일부 사례를 통해 지자체 민간위탁의 정규직 전환 및 노조 투쟁 흐름을 진단해본다.

- 민주연합노조 음성지부의 생활폐기물 수거 직고용 투쟁

민주연합노조 음성지부(지부장 김규원)는 생활폐기물 수거 민간위탁 사업장인 음성문화환경(주)의 직영화 투쟁을 2021년 4월부터 6개월간 전개했다. 음성문화환경(주)에서 위탁 대행비 횡령 의혹이 제기되면서 민간위탁 과정의 비리가 공론화된 것이 주요 계기였다. 4월 28일 보조금 횡령 규탄 기자회견을 계기로 지부는 직접고용 쟁취를 위한 집회·선전전을 계속하고 문화환경(주)의 횡령 수사 촉구를 위한 집회도 전개했다. 지자체의 청소업무 민간 위탁은 그동안 민간위탁업체들의 사업비 횡령, 독점 수의계약 등으로 각종 비리 가능성이 높은데다, 청소 노동자들의 저임금 및 열악한 노동환경 문제를 야기했다. 음성 문화환경의 사례 역시 이를 그대로 반영한다.

계속되는 노조의 투쟁 및 언론의 횡령 의혹 제기로 인해 음성군수는 문화환경(주)에 대한 자체 조사를 실시한 끝에 위탁계약 해지 및 직영 전환 의사를 밝혔다. 이후 노조의 기자회견·선전전 및 음성군수 항의방문 등이 계속되는 동안 8월에 정규직 전환 논의가 본격화되었고, 결국 9월 7일 음성군과 민주연합노조는 청소 생활폐기물 수거 노동자의 직접고용 전환을 위한 합의를 이뤄냈다.

민주연합노조는 9월 15일 음성군 생활폐기물 수집·운반업무 직접고용 환영과 온전한 공무직화를 촉구하는 입장을 발표하고 6개월의 투쟁을 마감했다. 다만 직접고용(공무직) 전환 과정에서 임금·정년 문제가 완전히 해결되지 않아 1년여 동안 음성군과 민주연합노조는 교섭을 전개하고 있다. 이러한 노조의 직접 고용 전환 투쟁에 힘입어 소수로 출발한 민주연합노조의 음성지부는 2022년 이후 조합원들의 증가하면서 노조의 기반도 한층더 강화되고 있다.

- 공공운수노조 광주전남지부의 생활폐기물 수거 직고용 투쟁

광주광역시 서구청에서 생활폐기물 수집·운반처리업무의 민간위탁 계약기간 만료를 앞두고 또다시 민간위탁을 연장하려 하자, 공공운수노조 광주전남지부(지부장 손동신)은 2018년 9월 19일 서구청을 항의면담하고 민간위탁의 문제점을 제기했다. 광주 서구청의 경우 이미 2013년부터 민간위탁 사업자의 비리 및 노동자 임금 삭감 등으로 인한 부당이득 논란이 계속

제기되어 왔다. 이후 10월에 직접고용 전환을 위한 심층 논의기구 구성에 대해서는 합의가 이뤄졌으나 2019년까지 논의가 전개되지 않았다. 2019년 말에 이르러 재활용 및 대형폐기물 노동자들의 처우개선 논의가 우선적으로 진행되었다.

2020년 들어 노조의 계속된 투쟁(집회·선전전)이 이어지고, 민주노총 지역조직 및 진보정당 등의 연대가 이어진 가운데, 3월 의회·학계·법조계·환경단체·공기업·노동자 등 14명의 다양한 분야 전문가가 참여한 투명하고 공개적인 '생활폐기물 최적 처리방안'모색을 위한 거버넌스를 구성했다. 거버넌스는 총 6회에 걸쳐 구청 직영, 지방공단, 민간위탁 공개경쟁 방안의 장단점 비교와 가능성 등 집중논의와 공론화를 진행한 끝에 정부의 정책방향인 공공부문 정규직 전환 방침에 부응하고 청소행정의 공공성·안정성·전문성·서비스 질 향상을 종합적으로 고려해 지방공단 설립안을 최종 권고했다.

이를 근거로 광주시와 공공운수노조 광주전남지부는 2020년 7월 △2021년 10월 이전 공단 설립 △공단 설립·이관과정에서 민간위탁 원가 산정 및 임금체계 컨설팅 등 주요 과정 노조 참여 보장 △공단내 생활폐기물 업무 노동자간 임금 격차 해소 등을 중심으로 합의에 이르렀다.

그런데 광주 서구청과 광주서구시설공단은 기존 노조(광주전남지부)의 단체협약 승계를 거부하고 한국노총 소속 노조의 단체협약을 승계하는 별도 합의서를 2022년 1월 체결함으로써 논란이 발생했다. 공단 업무 개시 이후 불과 2주일 만이었다. 여기에는 노조 차별화 문제를 넘어 규정에 못미치는 별도의 합의서 체결을 통해 반인권적 근로계약을 체결하도록 유도하는 내용이 포함되어 있었다. 지부는 이에 대해 2022년 7월 광주 서구청에 관리 감독 및 인권 침해 관련 조치를 촉구하였다.

- 공공운수노조 전북평등지부 및 민주연합노조 전주지부 공동 투쟁

공공운수노조 전북평등지부 및 민주연합노조(전주지부)는 2019년 1월부터 전주시청 앞에서 전주시 생활폐기물 민간위탁 노동자들의 정규직화를 위한 투쟁을 시작했다. 3월 20일〈비정규직이제그만 전북공동행동〉 회의를 통해 전주시의 생활폐기물 민간위탁 재계약 문제에 대한 공동 대응 차원에서 전북도와 전주시에 관련 분야 민간위탁 실태조사를 요구하였다.

이후 4월부터 전북평등지부(지부장 정용재) 및 민주연합노조 전주지부(지부장 홍진영)은 전주시청 앞에서 정규직화 공동투쟁을 결의하면서, 매주 화요일 집중 집회를 전개했고, 5월 21일에는 시한부 경고파업이 이뤄졌다.

이후 4개월의 투쟁이 계속된 후, 9월 19일 민주노총 전북본부 주최로 전주시청에 대해 정

규직화 심층 논의기구 구성을 촉구하는 결의대회가 이뤄졌다. 결국, 9월 24일 두 노조는 공동으로 전주시와의 면담을 통해 정규직화 논의를 위한 정기적인 연석회의를 갖기로 의견 접근이 이뤄졌고, 이에 따라 지난 1월부터 253일간 진행되어온 천막 농성을 1차 마무리했다. 10월 21일 연석회의 구성을 위한 실무협의가 진행되어 2019년 11월 연석회의가 구성되었고, 이후 2020년 6월까지 연석회의 워크숍과 연구용역을 거쳐 8월에 이후 정책 방향을 결정키로 하였다.

그러나 2020년 말까지 전주시의 연석회의에서는 끝내 결론을 맺지 못하고 정규직화 논의는 다시 원점으로 되돌아갔다. 이후 민주연합노조 전주지부는 2021년 4월부터 전주시청 앞 천막농성을 재개하고 6월에는 '전주시 폐기물관리조례' 개정을 위한 서명운동을 전개했다. 9월 전주시청 앞에서 직접고용 촉구 결의대회를 진행하며 주민조례개정 청구 연서명 자료를 제출했다(7,800여명 서명).

전주시는 연구용역을 계속 지연시킨 후 2022년 4월 연구용역 보고회를 통해 직접고용 전환을 좌절시켰다. 전주시의 입장을 반영한 연구용역 결과에서는 현재 일반쓰레기·음식물·대형폐기물·재활용품을 성상(性狀)별로 수거하는 방식에서 권역별로 일괄 수거하는 방식으로 전환할 필요가 있기 때문에 직접고용 전환이 적절치 않다는 내용이 포함되어 있었다. 때를 같이하여 전주시의회(상임위)에서는 주민조례개정 청구를 부결시켰다. 민주연합노조 전주지부는 △전주시의회의 주민조례개정 청구 부결 △쓰레기 수거방식의 권역별 전환 등이 민간 위탁을 더 확대하고 청소 노동자들의 구조조정을 전제로 한다는 취지에서 강하게 반발했다. 지난 4년간 민주노총(지역본부) 및 소속 노조들과 끊임없이 갈등을 일으킨 전주시장이 2022년 4월 지방선거에서 교체되고, 신임 전주시장 당선자가 직접고용 촉구 집회 현장을 방문하여 노조와 대화를 하겠다고 약속함에 따라 민주연합노조는 농성 449일 만에 6월 29일 천막농성을 마무리했다.

- **공공운수노조 충북평등지부 생활폐기물 수거 직고용 투쟁**

공공운수노조 충북평등지부의 청주환경지회(지회장 이지형)는 2019년 2월 13일 청주시청 앞에서 환경미화원 정규직 전환 촉구 결의대회를 진행한 후 6월까지 집회·선전전 등을 계속했다. 청주시의 태도가 변하지 않자, 8월 26일부터 정규직 전환 심층 논의기구 구성을 촉구하며 청주시청 본관 앞에서 농성에 돌입했다. 9월 9일 청주시장과의 면장을 통해 직접고용 심층 논의기구 구성에 대한 의견 접근이 이뤄짐에 따라 10월 22일부터 논의가 시작되었다.

그러나, 청주시는 다른 기초 지자체 시 단위에서 심층 논의기구 구성이 거의 되어 있지 않다는 이유를 들어 정규직화 논의를 회피하고, 12월 심층 논의기구 회의를 통해 직접고용 관련

연구용역 논의가 이뤄졌다. 이후 청주시에서 지자체 최초로 직접고용 심층 논의기구 구성이 이뤄졌지만, 실제 직접고용 전환은 계속 부딪혔다. 연구용역 결과는 계속 지연되어 2020년 말에 발표되었으나 민간위탁이 타당하다는 결과가 도출되었다. 노조(지회)가 강력히 항의했으나, 청주시장은 노조와의 면담조차 기피하는 등 정규직화 논의는 2022년 초까지 계속 지연되었다.

2022년 6월 지방선거 이후 청주시장이 새로 부임하면서 노조(지회)는 6월 인수위 기자회견을 통해 정규직화 논의를 촉구했다. 11월 18일에는 청주시청 앞에서 직접고용 전환 촉구 결의대회가 진행되었다. 2019년 12월 이후 연구용역을 핑계로 3년간 중단되었던 심층 논의기구가 재개된 날이었다.

- ・ 공공운수노조 대구경북지부 직고용 투쟁

공공운수노조 경북지부(지부장 송무근) 경산지회 는 2019년 임금교섭 결렬로 7월 1일 △민간위탁 철회 및 직접고용 쟁취 △임단협 승리 등의 요구를 앞세워 파업에 돌입했다. 이후 경산시의 태도 변화가 없자 지회는 파업 40일째인 8월 9일부터 경산시청 앞에서 농성에 돌입하였다. 이후 공공운수노조와 경산시 면담을 통해 9월 20일부터 정규직 전환 협의기구 구성·운영에 대한 의견 접근이 이뤄져 9월 26일 파업 86일만에 직접고용을 포함한 심층 논의기구 구성에 잠정 합의하고 투쟁을 마무리했다.

이후 11월 25일부터 경산 환경미화원에 대한 정규직화 논의가 진행되었다. 12월 회의를 통해 직접고용 타당성에 대한 연구용역의 필요성이 공유되어, 1년간 연구 용역이 진행되었다. 그러나 2021년 10월 발표된 연구 용역 결과에서는 직접고용시 예산이 추가 소요되고, 직영으로 인한 민간위탁 사업 중단시 법적 다툼이 있다는 이유로 민간위탁이 타당하다는 결론이 도출되었다. 지부는 이에 항의하며 12월 7일부터 파업에 돌입했고, 이후 2022년 5월 말까지 175일 동안 천막농성을 진행하고 있다. 지부장과 경산지회장(최종현) 역시 5월 12일부터 19일간 단식농성을 진행했다.

6) 공공부문 비정규직 투쟁(종합)

문재인정부 5년간 올바른 정규직화 및 고용·임금의 차별 폐지 등을 앞세운 공공부문 비정규직 노동자들의 투쟁은 곳곳에서 전개되었다. △이미 무기계약직으로 전환했지만 여전히 임금 차별의 한계에 직면한 학교 비정규직 노동자들의 투쟁 △직접고용 정규직화를 위한 공공기관 간접고용 노동자들의 투쟁 △정부 정책 실종으로 정규직화의 열망이 벽에 부딪힌 지자체 민간위탁 노동자들의 투쟁은 결국 '모범 사용자'를 내세우며 정규직화 정책을 선도하겠다는 문재인정부의 정책 한계에 맞서는 투쟁이었다.

그리고 그 투쟁들은 최소한의 임금 차별을 극복하기 위해 극한적 투쟁을 계속해야 하는 현실, 아무리 투쟁해도 결국 자회사 차별구조가 지속되는 현실을 그대로 드러냈다. 2019년 공공부문 비정규직 공동파업의 성과로 일궈낸 공무직위원회는 이러한 안타까운 현실을 재확인시켜 준 제도적 공간으로 작용했다. 2017년 5월 12일 인천공항을 방문하여 문재인대통령이 야심차게 선언한 공공부문 비정규직 제로(0)화는 5년 내내 궤도 이탈을 해왔고, 2020년 이후에는 전산업에 걸쳐 비정규직이 다시 증가하는 상황에까지 이르렀다.

비정규직의 계속된 투쟁은 문재인정부의 정책 한계만 드러낸 것이 아니었다. 공공부문 노동운동의 한계까지 제대로 드러냈다고 볼 수 있다. 먼저 비정규직 투쟁이 2019년 7월 공동 파업을 제외하고는 대부분 개별적인 결사 항전 수준에서 전개됨으로써, 정부 정책을 변화시킬 동력으로 작용하기에는 역부족이었다. 2019년 7월 공동 총파업 투쟁 이후 대부분의 비정규직 투쟁 역시 일부 연대투쟁(예, 학교비정규직·국립대병원 등)을 제외하고는 기업 단위에서 고용·임금 개선 수준에서 진행되었고, 공공기관의 구조적 한계(예, 예산지침 등)를 돌파하고 실효성있는 교섭구조 확보(예, 공무직위원회 등)를 위한 전체 비정규직의 공동투쟁은 상대적으로 미흡하지 않았는가 보여진다.

이어 공공부문 정규직 노조운동, 특히 그중에서도 지난 30여년간 공공부문 노동운동을 주도해왔던 공공기관 정규직 노조의 취약한 계급 연대의 현실을 드러냈다. 과거 이명박·박근혜 정부와 치열하게 대결했던 정규직 노조들은 변화된 정세에 걸맞는 운동 전략을 갖지 못한채 상당 대부분 기업 단위 울타리에 갇혀 사회적 운동 주체로서 자기 모습을 드러내는데 한계를 보였다. 일부 노조들을 제외하고는 비정규직의 정규직화를 위한 투쟁들이 전개되는 동안 대부분의 정규직 노조들은 자신들과는 무관한 것으로 간주했고, 일부 정규직 노동자들은 노골적인 반감을 드러내기도 했다. 비정규직의 정규직화 투쟁이 공정 논란에 직면한 것도 이러한 흐름과 무관치 않다.

공공기관 정규직들이 공공기관 시장화 적폐를 청산하는 구조 개혁 투쟁을 공세적으로 전개하고, 비정규직 노동자들의 고용·처우개선을 위한 제도적 기반(예산운용지침 개선 등)을 마련하는데 앞장섰더라면, 문재인정부의 공공기관 탈시장화, 인력 충원 및 정규직화의 정책들이 상호 시너지 효과를 충분히 낼 수도 있지 않았는가 하는 아쉬움이 남을 수밖에 없다.

공공부문의 특성상 전체 노동운동의 역량을 전략적으로 동원할 때 정부 정책을 변화시킬 수 있는데, 비정규직 투쟁은 개별화되는 경향이 나타나고 정규직과의 연대는 제대로 이뤄지지 못함으로써 문재인정부의 정책 왜곡 및 역주행 흐름을 변화시키지 못한 것이다. 아울러, 공공부문 비정규직노조들의 투쟁이 계속되는 동안 민주노총 및 각 산별조직의 조직화 경쟁 및 갈등이 확대되어 전체 공공부문 노동운동의 통일·단결의 기운이 모아지지 못한 것도 이러한 한계의 원인으로 작용했다고 볼 수 있다.

6. 변화된 정세 속에 공공(서비스)부문 민주노조운동의 지평 확대

1) 다단계 민간위탁에 맞선 수도권 궤도 노동자들의 투쟁

△고속·광역철도 및 도시철도(지하철) 분리 운영 △고속철도 및 일반 광역·도시철도의 경쟁 체제 확대 △민간투자사업(예, GTX·수도권 전철) 등의 구조적 한계를 지니고 있는 우리나라의 궤도 부문(철도·지하철 포괄)에서 최근 또 하나의 사회적 문제가 대두되고 있다. 지하철·간선철도·경전철 등 궤도 부문에서 나타난 다단계 민간위탁 구조 문제이다. 건설 과정에서 정부·지자체에 의한 재정사업과 민간투자사업으로 구분되기는 하나, 이후 운영과정에는 공통적으로 나타나는 문제이다. 이러한 궤도 부문의 다단계 민간위탁 구조는 궤도 노동자들의 고용·노동조건을 불안하게 하고, 이용하는 시민들의 안전 또한 취약한 공통의 문제를 지니고 있다(이영수·변현석·김상철, 2020).

특히 23개 노선이 운영되는 수도권 광역전철(서울·경기·인천, 강원·충남 일부) 운영 체계를 보면 이러한 문제점이 집중적으로 나타난다. 현재 수도권에는 1~8호선, 경의중앙선, 경춘선, 분당선, 인천1·2호선과 같이 재정사업에 의한 공영 체계로 운영되는 노선과, 공항철도, 9호선, 신분당선, 서해선, 용인·우이신설·의정부·신림 경전철 등 민자사업으로 추진되면서 대부분(공항철도 외) 민간위탁으로 운영되고 있다. 김포의 경우 경전철 중 유일하게 재정사업으로 추진되었다. 그런데, 9호선(2·3단계), 서해선, 김포경전철의 경우 1차 서울교통공사에 위탁하여 공영 체계로 운영할 수 있었으나, 서울교통공사가 민간회사 형식의 자회사에 재위탁함으로써 민간위탁 형태를 극복하지 못하고 있다.[75]

---

75 이중 9호선 2·3단계의 경우 메트로9로선지부 노동자들의 투쟁에 힘입어 2018년 11월부터는 공사에서 운영하는 방식으로 바뀌었다.

수도권 광역전철의 운영 체계는 2005년 1월 '사회기반시설에 대한 민간투자법' 시행을 계기로 급격한 변화를 맞게 되었다(이영수·변현석·김상철, 2020). 2005년 1월은 공교롭게 철도공사 출범과 때를 같이하여 철도 구조 개편에 따른 운영 부문 경쟁체계가 시작되는 시기이기도 하다. 그 이전까지는 광역(일반)철도와 도시철도 모두 공적 재정사업으로 진행되어 계획·소유·관리는 정부·지자체에서, 운영은 해당 공기업으로 위탁되는 방식이었다. 이후 인천공항철도가 궤도 부문의 첫 민자사업으로 추진되면서, 시행·소유·운영이 공공과 민간으로 분리되는 구조로 전환되기 시작했다. 특히 철도 운영 경험이 없는 특수목적법인(SPC) 중심으로 사업이 시행되는데, 이들은 철도 운영에 대해 직영보다는 별개의 운영사를 설립하거나, 별도의 위탁 운영 방식을 취하게 된다. 이러한 다단계 민간위탁 흐름은 이명박·박근혜정부를 거치면서 계속 확대되었으나, 문재인정부 역시 이러한 흐름을 제어하거나 조정하는 역할을 거의 하지 않았다.

　　특히 이러한 다단 위탁 체계가 지방정부 중에서 노동존중 정책이 상대적으로 진일보하다고 평가받는 서울시·경기도에 공통으로 확산되고 있었음에도, 산하 공공부문의 고용·노동조건 개선 및 시민 안전을 위한 조치들을 거의 취하지 않았다. 결국 궤도 부문의 노동자들이 나설 수밖에 없었다. 이러한 궤도 부문의 다단계 위탁 구조를 극복하기 위해 관련 공사 및 지자체 직영화를 추진하고, 관련 노동자의 노동조건 개선을 위해 투쟁하는 수도권의 소규모 궤도 노조들을 주목할 필요가 있다.

- 서울메트로 9호선 노동자들의 투쟁

　　2009년 7월부터 운영되고 있는 서울지하철 9호선은 서울9호선운영(주)가 위탁 운영하는 1단계(개화산~신논현) 및 서울교통공사 자회사인 서울메트로9호선운영(주)가 위탁 운영하는 2·3단계(언주~중앙보훈병원)으로 구분되어 있었다. 서울지하철 9호선은 서울시가 처음부터 공공기관 운영이 아닌 민간 위탁 운영 모델로 설정했다. 이에 따라 1단계는 프랑스계 민간회사(RDTA)가 출자한 서울9호선운영(주)에게 2009년부터 30년간 위탁 운영토록 했고, 2단계는 2014년부터 4년간 서울교통공사 자회사인 서울메트로9호선운영(주)가 위탁 운영한 후 4년간 2022년까지 서울교통공사 사내기업(CIC)이 운영하고 있다. 다단계 민간 위탁 형태로 운영되는 만큼 서울지하철 9호선 운영은 운영사의 수익(이윤) 확대가 우선적 목표가 되고, 이에 따라 인력 운영 또한 시장화 모델(인력충원 억제 등)의 구조적 한계를 지닐 수밖에 없었다.

　　이러한 9호선 운영의 문제점을 극복하고자 1단계 회사에 종사하던 서울9호선운영노조(위원장 박기범)가 2017년 11월 30일 인력 충원 등을 요구하면서 파업에 돌입했다. 2017년 1월 노조 결성 이후 △노조할 권리 인정 △부당노동행위 중단(CCTV 감시 등) △살인적 노동강도 개선 및 시민 안전 확보 △현장 인력 충원 및 휴일 확대 △단체협약 체결 등의 요구를 내걸로 사측과 6개월이 넘는 교섭을 전개했으나 결국 결렬되어 파업에 이른 것이다. 핵심 쟁점은 살인적 노동 강도 개선 및 시민 안전 확보를 위한 인력 충원이었다.[76] 노조는 48명의 인력 충원 요구안을 제출했으나 사측은 15명 충원(안)을 제시했다.

노조의 파업은 12월 5일까지 6일간 진행되었다. 노조는 6일간의 파업 진행 기간 중 파업을 지지해준 시민들에게 감사 인사를 전하고, 사측에 △9호선 노동자의 생존권 및 안전인력 확보를 위한 성실한 교섭 △부당노동행위 중지 및 행위자 문책 △회사 제시 안전인력 우선 투입 및 부족 인력 충원 등을 촉구하며 파업 투쟁을 마무리했다.

노조 파업 이후 다단계 민간위탁 철폐를 위한 노동-시민운동의 연대가 확산되면서 2018년 5월 〈9호선 안전과 공영화 시민대책위원회〉(9호선 대책위)가 출범했다. 9호선 대책위 활동을 통해 2019년 1월 9호선 1단계 운영사인 프랑스계 민간회사가 퇴출되어 시행사-운영사 구조에서 시행사 운영 체계로 전환되었다. 그러나 아직 9호선 1·2·3단계의 통합 및 공공 운영체계의 앞날은 여전히 먼 상태이다.

한편 서울교통공사 자회사가 운영하던 서울지하철 9호선 2·3단계에서는 공영화 문제가 2018년 이후 주요 쟁점으로 대두되었다. 이미 서울시는 2018년 11월 서울메트로9호선운영(주)와의 계약 만료를 앞두고 서울교통공사가 자회사 위탁이 아닌 직접 고용하는 방안을 검토했으나 서울교통공사는 여전히 자회사 위탁 운영을 지속하겠다는 입장을 밝혔다. 이에 〈9호선 안전과 공영화 시민대책위원회〉(9호선 대책위)는 7월 19일 서울시청 앞에서 9호선 공영화를 위한 집중투쟁을 선포했고, 이어 노조(서울메트로9호선지부)는 8월 8일부터 준법투쟁에 돌입했다. 노조(지회장 김시문)는 시민 불편 열악한 노동조건 이로 인한 안전 위협 등의 문제가 상존하는 9호선의 공영화가 시급하다는 입장을 밝히고 서울시와 서울교통공사의 직접 고용이 추진되지 않을 경우 파업에 돌입하겠다고 선포했다. 노조는 파업 돌입에 앞서 △3단계 개통 대비 164명의 인력 충원 △25%에 달하는 비정규직의 정규직화 △동종 업계 대비 동일노동 동일임금 등의 주요 요구를 밝혔다.

---

76 대표적으로 승무노동자의 경우 1~4호선(17.3일) 및 5~8호선(16.3일)에 비해 9호선 1단계는 20.3일로서 3~4일을 더 근무하고 있고, 역무 노동자의 경우 25개 역 중 10개 역은 공익근무요원 없이 1인 체계로 운영되고 있다.

서울교통공사가 서울메트로9호선운영(주) 노동자의 직접 고용 계획을 밝히면서 8월 27일 파업 돌입 5시간을 앞두고 예정된 파업 돌입은 유보되었다. 일부 처우개선 및 서울메트로9호선 노동자의 서울교통공사 고용 승계와 함께 9호선 2·3단계의 독립적 운영체제(CIC) 전환 등이 합의되었다. 이후 노조(지회)는 2019년에도 임금체계 개편 민간위탁 철회 등을 놓고 사측과 임금·단체교섭을 진행했으나 또다시 교섭이 결렬되었다. 노조(지회)는 10월 2일 철도·지하철 4노조 선언을 통해 연대파업 돌입을 선언했고, 10월 7일 △9호선 열차 8량화 △9호선 2·3단계의 열차·시설물의 민간위탁 계약 방식 철회 △여성노동자 인권 문제 해결 △임금체계 개편(연봉제 폐지 및 호봉제 도입) 등의 요구를 앞세워 파업에 돌입했다. 가장 핵심적인 쟁점은 메트로9호선 노동자들의 대해 기존 교통공사(1~8호선)과 차별없는 처우를 취해달라는 것이었다. 노조 파업은 3일간 진행된 끝에 서울교통공사와 직접 교섭을 통해 기본급 인상 및 근무환경 개선 등에 대합 합의를 이끌어내고 마무리되었다.

그러나 서울시가 또다시 민간위탁을 검토하자, 결국 2020년 7월 노조(지회)는 서울시에 대해 민간위탁 철회를 요구하며 또다시 파업 투쟁 계획을 준비해야 했다. 7월 10일 파업 돌입을 예고한 가운데, 당시 서울시장(박원순)이 사망하면서 민간위탁 문제는 논의되지 못한 채 처우 개선 관련 합의가 이뤄짐으로써 노조 투쟁은 마무리되었다. 노조의 거듭된 투쟁에도 불구하고, 변화된 정세(서울시장 교체 및 정부 교체) 속에서 2022년 7월 1일 서울시가 9호선 2·3단계 민간위탁 모집을 공고함으로써 또다시 노조와 서울시간의 갈등이 재연되고 있다.

- 서해선노조(지부)의 투쟁

2018년부터 운영중인 서해선 역시 매우 복잡한 다단계 민간위탁 형태를 취하고 있다. NH농협금융지주 자회사인 이레일(주)가 민간투자사업으로 건설하여 20년간 소유권을 가진 상태에서, 열차 운행 및 유지 보수는 한국철도공사에게, 역 운영 및 시설물 유지·보수는 서울교통공사에게 각각 위탁했다. 서울교통공사는 위탁된 업무를 자회사인 소사원시운영(주)에 재위탁하여 운영했다. 서해선은 1단계로 경기도 부천 소사역에서 안산시 원시역까지 운행중이고, 경기도 고양시 대곡역까지 2단계가 현재 건설 중에 있다.

서해선에 노조(공공운수노조 서해선지부)가 2019년 2월 결성되어 사측과 교섭을 시작했으나, 노동자·차량·시설물에 대한 투자를 기피하는 다단계 위탁 운영 구조 속에서 교섭 진행이 원활할 수가 없었다. 이에 노조(지부장 정문성)는 5월 3일부터 임금교섭을 통해 서해선의 임금 수준 및 체계 개편을 요구했다. 특히 임금의 경우 서울교통공사의 60% 수준에 불과했고, 근속에 따른 임금 인상이 없는 저임금 구조가 지속되고 있기 때문에 서해선 노동자들의 불만은 매우 컸다. 이러한 저임금 구조로 인해 서해선은 불과 1년 여만에 직원 30% 정도가 퇴직을 하여 인력 부족 문제 또한 심각했다.

결국 노조는 노사간 교섭에서 사측이 성의있는 교섭 태도를 보이지 않자, 10월 29일 임금 인상, 임금체계 개편, 인력 충원 등을 요구하며 파업에 돌입했다. 노조(지부)가 파업에 돌입하자, 사측은 교섭으로 사태를 해결하기 보다 △징계 경고 △대체인력 채용 △출입문 자문인식기 설치 등을 통해 노조 활동 자체를 억압하였다.

앞서 지하철 9호선의 다단계 민간위탁 폐지를 위해 연대해온 9호선 대책위는 11월 3일 기자회견을 통해 파업 사태의 합리적인 해결을 촉구하고, 서해선의 안전 운전을 위해서는 운영사의 수익 확대에만 골몰하는 다단계 민간위탁 폐지가 필요하다는 점을 다시 밝혔다.

파업은 10일간 진행되었고, 11월 8일 새벽 2시경 임금인상을 주요내용으로 노사간 잠정 합의되며 노조는 8일 10시에 업무 복귀하였다. 어렵사리 노사간 잠정 합의에 이르렀으나, 뒤이어 진행된 노조 총회에서 임금협약(안)이 부결되었다. 이에 노조는 추가 교섭을 요구하였으나 이를 사측이 받아들이지 않아 긴 시간 노사갈등이 지속되었고, 해를 넘겨 2020년 1월 노사간 임금협약을 체결하였다. 여전히 민간위탁 구조가 지속된 상태에서 처우개선 및 인력 충원의 가능성이 요원하자, 서해선노조(지부)는 결국 2022년에도 △인력 충원 △처우 개선 △노동강도 개선 등을 요구하며 11월 31일 파업을 예고하였으나, 근속이 반영된 임금인상을 주요내용으로 노사간에 합의하면서 파업은 유보되었다.

• 김포도시철도노조(지부)의 투쟁

수도권 경전철 중 유일하게 지자체 재정사업으로 시행된 김포경전철 역시 민간위탁과 유사한 운영 체계로 적지 않은 문제가 도사리고 있다. 김포 한강신도시와 서울 김포공항역을 잇는 김포 경전철은 2019년 9월에 개통·운영되고 있는데 개통 이전부터 안전 인력 부족 논란에 직면했다. 자체 재정사업으로 추진한 김포시가 서울교통공사의 자회사인 김포골드라인운영 ㈜에 위탁하여 운영 중인 김포 경전철은 이미 2018년 11월에 개통을 준비하려다 1차 무산되었다. 이후 2019년 7월 개통을 예정하였으나, 전동차 진동이 심한 안전 문제를 노조에서 제기하여 2차로 무산된 끝에, 이 안전 문제를 해결한 이후 2019년 9월에야 개통되었다.

노조(지부장 이재선)는 2019년 7월 개통을 준비하고 있던 회사측이 안전 인력 충원없이 개통을 강행한다면 2019년 5월 29일부터 전면 파업에 돌입하겠다고 선언했다. 노조가 경전철의 안전인력 충원을 앞세워 파업을 선언한 것은 서울 우이신설 경전철에서 발생한 안전 사고가 김포 경전철에 또다시 재연될 위험이 있다는 판단하에서였다. 우이신설선은 2018년 12월 29일에 발생한 전동차 고장으로 추운 날씨에 경전철 이용자들에게 불편을 끼치는 등 2017년 9월에 개통한 우이신설선은 개통 이후 2년도 못되어 9건의 안전 사고가 발생했다. 이러한 우이신설선은 거듭된 안전 사고가 안전 인력 부족에서 발생한 것으로 추정되는 상황에서, 김포 경전철은 우이신설선보다 훨씬 열악한 구조를 지니고 있었다.[77] 이같은 열악한 인력 운영 구조는 김포시가 설정한 경전철 운영비가 현저히 낮게 책정되었고, 운영사의 부대사업 기대수익 또한 최저가 입찰방식에 따라 대폭 삭감된 수준에서 계약이 이뤄진 결과로 노조는 추정하였다.

노조의 투쟁은 노사정간 집중 교섭을 통해 6월 3일 예정된 파업 돌입 직전에 마무리되었다. △노-사-김포시-김포시의회의 경전철 공동 점검 △상가임대·광고 등 부속사업비 손실액 보전 대책 △위탁계약 운영 문제 해결 대책 △안전성 강화 위한 인력구조 및 운영방식 재분석 △임금 인상 및 임금체계(호봉제 전환) 개선 등의 노조 요구안이 대체로 반영된 결과였다.

김포경전철은 개통 이후 1년 6개월간 11건의 사고가 발생했는데, 이중 2018년 12월 21일에 발생한 열차 운영 중단 사고가 크게 부각되었다. 열차 종합제어장치 고장으로 600여 명의 승객이 1시간 동안 전동차에 갇히는 사고였다. 결국 안전인력 문제가 해결되지 않은 탓이다. 이에 노조(지부)는 2020년부터 지속적으로 2019년 노사정 합의에 따른 안전인력 충원을 요구해왔으나 여전히 사측의 책임있는 태도가 보이지 않자, 2020년 10월 1차 경고파업을 진행하였고, 이어 2021년 2월 22일부터 전면 파업에 돌입하겠다고 선언하였으나 노사간에 처우 개선을 합의하며 파업은 유보되었다. 김포시는 공영화에 대한 의지를 가지고 2019년 연구용역 사업을 진행하였고, 2022년 지방공기업평가원의 타당성 연구가 진행되었다. 김포시는 이를 근거로 2023년내 가칭 '김포도시철도공단'을 설립하겠다고 밝혔으나 결국 무산된 것으로 알려졌다. 김포도시철도는 2023년 현재 '김포골병라인'의 오명을 벗지 못하고 있다.

- 용인경전철노조(지부)의 투쟁

2013년 4월부터 운영 중인 용인 경전철 역시 다단계 민간위탁 폐해를 지니고 있었다. 용

---

[77] 노조(지회) 발표 자료에 의하면, 우이신설선의 1km당 운영 인력은 16.4명으로서, △부산교통공사(35.7명) △ 9호선 1단계(25.1명) △9호선 2·3단계(18.8명)에 비해 열악한 구조를 지니고 있다. 그런데, 김포 경전철은 1km당 운영 인력이 9.5명으로서 우이신설선에 비해 현저히 더 낮다.

인시가 용인경량전철(주)에게 30년간 관리운영권을 위탁하고, 용인경량전철은 또 다시 민간 운영사에 위탁하는 구조이다. 2013년부터 2016년 7월까지 ㈜봄바디어트랜스포테이숀코리아가 위탁 운영했고, 2016년 8월부터 현재까지 네오트랜스가 위탁 운영중이다. 민간 기업의 특성상 비용 절감 및 수익 확대를 위해 시민 안전은 외면하고 노동조건은 열악해지는 문제가 역시 공통적으로 나타나고 있었다.

용인경전철 노조(공공운수노조 용인경전철지부)는 2019년 5월부터 △인력 충원 △노동조건 개선을 위해 사측(네오트랜스)과 교섭해왔지만, 노사간 의견 접근이 어렵게 되자 11월 18일부터 준법 투쟁에 돌입했다. 교섭이 계속 교착되자 지부(지부장 이석주)는 12월 30일 파업 돌입을 선언했고, 파업 돌입 직전 사측과 극적 합의를 거쳐 임금 인상 및 비정규직 고용개선 등에 대한 잠정 합의를 이뤄냈다.

그런데 사측은 2020년 1월 들어 노사가 잠정 합의한 내용이 경영권을 침해했다는 이유를 앞세워 서명을 거부하고 단체협약 내용 전반에 대한 수정 요구를 하였다. 이에 지부는 2월 14일, 17일, 3월 26일 등 3차례에 걸쳐 부분파업과 3월 31일 전면 파업을 진행하며 사측을 압박했다. 이후 4월 21일 임금 인상 합의와 함께, 단체협약을 체결하였다. 2020년에는 두 차례의 부분파업을 통해 신분당선 본사의 임금 동결에도 불구하고 임금 인상을 정률에서 정액으로 변화시켰다. 2021년도 교섭 역시 계속 교착된 가운데 3월부터 전조합원 교육을 시작으로 "용인경전철을 용인시민에게" 공영화 투쟁을 진행하였다. 2021년 6월부터 공영화 시민서명운동을 결의하고 △용인경전철의 다단계 위탁 폐지 및 공영화 △별도요금 200원 폐지 등을 촉구했다. 이러한 노조(지부)의 시민 서명운동은 2022년 2월 '용인경전철 공영화 촉구 시민 공동행동'으로 이어져 2월 14일 기흥역 공영화 메세지 달기, 4월 23일 용인중앙시장 시민행진 등 각각 1차·2차 공동행동이 전개되었다.

이후 노조(지부)는 5월 3일 총력결의대회 직후 용인시청 앞 천막 농성을 진행하고, 5월 10일 △다단계 위탁 폐지 △안전인원 충원 △열악한 처우 개선 △용인시 경전철 직접 운영 등의 요구를 앞세워 전면 파업에 돌입했다. 파업 4일 차인 5월 13일에는 "별도요금 폐지의 날"로 정하고 첫차부터 막차까지 17,200여명의 시민들에게 별도요금 200원을 돌려주었다. 5월 14일부터 노조(지부)는 부분파업과 천막 농성으로 전환하면서 용인경전철 공영화 투쟁을 계속 전개하였다. 부분파업은 역무팀·차량팀·신호통신팀·시설안전팀 파업을 거쳐, 간부 파업 등 11월까지 모두 71차례 진행하였다.

용인경전철 공영화 투쟁은 민선 8기 지방선거를 겨냥해 진행하였고, 유세기간 용인시장 후보들을 따라다니며 △그림자 투쟁 △정책질의서 전달 △시민 공영화 서명지 전달 △간담회 등을 통해 후보 공약 정책 질의서를 통해 '별도요금 200원 폐지'와 '다단계 위탁 중단' 약속을 받아냈다. 그러나 민선 8기 시장(이상일) 취임 후 약속은 이행되지 않았고 2022년 7월 3차 운영사 공개입찰 시기는 3개월 정도 늦추는 성과로 끝났다. 11월 25일 시장 면담을 통해 위탁 과정에서 발생하는 노동자의 불이익을 알리고 고용승계와 노동조건 저하 금지 등을 논의하였고 11월 29일 공영화 투쟁 보고대회를 끝으로 1차 공영화 투쟁을 마무리 했다.

용인경전철 지부가 2019년부터 3년간 전개한 공영화 투쟁은 그 기간이나 내용 면에서 소규모 노조가 실천할 수 있는 모든 것을 쏟아부었다고 할 만큼 처절한 것이었다.[78] 계속 확대되는 경전철의 다단계 민간위탁의 현실을 공론화하는데 가장 앞장섰던 용인경전철지부의 투쟁은 공공부문 시장화 저지를 위해 숙명적으로 투쟁해야 하는 공공부문 민주노조에게 시사하는 바가 크다고 볼 수 있다.[79]

2) 우정 · 집배 노동자들의 민주노조운동 영역 확대

우리나라 공공부문에서 복잡한 고용구조를 지니면서 노동안전 사고가 빈발하는 영역이 우정사업 영역이다. 먼저 우정사업본부에는 2021년 기준으로 본부에는 33,994명의 인원이 종사하고 있다. 이중 국가공무원(우정직)은 23,639명이고 공무원 지위에 준하는 별정직이 3,302명, 청원경찰 24명, 그리고 비공무원 7,029명(공무직 5,480명, 기간제 1,549명)으로 구성되어 있다. 우정사업본부의 업무를 위탁하는 공공기관(우체국금융개발원 · 우체국물류지원단 · 우편사업진흥원 · 우체국시설관리단)에는 1,577명의 정규직, 3,055명의 무기계약직이 있다. 또한 집배업무를 위탁받는 민간위탁 분야에 3,887명의 특수고용 노동자가 있다. 모두 42,513명이 종사하고 있는 셈이다. 이중 집배업무 종사자는 우정사업본부에 18,361명, 특수고용 3,887명 등 모두 22,887명이

---

78 1차 공영화 투쟁 과정에서 노조(지부)는 투쟁기금 조합원 1인당 80만원, 쟁의기간 460일, 천막농성 211일, 총파업 4일, 부분파업 71회, 시민공동행동 2회, 시민서명 29,055명, 별도요금 폐지의날 200원 반환 17,200명을 진행하였다. 노조로서 모든 것을 쏟아부였던 투쟁이라고 해도 과언이 아닐 듯하다.

79 2022년까지 지난한 투쟁을 이끌었던 지부장(이석주)은 인터뷰(온라인)를 통해 "2019년에 하나도 모르는 조직이 2022년에 참 많은 것을 거침없이 진행하는 조직이 되었다. 하고 싶은건 다 해봤던 것 같다. 네오트랜스 직원으로만 대했던 용인시와 용인경전철이 노동조합으로 어려워하고 조직으로 인정한다. 그들의 말투나 태도를 보면 공영화 투쟁을 참 잘했고, 많은 것을 얻었다 생각된다"는 짧은 소회를 남겼다.

다.[80]

이러한 복잡한 고용구조는 1998년 IMF 위기 상황에서 우정사업본부 구조조정이 시작되면서, 기능 분할 및 업무 위탁(공공기관·민간위탁) 등의 경영 효율화, 그리고 노동 배제 문화가 복합적으로 작용한 결과이다. 이 영역의 노동조합 또한 2021년 12월 현재 9개가 활동하고 있다.

2020년 코로나 위기 이후 한국사회는 사회적 거리두기 여론이 확산되면서 최근 과로사 문제가 집중되고 있는 영역이 바로 이 집배 업무이다. 공공운수노조 민주우체국본부(본부장 최승묵)의 집계(2022.7)에 따르면, 지난 5년간 36명이 집배원이 사망(전체 우정업무 종사자의 85.7%)했고, 사고 및 뇌심관 질환 사망이 각각 45.2%를 점하고 있다. 코로나 위기 이후 과로사 문제가 집중되고 있는 대표적인 불안정 노동의 영역이다. 복잡한 고용구조 및 차별, 과도한 노동시간(공짜 근무 포함) 및 인력 부족 등이 그 원인으로 지목될 수 있다.

바로 이 과로사 문제를 정면으로 안고 집배 노동자의 노동안전 및 공공부문 민주노조운동을 개척하고 있는 조직이 공공운수노조 민주우체국본부, 그리고 서비스연맹 전국택배노조 우체국본부이다. 지난 10년 동안 집배 노동자들의 민주노조운동 역사를 주도해온 민주우체국본부 및 택배노조 우체국본부를 중심으로 우정·집배노동자들의 운동 흐름을 정리해보고자 한다.[81]

- 민주우체국본부의 집배노동자 공동투쟁

민주우체국본부는 공공운수노조 소속의 전국우편지부(이중원)·우체국시설관리단지부(지부장 박정석)·전국집배노조(위원장 최승묵)이 2020년 9월에 통합된 조직이다. 전국우편지부는 우정실무원을 중심으로 2012년 2월에 설립되어 공공운수노조 지부로 활동해왔고, 우체국시설관리단지부는 2015년 1월 전국우편지부 지회로 출발하여 독립 지부로 활동해왔으며, 전국집배노조는 2016년 4월 공공운수노조 기업노조로 가입하여 활동해왔다. 이 3개 조직은 2016년 7월 우정노동자 연석회의를 구성한 후, 2018년 10월 민주우정협의회로 연대 수준을 강화한 후 2년여 동안의 공동사업 및 공동투쟁을 거쳐 조직 통합에 이르게 되었다.

---

80 민주우체국본부 제출 자료(2022.10) 참고

81 최근 5년여에 걸쳐 서비스연맹 택배노조에 대해 공공운수노조가 민주노총내 조직질서 문제를 제기하면서 조직 갈등이 지속되고 있는데, 여기서는 조직 갈등 문제는 언급하지 않고 우체국본부 활동만을 언급하고자 한다.

노조 통합 추진과정에서 2019년 8월 19일 우체국시설관리단지부장(박정석)이 노조활동과 관련하여 해고되었고, 2020년 2월 중앙노동위원회(중노위)는 부당해고를 인정했다. 사측의 노조활동 방해에 대한 노조 대표의 항의 투쟁이 정당하다는 판단 하에서였다. 우체국시설관리단은 중노위 결정을 이행치 않고 행정소송을 제기했지만, 2022년 12월 9일 서울고등법원은 부당해고를 판결하기에 이르렀다. 무려 3년여의 투쟁의 결과였다. 이에 앞서 2022년 11월 인천노동지청은 우체국시설관리단지부에 대한 부당노동행위 혐의로 우체국시설관리단 직원 3명을 인천지검에 기소의견으로 송치했다.

한편 문재인정부는 2017년 7월 국민진상조사위원회 사업의 일환으로 〈집배원 노동조건 개선 기획추진단〉을 구성했다. 이후 8월부터 다음 해 2월까지 13차 회의를 거친 끝에 △인력 충원 △토요근무 폐지 △안전보건관리시스템 구축 △집배주하랑시스템 개선 △조직 문화 혁신 △집배원 업무완화를 위한 제도 개편 △재정 확보 등의 7대 개선 권고안을 제출하기에 이르렀다. 이러한 흐름 속에서 3개 조직 역시 우정사업본부 비정규직 고용·처우개선투쟁을 전개하고, 11월 21일부터 1개월여 동안 국회 앞에서 △우정사업본부 모든 비정규직 노동자 밥값 차별 철폐 △재택 집배원 노동자성 인정 △임금 차별 해소 △우체국 별정직 차별 해소 등의 요구를 내걸고 농성에 돌입하기도 했다.

한편, 집배원 노동자들의 과로사 문제를 사회적으로 공론화하고 정부의 제도개선(집배원 노동조건 개선 추진기획단 관련)을 촉구하기 위한 목적으로 민주노총(위원장 직무대행 최종진)과 공공운수노조(위원장 조상수) 주도로 시민사회운동과 함께하는 〈집배노동자 과로사 대책위〉가 2017년 7월부터 10월까지 구성·운영되었다. 이 대책위에는 노동·시민·안전보건·법률·종교단체 등이 폭넓게 결합하여 활동하면서, 과로사 관련 국민조사위원회 구성과 함께, 우정사업본부-우정노조의 노동시간 단축과 관련한 특례 합의의 폐기 등을 주도하였다.

민주우체국본부는 출범 직후 우정사업본부와의 단체협약 체결을 추진하지만, 교섭창구 단일화에 따라 우정사업본부 교섭대표노조로 설정된 우정노조의 교섭 해태에 직면한다. 2020년 12월 교섭단위 회의 이후 우정노조는 5개월간 회의를 기피한 이후 5월 21일 회의를 재개했다. 그동안 우정노조는 단체협약 기간 만료가 임박함에도 단체교섭을 진행하지도 않고 관련 노조들과의 협의조차 기피하였다. 민주우체국본부는 2021년 1월 교섭대표노조 및 사용자에 대한 공정 대표 의무 위반에 대해 서울지방노동위원회에 시정을 신청하기에 이르렀다. 7월에 우정사업본부와의 교섭이 이뤄졌고 11월 단체협약 체결을 위한 노조간 회의를 거쳐 12월 30일에 우정노조는 3년 1개월만에 단체협약을 체결한다.

그러나 협약 내용은 관련 법령이나 규정 내용을 옮긴데 불과하고 △별정우체국 폐국시 고용보장 △물류지원단 물류 전가 금지 △휴식시간 확대 △30일 이상 병가시 휴일 미포함 등 민주우체국본부가 요구한 내용은 거의 반영되지 않았다. 우정노조는 2023년 예산안 반영을 위한 임금교섭도 2022년 5월까지 기피하면서 △택배수당 신설 △위험근무수당 인상 등 전 우정노동자의 요구 실현 역시 외면하고 있다.

민주우체국본부는 우정노조의 단체협약 체결 해태 및 우정 노동자의 노동조건 개선 해태 흐름 속에서도 우정 민주노조의 기반을 확대하는 사업을 지속했다. 2020년 9월 출범 이후 △차별없는 명절상여금 쟁취를 위한 전체 우정노동자 서명운동(2020.12) △국제우편물류센터 보안검색·항공경비 직접고용(우정실무원 직군) 전환 및 임금·노동조건 개선투쟁(2020.12~2021.1) △우정노동자 동절기·설명절 특별소통기간 과로사·안전사고 방지 투쟁(2021.1) △우체국 미화감독 갑질 및 직장내 괴롭힘 대응 투쟁(2020.10~2021.1) 등의 사업이 초기에 집중적으로 전개되었다.

택배·집배 노동자에 대한 과로사 문제가 사회적으로 공론화되었던 2021년에도 민주우체국본부는 △우체국시설관리단 부당노동행위 규탄 투쟁(2~6월) △집배부하량 폐지 및 인력충원 투쟁(1~6월) △경북우정청 집배원 정원회수 철회 단식 투쟁(9월) △우정사업본부·자회사 명절 상여금의 비정규직 차별 폐지 투쟁(1~9월) 등을 전개했다. 2022년도에도 △우정사업본부 설명절 소통기 물량 전가 중단 결의대회(1월) △집배원 과로사 방지 우정사업본부 규탄 대정부 요구안 발표(1월) △별정우체국 집배원 불법파견 사용 청와대 국민청원운동(2~3월) △집배원 겸배 철폐 투쟁(5월~) △우체국 택배 파업 관련 우정사업본부 집배원 대체근무 규탄 투쟁(6월) △부천우편집중국 채용시 노조 차별 및 인사 비리 투쟁(7월)등을 전개했다.

• 우체국 민간위탁 노동자들 중심의 택배노조 우체국본부 투쟁

우체국 집배업무의 민간위탁 분야에 종사하는 3,000여명의 노동자들은 우정사업본부에서 우체국물류지원단을 통해 각 지역별로 관리·감독되고 있지만 실제로는 개별 사업자 형태로 사업이 이뤄지는 특수고용 노동자 신분을 유지하고 있다. 다단계 민간위탁 및 특수고용이 혼합된 집배업무 민간위탁은 고용구조 만큼이나 고용·노동조건 개선의 책임 또한 복잡한 구조를 지니고 있기 때문에 정부(우정사업본부) 입장에서는 책임 회피가 용이하게 되어 있다. 한편 이들 노동자들은 현재 조직화 경쟁 영역에 속하고 있다. 90% 이상의 노동자들(2,800여명)이 전국택배노조(서비스연맹) 우체국본부에 소속되어 있고, 10% 정도의 노동자들(200여명)이 한국노총에 소속되어 있다. 여기서는 90% 이상을 점유하면서 우체국 택배 투쟁을 주도하고 있는 우체국본부

(택배노조)의 흐름을 중심으로 보고자 한다.

택배노조 우체국본부 노조 활동은 2013년 전국우체국위탁택배조합(개인사업자 연합회)에서 시작된다. 당시에도 현재와 같이 우정사업본부가 개인 사업자에게 위탁하는 구조였다. 이후 민주노총 내부의 갈등 상황에서 2017년 11월 택배노조가 법내 노조로 자리잡자 2018년 이후 이들 위탁조합에서 가입해 있던 개인 사업자들이 전국택배노조(서비스연맹)에 가입을 했다. 일부 사업자들은 한국노총 소속으로 별도 노조를 결성했으나 이후 곧바로 통합을 추진한다.

이후 2019년 4월에는 택배노조 산하에 우체국본부(본부장 진경호)가 결성되고,[82] 2019년 11월부터 한국노총 산하 전국우체국위탁택배노조와의 통합 사업이 진행되어 2020년 1월 5일 택배노조 우체국본부 및 우체국위탁택배노조 조합원 총회를 통해 전국우체국택배노조(위원장 윤중현)로 통합되기에 이른다. 우체국택배노조는 투쟁결의대회를 통해 우정사업본부에 대해 △공정 계약 △수수료 인상 △안정적인 물량 확보 등을 요구하는 투쟁을 전개하였다. 이후 2020년 2월 규약 개정을 통해 택배노조 우체국본부로 다시 조직 명칭을 개정하여 현재에 이르고 있다.

우정사업본부는 우편 수요 감소(스마트폰 보급에 따른 전자 고지 확대로 물량 감소)로 인해 매년 적자를 기록하고 있는데, 우편사업 적자가 정부 일반회계에서 보전받지 못한 정부 예산 구조 속에서 2020년 4월 7일 국회 입법조사처가 발행한 「우정사업본부의 우편사업 경영 현황과 향후 과제」에서 재정 통합 등 근본적인 개편이 필요하다는 지적을 받기도 했다.

한편 택배 노동자들에 대한 장기간 노동 및 다단계 위탁 문제는 CJ대한통운 등 택배업종 전체에서 보편적으로 나타나고 있다. 전국택배노조(위원장 진경호)는 2020년 하반기 택배 과로사 문제를 사회적으로 공론화하고 노동·시민사회단체가 참여한 〈택배노동자 과로사 대책위원회〉를 통해 정부와 택배사를 압박했다. 그 결과 2021년 1월 21일 정부·국회·택배사업자·택배노동자·소비자·화주대표 등이 참여한 〈택배 과로사 방지 대책을 위한 사회적 합의기구〉를 통해 택배 과로사 대책에 대한 1차 사회적 합의를 이끌어냈다.[83] 그러나 이러한 사회적 합의는 제대로 이행되지 않아 택배노동자들은 결국 파업투쟁에 돌입했다.

5월 7일 쟁의행위 결의를 거쳐 택배노조는 6월 9일 파업에 돌입했다. 쟁의권이 제한되어

---

82 2019년 4월 이후 택배노조에서 우체국본부 구성 비중이 높아졌지만, 기존 택배연대노조에 이어진 복수노조 논란은 극복되지 않았다.

83 이 사회적 합의에는 △택배 분류작업 범위 명확화 △택배종사자 작업범위 규정 및 분류전담인력 △택배종사자 적정 작업조건 △설 명절기 성수기 특별대책 마련 △표준계약서 등이 포함되어 있었다.

있던 우체국 택배 노동자들은 준법투쟁을 시작했고 6월 14일 여의도 포스트타워 1층 로비를 점거하고 농성에 돌입했다. 택배노조 파업 조합원들은 우체국 택배 노동자들의 투쟁을 지원하기 위해 1박2일 노숙 농성을 전개했다. 우체국 택배 노동자들의 투쟁은 6월 18일 더불어민주당 민생연석회의, 택배노조 우체국본부, 우정사업본부가 참여하는 사회적 합의를 통해 마감되었다. 2022년 1월 1일부터 우체국 택배기사들을 분류작업에서 제외키로 함으로써 장시간 노동을 일부 예방하자는 것이었다.

이후 우정사업본부는 이전 2021년 사회적 합의에 포함된 표준계약서 갱신 절차를 준비하지 않았고 2021년 9월 택배요금을 인상(170원)하고도 인력 충원을 계속 미루고 있는 상황에서 2022년 1월에 예정된 우체국 택백 노동자들의 분류작업 제외에 대한 합의를 또다시 지키지 않았다. 결국 2022년 1월 17일에 택배노조 우체국본부 간부 15명이 청와대 앞에서 단식 농성에 돌입했다. 단식 농성을 10일간 이어졌고 청와대 비서관 면담 후 정부가 우체국 택배 문제에 대해 적극적인 노력을 기울이겠다는 약속을 받고 농성을 마무리했다.

택배노조 우체국본부는 △임금 삭감 없는 개인별 분류 완성 △분류작업시 분류비용 지급 등의 요구를 내걸고 5월 2일 총력결의대회를 진행했고, 5월 9일 쟁의행위 결의를 거쳐 6월 18일 파업 돌입을 선언했다. 파업 돌입 하루 전에 우정사업본부와 합의를 거쳐 파업 돌입을 유보했다.

3) 문화체육관광부 · 보건복지부 노동자(공무직)들의 집단교섭 투쟁

문화체육관광부 직속기관인 국립중앙극장 · 국립중앙박물관 · 국립중앙도서관 · 국립민속박물관 · 한국예술종합학교 · 국립국악원 등의 공무직(무기계약직) 및 비정규직 노동자들이 문화체육관광부를 상대로 한 집단교섭 투쟁이 2018년 6월부터 민주노총 주도로 전개되었다. 2020년 기준으로 당시 문화체육관광부 산하 직속기관에는 4,075명의 공무직 노동자가 있었고, 이들 노동자들의 임금 · 노동조건 결정 과정은 유사하지만 노조의 교섭은 개별적으로 이뤄지고 있었다. 이에 공공운수노조 · 대학노조 · 민주일반연맹(공공연대노조) · 서비스연맹(학교비정규직노조) 소속 공무직노조 조직들이 〈민주노총 문화체육관광부교섭연대〉(이하 '문체부 교섭연대')를 구성하고 집단교섭을 추진하기에 이르렀다.

특히 정부가 2018년 1월 발표한 '공공부문 무기계약직 표준임금체계'를 무기계약직 전환 노동자에게 적용하려고 하고, 복리후생 역시 기존 무기계약직과 차별하려는 조치를 취하려 한 것이 이들 노조들의 연대 움직임의 직접적 계기를 제공했다. 관련 노조들은 기존의 무기계약직과 새로이 전환되는 무기계약직이 공동의 임금수준 및 임금체계를 적용받아야 한다는 목표 아래 집단교섭 투쟁을 준비하게 되었다.

문화체육관광부와의 집단교섭 논의는 2018년 7월 민주노총 기자회견으로부터 시작되어 8월 교섭진행 절차와 관련한 합의가 이뤄짐으로써, 2018년 9월부터 11월에 걸쳐 민주노총 교섭단(문체부 교섭연대)과 문화체육부 각 기관 실무 책임자간의 집단교섭이 4차례 진행되었다. 초기에 각 기관 사용자들은 노조의 공동교섭 대표의 교섭 지위에 대한 문제 제기를 했으나, 쟁의발생 신고로 4개 조직(공공연대노조·학교비정규직노조·대학노조·공공운수노조) 대표의 교섭 대표권이 인정되어 집단교섭이 이뤄졌다. 2018년 11월 집단교섭에 따라 문화체육관광부 소속 공무직의 2019년 임금표가 제출되어 교섭이 마무리되었다.

중앙행정기관 공무직 노동자들의 집단교섭 투쟁은 보건복지부에도 전개되었다. △질병관리본부지부가 속한 공공운수노조 △국립재활원지부가 속한 보건의료노조 △국립마산병원지회가 속한 민주일반노조(민주일반연맹)에서도 이뤄졌다. 민주노총의 조정 아래 3개 노조의 실무 준비를 거쳐 2018년 8월 6일 〈민주노총 보건복지부 교섭연대〉(복지부 교섭연대) 중심으로 공동 교섭단이 구성되었다. 이후 8월 20일 보건복지부와 실무 교섭을 거쳐 단체교섭 절차 등에 대한 기본 합의서가 보건복지부와 복지부 교섭연대 간에 체결되었다. 이후 4개월여에 걸친 교섭을 통해 2019년 공무직 임금 및 주요 노동조건 등을 중심으로 합의가 이뤄졌다. 여기서는 조직 규모와 범위가 상대적으로 넓었던 문체부 교섭연대를 중심으로 중앙행정기관 공무직 집단교섭 투쟁을 대표적으로 정리하고자 한다.

코로나 위기가 확산되던 2020년의 경우, 민주노총이 참여한 가운데 공무직 임금 인상 및 임금 체계에 대한 공무직위원회 논의가 진행되면서 문체부 교섭연대의 교섭 역시 이와 연동되어 진행되었다. 다만 문체부 교섭단이 제시한 직무급 체계 내 직종별 임금 밴드를 통한 각 구간별 차등 인상으로 인해 노사간 갈등이 있었으나 노조측이 이를 수용치 않은채 교섭이 마감되었다. 문체부 교섭연대의 교섭 및 투쟁은 2021·2022년에 절정에 이른다.

2020년 12월 교섭연대에 참여하는 4개 노조(공공운수·대학·공공연대·학교비정규직)는 창구 단일화 논의를 거쳐 단일한 교섭구조로 전환했다. 이에 따라 2021년 1월 28일 1차 임금교섭이 시작되었고, 2차 교섭에서 일부 조직(국립극장·국립국악원)의 별도 교섭 절차가 인정되었다. 한편 때를 같이하여 국가인권위원회는 중앙행정기관 공무직에 대한 임금 차별에 대한 시정을 권고(2021.3.18.)하였다. 자연스럽게 공무직 노동자들의 처우개선 기대가 높아질 수밖에 없었다.

이후 3월부터 5월까지 6차례 실무교섭·집중교섭이 이뤄졌으나 노조 요구(임금 인상 등)에 대해 사측 교섭단의 무성의한 태도로 인해 결국 5월 21일부터 쟁위행위 찬반투표가 진행되어 5월 25일 파업투쟁이 결의되었다. 당시 정부는 국가인권위원회의 공무직 차별 시정 권고도 무시하고 있었다. 먼저 공공운수노조 소속 조직들이 1차로 6월 17일에 파업에 돌입했고, 6월 22일에는 문체부 교섭연대 소속 전 조직들이 공동 파업투쟁에 돌입했다. 이에 앞서 6월 18일에는 공무직위원회(총리실) 임금의제협의회 관련 정부위원 면담 및 문체부 공무직의 처우개선 촉구 집회가 열렸다. 문체부 교섭연대의 파업투쟁은 정부가 7월 1일 코로나19 방역지침 4단계 격상 조치에 따라 불가피하게 중단되었다.

이후 문체부 교섭연대는 국가인권위원회 권고안 수용을 촉구하는 청와대 앞 릴레이 행진 및 문체부 장관 면담 투쟁을 진행하였다. 이후 10월 8일 단체교섭이 별도로 개시된 가운데 임금에 대한 집중 교섭이 11월부터 이뤄지면서 12월 27일에 2021년 임금협약이 체결되기에 이르렀다.

2022년에 들어 임금교섭은 2월 21일부터 시작되었다. 이후 5월까지 6차례 실무교섭이 이뤄진 가운데 각 기관의 예산 자료 분석 결과 인건비 부족 문제가 제기되었고, 노조는 문체부에 직속기관 인건비의 통합을 요구했으나 사측에서 이를 거부하는 바람에 또다시 교섭은 결렬되었다. 5월 30일부터 시작된 쟁의행위 찬반 투표 결과 6월 12일 파업 투쟁이 결의되었다. 이에 따라 7월 18일부터 3일간 또다시 문체부 교섭연대 소속 노조들의 공동 파업투쟁이 전개되었다. 이후 단체교섭도 병행되면서 8월부터 교섭이 재개되었고, 4개월여에 걸쳐 실무·집중교섭이 이뤄졌다. 12월 22일 문체부 교섭연대와 사측은 2022년 임금 및 단체협약을 체결하기에 이르렀다. 이후 소속기관 내 동일 직종에 대한 차등을 해소하는 임금체계 개편 및 문체부 소속기관 전체의 인건비의 통합 운용 문제가 쟁점으로 남아 있다.

민주노총 주도로 추진된 문화체육관광부·보건복지부 소속 공무직 노동자들의 집단교섭 및 창구단일화 추진, 그리고 2021년~22년의 파업 투쟁은 이후 중앙 행정기관 및 직속기관 교섭구조 발전 측면에서 시사하는 바가 크다. 개별 기관의 파편화된 교섭구조가 일반화되고 극히 당연시되는 현실에서 관련 조직들의 적극적 연대 노력과 민주노총 중앙의 조정 노력이 작용함으로써 중앙행정 부처 단위의 교섭구조 단일화가 현실화되었기 때문이다. 더구나 교섭 과정에서 공동 파업 투쟁까지 전개된 것 역시 주목할 필요가 있다. 교섭과 투쟁의 병행이라는 민주노조운동의 운동 전략이 실제 현실에서는 제대로 관철되기 어려운 조건 하에서 이들 노조들은 그 가능성을 실천했기 때문이다. 이는 학교 비정규직 노동자들의 투쟁과 함께 매우 의미있는 실천 노력으로 볼 수 있다.

4) 사회(돌봄)서비스 공공성 확대를 위한 사회서비스원 및 사회서비스 노동자 투쟁

우리나라에 종사하는 사회(돌봄)서비스 노동자는 2022년 12월 현재 120여만명 정도로 추계되고 있다. 2020년 12월 정부(고용노동부) 통계에 따르면 사회(돌봄)서비스 노동자는 108.7만명으로서, 요양보호사 45만명, 보육교사 24만명, 사회복지 시설 노동자 8.3만명, 장애인활동지원사 8.2만명, 가사·육아도우미 15.6만명, 노인돌봄 노동자 2.9만명, 기타 4.7만명으로 각각 집계되고 있다. 이중 공공부문에 직접 종사하는 인력(정규·비정규 포함)은 2%가 채 안되는 것으로 알려지고 있다. 민간 중심 운영 및 민간 위탁이 가장 보편화된 영역으로서, 이들 사회(돌봄)서비스 노동자 대부분은 열악한 저임금 및 노동권 보호의 사각지대에 놓혀 있다. 문재인정부가 사회서비스 인력 및 공공 인프라 확충과 함께, 사회서비스 공공적 운영체계 구축(사회서비스원 설립·운영 등)을 주요 국정 과제로 내세웠으나, 5년여동안 이뤄진 실적은 매우 미흡한 수준이다. 여기서는 문재인정부 주요 국정과제였던 사회서비스원 운영 및 노조들의 활동과 함께, 과거 공공연맹 시절부터 이어진 사회복지·보육지부 노동자들의 투쟁을 간단히 살펴본다.

- **사회서비스원 공공성 강화를 위한 정책 추진 및 노동자 투쟁**

사회서비스원 설립은 지난 1990년대 이후 30년간 지속되어온 사회서비스 시장화 체계를 공공적으로 전환하는 매우 의미있는 국정 과제이다. 앞서 각 시기별로 사회서비스시설에서 운영 비리 및 노조 탄압이 계속되어온 것도 사회서비스 민간위탁 주체의 수익(이윤) 확대 중심의 체계에서 대부분 비롯된 것으로서, 사회서비스원 설립은 이러한 후진적 사회서비스체계의 변화를 상징하는 제도적 조치이다.

문재인정부의 사회서비스 일자리 17만개 확대 및 사회서비스원 설립 국정과제 추진에 따라, 일자리위원회에서 관계부처 합동으로 '사회서비스원 설립방안'이 발표(2018.12)된 이후 2019년부터 각 광역지자체 단위로 시범사업으로 사회서비스원이 설립되었다. 2021년 8월 국회에서 '사회서비스원 설립·운영에 관한 법률'이 제정되고, 2022년 2월부터 시행됨에 따라, 2022년 5월 현재 전국의 14개 광역 지자체 산하에 사회서비스원(이하 '사서원')이 설립·운영되고 있다. 2022년 3월에는 중앙사회서비스원이 개원되어 전국의 사회서비스원의 위상 강화가 추진되고 있다.

그러나 '사회서비스원 설립방안'발표(2018.12) 당시 계획했던 문재인정부의 사회서비스 공공 인프라 확충이 매우 미흡하고, 사회서비스의 공공적 운영 체계 구축의 과제가 취약한 상황에서 시장근본주의를 앞세운 윤석열정부로 교체되었다.[84] 2021년 12월 기준으로 전국의 13개 사서원에 종사하는 인력은 모두 1,922명에 불과하고, 이중 일반 정규직은 모두 762명에 불과하다.[85] 문재인정부의 야심찬 국정과제라고 하기에는 너무나 초라하다. 애당초 2017년 10월 17만명의 사회서비스 인력을 확충하여 사회서비스원으로 전환하겠다는 그 약속은 과연 어디에 있는지 모르겠다. 각 사서원에 필수적 설치 대상인 종합재가센터 역시 서울(12개), 광주(3개)를 제외하면 대부분 최소 요건(2개)만 갖추고 있다.

이전 사서원 강화에 대해 매우 부정적으로 접근한 정치세력(현 국민의힘)이 집권하면서, 그나마도 취약한 사회서비스 공공 인프라 확충 및 사서원의 공공적 체계 강화 역시 생존 또는 고사의 갈림길에 놓여 있다. 더구나 사서원을 직접 운영하는 광역 지자체가 지난 2022년 6월 지방선거에서 대부분 현 집권세력으로 교체되면서 이러한 우려는 현실화되고 있다.

민주노총은 2022년 2월 15일 돌봄노동자대회를 개최하고 각 대선 후보들에게 돌봄의 국가 책임 보장을 요구했다. 민주노총의 돌봄 노동자들은 △모든 국민의 돌봄받을 권리와 돌볼 권리 국가 보장 위한 '돌봄기본권' 법제화 △국공립 돌봄기관 대폭 확충 △노동조건 개선을 위한 노정교섭 보장 △적정임금 보장과 경력 인정 △돌봄 노동 인력 확충 등을 앞세워 연대하여 투쟁할 것을 결의했다. 윤석열정부 출범 이후 민주노총은 10월 12일 서울과 세종시에 각각 돌봄노동자대회를 또다시 개최하고 돌봄 노동의 국가 책임을 촉구했다.

서울시의 집권 세력 교체 및 윤석열정부 출범 이후 상대적으로 안정된 기반을 지닌 서울 사서원에서부터 어두운 그림자 역시 갈수록 전망이 어두워지고 있다. 이미 2021년 9월 서울시의회는 서울시장(오세훈)이 제출한 2022년 사서원 예산 삭감에 동의하면서 상대적으로 모범 운영 모델로 작용했던 서울사서원의 운영에 장애 요소가 발생했다. 문제는 당시 서울시의회가 민

---

[84] 2018년 공공인프라 확충 계획에 따르면, △국공립 어린이집 이용률 40% 달성 및 450개소 이상 확충 △요양시설 344개소 확충 △사회서비스원 종합재가센터 135개소 설치 등이 제시되었다. 그러나 문재인정부 임기 중 이러한 목표는 매우 미흡한 수준에서 마무리되었다. 국공립어린이집 및 요양시설 확충은 계획 수준의 1/10에도 못미쳤고, 17개 사회서비스원의 종합재가센터는 서울을 제외하고는 대부분 최소 수준(2개)에서 크게 개선되지 못하고 있다(박용석·이재훈·윤정형, 2021).

[85] 클린아이(지방공공기관 경영정보공시시스템)에 공시된 2021년 12월 13개 사서원의 인력 현황을 상세히 보면 정규직 762명, 비정규직 398명, 무기계약직 23명, 소속외인력(위탁) 739명으로 집계된다(울산 미공시). 정규직 762명 중 서울 사서원이 63%(480명)에 해당한다.

주당이 거의 장악한 구조임에도 문재인정부의 국정과제를 왜곡시키는 앞장섰다는 점이다.

때를 같이하여 2021년 10월 서울사서원의 대표로 취임한 황정일은 사서원의 존립 취지에 역행하는 조치를 계속 취하고 있다. 2022년 4월 8일 해명자료(경향신문 보도)를 통해 서울사서원은 기존에 노사간 단체협약이 '돌봄 노동자의 특성과 몰이해에 기반'한 것이라는 이유로 이를 개악하겠다는 취지의 입장을 발표했다. 이후 공공운수노조 서울사서원지부를 포함한 노조와의 교섭에서 사서원 노동자의 성폭력·감정노동 보호 내용은 약화시키고 병가 요건은 강화하는 개악안을 계속 제시했다. 그러면서도 한국노총 사회서비스원노조(위원장 김현중)와는 '소수 목소리 존중' 취지를 앞세워 4월 19일 단체협약을 체결했다. 서울사서원의 입장은 황정일 대표의 일부 언론 기고에서 적나라하게 드러나 있다. 서울사서원 노동자들이 다른 사서원 노동자들과 달리 월 정액 임금을 받는 귀족 노동자 행세를 하고 있다는 것이다.[86] 서울사서원의 역주행 흐름은 결국 2022년 9월 16일 공공운수노조 서울사서원지부를 포함한 4개 노조에 대한 단체협약 해지 통보로 구체화되었다. 또한 서울시 및 서울시의회는 11월에 2023년 서울사서원의 예산을 대폭 삭감 조치하기에 이른다. 이러한 서울 사서원의 역주행 흐름은 현 집권세력이 지자체장을 맡고 있는 전국 각 지자체의 사서원으로 확산될 우려가 높다.

- 사회서비스원노조들의 조직화 및 투쟁

한편 전국 각 사서원의 취약한 토대 및 서울사서원의 역주행의 상황 속에서 관련 노조들의 활동은 전국적 연대 흐름이 아닌 개별적 교섭 중심으로 전개되고 있다. 사서원 설립 과정에서 노조 조직화 경쟁이 가열되어 2021년 12월 기준으로 8개 서사원에 19개 노조가 결성되어 있었고, 조합원수는 모두 622명으로 조사되고 있다. 2022년 2개 사사원(광주·세종)에 2022년 노조들(5개)이 추가 결성되어 2022년 말 기준으로 24개가 결성되어 있다. 이중 민주노총 소속 19개(공공운수노조·서비스연맹·민주일반연맹·정보경제연맹·보건의료노조 소속), 한국노총 소속 4개,

---

86 서울사서원의 황정일 대표는 이뉴스투데이에 기고(2022.11.18.)한 '서울시 사회서비스원 귀족노조의 착각'을 통해 서울 사서원 노동자들의 월평균 임금 228만원이 민간 기관 노동자들의 임금(시급)에 비해 월등하게 높다는 점을 지적하고 있다. 그러나 황정일 대표의 이 생각은 사회서비스원 설립 취지를 망각한 상식 이하의 것이다. 사서원 설립 목적이 서비스 노동자의 고용·처우개선을 통해 돌봄 노동자 전체의 고용·처우개선을 유도하는 '모범 사용자' 역할을 하고, 안정된 노동조건을 통해 사회서비스의 질을 제고하고 공공적 토대를 강화하는 것이기 때문이다.

무 상급단체 1개로 나타나 있다.

　문제는 각 사회서비스원에 설립된 복수노조들 중 상당수가 민주노총 소속들이고, 전체 조합원 1,000명도 채 안되는 영세 규모인데도 각 지역별로 사서원 노조 결성 과정에서 경쟁 및 갈등 구조가 형성되고 있었다는 점이다.[87] 물론 각 사서원이 본부, 종합제가센터 및 지자체 위탁 센터들이 복합적으로 구성되어 있고, 종합재가센터 및 각 위탁 센터 노동자들의 경우 보육·요양서비스 관련 노조들이 이미 존재하고 있었기 때문에 이를 한번에 통합하기는 쉽지 않다. 그런데 소수 조직이지만 한국노총의 경우 중앙 직할의 사회서비스원노조를 통해 조직들을 하나로 모아내고 있는 상황을 고려해 볼 때, 민주노총 소속 사서원 복수노조들의 통합 노력이 민주노총 중앙이나 각 산별조직간에 거의 이뤄지지 않는 것은 재고할 필요가 있다.

　특히 서울사서원의 경우 공공운수노조(사회서비스원지부) 및 서비스연맹(요양서비스노조)간 공동교섭 추진과 관련하여 민주노총 중앙의 조정 노력이 2019년 하반기 내내 계속되었으나 별다른 실효성을 지니지 못한채 복수노조간 연대는커녕 여전히 갈등 구조가 형성되어 있다. 2019년 8월 민주노총 중집위에서 서울사서원 단체교섭 방안이 논의되면서 복수노조의 공동교섭 방침이 결정되었는데, 서울사서원 제1노조 위치에 있던 공공운수노조(서울사서원지부)가 반대 입장을 표명했다.[88] 중집위의 결정에도 불구하고, 이 공동교섭 추진 논란은 제대로 해결되지 못한 채 서울 사서원의 교섭은 민주노총 3개 단위(서비스연맹 2개 포함)가 개별적으로 진행하는 구조를 취하고 있다. 2022년 5월 기준으로 서울사서원을 제외한 6개 지역의 사서원은 교섭대표

87　클린아이의 공시 내용에 의하면, 2021년 12월 기준으로 서울 사서원 3개, 인천 사서원 4개(모두 민주노총), 충남 사서원 2개의 복수노조가 민주노총 조직으로 경쟁하고 있고, 대구·경기는 서비스연맹 소속, 전남·경남은 공공운수노조 소속으로 각 1개씩 노조가 결성되어 있다. 조합원수는 공공운수노조가 모두 324명, 서비스연맹(돌봄서비스·사서원노조 포함) 128명, 공공연대노조·다같이유니온(정보경제)·보건의료노조 소속 조합원들은 59명이다. 8개 사서원의 민주노총 조합원수는 다 합해서 511명에 불과하다. 2022년에 추가로 노조가 결성된 광주 역시 3개가 모두 민주노총 소속이다.

88　민주노총은 사서원 교섭방침에 대해 서울사서원을 넘어 민주노총의 사업장내 복수노조의 일반적 교섭 원칙을 설정한 취지라고 밝혔으나 공공운수노조는 이에 응하지 않았다. 총연맹 중앙의 정책 대응 단위(사회공공성사업단)에서 교섭 방침을 논하는 것이 적절치 않고, 이미 압도적 다수를 포괄하는 노조(지부)가 이미 교섭대표조직의 지위를 인정받은 상태에서 서비스연맹 요양서비스노조에 교섭대표 자율 결정을 위한 협의를 요청했는데도 이에 응하지 않은 현실을 무시하고 총연맹 중앙이 공동교섭 방침을 정한 것이 타당치 않다는 이유였다(공공운수노조 제출 자료).

조직이 설정되어 있고 인천사서원은 4개 조직이 자율적으로 공동교섭을 진행하고 있다.

2022년 윤석열정부 들어 서울시의 사서원 억압 정책이 더 갈수록 노골화되고 있다. 서울사서원은 9월 16일 공공운수노조 서울사회서비스원지부에 대해 단체협약 해지를 일방적으로 통보했다. 이미 서울사서원측은 교섭 기간 중에 △일방적이고 장애인 돌봄 사업 폐업 △노동조건 개악 등의 조치를 계속 취하고 있었다. 이에 서울사서원지부(지부장 오대희)는 9월 22일 기자회견을 통해, 노사관계의 모범을 보여야 할 공동 돌봄기관이 사서원의 돌봄 노동자들의 노동조건 개악을 추진하고 노조활동 통제에 앞장서는 것에 대해 강하게 항의했다. 결국 서울사서원의 단협 해지 상황이 해결되지 않은 상황에서 지부는 11월 16일부터 2일간 경고 파업을 전개했다.

공공운수노조 서울사서원지부의 단체협약 해지 통보가 이뤄진 가운데 전국돌봄서비스노조(위원장 노우정)가 10월 5일 서울사서원과 체결한 단체협약과 관련하여 논란이 발생하였다(은혜진, 2022). 공공운수노조는 "윤석열정부가 민간 중심 사회서비스를 강화하겠다는 정책을 발표한 상황에서 돌봄서비스노조가 사측의 공세에 굴복하여 돌봄 노동자의 처우를 후퇴시켰다"며 강도높게 비판했다. 이에 돌봄서비스노조는 "민주노총 중집위의 결정대로 민주노조가 함께 교섭을 진행될 수 있었다면 훨씬 상황이 나아졌을 것"이라는 전제하에 "각각 개별 교섭을 하는 상황에 내몰리게 된 책임은 공공운수노조의 반노동적 행태에 있다"며 반론을 제기했다. 양 노조는 돌봄서비스노조가 체결한 단체협약의 구체적 내용과 관련해서도 개악-보완조치 논쟁을 이어갔다.

서울사서원 노조간의 이러한 갈등 및 논란은 민주노총내 사회서비스 노동자 복수노조에서 비롯된 안타까운 현실을 반영한다. 현재의 상황은 사서원 노조들이 서울 사서원의 역주행을 극복하기 위한 공동 노력들을 우선적으로 취해야 하는데도, 이러한 갈등으로 인해 정작 중요한 당면 과제가 소홀히 취급되었기 때문이다. 앞서 언급한 바와 같이, 서울사서원의 황정일 대표가 사서원 설립 취지를 망각하는 역주행을 거듭하고 있고 사서원 노동자를 귀족 노동자로 폄훼하면서 공공운수노조 지부 등의 단체협약 해지가 통보된 상황이었다.

한편 서울 사서원에서 복수노조간 갈등이 이어지는 것과 달리 다른 지역에서는 민주노총 소속 복수노조가 자율적으로 교섭대표노조를 설정하고 공동교섭을 진행하고 있기 때문에 그나마 다행스러운 모습이다. 2021년 5월 노조 탄압 논란이 제기되었던 충남사서원의 경우 공공운수노조(충남사서원지회) 및 공공연대노조(충남세종본부 보육지부)는 최근 2022년 12월에 충남사서원 노동자들의 처우 및 복지 개선을 주요 내용으로 하는 임금협약을 체결했다. 인천사서원에서도 민주노총 소속 4개의 복수노조가 2021년 4월부터 임금 및 단체교섭을 공동으로 진행하면서 사측의 무성의한 교섭 태도에 대해 공동으로 대응하고 있다.

한편 서울시의회는 11월 22일 2023년 사서원 예산을 전년 대비 62% 삭감했다. 이미 2022년 삭감에 이어 상식 이하의 서울시의회의 사서원 예산 삭감은 사실상 이후 사서원을 고사시키겠다는 발상에 다름 아니다. 그리고 서울시의회의 이러한 예산 삭감 조치는 다른 지자체에서도 사서원 예산 삭감의 광풍(狂風)을 초래할 가능성이 높다. 이러한 사서원 예산 삭감이 아니더라도 서울을 제외한 각 사서원은 종합재가센터 운영과 함께, 사서원 노동자의 고용 및 처우구조가 매우 취약하여 이후 지속 가능성에 대한 우려가 계속 제기되고 있다(박용석·이재훈·윤정향, 2021). 이미 사서원의 핵심 조직인 종합재가센터가 문을 닫거나 제 역할을 못하는 경우가 나타나고 있다.

앞서 사서원의 설립·운영을 반대해온 정치세력이 집권하고 공공부문 시장화를 전면적으로 내세운 윤석열정부의 공세가 갈수록 강화되는 현재의 상황은 그나마 취약하고 지속 가능성이 우려되는 14개 사서원의 앞날에 적지 않은 먹구름을 던져주고 있다. 110만 돌봄 노동자의 노동권을 보호하고 사회서비스의 공적 체계 구축을 위한 야심찬 과제를 안고 출발한 사서원의 미래가 '바람 앞의 등불' 위치에 놓인 지금, 무엇보다 공공부문 민주노조운동은 이러한 사서원 조직을 반드시 지켜내는 강력한 단결·연대가 무엇보다 절실하다.

- 시설 비리에 맞서 사회 복지 공공성 강화를 위해 투쟁하는 사회복지지부

2003년 서울경인사회복지노조 결성을 통해 사회복지 시설 노동자들의 노동권 강화 및 시설 민주화를 위해 투쟁해온 사회복지 노동자들은 2007년 공공노조 사회복지지부로 전환한 상태에서 현재에 이르고 있다. 사회복지 시설은 대부분 정부·지자체에 민간 위탁 형태로 운영되면서 낮은 임금 및 열악한 노동조건 하에 있다. 사회복지 노동자들의 저임금 및 열악한 노동조건은 대부분 비정규직에서 비롯되고 있다. 이러한 현실은 노동 존중 및 공공부문 정규직화를 표방한 문재인정부 하에서, 그리고 노동 친화적 행정을 내세우는 박원순 서울 시장 체제 하에서도 별로 변화하지 않았다. 더구나 사회복지 시설을 운영하는 법인들은 과거와 같이 여전히 사적 이윤 중심으로 복지 시설을 운영하는 과정에서 △인권 유린 △노조활동 억압 △운영 비리 등이 되풀이되는 한계를 지니고 있다.

공공운수노조 사회복지지부 산하 사업장에서도 이러한 사회복지 시설 운영의 문제는 여전히 계속되었다. 대표적으로 △진각복지재단의 인권 유린(2019.1) △대한불교 조계종 나눔의 집의 운영 비리(2020.5) △송천한마음의집 운영 비리(2020.5) △정릉사회복지관의 노조활동 탄

압(2020.5) △서울성공회 사회복지재단의 노조활동 탄압(2020.6) △서울시남부장애인복지관의 시설 폐쇄 위협(2020.8) △정릉사회복지관의 노조활동 탄압(2022.4) 등이 계속 나타났다. 문재인 정부의 공공부문 정규직화 정책의 한계(특히, 지자체 민간위탁) 및 사회서비스의 공적 전환 한계 속에서 이들 민간위탁 시설의 운영 비리 문제 및 노조활동 탄압 문제는 여전히 사각지대에 놓여 있다.

사회복지지부(지부장 유영옥)는 비록 조합원수가 아직 300여명에 불과한 소수 조직이기는 하지만 사회복지 현장의 계속된 노조활동 탄압 및 운영 비리 등에 맞서 사회복지시설 노동자들의 노동 기본권 강화 및 조직 확대 사업을 전개하고 있다. 매년 사회복지 노동자학교를 통해 노조 조합원 및 사회복지 노동자들의 단결을 도모하고 있고, 각 지회별로 비정규직의 고용·처우 개선 투쟁도 다양하게 진행되고 있다. 또한 △국가보훈처 사회복지사 결의대회(2019.7) △사회복지사 노동권 보장 서명운동(2021.7) △사회복지 노동자 노동권 보장 8대 요구 실현 1천인 선언(2021.11) △돌봄 노동자 결의대회(2022.2) △사회복지 현장 직장내 괴롭힘 실태조사(2022.6) △돌봄 노동자 2022 행진(2022.10) 등의 사업을 진행했다.

- 보육 노동자 노동권 보호·확대를 위해 투쟁하는 보육지부의 투쟁

2022년 현재 30만명으로 추정되는 보육 노동자들의 열악한 노동 현실을 극복하기 위해 지난 2005년 보육노조가 출범(2007년 보육지부 전환)한 이후 보육노동들의 투쟁도 계속 이어졌다. 2009년 이후 공공운수노조 보육지부는 △대체교사 지원사업 추진(2009년)△보건복지부 보육교사 동결 지침 대응(2012년) △보육노동자 블랙리스트 대응(2013년) △영유아 점심시간의 노동시간 인정 소송(2013년) △교사 대 아동비율 초과인정 폐지(2014년) △초과보육 인정 지침 폐지 및 맞춤형보육 저지를 위한 서명·기자회견(2016년) 등의 사업을 추진해왔다. 문재인정부 들어 보육지부(지부장 함미영)는 여전히 최저임금 수준에 머물고 있는 보육 노동자의 처우 개선 및 직장내 괴롭힘 방지를 위한 실천사업을 전개하고 있다. 2020년 7월 보육노동자 노동실태조사를 통해 과거 1년간 직장내 괴롭힘을 당한 경험이 있는 노동자들이 70.3%에 달한다는 보고서를 제출했다. 그런데 괴롭힘의 가해자로 78.3%가 어린이집 대표(원장·이사장)라는 사실이 드러나며 보육시설의 취약한 인권 문제가 제기되었다. 보육지부는 2021년 1월과 2022년 4월에 각각 보육 노동자들의 열악한 임금 현실을 발표했다. 노동 존중 및 사회서비스 공공성 강화를 주요 국정과제로 제시하고 있는 문재인정부에서 보육 노동자들의 임금 및 인권 문제가 개선되고 있지 않은 현실을 밝힌 것이다. 보육지부 역시 아직은 소규모 조직이기는 하나, 돌봄 노동의 가

치와 돌봄의 희망을 공유하기 위해 전국의 보육교사들이 노조 활동에 함께하기 위한 사업에 앞장서고 있다.

5) '노동존중' 시대에도 계약 해지와 맞서 싸우는 문화예술 노동자들

2006년 공공노조 결성 이후 전국문화예술노조가 각 지역별 지부 체계로 전환한 가운데, 문재인정부 들어서서 문화예술 노조들의 지평도 확대되고 있었다. 특히 문재인정부 들어 문화예술 노동자들은 열악한 고용 및 노동조건 개선에 대한 자각을 통해 노조 결성에 적극적으로 앞장섰다. 2022년 5월 기준으로 공공운수노조 소속 문화예술노조(지부·지회)는 모두 65개에 달하고 있고, 조합원도 6,000명에 달하고 있다. 이는 지난 2006년 1,000여명에 불과했던 전국문화예술노조에 비해 괄목할 만한 성장이 이뤄진 것으로 볼 수 있다. 이중 2/3 이상의 노동자들이 문재인정부 시기에 노동조합에 가입한 것으로 알려지고 있다.

그러나 확대되는 문화예술 노조들과 달리 문화예술기관의 운영은 과거 20년 전이나 크게 변화지 않았다. 초단시간 노동과 최저임금에 못미치는 임금, 그리고 실기 평정으로 인한 고용 위협은 크게 변화하지 않았고, 노조 결성을 통해 관련 노동자의 고용 개선(정규직화 등)을 요구하거나 처우 개선을 요구하면 노조원을 해고하는 흐름들이 여전히 계속되고 있다. 특히, 공공부문 비정규직의 정규직화가 전국 각자에서 논의되었던 문재인정부 시기에 문화예술기관 중 비상임예술단의 비정규직 철폐가 향후 가장 큰 과제로 대두되었다. 2021년 12월 기준으로 문화예술노조에 가입된 사업장 중 경기지역 6개, 서울지역 1개, 충남지역 2개, 대구지역 4개가 비상임(비정규직, 초단시간근로) 예술단이다. 이 비상임예술단 노동자들에 대해서는 주 15시간 이상 근무시간 확보(상임화)와 노동조건 개선이 가장 중요하고 또 어려운 과제로 제기되고 있다. 이중 투쟁이 진행중인 4개 예술단노조(지부)의 사례를 살펴본다.

• 양주시립예술단

2018년 8월 시립합창단 단원이 합창단 지휘자의 갑질을 고발하자 지휘자는 단원의 해촉 건의서를 양주시에 제출하고 연습실 출입을 불허했다. 해고 위기에 직면한 단원들 20여명이 9월에 노조(경기문화예술지부 양주시립예술단지회)를 결성했고, 이후 시립교향악단 단원들도 노조에 가입했다. 갑질에 저항하고 해고를 예방코자 노조를 결성했지만 양주시는 단원들 모두를 해고하는 조치를 취했다.

양주시의회는 12월 18일 합창단과 교향악단의 2019년 운영예산을 전액 삭감했고, 양주시는 12월 26일 예술단 단원들의 해고를 일방적으로 통보했다. 2019년 1월 1일부터 양주시립예술단 60명 모두를 해고한다는 내용이었다. 2003년에 설립한 합창단 및 2009년에 설립한 교향악단을 단지 노조를 결성했다는 이유로 사실상 해체한다는 것이다. 그것도 월 50~60만원의 저임금으로 일해온 노동자들이었다.

예술단지회(지회장 김민정)는 12월 30일 여의도 더불어민주당사 앞에서 기자회견을 통해 헌법에서 보장된 노조할 권리를 외면한 양주시에 대해 책임있는 조치를 취해 줄 것을 촉구했다. 이어 양주시청 앞에서 기자회견·집회 등의 투쟁을 계속했다.

예술단지회의 투쟁은 2019년 5월 17일 경기지방노동위원회(경기지노위)에서 부당 해고로 인정됨으로써 1차로 매듭지워졌다. 양주시는 예술단원들이 위촉직이고 이들이 주 2회 초단시간 연습하면서 월 50~60만원을 받는 위치에 있기 때문에 노동자(근로자)가 아니라고 주장했으나, 경기지노위는 이를 배척하고 이들 노동자들에 대한 부당 해고를 인정했다. 지노위의 결정에 따라 양주시는 이들에 대한 복직 조치를 취했다. 그러나 양주시립예술단 노동자들이 초단시간 비정규직 위치에 있는 만큼, 이들에 대한 정규직화 조치는 또다른 과제로 남아 있다. 2022년 10월 현재까지 예술단지회는 정규직화 투쟁을 계속 전개 중이다.

- 용인시립예술단

2017년에 용인문화재단 산하에 창단된 용인시립예술단에서도 초단시간 비정규직(비상임) 문제가 제기되고 있다. 용인시립예술단의 합창단 노동자들은 비상임 단원의 상임화 및 처우개선을 위해 2020년 3월에 노조(경기문화예술지부 용인시립예술단지부)를 결성했다. 2017년 합창단 설립 이해 주 3회 실시하는 연습이 주 2회로 축소되면서 임금이 현저히 축소된 것이 주요 배경이었다. 이에 52명의 합창단원이 가입한 지회(지회장 김병주)는 1년 여 동안 기자회견·집회 등의 투쟁을 통해 2021년 6월 1일 최초의 단체협약을 체결했다. 초단시간 노동의 틀은 극복하지 못한 채 △노조활동 보장 △처우 개선 △평정 방식의 노사 협의 등이 포함된 단체협약이었다.

그런데 2022년 2월 합창단원 54명에 대해 용인문화재단은 직무상 의무 위반 및 직무 태만을 앞세워 경고 처분을 내렸다. 재단이 설정한 평정방식을 합창단원이 지키지 않았다는 이유였다. 노조(지회)는 2021년 6월 단체협약 체결 당시 평정 방식에 대해 노사간 협의토록 한 내용을 바탕으로 합창단이 설정한 평정방식에 문제가 있다고 제기했으나 재단이 이를 시정하지 않고 강행했다. 결국 노조원들은 이러한 재단의 평정방식에 불응하고 과거 수행했던 방식으로 평정을 치뤘다.

이러한 평정 방식의 문제는 결국 합창단원들이 초단시간 비정규직(비상임)에서 비롯된 것이다. 재단은 2020년에 정부의 비정규직화 정책에 따라 재단내 비정규직 노동자를 정규직화했으나 합창단원들에 대해서는 초단시간이라는 이유로 배제했다. 예술단지회는 비상임 단원의 정규직화를 위해 2022년에 당시 용인시 직영 공영화 투쟁을 전개하고 있던 용인경전철지부와 공동 투쟁을 전개하였다. 용인예술단의 비상임 단원의 정규직화 역시 다른 예술단과 같이 여전히 미완의 과제로 남아 있다.

- 당진시립예술단

2005년에 설립된 당진시립예술단에서 2019년 말 합창단의 근무평정 결과, 단무장이 해촉되고 9명의 단원들이 하위 등급을 받아 경고 처분이 취해졌다. 이에 노조(충남문화예술지부 당진시립예술단지회)가 지휘자의 보복성 평가라며 반발하면서 투쟁이 시작되었다. 합창단 지휘자가 2018년에 입단한 후 부지휘자 및 단원들의 감시를 위해 '몰래 녹음'을 지시했고, 이 일이 밝혀지자 지휘자에게 1개월 직무정지의 조치가 취해졌다. 이후 1년 만에 지휘자는 이 문제를 제기했던 단원들에 대해 보복성 해촉 및 경고 처분을 내린 것이다.

이에 예술단지회(지회장 박승환)은 2020년 2월 기자회견을 통해 부당해고·부당징계 즉각 철회와 함께 합창단 지휘자 처벌을 요구했다. 이후 4월에 당진시는 합창단 운영위원회를 통해 지휘자의 재임명을 부결시켰지만, 충남지방노동위원회는 단무장의 부당 해촉에 대해서는 기각 결정을 내렸다. 예술단지회의 투쟁은 2020년 12월 1일 신임 지휘자와의 단체협약 체결로 1단계 마감되었다. 단체협약에는 △노조활동 보장 △적정인력 확보와 정원 유지 △평정 시행방안의 노조 협의 등의 내용이 반영되었다.

예술단지회는 2021년 이후 다른 문화예술노조들과 함께 합창단 단원의 정규직화(상임화)를 위한 투쟁을 계속해오고 있다. 최단시간 노동으로 인한 저임금 구조 개선을 위한 불가피한 조치라는 판단하에서이다. 예술단지회의 투쟁이 계속되는 가운데 2022년 8월 당진시장이 합창단원 정규직화를 위한 방안의 하나로 충남도 공립예술단의 합창단 전환 방식을 충남도와 협의하고 있다는 의견을 밝혀 이후 대응이 주목되고 있다. 충남 공립예술단에는 △충남 국악관현악단(천안) △충남 교향악단(공주) △충남 국악단(부여) △충남 연정국악원(공주) 등이 소속되어 있고 단원의 상임화가 이뤄져 있는 것으로 알려지고 있다.

- 아산시립합창단

아산시립합창단은 2003년 재창단 이후 19년째 초단시간 노동자의 비정규직을 2년마다 재
계약하는 형태를 취하고 있었다. 이에 2021년 3월 합창단 노동자들은 노조(충남문화예술지부 아
산시립합창단지회)를 결성하고 이러한 부당한 고용계약을 개선해주길 요구했지만 아산시는 여전
히 초단시간 고용구조를 고집하고 있다. 이는 공공부문 비정규직 정규직화 정책이 전면화되고
있는 시기를 고려할 때 이러한 고용구조는 당연히 개선되는게 타당하다는 노동·시민단체들의
문제 제기가 계속되었다. 이에 아산시는 12월 30일에 타 지자체 사례 분석 및 재원 마련 방안
등을 검토하는 연구용역을 뒤늦게 추진하겠다는 입장을 발표했다.

이에 합창단지회(지회장 김진영)은 2022년 1월 6일 합창단 노동자의 상임화를 촉구하는 집
회를 전개하기 시작했다. 지회는 △비상임 단원들의 상임 전환 △공무직 직급체계 및 호봉제
적용 △정년 60세 보장 등을 요구하며 2021년 9월부터 집중적 교섭을 추진하고 있으나 교섭은
계속 공전되어 왔다. 무엇보다 시가 노조와의 소통이나 교섭 자체를 기피하고 있었던 것이 가
장 큰 문제였다.

공공운수노조 충남본부 및 충남문화예술지부의 연대에 힘입어 지회의 투쟁은 2022년 10
월까지 계속되었고, 10월 24일 아산시와 합창단지회가 최초의 단체협약을 체결함으로써 끝을
맺었다. 비록 단원들의 상임화와 관련한 정년·평정 등에 대한 내용이 제외되었지만, 노조활동
보장 및 단원들의 복지 개선 등의 내용이 최초로 반영된 것이다. 아산예술단의 비상임 단원의
정규직화 역시 아직 미완의 과제로 남아 있다.

6) 지자체 공무직 법제화 투쟁을 주도하는 자치단체공무직본부

- 자치단체공무직본부의 출범 및 지자체 공무직 투쟁의 구심 형성

서울상용직(공무직)노조 결성 이후 각 지역 공무직노조 운동을 주도하는 공공운수노조 조
직들이 2019년 9월 노조(지부)들의 통합을 일궈낸다. 그동안 지자체 공무직(상용직)노조 운동
을 주도했던 서울공무직지부(지부장 원우석)를 비롯하여, 인천공공기관지부(지부장 김덕준)·의왕
공공기관지부(지부장 손재선)·자치단체공무직지부(지부장 우해석) 등 13개 공무직노조(지부)들은
2019년 9월 20일 통합을 추진하여 자치단체공무직본부(본부장 이종열)을 출범시켰다.

2011년 공공운수노조 출범과 함께, 지자체협의회를 구성하고 있던 이들 지자체 공무직노
조(지부)들은 2015년부터 협의회 체계를 업종 본부로 발전시켜 단일한 조직 체계를 운영하려
고 노력했다. 2017년 4월 (가칭)지자체공무직본부 준비위원회를 거쳐 2018년 6월부터 본격적

인 조직 통합을 추진하여 2019년 9월에 이를 완료했다. 16개 지부(1개 지회) 소속 조합원 5,635명이 소속되어 있었다. 자치단체공무직본부(이하 '본부')는 노조(지부) 통합을 통해 △기준인건비 확대를 위한 대정부 교섭 △신분 보장 및 차별 해소를 위한 공무직법 제정 및 지자체 조례 제정 △지자체 미조직 사업장 조직화 등의 주요 사업 목표를 설정했다. 2022년 10월 현재 조합원수는 8,600여명으로 증가한 것으로 나타나 있다.

본부는 2021년 5월 행정안전부에 대해 기준인건비 산정 내역에 대한 정보 공개를 청구했다. 지자체 공무직의 임금교섭을 위한 필수 자료임에도 이를 비공개로 운영하는 행정안전부에 대한 규탄 투쟁도 아울러 병행했다. 공무직 처우에 대해 개별 지자체에 맡기면서 기준인건비제를 통해 사실상 임금을 억제하고 교섭을 통제하는 제도는 개선되어야 한다는 전제하에서이다. 윤석열정부 출범 이후 계속 공전되어온 공무직위원회가 뒤늦게 재개되자, 본부는 2022년 8월 다른 공무직노조들과 함께 공무직법 제정을 촉구했다. 실제 공무직위원회는 2021년부터 공무직 법제화의 필요성이 노조로부터 계속 제기되는 상황에서도 정부측의 무책임으로 논의가 제대로 진행되지 못하고 있다.

공공운수노조 소속 지자체 공무직의 업종본부 전환과 관련하여 해결해야 할 조직적 과제가 있다. 이는 지자체 공무직의 민주노조 확대 및 민주노조운동 통합의 전망과 관련된 문제이다. 본부가 2022년 1월에 발표한 자료에 따르면, 전국의 자치단체 공무직노조는 모두 381개이고, 이중 208개가 민주노총 소속이고, 99개는 한국노총 소속이다. 조합원수로는 한국노총 소속 조직이 훨씬 많은 것으로 알려지고 있다. 208개 민주노총 소속 노조(지부) 중 공공운수노조에 93개가 소속되어 있고, 115개가 다른 산별조직(민주일반연맹 등)에 소속되어 있다. 공공운수노조 소속으로는 본부에 65개, 본부 외 노조(지역지부)에 28개가 소속되어 있다. 공공운수노조에 소속된 공무직 노동자들의 단결 및 민주노총에 속한 공무직 노동자들의 단결을 위한 실천방안에 대해 공공운수노조가 책임있는 논의를 전개할 필요가 있을 것이다.

- 서울공무직지부 및 각 지부들의 투쟁

2012년 서울시의 '공공부문 비정규직 고용개선 대책'에 따라 서울시의 상용직은 고용이 상대적으로 안정된 공무직으로 전환한 후, 이후 서울상용직지부 역시 공무직지부로 명칭을 전환한 뒤 지자체 공무직의 고용안정 및 처우개선을 위한 선도적 노력을 계속 기울였다. 특히 서울공무직지부는 2019년 마침내 서울시의 공무직을 위한 처우개선 및 차별 철폐를 위한 조례 제정의 선도적 기반을 구축함으로써, 상용직(공무직) 노조의 선두 주자로서 또 하나의 선도적 실천을 모색한다.

서울시 등 전국의 각 지자체에서는 조례 제정 이전까지 비록 해당 노조들이 공무직 명칭을 사용하고 있으나, 관련 법이나 조례 등에 아직 공무직이 제도화가 되어 있지 않고 여전히 무기계약직이 계속 사용되면서, 여전히 공무직의 고용안정 및 처우개선의 장애가 극복되지 않았다.

서울공무직지부(지부장 원우석)은 2019년 5월 31일 서울시 의회 앞에서 천막 농성을 시작했다. 서울시 의회의 더불어민주당 의원 33명이 '서울특별시 공무직 채용 및 복무 등에 관한 조례(안)'을 상정한 날에 맞춰 서울시 및 서울시 의회를 압박하기 위함이었다. 서울시는 공무직 처우개선을 위한 조례의 필요성에는 공감하고 있었으나 당시 서울시 공무원노조 등이 공무직의 '공식적인 지위 상승'을 예고하는 제도적 조치를 취한다 하여 반대하는 흐름에 직면했다.[89] 서울시의회는 관련 상임위(행정자치위)에 TF를 구성하고 8월 22일 서울시·서울시의회·서울시 공무원노조·서울공무직지부가 참여한 가운데 공청회를 가졌다. 이후 공무원노조 등의 반발이 계속되는 상황에서 9월 4일 상임위에서 관련 조례 제정(안)을 의결했고, 이후 9월 26일 마침내 서울시 의회(본회의)에서 관련 조례를 최종 의결하기에 이르렀다. 지부가 천막 농성을 전개한지 117일만에 공무직 조례가 비로소 제정된 것이다.

서울시의 공무직 조례에는 서울시 공무직 노동자들의 △고용 안정 △권익 보호 △차별적 처우 금지 등이 조례 제정 목적으로 반영되었고, 관련 인사위원회를 통해 △공무직 정원 조정 △채용·해고 △전보 결정 △고충 처리 등 공무원에 준하는 권익 보호 내용들이 반영되었다. 공무직의 법적 지위가 명시된 서울시 공무직 조례는 지자체 공무직 노동자의 권익 보호 등이 반영된 최초의 공무직 관련 법제도였다. 지난 2016년 말 교육공무직 법제화 입법 발의 이후 아직 공공부문에 공무직이 법적 지위를 가지지 못한 상황에서 선도적으로 서울시가 제정한 공무직 조례는 매우 의미있는 선도적 입법 조치로 볼 수 있다. 상당수 관역 지자체에서 서울시 의회의 사례에 따라 관련 조례가 제정되고 있기 때문이다. 다만 중앙정부의 공무직 관련 법제도가 없기 때문에 각 지자체가 제정하는 조례가 지닌 한계는 남아 있다.

한편 각 자치단체들의 교섭이 기준인건비제 등에 막혀 제대로 이뤄지지 않는 가운데 원주시공무직지부가 지자체 공무직의 저임금 구조를 극복하기 위해 본부 출범 직후 파업 투쟁을 전개했다. 지부(지부장 한광식)은 2019년 2월부터 8월까지 원주시와 교섭을 전개했으나 결렬되어

---

89 서울시공무원노조는 "공무직 인사관리위원회 설치는 공무직에 대해 공무원과 같은 지위 상승을 예고하는 것"이라며 반대했다(주현태, 2019).

10월 1일부터 파업에 돌입했다. △직종간 직제 간소화 △기본급 인상 △명절휴가비 인상 △고위험수당 등 개선을 요구하며 전개된 원주시지부의 파업은 10월 24일 잠정 합의에 이름으로써 마무리되었다. 노조(지부) 요구 사항이 대부분 반영된 이 합의는 원주시 공무직 노동자들 입장에서는 투쟁으로 확보한 성과이지만, 여전히 공무원과의 차별 해소에는 매우 미흡한 상황이다. 물론 전국의 지자체의 임금결정 및 교섭이 개별적으로 이뤄지는 한계로 인해 이마저도 개별 지자체의 성과로만 남을 수밖에 없었다.

7) 보건의료노조 및 의료연대본부의 공공 의료 확대 투쟁

코로나 위기 국면에서 OECD 국가 평균의 1/10에도 못 미치는 우리나라의 취약한 공공의료 체계를 극복해야 한다는 논의는 계속 되어왔다.[90] 그러나 문재인정부는 2020년 코로나 위기 국면에서 의료 관련 공공서비스 확대에 소극적 태도를 보였고, 비록 민주노총의 불참 속에서 진행된 코로나 위기 극복을 위한 노사정 합의(2020.7)에 반영된 공공 의료 확충에 대해서도 책임있는 조치를 취하지 않았다. 이러한 문재인정부의 한계를 극복하고 공공 의료 확대를 위해 코로나 위기의 최일선에 있었던 보건의료 노동자들이 나섰다. 2021년 하반기 보건의료노조와 공공운수노조 의료연대본부의 투쟁을 중심으로 살펴보자.

• 공공 의료 확충을 위한 보건의료노조의 노정 합의

보건의료노조(위원장 나순자)는 2021년 주요 사업계획으로 △코로나19 극복과 감염병 대응 체계 구축 △공공의료 확충·강화 △적정인력 확충 등 문재인정부가 제대로 추진하지 않은 공공의료 정책을 투쟁으로 확보하겠다는 결의를 모으고, 5월부터 노정 협의를 계속 진행하면서 8월에 중집위-지부장 연석회의를 통해 9월 2일 산별노조 파업을 결의했다. 보건의료노조 파업은 민주노총의 조직적 지원 방침에 따라, 각 지역본부별로 이를 지지·연대하는 투쟁들이 8월경에 계속되고 있었다.

조직 내부의 강한 단결력 및 파업을 앞세워 공공 의료 요구 중심의 집중교섭을 전개한 끝

---

90 우리나라는 2019년 기준으로 우리나라 전체 병원 3,920개 중 공공 병원은 210개로서 5.4%에 불과(종합병원 15.6%, 상급종합병원 28.6%)할 정도로 공공병원의 비율이 낮은데(보건복지부, 2020), 이를 국제적으로 비교해보면 더 확연히 드러난다. 2010년과 2016년을 비교할 경우, OECD 국가 평균이 53.5%에서 65.5%로 증가하는 동안, 우리의 경우 6.7%에서 5.5%로 더 낮아졌다(김정화·이정면·이용갑, 2020).

에, 파업 돌입을 하루 앞두고 9월 1일 △공공의료 강화, 감염병 대응체계 구축 △보건의료 인력 확충 △합의 이행을 위한 조치 이행 등을 중심으로 한 25개 실천과제에 대해 보건의료노조와 정부(보건복지부)간 잠정 합의가 이뤄졌다. 이중 보건의료 인력 확충을 위한 3대 핵심 과제(의사인력 충원, 간호사 인력 확충 제도화, 이외 보건의료 노동자 실태조사) 및 공공 의료 확충 3대 핵심 과제(70개 중진료권 중 미지정 28개 공공의료 확충계획, 공공병원 공익 적자 지원, 공공병원 설립절차 간소화)가 주목되었다. 노정 합의는 9월 2일 보건의료노조 위원장과 보건복지부 장관이 서명하면서 결론을 맺었다.

보건의료노조는 9월 2일 노정 합의와 관련한 보도자료를 통해, 보건의료 공공성 운동의 획기적 진전을 위한 새로운 추진 동력을 확보했고, 조합원과 국민적 지지를 바탕으로 초기업 교섭의 새로운 가능성을 확인했다고 평가를 했다(보건의료노조, 2021). 보건의료노조의 평가를 떠나서, 노정 합의 내용은 의료 공공성의 기반을 강화하는 계기를 마련한 것은 분명하다. 다만 민주노총이 2021년 불평등 사회 대전환이라는 목표 하에 10월에 총파업투쟁을 준비하고 실제 10월 20일 전국적으로 총파업투쟁이 진행되었다는 점을 감안했을 때, 보건의료노조의 파업투쟁 및 민주노총의 총파업투쟁 준비가 최대한 조율되면서 공동으로 추진되지 못한 아쉬움은 남아 있다.

이후 보건의료노조는 9.2. 노정합의 이행(△공공의료 확대 △의료인력 확충 △감염병 대응체계 구축 등)을 위한 2022년 예산 확보 및 공공의료 강화 3법 개정 요구를 앞세워 11월 24일부터 위원장 등 2인 국회 앞에서 단식 농성에 돌입했다. 노정 합의 이행 여부가 불확실한 상황에서 보건의료노조가 책임있게 관련 예산 확보 및 법 개정 등을 공론화하기 위함이었다. 보건의료노조 위원장 등의 단식 농성은 10일간 이어지면서 12월 3일 마무리되었다. 국회에서 △13개 중진료권 공공병원 설립 위한 예산 △보건의료 인력 확충 및 처우개선 예산이 일부 관철되고, 감염병 예방 및 관리에 관한 법률 일부 개정이 반영되어 의미있는 성과를 이뤘다는 자체 평가 하에서였다.

다만 문재인정부 말기에 이뤄진 이 노정 합의는 2022년 윤석열정부 들어 어떻게 구체화될 수 있을지 향후 전망이 주목되고 있다. 보건의료노조의 국립대병원지부들은 11월 10일 윤석열정부의 구조조정 정책을 저지하고 인력 확충을 위한 연대파업을 결의하며 이에 맞서고 있다. 윤석열정부는 2021년 노정 합의에 대한 이행 약속은 하고 있으나, 실제 2023년 국회 예산(안)에 주요한 내용들이 제대로 반영되지 않고 있었다. 이에 보건의료노조는 11월 22일 국회 앞 결의대회 및 11월 23일 기획재정부 앞 결의대회를 통해 9.2합의 이행 및 공공의료 확충을 위한 책임있는 예산 반영을 촉구했다.

- **의료연대본부의 공공 의료 확충 투쟁**

보건의료노조의 노정 합의와 때를 같이하여, 공공운수노조 의료연대본부(본부장 이향춘)는 "내 삶을 지키는 공공 의료"의 목표 아래 간호사 1인당 환자수 줄이기 운동을 전개하기 시작했다. 의료연대본부는 보건의료노조의 노정 합의 내용이 △감염병전문병원 확대 △생명안전수당 제도화 △교육전담간호사제 민간 확대 등의 유의미한 성과를 도출했다고 평가하면서도, △코로나19 병동 간호 인력 기준 발표 지연 △간호사 1인 담당 환자 수 감소를 위한 실효성 있는 대책이 미흡했다고 진단했다.[91] 코로나 위기 상황에서 불규칙한 교대 등의 과로에 직면한 간호사들이 크고작은 질병·장애에 시달리는 상황에서 환자의 건강권과 직결되는 과제가 간호인력기준 상향 조정이었기 때문이다.

이미 간호인력 기준이 사문화된 의료법 대신 의료연대본부는 9월 27일 '간호사1인 환자수 줄이기법'(안)에 대한 10만 국민동의청원 운동을 시작했고, 11월 3일에는 △의료공공성 확충 △병원인력 충원 △간호인력인권법 제정 △사회서비스원 강화 등의 요구를 앞세워 11월 11일 연대파업을 선언하기에 이르렀다.

연대파업 예고일을 앞두고 서울대병원·경북대병원 등에서 제대로 된 간호서비스 제공을 위한 간호체계 개선 등이 합의에 이르면서, 의료연대본부는 11월 11일 총력투쟁 결의대회를 통해 공공의료 확충 및 필수인력 충원 등에 대한 투쟁을 계속하기로 결의를 모았다. 이에 앞서, 의료연대본부는 정부(보건복지부)와의 실무 협의를 거쳐 공공의료 확충 및 필수인력 충원 등과 관련한 정례 협의를 월 1회 갖기로 했다.

의료연대본부의 투쟁은 보건의료노조의 노정 합의의 미흡한 측면을 보완한다는 취지에서 전개되었고, 노정 합의 및 노정간 협의 추진이라는 결과 역시 차이가 나고 있다. 그러나 코로나 위기 국면에서 간호인력 체계 등을 공론화하고 투쟁을 준비했다는 측면에서 의료연대본부의 투쟁 역시 시대적 의미를 찾을 수 있다. 실제 윤석열정부의 의료공공성 강화 역행 시도에 맞서 의료연대본부는 '공공기관 혁신가이드라인 폐기'를 앞세워 2022년 11월 연대파업을 결의했고, 서울대병원분회(분회장 윤태석)는 선도적으로 11월 23일부터 3일간 파업을 전개하였다.[92]

---

91   공공운수노조 의료연대본부 보도자료(2021.9.22)

92   서울대병원분회의 파업은 윤석열정부의 공공기관 혁신(구조조정) 정책에 맞서 2022년에 중앙 공공기관

7. 공공기관 정규직노조 한계 및 공공운수 산별노조운동 정체

1) 공공기관 민주노조의 시장화 대응 한계

공공기관 사회적 가치 실현의 국정방향을 내세운 문재인정부는 코로나 위기가 확산되던 임기 중반부 이후 사실상 이 국정방향을 거의 폐기하는 상황에 이르렀다. △필수 공공서비스의 민영화 적폐 청산 △ 공공부문 81만개 일자리 확충 △공공부문 비정규직 정규직화 정책에서 궤도 이탈을 거듭해온 문재인정부는 2020년 코로나 위기 국면에서 내세운 '한국판 뉴딜'은 뉴딜의 기본 정책 요소조차 갖추지 못하고 시장화 흐름으로 기울고 있었다. 문재인정부는 2019년 이전까지 경제정책 방향으로 제시해오던 '포용적 혁신성장'을 2020년부터 '혁신성장'으로 변경했다.

문재인정부 하에서 공공부문의 사회적 가치 실현 등 주요 국정방향이 왜곡되고, 공공부문 비정규직 노동자들의 투쟁이 계속되는 동안 오랫동안 공공부문 노동운동의 견인차 역할을 수행했던 공공기관 정규직노조들의 운동은 그 한계를 드러냈다. 공공기관에서 비정규직(특히, 간접고용)의 정규직화가 논의되는 동안 공공기관 정규직노조들은 상당수 기업 단위의 개별적 대응·지원·연대 수준에 머물렀다.

문재인정부의 궤도 이탈 상황에서도 공공부문 민주노조운동은 뚜렷한 대안책을 제시하거나 사회적으로 공론화하는데 미흡했다. 물론 공공운수노조는 '동네마다 공공성' 슬로건을 내세웠지만. 정작 공공기관 정규직노조들은 이러한 슬로건의 구체적 실천 사업이 폭넓게 이뤄지지는 못했다. 이러한 흐름은 과거 정부 공격에 대한 방어적 투쟁('반대!', '저지!')을 20여년 진행해오면서, 정세 변화에 대해 적극적이고 공세적인 대응 전략을 준비해오지 못한 결과로 볼 수 있다. 문재인정부 기간 동안 공공기관노조들은 정부 정책을 변화시키기 위한 공동의 투쟁이나 실천보다는 기업(기관) 단위 현안 해결 중심으로 노조운동을 전개하는 경향이 나타났다.

1987년 노동자대투쟁을 거쳐 급속히 확산된 공공부문 민주노조운동은 IMF 체제하의 공공부문 구조조정 및 이후 20년간 계속된 공공부문 시장화·민영화 공세에 맞서 강한 투쟁 및 연대를 계속해왔지만, 결과적으로 정부 정책에 대한 저항적·방어적 투쟁 수준을 넘지 못했다. 2019년 철도노조와 국립대병원노조(서울대·경북대분회 등) 정도가 이러한 한계를 넘는 노력을

노조 중에서 유일하게 전개한 파업투쟁이다. 지난 1987년 10월 노동자대투쟁 이후 최초로 파업을 전개한 이후 2022년 11월까지 서울대병원노조(지부·분회)는 19번에 걸쳐 파업투쟁을 전개함으로써 공공기관노조 중 최다 파업 기록을 지니게 되었다.

전개했다고 볼 수 있다. 철도노조는 정규직화 및 자회사 연대를 위한 파업투쟁을 2019년에 전개했고, 다단계 민간위탁에 맞서 공영화 투쟁을 전개했던 궤도 노조들의 투쟁(메트로9호선·서해선·용인경전철 등)에 든든한 버팀목 역할을 했고, 국립대병원 노조(지부·분회)들은 2019년 정규직·비정규직 연대파업을 통해 직접고용 정규직화의 모범적 투쟁을 선도했다.

문재인정부는 과거 공공부문 노동운동과 같이 전개했던 시장화 적폐의 청산 대신 오히려 적폐 흐름을 강화하는데 앞장섰다. 2018년 1년내 논의되던 고속철도 통합 논의가 중단되고, 2019년 ㈜SR이 공기업으로 유형 전환되면서 사실상 통합 전망이 사라졌고, GTX 민간투자사업 확대 등 철도의 분할 경쟁 및 상업화 체계는 더욱더 강화되고 있다. 문재인정부 말기인 2021년에 이르러 민간 발전 비중은 30% 이상 증가되었고 민간 자본 중심의 발전시장 구조 개편은 계속되고 있었을 뿐 아니라, 발전시장 경쟁체계 및 비정규직 확산 속에 2018년 11월 서부발전에서 젊은 비정규직 노동자 참사도 발생했다. 문재인정부 4년여동안 천연가스 민간 직도입 비중은 3~4배 이상 급증하였고, 이는 가스공사의 공적 기반을 현저히 약화시키는 흐름으로 작용했다. 공공기관에 대한 시장화 중심 관리체계(예산운용지침·경영평가제도 등)는 변함없이 유지되고 있고, 공공기관 사회적 가치 실현 국정방향이 퇴색한 그 자리에는 '한국판 뉴딜' 또는 ESG경영 등과 같은 시장 활성화 국정과제들이 난무했다.

다수의 공공기관노조들은 문재인정부의 시장화 적폐가 유지·확산되는 상황에서 이를 전환시키는 선도적인 기획 투쟁을 배치하거나 사회적으로 공론화시키는 실천 사업을 적극적으로 추진한데 한계를 보였다. 공공기관노조들의 이같은 한계는 변화된 정치환경에 맞는 운동 전략을 준비하지 못한 공공기관 노동운동의 한계를 반영한다. 과거 민영화 중심의 구조조정이 본격화될 당시 강력한 방어적 투쟁을 전개했지만, 문재인정부의 정책이 혼란을 거듭하는 동안 공공기관 노조들은 공공서비스 확장 및 탈시장화·탈민영화를 위한 공세적 운동 전략을 준비하는데 한계를 드러냈다. 과거 이명박·박근혜정부 하에서 갈수록 강화된 경쟁·효율성 중심 관리체계가 과거 정부로 복귀하는 과정이 계속되었지만, 공공기관노조들은 기업별 현안 해결(총인건비 운영 등)에 안주하면서 이를 제대로 바로잡는 노력을 책임있게 기울이지 못했다. 이러한 한계는 단지 해당 공공기관노조들만의 한계가 아닌, 이에 대한 구체적인 실천 대안을 마련하지 못한 상급 조직(공공운수노조·민주노총)의 운동 전략 한계와도 무관치 않다.

한편 이러한 정규직 노조운동의 한계는 다른 한편에서 젊은 세대(소위 MZ세대) 중심으로 공동체(community) 원리를 중심에 둔 기존의 노조 운동에 대한 저항 흐름으로 나타나기도 했다. 정규직 노조운동이 변화된 환경에 걸맞는 새로운 운동전략 및 담론을 적극적으로 준비하고 이에 기초한 대정부 공동투쟁을 전개하는데 소홀히 하고, 공공기관 내부의 혁신 흐름을 형성화하는데 소극적인 상황에서 이들 젊은 세대는 기존 노조운동과는 다른 전망을 찾게 된 것이다. 이들은 소위 능력-성과주의에 바탕을 준 공정 원리를 내세우고 있다. 이들이 내세우는 공정(justice) 역시 차별없는 공동체 원리 보다는 각자 능력과 실적 중심의 경쟁 원리를 상대적으로 중시하는 흐름을 형성하고 있다. 이러한 능력주의-공정 담론 문제는 한국 사회의 구조적 모순(자산·소득 되물림)에 대항하는 측면도 있지만, 다른 한편으로 공공부문의 입직(入職)구조 및 비정규직 확산이 이러한 담론을 야기시키는 측면도 있다.[93]

현재 이들 MZ노조들은 서울교통공사·가스공사·철도공사 등에서 세력을 확대하고 있지만 아직 대세로 자리잡지 못하고 있고, 그들의 활동 역시 아직은 기존의 노조활동 방향을 부정하는 수준에 머무르고 있다. 그러나 지난 20~30년 동안 신자유주의적 노동 체제의 근간으로 작용했고 민주노조운동이 계속 저항해왔던 능력-성과주의 원리가 오히려 이들의 대안적 노조활동 전략으로까지 자리잡는 현실은 그리 가벼이 할 문제는 아니다. 저항적 노동운동의 역사에서 형성된 노조 민주주의가 위기에 직면할 수도 있는 가능성을 시사하기 때문이다.

2) 민주노총 사회적 대화 실패에 뒤이은 공공기관 교섭구조 발전 실패

민주노총의 경사노위 참여가 실패하면서, 한국노총과 경사노위는 '민주노총 없는 사회적 대화'를 기정사실화하고 공공기관 관련 의제에 대해서는 2019년 11월 공공기관위원회 구성을 통해 구체화하기로 했다.[94] 그런데 이러한 공공기관 노사정 협의체 구성은 새로운 사회적 대화

---

93 공공부문에서 제기되는 능력주의-공정 담론 문제는 공공부문의 입직 구조 및 차별화된 고용구조에서 비롯된 측면이 있기 때문에 이를 간과해서는 아니될 것이다. 먼저, 공공부문은 입직과 관련하여 '공공성의 보루'라는 인식이 젊은 세대 중심으로 자리잡고 있다. 각종 고시 및 공무원시험은 개인의 노력에 따라 그 성과가 가장 제대로 반영되는 구조를 취하고 있기 때문에 '시험 = 공정'으로 인식될 수 있다. 따라서 비정규직의 정규직 전환이 이러한 원리에 배치되는 것으로 이해되는 측면이 있다. 더구나 IMF 체제 이후 취업 경쟁의 심화로 인해 이러한 '시험 = 공정' 인식은 강화될 수밖에 없다. 이어, 공공부문에 오랜 기간 형성된 고용구조의 차별화는 이러한 인식을 더 심화시킬 수 있다. 계속되는 공공부문 구조조정으로 인해 공공부문 업무들이 정규직 중심의 '핵심부문'과 비정규직(간접고용 포함) 중심의 '비핵심부문'(주변부문)으로 구분되는 차별 구조가 마치 '합리적 차별'인양 인식될 수 있는 분위기가 형성될 수 있기 때문이다. 특히, 과거 핵심-주변부문 분화 과정에 대한 이해가 약한 젊은 세대의 경우 '합리적 차별'로 인식하는 경향이 높게 나타날 수 있다(필자 주).

94 공공기관위원회는 참여형 공공기관 운영방안 마련(△노동이사제 추진 △윤리경영 강화 △경영투명성 강

기구의 모델과는 전혀 부합하지 않은 과거 노사정위원회 공공특위의 흐름을 거의 재연한 것으로 볼 수밖에 없다. 물론 이러한 흐름은 공공운수노조를 비롯한 공공부문 민주노조 조직들이 참여가 제한된 상황에서 나타난 것이기도 하다.

공공기관노조의 숙원 과제(집중화된 교섭구조)나 당시 현안 핵심 과제(공공기관 비정규직의 고용·처우개선 등)는 아예 검토 대상에서 제외된 채, 노조 요구(노동이사제) 및 정부 요구(직무 중심 임금체계)의 교환 수준에서 의제가 구성되었기 때문이다. 이러한 교환 수준에서 설정된 의제 역시 실제 집행해서는 공평하지 못했다.[95]

공공부문 노동운동이 정규직 노조들의 한계 및 비정규직 노동자들의 개별화된 투쟁들로 인해 우리 사회의 공공성 강화의 전지를 구축하지 못한데는 민주노총의 사회적 대화 운동전략의 실패도 하나의 원인으로 작용한 것으로 볼 수 있다. 산업·초기업단위 교섭구조의 전망이 매우 취약하고 기업별로 파편화된 노사관계에다, 초기업·대정부 집중화된 교섭구조가 전혀 갖춰지지 않은채 기관별 통제체계가 강하게 작동되는 공공기관의 현실 속에서 이러한 후진적 노동체제를 극복하는 방안은 총연맹 수준의 교섭방침(대정부협의 및 정책 개입) 및 강력한 공동투쟁이 결합될 때 가능하다. 공공부문노조 입장에서는 포괄적 사용자 역할을 하는 정부의 노동정책 및 공공정책의 수준에 따라 대정부 교섭구조 확보를 전략적 목표로 설정할 수 있으나, 이는 실질 사용자 역할을 하는 정부 정책 방향에 좌우될 수밖에 없다. 또한 정부의 실질 사용자 역할을 끌어내는데 있어서 총연맹의 역할이 매우 중요하다.

공공기관노조의 교섭구조 발전 논의는 문재인정부 초기에 잠시 구체화되는 듯 했지만, 민주노총의 사회적 대화 운동전략 실패와 함께 별다른 실천 움직임을 보이치 못한 채 사실상 종언을 고했다. 공공운수노조는 양 노총 공대위와 함께 공공기관노조의 대정부 교섭(노정교섭)을 위한 다양한 방안을 문재인정부에게 제안하고 협의를 진행했으나 별다른 성과를 거두지 못했다. 먼저 공공 공대위는 노정협의를 통해 공공기관운영법 개정을 하면서 공공기관의 대정부 교섭구조를 제도화하는 방안을 제안했으나, 실제 당시 문재인정부의 노동정책 수립에 개입하였

화) 및 지속가능한 공공기관 임금제도 마련(△임금체계 개편 △임금피크제 제도 개선 △기타 임금 관련 제도 개선 등의 의제를 중심으로 논의하기로 의견을 모았다.

95 2020년 11월 노-정 요구 중심으로 합의가 이뤄졌지만, 정부 요구(직무급 체계 전환)는 곧바로 집행(경영평가 반영)되고 노조 요구(노동이사제 시행)는 1년 동안 공전되어 국민의힘 대선 후보(윤석열)의 동의로 결국 2022년 1월 국회에서 의결된다.

던 인사들은 공공기관 교섭에 대해 공공기관의 대정부 교섭 방안에는 회의적이었다.[96] 한국노총과 민주노총의 공공부문 조직으로 구성된 공공 공대위 역시 공공운수노조를 제외하고는 공공기관 교섭구조 발전 논의에는 적극적이지 못했다.

공공운수노조는 경사노위 참여가 제한되는 상황 속에서 2019년 정부와의 직접 협의를 통해 공공기관운영법 개정에 따른 교섭구조 개선 및 법 개정 이전(시행령)의 교섭구조 개선 등을 제안하면서 별도 논의를 추진했다. 법 개정 이전(시행령)의 교섭구조 개선과 관련하여 공무원보수위원회와 유사한 가칭 '공공기관임금결정위원회'구성을 제안했다. 기획재정부 산하에 총리훈령으로 설치하는 형식이었다. 그러나, 이미 경사노위 공공기관위원회 논의에 정부(기획재정부·고용노동부 등)가 집중(?)하는 상황에서 이 제안은 공공운수노조 단독으로 추진할 수 있는 의제가 어려워 결국 현실화되지 못했다. 민주노총이 경사노위 참여에 실패하면서 이를 조정할 수 있는 여지도 별로 없었다.[97]

민주노총(공공운수노조 등) 불참 상황에서 문재인정부 기간 동안 경사노위 공공기관위원회는 과거 노사정위 체제의 한계를 여전히 되풀이했다. 한국노총의 주요 공공부문 조직(공공노련·공공연맹·금융노조 등) 주도로 회의는 진행되었는데, 정부를 상대로 한 집중화된 교섭구조는 거의 논의되지 못했다. 정부를 노사관계법 상의 직접 사용자로 참여시키는 교섭구조까지는 어렵다고 하더라도, 정부 간접적 지원 아래 초기업 단위 교섭구조의 틀을 모색하는 방안, 공공기관 임금·노동조건 결정과 관련한 집중화된 제도적 협의틀을 모색하는 방안 정도는 논의될 수도 있었는데 거의 그렇지 못했다. 1차적으로는 정부의 인식 및 의지 부족 문제이지만, 공공기관노조 조직 또한 이러한 한계로부터 자유로울 수 없을 것이다.

경사노위 공공기관위원회가 유일무이한 초기업 단위 노사정 협의구조로 자리잡고, 정부와의 협의는 이를 매개로 비공식적으로 이뤄지는 구조는 과거 노사정위(공공특위) 구조와 전혀 변화된 것이 없었다. 이러한 기형적 협의틀이 계속되다 보니, 정부 요구(직무급 체계 전환) 및 노조 요구(노동이사제 도입)가 교환 수준으로 논의되고, 결국 '어음'(입법이 지연되는 노동이사제 도입)

---

96 고려대 노동문제연구소의 연구에 따르면, 공공기관노조가 정부가 직접 교섭하는 방식은 가능하지 않기 때문에 사회적 대화의 틀 속에 노정간 정책협의를 추진하고, 공공기관노조들이 업종별 집단교섭을 통해 교섭구조 발전을 실천할 필요가 있다고 제안했다(박태주·이종선·노광표·유영홍, 2017).

97 민주노총의 경사노위 참여 실패(2019.1) 이후 공공운수노조(공공기관사업본부)에서는 공공기관위원회(경사노위)에 참관하는 방안도 검토했지만 민주노총 중앙집행위원회의 반대로 실행되지 못했다.

및 '수표'(경영평가를 통한 직무 중심 임금체계 전환)의 교환이 이뤄지는 과거의 관행이 그대로 재현되는 상황이었다.[98]

　　물론, 이러한 제한적인 협의틀이 과연 민주노총 소속 공공기관노조들이 참여했을 경우 전환되었을지는 미지수이다. 공공부문노조 입장에서 실질 사용자인 정부를 상대로 한 교섭구조가 당위적으로 요구하는 수준에 머무르면서, 적어도 공공부문 교섭구조의 핵심 요소랄 수 있는 탈기업적 집중화된 교섭에 대해서는 제대로 준비되어 있다고 보기 어렵기 때문이다. 상당수 공공기관노조들에게 대정부 교섭은 자신들의 당면 과제 관철을 위한 한시적 정책 협의 수준으로 인식되는 경향이 강하다.

　　민주노총(특히, 공공운수노조) 소속 공공기관노조들에서는 물론이고, 상급조직(공공운수노조) 역시 이러한 실천과제를 준비할 만큼의 역량을 갖추는데는 한계를 보이고 있다. 변화된 운동 조건 속에서 공공기관 현장들은 기업별 체계가 갈수록 공고해지는 가운데, 산별노조운동의 최대의 당면 과제이자 공공기관노조들의 탈 기업 운동전략을 구현할 수 있는 교섭구조 집중화에 대한 노력이 전개되고 있지만 원론적 구호 수준에 여전히 머물고 있다. 정부의 인식 부족이 결정적 한계로 작용하지만, 정세를 주도하는 대형 공공기관노조들의 교섭구조에 대한 상대적 관심 부족도 하나의 요인이 될 수 있다. 또한 투쟁 중심의 사업 방향이 우선되고 교섭구조 확보는 마치 이를 위한 수단 정도로 인식되는 우리 노동운동의 한계 역시 하나의 요인으로 작용할 수 있다.

3) 공공운수노조의 산별노조운동 정체 및 공공부문 대표 조직 정착 한계
- 조직의 성장에 비해 정체되는 조직 발전

　　지난 30여년의 공공부문 민주노조운동의 역사를 실질적으로 계승하고 있는 공공운수노조는 2022년 1월 현재 251,295명의 조합원을 포괄하는 민주노총의 최대 산별조직 위치에 있다. [표9-13]에서와 같이 2011년 공공운수노조가 출범할 당시의 공공운수연맹 조합원수(130,333명)는 2022년 10월 현재 251,295명으로서 11년간 120,962명이 증가했다. 그렇다면, 2011년 공공운수노조를 출범시키고 2014년 의욕적으로 통합 공공운수노조를 완성(공공운수연맹 해체)시킨

98　2020년 이후 경사노위 공공기관위원회의 흐름은 과거 노사정위 공공특위 흐름을 연상케 한다. 초기업 단위 교섭은 사회적 대화 수준으로 대체한 상황(별도로 논의하지 않음)에서, 당면한 현안 중심의 논의를 전개하는 경향을 보이고 있고, 정부는 자기 과제를 관철하려는 수단으로 활용하고 있기 때문이다(필자 주).

현 공공운수노조의 산별노조운동 진전 현황은 어떨까?

　　2011년 6월 57,735명으로 출발한 공공운수노조(산별노조)는 2022년 초 154,536명으로서 96,801명의 조합원이 증가했다. 대산별 비율 역시 2011년 44.3%에서 61.5%로 17.2%p가 증가했다. 그러나, 아직도 96,759명의 조합원은 공공운수 산별노조(대산별노조)에 참여를 하고 있지 않다. 여기에는 10,000여명을 포괄하는 대표적 소산별노조인 공공연구노조가 참여하고 있지 않고, 10,000명 이상의 대형 3개 노조(철도·국민건강·서울교통)가 여전히 기업·소산별 체제를 유지하고 있는 것도 주요한 원인 중 하나이다. 공공운수 산별노조의 확장과 함께, 여전히 존재하는 38.5%의 미전환 조직을 현재 공공운수노조는 숙명처럼 안고 있다. 미전환 조직은 거의 대부분 공공기관 정규직노조라 봐도 과언이 아니고, 철도노조·건강보험노조를 제외하고는 2006~7년 이후 산별 전환(공공노조·운수노조)을 제대로 추진하지 않고 있다. 산별노조운동 전략에 대한 여전한 기피 흐름이 17년째 아직 극복되지 못하고 있는 것이다.

　　공공운수노조는 2014년 7월 임시대의원대회에서 공공운수 통합노조 발족 당시 7만2천여명의 미전환 조직을 산별노조운동의 틀에 포괄하고자, 2015년 정기대의원대회 및 2016년 정책대의원대회 등을 통해 대산별노조 전환을 조합원의 총의(직접 투표 등)로 결정하는 대신 의결단위(예, 대의원대회)에서 공공운수노조 가입 조직이라고 추인하는 절차를 거치면 대산별노조 전환 조직으로 간주하는 '타협 방안'을 제시했다. 그러나 산별노조운동 전략이 정체되고 있는 공공기관노조들에게 이 타협 방안 역시 별다른 실효성을 지니지 못한 채 2022년 현재까지 이어져 오고 있다.[99]

표9-13　공공운수노조의 조합원 현황(2011~2022)　　　　　　　　　　　　　　(단위: 명/%)

구분(*)	2011년	2014년	2016년	2018년	2020년	2022년	증가(**)
공공운수노조(1)	130,333	154,607	170,346	209,605	242,166	251,295	120,962
공공운수노조(2)	57,735	82,498	89,236	119,656	146,917	154,536	96,801
대산별 비율(%)	44.3	53.4	52.4	57.1	60.7	61.5	17.2p

* 공공운수노조(2)는 대산별노조 별도 집계 ** 증가: 2011년 대비 2022년 실적
자료: 사회공공연구원(2022)

---

[99] 2011년 공공운수노조 창립 이후 대산별 전환 전략이 계속 결의만 이어지고 실천이 뒷받침되지 않은 데 대해 아직 공공운수노조에서 공식적 평가 결과가 없기 때문에 이에 대해 진단하기는 쉽지 않다. 공공운수노조 산별노조운동을 지켜본 필자 입장에서는 미전환노조들의 산별노조운동의 실천과 발전에 대한 공감대가 취약한 상황에서, 공공운수노조 집행부가 제시한 당위적 방침에 대해 당위적(반대할 수 없는) 의결이 계속되고 있

- '공공운수노조 미래' 전략 구상 및 한계

공공운수노조(위원장 최준식)는 당면한 산별노조운동 정체 흐름 극복 및 공공부문 대표 조직으로서의 위상 강화를 위해 2019년 2월 정기대의원대회 및 2020년 4월 정기대의원대회를 통해 '공공운수노조의 미래'(조직발전방향)를 거듭 논의하면서 이후의 운동전략을 준비했다. 2019년 정기대의원대회에서는 민주노총의 최대 산별노조로 노동자 단결에 앞장서고 모든 노동자의 노동기본권과 공공서비스를 책임지는 노조로서, '모든 노동자를 위한 공공운수노조' 및 '공공부문 대표노조'를 지향하기로 결의를 모은다.

코로나 위기가 확산되던 2020년 4월 정기대의원대회에서는 △공동사업·투쟁 가능한 조직들의 사업조직 강화 △조합비 납부 현실화 △산별 미전환조직의 산별 전환 지속 추진 △노조 명칭 개정(공공운수노조→공공운수사회서비스노조)을 통한 사회서비스 조직 확대 △2022년 30만 조합원 실현 등을 결의했다. 공공운수노조가 당면한 산별노조운동의 강화 발전을 위한 실천사업 중심의 '공공운수노조 미래' 방안은 산별 전환 촉진이나 산별노조운동의 완성을 위한 거시적 실천 사업은 사실상 쉽지 않은 과제임을 인정하고, 조합비 납부 강화 및 사업조직 강화 등의 미시적 발전 수준에서 공공운수노조 미래를 설계하고 있다. 특별히 야심차게 제시한 '공공부문 대표노조' 지향(2019년) 및 30만 조합원 실현의 목표 등은 이후의 상황을 고려해 볼 때 결국 공공운수노조의 '희망' 수준에 머무른 것이었다.

2020년 정기대의원대회에서 의결한 '공공운수노조 미래' 중 조직발전·조직운영 개선 관련 실천과제는 2022년까지 제대로 실천되지 못했다. 앞서 언급한 거시적 수준의 산별노조운동 전략이 전 조직적으로 공유되지 못한 상황에서, 미시적 수준의 실천 논의는 실제 강한 실천 동력을 확보하기 어려울 수 있기 때문이다. 역시 다수 미전환노조에서 공공운수 산별노조 실천의 전망이 담보되지 못했다는 것이 최대의 쟁점일 수밖에 없다.

더 큰 문제는 '공공부문 대표조직'으로서 공공운수노조가 자리매김하기 위해 2019년 이후 지속적으로 노력하고 있으나, 실제 민주노총 공공부문 조직들의 성장 수준에 비해 공공운수노조의 성장 추세가 약화되면서 공공부문노조의 확고한 대표적 위치를 확보하지 못한다는데 있다. 앞서 [표9-11] 및 [표9-12]에서 언급한 바와 같이 문재인정부 기간(2017~2021년) 각급 노조의 조합원 증가 현황을 보면 공공운수노조의 이러한 노력이 아직 구체화되고 있지 못하고 단순한 선언 수준에 머무르고 있다는 것을 알 수 있다.

지 않은가 생각된다(필자 주).

표9-14 '공공운수노조 미래' 중 조직발전 · 조직운영개선 사항(2020 정기대의원대회)

구분	주요 과제	세부 내용
조직발전 · 강화 (방향)	공동사업 · 투쟁 가능한 산하조직 묶어 사업조직 강화	교섭 · 투쟁 효과적 진행 위한 전국적 산업 · 업종 조직 정비 및 지역본부 지속 강화
	조합비 납부 현실화	권리와 의무 조응, 조직발전 토대 확보
	산별 미전환 조직의 산별 전환 지속 추진 촉진	
	노조 모토 확인, 명칭 개정	'모든 노동자를 위한 공공운수노조', '공공부문 대표노조' 병행 사용, (풀네임) 전국공공운수노조 → 전국공공운수사회서비스노조(약칭 '공공운수노조' 유지)
조직운영 개선 (조합비)	민주노총 의무금기준 재편시 해당 반영	
	중앙 조합비 인상	정률제 운영 시기상조 판단
	조합비 미납조직 규제 강화 및 납부 촉진	부분 납부 심사 강화 및 납부 유예기준 제정 추진
조직운영 개선	선거제도 개선	조합비 미납조직 선거권 정지 징계기준 강화
	간부역량 강화	노조 임원 출마시 교육이수 요건 강화
	사무처 운영 개선	조직발전 연계한 전략적 사업 사무처 배정
조직발전 · 강화 (지역)	지역본부 지속 강화 발전	지역본부 최소한의 활동기반 구축
	(초업종) 지역지부 강화 발전	지역본부와 (초업종) 지역지부 통합에 따른 지원 방안 마련
조직발전 · 강화 (전국 사업조직)	사업조직 일부 개편	공공기관 정규직 전환 조직 → 공공기관사업본부
	사업 집행기구 설치	공공부문 비정규직특위
	사업조직 등 각종 기구 신설 · 개편 추가 논의	

자료: 공공운수노조(2020), 일부 재구성

- **2026년 공공운수 대산별노조운동의 완성 전략을 제시한 공공운수노조**

2020년 정기대의원대회 의결 내용이 제대로 실천되지 못한 상황에서, 공공운수노조의 조직발전 논의는 2022년 하반기에 다시 공론화되기에 이른다. 공공운수노조(위원장 현정희)는 산별노조운동포럼 논의 등을 통해 이후 공공운수 산별노조운동의 전략을 재수립하는 논의를 진행한 바 있고, 이러한 논의를 포괄하여 2023년 2월 정기대의원대회에서 이후의 산별노조운동 발전 전략을 제출하였다.[100] 산별교섭 체제를 강화하고, 조직 운영 및 재정 운용을 산별노조

---

100 공공운수 산별운동 정체(특히 공공기관노조) 원인에 대해 현 공공운수노조 위원장(현정희)은 "공공운수노조 산별노조 전략을 세워놓고도 구체적인 실천 방침과 노조 중앙의 책임있는 집행 체계가 미흡했던 것"것

체계에 맞게 재조정하면서, 산별노조운동 발전 전략의 핵심적 목표로 공공운수 대산별노조를 2026년에 완성한다는 것이다. 지난 2014년 7월 대의원대회에서 결의한 통합 공공운수노조를 12년 만에 완성하기 위한 발전 전략으로 볼 수 있다.

공공운수노조의 산별노조운동 완성의 관건은 그동안 계속 실천을 유보해온 공공기관노조들이 과연 얼마나 책임있게 이를 준비하고 자신들의 당면 운동 과제로 설정하느냐에 달려 있다. 미전환 노조의 대부분을 차지하는 공공기관노조가 기업별 체계를 극복하고 실질 사용자인 정부를 맞서 강하게 투쟁할 수 있는 조직체계로 전환할 수 있는 운동 전략을 얼마나 제대로 갖출 수 있는가가 관건일 것이다. 공공기관노조가 기업별 체계를 극복하고 실질 사용자인 정부를 맞서 강하게 투쟁할 수 있는 조직체계로 전환하는 것은 지난 1994년 공노대 출범 이후 30년 가까이 이어져온 역사적 과제이다.

이라고 진단했다(현정희 인터뷰). 2023년 정기대의원대회에 의결된 '공공운수 산별운동 발전전략'은 이러한 한계를 극복하여 공공운수 산별노조운동을 완성하겠다는 의지의 표현으로 볼수 있다.

표9-15 공공운수노조 산별운동 발전 전략(2023.2. 정기대의원대회)

공공운수노조 산별운동 발전 전략

공공-운수-사회서비스 대산별 노조의 완성과 산별 교섭-투쟁-조직의 질적 발전을 목표로 다음 4개 영역 12개 전략과제를 중심으로 3기 산별노조운동을 진행한다.

1. (산별교섭) 산별 교섭 로드맵 수립 – 공동 임단투 강화 – 법제도 쟁취로 산별 교섭의 돌파구를 마련한다.

   1) (산별교섭 로드맵 수립) 공공부문 특성, 다산업-다업종 구조를 고려하여 중앙-지방정부 노정교섭과 특성/업종교섭을 중층적, 다원적으로 추진한다. 노조 내 전략적 교섭군 설정과 각 교섭군의 교섭 의제와 초기업 교섭 발전 전략과 실행 계획을 담은 〈산별교섭 로드맵〉을 2023년 중 마련한다.

   2) (공동 임단투) 모든 산하 조직은 노조 방침에 따라 공동 임단투 요구를 중심으로 시기를 집중하여 임단투를 진행한다.

   3) (법제도 기반) 산별교섭 법제화, 공공부문 노정교섭 제도화 등 산별 교섭을 위한 법·제도 개선을 노조의 핵심 사업으로 추진한다.

2. (대산별 완성) 2026년까지 미전환 조직의 산별 전환 완료, 기본 조직의 지역·업종 등 초기업 중심 재편으로 대산별 체계를 완성한다.

   1) (산별 전환) 산하 조직은 2026년까지 대산별 노조(전국공공운수사회서비스노동조합)로 조직 형태를 변경하고, 2027년 연맹(전국공공운수사회서비스노조)은 해산한다.

   2) (초기업 조직 강화) 기본조직을 업종본부, 지역·업종지부 등 초기업 중심으로 재편하고, 초기업 산별 조직에 대한 지원을 강화한다.

   3) (사업 조직 강화) 다수 기본 조직의 대정부(중앙·지역) 공동투쟁과 공동교섭의 구심으로서 지역본부와 사업본부를 강화한다.

3. (재정) 조합비 형평성 개선과 산별 발전을 위한 재정 확보를 위해 조합비 제도를 개선하고 재정을 전략적으로 투자한다.

   1) (정률제 도입·조합비 중앙 직접 납부) 조합비 납부 방식을 2026년까지 정률제로 단계적으로 전환한다. 조합비 중앙 직접 납부(체크오프)를 의무화하고 확산한다.

   2) (조합비 미납 권리 제한 강화) 조합비 부분 납부에 대한 조직 징계를 강화하고, 조합비 미납 조합원에 대한 선거권 등 권리 제한을 실질화한다.

   3) (산별 사업 투자 확대) 초기업 교섭과 투쟁 지원 등 산별운동 발전을 위해 재정을 전략적으로 투자한다.

4. (추진체계) 〈산별특위〉 설치와 대대적 산별 교육으로 산별운동의 추진력을 강화한다.

   1) (산별 특위) 상시적·연속적 산별 운동 기획, 집행 기구로 〈산별노조 운동 강화를 위한 특별위원회〉를 설치하여 운영한다.

   2) (산하 조직) 산하 조직은 2023년 중 〈산별운동 발전전략〉에 대한 각 조직별 실행계획을 수립하여 실행한다.

   3) (조합원 교육) 산별운동에 대한 조합원 및 간부 교육을 대대적으로 강화한다.

참고문헌

고용노동부(2011), 「공공부문 비정규직 근로자 현황」

_____(2017~2021), 「전국 노동조합 조직 현황」

공공일자리전문위원회(2021), 「공공부문 81만개 일자리 확충 추진 방안」

관계부처합동(2017), 「공공부문 비정규직 정규직 근로자 전환 추진 계획」

_____(2018), 「공공부문 비정규직 정규직 전환 관련 바람직한 자회사 설립·운영 모델(안)」

국정기획자문위원회(2017), 「문재인정부 국정운영 5개년 계획」

국회예산정책처(2021), 「2021 경제·재정수첩」

권오성(2022), "노정교섭으로서의 공무직위원회 역할 및 상설화 필요성", 공공부문 비정규직 근본적 해법 마련 토론회, 전국민주노동조합총연맹·한국노동조합총연맹

기획재정부(2022), 「공공기관 기능조정 및 조직·인력 효율화 계획」

김정회·이정면·이용갑(2020), 「공공의료 확충의 필요성과 전략」, 건강보험연구원

문창오(2018), "공공부문–민간부문간 임금수준 격차 조사", 공공기관 임금 현황 및 쟁점 공개토론회, 한국조세재정연구원

민주노총 중앙집행위원(2020), "제12차 중앙집행위 파행과 임시 대대 강행에 대한 중앙집행위원 입장"

박용석(2017), "공공기관 경영평가제도 개편의 쟁점과 과제", 사회공공연구원(이슈페이퍼)

____(2021a), "문재인정부 4주년 일자리 정책 평가", 민주노동연구원

____(2021b), "IMF 이후 민주노총 총파업투쟁의 개괄적 진단", 노동법개정 총파업 25주년 기념 토론회, 전국민주노동조합총연맹

박용석·이재훈·윤정향(2021), 「전국 사회서비스원 운영 실태 및 시사점」, 민주노동연구원

박주영(2018), "정부의 공공부문 무기계약직 표준임금체계 모델의 문제점", 공공부문 무기계약직 표준임금모델 비판 및 대안 모색 토론회, 전국민주노동조합총연맹

박태주·이종선·노광표·유영홍(2017), 「공공기관의 노정교섭(정책협의) 제도화 방안」, 고려대 노동문제연구소

사회공공연구원(2022), "사회공공연구원 중장기발전방안"(내부자료)

서울대산학협동단(2017), 「OECD 국가와 비교한 공공부문 일자리 확충 방안」

엄진령·유상철·김유경·박경환(2021), 「공공기관 자회사 임금 실태 및 영향요인 연구」, 전국공공운수노동조합

오건호·박용석·김철·김주일·노광표·권순원·이상훈(2010), 「공공기관 혁신을 위한 대안 평가틀 연구」, 사회공공연구소

윤효원(2022), "ILO '단체교섭은 사회적 대화의 심장'", 매일노동뉴스(2022.6)

은혜진(2022), "단협 '근로조건 저하하는 유효'가 키운 서울시서원노조 갈등", 참세상

이용덕(2020), 「우리가 옳다」, 숨쉬는책공장

이영수·변현석·김상철(2020), 「궤도 민자사업의 문제점 분석과 공영화 전략 모델 연구」, 사회공공연구원

일자리위원회(2017), 「일자리정책 5년 로드맵」

전국공공운수노동조합(2021), "공공부문 일자리 81만개 확충 의견서"

전국보건의료산업노동조합(2021), "코로나19 극복! 감염병 대응체계 구축! 공공의료 강화! 보건의료인력 문제
　　　해결을 위한 보건의료노조-보건복지부 합의문"

정경은·남우근·장귀연·곽이경(2020), 「새로운 노조 – 민주노총 신규조직현황 연구」, 민주노동연구원

주현태(2019), "공무원 vs 공무직… '공무직 조례(안)'놓고 갈등의 골 깊어", 데일리한국(2019.9)

한국비정규노동센터(2007), 「공공부문 비정규직 현황과 정규직 전환을 위한 개선방안」, 국회 환경노동위원회

Mariana Mazzucato·Reiner Kattel(2020), 「COVID-19 and public sector capacity」, UCL Institute for Ino-
　　　vation and Public Putpose

OECD(2017·2019), 「Government at a Glance」

제10장

시장근본주의 시대 부활 및 공공부문 노동운동의 과제

코로나·기후위기 등을 중심으로 한 세계 각국의 대응 체제가 변화(신자유주의 체제 후퇴)하는 가운데, 우리 사회의 낡은 체제를 청산하지 못한 문재인정부가 임기를 마치고 시장근본주의를 앞세운 윤석열정부가 출범했다. 윤석열정부는 친시장·자본 중심의 국정방향을 앞세워 공공기관 시장화 정책을 전면화했다. 지난 5년간의 공공기관 부채 및 인력 증가를 방만 경영으로 전제하고 강도 높은 구조조정 정책을 추진하겠다고 밝혔다. 이에 따라 공공기관 혁신 가이드라인 발표 등 3차례에 걸친 혁신(구조조정) 정책방향을 발표했고, 각 공공기관들의 이행계획을 토대로 2022년 12월 공공기관의 기능조정 및 인력감축 계획이 확정되었다. 이후 윤석열정부는 노동 적대시 정책을 구체화하고 있다. 화물연대본부 파업에 강경 대응한 후 노동시장 구조 개악을 추진하면서, 노동조합 회계자료 공개 요구를 통해 노동조합을 비리 집단으로 규정했다. 직무·성과급제 임금체계 개편을 위해 과거 악법 논란이 제기된 행정해석을 앞세워 '부분근로자대표제'가 예고되는 등 공공부문에도 윤석열정부의 공세가 임박해있다. 선별 복지 및 민간 주도의 복지 체계 개편, 연금 재정 건전화 등의 복지 정책 또한 한국 사회의 취약한 사회 안전망을 더욱 약화시킬 우려가 있다.

공공부문 민주노조운동의 투쟁에도 불구하고, 우리의 후진적인 사회·경제체제는 갈수록 심화되고 있다. 공공서비스의 민영화·경쟁체제 등이 계속되고, 국가 전략자산의 민영화가 계속되는 과정에서 공공부문의 고용 비중은 OECD국가 평균의 1/2에도 못미치고 있다. 공공부문의 고용 및 공공서비스 체계가 취약하다는 것은 사회·경제적 불평등 역시 심화될 가능성이 높다. 저출산·고령화가 가속화되어도 이를 개선시킬 수 있는 대책과 공적 체계가 부족하고, 우리 사회의 소득·부의 불평등은 OECD국가의 최악 수준에 이르고 있다. 공공부문 노동 배제는 경제민주주의 토대의 취약함을 반영하면서, 민간 부문의 노사관계를 악화시키는 선도 효과를 지니고 있다.

공공부문 민주노조운동은 지난 35년간 노동 억압과 공공부문 시장화에 맞서 수많은 희생을 무릅쓰고 투쟁을 전개한 결과, 한국 사회가 후진적으로 역주행하는 것을 차단하는데 앞장섰다. 이러한 투쟁의 과정에서 공공부문 민주노조는 양적으로 성장해왔고, 질적으로도 발전해왔다. 지난 35년간의 공공부문 민주노조운동의 투쟁이 저항 중심으로 이뤄지다 보니, 문재인정부 기간에 몇가지 한계도 드러나게 되었다.

이에 공공부문 민주노조운동은 당면한 윤석열정부의 시장화 공세에 대응하고, 공공부문 대개혁 과제가 한국 사회의 '보편적 상식'으로 자리잡을 수 있도록 운동 전략을 새롭게 재구성해야 할 책무를 지니고 있다. 공공부문 민주노조운동은 △후진적 사회체제 변화를 위한 사회

공공성 운동전략 △공공부문 대개혁을 위한 사회적 공론화의 과제를 지니게 되었다. 또한 공공부문 민주노조운동의 공공성 강화를 위한 실천과제로 △공공부문 민주노조운동의 통큰 대단결의 전망 구축 △기업별 체계 극복을 위한 공공부문 산별노조운동 강화 및 발전 △사회공공성 공론화 확대를 통한 사회연대전략 실천 △정규직-비정규직 노동자들의 계급적 연대 △공공기관 내부의 조직 혁신 및 노조 민주주의 확대 등이 필요할 것이다. 지난 35년의 공공부문 민주노조운동의 성과를 토대로 이제는 저항의 역사를 넘어 공공 대개혁 과제가 한국 사회의 '보편적 상식'으로 자리잡을 수 있도록 운동 전략을 새롭게 재구성할 필요가 있다.

1. 시장근본주의 부활 및 취약한 공공서비스 현실

1) 시장근본주의 앞세운 윤석열정부 출범

촛불정신 이탈에 따른 민심 이반으로 인해 문재인정부는 결국 5년 만에 수구세력에 정권을 다시 되돌려주었다. 촛불혁명을 계승하겠다는 문재인정부의 '실패'는 변화하는 세계 질서에 맞게 국정방향을 설정하지도 않았고, 코로나 위기 국면에서도 우리 사회의 취약한 구조를 개혁시킬 국정과제를 현실화시키지 못했다는 점에서 어쩌면 '예견된 실패'일지도 모른다. 선진 각국들은 코로나 위기 및 기후 위기에 대응하면서 이전의 신자유주의 국정 운영 체제(작은 정부, 공공부문 시장화 등)를 전환하고 있는데, 우리는 △재벌 독점 체제 △사회경제적 불평등 △저출산 고령화 △노동 배제 문화 등의 낡은 유산조차 제대로 청산하지 못했다. 이 상황에서 대통령(문재인)이 검찰 개혁을 위해 임명한 검찰총장이 결국 정권 교체의 디딤돌로 작용한 아이러니한 현실 속에, 박근혜정부 국정 농단을 촛불의 힘으로 끌어내린 우리나라에서 불과 5년만에 이에 못지 않은 수구·보수세력이 다시 자리를 잡았다. 더구나 2008년 금융 위기 및 2020년 코로나 위기 등을 겪으면서 선진 각국이 위기 상황에서 국가 역량을 강화하기 위해 재정 확장 및 공공서비스 확대 들을 추진하는 시기에, 우리나라는 이러한 시대 상황에 역행하는 정책이 노골화되고 있다.

윤석열정부는 2022년 취임 이후부터 일관되게 친시장·자본 중심의 국정방향('민간이 끌고 정부가 미는 역동적 경제')을 기초로, △정부(공공부문)가 아닌 민간(시장) 중심의 일자리 창출 △자유로운 기업활동 위한 전면적 규제 완화 △감세 및 공공 지출 효율화(재정 긴축) 등의 국정과제를 제시했다. 윤석열정부의 이러한 친시장·자본 중심의 국정방향은 과거 이명박·박근혜정부의 공공부문 시장화(민영화·기능축소 등) 정책과 함께, 노동 억압(노동시장 유연화 및 노조활동 규제 등) 정책도 부활시키고 있다.

2022년 5월 출범 이후 2013년 초까지 윤석열정부가 추진했던 공공부문 시장화 및 노동 억압 관련 정책들은 단순한 수구·보수세력의 부활을 넘어 시장근본주의 및 권위주의가 결합된 가장 후진적인 모델을 향해 치닫고 있지 않은가 우려된다. 시장(기업·자본)의 무한한 자유 및 노동·복지·공공서비스 축소는 지난 1998년 IMF체제 이후 시장근본주의 및 권위주의가 결합된 정치 세력들의 일관된 정책 방향이었다.

특히 윤석열정부의 국정 운영에는 과거 권위주의와 시장근본주의가 동시에 작동된 이명박정부의 국정 운영과 유사한 점이 있어서 우려스럽다. 이명박정부 시기 우리나라는 비정규직이 확산되고, 노조활동에 국가권력이 개입하는 움직임들이 나타났으며, 사회·경제적 불평등은 심화되었다. 자본의 이익 관철을 위해 시장에 직접 개입(노동시장 구조 개악 및 부자·재벌 중심 조세 개편 등)하면서, 노동자·민중의 이익을 위한 시장 개입(비정규직 보호 등)은 철저히 외면하는 경향도 지녔다. 시장근본주의 토대 강화를 위해 윤석열정부는 시장 뿐 아니라, 노조활동에도 개입하려 하고 있다.

- 공공부문의 시장화 정책 전면화

윤석열정부의 시장화 중심 공공기관 정책 방향은 2022년 5월 발표된 110대 국정과제 중 공공기관 혁신 과제로 △공공기관 업무 재조정(기능 조정) △공공기관 재무건전성 확보 △공공기관 운영 효율화와 역량 강화(인력·예산·보수체계 조정 등)이 제기되면서 구체화된다. 이어 6월 21일 국무회의를 통해 윤석열 대통령은 지난 5년간의 공공기관의 부채 및 인력 증가를 방만 경영으로 간주하고 강도 높은 구조조정 필요성을 제기했다. "공공기관 파티는 끝났다!"라는 전제 하에서였다.

이에 따라, △「생산성·효율성 제고를 위한 공공기관 혁신가이드라인」(7.29) △「자율·책임·역량 강화를 위한 공공기관 관리체계 개편 방안」(8.16) △「민간 성장·혁신을 지원하기 위한 민간-공공기관 협력강화방안」(9.23)등의 공공기관 혁신(구조조정) 방안이 연이어 발표되었다. 한편 행정안전부는 기획재정부의 중앙 공공기관 혁신 흐름에 맞춰 7월 27일 △구조개혁 추진 △재무건전성 강화 △민간협력 강화 △관리체계 개편 등의 4대 과제를 중심으로 한 「새정부 지방공공기관 혁신방향」을 발표했고, 뒤이어 9월 4일에 4대 과제의 구체적 시행을 위한 「새정부 지방공공기관 혁신 지침(가이드라인)」을 발표했다. 행정안전부의 혁신 지침에 따라 전국의 17개 광역 시·도별로 지방 공공기관 구조조정이 2022년 하반기부터 본격화되고 있고, 특히 대구·충남·부산 등에서는 지자체장들이 선도적으로 공공기관 통폐합 작업을 추진하고 있다.

윤석열정부의 공공기관 혁신(구조조정) 정책 중 가장 논란이 집중된 것은 혁신가이드라인(7.29)으로서, 이는 필수 공공서비스의 민영화 기반 확대, 공공기관의 인력·예산·자산 축소 등을 통해 민간(시장) 활성화의 보조 역할로 공공기관의 기능을 조정하는 것을 핵심으로 하고 있다. 이는 지난 2008년 이명박정부가 '공공기관 선진화' 정책의 기본 방향으로 제시한 "민간의 창의력 발휘를 위한 활력있는 시장경제 구현"의 완벽한 부활로 볼 수 있다. 각 공공기관은 혁신가이드라인에 따라 각 공공기관은 8월 31일까지 자율적 혁신(구조조정) 정책 추진 계획을 제출했다.

표10-1 윤석열정부 공공기관 혁신(구조조정) 정책 추진

혁신정책 구분	주요 내용	세부 정책 과제
혁신가이드라인 (7.29)	민간경합·비핵심 기능 축소	민간경합·비핵심·수요감소·유사중복 기능의 축소 및 통폐합(폐지)
	조직·인력 슬림화 및 정원 감축	인력 감축(정·현원차 최소화 및 정원 감축)
	인건비·경상경비 절감 및 직무·성과 중심 보수체계 개편	경상경비 삭감, 직원 보수 조정, 직무·성과 연계 보수체계 개편
	자산 매각 및 출자회사 지분 정비	자산 매각, 출자회사 지분 정비, 청사 축소
	과도한 복리후생 점검·정비	복리후생 점검 및 조정(축소)
관리체계 개편(8.16)	공공기관 분류 기준 개선	공기업·준정부기관 지정기준 상향(300명 이상)
	기관 유형별 관리 차별화	공기업·준정부기관의 재무관리·경영평가 개선
		기타공공기관 차별화된 관리
	직무·성과 중심 운영	직무급 도입 촉진 및 도입 수준 제고
		직급체계 축소, 주요직위 민간 개방 확대
	책임경영 강화	감사위원회 설치 확대 및 비상임이사 내실화
		기관운영 책임성·신뢰성 제고(ESG 경영공시 확대 등)
민간-공공기관 협력강화(9.23)	공공기관 보유자원 민간 성장 지원	데이터 개방 확대 및 민간(기업) 활용도 제고
		공공기관 보유 특허의 민간 활용도 개선
		기업에 도움되는 유용한 시설.장비 개방 확대
	민간 지원 시너지 창출	중소기업 제품에 대한 全주기적 지원체계 구축
	민간 경영애로 해소 위한 규제관리체계 개편	공공기관 규제 실태 전면 조사 및 개선
		규제개선 실적 경영평가 반영 강화

자료: 기획재정부(2022a·b·c). 재구성

　　기획재정부는 이후 10월 17일 예산효율화·복리후생 계획, 11월 11일 자산효율화 계획을 거쳐, 12월 26일 기능조정 및 조직·인력효율화 계획 등을 포함한 공공기관 혁신(구조조정) 추진 계획을 확정하기에 이른다. 기능조정 및 조직·인력효율화 계획에 따라 공공기관 인력 12,442명(정원의 2.8%)이 감축(17,230명 감축, 4,788명 재배치)되고, 예산효율화 계획에 따라 2022~23년 경상경비 1조1,458억원이 감축된다. 인력 감축(2.8%) 측면에서는 이명박정부가 2.3만명(12.1%) 감축한 데 비해서는 다소 낮은 수준이지만, 우리나라 공공부문의 고용 비중이 OECD 국가 평균의 1/2에도 못 미치고 있다는 점, 선진 각국이 2020년 코로나 위기 이후 공공서비스를 확충한다는 점 등을 고려했을 때 시대에 역행하는 정책임은 분명하다.

　　윤석열정부의 공공기관 혁신(구조조정) 정책은 그 전제부터 잘못 설정되었다. 지난 5년간 (문재인정부 기간) 공공기관의 부채 및 인력이 과도하게 증가하여 방만 경영 수준에 이르렀다는

표10-2　공공기관 혁신(구조조정) 계획(2022년)

구분	주요 추진 계획	세부 추진 내용
예산 효율화 및 복리후생 개선 계획(10.17)	예산 효율화	2022년 경상경비 10.2% 삭감(7,142억원 절감)
		2023년 경상경비 3.1% 삭감(4,316억원 삭감)
	복리후생 개선	학자금·경조사비 등(9개 항목) 206개 기관 360건 개선
		휴가·휴직·사내대출 등(6개 항목) 207개 기관 355건 개선
자산 효율화 계획(11.11)	비핵심 부동산 매각	유휴부동산 등 330건, 11.6조원 부동산 매각
	불요불급한 자산 정비	골프회원권 등 189건, 0.7조원 정비
	비핵심·부실 출자회사 지분 정비	목적 달성, 핵심고유업무 무관, 3년 연속 적자 등 비핵심·부실 출자회사 지분 275건, 2.2조원 정비
	청사 효율화	본사 매각 및 지사 통폐합 등 56건 매각(26개 기관, 1조원)
기능조정 및 조직·인력 효율화 계획(12.26, 최종)	기능조정	△민간 경합(84개, 167건) △지자체 경합(20개, 33건) △비핵심 업무(109개, 221건) △수요감소·사업종료(121개, 242건) △유사·중복(24개, 54건) 등 233개 기관(717건) 기능조정으로 7,231명 조정(감축)
	조직·인력 효율화	△조직통합 및 대부서화(130개) △지방해외조직 효율화(40개) △지원인력조정 및 업무프로세스 개선(167개) △상위직급 축소(61개) 등 228개 기관 4,867명 조정(감축)
	정·현원차 축소	157개 기관 4,788명 감축
	인력 재배치	△국정과제 수행 △필수 시설 운영 △안전 △법령 제·개정 관련 필수 소요 인력 등 223개 기관 4,788명 재배치

자료: 기획재정부(2022d·e·f), 재구성

전제(6.21. 국무회의) 하에서 혁신(구조조정)의 칼바람이 몰아치고 있다. 그런데 부채나 인력 증가 상황은 자세히 들여다보면 방만경영 진단 자체가 무리한 것이었다.[1] 결국 윤석열정부의 공공기관 방만 경영 진단은 구조조정(민영화 및 인력·자산 감축 등)을 정당화하기 위해 공공기관에 대한 악의적 '낙인 찍기'를 시도한 것으로밖에 볼 수 없다.

한편 윤석열정부는 2022년 12월 기능조정 및 인력 감축 계획을 1차 확정했지만, 이는 분

1　먼저 부채 증가를 보면, 2016년 말 대비하여 2021년에 82.7조원이 외형적으로 증가했으나 부채 증가폭이 자본 증가폭(86.8조원)에 비해 미달하여 부채비율은 오히려 감소(16.2%p)하였고, 한국전력·LH를 제외한 공공기관 부채비율의 감소폭(24.4%p)은 이전 공공기관 부채를 앞세워 '공공기관 정상화'를 추진했던 박근혜정부 기간의 감소폭(25.6%p)과 거의 유사하다. 공공기관 인력 역시 정규직·무기계약직이 108,500명 증가했으나, 비정규직 정규직화에 따른 비정규·소속외인력(간접고용) 감축 인원(70,039명)을 반영할 경우 공공기관의 실질 인력 증가는 38,461명으로서 박근혜정부 기간 증가폭(35,815명)과 거의 유사한 수준으로 나타나 있다.

명 공공기관의 민영화 및 공공서비스 축소를 위한 구조조정의 신호탄으로 작용할 가능성이 높다. 혁신가이드라인에 포함된 기능조정 방안 중 윤석열정부의 국정과제(5월)에 포함된 철도·에너지 등의 기능조정 방안은 결과적으로 전 공공기관에 걸쳐 우회적 민영화 또는 민영화 기반 구축의 위험을 암시하고 있다.[2] △공공기관에 대한 상시적 민간 경합성 점검 △공공 지출 억제(재정 긴축) △규제 철폐 등의 국정과제와 함께, 2023년 한국 경제상황(저성장 등)을 종합해 볼 때, 정권의 직접 관리영역인 공공기관에 대한 기능조정은 계속될 가능성이 높다.

더구나 2022년 하반기부터 우리나라 경제는 고환율-무역적자 등과 함께, 고금리, 고용 불안 등의 내수 경기 부진 등 경기 침체의 가능성을 보이고 있고, 2023년 경제성장율은 최근 들어 가장 낮은 전망치(1.6~1.7%)가 예측되고 있다. 이러한 경기 침체는 재정 긴축과 시장(자본) 활성화를 주요 국정과제로 내세운 윤석열정부 시기에 한층 더 강한 공공부문 재정 지출 억제 흐름과 연결될 가능성이 높다. 즉 재정 지출 억제 및 시장(자본) 활성화를 위한 추가적인 구조조정 가능성은 언제라도 열려있다.

- ● **노동조합에 대한 적대 정책 전면화**

민주주의에 대한 기본 발상이 왜곡된 윤석열정부는 임기 초기부터 노동 적대 정책을 한층 노골화하고 있다. 임기 초에 과거 박근혜정부에서 2대 악법 지침(저성과자해고·취업규칙해석운영)을 추진했던 인사를 정책특보에 앉히면서 어두운 그림자를 드러냈다. 화물연대가 정부의 합의(6월) 이행을 요구한 파업에 대해 불법적 대응(11.29. 업무개시명령)을 거치면서 국정 지지율이 일부 개선되자, 윤석열정부는 노골적으로 노조를 공격하기 시작했다. 이러한 노동정책 추진 방향은 과거 권위주의 정부와도 다른 흐름을 보여주고 있다. 정부 초기에 노조와의 대화를 시도한 후 탄압 국면으로 전환된 것이 대부분인데, 윤석열정부는 예상 외로 정책 전환이 빨리 이뤄졌다. 낮은 국정 지지율 회복을 위한 정치적 분위기 전환 차원에서 노동조합을 비리 집단으로 낙

---

2   윤석열정부의 110대 국정과제 중 △민간 LNG 도입 확대 및 LNG 직수입자간 국내 재판매 허용 △민간 중심 해외 자원개발 및 민간 해외 탄소시장 진출 △경쟁·시장 원칙 기반 전력시장 구축 등의 전력·가스 등 에너지 시장화 정책 요소가 다양하게 반영되어 있고, 철도 경쟁체제 강화(철도 관제권 분리, 철도차량 등 민간 참여 등) 국정과제가 구체화되고 있다. 이러한 에너지·철도 구조개편 관련 국정과제는 결국 철도·전력·가스공사의 기간 사업자 지위를 위태롭게 하여 민영화 기반을 구축(기관 부실 심화 → 기능 분리·조정 → 민간 참여) 하려는 것으로 연결된다(필자 주).

인찍으려는 시도를 계속함으로써, 과거 이명박정부의 노조 적대시 정책을 뛰어넘는 노동 적대시 정책을 구체화하려 하고 있다.

　노동조합을 정부·기업에 이어 3대 부패 집단으로 규정(12.21. 대통령)하고, 노동개혁을 이후 3대 핵심(노동·교육·연금) 국정과제로 거듭 천명(2023년 신년사 등)하고 있다. 어용·보수학자들을 중심으로 구성된 미래노동시장연구회는 12월 노동시간 유연화 및 임금체계 개편의 핵심 과제를 제기하고, △노조 운영의 투명성 보장 △노조의 사업장 점거 제한 △대체 근로 사용 범위와 관련 법제도 개선도 아울러 제기했다. 노동조건(노동시간·고용·임금체계) 조정과 관련하여 과거 2016년 박근혜정부 당시 논란이 되었던 '취업규칙불이익변경요건완화지침'과 유사한 '부분근로자대표' 운영 가능성도 높게 나타나고 있다. 1차로 임금체계 관련 판례·행정해석을 앞세워 사업장 지도·감독을 하면서, 필요시 관련 내용 입법화도 추진할 것으로 예상된다. .

　한편 윤석열정부의 노동조합 배제·적대시 정책 흐름에 맞춰, 고용노동부 장관은 노조 회계 외부 감사 관련 법 개정 추진을 발표(12.26)하면서 노조 공격에 앞장서고 있다.[3] 고용노동부는 2023년 1월 26일 '노조 재정성 투명성 제고 방안' 발표를 통해 노조 회계서류 비치 및 회계 감사의 자격 요건을 의무화하도록 했다. 고용·노동관련 비영리단체에 대한 보조금 사업의 적정성(△지원 대상 선정 적법성 △회계 처리 투명성 △보조금의 목적외 사용·횡령 등 부정 집행 여부 등)을 집중 점검하겠다고 하면서도, 예산을 몇배나 더 많이 지원하는 사용자단체의 재정 운용에 대해서는 입을 다물고 있다.[4] 심지어 고용노동부는 2023년 주요 업무 추진계획 발표(1.9) 당시 '노동규범 현대화'의 세부과제로 파견·도급 기준 법제화 및 파견 대상 확대를 제시했다. 이는 2022년 12월 미래노동시장연구회에서 내놓은 권고안에도 포함되어 있는 것으로서, 비정규직 정규직화 정책을 외면한 윤석열정부가 노동시간 유연화 및 직무성과급제 도입과 함께, 기업의 주된

3　이정식은 2017년 1월 '이명박근혜정부 10년 노동정책 평가와 향후 과제' 토론회(국회 민생경제와 사회적 합의 포럼 등 주최)에서 "경제적 양극화에 유사 파시즘, 극우 포퓰리즘, 극단적 신자유주의로 특징지을 수 있는 이명박·박근혜정권이 10년간 이어지면서 불안·불신·불통·분노가 싹텄다"고 언급한 있다. 과연 지금의 고용노동부장관은 이러한 자신의 과거 진단과 현재 자신의 행보에 대해 어떻게 생각하고 있는지 궁금하다(필자 주).

4　한국노총이 2023년 1월 30일 공개한 경제단체 지원금은 양 노총의 지원금에 비해 월등히 많다. 경총 1개 단체에 2022년 한해 116.7억원이 지급되었고, 상공회의소에는 176억원이 지급되었다. 반면, 한국노총에는 35.9억원, 민주노총에는 3.3억원이 각각 지급되었다.

요구였던 불안정 노동을 거리낌없이 확산하겠다는 의미로 풀이된다. 자본의 이해와 관련한 노동정책은 적극 추진하고, 노동의 이해와 관련한 노동정책은 외면하겠다는 의미이다.

노동의 가치를 외면하고 자본·시장의 이윤 확대를 목표로 윤석열정부는 자본에 대해서는 무한한 자유를, 이에 맞서는 노조에 대해서는 직접 공격하겠다는 발상을 숨기지 않고 있다. 역사의 시계를 30년 뒤로 돌려 1990년대 초까지 우리 사회를 지배했던 노동 배제·억압의 흐름을 되살리겠다는 역주행이 전면화되고 있다. 노동 존중에 대한 최소한의 기본 개념조차 갖추지 못한 적대적 노동정책이 아닐 수 없다.[5] 문제는 이러한 노동 억압 및 노조 적대시 정책 흐름이 자신들 권력의 하부 토대로 여기는 공공부문 노조에 대해 어떻게 구체화될 것인가하는 점이다.

2023년 초까지 윤석열정부는 과거 이명박·박근혜정부가 취했던 공공기관노조에 대한 직접 공격 흐름은 아직 구체화하지 않고 있다. 그러나 노조 자체를 적대시하고 자본의 무한한 자유를 내세우는 정권의 속성상 과거 정부의 반노조적 발상이 분명히 구체화될 수밖에 없을 것이다. 공공부문노조들이 민영화, 강제 인력감축 등에 맞서 강력한 투쟁을 전개하는 순간, 윤석열정부는 특유의 '법과 원칙'을 앞세워 '정권의 앞마당' 또는 하부 토대에서 전개되는 이러한 공공기관노조들의 투쟁을 강하게 짓누를 것으로 예상된다.

특히 2023년 경영평가를 앞두고 윤석열정부는 공공기관 직무·성과급 도입에 대해 강한 드라이브를 걸고 있다.[6] 직무·성과 중심 임금체계로 전환하겠다고 다양한 경로를 통해 선언한 가운데, 경영평가제도를 최대한 활용하여 공공기관의 임금체계 개악을 선도적으로 추진할 가능성이 높다. 현재 윤석열정부가 추진하는 직무·성과급 임금체계는 일부 공공기관의 최근 운영 사례 등을 볼 때, 과거 박근혜정부의 성과연봉제 운영 모델에 거의 근접하고 있다. 윤석열정부는 1차로 경영평가 및 임금인상과 관련한 인센티브 적용을 통해 노조 연대를 약화시키려 할 것이고, 만약 노조가 이에 저항할 경우 2차로 '부분근로자대표제' 운영을 통해 노조를 분열시킬

---

5 과거 이명박정부의 노동정책에 대해 최장집교수가 "이명박정부처럼 노동자에게 적대적 노동정책을 취한 나쁜 정부는 없었다"며 "노동정책에 관한 한 권위주의 정부 때보다 더 나쁜 최악의 정권"이라고 혹평(매일노동뉴스 2012.10)한 바 있었으나, 현재의 적대적 노동정책 흐름으로 볼 때 윤석열정부가 '더 나쁜 최악의 정권'으로 발전할 가능성도 배제할 수 없다(필자 주).

6 정부(기획재정부)는 「직무성과 중심의 공공기관 보수관리 방안 마련」(2023.2.3.)을 통해, △경영평가에서 직무급 및 성과급의 평가 배정 확대 △직무급 도입 우수기관에 대한 총인건비 인상 인센티브 등을 추진하겠다고 발표했다.

가능성도 있다. 노동조합에 대한 공격은 공공부문의 노동운동이 사회·경제체제 개혁으로 발전하지 못하도록 억누르는 효과도 있기 때문에 적극적으로 활용할 가능성이 높다.

아울러 과거 이명박·박근혜정부와 같이, 공공부문 시장화의 정책 내용에 공공기관노조 등을 개혁 대상화했던 경험들이 되살아날 가능성이 매우 높다. 정부 정책에 길들이기 위해, 공공기관노조를 개혁 대상('방만경영 공범')으로 설정하고 노조활동 토대를 약화시키는 정책 방향은 시장 만능주의에 사로잡힌 윤석열정부의 입장에서는 '편리한 선택지'가 될 수 있다. 가장 조직력이 높은 공공기관의 노동시장 및 노사관계를 먼저 뒤틀어놓은 뒤 민간 부문에 확산시키려 했던 과거 권위주의 정부의 사례들은 윤석열정부에게 좋은 모델로 선택될 수 있기 때문이다.

- 보편 복지 후퇴 및 복지 시장화

윤석열정부에서 또하나 우려되는 정책 역주행은 복지 축소 등에서 구체화될 전망이다. 윤석열정부의 정책 추진이 아직 혼란스러운 수준에 있지만, 국가 재정 긴축, 연금 개혁, 선별적 복지 확대 정책은 이후의 전망을 어느 정도 가능케 한다. 이미 2022년 5월 △재정 건전화 중심의 연금 개혁 및 시장질서 확대 △공공병원의 위탁 운영 확대 및 의료산업 규제 완화 △'서비스산업발전기본법' 제정 추진 등이 국정과제로 제시되었다.

대통령실(사회수석)은 2022년 9월 현물 급여 복지를 취약계층 위주로 지급하고, 돌봄요양 의료교육 등 사회서비스 분야 전반을 민간 주도로 개편하겠다는 복지 정책 방향을 발표했다. 여기에는 △선별적 복지 △한국형 복지 △민간 주도의 복지 통·폐합 등을 주요 내용으로 하는 복지 시장화 정책이 기본 흐름으로 작용하고 있다. 이러한 정책들은 사회 전반의 불평등이 확산되고 안전망이 취약한 우리 현실 속에서 사회복지 전반의 역주행 결과로 나타날 가능성이 높다.[7]

복지 정책 중 최대의 관심사는 연금 개혁이다. 2023년 신년사에서 밝힌 것처럼 3대 개혁 과제의 하나로 제시된 연금 개혁 방향은 연금 재정의 건전성 중심으로 이뤄지고 있다. 연금 재정의 안정을 위해 더 내고(연금보험료 인상), 덜 받는(연금 수급액 축소) 개혁 방안이 거의 확실시되

---

7   2022년 3월 30일 윤석열정부의 정책 진단 토론회(민주노총·지식인선언네트워크 주최)에서, 윤홍식 교수(인하대)는 사회정책과 관련하여, "소득보장·사회서비스·보건의료 등의 정책에서 산별적 복지 확대를 내세우면서 과거 보수적 신자유주의로 회귀하고 있다"는 전제 아래, "한국 사회의 복지 체제의 핵심 문제, 즉 성장과 복지가 선순환하기 위한 기본조건에 대한 인식이 결여되어 있다고"고 진단했다.

는 상황이다. 게다가 대선 당시 대통령 직속으로 '공적연금개혁위원회'를 구성하겠다고 약속하고서도 현재는 국회 설치로 방향이 선회되어 있다. 정부의 책임을 외면하겠다는 취지로 이해된다. 연금 개혁 논의도 현재 공적연금 강화 및 국민연금 축소(=사적 연금 활성화)가 강하게 대립되는 경향을 보이는 상황에서, 연금 재정 건전화에 몰두하며 보험료 인상에만 집착하는 발상으로 인해 사회적 합의 역시 쉽지 않을 것이다.

최근 대구시장(홍준표)이 지하철 무임승차 연령 상향 조정(65세→70세) 계획을 밝히면서 지방 지하철 무임승차 제도 개편 논의도 한편에서 확산되면서 노인 복지 정책 전환 논의도 서서히 확산되고 있다. 그러나 연금 제도 개편이나 노인 복지 정책 전환 논의에는 치명적 한계가 존재하는데, 그것은 우리나라가 OECD 국가 중 사상 최악의 노인 빈곤 추세를 보이고 있다는 점이다.[8]

- **공공부문의 시장화, 노동 억압, 복지 축소의 정치적 연관성**

△공공부문 시장화 △노동 억압 △복지 축소는 윤석열정부의 시장근본주의로부터 비롯된 국정과제들이다. 공공부문에서 본격화되는 △국가 재정 지출 억제 △공공서비스 기능 축소 △공공부문 고용 유연화 등은 신자유주의가 확산된 1980년대 이후 세계 각국의 시장화 흐름 속에서 거의 패키지 수준에서 결합하여 작동되고 있다.

이러한 정책 흐름은 공공부문의 존립 가치이자 공공부문 노동운동의 사회적 가치로 내세운 사회 공공성 전략과 대립이 불가피하다. △국민들 다수의 보편적 이익을 외면하는 공공부문 시장화 △자본의 독점적 이해를 위해 노동의 가치를 억압하는 반노동 △사회적 불평등 및 취약한 안전망을 외면하는 복지 축소 등은 자본의 무한한 자유와 이윤을 중시하는 시장근본주의의 핵심 과제들로서, △공공서비스 확대 △노동 존중 △보편적 복지 확대 등을 앞세운 공공부문 노동운동과 직접 충돌할 수밖에 없다. 공공부문의 사회적 가치(=공공성)를 주요한 운동전략과 과제로 설정하고 있고, 노조 조직률이 높은 공공부문 노동운동의 책임이 여기서 구체화될 수밖에 없다.

---

8 통계청은 2019년 기준 자료를 통해 우리나라의 노인 빈곤율은 OECD 국가 중 압도적 1위(43.2%)를 기록하고 있고 노인 자살률 역시 1위를 기록하고 있다고 밝힌 바 있다.

2) 시장근본주의 앞에 위태로운 공공서비스 및 사회·경제체제 현실

- 민간(시장) 우선 정책으로 인한 취약한 공공서비스 체계

앞서 9장([표9-2])에서와 언급한 바와 같이 우리나라는 기본적으로 공공서비스 체계가 취약한 국가이다. 2019년 기준으로 국가가 직접 예산으로 고용을 책임지는 일반정부(general government) 기준으로 우리나라는 전체 취업자 대비 8.1%의 노동자들이 공공부문에 소속되어 있는데, 이는 OECD 국가 평균 17.9%의 절반에도 못 미친다. 신자유주의(공공부문 시장화)의 원조 국가들인 영국(16.0%)·미국(14.9%)에 비해서도 현저히 미흡한 수준이다. 공공부문의 고용은 시장이 불안할 때 고용 안정 및 좋은 일자리 확대를 선도하는 기능을 한다. 그리고 이러한 선도 기능은 내수 활성화에 기여하면서, 사회 취약계층의 안전망 확보에도 동시에 기여한다.

공공부문의 취약한 고용 비중은 국가 전략자산 및 공공서비스 체계의 공적 관리 체계의 취약함을 반영한다. △교육·의료의 상대적으로 높은 민간 비중 △철도 및 에너지(전력·가스 등)는 민영화·경쟁체계 확대로 인한 민간 운영 비중 확대 △주요 SOC(철도·도로·항만 등)의 민간 투자 확대 △금융·항공·석유·버스·도시가스의 민간 중심 체계 등에서 국가 전략 자산이나 필수 공공서비스 모두 민간(시장) 중심 체계를 지향하고 있다. OECD 국가들 상당수가 통신·항공·금융부문의 공적 관리 체계를 취하고 있으나, 우리나라는 이와는 전혀 다른 흐름을 유지하고 있다.

이러한 취약한 공공부문 고용 및 공공서비스 관리 체계는 역대 우리 정부의 일관된 정책의 산물이다. 해방 이후 귀속재산 처리 과정에서 이승만정부는 국가 전략 자산(시멘트·화약·운수 등) 상당 부분을 민간에 불하(매각)했다. 이후 박정희정부·전두환정부는 주요한 국가 전략자산(항공·중공업·조선·통운·제련·석유 등)을 민간 대기업에 매각했고, 이후 김영삼정부에서 핵심 공기업의 민영화(철강·통신·은행·담배인삼·중공업 등) 추진 토대를 구축한 후 김대중정부는 IMF 위기를 앞세워 이를 전격적으로 추진했다. IMF체제 이후 역대 정부는 공공서비스의 민영화·경쟁체제·외주화·민간투자 등을 통해 민간(시장) 중심 체계를 강화했다. 그리고 2020년 코로나 위기 이후 선진 각국이 철도·항공 등의 전략 자산을 국영화·공적관리 등으로 전환하고 복지 확대 투자를 확대하는 상황에서, 문재인정부는 '작은 정부'(재정 건전화) 틀에 갇혀 공공서비스 확대 및 민영화 적폐 청산을 주저하고, 기피했다. 적어도 현재 시점에서는 우리나라가 신자유주의(공공부문 시장화)의 첨단을 걷는 국가라 해도 과언이 아닐 것이다.

이같은 현실은, 역대 정부가 시장주의 국정방향 및 경제관료 중심의 정책 결정구조의 결합을 통해 시장주의 체제의 기반을 지속적으로 강화한 결과이다. 또한 이러한 국정운영 세력과

카르텔 구조를 취하고 있는 집단(보수언론·시장주의 전문가 등)이 공공서비스의 공적 관리 체계를 비효율·관치의 영역으로 규정하며 시장(자본) 활성화로 대체하는데 앞장선 결과이다. 이러한 정책 방향은 노동자·서민 등 사회 다수 계층의 이해보다는 재벌·기득권층의 이해를 중시한 것으로서, 공공서비스의 이용 주체(시민)나 생산 주체(노조)가 제외된 취약한 경제민주주의 토대를 반영한 것이기도 하다.

공공부문 고용 비중이 취약하고, 공공서비스의 공적 관리 체계가 취약하다는 것은 그만큼 국민들에 대한 보편적 공공서비스 제공 수준이 취약하다는 의미이다. 앞서 서론(1장)에서 밝힌 바와 같이 공공서비스 제공 수준이 취약하다는 것은 사회·경제적 불평등을 해소·완화할 수 있는 국가 역량이 축소될 수밖에 없다는 의미이다.

자본의 이해와 요구에 충실하게 작동되는 이러한 공공부문 시장화는 한국 자본주의의 취약한 조건과도 맞물려 있다. 마치 정부의 기능을 최소화하는 '작은 정부'가 국민들에게 책임있는 정부 모델로 인식되고, 기업 이윤이 확대되어야 국민들의 삶이 개선(낙수효과)될 수 있다는 믿음이 지배적이며, 공공부문의 경영을 최대한 효율화(인력·예산 축소 및 성과·경쟁 확대)하는 것이 공공부문의 사회적 책임에 부합하다고 인식하는 것이 우리의 현실이다.

- **취약한 사회·경제체제**

공공서비스의 공적 관리 체계는 국가가 위기 상황에서 통치 역량을 강화하는 수단으로 작용한다. 이와 관련하여, 우리나라의 취약한 공공서비스 체계는 사회·경제체제 전반의 위기를 낳고 있다. 먼저 우리나라는 심각한 저출산·고령화 상황에 직면하고 있다. 우리나라의 2022년 합계 출산율은 0.78명으로서 OECD 국가 중 최악의 수준이다. OECD 국가 중 합계출산율이 1명 미만인 나라는 우리 밖에 없다. 고령화의 진행 속도도 매우 빠른 편이다. 2017년 14.3%의 고령화율(전체 인구 대비 65세 이상 노인 비율)로 고령 사회로 진입한 우리나라는 2022년 17.8%로서 머지 않아 초고령사회(고령화율 20% 이상) 진입을 눈 앞에 두고 있다. 저출산·고령화 심화는 국가 경제 및 재정 운용 측면에서 큰 부하(재정 수입 비중 축소/지출 비중 확대)가 걸릴 수밖에 없다. 국가의 출산율 제고를 위한 고용·복지체계의 개선 및 고령화 관련 사회문제(노후 빈곤 등) 극복을 위한 공공서비스·복지체계의 개선이 필요하지만, 우리나라는 이러한 개선 체계 역시 취약하다. 우리나라 노인 빈곤율이 OECD국가 중 제일 높은 것 역시 이러한 취약한 체계와 무관치 않다.

더 큰 문제는 우리나라의 불평등 구조이다. 세계불평등연구소(World Inequality Lab)가 발표한 「세계불평등 보고서 2022」에 따르면 우리나라의 소득(income) 불평등 및 부(wealth)의 불평등 모두 심각하다. 소득 기준으로 상위 10%와 하위 50%의 소득 격차는 45.8배이고, 부 기준으로 상위 10%와 하위 50%의 소득 격차는 52배에 달한다. 2020년 옥스팜(Oxfam)에서 발행한 「불평등해소 실천지표 2020」에 따르면 공공서비스·조세제도·노동권과임금 등 3가지 영역에서 OECD 국가(35개)의 거의 꼴찌 수준(33위)에 이르고 있다(이창근·이재훈·김정진·김직수·김진석·나원준, 2021). 공공서비스 확대를 통한 불평등 해소 실천이 취약하다는 것은 자칫 한국 사회의 지속 가능성에 대한 위기로도 연결될 수도 있다.

최근의 경기 침체 및 기후 위기 대응에 따른 산업구조 전환 역시 우리나라의 노동자·민중 등에게는 사회적 위협 요인으로 작용하고 있다. 소득 및 부의 불평등 구조로 인해 경기 침체 및 산업구조 전환의 충격 역시 불평등하게 반영될 가능성이 높기 때문이다. 이러한 상황에서 윤석열정부가 추진하는 선별 복지, 민간 중심 복지체계 개편, 연금 재정 건전화 정책 등은 우리 나라의 불평등을 한층 더 심화시킬 우려가 있다.

- 공공부문의 노동 배제 및 부정적 선도 효과

한국 정부는 과거 권위주의 체계에서나 이후 시장주의 체계 하에서 모두 공공부문 노조를 배제해왔다. 권위주의 체계에서 공공부문 노조를 배제한 것도 모자라, IMF 이후 시장주의 체계에서는 공공부문노조를 개혁 대상으로 간주하면서 '적대적 포섭 행위'를 서슴지 않았다. 김대중정부의 전면적인 공공부문 구조조정에서부터 이명박·박근혜정부에 이르기까지 공공부문노조는 정부 정책 시행을 위한 활용(포섭) 도구일 뿐이고, 저항할 경우 그 기반을 무력화해야 하는 적대적 대상이었다. 보수 언론이 기회있을 때마다 공공기관 노동자에 퍼붓는 비난('철밥통', '신의 직장') 역시 공공기관의 노조활동을 경영혁신 대상으로 설정하도록 작용하고 있다. 이러한 공공부문노조의 배제 흐름은 후진적인 한국 사회·경제체제를 바꿔내기 위한 노력들을 억압하는 흐름으로도 이어지고 있다.

공공부문노조 배제는 교섭구조에 명확히 드러난다. ILO협약 제151호(1978년)가 발표된지 40년이 지났지만 우리나라는 이에 대해 단 한번도 제도적 공간(예, 사회적 대화기구)에서 논의가 이뤄지지 않았다. 이로 인해, 공공기관의 실질 사용자인 정부는 공공기관노조를 교섭의 상대방으로 인정하지 않고 있고, 관련 법에 의해 정부가 사용자 역할을 하도록 규정되어 있는 공무원·교사의 임금·노동조건도 정부가 일방적으로 결정하는 것이 보편화되어 있다.

이러한 공공부문노조의 배제는 경제민주주의 토대의 취약함과 직접 연관되어 있다. 정치적으로는 국민의 지지와 선택을 받는 정부가 정당성을 지니고 있다는 '상식'이 작동되지만, 경제적으로는 정책 결정의 영향을 받는 집단이 정책 결정에 참여해야 한다는 '상식'은 거의 작동되지 않고 있다. 이같은 경제민주주의의 취약한 토대는 공공부문의 사회적 가치를 확대하고, 공공부문 노동운동의 사회적 책임을 높힐 수 있는 기회 자체를 배제하는 것이다. 기업 경영과 관련하여 ESG(환경·노동·지배구조)의 중요성을 내세우면서도, 정작 국가 정책은 철저히 폐쇄적이고 일방적인 결정 구조를 극복하지 못하고 있다.

중요 정책 결정과정에서의 공공부문노조 배제는 노조를 기존 질서의 위협 요소로 규정하여, 억압적 노동 정책을 전 사회적으로 확산하는 효과로 나타날 수 있다. 민간(제조업·서비스업 등)에서도 노동조합의 경영참여는 철저히 배제되고 있고, 산업 전체 노동자들의 보편적 이해를 관철하는 산업별 교섭구조는 여전히 가로막혀 있다. 공공부문노조 배제가 사회적으로 확산된 결과로 볼 수 있다.

한편 공공부문노조 배제 흐름은 한국 정치의 후진성 문제와도 연관된다. 공공부문 시장화의 한계 및 공공성 확장 필요성이 국회·정부 등 제도적 공간에서 제대로 공론화되지 못하고, 공공부문노조들의 정책개입 및 투쟁을 사회 질서 저해 요인으로 규정하려는 시대착오적 발상 등이 극복되고 있지 않기 때문이다. 우리나라는 OECD 국가 중에서 유일하게 노조 파업에 대해 형법으로 처벌하는 나라이다. 게다가 노조 파업에 대해 손해배상 가압류 등의 민사적 책임까지 부과하고 있다. 철도·지하철·발전·공무원·국공립병원 등에서 구속자 및 손해배상이 계속되는 것도 이러한 취약한 흐름을 반영한다.

특히 공공부문 노조의 경우 △민간에 비해 월등히 높은 조직률 △노조 투쟁의 높은 사회적 파급력 △정부 정책과의 직접 부딪힐 수밖에 없는 정치적 구조 등으로 인해 윤석열정부의 노동 적대 정책의 1차 목표물이 될 수도 있다. 최근 직무·성과급 임금체계 전환과 관련하여 윤석열정부가 제시하는 경영평가 및 인건비 예산 관련 인센티브는 앞서 언급한 바와 같이 공공기관노조에 대한 '적대적 포섭 행위'로 작용할 가능성이 매우 높다.

2. 공공부문 민주노조운동의 개괄적 역사(성과)

1) 정치권력의 노동 억압 및 공공부문 시장화에 맞선 줄기찬 투쟁

1987년 노동자 대투쟁 이후 공공부문 민주노조운동은 권위주의 체계 및 시장화 체계에 맞서 강인하게 투쟁해오면서 민주노조의 조직적 토대를 보존해왔다. 공공부문 민주노조운동의 투쟁은 크게 3단계에 걸쳐 진행되어 왔다. △1987년 노동자대투쟁 이후 IMF 체제 이전까지의 권위주의 정부의 노동 억압에 맞선 투쟁(~1997년) △IMF체제 이후 공공부문 시장화에 맞선 투쟁(1998~2016년) △탈시장화 실험(문재인정부) 단계의 투쟁(2017년 이후~)으로 구분해 볼 수 있다.

1987년 노동자대투쟁 이후 권위주의 정부에 맞선 투쟁은 1994년 공공부문노조대표자회의(공노대) 결성 이전까지 사무·전문직 노동운동 흐름에서 먼저 시작되었다. 국립대병원·지하철(철도)·지역의료보험·정부출연연구기관·공영방송노조·전교조 등에서 국가 권력의 노동 억압 및 반민주적 질서에 맞서 투쟁을 전개하는 과정에서 공공부문노조의 정체성이 형성되는 계기가 마련되었다. 이후 정부의 임금 억제 및 노조활동 억압이 본격화되면서 공공부문 민주노조는 전국적·업종별 연대 투쟁을 통해 공공부문 노동운동의 전국적 연대 및 조직 발전의 계기를 만들어냈다. 민주노총 건설과 함께 전개된 공공부문 민주노조의 초기 역사에 해당될 수 있다. 공공부문노조 투쟁은 초기에 정부 권력과 직접 대결하는 상황에서 주요 노조들(전교조·지하철노조·의보노조·공영방송노조 등)이 수많은 희생(구속·해고)에 직면했다. 한국노총의 공공부문노조들은 일부 조직을 제외하고는 정부(정권)와의 타협 흐름이 일반적으로 나타나는 시기였다.

IMF체제 이후 공공부문 시장화에 맞선 20년 가까운 투쟁이 이어졌다. △공공부문 전면적 구조조정에 맞서 계속된 총파업 투쟁(김대중정부) △공공부문 시장화 공세에 맞서 사회공공성 대안을 제시한 투쟁(노무현정부) △공공부문 시장화 및 노동 억압에 맞서 민주노조의 기반과 가치를 지킨 투쟁(이명박·박근혜정부) 등으로 구분된다. 공공부문 조직(공공연맹·공공운수연맹·보건의료노조 등) 단위, 민주노총 단위(총파업 투쟁), 공공기관노조 단위(업종 연대파업, 공동 총파업 투쟁 등)별로 투쟁이 이뤄지면서, 공공부문 민주노조의 기반을 확대하고 한국 사회 대개혁의 주체로서 자리매김하는 역할을 했다. 김대중정부의 구조조정 시기에 적지 않은 희생이 발생했고, 노무현정부 시기에도 공무원·철도·지하철 등에서 이러한 희생이 이어졌다. 한국노총 공공부문노조들은 시기에 따라 사안별로 연대했는데, 민주노조 중심의 투쟁이 이뤄진 김대중정부에서는 거의 연대가 이뤄지지 못했고(정부와의 투쟁·타협 흐름 교차), 박근혜정부 이후 공공기관노조들의 연대는 계속되었다.

이 시기의 투쟁은 김대중정부의 공공부문 구조조정에 맞서 공공부문 민주노조 투쟁이 전면화되었고, 이명박정부·박근혜정부와의 투쟁을 통해 그 투쟁의 절정기를 맞이했다. 1998년 7월 공공기관노조 총파업 투쟁이 그 시작이라면, 2016년 공공기관노조 공동 총파업 투쟁은 이러한 투쟁을 사실상 총결산한 것으로 볼 수 있다. 특히 이명박정부·박근혜정부 시기에 정부의 강고한 탄압에도 불구하고 공무원노조·전교조는 강한 생명력을 유지하며 민주노조운동의 흐름을 보존해온 것은 또 하나의 역사적 성과이다.

문재인정부 시기(탈시장화 실험)의 투쟁은 공공부문 민주노조운동이 그동안의 노동 억압 및 시장화에 맞선 투쟁을 일단 마감하고, 각 부문에서 의제별 투쟁이 이뤄진 시기이다. 공공부문 비정규직 투쟁이 전 영역에 걸쳐 이뤄졌고, 민주노총이 사상 처음으로 공공부문 비정규직 단위의 총파업 투쟁을 전개한 시기이다. 각 영역별·의제별로 공공부문 비정규직 투쟁이 전개되는 과정에서 공공부문 민주노조의 단결 및 연대가 약간 정체되는 흐름을 보이기도 했다.

공공부문 민주노조의 투쟁은 정부의 노동 억압 및 공공부문 시장화에 맞선 투쟁이 주된 흐름이었지만, 전교조·공무원노조와 같이 민주노조 토대를 사수하기 위한 투쟁, 비정규직 투쟁과 같이 고용·임금 차별을 넘어 정규직으로 전환하기 위한 투쟁 등도 동시에 진행되었다. 국가 권력과 직접 부딪히는 공영방송(KBS·MBC 등)은 방송 민주화를 위한 지난한 투쟁을 전개했다. 이러한 투쟁들은 공공부문 노동자들의 일터 및 노동기본권을 지키기 위한 투쟁에서 시작되었지만, 한국 사회의 노동권 및 사회·경제체제가 후진적으로 작동하지 않도록 '방파제' 역할도 병행했다. 공공부문 민주노조의 투쟁은 한국 사회 대개혁의 중심 역할을 해온 민주노총의 정치·사회적 위상을 강화하는데 기여했다. 또한 사회공공성 의제를 중심으로 공공부문의 민주적 개혁 논의를 주도하고 사회적으로 공론화하는데 앞장섬으로써 공공부문 민주노조들은 한국사회 개혁의 주요 세력으로 자리잡고 있다.

2) 공공부문 민주노조운동의 양적 성장 및 질적 발전

지난 35년간 공공부문 민주노조들의 양적으로 큰 성장을 거듭했다. 1994년 11월 공노대 결성 당시 민주노총(준비위) 조직은 64,800여명(한국노총 193천여명)이었으나, 2000년 공공부문 노조는 197천여명(한국노총 215천여명)으로 성장했다. 전교조·공무원노조가 안정적 기반을 구축했던 2005년 공공부문 민주노조는 352천여명(추정)으로 증가함으로써, 공공부문노조에서는 한국노총(151천여명, 추정)을 월등하게 앞섰다.

고용노동부 통계에 따라 공공부문이 속한 조직(민주노총 보건의료노조·서비스연맹, 한국노총 금융노조)까지 포함하여 조합원을 계산할 경우, 민주노총은 2000년 258,304명, 2010년 401,907명, 2016년 438,490명으로 각각 성장했다. 한국노총은 2010년 191,584명, 2016년 222,601명으로 나타났다. 2021년 12월 현재 민주노총은 701,948명(공공부문 조합원 565천여명 추정)이고, 한국노총은 468,872명으로 나타나 있다. 특히 정부의 계속된 탄압의 대상이었던 공무원노조의 경우 2021년 12월에 15만명을 돌파하여 민주노조 기반을 한층더 강화시켰다. 공공운수노조 역시 25만명을 넘어서면서 민주노총내 최대 산별조직으로 자리잡고 있다.

단지 양적으로 성장하는데서 그치지 않고, 공공부문 민주노조는 질적으로도 발전을 거듭했다. 초기 공공부문노조들의 개별적인 투쟁들을 통해 전국적 연대의 필요성이 공유되었고, 이에 따라 공노대가 출범했다. 공노대의 투쟁과 각 업종 연맹들의 투쟁이 계속되면서 IMF체제 하에서 공공부문 민주노조 총단결의 필요성이 공유된 결과, 공공연맹으로 통합되었다. 공공연맹은 공공부문 민주노조 투쟁을 주도하면서 비정규직 조직화 및 사회공공성 강화의 운동 전략하에 산별노조운동을 모색했고, 그 흐름이 공공운수연맹을 거쳐 공공운수노조로 발전되었다. 공공운수노조는 공공기관 정규직노조의 참여가 제대로 이뤄지지 못하는 상황 속에서 비정규직 조직화를 위한 안정된 체계를 구축하고 있다.

보건의료노조도 1998년 산별노조로 전환한 이후 사실상 산업별 체계를 완성했고, 공무원노조는 다른 공무원 노조 조직과 달리 하나의 조직으로 굳건하게 자리잡고 있다. 공공부문 비정규직의 주요 조직으로 자리잡고 있는 민주일반연맹 역시 비정규직 투쟁을 계속하는 과정에서 내부 조직 통합 논의가 계속되고 있다.

다만 공공부문 비정규직 조직화를 둘러싸고 민주노총 내부에 다원화·경쟁 흐름이 이어지면서, 상대적으로 공공부문 비정규직 노동자들은 다수의 산별 조직에 분산되어 있다. 물론 학교비정규직·국공립병원·지자체 비정규직 등은 경쟁 구조 속에서 조직이 확대되는 경향도 나타나고 있다.

3) 공공부문 민주노조운동의 역사적 의미

공공부문 민주노조의 지난한 투쟁 및 조직 발전의 역사는 대부분 노동 억압 및 공공부문 시장화에 맞선 저항의 역사였다. 공공부문의 보편적 가치(=공공성) 확대를 운동전략으로 내세웠지만, 이 또한 현재까지는 공공부문 시장화 공세에 맞선 저항 담론의 성격이 강했다. 그러나 저항의 역사가 결코 폄훼해서는 아니될 것이다. 그 저항의 역사가 민주노조운동의 자산이자, 한국 사회 변혁의 밑거름으로 작용해온 것이 엄연한 현실이기 때문이다.

정부의 노동 억압 및 공공부문에 시장화에 맞선 공공부문 민주노조의 투쟁은 수많은 희생(구속·해고·손해배상 등)의 위협 속에서도 전국적인 공동 투쟁과 연대 흐름을 발전시켰고, 정부·자본·보수언론의 공공부문 민주노조운동에 대한 끝없는 분열 공세를 막아내며민주노조의 토대를 굳건하게 유지·발전시켜왔다. 다른 한편에서 잘못된 정책을 추진 중인 정부와의 타협을 통해 실리 추구 등의 운동 흐름이 이어져온 상황에서도, 정부의 잘못된 정책에 맞서 갖은 역경과 희생을 무릅쓰고 투쟁을 전개해온 것 역시 공공부문 민주노조운동의 차별화된 역사를 드러내준다.

공공부문 민주노조가 저항 중심의 역사를 지속할 수 밖에 없는 것 또한 한국 사회의 취약한 경제민주주의 토대와 연관되어 있다. 우리나라는 1987년 이전까지 외세 식민 통치 및 독재 권력의 장기화 속에서 최소한의 정치적 민주주의조차 제대로 갖추지 못한 상황에서 1987년 6월 민주화 대투쟁을 맞이했다. 1987년 노동자대투쟁 이후 35년간 민주노조의 계속된 투쟁에도 불구하고, 광장(廣場)은 민주화되었으나 공장(工場)은 아직 민주화가 제대로 이행되지 않고, 사회(社會)는 열려가고 있으나 회사(會社)는 아직 닫혀 있는게 대부분이다. 공공부문 민주노조의 저항 역사는 바로 이러한 후진적 체제(민주화 이행이 더딘 공장, 닫혀 있는 회사)를 극복하려는 투쟁의 역사였다. 그리고 아직도 이 투쟁을 불온시하고 억압하려는 세력이 강하게 형성되어 있고, 더구나 윤석열정부 들어 이러한 경향이 강화되는 양상이기 때문에 앞으로도 저항 중심 운동은 계속될 수밖에 없다. 다만, 공공부문 민주노조 앞에 닥친 현실은 저항을 넘어 새로운 운동 전략을 모색해야 하는 과제를 던져주고 있다.

노동 억압 및 공공부문 시장화의 흐름이 조정되는 문재인정부 기간에 이러한 저항 중심의 운동 전략에도 한계가 나타나고 있기 때문이다. 첫째, 앞서 9장에서 언급한 바와 같이 최근 들어 민주노총 소속 공공부문 노조들의 조직 증가 추세가 다소 둔화되고 있다. 둘째, 최근 들어 공공부문 민주노조운동이 견지해왔던 사회공공성 운동 전략들이 공공기관 현장 단위에서 확고하게 공유되고 있지 못하는 경향이 있다. 셋째, 민주노총 소속 공공부문 노조들이 양적인 성장에도 불구하고, 연대와 단결의 한계가 존재한다. 넷째, 가장 대표적 공공부문 조직인 공공운수노조에서 산별노조운동이 정체되면서 기업별 체계가 여전히 극복되고 있지 못하고 있다. 다섯째, 공공부문 비정규직 투쟁 및 공정-성과주의 담론과 관련하여 공공기관노조운동의 계급적 단결에 대한 여러 장애 요인들이 나타나고 있다.

또다시 공공부문 시장화와 노동 억압을 강하게 추진하려는 윤석열정부 시기에 공공부문 민주노조운동의 지난 역사를 되돌아보며 공공부문의 존립 가치 및 노동운동의 가치가 동시에 도전받는 정세에 굳건하게 대처해야 한다. 아울러 문재인정부 5년의 운동 경험 속에서 이전 운동 과정에서 경험하지 못했거나, 새로이 제기된 과제를 중심으로 공공부문 민주노조운동은 변화된 현실에 맞는 운동전략을 새롭게 구성해야 할 필요가 있다. 공공부문 노조들은 이제 과거의 저항 역사를 넘어 공공부문 개혁 의제가 '보편적 상식'(universal common sense)으로 자리잡

을 수 있는 공세적 전략을 준비해야 할 것이다.[9]

3. 공공부문의 사회적 가치 확대를 위한 민주노조운동의 과제[10]

1) 저항을 넘어 사회·경제체제 대개혁의 공세적 전망 구축

1987년 노동자대투쟁 이후 35여년간 공공부문 민주노조운동은 많은 변화와 성장을 거쳐 2023년에 이르고 있다. 1987년의 민주화 투쟁이 민주노조운동을 촉발시키는 '소중한 거름'으로 작용했는데, 아이러니하게 이러한 민주화 투쟁의 기본 취지조차 부정하는 정권이 다시 자리를 잡고 있다. 더구나 권위주의와 시장근본주의로 무장한 정부의 국정 방향으로 인해 가장 후진적인 국가 운영 모델이 구체화되고 있다. 1987년 이전의 권위주의 및 IMF 체지 이후의 시장주의는 한국 사회가 올바로 자리잡기 위해 반드시 청산해야 할 과제였다. 권위주의와 시장근본주의가 결합된 이러한 후진적 정권에 맞서기 위해서는 먼저 변화된 정세에 걸맞는 새로운 공공부문 노동운동 전략이 필요하다. 이전의 저항 역사를 넘어 사회·경제체제 전환을 위한 공공성 확장 전략이 검토될 수 있다. 이전의 공공성 전략이 공공부문 시장화에 맞선 저항 전략이었다면, 이후 공공성 전략은 노동운동은 사회·경제체제 전환을 위한 공세 전략으로 자리잡아야 할 것이다.

현재 우리 사회는 전통적으로 △수출 대기업 주도의 불균등 성장 △시장 만능 및 재정 건전화를 기초로 한 국가의 역할 축소('작은정부론') △불안한 사회지표(자살율·저출산율·노인빈곤율 최고) 및 매우 취약한 사회안전망 △급격한 저출산·고령화 △자산·소득 불평등 등의 낡은 사

---

9 미국 독립전쟁 당시 토마스 페인은 「상식」(Common Sense)을 통해 영국의 전제적 식민 통치에 대항하여 독립된 민주 국가로 전환하는 것이 당연한 '상식'이라고 밝히면서, 당시 독립전쟁을 주저하던 식민지 대표들을 하나로 단결시켰다. 공공부문 민주노조운동이 전략적 과제로 내세우는 공공성 및 이를 통한 사회·경제체제 대개혁이 현 단계 다중의 위기에 직면한 한국 사회에서 당연한 '상식'으로 자리잡기 위한 운동 전략의 필요성을 제안해본다(필자 주).

10 본 과제는 필자가 30년 가까이 직접 공공부문 노동운동에 직접 참여했던 경험 및 공공부문 정책·운동전략을 지속적으로 검토해온 경험을 토대로 제안한 것이다. 물론, 앞서 각장에서도 이와 비슷한 문제 제기들이 다수 언급되어 있다.

회·경제체제가 지속되어 왔고, 최근 들어서는 △디지털화·탈탄소화에 따른 산업구조 전환 및 고용 위기 △경기침체의 장기화에 따른 사회 취약계층 삶의 불안 등 다중의 위기가 가중되고 있다. 이러한 상황에서 우리 정부는 여전히 '작은 정부'에 갇혀 있고, 공공서비스 확대는커녕 축소에 골몰하고 있다.

최근의 시대 상황 및 전통적으로 취약한 공공서비스의 공공적 관리체계는 공공부문의 사회적 가치(=공공성)가 어느 시기보다 절실하다는 것을 반영하고 있다. 이미 공공부문 노동운동 진영에서는 2020년 코로나 위기 상황에서부터 △'작은 정부' 전환(GDP 대비 45% 이상의 국가 재정 지출 확대) △사회보장(복지) 예산 확충(예산의 30% 이상) △공공서비스 확대에 따른 공공부문 고용 확장(OECD 국가 평균 2/3이상의 공공부문 고용 비중 확충 △탈시장화 전략(주요 공공서비스의 시장화 전략 전면 전환 및 공공성 확대) 등의 정책 과제를 공론화하기 시작했다(박용석, 2021).

이러한 공공부문의 사회적 가치 확장 모델은 국정 최고 통치권자의 과제이지만, 공공성 강화를 기반으로 사회·경제체제 대개혁을 항상 열망해온 공공부문 노동운동 입장에서도 매우 절실하고 필수적인 과제가 아닐 수 없다. 물론 윤석열정부 하에서 쉽지 않은 과제일 수 있지만, 공공부문 노동자들이 단결하여 공공성 강화를 사회적으로 공론화시킨다면 국민적 지지와 연대 속에서 '보편적 상식'으로 자리잡을 수도 있을 것이다. 비록 현실 정치의 한계는 존재할 수 있지만, 공공부문 노동운동의 사회적 가치 실현에 대한 의지는 강하게 견지될 필요가 있다. 사회공공성 강화 운동 전략은 한국 사회 대개혁을 위한 실천과제를 사회적으로 공론화하고, 이를 실천할 수 있는 운동의 동력을 내부에서 확고하게 형성하는데서 시작된다.

2) 공공부문 대개혁 실천 과제의 '보편적 상식'

공공부문 노동운동은 공공부문의 대개혁을 선도적으로 추진해야 할 과제를 숙명적으로 안고 출발했다. IMF체제 이전 공공부문 노동운동은 권위주의 국가 체제에 맞서 노동권 강화 및 민주주의 발전의 전망을 제시했고, IMF체제 이후에는 정부의 시장화 공세에 맞서 공공성 확대의 대안 전망을 구체화했다. 공공부문 고용의 근간이 되는 공공기관 형성·확대·조정, 공공부문 노동자의 고용·임금의 결정 과정 및 이를 개선하기 위한 노조활동 모두 공공부문 운영·관리체계와 모두 직결되어 있다. 공공부문이 민주·복지국가 체제(재정·공공서비스 확장)를 지향할 때 공공부문 노동자의 고용 및 노조활동 공간이 확대되는 흐름이 나타나고, 공공부문이 시장국가 체제(재정·공공서비스 긴축)를 지향할 때 그 반대의 흐름이 형성되는 것은 동서고금의 역사에서 이미 확인되고 있다.

공공부문 대개혁은 필연적으로 우리의 사회경제체제를 전환하는 것으로 연결되어 있다. 공공부문의 대개혁 과제는 공공부문의 사회적 가치를 확대시키고, 공공부문 노동운동의 토대를 강화시켜주면서 선진 복지국가 체제로 이행할 수 있는 밑거름으로 작용하기 때문이다. 지난 35년 이상 공공부문 민주노조운동이 지향했던 공공부문 대개혁 과제가 공공부문 요구를 넘어 우리 국민들이 '같이 꿈꾸는' 한국 사회의 '보편적 상식'으로 자리잡아야 할 때이다.

일단 공공부문 대개혁의 거시적 과제는 크게 △공공부문의 사회적 가치 실현을 위한 국정 운영 토대 구축(총괄) △국민 복지·안전 증진을 위한 공공 관리체계 확대(공공서비스 확대) △경제민주주의 실현을 위한 지배구조 혁신(운영 민주화) △ 공공부문 고용 및 노사관계에서의 '모범적 사용자' 모델 선도(노동 존중) 등으로 설정할 수 있다. 이를 위한 핵심 실천과제는 [표10-3]과 같이 정리해 볼 수 있을 것이다.

이중 공공부문 사회적 가치 실현을 위한 국정 운영 토대 구축 및 국민 복지·안전 증진을 위한 공공 관리체계 확대는 탈시장화 국가 운영을 전제로 하고 있다. 국가의 재정을 확장시켜 공공서비스 확대 및 보편적 복지 체제를 형성하자는 취지이다. 불평등·양극화가 만연해있고 저출산·고령화가 심각해지고 있으며 산업구조 전환으로 대다수 노동자들의 미래 삶이 불안한 현실을 극복하자는 것이다.

경제민주주의 실현을 위한 지배구조 혁신은 공공부문에서 민주적 사회 체제를 선도적으

표10-3 선진 복지국가 체제 이행을 위한 공공부문 대개혁 과제

대개혁 범주	핵심 개혁 과제(예시)
공공부문 사회적 가치 실현을 위한 국정 운영 토대 구축	- (재정전략) 국가의 위기 대응 역량 강화를 위한 국가재정운용전략 혁신 - (운영원리) 복지사회를 위한 공공서비스 확대 및 민주적 운영 기반 구축 - (거버넌스) 재정건전화·시장화 만능의 경제부처(기획재정부) 전면 혁신
국민 복지·안전 증진을 위한 공공 관리체계 확대	- 필수 공공서비스 민영화·외주화 중단 및 공공 통합체계 구축 - 서민 필수 공공서비스의 재공영화 및 국가 전략자산의 공적 관리체계 확대 - 공공서비스 운영 주체에 대한 공공서비스보상(PSO) 확대 - 공공 의료 확대 및 사회서비스(보육·요양 등) 공공 인프라 확충
경제민주주의 실현을 위한 지배구조 혁신	- 공공부문 정책결정기구의 민주적 구성 및 운영 - 공공부문 사회적 가치 확대를 위한 예산 운용 및 평가 체계 개혁 - 공공기관의 공동결정제도 도입 및 노동·사외이사 확대
공공부문 고용·노사관계에서의 '모범적 사용자' 모델 선도	- 공공서비스 확대를 위한 공공부문 고용의 획기적 확충 - 공공부문 비정규직 정규직화 및 간접고용(외주화·민간위탁) 체계의 전면적 전환 - 공무원·교사의 노동3권 완전 보장 및 공공부문 대정부 교섭구조 활성화

자료: 박용석(2022), 재구성

로 구축하자는 취지이다. 아직까지 민주화가 이행되지 않고 있는 작업장 전반의 후진적 흐름을 개혁시키는데 공공부문이 앞장서야 한다는 의미이다.

공공부문의 고용구조 및 노사관계에서의 '모범적 사용자' 모델 선도는 노동억압·배제가 만연한 한국 사회를 공공부문이 올바르게 선도하자는 취지이다. 이는 또한 노동운동이 사회 대개혁의 주요 동력으로 작용하기 위한 사회 체제의 밑거름을 형성하자는 것과도 연결된다.

문제는 공공부문 노동운동이 이러한 한국 사회 대개혁을 구호로만 외쳐서는 안된다는 점이다. 우리의 공공부문을 둘러싸고 있는 국가 권력은 이러한 대개혁을 무산시킬 수 있는 강한 물리적 힘과 사회적 동원 체제를 갖추고 있기 때문이다. 따라서 이러한 강력한 국가 권력에 맞설 수 있는 공공부문 민주노조운동의 실천 동력을 형성하는 것이 필요하다. 이러한 실천 동력 형성 역시 사회공공성 강화의 운동 전략과 직결되어 있다.

3) 공공부문 민주노조운동의 혁신을 위한 운동전략 전환

공공부문의 사회공공성 확대 및 이를 위한 공공부문 대개혁 과제의 역동적인 실천을 위해서는 공공부문 노동운동의 내부 혁신 역시 치밀하게 준비되어야 한다. 공공부문이 지닌 사회적 가치(공공성) 및 높은 노조 조직률에서 비롯되는 공공부문 노동운동의 사회적 책임이 있기 때문이다. 또한 지난 역사를 되돌아보며 공공부문 노동운동의 품격을 한 단계 더 높일 수 있는 운동전략의 전환이 필요하다.

이를 위해 △정부 공세에 대한 수동적 방어·저항 투쟁에서 정부 정책 변화를 위한 공세적 투쟁으로의 전환 △기업별·업종별로 운동 체계에서 전 공공부문노조들의 총단결 체계로의 전환 △당면한 경제적 이익 중심 운동에서 전 공공부문의 개혁 중심으로의 전환 △직종·세대 단위 분리 구조에서 전 공공부문의 계급적 연대 구조로의 전환 등이 구체적으로 검토될 수 있다.

이를 위한 핵심적 과제로는 △공공부문 민주노조들의 통큰 대단결 △기업별 체계를 뛰어넘는 산별노조운동 강화 △사회공공성 공론화 확대를 통한 사회연대운동 강화 △정규-비정규 노동자들의 계급적 연대의 실천 △공공기관의 조직 운영 혁신 등이 제기될 수 있다. 앞의 두가지는 공공부문 노동운동이 근본적으로 갖추어야 할 기본 과제이고, 뒤의 세가지는 최근 변화된 정세에서 요구되는 공공부문 노동운동의 시대적 과제이다.

그리고 이러한 실천 과제는 지난 역사에서 계속되었던 공공부문 민주노조운동의 발전을 담보하는 것이자, 후진적 한국사회 체제 개혁을 위한 민주노조운동의 최대 당면 과제가 아닐 수 없다. 또한 공공부문 노동운동의 사회적 책임 실천 역량을 강화하여 노동운동에 대한 사회적 공감대 및 정치적 영향력 확대를 촉진할 수 있는 필수적 과제이다.

- **공공부문 민주노조운동의 통큰 대단결의 전망 구축**

최근 민주노총의 공공부문 조직들의 성장·발전이 정체되고 있고,[11] 각각의 운동(특히, 비정규직 투쟁)은 개별적으로 진행되면서, 공공부문 조직들간의 경쟁·갈등이 심심치 않게 나타나고 있다. 공무원노조·전교조·공공운수노조 등 공공부문 정규직노조들의 일상적 공동사업 틀이 아직 제대로 구축되어 있지 못하고, 민주노총내 공공부문 정규직·비정규직과의 연대가 안정되어 있지 못한 상황에서 비정규직노조들의 연대 역시 사안별 공동행동 수준에서 머무르고 있다. 국가 권력이 집중된 정부를 공동의 교섭 대상(정부)으로 설정하고 있는 공공부문 노동운동의 특성, 한국의 후진적 사회·경제체제를 변혁해야 할 책무를 부여받고 있는 민주노조운동의 존립가치를 고려해 볼 때 이러한 현실들은 개선될 필요가 있다.

먼저 민주노총 내에서 강한 조직 기반을 지닌 공무원노조·전교조·공공운수노조·보건의료노조·민주일반연맹 등을 중심으로 대정부 투쟁 집중 및 실천을 위한 노력들을 우선적으로 기획·전개할 필요가 있다. 이들 조직들은 노동운동을 넘어 우리 사회에서 영향력을 지닌 주요한 주체들인 만큼 그 영향력에 걸맞는 단결 및 연대의 모범적 실천이 필요하다. △국가 재정 확장 △공공서비스 확대 및 탈시장화 △보편적 복지 확대 △공공부문 좋은 일자리 확대 및 노동권 선도 등의 사업은 이러한 단결 및 연대의 모범적 실천 속에서 비로소 위력을 발휘할 수 있다.

이어 공무원노조·전교조 등을 포함한 전 공공부문 민주노조들이 우리 사회 가장 후진적 단면을 드러내는 비정규직 문제를 선도적으로 개선할 수 있는 운동전략을 공유해야 한다. 비정규직의 정규직화를 위한 실천 사업을 공동으로 추진함과 동시에, 이들의 노조할 권리 확대를 통한 고용·처우개선 실현을 위해 비정규직 노조 조직화 사업을 공동의 노력으로 추진하는 방안을 고려할 필요가 있다. 이는 공공부문 조직들의 당면 과제이나, 이러한 과제들을 조정해내고 공동 실천으로 이어가도록 하는 민주노총 중앙의 책임과도 연결되어 있다. 현재 공공부문 민주노조들은 민주노총의 50% 내외에 이를 만큼 중요한 비중을 점하고 있기 때문이다.

---

11 9장([표9-11])에서와 같이 2000년 이후 16년간(2000~2016년) 민주노총 내 공공부문 조직은 180,186명 증가하여, 한국노총(-2,074명)에 비해 괄목할 만한 성장을 거듭했다. 그런데 문재인정부 5년간(2017~2021년) 민주노총 공공부문 조직 조합원의 증가(263,458명)는 한국노총 조합원 증가(246,271명)에 비해 확실한 우위를 지니고 있지 못하다.

이와 관련하여, 공공운수노조가 스스로 표방한 '공공부문 대표 조직'으로서 조직화 경쟁 문제에 대한 분명하고도 책임있는 방안을 구체화해야 한다. 공공운수노조가 민주노총 내에서 공공부문 비정규직 및 사회서비스 등의 핵심 조직 영역에서 '대표 조직'으로 인정받지 못하고 사실상 경쟁 체제에 포함되어 있는 것은 매우 어색한 모습이다. 2003년 민주노총 1기 전략조직화 사업(지자체 비정규직 조직화)으로부터 비롯된 경쟁 구조 속에서 공공운수노조 역시 조직화 경쟁이 불가피한 상황에 처해 있지만, 공공운수노조는 경쟁 못지 않게 이들 공공부문 노조들을 큰 틀에서 포괄하는 운동 전략 및 정책 역량을 갖추는 것이 무엇보다 시급하다.

아울러 공공부문 민주노조들의 통 큰 대단결과 공동의 운동전략 공유를 통해, 민주노총내에서 전개되는 조직화 경쟁 및 갈등을 통크게 조정·통합할 수 있는 공동의 조직발전 전망을 중장기적으로 검토할 필요가 있다. 2021년 12월 현재 민주노총내 공공부문 노동자는 정규직·비정규직·간접고용까지 모두 포괄하여 56만여명에 달하고 있다. 이 60만명이 하나의 조직 체계하에서 한날 한시에 일손을 모두 내려놓는 공동 투쟁을 전개하는 것이 단지 꿈일까? 공동의 사용자(정부)에 맞서 공동으로 교섭하고 투쟁하는 꿈을 전체 공공부문 노동자가 같이 함께 한다면 현실이 될 수도 있다. 이러한 전략은 공공운수노조·공무원노조·전교조 등을 넘어 민주노총이 주도적으로 검토·기획해야 할 필요가 있다.

- **기업별 체계 극복을 위한 공공부문 산별노조운동 강화 및 발전**

이미 공무원노조 및 전교조는 전국 단일노조 체계를 취하고 있고 보건의료노조도 산별 조직체계가 어느정도 형성되어 있기 때문에, 공공부문 민주노조운동에서 기업별 노조 체계 극복 및 산별노조로의 전환이 시급한 곳은 공공운수노조이다. 그리고 이중에서도 가장 절실한 것은 공공기관 정규직노조일 것이다. 공공기관노조는 지난 35년간 지속적으로 구축해온 민주노조운동의 성과를 발전시키기 위해서라도 산별노조운동 강화를 위한 모범적 실천이 필요하다.

특히 교섭구조 발전 측면에서 노조 조직형태 발전은 필수적이다. 공공기관노조가 오랫동안 요구해왔던 대정부 교섭구조 역시 노조들이 교섭구조 집중화 및 공동의 요구를 중심으로 투쟁하는데서 비로소 해결의 전망을 찾을 수 있다. 공공부문의 집중화된 교섭구조를 위한 ILO협약 제151호(1978)의 실현 역시 기업별 교섭 및 투쟁 체계에서는 쉽지 않은 과제이다. 실질 사용자인 정부에 맞서 투쟁·교섭할 수 있는 체계를 확보하자는 것은 1994년 공노대 출범 이후 공공부문노조의 일관된 목표였다. 공노대를 통해 전국적 투쟁 체계를 구축하고 공공연맹 결성을 통해 공공부문 민주노조들이 총단결의 기반을 마련했다면, 이제 공공연맹 출범 이후의 운동 성과는 기업별 체계를 뛰어넘는 조직으로 집약되어야 한다.

공공부문 민주노조운동의 전략적 목표인 사회 공공성 강화를 위해서도 기업별 노조 체계는 극복될 필요가 있다. 정부 권력과 직접 맞닿아있는 공공기관노조들이 공공부문 대개혁 투쟁을 전개하는데 있어서 기업별 노조 체계는 분명 '맞지 않는 옷'이고, 사회 공공성 강화의 재결의 및 공공부문 대개혁 과제 공론화는 기관(기업)별 공공기관노조로는 역동적으로 실천하기 어렵다. 또한 윤석열정부의 야만적 공공기관 시장화 및 노동운동 적대시 정책을 뛰어넘기 위해서라도 공공기관 민주노조들의 조직 체계는 통일성을 지향할 필요가 있다. 공공운수노조가 2026년에 대산별노조 체계를 완성하겠다고 선언한 이상, 적어도 공공운수노조에 속한 공공기관노조들은 이에 복무하거나, 책임있는 대안을 제시할 필요가 있다. 물론 여기에는 영향력이 매우 큰 대기업 노조(철도·건강보험·서울교통공사) 및 산별노조운동을 앞서 실천한 노조(예, 공공연구노조)들의 선도적 실천 노력이 매우 중요하다.

2026년에 공공운수노조를 완성하겠다는 야심찬 로드맵을 제시한 공공운수노조 중앙의 과제 또한 만만치 않다. 가장 중요한 문제로서, 조직 이질성의 문제를 큰 틀에서 포괄할 수 있는 공공운수노조 운동의 통합 전략이 필요하다. 유럽 선진 각국(독일·영국·스웨덴 등)의 대형 공공부문노조들이 다산업·다업종을 포괄하는 구조를 취하고 있기 때문에 공공운수노조가 지닌 이질성의 문제는 극복할 수 없는 과제가 결코 아니다. 일단 2023년부터 4년여의 시간 동안 공공운수노조 내부의 이질성 및 민주노총 조직간 경쟁 구조 극복을 위한 보다 치밀한 운동 전략을 준비해야 할 것이다. 1차적으로 공공기관 정규직노조와 공공부문 공무직·비정규직까지 포괄하는 하나의 산별노조운동 전망을 공유해내고, 운수조직(철도·지하철·민간 운수)간 연대사업·공동투쟁을 통해 공공운수노조의 미래 전망을 공유해내는 것이 필요하다. 이후 민주노총내 공공부문 조직간 연대와 단결을 통해 보건의료노조·민주일반연맹 등과의 조직발전 전망 및 운동전략 공유의 폭을 확대시켜 명실상부한 '공공서비스 부문 대표 조직'의 지도력·조정력을 발휘할 필요가 있다.

- 사회공공성 공론화 확대를 통한 사회적 연대운동 강화

공공부문 노동운동은 국가 권력이 집중된 정부와의 투쟁을 전제로 하는 것이니만큼, 스스로가 정치적 대응 역량을 갖추지 못할 경우 교섭 역량의 불균형 문제는 극복될 수 없다. 따라서 정부에 맞설 수 있는 사회적 지원 역량을 동원하는 것이 공공부문 노동운동 과정에서 필수적으로 요구된다. 이는 결국 사회공공성 공론화 확대를 통한 사회연대운동 세력의 결집을 전제로

한다. 앞서 언급한 바와 같이 우리 사회는 다중의 위기에 직면하고 있기 때문에 사회·경제체제 전반의 대개혁이 불가피하다. 그리고 이러한 사회경제 체제 대개혁의 1차적인 수단이 바로 공공부문의 사회적 가치 확대 및 이에 기초한 공공서비스·고용·복지 확충 등의 과제이다. 이는 공공부문 노동운동의 주요한 실천 과제이지만, 동시에 사회운동 세력이 공동으로 추구하는 과제이기도 하다. 따라서 △사회·경제체제 대개혁을 열망하는 사회운동 세력과의 폭넓은 연대 △사회·경제체제 대개혁을 주도하는 진보적 정치운동의 선도적 실천 △사회공공성 의제의 광범위한 사회적 대화 활성화 등이 무엇보다 절실하게 요청된다.

첫째, 한국 사회의 후진적 사회·경제체제를 개혁하기 위해 투쟁하는 제 사회운동 세력과의 폭넓은 연대가 필요하다. 공공부문 노동운동의 요구를 공동으로 관철하고 실천할 수 있는 공동의 정책사업 및 네트워크 구축을 전제로 한다. 공공부문의 주요 정책들은 대부분 정치 환경 변화에 매우 민감하게 작동하는 만큼, 이러한 정치 환경 변화를 주도하는 사회운동 세력과의 연대를 제외하고 공공부문 대개혁을 논의하는 것 자체가 어불성설이다. 공공부문노조의 인적·물적 자원을 최대한 활용하여 공공서비스의 수요자이기도 한 이들 사회운동 세력을 정치적 우군으로 확보하는 것은 필수적 과제일 것이다. 이들의 비판적 의견을 공공부문의 사업 및 투쟁 내용에 흔쾌히 반영하고, 지속적인 네트워크를 구축하는 자세는 공공부문 사회적 가치 실현의 기본적인 전제이다.

둘째, 진보정치 운동의 선도적 실천을 위한 일상적 준비가 필요하다. 우리의 진보정치운동이 약화되면서 공공부문노조들 상당수가 제도권 정당에 의존하는 '대리 정치' 경향이 증가하고 있는데, 지난 문재인정부의 5년 경험에도 보듯 이들 제도권 정당들의 한계는 너무 분명하다. 시장화 전략의 수위 조절(연성 시장화) 수준에서 공공부문의 대개혁 과제를 협소하게 접근하는 이들 제도권 정당들과의 정책 연대는 가능한 재고될 필요가 있다. 그리고 앞서 [표10-3]에서 설정한 공공부문 대개혁 과제는 공공부문 노동운동이 국가 권력에 맞서 후진적 사회·경제체제를 대개혁하기 위한 것으로서, 진보적 정치운동의 성장·발전을 전제로 한다. 민주노동당의 역사가 과거로 묻히고 분열·다원화 흐름에 빠져 있는 한국 사회의 진보정치운동은 하루빨리 전환되어야 한다. 이러한 의미에서 국가 권력과 직접 대결해야 하는 공공부문 노동운동은 진보정치운동의 강화 및 활성화를 위한 실천을 선도적으로 전개할 필요가 있다.

셋째, 마지막으로 사회공공성 의제를 사회적으로 공론화하기 위해 사회적 대화가 활성화되도록 노력할 필요가 있다. 공공부문 노동운동이 내세우는 사회공공성 의제의 상당수는 정부 정책과 직결된 것들이지만, 다른 한편에서 사회적 공론화를 수반하는 것들이다. 진보정치운동이 취약하고 국회는 보수적 정치 흐름이 지배적인 상황에서, 사회공공성 의제를 공론화하기 위한 수단으로 제 사회운동 주체들이 민주적으로 토론하고 공감대를 확대하는 사회적 대화는 적절하게 활용될 필요가 있다. 물론 현존 사회적 대화 체제는 불신의 대상으로 자리잡고 있는 만큼 극복되어져야 한다. 우리의 취약한 경제민주주의 토대 하에서 지난 20여년동안 끊임없이 왜곡되어 왔고, 사회적 대화를 통해 이루고자 했던 △노동 존중 및 좋은 일자리 확대 △사회적 불평등 해소 등은 온데간데 없고 자본의 소원 수리 기구로 전락했기 때문이다. 따라서 시장주의 권력에 노동운동을 동원하는 체제로 전락한 현재의 제도화된 사회적 대화기구를 극복하고, 공공부문 민주노조운동은 정치환경 변화를 전제로 ILO가 애당초 설정한 사회적 대화(social dialogue) 모델을 근간으로 한 사회적 대화를 적극적으로 모색할 필요가 있다.[12]

- 정규직-비정규직 노동자들의 계급적 연대

IMF 체제 이후 공공부문의 시장화 정책 추진에 따라 공공부문의 정규 인력은 계속 억제되고 그 자리에 비정규직·간접고용(외주화·민간위탁) 노동자들이 계속 충원되고 있다는 것은 앞서 여러 차례 제기한 바 있다. 특히 공공기관의 간접고용 문제는 심각하다. 공공기관에는 △이전에 직접 고용 후 외주화한 경우(예, 가스공사·건강보험·국공립병원 등) △기관 설립 당시부터 민영화 계획 하에 직접 고용을 최소화한 경우(예, 인천공항 등) △기관 설립 당시부터 정규직이 아닌 외주화·경쟁을 제도화한 경우(예, 철도공사·마사회·국민체육공단·발전사 등)들이 매우 많다. 대부분 정규직으로 고용이 불가피한 영역들이 정부 정책에 따라 간접고용으로 자리잡고 있는 셈이다. 또한 공공부문 비정규직들은 공공부문 시장화 흐름에 따라 '비핵심 부문'으로 설정되면서, 고용·임금의 차별이 당연한 것처럼 인식되어 왔다. 이러한 상황에서, 지난 문재인정부 기간 동안 비정규직의 정규직화 투쟁에 대해 공공기관 정규직노조들 상당수가 자신들과는 무관한 문제로 인식하면서 정규직과 비정규직의 연대가 소홀해지는 경향을 보이고 있었다.

이들 비정규직들은 대부분 공공기관에서 국민들에게 필요한 공공서비스를 제공하는 주체들로서, '비핵심 부문'으로 차별화되는 것이 부당한 경우이다. 특히 이들에 대한 고용·처우 차별이 마치 정당한 것인양 인식되는 상황에서, 이들에 대한 운영·관리 예산 효율화는 해당 공공

---

12 ILO는 사회적 대화에 대해 "노·사·정 대표 간에 경제·사회정책 중 공동이해 사안에 대해 진행하는 교섭, 자문 및 단순한 정보교환 등의 행위를 총칭"하는 행위로 규정하면서, 노·사·정 당사자의 자주적 선택을 권고하고 있다(ILO, 2013).

기관의 경영수지 개선에 기여하고 있다. 이러한 경영수지 개선은 정규직 노동자들에게 또하나의 인센티브(경영평가 등)로 작용할 수 있다. 이는 공공부문 민주노조 입장에서 간과될 수 없는 문제이다. 이들 노동자들의 고용·처우를 개선하기 위한 투쟁에 공공기관 정규직노조들이 연대하는 것은 공공부문 노동운동이 내세우는 공공성 강화를 위해서도 절실한 과제이다.

공공기관 정규직노조 입장에서는 대 사용자, 대 정부 투쟁에서 이들 비정규직 노동자들의 연대가 필수적일 수 있다. 정규직노조가 중대한 과제를 내걸고 투쟁을 전개해야 하는 상황에서 이들 비정규직들과의 연대가 약화되는 것은 공공부문 노동운동의 역량 약화와도 연결될 수 있다. 그리고 이들 비정규직과의 연대는 공공기관노조의 투쟁이 사회적으로도 긍정적 평가를 받을 수 있고, 또 하나의 든든한 투쟁 동력으로 작용할 수 있는 것이다. 특히 공공기관 시장화 및 노조 적대시 정책을 전면화하는 윤석열정부 시기에 정규직·비정규직 연대는 필수적 과제로 자리잡을 필요가 있다. 물론, 정규직·비정규직의 연대는 공공기관노조를 넘어 민주노총내 전 공공부문노조들이 전략적으로 추진해야 할 시급한 당면 과제일 것이다.

• 공공기관 내부의 조직 혁신 및 민주주의 확대

공공기관 내부의 정규직·비정규직 연대 흐름 약화와 함께, 최근 공공부문 민주노조의 역사와 가치를 부정하는 MZ노조들이 서서히 확산되는 경향을 보이고 있다. 2022년 현재까지 MZ노조들이 지향하는 과제들이 아직 대중적으로 지지를 폭넓게 지지를 받지 못하고 일부 공공기관에 한정되어 있지만, 윤석열정부의 공공기관 노조 공격 흐름에 편승하여 확산될 가능성도 배제하기 힘들다.

공공기관 민주노조운동은 지난 35년 동안 정부의 임금·노동조건 억제, 공공기관 시장화 등에 맞서 끈질기게 투쟁해왔지만, 공공기관 내부 조직 혁신 운동에는 상대적으로 소홀한 경향이 있었다. 이러한 상황 속에서 최근 MZ노조들이 '공정'프레임을 앞세워 그동안 공공부문 민주노조들이 애써 저지해왔던 능력·성과주의를 오히려 확산시키는데 앞장시키고 있다. 앞서(9장)에서 언급한 바와 같이, 이러한 능력주의-공정 담론 문제는 한국 사회의 구조적 모순(자산·소득 되물림)에 대항하는 측면도 있지만, 다른 한편으로 공공부문의 입직(入職)구조 및 비정규직 확산이 이러한 담론을 야기시키는 측면도 있다.

공공부문 민주노조들은 공동체 원리(단결·연대, 차별 철폐 등)를 공정으로 인식했는데, 이들(MZ노조들)은 공동체 원리가 오히려 노조 민주주의를 약화(소수 목소리 외면 등)시켰다는 판단아래 공공부문 민주노조의 역사와 가치를 부정하는데 앞장서고 있다. 공공기관의 운영 혁신 방향은 각 공공기관들이 처한 상황이나 내부 구성원들의 인식 수준에 따라 다양하게 나타날 수 있지만, 결국 '일터 민주주의'(workplace democracy)라는 대의로 모아질 수 있다. 일터 민주주의의 핵심은 일하는 노동자들이 소외되지 않고 각자 수행하는 노동의 가치들이 존중받는 것이다. 일터 민주주의에 노조 민주주의는 당연히 포함된다.

윤석열정부에서 공공기관노조를 공격할 가능성이 높기 때문에, 공공기관노조들은 해당 공공기관의 사회적 가치 확대 측면에서뿐 아니라, 노조 운동의 사회적 책임 확대 측면에서 선도적으로 조직 혁신 논의를 추진하고 이를 경영진에게도 촉구할 필요가 있다. 이러한 의미에서 2019년 하반기에 철도노조가 조직 혁신 논의를 추진하여 논의 결과를 노사간 교섭에서 반영하고, 2021년 대의원대회의 의사결정구조를 상향식으로 전환하는 정책포럼(krwu-platform)을 추진한 것은 일터(노조 포함) 민주주의 확대 측면에서 참고할 필요가 있는 시사적 사례일 수 있다.

4. 결어

지난 1987년 노동자 대투쟁 이후 공공부문 민주노조운동은 산업·업종의 벽을 넘어, 중앙-지역간 차이를 뛰어넘어, 그리고 정규직·비정규직 차이를 넘어 전체 공공부문 노동자들의 단결·연대를 통해 민주노조운동의 역사를 일궈왔다. 공공부문 민주노조운동의 역사는 공공부문 노동자의 고용 및 노동조건을 유지·개선해온 역사이자, 국가 권력의 △노동 억압 △공공서비스 축소 △불평등 확산 △민주주의 파괴 움직임에 맞서 공공부문의 사회적 가치(=공공성)을 유지·확장해온 역사이다. 이러한 투쟁 과정에서 공공부문 민주노조운동의 사회적 가치가 폭넓게 인정된 결과, 공공부문 민주노조는 양적으로 성장해왔고, 질적으로도 발전해왔다.

시장근본주의 국정방향을 앞세운 윤석열정부의 △노동 억압 △공공서비스 축소 △불평등 확산 △민주주의 파괴 움직임 등이 확산될 가능성이 높은 상황에서, 공공부문 민주노조운동은 공공부문의 사회적 가치를 지켜내고 확장하기 위한 투쟁과 조직 발전의 실천을 또다시 집중할 필요가 있다. 지난 시절 노동 억압 및 공공부문 시장화에 맞선 저항의 역사를 넘어, 공공부문의 대개혁이 우리의 사회경제체제 전환의 '보편적 상식'으로 자리잡을 수 있도록 운동전략을 재구성하는 노력들이 뒷받침되어야 할 때이다.

참고문헌

기획재정부(2022a),「생산성·효율성 제고를 위한 새정부 공공기관 혁신가이드라인」

_____ (2022b),「자율·책임·역량 강화를 위한 공공기관 관리체계 개편방안」

_____ (2022c),「민간 혁신·성장을 지원하기 위한 민간–공공기관 협력 강화방안」

_____ (2022d), "공공기관 예산효율화·복리후생 계획 확정"(보도자료)

_____ (2022e), "공공기관 자산효율화 계획 확정"(보도자료)

_____ (2022f), "공공기관 혁신계획 최종 확정"(보도자료)

박용석(2021), "공공기관 민영화·시장화 전략 진단",「탈세계화 시대 한국경제 구조 진단」, 민주노동연구원·
　　　전국서비스산업노동조합연맹

_____(2022), "포스트 코로나 국가 운영 전략을 선도하기 위한 공공기관 대개혁 방향 및 실천 과제", 공공상생
　　　포럼, 공공상생연대기금

이창근·이재훈·김정진·김직수·김진석·나원준(2021),「불평등 사회와 노동의 대안」, 민주노동연구원·사회
　　　공공연구원

ILO(2013),「National Tripartite Social Dialogue」

저자 : 박용석

저자 박용석은 공공부문 노동운동의 길을 30년간 걸어왔다. 1988년 공공기관(소비자원)노조 부위원장을 시작으로, 단위노조위원장, 소산별노조(전국연구전문노조) 위원장을 거쳐, 공공연맹 부위원장, 공공운수연맹 사무처장, 공공운수노조·연맹 공공기관사업본부장 등에 이르기까지 공공부문 노동운동에 계속 몸담았다. 노태우정부에서 박근혜정부 기간에 이르는 격동의 시간 속에서 공공부문 민주노조의 끈질긴 투쟁을 직접 체험해 본 셈이다. 2018년 이후 4년간 민주노총 정책연구원장을 맡으면서 문재인정부의 국정운영 한계 또한 지켜봤다.

사진출처

이 책에 사용된 대부분의 사진자료들은 저자가 관련 조직(민주노총·공공운수노조 및 산하 노조)에서 제공받았거나, 박주동 동지(이음나눔유니온)를 통해 협조받아 게재했습니다.
2002년 한국통신계약직노조 투쟁 관련 사진 자료는 노동자 역사 한내에서 제공받았습니다.
2008년 이명박정부 촛불투쟁과 2016년 박근혜 퇴진 촛불항쟁 관련 사진 자료는 신동준 동지가 제공해 주셨습니다.
사진 자료 사용을 허락해 주신 분들께 감사의 뜻을 전합니다.